Schwarz/Wandt

Gesetzliche Schuldverhältnisse

Gesetzliche Schuldverhältnisse

Deliktsrecht – Schadensrecht – Bereicherungsrecht – GoA

Ein Lehrbuch für Studium und Examen

begründet von

Günter Christian Schwarz†

ehemals o. Professor an der Universität Würzburg

fortgeführt von

Manfred Wandt

o. Professor an der Universität Frankfurt am Main

2., neu bearbeitete Auflage

Verlag Franz Vahlen München 2006

Verlag Franz Vahlen im Internet:
vahlen.de

ISBN 3 80063 3191

© 2006 Verlag Franz Vahlen GmbH
Wilhelmstraße 9, 80801 München
Druck: Nomos Verlagsgesellschaft
In den Lissen 12, 76547 Sinzheim

Satz: Druckerei C. H. Beck, Nördlingen
(Adresse wie Verlag)

Gedruckt auf säurefreiem, alterungsbeständigem Papier
(hergestellt aus chlorfrei gebleichtem Zellstoff)

Vorwort der 2. Auflage

Das Werk ist als Lehr- und Lernbuch gleichermaßen für die Einführung und Vertiefung konzipiert. Es unterscheidet zu diesem Zweck deutlich zwischen dem Grundwissen sowie darauf aufbauend dem Vertiefungs- und Examenswissen, das durch drucktechnische Hervorhebungen am Ende des jeweiligen Abschnitts besonders herausgestellt wird. Die Konzeption erleichtert dem Anfänger die Aneignung des Grundwissens und dem Fortgeschrittenen die gezielte Vertiefung und Wiederholung. Der erlernte Stoff wird jeweils anhand von umfassend gelösten Fallbeispielen wiederholt, die in aller Regel BGH-Entscheidungen nachgebildet sind. Zusammenfassungen in Form von Aufbauschemata und Hinweise auf Problemschwerpunkte sowie speziell auf die Ausbildung ausgerichtete Literaturhinweise runden die einzelnen Kapitel ab. Das Lehrbuch kann so den Leser durch sein Studium bis zum Examen begleiten.

Bei der völlig überarbeiteten Neuauflage habe ich wertvolle Hilfe durch meine Mitarbeiter erfahren. Mein herzlicher Dank gilt Otto Bornschlegl, Johannes Denecke, Hannah Ehlers, Jens Gal, Bastian Ganster, Fabian Herdter, Michael Marx, Evelyn Salber sowie meinen Sekretärinnen Gunhild Budell und Sigrid Butteron.

Frankfurt am Main, Mai 2006   *Manfred Wandt*

Aus dem Vorwort der 1. Auflage

Das Lehrbuch schließt eine Lücke. Sie ist dadurch entstanden, dass die juristischen Fakultäten mittlerweile eine selbstständige Vorlesung „Gesetzliche Schuldverhältnisse" anbieten. Das Lehrprogramm ist damit von dem klassischen Aufbau des Schuldrechts des BGB abgewichen, an dem die Lehrbücher mit ihrer Unterteilung in Allgemeines und Besonderes Schuldrecht aber üblicherweise noch festhalten. Dass ein Lehrbuch – schon seinem Titel nach – die Vorlesung abbilden sollte, darauf haben mich die Hörer meiner Vorlesung „Gesetzliche Schuldverhältnisse" aufmerksam gemacht. Sie haben ein Lehrbuch vermisst, das sich ausschließlich den gesetzlichen Schuldverhältnissen widmet und auch so heißt.

Das Lehrbuch soll zum einen diesem Bedürfnis der Anfangssemester Rechnung tragen; es soll das notwendige Grundwissen, die Systematik der gesetzlichen Schuldverhältnisse und deren Anwendung anhand von Beispielen vermitteln. Zum anderen soll es durch zusätzliche Falllösungen der Vorbereitung auf die Abschluss- und Zwischenprüfungsklausuren sowie auf die Vorgerücktenübung dienen. Die Fälle werden grundsätzlich vollständig gelöst und nicht nur das jeweilige Problem. Zugleich soll das Buch fortgeschrittene Studenten und Examenskandidaten in die Lage versetzen, den wesentlichen Stoff zu wiederholen und zu kontrollieren, ob das erforderliche Grundlagenwissen präsent ist. Hierzu dienen die Übersichten und Zusammenfassungen am Ende der einzelnen Kapitel. Anhand der zahlreichen Vertiefungshinweise kann der Stoff schließlich – vor allem für die Examensvorbereitung – vertieft werden.

Würzburg, im September 2003 *Günter Christian Schwarz*

Inhaltsübersicht

1. Teil. Einführung

§ 1. Einleitung 1

2. Teil. Geschäftsführung ohne Auftrag

§ 2. Einführung und Überblick 14
§ 3. Anwendbarkeit der GoA 21
§ 4. Grundtatbestand der GoA 28
§ 5. Ansprüche aus GoA 51
§ 6. Unechte GoA 94
§ 7. Konkurrenzen: Verhältnis zu anderen gesetzlichen Schuldverhältnissen 103
§ 8. Sonderfragen der GoA 107

3. Teil. Ungerechtfertigte Bereicherung

§ 9. Einführung und Überblick 129
§ 10. Leistungskondiktion 139
§ 11. Nichtleistungskondiktion 181
§ 12. Inhalt und Umfang von Bereicherungsansprüchen 220
§ 13. Bereicherungsansprüche im Mehrpersonenverhältnis 252

4. Teil. Deliktsrecht

§ 14. Einleitung 301
§ 15. Unerlaubte Handlungen 303
§ 16. Grundtatbestand des § 823 Abs. 1 309
§ 17. Sonstige Tatbestände der Verschuldenshaftung 416
§ 18. Haftung für vermutetes Verschulden 434
§ 19. Haftung mehrerer Personen 452
§ 20. Besonderheiten des deliktischen Ersatzanspruchs 465
§ 21. Gefährdungshaftung und Haftung für fehlerhafte Produkte 481

5. Teil. Allgemeines Schadensrecht

§ 22. Grundlagen des Schadensrechts 514
§ 23. Zu ersetzender Schaden: Art und Umfang der Schadensersatzpflicht
(§§ 249 bis 253) 542
§ 24. Zurechnung 563
§ 25. Drittschadensliquidation 576
§ 26. Haftungsbeschränkungen 585
§ 27. Mitverursachung und Mitverschulden (§ 254) 588

Inhaltsverzeichnis

Vorwort V
Inhaltsübersicht VII
Abkürzungsverzeichnis XXV
Schrifttum XXVII

1. Teil. Einführung

§ 1. Einleitung

A. Vertragliche und gesetzliche Schuldverhältnisse 1
B. Konkurrenz von vertraglichen und gesetzlichen Ansprüchen 2
   I. Anspruchs- und Anspruchsnormenkonkurrenz 2
   II. Durchbrechung der Unabhängigkeit konkurrierender
      Ansprüche 4
   III. Zusammenfassung 7
C. Unterschiede zwischen vertraglichen und gesetzlichen Schuld-
   verhältnissen 7
   I. Haftung für Gehilfen 7
   II. Haftungsmaßstab 9
   III. Beweislast bei Schadensersatzansprüchen 10
   IV. Verjährung 11
   V. Umfang des Schadensersatzes 12
   VI. Zusammenfassung 12

2. Teil. Geschäftsführung ohne Auftrag

§ 2. Einführung und Überblick

A. Begriff 14
B. Regelungsprinzip der §§ 677 ff. 15
C. Systematik der GoA 16
   I. Rechtsprechung und Literatur 16
      1. Echte und unechte GoA 17
      2. Berechtigte und unberechtigte GoA 18
   II. Anspruchsorientierter Aufbau 19
      1. Grundtatbestand der §§ 677 ff. 19
      2. Ansprüche aus GoA 20

§ 3. Anwendbarkeit der GoA

A. Grundsatz 21
B. Ausnahmen 21
   I. Gesetzliche Haftungsordnung 21
   II. Grundsätze der Vertragsrechtsordnung 22

III. Nichtiger Vertrag 23
IV. Unbestellte Leistungen (§ 241 a) 25
C. Zusammenfassung 28

§ 4. Grundtatbestand der GoA

A. Besorgung eines Geschäfts 28
   I. Begriff: Geschäftsbesorgung 28
  II. Geschäftsführer 29
    1. Person des Geschäftsführers 29
    2. Geschäftsfähigkeit des Geschäftsführers 29
B. Fremdheit des Geschäfts 30
   I. Objektiv fremdes Geschäft 31
  II. Subjektiv fremdes Geschäft 33
 III. Auch-fremdes Geschäft (Handeln im Doppelinteresse) 34
 IV. Geschäftsherr 36
    1. Person des Geschäftsherrn 36
      a) Objektiv fremdes Geschäft 36
      b) Subjektiv fremdes Geschäft 38
    2. Geschäftsfähigkeit des Geschäftsherrn 39
C. Fremdgeschäftsführungswille 39
   I. Grundsätzliches 39
  II. Fremdgeschäftsführungswille bei den verschiedenen Arten des
     fremden Geschäfts 41
    1. Fremdgeschäftsführungswille beim objektiv fremden
      Geschäft 42
    2. Fremdgeschäftsführungswille beim subjektiv fremden
      Geschäft 43
    3. Fremdgeschäftsführungswille beim auch-fremden Geschäft
      (bei dem Handeln im Doppelinteresse) 44
 III. Fremdgeschäftsführungswille und Geschäftsherr 45
 IV. Abgrenzung 46
    1. Irrtümliche Eigengeschäftsführung (§ 687 Abs. 1) 46
    2. Geschäftsanmaßung (§ 687 Abs. 2 S. 1) 47
D. Ohne Auftrag oder sonstige Berechtigung (Geschäftsführungs-
   berechtigung) 48
   I. Grundsatz 48
  II. Nichtiger Vertrag 49
E. Zusammenfassung: Grundtatbestand der GoA 49

§ 5. Ansprüche aus GoA

A. GoA als gesetzliches Schuldverhältnis 51
B. Ansprüche des Geschäftsführers: Aufwendungsersatz 53
   I. Aufwendungsersatz nach § 670 (bei berechtigter GoA) 53
    1. Tatbestand 53
      a) Interesse und Wille des Geschäftsherrn (§ 683 S. 1) 53
      aa) Interesse des Geschäftsherrn 54
      bb) Wille des Geschäftsherrn 54
        (1) Wirklicher Wille des Geschäftsherrn 54
        (2) Mutmaßlicher Wille des Geschäftsherrn 55
      cc) Verhältnis von Willen und Interesse 57
      dd) Guter Glaube an die berechtigte Geschäftsführung? 59

b) Unbeachtlichkeit eines entgegenstehenden Willens des
Geschäftsherrn (§§ 683 S. 2, 679) 60
aa) Pflicht 60
bb) Öffentliches Interesse an der Erfüllung 61
cc) Unterhaltspflicht 62
dd) Nicht rechtzeitige Pflichterfüllung 63
c) Genehmigung der Geschäftsführung (§ 684 S. 2) 63
2. Rechtsfolgen 63
a) Aufwendungen 63
b) „für erforderlich halten darf" (§ 670) 65
c) Risikotypische Begleitschäden 67
d) Ersatz der Arbeitskraft (Dienstleistung) 69
e) Aufwendungsersatz beim Handeln im Doppelinteresse 70
f) Anspruchsausschluss nach § 685 71
g) Kürzung der Aufwendung nach § 254 analog 71
3. Zusammenfassung 73
II. Aufwendungsersatz nach Bereicherungsrecht (§ 684 S. 1, sog.
unberechtigte GoA) 73
C. Ansprüche des Geschäftsherrn 77
I. Schadensersatzpflicht bei Ausführungsverschulden
(§§ 677, 280) 77
1. Pflichtenmaßstab 77
2. Verletzung der Pflicht zur ordnungsgemäßen Geschäftsführung 79
3. Verschulden 79
4. Haftungsprivileg des § 680 81
a) Tatbestand 81
b) Rechtsfolge 82
5. Umfang der Ersatzpflicht 84
6. Zusammenfassung 84
II. Schadensersatzhaftung bei Übernahmeverschulden (§ 678) 84
1. Haftungsvoraussetzungen 85
2. Rechtsfolge 86
3. Zusammenfassung 88
III. (Neben-)Pflichten nach § 681 89
1. Anzeigepflicht (§ 681 S. 1) 89
2. Auskunftspflicht (§§ 681 S. 2, 666) 89
3. Herausgabepflicht (§§ 681 S. 2, 667) 89
4. Verletzung der (Neben-)Pflichten 89
D. Rechtsfolgen bei mangelnder Geschäftsfähigkeit des Geschäfts-
führers (§ 682) und des Geschäftsherrn 90
I. Fehlende Geschäftsfähigkeit des Geschäftsführers 91
II. Fehlende Geschäftsfähigkeit des Geschäftsherrn 92
E. Sonstiges 93
I. Mehrere Geschäftsherren oder Geschäftsführer 93
II. Verjährung 94

§ 6. Unechte GoA

A. Irrtümliche Eigengeschäftsführung (§ 687 Abs. 1) 95
I. Tatbestand 95
II. Rechtsfolgen 95

B. Geschäftsanmaßung – Unerlaubte Eigengeschäftsführung
(§ 687 Abs. 2) 95
   I. Überblick 95
   II. Tatbestand 96
   III. Rechtsfolgen 96
     1. Wahlrecht des Geschäftsherrn 96
     2. Wahl zugunsten der GoA-Vorschriften 97
       a) Rechte des Geschäftsherrn 97
       b) Rechte des Geschäftsführers 97
     3. Wahlrecht zugunsten der allgemeinen Vorschriften 101
       a) Rechte des Geschäftsherrn 101
       b) Rechte des Geschäftsführers 101
   IV. Zusammenfassung 102

**§ 7. Konkurrenzen: Verhältnis zu anderen gesetzlichen
Schuldverhältnissen**

A. Berechtigte und unberechtigte GoA 103
   I. Eigentümer-Besitzer-Verhältnis 103
   II. Bereicherungsrecht 104
   III. Deliktsrecht 105
   IV. Zusammenfassung 106
B. Unechte GoA 106
   I. Irrtümliche Eigengeschäftsführung (§ 687 Abs. 1) 106
   II. Angemaßte Eigengeschäftsführung (§ 687 Abs. 2) 106
   III. Zusammenfassung 107

§ 8. Sonderfragen der GoA

A. Vertrag des Geschäftsführers mit einem Dritten (pflichtgebundener
Geschäftsführer) 107
B. Verpflichtung des Geschäftsführers kraft öffentlichen Rechts 112
   I. Problemkonstellation 112
   II. Streitstand 112
C. Unechte Gesamtschuld 116
D. Selbstaufopferung im Straßenverkehr 118
E. Selbsthilfeaufwendungen (Abschleppfälle) 119
F. Bezahlung fremder Schulden 121
G. Abmahnungen im Wettbewerb 123
H. Rettung eines Selbstmörders 124
I. Verwendungen auf fremde Sachen 125
J. Versicherungsfälle 126

3. Teil. Ungerechtfertigte Bereicherung

§ 9. Einführung und Überblick

A. Unterschiede zwischen Bereicherungs- und Deliktsrecht 130
B. Einheits- und Trennungstheorie 132
C. Grundtatbestände: Leistungs- und Nichtleistungskondiktion 134
   I. Grundgedanke der Leistungskondiktion 134

II. Grundgedanke der Nichtleistungskondiktion (Bereicherung in sonstiger Weise) 136
D. System der §§ 812 ff. 137
    I. Gesamtüberblick 137
    II. Ansprüche aus Leistungskondiktion 137
    III. Ansprüche aus Nichtleistungskondiktion 138
    IV. Verhältnis von Leistungs- und Nichtleistungskondiktion 138
    V. Zusammenfassung 139

§ 10. Leistungskondiktion

A. Grundtatbestand des § 812 Abs. 1 S. 1 Alt. 1 139
    I. Tatbestand 140
        1. Etwas erlangt (Bereicherungsgegenstand) 141
        2. Leistung 143
            a) Begriff 143
            b) Bestimmung des Leistungsverhältnisses 144
            c) Leistungszweck 146
                aa) Zweckbestimmung 146
                bb) Zweckinhalt 147
            d) Bewusste Vermögensmehrung (Leistungsbewusstsein) 149
        3. „ohne rechtlichen Grund" 150
            a) Grundsatz 150
            b) Sonderfall: Anfechtung 151
        4. Zusammenfassung 152
    II. Ausschluss des Grundtatbestands der Leistungskondiktion 153
        1. § 814 153
        2. § 817 S. 2 entsprechend 156
        3. Zusammenfassung 160
B. § 813 – dauerhafte Einrede 160
    I. Tatbestand 160
    II. Ausschlussgründe 162
    III. Zusammenfassung 164
C. § 812 Abs. 1 S. 2 Alt. 1 – späterer Wegfall des Rechtsgrundes 165
    I. Tatbestand 165
    II. Ausschlussgründe 165
    III. Zusammenfassung 166
D. § 812 Abs. 1 S. 2 Alt. 2 – Zweckverfehlungskondiktion 166
    I. Normzweck und Abgrenzung zur (allgemeinen) Leistungskondiktion 166
    II. Tatbestand 167
        1. Erfolg 168
            a) 1. Fallgruppe: „Leistung ohne Verpflichtung" (Vorleistungs- und Veranlassungsfälle) 168
            b) 2. Fallgruppe: Leistung mit Verpflichtung – Verfolgung eines über die Vertragserfüllung hinausgehenden Zwecks (sog. Zweckanstaffelung) 168
        2. „Erfolg" als Inhalt des Rechtsgeschäfts 171
            a) Zweckvereinbarung 171
            b) Abgrenzungen 171
                aa) Abgrenzung vom einseitigen Motiv 172
                bb) Abgrenzung von vertraglicher Verpflichtung 172
                cc) Abgrenzung zur Geschäftsgrundlage (§ 313) 172

    3. Nichteintritt des bezweckten Erfolges 176
    4. Zusammenfassung 176
  III. Ausschluss der Zweckverfehlungskondiktion 177
    1. § 815 177
    2. § 817 S. 2 analog 178
  IV. Zusammenfassung 178
E. § 817 S. 1 – Leistungskondiktion wegen verwerflichen Empfangs 179
   I. Tatbestand 179
  II. Anwendungsfälle 179
    1. Verstoß gegen ein Gesetz oder gegen die guten Sitten nur
      durch Empfänger 179
    2. Kondiktion trotz § 814 180

§ 11. Nichtleistungskondiktion

A. Einführung und Überblick 181
B. Allgemeine Eingriffskondiktion (§ 812 Abs. 1 S. 1 Alt. 2) 183
   I. Überblick 183
  II. Tatbestand 183
    1. Bereicherungsgegenstand 183
    2. Erwerb („in sonstiger Weise") 183
    3. Auf dessen Kosten 184
      a) Bestimmung des Bereicherungsgläubigers und Bereiche-
        rungsschuldners 184
      b) Unmittelbarkeit der Vermögensverschiebung 186
    4. Ohne Rechtsgrund 188
  III. Zusammenfassung 192
C. Sondertatbestände der Eingriffskondiktion gemäß §§ 816, 822 192
   I. Einführung und Überblick 192
  II. Entgeltliche Verfügung eines Nichtberechtigten (§ 816 Abs. 1
    S. 1) 193
    1. Regelungszweck 193
    2. Tatbestand 193
      a) Verfügung (durch einen Nichtberechtigten).................... 193
      b) Anspruchssteller und Anspruchsgegner 193
      c) Wirksamkeit der Verfügung gegenüber dem Berechtigten ... 195
      d) Entgeltlichkeit 197
    3. Rechtsfolge 197
    4. Zusammenfassung 200
  III. Unentgeltliche Verfügung eines Nichtberechtigten
    (§ 816 Abs. 1 S. 2) 201
    1. Regelungszweck 201
    2. Tatbestand 202
    3. Zusammenfassung 205
  IV. Subsidiäre Bereicherungshaftung bei unentgeltlicher Verfügung
    eines Berechtigten (§ 822) 205
    1. Regelungszweck und Abgrenzung zu § 816 Abs. 1 S. 2 205
    2. Tatbestand 206
    3. Zusammenfassung 208
   V. Leistung an einen Nichtberechtigten (§ 816 Abs. 2) 208
    1. Regelungszweck 208
    2. Tatbestand 208
    3. Zusammenfassung 211

D. Aufwendungs- oder Verwendungskondiktion (§ 812 Abs. 1 S. 1
Alt. 2) 211
E. Rückgriffskondiktion (§ 812 Abs. 1 S. 1 Alt. 2) 215
  I. Funktion und Anwendungsbereich 215
  II. Tatbestand 215
  III. Zusammenfassung 219

§ 12. Inhalt und Umfang von Bereicherungsansprüchen

A. Gegenstand der Bereicherung 220
  I. Herausgabe des erlangten Etwas 220
  II. Herausgabe der Nutzungen, insbesondere der Gebrauchs-
      vorteile 220
  III. Surrogate 221
B. Wertersatz 223
C. Wegfall der Bereicherung 226
  I. Normzweck 226
  II. Entreicherung des Bereicherungsschuldners 226
    1. Wegfall des Erlangten 227
      a) Ersparnis von Aufwendungen 227
      b) Veräußerungserlös 227
    2. Bereicherungsmindernde Vermögensnachteile 228
      a) Aufwendungen auf den Bereicherungsgegenstand 229
      b) Vermögensfolgeschäden 229
      c) Keine Entreicherung: Erwerbspreis 230
    3. Zusammenfassung 232
  III. Rückabwicklung gegenseitiger Verträge: Zweikonditionen-
      theorie – Saldotheorie 233
    1. Überblick 233
    2. Streitstand 233
      a) Zweikonditionentheorie 233
      b) Saldotheorie 233
        aa) Grundsätze der Saldotheorie 234
        bb) Einschränkungen der Saldotheorie 235
      c) Neuere Lehre (eingeschränkte Zweikonditionentheorie) 236
    3. Zusammenfassung 238
D. Verschärfte Bereicherungshaftung 240
  I. Überblick 240
  II. Tatbestände verschärfter Haftung 240
    1. Rechtshängigkeit (§ 818 Abs. 4) 240
    2. Kenntnis des fehlenden Rechtsgrundes (§ 819 Abs. 1) 240
    3. Gesetzes- oder Sittenverstoß (§ 819 Abs. 2) 241
    4. Ungewisser Leistungserfolg bei Zweckverfehlungskondik-
       tion (§ 820 Abs. 1 S. 1) und möglicher späterer Wegfall des
       Rechtsgrundes (§ 820 Abs. 1 S. 2) 241
  III. Rechtsfolgen bei verschärfter Haftung 242
    1. Kein Berufen auf § 818 Abs. 3 242
    2. Verweis auf die allgemeinen Vorschriften (§ 818 Abs. 4) 242
    3. Vertiefungshinweis: Bereicherungsunabhängige Wertersatz-
       haftung (§ 818 Abs. 2) 245
  IV. Zusammenfassung 247

E. Aufgedrängte Bereicherung 248
F. Sonstiges 249
   I. Bereicherungseinrede (§ 821) und Verjährung 249
   II. Konkurrenzen (Grundsätze) 250

§ 13. Bereicherungsansprüche im Mehrpersonenverhältnis

A. Leitgedanken der Prüfung 252
   I. Maßgeblichkeit des jeweiligen Leistungsverhältnisses 253
   II. Vorrang der Leistungs- vor der Nichtleistungskondiktion
      (Subsidiarität der Nichtleistungskondiktion) 254
B. Grundfälle und -konstellationen 256
   I. Mehrheit von Leistungsverhältnissen 256
      1. Leistungskette – „Durchlieferung" 256
      2. Bestimmung des Leistungsverhältnisses – Irrtum des
         Leistenden 256
      3. Zusammenfassung 259
   II. Zusammentreffen von Leistung und Eingriff 260
      1. Sachenrechtliche Parallelwertung: Möglicher Gutglaubens-
         erwerb 261
      2. Sachenrechtliche Parallelwertung: Ausschluss eines
         Gutglaubenserwerbs 262
      3. Zusammenfassung 264
C. Vertiefungsprobleme 265
   I. Vorrang der Leistungskondiktion – Gutgläubiger (Geheiß-)
      Erwerb 265
   II. Irrtümliche Zahlung fremder Schulden 267
      1. Beiderseitiger Irrtum 267
      2. Einseitiger Irrtum 267
   III. Anweisungsfälle 270
      1. Einführung 270
         a) Bereicherungsrechtliche Problematik 271
         b) Erfüllungsrechtliche Problematik 271
      2. Wirksame Anweisung 272
         a) Nichtigkeit des Deckungsverhältnisses 272
         b) Nichtigkeit des Valutaverhältnisses 275
         c) Doppelmangel 275
         d) Zusammenfassung 277
      3. Anweisungsfälle bei „Fehler" in der Anweisung 278
         a) Allgemeines 278
            aa) Kondiktionsansprüche 278
            bb) Erfüllungsproblem 279
         b) Fehlen, Unwirksamkeit und Widerruf einer Anweisung
           oder eines Schecks 280
            aa) Fehlen und Unwirksamkeit einer Anweisung 280
            bb) Widerrufsfälle 283
         c) Zusammenfassung 285
      4. Angenommene Anweisung im Sinne von § 784 285
   IV. Drittleistung (§ 267) 286
      1. Fallgruppen 286
      2. Rechtsprechungsfälle 287
      3. Zusammenfassung 289

V. Zession (§ 398) 290
  1. Grundsätze 290
  2. Zusammenfassung 293
VI. (Echter) Vertrag zugunsten Dritter (§ 328) 294
  1. Mangel im Valutaverhältnis 294
  2. Mangel im Deckungsverhältnis 295
  3. Zusammenfassung 298
VII. Einschaltung von Hilfspersonen 298

4. Teil. Deliktsrecht

§ 14. Einleitung

A. Überblick 301
B. Deliktische Haftungsgründe 302
  I. Verschuldensprinzip 303
  II. Gefährdungshaftung 303

§ 15. Unerlaubte Handlungen

A. Überblick 303
  I. Vertragliche und gesetzliche Schadensersatzansprüche 303
  II. System kollektiver Sicherungen 304
B. Das Regelungssystem der §§ 823 ff. 307
  I. Regelungssystem 307
  II. Grundtatbestände der Verschuldenshaftung 307

§ 16. Grundtatbestand des § 823 Abs. 1

A. Aufbau und Struktur des § 823 Abs. 1 309
B. Die geschützten Rechtsgüter und Rechte 309
  I. Leben 309
  II. Körper und Gesundheit 310
    1. Begriffsbestimmung 310
    2. Rechtsfolgen 310
    3. Sonderprobleme, insbesondere Arzthaftung 311
      a) Ärztlicher Heileingriff 311
      b) Sonderfälle 311
  III. Freiheit 314
  IV. Eigentum 314
    1. Verletzung des Rechts „Eigentum" 314
    2. Sachentziehung 315
    3. Substanzverletzung 315
      a) Allgemeines 315
      b) Vertiefungshinweis: Sog. weiterfressender Mangel 316
        aa) Grundsatz: Anspruchskonkurrenz 317
        bb) Besonderheiten des deliktischen Anspruchs 317
          (1) Abgrenzungskriterien 317
          (2) Beispielsfälle 319
    4. Gebrauchsbehinderung 324
    5. Zusammenfassung 328
  V. Sonstige absolute Rechte 329
    1. Einzelfälle 329

2. Besitz 333
   a) Unmittelbarer Besitz – Recht zum Besitz 333
   b) Mittelbarer Besitz (§ 868) 336
3. Allgemeines Persönlichkeitsrecht 337
   a) Allgemeines 337
   b) Subsidiarität (Auffangtatbestand) 338
   c) Tatbestand: Verletzung des allgemeinen Persönlichkeits-
      rechts 339
      aa) Eingriff 340
      bb) Umfassende Güter- und Interessenabwägung 342
   d) Rechtsfolge der Verletzung des allgemeinen Persönlich-
      keitsrechts 345
      aa) Unterlassung und Beseitigung (§ 1004) 345
      bb) Ersatz des immateriellen Schadens (Schmerzens-
          geld) 345
      cc) Ersatz des materiellen Schadens 347
   e) Zusammenfassung 351
4. Recht am eingerichteten und ausgeübten Gewerbe-
   betrieb 352
   a) Subsidiarität (Auffangtatbestand) 353
   b) Rechtswidrige Verletzung des Rechts am Gewerbebetrieb 353
      aa) Beeinträchtigung des Gewerbebetriebes 353
         (1) Gewerbebetrieb 353
         (2) Schutzbereich und Eingriff 354
      bb) Unmittelbarkeit: Betriebsbezogenheit des Eingriffs 357
      cc) Umfassende Güter- und Interessenabwägung 360
   c) Zusammenfassung 362
5. Keine „sonstigen Rechte" i. S. des § 823 Abs. 1 363
   a) Forderungen 363
   b) Vermögen 364
   c) Zusammenfassung 365
C. Verletzungshandlung, insbesondere Unterlassen 366
   I. Begriff der Handlung 366
   II. Abgrenzung zum Unterlassen 367
   III. Unterlassen 367
      1. Rechtspflicht zum Handeln 367
         a) Schutzpflicht 367
         b) Verkehrssicherungspflicht (Verkehrspflicht) 368
            aa) Bedeutung der Verkehrssicherungspflichten 368
            bb) Fallgruppen für Verkehrssicherungspflichten 369
               (1) Sorgfaltspflichten aus Verkehrseröffnung 370
               (2) Sorgfaltspflichten aus tatsächlicher Verfügungs-
                   gewalt über gefährliche Gegenstände 370
               (3) Sonderfall: Produzentenhaftung 370
            cc) Adressat von Verkehrssicherungspflichten 370
      2. Schutzumfang von Verkehrssicherungspflichten 373
      3. Verletzung der Verkehrssicherungspflicht 374
   IV. Zusammenfassung 374
D. Zurechnungskriterien 375
   I. Haftungsbegründung und Haftungsausfüllung 376
      1. Äquivalenztheorie 376
         a) Grundsatz 376
         b) Besonderheiten beim Unterlassen 378

2. Einschränkungen 380
   a) Adäquanztheorie 380
   b) Schutzzweck der Norm 383
3. Zusammenfassung 387
II. Sonderfälle 387
1. Schockschäden 387
2. Rechts-(gut-)verletzung und Schadensverursachung durch
   Dritte 389
3. Schädigung durch Geschädigten selbst 392

E. Rechtswidrigkeit 398
   I. Grundlagen 398
   II. Rechtfertigungsgründe 400
   1. Überblick 400
   2. Besondere Rechtfertigungsgründe 400
      a) Einwilligung bei ärztlichen Heileingriffen 400
      b) Handeln auf eigene Gefahr 400
   III. Zusammenfassung 403

F. Verschulden 403
   I. Verschuldensfähigkeit 404
   II. Arten des Verschuldens 405
   1. Vorsatz 405
   2. Fahrlässigkeit 405
   III. Gegenstand von Vorsatz und Fahrlässigkeit 406
   IV. Billigkeitshaftung (§ 829) 408
   V. Zusammenfassung 410

G. Schaden 411
H. Haftungsausfüllende Kausalität 413

§ 17. Sonstige Tatbestände der Verschuldenshaftung

A. Verletzung eines Schutzgesetzes (§ 823 Abs. 2) 416
   I. Struktur des § 823 Abs. 2 417
   II. Schutzgesetz 418
   1. Rechtsnorm 418
   2. Individualschutz 418
   III. Verletzung des Schutzgesetzes 419
   IV. Rechtswidrigkeit und Verschulden 419
   V. Schutzbereich 422
   1. Persönlicher Schutzbereich 422
   2. Sachlicher Schutzbereich 423
      a) Rechtsgut 423
      b) Schaden 423
   3. Modaler Schutzbereich 425
   VI. Zusammenfassung 426
B. Sittenwidrige vorsätzliche Schädigung (§ 826) 427
   I. Struktur und Tatbestand des § 826 427
   II. Sittenwidrigkeit 427
   III. Vorsatz 428
   IV. Fallgruppen des § 826 428
   V. Zusammenfassung 431
C. § 824 432
D. § 825 433

§ 18. Haftung für vermutetes Verschulden

A. Haftung für den Verrichtungsgehilfen (§ 831) 434
   I. Struktur der Norm 434
   II. Tatbestand 435
     1. Verrichtungsgehilfe 435
     2. Unerlaubte Handlung des Verrichtungsgehilfen 437
     3. In Ausführung der Verrichtung 438
     4. Exkulpation 439
       a) Gegenstand der Exkulpation 439
       b) Dezentralisierter Entlastungsbeweis (§ 831 Abs. 1 S. 2) ... 440
     5. Verhältnis zu § 823 Abs. 1 (Organisationsverschulden) 441
   III. Zusammenfassung 443
B. Haftung des Aufsichtspflichtigen (§ 832) 444
   I. Tatbestand des § 832 444
   II. Umfang der elterlichen Aufsichtspflicht 445
   III. Zusammenfassung 447
C. Haftung des Tierhalters (§§ 833 f.) 447
   I. Struktur und System der Tierhalterhaftung 447
   II. Gefährdungshaftung und Haftung für vermutetes
     Verschulden 448
     1. Typische Tiergefahr 448
     2. Tierhalter oder Tieraufseher 449
     3. Art des Tieres 449
     4. Widerlegung des vermuteten Verschuldens 450
   III. Zusammenfassung 450
D. Haftung für Schäden durch Gebäude (§§ 836 bis 838) 451

§ 19. Haftung mehrerer Personen

A. Haftung des Mittäters, Teilnehmers und Beteiligten (§ 830) 453
   I. Regelungszweck 453
   II. Unterscheidung nach Tätergruppen 453
     1. Mittäter und Teilnehmer 453
     2. Beteiligung (§ 830 Abs. 1 S. 2) 454
       a) Keine Täterschaft oder Teilnahme 454
       b) Keine feststehende Schadensverursachung durch Dritte ... 454
       c) Anspruchsbegründendes Verhalten des Inanspruchge-
         nommenen bei nur potenzieller Kausalität 455
       d) Begriff der Beteiligung 456
       e) Urheber- oder Anteilszweifel 456
       f) Zusammenfassung 458
     3. Fahrlässige Nebentäter 458
B. Haftung als Gesamtschuldner (§ 840) 459
   I. Außenverhältnis 459
     1. Tatbestand 460
     2. Rechtsfolge 460
   II. Innenverhältnis 463

§ 20. Besonderheiten des deliktischen Ersatzanspruchs

A. Besonderheiten bei Personenschäden 465
   I. Besonderheiten zum Anspruchsinhalt 465

II. Anspruchsgrundlage des mittelbar Geschädigten
(§§ 844 bis 846) 470
   1. § 844 470
   2. § 845: Ersatz für entgangene Dienste 471
   3. § 846: Mitverschulden des Verletzten 472
III. Schmerzensgeld (§ 253 Abs. 2) 474
B. Besonderheiten bei Sachschäden (§ 848 bis 851) 474
C. Verjährung (§§ 199, 852) 474
D. Arglisteinrede 476
E. Unterlassungs- und Beseitigungsansprüche 476
  I. Rechtsgrundlage 476
  II. Beseitigungsanspruch 477
   1. Voraussetzungen 477
   2. Abgrenzung zum Schadensersatz 478
 III. Unterlassungsanspruch 479
 IV. Zusammenfassung 480
F. Konkurrenzen (Grundsätze) 480

§ 21. Gefährdungshaftung und Haftung für fehlerhafte Produkte

A. Tatbestände der Gefährdungshaftung 481
  I. Grundlagen und Überblick 481
  II. Haftung des Halters eines Kfz oder Anhängers 483
   1. Voraussetzungen der Halterhaftung 483
    a) Verletzter 483
    b) Halter eines Kfz oder Anhängers 484
    c) Verletzungserfolg 485
    d) Bei dem Betrieb des Kfz 485
     aa) Betrieb 485
     bb) „bei" (Kausalzusammenhang zwischen Betrieb und
Schadensereignis) 486
    e) Ausschluss der Haftung 487
     aa) Höhere Gewalt (§ 7 Abs. 2 StVG) 487
     bb) § 17 Abs. 3 i. V. m. Abs. 2 und 1 StVG 488
      (1) Definition des unabwendbaren Ereignisses 488
      (2) Anwendungsbereich 489
     cc) Schwarzfahrten (§ 7 Abs. 3 S. 1 Halbs. 1 StVG) 490
     dd) Ausschluss nach §§ 8, 8 a StVG 490
   2. Umfang des Schadensersatzes 491
   3. Mitverursachung und Mitverschulden 491
    a) Verletzter Nicht-Halter und Nicht-Fahrer als Anspruchs-
steller 492
    b) Kfz-Halter oder Kfz-Führer als Anspruchssteller 493
    c) Anspruchsreduzierung (bis auf Null) 494
   4. Zusammenfassung 494
  III. Verschuldenshaftung des Kfz-Führers nach § 18 StVG 495
  IV. Direktanspruch gegen Versicherer nach § 3 PflVG 496
  V. Innenausgleich unter den haftpflichtigen Haltern oder Fahrern
bei Drittschaden 500
B. Haftung für fehlerhafte Produkte 501
  I. Einführung 501
  II. Produkthaftung nach § 823 Abs. 1 503
   1. Tatbestandsvoraussetzungen 503

a) Hersteller 503
b) Verletzung einer Verkehrssicherungspflicht 504
c) Rechtswidrigkeit 504
d) Verschulden 504
2. Herstellerspezifische Verkehrssicherungspflicht 505
a) Konstruktionsfehler 505
b) Fabrikationsfehler 506
c) Instruktionsfehler 506
d) Produktbeobachtung 507
3. Umkehr der Beweislast 508
4. Zusammenfassung 512
III. Produkthaftung nach dem ProdHaftG 512

5. Teil. Allgemeines Schadensrecht

§ 22. Grundlagen des Schadensrechts

A. Schadensbegriff, Differenzhypothese und normativer Schadens-
begriff 516
I. Schadensbegriff 516
II. Differenzhypothese 517
III. Wertungsmäßige Schadensberechnung – Normativer Schadens-
begriff 519
1. Nachteile 520
2. Vorteile 520
B. Arten von Schäden 522
I. Vermögens- und Nichtvermögensschaden 522
1. Bedeutung der Unterscheidung 522
2. Abgrenzungskriterien 522
a) Kommerzialisierungsgedanke 522
b) Frustrationsgedanke 523
c) Bedarfsschaden 523
3. Einzelprobleme 524
a) Entgangene Nutzungen 524
b) Fehlgeschlagene Aufwendungen als Schaden 526
c) Ersatz für nutzlos aufgewendete Urlaubszeit 531
II. Schadensersatz statt der Leistung 532
III. Surrogationstheorie (Austauschtheorie) und Differenztheorie ... 532
IV. „Großer" und „kleiner" Schadensersatz 534
V. Mangel- und Mangelfolgeschaden 535
VI. Positives und negatives Interesse 537
VII. Unmittelbarer und mittelbarer Schaden – unmittelbar und
mittelbar Geschädigter 539
VIII. Zusammenfassung 540

§ 23. Zu ersetzender Schaden: Art und Umfang der Schadensersatzpflicht (§§ 249 bis 253)

A. Grundsätze des Schadensersatzrechts 542
B. Herstellung in Natur oder durch Geldersatz (Integritätsinteresse) 544
I. Naturalrestitution (§ 249 Abs. 1) 544
II. Für Herstellung erforderlicher Geldbetrag (§ 249 Abs. 2) 545
1. Allgemeines 545

2. Dispositionsfreiheit des Geschädigten 546
3. Voraussetzung: Möglichkeit der Herstellung 547
4. § 249 Abs. 2 S. 1 und Beschädigung eines Kfz 548
5. Umsatzsteuer (§ 249 Abs. 2 S. 2) 551
III. Geld für Herstellung nach Fristsetzung (§ 250) 552
C. Entschädigung in Geld gemäß § 251 (Wert- oder Summeninteresse) 552
D. Entgangener Gewinn (§ 252) 555
E. Immaterieller Schaden (§ 253) 556
I. § 253 Abs. 1 556
II. § 253 Abs. 2 557
1. Bedeutung 558
2. Voraussetzungen des § 253 Abs. 2 558
3. Rechtsfolge: Ersatz immateriellen Schadens 559
III. Zusammenfassung 560
F. Konkrete und abstrakte Schadensberechnung 560
G. Zusammenfassung 561

§ 24. Zurechnung

A. Haftungsausfüllende Zurechnung 563
I. Überblick 563
II. Sonderfragen 564
1. Hypothetische Kausalität 565
2. Schadensanlage 567
3. Rechtmäßiges Alternativverhalten 568
4. Zusammenfassung 569
B. Vorteilsausgleichung 570
I. Leistungen Dritter 571
II. Ersparte Aufwendungen 573
III. Eigene Leistungen des Geschädigten 574
IV. Neu für alt 575
V. Zusammenfassung 576

§ 25. Drittschadensliquidation

A. Problemstellung 576
B. Abgrenzung zum Vertrag mit Schutzwirkung für Dritte 578
C. Fallgruppen der Drittschadensliquidation 581
I. Mittelbare Stellvertretung 581
II. Obligatorische Gefahrentlastung 582
III. Obhut für fremde Sachen 583
D. Zusammenfassung 584

§ 26. Haftungsbeschränkungen

A. Gesetzliche Haftungsbeschränkungen 585
B. Vertragliche Haftungsbeschränkungen 586
C. Zusammenfassung 587

§ 27. Mitverursachung und Mitverschulden (§ 254)

A. Mitverschulden des Geschädigten 588
I. Bedeutung 588

 II. Schadensminderung wegen Mitverschuldens (§ 254 Abs. 1 und
  § 254 Abs. 2 S. 1) 588
 III. Folgen der Mitverantwortlichkeit 589
B. Zurechnung des Mitverschuldens Dritter 591
 I. Anwendungsbereich 591
 II. Anwendungsvoraussetzungen 591
C. Zusammenfassung 596

Abkürzungsverzeichnis

a. F.	alte Fassung
Anm.	Anmerkung
BT-Drs.	Bundestagsdrucksache
ebd.	ebenda
EBV	Eigentümer-Besitzer-Verhältnis
ders., dies.	derselbe, dieselbe(n)
EFZG	Entgeltfortzahlungsgesetz
f. (ff.)	folgende Seite oder Paragraph (mehrere folgende Seiten oder Paragraphen)
FS	Festschrift
GoA	Geschäftsführung ohne Auftrag
GS	Großer Senat
i. S.	im Sinne
i. V. m.	in Verbindung mit
Lit.	Literatur
LS	Leitsatz
l. Sp.	linke Spalte
m. w. N.	mit weiteren Nachweisen
n. F.	neue Fassung
P	Problem (nur in den Zusammenfassungen)
RegBegr.	Regierungsbegründung
r. Sp.	rechte Spalte
st. Rspr.	ständige Rechtsprechung
vgl.	vergleiche
z. B.	zum Beispiel

Paragraphen ohne Gesetzesangabe sind solche des BGB.
Vgl. im Übrigen Kirchner/Butz, Abkürzungsverzeichnis der Rechtssprache, 5. Aufl. 2003.

Schrifttum

– Verzeichnis der abgekürzt zitierten Literatur –

AnwKomm-BGB/Bearbeiter	Dauner-Lieb/Heidel/Lepa/Ring (Hrsg.), Anwaltskommentar Schuldrecht: Erläuterungen der Neuregelungen zum Verjährungsrecht, Schuldrecht, Schadensersatzrecht und Mietrecht, 1. Aufl. 2002
Bamberger/Roth; Bearbeiter, in:	Bamberger/Roth, Kommentar zum Bürgerlichen Gesetzbuch, Band 1: §§ 1–610; Band 2: §§ 611–1296, ErbbauVO, WEG, 1. Aufl. 2003
Baur/Stürner, Sachenrecht	Baur/Stürner, Sachenrecht, 17. Aufl. 1999
Beuthien/Weber	Beuthien/Weber, Schuldrecht II – Ungerechtfertigte Bereicherung und Geschäftsführung ohne Auftrag, 2. Aufl. 1987
Brox/Walker, BS	Brox/Walker, Besonderes Schuldrecht, 30. Aufl. 2005
Dauner-Lieb/Heidel/ Lepa/Ring; Bearbeiter, in:	Dauner-Lieb/Heidel/Lepa/Ring, Das neue Schuldrecht, 1. Aufl. 2002
ErfK/Bearbeiter	Dietrich u. a. (Hrsg.), Erfurter Kommentar zum Arbeitsrecht, 6. Aufl. 2006
Deutsch, Allgemeines Haftungsrecht	Deutsch, Allgemeines Haftungsrecht, 2. Aufl. 1996
Deutsch/Ahrens	Deutsch/Ahrens, Deliktsrecht, 4. Aufl. 2002
Ellger	Ellger, Bereicherung durch Eingriff, 2002
Esser/Weyers, SR II/2	Esser/Weyers, Schuldrecht, Band 2. Besonderer Teil, Teilband 2: Gesetzliche Schuldverhältnisse, 8. Aufl. 2000
Fikentscher/Bearbeiter, SR	Fikentscher, Schuldrecht, 9. Aufl. 1997
Hentschel	Hentschel, Straßenverkehrsrecht, 38. Aufl. 2005
Huber/Faust; Bearbeiter, in:	Huber/Faust, Schuldrechtsmodernisierung, 2002
Janiszewski/Jagow/Burmann; Bearbeiter, in:	Janiszewski/Jagow/Burmann, Straßenverkehrsrecht, 19. Aufl. 2006
Jauernig/Bearbeiter	Jauernig, Bürgerliches Gesetzbuch, 11. Aufl. 2004
Kötz/Wagner	Kötz/Wagner, Deliktsrecht, 10. Aufl. 2006
Koppensteiner/Kramer	Koppensteiner/Kramer, Ungerechtfertigte Bereicherung, 2. Aufl. 1988
Lange/Schiemann	Lange/Schiemann, Schadensersatz, 3. Aufl. 2003
Larenz, SR I; II/1	Larenz, Lehrbuch des Schuldrechts, Erster Band: Allgemeiner Teil, 14. Aufl. 1987; Zweiter Band: Besonderer Teil, 1. Halbband, 13. Aufl. 1986

Larenz/Canaris, SR II/2	Larenz/Canaris, Lehrbuch des Schuldrechts, Zweiter Band: Besonderer Teil, 2. Halbband, 13. Aufl. 1994
Loewenheim	Loewenheim, Bereicherungsrecht, 2. Aufl. 1997
Looschelders, SR AT	Looschelders, Schuldrecht – Allgemeiner Teil, 2. Aufl. 2004
Lorenz/Riehm	Lorenz/Riehm, Lehrbuch zum neuen Schuldrecht, 2002
Medicus, BR	Medicus, Bürgerliches Recht, 20. Aufl. 2004
Medicus, Gesetzliche Schuldverhältnisse	Medicus, Gesetzliche Schuldverhältnisse: Delikts- und Schadensrecht, Bereicherung, Geschäftsführung ohne Auftrag, 4. Aufl. 2003
Medicus, SR-BT	Medicus, Schuldrecht II: Besonderer Teil, 13. Aufl. 2006
MünchKomm/Bearbeiter	Münchener Kommentar zum Bürgerlichen Gesetzbuch, Band 2a: Schuldrecht Allgemeiner Teil (§§ 241–432), 4. Aufl. 2003; Band 7: Familienrecht I (§§ 1297–1588), VAHRG, VAÜG, HausratsV, 4. Aufl. 2000; Band 3: Schuldrecht, Besonderer Teil I (§§ 433–610), Finanzierungsleasing, HeizkostenV, BetriebskostenV, CISG, 4. Aufl. 2004; Band 4: Schuldrecht, Besonderer Teil II (§§ 611–704), EFZG, TzBfG, KSchG, 4. Aufl. 2005; Band 5: Schuldrecht, Besonderer Teil III (§§ 705–853), Partnerschaftsgesellschaftsgesetz, Produkthaftungsgesetz, 4. Aufl. 2004; Band 6: Sachenrecht (§§ 854–1296), 4. Aufl. 2004; Band 9: Erbrecht (§§ 1922–2385), §§ 27–35 BeurkG, 4. Aufl. 2004
Mugdan II	Mugdan, Die gesamten Materialien zum Bürgerlichen Gesetzbuch für das Deutsche Reich, II. Band. Recht der Schuldverhältnisse, 1899
Musielak	Musielak, Grundkurs BGB, 9. Aufl. 2005
Palandt/Bearbeiter	Palandt, Bürgerliches Gesetzbuch, 65. Aufl. 2006
Reinicke/Tiedtke, Kaufrecht	Reinicke/Tiedtke, Kaufrecht, 7. Aufl. 2004
Reinking/Eggert	Reinking/Eggert, Der Autokauf, 9. Aufl. 2005
Reuter/Martinek	Reuter/Martinek, Ungerechtfertigte Bereicherung, 1983
Rolland	Rolland, Produkthaftungsrecht, 1990
Schaub/Bearbeiter, ArbR-Hdb.	Schaub (Hrsg.), Arbeitsrechts-Handbuch, 11. Aufl. 2005
Schlechtriem	Schlechtriem, Schuldrecht Besonderer Teil, 6. Aufl. 2003
Soergel/Bearbeiter	Soergel, Bürgerliches Gesetzbuch mit Einführungsgesetz und Nebengesetzen, Band 4/2: Schuldrecht III/2 (§§ 651a–704 BGB), 12. Aufl. 1999

Soergel/Bearbeiter

Staudinger/Bearbeiter

Staudinger/Bearbeiter, 12. Aufl.

v. Westphalen/Bearbeiter

Wilburg

Wollschläger, GoA

Soergel, Bürgerliches Gesetzbuch mit
Einführungsgesetz und Nebengesetzen,
Band 4: Schuldrecht III (§§ 705–853 BGB),
11. Auflage 1985
v. Staudingers Kommentar zum Bürgerlichen
Gesetzbuch mit Einführungsgesetz und
Nebengesetzen, 13. Bearb. 1994 ff.
v. Staudingers Kommentar zum Bürgerlichen
Gesetzbuch mit Einführungsgesetz und
Nebengesetzen, Zweites Buch. Recht der
Schuldverhältnisse. §§ 243–254, 12. Aufl.
1983; Zweites Buch. Recht der Schuldverhältnisse. §§ 823–832, 12. Aufl. 1986
v. Westphalen (Hrsg.), Produkthaftungs-
handbuch, Band I, 2. Aufl. 1997
Wilburg, Die Lehre von der ungerechtfertigten Bereicherung nach österreichischem und
deutschem Recht. Kritik und Aufbau, 1934
Wollschläger, Die Geschäftsführung ohne
Auftrag: Theorie und Rechtsprechung,
1. Aufl. 1976

1. Teil. Einführung

§ 1. Einleitung

A. Vertragliche und gesetzliche Schuldverhältnisse

Nach § 241 Abs. 1 verpflichtet jedes Schuldverhältnis den Schuldner 1
zu einer Leistung. Grundlage eines Schuldverhältnisses kann ein
Rechtsgeschäft oder das Gesetz sein. Die rechtlichen Grundlagen für
die rechtsgeschäftlichen und gesetzlichen Schuldverhältnisse befinden
sich nicht nur im 2. Buch des BGB (Recht der Schuldverhältnisse), sondern auch in den anderen Büchern sowie in Sondergesetzen.

Die **rechtsgeschäftlichen Schuldverhältnisse** werden grundsätzlich 2
durch einen Vertrag (übereinstimmende Willenserklärungen zweier
Beteiligter), ausnahmsweise durch ein einseitiges Rechtsgeschäft (nur
eine Willenserklärung, z. B. § 657: Auslobung) oder durch ein mehr-
seitiges Rechtsgeschäft (z. B. § 705: Gesellschaftsvertrag) begründet
(vgl. § 311 Abs. 1). Sie haben die Gemeinsamkeit, dass sie unmittelbar
oder mittelbar auf einem Rechtsgeschäft und damit auf einem auf
Rechtsfolgen gerichteten autonomen Willen beruhen. Neben den vertraglichen Schuldverhältnissen gibt es Schuldverhältnisse aus Gesetz.
Gesetzliche Schuldverhältnisse entstehen, wenn ein bestimmter (gesetzlicher) Tatbestand erfüllt ist, und sind von einem autonomen Willen,
der auf die Herbeiführung bestimmter Rechtsfolgen gerichtet ist, unabhängig.

Die wichtigsten gesetzlichen Schuldverhältnisse sind: 3
– **Geschäftsführung ohne Auftrag** (§§ 677 ff.): Wer ohne Auftrag oder
  sonstige Berechtigung fremde Geschäfte für einen anderen besorgt
  (sich also in dessen Angelegenheiten einmischt), begründet das gesetzliche Schuldverhältnis der Geschäftsführung ohne Auftrag zwischen sich als Geschäftsführer und dem Geschäftsherrn.
– **Ungerechtfertigte Bereicherung** (§§ 812 ff.): Vermögensverschiebungen ohne einen rechtlichen Grund (z. B. ohne einen gültigen Vertrag)
  werden nach den §§ 812 ff. ausgeglichen.
– **Unerlaubte Handlungen** (u. a. §§ 823 ff.) und **Gefährdungshaftung**
  (u. a. § 833 S. 1, §§ 7 ff. StVG): Wer einen anderen durch eine schuldhaft unerlaubte Handlung oder durch eine gefährliche (wenn auch
  erlaubte und schuldlose) Verhaltensweise verletzt, ist dem Geschädigten zum Schadensersatz verpflichtet.

B. Konkurrenz von vertraglichen und gesetzlichen Ansprüchen

4   In einem Lebenssachverhalt können gesetzliche mit vertraglichen Schuldverhältnissen zusammentreffen; ebenso können mehrere gesetzliche Schuldverhältnisse (z. B. GoA und § 823 Abs. 1) aus einem Lebenssachverhalt entstehen. Fraglich ist dann,
– ob nur ein Anspruch besteht, der auf mehreren Anspruchsgrundlagen beruht (die sog. Anspruchsnormenkonkurrenz), oder ob mehrere unabhängige Ansprüche bestehen (die sog. Anspruchskonkurrenz, vgl. unten § 1 Rn. 5 ff.),
– wie sich die Regelungen, die für die einzelnen Anspruchsgrundlagen gelten, zueinander verhalten (vgl. unten § 1 Rn. 7, 8 ff.), und
– ob von mehreren in Betracht kommenden Anspruchsgrundlagen nur eine Anspruchsnorm zur Anwendung kommt und welche die anderen verdrängt, oder ob mehrere nebeneinander bestehen (Problem der Konkurrenzen, vgl. unten § 7 Rn. 1 ff., § 12 Rn. 65 ff., § 20 Rn. 30 ff.).

I. Anspruchs- und Anspruchsnormenkonkurrenz

5   Ein bestimmter Lebenssachverhalt kann in der Regel unter verschiedene anspruchsbegründende Normen subsumiert werden, die alle den gleichen Anspruchsinhalt haben.[1]
     Der Gläubiger hat dann entweder nur einen einzigen Schadensersatzanspruch gegen den Schuldner, der im Gesetz und Vertrag mehrfach begründet ist und sich damit auf verschiedene Gründe stützt (**Anspruchsnormenkonkurrenz:** ein Anspruch aus einer Mehrheit von Anspruchsgrundlagen), oder er hat verschiedene Schadensersatzansprüche (**Anspruchskonkurrenz**), von denen sich einer auf Vertrag und ein anderer zum Beispiel auf § 823 Abs. 1 stützt.

6   Während bei einer Anspruchsnormenkonkurrenz also nur ein einziger materiellrechtlicher Anspruch vorliegt, der im Prozess geltend gemacht und über den (nur einheitlich) verfügt werden kann (z. B. Abtretung), sind bei einer Anspruchskonkurrenz mehrere materiellrechtliche Ansprüche vorhanden, die eine selbstständige Bedeutung im Prozess (Streitgegenstand) und Rechtsverkehr (Verfügungsgegenstand) haben. Sowohl bei Anspruchs- als auch bei Anspruchsnormenkonkurrenz kann der Gläubiger aber seinen Schaden nur einmal ersetzt verlangen; mit der Schadensersatzleistung erlöschen sämtliche Ansprüche.

---

[1] Vgl. *Larenz/Wolf*, Allgemeiner Teil des Bürgerlichen Rechts, 9. Aufl. 2004, § 18 Rn. 26 ff.

Fall: 7

B, Berufskraftfahrer beim Unternehmer S, kommt infolge Unvorsichtigkeit von der Straße ab. Dabei wird die Ladung, die im Eigentum des G steht, beschädigt. Ansprüche des G?

Lösung:

I. Ansprüche des G gegen B

1. Aus § 18 Abs. 1 i. V. m. § 7 Abs. 1 StVG (Haftung des Fahrzeugführers für vermutetes Verschulden) (–).
Zwar ist beim Betrieb eines Kfz eine Sache beschädigt worden (§ 7 Abs. 1 StVG). Jedoch gilt § 7 StVG nicht, wenn eine Sache beschädigt wird, die durch das Kfz befördert worden ist (§ 8 Nr. 3 StVG).

2. Aus § 823 Abs. 1 (Eigentumsverletzung) (+)

II. Ansprüche des G gegen S

1. Anspruch des G gegen S aus Pflichtverletzung des Beförderungsvertrages zwischen G und S (§§ 280, 631[2] i. V. m. § 278 S. 1).
Der Anspruch ist begründet. Zwar trifft den S kein eigenes Verschulden, er muss sich aber das fremde Verschulden seines Erfüllungsgehilfen B wie eigenes Verschulden zurechnen lassen (§ 278 S. 1).[3]

2. Die Halterhaftung des S aus § 7 Abs. 1 StVG ist wegen § 8 Nr. 3 StVG (s. o. I. 1.) nicht begründet.[4]

3. Anspruch aus § 831 Abs. 1 (+), da der Sachverhalt keine Anhaltspunkte für eine Exkulpation enthält.

4. Anspruch aus § 823 Abs. 1 (Eigentumsverletzung)
Eine Haftung des S aus § 823 Abs. 1 scheidet aus. Zwar ist durch den Unfall das Eigentum des G rechtswidrig verletzt worden. Die Eigentumsverletzung führt jedoch nicht der S, sondern sein angestellter Fahrer (B) herbei. S muss sich das Verschulden des B nicht nach § 278 zurechnen lassen: § 278 setzt ein bestehendes Schuldverhältnis voraus. Das gesetzliche Schuldverhältnis des § 823 Abs. 1 kommt aber erst durch die schädigende Handlung des B zustande und besteht nicht schon vorher.

5. Verhältnis der Ansprüche:
G kann seinen gesamten Schaden von S ersetzt verlangen, aber insgesamt nur einmal. Dies scheint für die Anspruchsnormenkonkurrenz (also nur ein einziger Anspruch) zu sprechen.[5] Jedoch beruhen die Ansprüche auf verschiedenen Haftungsgründen (Vertrag und Delikt), erfüllen unterschiedliche Funktionen, haben unterschiedliche Tatbestandsvorausset-

---

[2] Bei (leistungsbezogenen) Nebenpflichtverletzungen kommt § 280 – unabhängig von §§ 633, 634 – zur Anwendung (vgl. Palandt/*Sprau*, Vor § 633 Rn. 9).

[3] Bei diesem vertraglichen Schadensersatzanspruch sind folgende Besonderheiten zu berücksichtigen: (1) Das Vertretenmüssen des S und auch das Verschulden des Fahrers B werden vermutet (§ 280 Abs. 1 S. 2 [i. V. m. § 278]). (2) Der Anspruch aus Pflichtverletzung verjährt nach § 195 in 3 Jahren (nach der Rechtslage vor dem 1. 1. 2002 wendete die damals h. M. § 638 a. F. bei pVV nicht an). (3) Der Anspruch ist auch auf Schmerzensgeld gerichtet (vgl. § 253 Abs. 1 und 2), was im Fall aber nicht einschlägig ist.

[4] Vgl. zur Kfz-Halterhaftung § 21.

[5] Vgl. *Medicus*, Gesetzliche Schuldverhältnisse, S. 7.

zungen und können Unterschiede bei der Gehilfenhaftung, dem Haftungsmaßstab, der Beweislast, der Verjährung und dem Umfang der Schadensersatzhaftung aufweisen. Deshalb geht die h.M. von einer Anspruchskonkurrenz aus.[6] Der Gläubiger kann sich also auf alle im konkreten Fall einschlägigen Anspruchsgrundlagen berufen und die jeweiligen Vorteile, welche die einzelnen Ansprüche gewähren, miteinander kombinieren. Jeder dieser nebeneinander bestehenden, konkurrierenden Ansprüche wird grundsätzlich nach seinen eigenen Regeln behandelt (sog. **Unabhängigkeitsregel**) und folgt diesen hinsichtlich seiner Voraussetzungen, Inhalt und Verwirklichung, also auch hinsichtlich der Gehilfenhaftung, Haftungsmaßstab, Beweislast, Verjährung und Anspruchsumfang.

III. Ergebnis:

S und B haften als Gesamtschuldner (§§ 840 Abs. 1, 421). Die anzuwendenden arbeitsrechtlichen Grundsätze über den innerbetrieblichen Schadensausgleich (vgl. unten § 19 Rn. 27) betreffen nur das Innenverhältnis zwischen S und B und lassen die Schadensersatzpflicht gegenüber G unberührt.

II. Durchbrechung der Unabhängigkeit konkurrierender Ansprüche

8　　　In der Rechtsprechung ist anerkannt, dass in bestimmten Fällen die Regel von der Unabhängigkeit durchbrochen werden muss.[7] Ein bestimmtes (Schuldner-)Privileg, wie z.B. eine Haftungsmilderung oder kurze Verjährung, die nach dem Gesetzeswortlaut nur für einen bestimmten Anspruch gilt, wird dann auch auf den konkurrierenden anderen Anspruch angewendet, „schlägt also auf diesen durch". Dies muss sich aber aus dem (gesetzlichen) Zweck der privilegierenden Norm rechtfertigen lassen. Bei vertraglich vereinbarten Haftungsmilderungen ist die Reichweite dieser vertraglichen Vereinbarung eine Frage der Auslegung (§§ 133, 157).

9　　　**Fall (BGHZ 47, 53):**

K vermietet dem B kurz vor dessen ihm nicht bekannten 18. Geburtstag ein Kfz. Das Kfz ist dem S sicherungsübereignet (§§ 929 S. 1, 930). Bei einem von B verschuldeten Unfall wird das Kfz zerstört. K verlangt von B erst 8 Monate nach Rückgabe des zerstörten Kfz Ersatz. B beruft sich auf „Zeitablauf". Zu Recht?

Lösung:

1. Anspruch aus §§ 546 Abs. 1, 280 Abs. 1 und 3, 283?
Bei einem wirksamen Mietvertrag wäre B zum Schadensersatz verpflichtet (§§ 280 Abs. 1 und 3, 283), weil ihm die Rückgabe der Mietsache (mietvertragliche Nebenpflicht) schuldhaft (Vermutung des § 280 Abs. 1 S. 2) un-

---

[6] BGHZ 66, 315; 67, 359.
[7] Vgl. BGHZ 47, 53.

möglich ist (§ 275 Abs. 1). Jedoch ist der Mietvertrag wegen Minderjährigkeit des B nichtig (§§ 107 f.). Im Übrigen wäre der Anspruch verjährt, weil seit der Rückgabe mehr als 6 Monate verstrichen sind (§ 548 Abs. 1).

2. Anspruch aus §§ 990 Abs. 1 S. 1, 989 (–), weil K kein Eigentümer ist.

3. Anspruch aus § 823 Abs. 1?

a) Ein Vorrang des EBV (§§ 987 ff.) kommt nicht in Frage, da kein Eigentümer-Besitzer-Verhältnis vorliegt.

b) Es liegt eine Verletzung eines sonstigen Rechts i. S. des § 823 Abs. 1 vor, da K auf Grund der schuldrechtlichen Sicherungsabrede mit dem Sicherungseigentümer S berechtigter Besitzer ist und durch die Sachbeschädigung in seinem Recht zum Besitz verletzt ist (vgl. unten § 16 Rn. 42). Kausalität der Verletzungshandlung des B, Rechtswidrigkeit, Verschuldensfähigkeit (§ 828 Abs. 2, 3) und Verschulden sind zu bejahen.

c) Fraglich ist, ob der Anspruch verjährt ist.

aa) Konkurrierende Ansprüche werden grundsätzlich nach ihren eigenen Regeln beurteilt (Unabhängigkeitsregel). Die kurze Verjährungsfrist des mietvertraglichen Anspruchs (§ 548) gilt deshalb grundsätzlich nicht für den Deliktsanspruch. Der Anspruch aus § 823 Abs. 1 verjährt nach § 195 in 3 Jahren; die Frist beginnt mit Ende des Jahres, in dem der Anspruch entsteht und K Kenntnis von den Anspruch begründenden Umständen und der Person des Schädigers hat (vgl. § 199 Abs. 1 und Abs. 3).

bb) Es könnte jedoch die mietvertragliche Verjährungsvorschrift des § 548 Abs. 1 S. 1 auf § 823 Abs. 1 entsprechend anzuwenden sein („durchschlagen"). Das setzt voraus, dass die besondere Verjährungsvorschrift auch außerhalb des Mietrechts gilt (unten 1) und dass der unwirksame Vertrag (Minderjährigkeit des B) dem nicht entgegensteht (unten 2).

(1) Der Zweck der privilegierenden Norm (kurze Verjährung des § 548) müsste es erfordern, dass auch konkurrierende Schadensersatzansprüche dieser kurzen Verjährung unterliegen. Dies bejahe der BGH. Nach dem Normzweck des § 548 soll nach Beendigung des Mietvertrages eine „rasche Auseinandersetzung der Beteiligten" herbeigeführt werden.[8] Mit dem mietvertraglichen Anspruch konkurriert in aller Regel ein deliktischer Anspruch aus § 823 Abs. 1 (Eigentumsverletzung), weil der Vermieter regelmäßig zugleich der Eigentümer der Mietsache ist. Wenn der deliktische Anspruch einer längeren Verjährung unterläge, dann würde der Normzweck des § 548 vereitelt. Die kurze Verjährungsfrist des § 548 würde dem Mieter nichts nutzen. Deshalb erfasst die kurze vertragliche Verjährung auch den Deliktsanspruch.

(2) Der Normzweck des § 548 (erwünschte schnelle Abwicklung von Schadensersatzansprüchen) ist aber auch bei solchen Gebrauchsüberlassungen sinnvoll und geboten, deren vertragliche Grundlage fehlgegangen ist. Auch in diesem Fall besteht die Gefahr, dass Schaden und Schädiger an der – u. U. in schneller Folge wechselnden Interessenten zugänglich gemachten – Sache nach längerer Zeitdauer mit hinreichender Sicherheit nicht mehr

---

[8] Vgl. BGHZ 47, 53, 56 f.

auszumachen sind.[9] Der Wirksamkeit des Mietvertrages kommt für den Normzweck des § 548 dabei keine entscheidende Bedeutung zu. Der vorrangige Schutz Minderjähriger wird dabei nicht tangiert.[10]

cc) Daraus folgt, dass auch ein Schadensersatzanspruch aus § 823 Abs. 1 wegen des Rechtsgedankens aus § 548 Abs. 1 verjährt ist.

4. Ergebnis: Die Ansprüche des K sind unbegründet.

10　**Beispiele:**
– B hat einen Teil des Grundstücks des K gemietet und dort einen Verkaufsanhänger (für Speisen und Getränke) aufgestellt. Durch ausströmendes Gas, das sich in Flaschen in dem Verkaufsanhänger befindet, kommt es zu einer Explosion und damit zu Schäden am Grundstück des K. Der BGH wendete § 548 (= § 558 a. F.) auf alle in Betracht kommenden Schadensersatzansprüche (§§ 535, 280 Abs. 1 [Nebenpflichtverletzung] und § 823 Abs. 1) an. „Beschädigt der Mieter eines Hausgrundstücks unter Verletzung seiner vertraglichen Obhutspflicht sowohl die von ihm gemieteten Grundstücks- und Gebäudeteile als auch solche, die nicht Gegenstand des Mietvertrages sind, so verjähren sämtliche hieraus entstehenden Ersatzansprüche des Vermieters einheitlich innerhalb von 6 Monaten, und zwar auch dann, wenn die Schäden an den nicht vermieteten Gegenständen überwiegen" (BGHZ 61, 227 [LS 1]; vgl. auch BGHZ 116, 293).
– Keine Erstreckung der vertraglichen Verjährungsregelung findet dagegen bei einer Haftung des Werkunternehmers aus Werkvertrag (§§ 634 Nr. 4, 280 ff.) und aus Delikt statt. Die Verjährung deliktischer Ansprüche richtet sich also nach §§ 195, 199 und nicht nach § 634 a (BGHZ 55, 392, 395 ff. zu § 638 a. F.; vgl. zum weiterfressenden Mangel unten § 16 Rn. 19 ff.).

11　　Ein weiteres Beispiel für die Erstreckung eines Schuldnerprivilegs auf einen konkurrierenden Anspruch ist das **Haftungsprivileg** des § 680 (vgl. unten § 5 Rn. 67 ff.). Die Vorschrift soll zur Hilfeleistung bei dringenden Gefahren ermutigen (z. B. Erste Hilfe bei einem Verkehrsunfall) und privilegiert deshalb den Geschäftsführer, indem sie die Haftung auf Vorsatz und grobe Fahrlässigkeit beschränkt und so das Haftungsrisiko mindert. Die Haftungsbeschränkung gilt auch für einen konkurrierenden Anspruch des Geschäftsherrn, z. B. aus Delikt.[11]

Beispiel (vgl. auch § 5 Rn. 59):
Der Unfallhelfer U leistet dem verunglückten Autofahrer A Erste Hilfe. Dabei behandelt er ihn leicht fahrlässig falsch und fügt ihm eine weitere Körperverletzung zu. Rechtslage?
(1) Der Unfallhelfer haftet nicht aus Geschäftsführung ohne Auftrag (§ 677 i. V. m. § 280 [Pflichtverletzung]), sog. Ausführungsverschulden (vgl. unten § 5 Rn. 57 ff.), weil er nicht für die leichte Fahrlässigkeit einzustehen hat (§ 680). (2) Zwar hat der Unfallhelfer aus § 823 Abs. 1 (Körperverletzung) grundsätzlich für jede Fahrlässigkeit einzustehen, weil eine entsprechende Haftungsmilderung im Deliktsrecht nicht vorgesehen ist. Der Normzweck des § 680 erfordert aber eine analoge Anwendung auch auf deliktische Ansprüche, sodass der Unfallhelfer aus dem kon-

---

[9] So BGHZ 47, 53, 57.
[10] Vgl. BGHZ 47, 53, 57 f.
[11] Vgl. BGH NJW 1972, 475.

kurrierenden Deliktsanspruch bei leichter Fahrlässigkeit ausnahmsweise nicht haftet. Denn der Normzweck des § 680 würde vereitelt, wenn der Helfende bei leichter Fahrlässigkeit aus einem konkurrierenden Deliktsanspruch haften müsste.

III. Zusammenfassung 12

Anspruchskonkurrenz

1. Anspruchskonkurrenz
   – Mehrere Ansprüche (nicht nur Anspruchsgrundlagen) bestehen nebeneinander
   – Keine bloße Anspruchsnormenkonkurrenz (§ 1 Rn. 5 ff.)

2. Unabhängigkeitsregel
   – Die konkurrierenden Ansprüche folgen ihren eigenen Regeln und sind unabhängig voneinander (§ 1 Rn. 7)
   – Deshalb können unterschiedliche Vorschriften bzgl. Gehilfenhaftung, Haftungsmaßstab, Beweislast und Verjährung anwendbar sein

3. Ausnahme: Durchbrechung der Unabhängigkeitsregel entsprechend dem Zweck einer privilegierenden Norm
   – Entsprechende Anwendung des Schuldnerprivilegs auf den konkurrierenden Anspruch (§ 1 Rn. 8 ff.)

C. Unterschiede zwischen vertraglichen und gesetzlichen Schuldverhältnissen

Vertragliche und gesetzliche Schuldverhältnisse unterliegen grund- 13
sätzlich ihren eigenen Regeln. Diese Regeln weisen in einigen Punkten
wesentliche **Unterschiede** auf.

I. Haftung für Gehilfen

Das BGB regelt die **Haftung des Schuldners für seine Hilfspersonen** 14
an zwei Stellen:
– § 278: Haftung für Erfüllungsgehilfen bei Pflichtverletzung im Rahmen eines Schuldverhältnisses;
– § 831: Haftung für Verrichtungsgehilfen bei Delikt.
§ 831 stellt eine selbstständige Anspruchsgrundlage dar. § 278 ist dagegen ausschließlich Zurechnungsnorm (vgl. unten § 18 Rn. 4). Sowohl
§ 278 als auch § 831 lassen eine Eigenhaftung des Gehilfen unberührt.
§ 278 erfasst die Haftung des Schuldners für ein Verschulden seines 15
Gehilfen, soweit es um die Verletzung einer Pflicht aus einem Schuld-

verhältnis geht. Voraussetzung ist, dass ein Schuldverhältnis im Zeitpunkt des Verhaltens, das einen Schadensersatzanspruch begründet (Schädigung), schon besteht. Es reicht nicht aus, dass das Schuldverhältnis erst durch das (schadensbegründende) Ereignis (z. B. unerlaubte Handlung) zustande kommt. Das bestehende Schuldverhältnis kann vertraglicher oder gesetzlicher Natur sein; § 278 und § 831 lassen sich deshalb nicht nach der vertraglichen und gesetzlichen Natur des Schadensersatzanspruchs abgrenzen.

Beispiel:
S beschädigt beim Einparken den Gartenzaun seines Nachbarn N. Dadurch entsteht zwischen S und N ein gesetzliches Schuldverhältnis aus § 823 Abs. 1 (unerlaubte Handlung); S ist dem N zur Reparatur des Zaunes (§ 249 Abs. 1, Naturalrestitution) verpflichtet.
Mit der Reparatur beauftragt S den Unternehmer U, der bei den Reparaturarbeiten Pflanzen des N zerstört. Zurzeit der schädigenden Handlung des U (Zerstören der Pflanzen) besteht zwischen S und N bereits ein Schuldverhältnis (§ 823 Abs. 1 bezüglich des Gartenzaunes). § 278 kommt deshalb zur Anwendung, unabhängig davon, dass dieses bestehende Schuldverhältnis ein gesetzliches ist. S muss sich das schuldhafte Zerstören der Pflanzen wie eigenes Verschulden zurechnen lassen (§ 278 S. 1). U wird in Erfüllung der bestehenden Verpflichtung des S tätig und nicht nur bei Gelegenheit. Eine etwaige Haftung des S aus § 831 Abs. 1 – abhängig von einer Exkulpation des S (vgl. § 18 Rn. 12 ff.) – schließt die Haftung des U aus § 823 Abs. 1 nicht aus. Beide haften als Gesamtschuldner (vgl. §§ 840 Abs. 1, 421).

16   Der Schuldner hat innerhalb eines bestehenden Schuldverhältnisses für ein Verschulden seines Erfüllungsgehilfen und gesetzlichen Vertreters wie für eigenes Verschulden einzustehen (§ 278). Der Schuldner haftet also für fremdes Verschulden.

Beispiel:
Bei Reparaturarbeiten lässt der Arbeiter des Werkunternehmers einen Gegenstand vom Gerüst fallen, der die Fensterscheibe des Bestellers zerstört. Für dieses schuldhafte Verhalten des Arbeiters hat der Werkunternehmer dem Besteller gegenüber einzustehen (§ 278 S. 1).

17   Demgegenüber regelt § 831 die Haftung für den Verrichtungsgehilfen ohne das Erfordernis eines (schon) bestehenden Schuldverhältnisses. Der Geschäftsherr haftet nur dann für einen Schaden, den sein Verrichtungsgehilfe in Ausführung der Verrichtung verursacht hat, wenn der Geschäftsherr eigene Sorgfaltspflichten verletzt hat. Dem Geschäftsherrn wird also nicht ein fremdes Verschulden zugerechnet, sondern er haftet für ein eigenes (vermutetes) Verschulden.[12]

18   § 278 und § 831 können nebeneinander zur Anwendung kommen. Der Geschäftsherr haftet dann aus Vertrag (z. B. § 280 und sonstiges Leistungsstörungsrecht) und aus unerlaubter Handlung. Es besteht Anspruchskonkurrenz. Wenn der Anspruchsgegner einen Gehilfen einge-

---

[12] Vgl. zu § 831 unten § 18 Rn. 3 ff., insbesondere zum Entlastungsbeweis (§ 18 Rn. 12) und dem Organisationsverschulden (§ 18 Rn. 16).

schaltet hat, dann ist für die vertragliche Haftung des Schuldners auf § 278 und für seine Deliktshaftung auf § 831 abzustellen.

Vertiefungshinweis: § 31 als Zurechnungsnorm 19
Die dritte Vorschrift, die eine Haftung für Dritte regelt, ist § 31. Diese Norm ist – wie § 278 – keine selbstständige Anspruchsgrundlage, sondern ausschließlich Zurechnungsnorm. Der juristischen Person (und anderen rechtsfähigen Gesellschaften [z. B. OHG, GbR]) werden durch § 31 die zum Schadensersatz verpflichtenden Handlungen ihrer Organe zugerechnet. Voraussetzung ist eine zum Schadensersatz verpflichtende Handlung (§§ 280 ff., 823 ff.) eines verfassungsmäßig berufenen Vertreters (Organs). Ein Schuldverhältnis braucht – wie bei § 831 – nicht schon zu bestehen.[13]

Erfüllungsgehilfe	Verrichtungsgehilfe	20
§ 278	§ 831	
Zurechnungsnorm	Selbständige Anspruchsgrundlage	
Haftung für fremdes Verschulden	Haftung für eigenes vermutetes Verschulden	
Bereits bestehendes Schuldverhältnis	Schuldverhältnis nicht erforderlich	
Mit Wissen und Wollen für den Schuldner tätig	Weisungsabhängigkeit	
Keine Entlastungsmöglichkeit	Entlastungsmöglichkeit (§ 831 Abs. 1 S. 2)	

Merksatz: § 278 ist eine **Zurechnungsnorm** für fremdes Verschulden bei bestehendem Schuldverhältnis. § 831 ist eine **Anspruchsgrundlage** für vermutetes eigenes Verschulden bei deliktischem (tatbestandsmäßigem und rechtswidrigem [nicht notwendig auch schuldhaftem]) Handeln des Verrichtungsgehilfen.

II. Haftungsmaßstab

Der Schuldner eines vertraglichen oder gesetzlichen Schuldverhältnisses haftet nach § 276 für Vorsatz und (jede) Fahrlässigkeit (**Haftungsmaßstab**). Die Vorschrift gilt sowohl für vertragliche als auch für gesetzliche Schuldverhältnisse; dies ergibt sich aus der systematischen Stellung der Vorschrift im allgemeinen Schuldrecht. 21

Abweichend davon wird jedoch bei einigen vertraglichen Schuldverhältnissen diese Haftung gemildert. Dies gilt insbesondere für die Haftung einer Partei, die unentgeltlich handelt (Schenkung, § 521: Vorsatz und grobe Fahrlässigkeit; Leihe, § 599: Vorsatz und grobe Fahrlässig- 22

---

[13] Vgl. im Einzelnen *Schwarz*, in: Bamberger/Roth, § 31 Rn. 1 ff. m. w. N.

keit; unentgeltliche Verwahrung, § 690: Sorgfalt in eigenen Angelegenheiten).

23   Im Recht der unerlaubten Handlungen wird grundsätzlich für jede
Verschuldensform gehaftet, und zwar unabhängig davon, ob der Schädiger entgeltlich oder unentgeltlich tätig wird. Das Verschulden wird in
einigen Tatbeständen vermutet (Haftung für vermutetes Verschulden;
vgl. unten § 18 Rn. 1 ff.); dies hat vor allem beweisrechtliche Bedeutung. Bei der Gefährdungshaftung (vgl. unten § 21 Rn. 1 ff.) kommt es
auf Verschulden (überhaupt) nicht an.[14]

III. Beweislast bei Schadensersatzansprüchen

24   Vertragliche und gesetzliche Schuldverhältnisse unterscheiden sich in
der Frage, wer das Verschulden des Schädigers im Prozess darlegen und
beweisen muss (**Darlegungs- und Beweislast**). Nach dem allgemeinen
Grundsatz der Darlegungs- und Beweislast muss jeder die für ihn günstigen Tatsachen darlegen und beweisen. Der Geschädigte als Kläger
muss also ein Verschulden des Beklagten (Schädigers) im Prozess nachweisen.

25   **Vertiefungshinweis:** Beweislast
Die Beweislast ist entscheidend für die objektiven Folgen der Beweislosigkeit
einer Tatsache im Zivilprozess. Gegenstand der objektiven Beweislast ist die
Frage, zu wessen Gunsten oder Ungunsten eine misslungene Beweisaufnahme zu
berücksichtigen ist.[15] Anerkannt ist folgendes Prinzip der Beweislast: Diejenige
Partei, deren Prozessbegehren ohne die Anwendung eines bestimmten Rechtssatzes keinen Erfolg haben kann, trägt die Beweislast dafür, dass die Merkmale
des Rechtssatzes im tatsächlichen Geschehen verwirklicht sind; sie trägt also die
Beweislast für die Voraussetzungen der anzuwendenden Rechtssatzes.[16] Die Verteilung der Rollen im Prozess ist dabei ohne Bedeutung.[17]

26   Für Ansprüche auf Schadensersatz wegen Pflichtverletzung normiert
§ 280 Abs. 1 S. 2 eine **Beweislastumkehr;** sie betrifft das (anspruchsbegründende) Verschulden (Ausnahme: § 619 a). Die Beweislastumkehr ist
aus der Fassung der Vorschrift abzuleiten („Dies gilt nicht, wenn …").
Stehen Pflichtverletzung, Schaden und Kausalität fest, so muss der an
sich beweispflichtige Gläubiger (Anspruchsteller) nicht auch das Verschulden beweisen, sondern der Schuldner (Anspruchsgegner) muss sich
entlasten und beweisen, dass er die Pflichtverletzung nicht zu vertreten

---

[14] Aber Ausschluss der Haftung nach § 7 Abs. 2 StVG bei höherer Gewalt. Ein
(fehlendes) Verschulden ist im Verhältnis mehrerer Kfz-Halter nach § 17 Abs. 3 StVG
von Bedeutung.
[15] *Rosenberg/Schwab/Gottwald*, Zivilprozeßrecht, 16. Aufl. 2004, § 114 I 2, 3,
S. 780 f.
[16] So schon *Rosenberg*, Die Beweislast, 5. Aufl. 1965, S. 12; *Rosenberg/Schwab/
Gottwald*, Zivilprozeßrecht, 16. Aufl. 2004, § 114 II 1, S. 781 f. m. w. N.
[17] *Rosenberg*, Die Beweislast, 5. Aufl. 1965, S. 173; *Rosenberg/Schwab/Gottwald*,
Zivilprozeßrecht, 16. Aufl. 2004, § 114 III 2 c, S. 788.

hat. Das Gleiche gilt bei der Haftung für Erfüllungsgehilfen (§ 278). Bei der Fallbearbeitung hat dies zur Folge, dass ein Anspruch aus Pflichtverletzung (§ 280) zu bejahen ist, wenn Pflichtverletzung, Schaden und Kausalität feststehen und der Sachverhalt keine Anhaltspunkte zum Verschulden gibt; nur ein fehlendes Verschulden muss begründet werden.

Bei dem gesetzlichen Schuldverhältnis aus unerlaubter (schuldhafter) Handlung muss derjenige, der sich auf einen Verschuldenstatbestand beruft, das Verschulden des Schädigers nachweisen. Dies gilt insbesondere bei den Grundvorschriften der Deliktshaftung (§§ 823 bis 826). **27**

Dies gilt nicht für die Fälle der Haftung für ein vermutetes Verschulden (§§ 831 bis 838 – nicht aber der Gefährdungshaftungstatbestand des § 833 S. 1 –, § 18 StVG), in denen wie bei § 280 Abs. 1 S. 2 die Beweislast umgekehrt ist: Der Schädiger muss sich entlasten („exkulpieren"). Besonderheiten hinsichtlich der Beweislast gelten bei den von der Rechtsprechung entwickelten Grundsätzen der Produkthaftung (vgl. unten § 21 Rn. 49 ff., 53); bei bestimmten Produktfehlern ist eine Umkehr der Beweislast anerkannt.

IV. Verjährung

Die **Verjährung** berechtigt den Schuldner, die Leistung zu verweigern (§ 214 Abs. 1). Die regelmäßige Verjährungsfrist beträgt 3 Jahre (§ 195). Sie gilt grundsätzlich für vertragliche und gesetzliche Schuldverhältnisse. **28**

Im besonderen Schuldrecht finden sich einige Sondervorschriften über die Dauer der Verjährungsfrist (und deren Beginn). Für vertragliche (Mängel-)Ansprüche bestehen teilweise spezielle Verjährungsfristen; diese sind im jeweiligen Sachzusammenhang des Besonderen Teils des Schuldrechts geregelt (Verjährung der Mängelansprüche im Kaufrecht: § 438; im Werkvertragsrecht: § 634 a; im Mietrecht: § 548). Im Deliktsrecht ist § 852 S. 2 für die (deliktische) Bereicherungshaftung zu beachten (vgl. unten § 20 Rn. 18). **29**

Grundsätzlich beginnt die Verjährungsfrist mit dem Schluss des Jahres, in dem der Anspruch entstanden ist (fällig geworden ist) und der Gläubiger von den Umständen, die den Anspruch begründen, und der Person des Schuldners Kenntnis erlangt hat oder ohne grobe Fahrlässigkeit erlangen musste (§ 199 Abs. 1, sog. subjektives System). § 199 Abs. 2 bis 5 enthalten für bestimmte Ansprüche abweichende Bestimmungen für die Verjährungsfrist und den Fristbeginn; es wird nach dem Anspruchsinhalt (Schadensersatz, andere Ansprüche, Unterlassungsanspruch) sowie innerhalb der Schadensersatzansprüche nach der Art der Rechtsgutverletzung differenziert, nicht aber nach der vertraglichen oder gesetzlichen Natur des Anspruchs. **30**

Der Beginn der Verjährungsfrist vertraglicher Ansprüche ist zum Teil speziell und damit abweichend von § 199 geregelt (Beginn mit Übergabe bzw. mit Ablieferung: § 438 Abs. 2; Beginn mit der Abnahme: § 634a Abs. 2; Beginn mit der Rückgabe der Mietsache: § 548).

V. Umfang des Schadensersatzes

31   Mit § 253 n. F. ist im allgemeinen Teil des Schuldrechts ein **Schmerzensgeldanspruch** geregelt. Diese Regelung ist unabhängig vom Haftungsgrund (vgl. unten § 23 Rn. 37 ff., 41). Nach der alten Rechtslage konnte Schmerzensgeld dagegen grundsätzlich nur bei der Haftung nach BGB-Deliktsrecht (vgl. § 847 a. F.), nicht aber bei anderen Haftungstatbeständen (insbesondere Gefährdungshaftungen außerhalb des BGB) verlangt werden. Diese Besonderheit ist mit dem zweiten Schadensersatzrechtsänderungsgesetz vom 19. 7. 2002[18] weggefallen. Die Gefährdungshaftung des StVG ist aber nach wie vor summenmäßig durch Höchstbeträge begrenzt (§§ 12 ff. StVG).

VI. Zusammenfassung

32

Unterschiede zwischen vertraglichen und gesetzlichen Schuldverhältnissen

1. Haftung für Gehilfen
   - § 278: nur bei bestehendem Schuldverhältnis
   - § 831: auch ohne bestehendes Schuldverhältnis
2. Haftungsmaßstab
   - Bei vertraglichen und gesetzlichen Schuldverhältnissen grundsätzlich § 276
   - Ausnahmen: Haftungsmilderungen im Vertragsrecht (§ 1 Rn. 22)
   - Ausnahmen: Haftungsmilderungen in gesetzlichen Schuldverhältnissen (vgl. z. B. § 5 Rn. 70)
3. Beweislast bei Schadensersatzansprüchen
   Allgemeiner Grundsatz: Jede Partei muss die für sie günstigen Tatsachen darlegen und beweisen.
   - Ausnahme: Generelle Beweislastumkehr zu Gunsten des Geschädigten bei vertraglichem Schadensersatzanspruch (vgl. § 280 Abs. 1 S. 2)

---

[18] Zweites Gesetz zur Änderung schadensersatzrechtlicher Vorschriften vom 19. 7. 2002, BGBl. I, S. 2674.

– Ausnahme: Bei gesetzlichem Schadensersatzanspruch
erfolgt eine Beweislastumkehr zu Gunsten des Geschädigten
nur in besonderen Fällen, z. B.:
Haftung für vermutetes Verschulden (z. B. § 831 Abs. 1)
Produkthaftung

4. Verjährung
– Verjährungsfrist (§ 195) und Beginn der Verjährungsfrist
(§ 199) bei vertraglichen und gesetzlichen Schuldverhältnissen
grundsätzlich gleich
– Spezialvorschriften im besonderen Schuldrecht (§ 1 Rn. 29)

5. Kein Unterschied bei Schmerzensgeld (§ 253)
– Unabhängig vom Haftungsgrund (anders noch § 847 a. F.)

2. Teil. Geschäftsführung ohne Auftrag

Literatur: *Bamberger,* Grundfälle zum Recht der Geschäftsführung ohne Auftrag im öffentlichen Recht, JuS 1998, 706; *Berg,* Hauptprobleme der GoA, JuS 1975, 681; *Falk,* Von Titelhändlern und Erbensuchern – Die GoA-Rechtsprechung am Scheidewege, JuS 2003, 833; *Früh,* Bürgerliches Recht in der Fallbearbeitung, JuS 1995, 419; *Giesen,* Das Recht der fremdnützigen Geschäftsbesorgung, Jura 1996, 225, 288, 344, 352; *Henssler,* JuS 1991, 924; *Land,* Grundfälle zur Geschäftsführung ohne Auftrag, JuS 1998, 479; *Lorenz,* Gescheiterte Vertragsbeziehungen zwischen Geschäftsführung ohne Auftrag und Bereicherungsrecht: Späte Einsicht des BGH?, NJW 1996, 883; *Martinek/ Theobald,* Grundfälle zum Recht der Geschäftsführung ohne Auftrag, JuS 1997, 612, 805, 992; 1998, 27; *Rödder,* Grundzüge der GoA, JuS 1983, 930; *Schildt,* Konkurrenzprobleme im Bereicherungsrecht, JuS 1995, 953; *Schreiber,* Das „auch-fremde" Geschäft bei der Geschäftsführung ohne Auftrag, Jura 1991, 155; *Schröder/Bär,* Geschäftsführung ohne Auftrag, Eigentümer-Besitzer-Verhältnis und Bereicherungsrecht bei der Abwicklung nichtiger Werkverträge, Jura 1996, 449; *Schwarz/Ernst,* Ansprüche des Grundstücksbesitzers gegen „Falschparker", NJW 1997, 2550; *Schwerdtner,* GoA, Jura 1982, 593, 642; *Seiler,* Grundfälle zum Recht der Geschäftsführung ohne Auftrag, JuS 1987, 368; *Staake,* Die Polizei als Geschäftsführer ohne Auftrag?, JA 2004, 800; *Wendlandt,* „Ein bisschen über den Rubikon" – Der BGH und die GoA des vertraglich pflichtengebundenen Geschäftsführers, NJW 2004, 985; *Wollschläger,* Grundzüge der GoA, JA 1979, 57, 126, 182.

§ 2. Einführung und Überblick

A. Begriff

1   Die §§ 677 und 687 regeln den Grundtatbestand der **Geschäftsführung ohne Auftrag** (GoA). Eine (echte; vgl. unten § 2 Rn. 9) Geschäftsführung ohne Auftrag liegt vor, wenn jemand (der Geschäftsführer) das Geschäft für einen anderen (für den Geschäftsherrn) besorgt, ohne von ihm beauftragt oder ihm gegenüber sonst dazu berechtigt zu sein (§ 677), und der Geschäftsführer weiß, dass ein fremdes Geschäft vorliegt (§ 687 Abs. 1), und im fremden Interesse handeln will (§ 687 Abs. 2 S. 1). Die auftraglose Fremdgeschäftsführung und der Fremdgeschäftsführungswille kennzeichnen die (echte) GoA.

2   Die gesetzliche **Titelüberschrift** („Geschäftsführung ohne Auftrag") ist zu eng. Für die GoA ist nämlich erforderlich, dass zwischen dem Geschäftsherrn und dem Geschäftsführer nicht nur ein Auftrag, sondern überhaupt jedes – vertraglich oder gesetzlich begründete – besondere Rechtsverhältnis fehlt. Eine gesetzliche Rechtsbeziehung wird erst durch die §§ 677 ff. hergestellt. Das gesetzliche Schuldverhältnis der GoA wird also ohne darauf abzielende Willenserklärungen der Beteiligten allein

durch die Tatsache begründet, dass eine Person (der Geschäftsführer) für einen anderen (den Geschäftsherrn) ein Geschäft besorgt (vgl. § 677); ausreichend ist die Übernahme der Geschäftsführung, die Ausführung ist nicht erforderlich.

Die „Geschäftsführung ohne Auftrag" umfasst viele Fallkonstellationen; daher ist die GoA bei Falllösungen häufig zu erörtern.[1] Die Prüfung der GoA ist regelmäßig schwierig, weil es viele Gründe dafür gibt, im Einzelfall die GoA abzulehnen, diese Gründe aber dem Gesetzeswortlaut nicht so ohne Weiteres zu entnehmen sind.[2] Die Schwierigkeiten des Rechtsgebiets der GoA gerade für Studienanfänger ergeben sich vor allem aus Folgendem:[3] Die Systematik der gesetzlichen Regelungen ist nicht leicht zu durchschauen.[4] Anders als das Bereicherungs- und Deliktsrecht stehen die wichtigsten Anspruchsgrundlagen der GoA nicht in den Eingangsvorschriften. Die Eingangsvorschrift des § 677, die den Geschäftsführer zu einer interessen- und willensgemäßen Geschäftsführung verpflichtet, wirkt wie aus dem Zusammenhang gerissen.[5] Die Vorschriften der GoA werden vielfach als unübersichtlich und unklar angeordnet kritisiert.[6] Es fehlt, so wird eingewandt, in der Abfolge der Vorschriften eine klare systematische Trennung zwischen der (von Rechtsprechung und h. L. vertretenen) berechtigten und unberechtigten GoA. Vielmehr sind die Vorschriften über die berechtigte und die unberechtigte GoA über den Gesamtbereich der §§ 677 bis 686 verstreut. So regelt § 678 den Schadensersatz bei unberechtigter GoA und § 680 den Sorgfaltsmaßstab sowohl für die berechtigte als auch für die unberechtigte GoA und § 684 noch einmal den Aufwendungsersatz bei unberechtigter GoA.

3

B. Regelungsprinzip der §§ 677 ff.

Der den §§ 677 ff. zugrunde liegende Rechtsgedanke, also das sie prägende **Regelungsprinzip**, ist umstritten.[7] Weit verbreitet ist die **Theorie der Menschenhilfe**; danach soll den §§ 677 ff. der Gedanke des alt-

4

---

[1] Die Rechtsprechung macht von der GoA häufig Gebrauch. Das hat ihr den Vorwurf eingetragen, die GoA „als eine Art Generalregressinstitut" zu vereinnahmen (*Martinek/Theobald*, JuS 1997, 612). *Henssler*, JuS 1991, 924, spricht von einer „Tendenz zu einem Sammeltatbestand", *Seiler*, JuS 1987, 368, 370, charakterisiert sie als „vielseitig und flexibel anwendbares Regressinstrument mit einem ausgedehnten Anwendungsbereich".

[2] *Medicus*, Gesetzliche Schuldverhältnisse, S. 166.

[3] *Martinek/Theobald*, JuS 1997, 612: Die Angst vor dem Rechtsgebiet GoA werde nur noch von dem studentischen Horror vor dem Bereicherungsrecht übertroffen. Dies liege an der irritierenden subjektivistischen Fassung wichtiger Tatbestandsmerkmale und Anspruchsvoraussetzungen wie z. B. dem Fremdgeschäftsführungswillen.

[4] *Henssler*, JuS 1991, 924.

[5] *Seiler*, JuS 1987, 368.

[6] *Larenz*, SR II/1, Vorb. § 57 I, S. 437; *Seiler*, JuS 1987, 368.

[7] Vgl. dazu *Wollschläger*, GoA, S. 24 ff. Kritisch MünchKomm/*Seiler*, Vor § 677 Rn. 1 f.

ruistischen Einsatzes für den Mitmenschen zugrunde liegen. Vertreten werden eine rein objektive Theorie, die den Grundgedanken der GoA allein in der objektiven Führung fremder Geschäfte sieht, sowie die Quasivertragstheorie, nach der eine Willensübereinstimmung zwischen Geschäftsführer und Geschäftsherrn die §§ 677 ff. prägt. Diese Theorien sind bei der Falllösung wenig hilfreich, weil sie nur Teilbereiche aus dem Anwendungsbereich der GoA erfassen. Tragfähiger ist der Gedanke, dass die §§ 677 ff. eine besondere Ausgleichs- und Lastenordnung normieren, wenn jemand (der Geschäftsführer) die Angelegenheiten eines anderen (des Geschäftsherrn) wahrnimmt, sich also in seine Angelegenheiten einmischt. Gemeint sind Fälle, in denen der Geschäftsführer ein Geschäft des „Herrn des Geschäftes" (also desjenigen, der eigentlich für das Geschäft zuständig ist) besorgt. In diesem Fall werden – bei Erfüllung weiterer Voraussetzungen – besondere Verpflichtungen des Geschäftsführers und Geschäftsherrn begründet.

5   **Vertiefungshinweis:** Regelungsprinzip
Nach anderer Ansicht[8] soll durch die GoA folgender Interessenkonflikt geregelt werden: Grundsätzlich kann jeder seine Angelegenheiten selbst erledigen. Man muss es sich nicht gefallen lassen, dass sich ein anderer einmischt oder dass man gar von einem anderen bevormundet wird. Allerdings ist manchmal auch ungebetene Hilfe willkommen oder erforderlich, z. B. wenn man in Not ist (wie bei einem Verkehrsunfall). Für diese Fälle soll die GoA eine angemessene Verteilung von Lasten und Risiken herbeiführen. Einerseits wird der Geschäftsführer aus spontaner Hilfsbereitschaft tätig; er will dem Geschäftsherrn eine Gefälligkeit erweisen oder ihn vor Schaden bewahren. Diesen guten Willen des Geschäftsführers hat das Gesetz zu achten. Andererseits kann die auftraglose Geschäftsführung eine Einmischung in die Angelegenheiten des Geschäftsherrn sein, mit der dieser nicht einverstanden ist. Vor dieser Gefahr hat das Gesetz den Geschäftsherrn zu schützen.[9]

C. Systematik der GoA

6   Die gesetzliche Einordnung der GoA im Anschluss an das vertragliche Schuldverhältnis Auftrag erklärt sich aus der Vorstellung, dass unter bestimmten Voraussetzungen ein nicht beauftragter Geschäftsführer Rechte und Pflichten wie ein Beauftragter hat. Anders ordnete noch der Erste Entwurf des BGB die GoA hinter dem Bereicherungsrecht im Abschnitt „Schuldverhältnisse aus anderen Gründen" ein.

I. Rechtsprechung und Literatur

7   Rechtsprechung und Literatur[10] unterscheiden im Zusammenhang mit den §§ 677 ff. zwischen der echten GoA (§§ 677–686) und der un-

---

[8] Soergel/*Beuthien*, Vor § 677 Rn. 2.
[9] *Larenz*, SR II/1, Vorb § 57 I, S. 436 f.
[10] Vgl. nur *Schlechtriem*, SBT, Rn. 691.

echten GoA (§ 687). Die echte GoA wird wiederum in die berechtigte GoA, die in der Praxis die größte Bedeutung hat,[11] und die unberechtigte GoA unterteilt. Die unechte GoA wird ihrerseits in die irrtümliche Eigengeschäftsführung (§ 687 Abs. 1) und die unerlaubte Eigengeschäftsführung unterteilt. Auf diesen Unterscheidungen fußt die Dogmatik der GoA.

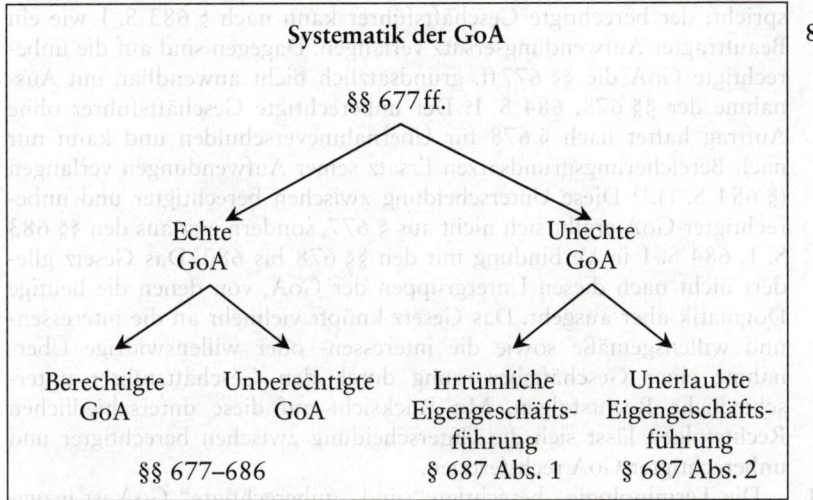

Systematik der GoA   8

§§ 677 ff.

| Echte GoA | Unechte GoA |

| Berechtigte GoA | Unberechtigte GoA | Irrtümliche Eigengeschäftsführung | Unerlaubte Eigengeschäftsführung |
| §§ 677–686 | | § 687 Abs. 1 | § 687 Abs. 2 |

1. Echte und unechte GoA

Das Unterscheidungsmerkmal zwischen der **echten und der unechten** 9 **GoA** ist der Fremdgeschäftsführungswille: Bei der echten GoA handelt der Geschäftsführer mit Fremdgeschäftsführungswillen, bei der unechten ohne Fremdgeschäftsführungswillen[12] bzw. sogar mit Eigengeschäftsführungswillen.[13] Der **Begriff „unechte GoA"** ist nicht ganz zutreffend, da streng genommen in diesen Fällen gar keine GoA vorliegt. § 687 Abs. 1 stellt für die irrtümliche Eigengeschäftsführung klar, dass die §§ 677 ff. nicht anwendbar sind. Bei der unerlaubten Eigengeschäftsführung oder Geschäftsanmaßung des § 687 Abs. 2 kann der betroffene Geschäftsherr sich für die modifizierte Anwendung der GoA-Vorschriften entscheiden. Gleichwohl ist die Bezeichnung unechte GoA weithin gebräuchlich.

---

[11] Vgl. *Wollschläger*, GoA, S. 32: Die Praxis der GoA werde durch den Aufwendungsersatzanspruch des Geschäftsführers bestimmt, auf den 70–80% aller Urteile fallen; § 683 S. 1 sei die praktisch wichtigste Norm des ganzen Rechtsinstitutes der GoA.
[12] *Medicus*, *BR*, Rn. 405 f.; *Martinek/Theobald*, JuS 1997, 612, 613.
[13] So bereits Motive II, S. 869.

2. Berechtigte und unberechtigte GoA

10   Die h. M. unterscheidet zwischen **berechtigter und unberechtigter GoA**.[14] Entscheidendes **Abgrenzungskriterium** dafür ist das Interesse und der Wille des Geschäftsherrn bezüglich der Übernahme der Geschäftsführung. Berechtigt, d. h. rechtlich erwünscht, ist die GoA, wenn die Übernahme (das Ob) der Geschäftsführung dem Interesse und dem wirklichen oder dem mutmaßlichen Willen des Geschäftsherrn entspricht; der berechtigte Geschäftsführer kann nach § 683 S. 1 wie ein Beauftragter Aufwendungsersatz verlangen. Dagegen sind auf die unberechtigte GoA die §§ 677 ff. grundsätzlich nicht anwendbar, mit Ausnahme der §§ 678, 684 S. 1: Der unberechtigte Geschäftsführer ohne Auftrag haftet nach § 678 für Übernahmeverschulden und kann nur nach Bereicherungsgrundsätzen Ersatz seiner Aufwendungen verlangen (§ 684 S. 1).[15] Diese Unterscheidung zwischen berechtigter und unberechtigter GoA ergibt sich nicht aus § 677, sondern erst aus den §§ 683 S. 1, 684 S. 1 in Verbindung mit den §§ 678 bis 680. Das Gesetz gliedert nicht nach diesen Untergruppen der GoA, von denen die heutige Dogmatik aber ausgeht. Das Gesetz knüpft vielmehr an die interessen- und willensgemäße sowie die interessen- oder willenswidrige Übernahme einer Geschäftsbesorgung durch den Geschäftsführer unterschiedliche Rechtsfolgen. Mit Rücksicht auf diese unterschiedlichen Rechtsfolgen lässt sich die Unterscheidung zwischen berechtigter und unberechtigter GoA rechtfertigen.

11   Die **Terminologie** „berechtigte" und „unberechtigte" GoA ist inzwischen allgemein üblich und wird herkömmlicherweise gebraucht. Die Begriffe „berechtigte" und „unberechtigte" GoA sind aber missverständlich. Die „berechtigte" GoA darf nicht mit der „sonstigen Berechtigung" zur Geschäftsführung verwechselt werden, die nach § 677 die Anwendung der §§ 677 ff., d. h. jegliche GoA ausschließt.[16] Diese Begriffe dürfen also nicht im Hinblick auf die in § 677 enthaltenen Worte („ohne ... dazu berechtigt zu sein") missverstanden werden.

„Ohne Auftrag" oder sonstige Berechtigung müssen nämlich sowohl die berechtigte wie die unberechtigte GoA sein; es gehört zum Grundtatbestand der GoA, der bei der berechtigten wie bei der unberechtigten GoA vorliegen muss. Die „Berechtigung" i. S. der Übereinstimmung der Übernahme der Geschäftsführung mit dem Interesse und Willen des Geschäftsherrn ist dagegen nur Anspruchsvoraussetzung des Aufwendungsersatzanspruchs nach § 683 S. 1.

Um Missverständnisse zu vermeiden, ist es besser, statt von Berechtigung zur Geschäftsführung von Übereinstimmung mit Interesse und Willen des Geschäftsherrn (§ 683 S. 1) zu sprechen.

---

[14] Siehe den Rechtsvergleich zum europäischen Umfeld bei *Beuthien*, FS Söllner, 2000, S. 125, 133 ff.
[15] Nachweise unten § 5 Rn. 5.
[16] *Medicus*, Gesetzliche Schuldverhältnisse, S. 172 Fn. 1.

II. Anspruchsorientierter Aufbau

Die Unterscheidung zwischen „berechtigter" und „unberechtigter"   **12**
GoA gestaltet sich als schwierig (vgl. die Stellungnahmen zur Schwierigkeit der GoA oben § 2 Rn. 3). Die darauf aufbauende Dogmatik der Rechtsprechung und (wohl früher) h. L. entspricht nicht dem Wortlaut und der Systematik des Gesetzes. Sie führt zu Unstimmigkeiten im Tatbestand einzelner Anspruchsgrundlagen (§ 677 und § 681; vgl. unten § 5 Rn. 5). Vor allem hat die Unterscheidung zwischen berechtigter und unberechtigter GoA keine heuristische Bedeutung und verursacht zahlreiche (Schein-)Probleme.

Dem Gesetzeswortlaut und der gesetzlichen Systematik besser gerecht wird ein Aufbau, der die §§ 677 ff. – nach der gesetzgeberischen Regelungsabsicht – **anspruchsorientiert** wie folgt gliedert: (1.) Die §§ 677 bis 686 regeln die GoA und sind nur einschlägig, wenn der Grundtatbestand der GoA erfüllt ist. Dieser setzt ein fremdes Geschäft, Fremdgeschäftsführungswille und kein Auftrag oder sonstige Berechtigung voraus. (2.) Der § 687 regelt Fälle, in denen die §§ 677 ff. nicht oder nur modifiziert zur Anwendung kommen.

Dieser (vorzugswürdige) Aufbau geht von den Rechten und Pflichten   **13**
des Geschäftsführers und Geschäftsherrn aus (vgl. unten § 2 Rn. 15) und ist somit anspruchs- (und klausur-)orientiert. Der folgenden Abhandlung liegt dieser Aufbau zugrunde. Auf die Dogmatik der Rechtsprechung und h. L. wird aber im jeweiligen Zusammenhang hingewiesen.

1. Grundtatbestand der §§ 677 ff.

Aus § 677 ist in Verbindung mit § 687 der **Grundtatbestand** der   **14**
GoA ableitbar. Die vier grundlegenden Tatbestandsmerkmale (drei objektive und ein subjektives) sind: (1.) Besorgung eines Geschäftes, (2.) Fremdheit des Geschäfts, (3.) Fremdgeschäftsführungswille (subjektives Tatbestandsmerkmal), (4.) ohne Auftrag oder sonstiges Recht zum fremdnützigen Tätigwerden. Dieser Grundtatbestand muss stets vorliegen, wenn einer der Beteiligten Rechte aus den §§ 677 bis 686 geltend machen will. Fehlt es dagegen an der Führung eines fremden Geschäfts oder liegt ein Auftrag vor, so sind die §§ 677 bis 686 nicht anwendbar. Fehlt der Fremdgeschäftsführungswille, so sind die §§ 677 ff. unanwendbar, wenn der Geschäftsführer sich über die Fremdheit irrt und er das fremde Geschäft irrtümlicherweise als eigenes führt (§ 687 Abs. 1). Wenn der Geschäftsführer das fremde Geschäft bewusst als eigenes führt, greift § 687 Abs. 2 ein.

2. Ansprüche aus GoA

15   In den §§ 677–682 sind die **Ansprüche des Geschäftsherrn** bzw. die
Pflichten des Geschäftsführers geregelt:

1. § 677: Anspruch darauf, die Geschäftsbesorgung im Interesse mit
   Rücksicht auf den Willen des Geschäftsherrn auszuführen (§ 679:
   Modifizierung des Pflichtenmaßstabes), bzw. Schadensersatzanspruch
   wegen Ausführungsverschuldens (§§ 677, 280 Abs. 1; § 680: Modifizierung des Haftungsmaßstabs bei Notgeschäftsführung),

2. § 678: Schadensersatzanspruch wegen Übernahmeverschuldens (§ 680:
   Modifizierung des Haftungsmaßstabs bei Notgeschäftsführung),

3. §§ 681 S. 2, 667: Anspruch auf Herausgabe des vom Geschäftsführer
   Erlangten,

4. § 682: Begrenzung der Ansprüche gegen einen nicht geschäftsfähigen
   Geschäftsführer.

Die §§ 683–685 regeln die **Ansprüche des Geschäftsführers** auf Aufwendungsersatz.

Bei § 686 (Irrtum über die Person des Geschäftsherrn) kommen die
§§ 677 ff. zur Anwendung; bei § 687 Abs. 1 sind die §§ 677 ff. nicht
und bei § 687 Abs. 2 nur modifiziert anwendbar.

---

16   **Arten der GoA**

1. Echte GoA (§§ 677–686)
   a) Zwei Arten der echten GoA
      (1) Berechtigte GoA (§§ 677 Halbs. 1, 683)
      (2) Unberechtigte GoA (§§ 677 Halbs. 1, 684 S. 1 Halbs. 1)
   b) Unterscheidungsmerkmal:
      – Interesse und Wille des Geschäftsherrn bezüglich der
        Übernahme der Geschäftsführung
   c) Gesetzliche Systematik:
      – §§ 677–682: Pflichten des Geschäftsführers
      – §§ 683–686: Pflichten des Geschäftsherrn

2. Unechte GoA (§ 687 Abs. 1 und 2)
   zu unterscheiden sind:
      (1) Irrtümliche Eigengeschäftsführung (§ 687 Abs. 1)
      (2) Unerlaubte Eigengeschäftsführung (§ 687 Abs. 2),
          sog. Geschäftsanmaßung

3. Unterscheidungsmerkmal zwischen echter und unechter GoA:
   Fremdgeschäftsführungswille
      – Bei der unechten GoA fehlt der Fremdgeschäftsführungswille
        und damit ein Grundtatbestandsmerkmal der GoA.

§ 3. Anwendbarkeit der GoA

A. Grundsatz

Die §§ 677 ff. haben einen großen **Anwendungsbereich**. Sobald es an 1 einer besonderen vertraglichen oder sonstigen gesetzlichen Regelung zwischen zwei Parteien fehlt, können die §§ 677 ff. zur Anwendung kommen. Diese Vorschriften sind z. b. einschlägig, wenn jemand, ohne dazu vertraglich oder gesetzlich verpflichtet bzw. berechtigt zu sein, fremde Schulden tilgt, einem verunglückten Passanten Hilfe leistet, als Scheineigentümer eine fremde Wohnung vermietet, fremde Sachen veräußert usw.

B. Ausnahmen

Unanwendbar ist die GoA, wenn sie kraft einer Konkurrenzregel 2 ausgeschlossen wird (vgl. zum Verhältnis der GoA zu anderen gesetzlichen Schuldverhältnissen unten § 7 Rn. 1 ff.). Außerdem ist die GoA ausgeschlossen, wenn ihre Anwendung zu Ergebnissen führte, die mit gesetzlichen Wertungen anderer Normkomplexe in Widerspruch stünden. Im Interesse der Widerspruchsfreiheit der Rechtsordnung kann dann die Anwendung der GoA ausgeschlossen sein. Dabei handelt es sich aber um Ausnahmefälle, die restriktiv zu handhaben sind. In Gesetz, Rechtsprechung und Literatur sind die folgenden vier Fälle als Ausnahmen vom Anwendungsbereich der GoA anerkannt.

I. Gesetzliche Haftungsordnung

Bei **Selbstaufopferung im Straßenverkehr** (ausführlich dazu unten § 8 3 Rn. 15 f.) entsteht einem Kfz-Fahrer regelmäßig dadurch ein Schaden, dass er sein Kfz zur Vermeidung einer Schädigung eines Dritten spontan vom Straßenverlauf abbringt.

Beispiel:
F reißt das Steuer seines LKW herum, um einen Zusammenstoß mit dem auf der falschen Fahrbahnseite mit einem Fahrrad fahrenden 8-jährigen H (beachte § 828 Abs. 2) zu verhindern. Dadurch wird der LKW erheblich beschädigt.

Nach Rechtsprechung und h. L. ist ein Aufwendungsersatzanspruch (§§ 677, 683 S. 1, 670) des ausweichenden Kfz-Fahrers gegen den gefährdeten Dritten ausgeschlossen, wenn der Entlastungsbeweis (§ 7 Abs. 2 StVG [höhere Gewalt] und § 17 Abs. 3 StVG [unabwendbares Ereignis, im Verhältnis zu dem Halter oder Fahrer eines anderen Kfz]) nicht geführt werden kann. Denn dann hat der Kfz-Fahrer nach dem StVG für den Fremdschaden und erst Recht für den Eigenschaden (Schaden am eigenen Kfz und eigenen Körperschaden) einzustehen und kann diesen nicht aus GoA ersetzt verlangen. Denn es entstünde ein widersprüchliches Ergebnis, wenn einerseits der Geschäftsführer mittels Aufwendungsersatzanspruches aus GoA Ersatz des Eigenschadens erlangen könnte, aber andererseits das Gesetz (§ 7 Abs. 1 StVG) ihm den Fremdschaden zurechnet (§ 7 Abs. 2 StVG). Dogmatisch zweifelhaft ist aber, ob in dieser Fallkonstellation die Anwendbarkeit des Rechtsinstituts der GoA abzulehnen ist, oder ob es nicht allein um das Tatbestandsmerkmal „fremdes Geschäft" geht.

4   Kann der Kfz-Fahrer den Entlastungsbeweis dagegen führen, so steht die gesetzliche Wertung aus dem StVG der Anwendbarkeit der GoA nicht entgegen; dann sind die einzelnen Tatbestandsmerkmale der GoA zu prüfen (vgl. unten § 8 Rn. 15).

II. Grundsätze der Vertragsrechtsordnung

5   Entsprechend der Privatautonomie und der **Vertragsrechtsordnung** des bürgerlichen Rechts können durch einen (Werk-, Dienst- oder Geschäftsbesorgungs-)Vertrag Vergütungsansprüche begründet werden. Jede Partei trägt das Risiko des Scheiterns der Vertragsverhandlungen und damit des Ausfalls einer Vergütung. Der Privatrechtsordnung ist darüber hinaus eine Pflicht zur Vergütung ungefragt überlassener, nicht durch ein Ausschließlichkeitsrecht geschützter Informationen unbekannt; ein Entgelt ist nur auf vertraglicher Grundlage zu zahlen. Diese gesetzlichen Wertungen würden unterlaufen werden, wenn eine Partei für ungefragt überlassene Informationen (vgl. § 241 a) oder bei Scheitern eines Vertragsschlusses aus GoA (§ 683 S. 1 oder 684 S. 1) Ersatz für die Aufwendungen verlangen könnte, die ihr bei der Informationsbeschaffung oder bei der Vorbereitung und Anbahnung von Vertragsverhandlungen entstanden sind.[1]

6   **Fall (BGH NJW 2000, 72 „Erbensucher"-Fall):**

G ermittelt aufgrund der im Bundesanzeiger veröffentlichten Aufforderung des Nachlassgerichts zur Anmeldung von Erbrechten (§ 1965) A und B als gesetzliche Erben des verstorbenen E und gibt ihnen unaufgefordert einige Informationen. Das Angebot vollständiger Information gegen Honorarzahlung lehnen A und B ab. Sie ermitteln mit Hilfe der von G schon erhaltenen Informationen den Nachlass selbst und machen daraufhin das ihnen bisher unbekannte Erbrecht geltend. G verlangt Vergütung, weil A und B Informationen von ihm erhalten hätten. Zu Recht?

[1] BGH NJW 2000, 72 („Erbensucher"-Fall).

Lösung:

I. Ein vertraglicher Anspruch scheidet mangels Vertragsschlusses aus.

II. Anspruch auf Aufwendungsersatz aus §§ 683 S. 1, 670?

1. Anwendbarkeit der §§ 677 ff.
Unabhängig von der Frage, ob die Voraussetzungen der GoA im Einzelnen vorliegen, müssten die Vorschriften der §§ 677 ff. überhaupt anwendbar sein. Nach der Ansicht des BGH scheidet aufgrund der Risikozuordnung des Privatrechts eine Anwendung der echten GoA auf derartige Fallgestaltungen von vornherein aus: Aus den Grundsätzen des bürgerlichen Rechts folge die Risikoverteilung, nach der Aufwendungen zur Vorbereitung und Anbahnung von Vertragsverhandlungen unvergütet bleiben, wenn es nicht zu einem Vertragsschluss kommt. Jede Seite trägt das Risiko, dass ein Vertragsschluss scheitert. Die Privatrechtsordnung kennt auch grundsätzlich keine Pflicht, ungefragt überlassene, nicht durch Ausschließlichkeitsrechte (z. B. Patentrechte) geschützte Informationen zu vergüten.[2]

2. Da die §§ 677 ff. nicht anwendbar sind, scheidet ein Aufwendungsersatzanspruch aus echter GoA aus.

III. Auch Ansprüche des G aus §§ 687 Abs. 2 S. 2, 684 S. 1, 818 (angemaßte Eigengeschäftsführung) oder §§ 684 S. 1, 818 (unberechtigte GoA) oder §§ 812 Abs. 1 S. 1 Alt. 1 bzw. S. 2 Alt. 2, 818 Abs. 2 oder §§ 311 Abs. 2 Nr. 3, 241 Abs. 2, 280 Abs. 1 (cic) scheiden aus den gleichen Gründen aus.[3]

III. Nichtiger Vertrag

Die Rechtsprechung wendet die GoA auch dann an, wenn der zwischen dem Geschäftsherrn und dem Geschäftsführer geschlossene Vertrag (unerkannt) **nichtig** ist.[4] Sie stellt dabei allein auf das (wegen der Vertragsnichtigkeit) fehlende Recht des Geschäftsführers zur Geschäftsführung ab (d. h. „ohne sonstige Berechtigung") und lässt die hinter den §§ 812 ff. stehenden Wertungen außer Acht. Der Geschäftsführer soll aber Tätigkeiten, die gegen ein gesetzliches Verbot verstoßen, nicht für erforderlich halten dürfen (§ 670, vgl. unten § 5 Rn. 34), sodass insoweit ein Aufwendungsersatzanspruch aus §§ 677, 683 S. 1, 670 tatbestandlich ausscheidet.[5]

Die überwiegende Literatur lehnt dies dagegen ab. Sie wendet die §§ 677 ff. beim Handeln aufgrund eines nichtigen Vertrages überhaupt nicht an.[6] Zur Begründung wird angeführt:

7

---

[2] BGH NJW 2000, 72 f. („Erbensucher"-Fall).

[3] Vgl. BGH NJW 2000, 72, 73 („Erbensucher"-Fall).

[4] St. Rspr.; BGHZ 55, 128 („Flugreise"-Fall); 101, 393, 399 (Treuhandvertrag); 111, 308, 311 (Schwarzarbeitsvertrag); BGH NJW 1997, 47; *Benöhr*, NJW 1975, 1970; *Berg*, JuS 1972, 139, 195; *Hoffmann*, JuS 1970, 570. Abweichend BGH NJW 1995, 727.

[5] BGHZ 37, 258, 263 f.; BGH NJW 1992, 2021, 2022.

[6] MünchKomm/*Seiler*, § 677 Rn. 47; *Gehrlein*, in: Bamberger/Roth, § 677 Rn. 18; Jauernig/*Mansel*, § 677 Rn. 6; *Wollschläger*, GoA, S. 207 ff.; *Larenz*, SR II/1, § 57 I a,

– Für die Rückabwicklung rechtsgrundloser Leistungen stellen die §§ 812 ff. speziellere Vorschriften dar, welche die §§ 677 ff. insoweit verdrängen.[7]
– Es werden bei Anwendung der §§ 677 ff. wesentliche Vorschriften für die Rückabwicklung rechtsgrundloser Verträge umgangen (z. B. §§ 814, 817 S. 2, 818 f.).

8   Fall (BGH NJW 1993, 3196):

K kauft vom Bauträger B durch notariell beglaubigten Vertrag ein Grundstück zum Preis von 100.000 €. In einem privatschriftlichen Vertrag vereinbaren sie, dass B darauf ein schlüsselfertiges Wohnhaus für 250.000 € errichten und der Gesamtpreis von 350.000 € sowie die Übereignung erst mit dessen Fertigstellung fällig sein bzw. erfolgen soll. Als K die Unzuverlässigkeit des B befürchtet, kündigt er den Bauvertrag „wegen Formnichtigkeit". B verlangt 25.000 €, was seinen bisherigen Aufwendungen an Arbeitslohn und Baumaterialien entspricht. K erwidert, die Arbeiten seien tatsächlich nur 12.500 € wert, weil B viel zu umständlich gebaut habe, was für diesen auch erkennbar war. Hätte K nach dem neuesten Stand der Technik gebaut, hätte – was auch zutrifft – die Bauleistung in der halben Zeit erbracht werden können. Was kann B von K verlangen?

Lösung nach der Rechtsprechung::

I. B könnte 25.000 € aus § 631 Abs. 1 verlangen. Voraussetzung ist ein wirksamer (Bau-)Werkvertrag. Der Vertrag ist aber gemäß §§ 311 b Abs. 1 S. 1 (§ 313 S. 1 a. F.), 125 S. 1, 139 formnichtig.[8] Vom Formbedarf erfasst sind alle Abreden, die eine rechtliche Einheit bilden, die also miteinander „stehen und fallen" sollen. Der Grundstückskauf und Werkvertrag sind hier als eine derartige Einheit aufzufassen. Dafür spricht der Wille der Parteien sowie, dass der Preis für beide Leistungen einheitlich nach Fertigstellung des Wohnhauses fällig ist. Eine Heilung nach § 311 b Abs. 1 S. 2 (§ 313 S. 2 a. F.) ist bislang noch nicht erfolgt.

II. B könnte von K Aufwendungsersatz in Höhe von 25.000 € aus §§ 677, 683 S. 1, 670 verlangen.

1. Der BGH ist der Ansicht, dass auch bei einer nichtigen vertraglichen Verpflichtung auf die GoA (§§ 677 ff.) zurückgegriffen werden kann. (Dagegen sind nach Ansicht der Literatur (vgl. oben § 3 Rn. 7) die §§ 812 ff. die für die Rückabwicklung rechtsgrundloser Leistung vorrangigen Sonderregelungen. Wenn man dieser Ansicht folgt, scheidet die Anwendung der §§ 677 ff. von vornherein aus.)
2. Die bisher erbrachten Bauleistungen sind als Geschäftsbesorgung anzusehen.

S. 441; *Medicus*, BR, Rn. 412; *Fikentscher*, SR, Rn. 935; *Brox/Walker*, BS, § 35 Rn. 21; *Gursky*, AcP 185 (1985), 31; *Canaris*, NJW 1985, 2405; *Lorenz*, NJW 1996, 883. Differenzierend nach Kenntnis des Geschäftsführers: *Martinek/Theobald*, JuS 1997, 992, 993 Fn. 8; *Palandt/Sprau*, § 677 Rn. 11.

[7] MünchKomm/*Seiler*, § 677 Rn. 48; *Jauernig/Mansel*, § 677 Rn. 6; *Brox/Walker*, BS, § 35 Rn. 21; *Lorenz*, NJW 1996, 883; *Martinek/Theobald*, JuS 1997, 992 f.

[8] Vgl. BGH NJW 1993, 3196.

3. Weil K noch nicht Eigentümer des Grundstücks ist und B auf eigenem Grund und Boden baut, liegt insoweit kein objektiv fremdes Geschäft, sondern zunächst ein Eigengeschäft des B vor. Dies kann dadurch zu einem fremden Geschäft werden, dass B mit nach außen erkennbarem Fremdgeschäftsführungswillen (vgl. 4.) handelt (sog. subjektiv fremdes Geschäft).

4. Im Fall handelt B mit Fremdgeschäftsführungswillen; dieser wird dadurch erkennbar, dass B in Erfüllung eines (vermeintlich wirksamen) Vertrages Leistungen für K erbringt.[9]

5. Ein Auftrag oder sonstige Berechtigung fehlt, weil der Bauvertrag nichtig ist.

6. Wenn man darauf abstellt, dass K mit der Werkleistung tatsächlich – ungeachtet der (unerkannt gebliebenen) Unwirksamkeit des Vertrages – einverstanden ist, kann die Berechtigung i. S. des § 683 S. 1 angenommen werden.

7. Nach §§ 677, 683 S. 1, 670 könnte B Aufwendungsersatz verlangen, dies jedoch nur soweit, als er die Aufwendungen für erforderlich halten darf. Maßgeblich ist ein subjektiv-objektiver Maßstab: Situation des Geschäftsführers zurzeit der Geschäftsbesorgung (subjektives Kriterium) vom Standpunkt eines nach verständigem Ermessen Handelnden (objektives Kriterium). Es ist danach zu fragen, was der Geschäftsführer nach sorgfältiger Prüfung der ihm bekannten Umstände des Falles vernünftigerweise aufgewendet hätte. Im Fall sind für die Geschäftsbesorgung Aufwendungen in Höhe von 12.500 € ausreichend. B kann deshalb nur 12.500 € verlangen, wenn ein sorgfältiger Bauträger in der Situation des B die Tätigkeit dem neuesten Stand der Technik entsprechend ausgeführt hätte, wovon auszugehen ist.[10]

8. Ergebnis: B hat einen Anspruch in Höhe von 12.500 € aus §§ 677, 683 S. 1, 670.

III. Ein Anspruch des B gegen K auf Herausgabe aus ungerechtfertigter Bereicherung (Wertersatz) gemäß §§ 812 Abs. 1 S. 1 Alt. 1, 818 Abs. 2 scheidet aus, weil die berechtigte GoA Rechtsgrund i. S. des § 812 Abs. 1 ist (vgl. unten § 7 Rn. 6).

Zur GoA bei nichtigen Verträgen vgl. *Einsele,* JuS 1998, 410 – Rezension zu BGH NJW 1997, 47.

IV. Unbestellte Leistungen (§ 241 a)

Durch (die Lieferung unbestellter Sachen oder durch) die Erbringung **unbestellter** sonstiger **Leistungen** durch einen Unternehmer an einen Verbraucher wird ein Anspruch gegen diesen nicht begründet (§ 241 a Abs. 1). Die Vorschrift ist umfassend und schließt alle vertraglichen und

9

---

[9] Die irrige Meinung, eine eigene Verbindlichkeit zu erfüllen, ist ohne Bedeutung (vgl. zu Recht MünchKomm/*Seiler,* § 677 Rn. 4 und 9).

[10] Vertretbar ist es auch, einen Aufwendungsersatzanspruch auf 25.000 € anzunehmen; dann hat K aber einen Schadensersatzanspruch in Höhe von 12.500 € aus §§ 677, 280 Abs. 1 (Ausführungsverschulden), weil B zu umständlich gebaut hat. Bei Aufrechnung können auch nur 12.500 € herausverlangt werden.

gesetzlichen Ansprüche des Unternehmers gegen den Verbraucher aus.[11] Davon erfasst werden auch Ansprüche aus GoA, etwa aus §§ 677, 683 S. 1, 670 auf Aufwendungsersatz.

10 | **Fall:**

Der findige Unternehmer U hat sich eine Geschäftsidee ausgedacht: Er reinigt die zur Straße gerichteten Fenster der Anwohner in der Innenstadt und verlangt anschließend von den Bewohnern Vergütung. Zu Recht?

Lösung:

1. In Frage kommt ein Anspruch aus §§ 677, 683 S. 1, 670 auf Aufwendungsersatz.

   a) Das Reinigen der Fenster ist eigentlich ein Geschäft der Anwohner und damit für U objektiv fremd.

   b) Der Fremdgeschäftsführungswille wird (bei einem objektiv fremden Geschäft) vermutet (vgl. unten § 4 Rn. 30).

   c) Ein Auftrag oder sonstige Berechtigung zwischen U und den Anwohnern fehlt.

   d) Die Arbeiten entsprechen dem (objektiven) Interesse (weil objektiv nützlich) und damit auch dem mutmaßlichen Willen der Anwohner (vgl. unten § 5 Rn. 8 ff., 14).

   e) Damit ist ein Vergütungsanspruch aus § 670 (vgl. § 1835 Abs. 3 und unten § 5 Rn. 42 f.) an sich begründet.

2. Jedoch liegt eine Leistung eines Unternehmers (U) an die Bewohner (Verbraucher) vor, die unbestellt ist. Dies erfüllt den Tatbestand des § 241 a Abs. 1. Ein Ausnahmefall des § 241 a Abs. 2 und 3 greift nicht ein. Aus § 241 a Abs. 1 folgt damit ein Anspruchsausschluss.

3. Deshalb hat U keinen Vergütungsanspruch.

11   Es ist in diesen Fällen aber genau zu prüfen, ob § 241 a Abs. 1 einschlägig ist oder nicht ausnahmsweise eine teleologische Reduktion in Betracht kommt. Letzteres ist dann der Fall, wenn § 241 a Abs. 1 seinem Wortlaut nach zwar einen Anspruchsausschluss begründet, nach dem Gesetzeszweck aber ein Anspruchsausschluss nicht gerechtfertigt ist, Gesetzeswortlaut und Normzweck sich also nicht decken.[12] Dies kann bei der Rettung Hilfsbedürftiger der Fall sein.

---

[11] Für die unbestellte Warenlieferung vgl. *Schwarz*, NJW 2001, 1449; *Schwarz/Pohlmann*, Jura 2001, 361.

[12] Vgl. das Fallbeispiel bei *Schöne/Fröschle*, Unbestellte Waren und Dienstleistungen, 2001, S. 51 ff.

Fall: 12

Bei einem Sportfest fällt der Besucher B plötzlich um und bleibt reglos liegen. Der zufällig anwesende Arzt A diagnostiziert einen Kreislaufkollaps und leistet erfolgreich Erste Hilfe. Für diese verlangt er Vergütung und für die dabei verschmutzte Kleidung Ersatz der Reinigungskosten. Zu Recht? (Auf sozialversicherungsrechtliche Gesichtspunkte ist nicht einzugehen.)

Lösung:

A könnte von B Aufwendungsersatz aus §§ 677, 683 S. 1, 670 verlangen.

1. Das Leisten von Erster Hilfe stellt für A ein fremdes Geschäft (des B) dar. Dieses führt A mit Fremdgeschäftsführungswillen und ohne Auftrag durch. Es entspricht dem objektiven Interesse und mutmaßlichen Willen des B. Deshalb kann A Aufwendungsersatz aus § 670 verlangen, und zwar die übliche Vergütung (vgl. unten § 5 Rn. 42) sowie die risikotypischen Begleitschäden (Verschmutzung der Kleidung während der Hilfeleistung, vgl. unten § 5 Rn. 37 ff.).

2. Jedoch könnte aus § 241 a Abs. 1 ein (umfassender) Anspruchsausschluss folgen.

   a) A handelt in Ausübung einer selbständigen beruflichen Tätigkeit und ist damit Unternehmer i. S. der §§ 241 a, 14 Abs. 1; B ist Verbraucher (vgl. § 13). Die Leistung von Erster Hilfe stellt eine unbestellte sonstige Leistung dar. Ein Ausschlussgrund nach § 241 a Abs. 2 und 3 kommt nicht in Betracht. Deshalb sind nach § 241 a Abs. 1 eigentlich alle Ansprüche des Unternehmers A ausgeschlossen.

   b) Jedoch wird diese Rechtsfolge nicht vom Normzweck des § 241 a gedeckt, der deshalb teleologisch zu reduzieren ist.

      aa) Zweck des § 241 a ist – zum Schutz des Verbrauchers – die präventive Sanktionierung des Wettbewerbsverstoßes eines Unternehmers.[13] Der Unternehmer handelt wettbewerbs- und sittenwidrig, wenn er dem Verbraucher unbestellt Waren oder Dienstleistung aufdrängen will. Dieses wettbewerbs- und sittenwidrige Verhalten soll verhindert bzw. sanktioniert werden.

      bb) Ein derartiger (objektiver)[14] Sitten- oder Wettbewerbsverstoß liegt aber dann nicht vor, wenn der Unternehmer aus Rechtsgründen (vgl. § 323 c StGB) oder sonstigen sittlichen Gründen (Hilfe gegenüber in Not geratenen Personen) Leistungen erbringt. Dieser Fall ist vom Normzweck des § 241 a nicht erfasst.

      cc) Weil A als Arzt Erste Hilfe gegenüber einem Verletzten leistet, liegt kein wettbewerbs- oder sittenwidriges Verhalten vor. Der vorliegende Fall liegt damit außerhalb des Schutzzwecks des § 241 a. Eine teleologische Reduktion ist gerechtfertigt und § 241 a Abs. 1 deshalb ausnahmsweise nicht anzuwenden.

3. Der Anspruch des A gegen B aus §§ 677, 683 S. 1, 670 ist damit begründet.

---

[13] Vgl. BT-Drs. 14/2658, S. 46 und BT-Drs. 14/3195, S. 32.
[14] Auf die subjektive Einstellung des Unternehmers kommt es bei § 241 a nicht an (vgl. die Wertung des § 241 a Abs. 2).

C. Zusammenfassung

13   Prüfungsschema zur Anwendbarkeit der GoA

Anwendbarkeit der GoA

Keine Anwendbarkeit der §§ 677 bis 687 aufgrund gesetzlicher Wertungen oder Gesetzes:

1. Vorrang der gesetzlichen Haftungsordnung
   Beispiel: Selbstaufopferung im Straßenverkehr und §§ 7 Abs. 2, 17 Abs. 3 StVG (§ 3 Rn. 3 f.)

2. Grundsätze der Vertragsrechtsordnung
   Beispiel: „Erbensucher"-Fall (§ 3 Rn. 6)

3. Nichtiger Vertrag (str.) (§ 3 Rn. 7)

4. Unbestellte Leistung (§ 241 a Abs. 1)
   P: Teleologische Reduktion des § 241 a bei Handeln aus Rechtsgründen oder anderen sittlichen Gründen (§ 3 Rn. 11)

---

§ 4. Grundtatbestand der GoA

A. Besorgung eines Geschäfts

I. Begriff: Geschäftsbesorgung

1   **Geschäftsbesorgung** ist wie bei § 662 weit auszulegen. Sie umfasst jede Tätigkeit, die für einen anderen erledigt werden kann, also nicht nur rechtsgeschäftliches, sondern auch rein tatsächliches Handeln.[1] Sie ist jede Tätigkeit, die Gegenstand eines Dienst-, Werkvertrages oder Auftrags sein kann.[2] Erforderlich ist ein willensgesteuertes Tun; ein bloßes Dulden oder einfaches Unterlassen genügt nicht. Insbesondere ist – im Gegensatz zu § 675 – keine selbständige wirtschaftliche Tätigkeit erforderlich.

Beispiele:
- Ausweichmanöver im Straßenverkehr;[3]
- Anhalten eines Fahrzeugs;[4]
- Übernahme einer Bürgschaft für einen Dritten.

---

[1] Allgemeine Meinung: BGHZ 38, 270, 275 (Ausweichmanöver im Straßenverkehr); BGH NJW 1984, 1461; MünchKomm/*Seiler*, § 677 Rn. 2; *Gehrlein*, in: Bamberger/Roth, § 677 Rn. 10.
[2] *Seiler*, JuS 1987, 368, 370.
[3] BGHZ 38, 270, 275.
[4] BGHZ 43, 188.

Entgegen einer früher verbreiteten Ansicht,[5] nach der die GoA eine 2
geschäftsähnliche Handlung ist, für welche die §§ 104 ff. (**Geschäftsfä-**
higkeit) entsprechend gelten, lehnt die h. M. die entsprechende Anwendung der §§ 104 ff. auf die GoA ab.[6] Im Verhältnis zum Geschäftsherrn
ist die GoA stets ein tatsächliches, nicht aber rechtsgeschäftliches Handeln des auftraglosen Geschäftsführers (vgl. zur fehlenden Geschäftsfähigkeit unten § 4 Rn. 4, 23 und § 5 Rn. 88 ff.).

II. Geschäftsführer

1. Person des Geschäftsführers

Geschäftsführer ist derjenige, der ein Geschäft ausführt. Er muss das 3
fremde Geschäft aber nicht notwendig selbst besorgen, sondern kann
sich zur Ausführung des Geschäfts eigener Leute oder Dritter bedienen
(sog. Geschäftsführungsgehilfen). Auch wenn der **Gehilfe** das Geschäft
tatsächlich ausführt, wird er dadurch nicht zum Geschäftsführer; sein
Handeln wird vielmehr dem „Geschäftsführer" (nach allgemeinen Zurechnungsregeln [Organe bei juristischer Person, Vertretung, etc.]) zugerechnet.

Beispiele:
– Die freiwillige Feuerwehr handelt für die Gemeinde, welche die Feuerwehr unterhält und der diese eingegliedert ist.[7]
– Der Kapitän eines Schiffes, der Rettungsmaßnahmen unter Einsatz des ihm an-
   vertrauten Schiffs durchführt, handelt mit Zustimmung seines Reeders und damit für diesen; der Kapitän repräsentiert den Reeder auch bei Handlungen tatsächlicher Art. Deshalb ist der Reeder Geschäftsführer.[8]
– Organe oder Bedienstete einer juristischen Person handeln kraft ihrer Rechtsstellung (grundsätzlich) für diese.[9]

2. Geschäftsfähigkeit des Geschäftsführers

Der Geschäftsführer muss nicht voll **geschäftsfähig** sein; beschränk- 4
te oder fehlende Geschäftsfähigkeit stehen der Geschäftsführer-Eigenschaft nicht entgegen. Erforderlich und ausreichend ist seine Gestions-
fähigkeit, also die Fähigkeit, rein tatsächlich fremde Interessen
wahrnehmen zu können.[10] Für den Fall, dass der Geschäftsführer
nicht voll geschäftsfähig ist (§§ 104 bis 107), enthält § 682 eine Sonderregelung, welche seine Haftung gegenüber dem Geschäftsherrn auf
Ansprüche aus unerlaubter Handlung und aus ungerechtfertigter Be-

---

[5] LG Aachen NJW 1963, 1252 m. w. N.; vgl. auch Motive II, S. 860.
[6] *Larenz,* SR II/1, § 57 I a, S. 446; MünchKomm/*Seiler,* § 682 Rn. 4; Palandt/
Sprau, § 682 Rn. 1; *Brox/Walker,* BS, § 35 Rn. 33; *Schlechtriem,* SBT, Rn. 703.
[7] BGHZ 40, 28.
[8] BGHZ 67, 368, 371.
[9] BGHZ 65, 384.
[10] Vgl. Staudinger/*Wittmann,* § 682 Rn. 2.

reicherung begrenzt (vgl. unten § 5 Rn. 89 f.). Die Geschäftsführer-Eigenschaft des nicht voll geschäftsfähigen Geschäftsführers bleibt davon unberührt.

B. Fremdheit des Geschäfts

5   Das vom auftraglosen Geschäftsführer besorgte Geschäft muss ein fremdes Geschäft sein.[11] Fremd ist ein Geschäft, wenn es nicht ausschließlich eine Angelegenheit des Geschäftsführers beinhaltet, sondern (zumindest auch) in den Interessenbereich eines anderen fällt. Der Fremdheit des Geschäfts steht deshalb nicht entgegen, dass der Geschäftsführer mit der Handlung auch – sogar vornehmlich – eigene Belange und Pflichten wahrnimmt.[12] Geschäfte, die lediglich den eigenen Rechtskreis des Handelnden betreffen, sind nicht fremd, selbst wenn sie als Reflex für Dritte nützlich sind. Ein fremdes Geschäft ist also abzugrenzen von dem ausschließlich eigenen Geschäft des Geschäftsführers.

Die h. M. nimmt bei der Bestimmung der Fremdheit des Geschäftes eine Unterscheidung zwischen drei Arten von fremden Geschäften vor:
– Objektiv fremdes Geschäft,
– subjektiv fremdes Geschäft,
– auch-fremdes Geschäft (Handeln im Doppelinteresse).

6   **Vertiefungshinweis:** Gegenständliche Fremdheit des Geschäfts oder (nur) Fremdgeschäftsführungswille?
Umstritten ist, ob neben dem Fremdgeschäftsführungswillen auch die gegenständliche Fremdheit des Geschäftes für die GoA entscheidend und erforderlich ist.[13]
Nach der Minderheitsmeinung ist für den Tatbestand der GoA i. S. des § 677 nicht die gegenständliche Fremdheit des Geschäfts, sondern der Fremdgeschäftsführungswille[14] entscheidend. „Ein Geschäft für einen anderen" i. S. des § 677

---

[11] Der Wortlaut des § 677 erwähnt das „fremde" Geschäft nicht (mehr). Vgl. § 233 und § 238 des Vorentwurfs zum BGB von *v. Kübel* (in: Schubert, Die Vorlagen der Redaktoren für die erste Kommission zur Ausarbeitung des Entwurfs eines Bürgerlichen Gesetzbuches, Recht der Schuldverhältnisse Teil 2 Besonderer Teil, 1980, S. 929 f.): „Geschäft[es] eines Anderen". Vgl. *Schlechtriem*, SBT, Rn. 693 Fn. 10. Gegen die hier zugrunde gelegte Auffassung *Reichard*, AcP 193 (1993), 567, 568 f.

[12] *Schlechtriem*, SBT, Rn. 694.

[13] Nach der einen Ansicht ist für den Tatbestand der GoA i. S. des § 677 die gegenständliche Fremdheit des Geschäfts (so *Wollschläger*, GoA, S. 52 ff.), nach der anderen der Fremdgeschäftsführungswille (so *Soergel/Beuthien*, § 677 Rn. 3; *Wittmann*, Begriff und Funktionen der Geschäftsführung ohne Auftrag, 1981, S. 18 Fn. 3; *Gursky*, AcP 185 (1985) 13, 14 ff.; *Brox/Walker*, BS, § 35 Rn. 6) entscheidend.

[14] *Soergel/Beuthien*, § 677 Rn. 3; *Wittmann*, Begriff und Funktionen der Geschäftsführung ohne Auftrag, 1981, S. 18 Fn. 3; *Gursky*, AcP 185 (1985) 13, 14 ff.; *Brox/Walker*, BS, § 35 Rn. 6.

besorgt daher nicht derjenige, der ein fremdes Geschäft mit Geschäftsführungswillen besorgt,[15] sondern nur wer „ein Geschäft mit Fremdgeschäftsführungswillen" besorgt.[16] Schon der für die GoA entscheidende Fremdgeschäftsführungswille mache das Geschäft i. S. des § 677 zur Angelegenheit eines anderen.
Die Fremdheit des Geschäfts sei im Rahmen des § 677 kein besonders zu prü-
fendes Tatbestandsmerkmal. Es wäre auch nutzlos, zunächst die Fremdheit des
Geschäfts zu prüfen, um sich damit beim Fremdgeschäftsführungswillen erneut
zu beschäftigen. Weiter führt diese Ansicht an, dass der Wortlaut des § 677 anders als § 687 Abs. 2 nicht verlange, dass das Geschäft „fremd" ist, sondern
dass es „für einen anderen" besorgt wird. Bei der Geschäftsanmaßung i. S. des
§ 687 Abs. 2 komme es darauf an, dass der Geschäftsführer unerlaubt in einen
fremden Rechts- oder Interessenbereich eingreift; das sei nur dann der Fall,
wenn das Geschäft rechtlich schon nach Gegenstand und Inhalt einer anderen
Person als dem Geschäftsherrn zuzuordnen sei. Einen solchen Eingriffscharakter
habe die gewöhnliche GoA i. S. der §§ 677 ff. nicht stets. Vielmehr könne der
Geschäftsführer dort auch Geschäfte für Rechnung eines anderen vornehmen,
mit denen dieser, abgesehen von der Fremdgeschäftsführung, rechtlich nichts zu
tun habe.

Nach ganz herrschender und zutreffender Ansicht[17] gehört dagegen zum Tatbestand der GoA , dass das vom auftraglosen Geschäftsführer besorgte Geschäft fremd ist. Das ergibt sich aus der Gesamtheit der §§ 677 ff., die Ansprüche des Geschäftsherrn gegen den Geschäftsführer anordnen und umgekehrt.
Geschäftsherr und Geschäftsführer müssen verschiedene Personen sein. Daran
fehlt es, wenn jemand als Geschäftsführer ein Geschäft besorgt, für das er allein
zuständig und damit der Geschäftsherr sei.[18] Nur beim objektiv neutralen Geschäft hat der Fremdgeschäftsführungswille eine (zusätzliche) besondere Bedeutung: Erst durch diesen wird das Geschäft zu einem fremden. Die Formulierung
des § 677 („Geschäft für einen anderen") hat ihre Ursache darin, dass der Gesetzgeber die Unterscheidung zwischen objektiv und subjektiv fremdem Geschäft aufgegeben und an beide Geschäfte dieselbe Rechtsfolgen geknüpft
hat.[19] An dem Erfordernis der Fremdheit sowie des Fremdgeschäftsführungswillens wurde aber festgehalten.

I. Objektiv fremdes Geschäft

Objektiv fremd sind solche Geschäfte, die nach ihrem Gegenstand   7
und Erscheinungsbild nicht zum Rechtskreis des Handelnden, sondern
zum Rechtskreis eines anderen gehören.[20]

Beispiele:
- Verfügung über fremde Gegenstände;
- Eigenmächtige Benutzung eines fremden Grundstücks als Lagerplatz;[21]

---

[15] So *Wollschläger*, GoA, S. 53 f.
[16] *Wittmann*, Begriff und Funktionen der Geschäftsführung ohne Auftrag, 1981,
S. 18 Fn. 3; *Gursky*, AcP 185 (1985) 13, 14 ff.
[17] *Medicus*, BR, Rn. 407 f.; *ders.*, Gesetzliche Schuldverhältnisse, S. 167.
[18] *Medicus*, Gesetzliche Schuldverhältnisse, S. 167.
[19] Vgl. *Mugdan* II, S. 478 (Motive).
[20] Objektiv fremd sind solche Geschäfte, die „an und für sich der Sorge eines anderen obliegen"; RGZ 97, 61 und 65 f.; BGH BB 1969, 194; Palandt/*Sprau*, § 677
Rn. 4; MünchKomm/*Seiler*, § 677 Rn. 4.
[21] BGHZ 39, 186.

- Hilfeleistung gegenüber Verletzten;[22]
- Ausweichmanöver im Straßenverkehr, um einen Minderjährigen nicht zu verletzen;[23]
- Warnung vor der von einem unbeleuchteten Fahrzeug ausgehenden Gefahr;[24]
- Zahlung auf fremde Schulden, wenn diese dadurch getilgt werden (§§ 362, 267).[25]

8   Es kann im Einzelfall schwierig sein zu bestimmen, wann ein Geschäft eine Angelegenheit einer anderen Person ist, also zu dessen Geschäftskreis gehört. Zur genauen Qualifizierung und Abgrenzung ist dazu auf die güter- und lastenzuweisenden gesetzlichen Regelungen zurückzugreifen. Das Gesetz enthält zahlreiche Regelungen, denen entnommen werden kann, welche Person zur Ausführung einer Tätigkeit zuständig ist, in wessen Zuständigkeit die Vornahme eines Geschäftes also fällt.

Beispiel:
Eigentumsrecht (§ 903), Verwendungen (§§ 994 ff.), Verkehrssicherungspflichten i. S. des § 823 Abs. 1,[26] Elterliche Sorge (§§ 1626 ff.).

9   In Betracht kommen auch vertragliche Regelungen, welche eine Partei zur Ausführung bestimmter Geschäfte verpflichten. Die vertragliche Verpflichtung kann dann Grundlage für ein „fremdes Geschäft" sein (vgl. unten § 4 Rn. 20).

Beispiel:
(Miet-)Vertragliche Pflicht zur Vornahme von Hausarbeiten (wie Streuen vor dem Mietshaus).

10   **Fall:**

E muss an seinem Haus umfangreiche Reparaturen vornehmen lassen. Er möchte für die Reparaturkosten zumindest teilweise den wohlhabenden Mieter M und seine kraft Testamentes eingesetzte Tochter T in Anspruch nehmen, weil die Reparatur schließlich auch diesen zugute käme. Zu Recht?

Lösung:

I. Der Anspruch des E auf Ersatz der Aufwendungen aus §§ 677, 683 S. 1, 670 setzt voraus, dass die Hausreparatur ein objektiv fremdes Geschäft ist. Für die Erhaltung einer Sache ist deren Eigentümer grundsätzlich (allein) zuständig (vgl. § 903). Das gilt auch im Verhältnis zum Mieter; denn nach § 535 Abs. 1 S. 2 (= § 536 a. F.) hat der Vermieter die Mietsache im vertragsmäßigen

---

[22] BGHZ 33, 251, 254 = NJW 1961, 359 (vollständig abgedruckt).
[23] BGHZ 38, 270, 275.
[24] BGHZ 43, 188.
[25] BGHZ 28, 359; 70, 389, 396 (Mängelbeseitigung durch Bauträger statt des eigentlich verpflichteten Bauhandwerkers).
[26] Siehe dazu unten § 16 Rn. 108 ff.

Zustand zu erhalten.[27] Deshalb hat E keinen Aufwendungsersatzanspruch gegen M. – Dass der T die Reparatur (vielleicht einmal) zugute kommt, stellt allenfalls einen rechtlich unbeachtlichen Reflex dar; eine gesetzliche Wertung, welche der Erbin das vorgenommene Geschäft (die Reparaturarbeiten) zuweist, ist nicht vorhanden. Für die Annahme eines subjektiv fremden Geschäftes fehlt es an dem nach außen erkennbaren Fremdgeschäftsführungswillen (vgl. Rn. 12). Deshalb ist auch T nicht zum Aufwendungsersatz verpflichtet.

II. Auch § 684 S. 1 kommt mangels fremden Geschäftes nicht in Betracht.

Fall (BGHZ 28, 359):   11

D begleicht die Rechnung des S, welche dieser beim Gastwirt G noch offen hat. Er verlangt Aufwendungsersatz. Zu Recht?

Lösung:

D kann nach § 683 S. 1 Ersatz von Aufwendungen verlangen. Die Tilgung einer fremden Forderung stellt ein fremdes Geschäft dar (vgl. § 267). Nach der vertraglichen Beziehung zwischen G und S ist S zur Tilgung verpflichtet. Indem D die Forderung tilgt, erfüllt er eine Verpflichtung des S und besorgt damit ein fremdes Geschäft. Anders wäre dies, wenn durch die Zahlung die Schuld des S nicht erfüllt worden wäre, etwa bei einer Zahlung unter Vorbehalt.

II. Subjektiv fremdes Geschäft

Fehlt eine objektive Zuweisung zum Rechtskreis eines anderen, dann   12 handelt es sich um ein objektiv neutrales oder um ein eigenes Geschäft. Das objektiv neutrale und das eigene Geschäft können zu einem fremden werden, nämlich zu einem sog. **subjektiv fremden Geschäft.** Das setzt voraus, dass der Geschäftsführer das Geschäft für einen anderen führen will (Fremdgeschäftsführungswille).[28] Erforderlich und ausreichend ist, dass (1.) der Geschäftsführer den Willen hat, die Interessen eines anderen wahrzunehmen, und (2.) er diesen Willen erkennbar nach außen verlautbart; der bloß innere Wille ist unbeachtlich (vgl. unten § 4 Rn. 28 f.).[29]

Der typische Fall ist der Abschluss eines Rechtsgeschäftes, insbesondere eines Verpflichtungsgeschäftes, weil ein Vertragsschluss in die Zuständigkeit jeder Person fallen kann, ohne dass er nach objektiven Kriterien einer bestimmten Person zugewiesen werden könnte.

---

[27] Anders wäre es, wenn der Mieter kraft Mietvertrages zur Vornahme von Erhaltungsreparaturen verpflichtet wäre.

[28] BGHZ 32, 332, 337; 40, 28, 30; 62, 186, 189; 82, 323, 329.

[29] Vgl. *Mugdan* II, S. 478 (Motive).

Beispiel:

G kauft für seinen Freund F, der ein eifriger Briefmarkensammler ist, eine Marke, die F schon immer haben wollte, aber bisher noch nicht zum Kauf gefunden hat. Seinen Fremdgeschäftsführungswillen bringt G dadurch zum Ausdruck, dass er im Namen des F handelt oder seine Erwerbsabsicht für F dem Verkäufer gegenüber auf andere Weise zum Ausdruck bringt.

III. Auch-fremdes Geschäft (Handeln im Doppelinteresse)

13   Als objektiv **auch-fremd** werden solche Geschäfte bezeichnet, bei denen der Geschäftsführer die Angelegenheit eines anderen und zugleich eine eigene Angelegenheit wahrnimmt. Dies sind Fälle, in denen der Geschäftsführer im **Doppelinteresse** handelt. Für die Anwendung der §§ 677 ff. genügt ein solches auch-fremdes Geschäft (Handeln im Doppelinteresse).[30] Denn die GoA setzt nur voraus, dass das Geschäft nicht ausschließlich in die eigene Zuständigkeit fällt. Der auftraglose Geschäftsführer muss also nicht ausschließlich ein fremdes Geschäft führen; er kann zugleich ein eigenes erledigen.

Beispiele:
– Der Mieter löscht den Zimmerbrand, um seinen eigenen Hausrat und zugleich das Haus des Vermieters zu retten.
– Der vom Mieter beauftragte Installateur erfüllt zum einen den Werkvertrag mit dem Besteller M und besorgt zugleich für den verreisten Wohnungsnachbarn G ein fremdes Geschäft, indem er in der Wohnung des G einen Rohrbruch repariert (sog. pflichtgebundener Geschäftsführer, vgl. unten § 8 Rn. 1 ff.).
– Die Feuerwehr einer Gemeinde löscht den infolge Funkenfluges ausgelösten Brand und erfüllt damit zum einen eine eigene (öffentlich-rechtliche) Verpflichtung und besorgt zum anderen das Geschäft der vor der Brandgefahr bewahrten benachbarten Eigentümer und der Deutschen Bahn AG (vgl. § 1 HPflG) (vgl. zur GoA im öffentlichen Recht unten § 8 Rn. 8 ff.).[31]

14   **Vertiefungshinweis:** Einschränkung der objektiven Fremdheit
Vertreten wird eine Einschränkung der objektiven Fremdheit:[32] Die objektive Fremdheit des Geschäfts soll voraussetzen, dass der Geschäftsherr das Geschäft jederzeit übernehmen und den auftraglosen Geschäftsführer verdrängen kann (vgl. § 681 S. 1: Der Geschäftsherr ist „Herr des Verfahrens".). Dieser Gedanke kann in den Fällen zum Tragen kommen, in denen der Geschäftsführer kraft öffentlichen Rechts zum Einschreiten verpflichtet ist (z.B. BGHZ 40, 18 „Funkenflug"; vgl. unten § 8 Rn. 10). Diese Ansicht ist aber abzulehnen; sie vermengt Tatbestand und Rechtsfolgen (§ 681 S. 1) der GoA.

---

[30] BGHZ 16, 12, 16; 54, 157, 160; 110, 313. Sog. Auch-Gestion; vgl. *Mugdan* II, S. 485 (Motive).
[31] BGHZ 40, 28, 31.
[32] *Beuthien/Weber*, S. 154.

Fall (BGHZ 110, 313):   15

K hat eine Lagerhalle an T vermietet, der dort für B Milchpulver einlagert. Später bricht dort ein Brand aus. Dem K wird von der Ordnungsbehörde aufgegeben, das durch den Brand unbrauchbare, milchpulverhaltige Gemisch aus dem Lagerraum und dem Keller zu entfernen. Für die ausgeführten Räumarbeiten verlangt K von B Ersatz der Kosten. Zu Recht?

Lösung:

K könnte von B Aufwendungsersatz aus §§ 677, 683 S. 1, 670 verlangen.

1. Das Entfernen des verdorbenen Milchpulvers stellt eine Geschäftsbesorgung dar.

2. Fraglich ist aber, ob es sich dabei um ein fremdes Geschäft im Sinne der GoA handelt.

    a) Hier liegt zunächst ein Eigengeschäft vor, weil K der gegen ihn ergangenen Polizeiverfügung nachkommt.

    b) Die Beseitigung ist aber zugleich ein Geschäft des B: (1.) Dieser ist nach § 1004 Abs. 1 S. 1 zur Beseitigung verpflichtet, weil er das Milchpulver auf das Grundstück des K gebracht hat, damit einen Beitrag für die Störung leistet und deshalb Störer i. S. des § 1004 ist; dass der Brand nicht von dem Milchpulver herrührt, schließt die Störung durch B nicht aus. (2.) Eine Duldungspflicht aus dem Mietvertrag mit T entfällt, weil dieser entweder mit dem Brand erlischt – bei völliger Zerstörung des Mietobjekts – oder im Falle des Fortbestehens keine Pflicht zur Duldung der Lagerung gesundheitsgefährlicher Stoffe (Milchpulvergemisch) enthält. (3.) Dass K damit gleichzeitig ein eigenes Geschäft besorgt, weil er den gegen ihn ergangenen Polizeiverfügungen nachkommt, steht der Annahme eines fremden Geschäftes nicht entgegen.[33] Es handelt sich um ein auch-fremdes Geschäft. Unerheblich ist, ob eine Beseitigungsverfügung auch an B, der das Milchpulver einlagert, hätte gerichtet werden können.

3. Der Fremdgeschäftsführungswille wird nach h. M. beim auch-fremden Geschäft vermutet (vgl. unten § 4 Rn. 33).

4. Ein Auftrag oder sonstige Berechtigung des K gegenüber B, das Milchpulver zu beseitigen, fehlt.

5. Der nach § 683 S. 1 erforderliche Wille des B ist hier wegen § 679 nicht erforderlich (vgl. unten § 683 S. 2), weil die Beseitigung einer Pflicht des Geschäftsherrn B (§ 1004 Abs. 1 S. 1) entspricht, die im öffentlichen Interesse liegt.

6. Ergebnis: Der Anspruch des K ist begründet. Allerdings ist der Aufwendungsersatzanspruch des K entsprechend dem Rechtsgedanken des § 254 zu kürzen (vgl. unten § 5 Rn. 46 ff., 44).

---

[33] Vgl. BGHZ 65, 354, 357; 65, 384, 387 ff.

IV. Geschäftsherr

1. Person des Geschäftsherrn

16   Der Gesetzeswortlaut lässt offen, wer der **Geschäftsherr** der auftraglosen Fremdgeschäftsführung ist und wie diese Person zu bestimmen ist. Den Bestimmungen lässt sich nur entnehmen, dass Geschäftsherr und Geschäftsführer personenverschieden sein müssen, weil das Geschäft „für einen anderen" geführt werden muss. Für die Bestimmung des „Geschäftsherrn" stellt man auf das Tatbestandsmerkmal „fremdes Geschäft" ab, wobei man zwischen dem objektiv und subjektiv fremden Geschäft unterscheidet.

a) Objektiv fremdes Geschäft

17   Der Geschäftsherr eines objektiv fremden Geschäftes ist derjenige, dessen Angelegenheiten im konkreten Fall besorgt werden. Das ist derjenige, der eigentlich für die Ausführung des Geschäftes zuständig ist. Entscheidend sind – wie bei der Bestimmung des objektiv fremden Geschäftes – die güter- und lastenzuweisenden Regelungen aus dem Gesetz und aus Verträgen (vgl. auch unten § 4 Rn. 20). Nach der gesetzlichen oder vertraglichen Bestimmung muss der Geschäftsherr gerade für das Geschäft zuständig sein, das der Geschäftsführer ausgeführt hat. Eine bloß mittelbare Beziehung reicht nicht aus. Wenn die Erledigung eines eigenen Geschäfts sich für einen anderen lediglich mittelbar als Reflex oder Vorteil auswirkt, so liegt keine Mitbesorgung eines fremden Geschäfts vor.[34] Der „Reflexvorteil" ist keine Aufgabenwahrnehmung zugunsten des Begünstigten.

18 | **Fall (BGHZ 55, 207):** |
| --- |

Der Arbeitnehmer A hilft seinem im Betrieb verunglückten Kollegen K und verlangt von der Berufsgenossenschaft Ersatz von Aufwendungen, die bei den Maßnahmen entstanden sind, welche die ärztliche Behandlung vorbereitet haben. Zu Recht?

Lösung:

Der Aufwendungsersatzanspruch gegen die Berufsgenossenschaft aus §§ 677, 683 S. 1, 670 ist unbegründet. Voraussetzung wäre nämlich, dass A eine Aufgabe erfüllt, die der Berufsgenossenschaft nach den Bestimmungen des SGB (früher RVO) obliegt. Zwar stellt das Herbeiholen von Mitteln zur Ersten Hilfe kein eigenes Geschäft des A dar; die Sorge um das eigene Wohl ist grundsätzlich ein eigenes Geschäft eines Gefährdeten (hier des K). Das Herbeiholen von Erster Hilfe, um den Verunglückten zum Arzt bringen zu können, stellt

---

[34] BGHZ 54, 157, 161; 72, 151, 153; BGH NJW 1982, 875, 877; Staudinger/ *Wittmann*, § 677 Rn. 17.

vielmehr ein Geschäft des Betriebes gegenüber dem Verunglückten dar. Jedoch ist nicht die Berufsgenossenschaft für dieses Geschäft (Herbeiholen von Mitteln der Ersten Hilfe) zuständig. Eine derartige Pflicht obliegt ihr nicht.[35] Soweit die Berufsgenossenschaft nur Kosten zu erstatten hat, reicht diese mittelbare Beziehung zur Begründung der Geschäftsherren-Eigenschaft nicht aus.[36]

Fall: 19

Ein Passant P verhindert das Entflammen von Benzin, das aus einem Pkw des E tropft, und damit eine Beschädigung des Eigentums Dritter. Der Pkw ist in dem Parkhaus des G abgestellt. Von wem kann P Aufwendungsersatz verlangen?

Lösung:

P hat einen Anspruch aus §§ 677, 683 S. 1, 670.

1. Gegen G als Betreiber des Parkhauses, in welches das Fahrzeug eingestellt ist. Seine Eigenschaft als Geschäftsherr folgt aus der Verkehrssicherungspflicht gegenüber Dritten als Verhaltenspflicht i.S. des § 823 Abs. 1 sowie aus dem Vertrag zwischen ihm und anderen Benutzern des Parkhauses; der Umfang der Verkehrssicherungspflicht bestimmt die Geschäftsherreneigenschaft des Parkhausbetreibers.
2. E als Eigentümer des Pkw ist ebenfalls Geschäftsherr, weil er vor der Zerstörung seines PKW bewahrt wird, außerdem weil er gegenüber Dritten nach § 1004 Abs. 1 S. 1 zur Beseitigung der Störung verpflichtet wäre und nach § 823 Abs. 1 auf Schadensersatz haften könnte.
3. Geschäftsherren können auch die unmittelbar gefährdeten anderen Pkw-Eigentümer sein; schließlich ist die Sorge um ihr Eigentum deren Angelegenheit.[37]
4. Alle Geschäftsherren haften als Gesamtschuldner (§ 421).

Vertiefungshinweis: Geschäftsherren-Eigenschaft aufgrund eines Vertrages   20
Vertragliche Verpflichtungen können den Verpflichteten zum Geschäftsherrn machen.

Beispiel: Wenn in einem Vertrag eine Partei zur Vornahme des Geschäftes verpflichtet ist, so könnte diese Verpflichtung ihn zum Geschäftsherrn machen, wenn ein Dritter das Geschäft besorgt.[38]
Um eine Ausuferung der GoA zu verhindern, ist folgende Einschränkung vorzunehmen: Es kommen von vornherein nur solche vertragliche Verpflichtungen in Betracht, die eine Partei zu einer Tätigkeit oder einem Geschäft verpflichten, welches der Geschäftsführer im Einzelfall auch tatsächlich ausführt. Es scheiden die Fälle aus, in denen eine Vertragspartei nur zur Tragung der Kosten der Geschäftsbesorgung verpflichtet ist, die der Geschäftsführer ausführt. Derartige, mit der Geschäftsbesorgung mittelbar zusammenhängende vertragliche Verpflichtungen können den Verpflichteten nicht zum Geschäftsherrn machen.

---

[35] Der BGH (Z 55, 207, 210 f.) stützte sich auf (die damals geltenden) § 546 Abs. 1 RVO (Unfallverhütung und Erste Hilfe) und § 721 RVO (Erste Hilfe) und die einschlägigen Unfallverhütungsvorschriften.
[36] Vgl. BGHZ 72, 151, 153.
[37] Dies kann – zugegebenermaßen – weitreichende Folgen haben.
[38] Vgl. oben § 4 Rn. 9 f.

Beispiel: Dem Mieter obliegt vertraglich die Kostenlast für die Treppenhausreinigung, ohne dass er aber zur Reinigung selbst verpflichtet ist. Durch die von einem Dritten vorgenommenen Reinigungsarbeiten des stark verschmutzten Treppenhauses wird der Mieter nicht zum Geschäftsherrn.

Die Problematik liegt darin, dass es um relative Beziehungen zwischen (regelmäßig) zwei Personen geht, an denen der Geschäftsführer als Dritter nicht beteiligt ist.[39] Es stellt sich die Frage, ob die sich aus der relativen Beziehung ergebende Verpflichtung „Außenwirkung" hat, und ob der Geschäftsherr sich diese von einem Dritten (Geschäftsführer) entgegenhalten lassen muss. Es geht auch um die Frage, ob der Letztverpflichtete (der Haftende) ausschließlich Geschäftsherr ist und ob ein Innenregress zwischen den beiden vertraglich Verpflichteten verhindert werden soll. Soll die GoA eine endgültige Vermögenszuordnung und Haftungsverteilung erzielen?

Dies ist eine offene Wertungsfrage, die mit Argumenten in beiderlei Weise beantwortet werden kann. Vorzugswürdig ist anzunehmen, dass eine vertragliche Verpflichtung eine Person zum Geschäftsherrn macht, dass dies aber die Geschäftsherren-Eigenschaft der anderen Person nicht ausschließen kann, wenn diese Person (aufgrund der oben entwickelten Kriterien, vgl. oben § 4 Rn. 8 f.) weiterhin als Geschäftsherr anzusehen ist. Eine vertragliche Verpflichtung kann also die Geschäftsherren-Eigenschaft einer Person begründen, die einer anderen Person aber nicht ausschließen. Dafür spricht vor allem folgender Gesichtspunkt: Eine vertragliche Vereinbarung kann nicht mit Wirkung gegenüber Dritten die Geschäftsherreneigenschaft beseitigen; dies wäre sonst ein „Vertrag zu Lasten Dritter". Die (potenziellen) Geschäftsherren könnten sonst untereinander bestimmen, wer gegenüber dem Geschäftsführer haftet. Dies ist aber nur eine Frage des Innenverhältnisses ohne (belastende) Außenwirkung.

Beispiel: Vom Mietshaus drohen Dachpfannen herunterzufallen. Der Eigentümer des Hauses ist Geschäftsherr, was aus § 1004 Abs. 1 S. 1 sowie seiner Verkehrssicherungspflicht (§ 823 Abs. 1) abgeleitet werden kann. Auch der Mieter ist Geschäftsherr, wenn er aufgrund des Mietvertrages zur Instandhaltung des Hauses oder nach § 838 verpflichtet ist. Der Geschäftsführer handelt dann auch zum Vorteil des Mieters, indem er eine Verpflichtung des Mieters gegenüber dem Vermieter erfüllt.

b) Subjektiv fremdes Geschäft

21   Für die Bestimmung des subjektiven Geschäftsherrn ist allein der Fremdgeschäftsführungswille maßgeblich. Der Geschäftsherr wird durch den auf eine bestimmte Person konkretisierten, nach außen erkennbaren Fremdgeschäftsführungswillen bestimmt. § 686, nach dem der Irrtum über den Geschäftsherrn unbeachtlich ist und der wahre Geschäftsherr berechtigt und verpflichtet wird, ist beim subjektiv fremden Geschäft nicht anwendbar (str.; vgl. auch unten § 4 Rn. 22).

Beispiel:
Der (nicht beauftragte) Vertreter macht denjenigen zum Geschäftsherrn, für den er erkennbar (in seinem Namen) ein Geschäft abschließt.

22   **Vertiefungshinweis:** Bestimmung des Geschäftsherrn beim subjektiv fremden Geschäft – Anwendungsbereich des § 686
1. **Subjektiv fremde Geschäfte** sind objektiv eigene oder objektiv neutrale Geschäfte, die erst durch den nach außen erkennbaren Fremdgeschäftsfüh-

---

[39] Vgl. das „Dachpfannen"-Beispiel unten § 4 Rn. 20 a. E.

rungswillen zu einem fremden Geschäft i. S. der §§ 677 ff. werden. Das Besondere an diesen Geschäften ist, dass sie nach objektiv rechtlichen Kriterien
nicht einer bestimmten Person als ihr Geschäft zugeordnet werden, sondern
grundsätzlich das Geschäft jeder Person sein können. Erst der nach außen
erkennbare Fremdgeschäftsführungswille macht das Geschäft überhaupt zu
einem fremden Geschäft.
So wie sich die Fremdheit des Geschäftes aus dem nach außen erkennbaren
Fremdgeschäftsführungswillen ergibt, so kommt es auch für die Bestimmung
des Geschäftsherrn allein auf den Fremdgeschäftsführungswillen des Geschäftsführers an. Geschäftsherr ist derjenige, für den das Geschäft nach dem
nach außen erkennbaren Fremdgeschäftsführungswillen geführt wird.
2. § 686 setzt einen **Irrtum** über die Person des Geschäftsherrn voraus. Ein Irrtum als Abweichung der (objektiv) tatsächlichen von der (subjektiv) angenommenen Sachlage kann aber nur vorliegen, wenn eine objektive Sachlage
(Person des Geschäftsherrn) tatsächlich vorliegt. Das ist aber gerade beim
subjektiv fremden Geschäft nicht der Fall. Deshalb erfasst § 686 das subjektiv fremde Geschäft nicht.

2. Geschäftsfähigkeit des Geschäftsherrn

Die **Geschäftsfähigkeit** des Geschäftsherrn ist für die Geschäftsher- 23
reneigenschaft unerheblich. Der Geschäftsherr kann also beschränkt
geschäftsfähig oder geschäftsunfähig sein. Soweit es im Tatbestand
eines Anspruchs auf den Willen eines geschäftsunfähigen oder nur
beschränkt geschäftsfähigen Geschäftsherrn ankommt (Wille i. S. der
§ 683 S. 1 und §§ 677, 679, 681, 684; vgl. unten § 5 Rn. 11 ff., 58 ff.,
76), ist auf den Willen der gesetzlichen Vertreters abzustellen.[40] Es
kommt eine Zurechnung entsprechend dem Rechtsgedanken des § 166
Abs. 1 in Betracht. Sind höchstpersönliche Interessen des Geschäftsherrn betroffen, so kommt es unter den Voraussetzungen des § 828
Abs. 3 nur auf den Willen des Geschäftsherrn selbst an.[41]

C. Fremdgeschäftsführungswille

I. Grundsätzliches

Der Geschäftsführer muss wissen und wollen, dass er die Angelegen- 24
heit eines anderen (mit-)besorgt. Er muss den Erfolg des Geschäfts dem
Geschäftsherrn zugute kommen lassen wollen.[42] Der **Fremdgeschäftsführungswille** hat also zwei Bestandteile:
– **Fremdgeschäftsführungsbewusstsein:** Der Geschäftsführer muss wissen, dass das Geschäft ein fremdes ist (kognitives Element, vgl. § 687
Abs. 1).

---

[40] Allg. Meinung; vgl. MünchKomm/*Seiler*, § 682 Rn. 7; *Jauernig/Mansel*, § 682
Rn. 3.
[41] BGHZ 29, 33; Staudinger/*Wittmann*, § 682 Rn. 5.
[42] *Gursky*, AcP 185 (1985), 29 m. w. N.

– Finaler **Fremdgeschäftsführungswille** (i.e.S.): Der Geschäftsführer muss mit dem Willen handeln, im Interesse des Geschäftsherrn tätig zu werden.[43] Er muss das Geschäft als fremdes führen wollen (finales oder voluntatives Element, vgl. § 687 Abs. 2).

25

Fall:

Student S nimmt vom Paketzusteller ein Paket entgegen in der Überzeugung, es sei für Hausmitbewohner A. Als S später feststellt, dass das Paket an den mit ihm verfeindeten B gerichtet ist, verweigert er die Herausgabe. Anspruch des B gegen S (vgl. unten § 5 Rn. 66)?

Lösung:

I. Ein Anspruch aus § 985 scheidet aus, weil B (noch) nicht Eigentümer des Pakets ist.

II. Infrage kommt ein Anspruch aus §§ 677, 681 S. 2, 667 auf Herausgabe.

1. Die Entgegennahme und Aufbewahrung des Paketes stellt eine Geschäftsbesorgung dar. Weil das Paket an B und nicht an ihn selbst adressiert ist, liegt ein Geschäft des B vor, das damit für S objektiv fremd ist.

2. Fremdgeschäftsführungswille: S weiß, dass es sich bei der Entgegennahme um die Angelegenheit eines anderen handelt (Fremdgeschäftsführungsbewusstsein). S will auch ein fremdes Geschäft führen (Fremdgeschäftsführungswille i.e.S.). Dass er es für seinen Nachbarn A führen will, er sich also über den Geschäftsherrn irrt, lässt die Geschäftsbesorgung für den B nicht entfallen. Denn ein Irrtum über die Person des Geschäftsherrn ist unbeachtlich; nach § 686 entsteht das Rechtsverhältnis der Geschäftsführung ohne Auftrag mit dem wirklichen Geschäftsherrn. Der spätere Wegfall des Fremdgeschäftsführungswillens lässt die einmal aus der GoA entstehenden Rechte und Pflichten nicht entfallen; denn maßgebend ist der Zeitpunkt der Geschäftsführung (vgl. unten § 5 Rn. 66).

3. Ein Auftrag oder sonstige Berechtigung fehlt.

4. Eine Übereinstimmung mit dem Interesse und dem Willen des Geschäftsherrn ist nicht Voraussetzung des Anspruchs aus §§ 677, 681 S. 2, 667.

5. Der Anspruch auf Herausgabe ist begründet.

III. Ein Anspruch aus § 823 Abs. 1 scheidet mangels Eigentums des B aus.

26   **Vertiefungshinweis:** Gesetzliche Ableitung des Fremdgeschäftsführungswillens
Dass der Fremdgeschäftsführungswille ein notwendiges Erfordernis der GoA ist und zu dessen Grundtatbestand gehört, kann den §§ 677, 687 entnommen werden. Nach § 677 muss das Geschäft „für einen anderen" geführt werden. Gemeint ist die Absicht, fremde Interessen wahrnehmen zu wollen. § 687 Abs. 2 S. 1 bestimmt, dass die §§ 677ff. nur unter Modifikationen zur Anwendung kommen, wenn der Geschäftsführer das Geschäft als eigenes besorgt, obwohl er weiß, dass er dazu nicht berechtigt ist. Der missverständliche Wortlaut meint damit, dass „jemand ein fremdes Geschäft in rechtswidriger Absicht als eigenes

---

[43] *Martinek/Theobald*, JuS 1997, 612, 613; *Henssler*, JuS 1991, 924, 926.

behandelt",[44] also nicht den Willen hat, fremde Interessen wahrzunehmen, ihm also der Fremdgeschäftsführungswille i. e. S. fehlt. Wenn der Geschäftsführer nicht positiv weiß, dass er ein fremdes Geschäft führt (kein Fremdgeschäftsführungsbewusstsein), so sind die §§ 677 ff. nicht anwendbar, so unmissverständlich § 687 Abs. 1.

Der Fremdgeschäftsführungswille muss im **Zeitpunkt der Geschäfts-** 27 **besorgung** (vgl. §§ 677, 687) vorliegen. Er kann als tatsächliches Wissen und Wille nicht von einer Bedingung abhängig gemacht werden; dass der Geschäftsführer aufschiebend oder auflösend bedingt mit Fremdgeschäftsführungswillen handelt, ist nicht denkbar.[45] Handelt es sich bei dem Geschäftsführer um eine juristische Person, so hängt der Fremdgeschäftsführungswille vom Willen der Mitglieder des geschäftsführenden Organs ab.[46]

II. Fremdgeschäftsführungswille bei den verschiedenen Arten des fremden Geschäfts

Der Fremdgeschäftsführungswille[47] muss (im Prozess) festgestellt und 28 bewiesen werden. Das kann auf Schwierigkeiten stoßen, weil dieser rein subjektiver Natur ist. Ist der Fremdgeschäftsführungswille nicht in irgendeiner Form nach außen erkennbar in Erscheinung getreten, so ist er nicht beweisbar und deshalb im Bestreitensfall (prozessrechtlich) unbeachtlich.[48] Es müssen also regelmäßig Anhaltspunkte vorliegen, die den Fremdgeschäftsführungswillen äußerlich erkennbar machen. Dafür ist zwischen dem objektiv fremden, nur subjektiv fremden und auchfremden Geschäften zu unterscheiden.[49]

Vertiefungshinweis: Erkennbarkeit des Fremdgeschäftsführungswillens 29
Der Fremdgeschäftsführungswille ist an sich ein rein subjektives Tatbestandsmerkmal (wie der [Tatbestands-]Vorsatz im Strafrecht). Unter materiellrechtlichen Gesichtspunkten ist eine **Erkennbarkeit** nach außen nicht erforderlich. Der Fremdgeschäftsführungswille ist auch keine Willenserklärung; eine Anwendung des § 116 oder dessen Rechtsgedanke scheidet damit ebenfalls aus. Indem der Gesetzgeber,[50] Rechtsprechung und Literatur die Erkennbarkeit des

---

[44] Vgl. § 761 Abs. 1 Nr. 2 Erster Entwurf (E I): „Die Vorschriften der §§ 749–758 finden keine Anwendung: ... 2. Wenn Jemand ein fremdes Geschäft in rechtswidriger Absicht als eigenes behandelt hat."

[45] Anders insoweit Soergel/*Beuthien*, § 677 Rn. 4, wonach der Fremdgeschäftsführungswille von einer Bedingung abhängig gemacht werden könne; mit Verweis auf BGHZ 28, 359, 363. Der Fall behandelt eine Zahlung unter Vorbehalt, bei dem ein fremdes Geschäft deshalb nicht vorlag, weil die Zahlung unter Vorbehalt auf eine fremde Schuld nicht zur endgültigen Erfüllung der Schuld führt, so die Rechtsprechung des BGH (ebd. S. 364 und 364), und nur bei Tilgung fremder Schuld ein fremdes Geschäft in Betracht kommen kann.

[46] BGHZ 30, 162, 167.

[47] Zum Meinungsstreit beim Fremdgeschäftsführungswillen vgl. *Martinek/Theobald*, JuS 1997, 805 ff.

[48] Vgl. BGHZ 40, 28, 30.

[49] Kritisch MünchKomm/*Seiler*, § 677 Rn. 13 ff. m. w. N.

[50] *Mugdan* II, S. 478 (Motive).

Fremdgeschäftsführungswillens nach außen verlangen,[51] stellen sie eigentlich ein beweis- und prozessrechtlich relevantes Erfordernis auf, das aber materiellrechtlich ohne Bedeutung ist. Wenn der Fremdgeschäftsführungswille nicht auf irgendeine Weise nach außen (durch besondere Indizien) erkennbar geworden ist, kann er insoweit nicht bewiesen werden und damit (als rein interner) Wille keine rechtliche Bedeutung. Es ist deshalb – streng dogmatisch – zwischen dem rein materiellrechtlichen Erfordernis des Fremdgeschäftsführungswillens und den beweisrechtlichen Anforderungen (äußere Erkennbarkeit) zu unterscheiden.

1. Fremdgeschäftsführungswille beim objektiv fremden Geschäft

30   Anhaltspunkte, die auf den Fremdgeschäftsführungswillen schließen lassen, können sich aus der Natur des Geschäftes ergeben. Ist das Geschäft seinem Wesen nach (ausschließlich) **objektiv fremd,** so wird der Fremdgeschäftsführungswille (widerlegbar) **vermutet,** und es ist Sache desjenigen, der ihn leugnet, den Gegenbeweis zu führen. Der nachgewiesene äußere Geschehensablauf deutet aufgrund der Lebenserfahrung typischerweise auf ein Handeln für einen Fremden hin: Wer ein objektiv fremdes Geschäft führt, weiß dies regelmäßig und führt das Geschäft im Interesse eines Dritten (Fremdgeschäftsführungswille i. e. S.).

Beispiele:
– F bemerkt, dass im Haus seines Nachbarn, der sich im Skiurlaub befindet, ein Wasserrohr gebrochen ist. Um das Schlimmste zu verhindern, kümmert er sich um die Abdichtung der schadhaften Stelle. Es liegt ein objektiv fremdes Geschäft vor, bei dem der Fremdgeschäftsführungswille vermutet wird.
– Schließt jemand für sein Kfz eine Insassenunfallversicherung ab, so ist die Vermutung als widerlegt angesehen worden, ein Geschäft für die Insassen führen zu wollen. Es wird kein Geschäft für die Mitfahrer geführt, die von dieser Versicherung im Falle eines Unfalls profitieren.[52]

31 | **Fall (BGHZ 37, 258):** |

Wirtschaftsberater W soll für H eine Schuldensanierung durchführen. W ist allerdings bekannt, dass er damit gegen das Rechtsberatungsgesetz verstößt. Nach Abschluss der zu voller Zufriedenheit des H durchgeführten Schuldensanierung verlangt W von H das vereinbarte Honorar. Zu Recht?

| **Lösung:** |

I. Ein vertraglicher Anspruch des W gegen H gemäß §§ 675 Abs. 1, 611 scheidet aus, weil der zustande gekommene Vertrag nach § 134 i. V. m. Art. 1 § 1 RBerG nichtig und der Ausnahmetatbestand des § 5 Nr. 2 und 3 RBerG nicht gegeben ist.

---

[51] Vgl. BGHZ 40, 28, 30: „Ist er [der Fremdgeschäftsführungswille] nicht in irgendeiner Form nach außen in Erscheinung getreten, so ist er, wie regelmäßig im Rechtsleben, unbeachtlich."; MünchKomm/*Seiler,* § 677 Rn. 6 m. w. N.
[52] BGHZ 64, 260.

II. Anspruch auf Aufwendungsersatz gemäß §§ 677, 683 S. 1, 670?

1. Fremdes Geschäft: Die Regulierung von Schulden und die Schuldensanierung sind grundsätzlich Aufgabe des Schuldners. Insoweit liegt für W ein fremdes Geschäft vor. Weil der Vertrag nichtig ist und W insoweit nicht in Erfüllung eines Vertrages handelt, liegt (objektiv) ein auch-fremdes Geschäft nicht vor.

2. Fremdgeschäftsführungswille?

a) Dieser wird vermutet. Nach Ansicht der Rechtsprechung kann ein Fremdgeschäftsführungswille auch dann vorliegen und vermutet werden, wenn der Schuldner handelt, um eine vermeintliche Verpflichtung (aus einem nichtigen Vertrag) zu erfüllen,[53] also auch Eigengeschäftsführungswillen hat.

b) Dagegen lehnt die Literatur in einem solchen Fall eine Vermutung ab: Derjenige, der aufgrund eines – wenn auch – nichtigen Vertrages tätig werde, führe ein eigenes Geschäft, weil er ein (vermeintlich) eigenes Geschäft erfüllen wolle; die GoA werde bei Zugrundelegung der Rechtsprechung zu einem gefährlich weiten Mittel des Lastenausgleichs aus Billigkeitsgründen und zu einem Auffangtatbestand ausgeweitet, durch den speziellere Regelungen, wie z.B. der §§ 812 ff., aufgeweicht werden könnten.[54] Darüber hinaus bezweifelt die Literatur die Anwendbarkeit der GoA bei Rückabwicklung nichtiger Verträge. Die §§ 817 S. 2, 818 Abs. 2 dürften nicht über die §§ 683 S. 1, 670 umgangen werden (vgl. oben § 3 Rn. 7).

c) Im vorliegenden Fall erübrigt sich eine Entscheidung. Denn auch die Rechtsprechung kommt im vorliegenden Fall nicht zu einem Anspruch, weil eine gegen ein Verbotsgesetz verstoßende Leistung nicht für erforderlich i. S. des § 670 gehalten werden darf.[55]

Nach beiden Ansichten besteht kein Anspruch.

III. Einem Anspruch aus § 812 Abs. 1 S. 1 Alt. 1 (condictio indebiti) steht § 817 S. 2 entgegen (vgl. unten § 10 Rn. 34 ff.).[56]

IV. Ein Schadensersatzanspruch aus §§ 311 Abs. 2 Nr. 3, 280 Abs. 1 scheidet mangels schuldhafter Pflichtverletzung des H aus.

2. Fremdgeschäftsführungswille beim subjektiv fremden Geschäft

Beim **subjektiv fremden Geschäft** fehlen Anhaltspunkte, die für sich 32 allein auf den Fremdgeschäftsführungswillen schließen lassen. Der Fremdgeschäftsführungswille muss deshalb nach außen kundgegeben werden bzw. nach außen zur Genüge offenbart werden; der bloß intern

---

[53] BGHZ 101, 393, 399; BGH NJW 1997, 47, 48, dazu *Einsele*, JuS 1998, 201 ff.; vgl. auch *Medicus*, BR, Rn. 411.
[54] Vgl. *Medicus*, BR, Rn. 412.
[55] Kritisch *Medicus*, BR, Rn. 412: Die Vergütung dürfe nicht vom Fahrlässigkeitsmaßstab des § 670 abhängen.
[56] Vgl. *Medicus*, BR, Rn. 412; vgl. aber zu § 817 BGHZ 50, 90, 92 f.: Die Vorschrift ist unanwendbar auf nicht verbotene Nebenleistungen, auch wenn der ganze Vertrag einschließlich dieses Teils wegen Verstoßes gegen ein gesetzliches Verbot nichtig ist.

gebliebene Wille reicht nicht.[57] Anhaltspunkte können sich etwa aus der Korrespondenz zwischen dem Geschäftsherrn und Geschäftsführer vor Ausführung des Geschäftes ergeben.[58] Beim Abschluss eines Rechtsgeschäftes als Standardfall eines neutralen Geschäftes wird der Fremdgeschäftsführungswille durch den Geschäftsführer dadurch zum Ausdruck gebracht, dass er offen legt, für einen Dritten zu handeln; es genügen andere Indizien wie eine erkennbar vom Geschäftsherrn rührende Anzahlung.[59]

Beispiel:
Wenn jemand in einer Auktion einen Gegenstand ersteigert, müssen besondere Anzeichen dafür vorliegen, dass er für einen Dritten erwerben will, um den Fremdgeschäftsführungswillen beweisen zu können. Ausreichend wäre etwa eine vorherige Anzeige gegenüber dem Versteigerungspersonal oder ein Handeln im fremden Namen. Andernfalls kann weder er von einem Dritten Ersatz des gezahlten Kaufpreises fordern (§§ 677, 683 S. 1, 670), noch kann ein Dritter von ihm den ersteigerten Gegenstand herausverlangen (§§ 677, 681 S. 2, 667), wenn es an einem Auftrag fehlt.

3. Fremdgeschäftsführungswille beim auch-fremden Geschäft (bei dem Handeln im Doppelinteresse)

33   Der BGH[60] sowie ein beträchtlicher Teil des Schrifttums[61] **vermuten** beim **auch-fremden Geschäft** (bei dem Handeln im Doppelinteresse) den Fremdgeschäftsführungswillen. Anhaltspunkt für die Vermutung ist – wie beim objektiv (nur) fremden Geschäft – die Fremdheit des Geschäftes. Das mag im Einzelfall (z. B. wenn der Mieter einen Zimmerbrand löscht) zutreffen, ist aber darüber hinaus zweifelhaft.

Beispiel:
Die Feuerwehr löscht einen Brand, der durch Funkenflug der Bahn entstanden ist. Damit erfüllt die Gemeinde, der die Feuerwehr eingegliedert ist, zum einen die ihr auferlegte öffentlich-rechtliche Pflicht (Brandbekämpfung); zugleich führt sie ein Geschäft derjenigen, die durch die Feuergefahr bedroht sind und durch die Ausbreitung des Feuers Schaden erleiden könnten; das Löschen ist auch ein Geschäft der Bahn, die aus Gefährdungshaftung (§ 1 Abs. 1 HaftpflG) für den Brandschaden haftet und der an der Verringerung des Schadens gelegen ist (Schadensbeseitigung und Schadensverringerung ist Geschäft des Schädigers). Wegen des objektiv (auch-)fremden Geschäftes vermutet die Rechtsprechung

---

[57] BGHZ 82, 323, 331; 114, 248, 249 f.; 138, 281, 286; vgl. auch *Mugdan* II, S. 478 (Motive).
[58] Vgl. RGZ 149, 205, 208 f. für das Fremdgeschäftsführungswissen.
[59] *Gehrlein*, in: Bamberger/Roth, § 677 Rn. 14.
[60] BGHZ 38, 270, 276 (Selbstaufopferung im Straßenverkehr); 40, 28, 31 (Löschen eines durch Bahn verursachten Waldbrandes durch Feuerwehr); 63, 167, 170 (Aufrichten eines umgestürzten Tanklastwagens durch Feuerwehr); 65, 384, 387 (Bergen von Schiffsgegenständen aus Kanal durch Sicherungspflichtigen); 110, 313 (Beseitigung von durch Feuer verdorbenem Milchpulver durch polizeipflichtigen Grundstückseigentümer); BGH NJW 1979, 598 (Kosten für Besuch eines Angehörigen im Krankenhaus).
[61] Palandt/*Sprau*, § 677 Rn. 6; *Jauernig/Mansel*, § 677 Rn. 4.

den Fremdgeschäftsführungswillen. Um der Haftung aus §§ 677, 683 S. 1, 670 zu entgehen, hätte der Geschäftsherr (Bahn) die Vermutung des Fremdgeschäftsführungswillens widerlegen müssen (BGHZ 40, 28 „Funkenflug"-Fall; vgl. unten § 8 Rn. 15).

III. Fremdgeschäftsführungswille und Geschäftsherr

Ob der Geschäftsführer den **Geschäftsherrn** kennt, ist beim objektiv **34** fremden Geschäft gleichgültig. Erforderlich und ausreichend ist, dass der Geschäftsführer für (irgend)einen anderen handeln will. Dafür genügt ein nicht auf eine Person bezogener, abstrakter Fremdgeschäftsführungswille. Daher ist der Irrtum des Geschäftsführers über die Person des Geschäftsherrn ohne Bedeutung. Berechtigt und verpflichtet wird dann der wirkliche Geschäftsherr (§ 686)[62] (**Geschäftsführung für den, den es angeht**).[63] Der Fremdgeschäftsführungswille muss sich also nur auf das zu besorgende Geschäft beziehen. Beim subjektiv fremden Geschäft dagegen macht der auf eine bestimmte Person bezogene Fremdgeschäftsführungswille diese Person erst zum Geschäftsherrn (vgl. zur Anwendung des § 686 oben § 4 Rn. 21 f.).

Fall: **35**

G ist längere Zeit verreist. Ein heftiger Sturm beschädigt das Dach des von G bewohnten Hauses. Der Nachbar S sorgt für die Reparatur. Nach der Rückkehr des G fordert S von G Kostenerstattung. Erst jetzt erfährt S zu seinem Erstaunen, dass G bloß Mieter ist und das Haus nicht dem G gehört, sondern dem D. Wer muss die Kosten ersetzen?

Lösung:

1. S kann von D Aufwendungsersatz aus §§ 677, 683 S. 1, 670 verlangen. Er hat mit der Durchführung ein Geschäft besorgt, für das er nicht selbst zuständig ist, sondern der D als Eigentümer (§ 903). Zwar will S für G handeln, jedoch ist nach § 686 der Irrtum des Geschäftsführers über die Person des Geschäftsherrn unbeachtlich; es wird der wahre Geschäftsherr verpflichtet, also der D. Da das besorgte Geschäft objektiv (ausschließlich) fremd ist, wird der Fremdgeschäftsführungswille des S i. S. der §§ 677, 687 vermutet. S handelt ohne Auftrag sowie im Interesse und mit mutmaßlichem Willen des D.

2. S könnte auch von G Aufwendungsersatz verlangen, wenn er dessen Geschäft besorgt hätte. Das wäre der Fall, wenn G etwa kraft Mietvertrages zur Instandhaltung des Mietshauses verpflichtet sein würde. Dann wäre auch er Geschäftsherr.

---

[62] Motive II, S. 856; BGHZ 1, 57, 62; 43, 188, 192; MünchKomm/*Seiler*, § 677 Rn. 7.
[63] *Martinek/Theobald*, JuS 1997, 612, 615: abstrakter Fremdgeschäftsführungswille.

IV. Abgrenzung

36   Die GoA ist von der irrtümlichen Eigengeschäftsführung (§ 687 Abs. 1) und der sog. Geschäftsanmaßung (§ 687 Abs. 2) **abzugrenzen.**

1. Irrtümliche Eigengeschäftsführung (§ 687 Abs. 1)

37   Besorgt jemand ein fremdes Geschäft in der Meinung, es sei sein eigenes, dann liegt eine **irrtümliche Eigengeschäftsführung** bzw. eine vermeintliche Eigengeschäftsführung vor. Wenn jemand nur sein eigenes Geschäft zu führen glaubt, auch wenn es objektiv ein fremdes Geschäft ist, dann fehlt das Fremdgeschäftsführungsbewusstsein. Die §§ 677 ff. gelten dann nicht (§ 687 Abs. 1; vgl. zu den weiteren Rechtsfolgen unten § 6 Rn. 3). Eine irrtümliche Eigengeschäftsführung kann nur bei einem objektiv fremden Geschäft in Betracht kommen (vgl. § 687 Abs. 1: „fremdes Geschäft"); bei einem objektiv-neutralen Geschäft ist ein Irrtum i. S. des § 687 Abs. 1 nicht möglich, weil eine Abweichung der objektiven von der subjektiven Lage nicht denkbar ist (vgl. § 4 Rn. 22).

38   **Fall:**

D stiehlt den Pkw des H und verkauft das Fahrzeug an den gutgläubigen F. F lässt den Pkw reparieren. Als der Diebstahl aufgeklärt wird, gibt F den PKW an H zurück, fordert aber von H die Erstattung der Reparaturkosten. Zu Recht?

Lösung:

I. F kann von H nicht nach §§ 677, 683 S. 1, 670 Aufwendungsersatz verlangen. (1.) Zwar stellt die Reparatur des Pkw eine Geschäftsbesorgung dar. (2.) Es handelt sich für F auch um ein objektiv fremdes Geschäft, weil die Instandhaltung und Reparatur von Sachen Aufgaben des Eigentümers sind (vgl. §§ 903, 994 ff.). Eigentümer ist H und nicht F, der wegen § 935 Abs. 1 trotz seiner Gutgläubigkeit kein Eigentum erwerben kann. Jedoch fehlt dem F der Fremdgeschäftsführungswille. Dieser setzt u. a. das Fremdgeschäftsführungsbewusstsein voraus. Der gutgläubige F hielt sich jedoch für den Eigentümer. Ihm fehlte damit das Wissen, ein fremdes Geschäft zu führen (vgl. § 687 Abs. 1). Ansprüche aus GoA kommen deshalb nicht in Frage (§ 687 Abs. 1). Das Konkurrenz-Problem zum EBV ist deshalb nicht entscheidungserheblich.

II. Weil H Eigentümer und F Besitzer des Kfz ist und F kein Recht zum Besitz hat, insbesondere nicht aus berechtigter GoA (vgl. vorstehend), liegt ein EBV vor. Der gutgläubige F kann deshalb aus § 994 Abs. 1 Verwendungsersatz verlangen. Jedoch erlischt dieser Anspruch nach Herausgabe an den Eigentümer mit Ablauf eines Monats (§ 1002 Abs. 1).

III. Ein Anspruch aus § 812 Abs. 1 S. 1 Alt. 2 (Verwendungskondiktion) wird durch die vorrangigen Regelungen der §§ 994 ff. ausgeschlossen (vgl. § 993 Abs. 1 a. E.).

2. Geschäftsanmaßung (§ 687 Abs. 2 S. 1)

Zum Fremdgeschäftsführungswillen gehört auch der Wille, die Er- 39
gebnisse der Geschäftsführung dem anderen zukommen zu lassen, also
im fremden Interesse zu handeln (**Fremdgeschäftsführungswille i. e. S.**).
Der Fremdgeschäftsführungswille fehlt demnach – so die umständliche
Formulierung des Gesetzes – dann, wenn „jemand ein fremdes Geschäft
als sein eigenes besorgt, obwohl er weiß, dass er dazu nicht berechtigt
ist" (§ 687 Abs. 2 S. 1). Das ist der Fall der **angemaßten** (bzw. **unerlaubten) Eigengeschäftsführung.** Der Geschäftsführer hat erkannt, dass
das Geschäft ihn nichts angeht; er will sich aber dem Geschäftsherrn
(dem Zuständigen) nicht unterordnen und nicht in dessen Interesse
handeln (vgl. zu den Rechtsfolgen unten § 6 Rn. 7 ff.).

Fall: 40

Fall wie § 4 Rn. 38. Kann F Ersatz der Aufwendungen verlangen, wenn F von
dem Diebstahl Kenntnis hatte?

Lösung:

I. Ein Anspruch aus §§ 677, 683 S. 1, 670 scheidet aus, weil es am Fremdgeschäftsführungswillen fehlt. F weiß zwar, dass er nicht der Eigentümer ist und
mit der Reparatur ein objektiv fremdes Geschäft führt (Fremdgeschäftsführungsbewusstsein). Das genügt aber nicht für den Fremdgeschäftsführungswillen („für einen anderen" i. S. des § 677). Zum Fremdgeschäftsführungswillen gehört auch der Wille, die Ergebnisse der Geschäftsführung dem anderen
zukommen zu lassen (Fremdgeschäftsführungswille i. e. S.). Daran fehlt es
hier. F will den Pkw selbst (weiter) benutzen.

II. Anspruch aus § 687 Abs. 2 auf Aufwendungsersatz?
§ 687 Abs. 2 S. 2 (Geschäftsanmaßung) gewährt einen Anspruch auf Aufwendungsersatz nach Bereicherungsrecht (§§ 684 S. 1, 818 ff.) nur dann, wenn
der Geschäftsherr Ansprüche aus § 687 Abs. 2 S. 1 geltend macht (vgl. unten
§ 6 Rn. 10 ff., 15). Da dies hier nicht der Fall ist, kann F keine Aufwendungen
nach § 687 Abs. 2 S. 2 ersetzt verlangen.

III. Ein Anspruch aus § 994 Abs. 1 scheitert an der Bösgläubigkeit des F.
F weiß, dass er zum Besitz nicht berechtigt ist.

IV. F kann Verwendungsersatz nach § 994 Abs. 2 verlangen. Die Reparatur
stellt eine notwendige Verwendung im Sinne der Vorschrift dar (im Unterschied
zu bloß nützlichen Verwendungen, vgl. § 996, oder nicht erstattungsfähigen
Luxusaufwendungen). F weiß zurzeit der Reparatur von dem Diebstahl; er ist
unredlicher Besitzer (§ 994 Abs. 2). Für notwendige Verwendungen verweist
§ 994 Abs. 2 auf das Recht der GoA; es handelt sich um einen teilweisen
Rechtsgrundverweis auf die §§ 683, 684.[64] Für den Aufwendungsersatz des
F folgt:

---

[64] Es liegt ein teilweiser Rechtsgrundverweis vor, weil nicht im vollen Umfang auf
den Tatbestand (und die Rechtsfolgen) der GoA verwiesen wird. Es wird auf §§ 683,

– F erhält Ersatz der Reparaturkosten nach §§ 683 S. 1, 670, wenn die Verwendungen dem Interesse und Willen des Geschäftsherrn H entsprechen (z. B. H will den Pkw repariert weiterhin nutzen).
– Andernfalls sind die Reparaturkosten nur nach §§ 684 S. 1, 818 Abs. 2 ersatzfähig, also wenn H etwas erlangen würde, etwa wenn er bei einem Verkauf des Pkw wegen des guten Zustands der Bremsen einen höheren Erlös erzielt (ansonsten § 818 Abs. 3).

V. Ein Anspruch aus § 812 Abs. 1 S. 1 Alt. 1 (Leistungskondiktion) scheitert schon an einer fehlenden Leistung: F verfolgt gegenüber H keinen Leistungszweck.

VI. § 812 Abs. 1 S. 1 Alt. 2 (Verwendungskondiktion) wird durch die vorrangigen Regelungen der §§ 994 ff. ausgeschlossen.

D. Ohne Auftrag oder sonstige Berechtigung (Geschäftsführungsberechtigung)

41 Die Geschäftsführung **ohne Auftrag** verlangt eine Geschäftsbesorgung für einen anderen, „ohne von ihm beauftragt oder ihm gegenüber sonst dazu berechtigt zu sein" (§ 677).

I. Grundsatz

42 Nach der Rechtsprechung des BGH handelt der Geschäftsführer ohne Auftrag oder sonstige Berechtigung, wenn (überhaupt) kein, ein beendeter, nichtiger oder unwirksamer Vertrag zwischen Geschäftsführer und Geschäftsherrn vorliegt oder solche aus einem Vertrag erwachsende Befugnisse überschritten werden.[65] Unter Auftrag ist ein Rechtsverhältnis i. S. der §§ 662 ff. zu verstehen. Ein sonstiges Geschäftsführungsrecht kann sich aus anderen Rechtsverhältnissen, insbesondere aus Dienst-, Werk- oder Geschäftsbesorgungsvertrag ergeben (§§ 611, 631, 675). Wie der Wortlaut des § 677 zeigt, darf eine Verpflichtung oder sonstige Berechtigung des Geschäftsführers nicht gegenüber dem Geschäftsherrn bestehen. Gegenüber Dritten kann eine solche Berechtigung bestehen, ohne dass damit die GoA schon deswegen ausgeschlossen wird (sog. pflichtgebundener Geschäftsführer, vgl. unten § 8 Rn. 1 ff.).

43 Vertiefungshinweis: Auftrag i. S. des § 677
1. Ein sonstiges Geschäftsführungsrecht kann sich auch aus fehlerhaft wirksamen Vertragsverhältnissen, aus verbandsrechtlicher Organstellung (Mitglied des Vorstands eines Vereins), aus der Stellung als Amtswalter (Insolvenz- oder

---

684 S. 1 und 2 verwiesen, nicht aber auf § 687; der Fremdgeschäftsführungswille ist ohne Bedeutung.
[65] Kritisch MünchKomm/*Seiler*, § 677 Rn. 47 ff.

Nachlassverwalter, Testamentsvollstrecker), aus familienrechtlicher Stellung (Ehegatten, Eltern) ergeben.[66]

2. Ein Rechtfertigungsgrund wie **Notwehr** (§ 227) berechtigt zwar zum Handeln (z. B. Grundeigentümer entfernt ein die Einfahrt versperrendes Fahrzeug), begründet aber keine Berechtigung zur Geschäftsbesorgung i. S. des § 677.[67] Keine Berechtigung in diesem Sinne stellen auch öffentlich-rechtliche Pflichten dar, die nur gegenüber der Allgemeinheit und nicht spezifisch gegenüber dem Geschäftsherrn bestehen. Daher schließt die aus § 323 c StGB folgende allgemeine Rechtspflicht zur Hilfeleistung die GoA nicht aus; denn diese Pflicht besteht nur im Interesse der Allgemeinheit an solidarischer Schadensabwehr in akuten Notlagen, und das Interesse des Hilfsbedürftigen wird nur als Reflex gewahrt.[68] § 323 c StGB regelt nur die strafrechtlichen Folgen einer **unterlassenen Hilfeleistung**, begründet aber kein Geschäftsführungsrecht oder gar Geschäftsführungspflicht gegenüber dem Hilfsbedürftigen. Aus § 323 c StGB folgt nur, dass die Hilfeleistung eine im öffentlichen Interesse liegende Pflicht und damit eine berechtigte GoA i. S. der §§ 683 S. 2, 679 ist.[69]

3. Gemäß § 2 Abs. 1 Nr. 13 a SGB VII erwirbt derjenige, der bei Unglücksfällen Hilfe leistet, einen Anspruch gegen die Träger der gesetzlichen Unfallversicherung. Ein gleichzeitig bestehender Anspruch des geschädigten Geschäftsführers gegen den Geschäftsherrn (§§ 677, 683 S. 1, 670) geht nach h. M. nicht zu Lasten des Geschäftsherrn nach § 116 Abs. 1 SGB X auf den Sozialversicherungsträger über, sondern verringert sich – im Wege der Vorteilsausgleichung – im Umfang der Versicherungsleistungen. Soweit der Anspruch gegen den Sozialversicherungsträger reicht, scheidet daneben ein Anspruch des Geschäftsführers aus GoA aus.[70]

II. Nichtiger Vertrag

Die Rechtsprechung wendet die GoA auch dann an, wenn der zwi- 44
schen dem Geschäftsherrn und dem Geschäftsführer geschlossene Vertrag nichtig ist; die überwiegende Literatur lehnt dies ab (vgl. oben § 3 Rn. 7 f.).

E. Zusammenfassung: Grundtatbestand der GoA

Grundtatbestand der GoA (§ 677 Halbs. 1)   45

1. Geschäftsbesorgung

   a) „Geschäft" weit auslegen (§ 4 Rn. 1)

   b) Geschäftsführer

   P: Geschäftsfähigkeit, beachte: § 682 (§ 4 Rn. 4)

---

[66] MünchKomm/*Seiler*, § 677 Rn. 43, 46; *Erman*, NJW 1965, 421 ff.; a. A. *Dorn*, NJW 1964, 799 ff., der auf faktische Schuldverhältnisse das Recht der GoA anwendet.
[67] MünchKomm/*Seiler*, § 677 Rn. 43 gegen *van Venroy*, JuS 1979, 102, 104.
[68] Vgl. OLG Frankfurt/Main NJW-RR 1989, 794, 795.
[69] Allgemeine Ansicht: RGZ 167, 88; MünchKomm/*Seiler*, § 677 Rn. 43 m. w. N.
[70] Palandt/*Sprau*, § 683 Rn. 9; *Brox/Walker*, BS, § 35 Rn. 46.

2. Fremdheit des Geschäfts
nicht ausschließlich eine Angelegenheit des Geschäftsführers;
auch Interessenbereich eines anderen (des Geschäftsherrn)
  a) Arten des fremden Geschäfts
    (1) Objektiv fremdes Geschäft
    ausschließlich zum Rechtskreis eines anderen gehörend
    (2) Objektiv auch-fremdes Geschäft
    fremde und eigene Angelegenheit (Handeln im Doppel-
    interesse)
    (3) Subjektiv fremdes Geschäft
    Geschäftsführer will objektiv neutrales Geschäft für einen
    anderen führen.
  b) Geschäftsherr
  Wer ist für das Geschäft an sich zuständig? (§ 4 Rn. 16 ff.)
  P: Mehrere Geschäftsherren (§ 5 Rn. 93)

3. Fremdgeschäftsführungwille („für einen anderen")
  a) Bestandteile:
    – Fremdgeschäftsführungsbewusstsein: Das Geschäft als
    fremdes erkennen (bei Eigengeschäftsführungsbewusstsein:
    § 687 Abs. 1)
    – (Finaler) Fremdgeschäftsführungswille (i. e. S.): Ein anderer
    (Geschäftsherr) soll die Vorteile erhalten (bei Eigenge-
    schäftsführungswillen – Geschäftsanmaßung: § 687 Abs. 2).
  b) Probleme:
    – Abstrakt – für „irgendeinen" anderen
    – § 686 – Geschäftsführung für den, den es angeht
    (§ 4 Rn. 34)
  c) Fremdgeschäftsführungswille bei:
    – Objektiv-fremdem Geschäft: widerlegbar vermutet
    (§ 4 Rn. 30)
    – Auch-fremdem Geschäft: widerlegbar vermutet (h. M.)
    (§ 4 Rn. 33)
    – Subjektiv-fremdem Geschäft: vom Geschäftsführer zu
    beweisen (§ 4 Rn. 32)

4. Ohne Auftrag oder sonstiges zur Geschäftsführung
berechtigendes Rechtsverhältnis, und zwar gerade gegenüber
dem Geschäftsherrn.
Kein Geschäftsführungsrecht gegenüber dem Geschäftsherrn bei
öffentlich-rechtlicher Pflicht (z.B. allgemeine Rechtspflicht zur
Hilfeleistung gemäß § 323 c StGB) (§ 4 Rn. 43)
P: Nichtiger Vertrag (§ 4 Rn. 44)

§ 5. Ansprüche aus GoA

Ist der Grundtatbestand der GoA erfüllt (vgl. oben § 4 Rn. 1 ff.), so **1** werden Ansprüche des Geschäftsherrn und des Geschäftsführers begründet. Diese setzen – je nach Anspruch – noch zusätzliche Tatbestandsmerkmale voraus.

A. GoA als gesetzliches Schuldverhältnis

Die interessen- und willensgemäße (sog. berechtigte) GoA begründet **2** ein **gesetzliches Schuldverhältnis** nach §§ 677 ff. mit besonderen Rechten und Pflichten für den Geschäftsführer und Geschäftsherrn. Damit wird ein relatives, auftragsähnliches Rechtsverhältnis zwischen dem Geschäftsführer und dem Geschäftsherrn geschaffen (Innenverhältnis zwischen dem Geschäftsführer und dem Geschäftsherrn), welches das Außenverhältnis (zwischen dem Geschäftsherrn bzw. Geschäftsführer und einem Dritten) nicht betrifft.

Beispiel:
G kauft im Namen des S bei dem Dritten D ohne Vertretungsmacht einen Gegenstand. Liegen die Voraussetzungen der (interessen- und willengemäßen sog. berechtigten) GoA vor, so bestimmt sich das Rechtsverhältnis zwischen G und S nach den §§ 677 ff. Das Außenverhältnis zwischen dem Geschäftsherrn S bzw. dem Geschäftsführer G und dem Dritten D wird durch die §§ 177 ff. geregelt: D hat gegenüber S keine Ansprüche, weil G ohne Vertretungsmacht gehandelt hat (vgl. § 164 Abs. 1); D hat Ansprüche gegen G nach § 179.

Auf die Abwicklung der Ansprüche des auftragsähnlichen, gesetzli- **3** chen Schuldverhältnisses der GoA sind grundsätzlich die allgemeinen schuldrechtlichen Vorschriften, insbesondere über Unmöglichkeit der Leistung (§§ 275 ff., 280 ff.) anwendbar. §§ 320 ff. sind mangels gegenseitigen Vertrages nicht einschlägig. Die Rechte des Geschäftsherrn und des Geschäftsführers stellen keine gegenseitigen, synallagmatischen Verpflichtungen dar.

Auch bei unberechtigter GoA entsteht zwischen den Parteien ein ge- **4** setzliches Schuldverhältnis, das allerdings nicht ganz so auftragsähnlich ausgestaltet ist[1] wie die sog. berechtigte GoA (vgl. § 684 S. 1). Wie bei der berechtigten GoA begründen die §§ 677 ff. besondere Rechte und Pflichten für den Geschäftsführer und Geschäftsherrn.

---

[1] MünchKomm/*Seiler*, Vor § 677 Rn. 4; Soergel/*Beuthien*, Vor § 677 Rn. 3; *Gehrlein*, in: Bamberger/Roth, § 677 Rn. 1; *Wollschläger*, GoA, S. 45 ff. Gegen die Charakterisierung als dem Auftrag ähnliches gesetzliches Rechtsverhältnis *Larenz*, SR II/1, § 57, S. 437 und 446; vgl. auch *Fikentscher*, SR, Rn. 928, mit dem Argument, dass sonst die Genehmigungsmöglichkeit nach § 684 S. 2 ihren Sinn verliere. Vgl. zum Stand der Meinungen und deren Folgen *Schlechtriem*, SBT, Rn. 710–712.

5   **Vertiefungshinweis:** Bedeutung der Unterscheidung zwischen berechtigter und unberechtigter GoA – Anwendung der §§ 677 ff. auf die sog. unberechtigte GoA
Die Bedeutung der **Unterscheidung zwischen berechtigter und unberechtigter GoA** ist problematisch. Die früher h. M. nahm an, dass von den §§ 677 ff. nur die §§ 678, 684 S. 1 auf die unberechtigte GoA anzuwenden sind: Für die Rechtsbeziehung zwischen unberechtigtem Geschäftsführer und Geschäftsherrn seien – abgesehen von § 678 und § 684 S. 1 – die §§ 812 ff.[2] und §§ 823 ff. maßgeblich. Insbesondere sollten die § 677 und § 681 auf die unberechtigte GoA nicht anwendbar sein.[3] Dies wird damit begründet, dass der unberechtigte Geschäftsführer nicht zur ordnungsgemäßen Geschäftsführung, sondern insgesamt zur Unterlassung der Geschäftsführung verpflichtet ist. Diese Meinung geht (unzutreffenderweise) von der berechtigten GoA als Grundtatbestand der §§ 677 ff. statt von der bloßen GoA (mit seinem Grundtatbestand) aus (vgl. oben § 4 Rn. 1 ff.).

Dagegen sind nach heute herrschender und zutreffender Meinung grundsätzlich alle GoA-Vorschriften auf die unberechtigte GoA anzuwenden,[4] soweit sie nicht gerade voraussetzen, dass die Übernahme dem Interesse und Willen des Geschäftsherrn entspricht. Auch bei der unberechtigten GoA wird zwischen Geschäftsführer und Geschäftsherrn ein gesetzliches, auftragsähnliches Schuldverhältnis begründet. Insbesondere sind die §§ 677, 681 auch bei unberechtigter Geschäftsführung anwendbar.[5] Begründung:
– Die Differenzierung zwischen berechtigter und unberechtigter GoA findet im Wortlaut des § 677 und § 681 keine Stütze. Der Grundtatbestand ist gerade unabhängig von der Berechtigung (i. S. des § 683 S. 1) zur Geschäftsführung.
– Der berechtigte Geschäftsführer darf nicht schlechter stehen als der unberechtigte.
– Der unberechtigte Geschäftsführer handelt zwar rechtswidrig und ist verpflichtet, die Geschäftsführung zu unterlassen. Wenn er sich aber schon unerlaubt einmischt, dann ist auch der unberechtigte Geschäftsführer verpflichtet, die Ausführung (das „Wie") des Geschäfts entsprechend dem Interesse mit Rücksicht auf den wirklichen oder mutmaßlichen Willen des Geschäftsherrn vorzunehmen, andernfalls haftet er auf Schadensersatz.

Dem entsprechend trifft auch den unberechtigten Geschäftsführer eine Schadensersatzpflicht, wenn er im Anschluss an die unberechtigte Geschäftsübernahme die Geschäftsführung interessen- und willenswidrig ausführt (§§ 677, 280). Er unterliegt den Pflichten des § 681, insbesondere ist er zur Herausgabe des durch die unberechtigte Fremdgeschäftsführung Erlangten (§ 681 S. 2 i. V. m. § 667) verpflichtet. Auch auf die unberechtigte GoA finden die §§ 680, 682 Anwendung. Auf der Grundlage der heute h. M. behandelt das Gesetz den unberechtigten Geschäftsführer damit zweifach strenger als den berechtigten Geschäftsführer ohne Auftrag. (1.) Der unberechtigte Geschäftsführer haftet verschärft auf Schadensersatz (§ 678), und (2.) er bekommt seine Aufwendungen nur nach Bereicherungsrecht – und nicht nach Auftragsrecht (§ 670) – ersetzt (§ 684 S. 1).

---

[2] So könnte bei unterbliebener Genehmigung eine condictio ob rem vorliegen, so die Motive (*Mugdan* II, S. 484 [Motive]).
[3] So Staudinger/*Wittmann,* Vor § 677 ff. Rn. 1 f. m. w. N. und § 681 Rn. 2; *Larenz,* SR II/1, § 57, S. 437, der auch § 681 S. 1 bei unberechtigter GoA anwenden will.
[4] MünchKomm/*Seiler,* § 677 Rn. 50 m. w. N. und § 681 Rn. 2 ff.; *Gehrlein,* in: Bamberger/Roth, § 677 Rn. 7 und § 681 Rn. 1; Palandt/*Sprau,* Einf v § 677 Rn. 5; *Beuthien,* FS Söllner, 2000, S. 125.
[5] So MünchKomm/*Seiler,* § 681 Rn. 2; Palandt/*Sprau,* § 681 Rn. 1 und Einf v § 677 Rn. 5; *Wollschläger,* GoA, S. 45. Vgl. auch BGH NJW 1984, 1461, 1462.

B. Ansprüche des Geschäftsführers: Aufwendungsersatz

Die Ansprüche des Geschäftsführers beschränken sich auf Aufwen- 6
dungs- und Bereicherungsansprüche. Sie sind in §§ 683 f. geregelt. Für
diese und nur für diese hat die Unterscheidung zwischen berechtigter
und unberechtigter GoA (vgl. oben § 2 Rn. 10 f., 12 und § 5 Rn. 5) eine
Bedeutung. Entspricht die Übernahme der Geschäftsführung dem Interesse und Willen des Geschäftsherrn (sog. berechtigte GoA), so wird ein
Aufwendungsersatzanspruch nach Auftragsrecht begründet (§§ 683
S. 1, 670), andernfalls (sog. unberechtigte GoA) wird nach Bereicherungsrecht abgewickelt – abgesehen von den Fällen des § 683 S. 2 und
§ 684 S. 2.

I. Aufwendungsersatz nach § 670 (bei berechtigter GoA)

1. Tatbestand

Der Anspruch aus § 683 S. 1 setzt – neben dem Grundtatbestand der 7
GoA – voraus, dass die Übernahme der Geschäftsführung dem Interesse
und dem wirklichen oder mutmaßlichen Willen des Geschäftsherrn entspricht (§ 683 S. 1) oder dass ein Fall des § 683 S. 2 oder § 684 S. 1
vorliegt.

a) Interesse und Wille des Geschäftsherrn (§ 683 S. 1)

Nach § 683 S. 1 Halbs. 1 muss „die Übernahme der Geschäftsfüh- 8
rung dem **Interesse und dem wirklichen oder mutmaßlichen Willen** des
Geschäftsherrn" entsprechen. Die Vorschrift stellt – anders als § 677 –
nicht auf die Aus- bzw. Durchführung, sondern auf die Übernahme der
Geschäftsführung ab: Nur wenn die Geschäftsführung am Anfang der
Geschäftsbesorgung dem wirklichen oder mutmaßlichen Willen und
dem Interesse[6] entspricht (oder die Voraussetzungen der §§ 683 S. 2,
679 gegeben sind), besteht ein Anspruch auf Aufwendungsersatz nach
§ 683 S. 1 (und macht sich der Geschäftsführer nicht nach § 678 schadensersatzpflichtig).[7] Unter „**Übernahme der Geschäftsführung**" ist der
Beginn der Ausführung zu verstehen (vgl. oben § 5 Rn. 76).[8] Maßgeb-
licher Zeitpunkt für die Beurteilung der Interessen- und Willensgemäß-
heit ist also der Beginn der Ausführung.[9]

§ 683 S. 1 folgt dem streng subjektiven Prinzip im Interesse und zum 9
Schutz des Geschäftsherrn vor der unerwünschten Aufdrängung eines

---

[6] Vgl. unten § 5 Rn. 59 ff.
[7] § 678 regelt einen Schadensersatzanspruch, wenn die Übernahme der Geschäftsführung dem wirklichen oder dem mutmaßlichen Willen des Geschäftsherrn widerspricht; das Interesse hat insoweit keine Bedeutung (vgl. unten § 5 Rn. 76).
[8] *Larenz,* SR II/1, § 57 I a, S. 443.
[9] *Larenz,* SR II/1, § 57 I a, S. 443.

Geschäftes: Nur wenn die Übernahme des Geschäftes dem Interesse und Willen des Geschäftsherrn entspricht, ist er wie ein Auftraggeber (§ 670) zum Aufwendungsersatz verpflichtet, andernfalls haftet der Geschäftsherr nur nach Bereicherungsgrundsätzen (§ 684 S. 1). Dass der Geschäftsführer irrtümlicherweise annimmt, seine Geschäftsführung sei berechtigt und entspreche dem Interesse und Willen des Geschäftsherrn, genügt nicht;[10] sie muss objektiv interessen- und willensgemäß sein.

aa) Interesse des Geschäftsherrn

10   Dem Interesse des Geschäftsherrn entspricht die Geschäftsführung, wenn ihm die Geschäftsführung nützlich und von Vorteil ist. Dabei sind auch nichtvermögensrechtliche Vorteile zu berücksichtigen.[11] Nicht nützlich sind unsachgemäße oder überflüssige Maßnahmen.[12, 13]

bb) Wille des Geschäftsherrn

11   § 683 S. 1 und § 678 unterscheiden zwischen dem wirklichen und dem mutmaßlichen Willen des Geschäftsherrn. Bezugspunkt des Willens ist die Übernahme der Geschäftsführung durch den Geschäftsführer (vgl. oben § 5 Rn. 9).

(1) Wirklicher Wille des Geschäftsherrn

12   Der wirkliche Wille ist der beim Geschäftsherrn **tatsächlich vorhandene Wille** im Zeitpunkt der Übernahme der Geschäftsführung. Ob der Geschäftsführer den Willen kennt, ist unerheblich.[14] Die Übernahme der Geschäftsführung muss gerade auf die Geschäftsführung durch den konkreten Geschäftsführer gerichtet sein.[15]

Um den wirklichen Willen bei Übernahme des Geschäftes feststellen zu können, muss dieser ausdrücklich oder konkludent zum Ausdruck gebracht worden sein oder sich aus anderen Umständen ergeben (Frage der Beweisbarkeit, vgl. § 4 Rn. 29). Dies muss nicht gegenüber dem Geschäftsführer, sondern kann auch gegenüber einem Dritten oder auf andere Weise geschehen. Nur bei Erkennbarkeit kann ein wirklicher Wille festgestellt werden.

---

[10] *Larenz*, SR II/1, § 57 I a, S. 444 m. w. N.

[11] BGH NJW 1961, 359, 360 = BGHZ 33, 251 (insoweit nicht abgedruckt).

[12] MünchKomm/*Seiler*, § 683 Rn. 5 m. w. N.

[13] Bei körperlichem Einsatz zur Rettung gefährdeter Personen oder Sachen dürfen die dem Geschäftsherrn drohenden Verluste und die Gefahren, denen sich der Geschäftsführer aussetzt, nicht außer Verhältnis stehen. BGH NJW 1981, 626 (Versuch der Rettung aus Bergnot durch ungeübte Person, keine berechtigte GoA); LG Düsseldorf VersR 1973, 826 (Bergung eines Modellflugzeugs aus einem Baum, wenn mit Gefahr für Leib und Leben verbunden, keine berechtigte GoA); vgl. auch MünchKomm/*Seiler*, § 683 Rn. 5; Palandt/*Sprau*, § 683 Rn. 4.

[14] OLG Karlsruhe VersR 1977, 936 f. „Banküberfall", (vgl. unten § 5 Rn. 18).

[15] *Martinek/Theobald*, JuS 1997, 612, 616; *Gursky*, AcP 185 (1985), 13, 44.

Fall (vgl. *Brox/Walker,* BS, § 35 Rn. 1 und 24):   13

S schreit während des Schwimmens im Strandbad zum Scherz laut hörbar um Hilfe. R, der dem S zur Hilfe eilt, beschädigt beim eiligen Ablegen die Schraube seines Motorbootes. Er verlangt von S Ersatz der Reparaturkosten. Zu Recht?

Lösung:

I. Infrage kommt ein Anspruch auf Aufwendungsersatz aus §§ 677, 683 S. 1, 670.

1. Die Rettung stellt kein objektiv fremdes Geschäft dar, weil sich S nicht tatsächlich in Not befindet. Es liegt aber ein subjektiv fremdes Geschäft vor, weil der Fremdgeschäftsführungswille des R durch sein auf S bezogenes Handeln nach außen genügend erkennbar wird. Ein Auftrag oder eine sonstige Berechtigung gegenüber S fehlt.

2. Fraglich ist jedoch, ob die Rettung dem wirklichen Willen des S entspricht (§ 683 S. 1). Entscheidend ist der tatsächliche Wille. Hier besteht aber die Besonderheit, dass der tatsächliche subjektive Wille (keine Rettung) und der vom Geschäftsherrn S gegenüber dem Geschäftsführer R geäußerte Wille (Rettung) voneinander abweichen. Es stellt sich die Frage, ob auf den tatsächlichen (subjektiven) oder den vom Geschäftsherrn geäußerten Willen abzustellen ist. Vorzugswürdig ist es in diesem Fall, auf den geäußerten Willen abzustellen; der innere Vorbehalt des S ist deshalb – wie sonst auch im Privatrecht (vgl. § 116) – unbeachtlich. Weil die Rettung dem (maßgebenden) geäußerten Willen des S entspricht, kommt es – entgegen dem Wortlaut der Vorschrift (vgl. § 5 Rn. 17) – auf das objektive Interesse (keine objektive Nützlichkeit der „Rettungsaktion" für S) nicht mehr an.[16]

3. Ein Aufwendungsersatzanspruch aus §§ 677, 683 S. 1, 670 ist begründet.

II. § 823 Abs. 1 (Eigentumsverletzung)? Unter Annahme der psychisch vermittelnden Kausalität kann eine Eigentumsverletzung und damit ein Schadensersatzanspruch aus §§ 823 Abs. 1, 249 Abs. 2 bejaht werden („Herausforderungsfall", vgl. unten § 16 Rn. 147 ff.).

(2) Mutmaßlicher Wille des Geschäftsherrn

Nur wenn der wirkliche Wille nicht vorliegt oder mangels erkennbarer äußerer Umstände nicht feststellbar ist, ist der **mutmaßliche Wille** zu ermitteln (Subsidiarität).[17] Zu fragen ist, ob der Geschäftsherr die Geschäftsübernahme bei objektiver Berücksichtigung aller Umstände gewollt und ihr zugestimmt hätte.[18] Dies ist vom Standpunkt eines objektiven Betrachters zum Zeitpunkt der Übernahme des Geschäftes zu ermitteln. Der mutmaßliche Wille des Geschäftsherrn ist regelmäßig aus dem objektiven Interesse zu erschließen.[19] Im Zweifel deckt sich der mutmaßliche Wille mit dem Interesse des Geschäftsherrn.[20]   14

---

[16] *Brox/Walker,* BS, § 35 Rn. 26.
[17] Vgl. *Martinek/Theobald,* JuS 1997, 612, 614.
[18] BGH NJW-RR 1988, 1013, 1015.
[19] BGHZ 47, 370, 374; 55, 128 „Flugreise"-Fall; BGH NJW 1971, 609, 612; *Larenz,* SR II/1, § 57 I a, S. 444; *Medicus,* BR, Rn. 423.
[20] BGH NJW-RR 1989, 970.

15

Fall (BGHZ 43, 188):

G befährt mit seinem Pkw eine dunkle Landstraße und bemerkt erst im letzten Augenblick einen vor ihm fahrenden, unbeleuchteten Traktor. Er überholt den Traktor und veranlasst ihn zum Anhalten, um den Fahrer T auf die mangelhafte Beleuchtung aufmerksam zu machen. Gerade in diesem Augenblick fährt der Autofahrer A auf den unbeleuchteten Traktor auf und schiebt diesen auf den davor stehenden G, der durch die Stoßstange des Traktors erhebliche Verletzungen erleidet. G fordert von A die Übernahme seiner Heilbehandlungskosten. Zu Recht?

Lösung:

I. Infrage kommen Ansprüche aus § 7 Abs. 1 StVG sowie aus § 823 Abs. 1 (vgl. unten § 5 Rn. 72).

II. G könnte den erlittenen Schaden als Aufwendungsersatz nach §§ 677, 683 S. 1, 670 ersetzt verlangen.

1. G führt ein Geschäft (des T und) des A, weil sein Handeln den nachfolgenden Verkehr vor der Gefahr des unbeleuchteten Traktors bewahren soll.[21] Dass G den A nicht kennt, ist unbeachtlich; A ist derjenige, den es angeht (vgl. oben § 4 Rn. 34). Unerheblich ist auch, dass die Geschäftsübernahme erfolglos ist, die Gefahr also nicht abgewendet wird. Denn § 683 setzt nicht voraus, dass das Eingreifen den mit ihm bezweckten Erfolg auch erreicht.

2. Der Fremdgeschäftsführungswille wird beim objektiv fremden Geschäft vermutet.

3. Ein Auftrag oder sonstige Berechtigung fehlt.

4. Fraglich ist, ob die Übernahme der Geschäftsführung dem Interesse und Willen des A entspricht.[22] Ein wirklicher Wille des A liegt hinsichtlich der konkreten Geschäftsübernahme durch G nicht vor. Es kommt auf den mutmaßlichen Übernahmewillen an und damit darauf, ob der Geschäftsherr der Übernahme des Geschäftes bei objektiver Beurteilung der Gesamtumstände zugestimmt hätte. Das Eingreifen des G (Übernahme des Geschäftes) dient der Gefahrbeseitigung und entspricht damit dem mutmaßlichen Willen und Interesse des A. Die Erwägung, dass im Fall des Nichteinschreitens des G die Gefahr eventuell bereits beseitigt gewesen wäre, weil T die Fahrbahn in kurzer Entfernung verlassen hätte, und dass das Risiko, auf ein stehendes Fahrzeug aufzufahren, größer ist als das Risiko, auf ein in gleicher Fahrtrichtung Fahrendes aufzufahren, steht dieser Beurteilung nicht entgegen. Denn der Erfolg der Ausführung des Geschäftes ist für die „Berechtigung" der Übernahme der Geschäftsführung (§ 683 S. 1) ohne Bedeutung.

5. Deshalb ist ein Anspruch aus §§ 677, 683 S. 1, 670 begründet.

6. Zur Frage einer Anspruchskürzung wegen Mitverschuldens des G vgl. § 5 Rn. 72.

---

[21] Als Geschäftsherren kommen neben T der Fahrer und Halter des auffahrenden Kfz in Betracht. Letztere sind die zur Zeit der Übernahme der Geschäftsführung (zeitlich und räumlich) unmittelbar Gefährdeten.

[22] Der BGH urteilte über die Frage des Mitverschuldens des G (§ 254) und in diesem Rahmen über die Haftungsprivilegierung des § 680. Die Frage, ob die Geschäftsübernahme dem Interesse und Willen des Geschäftsherrn entsprach, wurde nicht ausdrücklich geprüft.

Beachte: Die berechtigte GoA kann auch gegenüber einem geschäftsunfähigen   **16**
oder **beschränkt geschäftsfähigen Geschäftsherrn** vorliegen.[23] Soweit es auf den
Willen des Geschäftsherrn ankommt (§§ 683, 684, Genehmigung), ist der Wille
des gesetzlichen Vertreters maßgebend (vgl. oben § 4 Rn. 23 und unten § 5
Rn. 91 f.).

cc) Verhältnis von Willen und Interesse

§ 683 S. 1 gewährt einen Aufwendungsersatzanspruch nur dann,   **17**
wenn die Übernahme der Geschäftsführung dem Interesse und dem
Willen (nach dem Wortlaut kumulativ) entsprechen. Problematisch ist
jedoch, was gelten soll, wenn (wirklicher) Wille und Interesse **nicht
übereinstimmen.**

Entspricht die Übernahme des Geschäftes zwar dem Interesse, aber
nicht dem Willen des Geschäftsherrn, so kommt ein Aufwendungsersatzanspruch nach § 683 S. 1 nicht infrage; dies folgt eindeutig aus dem
Wortlaut der Vorschrift. Im umgekehrten Fall aber, dass die Übernahme
des Geschäftes dem Interesse widerspricht, dem Willen des Geschäftsherrn aber entspricht (etwa Ansicht eines eigenartigen Sonderlings), ist
die Rechtslage mit Rücksicht auf die Ratio der Vorschrift (Schutz des
Geschäftsherrn vor der Aufdrängung eines Geschäftes) fraglich. Nach
h. M. hat der wirkliche Wille Vorrang, und zwar entgegen dem Wortlaut des § 683 („Interesse und … Willen"),[24] soweit er nicht nach § 679
unbeachtlich ist. Begründung:
– Die Privatautonomie wird bei der GoA nur durch § 679 eingeschränkt.[25]
– Aus dem Schutzzweck des § 683 ergibt sich, dass entgegen dem Gesetzeswortlaut auch die unvernünftige (d.h. interessenwidrige, aber
  vom Geschäftsherrn gewollte) Geschäftsführung dem § 683 S. 1 un-
  terfällt.[26] Denn wenn die Geschäftsführung dem Willen des Geschäftsherrn entspricht, liegt eine unerwünschte Einmischung gerade
  nicht vor, vor der die Vorschrift den Geschäftsherrn eigentlich schützen soll.
Der Wortlaut des § 683 S. 1 ist daher teleologisch dahin zu beschränken, dass das Interesse des Geschäftsherrn ohne Bedeutung ist, wenn
dessen wirklicher Wille feststeht. Das Interesse dient somit nur dazu,
den mutmaßlichen Willen zu ermitteln.[27] Das bedeutet: Auch die un-

---

[23] Motive II, S. 865; Protokolle II, S. 739; *Brox/Walker*, BS, § 35 Rn. 32.
[24] *Jauernig/Mansel*, § 683 Rn. 5; *Brox/Walker*, BS, § 35 Rn. 26; *Musielak*, Rn. 689;
Fikentscher, SR, Rn. 931; *Medicus*, BR, Rn. 422; a. A. mit Berufung auf den Wortlaut
Larenz, SR II/1, § 57 Ia, S. 444; wohl auch *Schlechtriem*, SBT, Rn. 701; zweifelnd
MünchKomm/*Seiler*, § 683 Rn. 13.
[25] *Medicus*, Gesetzliche Schuldverhältnisse, S. 173 Fn. 4; *ders.*, BR, Rn. 422.
[26] BGH WM 1977, 1122; LG Frankfurt NJW 1977, 1925; *Medicus*, BR,
Rn. 422.
[27] Ebenso *Fikentscher*, SR, Rn. 931; *Medicus*, BR, Rn. 423; *Brox/Walker*, BS, § 35
Rn. 25; a. A. *Larenz*, SR II/1, § 57 Ia, S. 444. – Da der unvernünftige Geschäftsherr
im Zweifel die Geschäftsführung genehmigen (§ 684 S. 2) und damit die Rechtsfol-

vernünftige und interessenwidrige, aber vom Geschäftsherrn gewollte Geschäftsführung ist eine berechtigte Geschäftsführung.

Beispiel:
Der Fußballfanatiker S will das Weltmeisterschaftsendspiel, für das er keine Karte mehr bekommen konnte, auf jeden Fall besuchen und ist bereit, dafür jeden Preis zu zahlen. Dessen Freund weiß davon und kann eine Karte für einen weit überteuerten Preis kaufen. Nach h.M. ist die GoA berechtigt, auch wenn sie unvernünftig und damit interessenwidrig ist.

18 | **Fall (OLG Karlsruhe VersR 1977, 936 „Banküberfall"):**

Der Bankräuber D bedroht im Schalterraum der Bank G Kassierer und Kunden mit einer Waffe und fordert Geld. Der Kunde S springt den D von hinten an, um ihn zu überwältigen. Bei dem Handgemenge wird S verletzt. Die Bank hat ihre Angestellten angewiesen, einen drohenden Geldverlust nicht unter Gefährdung von Leib oder Leben zu verhindern. Ansprüche des S gegen G?

Lösung:

I. S könnte von G Aufwendungsersatz (Heilungskosten) aus §§ 677, 683 S. 1, 670 verlangen.

1. Das Handeln des S zur Verhinderung des Überfalls stellt eine Geschäftsbesorgung dar. Weil S zum Schutz (auch) der Bank tätig wird, liegt ein auch-fremdes Geschäft vor. Der Fremdgeschäftsführungswille wird vermutet. Ein Auftrag oder eine sonstige Berechtigung fehlt.

2. Fraglich ist aber die Berechtigung i. S. des § 683 S. 1.

a) Die Verhinderung eines Banküberfalls ist für die Bank und Angestellten objektiv nützlich und entspricht damit dem Interesse der G.

b) Jedoch steht dem der wirkliche Wille der Bank entgegen: Der wirkliche Wille ist der vom Geschäftsherrn tatsächlich (ausdrücklich oder konkludent) zum Ausdruck gebrachte Wille. Der wirkliche Wille muss erkennbar geworden sein. Aus der Weisung der Bank an ihre Angestellten, gegen Überfälle nicht unter Gefährdung von Leib und Leben einzuschreiten, ergibt sich ihr erkennbarer, wirklicher Wille, Leib und Leben nicht in gefährlicher Weise bei Überfällen einzusetzen. Ob der Geschäftsführer den Willen kennt, ist unbeachtlich. Deshalb muss auch der Bankkunde S, der den Banküberfall trotz Gefahr für Leib und Leben verhindern will, die Weisung der Bank an ihre Angestellten gegen sich gelten lassen.[28] Der gute Glaube an eine Berechtigung ist ohne Bedeutung (vgl. unten § 5 Rn. 19). Die Geschäftsführung des S entspricht nicht dem Willen des Geschäftsherrn G.

c) Weil der wirkliche Wille Vorrang vor dem Interesse hat, ist ein Anspruch aus § 683 S. 1 nicht begründet.

II. Ein Bereicherungsanspruch aus unberechtigter GoA gemäß §§ 684 S. 1, 818 scheidet aus, weil die Bank durch die Geschäftsführung des S nichts

---

gen des § 683 S. 1 herbeiführen kann, sind die praktischen Unterschiede des Meinungsstreits häufig gering.

[28] OLG Karlsruhe VersR 1977, 936 f. „Banküberfall".

erlangt hat (str., ob Rechtsgrund- oder Rechtsfolgenverweisung, vgl. § 5 Rn. 52).

Hinweis: Nach § 2 Abs. 1 Nr. 13 c SGB VII (früher § 539 Abs. 1 Nr. 9 c RVO) ist S kraft Gesetzes versichert. Denn er hat sich „zum Schutz eines widerrechtlich Angegriffenen persönlich" eingesetzt. S erhält von der Unfallversicherung diejenigen Leistungen, die sonst bei einem Arbeitsunfall zu erbringen sind.[29]

dd) Guter Glaube an die berechtigte Geschäftsführung?

Der **gute Glaube** des Geschäftsführers an eine Berechtigung zur Geschäftsführung (Übernahmewillen des Geschäftsherrn) begründet keine berechtigte GoA. Der Geschäftsführer trägt das Risiko der Fehleinschätzung. Der gutgläubige Geschäftsführer hat keinen Aufwendungsersatzanspruch.[30] **19**

Fall (nach _Martinek/Theobald_, JuS 1998, 27, 32):[31] **20**

M macht mit seinen beiden Studienkollegen J und U während eines gemeinsamen Skiurlaubs in einer Berghütte Quartier. Am Tag der Abreise möchte M noch einmal auf die Piste. Er teilt seinen beiden Freunden mit, dass er bei Einbruch der Dunkelheit zum geplanten Abfahrtszeitpunkt wieder zurück sein werde, damit man am nächsten Morgen rechtzeitig im Büro sein könne. Auf der Piste lernt M aber die attraktive C kennen, mit der er die folgende Nacht in der Disco verbringt. Als M bei Einbruch der Dunkelheit noch nicht zurückgekehrt ist, verschieben J und U die Abfahrt, um nach M zu suchen. Während der nächtlichen Suche rutscht J aus und bricht sich ein Bein. Als M am nächsten Morgen wohlbehalten zurückkehrt, verlangt J Ersatz der Behandlungskosten. Zu Recht?

Lösung:

Anspruch des J gegen M auf Ersatz der Behandlungskosten
1. Ein Anspruch aus §§ 677, 683 S. 1, 670 scheidet aus.
   a) Fraglich ist schon, ob die Suche nach M und Rettung aus einer Gefahrensituation ein fremdes Geschäft darstellt. Ein objektiv fremdes Geschäft ist zu verneinen, weil sich M objektiv nicht in einer gefährlichen Lage befindet, in der er Hilfe brauchen würde. Es liegt damit zunächst ein neutrales Geschäft des J und U vor. Jedoch macht der äußerlich erkennbare Wille des J und U, dem (vermeintlich verunglückten) M zu Hilfe zu kommen, das Geschäft zu einem subjektiv fremden Geschäft. Damit kann die Fremdgeschäftsführung bejaht werden.[32] Fremdgeschäftsführungswille ist zu bejahen.

---

[29] _Medicus_, Gesetzliche Schuldverhältnisse, S. 173 f.; _ders._, BR, Rn. 431.
[30] _Medicus_, BR, Rn. 424; _Martinek/Theobald_, JuS 1997, 612, 614.
[31] Vgl. zu einem ähnlichen Fall aus der Schweiz _Stoll_, Festgabe für Weitnauer, 1980, S. 411, und _Wandt_, Die Geschäftsführung ohne Auftrag im Internationalen Privatrecht, 1989, S. 155.
[32] Das wird von _Martinek/Theobald_, JuS 1998, 27, 32 f. nicht geprüft.

b) Jedoch entspricht die Suche nach M – unter Würdigung aller Umstände – eindeutig nicht dem wirklichen Willen des M. Dass dieser Wille für J und U nicht erkennbar ist, spielt keine Rolle. Der gute Glaube von J und U, die Geschäftsübernahme würde dem Willen des M entsprechen, ist rechtlich ohne Bedeutung. Dem gutgläubigen Geschäftsführer kommt auch § 680 nicht zugute. Die Vorschrift reduziert den Haftungsmaßstab für das Übernahmeverschulden (§ 678) oder das Ausführungsverschulden (§ 677). Sie ersetzt aber nicht einen fehlenden Übernahmewillen des G.[33]

2. Ein Anspruch aus § 684 S. 1 i. V. m. §§ 818 ff. scheidet aus, weil M durch die Geschäftsführung nichts erlangt hat.

3. Begründet ist ein Anspruch aus § 823 Abs. 1 unter dem Gesichtspunkt der „Herausforderung" (vgl. unten § 16 Rn. 147 ff.).[34]

Weitere Fallbeispiele bei *Medicus*, Gesetzliche Schuldverhältnisse, S. 174 (vgl. auch *Medicus*, BR, Rn. 424).

b) Unbeachtlichkeit eines entgegenstehenden Willens des Geschäftsherrn (§§ 683 S. 2, 679)

21 § 679 ersetzt den entgegenstehenden Willen des Geschäftsherrn.[35] Ein entgegenstehender Wille des Geschäftsherrn ist gemäß § 679 **unbeachtlich,** wenn (1) eine Pflicht des Geschäftsherrn besteht, deren Erfüllung im öffentlichen Interesse liegt oder eine gesetzliche Unterhaltspflicht besteht und (2) ohne die Geschäftsbesorgung diese Pflicht nicht rechtzeitig erfüllt werden würde. Das Selbstbestimmungsrecht des Geschäftsherrn wird dem öffentlichen Interesse an der rechtzeitigen Erfüllung bestimmter Rechts- oder Unterhaltspflichten untergeordnet. In diesem Fall kommt es nur darauf an, dass die Übernahme des Geschäftes dem Interesse des Geschäftsherrn entspricht, was aber regelmäßig zu bejahen ist.

Nach der systematischen Stellung ist § 679 als Einschränkung des § 677 (Haftung für Ausführungsverschulden) und § 678 (Haftung für Übernahmeverschulden) zu verstehen. § 679 ist aber kraft Verweisung durch § 683 S. 2 ausdrücklich auch beim Aufwendungsersatzanspruch des Geschäftsführers anzuwenden.

aa) Pflicht

22 Pflicht in diesem Sinne ist nur eine (öffentlich- oder privatrechtliche) Rechtspflicht,[36] nicht dagegen eine bloße sittlich-moralische Pflicht

---

[33] *Martinek/Theobald,* JuS 1998, 27, 33.

[34] Vgl. den (zweifelhaften) Ansatz von *Stoll*, FS Weitnauer, 1980, S. 419, 423, der diese Fälle über eine analoge Anwendung des § 829 lösen will.

[35] Unanwendbar ist § 679, wenn der Geschäftsführer die Voraussetzungen des § 679 irrtümlicherweise als gegeben ansieht (RGZ 106, 350; 149, 205, 207).

[36] Protokolle II, S. 737 ff.; BGHZ 16, 12, 18; 40, 18, 20; RGZ 92, 197, 201; 167, 55, 59.

(str.).[37] Meist wird es sich um Rechtspflichten zum Schutze von Leben, Körper, Gesundheit oder wichtige Sachgüter handeln.

Beispiel:
Öffentlich-rechtliche Pflichten (Polizeipflichten), wie die Pflicht zur Beseitigung einer Störung.[38]

bb) Öffentliches Interesse an der Erfüllung

Für das **öffentliche Interesse** genügt nicht das allgemeine Interesse   23
der Rechtsgemeinschaft an der Erfüllung bestehender Rechtspflichten.[39] Erforderlich ist vielmehr ein gesteigertes Interesse der Rechtsgemeinschaft an der Erfüllung gerade der in Frage stehenden Verpflichtung.[40] Nicht nur die Erfüllung der fremden Rechtspflicht, sondern gerade auch das Eingreifen des Fremdgeschäftsführers muss im öffentlichen Interesse liegen.[41, 42] Folgende Fallgruppen können gebildet werden:
– Gefahrenabwehr und Verkehrssicherung anstelle des privat- oder öffentlich-rechtlich Verpflichteten: Abreißen einer einsturzgefährdeten Giebelmauer;[43] Kennzeichnung einer Gefahrenstelle;[44] Brandbekämpfung (allerdings nur bis zum Eintreffen der öffentlichen Feuerwehr);[45] Beseitigung verkehrsgefährdender Straßenverschmutzung;[46] Streuen bei Glatteis;[47] Bergen eines umgestürzten Tankwagens;[48] Abwenden von Gefahren, die von einem unfallgeschädigten[49] oder unbeleuchteten[50] oder infolge Trunkenheit des Fahrers führerlosen[51] Pkw ausgehen; Beseitigung verdorbenen Milchpulvers.[52]

---

[37] Denn anderenfalls würden rechtlich nicht erzwingbare sittliche Pflichten über die GoA (gemäß § 683 S. 2) doch durchsetzbar und damit den Rechtspflichten gleichgesetzt. So die überwiegende Ansicht; zur Entstehungsgeschichte RGZ 92, 197, 201; *Larenz,* SR II/1, § 57 I a, S. 445.

[38] Dabei ist aber zu beachten, dass die Erfüllung öffentlich rechtlicher Pflichten nicht etwa schon wegen ihres öffentlich-rechtlichen Charakters stets im öffentlichen Interesse liegt (Protokolle II, S. 737).

[39] Protokolle II, S. 737; MünchKomm/*Seiler,* § 679 Rn. 5.

[40] Vgl. Soergel/*Beuthien,* § 679 Rn. 6.

[41] Grundlegend *Lent,* Wille und Interesse bei der Geschäftsbesorgung, 1938, S. 29 ff.; BGH VersR 1956, 235, 236; BGH NJW 1978, 1258.

[42] Letzteres steht zwar nicht ausdrücklich im Gesetz, folgt aber daraus, dass die vom Geschäftsherrn unerwünschte Geschäftsbesorgung anderweitig (eben durch das Allgemeininteresse) legitimiert sein muss.

[43] BGHZ 16, 12.

[44] BGHZ 65, 384 (verlorener Anker, Lukendeckel und sonstige Schiffsgegenstände); BGH NJW 1964, 1365; RGZ 75, 188, 189 (gesunkenes Schiff).

[45] RGZ 98, 195, 199; LG Braunschweig DVBl 1973, 227.

[46] BGHZ 65, 354.

[47] RG JW 1923, 78.

[48] BGHZ 63, 167.

[49] LG Limburg MDR 1965, 742.

[50] BGHZ 43, 188, 193.

[51] AG Lübbecke MDR 1975, 228.

[52] BGHZ 110, 313.

– Kranken- und Sozialfürsorge: Krankentransport anstelle des zuständigen Sozialversicherungsträgers;[53] Bergen Verunglückter von öffentlichen Straßen und Plätzen anstelle der Polizei.[54]

– Die Tilgung fremder Steuerschulden liegt grundsätzlich im öffentlichen Interesse (§ 679), da das Allgemeinwohl durch die Vielzahl der Fälle, in denen einzelne ihre Steuern nicht rechtzeitig zahlen, nicht nur unwesentlich, sondern erheblich beeinträchtigt wird (str.).[55]

– Rücktransport mittelloser Pauschalurlauber aus dem Ausland anstelle der nicht leistungswilligen oder -fähigen Fluggesellschaft;[56]

– Bergen einer Leiche sowie Übernahme der Bestattungskosten (vgl. §§ 1968, 1615 Abs. 2, 1615 m, 1615 n).[57]

24 § 679 greift dagegen nicht ein, wenn die Maßnahme des Geschäftsführers zwar eine Gefahr mindert, es aber an einer entsprechenden (Verkehrssicherungs-)Pflicht des Geschäftsherrn fehlt:

– Der Wegeunterhaltspflichtige ist nicht verpflichtet, Straßen durch Zäune einzufrieden, um Weidetiere fernzuhalten.[58]

– Aufwendungen der Justizverwaltung für die Zwangsernährung oder Heilbehandlung eines Untersuchungsgefangenen werden nicht aufgrund fremder, sondern eigener Rechtspflicht gemacht.[59] Daher liegt bereits der Grundtatbestand der GoA nicht vor.[60]

– Lässt eine Privatperson verbotswidrig geparkte Fahrzeuge ohne behördlichen Auftrag abschleppen, so greift § 679 nur ein, wenn ein über das abstrakte Interesse der Allgemeinheit an der Einhaltung der Verkehrsvorschriften hinausgehendes besonderes öffentliches Interesse am Entfernen des Fahrzeugs, etwa bei Gefahr oder Notlage, besteht (vgl. unten § 8 Rn. 21 f.).[61]

cc) Unterhaltspflicht

25 Unterhaltspflichten i. S. des § 679 sind nur gesetzliche Pflichten, wie die familienrechtlichen Unterhaltspflichten (z. B. §§ 1360 ff., 1569 ff. [Ehegatten und Geschiedene], §§ 1601 ff. [Verwandte in gerader Linie]). Nicht dazu zählen Unterhaltspflichten aus Delikt (z. B. § 844)[62] oder solche, die ausschließlich auf Vertrag beruhen.

---

[53] BGHZ 33, 251, 255 = NJW 1961, 359 (vollständig abgedruckt); BGH VersR 1956, 235.

[54] RG JW 1910, 186.

[55] BGHZ 7, 346, 355; 41, 30, 33; RGZ 82, 390, 395; OLG München WM 1991, 1415; *Peters,* WM 1992, 597. A. A. OLG Hamburg HansRGZ 1933 B 139; MünchKomm/*Seiler,* § 679 Rn. 9; Palandt/*Sprau,* § 679 Rn. 3; *Wollschläger,* GoA, S. 151.

[56] LG Frankfurt/Main NJW 1983, 52.

[57] MünchKomm/*Seiler,* § 679 Rn. 7 unter Hinweis auf Motive II, S. 864; siehe ferner Protokolle II, S. 738.

[58] BGH MDR 1963, 922.

[59] BGHZ 109, 354, 358; LG Frankfurt/Main NJW 1977, 1924; *Schubert,* NJW 1978, 687.

[60] Vgl. BGHZ 109, 354, 358.

[61] AG Schöneberg NJW 1984, 2954; vgl. auch LAG Düsseldorf MDR 1989, 1027.

[62] BGHZ 4, 153, 161.

dd) Nicht rechtzeitige Pflichterfüllung

Weitere Voraussetzung beider Alternativen des § 679 ist, dass ohne 26
das Eingreifen des Geschäftsführers die Pflicht nicht rechtzeitig erfüllt
worden wäre.[63] Es muss anzunehmen sein, dass der Verpflichtete so
spät erfüllt hätte, dass das öffentliche Interesse bzw. der Unterhalt gefährdet worden wäre, wenn der Geschäftsführer diese Gefahr nicht
verhindert hätte.[64] Erst recht gilt § 679, wenn die Pflicht des Geschäftsherrn ohne das Dazwischentreten des Geschäftsführers überhaupt nicht
erfüllt würde.[65]

Vertiefungshinweis: Polizeirechtliche Gefahrenabwehr 27
Besonderheiten ergeben sich bei der Erfüllung öffentlich-rechtlicher Verpflichtungen, vor allem im Zusammenhang mit der **polizeirechtlichen Gefahrenabwehr**. Der Verpflichtete darf durch das Eingreifen des privaten Geschäftsführers
nicht schlechter gestellt werden, als er bei pflichtgemäßem, insbesondere ermes-
sensfehlerfreiem Tätigwerden des zuständigen Verwaltungsträgers (vornehmlich
der Polizei) stünde.[66] Grundsätzlich darf die Geschäftsbesorgung in solchen Fällen also erst ausgeführt werden, wenn auch die unmittelbare Ausführung (sofor-
tiger Vollzug) einer entsprechenden Verwaltungsmaßnahme zulässig wäre.

c) Genehmigung der Geschäftsführung (§ 684 S. 2)

Mit der **Genehmigung** (§ 684 S. 2) erklärt sich der Geschäftsherr 28
nachträglich mit der Übernahme der Geschäftsführung einverstanden.
Eine Genehmigung kann ausdrücklich oder konkludent durch empfangsbedürftige Willenserklärung erklärt werden (§§ 182, 184) und
wird regelmäßig im Herausgabeverlangen des Geschäftsherrn nach
§§ 681 S. 2, 667 liegen. Eine Pflicht zur Genehmigung besteht freilich
nicht.

§ 684 S. 2 bestimmt, dass der Geschäftsherr wie im Fall der berech- 29
tigten GoA (§ 683 S. 1) auf Aufwendungsersatz haftet, indem auf die
§§ 683, 670 verwiesen wird.

2. Rechtsfolgen

Sind die Anspruchsvoraussetzungen des § 683 S. 1 oder S. 2 oder 30
§ 684 S. 2 erfüllt, so wird Aufwendungsersatz nach § 670 geschuldet.
Der Geschäftsherr ist verpflichtet, dem Geschäftsführer die Aufwendungen zu ersetzen, die dieser für erforderlich halten durfte (§§ 683
S. 1, 670).

a) Aufwendungen

Aufwendungen sind in erster Linie freiwillige Vermögensopfer, die 31
der Geschäftsführer zum Zweck der Ausführung auf sich nimmt oder

---

[63] Verzug des Geschäftsherrn ist nicht erforderlich; es genügt, dass die Verpflichtung zur Zeit der Übernahme fällig ist; vgl. BGH NJW 1978, 1258.
[64] MünchKomm/*Seiler*, § 679 Rn. 6.
[65] Motive II, S. 864 f.
[66] So zu Recht *Wollschläger*, GoA, S. 157.

die sich als notwendige Folge der Geschäftsführung ergeben (zu risikotypischen Begleitschäden vgl. § 5 Rn. 37).[67]

32 **Vertiefungshinweise: Aufwendungsbegriff**

1. Unter einer Aufwendung i. S. von § 670 wird üblicherweise die freiwillige Aufopferung von Vermögenswerten verstanden – im Gegensatz zum Vermögensschaden als unfreiwilliges Vermögensopfer.[68] Freiwillig sind auch Einbußen, die als notwendige (Auftrags)Folgen eintreten.[69] Selbst auf ausdrücklichen Geheiß des Auftraggebers (Geschäftsherrn) gemachte, zur Erfüllung des Auftrages dienende Leistungen des Beauftragten sind freiwillig i. S. des § 670 und damit Aufwendungen.[70] Der Aufwendungszweck (vgl. § 670: „zum Zweck der Ausführung des Auftrags") muss in der vertragsgerechten Erfüllung gerade dieses Auftrages liegen; dies ist bei allgemeinen fixen Betriebskosten des Geschäftsführers bzw. Beauftragten (Gemeinkosten für Büromiete, Telefongrundgebühr, Versicherungen) nicht der Fall.[71] Kosten, die der Vorbereitung der Geschäftsführung (Auftragsausführung) dienen (z. B. Reisekosten) sind Aufwendungen i. S. des § 670,[72] ebenso Kosten eines durch die Geschäftsführung (Auftragsausführung) hervorgerufenen Rechtsstreites.[73]

2. Die Aufwendungen müssen nicht notwendig in Geld bestehen. Sie können auch rechtlicher (Eingehung von Verbindlichkeiten,[74] Bestellung einer dinglichen Sicherheit an eigenen Sachen für Schulden des Geschäftsherrn)[75] oder tatsächlicher Art (z. B. Verbrauch oder übermäßige Abnutzung eigener Sachen) sein.

3. Aufwendungen setzen einen Vermögensverlust beim Geschäftsführer voraus. Setzt dieser bloß fremde Vermögenswerte ein (Fahrzeug eines Dritten, das der Fahrer [i. E. der Geschäftsführer] bei der Selbstaufopferung im Straßenverkehr bei einem Ausweichmanöver beschädigt), die durch die Geschäftsführung verlustig gehen, so sind dem Geschäftsführer grundsätzlich keine Aufwendungen entstanden, die er ersetzt verlangen könnte.[76] Erst eine sich daraus ergebende Schadensersatzverpflichtung des Geschäftsführers gegenüber einem Dritten kann Aufwendungen beim Geschäftsführer begründen.

4. Vom Geschäftsführer aufgewendete Geldbeträge sind gemäß § 256 zu verzinsen. Der Geschäftsführer kann vom Geschäftsherrn die Befreiung von den Verbindlichkeiten verlangen, die er im Zuge der Geschäftsführung eingegangen

---

[67] Vgl. Staudinger/*Wittmann*, § 670 Rn. 5 m. w. N.

[68] Vgl. § 22 Rn. 4 f. Verlangt wird zusätzlich die Zweckgerichtetheit des Vermögensopfers (so BGH NJW 1989, 1284, 1285). Die Zweckgerichtetheit gehört aber nicht zum Begriff der Aufwendung. Insofern liegt es anders als bei der Leistung i. S. des § 812 Abs. 1. Die Zweckgerichtetheit ist nur Voraussetzung für die Erstattungsfähigkeit der Aufwendungen nach § 670 („zum Zweck der Ausführung des Auftrags").

[69] BGHZ 8, 222, 225, 228 f.; RGZ 75, 208, 212 zur Umsatzsteuerpflicht; RGZ 122, 298, 303.

[70] RGZ 95, 51, 53.

[71] A. A. MünchKomm/*Seiler*, § 670 Rn. 8 a. E. m. w. N.

[72] RGZ 75, 208, 213.

[73] BGHZ 92, 123; RG WarnR 1929 Nr. 160; vgl. auch BGH NJW 1977, 1726, 1727 (Prozesskosten des Testamentsvollstreckers zur Durchsetzung des Erblasserwillens gegen die Erben).

[74] BGHZ 60, 14, 22; BGH NJW 1981, 1502, 1503.

[75] BGH MDR 1955, 283, 285.

[76] A. A. *Beuthien/Weber*, S. 163: Aufwendungen i. S. des § 670 können auch der Einsatz fremder Vermögenswerte sein. Wie sich der aufwendende Geschäftsherr im Innenverhältnis mit dem Eigentümer auseinander setze, sei Sache des Geschäftsherrn. Das gelte auch für risikotypische Begleitschäden.

ist (§ 257 i. V. m. § 670). Schließt der Geschäftsführer im pflichtgemäßen Ermessen namens des Geschäftsherrn ohne Vertretungsmacht einen Vertrag, kann er daher Freistellung von den ihn daraus gemäß § 179 treffenden Verpflichtungen beanspruchen. Nicht hingegen besteht aus §§ 677, 683 S. 1, 670 ein Anspruch auf Genehmigung des gemäß § 177 schwebend unwirksamen Vertrages,[77] auch nicht in den Fällen des § 679.[78] Umstritten ist, ob der Geschäftsführer bei einer Notgeschäftsführung einen Anspruch auf Genehmigung hat.[79]

Aufwendungen können nur insoweit ersetzt verlangt werden, als sie **33** durch die Geschäftsführung verursacht worden, also in Ausführung der Geschäftsführung entstanden sind. Es kommt also darauf an, den Umfang des besorgten Geschäftes genau zu bestimmen (vgl. zum Handeln im Doppelinteresse unten § 5 Rn. 44).

b) „für erforderlich halten darf" (§ 670)

Erstattet werden nur solche Aufwendungen, die der Geschäftsführer **34** (Beauftragte) für **erforderlich** halten darf. Es sind einerseits nicht alle, aber andererseits auch nicht nur die objektiv erfolgreichen Aufwendungen zu erstatten. Der Geschäftsführer (Beauftragte) hat vielmehr nach pflichtgemäßem Ermessen zu entscheiden, ob die Aufwendungen notwendig und angemessen sind oder nicht. Anzulegen ist ein objektiv-subjektiver Beurteilungsmaßstab: vernünftige Prognose[80] eines verständigen Geschäftsführers (objektives Element) zum Zeitpunkt der Ausführung des Geschäftes[81] (subjektives Element).

Der Beauftragte muss, bevor er etwas für den Auftraggeber aufwendet, sorgfältig anhand der Umstände des Einzelfalles prüfen,[82] ob der Aufwand in einem angemessenen Verhältnis zur Bedeutung des Geschäfts für den Auftraggeber und zum erwarteten Erfolg steht.[83] Tut er das, so erhält er auch dann Aufwendungsersatz, wenn die Aufwendungen objektiv nicht notwendig waren[84] oder wenn der mit den Aufwendungen verfolgte Zweck nicht eintritt.[85]

Beispiele:
– „Nicht erforderlich" sind ersichtlich nutzlose Aufwendungen, Aufwendungen für weisungswidrige Geschäftsbesorgungen sowie Aufwendungen, mit denen der Geschäftsführer (Beauftragte) nur eigene Belange wahrt.[86]

---

[77] BGH NJW 1951, 398 (Verpachtung eines Bäckereibetriebes während Kriegsgefangenschaft des Betreibers); BGH LM Nr. 2 zu § 683 (Vermietung von Kellerräumen durch Hausverwaltungsgesellschaft im Namen des Eigentümers).
[78] So aber – ohne weitere Begründung – BGH NJW 1951, 398. Wie hier Münch-Komm/*Seiler*, § 683 Rn. 27, Staudinger/*Wittmann*, § 683 Rn. 3.
[79] Bejahend BGH NJW 1951, 398; a. A. Staudinger/*Wittmann*, § 683 Rn. 3 m. w. N.
[80] In diesem Sinn schon Motive II, S. 541.
[81] BGH NJW 1989, 1285; RGZ 149, 205, 207.
[82] BGHZ 95, 375, 388; RGZ 149, 205, 207.
[83] BGH NJW 1989, 1285; RGZ 149, 205, 207.
[84] BGHZ 95, 375, 388 (Zahlung des Bürgen, obwohl der Hauptverbindlichkeit die Einrede der Verjährung entgegenstand, kein Ersatzanspruch).
[85] BGH ZIP 1991, 862, 863.
[86] BGH NJW 1960, 1568, 1569; BGH LM Nr. 42 zu § 683; RGZ 149, 205, 209.

– Nicht erforderlich sind weiterhin Aufwendungen, die in einer vom Gesetz verbotenen Tätigkeit liegen und sich daher nicht im Rahmen der Rechtsordnung halten.[87] Denn selbst die ausdrückliche Weisung des Auftraggebers, sie zu zahlen, wäre wegen § 134 oder § 138 unbeachtlich.

35   Ohne Bedeutung ist, ob die Aufwendungen ihren Zweck erreicht haben („für erforderlich halten"); das Erfolgsrisiko trägt nicht der Geschäftsführer, sondern der Geschäftsherr. § 683 S. 1 ist weiter als ein Bereicherungsanspruch, der sonst in Betracht kommen würde. § 683 umfasst auch den Ersatz (nicht ersichtlich) nutzloser Aufwendungen, die also den Geschäftsherrn nicht bereichert haben, wenn der Geschäftsführer sie nur für nötig halten durfte.[88]

36   In Fällen der Notgeschäftsführung ist bei der Beurteilung, ob der Geschäftsführer die Aufwendungen für erforderlich halten darf, § 680 entsprechend anzuwenden.[89]

Fall (vgl. _Medicus_, BR, Rn. 427):

G findet den vermeintlich bewusstlos auf einer Parkbank liegenden H und holt einen Arzt zur Hilfe. Es stellt sich jedoch heraus, dass H lediglich stark angetrunken war und auf der Parkbank gefahrlos seinen Rausch hätte ausschlafen können, was G in der Eile leicht fahrlässig verkannt hatte. G verlangt für die Behandlungskosten von B Ersatz. Zu Recht?

Lösung:

Infrage kommt ein Anspruch aus §§ 677, 683 S. 1, 670. Der Tatbestand (der berechtigten GoA) ist erfüllt. Deshalb ist H zum Ersatz der Aufwendungen verpflichtet (§ 670).
1. Die Behandlungskosten stellen Aufwendungen i. S. des § 670 dar.
2. Jedoch darf G diese eigentlich nicht für erforderlich halten, weil er trotz der gebotenen Eile hätte erkennen können, dass H lediglich betrunken war.
3. Anders ist dies jedoch dann, wenn G die leicht fahrlässige Fehlbeurteilung nicht zum Vorwurf gemacht werden kann. Dies könnte sich aus § 680 analog ergeben. § 680 enthält den allgemeinen Rechtsgedanken, dass der Geschäftsführer nur Vorsatz und grobe Fahrlässigkeit zu vertreten hat, wenn die Geschäftsführung die Abwendung einer dem Geschäftsherrn drohenden dringenden Gefahr bezweckt.[90] Weil dies im Fall zutrifft, darf G die Aufwendungen für erforderlich halten (Zur Problematik der Scheingefahr vgl. § 5 Rn. 69).

---

[87] BGHZ 118, 142, 150.
[88] Kritisch _Medicus_, BR, Rn. 412 zur Rechtsprechung, die § 683 zu einem „gefährlich weiten Mittel des Lastenausgleichs aus Billigkeitsgründen" gemacht habe, insbesondere bei der wettbewerblichen Abmahnung.
[89] BGH DB 1972, 721; _Medicus_, BR, Rn. 427; str.
[90] Vgl. BGHZ 43, 188, 194.

c) Risikotypische Begleitschäden

Der Gesetzgeber hat die Frage bewusst offen gelassen, ob Zufalls- **37** schäden ersatzfähige Aufwendungen sind.[91] Nach der üblichen Aufwendungsdefinition sind Vermögensschäden grundsätzlich keine Aufwendungen, da sie unfreiwillige Vermögensopfer darstellen.

Beispiel:
G fährt das Unfallopfer H ins Krankenhaus. Dabei beschmutzt der blutende H die Autositze des G.

Der fremdnützig tätige Geschäftsführer (Beauftragte) soll über den unentgeltlichen Einsatz seiner Arbeitskraft hinaus nicht auch noch anstelle des durch die Geschäftsführung begünstigten Geschäftsherrn (Auftraggebers) das typische Geschäftsrisiko tragen. Deshalb müssen **risikotypische Begleitschäden** grundsätzlich ersatzfähig sein, so im Ergebnis übereinstimmend die allgemeine Meinung. Daher sind nicht nur freiwillige Vermögensopfer, sondern auch die unfreiwilligen Nachteile in Form von Risikobegleitschäden aus einer gefährlichen Geschäftsführung Aufwendungen i.S. des § 670.[92] Der auftraglose Geschäftsführer kann – wie ein Beauftragter – nach § 670 außer den freiwilligen Vermögensopfern auch risikotypische Vermögensbegleitschäden (Körper- und Sachschäden) ersetzt verlangen.

Dies ist aber nur unter folgenden Voraussetzungen der Fall: Der **38** Schaden muss aus einer risikotypischen Begleitgefahr erwachsen. Risikotypisch sind die Gefahren, die mit der Art der Tätigkeit oder den Umständen, unter denen sie auszuführen sind, erkennbar und mit einer gewissen Wahrscheinlichkeit verbunden sind.[93] Diese Schäden werden nach den Grundsätzen der Herausforderung (vgl. unten § 16 Rn. 149) bestimmt.[94] Erforderlich ist ein erhöhtes, der Geschäftsbesorgung eigentümliches Risiko.[95] Ein bloß adäquater Ursachenzusammenhang zwischen Geschäftsbesorgung und Schaden genügt nicht. Nicht ersetzt werden deshalb alle auf dem allgemeinen Lebensrisiko des Beauftragten beruhende Schäden (z.B. Verkehrsunfall des zur Rettung herbeieilenden Geschäftsführers).[96]

Beispiel:
Bei Arbeiten auf seinem Hof verursacht S fahrlässig einen Brand, den die Feuerwehr löscht. Nach dem Löschen des Brandes knickt der Feuerwehrmann F beim Zusammenräumen des Löschgerätes um. Er verlangt von S Ersatz der Heilungskosten. Wie bei der Zurechnung des Schadens bei § 823 Abs. 1 in den

---

[91] Motive II, S. 541 („… kann wegen Verschiedenheit der in Betracht kommenden Fälle eine Entscheidung durch das Gesetz nicht gegeben werden."); Protokolle II, S. 367, 369.

[92] BGHZ 38, 270, 277.

[93] Vgl. BGHZ 52, 115; BGH NJW 1993, 2234, 2235; *Medicus*, BR, Rn. 428.

[94] So ausdrücklich BGH NJW 1993, 2234, 2235.

[95] BGH NJW 1993, 2234, 2235: „tätigkeitsspezifische gesteigerte Gefahr".

[96] MünchKomm/*Seiler*, § 683 Rn. 19; *Medicus*, BR, Rn. 428 f.; *Otto*, JuS 1984, 684, 687.

Herausforderungsfällen (vgl. § 16 Rn. 147) erfordert der Anspruch aus §§ 683 S. 1, 670, dass der entstandene Schaden auf einer tätigkeitsspezifisch gesteigerten Gefahr beruht. Weil der Brand gelöscht ist, liegt keine Situation der Anspannung, Hektik oder sonstiger Gefahrsteigerung vor; nicht ausreichend ist, dass F noch unter dem Kommando der Einsatzleitung steht. Das durch den Feuerwehreinsatz zur Brandbekämpfung gesteigerte Verletzungsrisiko ist mit der Löschung des Brandes und damit im Zeitpunkt der Verletzung des F bereits beendet (BGH NJW 1993, 2234).

39   Hinsichtlich des **Umfangs der Schadensersatzpflicht** gelten die allgemeinen Regeln (vgl. unten § 23 Rn. 1 ff.). Auszugehen ist daher zunächst vom Grundsatz der Totalreparation.[97] Eine volle Entschädigung scheidet nicht schon deshalb aus, weil keine Verschuldenshaftung vorliegt.[98] Die Rechtsprechung gewährt für risikotypische Begleitschäden über § 670 analog jedoch nur eine angemessene, nach Billigkeit zu bemessende Entschädigung[99] (vgl. unten § 8 Rn. 15 f. [„Selbstaufopferung im Straßenverkehr"]). Ein Anspruch des Geschäftsführers auf Schmerzensgeld lässt sich seit der Novellierung des § 253 (vgl. unten § 23 Rn. 37 ff.) auch aus §§ 683, 670 ableiten, wenn ein risikotypischer Begleitschaden vorliegt.[100]

Den Hinterbliebenen eines tödlich verunglückten Lebensretters steht gegen den Geretteten ein Entschädigungsanspruch aus §§ 683 S. 1, 670 unter entsprechender Ergänzung durch die §§ 844, 845 zu.

---

40   **Fall (RGZ 167, 85):**

Bei einem Wendemanöver rutscht das (voll besetzte) Auto des A in einen Fluss. Alle Fahrzeuginsassen außer der S können sich selbst aus dem sinkenden Auto retten. Der Passant G kommt S zu Hilfe. Bei dem Rettungsversuch ertrinkt er. Die Hinterbliebenen des G verlangen Unterhaltsleistung von der geretteten S. Zu Recht?

Lösung:

I. Infrage kommt ein Anspruch aus §§ 677, 683 S. 1, 670 auf Aufwendungsersatz.

1. Die Maßnahmen zur Lebensrettung der S stellen für G ein fremdes Geschäft dar, das er mit Fremdgeschäftsführungswillen im Interesse und Willen der S ohne Auftrag besorgt. Der Tatbestand des § 683 S. 1 ist damit erfüllt.

---

[97] A. A. Soergel/*Mühl*, 11. Aufl. 1980, § 670 Rn. 22, da es sich um einen von Billigkeitserwägungen geprägten Ausgleichsanspruch handele.

[98] So aber BGHZ 38, 229; OLG Celle NJW 1965, 2350. Vgl. Staudinger/*Wittmann*, § 670 Rn. 19: Es bedürfe stets besonderer Umstände, um vom Grundsatz der Totalreparation abgehen zu können.

[99] BGHZ 38, 270, 277 ff.

[100] Anders die alte Rechtslage, nach der auch bei risikotypischen Begleitschäden ein Schmerzensgeldanspruch aus §§ 677, 683 S. 1, 670 nicht hergeleitet werden konnte, weil insoweit § 253 a.F. entgegenstand und § 847 a.F. auf deliktische Ansprüche beschränkt war (vgl. BGHZ 52, 115, 117; *Beuthien/Weber*, S. 141).

2. Deshalb kann er Aufwendungsersatz nach § 670 verlangen. Problematisch
ist aber, dass G nicht Ersatz der eigenen Aufwendungen verlangt, sondern
die Aufwendungen im Einsatz seines Lebens bestehen und die Hinterbliebenen einen Unterhaltsanspruch geltend machen. Diese Frage hat der
Gesetzgeber der Rechtsprechung und Wissenschaft überlassen.[101] Die
bestehende Gesetzeslücke ist durch analoge Anwendung der §§ 844 f. zu
schließen; wenn der Geschäftsherr dem (bloß) Geschädigten zum Ersatz
seines (risikotypischen Begleit)Schadens verpflichtet ist, so müsse er auch
(erst recht) Ersatz für das größere Opfer des Lebens leisten, andernfalls
ergebe sich ein sinnwidriges Ergebnis; der Kreis der insoweit Ersatzberechtigten sei in den §§ 844 f. sachgemäß abgegrenzt.[102]

3. Der Anspruch der Hinterbliebenen auf Ersatz der Unterhaltsleistung ist
damit begründet (§ 844 Abs. 2).

II. In Betracht kommt ein Anspruch aus §§ 823 Abs. 1, 844 Abs. 2 unter dem
Gesichtspunkt der Herausforderung (vgl. zu den Herausforderungsfällen unten
§ 16 Rn. 147 ff.).

Streitig ist die rechtsdogmatische Grundlage für die Ersatzfähigkeit 41
risikotypischer Beleitschäden. Die Rechtsprechung setzt risikotypische
(Zufalls-)Begleitschäden und freiwillige Vermögensopfer gleich.[103] Die
Literatur verweist auf die allgemeine Risikohaftung bei gefährlicher Tä-
tigkeit im fremden Interesse,[104] wie sie in § 110 Abs. 1 Alt. 1 HGB zum
Ausdruck kommt.[105]

d) Ersatz der Arbeitskraft (Dienstleistung)

Ein Verdienstausfall stellt als anderweitig aufgeopferter Erwerb (vgl. 42
§ 252 S. 2) eine Aufwendung i. S. des § 670 dar, für die der Geschäftsführer Aufwendungsersatz verlangen kann, wenn die Tätigkeit zum
Gewerbe oder Beruf des Geschäftsführers gehört.[106] Dann kann der
Geschäftsführer für die Geschäftsführung die tarifmäßige oder sonst
übliche Vergütung verlangen. Kein Geschäftsherr kann erwarten,
dass ihm berufliche oder gewerbliche **Dienstleistungen**, die am Markt
nur gegen Entgelt zu erhalten sind, umsonst erbracht werden.[107] In der

---

[101] Vgl. Motive II, S. 541; Protokolle II, S. 369.

[102] Vgl. RGZ 167, 85, 89 f.; *Beuthien/Weber*, S. 142.

[103] BGHZ 33, 251, 257 = NJW 1961, 359 (vollständig abgedruckt); BGHZ 38, 270, 277; 52, 115; 92, 270, 271; BGH NJW 1960, 1598 m. w. N.; NJW 1993, 2234, 2235; RGZ 167, 85, 89. Abweichend Staudinger/*Wittmann*, § 670 Rn. 14, wonach sich die Anwendbarkeit des § 670 aus einer teleologischen Extension ergeben soll.

[104] *Beuthien/Weber*, S. 10 f.; *Larenz*, SR II/1, § 56 III, S. 418 im Anschluss an *Canaris*, RdA 66, 41; *Genius*, AcP 173 (1973), 481; Jauernig/*Mansel*, § 670 Rn. 9; Palandt/*Sprau*, § 670 Rn. 12. Vgl. BGHZ 89, 153, 158.

[105] *Beuthien/Weber*, S. 141.

[106] BGHZ 33, 251, 257 = NJW 1961, 359 (vollständig abgedruckt); BGH NJW 1971, 609, 612 (in BGHZ 55, 128 „Flugreise"-Fall insoweit nicht abgedruckt); BGHZ 65, 384, 390 (Bergung eines verlorenen Ankers durch Wasser- und Schiff-fahrtsverwaltung); BGH NJW-RR 1989, 970 (Verwaltungstätigkeit für eine Wohnan-lage durch Wohnungsverwaltungsgesellschaft); *Beuthien/Weber*, S. 141.

[107] *Beuthien/Weber*, S. 142; vgl. auch MünchKomm/*Seiler*, § 683 Rn. 24 f.

Übernahme der GoA liegt – im Gegensatz zum unentgeltlichen Auftrag (§ 662) – kein Entgeltsverzicht des Geschäftsführers (vgl. § 685). Der Verweis des § 683 S. 1 auf das Auftragsrecht (Unentgeltlichkeit des Auftrages, § 662) ist insoweit missverständlich.[108] Im Schrifttum wird auf eine Analogie zu § 1835 Abs. 3 verwiesen.[109] Nach dieser Vorschrift gelten als Aufwendungen des Vormunds auch Dienste, die zu seinem Gewerbe oder Berufe gehören.[110]

43 Es gibt aber keinen Aufwendungsersatz für bloß aufgeopferte Zeit und Arbeitskraft durch eine Person, für welche die Hilfstätigkeit nicht mit ihrer beruflichen oder gewerblichen Tätigkeit identisch ist.[111]

Beispiel:
In ihrer Freizeit leisten der Arzt P und der Architekt S am Unfallort Erste Hilfe. Weil das Leisten von Erster Hilfe zum Beruf des P gehört, hat er einen Aufwendungsersatzanspruch nach §§ 677, 683 S. 1, 670. Dagegen trifft dies für S nicht zu; für ihn ist die Erste Hilfe nur aufgeopferte Freizeit, so dass er keinen Aufwendungsersatz nach GoA verlangen kann.

e) Aufwendungsersatz beim Handeln im Doppelinteresse

44 Wenn der Geschäftsführer im **Doppelinteresse** handelt, wenn also das Geschäft zugleich im eigenen und fremden Interesse besorgt wird, dann sind die Aufwendungen nur anteilig zu erstatten. Soweit der Geschäftsführer Eigeninteressen verfolgt, muss er die getätigten Aufwendungen selbst tragen.[112]

Beispiele:
– Beseitigung einer gemeinsamen Giebelmauer, die einsturzgefährdet ist und den Straßenverkehr bedroht.[113]
– Inanspruchnahme eines Zustandsstörers trotz gleichzeitiger Pflichtigkeit des Verhaltensstörers.[114]
– Infolge eines Brandes wird Milchpulver, das der Mieter für dessen Eigentümer in den Mieträumen berechtigterweise lagerte, unbrauchbar und vom Grundstückseigentümer beseitigt. Der Brand war auf dem Grundstück außerhalb der Mieträume ausgebrochen. Der Eigentümer des Grundstücks kann Aufwendungsersatz vom Eigentümer des Milchpulvers nur insoweit verlangen, als Aufwendungen für den Abtransport des Milchpulvers vom Grundstück entstanden

---

[108] Vgl. dazu kritisch MünchKomm/*Seiler*, § 683 Rn. 25, der auf ein Redaktionsversehen hinweist und § 683 i. S. des § 586 E I („Der Auftraggeber kann sich verpflichten, für die Ausführung des Auftrages dem Beauftragten eine Vergütung zu gewähren. Eine Vergütung ist als stillschweigend vereinbart anzusehen, wenn die Ausführung des Auftrages nach den Umständen nur gegen eine Vergütung zu erwarten war.") korrigierend auslegen will.
[109] BGHZ 65, 384, 390; 69, 36; RGZ 149, 124; *Beuthien/Weber*, S. 142; Staudinger/*Wittmann*, § 683 Rn. 24 m. w. N.
[110] BGHZ 65, 384, 390; *Medicus*, BR, Rn. 430.
[111] H. M.; Staudinger/*Wittmann*, § 683 Rn. 4; *Medicus*, BR, Rn. 430; *Beuthien/Weber*, S. 142. A. A. MünchKomm/*Seiler*, § 683 Rn. 25; *Wollschläger*, GoA, S. 311 ff.; *Otto*, JuS 1984, 684, 685. Vgl. *Esser/Weyers*, SR II/2, § 46 II 4 b, S. 22 gegen das Erfordernis einer Analogie zu § 1835 Abs. 3.
[112] BGHZ 110, 313; Soergel/*Beuthien*, § 683 Rn. 12.
[113] BGHZ 16, 12, 16 f.
[114] BGHZ 98, 235, 242.

sind, die auch erforderlich gewesen wären, wenn das Milchpulver im unbeschädigten Zustand vom Grundstück hätte entfernt werden müssen. Denn insoweit wäre der Mieter aus § 1004 Abs. 1 (§ 254 Abs. 1) verpflichtet gewesen. Nicht ersatzpflichtig ist der Geschäftsherr für (1.) Kosten, die zusätzlich durch die Entfernung des Löschwassers, das sich mit Milchpulver vermischt hat, und des Löschmittels aus den Kellerräumen und Zisternen des Grundstückseigentümers durch gebotene Entsorgungsmaßnahmen erforderlich sind, sowie (2.) Aufwendungen, die der Beseitigung des Milchpulvers nicht zugute kommen und die ausschließlich wegen des Brandes notwendig wurden, für die nur der Geschäftsführer (Grundstückseigentümer) einen Verursachungsbeitrag gesetzt hat (BGHZ 110, 313, 317 f.; vgl. oben § 4 Rn. 15).

f) Anspruchsausschluss nach § 685

Handelt der Geschäftsführer in freigiebiger Absicht, so kann er kei- 45
nen **Aufwendungsersatz** nach § 683 S. 1 verlangen. § 685 begründet eine rechtshindernde Einwendung, welche Ansprüche des Geschäftsführers aus §§ 683 f. ausschließt. Voraussetzung dafür ist, dass der Geschäftsführer bei Übernahme der Geschäftsführung seinen Verzichtswillen nach außen – wenn auch nur unvollkommen – ausdrücklich oder aus den Umständen irgendwie erkennbar zum Ausdruck bringt. Diese Absichtsäußerung (Verzichtswille) stellt zwar keine Willenserklärung, aber eine Willensbetätigung, dar, sodass die §§ 104 ff. (insbesondere §§ 107, 111) anwendbar sind.[115]

Damit wird zugleich klargestellt, dass die Absicht des Geschäftsführers, vom Geschäftsherrn Ersatz zu verlangen, keine Anspruchsvoraussetzung für die berechtigte GoA ist, sondern die Verzichtsabsicht ein Ausschlussgrund. § 685 Abs. 2 normiert eine Auslegungsregel („im Zweifel").

g) Kürzung der Aufwendung nach § 254 analog

Im Hinblick auf den Rechtsgedanken des § 254 kann eine **Kürzung** 46
des Aufwendungsersatzanspruchs in Betracht kommen. Dies ist der Fall, wenn der Geschäftsführer die Entstehung eines (aufwendungsgleichen) Schadens mitverursacht hat, wenn etwa ein Begleitschaden zwar risikotypisch, aber vom Geschäftsführer (durch unnötig starke Selbstgefährdung) mitverschuldet ist. Begründung:
– Der Geschäftsführer darf sich nur insoweit Gefahren aussetzen, als er dies den Umständen nach für erforderlich halten darf (vgl. § 670).[116] Der Geschäftsführer darf einen mitverschuldeten Risikobegleitschaden nicht „für erforderlich" halten.
– Da es der Sache nach um Schadensausgleich geht, ist das Ergebnis (je nach Rechtsstandpunkt) aus § 254 unmittelbar oder entsprechend ableitbar.[117]

---

[115] MünchKomm/*Seiler*, § 685 Rn. 5.
[116] *Beuthien*/*Weber*, S. 144.
[117] Vgl. auch *Genius*, AcP 173 (1973), 517.

47   Für die Aufteilung im Einzelfall ist von Bedeutung, ob den Geschäftsführer ein Verschulden trifft und inwieweit die entstandenen Aufwendungen (in Form des risikotypischen Begleitschadens) durch das Verschulden des Geschäftsführers mitverschuldet wurden.

Beispiel:
F hält den ohne Rückbeleuchtung bei Nacht fahrenden Traktorfahrer T an, um
ihn auf die von seinem Gefährt ausgehende Gefahr aufmerksam zu machen. Kurz
danach rast ein nachfolgendes Auto in den stehenden Traktor und verletzt den F.
F kann vom Fahrer des nachfolgenden Autos Aufwendungsersatz für den entstandenen Schaden aus §§ 677, 683 S. 1, 670 verlangen. Jedoch muss er sich
aufwendungsmindernd anrechnen lassen, dass er durch sein Verhalten die Gefahr
eines stehenden Hindernisses geschaffen hat (§ 254 Abs. 1). Dies ist allerdings
nur dann der Fall, wenn dem F Vorsatz oder grobe Fahrlässigkeit zur Last fällt
(§ 680) (BGHZ 43, 188; vgl. § 5 Rn. 15, 72).

48   Soweit eine gegenständliche Abgrenzung der Aufwendungen nicht
möglich ist, sind für die Ermittlung der Anspruchshöhe die dem Geschäftsführer durch die Geschäftsführung entstandenen Kosten nach
dem Maß der Verantwortlichkeit und dem Gewicht der Interessen der
Beteiligten zu verteilen.

49   **Vertiefungshinweis:**
In BGHZ 38, 270 hat der BGH die ersatzfähigen Aufwendungen im Fall einer
für Geschäftsführer und Geschäftsherrn schuldlos (zufällig) entstandenen Gefahrenlage ermittelt. Der BGH gewährte Aufwendungsersatz nur zum Teil.[118]
Begründung:
– Ein derartiger Fall sei aus dem Recht der Haverei (§ 700 HGB) bekannt.
– So wie der Geschäftsherr ohne Verschulden allein aufgrund der Verursachung
  des Unfalls auf Aufwendungsersatz nach §§ 677, 683 S. 1, 670 hafte, müsse
  auch bei der Verteilung des Schadens der Verursachungsbeitrag des Geschäftsführers berücksichtigt werden.
– Es entstehe ein unbilliges Ergebnis, wenn man dem Kraftfahrer einen vollen Aufwendungsersatzanspruch zubilligte, wenn der Rettungsversuch miss-
  linge.
– Es handele sich nicht um einen echten Schadensersatzanspruch, sondern dem
  Retter sei nur eine angemessene Entschädigung zu gewähren, bei deren Bemessung die verschiedenartigen Umstände des Einzelfalles zu berücksichtigen
  seien.

---

[118] Im Fall konnte der Geschäftsführer (selbstaufopfernder Kfz-Fahrer) deshalb
Aufwendungsersatz verlangen, weil er den Entlastungsbeweis nach § 7 Abs. 2 StVG
a. F. führte und damit feststand, dass der Unfall auf einem für diesen unabwendbaren
Ereignis beruhte (vgl. § 3 Rn. 3 f., § 8 Rn. 15 f.). – Zur Nichtanwendbarkeit von
§ 254 vgl. *Looschelders*, Die Mitverantwortlichkeit des Geschädigten im Privatrecht,
1999, S. 277.

3. Zusammenfassung

Aufwendungsersatz bei berechtigter GoA (§§ 677, 683, 670) 50 I. Tatbestand Ziffer 1. bis 4. siehe Grundtatbestand der GoA (§ 4 Rn. 45) 5. Berechtigung zur Übernahme der Geschäftsführung (berechtigte GoA) a) § 683 S. 1 – beachte Vorrang des geäußerten wirklichen Willens (h. M.) (§ 5 Rn. 17) b) §§ 683 S. 2, 679 c) Genehmigung des Geschäftsherrn (§ 684 S. 2) II. Rechtsfolgen: Ersatz der Aufwendungen (§ 670) 1. Aufwendungen – freiwillige Vermögensopfer des Geschäftsführers (in Abgrenzung zum Schaden) (§ 5 Rn. 32) – P: Risikotypische Begleitschäden (erhöhtes, mit der Geschäftsbesorgung verbundenes Risiko) (§ 5 Rn. 37 ff.) – P: Ersatz für aufgeopferte Zeit und Arbeitskraft nur bei Tätigkeit, die zum Gewerbe oder Beruf des Geschäftsfüh- rers gehört (§ 5 Rn. 42 f.) 2. „für erforderlich halten" – Prognoseentscheidung eines verständigen Geschäftsführers (§ 5 Rn. 34) – Erfolg der Aufwendungen (Zweckerreichung) ohne Bedeutung 3. Anteiliger Aufwendungsersatz – bei Handeln im Doppelinteresse: Abzug der (anteiligen) im Eigeninteresse getätigten Aufwendungen (§ 5 Rn. 44) – bei Mitverschulden gemäß § 254 analog (§ 5 Rn. 46 ff.) 4. Anspruchsausschluss (§ 685) bei Verzichtsabsicht

II. Aufwendungsersatz nach Bereicherungsrecht
(§ 684 S. 1, sog. unberechtigte GoA)

Nach § 684 S. 1 ist der Geschäftsherr verpflichtet, alles, was er aus 51
der Geschäftsführung erlangt hat, nach den Vorschriften über die Herausgabe einer ungerechtfertigten Bereicherung herauszugeben. Diese
Vorschrift regelt – nach der Rechtsprechung und h. L. – die sog. unberechtigte GoA (vgl. oben § 2 Rn. 10). Es handelt sich um einen
besonderen **Bereicherungsanspruch,** der aber im Ergebnis auf einen
Aufwendungsersatzanspruch hinausläuft; denn die Bereicherung des
Geschäftsherrn besteht meist gerade darin, dass der Geschäftsführer

Aufwendungen oder Verwendungen getätigt hat, die sich beim Geschäftsherrn wertsteigernd niederschlagen.[119] Der Geschäftsherr hat dadurch eigene Aufwendungen erspart (vgl. unten § 10 Rn. 6, § 12 Rn. 17 f.). Zweck der Vorschrift ist es, dem Geschäftsführer das Risiko einer erfolglosen unberechtigten GoA aufzulegen, weil er Herausgabe nur verlangen kann, wenn der Geschäftsherr (noch) bereichert ist (§ 818 Abs. 3). Ein Anspruch aus § 684 S. 1 scheidet aus, wenn die Voraussetzungen des § 685 erfüllt sind (vgl. oben § 5 Rn. 45).

52   Strittig ist, ob der Verweis auf die Bereicherungshaftung ein Rechtsgrund[120] oder – so die wohl überwiegende Ansicht – ein **Rechtsfolgenverweis**[121] ist (vgl. § 5 Rn. 55). Der Meinungsstreit hat nur eine geringe praktische Bedeutung (vgl. den Vertiefungshinweis Nr. 3).[122]

53   Der Umfang des Bereicherungsanspruchs richtet sich nach §§ 818 f. Insbesondere kann sich der Geschäftsherr auf den Wegfall der Bereicherung (§ 818 Abs. 3) berufen. Es kommt nicht darauf an, ob der Geschäftsführer entreichert ist, also Aufwendungen getätigt hat (vgl. unten § 5 Rn. 55).

---

54   **Fall (OLG Düsseldorf NJW-RR 1996, 913):**

Die Eigentümergemeinschaft einer Wohnanlage beschließt, eine anstehende Dachreparatur zurückzustellen. Der Verwalter V beauftragt dennoch einige Zeit später einen Handwerker mit der Reparatur und bezahlt diesen. Er verlangt von der Eigentümergemeinschaft Ersatz.

Lösung:

1. Infrage kommt ein Anspruch aus §§ 677, 683 S. 1, 670 auf Aufwendungsersatz. V hat mit der Reparatur wissentlich und willentlich ein objektiv fremdes Geschäft der Eigentümergemeinschaft mit Fremdgeschäftsführungswillen ohne Auftrag geführt. Ein Aufwendungsersatzanspruch nach Auftragsrecht (§ 670) kann nur unter den weiteren Voraussetzungen der §§ 683 S. 1 und 2, 684 S. 2 vorliegen. (1.) Die Übernahme der Geschäftsführung widerspricht dem ausdrücklichen Willen (§ 683 S. 1). Auch wenn der von der Eigentümergemeinschaft geäußerte Wille möglicherweise für den Zeitpunkt der Erteilung des Auftrages mit Rücksicht darauf, dass eine Gesamtsanierung des Daches nach den Angaben des Dachdeckers dringend notwendig war, nicht mehr vernünftig war, weil er den objektiven Erfordernissen nicht mehr entsprach, ist dieser Wille weiterhin maßgebend im Sinne des § 683 S. 1. (2.) Eine Genehmigung liegt nicht vor (§ 684 S. 2). Deshalb besteht kein Anspruch aus §§ 677, 683 S. 1, 670.

---

[119] *Martinek/Theobald*, JuS 1997, 612.

[120] MünchKomm/*Seiler*, § 684 Rn. 4; *Gursky*, AcP 185 (1985), 13, 40 ff.; *Henssler*, JuS 1991, 924, 928.

[121] BGH WM 1976, 1056, 1060; OLG Hamm NJW 1974, 951; Staudinger/*Wittmann*, § 684 Rn. 1; Palandt/*Sprau*, § 684 Rn. 1; *Martinek/Theobald*, JuS 1997, 612, 617 m.w.N.

[122] So zutreffend *Medicus*, BR, Rn. 947.

2. Infrage kommt nur ein Anspruch aus §§ 684 S. 1, 818 ff. Nach § 684 S. 1 muss die Eigentümergemeinschaft dem V die Aufwendungen ersetzen, die er im Zuge der Sanierung des Daches gemacht hat. Dies gilt auch dann, wenn die Reparatur des Daches nicht werterhöhend, sondern „nur" werterhaltend war. Denn auch eine lediglich werterhaltende Verwendung führt zu einer Bereicherung des Geschäftsherrn, wenn er dadurch Aufwendungen erspart hat, die er später selbst mit Sicherheit gehabt hätte.

(Weiteres Beispiel zu § 684 S. 1 und dessen Bezüge zum Bereicherungsrecht bei *Martinek/Theobald,* JuS 1997, 612, 616 – Fall 5)

Vertiefungshinweis: § 684 S. 1 55
Im Zusammenhang mit § 684 S. 1 stellen sich mehrere Probleme.
1. Streitig ist die Frage, ob der Anspruch aus § 684 S. 1 auf die durch §§ 683 S. 1, 670 ersatzfähigen Aufwendungen zu beschränken ist[123] oder nicht[124] (**Umfang der Bereicherungshaftung**). Bei dieser Frage geht es darum, ob es sich bei § 684 S. 1 um einen Aufwendungsersatzanspruch handelt, der auf Ersatz der dem Geschäftsführer entstandenen Aufwendungen gerichtet ist und in seiner Höhe durch die Bereicherung beim Geschäftsherrn beschränkt ist (Ansicht 1), oder um einen bloßen Bereicherungsanspruch, bei dem es auf die tatsächlich getätigten Aufwendungen des Geschäftsführers nicht ankommt, sondern allein auf die Bereicherung beim Geschäftsherrn und allein diese herauszugeben ist (Ansicht 2).

Nach der Meinung 2 normiert § 684 S. 1 einen besonderen Bereicherungsanspruch, bei dem der Geschäftsherr die Bereicherung herauszugeben hat. Es wird deshalb nicht geprüft, in welcher Höhe der Geschäftsführer aus seinem Vermögen Aufwendungen gemacht hat, die er jetzt ersetzt verlangen könnte. Es muss vielmehr ermittelt werden, ob und in welcher Höhe der Geschäftsherr bereichert ist, also selbst Aufwendungen erspart hat, weil der Geschäftsführer statt seiner tätig geworden ist (zur Ersparnis von Aufwendungen vgl. unten § 10 Rn. 6, § 12 Rn. 17 f.). Der Anspruch aus §§ 684 S. 1, 818 ersetzt dem Geschäftsführer also nicht seine Aufwendungen. Vielmehr muss der Geschäftsherr ihm den Wert der ersparten Aufwendungen (des Geschäftsherrn) auszahlen. Dagegen normiert nach der Ansicht 1 § 684 S. 1 einen Anspruch, aus dem der Geschäftsführer Ersatz seiner gemachten Aufwendungen nur insoweit verlangen kann, als der Geschäftsherr bereichert ist. (Im Gegensatz dazu ist der Geschäftsherr bei berechtigter GoA verpflichtet, dem Geschäftsführer die Aufwendungen zu ersetzen, die dieser für erforderlich halten durfte (§§ 683, 670), unabhängig davon, ob der Geschäftsherr durch die Geschäftsführung bereichert ist oder nicht).

Nach beiden Ansichten ist § 818 Abs. 3 die bzw. eine Grenze für den Anspruch des Geschäftsführers; nur nach der Ansicht 1 treten als weitere Voraussetzung (Grenze) die eigenen Aufwendungen des Geschäftsführers hinzu. Während für die Ansicht 1 die Systematik der §§ 683 f. spricht, spricht für die Ansicht 2 der Wortlaut. Geht man davon aus, dass der Geschäftsherr davor geschützt werden soll, ungewollte Aufwendungen erstatten zu müssen, so reicht der Schutz des § 818 Abs. 3 aus (Ansicht 2), und es ist das Erfordernis eigener Aufwendungen durch den Geschäftsführer verzichtbar.

2. Aufgedrängte Bereicherung: Bei der unberechtigten GoA widerspricht es dem Willen und Interesse des Geschäftsherrn, überhaupt etwas zu erhalten.

---

[123] So *Jauernig/Mansel,* § 684 Rn. 1; Staudinger/*Wittmann,* § 684 Rn. 1; *Wolf,* JZ 1966, 467, 470.
[124] So MünchKomm/*Seiler,* § 684 Rn. 9.

Ein aus der Geschäftsführung erlangter Vorteil ist immer aufgedrängt. Insoweit stellt sich das Problem der **aufgedrängten Bereicherung** (vgl. unten § 12 Rn. 61 f.).[125]

3. Anwendung der §§ 814, 815, 817 S. 2 im Rahmen des § 684 S. 1 bei Annahme einer Rechtsgrundverweisung: Eine Anwendung des § 814 hat zur Folge, dass ein Bereicherungsanspruch des Geschäftsführers ausgeschlossen ist, wenn der Geschäftsführer zum Zweck der Erfüllung einer Verbindlichkeit leistet und er die Nichtschuld kannte (Alt. 1) oder eine Anstands- oder Sittenpflicht bestand (Alt. 2). Da § 814 aber nicht für alle Leistungskondiktionen, sondern nur für die condictio indebiti gilt, die im Falle des § 684 nicht gegeben ist, ist auch bei einer Qualifikation des § 684 als Rechtsgrundverweisung nur die 2. Alternative der Anstands- oder Sittenpflicht anwendbar. Ein Bereicherungsanspruch ist nach § 815 ausgeschlossen, wenn die Erteilung einer Genehmigung (§ 684 S. 2) von Anfang an unmöglich ist oder der Geschäftsführer die Genehmigung wider Treu und Glauben verhindert (praktisch bedeutungslos). § 817 S. 2 regelt den Fall, dass dem Geschäftsführer ein Verstoß gegen ein gesetzliches Verbot oder die guten Sitten zur Last fällt.[126]

---

56 | **Aufwendungskondiktionsanspruch bei unberechtigter GoA (§ 684 S. 1)**

I. Tatbestand

Ziffer 1. bis 4. siehe Grundtatbestand der GoA (§ 4 Rn. 45)

5. Keine Berechtigung zur Übernahme der Geschäftsführung

    a) § 683 S. 1 (beachte: Vorrang des wirklichen Willens; h. M.): (–)

    b) §§ 683 S. 2, 679: (–)

    c) Genehmigung des Geschäftsherrn (§ 684 S. 2): (–)

II. Rechtsfolgen: §§ 818 ff.

1. Rechtsfolgeverweisung (h. M.)

2. Herausgabe der Bereicherung des Geschäftsherrn
    – Ersparte Aufwendungen des Geschäftsherrn (§ 5 Rn. 51)
    – Wertzuwachs
    P: Aufgedrängte Bereicherung (§ 5 Rn. 54)

---

[125] *Klauser,* NJW 1958, 47, 49: Ermittlung der Höhe der Bereicherung nicht auf der Grundlage des objektiven Wertes, sondern des Vorteils, den der Geschäftsherr subjektiv erlangt hat.

[126] Vgl. RG WarnR 1910 Nr. 286: Kein Anspruch auf Ersatz der Unterhaltskosten, wenn der Geschäftsführer ein Kind der Gewalt des Vaters entzieht.

C. Ansprüche des Geschäftsherrn

I. Schadensersatzpflicht bei Ausführungsverschulden (§§ 677, 280)

§ 677 normiert die Anforderungen an eine pflichtgemäße Ausfüh- 57
rung einer Geschäftsbesorgung. Danach hat der Geschäftsführer bei
Übernahme der Geschäftsbesorgung – zu der er nicht verpflichtet ist –
das fremde Geschäft so zu führen, wie das Interesse des Geschäftsherrn
mit Rücksicht auf dessen wirklichen oder mutmaßlichen Willen es erfordert (§ 677). Relevant ist diese Pflicht, wenn der Geschäftsführer sie
verletzt. Dann macht er sich bei Verschulden schadensersatzpflichtig
(Sekundärpflicht). Anspruchsgrundlage ist §§ 677, 280 (sog. **Ausführungsverschulden**).

1. Pflichtenmaßstab

Pflichtenmaßstab ist das Interesse mit Rücksicht auf den Willen des 58
Geschäftsherrn. Unter Interesse ist der objektive Nutzen des Geschäftsherrn zu verstehen.[127] Der Wille ergibt sich aus den subjektiven Vorstellungen des Geschäftsherrn.[128] Die Tatbestandsmerkmale „Interesse"
und „Wille" sind an sich wie bei § 683 S. 1 auszulegen. Im Kollisions-
fall ist aber das Interesse vorrangig und der Wille nur zu berücksichtigen (vgl. unten § 5 Rn. 61).

Zu trennen sind der Übernahmewille (§§ 683 S. 1, 678) und der Aus- 59
bzw. **Durchführungswille** des Geschäftsherrn (§ 677) für die konkrete
Durchführung der berechtigten GoA. Die Übernahme der Geschäftsführung kann dem Übernahmewillen des Geschäftsherrn entsprechen,
während die (konkrete) Ausführung des Geschäfts dem Durchführungswillen widersprechen kann.

Beispiel:
Der nach einem Verkehrsunfall bewusstlose O wird von dem zufällig vorbei-
kommenden Arzt N behandelt. Dabei unterläuft diesem grob fahrlässig ein Behandlungsfehler. Es entspricht dem Willen des O, dass N ihm zu Hilfe kommt
(Übernahmewille). Deshalb kann N nach § 683 S. 1 Aufwendungsersatz verlangen
und haftet nicht nach § 678 für ein Übernahmeverschulden. Aber: O ist nicht mit
dem Behandlungsfehler einverstanden. Damit widerspricht die Ausführung der
Geschäftsführung dem Ausführungswillen des O („Grundsätzlich ja, aber nicht
so!"). Deshalb kann N nach §§ 677, 280 (Ausführungsverschulden) zum Schadensersatz verpflichtet sein. Eine Haftungsprivilegierung nach § 680 scheidet wegen grober Fahrlässigkeit aus.[129]

---

[127] MünchKomm/*Seiler*, § 677 Rn. 51.
[128] MünchKomm/*Seiler*, § 677 Rn. 51.
[129] Ob die Haftungsprivilegierung des § 680 auch für professionelle Nothelfer wie
einen Notarzt anwendbar ist, ist streitig; vgl. MünchKomm/*Seiler*, § 680 Rn. 6
m. w. N.

60   Es kann im Einzelfall schwierig sein, den (anfänglichen) Übernahmewillen („Ob") zu ermitteln und vom (späteren) Durchführungswillen
(„Wie") abzugrenzen.[130] Dies liegt daran, dass die Ausführung schon in
die Entscheidung über die Übernahme einbezogen wird.

61   **Vertiefungshinweis:** „Interesse mit Rücksicht auf … Willen"
Fraglich ist das **Rangverhältnis von Interesse und Willen** bei § 677; diese Frage wird relevant, wenn sich Interesse und Wille widersprechen und zu entscheiden ist, ob das Interesse oder der Wille vorrangig entscheidungserheblich ist. Im
Gegensatz zum Wortlaut des § 683 S. 1 („Interesse und … Willen") stehen Interesse und Wille bei § 677 nicht gleichrangig nebeneinander („Interesse des Geschäftsherrn mit Rücksicht auf dessen … Willen"). Nach dem Wortlaut kommt
es bei § 677 vorrangig auf das Interesse an, der Wille ist nur zu berücksichtigen.
Diesem Unterschied misst eine Meinung[131] in der Literatur keine Bedeutung bei
und legt § 677 und § 683 gleich aus (vgl. oben § 5 Rn. 17 f.): Vorrangig komme
es auf den Willen an, selbst wenn das Interesse entgegen stehe; dafür spreche die
Privatautonomie und das Selbstbestimmungsrecht des Geschäftsherrn sowie die
Regelung des § 681 S. 1, wonach der Geschäftsführer möglichst die Entschließung des Geschäftsherrn abwarten und deshalb vorrangig der Wille des Geschäftsherrn und nicht ein davon abweichendes objektives Interesse gelten solle
(vgl. unten § 5 Rn. 76).
Zutreffend aber legt die wohl überwiegende Meinung[132] in der Literatur die
Vorschriften – entsprechend dem Gesetzeswortlaut – unterschiedlich aus. Die
unterschiedliche Auslegung des § 677 und § 683 S. 1 geht konform mit der
Ansicht des historischen Gesetzgebers, wonach die Ansprüche des Geschäftsherrn und des Geschäftsführers an unterschiedliche Voraussetzungen geknüpft
seien.[133] Beide Vorschriften erfüllen unterschiedliche Funktionen: Haftungsmaßstab (§ 677) und Tatbestand zur Erschwerung des Aufwendungsersatzes
(§ 683 S. 1); der Wille ist bei § 677 weniger zu berücksichtigen, weil der Geschäftsführer einer berechtigten GoA bei der Ausführung freier gestellt sein soll
als bei der Übernahme.

62   Auch bei der sog. **unberechtigten GoA** (vgl. oben § 2 Rn. 10) kann
eine Haftung für Ausführungsverschulden (§§ 677, 280 Abs. 1) in Betracht kommen. Das ist der Fall, wenn der Geschäftsführer das Geschäft
dem Interesse mit Rücksicht auf den Willen des Geschäftsherrn zuwider
besorgt (ausgeführt) hat. Die interessen- und willenswidrige Übernahme
der Geschäftsführung ist insoweit ohne Bedeutung. Der an sich konkurrierende Anspruch aus §§ 677, 280 Abs. 1 wird aber neben § 678 (vgl.
unten § 5 Rn. 75 ff.) kaum eine Rolle spielen, weil § 678 eine verschärfte
und für den Geschäftsherrn günstigere Haftung des Geschäftsführers
normiert und gerade nicht voraussetzt, dass der Schaden durch Verschulden des Geschäftsführers eingetreten ist (vgl. § 678 a. F.).

---

[130] Näher dazu *Martinek/Theobald*, JuS 1998, 27, 28.
[131] Soergel/*Beuthien*, § 677 Rn. 19; *Medicus*, Gesetzliche Schuldverhältnisse,
S. 174 f.
[132] MünchKomm/*Seiler*, § 677 Rn. 52; *Gehrlein*, in: Bamberger/Roth, § 677
Rn. 19; Palandt/*Sprau*, § 677 Rn. 12; Jauernig/*Mansel*, § 677 Rn. 9; *Brox/Walker*,
BS, § 35 Rn. 34; so wohl auch Staudinger/*Wittmann*, § 677 Rn. 3.
[133] *Mugdan* II, S. 481 (Motive): „Die Voraussetzungen der actio directa und der
contraria sind hiernach verschieden."

2. Verletzung der Pflicht zur ordnungsgemäßen Geschäftsführung

Handelt der Geschäftsführer bei Ausführung der GoA entgegen dem **63**
Interesse mit Rücksicht auf den wirklichen oder den (mit dem Interesse
übereinstimmenden) mutmaßlichen Willen des Geschäftsherrn, so begeht er eine Pflichtverletzung (Verletzung eines gesetzlichen Schuldverhältnisses, § 280).

Beispiele:
– Haftung einer Stadt nach §§ 677, 278 wegen fahrlässiger Schadensverursachung bei Bergung eines Öltankwagens durch Feuerwehr.[134]
– Haftung nach §§ 677, 276 für Übernahme des Steuers eines PKW durch Be-
  trunkenen.[135]

Vertiefungshinweis: Durchführungspflicht?   **64**
Der Geschäftsführer ist grundsätzlich nicht (aus § 677) verpflichtet, ein begon-
nenes Geschäft fortzuführen (**Durchführungspflicht**)[136] und kann sich insoweit
nicht schadensersatzpflichtig machen (§§ 677, 280 und § 678). Etwas anderes
kann ausnahmsweise dann gelten, wenn dem Geschäftsführer aufgrund des Ab-
bruchs der Geschäftsbesorgung ein Schaden droht, der nicht entstehen würde,
wenn der Geschäftsführer sich nicht eingemischt hätte.[137] Aber auch dann besteht
keine gerichtlich durchsetzbare Pflicht des Geschäftsführers zur Fortführung des
Geschäfts, sondern nur eine Obliegenheit zur Vermeidung eines Schadensersatzanspruchs. Aus § 242 kann sich eine ausnahmsweise Fortführungspflicht ergeben.

3. Verschulden

Eine Schadensersatzhaftung für interessen- und willenswidrige Aus- **65**
führung einer Geschäftsbesorgung kommt nur bei **Verschulden** in Betracht (vgl. § 280 Abs. 1 S. 2). Der Geschäftsführer muss also schuldhaft entgegen dem Interesse mit Rücksicht auf den Willen des Geschäftsherrn gehandelt haben. Deshalb kommt es – anders als bei § 683
S. 1 (vgl. oben § 5 Rn. 8 ff., 19) – bei § 677 auf die Erkennbarkeit des
wirklichen oder mutmaßlichen Willens des Geschäftsherrn aus der
Sicht des Geschäftsführers an.[138] Als Verschuldensmaßstab für das Ausführungsverschulden gelten grundsätzlich die §§ 276 ff.

Fall: **66**

Student S nimmt vom Paketzusteller ein Paket entgegen, wobei er – infolge
unsorgfältiger Beachtung des Adressatenschildes auf dem Paket – annimmt,
es sei für den Hausmitbewohner A. Als S später feststellt, dass das Paket an
den mit ihm verfeindeten B gerichtet ist, der sich derartige Hilfeleistungen
seitens des S schon früher verbeten hat, wirft er das Paket weg. Anspruch
des B gegen S auf Schadensersatz (vgl. auch oben § 4 Rn. 25)?

---

[134] BGHZ 63, 167.
[135] BGH NJW 1972, 475.
[136] Motive II, S. 859; RGZ 63, 280, 283.
[137] Vgl. Motive II, S. 859.
[138] *Martinek/Theobald*, JuS 1998, 27, 28.

Lösung:

I. Ein vertraglicher Schadensersatzanspruch kommt mangels Vertrages nicht in Betracht.

II. Anspruch auf Schadensersatz nach §§ 677, 280 Abs. 1?

1. Die Entgegennahme und Aufbewahrung des Paketes stellt eine Geschäftsbesorgung dar. Weil das Paket an B und nicht an ihn selbst adressiert ist, liegt ein Geschäft des B vor und ist damit für S objektiv fremd.

2. Fremdgeschäftsführungswille?

a) S will ein fremdes Geschäft führen (Fremdgeschäftsführungswille i. e. S.). Er weiß auch, dass es sich bei der Entgegennahme um die Angelegenheit eines anderen handelt (Fremdgeschäftsführungsbewusstsein). Dass er es für seinen Nachbarn A führen will und er sich über den Geschäftsherrn irrt, lässt die Geschäftsbesorgung für den B nicht entfallen. Denn ein Irrtum über die Person des Geschäftsherrn ist unbeachtlich. Nach § 686 entsteht das Rechtsverhältnis der Geschäftsführung ohne Auftrag mit dem wirklichen Geschäftsherrn.

b) Dass der Fremdgeschäftsführungswille nach Entdeckung des Irrtums wegfällt, ist unbeachtlich, weil bereits entstandene Ansprüche des Geschäftsherrn durch den Wegfall des Fremdgeschäftsführungswillens nicht beeinträchtigt werden.

3. Ein Auftrag oder eine sonstige Berechtigung fehlt.

4. Es kommt für §§ 677, 280 nicht darauf an, ob die Übernahme des Geschäfts dem Interesse und dem Willen des B entspricht (ob eine berechtigte oder unberechtigte GoA vorliegt).

5. Indem S aber das Paket wegwirft, handelt er entgegen dem Interesse mit Rücksicht auf den Willen des B und begeht damit eine Pflichtverletzung i. S. des § 677 (§ 280 Abs. 1 S. 1). Dies tut S vorsätzlich, weshalb ihn ein Verschulden i. S. der §§ 280 Abs. 1 S. 2, 276 Abs. 1 trifft.

6. Deshalb haftet S auf Schadensersatz (§ 249 Abs. 2).

III. § 678 (Übernahmeverschulden)?

1. Die Übernahme der Geschäftsführung durch den verfeindeten S widerspricht dem tatsächlichen Willen des B.

2. S müsste ein Verschulden diesbezüglich treffen (Übernahmeverschulden). Weil er den Adressaten des Paketes aus Unachtsamkeit nicht richtig erkennt, ist Fahrlässigkeit (§ 276 Abs. 2) anzunehmen.

3. Deshalb haftet S wegen aller Schäden, die mit der Übernahme in ursächlichem Zusammenhang stehen, also auch für die Vernichtung des Paketes.

IV. §§ 677, 681 S. 2, 667, 280 Abs. 1 und 3, 283 S. 1?

1. Der Grundtatbestand der GoA ist erfüllt (vgl. vorstehend).

2. Deshalb ist S zur Herausgabe des Paketes verpflichtet. Diese Verpflichtung macht er sich schuldhaft (§ 280 Abs. 1 S. 2) unmöglich (§ 275 Abs. 1) und haftet deshalb aus §§ 280 Abs. 3, 283 auf Schadensersatz statt der Leistung.

V. §§ 989, 990 Abs. 1?

Weil B kein Eigentümer ist, kommt ein Anspruch aus EBV nicht in Betracht.

VI. § 823 Abs. 1 setzt voraus, dass ein absolutes Recht oder Rechtsgut i. S. des § 823 Abs. 1 verletzt worden ist. Da B noch nicht Eigentümer ist, scheidet ein Schadensersatzanspruch mangels Eigentumsverletzung aus.

4. Haftungsprivileg des § 680

§ 680 beschränkt das Haftungsrisiko des zur Abwehr einer drohen- **67** den dringenden Gefahr handelnden Geschäftsführers. Bei Notfällen hat der Geschäftsführer deshalb nur Vorsatz und grobe Fahrlässigkeit zu vertreten (**Haftungsprivileg**). Dadurch soll die Bereitschaft gefördert werden, in akuter Gefahr Hilfe zu leisten. Die Regelung geht davon aus, dass dem Geschäftsführer regelmäßig nicht viel Zeit zu ruhigem Überlegen bleibt, weil die dem Geschäftsherrn drohende Gefahr dringend ist; deshalb soll der Geschäftsherr eine (leichte) Fahrlässigkeit seines Geschäftsführers hinnehmen und muss die dadurch entstandenen Schäden selbst tragen.[139]

a) Tatbestand

Eine dem Geschäftsherrn drohende **dringende Gefahr** besteht, wenn **68** der Eintritt eines Schadens an seiner Person oder seinem Vermögen[140] mit großer Wahrscheinlichkeit unmittelbar bevorsteht und die Hilfeleistung daher keinen Aufschub duldet. Die h. M. wendet § 680 auch an, wenn die Gefahr nicht dem Geschäftsherrn selbst, sondern seinen Angehörigen oder ihm sonst nahe stehenden Personen droht.[141] Diese Ausdehnung entspricht weder dem Willen des Gesetzgebers,[142] noch ist sie nötig, da der unmittelbar Gefährdete selbst Geschäftsherr der ihn betreffenden Hilfeleistung sein kann. Vielfach wird die Nothilfe jedoch zugleich den Rechtskreis weiterer Personen betreffen, also mehrere Geschäftsherren haben.

Die Geschäftsführung muss die Abwendung einer dringenden Gefahr bezwecken. Erforderlich ist ein entsprechend zweckbestimmtes Handeln des Nothelfers. Ob es gelingt, die Gefahr tatsächlich abzuwenden, ist unerheblich.[143]

Vertiefungshinweis: Scheingefahr (vermeintliche Notlage) **69**
Umstritten ist die Geltung des § 680 bei irrtümlicher Annahme einer drohenden Gefahr durch den Geschäftsführer. Ein Teil der Literatur[144] und verschiedene Instanzgerichte[145] wenden § 680 mit Rücksicht auf die Interessen des Ge-

---

[139] Motive II, S. 858; BGHZ 43, 188, 194; BGH NJW 1972, 475, 476; 1975, 207, 209.
[140] BGH VersR 1970, 620, 622.
[141] Palandt/*Sprau*, § 680 Rn. 2; Staudinger/*Wittmann*, § 680 Rn. 4.
[142] Protokolle II, S. 728.
[143] Allgemeine Meinung: BGHZ 43, 188, 192; BGH VersR 1970, 620, 621; Palandt/*Sprau*, § 680 Rn. 2; MünchKomm/*Seiler*, § 680 Rn. 4.
[144] MünchKomm/*Seiler*, § 680 Rn. 5; *Berg*, JuS 1975, 681, 686; *Wollschläger*, GoA, S. 282; zwischen berechtigter und unberechtigter GoA differenzierend *Martinek/Theobald*, JuS 1997, 612, 618.
[145] OLG Koblenz NJW 1962, 1515 m. abl. Anm. *Weitnauer* (dagegen *Imhof*, DAR 1974, 253, 255); OLG Bamberg VersR 1976, 997; OLG Frankfurt/Main MDR 1976, 1021 m. abl. Anm. *Fricke*, MDR 1977, 315. Die Rechtsprechung des BGH ist – entgegen MünchKomm/*Seiler*, § 680 Rn. 5 Fn. 18 – insoweit noch offen, als diese Frage bisher nicht entscheidungserheblich gewesen ist. So zu Recht *Stein*, ZfBR 1988, 252, 253.

schäftsherrn nur an, wenn die Gefahr tatsächlich besteht, während es andere – zutreffenderweise – genügen lassen, dass der Geschäftsführer die Gefahrenabwehr bezweckt. Die vom Gesetz geforderte Finalität der Hilfeleistung verlangt die Haftungsbeschränkung auch bei erfolgloser Geschäftsführung. Dass § 680 darüber hinaus auch bei jeder Scheingefahr gilt, fordert der Gesetzeswortlaut zwar nicht.[146] Für eine weite Gesetzesauslegung spricht jedoch der Zweck des § 680, rasche und damit zwangsläufig fehlergeneigte mitmenschliche Hilfe zu begünstigen. Dem liefe es zuwider, dem Hilfswilligen das volle, durch § 678 sogar noch verschärfte Irrtumsrisiko aufzubürden, zumal es nicht nur um das Erkennen der Gefahr, sondern auch um die oft unsichere Beurteilung der Dringlichkeit der Hilfeleistung geht. Daher gilt § 680 auch für Geschäftsführer, welche die tatsächliche Gefahrenlage unverschuldet[147] oder jedenfalls nicht grob fahrlässig[148] verkennen. Auch eine solche Gefahr stellt eine Gefahr i.S. des § 680 dar. Geschäftsführer haften dem nur vermeintlich Gefährdeten trotz unberechtigter Geschäftsführung weder nach § 678 noch nach damit konkurrierenden Vorschriften, insbesondere nicht nach § 823.

b) Rechtsfolge

70   Liegen die Voraussetzungen des § 680 vor, so hat der Geschäftsführer gegenüber dem Geschäftsherrn – anders gegenüber Dritten! – **nur Vorsatz und grobe Fahrlässigkeit zu vertreten.** § 680 betrifft nur das Innenverhältnis zwischen Geschäftsführer und Geschäftsherrn. § 680 beschränkt also nicht die Ersatzansprüche Dritter, die durch den Nothelfer geschädigt werden. Denn die mildere Haftung des Geschäftsführers ist nur gegenüber dem Nutznießer der Hilfeleistung, also dem Geschäftsherrn, gerechtfertigt.[149] Der persönlich auf Ersatz in Anspruch genommene Nothelfer ist jedoch auch in solchen Fällen geschützt: Er kann gemäß §§ 677, 683 S. 1, 670 i.V.m. § 257 vom Geschäftsherrn Freistellung von einer Schadensersatzverpflichtung gegenüber Dritten verlangen, wenn im Verhältnis zu diesem die Voraussetzungen des § 680 vorgelegen haben.

71   Der mildere Haftungsmaßstab gilt sowohl für die Übernahme (§ 678) als auch für die Ausführung (§ 677) der auf Gefahrenabwehr zielenden Geschäftsbesorgung.[150] Die Rechtsprechung wendet § 680 als „Ausdruck eines allgemeinen Rechtsgedankens" entsprechend auch auf begleitende Ansprüche des Geschäftsherrn aus unerlaubter Handlung (§§ 823 ff.) an, damit die Haftungsprivilegierung des § 680 nicht über das Deliktsrecht leer läuft.[151]

---

[146] So zu Recht MünchKomm/*Seiler*, § 680 Rn. 5; *Berg*, JuS 1975, 682, 686; a.A. Staudinger/*Wittmann*, § 680 Rn. 5; Palandt/*Sprau*, § 680 Rn. 2.
[147] BAG NJW 1976, 1229, 1230; *Batsch*, AcP 171 (1971), 218, 222 Fn. 11; *Dietrich*, JZ 1974, 534, 539.
[148] So *Martinek/Theobald*, JuS 1997, 612; Jauernig/*Mansel*, § 680 Rn. 2; Palandt/*Sprau*, § 680 Rn. 2; Staudinger/*Wittmann*, § 680 Rn. 5.
[149] BGH NJW 1972, 475.
[150] BGHZ 43, 188, 193; BGH NJW 1972, 475.
[151] BGH VersR 1970, 620; NJW 1972, 475; OLG München VersR 1966, 1167. Vgl. *Stein*, ZfBR 1988, 252 f. zu § 680 und Ersatzanspruch aus Pflichtverletzung wegen eigenmächtigen Abweichens eines Werkunternehmers vom Vertrag.

Beispiele:
– Jogger J sieht, wie ein um Hilfe schreiendes Kind und ein laut und aggressiv bellender Hund wild auf einer Wiese raufen. J eilt herbei und kann den Hund bändigen; dabei verletzt er den Hund. Es stellt sich heraus, dass das Kind mit seinem Hund nur gespielt hat und im Übermut des Spielens das Eingreifen des J nicht verhindern konnte. Weil J hier allenfalls leicht fahrlässig verkennt, dass die Übernahme der Geschäftsführung (Hilfeleistung) dem Willen des Kindes bzw. seiner Eltern nicht entspricht (§ 680), haftet er nicht aus § 678.
– Jogger J wehrt einen wilden Hund von dem Passanten P ab; er beschädigt dabei leicht fahrlässig die Kleidung des P. Er haftet wegen § 680 nicht auf Schadensersatz nach §§ 677, 280 Abs. 1.

Fall (BGHZ 43, 188):   72

Fall nach § 5 Rn. 15.

Lösung:

I. G hat einen Anspruch aus § 7 Abs. 1 StVG, weil A als Halter beim Betrieb seines Kfz den Körper des G verletzt hat und keine höhere Gewalt (§ 7 Abs. 2 StVG) vorliegt.
Fraglich ist aber, ob der zu ersetzende Schaden nach § 9 StVG i.V.m. § 254 zu kürzen ist.[152] Das setzt voraus, dass den G an der Entstehung des Schadens ein Mitverschulden trifft. Zu vertreten hat G grundsätzlich Vorsatz und Fahrlässigkeit (§ 276 Abs. 1 S. 1). Jedoch könnte das Haftungsprivileg des § 680 eingreifen. Das setzt voraus, dass ein fremdes Geschäft mit Fremdgeschäftsführungswillen ohne Auftrag (Grundtatbestand der GoA) geführt wird und die Geschäftsführung der Abwendung einer dem Geschäftsherrn drohenden dringenden Gefahr bezweckt.

1. § 680 ist im Verhältnis Geschäftsführer zum Geschäftsherrn anwendbar, gleichgültig wer Anspruchssteller ist. Die Norm bestimmt auch das vom Geschäftsführer zu vertretende Verschulden im Rahmen des Mitverschuldens (§ 254). Es ist Ausdruck eines allgemeinen Rechtsgedankens, dass der zur Abwendung einer dringend drohenden Gefahr handelnde Geschäftsführer nur für Vorsatz und grobe Fahrlässigkeit haftet; gerade in dringenden Notlagen ist ein ruhiges überlegtes Abwägen nicht möglich und die Verschuldensgefahr besonders groß.

2. G führt ein Geschäft (des T und) des A (vgl. oben § 5 Rn. 15).[153] Dass die Geschäftsübernahme erfolglos ist, die Gefahr also nicht abgewendet werden kann, hat dagegen keine rechtliche Bedeutung, weil § 680 nicht voraussetzt, dass das Eingreifen den mit ihm bezweckten Erfolg auch erreicht.

3. Der Fremdgeschäftsführungswille wird beim objektiv fremden Geschäft vermutet.

4. Ein Auftrag oder sonstige Berechtigung fehlt.

---

[152] Es ist wohl nicht § 17 Abs. 2 StVG anzuwenden. Zwar ist auch G Kfz-Halter, jedoch ist der entstandene Schaden nicht unmittelbar durch das Kfz des G verursacht worden (vgl. § 17 Abs. 1 StVG).
[153] Als Geschäftsherren kommen neben T nur für die zur Zeit der Übernahme des Geschäftes Gefährdeten in Betracht; dies ist der (zeitlich und räumlich) unmittelbar nachfolgende Verkehr.

5. § 680 gilt bei der berechtigten und unberechtigten GoA, setzt also nicht voraus, dass die Übernahme der Geschäftsführung dem Interesse und Willen des A entspricht.

6. Die Geschäftsführung bezweckt die Abwendung der dem A durch den unbeleuchteten Traktor drohenden dringenden Gefahr.

7. G haftet deshalb nur für grobe Fahrlässigkeit und Vorsatz (§ 680). Grobe Fahrlässigkeit kann aber im vorliegenden Fall beim Anspruchsteller G nicht festgestellt werden. Deshalb scheidet eine Anspruchskürzung nach § 9 StVG i. V. m. § 254 aus. G kann vollen Schadensersatz verlangen.

II. Ein Anspruch aus § 823 Abs. 1 setzt ein Verschulden des A voraus, welches G beweisen muss. Für das Mitverschulden des G gilt das oben Gesagte.

III. In Betracht kommt auch ein Anspruch aus §§ 677, 683 S. 1, 670 (vgl. oben § 5 Rn. 15).

5. Umfang der Ersatzpflicht

73   Die Ersatzpflicht nach §§ 677, 280 wegen eines Ausführungsverschuldens umfasst **nur ausführungsbedingte Schäden**. Nachteile aufgrund sachgerechter, aber erfolgloser Geschäftsführung werden nicht ersetzt, da der auftraglose Geschäftsführer keinen Leistungserfolg schuldet. Im Übrigen gelten die §§ 249 ff.

6. Zusammenfassung

74   **Schadensersatz bei Ausführungsverschulden (§§ 677, 280)**

Ziffer 1. bis 4. siehe Grundtatbestand der GoA (§ 4 Rn. 1 ff.)

5. Pflichtverletzung
   - Pflichtmaßstab: Vorrang des Interesses (anders § 683 S. 1: Vorrang des wirklichen Willens) (§ 5 Rn. 58, 61)
6. Verschulden
   - Grundsätzlich: § 276
   - Haftungsprivileg des § 680 (§ 5 Rn. 67 ff.)

II. Schadensersatzhaftung bei Übernahmeverschulden (§ 678)

75   Nach § 678 haftet der (unberechtigte) Geschäftsführer für ein Übernahmeverschulden. Die Vorschrift bezweckt den Schutz des Geschäftsherrn, indem sie den Geschäftsführer allein wegen Übernahmeverschuldens einer strengen Haftung für alle aus der Geschäftsführung entstehenden Schäden unterwirft. Der Haftungtatbestand setzt bereits bei der (unberechtigten) Übernahme der Geschäftsführung an und erfor-

dert keine schuldhafte Pflichtverletzung bei der Ausführung des Geschäfts. Die Haftung des Geschäftsführers aus § 678 ist gegenüber der Deliktshaftung in zweifacher Hinsicht strenger:

– Der Geschäftsführer haftet für einen (primären) Vermögensschaden (zur Abgrenzung vom sog. sekundären Vermögensschaden vgl. unten § 16 Rn. 97 f.); der Verletzung eines absoluten Rechts oder Rechtsgutes bedarf es nicht.

– Die deliktsrechtlich haftungsbegründende Rechts-(gut-)verletzung braucht – ebenso wenig wie der Schaden – nicht vom Verschulden umfasst zu sein (vgl. dagegen zum Deliktsrecht § 16 Rn. 176).

1. Haftungsvoraussetzungen

Der Geschäftsführer muss die Besorgung des Geschäfts übernommen **76** haben. **Übernahme der Geschäftsführung** ist die Handlung, durch die der Geschäftsführer seinen Willen, ein Geschäft für einen anderen zu führen, zum Ausdruck bringt.[154] Das ist regelmäßig mit Beginn der Ausführungshandlung der Fall. Es kommt also nicht auf die vollständige Ausführung des Geschäftes an.

Die Übernahme muss im Widerspruch zum wirklichen oder mutmaßlichen **Willen** des Geschäftsherrn stehen. Entscheidend ist der Wille des Geschäftsherrn. Es kommt – im Gegensatz zu § 683 S. 1 und § 677 – nicht auf das **Interesse** des Geschäftsherrn an (vgl. oben § 5 Rn. 59); Bedeutung hat das Interesse nur dazu, um den mutmaßlichen Willen zu ermitteln (vgl. oben § 5 Rn. 14).

Der Anspruch setzt **Verschulden** voraus. Gegenstand des Verschul- **77** dens ist der Widerspruch der Übernahme mit dem Willen des Geschäftsherrn; nicht dagegen muss sich das Verschulden auf die Art und Weise der Ausführung des Geschäfts und den eingetretenen Schaden beziehen (vgl. § 678 a.E.). Verschulden trifft den Geschäftsführer jedenfalls dann, wenn er bei Beachtung der im Verkehr erforderlichen Sorgfalt hätte erkennen müssen (fahrlässige Unkenntnis), dass die Übernahme der Geschäftsführung dem Willen des Geschäftsherrn widerspricht. Erst recht reicht es – obwohl im Gesetz nicht ausdrücklich genannt – aus, dass der Geschäftsführer dies positiv weiß.[155]

Die Haftungsmilderung nach § 680 ist auch im Rahmen von § 678 anwendbar (vgl. oben § 5 Rn. 67 ff.).[156] Unter den Voraussetzungen des § 680 haftet der Nothelfer nur bei positiver Kenntnis oder grob fahrlässiger Unkenntnis des entgegenstehenden Willens des gefährdeten Geschäftsherrn.[157]

---

[154] Staudinger/*Wittmann*, § 678 Rn. 3.
[155] Motive II, S. 858.
[156] Vgl. BGH NJW 1972, 475.
[157] BGHZ 43, 188, 193; BGH NJW 1972, 475.

2. Rechtsfolge

78   Der Geschäftsführer ist dem Geschäftsherrn zum **Ersatz des aus der Geschäftsführung entstandenen Schadens** verpflichtet. Davon erfasst sind alle Schäden, die bei Ausführung des Geschäfts (Geschäftsführung) adäquat kausal entstehen. Der Geschäftsführer haftet auch für solche Schäden, die trotz sorgfältiger und sachgemäßer Ausführungshandlung (zufällig) entstehen, aber nicht eingetreten wären, wenn er das Geschäft nicht besorgt hätte, die Geschäftsübernahme also unterblieben wäre.[158] Die Art und Weise des Schadensersatzes bestimmen sich nach §§ 249 ff.

79   **Fall (BGH NJW 1972, 475):**

A und B nehmen an einem Betriebsfest teil, bei dem Alkohol in Strömen fließt. Als die Feier weit nach Mitternacht endet, will der schwer betrunkene A (Blutalkoholkonzentration von 2,24 Promille) mit seinem PKW nach Hause fahren. Alles gute Abraten und Zureden der Kollegen nützt nichts. Den Zündschlüssel herauszugeben und ein Taxi zu nehmen, lehnt A entschieden ab. Als der völlig fahruntüchtige A den Motor anlassen will, drängt ihn sein Arbeitskollege B (Blutalkoholkonzentration von 1,5 Promille), um Unheil zu verhüten, gewaltsam auf den Beifahrersitz, setzt sich selbst ans Steuer und fährt los, um A nach Hause zu bringen. Bei der anschließenden Fahrt verursacht B fahrlässig einen Unfall, bei dem A getötet wird. Die Erben des A verlangen Ersatz für das zerstörte Kfz. Zu Recht?

Lösung:

I. Anspruch der Erben aus § 678 i. V. m. § 1922 Abs. 1

1. Die Heimfahrt des A mit dessen PKW ist eine Angelegenheit des A und für B damit ein objektiv fremdes Geschäft. Der Fremdgeschäftsführungswille wird vermutet. B handelt ohne Auftrag oder sonstige Berechtigung gegenüber A.

2. Indem sich B an das Steuer setzt und losfährt, übernimmt er die Geschäftsführung.

3. Fraglich ist, ob die Übernahme der Geschäftsführung dem (wirklichen oder mutmaßlichen [vgl. § 678]) Willen des A entspricht. Der an sich vorrangige wirkliche Wille des A, nicht von B nach Hause gefahren zu werden, ist gemäß § 105 Abs. 2 analog unbeachtlich. Deshalb kommt es auf den mutmaßlichen Willen des A an. Die Heimfahrt durch einen ebenfalls absolut fahruntüchtigen stimmt nicht mit dem mutmaßlichen Willen des A überein. Damit steht die Übernahme der Geschäftsführung mit dem mutmaßlichen Willen des A im Widerspruch.

4. Den B müsste ein Übernahmeverschulden treffen. B ist nicht verschuldensunfähig (§§ 276 Abs. 1 S. 2, 827 S. 1 und 2).

   a) Fraglich ist, für welches Verschulden der B einzustehen hat. Unter den Voraussetzungen des § 680 könnte B nur für Vorsatz und grobe Fahrlässigkeit haften. Das setzt voraus, dass die Geschäftsführung die Abwendung einer dem Geschäftsherrn drohenden dringenden Gefahr be-

---

[158] BGH NJW 1972, 475; RGZ 158, 302, 313.

zweckt. Die Haftungserleichterung gilt nicht nur für die Ausführung (§§ 677, 280), sondern auch für die Übernahme der Geschäftsbesorgung (§ 678).[159] Im vorliegenden Fall bezweckt die Geschäftsbesorgung die Abwendung einer dem A drohenden dringenden Gefahr, weil A den Wagen in völlig betrunkenem Zustand fahren will. Ein beachtliches Übernahmeverschulden trifft den B also nur dann, wenn er bei der Übernahme des Wagens grob fahrlässig handelt.

b) Wer sich nach Alkoholgenuss in fahruntüchtigem Zustand an das Steuer eines Kraftfahrzeuges setzt, handelt in aller Regel grob fahrlässig, nicht aber unter den besonderen Umständen des Falles des B, der es in diesem Augenblick an dem notwendigen selbstkritischen Prüfen seiner eigenen Fahrtüchtigkeit fehlen lässt. Denn B hat keinerlei Zeit zum ruhigen Überlegen; die drohende Gefahr ist ungewöhnlich groß (Gefährdung anderer Verkehrsteilnehmer); andere Möglichkeiten (Wegnahme des Zündschlüssels, Benachrichtigung der Polizei) hätten gegebenenfalls die Anwendung von Gewalt erfordert; die Begleiter des B drängen ihn zum Handeln.[160]

c) Weil B nur einfache Fahrlässigkeit vorzuwerfen ist, fehlt es hier an einem relevanten Übernahmeverschulden.

5. B haftet nicht aus § 678.

II. Anspruch aus §§ 677, 280 Abs. 1?

Ein Schadensersatzanspruch wegen Ausführungsverschulden setzt voraus, dass der Geschäftsführer das Geschäft schuldhaft den Interessen und dem Willen des Geschäftsherrn zuwider ausführt. Die gleichen Gründe, die gegen ein grobes Verschulden bei Übernahme der GoA sprechen, sollen auch für das Verschulden bei ihrer Ausführung gelten, so der BGH.[161] Danach scheidet ein Schadensersatzanspruch aus §§ 677, 280 mangels beachtlichen Verschuldens aus.

III. Anspruch aus § 823 Abs. 1 i. V. m. § 1922 Abs. 1

Auch hier ist § 680 (Haftungsprivileg) anzuwenden. Die bei GoA eingreifende Haftungsminderung des § 680 gilt auch für Ansprüche aus §§ 823 ff.[162]

IV. Eine Ersatzpflicht des Fahrzeugführers B nach §§ 18 Abs. 1 S. 1, 7 Abs. 1 StVG scheidet mangels relevanten Verschuldens des B (§ 18 Abs. 1 S. 2 StVG) aus (vgl. § 8 a StVG n. F.).

Vertiefungshinweis: Haftung für Übernahmeverschulden (§ 678) und Ge- 80 nehmigung (§ 684 S. 2)
Vertreten wird, dass § 678 unanwendbar ist und damit eine Haftung für Übernahmeverschulden entfällt, wenn der Geschäftsherr die zunächst unwillkommene Geschäftsführung **genehmigt** (§ 684 S. 2); denn dann werde die unberechtigte Geschäftsführung rückwirkend zu einer berechtigten.[163] Diese Ansicht kann sich auf den Wortlaut des Ersten Entwurfs berufen.[164] Sie missachtet je-

---

[159] BGHZ 43, 193; BGH NJW 1965, 475.
[160] Vgl. BGH NJW 1972, 475, 476 f.
[161] BGH NJW 1972, 475, 477 unter 3.
[162] BGHZ 40, 140, 145; 46, 313, 316; BGH NJW 1972, 472.
[163] Staudinger/*Wittmann*, § 678 Rn. 11.
[164] Vgl. § 758 E I a. E.: „... genehmigt wird, erlangt der Geschäftsführer ... auch Befreiung von den Ansprüchen des Geschäftsherrn auf Schadensersatz wegen mangelhafter Geschäftsbesorgung."

doch, dass die Genehmigung den (der Übernahme der Geschäftsführung entgegenstehenden) Willen des Geschäftsherrn nicht für unbeachtlich erklärt; die Genehmigung ersetzt nur für den (Aufwendungsersatz-)Anspruch des Geschäftsführers den (entgegenstehenden) Willen des Geschäftsherrn durch dessen nachträgliche Genehmigung; § 678 ist deshalb auch neben § 684 S. 2 grundsätzlich anwendbar. Zutreffenderweise lässt deshalb die Genehmigung nach § 684 S. 2 die Haftung für ein Übernahmeverschulden (§ 678) und für ein Ausführungsverschulden (§§ 677, 280 Abs. 1) nicht generell entfallen. Schon die Motive bestätigen dies und sehen die Reichweite einer Genehmigung im Hinblick auf die Befreiung des Geschäftsführers von einer Schadenshaftung als Tatfrage an; sie könne sich auf ein Einschreiten (also die Übernahme), aber auch auf die Art und Weise der Ausführung (die Ausführung) oder beides beziehen.[165] Die 2. Kommission hat dementsprechend den Wortlaut der Vorschrift geändert und damit zum Ausdruck gebracht, dass eine Schadenshaftung nur dann entfällt, wenn das Verhalten des Geschäftsherrn im Einzelnen gebilligt werde, und dass die Genehmigung den Geschäftsherrn von Schadensersatzansprüchen nicht schon befreit, nicht eine Beschränkung ersichtlich ist.[166] Die Genehmigung stellt den Geschäftsführer nicht schlechthin und generell von einer (Übernahme- oder Ausführungs-)Schadensersatzhaftung frei; es ist vielmehr eine Frage der Auslegung der Genehmigungserklärung (§§ 133, 157) im Einzelfall, ob und inwieweit der Geschäftsführer hinsichtlich eines Übernahme- oder Ausführungsverschuldens freigestellt werden soll.[167]

3. Zusammenfassung

81 | **Schadensersatzanspruch bei Übernahmeverschulden gemäß § 678**

    I. Tatbestand

        Ziffer 1. bis 4. siehe Grundtatbestand der GoA (§ 4 Rn. 45)

        5. Widerspruch zum wirklichen oder mutmaßlichen Willen des Geschäftsherrn (anders: § 677 und § 683 S. 1)

        6. Übernahmeverschulden

        d. h. Kenntnis oder Erkennbarkeit des entgegenstehenden Willens des Geschäftsherrn

        – Vorsatz oder Fahrlässigkeit (§ 276)

        – Haftungsprivilegierung bei Nothilfe (§ 680): Vorsatz oder grobe Fahrlässigkeit (§ 5 Rn. 77, 67)

    II. Rechtsfolgen

        1. Schaden

        2. (Adäquater) Kausalzusammenhang zwischen Übernahme der Geschäftsführung und Schaden (§ 5 Rn. 78)

---

[165] *Mugdan* II, S. 484 f. (Motive).
[166] Vgl. *Mugdan* II, S. 1202 (Protokolle).
[167] Vgl. dazu Staudinger/*Wittmann*, § 684 Rn. 11; MünchKomm/*Seiler*, § 684 Rn. 15 und 18.

III. (Neben-)Pflichten nach § 681

§ 681 ist auf die sog. berechtigte und unberechtigte GoA anwendbar   82
(vgl. oben § 5 Rn. 4f.). Die Vorschrift setzt nicht voraus, dass die Übernahme der Geschäftsführung dem Interesse und Willen des Geschäftsherrn entspricht. Sie normiert die Nebenpflichten des Geschäftsführers.

1. Anzeigepflicht (§ 681 S. 1)

Nach § 681 S. 1 hat der Geschäftsführer dem Geschäftsherrn die   83
Übernahme des Geschäftes so bald wie möglich anzuzeigen und, wenn
möglich, dessen Entschließung abzuwarten.[168] Der Geschäftsführer soll
den Willen des Geschäftsherrn feststellen, damit er das Geschäft so weit
wie möglich dem Willen des Geschäftsherrn nach ausführen kann.

2. Auskunftspflicht (§§ 681 S. 2, 666)

Der Geschäftsführer hat Auskunft über den Stand des Geschäfts zu   84
geben und Rechenschaft abzulegen (§§ 681 S. 2, 666, **Auskunftspflicht**).
Zweck dieser Verpflichtung ist es, dem Geschäftsherrn die Feststellung
der Tatsachen zu ermöglichen, die erforderlich sind, um weitere Ansprüche gegen den Geschäftsführer durchzusetzen.

3. Herausgabepflicht (§§ 681 S. 2, 667)

Der Geschäftsführer hat das aus der Geschäftsführung Erlangte her-   85
auszugeben (§§ 681 S. 2, 667). Die **Herausgabepflicht** erstreckt sich
auch auf den erzielten Gewinn.[169] Herauszugebendes Geld ist, wenn der
Geschäftsführer es für sich verwendet, zu verzinsen (§§ 681 S. 2, 668).

4. Verletzung der (Neben-)Pflichten

Die Folgen der **Verletzung der Nebenpflichten** ergeben sich aus den   86
allgemeinen schuldrechtlichen Regeln (Pflichtverletzung, §§ 280ff.).[170]
§§ 680, 682 sind auch auf diese Ansprüche anwendbar.

Im Fall des Schadensersatzes ist der Geschäftsherr so zu stellen, wie
er stünde, wenn der Geschäftsführer rechtzeitig angezeigt,[171] abgewar-
tet oder unterrichtet hätte.[172] Die GoA wird durch die Nebenpflichtver-

---

[168] Die Anzeigepflicht entfällt auch in den Fällen des § 679 nicht (BGHZ 65, 354, 356).

[169] Staudinger/*Wittmann*, § 681 Rn. 2; MünchKomm/*Seiler*, § 681 Rn. 8; *Henssler*, JuS 1991, 924, 926.

[170] LAG Düsseldorf MDR 1989, 1027 zur Anzeigepflicht; LG Stuttgart VersR 1973, 517f. zur Rechnungslegungspflicht.

[171] Vgl. LG Stuttgart VersR 1973, 517f.: Es sind die Schäden zu ersetzen, die durch die zu späte oder unterlassene Anzeige entstanden sind.

[172] BGHZ 65, 354; Palandt/*Sprau*, § 681 Rn. 4.

letzung nicht unberechtigt; der Geschäftsführer behält seinen Aufwendungsersatzanspruch aus § 683 S. 1.[173]

87 | **Fall (LG Stuttgart, VersR 1973, 517 f.):**

Ein Abschleppunternehmer schleppt im Auftrag der Polizei einen gestohlenen Pkw ab und verwahrt diesen anschließend fast ein Jahr lang auf einem Stellplatz im Freien, ohne sich um die Ermittlung des Fahrzeughalters zu kümmern. Dadurch erleidet der Wagen einen Wertverlust von 750 €.

Lösung:

Das LG erkannte dem Kasko-Versicherer einen Schadensersatzanspruch aus §§ 681 S. 1, 280 Abs. 1 (früher: pVV der GoA) zu. Der Unternehmer hätte den Geschäftsherrn (den Kfz-Halter bzw. den Versicherer, auf den das Eigentum an dem entwendeten Pkw mit Ablauf eines Monats nach Eingang der Schadensanzeige übergeht, wenn die Gegenstände bis zum Ablauf der Frist nicht wieder zur Stelle gebracht werden [§ 13 Abs. 7 Allgemeine Bedingungen für die Kraftfahrtversicherung in der damaligen Fassung]) umgehend benachrichtigen müssen.[174] Diese Pflicht hat der A schuldhaft verletzt (§ 280 Abs. 1 S. 2). Deshalb hat er den infolge Pflichtverletzung entstandenen Schaden (Wertverlust des Pkw infolge der Witterungseinflüsse) zu ersetzen.

D. Rechtsfolgen bei mangelnder Geschäftsfähigkeit des Geschäftsführers (§ 682) und des Geschäftsherrn

88   Entgegen einer früher verbreiteten Ansicht,[175] nach der die GoA eine geschäftsähnliche Handlung ist, für welche die §§ 104 ff. entsprechend gelten, lehnt die h. M. die entsprechende Anwendung der Vorschriften über die Geschäftsfähigkeit (§§ 104 ff.) auf die GoA im Grundsatz ab.[176] Begründet wird dies damit, dass die GoA im Verhältnis zum Geschäftsherrn stets tatsächliches, nicht aber rechtsgeschäftliches Handeln ist. Das (Außen-)Rechtsverhältnis zu Dritten, denen gegenüber der Geschäftsführer bei der Besorgung von Rechtsge-

---

[173] *Jauernig/Mansel,* § 681 Rn. 1.

[174] Das LG Stuttgart (VersR 1973, 517, 518) stellt – unzutreffenderweise – auf die Pflicht ab, die Verwahrung des Kfz so durchzuführen, wie es dem mutmaßlichen Willen des Geschäftsherrn entspricht, also das Kfz so aufzubewahren, dass es nicht über einen langen Zeitraum im Freien abgestellt wird, dort ungeschützt jeglicher Witterung ausgesetzt ist und überdurchschnittlich beeinträchtigt wird. Diese Pflichtverletzung ist im Rahmen der §§ 677, 280 Abs. 1 (Ausführungsverschulden), nicht aber des § 681 S. 1 von Bedeutung. Vgl. zu diesem Fall *Henssler,* JuS 1991, 924, 926.

[175] LG Aachen NJW 1963, 1252 m. w. N. des älteren Schrifttums; vgl. auch Motive II, S. 860.

[176] *Larenz,* SR II/1, § 57 I a, S. 446; MünchKomm/*Seiler,* § 682 Rn. 4; Palandt/*Sprau,* § 682 Rn. 1; *Brox/Walker,* BS, § 35 Rn. 33.

schäften Willenserklärungen abgibt, nehmen die §§ 677 ff. nicht in
den Blick. Strittig ist allerdings die Reichweite des Ausschlusses der
§§ 104 ff.

I. Fehlende Geschäftsfähigkeit des Geschäftsführers

Bei fehlender **Geschäftsfähigkeit des Geschäftsführers** ist § 682 zu   **89**
beachten. § 682 dient dem Schutz des geschäftsunfähigen und beschränkt geschäftsfähigen Geschäftsführers. Seine Haftung aus GoA
wird beschränkt. Seine Rechte aus GoA (Aufwendungsersatzanspruch)
bleiben davon aber unberührt.[177] Dies gilt nach wohl h. M. unabhängig
davon, ob der Geschäftsführer mit oder ohne Billigung seines gesetzlichen Vertreters gehandelt hat.[178]

Vertiefungshinweis: § 682   **90**
Dem § 682 liegt die Ansicht der 1. Kommission zugrunde, nach der die Vorschriften über Rechtsgeschäfte entsprechend gelten sollten.[179] Diese Vorschrift
wird heute anders, als es ursprünglich gewollt und durch den Wortlaut bestimmt war, verstanden.
Sie wird von einer Ansicht als eine bloße Rechtsfolgenverweisung verstanden.[180] Das heißt, dass die Rechte und Pflichten des Geschäftsführers aus
§§ 677 ff. bestehen bleiben. Jedoch bestimmen sich die Rechtsfolgen der Schadenszufügung sowie die Herausgabeverpflichtung eingeschränkt nach Delikts-
und Bereicherungsrecht. Deshalb haftet der minderjährige Geschäftsführer nach
§§ 677, 280 Abs. 1 oder § 678 nur unter den Voraussetzungen der §§ 827 f. auf
Schadensersatz und nach den Vorschriften der §§ 682, 818 Abs. 3 auf Herausgabe des Erlangten (§§ 681 S. 2, 667).[181] Sein Anspruch auf Aufwendungsersatz
bleibt von § 682 unberührt.
Nach anderer Ansicht stellt § 682 eine Rechtsgrundverweisung dar.[182] Der
Regelungszweck des § 682 besteht darin, den geschäftsunfähigen oder nur beschränkt geschäftsfähigen (aber grundsätzlich zur GoA befähigten) Geschäftsführer vor einer zu strengen Haftung zu bewahren. Dieser soll (insbesondere
aus Gründen des Minderjährigenschutzes) als auftragloser Geschäftsführer
nicht schärfer haften, als er nach allgemeinen Vorschriften haften würde, vor
allem nicht nach § 678 auf Schadensersatz auch für Zufallsschäden. Das bedeutet, dass der nicht voll geschäftsfähige Geschäftsführer ausschließlich nach den
§§ 823 ff. auf Schadensersatz und den §§ 812 ff. auf Herausgabe des Erlangten
haftet; die §§ 677 ff. sind insoweit ausgeschlossen.

---

[177] Ob die Grundpflicht aus § 677 erhalten bleibt, ist umstritten. Dafür *Larenz*, SR
II/1, § 57 I a, S. 446. Manche wollen danach unterscheiden, ob der Geschäftsführer
tatsächliche oder rechtsgeschäftliche Maßnahmen ergreift. Dazu im Einzelnen
MünchKomm/*Seiler*, § 682 Rn. 4 f.; Staudinger/*Wittmann*, § 682 Rn. 2 m. w. N.
[178] Palandt/*Sprau*, § 682 Rn. 1; Jauernig/*Mansel*, § 682 Rn. 2.
[179] Vgl. Motive II, S. 860.
[180] Staudinger/*Wittmann*, § 682 Rn. 2.
[181] Für die bereicherungsrechtliche Herausgabepflicht sind § 818 Abs. 3 sowie die
Streitfrage von Bedeutung, wie sich die Kenntnis des nicht voll Geschäftsfähigen im
Rahmen des § 819 auswirkt (vgl. unten § 12 Rn. 47, 59).
[182] *Hassold*, JR 1989, 358; Palandt/*Sprau,* § 682 Rn. 2; *Gehrlein*, in: Bamberger/
Roth, § 682 Rn. 1.

Unterschiede zwischen beiden Ansichten sind im Ergebnis nicht vorhanden, weil es nach beiden Ansichten auf der Rechtsfolgenseite zu einer zweifachen Haftungsbeschränkung kommt:
- Die Schadenshaftung erfolgt nur unter den Voraussetzungen der §§ 827, 828, 829;
- die Herausgabepflicht ist auf das beschränkt, um das der Geschäftsführer noch bereichert ist (§ 818 Abs. 3).

II. Fehlende Geschäftsfähigkeit des Geschäftsherrn

91 Das Fehlen der **Geschäftsfähigkeit des Geschäftsherrn** hat auf das Entstehen des gesetzlichen Schuldverhältnisses der GoA keinen Einfluss. Soweit es auf den Willen, die Entschließung (§ 681 S. 1) und die Genehmigung (§ 684 S. 2) des Geschäftsherrn ankommt, ist auf den Willen des gesetzlichen Vertreters abzustellen (Rechtsgedanke des § 166 Abs. 1). Ausgenommen sind die Fälle, in denen der Geschäftsführer höchstpersönliche Interessen des nicht voll geschäftsfähigen Geschäftsherrn wahrnimmt.[183]

92 **Fall (BGHZ 55, 128 = NJW 1971, 609 „Flugreise"-Fall):**[184]

Der fast 18-jährige M fliegt mit einem gültigen Flugschein mit einer Maschine der Lufthansa (L) von München nach Hamburg. Von dort gelingt ihm, nun ohne gültigen Flugschein, der Weiterflug mit derselben Maschine nach New York. Als ihm dort die Einreise in die USA verweigert wird, befördert ihn L noch am selben Tag zurück, nachdem M sich zur Zahlung für den Rückflug schriftlich verpflichtet hat. M verweigert die Zahlung; seine Eltern billigen weder den Flug noch die Zahlungsverpflichtung. L besteht auf Zahlung für den Rückflug. Zu Recht (vgl. zum Hinflug unten § 10 Rn. 6, § 11 Rn. 22, § 12 Rn. 59)?

Lösung:

A. Anspruch L gegen M

I. Ein vertraglicher Zahlungsanspruch besteht wegen der Minderjährigkeit und der unterbliebenen Genehmigung der Eltern (§§ 107 f.) nicht.

II. Infrage kommt ein Aufwendungsersatzanspruch aus §§ 677, 683 S. 1, 670.

1. Der Rücktransport stellt eine Geschäftsführung (i. S. des § 677) für den M dar. Zwar ist L gegenüber den US-Behörden zum Rücktransport verpflichtet. §§ 677 ff. erfassen aber auch das „auch-fremde Geschäft". Der Fremdgeschäftsführungswille wird beim auch-fremden Geschäft vermutet; Fremd- und Eigengeschäftsführungswille schließen sich nicht aus.

2. Ein Auftrag oder eine sonstige Berechtigung für den Rücktransport fehlen. Der Beförderungsvertrag ist nach §§ 107 f. unwirksam.

---

[183] Vgl. Staudinger/*Wittmann*, § 682 Rn. 5.
[184] Zu der vom BGH übergangenen kollisionsrechtlichen Frage nach dem auf den Sachverhalt mit Auslandsberührung anwendbaren Recht vgl. *Wandt*, Die Geschäftsführung ohne Auftrag im Internationalen Privatrecht, 1989, S. 49, 247.

3. Der Rücktransport entspricht dem Interesse des Geschäftsherrn M, weil mangels Visums die Einreise nicht möglich und der Rückflug für ihn deshalb objektiv nützlich ist. Er müsste jedoch auch dem Willen des M entsprochen haben. Fraglich ist, ob es auf den Willen des Minderjährigen oder den (mutmaßlichen) Willen der Erziehungsberechtigten ankommt. Es ist aus Gründen des Minderjährigenschutzes auf den Willen der Eltern abzustellen.[185] Dass die Eltern, auf deren Willen es ankommt, mit der Zahlungsverpflichtung nach Abschluss der Geschäftsführung nicht einverstanden sind, hat keine (unmittelbare) Bedeutung. Da es auf den Willen bei Übernahme ankommt und ein solcher in erkennbarer Form bei den Eltern nicht vorliegt, ist der mutmaßliche Wille zur Zeit der Übernahme der Geschäftsführung zu ermitteln. Die schnellstmögliche Rückkehr des M entspricht dem mutmaßlichen Willen der Eltern. Das ist aus dem objektiv gegebenen Interesse ihres Sohnes an einem baldigen Heimflug zu folgern (vgl. §§ 1626 Abs. 2, 1631 Abs. 1, §§ 1601, 1602). Der Rückflug des M liegt im objektiven Interesse der Eltern.[186]

4. L kann Aufwendungsersatz von M verlangen. Davon erfasst sind grundsätzlich die entstandenen freiwilligen Vermögensopfer, hier also die infolge des Transportes entstandenen Mehrkosten. Es ist anerkannt, dass der berufstätige oder gewerbliche Geschäftsführer entsprechend § 1835 Abs. 3 einen Anspruch auf die übliche Vergütung für seine gewerblich erbrachte Leistung hat, hier also den tariflichen Flugpreis.

III. Ein Anspruch aus §§ 812 Abs. 1 S. 1 Alt. 1, 818 Abs. 2 scheidet aus, weil die berechtigte GoA einen Rechtsgrund i. S. des § 812 Abs. 1 S. 1 darstellt (vgl. unten § 7 Rn. 6).

B. Ansprüche gegen die Eltern des M aus §§ 683 S. 1, 677, 670
Der Rücktransport stellt zugleich ein Geschäft der Eltern dar, dies folgt aus der elterlichen Sorge (§§ 1626 ff.). Der Fremdgeschäftsführungswille wird vermutet. Ein Auftrag oder anderweitige Berechtigung fehlt. Der Rücktransport (Übernahme der Geschäftsführung) entspricht dem mutmaßlichen Willen und objektiven Interesse der Eltern (vgl. vorstehend).[187] Die Eltern und M haften als Gesamtschuldner (§ 421).

E. Sonstiges

I. Mehrere Geschäftsherren oder Geschäftsführer

Die Geschäftsbesorgung kann für **mehrere Geschäftsherren** übernommen und ausgeführt werden. Besorgt der Geschäftsführer ein Geschäft, das die Angelegenheit von mehreren anderen darstellt, so haften   93

---

[185] Dagegen stellen *Beuthien/Weber*, S. 156 auf den Willen des minderjährigen M ab.

[186] Selbst wenn man sagt, dass die Eltern generell mit der Eingehung von Zahlungsverpflichtungen nicht einverstanden sind und dieser Wille schon bei Übernahme der Geschäftsführung erkennbar ist, ist dieser Wille wegen § 679 unbeachtlich.

[187] *Beuthien/Weber*, S. 156 stellen auf §§ 683 S. 2, 679, 677, 670 ab.

die Geschäftsherren (auf Aufwendungsersatz) nach § 427 entsprechend wie Gesamtschuldner.[188]

Beispiele:
- Abwendung einer Gefahr ist Geschäftsführung für all diejenigen, die durch die Fortdauer der Gefahr Schaden erleiden würden.[189]
- Bergung eines in Miteigentum stehenden Schiffes.[190]
- Rettung von Seeleuten aus Seenot ist zugleich eine GoA für den zur Rettung verpflichteten Reeder.[191]
- Unfallhilfe gegenüber einem Verletzten ist zugleich eine GoA für den Schädiger und dessen Haftpflichtversicherer.[192]

94   **Mehrere Geschäftsführer** können als Gesamtschuldner nach allgemeinen Grundsätzen (auf Schadensersatz) haften (§§ 421 ff.).[193] Bei gemeinschaftlicher Geschäftsbesorgung gilt § 427 entsprechend, bei selbständiger Tätigkeit der Geschäftsführer § 420.[194] Die Herausgabeverpflichtung (§§ 681 S. 2, 667) richtet sich danach, welcher Geschäftsführer etwas erlangt hat.

II. Verjährung

95   Ansprüche aus GoA **verjähren** nach § 195 in drei Jahren. Das gilt bei berechtigter GoA auch dann, wenn der Geschäftsführer den Geschäftsherrn von einer Verbindlichkeit befreit, die ihrerseits einer kürzeren Verjährungsfrist unterliegt.[195] Für Schadensersatzverpflichtungen (§§ 677, 678) ist § 199 Abs. 2 und 3 zu beachten.

§ 6. Unechte GoA

1   Die sog. **unechte GoA** ist in § 687 geregelt. Sie ist eigentlich keine GoA, weil es an einem Merkmal des Grundtatbestandes, dem Fremdgeschäftsführungswillen, fehlt. Abs. 1 regelt die Besorgung eines fremden Geschäftes in der irrtümlichen Meinung, es sei ein eigenes (irrtümliche Eigengeschäftsführung), Abs. 2 die Geschäftsanmaßung (bewusste unerlaubte Eigengeschäftsführung). Eine unechte Geschäftsführung ohne Auftrag ist nur bei einem objektiv fremden Geschäft möglich;

---

[188] BGH LM Nr. 26 zu § 426.
[189] BGHZ 40, 28, 31; 63, 167, 169.
[190] BGH MDR 1967, 111.
[191] BGHZ 67, 368.
[192] LG Hamburg VersR 1971, 926.
[193] Vgl. Motive II, S. 858 a. E. für die Anwendbarkeit der allgemeinen Regeln über Schuldner- und Gläubigermehrheiten auf die GoA.
[194] Staudinger/*Wittmann*, Vor §§ 677 ff. Rn. 58.
[195] BGHZ 47, 370, 374 ff.; 115, 210. Zu den Ausnahmen von diesem Grundsatz vgl. BGHZ 115, 210.

denn bei einem objektiv neutralen Geschäft liegt bei fehlendem Fremdgeschäftsführungswillen ohne Weiteres eine Eigengeschäftsführung
vor.[1]

A. Irrtümliche Eigengeschäftsführung (§ 687 Abs. 1)

I. Tatbestand

Eine irrtümliche Eigengeschäftsführung liegt vor, wenn jemand ein 2
fremdes Geschäft in der Meinung besorgt, es sei sein eigenes. Entscheidend ist das fehlende Fremdgeschäftsführungsbewusstsein: Der Geschäftsführer kennt die Fremdheit des Geschäfts, das er führt, nicht.
Wenn der Handelnde nur über die Person des Geschäftsherrn irrt, dann
handelt er mit Fremdgeschäftsführungswillen. § 687 Abs. 1 gilt dann
nicht, sondern § 686 regelt diesen Irrtumsfall vorrangig: Es wird der
wahre Geschäftsherr verpflichtet.

II. Rechtsfolgen

§ 687 Abs. 1 stellt ausdrücklich klar, dass bei der irrtümlichen Eigen- 3
geschäftsführung die §§ 677 ff. (überhaupt) nicht gelten. Vielmehr sind
die allgemeinen Bestimmungen anzuwenden, also die §§ 987 ff. sowie
die §§ 812 ff. und 823 ff., soweit sie nicht durch die §§ 987 ff. verdrängt
werden.

B. Geschäftsanmaßung – Unerlaubte Eigengeschäftsführung (§ 687 Abs. 2)

I. Überblick

Behandelt jemand ein fremdes Geschäft als sein eigenes, obwohl er 4
weiß, dass er dazu nicht berechtigt ist, so liegt ein vorsätzlicher Eingriff
in einen fremden Rechtskreis vor (unerlaubte Eigengeschäftsführung,
angemaßte Eigengeschäftsführung oder Geschäftsanmaßung). In diesem
Fall hat der Geschäftsführer zwar das Fremdgeschäftsführungsbewusstsein. Er will aber trotz dieser Kenntnis das Geschäft nicht als fremdes,
sondern als eigenes führen; ihm fehlt der Fremdgeschäftsführungswille
i. e. S. In diesem Fall kommen die §§ 677 ff. modifiziert zur Anwendung
(§ 687 Abs. 2 S. 1 und S. 2).

---

[1] *Medicus*, BR, Rn. 416; *Berg*, JuS 1975, 682; *Rödder*, JuS 1983, 930, 933.

II. Tatbestand

5   Der Geschäftsführer muss ein objektiv fremdes Geschäft ohne Auftrag oder sonstige Berechtigung führen. Bei einem objektiv neutralen Geschäft kann § 687 Abs. 2 nicht zur Anwendung kommen, weil ein objektiv neutrales Geschäft nur durch den Fremdgeschäftsführungswillen zu einem (auch-)fremden Geschäft gemacht werden kann, was aber gerade bei irrtümlicher Eigengeschäftsführung nicht der Fall ist.

6   Erforderlich ist positives Wissen von der Fremdheit des Geschäfts. Bei fahrlässiger Unkenntnis liegt ein Fall des § 687 Abs. 1 vor.

Weitere und wesentliche Voraussetzung ist, dass der Geschäftsführer ein Geschäft als eigenes führt, obwohl er weiß, dass er dazu nicht berechtigt ist. Mit dieser unklaren Formulierung drückt das Gesetz aus, dass dem Geschäftsführer der Fremdgeschäftsführungswille i. e. S. fehlt (vgl. oben § 4 Rn. 24): Der Geschäftsführer muss das Geschäft als eigenes führen wollen (Eigengeschäftsführungswille); er hat nicht die Absicht, fremde Interessen wahrzunehmen. Das ist der Fall, wenn er nach außen erkennbar zum Ausdruck bringt, dass er das Geschäft im eigenen Interesse (z. B. auf eigene Rechnung) besorgt.

Beispiele:
– Der Nachbar N nimmt eine für A bestimmte Warenlieferung (Paket) entgegen, um sie auf eigene Rechnung zu verkaufen. Der Eigengeschäftsführungswille wird (spätestens) durch den Verkauf im eigenen Interesse erkennbar.
– Kein Fall der Geschäftsanmaßung ist die unberechtigte Untervermietung durch den Mieter. Es fehlt schon an dem (fremden) Geschäft des Vermieters, weil die Untervermietung kein Geschäft des Vermieters ist (vgl. unten § 11 Rn. 13, 37).[2]

III. Rechtsfolgen

1. Wahlrecht des Geschäftsherrn

7   Im Hinblick auf die Rechtsfolgen hat der Geschäftsherr eine **Wahlmöglichkeit**: Der Geschäftsherr kann die Ansprüche aus GoA geltend machen. Er kann aber auch Ansprüche nach den allgemeinen Vorschriften (§§ 987 ff.; 812 ff., 823 ff.) geltend machen. Nach der vom Geschäftsherrn getroffenen Wahl richten sich die dem Geschäftsführer zustehenden Ansprüche.

---

[2] BGHZ 59, 51, 58; BGH NJW 1964, 1853; *Brox/Walker*, BS, § 35 Rn. 56; a. A. *Berg*, JuS 1975, 681, 688 ff.

2. Wahl zugunsten der GoA-Vorschriften

a) Rechte des Geschäftsherrn

Der Geschäftsherr kann sich für die GoA entscheiden und Rechte aus **8**
§§ 677,[3] 678, 681, 682 geltend machen, insbesondere den Herausgabeanspruch nach §§ 681 S. 2, 667 und den Anspruch auf Schadensersatz für vom Geschäftsführer unverschuldete Folgen (Übernahmeverschulden, §§ 687 Abs. 2 S. 1, 678). Insoweit ist § 687 Abs. 2 ein Rechtsfolgenverweis.[4] Die Beschränkungen der §§ 679, 680 gelten nicht; diese Vorschriften sind vom Verweis des § 687 Abs. 2 S. 1 gerade ausgenommen.

Bedeutsam ist der Verweis, weil der Geschäftsherr nach §§ 687 Abs. 2 S. 1, 681 S. 2, 667 einen Anspruch auf Auskehrung des Verletzergewinns hat.

Die angemaßte Eigengeschäftsführung ist insbesondere bei der Ver- **9** letzung gewerblicher Schutzrechte (Patent, Marken usw.), des Urheber- und des Persönlichkeitsrechts (z. B. durch unbefugte Bildverwertung) von Bedeutung. Nach der ständigen Rechtsprechung kann der Verletzte bei einer schuldhaften Verletzung seiner Rechte von dem Verletzer den Gewinn herausverlangen, den der Verletzer durch die unerlaubte Verwendung des geschützten Immaterialgüterrechts erlangt hat (Verletzergewinn).[5] Der bereicherungsrechtliche Anspruch ist auf die Zahlung einer angemessenen Lizenzgebühr beschränkt.

b) Rechte des Geschäftsführers

Wählt der Geschäftsherr den Weg über die GoA, so haftet er seiner- **10** seits (lediglich) nach Bereicherungsrecht (§§ 687 Abs. 2 S. 2, 684 S. 1). Der Geschäftsanmaßer kann Aufwendungsersatz verlangen, zwar nicht nach § 670, aber doch nach Bereicherungsrecht, soweit die Aufwendungen des Geschäftsanmaßers den Geschäftsherrn (noch) bereichern (§§ 687 Abs. 2 S. 2, 684 S. 1, 818 Abs. 3).[6] Das bedeutet: Wenn der Geschäftsherr vom Geschäftsführer dessen Gewinn aus der Geschäftsführung herausverlangt, muss er umgekehrt dem Geschäftsführer dessen Aufwendungen nach Bereicherungsrecht ersetzen.[7]

Die Problematik des § 687 Abs. 2 S. 2 liegt darin, dass § 684 S. 1 **11** eine Herausgabepflicht des Geschäftsherrn bestimmt, während § 687 Abs. 2 S. 1 diesem gerade einen Herausgabeanspruch auf denselben

---

[3] Der Verweis auf § 677 meint wohl nicht den in § 677 normierten Primäranspruch (auf Ausführung des Geschäftes im Interesse mit Rücksicht auf den Willen des Geschäftsherrn), sondern den Sekundäranspruch auf Schadensersatz wegen Ausführungsverschuldens.
[4] *Gehrlein,* in: Bamberger/Roth, § 687 Rn. 1; Staudinger/*Wittmann,* § 687 Rn. 5.
[5] BGHZ 20, 353 „Paul Dahlke"; 44, 372, 374; 57, 116, 118; 60, 206, 208; RGZ 35, 63, 71.
[6] RGZ 138, 45, 50.
[7] *Medicus,* BR, Rn. 419.

Gegenstand gewähren könnte. Der Geschäftsherr hat dem Geschäftsführer indes nicht dasjenige, was der Geschäftsführer über §§ 681 S. 2, 667 herausgeben muss, wieder zurückzuerstatten. Dies führte in ein „juristisches Karussell".[8] Vielmehr stellt der Anspruch aus § 684 S. 1 eine Art Aufwendungskondiktion dar. Verlangt der Geschäftsherr vom Geschäftsführer Herausgabe des Gewinns, muss er umgekehrt dem Geschäftsführer die Aufwendungen ersetzen.

12   Der Weg über die GoA hat für den Geschäftsherrn folgende Vorzüge:
– Da das Übernahmeverschulden i. S. des § 678 meist gegeben sein wird, kann er Schadensersatz nach §§ 687 Abs. 2 S. 1, 678 auch für vom Geschäftsführer nicht verschuldete Folgen fordern. § 823 Abs. 1 ist dagegen auf die Verletzung bestimmter Rechte und Rechtsgüter beschränkt und verlangt Rechtswidrigkeit der Verletzungshandlung (vgl. § 16 Rn. 2, 154).
– Der Herausgabeanspruch aus §§ 687 Abs. 2 S. 1, 681 S. 2, 667 erstreckt sich auf den vom Geschäftsführer erzielten Erlös. Der Geschäftsanmaßer muss den Gewinn herausgeben, und zwar unabhängig davon, ob der Geschäftsherr den Gewinn auch erzielt hätte (sog. Gewinnhaftung). Bei § 816 kommt eine Herausgabepflicht des Erlangten (Gewinnes) nur bei einer Verfügung eines Nichtberechtigten infrage, die dem Berechtigten gegenüber wirksam wird (vgl. unten § 11 Rn. 34 und 37, § 12 Rn. 8).[9]
Der Geschäftsführer kann seine Aufwendungen nach §§ 687 Abs. 2 S. 2, 684 S. 1, 818 nur nach Bereicherungsrecht und nur dann geltend machen, wenn der Geschäftsherr sein Wahlrecht dahin ausgeübt hat, seine Ansprüche aus den §§ 687 Abs. 2 S. 1, 677, 678, 681, 682 geltend zu machen, insbesondere das durch die Geschäftsführung Erlangte vom Geschäftsführer herausfordert (§§ 681 S. 2, 667). Fordert der Geschäftsherr das durch die Geschäftsführung Erlangte vom Geschäftsführer dagegen nach den allgemeinen Vorschriften (Bereicherungsrecht), dann kann der Geschäftsführer wegen Nichtvorliegens der Voraussetzungen des § 687 Abs. 2 S. 2 auch nach den allgemeinen Vorschriften keinen Aufwendungsersatz verlangen (vgl. § 6 Rn. 15).

13   **Fall (*Medicus*, BR, Rn. 417):**

E ist Eigentümer eines Ferienhauses, zu dem sein Nachbar N einen Hausschlüssel besitzt, damit dieser ab und zu nach dem Rechten sehen kann. N vermietet ohne Wissen und Willen des E das Ferienhaus an den nichts ahnenden U für vier Wochen zu 500 € pro Woche, Frühstück inklusive. Die ortsübliche Miete für vergleichbare Häuser beträgt 400 € pro Woche, für das Frühstück hat N Aufwendungen in Höhe von 50 € pro Woche. Am letzten Ur-

---

[8] So *Medicus*, BR, Rn. 419.
[9] BGHZ 29, 157; a. A. *v. Caemmerer*, FS Rabels I, S. 333; *Fikentscher/Drexl*, SR, Rn. 1123: Gewinnhaftung nur bei vorsätzlich handelnden Nichtberechtigten.

laubstag setzt das fünfjährige Kind des U, das trotz hinreichender Beaufsichtigung mit Streichhölzern spielt, das Ferienhaus in Brand; das Ferienhaus brennt bis auf die Grundmauern ab. Ansprüche des E gegen N?

Lösung:

A. Ansprüche auf Herausgabe der Miete

I. Anspruch des E gegen N auf Herausgabe der 2.000 € (erzielte Miete von 500 € pro Woche für 4 Wochen) gemäß §§ 687 Abs. 2 S. 1, 681 S. 2, 667?

1. Die Vermietung des Ferienhauses war für N ein objektiv fremdes Geschäft ohne Auftrag; denn dazu ist nur der Eigentümer E befugt. Er vermietete das Haus des E an U wissentlich (Fremdgeschäftsführungsbewusstsein) und in der Absicht, die damit erzielten Einnahmen für sich zu behalten (fehlender Fremdgeschäftsführungswille i. e. S.).

2. Gemäß §§ 687 Abs. 2 S. 1, 681 S. 2, 667 hat er alles herauszugeben, was er aus der Geschäftsbesorgung erlangt hat. Damit kann E den gesamten Erlös des N in Höhe von 2.000 € beanspruchen, nicht etwa den objektiven Wert in Höhe von 1.600 €.

3. Wenn N aber seinerseits einen Anspruch aus §§ 687 Abs. 2 S. 2, 684 S. 1 hat, könnte E sich diesen möglicherweise entgegenhalten lassen müssen.

   a) Fraglich ist, ob N die Aufwendungen für das Frühstück in Höhe von 200 € (50 € mal 4 Wochen) ersetzt verlangen kann. Nach §§ 687 Abs. 2 S. 2, 684 S. 1 muss der Geschäftsherr seine Bereicherung herausgeben. Das heißt nicht, dass E alles herausgeben muss, was er von N erlangt hat oder beanspruchen kann (also 2.000 €). Damit soll nur gesagt werden, dass der E dem N Aufwendungsersatz nur bis zu dem Betrag schuldet, zu dem er durch die Geschäftsanmaßung des N selbst bereichert ist. Voraussetzung ist also, dass E um diesen Betrag noch bereichert ist (vgl. §§ 687 Abs. 2 S. 2, 684 S. 1, 818 Abs. 1 und 3). E hätte Aufwendungen für das Frühstück in Höhe von 200 € gehabt. E hat Aufwendungen erspart (N hat diese bezahlt), und insoweit ist E bereichert.

   b) Diese Bereicherung (200 €) wird zum Abzugsposten des vom Geschäftsherrn zu beanspruchenden Betrags (2.000 €) (§ 242: „dolo facit, qui petit, quod statim redditurum est").

4. Ergebnis: Der Herausgabeanspruch des E besteht in Höhe von 1.800 €.

II. Anspruch des E gegen N auf Herausgabe von 2.000 € aus §§ 990 Abs. 1 S. 1, 987 Abs. 1?

1. Zwar stellt nach der Rechtsprechung die Umwandlung des Fremdbesitzes (Besitz des Hauses, um nach dem Rechten zu sehen) in Eigenbesitz (Besitz des Hauses, um es im eigenen Interesse zu vermieten) einen Besitzerwerb i. S. des § 990 Abs. 1 S. 1 dar.[10]

2. Fraglich ist aber, ob N gegenüber E zum Besitz berechtigt ist (fehlendes Besitzrecht als Voraussetzung des EBV). N war zunächst dem E gegenüber zum (Fremd-)Besitz berechtigt (Abrede zwischen N und E, um nach dem Rechten zu schauen). Mit der Umwandlung des Fremdbesitzes in Eigenbesitz könnte die Besitzberechtigung entfallen sein. Das ist hier aber nicht der Fall; N ist nur sog. nicht so berechtigter (Fremd-)Besitzer, nicht

---

[10] Vgl. BGHZ 31, 129 „Feldbahnlokomotiven".

aber nichtberechtigter Besitzer.[11] Damit ist er weiterhin zum Besitz berechtigt.

3. Ein Anspruch aus §§ 990 Abs. 1 S. 1, 987 Abs. 1 scheidet aus.

III. Anspruch des E gegen N auf Herausgabe der 2.000 € aus § 816 Abs. 1 S. 1 (–)

Die Vermietung stellt keine Verfügung i. S. des § 816 Abs. 1 S. 1 dar, die dem Berechtigten gegenüber wirksam sein kann (vgl. zur unberechtigten Untervermietung[12] unten § 11 Rn. 37).

IV. Anspruch des E gegen N auf Herausgabe von 2.000 € gemäß § 812 Abs. 1 S. 1 Alt. 2 (Eingriffskondiktion)?

1. Ein vorrangiges EBV liegt nicht vor. N hat die Miete durch Nichtleistung auf Kosten des E (Eingriff in den Zuweisungsgehalt des Eigentumsrechts des E) erlangt (anders dagegen die Fälle der unberechtigten Untervermietung; vgl. unten § 11 Rn. 37).

2. N haftet auf Herausgabe des Erlangten. Auf den Wegfall der Bereicherung (§ 818 Abs. 3) in Höhe der Frühstücksaufwendungen kann er sich nicht berufen, weil er den Mangel des rechtlichen Grundes bei Empfang der Miete [sein fehlendes Besitzrecht] kannte i. S. des § 819 Abs. 1 (vgl. zu den Rechtsfolgen des § 819 Abs. 1 unten § 12 Rn. 52 ff.).

3. N ist zur Herausgabe von 2.000 € verpflichtet.

V. Ergebnis: E kann nach §§ 687 Abs. 2 S. 1 und 2, 681 S. 2, 667 1.800 € herausverlangen. Geht er nach Bereicherungsrecht vor, so kann er 2.000 € verlangen (§ 812 Abs. 1 S. 1 Alt. 2).

B. Anspruch auf Ersatz des Brandschadens

I. Anspruch des E gegen N auf Ersatz des Brandschadens aus §§ 687 Abs. 2 S. 1, 678 für das zerstörte Ferienhaus?

1. Die Voraussetzungen des § 687 Abs. 2 S. 1 liegen vor. Danach haftet der Geschäftsführer nach § 678.

2. Die Vermietung widerspricht dem Willen des E.

3. Gemäß § 678 ist ein rechtlicher Kausalzusammenhang zwischen der Geschäftsführung und dem Schadenseintritt ausreichend. Der Geschäftsführer haftet also wegen des vorverlagerten Übernahmeverschuldens auch für solche Schäden, an deren Entstehung ihn kein Verschulden trifft; ein Ausführungsverschulden ist also nicht erforderlich (vgl. § 678 a. E.).

4. E kann daher von N Ersatz des Brandschadens verlangen. N kann dann aber seine Aufwendungen ersetzt verlangen (vgl. vorstehend).

II. Anspruch aus §§ 990 Abs. 1 S. 1, 989 auf Schadensersatz (–), vgl. oben.

---

[11] Allein die Aufgabe des Fremdgeschäftsführungswillens durch den Geschäftsführer würde zum Wegfall der GoA als Rechtsgrund führen und ist der einzig denkbare Fall, in dem die Umwandlung des bisherigen berechtigten Fremdbesitzes in Eigenbesitz das Besitzrecht entfallen lässt und damit der Weg für die Anwendung der §§ 987 ff. eröffnet ist (Staudinger/*Gursky*, § 990 Rn. 25 f.; *ders.*, Vor §§ 987–993 Rn. 10 a. E.).

[12] Vgl. *Larenz/Canaris*, SR II/2, § 69 II 1 d, S. 182. *Medicus* (BR, Rn. 717) macht die analoge Miteinbeziehung in § 816 Abs. 1 S. 1 von der Anwendbarkeit der §§ 987 ff. abhängig und bejaht sie, wenn der Sachnutzer keinen Besitz erhalten hat.

III. Anspruch aus § 823 Abs. 1?

1. Der Anspruch besteht unter dem Gesichtspunkt der Sachentziehung (vgl. unten § 16 Rn. 16). Diese geschieht rechtswidrig und mit Verschulden.

2. Deshalb ist N zum Ersatz des daraus entstandenen Schadens (Brandschaden) verpflichtet. Dieser wird auch adäquat kausal durch die Sachentziehung verursacht und liegt nicht außerhalb des Schutzzweckes. Vom Verschulden muss er nicht erfasst sein (vgl. unten § 16 Rn. 176, 186).

3. Seine Aufwendungen kann N nicht ersetzt verlangen (arg. e. § 687 Abs. 2 S. 2).

IV. Ergebnis: E hat einen Anspruch aus §§ 687 Abs. 2 S. 1, 678 und aus § 823 Abs. 1. Nur im ersten Fall ist er dem Anspruch des N aus § 684 S. 1 (vgl. dazu oben) ausgesetzt.

3. Wahlrecht zugunsten der allgemeinen Vorschriften

a) Rechte des Geschäftsherrn

Der Geschäftsherr kann nach den allgemeinen Vorschriften 14 (§§ 987 ff., 812 ff., 823 ff.) vorgehen.

b) Rechte des Geschäftsführers

Bei angemaßter Geschäftsführung hat der Geschäftsführer einen Auf- 15 wendungsersatzanspruch nach § 687 Abs. 2 S. 2 nur dann, wenn der Geschäftsherr das Wahlrecht zugunsten der GoA-Vorschriften ausübt, also einen Anspruch aus § 687 Abs. 2 S. 1 geltend macht. Wenn der Geschäftsherr nach den allgemeinen Vorschriften vorgeht, ist er dem Geschäftsführer nicht zum Aufwendungsersatz verpflichtet.[13] Denn § 687 Abs. 2 hat den Regelungszweck, dem Geschäftsführer einen Aufwendungsersatzanspruch generell zu versagen.[14] § 687 Abs. 2 S. 2 stellt eine abschließende Regelung dar und schließt Ansprüche aus § 812 aus.[15]

Fall (BGHZ 39, 186): 16

Während der Bauarbeiten auf dem eigenen Grundstück nutzt N das Nachbargrundstück des E als Lagerplatz für Baugeräte. Dafür hatte N einen Teil der auf dem Grundstück des E lagernden Trümmer abtransportieren lassen. E hatte auf Anfrage des N ausdrücklich seine Erlaubnis zur Nutzung seines Grundstückes als Lagerplatz verweigert. E verlangt Nutzungsentschädigung. N rechnet mit „seinem Aufwendungsersatzanspruch" auf. Zu Recht?

---

[13] BGHZ 29, 186, 189; *Henssler*, JuS 1991, 924, 929; *Wollschläger*, GoA, S. 142; *Martinek/Theobald*, JuS 1997, 612, 616 f.: Diese die Bösgläubigkeit des Geschäftsführers sanktionierende Rechtsfolge erfährt nur bei § 994 Abs. 2 eine Ausnahme, weil nach dieser Vorschrift auch der bösgläubige Besitzer einen Verwendungsersatzanspruch nach § 683 oder § 684 hat.

[14] BGHZ 39, 186, 189; MünchKomm/*Seiler*, § 687 Rn. 12.

[15] BGHZ 39, 186, 189.

Lösung:

E könnte einen Anspruch aus §§ 987 Abs. 1, 990 Abs. 1 S. 1 auf Nutzungs-entschädigung haben.

1. E ist Eigentümer und N nicht-berechtigter Besitzer (EBV). N weiß bei Besitzerwerb, dass er zum Besitz nicht berechtigt ist. Weil die unmittelbare Herausgabe der gezogenen Gebrauchsvorteile nicht möglich ist, ist N zum Wertersatz in Gestalt einer angemessenen Nutzungsentschädigung in Geld verpflichtet.

2. Einwendungsweise kann N einen Aufwendungsersatzanspruch nicht ent-gegenhalten.

   a) § 994 Abs. 1 ist ebensowenig wie § 996 anwendbar, da beide Vorschrif-ten voraussetzen, dass der Besitzer gutgläubig im Hinblick auf das Recht zum Besitz ist. Aus § 994 Abs. 2 kann der bösgläubige Besitzer dagegen nur Ersatz der notwendigen Verwendungen verlangen. Die Aufwendungen für die Enttrümmerung stellen aber keine notwendigen Verwendungen dar, weil sie zur Erhaltung der Sache nach objektiven Maßstäben nicht erforderlich sind.

   b) Ein Anspruch aus §§ 687 Abs. 2 S. 2, 684 S. 1 scheidet aus. Zwar er-ledigt N durch die Enttrümmerung ein objektiv fremdes Geschäft des E. Er handelt auch in der Absicht, eigene Interessen (Nutzung des Grundstückes als Lagerplatz) zu verfolgen. Eine unerlaubte Eigen-geschäftsführung liegt deshalb vor. Jedoch kommt diese Anspruchs-grundlage nur in Betracht, wenn der Geschäftsherr Ansprüche aus § 687 Abs. 2 S. 1 geltend macht, sein Wahlrecht also zugunsten der GoA-Vorschriften ausübt. Daran fehlt es im vorliegenden Fall, weil E keine Ansprüche aus §§ 677, 678, 681, 682 geltend gemacht hat.

   c) Ansprüche aus § 812 Abs. 1 S. 1 Alt. 2 (Verwendungskondiktion) sind ebenfalls nicht begründet. Die §§ 994 ff., 687 Abs. 2 stellen – mit Rück-sicht auf ihren Gesetzeszweck – eine vorrangige Sonderreglung dar, welche die allgemeinen Bereicherungsansprüche verdrängt.[16]

IV. Zusammenfassung

17 **Geschäftsanmaßung (§ 687 Abs. 2)**

I. Voraussetzungen

  1. Objektiv fremdes Geschäft

  2. Kenntnis der objektiven Fremdheit des Geschäfts

  3. Eigengeschäftsführungswille

  4. Ohne Auftrag oder sonstige Geschäftsführungsberechtigung

II. Rechtsfolgen

  1. Ansprüche des Geschäftsherrn
    Grundsätzlich Wahlrecht (§ 6 Rn. 7 ff.) zwischen

---

[16] BGHZ 39, 186, 189.

> – § 687 Abs. 2 S. 1 (d.h. alle Ansprüche aus §§ 681, 677,
>   678, insbesondere Verletzergewinn nach §§ 687 Abs. 2
>   S. 1, 681 S. 2, 667) und
> – §§ 987 ff., §§ 812 ff., §§ 823 ff.
>
> 2. Ansprüche des Geschäftsführers
>   je nach Wahlrecht des Geschäftsherrn
>   – Gegenanspruch auf Aufwendungskondiktion gemäß
>   §§ 687 Abs. 2 S. 2, 684 S. 1, 818 Abs. 3 oder
>   – Kein Aufwendungsersatz bei Vorgehen des Geschäftsherrn
>   nur nach den allgemeinen Vorschriften (§ 6 Rn. 15)

§ 7. Konkurrenzen: Verhältnis zu anderen gesetzlichen Schuldverhältnissen

Ansprüche aus den §§ 677 ff. treffen regelmäßig mit anderen Ansprü- 1
chen zusammen (**Anspruchskonkurrenz**). Es stellt sich dann die Frage,
ob die Ansprüche nebeneinander bestehen oder der eine Anspruch den
anderen verdrängt. Diese Frage ist auch wichtig für die Reihenfolge, in
der Ansprüche zweckmäßigerweise geprüft werden. Bei der Bestimmung des Konkurrenzverhältnisses geht die Rechtsprechung und h.L.
von der Unterscheidung zwischen berechtigter und unberechtigter GoA
aus.

A. Berechtigte und unberechtigte GoA

Ansprüche aus GoA können mit Ansprüchen aus EBV, Bereichungs- 2
recht und Deliktsrecht zusammentreffen.

Grundsätzlich schließt die **berechtigte GoA** Kondiktions-, Delikts-
und Vindikationsansprüche aus (vgl. nachfolgend). Deshalb ist es
zweckmäßig, die GoA in einem Rechtsgutachten (in der Klausur) vor
dem EBV, Bereicherungsrecht und Deliktsrecht zu prüfen.

I. Eigentümer-Besitzer-Verhältnis

Das Verhältnis von Ansprüchen aus GoA zu solchen aus EBV 3
(§§ 987 ff., 994 ff.) ist nicht vollends geklärt.[1] Bei **berechtigter GoA**
scheiden derartige Nebenansprüche des Eigentümers aus, da die berechtigte GoA jedenfalls dann ein Recht zum Besitz i.S. des § 986 gibt,
wenn die Inbesitznahme mit der Übernahme der Geschäftsführung zu-

---

[1] Offen gelassen in BGHZ 39, 186, 188.

sammenfällt.[2] Das, was der Geschäftsführer im Rahmen der berechtigten GoA erlangt hat, kann der Geschäftsherr nicht nach § 985 herausverlangen. Insoweit sind die §§ 987 ff. unanwendbar.

Beispiel:
G nimmt vom Kinobetreiber K einen Gegenstand in Empfang, den sein Freund F dort beim letzten Besuch liegen gelassen hat. Handelt G in berechtigter GoA für F, so kann F nicht nach § 985 Herausgabe verlangen (§ 986). Die Abwicklung erfolgt nach §§ 677 ff. (hier nach §§ 677, 681 S. 2, 667).

4   Die **unberechtigte GoA** begründet kein Recht zum Besitz im Sinne der §§ 985 ff. Ansprüche aus EBV können also tatbestandlich entstehen und mit §§ 678, 684 S. 1, 677 i. V. m. § 280 konkurrieren. In diesem Fall greift die allgemeine Konkurrenzregel zum EBV ein: Die §§ 987 bis 1003 stellen eine Sonderregelung dar, welche andere gesetzliche Vorschriften (auch die §§ 677 ff.) verdrängt, so die Rechtsprechung[3] und (bisher) h. L.

5   Sieht man jedoch auch die unberechtigte GoA als spezielles besonderes Schuldverhältnis an, so sind die §§ 677 ff. auch insoweit als vorrangige Sonderregelung anzusehen, gehen also auch den §§ 987 ff. vor.[4]

II. Bereicherungsrecht

6   Die §§ 812 ff. finden neben den Vorschriften über die **berechtigte GoA** keine Anwendung.[5] Eine berechtigte GoA stellt nämlich einen Rechtsgrund dar,[6] sodass eine mit der Geschäftsführung verbundene Vermögensverschiebung mit Rechtsgrund erfolgt.

7   Die **unberechtigte GoA** ist nach der Rechtsprechung und h. L.[7] kein Rechtsgrund i. S. des § 812 Abs. 1. Ansprüche aus §§ 812 ff. sind deshalb nicht ausgeschlossen, wie der Verweis des § 684 S. 1 bestätigt.

Sieht man jedoch auch die unberechtigte GoA als spezielles besonderes Schuldverhältnis an, so kommen die §§ 812 ff. nur über die Verweisung des § 684 S. 1 zur Anwendung, im Übrigen sind die §§ 812 ff. durch die GoA (etwa §§ 681 S. 2, 667) ausgeschlossen.[8]

---

[2] So *Gehrlein*, in: Bamberger/Roth, § 677 Rn. 21; Palandt/*Sprau*, Einf v § 677 Rn. 12 unter Hinweis auf BGHZ 31, 129.

[3] BGHZ 41, 157, 162; BGH NJW 1952, 257; NJW 1971, 1358.

[4] So MünchKomm/*Seiler*, Vor § 677 Rn. 18 m. w. N.

[5] BGH NJW 1969, 1205, 1207; NJW 1993, 3196; Staudinger/*Lorenz*, Vor §§ 812 ff. Rn. 45.

[6] BGH NJW 1993, 3196.

[7] Vgl. Staudinger/*Wittmann*, § 684 Rn. 2.

[8] MünchKomm/*Seiler*, Vor § 677 Rn. 15 a. E. für die Haftung des Geschäftsführers.

III. Deliktsrecht

Die **berechtigte GoA** schafft bei ordnungsgemäßer Ausführung nach **8**
h. M. einen Rechtfertigungsgrund i. S. des **Deliktsrechts**, auch wenn
durch sie eines der durch §§ 823 ff. geschützten Rechtsgüter beeinträchtigt wird.[9] Ein mit der Geschäftsführung verbundener Eingriff in absolute Rechte oder Rechtsgüter i. S. der §§ 823 ff. ist deshalb nicht
rechtswidrig.

Beispiele:
– Der Geschäftsführer reißt eine einsturzgefährdete Mauer ein. Mangels Widerrechtlichkeit liegt keine zum Schadensersatz führende Eigentumsverletzung i. S.
  des § 823 Abs. 1 vor.
– Der Passant P wehrt den Angriff eines herumstreunenden Hundes von Frau D
  ab, indem er den Hund mit dem Regenschirm der D vertreibt; der Regenschirm
  geht dabei zu Bruch. P verletzt damit zwar das Eigentum der D; dies ist aber
  nicht rechtswidrig.

Trotz Vorliegens einer berechtigten GoA kommen Ansprüche des
Geschäftsherrn aus §§ 823 ff. (neben solchen aus Pflichtverletzung
[§ 280]) jedoch dann in Betracht, wenn der Geschäftsführer seine Sorgfaltspflicht aus § 677 verletzt (z. B. Geschäftsführer reißt einsturzgefährdete Mauer ein und beschädigt dabei unnötig den angrenzenden
Zaun).

Vertiefungshinweis: Berechtigte GoA als strafrechtlicher Rechtfertigungs- **9**
grund
Die berechtigte GoA stellt einen Rechtfertigungsgrund im Sinne des Strafrechts dar. Handlungen im Zusammenhang mit einer berechtigten GoA sind
nicht rechtswidrig und deshalb nicht strafbar.

Beispiel:
Das Betreten des Hauses zur Brandbekämpfung ist kein Hausfriedensbruch
(§ 123 Abs. 1 StGB).

Die **unberechtigte GoA** ist kein Rechtfertigungsgrund i. S. des § 823. **10**
Zwischen dem Schadensersatzanspruch aus § 678 und einem solchen
aus §§ 823 ff. kann Anspruchskonkurrenz bestehen, wenn in der unberechtigten Geschäftsbesorgung zugleich eine unerlaubte Handlung liegt.
Wegen der Privilegierung des Notgeschäftsführers durch § 680, die
auch für den deliktischen Schadensersatzanspruch gilt (vgl. § 5 Rn. 69),
sind die §§ 677 ff. vor den deliktischen Ansprüchen zu prüfen.

---

[9] Grundlegend *Zitelmann*, AcP 99, 1 sowie *Lent*, Wille und Interesse bei der Geschäftsbesorgung, 1938, S. 6 ff. und 24 ff. Anders *Wollschläger*, GoA, S. 275 (Rechtfertigung nach allgemeinem Notstandsprinzip der Güter- und Pflichtenabwägung).
Ebenso MünchKomm/*Seiler*, Vor § 677 Rn. 17, der die §§ 677 ff. nur als eine eigene
schuldrechtliche Ausgleichsregelung begreift. Soergel/*Beuthien*, Vor § 677 Rn. 9, wonach diese Rechtfertigung weniger aus der sachlich berechtigten GoA folge, als darin
zu sehen sei, dass der Geschäftsherr schlüssig in die Rechtsgutsverletzung einwillige,
sobald er Ansprüche aus berechtigter GoA geltend mache.

IV. Zusammenfassung

11 | Konkurrenzen zur berechtigten und unberechtigten GoA
|
| 1. Die berechtigte GoA ist
| – Rechtsgrund i. S. der §§ 812ff.
| – Rechtfertigungsgrund i. S. der §§ 823ff., soweit kein
| Ausführungsverschulden
| – und begründet ein Recht zum Besitz (§§ 986ff.) für den
| Geschäftsführer.
| 2. Die unberechtigte GoA ist
| – kein Rechtsgrund i. S. der §§ 812ff. (h. M.)
| – kein Rechtfertigungsgrund i. S. der §§ 823ff.; Haftungs-
| maßstab des § 680 gilt
| – und begründet kein Recht zum Besitz (§§ 986ff.) für den
| Geschäftsführer (h. M.)

B. Unechte GoA

I. Irrtümliche Eigengeschäftsführung (§ 687 Abs. 1)

12   Nach § 687 Abs. 1 sind auf die **irrtümliche Eigengeschäftsführung** die Regeln des EBV, Bereicherungs- und Deliktsrechts anwendbar; die §§ 677ff. sind unanwendbar. Ein Konkurrenzproblem kann also nicht entstehen.

II. Angemaßte Eigengeschäftsführung (§ 687 Abs. 2)

13   § 687 Abs. 2 (**angemaßte Eigengeschäftsführung**) ist neben den §§ 987ff.[10] und den §§ 823ff.[11] anwendbar. § 687 Abs. 2 – mit Ausnahme des Aufwendungsersatzanspruchs des Geschäftsführers – ist neben Bereicherungsansprüchen (insbes. neben § 816 Abs. 1) anwendbar und gilt neben der sog. verschärften Bereicherungshaftung aus §§ 819, 818 Abs. 4, 292, 987ff.

Vertiefungshinweis:
Übungsfälle zum Konkurrenzverhältnis GoA – Bereicherungsrecht: *Martinek/ Theobald*, JuS 1997, 992.

---

[10] BGHZ 39, 186, 188; Palandt/*Bassenge*, Vorb v § 987 Rn. 23; a. A. Münch-Komm/*Seiler*, Vor § 677 Rn. 18.
[11] MünchKomm/*Seiler*, Vor § 677 Rn. 16 f.; *Henssler*, JuS 1991, 924, 930.

III. Zusammenfassung

Konkurrenzen zur unechten GoA	**14**
I. Irrtümliche Eigengeschäftsführung (§ 687 Abs. 1): allgemeine Vorschriften uneingeschränkt anwendbar	
II. Geschäftsanmaßung (§ 687 Abs. 2) – §§ 987 ff., 812 ff., 823 ff. uneingeschränkt anwendbar – Ausnahme: Aufwendungsersatzanspruch des Geschäftsführers nur unter den Voraussetzungen des § 687 Abs. 2 S. 2 (§ 6 Rn. 14 f.)	

§ 8. Sonderfragen der GoA

A. Vertrag des Geschäftsführers mit einem Dritten (pflichtgebundener Geschäftsführer)

Ein Geschäftsführer (F) kann zwar im fremden Interesse eines Ge- **1** schäftsherrn (H) handeln, aber einem (anderen) Dritten (D) gegenüber zur Vornahme der Geschäftsführungsmaßnahme verpflichtet sein (**sog. pflichtgebundener Geschäftsführer**). Dann handelt der Geschäftsführer im eigenen Interesse und zugleich im fremden Interesse (**auch-fremdes Geschäft**).

Beispiele:
– D beauftragt den Abschleppdienst F, das auf seinem Grundstück ohne Erlaubnis abgestellte Kfz des H zu entfernen.
– D lässt sein von H geleastes Kfz in der Werkstatt des F reparieren.

Zu beachten ist, dass der Dritte seinerseits als Geschäftsführer ohne **2** Auftrag für H handeln kann. Die Frage des Bestehens des gesetzlichen Schuldverhältnisses der GoA ist entsprechend der Relativität von Schuldverhältnissen für das Verhältnis F-H und D-H getrennt zu prüfen.

Was das Rechtsverhältnis des pflichtgebundenen Geschäftsführers **3** (F) zum Geschäftsherrn (H) betrifft, stellen sich die folgenden Fragen,
– ob die §§ 677 ff. überhaupt anwendbar sind und
– ob tatbestandlich eine Geschäftsführung für einen anderen mit Fremdgeschäftsführungswillen ohne Auftrag in Frage kommen kann; es geht darum, ob der Geschäftsführer auch dann im Doppelinteresse handeln kann, wenn er kraft Vertrages mit einem Dritten (oder öffentlich-rechtlich) zum Tätigwerden verpflichtet ist.

4   **Vertiefungshinweis:**
Während im Ersten Entwurf zum BGB dieses Rechtsproblem noch geregelt war, wurden die vorgesehenen Vorschriften in der zweiten Kommission gestrichen und die Fragen wegen ihrer angeblich geringen praktischen Bedeutung der Wissenschaft überlassen.[1]

5   Nach der bisherigen Rechtsprechung des BGH und einem Teil der Lehre wird auch beim Bestehen eines Vertrages mit einem Dritten ein auch-fremdes Geschäft angenommen und der Fremdgeschäftsführungswille vermutet.[2] Dem Vertrag des Geschäftsführers mit einem Dritten wird insoweit keine Bedeutung für das Verhältnis des Geschäftsführers zum Geschäftsherrn beigemessen. Mittlerweile schränkt der BGH den Anwendungsbereich der GoA in solchen Fällen jedoch insoweit ein, als Ansprüche aus GoA dann nicht bestehen, wenn der mit dem Dritten geschlossene Vertrag Rechte und Pflichten des Geschäftsführers und insbesondere die Entgeltfrage abschließend regelt.[3]

Einige Instanzgerichte und Teile der Literatur verneinen die Fremdheit des Geschäftes oder den Fremdgeschäftsführungswillen,[4] da der Geschäftsführer hier ausschließlich seine Vertragspflichten erfüllen

---

[1] Nach § 760 Entwurf I sollte die Annahme einer GoA bei Bestehen eines Rechtsverhältnisses mit einem Dritten grundsätzlich nicht möglich sein, „es sei denn, dass er (der Geschäftsführer) zugleich in der Absicht gehandelt hat, als Geschäftsführer des Geschäftsherrn das Geschäft zu besorgen." Nach den Motiven II, S. 869 sollte zu vermuten sein, der Geschäftsführer, wenn er ein fremdes Geschäft im Auftrage nicht des Geschäftsherrn, sondern eines Dritten besorge, nur das Mandat erfülle, so dass Rechtsbeziehungen nur zwischen ihm und dem Auftraggeber entstehen könnten. Möglich sei allerdings, dass der Geschäftsführer in der Absicht gehandelt habe, nicht allein das Mandat zu erfüllen, sondern zugleich als Geschäftsführer des Geschäftsherrn diesem sich und sich denselben aus der Geschäftsführung zu verpflichten. Diese Absicht bedürfe aber des besonderen Nachweises. Die 2. Kommission beschloss, § 760 Entwurf I zu streichen, da die Klarstellung des Verhältnisses, welches entstehe, wenn jemand ein fremdes Geschäft im Auftrage eines Dritten besorge, und welches allerdings zu Zweifeln Anlass geben könne, bei der geringen praktischen Bedeutung der Frage zweckmäßig der Wissenschaft überlassen werden könne (Protokolle II, S. 741). Nachweise auch bei *Mugdan* II, S. 485 f. (Motive) und *Mugdan* II, S. 1202 (Protokolle).

[2] St. Rspr.; BGHZ 16, 12; 61, 354, 359, 363; 87, 274, 278; MünchKomm/*Seiler*, § 677 Rn. 10 m. w. N.; *Gursky*, AcP 185 (1985), 11, 36 ff. Siehe aber BGHZ 109, 354, 358 (Kosten zur Behandlung eines Häftlings nach Selbstmordversuch, keine Ansprüche des Trägers einer Justizvollzugsanstalt aus GoA, JVA erfüllt nur den gegen sie bestehenden öffentlich-rechtlichen Anspruch des Häftlings auf Fürsorge).

[3] BGH NJW-RR 2004, 81; NJW-RR 2004, 956; vgl. auch Anm. *Wendlandt*, NJW 2004, 985.

[4] OLG Saarbrücken NJW 1998, 828; OLG Koblenz NJW 1992, 2367 (unwirksamer Behandlungsvertrag, kein Aufwendungsersatzanspruch eines Krankenhausträgers gegen den Sohn einer Patientin für erbrachte Leistungen); *Esser/Weyers*, SR II/2, § 46 II 2 d, 14; *Schubert*, AcP 178 (1978), 433 ff.; *Medicus*, BR, Rn. 414; *Gehrlein*, in: Bamberger/Roth, § 677 Rn. 16; grundsätzlich auch *Gursky*, AcP 185 (1985), 38 ff.; MünchKomm/*Seiler*, § 677 Rn. 11 ff. differenzierend nach vertraglicher Verpflichtung gegenüber Dritten und Verpflichtung aufgrund gesetzlicher oder anderer Bestimmungen; *Gursky*, AcP 185 (1985), 11, 36 ff.; *Schubert*, AcP 178 (1978), 425 ff.; *Falk*, JuS 2003, 836.

wolle.[5] Die GoA diene nicht dazu, dem einen Partner eines gegenseitigen Vertrages einen zusätzlichen Vergütungsanspruch gegen einen Dritten zu verschaffen. Deshalb könne der Fremdgeschäftsführungswille bei einem derartigen Handeln im Doppelinteresse nicht ohne weiteres vermutet werden, sondern es bedürfe besonderer Anhaltspunkte, um den Schluss auf einen solchen Willen anzunehmen.[6] Dadurch will man vermeiden, dass die Frage, ob dem vertraglich Verpflichteten (insbesondere dem Werkunternehmer) neben seinem vertraglichen Vergütungsanspruch (z. B. aus § 631) ein Aufwendungs- oder Verwendungsersatzanspruch (z. B. aus §§ 677, 683 S. 1, 670 oder 994 ff.) zusteht, von dem eher zufälligen und schwer nachweisbaren subjektiven Umstand abhängt, „welchen Sinnes der jeweils (drittnützig) Handelnde" gerade gewesen ist.[7]

Für diese Ansicht spricht neben der Entstehungsgeschichte,[8] dass grundsätzlich jede Partei das Insolvenzrisiko des Vertragspartners tragen muss, den sie sich selbst ausgesucht hat. Dieses Prinzip würde über eine Anwendung der GoA umgangen. Darüber hinaus hat der Geschäftsführer bereits einen vertraglichen Zahlungsanspruch. Es ist daher nicht erforderlich, noch einen weiteren Regressanspruch über die Ausdehnung des Anwendungsbereiches der GoA zu schaffen. Die Rechtsfolgen der GoA werden in dieser Konstellation als sachwidrig und unpassend angesehen.[9] Der Geschäftsherr müsste außerdem mit doppelter Beanspruchung aus §§ 677, 683 S. 1, 670 rechnen, nämlich durch beide Geschäftsführer (beauftragter Dritter und Auftraggeber), ohne dass eine Gesamtgläubigerschaft (§ 428) vorläge.[10] Der werkvertraglich an die Anweisungen des Bestellers gebundene Werkunternehmer (vgl. § 645 Abs. 1 S. 1) müsste gemäß § 681 S. 1, wenn nicht mit dem Aufschub Gefahr verbunden ist, die Entschließung des Eigentümers abwarten. Er wäre diesem gegenüber gemäß §§ 681 S. 2, 666 auskunfts- und rechenschaftspflichtig. Außerdem müsste er diesem nach §§ 681 S. 2, 667 den aus der Geschäftsbesorgung erlangten Werklohn (§ 631) herausgeben. Das alles wären völlig sachwidrige Ergebnisse.[11]

---

[5] *Medicus,* Gesetzliche Schuldverhältnisse, S. 176 f.; *Beuthien,* JuS 1987, 841; *Brox/Walker,* BS, § 35 Rn. 13; *Medicus,* BR, Rn. 414; *Martinek/Theobald,* JuS 1997, 992.

[6] OLG Koblenz NJW 1992, 2367 f.; wohl auch OLG Hamm NJW-RR 1992, 1105 f.; BayObLG MDR 1968, 920; LG Frankfurt/Main NJW 1977, 1924 f.; LG München I NJW 1978, 48; *Larenz,* SR II/1, § 57 I a, S. 442 f.; *Medicus,* BR, Rn. 412; ferner MünchKomm/*Seiler,* § 677 Rn. 21; Staudinger/*Wittmann,* Vor §§ 677–687 Rn. 21; *Schwark,* JuS 1984, 325 f.; *Beuthien,* JuS 1987, 847 f.

[7] *Esser/Weyers,* SR II/2, § 46 II 2 c, S. 11 ff.

[8] Dazu *Beuthien,* JuS 1987, 847 Fn. 55.

[9] *Medicus,* BR, Rn. 414.

[10] *Seiler,* JuS 1987, 368, 373.

[11] Vgl. auch den abweichenden Absatz von *Beuthien,* JuS 1987, 841.

6   **Fall (AG Wiesbaden NJW-RR 1988, 531):**

In der Wohnung des Mieters M ist ein Abflussrohr verstopft. M beauftragt daher den Handwerker H mit der Reparatur. Da M knapp bei Kasse ist und H mittlerweile erfahren hat, dass die Wohnung dem V gehört, verlangt H nun seinen Werklohn von V. Zu Recht?

Lösung:

I. Kein vertraglicher Anspruch des H gegenüber V

II. §§ 677, 683 S. 1, 670?

1. Fraglich ist, ob die §§ 677 ff. überhaupt anwendbar sind. Folgt man der neuen Rechtsprechung des BGH, so ist dies nicht der Fall, wenn der Vertrag, den der Geschäftsführer mit dem Dritten geschlossen hat, die Rechte und Pflichten des Geschäftsführers, insbesondere die Entgeltfrage, umfassend regelt. Für die Frage, ob ein Anspruch des H gegenüber V aus GoA in Frage kommt, sind somit die Regelungen des Vertrages zwischen V und M ausschlaggebend.

2. Nach Meinung einiger Instanzgerichte und von Teilen der Literatur ist die Fremdheit des Geschäftes und der Fremdgeschäftsführungswille zu verneinen, da der Geschäftsführer hier ausschließlich seine Vertragspflichten erfüllen will.[12]

   Für die Nichtanwendung der §§ 677 ff. im Falle der vertraglichen Gebundenheit des Geschäftsführers sprechen die Entstehungsgeschichte sowie die Überlegung, dass grundsätzlich jede Partei das Insolvenzrisiko ihres Vertragspartners tragen muss. Dieses Prinzip würde durch eine Anwendung der GoA umgangen. Darüber hinaus hat der vertraglich verpflichtete Geschäftsführer bereits einen vertraglichen Zahlungsanspruch; ein weiterer Regressanspruch aus GoA ist nicht erforderlich.

   Dass M gegebenenfalls zahlungsunfähig ist, ist ein Risiko, dass H freiwillig übernommen hat. H wird sowohl aus seiner Sicht wie aus der Sicht des M und des V aufgrund des mit M geschlossenen Vertrages tätig, welcher auch die Entgeltpflicht des M regelt. H handelt deshalb nur in Erfüllung dieser dem M gegenüber bestehenden Pflicht.[13]

   Ergebnis: Kein Aufwendungsersatzanspruch des H gegenüber V aus GoA.

2. Nach der bisherigen Rechtsprechung des BGH und Teilen der Literatur:

   a) Es liegt ein auch-fremdes Geschäft vor: H führt mit der Reparatur nicht nur ein eigenes Geschäft, nämlich Erfüllung des Werkvertrages mit M, sondern auch ein fremdes Geschäft, ein Geschäft des Eigentümers und Vermieters V. Denn V als Vermieter und Eigentümer ist verpflichtet, die Wohnung in ordnungsgemäßem Zustand zu halten und Mängel zu beseitigen (§§ 535 Abs. 1 S. 2, 536 ff.).

   b) Fremdgeschäftsführungswille: Da das Geschäft objektiv (auch-)fremd ist, ist der Geschäftsführungswille zu vermuten (so die Rechtsprechung und Teile der Lehre).

   c) Des Weiteren ist die Geschäftsbesorgung dem V objektiv nützlich (Befreiung von einer Verbindlichkeit gegenüber dem Mieter), liegt damit in seinem Interesse und ist mit dem mutmaßlichen Willen des V vereinbar.

---

[12] Nachweise oben § 8 Fn. 4.
[13] So auch das AG Wiesbaden NJW-RR 1988, 531.

d) Der Anspruch ist begründet. Zu ersetzen ist der übliche Werklohn (vgl. oben § 5 Rn. 42 f.).

III. § 812 Abs. 1 S. 1 Alt. 2 (–)

Ein Anspruch des H gegen V aus § 812 Abs. 1 S. 1 Alt. 2 (Nichtleistungskondiktion) ist nicht gegeben, wenn man im Verhältnis H zu V eine berechtigte GoA bejaht (vgl. oben 2.). Denn die berechtigte GoA bildet einen Rechtsgrund für die Vermögensverschiebung.[14]

Verneint man im Verhältnis H zu V eine berechtigte GoA (vgl. oben 1.), dann scheitert ein Anspruch des H gegen V aus § 812 Abs. 1 S. 1 Alt. 2 (Nichtleistungskondiktion) daran, dass aus Sicht des V eine Leistung des M vorliegt, die dieser mit Rechtsgrund, nämlich auf der Grundlage einer berechtigten GoA, erbringt.

Vertiefungshinweis: Geschäftsführer handelt als Vertreter ohne Vertretungsmacht **7**

Wenn der Geschäftsführer im Rahmen der GoA im Namen des Geschäftsherrn einen Vertrag mit einem Dritten abschließt, so handelt er nicht nur ohne Vertretungsmacht, wenn eine unberechtigte GoA vorliegt, sondern auch wenn eine berechtigte GoA gegeben ist. Denn auch sie begründet keine Vertretungsmacht im Außenverhältnis.

– Der vollmachtlos Vertretene (Geschäftsherr) kann den Vertragsschluss durch den Geschäftsführer genehmigen (§ 177 Abs. 1). Im Verhältnis des Vertretenen zu seinem Vertragspartner kommt dann wegen des bestehenden Vertrages eine GoA nicht in Betracht.

– Wenn der vollmachtlos Vertretene den Vertragsschluss nicht genehmigt, stellt sich die Frage, ob in seinem Verhältnis zum Dritten eine GoA vorliegt. Der BGH und ein Teil der Lehre bejahen dies, unabhängig davon, dass sich der Dritte (der nach dieser Ansicht also ebenfalls Geschäftsführer ist) zur Übernahme der von ihm erbrachten Leistungen für verpflichtet gehalten hat (vgl. oben § 3 Rn. 7).[15] Nach dieser Ansicht konkurrieren Ansprüche des Dritten aus GoA mit Ansprüchen gegen den vollmachtlosen Vertreter aus § 179. Insoweit gilt nichts anderes als für die mögliche Konkurrenz zwischen Ansprüchen aus § 179 und Bereicherungsansprüchen gegen den Vertretenen.[16]

Zu Fällen der sog. gestuften Nothilfe vgl. *Martinek/Theobald*, JuS 1997, 992, 993–995 sowie *Köhler*, JuS 1987, 220 ff.

---

[14] Dass H an M leistet, schließt eine Nichtleistungskondiktion des H gegen V nicht aus. Der Grundsatz des Vorrangs der Leistungs- vor der Nichtleistungskondiktion gilt nur bezüglich desselben Bereicherungsgegenstandes und desselben Bereicherungsschuldners (vgl. § 9 Rn. 18 ff., § 13 Rn. 6 ff.).

[15] BGHZ 37, 258 , 263; 101, 393, 399; NJW-RR 1989, 970.

[16] Vgl. dazu BGHZ 36, 30 , 35; NJW-RR 1989, 970.

B. Verpflichtung des Geschäftsführers kraft öffentlichen Rechts

I. Problemkonstellation

8   Sehr problematisch und heftig umstritten sind die Fälle, in denen ein Geschäftsführer **kraft öffentlichen Rechts** tätig wird. Dabei handelt der Geschäftsführer für die öffentliche Hand oder aufgrund öffentlichen Rechts und verlangt aufgrund bürgerlich-rechtlicher GoA vom Störer oder Verursacher (i. S. des Polizei- und Ordnungsrechts) Kostenerstattung für sein Einschreiten, zu dem er öffentlich-rechtlich verpflichtet war.[17]

Beispiele:
Die Polizei lässt das im öffentlichen Verkehrsraum widerrechtlich geparkte und andere Verkehrsteilnehmer gefährdende Kfz abschleppen; die Feuerwehr löscht einen Brand;[18] Sicherungsmaßnahmen bei einem Ölunfall;[19] Beseitigung einer Straßenverunreinigung;[20] Erschließung von Bauland.[21]

Es geht um die Frage, ob die bürgerlich-rechtliche GoA auf Fälle anwendbar ist, in denen der Geschäftsführer kraft öffentlichen Rechts tätig wird, oder ob das öffentliche Recht eine vorrangige, die bürgerlich-rechtliche GoA verdrängende Sonderregelung darstellt. Bejaht man die Anwendbarkeit der §§ 677 ff., so ist fraglich, ob die Tatbestandsmerkmale im Einzelnen vorliegen.

II. Streitstand

9   Nach der Rechtsprechung sind die bürgerlich-rechtlichen Bestimmungen über die Geschäftsführung ohne Auftrag (§§ 677 ff. BGB) grundsätzlich auch im öffentlichen Recht anwendbar.[22] Eine entsprechende Anwendung der §§ 677 ff. BGB kommt aber nur in Betracht, wenn das öffentliche Recht insoweit eine „planwidrige Lücke" aufweist, also die Frage, wer ein bestimmtes Geschäft vorzunehmen hat, nicht abschließend beantwortet.[23]

---

[17] Vgl. zu den unterschiedlichen Fallgruppen MünchKomm/*Seiler*, Vor § 677 Rn. 23 ff.
[18] BGHZ 40, 28.
[19] BGHZ 54, 157.
[20] BGHZ 65, 354; siehe dazu *Medicus*, Gesetzliche Schuldverhältnisse, S. 177 „Bimsgrube".
[21] BGHZ 61, 359.
[22] Vgl. BVerfGE 18, 429, 436; BGHZ 156, 394, 397; BVerwGE 80, 170, 172 ff. m. w. N.
[23] BGHZ 156, 394 (bejaht für die Regelungen des bayerischen Polizeirechts über die unmittelbare Ausführung einer Maßnahme (Art. 9 PAG) und die Ersatzvornahme (Art. 55 PAG) einschließlich der dazugehörigen Bestimmungen über die Erhebung

Fehlt eine solche abschließende Regelung des öffentlichen Rechts, gehen Rechtsprechung und Teile der Literatur von einem objektiv auch fremden Geschäft aus und vermuten den Fremdgeschäftsführungswillen.[24] Dem Geschäftsführer werden, obgleich es sich auch um ein eigenes Geschäft handelt, die Aufwendungen voll ersetzt.

Ein großer Teil der Literatur verneint dagegen entweder die Fremdheit des Geschäftes oder den Fremdgeschäftsführungswillen.[25] Begründung:

– Für die GoA sei bei Tätigkeiten, die bereits durch Steuern oder Gebühren abgegolten sind, kein Raum. Ob für Dienstleistungen einer Behörde von dem Verantwortlichen (z. B. Störer) Kostenersatz geleistet werden muss (oder aus dem Steueraufkommen ohne weitere Kostenbelastung finanziert wird), muss das öffentliche Recht entscheiden; diese Vorfrage darf nicht durch die (undifferenzierte) Anwendung der GoA übergangen werden.[26]

– Der Fremdgeschäftsführungswille der Behörde, der nach der Rechtsprechung vermutet wird, sei eine Fiktion.[27]

– Die Anwendung der GoA ist nicht sachgerecht: Die Behörde will nicht die Entschließung des privaten Geschäftsherrn abwarten (§ 681 S. 1); dem Willen des Geschäftsherrn oder gar dessen Weisungen will sich Polizei oder Feuerwehr selbst in den Grenzen des § 679 nicht unterwerfen.

Fall (BGHZ 40, 28 = NJW 1963, 1825 „Funkenflug"-Fall):   10

Die Feuerwehr der Gemeinde G löscht einen Waldbrand, der durch Funkenflug aus einer Lokomotive der Bundesbahn verursacht wurde. Kann G von der Deutsche Bahn AG Ersatz der Löschkosten verlangen?

Lösung:

Anspruch der Gemeinde G gegen die Deutsche Bahn AG (früher: Bundesbahn) auf Ersatz der Einsatzkosten für die Feuerwehr

I. §§ 677, 683 S. 1, 670?

1. Fraglich ist, ob die Vorschriften der privatrechtlichen GoA (§§ 677 ff.) überhaupt anwendbar sind, wenn ein Organ der öffentlichen Hand Maßnahmen trifft, um Gefahren oder Schäden von Privaten abzuwenden. Insoweit könnte nämlich das öffentliche Recht eine vorrangige Sonderregelung darstellen.

---

von Kosten). Vgl. hierzu auch *Linke,* DVBl. 2006, 148 ff.; sowie *Schoch,* Die Verwaltung 38 (2005), 91 ff.

[24] BGHZ 40, 28; BGH NJW 1975, 207; 1976, 619, 748.

[25] MünchKomm/*Seiler,* Vor § 677 Rn. 24; *Gehrlein,* in: Bamberger/Roth, § 677 Rn. 27 für Maßnahmen der Gefahrabwehr; *Brox/Walker,* BS, § 35 Rn. 15; *Medicus,* BR, Rn. 410 ff.; *ders.,* Gesetzliche Schuldverhältnisse, S. 177 f.; *Martinek/Theobald,* JuS 1997, 992; *Staake,* JA 2004, 801.

[26] *Medicus,* Gesetzliche Schuldverhältnisse, S. 178.

[27] *Medicus,* Gesetzliche Schuldverhältnisse, S. 177; *Staake,* JA 2004, 801.

a) Argument der unzulässigen Kostenbegründung für einen privaten Geschäftsherrn: Die Anwendbarkeit der §§ 677 ff. wird zum Teil mit der Begründung abgelehnt, der Grundsatz der Gesetzmäßigkeit der Verwaltung lasse nicht zu, mithilfe der GoA neue Abgabenlasten der Bürger zu begründen.[28] Dieser Einwand überzeugt nur, wenn die Behörde eine öffentlich-rechtliche Pflicht des Geschäftsherrn erfüllt und diese nach den öffentlich-rechtlichen Vorschriften grundsätzlich ohne Kostenerstattung zu erbringen ist. Handelt es sich jedoch um eine privatrechtliche Pflicht, kann der Geschäftsherr nicht allein dadurch begünstigt sein, dass ein öffentlicher Verwaltungsträger und nicht eine Privatperson für ihn tätig wird.

Wenn die Behörde eine privatrechtliche Pflicht des Geschäftsherrn (Deutsche Bahn AG) erfüllt, dann trägt das Argument der unzulässigen Kostenbelastung nicht. Die DB ist privatrechtlich verpflichtet, das Feuer zu löschen (§ 1 HPflG, §§ 823 Abs. 1, 249).

b) Argument des Vorrangs öffentlich-rechtlicher Kostenerstattungsvorschriften: Die Brandbekämpfung durch die Feuerwehr ist eine öffentlich-rechtliche Angelegenheit. Daher kann die Anwendung der §§ 677 ff. zu Überschneidungen mit Vorschriften des öffentlichen Rechts führen, hier mit landesrechtlichen Vorschriften über Brandschutz und Feuerwehr im Hinblick auf die Möglichkeit, den Begünstigten oder Brandverursacher in Anspruch zu nehmen.[29] Diese Vorschriften würden umgangen, wenn zugleich privatrechtliche Aufwendungsersatzansprüche aus GoA abgeleitet werden. Insoweit stellt das öffentliche Recht aber nur dann eine vorrangige Sonderregelung dar, welche die §§ 677 ff. verdrängt, wenn die Kostenfrage abschließend geregelt ist.

Ist dies nicht der Fall, so ist wie folgt weiterzuprüfen:

2. Geschäftsbesorgung durch die Gemeinde G: Die Feuerlöscharbeiten stellen eine Geschäftsbesorgung dar. Geschäftsführer ist die Gemeinde G, die sich der Feuerwehr als sog. (unselbständigen) Geschäftsführungsgehilfen[30] bedient.

3. Fremdes Geschäft: Die Brandbekämpfung ist für die Gemeinde ein (auch-) fremdes Geschäft. Das Löschen ist auch ein Geschäft des Brandverursachers als Geschäftsherrn,[31] d. h. des verantwortlichen Schadensstifters: Das ergibt sich aus § 1004 Abs. 1 oder seiner Schadensersatzpflicht.[32]

---

[28] *Wollschläger*, GoA im öffentlichen Recht und Erstattungsanspruch, 1977, S. 79 ff.

[29] Nur der vorsätzlich handelnde Brandstifter kann zur Verantwortung gezogen werden: Art. 28 Abs. 2 BayFuG; § 36 nrwFSHG; § 41 Abs. 1 S. 1 Nr. 1 bwFWG; auch der grob fahrlässige Brandstifter: § 42 Abs. 2 hessBrSHG; § 26 ndsBrSchG.

[30] BGHZ 40, 28; 65, 384; 67, 368, 371.

[31] Der BGH (Z 40, 28, 31) bejahte die Geschäftsherreneigenschaft aller potenziell Bedrohten (aller von der Schadensabwehr Begünstigten). Bei Maßnahmen der Schadensbekämpfung werde regelmäßig auch ein Geschäft dessen besorgt, von dem der Schaden abgewendet wird (kritisch dazu *Beuthien/Weber*, S. 146 f.).

[32] *Beuthien/Weber*, S. 147: Die Pflicht zur Naturalrestitution (§ 249 Abs. 1) beginnt mit dem Eintritt des schädigenden Ereignisses und gilt nicht nur für den Ausgleich bereits eingetretener Schäden, sondern auch für die Verhinderung sich weiterfressender Schäden. Die Schadensersatzpflicht soll verhindern, dass künftig Schäden eintreten bzw. dass sich bereits eingetretene Schäden noch vergrößern. Entsprechendes gilt für die Begründung des auch-fremden Geschäfts bei einer Gefährdungshaftung (z. B. aufgrund der Betriebsgefahr) sowie einer haftungsrechtlichen Zurechnung

Gemäß § 1 HPflG ist die Deutsche Bahn AG für den Brandschaden verantwortlich, sodass die Feuerwehr ein Geschäft der Deutschen Bahn AG führt.[33] Zugleich kommt die Gemeinde einer eigenen öffentlich-rechtlichen Pflicht nach und erledigt damit auch ein eigenes Geschäft. Mit dem Löschen führt sie deshalb ein auch-fremdes Geschäft (Handeln im Doppelinteresse). Dem wird von Teilen der Literatur widersprochen: Es liege kein auch-fremdes Geschäft, d. h. kein Handeln im Doppelinteresse vor. Begründung:
- Die Feuerwehr sei zur Brandbekämpfung öffentlich-rechtlich verpflichtet und führe kein fremdes Geschäft.[34] Dem ist entgegenzuhalten, dass das eigene Interesse des Geschäftsführers die Besorgung eines fremden Geschäfts grundsätzlich nicht ausschließt.
- Die objektive Fremdheit des Geschäfts soll voraussetzen, dass der Geschäftsherr das Geschäft jederzeit übernehmen und den auftraglosen Geschäftsführer verdrängen könne, was sich aus § 681 S. 1 (Der Geschäftsherr ist „Herr des Verfahrens".) ableiten lasse. Diese Befugnis habe der Brandverursacher gegenüber der Feuerwehr nicht.[35] Dem ist entgegen zu halten, dass § 681 S. 1 eine Rechtsfolge der GoA normiert, aber nicht seinen Tatbestand regelt. Zuzugeben ist aber, dass die Rechtsfolgen der GoA in diesem Fall wenig sachgerecht (und mit dem öffentlichen Recht nicht vereinbar) sind.
Nur wenn man diese Mindermeinung für zutreffend hält, muss man aufgrund der öffentlich-rechtlichen Pflicht zur Brandbekämpfung ein ausschließlich eigenes Geschäft der Feuerwehr annehmen und ein auch-fremdes Geschäft ablehnen. Mit der h. M. ist dagegen ein auch-fremdes Geschäft zu bejahen.

4. Fremdgeschäftsführungswille: Der Fremdgeschäftsführungswille ist nach h. M. auch bei einem auch-fremden Geschäft zu vermuten.[36]
   In der Literatur wird dem entgegen gehalten, dass der Fremdgeschäftsführungswille der Feuerwehr bzw. Gemeinde G fehle, weil die öffentlich-rechtliche Pflicht der Feuerwehr die für die GoA notwendige „privatrechtliche Unterwerfung" unter den Willen des Geschäftsherrn verhindere.[37]

5. Ohne Auftrag oder sonstige Berechtigung: Die Gemeinde G ist gegenüber der Deutschen Bahn AG nicht i. S. des § 677 zum Löschen des Feuers berechtigt oder verpflichtet, da zwischen diesen Beteiligten kein besonderes Rechtsverhältnis besteht.

6. Interesse und Wille (sog. berechtigte GoA): Die Übernahme der Geschäftsführung (Löscharbeiten) entspricht dem mutmaßlichen Willen und dem Interesse der Deutschen Bahn AG.

7. Ergebnis nach h. M.: Voller Aufwendungsersatzanspruch für alle Kosten der Brandlöschung (auch für nutzlose Aufwendungen, weil das Risiko fehlgeschlagener Aufwendungen den Geschäftsherrn trifft).[38]

---

aufgrund einer Verkehrssicherungspflicht (siehe dazu *Martinek/Theobald*, JuS 1997, 992, 997).

[33] Sofern sie dazu nicht selbst in der Lage ist, hat sie sich der dafür zuständigen Einrichtung (z. B. öffentliche Feuerwehr) zu bedienen.

[34] *Schubert*, AcP 178 (1978), 425, 445; *ders.*, NJW 1978, 688; *Schreiber*, DB 1979, 1499 ff.; *Esser/Weyers*, SR II/2, § 46 II 2 d, S. 13 f.

[35] So *Beuthien/Weber*, S. 154 und 157.

[36] BGHZ 63, 167; str.

[37] *Medicus*, BR, Rn. 412; *Larenz*, SR II/1, § 57 I a, S. 440 f.

[38] Nach der überwiegenden Literatur kein Aufwendungsersatzanspruch mangels fremden Geschäfts oder Fremdgeschäftsführungswillens (MünchKomm/*Seiler*, Vor

II. § 812 Abs. 1 S. 1 Alt. 1 (Leistungskondiktion)?

Ein Bereicherungsanspruch der Gemeinde G gegen die Deutsche Bahn AG scheidet allein deshalb aus, weil eine berechtigte GoA i. S. des § 683 S. 1 (so jedenfalls die h. M., vgl. oben § 7 Rn. 6) vorliegt. Diese stellt einen Rechtsgrund i. S. von § 812 dar.

III. § 812 Abs. 1 S. 1 Alt. 2 (Aufwendungskondiktion)?

Auch der Aufwendungskondiktion steht die berechtigte GoA als die Vermögensverschiebung rechtfertigender Rechtsgrund entgegen.

C. Unechte Gesamtschuld

11   Tilgt einer von mehreren Gesamtschuldnern die Schuld, so stellt sich die Frage, ob er von dem anderen Gesamtschuldner Aufwendungsersatz verlangen kann. Dabei ist zu unterscheiden zwischen echter und unechter Gesamtschuld. Im Fall der echten Gesamtschuld, bei der mehrere Schuldner gleichrangig bzw. gleichstufig haften,[39] erfolgt der Rückgriff vorrangig über § 426. Eine Anwendung der Regeln über die GoA scheidet daneben nach ganz h. M. aus.

12   Im Falle der **„unechten"** oder scheinbaren **Gesamtschuld** haften mehrere Gesamtschuldner (im Innenverhältnis) nicht gleichrangig, sondern einer von diesen trägt im Ergebnis die Schuld. Unechte Gesamtschuldner sind zum Beispiel:

– der wegen eines Schadens Haftende und ein nicht aus schadensrechtlichen Grundsätzen leistungspflichtiger Versicherer (wegen Innenregress),
– Arbeitgeber und Arbeitnehmer (vgl. Grundsätze über den innerbetrieblichen Schadensausgleich, vgl. unten § 19 Rn. 28).

13   Der schlechter gestellte „Gesamtschuldner" muss das in der Leistung des besser gestellten „Gesamtschuldners" liegende Opfer im Ergebnis allein und endgültig tragen.[40] Streitig ist jedoch die dogmatische Begründung für dieses Ergebnis. Das RG[41] und einzelne Stimmen der Literatur[42] wollen dem besser gestellten „Gesamtschuldner" einen Aufwendungsersatzanspruch gemäß §§ 677, 683 S. 1, 670 gegen den Letztverantwortlichen gewähren, da der Dritte zumindest auch ein Geschäft des Letztverantwortlichen führe. Die ganz h. L. lehnt eine Anwendung der GoA dagegen ab, weil der Letztverantwortliche durch die Leistung des Dritten auf der Grundlage des normativen Schadensbegriffs nicht von seiner Ersatzpflicht befreit werde; der Dritte erfülle daher aus-

---

§ 677 Rn. 24; *Brox/Walker,* BS, § 35 Rn. 15; *Medicus,* BR, Rn. 410 ff.; *Martinek/Theobald,* JuS 1997, 992).

[39] Vgl. dazu *Medicus,* BR, Rn. 916 ff.
[40] Vgl. zur unechten Gesamtschuld *Medicus,* BR, Rn. 415, 916 ff.
[41] RGZ 82, 206, 214.
[42] MünchKomm/*Seiler,* § 677 Rn. 29.

schließlich eine eigene Verpflichtung,[43] sodass der Innenausgleich über § 255 (analog) oder über § 426 durch Verzicht auf die den Tatbestand des § 421 einschränkenden Merkmale (also durch Verzicht auf Gesamtschuldkriterien) zu suchen sei. Eine ausdrückliche Stellungnahme des BGH liegt noch nicht vor.[44]

Fall (RGZ 82, 206 „Dombrand"-Fall): 14

Bei einem Stadtfest soll der Dom der Stadt durch ein Feuerwerk festlich illuminiert werden. Dies gelingt auch, allerdings anders als beabsichtigt: Das Feuerwerk löst einen Brand aus, der zur teilweisen Zerstörung des Bauwerks führt. Die baulastpflichtige Stadt lässt zunächst Reparaturarbeiten durchführen und verlangt anschließend vom fahrlässig handelnden Feuerwerker F Ersatz ihrer Aufwendungen. Zu Recht?

Lösung:

I. Anspruch aus § 426 Abs. 1
Ein Regressanspruch aus § 426 Abs. 1 setzt voraus, dass eine Gesamtschuld i. S. des § 421 zwischen F und der Stadt besteht.

1. Schuldnermehrheit: F schuldet Schadensersatz aus Vertragsrecht (§§ 631, 633, 634 Nr. 4, 636, 280 Abs. 1) und Delikt (§ 823), die Stadt aufgrund ihrer Baulast Wiederherstellung.

2. Dasselbe Leistungsinteresse? Schadensersatz und Wiederherstellung betreffen dasselbe Leistungsinteresse (vgl. § 249 Abs. 1 und Abs. 2 S. 1).

3. Es liegt keine Teilschuld vor; vielmehr schuldet jeder Schuldner die ganze Leistung. Ebenso wenig liegt eine kumulative Schuld vor.

4. Ungeschriebenes Tatbestandsmerkmal des § 421 ist die Gleichstufigkeit, d. h. es darf keine Rangfolge (z. B. aufgrund Letztverantwortlichkeit) vorliegen. Daran fehlt es hier nach überwiegender Ansicht deshalb, weil die Baulast keine Regelung endgültiger Verantwortlichkeit darstellt, sondern nur die umgehende und kompetente Durchführung der erforderlichen Baumaßnahmen sichert. Deshalb liegt keine echte Gesamtschuld i. S. des § 421 vor.
§ 426 Abs. 1 kann deshalb (direkt) nicht zur Anwendung kommen.

II. Gleiches gilt für den Anspruch aus § 426 Abs. 2 i. V. m. §§ 280 Abs. 1, 631 oder § 823 Abs. 1.

III. Anspruch aus GoA gemäß §§ 677, 683 S. 1, 670
1. Fremdes Geschäft: Die Rechtsprechung bejaht hier trotz der eigenen Verpflichtung der Stadt ein auch-fremdes Geschäft, weil auch der F aus §§ 280 Abs. 1, 631 oder § 823 Abs. 1 i. V. m. § 249 Abs. 1 zu den Maßnahmen verpflichtet sei.

2. Der Fremdgeschäftsführungswille wird vermutet. Die Literatur lehnt dies wiederum ab. Kritisiert wird, es werde der Fremdgeschäftsführungswille nur fingiert.

---

[43] *Brox/Walker*, BS, § 35 Rn. 18; *Medicus*, BR, Rn. 415; *Martinek/Theobald*, JuS 1997, 805, 810 f.; Palandt/*Heinrichs*, § 421 Rn. 8 mit Ablehnung des Fremdgeschäftsführungswillens; *Wendlandt*, JURA 2004, 334.
[44] Vgl. MünchKomm/*Seiler*, § 677 Rn. 20.

3. Kein Auftrag seitens des F, keine Berechtigung der Stadt gegenüber F.
4. Willens- und Interessengemäßheit (§ 683 S. 1) sind zu bejahen.
5. Ergebnis: Anspruch auf Aufwendungsersatz gemäß § 670.

IV. Ein Anspruch aus § 812 Abs. 1 S. 1 Alt. 2 (Verwendungskondiktion) besteht nicht, da eine berechtigte GoA als Rechtsgrund vorliegt (vgl. oben § 7 Rn. 6).[45]

V. § 255 analog

Folgt man der Literatur, kann die S analog § 255 von der Kirche Abtretung des Schadensersatzanspruches gegen den F verlangen und dann aus diesem abgetretenen Recht gegen ihn vorgehen.

D. Selbstaufopferung im Straßenverkehr

15   Oft erörtert (vgl. oben § 3 Rn. 3 f.) worden ist, inwieweit die sog. **Selbstaufopferung im Straßenverkehr** zu Entschädigungsansprüchen führt. Dabei geht es um Fälle, in denen ein Kraftfahrzeugführer den Zusammenstoß mit einem anderen Verkehrsteilnehmer durch ein Ausweichmanöver vermeidet, dadurch selbst einen Schaden erleidet und diesen vom Geretteten ersetzt verlangt (vgl. das Beispiel oben § 3 Rn. 3).[46] Auf die GoA hat die Rechtsprechung in solchen Fällen zurückgegriffen, weil der Geschäftsherr dem Geschäftsführer nicht aus einem anderen Grund für den erlittenen Schaden verantwortlich war (Vermeidung eines Zusammenstoßes mit einem schuldlos Handelnden).

16   Die erste Frage, die sich in diesen Fällen stellt, ist, ob ein objektivfremdes Geschäft geführt wird. Dies ist zu verneinen, wenn der Kraftfahrzeugführer ohne das Ausweichmanöver für den fremden Schaden zur Gänze haften würde. Er führt dann ausschließlich ein eigenes Geschäft, weil er nur seine eigene Haftpflicht vermeidet.

17   Ein objektiv-fremdes Geschäft liegt jedoch vor, wenn der Ausweichende für den Unfall, falls dieser nicht vermieden worden wäre, nicht haften würde.[47] In diesem Fall bejaht die Rechtsprechung einen Auf-

---

[45] Die Leistungsbeziehung zwischen der Stadt und der Kirche schließt eine Nichtleistungskondiktion der Stadt gegen F nicht aus. Der Grundsatz der Subsidiarität der Nichtleistungskondiktion steht nicht entgegen (vgl. oben § 8 Rn. 6 Fn. 14).

[46] Bei dem Heranziehen von älterer Rechtsprechung und Literatur ist zu beachten, dass nach § 7 Abs. 2 StVG a. F. die Haftung nach Abs. 1 der Vorschrift bereits durch ein unabwendbares Ereignis ausgeschlossen war; nach Änderung der Vorschrift durch das Zweite Gesetz zur Änderung schadensersatzrechtlicher Vorschriften vom 9. 7. 2002 (BGBl. I, S. 2674) befreit im Verhältnis zu einem nicht motorisierten Geschädigten nur noch das Vorliegen von höherer Gewalt (vgl. § 21 Rn. 16 ff.).

[47] Grundlegend zur alten Rechtslage (vgl. Fn. 46) BGHZ 38, 270 (ordnungsgemäß fahrender Kfz-Führer weicht plötzlich einem ausscherenden nicht schuldfähigen Kind aus). In der Literatur ist demgegenüber vorgeschlagen worden, entsprechend den Grundsätzen der Güterabwägung im Notstand eine Entschädigung nur zu gewähren, wenn dem Fahrzeugführer das Ausweichmanöver an sich unzumutbar war (so insbe-

wendungsersatzanspruch aus §§ 677, 683 S. 1, 670 mit folgenden Erwägungen: Das Herumreißen des Steuers stelle als tatsächliche Handlung eine Geschäftsbesorgung dar. Daraus folge ein objektiv-fremdes Geschäft, weil Belange des gefährdeten Dritten wahrgenommen würden, indem er vor Verletzungen oder dem Tod bewahrt werde. Für den Fremdgeschäftsführungswillen spreche in diesen Fällen eine Vermutung. Jedoch sei der Aufwendungsersatzanspruch insoweit zu kürzen, als der ausweichende Kfz-Fahrer durch die vom Kfz ausgehende Gefahr eine Ursache für den Unfall gesetzt habe.[48]

Die bisher von der Rechtsprechung entschiedenen Fälle der Selbst- **18** aufopferung im Straßenverkehr (vgl. z. B. BGHZ 38, 270) betrafen Fälle, in denen der Geschäftsführer für den vermiedenen Unfall nicht gehaftet hätte, weil der Unfall für ihn ein unabwendbares Ereignis dargestellt hätte (§ 7 Abs. 2 StVG a. F.). Unter Geltung von § 7 Abs. 2 StVG n. F. kann ein Fall der Selbstaufopferung im Straßenverkehr nur dann gegeben sein, wenn der Geschäftsführer für den vermiedenen Unfall aufgrund höherer Gewalt nicht gehaftet hätte.[49] Das Vorliegen von höherer Gewalt ist jedoch nur in sehr außergewöhnlichen Fällen denkbar; vgl. § 21 Rn. 16.

Außerhalb des Anwendungsbereichs des § 7 Abs. 2 StVG kann die **19** Fallkonstellation der Selbstaufopferung weiterhin praktisch werden.

Beispiel: Ein sich verkehrsgemäß verhaltender Radfahrer erleidet einen Schaden, weil er einem 6-jährigen Kind ausweicht, das trotz ordnungsgemäßer Beaufsichtigung plötzlich auf die Fahrbahn läuft.

E. Selbsthilfeaufwendungen (Abschleppfälle)

Selbsthilfeaufwendungen liegen dann vor, wenn der Geschäftsführer **20** sich eine ihm vom Geschäftsherrn geschuldete Leistung selbst beschafft bzw. das vom Geschäftsherrn geschuldete Verhalten selbst vornimmt, um diesem dann die Kosten dafür nach § 683 in Rechnung zu stellen.[50]

Beispiele:
– Verlegen eines Abwasserkanals durch Grundstückseigentümer für die zur Erschließung verpflichtete Gemeinde.[51]
– Neuanlage eines Deichuferdeckwerks durch Tanklagerfirma für die eigentlich zur Uferbefestigung Verpflichteten (Deichverband und BR Deutschland).[52]
– Abschleppen eines Falschparkers.

---

sondere *Canaris*, JZ 1963, 655; ihm folgend *Wollschläger*, GoA, S. 306 ff.). Kritisch zum Ganzen *Frank*, JZ 1982, 737.
[48] Grundlegend BGHZ 38, 270, 275 ff.
[49] Vgl. OLG Oldenburg VersR 2005, 807 sowie *Friedrich*, Das Ende der Selbstaufopferung für Minderjährige im Straßenverkehr? VersR 2005, 1660.
[50] *Wollschläger*, GoA, S. 163 ff.; *ders.*, GoA im öffentlichen Recht und Erstattungsanspruch, 1977, S. 96.
[51] VGH BW NJW 1977, 1843.
[52] BVerwGE 80, 170.

Bestehen zwischen den Beteiligten Vertragsbeziehungen, so sind die §§ 677 ff. durch die Vorschriften über Leistungsstörungen ausgeschlossen, die Selbsthilfe nur ausnahmsweise gestatten (z. B. in §§ 536 a Abs. 2, 637).[53] Das Gleiche gilt für Schadensersatzansprüche, bei denen dem Verletzten die Möglichkeiten der §§ 249 ff. zustehen.[54] Fehlt es an einer Vertragsbeziehung, so können Ansprüche aus §§ 677 ff. in Betracht kommen.

21

Fall (*Schwarz/Ernst*, NJW 1997, 2550):

M hat sich zu seiner Wohnung in der Innenstadt einen Kfz-Abstellplatz gemietet und ihn mit einem deutlichen Schild als Privatparkplatz ausgewiesen. Als er abends nach Hause kommt, hat jedoch H seinen PKW bereits dort geparkt. M beauftragt den Abschleppunternehmer A, der den PKW des H gegen Vorkasse vom Abstellplatz des M entfernt. M verlangt von H Erstattung der Abschleppkosten. Zu Recht?

Lösung:

I. Ein vertraglicher Anspruch besteht nicht. Zwischen M und A ist ein Werkvertrag zustande gekommen, der den M zur Bezahlung der Vergütung verpflichtet. Ob A – statt gegen M vorzugehen – von H Kostenersatz über die GoA fordern kann, ist ein Problem des pflichtgebundenen Geschäftsführers. Davon unabhängig ist aber, inwieweit der Störer dem selbstabhelfenden Geschäftsführer die Kosten der Selbsthilfemaßnahme ersetzen muss. Zu untersuchen bleibt, inwieweit M gegen H Rückgriff nehmen kann.

II. §§ 677, 683 S. 1, 670?

1. Das Abschleppenlassen durch das Abschleppunternehmen (Geschäftsführungsgehilfe) stellt für M ein auch-fremdes Geschäft dar. Benutzt ein Nichtberechtigter ein fremdes Grundstück, indem er sein Kfz dort abstellt, hat der Berechtigte gemäß §§ 862, 1004, 823 Unterlassungsansprüche gegen Fahrer und Halter. Des Weiteren darf der Berechtigte gemäß § 859 Abs. 3 das Kfz abschleppen lassen. In der widerrechtlichen Benutzung des Parkplatzes liegt zudem eine Besitzbeeinträchtigung, die Fahrer und Halter beseitigen müssen, sodass der Geschäftsführer den Fahrer und Halter des falsch parkenden Fahrzeugs von einer Verbindlichkeit befreit. A ist dabei Gehilfe des M.

2. Bei einem auch-fremden Geschäft wird der Geschäftsführungswille vermutet. Ein Auftrag oder eine Berechtigung besteht nicht.

3. Die Übernahme entspricht dem Interesse (Nützlichkeit wegen Beseitigung seiner Pflicht, das Kfz zu entfernen) und mutmaßlichen Willen des Geschäftsherrn, hier des H, jedenfalls wenn die durch die widerrechtliche Benutzung drohenden Schäden höher liegen als die Abschleppkosten.[55]

---

[53] MünchKomm/*Seiler*, § 677 Rn. 34 m. w. N.
[54] MünchKomm/*Seiler*, § 677 Rn. 34 im Anschluss an *Koller*, NJW 1971, 1776, 1779.
[55] Vgl. *Martinek/Theobald*, JuS 1997, 805, 808 f.

4. Ergebnis: Dem Parkplatzbesitzer steht ein Anspruch auf Ersatz der Abschleppkosten aus GoA zu.[56]

III. Schadensersatz aus § 823 Abs. 1 (berechtigter Besitz) und § 823 Abs. 2 i. V. m. § 858: Neben der GoA zu prüfen ist, ob die Abschleppkosten einen ersatzfähigen Schaden darstellen. Die Frage ist zu bejahen. Insbesondere fallen die Abschleppkosten unter Berücksichtigung der Wertung des § 859 als Schaden unter den Schutzzweck der Norm. Würde man dem Geschäftsführer einen Rückgriff im Ergebnis insgesamt versagen, liefe das Selbsthilferecht praktisch leer.[57]

F. Bezahlung fremder Schulden

Die Erfüllung einer fremden Pflicht (§ 267 Abs. 1) stellt einen typischen Fall für die GoA dar.[58]   **22**

Beispiel:
Leistet ein Unterhaltspflichtiger an einen durch einen Dritten geschädigten Unterhaltsberechtigten, so führt er ein Geschäft des Schädigers.[59]

Die **Bezahlung fremder Schulden** ist ein objektiv fremdes Geschäft, weil die Erfüllung einer Schuld grundsätzlich Sache des Schuldners ist (vgl. § 362 Abs. 1). Ob dies im Interesse und mit Willen des Geschäftsherrn (also als berechtigte GoA nach § 683 S. 1) geschieht, ist jedoch oft fraglich. Zwar erlangt der Geschäftsherr durch die Geschäftsführung zunächst Befreiung von einer Verbindlichkeit. Im Ergebnis werden jedoch nur seine Gläubiger ausgewechselt. Allerdings erhält der Schuldner durch die Maßnahme des Geschäftsführers zumindest eine Stundung, und er wird gerade von einer Inanspruchnahme durch den Gläubiger befreit, was vielfach in seinem Interesse liegen kann und wird.

Eine berechtigte GoA ist aber zu verneinen, wenn dem Schuldner durch die Zahlung des auftraglosen Geschäftsführers Einreden gegen den Gläubiger verloren gehen, die er gegen die ursprüngliche Forderung hätte geltend machen können; in diesem Fall widerspricht die Zahlung auf fremde Schuld dem Interesse und Willen des Schuldners (des Geschäftsherrn). Gleiches gilt, wenn der Geschäftsherr zum Ausdruck gebracht hat, mit einer Schuldentilgung nicht einverstanden zu sein („wirklicher Wille"), z. B. weil er lieber dem ursprünglichen Gläubiger als dem Geschäftsführer etwas schulden will.

---

[56] So auch AG Frankfurt/Main NJW 1990, 917; AG Neumünster DAR 1987, 387; *Janssen,* NJW 1995, 624.
[57] *Schwarz/Ernst,* NJW 1997, 2550.
[58] BGHZ 70, 389; Beispielsfall dazu bei *Martinek/Theobald,* JuS 1997, 805, 809 f.
[59] RGZ 82, 206, 214 „Dombrand"-Fall (obiter dictum); *Wollschläger,* GoA, S. 113; MünchKomm/*Seiler,* § 677 Rn. 29; a. A. *Larenz,* SR II/1, § 57 I a, S. 441.

23 | **Fall (Bürgenregress):**

Der Bürge B zahlt an den Gläubiger bei Fälligkeit der Hauptverbindlichkeit des Hauptschuldners S. Anschließend verlangt er vom Hauptschuldner Regress. Zu Recht?

Lösung:

B hat einen Anspruch aus §§ 677, 683 S. 1, 670.

a) Der für den persönlichen Schuldner S bürgende B zahlt an den Gläubiger und erfüllt damit seine eigene Verbindlichkeit aus der Bürgschaft (§§ 765, 767). Diese Zahlung bringt die Hauptverbindlichkeit des Schuldners nicht zum Erlöschen, sondern der Bürge wird Inhaber der Forderung (Legalzession, § 774 Abs. 1 S. 1); insoweit liegt kein fremdes Geschäft vor.

b) Indem der Bürge den Schuldner aber von der Inanspruchnahme durch den Gläubiger freistellt und weil der Hauptschuldner der Letztverpflichtete ist (Bürgenregress), führt er (insoweit) ein Geschäft des Hauptschuldners. Fehlt es an einem besonderen Rechtsverhältnis zwischen Hauptschuldner und Bürgen (etwa Schenkung, Auftrag), so wird das Innenverhältnis durch die §§ 677 ff. bestimmt (vgl. auch unten § 11 Rn. 66 ff.).[60]

24 | **Fall (BGHZ 43, 188):**

D bestellt für die Kaufpreisverbindlichkeit des G gegen S eine Hypothek auf seinem Grundstück. Bei Fälligkeit zahlt D an G den der Verbindlichkeit entsprechenden Betrag. Rechte des D gegen S?

Lösung:

I. D kann gegen S nach §§ 1143 Abs. 1 S. 1, 433 Abs. 2 vorgehen. Durch die Zahlung des D auf die Hypothek[61] ist die gesicherte Verbindlichkeit des S nicht erloschen (vgl. § 362 Abs. 1), sondern kraft Legalzession auf den Hypothekenschuldner D übergegangen.[62]

II. Besteht im (Innen)Verhältnis zwischen D und S eine rechtliche Grundlage, so kann sich aus dieser ein Regressanspruch ergeben. Infrage kommt etwa ein Auftrag (§§ 662, 670).

III. Andernfalls kommt ein Anspruch aus §§ 677, 683 S. 1, 670 in Frage.

1. Die Tilgungsleistung stellt ein fremdes Geschäft dar, weil S dadurch vor der Inanspruchnahme durch seinen Gläubiger G bewahrt wird. D führt auch ein eigenes Geschäft aus. Zwar ist er nach § 1147 nur zur Duldung der Zwangsvollstreckung und nicht zur Zahlung verpflichtet, jedoch wird zur Abwendung der eigenen Inanspruchnahme durch den Gläubiger aus § 1147 gezahlt.

---

[60] MünchKomm/*Seiler*, § 677 Rn. 26.

[61] Möglich ist auch, dass der Eigentümer auf die persönliche Schuld zahlt. Dann erlischt diese (§§ 362 Abs. 1, 267) und die Hypothek wird zur Eigentümergrundschuld (§§ 1163 Abs. 1 S. 2, 1177 Abs. 1 S. 1).

[62] Die Fremdhypothek wird dann zur Eigentümerhypothek (§ 1177 Abs. 2).

2. Der Fremdgeschäftsführungswille wird beim auch-fremden Geschäft vermutet.
3. Ein Auftrag oder sonstige Berechtigung fehlt.
4. Die Zahlung entspricht dem mutmaßlichen Willen des S (ein wirklicher Wille ist nicht erkennbar) und seinem Interesse, weil die Zahlung durch D für ihn eine Stundung seiner Schuld herbeiführt, für ihn vorteilhaft ist und somit auch seinem mutmaßlichen Willen entspricht.
5. Deshalb ist S nach § 670 zum Aufwendungsersatz, also zur Erstattung des an S gezahlten Betrages, verpflichtet.

IV. § 812 Abs. 1 S. 1 Alt. 2 (Rückgriffskondiktion) scheidet aus, weil die berechtigte GoA einen Rechtsgrund i. S. des § 812 Abs. 1 darstellt.

G. Abmahnungen im Wettbewerb

Bei den **Abmahnungen im Wettbewerb** meint ein Konkurrent, gegen 25 einen anderen einen Anspruch auf Unterlassung einer bestimmten Werbemaßnahme oder Geschäftsaktion zu haben (§ 13 UWG); er mahnt den Konkurrenten deshalb ab und fordert ihn zur Abgabe einer strafbewehrten Unterlassungserklärung auf. Diese Unterlassungserklärung enthält regelmäßig eine Kostenklausel, nach der sich der Abgemahnte verpflichtet, die durch die Abmahnung entstandenen (Rechtsanwalts-) Kosten des Abmahnenden zu ersetzen. Unterlässt der Konkurrent das gerügte Verhalten, unterzeichnet er aber die Erklärung bei gleichzeitiger Streichung der Kostenklausel oder gibt er die geforderte Unterlassungserklärung überhaupt nicht ab, dann stellt sich die Frage, ob der Abmahnende gleichwohl Ersatz der Abmahnkosten verlangen kann.

Der abmahnende Konkurrent des sich wettbewerbswidrig verhalten- 26 den Unternehmers oder Verbandes (§ 13 UWG) kann nach ständiger, obschon im Schrifttum auf einhellige Kritik[63] stoßender Rechtsprechung[64] bei einem Wettbewerbsverstoß die vorprozessualen Abmahnkosten vom Störer aus §§ 677, 683 S. 1, 670 ersetzt verlangen. Der Störer habe die Wettbewerbshandlung (z. B. gemäß § 1 UWG) zu unterlassen; die Abmahnung diene der Beseitigung der störenden Wettbewerbshandlung, sei insofern ein Geschäft des Störers. Da die berechtigte Abmahnung der Prozessvermeidung diene, erspare sie auch dem Abgemahnten Zeit und Geld und liege damit in seinem mutmaßlichen Willen und Interesse.[65] Ein etwa entgegenstehender Wille des Störers

---

[63] MünchKomm/*Seiler,* § 677 Rn. 35 m. w. N.; *Gehrlein,* in: Bamberger/Roth, § 677 Rn. 12.
[64] BGHZ 52, 393; 115, 210, 212 m. w. N.
[65] Grundlegend BGHZ 52, 393, 399; BGH NJW 1973, 901; GRUR 1984, 129. Anwaltskosten sollen Abmahnvereine indes nur verlangen können, wenn die Hinzuziehung eines Anwalts erforderlich war, was für typische und nur durchschnittlich schwer zu verfolgende Wettbewerbsverstöße verneint wird (BGH NJW 1984, 2525).

sei unbeachtlich, da die Beseitigung von Wettbewerbsverstößen im öffentlichen Interesse liege (§§ 683 S. 2, 679).[66]

27   Diese Rechtsprechung ist durch die UWG-Novelle von 1986[67] mit Einführung des § 13 Abs. 5 UWG im Grundsatz anerkannt worden. Nach dieser Vorschrift kann der Anspruch auf Unterlassung u. a. dann nicht geltend gemacht werden, wenn dieser berufliche Aufwendungen ersetzen soll. Dadurch ist zugleich der Rechtsmissbrauch durch sog. Abmahnvereine wesentlich eingeschränkt worden.[68] Andere bezweifeln dagegen generell das Vorliegen eines fremden Geschäftes bzw. eines Fremdgeschäftsführungswillens.[69] Die vorprozessuale Abmahnung diene in erster Linie den Interessen des Abmahnenden, der bei Klageerhebung ohne vorangegangene Abmahnung das Kostenrisiko des § 93 ZPO auf sich nehme.

H. Rettung eines Selbstmörders

28   Nach ganz h. M. hat der Lebensretter Ansprüche gegen den geretteten **Selbstmörder** aus berechtigter GoA.[70] Über die Begründung streitet man.[71] Eine Ansicht wendet § 679 analog[72,73] an mit dem Argument, der entgegenstehende Wille sei sittenwidrig und daher entsprechend dem Rechtsgedanken der §§ 134, 138 unbeachtlich.[74] Auf diese Weise soll vor allem die Verhinderung des Selbstmordes als Fall der berechtigten

---

[66] LG Düsseldorf NJW 1982, 239, 240.

[67] BGBl. I, S. 1169.

[68] Vgl. Ausschussbericht BT-Drs. 10/5771 S. 22 und Schreiben des BMJ vom 15. 9. 1993, Geschäftszeichen III B 5 7034/4–31 1965/93 (ausführlich dazu *Zöller*, WRP 1994, 156) zum Ausschluss des Aufwendungsersatzanspruchs. Vgl. § 13 Abs. 2 Nr. 2 UWG n. F. in Fassung der Novelle (BGBl. 1994 I, S. 1738).

[69] Palandt/*Sprau*, § 683 Rn. 7a; *Medicus*, BR, Rn. 412; MünchKomm/*Seiler*, § 677 Rn. 35.

[70] A. A. *Wollschläger*, GoA, S. 311 gegen die Anwendung der GoA zugunsten des Lebensretters. Dagegen zu Recht *Beuthien/Weber*, S. 139: Diese Auffassung widerspricht dem Normzweck der §§ 677 ff., fremdnütziges Verhalten grundsätzlich fördern zu wollen, und führt praktisch zu einer Bestrafung des Hilfswilligen, der fremdes Leben retten will.

[71] Letztlich geht es um die Frage, ob die Weigerung des geretteten Selbstmörders, seinem Retter die Aufwendungen zu erstatten, mit den guten Sitten vereinbar ist (*Beuthien/Weber*, S. 140).

[72] So *Berg*, JuS 1975, 681, 686. Aber auch anhand einer Analogie zu § 679 darf man sittliche Gebote nicht mittelbar (über §§ 683 S. 2, 679, 670) unter Rechtszwang setzen.

[73] Dieses Ergebnis wird aus der in § 138 zum Ausdruck kommenden rechtlichen Wertung abgeleitet (so Soergel/*Mühl*, 11. Aufl. 1980, § 679 Rn. 8; Staudinger/*Wittmann*, § 679 Rn. 10; Jauernig/*Mansel*, § 679 Rn. 2). Vgl. aber Staudinger/*Wittmann* (§ 679 Rn. 10) mit Hinweis darauf, dass die Erklärung des Geschäftsherrn, dass er die Erfüllung einer sittlichen Pflicht verbiete, nicht stets gegen die guten Sitten (§ 138) verstoße.

[74] Jauernig/*Mansel*, § 679 Rn. 2; *Musielak*, Rn. 692.

GoA erfasst werden.[75] Nach a. A. ist es dagegen widersprüchlich, einerseits eine sittliche Pflicht für § 679 nicht ausreichen zu lassen, andererseits die Vorschrift bei bloß sittlicher Pflicht analog anzuwenden. Da es keine moralische Pflicht gibt, am Leben zu bleiben, könne § 679 auch nicht entsprechend angewendet werden.[76] Nach dieser Ansicht ist zu differenzieren und die Selbstmordfälle wie folgt angemessen zu lösen:[77]

1. Der Wille des geistig gestörten Lebensmüden ist unbeachtlich (analog §§ 104 Nr. 2, 105). An seine Stelle tritt dessen mutmaßlicher Wille, der dem Interesse (an der Rettung) entspricht.

2. Der wirkliche Wille des sog. Appellselbstmörders zielt auf Rettung, steht also einer GoA ebenfalls nicht entgegen.

3. Ist durch den Selbstmordversuch eine gefährliche Rettungshandlung herausgefordert worden, so kommt ein Schadensersatzanspruch des Retters nach § 823 Abs. 1 in Betracht.[78]

4. Jedenfalls wird der Helfende durch sozialversicherungsrechtliche Ansprüche (Unfallversicherungsschutz) nach § 13 i.V.m. § 2 Abs. 1 Nr. 13 c SGB VII (früher §§ 539 Abs. 1 Nr. 9, 547, 765 a RVO) geschützt.[79]

Die eigentliche Schutzlücke liegt daher weniger darin, dass kein Aufwendungsersatz nach §§ 677, 683 S. 1, 670 beansprucht werden kann (kein Ersatz erfolgloser Hilfsaufwendungen), als vielmehr in der Geltung des strengen § 678: Danach haftete der Retter (Geschäftsführer) für alle zufälligen Rettungsschäden, z. B. wenn der Helfer mit dem Lebensmüden abstürzt, wobei sich dieser eine Lähmung zuzieht.[80] **29**

I. Verwendungen auf fremde Sachen

In den Fällen, in denen auf eine fremde Sache wertsteigernde Aufwendungen getätigt werden (**Verwendungen auf fremde Sachen**), begehrt **30** der Geschäftsführer regelmäßig Aufwendungsersatz vom Eigentümer. Es ist zu unterscheiden: (1.) Ist der Verwendende dem Eigentümer gegenüber vertraglich oder gesetzlich[81] zur Verwendung verpflichtet, so führt der Geschäftsführer nur ein eigenes Geschäft und will auch nur

---

[75] BayObLG MDR 1968, 920.
[76] *Beuthien/Weber*, S. 139.
[77] *Beuthien/Weber*, S. 139; MünchKomm/*Seiler*, § 679 Rn. 13 m. w. N.
[78] MünchKomm/*Seiler*, § 679 Rn. 13.
[79] Dazu *Medicus*, BR, Rn. 431.
[80] Soergel/*Beuthien*, § 679 Rn. 15 will § 678 teleologisch reduzieren; denn diese Vorschrift bezwecke nicht den Schutz von Willensentschließungen, die sich gegen das Gebot von Treu und Glauben (§ 242) richten. Die Anwendbarkeit von § 242 folge daraus, dass auch bei unberechtigter GoA ein besonderes Rechtsverhältnis entstehe.
[81] Durch Gebäudeabriss waren Stützungsmaßnahmen auf dem Nachbargrundstück erforderlich (vgl. OLG Düsseldorf MDR 1972, 948). Diese Pflicht folgt schon aus § 909, sodass das OLG GoA zutreffend ablehnte.

ein eigenes Geschäft führen. (2.) Besteht eine Verwendungspflicht zwischen dem Eigentümer und einem Dritten, so führt der Verwendende regelmäßig ein Geschäft des Eigentümers; ist er dem Besitzer gegenüber zur Verwendung verpflichtet, so will er im Zweifel nichts für den Eigentümer aufwenden, sondern nur an den Besitzer leisten.[82] (3.) Vorrangig sind vertragliche oder gesetzliche Bestimmungen zwischen den Parteien (vgl. §§ 539, 601, 1049). Vgl. die Beispielsfälle unten § 11 Rn. 59 ff.

J. Versicherungsfälle

31   Wenn ein Dritter Aufwendungen zugunsten einer versicherten (beschädigten) Sache macht oder der Versicherungsnehmer Aufwendungen zur Abwendung einer Beschädigung macht und die Sache dadurch schützt, stellt sich die Frage, ob der Aufwendende von dem Versicherer Ersatz nach §§ 677, 683 S. 1, 670 verlangen kann.[83] Voraussetzung dafür ist, dass ein Geschäft des **Versicherers** vorliegt, dieser also Geschäftsherrin i. S. der §§ 677 ff. ist.

Ein Geschäft des Versicherers liegt grundsätzlich nicht vor, wenn der Versicherer (kraft Versicherungsvertrages oder Gesetzes) nur zur Schadensregulierung, aber nicht zur Schadensvorsorge verpflichtet ist.[84] Er ist dann nicht (gesetzlich oder vertraglich) zur Vornahme von erhaltenden oder wiederherstellenden Maßnahmen (Nothilfe oder zur Vornahme schadensmindernder Tätigkeiten) verpflichtet. Ihm obliegt nur die Pflicht zur Kostentragung. Die (mittelbare) Kostentragungspflicht begründet aber keine Geschäftsherreneigenschaft (vgl. oben § 4 Rn. 20). Das Verhältnis zwischen dem Versicherungsnehmer und dem Versicherer ist spezialgesetzlich in den §§ 62, 63 VVG (auftragsähnlich) geregelt. Insoweit scheidet eine Anwendung der §§ 677 ff. aus.

Beispiele:
– Die Behörde beseitigt die durch einen Kfz-Unfall verursachten Schäden und verlangt vom Kfz-Haftpflichtversicherer Aufwendungsersatz. Die Maßnahmen der Eindämmung und Beseitigung des Schadens stellen kein Geschäft des Haftpflichtversicherers dar; dieser ist nur zur Kostentragung (vgl. §§ 62 f. VVG) verpflichtet, nicht aber zur tatsächlichen Schadensvorsorge oder -beseitigung. Die Anwendung der GoA würde zu sachwidrigen Ergebnissen führen (BGHZ 54, 157).[85]
– K kommt der um Hilfe rufenden und verletzten F zu Hilfe und stürzt dabei. Den infolge Krankheit erlittenen Verdienstausfall kann K von der Krankenkasse der F aus §§ 677, 683 S. 1, 670 ersetzt verlangen. K führt ein (für ihn objektiv fremdes) Geschäft der Krankenkasse, die nicht nur zur Kostentragung verpflichtet

---

[82] Vgl. im Übrigen MünchKomm/*Seiler*, § 677 Rn. 36 ff. m. w. N.
[83] Vgl. BGHZ 33, 251; 54, 157; 55, 207; 72, 151.
[84] *Martinek/Theobald*, JuS 1997, 612, 615; *Seiler*, JuS 1987, 367, 372.
[85] Ähnlich BGHZ 55, 207: Der Dritte, der Erste Hilfe für einen verunfallten Arbeitskollegen holt, führt kein Geschäft der Berufsgenossenschaft und hat deshalb gegen diese keinen Aufwendungsersatzanspruch aus GoA.

ist, sondern auch zur Krankenpflege und zu den sie erst ermöglichenden Leistungen (Aufsuchen des Verletzten zur Vorbereitung der ärztlichen Behandlung) durch Sachleistung in Natur. Fremdgeschäftsführungswille liegt vor. Ein Auftrag fehlt. Übereinstimmung mit Interesse und Willen der Krankenkasse sind anzunehmen, jedenfalls ist § 679 (i. V. m. § 683 S. 2) einschlägig. Der Verdienstausfall fällt als risikotypischer Begleitschaden unter § 670 (BGHZ 33, 251).

Weitere Versicherungsfälle: 32
– Eine Krankenkasse erbringt die einer anderen Krankenkasse obliegende gesetzliche Leistungspflicht (Familienhilfe). Sie hat gegen die (eigentlich verpflichtete) andere Krankenkasse einen Anspruch aus §§ 677, 683 S. 2, 679 entsprechend (öffentlich-rechtliche GoA) auf Erstattung ihrer Aufwendungen (BSG NJW 1958, 886).
– Die zahlende Kfz-Versicherung kann von dem außerhalb des Versicherungsverhältnisses stehenden Mitschädiger keinen Aufwendungsersatz für geleistete Schadensersatzzahlungen aus §§ 677, 683 S. 1, 670 verlangen. Der Versicherer führt allenfalls ein Geschäft des Versicherungsnehmers und des Mitversicherten und damit kein Geschäft des dritten Mitschädigers; ein fremdes Geschäft unter dem Gesichtspunkt der Tilgung fremder Schulden (§ 267) liegt mangels (erforderlicher) Fremdtilgungsabsicht des Versicherers nicht vor (vgl. unten § 11 Rn. 68). Es fehlt der Fremdgeschäftsführungswille (BGHZ 32, 331, 337 f.).

In einer weiteren Kategorie von Versicherungsfällen[86] geht es um die   33
Frage, ob der Versicherungsnehmer ein Geschäft eines Dritten (Versicherten) ausgeführt hat, indem er eine Versicherung zugunsten des Dritten (Versicherten) abschließt. Dann nämlich könnte der Dritte (Versicherte) nach §§ 677, 681 S. 2, 667 Herausgabe der ausgezahlten Versicherungssumme vom Versicherungsnehmer bzw. dessen Erben als Geschäftsführer verlangen; der Versicherungsnehmer könnte seinerseits den auf die Fremdversicherung entfallende Prämienanteil als Aufwendung ersetzt verlangen.

Beispiel:
G (Versicherungsnehmer) schließt für sein Kfz eine Insassenunfallversicherung bei einer Versicherung (Versicherer) ab. Bei einem Unfall wird der Insasse I (Versicherter) geschädigt. Die Versicherung zahlt an G. I verlangt von G Herausgabe der erlangten Versicherungssumme aus §§ 681 S. 2, 667.

Den für §§ 681 S. 2, 667 erforderlichen Fremdgeschäftsführungswillen hat der BGH in BGHZ 32, 44, 51 noch bejaht.[87] Er folge aus Rechtsgründen, nämlich daraus, dass der Versicherungsnehmer eine solche Versicherung ohne Einwilligung der dritten Gefahrsperson gar nicht im eigenen Interesse, sondern nur im Interesse der Gefahrsperson abschließen könne[88] und ein davon abweichender Wille des Versicherungsnehmers rechtlich nicht in Betracht komme, wenn die Versi-

---

[86] Vgl. BGHZ 32, 44; 64, 260; BGH NJW 1973, 1368.
[87] BGHZ 32, 44, 51 f.
[88] Eine Versicherung gegen den Unfall eines anderen (Gefahrsperson) kann für eigene Rechnung ohne Einwilligung der Gefahrsperson nicht genommen werden (vgl. § 179 Abs. 2 und 3 VVG).

cherung rechtsgültig abgeschlossen werden solle. In einer späteren Entscheidung entschied der BGH[89] entgegengesetzt und lehnte den Fremdgeschäftsführungswillen ab, weil der Versicherungsnehmer offenkundig eigene Beweggründe habe und nur im eigenen Interesse handele; daraus, dass das versicherte Interesse ohne Einwilligung der Gefahrsperson nicht beim Versicherungsnehmer liegen dürfe (vgl. § 179 VVG), folge kein Fremdgeschäftsführungswille. Insoweit wird der Fremdgeschäftsführungswille wohl „subjektiver" als in der ersten BGH-Entscheidung verstanden.

34   **Vertiefungshinweis:** Sozialversicherungsrechtliche Rechtslage
Der Nothelfer steht bei seiner Nothilfe nach § 2 Abs. 1 Nr. 13 a SGB VII (früher § 539 Abs. 1 Nr. 9 a RVO) unter dem Schutz der gesetzlichen Unfallversicherung. Er hat einen Anspruch auf Ersatz seiner Aufwendungen und Schäden nach § 13 SBG VII (früher § 765 a Abs. 1 RVO). Nach § 113 S. 2 SGB VII (früher § 765 a Abs. 2 RVO) geht der Anspruch aus §§ 677, 683, 670 entsprechend § 116 SGB X auf den Sozialversicherungsträger über. Damit wird eine Doppelbefriedigung des Nothelfers vermieden.[90]

---

[89] BGHZ 64, 260, 262 ff.
[90] Vgl. BGHZ 38, 270; 92, 270; *Frank*, JZ 1982, 737.

3. Teil. Ungerechtfertigte Bereicherung

Literatur: *Beuthien/Weber,* Schuldrecht II: Ungerechtfertigte Bereicherung und Geschäftsführung ohne Auftrag, 2. Aufl. 1987, S. 1 bis 135; *Canaris,* Der Bereicherungsausgleich im Dreipersonenverhältnis, FS Larenz, 1973, S. 799; *v. Caemmerer,* Bereicherung und unerlaubte Handlung, FS Rabel I, 1954, S. 333; *Ellger,* Bereicherung durch Eingriff, 2002; *Flume,* Studien zur Lehre von der ungerechtfertigten Bereicherung, 2003; *Giesen,* Grundsätze der Konfliktlösung im Besonderen Schuldrecht: Die ungerechtfertigte Bereicherung (Teil 1: Leistungskondiktionen), Jura 1995, 169; (Teil 2: Nichtleistungskondiktionen), Jura 1995, 234; (Teil 3: Der Bereicherungsumfang), Jura 1995, 281; *Hüffer,* Die Eingriffskondiktion, JuS 1981, 263; *Koppensteiner/Kramer,* Ungerechtfertigte Bereicherung, 2. Aufl. 1988; *Larenz/Canaris,* Lehrbuch des Schuldrechts. Band II. Besonderer Teil. Halbband 2, 13. Aufl. 1994, §§ 67 bis 74; *Loewenheim,* Bereicherungsrecht, 2. Aufl. 1997; *Lorenz,* Bereicherungsrechtliche Drittbeziehungen, JuS 2003, 729 und 839; *Medicus,* Die verschärfte Haftung des Bereicherungsschuldners, JuS 1993, 705; *Reeb,* Grundprobleme des Bereicherungsrechts, 1975; *Reuter/Martinek,* Ungerechtfertigte Bereicherung, 1983; *Schildt,* Konkurrenzprobleme im Bereicherungsrecht, JuS 1995, 953; *Thier,* Grundprobleme der bereicherungsrechtlichen Rückabwicklung gegenseitiger Verträge, JuS 1999, L 9; *Wieling,* Bereicherungsrecht, 3. Aufl. 2004; *Wilburg,* Die Lehre von der ungerechtfertigten Bereicherung nach österreichischem und deutschem Recht. Kritik und Aufbau, 1934.

§ 9. Einführung und Überblick

Die Ansprüche aus ungerechtfertigter Bereicherung sind in den §§ 812 ff. geregelt.[1] Sie dienen der Rückgängigmachung von Vermögensverschiebungen, die nach dem Gesamturteil der Rechtsordnung „ohne rechtlichen Grund" geschehen sind.[2] Die bereicherungsrechtlichen Ansprüche nennt man auch Kondiktionen.[3]   **1**

Das Bereicherungsrecht hebt sich von anderen Rechtsgebieten durch seine schwierige Dogmatik ab. Die bereicherungsrechtliche Dogmatik hat in der geschichtlichen Entwicklung des Privatrechts seit dem klassisch römischen Recht[4] eine weitreichende Entwicklung durchge-   **2**

---

[1] Zur dogmengeschichtlichen Entwicklung des Bereicherungsrechts und seiner Kodifikation im BGB vgl. *Reuter/Martinek,* § 1, S. 4 ff.

[2] Nach der Rechtsprechung (BGHZ 36, 232, 234 f.; 132, 198, 215) beruht das Bereicherungsrecht in besonderem Maße auf Gründen der Billigkeit.

[3] Vgl. *Reuter/Martinek,* § 1 I 1 b, S. 6, insbesondere zum Ursprung des Wortes „Kondizieren".

[4] Vgl. *Schwarz,* Die Grundlage der Condictio im klassischen römischen Recht (1952); *v. Lübtow,* Beiträge zur Lehre von der Condictio nach römischem und geltendem Recht (1952).

macht.[5, 6] Wenn auch (Klausur-)Fälle auf Grundlage der modernen Dogmatik[7] zu lösen sind, ist die dogmengeschichtliche Entwicklung nicht ganz ohne Bedeutung: Zum einen weichen die Ansicht des BGB-Gesetzgebers von 1900, die sich im Wortlaut der §§ 812 ff. niederge-schlagen hat,[8] und die heute herrschende Meinung zum Teil voneinan-der ab; zum anderen tauchen in Rechtsprechung und Lehre alte Theo-rieansätze auf, die aus der heutigen Sicht wenig verständlich erscheinen. Wenn auch an einigen (wenigen) Stellen auf die dogmengeschichtliche Entwicklung hingewiesen werden muss, so ist Schwerpunkt der Dar-stellung das Bereicherungsrecht nach aktuellem und herrschendem Ver-ständnis (Dogmatik).

A. Unterschiede zwischen Bereicherungs- und Deliktsrecht

3   Bereicherungsrecht und Deliktsrecht sind nach modernem Verständ-nis grundlegend verschieden:[9]
– Dem Deliktsrecht geht es um den Ausgleich eines „Weniger", d. h. eines Schadens des Anspruchsinhabers (Geschädigten). Dagegen kommt es auf eine Vermögensmehrung oder einen Vorteil des An-spruchsgegners (Schädigers) nicht an. Der Deliktsschuldner haftet nicht, weil er einen Vorteil erlangt hat, sondern weil er einen anderen geschädigt, diesem einen Nachteil (Weniger) zugefügt hat. Dieser Schaden soll ausgeglichen werden.
– Das Bereicherungsrecht dient dazu, ein Mehr, also eine Bereicherung beim Anspruchsgegner (Bereicherungsschuldner), auszugleichen (ab-zuschöpfen). Ob der Anspruchsinhaber (Kondiktionsgläubiger) eine Vermögensminderung (Schaden) erlitten hat, spielt dagegen grund-sätzlich keine Rolle.[10] Es soll die (ungerechtfertigte) Vermögensmeh-

---

[5] Vgl. zur dogmengeschichtlichen Entwicklung in jüngerer Zeit *Ellger*, S. 1–248; *Kupisch*, Ungerechtfertigte Bereicherung: geschichtliche Entwicklungen (1987).
[6] Im Zusammenhang mit der historischen Entwicklung des Bereicherungsrechts wäre z. B. die sog. actio de in rem verso (Versionsklage) zu nennen. Diese actio, mit der der Leistende direkt auf einen Dritten „durchgreifen" konnte, hat keinen Ein-gang ins BGB gefunden (Mot. II, S. 871 f.), wird heute aber immer noch bei bereiche-rungsrechtlichen und geschäftsführungsrechtlichen (GoA) Problemen erörtert.
[7] Grundlegend für die moderne Dogmatik sind die Arbeiten von *Wilburg* (Die Lehre von der ungerechtfertigten Bereicherung nach österreichischem und deutschem Recht. Kritik und Aufbau [1934]) und *v. Caemmerer* (FS Rabel I [1954], S. 333–401).
[8] Der BGB-Gesetzgeber folgte im Wesentlichen der traditionellen Bereicherungsleh-re, die auf *Savigny* (System des heutigen römischen Rechts, Bd. V [1841], S. 503 ff.) zurückgeht.
[9] Vgl. z. B. BGHZ 68, 90.
[10] Die traditionelle Bereicherungslehre nach *Savigny* (System des heutigen römi-schen Rechts, Bd. V [1841], S. 525ff.) machte den Bereicherungsanspruch noch von einer unmittelbaren Vermögensverschiebung aus dem Vermögen des Bereicherungs-gläubigers in das Vermögen des Bereicherungsschuldners abhängig. So auch noch die

rung beim Bereicherten wieder beseitigt werden. Das Bereicherungsrecht verpflichtet den Bereicherungsschuldner also, weil sein Vermögen zu Unrecht vermehrt worden ist.

	Vermögen des Anspruchstellers	Vermögen des Anspruchsgegners
Deliktsrecht	Ausgleich eines „Weniger"	
Bereicherungsrecht		Ausgleich eines „Mehr"

Fall: 4

A wirft mit einem Projektor eine Werbeaufschrift auf die weiße und große
Wand des Nachbarhauses, dessen Eigentümer der N ist. N verlangt „Ausgleich".

Lösung:

1. Schadensersatz nach Deliktsrecht (§ 823 Abs. 1) kann N (überhaupt) nur
   verlangen, wenn er in einem geschützten Recht oder Rechtsgut verletzt ist
   und (damit) einen Schaden erlitten hat, etwa wenn die Bestrahlung mit
   dem Projektor das Haus beschädigt hat (Schaden durch Eigentumsverletzung) oder wenn die Werbung den Ruf des N beeinträchtigt hat (Verletzung
   des Persönlichkeitsrechts).
2. Bereicherungsansprüche (§ 812 Abs. 1 S. 1 Alt. 2 [Eingriffskondiktion]) stehen dem N dann zu, wenn A etwas (durch Eingriff ohne rechtlichen Grund)
   erlangt, etwa die kostenlose Nutzung einer Wand als Werbefläche, die er
   sonst hätte anmieten müssen.

Bereicherungsrecht (§§ 812 ff.)   5

Zweck:
Ausgleich einer ungerechtfertigten Vermögensverschiebung

Deliktsrecht	**Bereicherungsrecht**
Ausgleich eines Schadens (Weniger) des Anspruchsinhabers	Ausgleich der Bereicherung (Mehr) des Anspruchsgegners

Motive (*Mugdan* II, S. 463 [Motive]); in einem weiteren Verständnis dagegen schon
die Protokolle (*Mugdan* II, S. 1170 f. [Protokolle]).

B. Einheits- und Trennungstheorie

6   § 812 Abs. 1 S. 1 unterscheidet zwei Arten der Bereicherung: Das „etwas", dessen Herausgabe verlangt wird, kann „durch Leistung" oder „in sonstiger Weise auf dessen Kosten" erlangt worden sein. Dem § 812 Abs. 1 S. 1 liegen damit zwei Grundtatbestände zugrunde, nämlich die Bereicherung „durch die Leistung eines anderen" (Leistungskondiktion) und die Bereicherung „in sonstiger Weise auf dessen Kosten" (Nichtleistungskondiktion). Von dieser Trennung zwischen der Leistungs- und Nichtleistungskondiktion geht die heute herrschende **Trennungstheorie** aus.[11] Beide Kondiktionen erfüllen unterschiedliche Funktionen (vgl. unten § 9 Rn. 10 f., 13) und sind tatbestandlich verschieden zu definieren. Im Gegensatz dazu war früher die **Einheitstheorie** herrschend. Sie sah in § 812 Abs. 1 einen einheitlichen Tatbestand, in der Leistungs- und Nichtleistungskondiktion nur besondere Ausprägungen dieses einheitlichen Anspruchs.

7

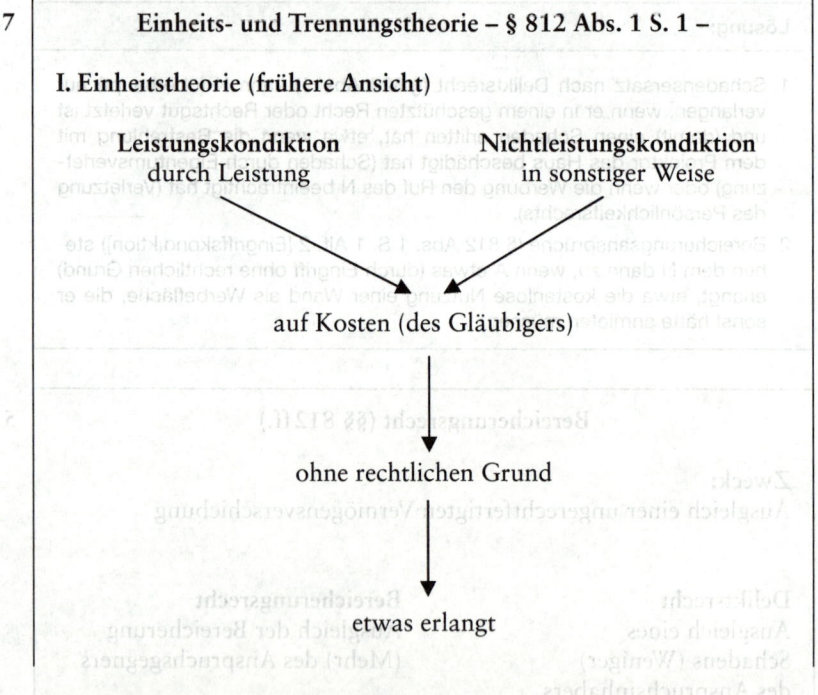

Einheits- und Trennungstheorie – § 812 Abs. 1 S. 1 –

I. Einheitstheorie (frühere Ansicht)

Leistungskondiktion
durch Leistung

Nichtleistungskondiktion
in sonstiger Weise

auf Kosten (des Gläubigers)

ohne rechtlichen Grund

etwas erlangt

---

[11] Die Trennungslehre geht im Wesentlichen auf die Arbeiten von *Wilburg* (Die Lehre von der ungerechtfertigten Bereicherung nach österreichischem und deutschem Recht. Kritik und Aufbau [1934], S. 25 ff.) und *v. Caemmerer* (FS Rabel I [1954], S. 333) zurück.

II. Trennungstheorie (heute h. M.)

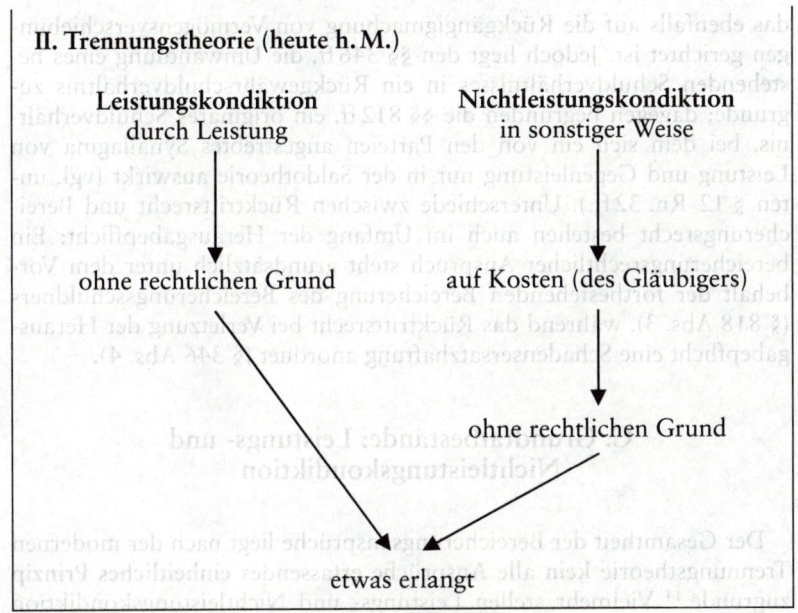

Leistungskondiktion durch Leistung   Nichtleistungskondiktion in sonstiger Weise

ohne rechtlichen Grund   auf Kosten (des Gläubigers)

ohne rechtlichen Grund

etwas erlangt

Vertiefungshinweis: Einheits- und Trennungstheorie[12]   **8**
Die heute h. M. geht von der **Trennungstheorie** aus. Sie unterscheidet zwischen zwei Alternativen in § 812 Abs. 1 S. 1, trennt dementsprechend die Leistungskondiktion von der Nichtleistungskondiktion und macht sie von unterschiedlichen Voraussetzungen abhängig. Begründung:
– Die §§ 813, 814, 815, 817, 819 Abs. 2 und 820 Abs. 1 nehmen ausdrücklich auf eine „Leistung" Bezug. Sie enthalten also Sonderregeln für die Leistungskondiktion.
– Aus der Systematik der §§ 812 ff. ergibt sich, dass es keinen einheitlichen Tatbestand der ungerechtfertigten Bereicherung gibt.
Die Trennungstheorie hat zur Folge, dass „auf dessen Kosten" nur noch für die Nichtleistungskondiktion von Bedeutung ist[13] und „ohne rechtlichen Grund" bei Leistungs- und Nichtleistungskondiktion – trotz gleichen Wortlautes – unterschiedlich zu definieren sind (vgl. unten § 10 Rn. 22, § 11 Rn. 18 f.; vgl. zum Unmittelbarkeitserfordernis unten § 11 Rn. 14).
Die heute kaum mehr vertretene **Einheitslehre** sieht in § 812 Abs. 1 S. 1 einen einheitlichen Tatbestand. Die Fälle der Leistung und „in sonstiger Weise" unterscheiden sich danach nur dadurch, dass im ersten Fall etwas mit Willen des Bereicherungsgläubigers, im anderen Fall ohne dessen Willen in das Vermögen des Bereicherungsschuldners gelangt ist. Im Übrigen werden die Tatbestandsmerkmale „auf dessen Kosten" und „ohne rechtlichen Grund" gleich definiert.

Während das Bereicherungsrecht im Gegensatz zum Deliktsrecht steht,   **9**
weist es gewisse Ähnlichkeiten mit dem **Rücktrittsrecht** (§§ 346 ff.) auf,

---

[12] Vgl. *Larenz/Canaris*, SR II/2, § 67 I 2, S. 129 ff.
[13] Aus BGHZ 82, 299, 306 („Der Zuweisungsgehalt der Rechtsposition ersetzt …") könnte folgen, dass das Tatbestandsmerkmal „auf dessen Kosten" auch bei der Eingriffskondiktion überflüssig ist; dies andeutend *Ellger*, S. 214.

das ebenfalls auf die Rückgängigmachung von Vermögensverschiebungen gerichtet ist. Jedoch liegt den §§ 346 ff. die Umwandlung eines bestehenden Schuldverhältnisses in ein Rückgewährschuldverhältnis zugrunde; dagegen begründen die §§ 812 ff. ein originäres Schuldverhältnis, bei dem sich ein von den Parteien angestrebtes Synallagma von Leistung und Gegenleistung nur in der Saldotheorie auswirkt (vgl. unten § 12 Rn. 32 ff.). Unterschiede zwischen Rücktrittsrecht und Bereicherungsrecht bestehen auch im Umfang der Herausgabepflicht: Ein bereicherungsrechtlicher Anspruch steht grundsätzlich unter dem Vorbehalt der fortbestehenden Bereicherung des Bereicherungsschuldners (§ 818 Abs. 3), während das Rücktrittsrecht bei Verletzung der Herausgabepflicht eine Schadensersatzhaftung anordnet (§ 346 Abs. 4).

C. Grundtatbestände: Leistungs- und Nichtleistungskondiktion

10   Der Gesamtheit der Bereicherungsansprüche liegt nach der modernen Trennungstheorie **kein** alle Ansprüche erfassendes **einheitliches Prinzip** zugrunde.[14] Vielmehr stellen Leistungs- und Nichtleistungskondiktion zwei grundsätzlich verschiedene Tatbestände mit eigenständigen Funktionen dar. Die Leistungskondiktion ist ein Annex des Vertragsrechts und in das Güterbewegungsrecht eingebettet, während die Nichtleistungskondiktion, deren wichtigster Unterfall die Eingriffskondiktion ist,[15] als Annex des fortwirkenden Eigentumsrechts gilt und dem Güterschutzrecht zugeordnet wird.[16]

I. Grundgedanke der Leistungskondiktion

11   Bei der **Leistungskondiktion** geht es darum, eine Leistung, die ohne ein gültiges Kausalgeschäft (Verpflichtungsgeschäft) erbracht worden oder die sonst fehlgeschlagen ist, wieder rückgängig zu machen. Die Leistungskondiktion ist das notwendige schuldrechtliche Korrektiv zum Abstraktionsprinzip:[17] Wegen der rechtlichen Abstraktheit – also

---

[14] Früher wurde das Bereicherungsrecht als Ausfluss des Billigkeitsrechts oder des Gedankens, dass sich niemand mit dem Schaden eines anderen bereichern dürfe, angesehen. Vgl. zu dieser Maxime und ihrem Ursprung *Reuter/Martinek*, § 1 I 1 c, S. 9 f.

[15] In der Literatur wird teilweise an Stelle von Nichtleistungskondiktion von „Eingriffskondiktion" gesprochen, obwohl die Eingriffskondiktion nur den Haupt- und Grundfall der Nichtleistungskondiktion darstellt. Zur Typologie vgl. unten § 9 Rn. 17.

[16] *Wilburg*, Die Lehre von der ungerechtfertigten Bereicherung nach österreichischem und deutschem Recht. Kritik und Aufbau (1934), S. 11 ff.; *v. Caemmerer*, FS Rabel I (1954), S. 333, 342 ff. Vgl. auch *Reuter/Martinek*, § 2 II 1, S. 27 und § 7 I 1, S. 234 jeweils m. w. N.

[17] Die Bedeutung des Abstraktionsprinzips heben die Motive (*Mugdan* II, S. 463 [Motive]) hervor.

der Unabhängigkeit von kausalem (schuldrechtlichem) und abstraktem (sachenrechtlichem) Geschäft – kann das Verfügungsgeschäft (z. B. die Übereignung einer Sache) gültig sein, während das Kausalgeschäft (Verpflichtungsgeschäft, z. B. Kaufvertrag) nicht wirksam ist. Mittels des Herausgabeanspruches aus § 985 (der sog. Vindikation) kann der Rechtsverlierer seine Sache nicht mehr zurückverlangen, weil er wegen der Wirksamkeit des (abstrakten) Verfügungsgeschäftes sein Eigentum verloren hat.[18] Hier greift die Leistungskondiktion als schuldrechtliche Korrektur dinglicher Rechtsfolgen, die bei der Durchführung fehlerhafter Schuldverhältnisse entstanden sind.

Fall: 12

V verkauft und übereignet dem K gegen Barzahlung des Kaufpreises einen Ring, den er für vergoldet hält, der aber tatsächlich ein echt goldener Ring ist. Wenige Tage später zeigt K den Ring in Gegenwart von V einem Sachverständigen, der die Echtheit des Ringes feststellt. V ficht den Kaufvertrag wegen Irrtums über eine verkehrswesentliche Eigenschaft an und verlangt seinen Ring zurück.

Lösung:

I. Ansprüche des V auf Rückverschaffung des Ringes?

1. Kaufvertragliche Ansprüche scheiden aus, weil der Kaufvertrag nach §§ 142 Abs. 1, 119 Abs. 2 als von Anfang an nichtig anzusehen ist.

2. Ein Eigentumsherausgabeanspruch nach § 985 scheidet aus, weil nicht mehr V, sondern K Eigentümer des Ringes ist. Denn die Nichtigkeit des Kaufvertrages ergreift nicht die Übereignung als (wertneutrales) Erfüllungsgeschäft (Abstraktionsprinzip).

3. Anspruch aus § 812 Abs. 1 S. 1 Alt. 1 auf Rückübereignung (Verschaffung des Eigentums)[19]

   a) K erlangt durch Übereignung (§ 929 S. 1) Eigentum und unmittelbaren Besitz am Ring und damit einen vermögenswerten Vorteil („etwas" i. S. des § 812 Abs. 1 S. 1).

   b) Die Übereignung und Übergabe durch V an K erfolgt bewusst und zum Zweck der Erfüllung des vermeintlich wirksamen Kaufvertrages. Damit liegt eine Leistung von V an K vor.

   c) Infolge Anfechtung ist der die Vermögensverschiebung rechtfertigende Rechtsgrund (Kaufvertrag) entfallen (§ 142 Abs. 1).[20] Es fehlt damit

---

[18] Nach der traditionellen Bereicherungslehre (vgl. *Savigny*, System des heutigen römischen Rechts, Bd. V [1841], S. 518 und 565 f.) stehen Vindikation und Kondiktion in einem Ausschlussverhältnis.

[19] Zur Anwendbarkeit der condictio indebiti im Falle der Anfechtung vgl. unten § 10 Rn. 24.

[20] Zum Konkurrenzverhältnis zwischen Anfechtung (§ 119 Abs. 2) und Sachmängelhaftung (§§ 434 ff., 280 ff.) vgl. Palandt/*Putzo*, § 437 Rn. 53. Im vorliegenden Fall sind die Sachmängelvorschriften aber nicht einschlägig, weil die Ist- nicht von der Sollbeschaffenheit zum Nachteil des Käufers abweicht, sondern zu seinem Vorteil. Deshalb ist in diesem Fall eine Anfechtung auch nach Gefahrübergang möglich.

der Rechtsgrund, aufgrund dessen K Eigentum und Besitz verlangen kann. Die Leistung ist damit rechtsgrundlos.

Mit diesen drei Voraussetzungen ist der Tatbestand der Leistungskondiktion gegeben. V hat gegen K einen Anspruch auf Herausgabe des Ringes gemäß § 812 Abs. 1 S. 1 Alt. 1 und kann Rückübereignung und Besitzverschaffung verlangen.

II. Ansprüche des K auf Rückzahlung des Kaufpreises?

1. § 985 ist nicht einschlägig, weil V durch Übereignung (§ 929 S. 1) Eigentümer des Geldes geworden ist.

2. Einschlägig ist aber § 812 Abs. 1 S. 1 Alt. 1. Das Kausalgeschäft ist aufgrund Anfechtung nichtig, sodass es an dem Rechtsgrund für die Verschaffung des Eigentums und Besitzes an den Geldscheinen und Geldmünzen fehlt. Deshalb kann K Rückzahlung des Kaufpreises aus § 812 Abs. 1 S. 1 Alt. 1 verlangen.

Hinweis: Hier zeigt sich die Funktion der Leistungskondiktion. Eine rechtsgeschäftliche Leistung (die Übereignung) hat ihren Zweck, nämlich die Erfüllung des Kaufvertrages, verfehlt und ist deshalb rückgängig zu machen.

II. Grundgedanke der Nichtleistungskondiktion (Bereicherung in sonstiger Weise)

13   Die Bereicherung in sonstiger Weise erfasst ganz verschiedenartige Tatbestände. Sie haben gemeinsam, dass die Bereicherung nicht auf einer Leistung des Bereicherungsgläubigers beruht, der Bereicherungsschuldner also etwas ohne den Willen des Bereicherungsgläubigers erlangt. Die Nichtleistungskondiktion steht in erster Linie im Zusammenhang mit dem **Schutz von Gütern**. Sie ergänzt sachenrechtliche und deliktische Ansprüche. Die Vermögensverschiebung, die ohne rechtlichen Grund und damit ungerechtfertigt ist (genauer zur Rechtsgrundlosigkeit bei der Nichtleistungskondiktion vgl. unten § 11 Rn. 18 ff.), wird durch die Nichtleistungskondiktion ausgeglichen.

14   **Fall:**

Die Kühe des Landwirts S dringen in die benachbarte Wiese des Landwirts G ein und grasen sie ab. G verlangt von S Ersatz. Zu Recht?

Lösung:

1. Anhaltspunkte für eine Geschäftsführung ohne Auftrag fehlen (§§ 677 ff.).

2. Ein Anspruch aus § 823 Abs. 1 scheidet auch aus. Das Verhalten der Kühe verletzt zwar das Eigentum des G. Diese Eigentumsverletzung beruht aber nicht auf einem haftungsrechtlich relevanten Verhalten des S. Denn Anhaltspunkte für ein pflichtwidriges Unterlassen der Beaufsichtigung der Kühe (Verletzung einer Verkehrssicherungspflicht) fehlen.

3. Ein Schadensersatzanspruch aus Tierhalterhaftung nach § 833 S. 1 scheidet ebenfalls aus, wenn sich S gem. § 833 S. 2 exkulpieren kann (Haustiere mit Zweckbestimmung, vgl. unten § 18 Rn. 32).

4. Eine Leistungskondiktion (§ 812 Abs. 1 S. 1 Alt. 1) kommt nicht in Betracht. G hat die Nutzung seiner Weide dem S nicht willentlich zugewendet und deshalb nicht geleistet.

5. Einschlägig ist die Nichtleistungskondiktion in Form der allgemeinen Eingriffskondiktion (§ 812 Abs. 1 S. 1 Alt. 2): S hat die Nutzung „in sonstiger Weise" auf Kosten des G ohne rechtlichen Grund erlangt.

Hinweis: Hier zeigt sich die Funktion der Nichtleistungskondiktion, nämlich eine Vermögensverschiebung, die nicht auf einer Leistung beruht, auszugleichen.

D. System der §§ 812 ff.

I. Gesamtüberblick

Der Titel über die „Ungerechtfertigte Bereicherung" normiert in den §§ 812, 813, 816, 817 S. 1 und 822 Anspruchsgrundlagen, in den §§ 814, 815 und § 817 S. 2 besondere Ausschlussgründe (Einwendungen) und in § 821 die sog. Bereicherungseinrede. Der Inhalt und Umfang bereicherungsrechtlicher Ansprüche werden in den §§ 818, 819 und 820 geregelt.   **15**

II. Ansprüche aus Leistungskondiktion

Die verschiedenen Leistungskondiktionen haben folgendes Charakteristikum gemeinsam: Der Zweck der Leistungskondiktion besteht darin, die Vermögensverschiebung, die auf einer Leistung beruht, wieder rückgängig zu machen, weil für die Leistung kein rechtlicher Grund besteht. Die einzelnen **Tatbestände** der Leistungskondiktion unterscheiden sich voneinander durch die Art des fehlenden Rechtsgrundes. Die Unterscheidung ist bedeutsam für die Ausschlussgründe (§§ 814 f., 817 S. 2) und die verschärfte Bereicherungshaftung (§§ 819 f.) (vgl. unten § 12 Rn. 43 ff.).   **16**

1. § 812 Abs. 1 S. 1 Alt. 1: Der rechtliche Grund für die Leistung fehlt von Anfang an – condictio indebiti;

2. § 812 Abs. 1 S. 2 Alt. 1: Der rechtliche Grund für die Leistung fällt später weg – condictio ob causam finitam;

3. § 812 Abs. 1 S. 2 Alt. 2: Der mit einer Leistung nach dem Inhalt des Rechtsgeschäftes bezweckte Erfolg tritt nicht ein – condictio causa data causa non secuta oder condictio ob rem;

4. § 813 Abs. 1 S. 1: Dem Anspruch auf Leistung steht eine dauernde Einrede entgegen;

5. § 817 S. 1: Die Annahme der Leistung verstößt gegen ein Gesetz oder gegen die guten Sitten – condictio ob turpem vel iniustam causam.

III. Ansprüche aus Nichtleistungskondiktion

17   Bei der Nichtleistungskondiktion geht es um die Rückabwicklung einer rechtsgrundlosen Vermögensverschiebung, die nicht auf einer Leistung beruht. Zu unterscheiden sind folgende **Ansprüche (Kondiktionen):**

1. § 812 Abs. 1 S. 1 Alt. 2: Bereicherung in sonstiger Weise (Grundfall);
2. § 816 Abs. 1 S. 1: Wirksame entgeltliche Verfügung eines Nichtberechtigten;
3. § 816 Abs. 1 S. 2: Wirksame unentgeltliche Verfügung eines Nichtberechtigten;
4. § 816 Abs. 2: Dem Berechtigten gegenüber wirksame Leistung an einen Nichtberechtigten (wirksame Leistungsannahme);
5. § 822: Unentgeltliche Weitergabe der Bereicherung durch Berechtigten.

IV. Verhältnis von Leistungs- und Nichtleistungskondiktion

18   Das Verhältnis von Leistungs- zur Nichtleistungskondiktion wird bestimmt durch den **Vorrang der Leistungskondiktion** bzw. den Grundsatz der **Subsidiarität** der Nichtleistungskondiktion:[21] Eine Nichtleistungskondiktion kommt nur in Betracht, wenn der Bereicherungsgegenstand dem Empfänger überhaupt nicht, also von niemandem „geleistet" worden ist; die Leistungskondiktion schließt hinsichtlich desselben Bereicherungsgegenstandes eine Bereicherung in sonstiger Weise grundsätzlich aus.[22] Deshalb muss in der Fallbearbeitung immer zuerst geprüft werden, ob eine Bereicherung durch Leistung vorliegt.

19   In Zweipersonenverhältnissen[23] wäre es zutreffender, statt von Subsidiarität von Alternativität zu sprechen. Denn beide Kondiktionstypen schließen sich wegen der unterschiedlichen Funktionen und Anknüpfungspunkte der Leistungs- und Nichtleistungskondiktion (vgl. oben § 9 Rn. 10 f., 13) gegenseitig aus.[24]

20   Zu den Mehrpersonenverhältnissen, die rechtlich wie dogmatisch schwierige Probleme aufwerfen, vgl. unten § 13 Rn. 1, 6 ff.

21   **Beispiel: Lieferungskette**
– Verkäufer A schließt mit dem Erstkäufer B einen Kaufvertrag über einen Pkw. B selbst verkauft den gleichen Pkw an den Zweitkäufer C weiter. A übergibt und übereignet den Pkw an B und B seinerseits an C (sog. **Lieferungskette**). Später

---

[21] Der Grundsatz vom Vorrang der Leistungskondiktion gilt nicht uneingeschränkt; er wird in der Literatur auch immer häufiger angezweifelt (vgl. *Larenz/Canaris*, SR II/2, § 70, S. 197 ff., insbes. § 70 III 2 d, S. 216 m. w. N.).
[22] So für Dreipersonenverhältnisse BGHZ 40, 272, 278; 56, 228, 240 f.; 69, 186, 189.
[23] Vgl. nur *Medicus*, BR, Rn. 727.
[24] Vgl. *Reuter/Martinek*, § 4 I, S. 79 f.

stellt sich heraus, dass der Kaufvertrag zwischen A und B nichtig ist. Ansprüche des A?

(1) A kann den Pkw nicht von C nach § 812 Abs. 1 S. 1 Alt. 1 (Leistungskondiktion) herausverlangen. A hat nicht an C geleistet (vgl. zum Leistungsbegriff unten § 10 Rn. 9 ff.). (2) A könnte von C Herausgabe aus § 812 Abs. 1 S. 1 Alt. 2 (Eingriffskondiktion) verlangen. Dem steht aber der Vorrang des Leistungsverhältnisses entgegen: C hat den Pkw durch eine Leistung des B erhalten. Dies schließt es (grundsätzlich) aus, dass A das Geleistete mittels Nichtleistungskondiktion von C herausverlangen kann. (3) A kann deshalb nur von B aus § 812 Abs. 1 S. 1 Alt. 1 (Leistungskondiktion) Wertersatz für den Pkw (§ 818 Abs. 2) verlangen, weil dem B die Herausgabe des Pkw nicht möglich ist (vgl. zur Lieferungskette unten § 13 Rn. 9 ff.).

V. Zusammenfassung

System der §§ 812 ff. 22

I. Bereicherungsrechtliche Grundsätze

   a) Trennungstheorie (§ 9 Rn. 6 ff.)

   b) Vorrang der Leistungskondiktion: Subsidiarität der Nichtleistungskondiktion gegenüber der Leistungskondiktion (§ 9 Rn. 18 ff.)

II. Bereicherungsrechtliche Anspruchsgrundlagen

Leistungskondiktionen	Nichtleistungskondiktionen
1. § 812 Abs. 1 S. 1 Alt. 1	1. § 812 Abs. 1 S. 1 Alt. 2
2. § 812 Abs. 1 S. 2 Alt. 1	2. § 816 Abs. 1 S. 1
3. § 812 Abs. 1 S. 2 Alt. 2	3. § 816 Abs. 1 S. 2
4. § 813 Abs. 1 S. 1	4. § 816 Abs. 2
5. § 817 S. 1	5. § 822

---

§ 10. Leistungskondiktion

A. Grundtatbestand des § 812 Abs. 1 S. 1 Alt. 1

Der Grundtatbestand der Leistungskondiktion ist § 812 Abs. 1 S. 1 1 Alt. 1. Dieser setzt voraus, dass jemand (1) etwas erlangt hat, (2) durch die Leistung eines anderen, (3) ohne rechtlichen Grund. Diese Leistungskondiktion bezeichnet man auch – in Anlehnung an das römische Recht – als condictio indebiti (Zurückforderung des Nichtgeschuldeten). Der hinter § 812 Abs. 1 S. 1 Alt. 1 stehende Grund ist, dass einer Güterbewegung der erforderliche Rechtsgrund fehlt.[1]

---

[1] Nach *Medicus* (BR, Rn. 689) soll der hinter der Leistungskondiktion stehende Grund der Nichteintritt der mit der Leistung bezweckten Befreiung von einer (ein-

2   **Vertiefungshinweis:** Terminologie – condictio sine causa
Die **Terminologie** zu § 812 Abs. 1 S. 1 Alt. 1 ist noch immer nicht ganz einheitlich. Teilweise wird neben der condictio indebiti (Rückforderung wegen Leistung einer Nichtschuld) auch die condictio sine causa (Rückforderung wegen grundlosen Habens) zu § 812 Abs. 1 S. 1 Alt. 1 gerechnet.[2] Der Begriff der **condictio sine causa** ist heute jedoch – nicht nur im Rahmen des § 812 Abs. 1 S. 1 Alt. 1 – entbehrlich.[3]
Die condictio sine causa ist historisch ein Verlegenheitsprodukt.[4] Sie stand früher für gewisse bereicherungsrechtliche Auffangtatbestände mit Rücksicht auf die Billigkeit[5] und im ALR für die (allgemeine) Versionsklage.[6] *Franz von Kübel*[7] regelte sie im Vorentwurf am Schluss des Kondiktionsrechts und darunter Fälle, die heute der Leistungs- und Nichtleistungskondiktion zugeordnet werden; die Motive[8] erwähnen sie im Zusammenhang mit der Nichtleistungskondiktion (§ 748 E I). Mit Rücksicht auf den nicht klaren Anwendungsbereich der condictio sine causa und der heute – im Gegensatz zur Zeit um 1900 – anerkannten Unterscheidung zwischen Leistungs- und Nichtleistungskondiktion (Trennungstheorie) sollte nur die Leistungskondiktion (condictio indebiti) in der Bedeutung der Leistung auf eine Nichtschuld von § 812 Abs. 1 S. 1 Alt. 1 erfasst werden.

I. Tatbestand

3   Das Tatbestandsmerkmal „auf dessen Kosten" ist für die Leistungskondiktion bedeutungslos (vgl. zur sog. Trennungstheorie der h.M. oben § 9 Rn. 6 ff.). § 812 Abs. 1 S. 1 ist also so zu lesen, dass sich „auf dessen Kosten" ausschließlich auf die Bereicherung in sonstiger Weise bezieht. (Bei der Nichtleistungskondiktion bestimmt dieses Merkmal

---

redefreien) Forderung sein. Diese Anschauung rückt die Leistungskondiktion (§ 812 Abs. 1 S. 1 Alt. 1) – nach heutiger Auffassung wohl unzutreffender Weise – in die Nähe der Zweckverfehlungskondiktion (§ 812 Abs. 1 S. 2 Alt. 2). Vgl. die Motive (*Mugdan* II, S. 464 und 472 [Motive]), wonach die allgemeine Leistungskondiktion (condictio indebiti) und die Kondiktion wegen Wegfall des rechtlichen Grundes (§ 812 Abs. 1 S. 2 Alt. 1) als Unterfall der Zweckverfehlungskondiktion (§ 812 Abs. 1 S. 2 Alt. 2) bezeichnet werden könnten.

[2] So *Loewenheim*, S. 58; *Reuter/Martinek*, § 5 I 1, S. 128.

[3] So auch *Medicus*, BR, Rn. 702 und *Schlechtriem*, SBT, Rn. 733; a.A. noch *Enneccerus/Lehmann*, Recht der Schuldverhältnisse. 14. Auflage (1954), § 222 I 1 c; nach wie vor anerkannt ist die actio sine cause in Österreich (§ 877 ABGB) und der Schweiz (Art. 62 OR); *Wieling* scheint den Terminus als Synonym für den Begriff der „Nichtleistungskondiktion" zu sehen (Bereicherungsrecht, S. 4).

[4] So *Medicus*, BR, Rn. 702.

[5] Vgl. *Reuter/Martinek*, § 5 I 1, S. 128.

[6] Vgl. *v. Kübel*, Vorentwurf zu Schuldverhältnissen aus ungerechtfertigter Bereicherung, S. 79, abgedruckt bei *Schubert*, Die Vorlagen der Redaktoren für die erste Kommission zur Ausarbeitung des Entwurfs eines Bürgerlichen Gesetzbuches, Recht der Schuldverhältnisse Teil 3 Besonderer Teil II, Nachdruck 1980, S. 739.

[7] Vorentwurf zu Schuldverhältnissen aus ungerechtfertigter Bereicherung, S. 80, abgedruckt bei *Schubert*, Die Vorlagen der Redaktoren für die erste Kommission zur Ausarbeitung des Entwurfs eines Bürgerlichen Gesetzbuches, Recht der Schuldverhältnisse Teil 3 Besonderer Teil II, Nachdruck 1980, S. 655, 740.

[8] *Mugdan* II, S. 475 f. (Motive).

u. a. die Parteien des Bereicherungsverhältnisses [Bereicherungsgläubiger und Bereicherungsschuldner; vgl. unten § 11 Rn. 10 ff.]).

1. Etwas erlangt (Bereicherungsgegenstand)

§ 812 Abs. 1 S. 1 verpflichtet den Bereicherungsschuldner, das er- 4
langte Etwas (**Bereicherungsgegenstand**) herauszugeben. Der Begriff
„erlangtes Etwas" ist weit auszulegen, sodass möglichst jede ungerechtfertigte Vermögensverschiebung gegenständlicher und nichtgegenständlicher Art ausgeglichen werden kann. Erfasst wird alles, was dem
Empfänger durch Leistung verschafft werden kann. Jede vorteilhafte
Rechtsposition genügt. Auf einen Vermögenswert kommt es nicht an.[9]
Auch persönliche (und vermögensmäßig wertlose) Briefe können Gegenstand der Leistungskondiktion sein.

Wegen der genauen Ausgestaltung der Rechtsfolgen von Bereicherungsansprüchen (vgl. unten § 12 Rn. 2 ff.) ist es gleichwohl erforderlich, das „erlangte Etwas" sachenrechtlich oder schuldrechtlich genau
zu qualifizieren (gegenstandsorientierte, konkrete Betrachtungsweise).
Dies ist in der Fallbearbeitung unbedingt zu beachten.

Beispiele:
– Erwerb von Rechten (dinglichen oder persönlichen Rechten): wie z. B. Forderungen, Eigentum, Anwartschaftsrechte, Besitz, Buchpositionen (wie etwa die Eintragung als Eigentümer im Grundbuch gemäß § 891).
– Befreiung von einer Verbindlichkeit: Das Vermögen wird nicht nur dadurch verbessert, dass ein Aktivposten hinzukommt, sondern auch dadurch, dass ein Passivposten verschwindet oder verkleinert wird (z. B. die Schulden werden getilgt oder reduzieren sich).

Auch ein **Schuldanerkenntnis** kann geleistet werden. Dies stellt § 812 5
Abs. 2 klar. § 812 Abs. 2 meint das sog. abstrakte Schuldanerkenntnis
(§ 781).[10] Wird ein (abstraktes) Anerkenntnis abgegeben, ohne dass ein
Rechtsgrund vorhanden ist (vgl. zum Rechtsgrund unten § 10 Rn. 25),
so besteht ein Anspruch auf Befreiung von der (abstrakten) Schuldverpflichtung. Wenn der Gläubiger aus dem Schuldanerkenntnis vorgeht,
kann der Schuldner die Bereicherungseinrede erheben (§ 821; vgl. unten
§ 12 Rn. 63).

Gebrauchs- und Nutzungsvorteile (vgl. § 100) können ein erlangtes
Etwas sein: Dienstleistungen, Nutzung von Gegenständen.

---

[9] Die traditionelle Bereicherungslehre (vgl. *Savigny,* System des heutigen römischen
Rechts, Bd. V [1841], S. 503 ff.) knüpfte die Bereicherungshaftung an eine unmittelbare Vermögensverschiebung an und erforderte eine (regelmäßig) gegenständliche
Verschiebung zwischen Bereicherungsgläubiger und Bereicherungsschuldner. Diese
Ansicht versteht die Bereicherungshaftung rein bereicherungs-/vermögensorientiert
(Nachweise bei *Reuter/Martinek,* § 14 I 2 a, S. 518).
[10] Zur Abgrenzung des abstrakten/konstitutiven vom kausalen/deklaratorischen
Schuldanerkenntnis und von der schlichten Bestätigungserklärung/Beweiserleichterung vgl. Palandt/*Sprau,* § 781 Rn. 2 ff.

6 **Fall (BGHZ 55, 128 „Flugreise"-Fall):[11]**

Der Minderjährige A fliegt als blinder Passagier mit der Lufthansa von Hamburg nach New York. Es stellt sich die Frage, was A erlangt.

Lösung:

(1) Der BGH prüft im Tatbestand, ob eine Bereicherung (der Bereicherte muss eine echte Vermögensmehrung – und sei es allein durch eine Ersparnis von Aufwendungen – erfahren haben) vorliegt, und versteht die Bereicherungshaftung damit vermögensorientiert.[12] Danach würde A die eigenen Aufwendungen für die Flugreise ersparen, wenn es sich nicht um Luxusaufwendungen handelte. Weil dies der Fall ist, ist A bei diesem Ansatz eigentlich von Anfang an nicht bereichert. Der BGH prüft aber die Vorschriften der §§ 818 Abs. 3, 819 Abs. 1 im Rahmen des erlangten Etwas und bejaht einen Bereicherungsanspruch (vgl. zu § 818 Abs. 3 unten § 12 Rn. 14 ff.). (2) Die heute herrschende Lehre unterscheidet streng zwischen dem erlangten Etwas i. S. des § 812 Abs. 1 S. 1 und der Bereicherung i. S. des § 818 Abs. 3.[13] Danach erlangt A die tatsächliche Nutzung des Flugzeuges (Flugreise) als nichtgegenständliches Etwas.[14] Erst im Zusammenhang mit der Rechtsfolge stellt sich die Frage einer (in diesem speziellen Fall: anfänglichen) Entreicherung (§ 818 Abs. 3). (3) Zuzustimmen ist der Auffassung der h. L. Gebrauchsvorteile sowie geleistete Dienste sind als erlangtes Etwas anzusehen, unabhängig von ihrem vermögensmäßigen Wert. Ob Aufwendungen erspart werden, spielt erst beim Umfang des Bereicherungsanspruchs (§ 818), also auf der Rechtsfolgenseite des Bereicherungsanspruchs, eine Rolle. Die h. L. unterscheidet deutlich zwischen dem erlangten Etwas auf der Tatbestandsseite und dem Gegenstand der Herausgabe auf der Rechtsfolgenseite. Für den Prüfungsaufbau bei der Fallbearbeitung bedeutet dies: Jeder Gebrauchsvorteil stellt ein erlangtes Etwas dar. Ob Aufwendungen erspart werden, ist im Rahmen des § 818 (Umfang der Bereicherung) zu prüfen.

7 Auch die Befreiung von einer Verbindlichkeit kann Gegenstand einer Kondiktion sein.

Beispiel:
A parkt sein Auto unzulässig auf dem Parkplatz des B. B lässt das Auto des A abschleppen. Bereicherungsanspruch des B gegen A?
(1) B hat einen Anspruch aus § 812 Abs. 1 S. 1 Alt. 2 (Rückgriffskondiktion, vgl. unten § 11 Rn. 66 ff.) auf Ersatz der Abschleppkosten. Bereicherungsgegenstand ist die Befreiung von einer Verbindlichkeit: A erlangt Befreiung von seiner Verbindlichkeit aus §§ 1004, 862, weil er zur Beseitigung des verbotswidrig abgestellten Autos verpflichtet war. (2) Aus §§ 812 Abs. 1 S. 1 Alt. 2, 818 Abs. 2 (Eingriffskon-

---

[11] Für eine ausführliche Fallbearbeitung siehe: *Hombrecher*, JURA 2004, 250. – Zu der vom BGH übergangenen kollisionsrechtlichen Frage nach dem auf den Sachverhalt mit Auslandsberührung anwendbaren Recht vgl. *Wandt*, Die Geschäftsführung ohne Auftrag im Internationalen Privatrecht, 1989, S. 49, 247.
[12] BGHZ 55, 128, 130 f.
[13] Vgl. etwa *Giesen*, Jura 1995, 169, 171 f.
[14] MünchKomm/*Lieb*, § 812 Rn. 358 ff.

diktion) kann A außerdem Ersatz für die erlangten Nutzungen (Nutzung des Park-platzes) verlangen.

Vertiefungshinweis: Gegenstand der Bereicherungshaftung (dogmatischer 8 Wandel)

In der umstrittenen Frage, worauf die Bereicherungshaftung gerichtet ist, was also **Gegenstand des Bereicherungsanspruchs** ist,[15] spiegelt sich ein dogmatischer Wandel wider, den das Bereicherungsrecht seit der Entstehung des BGB (und auch schon vorher) durchgemacht hat. Mit dieser Frage hängt nämlich die dogmatische Einordnung des § 818, insbesondere dessen Absatz 3, in das System der Bereicherungshaftung zusammen (vgl. unten § 12 Rn. 13 und passim).

In Anknüpfung an die traditionelle Bereicherungslehre, nach der ein Bereicherungsanspruch eine unmittelbare Vermögensverschiebung zwischen Bereicherungsgläubiger und Bereicherungsschuldner voraussetzte,[16] wurde der Bereicherungsgegenstand vermögensrechtlich bestimmt; erforderlich war ein vermögenswerter Vorteil. Die heute herrschende Auffassung versteht den Bereicherungsgegenstand dagegen gegenstandsorientiert: erlangtes Etwas kann alles sein, was dem Bereicherungsschuldner geleistet werden kann.[17]

Auf der Grundlage der traditionellen vermögensorientierten Auffassung prüft der BGH im Flugreisefall, ob der (geleistete) Gegenstand einen Vermögenswert hat.[18] Dies wird im Zusammenhang mit dem „erlangten Etwas" geprüft. Hat das Erlangte für den „Bereicherungsschuldner" keinen Wert (Luxusaufwendungen), so hat er nach diesem Ansatz nichts erlangt, sodass der Tatbestand des § 812 Abs. 1 S. 1 nicht erfüllt ist. Es stellte sich dann aber die Frage, wie der bösgläubige Bereicherungsschuldner haftet, wenn er von Anfang an keinen Vermögensvorteil erlangt hat.[19] Während der bösgläubige Bereicherungsschuldner, der nachträglich entreichert wird, nach § 819 Abs. 1 haftet und sich auf § 818 Abs. 3 nicht berufen kann, würde der Bereicherungsschuldner, der von Anfang an keinen Vermögensvorteil erlangt hat (Luxusgegenstand), im Gegensatz dazu eigentlich überhaupt nicht haften, weil er von Anfang an keinen Vermögensvorteil erlangt hat und §§ 818 Abs. 3, 819 Abs. 1 nur den nachträglichen Wegfall der Bereicherung erfasst. Um dieses unverständliche Ergebnis zu vermeiden, hat der BGH bereits im Rahmen des „erlangten Etwas" und der Prüfung eines Vermögensvorteils die §§ 818, 819 angewandt.

Die heute h. L. geht von einer gegenstandsorientierten Bereicherungshaftung aus. Es wird zwischen dem erlangten Etwas im Tatbestand der §§ 812 ff. und der Bereicherung in der Rechtsfolgenbestimmung der §§ 818 ff. unterschieden. Die Frage der anfänglichen oder nachträglich wegfallenden Bereicherung (etwa bei Luxusaufwendungen) spielt danach erst auf der Rechtsfolgenseite (§§ 818 ff.) eine Rolle.

2. Leistung

a) Begriff

Ein Kernbegriff – nicht nur der Leistungskondiktion, sondern wegen 9 der Subsidiarität der Nichtleistungskondiktion (vgl. oben § 9 Rn. 18 ff.) – des gesamten Kondiktionsrechts ist der **Leistungsbegriff**. Leistung ist

---

[15] Vgl. den rechts- und dogmengeschichtlichen Hinweis bei Staudinger/*Lorenz*, § 818 Rn. 1 f.

[16] Vgl. *Savigny*, System des heutigen römischen Rechts, Bd. V (1841), S. 523 ff.

[17] Vgl. *Reuter/Martinek*, § 14 I 2, S. 518 f.; MünchKomm/*Lieb*, § 812 Rn. 339 ff.

[18] BGHZ 26, 349, 353 f. „Herrenreiter"-Fall; 55, 128, 131 „Flugreise"-Fall.

[19] Das erlangte Etwas fällt im Zeitpunkt des Erlangens sofort wieder weg.

jede bewusste, zweckgerichtete Mehrung fremden Vermögens.[20] Erforderlich ist (1) eine Mehrung fremden Vermögens, (2) die Zweckrichtung dieser Mehrung sowie (3) das Bewusstsein des Leistenden um die Vermögensmehrung und den Zweck (genauer Leistungsbewusstsein und Leistungswille). Liegt eine Leistung mangels bewusster oder zweckgerichteter Mehrung fremden Vermögens nicht vor, scheidet eine Leistungskondiktion aus und es kommt eine Nichtleistungskondiktion in Betracht.

10 Abzugrenzen ist die Leistung von der **Zuwendung.** Mit Zuwendung ist eine bloße Vermögensverschiebung gemeint, welche nicht die Anforderungen an den Leistungsbegriff erfüllt (keine Zweckrichtung oder kein Leistungsbewusstsein). Es ist jedoch ausreichend, wenn eine Zuwendung als Leistung „zugerechnet" werden kann (vgl. unten § 13 Rn. 45ff.). In Mehrpersonenverhältnissen sind Zuwendung und Leistung regelmäßig nicht deckungsgleich (vgl. unten § 13 Rn. 5).

b) Bestimmung des Leistungsverhältnisses

11 Wegen des Vorrangs der Leistungskondiktion (vgl. oben § 9 Rn. 18ff. und unten § 13 Rn. 6ff.) muss zunächst immer ermittelt werden, zwischen welchen Personen ein Leistungsverhältnis besteht; es müssen der Leistende und der Leistungsempfänger bestimmt werden. Mehrpersonenverhältnisse müssen dazu in Zweipersonenverhältnisse untergliedert werden. Ein Leistungsverhältnis kann, muss aber nicht zwingend zwischen Personen bestehen, zwischen denen eine Verbindlichkeit besteht.

12 **Fall:**

A erteilt seiner Bank B den Überweisungsauftrag, dem Konto des C 1.000 € gutzuschreiben, die A dem C aus einem Kaufvertrag schuldet. Die Bank B führt diesen Überweisungsauftrag aus. Wer leistet?

Lösung:

1. Bank B als Leistender im Verhältnis B-C? Bank B hat zwar bewusst das Vermögen des C vermehrt, indem sie ihm 1.000 € überweist. Sie nimmt aber dem C gegenüber keine zweckgerichtete Vermögensmehrung vor. Sie will keine Verbindlichkeit gegenüber C erfüllen. Deshalb fehlt es insoweit an einer Leistung (es liegt eine bloße Zuwendung vor).

2. A als Leistender im Verhältnis A-C? (a) Die Zweckrichtung der Vermögensmehrung liegt darin, dass A seine Kaufpreisschuld gegenüber C erfüllen will. A bedient sich hierbei seiner Bank B als sog. Leistungsmittle-

[20] St. Rspr.: BGHZ 58, 184, 188; BGH NJW 2004, 1169; vgl. *Larenz/Canaris,* SR II/2, § 67 II d, S. 132f. Zur Kritik am modernen Leistungsbegriff zusammenfassend MünchKomm/*Lieb,* § 812 Rn. 26ff. und Rn. 72f. Vgl. BGHZ 122, 46, 51 = NJW 1993, 1578, 1579: „... die Ableitung aus dem Leistungsbegriff allein nicht immer überzeugend erscheint ..."

rin (Zahlstelle), welche die Tilgungsbestimmung (vgl. §§ 362 Abs. 1, 366 Abs. 1) als Botin an C überbringt. Es macht insoweit keinen Unterschied, ob A persönlich zahlt oder ob er eine Bank in den Zahlungsvorgang einschaltet. A ist also Leistender gegenüber C. (b) Das Bewusstsein einer Vermögensverschiebung liegt ebenfalls vor. (c) Das Leistungsverhältnis besteht zwischen A und C.

3. B als Leistende im Verhältnis B–A? Es liegt eine Leistung der Bank B an A vor. (a) Mit der Durchführung des Überweisungsauftrages will die Bank B ihren Girovertrag mit A erfüllen (Zweckrichtung) und tätigt dazu bewusst eine Zuwendung. (b) Die Vermögensmehrung liegt darin, dass A von einer Verbindlichkeit (gegenüber C) befreit worden ist. Die Bank B hätte auch 1.000 € an A auszahlen können, und A hätte dann diesen Betrag direkt dem C aushändigen können. Der Zahlungsvorgang ist durch Überweisung also nur vereinfacht worden.

4. Ergebnis: Es liegt (trotz der unmittelbaren Zuwendung von B an C) eine Leistung „übers Eck" vor. B leistet an A, und A leistet C.

Um festzustellen, ob überhaupt eine Leistung vorliegt, welche Perso- **13** nen Leistender und Leistungsempfänger sind und welchen Leistungszweck eine Vermögensverschiebung hat, kommt es darauf an, welchen Zweck die Beteiligten im Zeitpunkt der Zuwendung nach ihrem zum Ausdruck kommenden (übereinstimmenden) Willen verfolgt haben (Leistungszweck). Stimmen die Vorstellungen von Zuwendenden und Zuwendungsempfänger nicht überein, so ist nach der Rspr. und h.M. eine objektive Betrachtungsweise aus der Sicht des Zuwendungsempfängers entscheidend (sog. **Empfängerhorizont**): Leistender ist derjenige, den der Leistungsempfänger aus seiner (objektivierten) Sicht als Leistenden ansehen darf[21] (Maßgeblichkeit des Empfängerhorizonts, vgl. unten § 13 Rn. 5, 9ff.). Dazu werden die allgemeinen Auslegungsgrundsätze herangezogen. Es ist also entscheidend, ob eine vernünftige Person in der Position des Empfängers die Zuwendung nach Treu und Glauben und mit Rücksicht auf die Verkehrssitte als Leistung ihres Schuldners verstehen musste und durfte.[22]

Stimmen die Vorstellungen des Zuwendenden und des Zuwen- **14** dungsempfängers nicht überein, so stellt sich weiter die Frage, wem die **Zuwendung als Leistung zuzurechnen** ist. Für die Zurechnung als Leistung reicht aber allein der Glaube des Zuwendungsempfängers (objektivierter Empfängerhorizont), eine bestimmte Person sei Leistender (Glaube an eine Leistung [Leistungszweck und Leistungsbewusstsein] dieser Person), nicht aus.[23] Es muss außerdem eine Veran-

---

[21] BGH NJW 1999, 1393, 1394 m.w.N.; *Wendehorst*, in: Bamberger/Roth, § 812 Rn. 20 m.w.N.; Staudinger/*Lorenz*, § 812 Rn. 61; vgl. *Medicus*, BR, Rn. 687f. mit abweichendem Lösungsvorschlag.

[22] Vgl. BGH NJW 2005, 60 („Dirnenlohn"-Fall).

[23] BGHZ 147, 145, 151 = NJW 2001, 1855, 1856 mit Verweis auf die allgemeine Erkenntnis der Rechtsscheinslehre; BGHZ 152, 307, 311f.; *Schlechtriem*, SBT, Rn. 774.

lassung der Zuwendung durch den Leistenden hinzukommen, um diesem die Zuwendung als Leistung zurechnen zu können. Die zurechenbare Hervorrufung eines Rechtsscheins genügt[24] (vgl. unten § 13 Rn. 46 f.).

c) Leistungszweck

aa) Zweckbestimmung

15   Der Leistungszweck ergibt sich aus der **Zweckbestimmung.**[25] Diese ist nach h. M. eine einseitige, empfangsbedürftige Willenserklärung. Sie wird durch den Leistenden bei der Leistung ausdrücklich oder – wie wohl regelmäßig – konkludent erklärt, kann aber auch vorher oder nachher (vgl. zu den Fällen der nachträglichen Tilgungsbestimmung bei § 267 unten § 11 Rn. 72 und § 13 Rn. 24 f.) abgegeben werden. Auf die Zweckbestimmung finden grundsätzlich alle Vorschriften über Willenserklärungen (§§ 104 ff., 119 ff., 164 ff. und Botenrecht, Rechtsscheinsgrundsätze [§§ 170 ff. analog]) Anwendung.

16   **Vertiefungshinweis:** Zweckbestimmung als Rechtsgeschäft oder rechtsgeschäftsähnliche Erklärung
Es ist strittig, ob die Zweckbestimmung als rechtsgeschäftlich oder rechtsgeschäftsähnlich zu qualifizieren ist.[26] Für die Anwendung der allgemeinen Vorschriften über Willenserklärungen hat es jedoch keine Bedeutung, ob die Zweckbestimmung ein Rechtsgeschäft (Eintritt einer Rechtsfolge kraft autonomen Willens) oder eine rechtsgeschäftsähnliche Erklärung (Eintritt einer Rechtsfolge kraft Gesetzes) ist (**Rechtsnatur der Zweckbestimmung**). Zwar tritt bei einer rechtsgeschäftsähnlichen Erklärung eine Rechtsfolge kraft Gesetzes ein, wenn ein bestimmter Tatbestand erfüllt ist. Jedoch stehen geschäftsähnliche Erklärungen den Willenserklärungen insofern nahe, weil auch sie in dem Bewusstsein der eintretenden Rechtsfolgen und sogar in der Absicht, sie hervorzurufen, vorgenommen werden.[27] Dass sie tatsächlich kraft Gesetzes eintreten, ist insofern nicht entscheidend. Deswegen finden die Vorschriften über Willenserklärungen auch auf geschäftsähnliche Willensäußerungen entsprechende Anwendung.

Beispiel:
Der Minderjährige M schließt mit dem Verkäufer V ohne Einwilligung der Eltern einen Vertrag über ein (sehr teures) Fahrrad. M zahlt sofort den Kaufpreis durch Übergabe von Geldscheinen, das Fahrrad soll später ausgeliefert werden. Nun verlangt M Rückzahlung. Zu Recht?

---

[24] BGH NJW 2005, 3213, 3214 f. („FlowTex 2"-Urteil).
[25] Vgl. BGHZ 151, 127. Die bereicherungsrechtliche Zweckbestimmung und die erfüllungsrechtliche Tilgungsbestimmung (vgl. §§ 362 Abs. 1, 366 Abs. 1 a. E.) sind dogmatisch verschiedene Rechtsinstitute, aber grundsätzlich gleich zu behandeln. Dies entspricht dem Bestreben, bereicherungsrechtliche Leistung und schuldrechtliche Erfüllung zu harmonisieren (vgl. *Reuter/Martinek*, § 4 II 3 a, S. 91 ff.; *Welker*, Bereicherungsausgleich wegen Zweckverfehlung?, 1974, S. 53: schuldrechtliche und bereicherungsrechtliche Leistungshandlung seien identisch).
[26] Vgl. *Reuter/Martinek*, § 4 II 3 a, S. 92 m. w. N. Zu den Rechtsfolgen *dies.*, § 4 II 3 d, S. 99 ff.; *Larenz/Canaris*, SR II/2, § 67 II 1 e, S. 133 f.
[27] Vgl. BGHZ 106, 163, 166 zur Tilgungsbestimmung i. S. des § 366 Abs. 1.

Anspruch auf Rückgabe der Geldscheine aus § 985 (+), weil Übereignung (§ 929 S. 1) rechtlich nachteilig und damit mangels Genehmigung der Eltern nach §§ 107 f. unwirksam ist, vorausgesetzt die Geldscheine sind noch unvermischt bei V vorhanden. (2) § 812 Abs. 1 S. 1 Alt. 1 (Leistungskondiktion)?[28] (a) V erlangt den Besitz (nicht Eigentum) an den Geldscheinen rechtsgrundlos (§§ 107 f. bezüglich des Verpflichtungsgeschäftes; wegen des hohen Preises des Rades nicht § 110). (b) Fraglich ist, ob er leistet. Leistung ist die bewusste und zweckgerichtete Mehrung fremden Vermögens. M könnte den Leistungszweck „Erfüllung des Kaufvertrages" erklären. Die Zweckerklärung ist eine einseitig empfangsbedürftige Willenserklärung oder rechtsgeschäftsähnliche Erklärung, auf die §§ 107, 111 S. 1 (analog) anwendbar sind. Ein ohne Zustimmung des gesetzlichen Vertreters vorgenommenes einseitiges Rechtsgeschäft ist unwirksam; eine Ausnahme besteht bei lediglich rechtlich vorteilhaften Geschäften.[29] Die Zweckbestimmung, die ein Minderjähriger mit dem Inhalt „Erfüllung einer Verbindlichkeit" abgibt, ist grundsätzlich lediglich rechtlich vorteilhaft, weil sie zum Erlöschen der Verbindlichkeit führen kann (str.).[30] (c) Es liegt eine wirksame Leistungsbestimmung und damit eine Leistung des Minderjährigen vor. (d) Der Anspruch aus Leistungskondiktion (§ 812 Abs. 1 S. 1 Alt. 1) ist begründet. (3) Eine Nichtleistungskondiktion (§ 812 Abs. 1 S. 1 Alt. 2) scheidet wegen Vorranges des Leistungsverhältnisses aus (vgl. oben § 9 Rn. 18 ff.).[31]

bb) Zweckinhalt

Leistungszweck[32] kann grundsätzlich jeder von der Rechtsordnung 17 erlaubte Zweck sein. Der Zweck der Vermögensmehrung liegt beim Grundtatbestand des § 812 Abs. 1 S. 1 regelmäßig darin, eine Verbindlichkeit zu erfüllen (§ 362 Abs. 1). Der Schuldner mehrt das Vermögen des Gläubigers, weil er sich von einer Verbindlichkeit befreien will (solvendi causa). Leistungszweck kann auch eine Schenkung sein (Leistung schenkungsweise, Leistung donandi causa). Schließlich kann der Zweck auch darin liegen, den Leistungsempfänger zu einem Verhalten zu veranlassen, auf das der Leistende keinen Anspruch hat (Leistung causa data causa non secuta oder ob rem, § 812 Abs. 1 S. 2 Alt. 2, vgl. unten § 10 Rn. 53 ff.). Diese Typologie der Leistungszwecke ist nicht abschließend und nur beschreibender Natur.

---

[28] Die Frage nach dem Kondiktionstyp (Leistungs- oder Nichtleistungskondiktion) wird in diesem Problemzusammenhang in der Literatur fast kaum gestellt.

[29] Vgl. *Wendtland*, in: Bamberger/Roth, § 111 Rn. 5.

[30] Die Wirksamkeit der Zweck- (und Tilgungs-)bestimmung und die Wirksamkeit der (zur Erfüllung einer Forderung stattgefundenen) sachenrechtlichen Verfügung (z. B. Übereignung des Geldes) sind im Hinblick auf §§ 107, 111 (rechtlicher Vorteil) unabhängig voneinander zu beurteilen.

[31] Der Geschäftsunfähige bleibt grundsätzlich auf eine Nichtleistungskondiktion beschränkt (vgl. *Reuter/Martinek*, § 4 II 3 d, S. 102; einschränkend *Larenz/Canaris*, SR II/2, § 67 II 1 e, S. 134).

[32] Mit dem Leistungszweck wird das hinter der Vermögensverschiebung stehende wirtschaftliche Ziel dogmatisch typisiert und formalisiert (so *Reuter/Martinek*, § 4 II 2 a, S. 86).

18

Fall (BGHZ 66, 372; 111, 382):

S nimmt bei seiner Bank B ein Darlehen über 1.000 € auf und weist B durch Überweisungsauftrag an, dieses Geld statt an ihn selbst auf das Konto seines Gläubigers D zu überweisen. Wegen eines Versehens eines Angestellten der B wird das Geld jedoch auf das Konto des G transferiert. Ist an G geleistet worden?

Fallabwandlung: Das Geld wird weisungsgemäß an den Gläubiger D ausgezahlt. Später stellt sich aber heraus, dass S bereits zum Zeitpunkt der Kreditaufnahme geschäftsunfähig war. Leistung an D?

Lösung:

I. Grundfall

1. Leistung der B an G? B leistet nicht an G, weil selbst aus der Sicht des Empfängers der Überweisung (G) kein Leistungszweck der B zugrunde liegt. Deshalb kommt ein Anspruch des B gegen G aus § 812 Abs. 1 S. 1 Alt. 1 nicht in Betracht.

2. Leistung des S an G? Gegenüber G verfolgt der S keinen Leistungszweck; seine Anweisung bezieht sich allein auf den D. S veranlasst die Zuwendung an G nicht zurechenbar als Leistung, weil seine Anweisung auch für G eindeutig ist. Es fehlt auch an einem schutzwürdigen Vertrauen des G. Es liegt deshalb keine Leistung des S vor.

Vgl. auch unten § 13 Rn. 50.

II. Lösung der Fallabwandlung:

1. Leistung der B an D (–), weil kein eigener Leistungszweck.

2. Leistung des S an D? Es kommt nur eine Leistung des S an D in Betracht, bei der die Bank Leistungsmittlerin ist. Fraglich ist jedoch, ob S hier in Anbetracht seiner Geschäftsunfähigkeit überhaupt zu einer zweckgerichteten Vermögensmehrung in der Lage ist. Die Zweck- bzw. Tilgungsbestimmung ist eine Willenserklärung oder geschäftsähnliche Handlung; die Regeln über Willenserklärungen und insbesondere § 105 Abs. 1 sind (unmittelbar oder analog) anwendbar. Nach § 105 Abs. 1 ist die Zweckbestimmung des S unwirksam; deshalb fehlt es an einer Leistung des S an D (so auch der BGH). Der Schutz des Geschäftsunfähigen (aber auch des beschränkt Geschäftsfähigen) hat damit Vorrang vor dem Verkehrsschutz.

Vgl. auch unten § 13 Rn. 51.

19

Vertiefungsfall (BGHZ 61, 289):

Zwecks Begleichung einer Kaufpreisforderung übergibt S dem G einen auf die Bank B gezogenen Scheck über 80.000 €. Da S jedoch wegen der rechtlich komplizierten Geschäftsbeziehungen zu G befürchtet, mehrfach auf die Forderung zahlen zu müssen, sperrt er den Scheck durch Schreiben an die B. Dem G, der von dem Widerruf keinerlei Kenntnis hat, wird gleichwohl aufgrund eines Versehens eines Angestellten der B nach Vorlage des Schecks der volle Betrag ausgezahlt, und zwar obwohl die Vorlagefrist gemäß Art. 29 ScheckG bereits verstrichen ist. Liegt eine Leistung vor?

Fallabwandlung: Wie ist zu entscheiden, wenn G vom Widerruf Kenntnis hatte?

Lösung:

1. Leistung der B an G? Nein. Es fehlt der Leistungszweck. Der Widerruf ändert nichts daran, dass die B mit der Zuwendung keinen Leistungszweck gegenüber G verfolgte.

2. Leistung des S an G? Beim Scheck, einem Sonderfall der Anweisung, trifft der Aussteller selbst (hier S) schon durch die Übergabe, also nicht erst bei der Zahlung durch die angewiesene Bank als Botin, die Zweckbestimmung, die sein Leistungsverhältnis mit dem Dritten (hier G) betrifft. Weil G vom Widerruf des Schecks, der nach Art. 29, 32 ScheckG wirksam ist, und dem damit verbundenen Widerruf der Tilgungsbestimmung nichts weiß, darf G die Zahlung aufgrund der vom Aussteller mit der Übergabe des Schecks getroffenen Zweckbestimmung auch als Leistung des S an sich auffassen (Maßgeblichkeit des Empfängerhorizontes). Rechtsfolge: Leistung des S aus der Sicht des G trotz Widerrufs (+).

3. Leistung der B an S? Wird auch für die Leistung des B an S auf den Empfängerhorizont des G abgestellt, so stellt sich aus der Sicht des (gutgläubigen) Zuwendungsempfängers G die Zuwendung der B an G als eine Leistung zur Erfüllung der (Scheck-)Anweisung dar. Der Widerruf (vgl. Art. 29, 32 ScheckG) hat wegen der Maßgeblichkeit des Empfängerhorizontes grundsätzlich keine Bedeutung. Stellt man auf die Zuwendende B ab (Mindermeinung), so liegt ebenfalls eine Leistung der B an S vor, weil B lediglich eine Leistung an ihren Kunden (hier S) erbringen will.

Lösung der Fallabwandlung: In diesem Fall ergibt sich aus dem Empfängerhorizont (unter Hinzurechnung des Sonderwissens), dass keine vorrangige Leistungsbeziehung vorliegt. Es liegt keine Leistung an G vor.

Vgl. zur BGH-Entscheidung unten § 13 Rn. 55.

d) Bewusste Vermögensmehrung (Leistungsbewusstsein)

Eine Leistung liegt nicht vor, wenn fremdes Vermögen unbewusst **20** vermehrt wird. Eine Leistung setzt also eine **bewusste** Vermögensmehrung voraus.

Beispiel:[33]
A füttert mit – in Wirklichkeit – eigenem Futter das Vieh des B in der irrigen Annahme, das Futter gehöre dem B. Es fehlt an der Leistung des A, weil dieser unbewusst fremdes Vermögen mehrt. In Betracht kommt also nur eine Bereicherung „in sonstiger Weise" (§ 812 Abs. 1 S. 1 Alt. 2).

Bestimmte Anforderungen an den Inhalt und Umfang des Leistungs- **21** bewusstseins stellt das Gesetz nicht auf. Ein **generelles Leistungsbewusstsein** des Leistenden reicht aus (z. B. Bewusstsein der **Leistung** „ad incertas personas"** [an unbestimmten Personenkreis]). Das Leistungsbewusstsein braucht sich nicht zwingend auf eine bestimmte Person oder Gegenstand zu beziehen. Inhalt und Umfang des Leistungsbewusstseins (z. B. Eigenschaften oder Anzahl von Personen, an die geleistet wird) sind vielmehr eine Frage des Einzelfalles und müssen im

---

[33] Nach *Brox/Walker*, BS, § 37 Rn. 8.

Streitfall von dem Beweispflichtigen – etwa durch Indizien – bewiesen werden.

Beispiele:
– S steigt ohne gültigen Fahrausweis in die Straßenbahn. Die Straßenbahngesellschaft G will ihre Beförderungsleistungen an alle Fahrgäste erbringen, die eine Fahrkarte gelöst haben (was der Beweispflichtige im Prozess im Streitfall beweisen müsste). Deshalb erbringt G dem S gegenüber keine Leistung.
– Ob eine Fluggesellschaft die Beförderungsleistung an alle an Bord befindlichen Passagiere[34] oder nur an diejenigen, die einen gültigen Flugschein haben, erbringt, ist eine Frage des Einzelfalles (vgl. auch BGHZ 55, 128 „Flugreise"-Fall oben § 10 Rn. 6).

Zur Zurechnung einer Zuwendung als Leistung bei Auseinanderfallen der Vorstellungen der Parteien (auch) über das Leistungsbewusstsein vgl. oben § 10 Rn. 14.

3. „ohne rechtlichen Grund"

a) Grundsatz

22   Die Leistungskondiktion setzt voraus, dass die Leistung ohne rechtlichen Grund vollzogen worden ist. Rechtlicher Grund meint den **Rechtsgrund**, aufgrund dessen die Leistung vorgenommen wurde. Es wird mit Rechtsgrund geleistet, wenn der Leistungsempfänger gegen den Leistenden einen Anspruch auf die konkrete Leistung hat. Es kann sich dabei um einen vertraglichen oder gesetzlichen Rechtsgrund handeln. Der Rechtsgrund fehlt, wenn die Verbindlichkeit, die mit der Leistung erfüllt werden soll, nicht besteht.

Beispiele:
– V übereignet die Kaufsache an K. Damit will er einen Kaufvertrag (genauer den Anspruch aus § 433 Abs. 1 S. 1) erfüllen, der Vertrag ist aber nichtig und der Lieferungsanspruch nicht entstanden. Es wird somit ohne Rechtsgrund übereignet.
– A beschädigt beim Einparken seines Autos den Zaun des Nachbarn B und zahlt Schadensersatz an B (§ 823 Abs. 1), den er irrtümlicherweise für den Eigentümer des Zaunes hält. In Wirklichkeit ist B bloß Feriengast des Eigentümers und E als wahrer Eigentümer anspruchsberechtigt. Es wird an B Schadensersatz geleistet, obwohl keine Verpflichtung zum Schadensersatz gegenüber B, sondern gegenüber E besteht. Deshalb fehlt für die Schadensersatzleistung der Rechtsgrund.

23   **Vertiefungshinweis:** Objektiver und subjektiver Rechtsgrundbegriff – Erfüllung eines Anspruchs und Behaltensgrund
   1. Rechtsgrund: Was mit „ohne rechtlichen Grund" genau gemeint ist, ist im Bereicherungsrecht umstritten. Die wohl herrschende Ansicht versteht unter Rechtsgrund das – in der Regel schuldrechtliche – Kausalverhältnis, auf das zum Zweck der Erfüllung geleistet wird; allein das Fehlen eines objektiven Rechtsgrundes begründet die Kondiktion (**objektiver Rechtsgrundbegriff**). Die andere (neuere) Ansicht prüft nicht die Existenz eines Kausalverhältnisses, sondern, ob der mit der Leistung bezweckte Erfolg eingetreten ist oder der Leis-

---

[34] So *Beuthien/Weber*, S. 58 zu BGHZ 55, 128 „Flugreise"-Fall.

tungszweck erreicht wird (**subjektiver Rechtsgrundbegriff**);[35] Rechtsgrundlosigkeit ist Zweckverfehlung, bei § 817 S. 1 Zweckmissbilligung.[36] Weil die neuere
Ansicht eher auf die Zweckverfehlungskondiktion (§ 812 Abs. 1 S. 2 Alt. 2) zugeschnitten ist und die Zweckverfehlungskondiktion wohl – unzutreffender
Weise – als bereicherungsrechtlichen Grundtatbestand voraussetzt, ist der subjektive Rechtsgrundbegriff abzulehnen und dem objektiven Rechtsgrundbegriff
zuzustimmen.[37] Es kommt deshalb entscheidend auf den Rechtsgrund zur Zeit
der Geltendmachung des Bereicherungsanspruchs an. Bei der Leistungskondiktion fehlt der Rechtsgrund schon im (früheren) Zeitpunkt der Leistung, bei der
Kondiktion wegen Wegfalls des rechtlichen Grundes (§ 812 Abs. 1 S. 2 Alt. 1)
fällt er erst später weg.

2. **Anspruch** und **Behaltensgrund:** Es kann unterschieden werden zwischen
dem Rechtsgrund für ein Leistungsverlangen (Anspruch auf Erfüllung des Vertrages) und dem Rechtsgrund dafür, dass der Gläubiger das Geleistete (weiterhin) behalten kann.

a) Rechtsgrund für das Erfüllungsbegehren ist der vertraglich (oder gesetzlich) begründete Anspruch des Gläubigers gegen den Schuldner (z. B. § 433
Abs. 1 S. 1). Das Bestehen dieses Rechtsgrundes ist für den Bereicherungsanspruch aus Leistungskondiktion entscheidend.

b) Rechtsgrund für das Behaltendürfen des Geleisteten und Behaltensgrund
für den Leistungsempfänger: Wird geleistet, so erlischt der Anspruch (§ 362
Abs. 1). Der Rechtsgrund für das (zukünftige) Behaltendürfen der gelieferten
Sache ist das Schuldverhältnis i. e. S. bzw. der erfüllte (§ 362 Abs. 1) Anspruch.

b) Sonderfall: Anfechtung

Umstritten ist, ob nach wirksamer **Anfechtung** § 812 Abs. 1 S. 1   **24**
Alt. 1 (ohne Rechtsgrund) oder § 812 Abs. 1 S. 2 Alt. 1 (späterer Wegfall des rechtlichen Grundes) angewendet werden soll.[38] Die h. L. sieht
die Anfechtung als einen Fall des § 812 Abs. 1 S. 1 Alt. 1 an.[39]

Für die Anwendung des Grundtatbestandes spricht, dass die Anfechtung nach § 142 Abs. 1 ex tunc wirkt. Bei Berücksichtigung dieser
Rechtsfolge(-fiktion) liegt die Einordnung der Anfechtung bei § 812
Abs. 1 S. 1 Alt. 1 nahe. Stellt man jedoch mehr auf das Wesen der Anfechtung als Gestaltungsrecht ab, so lässt sich vertreten, die Anfechtung
als einen Fall des § 812 Abs. 1 S. 2 Alt. 1 anzusehen (vgl. zur Anfechtung unten § 10 Rn. 31).

---

[35] Nachweise bei MünchKomm/*Lieb*, § 812 Rn. 170 ff. Vgl. *Mugdan* II, S. 1174
(Protokolle) zum Leistungsgeschäft, Rechtsgrund, Zweckbestimmung, Erreichung
des Zweckes.

[36] *Reuter/Martinek*, § 4 II 4 b, S. 110.

[37] Vgl. MünchKomm/*Lieb*, § 812 Rn. 171: Entscheidend sei der objektive Rechtsgrund. Die Unmöglichkeit der Erfüllung des Leistungszwecks, die aus dem Fehlen des
objektiven Rechtsgrundes resultiert, ist insoweit nur eine vom Gesetzgeber bereits
mitgedachte, für sich selbst – mit Ausnahme der Zweckverfehlungskondiktion (§ 812
Abs. 1 S. 2 Alt. 2) – tatbestandsmäßig nicht mehr relevante Folge.

[38] Die Motive (*Mugdan* II, S. 473 [Motive], vgl. auch ebd. S. 465) erörtern die Anfechtung im Zusammenhang mit der Kondiktion wegen Wegfalls des rechtlichen
Grundes (§ 812 Abs. 1 S. 2 Alt. 1).

[39] *Larenz/Canaris*, SR II/2, § 68 I 1, S. 146; Staudinger/*Lorenz*, § 812 Rn. 88
m. w. N. auf die Motive und Literatur, aber nicht auf Rspr.; a. A. Palandt/*Sprau*,
§ 812 Rn. 77.

Vertiefungshinweis: Rechtsgrund und § 812 Abs. 2

25   Fraglich ist, welches der (fehlende) Rechtsgrund i. S. des § 812 Abs. 2 bei Erteilung eines **Schuldanerkenntnisses** ist. Nach einer Meinung ist Rechtsgrund dasjenige Schuldverhältnis, dessen Bestehen oder Nichtbestehen anerkannt wurde,[40] nach h. M.[41] dagegen eine eigenständige kausale Abrede der Parteien, aufgrund deren das Anerkenntnis abgegeben wurde (Versprechensabrede); die anerkannte Schuld hat für den Rechtsgrund (Versprechensabrede) nur mittelbare Bedeutung und bildet regelmäßig mit dieser Abrede eine Geschäftseinheit (§ 139) oder ist deren Geschäftsgrundlage (§ 313). Im Zusammenhang mit § 812 Abs. 2 sind also drei Rechtsgeschäfte zu unterscheiden: Kausalforderung – (kausale) Versprechensabrede – Schuldanerkenntnis.

4. Zusammenfassung

26

> ### § 812 Abs. 1 S. 1 Alt. 1
> #### – Grundtatbestand der Leistungskondiktion –
>
> Voraussetzungen:
>
> 1. **Etwas erlangt**
>   = Jeder (auch nicht geldwerte Vermögens-)Vorteil des Bereicherungsschuldners
>   – auch (abstraktes) Schuldanerkenntnis (§ 812 Abs. 2)
>   – P: Gebrauchs- und Nutzungsvorteile als Bereicherungsgegenstand (h. L.) oder nur die dadurch ersparten Aufwendungen (Rspr.) (§ 10 Rn. 5 f.)
>
> 2. **Durch Leistung** (des Bereicherungsgläubigers)
>   – Leistung = bewusste und zweckgerichtete Mehrung fremden Vermögens
>   – Auslegung aus der Sicht eines (objektivierten) Zuwendungsempfängers
>   – Bestimmung des Leistungszwecks als rechtsgeschäfts-(ähn-)liche Erklärung
>   – Leistungszweck: In aller Regel Erfüllung einer Verbindlichkeit
>   – P: Bestimmung des Leistungsverhältnisses bei Mehrpersonenverhältnissen (§ 10 Rn. 11 ff.)
>
> 3. **Ohne rechtlichen Grund**
>   – Kein Anspruch auf Erlangen oder Behalten des erhaltenen Etwas
>   – P: Anfechtung (§ 10 Rn. 24)

---

[40] Auf diese Gesetzesauslegung deuten die Protokolle (*Mugdan* II, S. 1177 [Protokolle]) hin.

[41] Grundlegend *Zeiss*, AcP 164 (1964), 50, 71 ff.; MünchKomm/*Lieb*, § 812 Rn. 375 m. w. N. Vgl. aus der Rechtsprechung BGH NJW 2000, 2501, 2502; NJW-RR 1999, 573, 574.

II. Ausschluss des Grundtatbestands der Leistungskondiktion

Die Leistungskondiktion nach § 812 Abs. 1 S. 1 Alt. 1 (condictio in- 27
debiti) ist in zwei Fällen **ausgeschlossen**: § 814 und § 817 S. 2 (entsprechend).

1. § 814

Dieser Ausschluss gilt nur für den Grundtatbestand (condictio inde- 28
biti) und seine Erweiterung durch § 813 (vgl. unten § 10 Rn. 41 ff., 45),
nicht für die anderen Arten der Leistungskondiktion (vgl. die Übersicht
oben § 9 Rn. 22). § 814 regelt zwei Fälle. (1.) Der Leistende weiß, dass
er zur Leistung nicht verpflichtet ist. (2.) Die Leistung entspricht einer
sittlichen Pflicht oder einer auf den Anstand zu nehmenden Rücksicht.

Der erste Fall von § 814 (Alt. 1) erfordert positive Kenntnis von der 29
Nichtverpflichtung im Zeitpunkt der Leistung. Grobe Fahrlässigkeit
schadet nicht. Der Leistende muss nicht nur die Tatumstände kennen,
aus denen sich ergibt, dass er nicht verpflichtet ist, sondern er muss
auch wissen, dass er nach der Rechtslage nichts schuldet.[42] Eine Parallelwertung in der Laiensphäre genügt. Zweifel oder ein Irrtum über das
Bestehen der Schuld schließen die erforderliche Kenntnis aus. Ein Verschulden ist ohne Bedeutung. Kennt der Kondizierende zwar die Umstände, aus denen die Nichtigkeit folgt, liegt keine Kenntnis vor, wenn
er diesen rechtlichen Schluss von den Umständen auf deren Rechtsfolgen nicht zieht.[43] Die Norm, die auch beweisrechtliche Bedeutung hat,[44]
ist Ausdruck des allgemeinen Rechtsgedankens der Unzulässigkeit wi-
dersprüchlichen Verhaltens (venire contra factum proprium):[45] Wer
wissentlich auf eine Nichtschuld leistet, ist nicht schutzbedürftig[46] und
kann das Geleistete deshalb nicht zurückfordern.

§ 814 greift nicht, wenn die Leistung ausdrücklich „unter Vorbehalt"
gezahlt wird.[47] Dann liegt der Grund für einen Ausschluss (ein venire
contra factum proprium) nicht vor.

Fall (*Medicus*, Gesetzliche Schuldverhältnisse, S. 125 f.):　　　30

Der Vermieter V verlangt von den Mietern seines Mehrfamilienhauses für die
Benutzung der von ihm im Waschkeller aufgestellten elektrischen Waschmaschinen ein besonderes Entgelt. Mieter M meint zwar, das Verlangen des V

---

[42] BGHZ 113, 62, 70 m. w. N.
[43] Vgl. Staudinger/*Lorenz*, § 814 Rn. 3; MünchKomm/*Lieb*, § 814 Rn. 10 ff.
[44] Vgl. Motive II S. 833.
[45] MünchKomm/*Lieb*, § 814 Rn. 2.
[46] Staudinger/*Lorenz*, § 814 Rn. 2.
[47] BGHZ 83, 278, 282. Ein ausdrücklicher Vorbehalt ist dann entbehrlich, wenn
der Schuldner erkennbar unter Druck oder Zwang (unfreiwillig) zur Vermeidung eines drohenden Nachteils leistet (vgl. BGH NJW 1995, 3052, 3054).

sei unbegründet, zahlt aber trotzdem, um mit V keinen Streit zu bekommen. Es stellt sich schließlich heraus, dass die Benutzung der Waschmaschinen schon mit dem Mietzins abgegolten ist. M verlangt von V Rückzahlung. Zu Recht?

Lösung:

Anspruchsgrundlage ist § 812 Abs. 1 S. 1 Alt. 1 (Grundtatbestand).

1. V erlangt das Geld als vermögenswerten Vorteil. M zahlt zur Tilgung einer Verbindlichkeit (solvendi causa). Für den Zahlungsempfänger V muss sich diese Leistung so darstellen, nämlich als Zahlung auf eine Verbindlichkeit; damit leistet M. Da keine Verpflichtung hierzu besteht, zahlt M auf eine Nichtschuld. Es liegt also eine Zahlung ohne Rechtsgrund vor. Somit wäre an sich der Anspruch gemäß § 812 Abs. 1 S. 1 Alt. 1 gegeben.

2. Die Kondiktion ist aber nach § 814 Alt. 1 ausgeschlossen. M ist der Auffassung, die Forderung sei unbegründet. M besitzt deshalb positive Kenntnis davon, dass er zur Leistung nicht verpflichtet ist. Ein Kondiktionsanspruch ist deshalb ausgeschlossen (Einwendung).

Hinweis: M hätte seinen Rückforderungsanspruch wahren können, wenn er **„unter Vorbehalt** seiner Rechte" gezahlt hätte. Dann ist § 814 nämlich nicht anwendbar.[48]

31   § 814 ist wegen der Fiktion des § 142 Abs. 2 auch erfüllt, wenn der Leistende im Zeitpunkt der Leistung weiß, dass er anfechtungsberechtigt ist. Die Leistung in Kenntnis des eigenen Anfechtungsrechts stellt ein typisches widersprüchliches Verhalten dar. Wer in Kenntnis eines Anfechtungsgrundes leistet, bringt genügend zum Ausdruck, dass er trotz des Irrtums an dem Rechtsgeschäft festhalten will.[49] Dies führt zum Ausschluss des Kondiktionsrechts nach § 814 Alt. 1. Regelmäßig wird in dieser Konstellation jedoch bereits kein Anspruch gemäß § 812 Abs. 1 S. 1 Alt. 1 gegeben sein, weil in der Leistung eine (konkludente) Bestätigung des Geschäfts vorliegt (§ 144). Auf die (nachrangige) Frage des § 814 als Einwendung kommt es dann nicht mehr an.

Ist dagegen nur der Leistungsempfänger zur Anfechtung berechtigt, so kommt § 814 mit Rücksicht auf seine ratio – trotz Kenntnis der Anfechtbarkeit – nicht zur Anwendung: Zur Zeit der Leistung ist der Schuldner (noch) zur Leistung verpflichtet.[50] Eine tatsächliche Leistung kann ihm nicht zum Vorwurf gemacht werden, welche eine Kondiktion nach erfolgter Anfechtung ausschließt.[51]

Vertiefungshinweis: Anfechtung (§ 142 Abs. 2) und Rückabwicklung (§§ 812, 814)

---

[48] BGHZ 83, 278, 282. Vgl. auch BGH NJW 1995, 3052, 3054 sowie die Erläuterung in der vorigen Fn.
[49] Vgl. *Mugdan* II, S. 473 (Motive): Es liege eine Genehmigung des anfechtbaren Rechtsgeschäftes vor, sodass die Kondiktion ausgeschlossen sei.
[50] RG JW 1936, 3179, 3180.
[51] Vgl. *Mugdan* II, S. 473 (Motive).

Es stellt sich die Frage, ob § 812 Abs. 1 S. 1 Alt. 1 (condictio indebiti) oder
§ 812 Abs. 1 S. 2 Alt. 1 (Kondiktion wegen späteren Wegfalls des rechtlichen
Grundes) die richtige Anspruchsgrundlage für den Fall der **Anfechtung**[52] ist.
Diese Frage scheint für die Anwendbarkeit des § 814 Alt. 1 entscheidend zu
sein, weil § 814 Alt. 1 auf § 812 Abs. 1 S. 1 Alt. 1, nicht aber auf § 812 Abs. 1
S. 2 Alt. 1 anwendbar ist.[53]
Selbst die Ansicht, welche im Falle der Anfechtung § 812 Abs. 1 S. 2 Alt. 1
– nicht wie die h. M. § 812 Abs. 1 S. 1 Alt. 1 (vgl. oben § 10 Rn. 24) – bejaht,
wendet aber ausnahmsweise gleichwohl § 814 an.[54]

Im zweiten von § 814 geregelten Fall (Alt. 2) nimmt der Leistende **32**
irrtümlich an, zur Leistung verpflichtet zu sein, und ist daher an sich
schutzwürdig. Gleichwohl wird ihm die Kondiktion versagt, wenn die
Leistung einer sittlichen Pflicht oder einer auf den Anstand zu nehmenden Rücksicht entsprach. Der Tatbestand dieser Alternative ist rein objektiv zu bestimmen. Standardbeispiel für § 814 Alt. 2 ist die Zahlung
von Unterhalt an einen Angehörigen, dem gegenüber keine Unterhaltspflicht besteht, wenn der Leistende irrig annimmt, zum Unterhalt verpflichtet zu sein.

Beispiel:
Nach § 1601 sind nur Verwandte in gerade Linie einander zum Unterhalt verpflichtet. Bruder und Schwester sind nicht in gerader Linie, sondern in Seitenlinie
verwandt (§ 1589 S. 1 und 2), und deshalb gegenseitig nicht unterhaltspflichtig.
Zahlt die Schwester gleichwohl an den bedürftigen Bruder Unterhalt, in der irrtümlichen Annahme einer Unterhaltspflicht, so fehlt für die Leistung zwar ein Rechtsgrund (§ 812 Abs. 1 S. 1 Alt. 1), die Rückforderung kann aber wegen § 814 Alt. 2
(sittliche Pflicht) ausgeschlossen sein.

Vertiefungshinweis: Zuvielzahlung von Ehegattenunterhalt (§ 1360 b) **33**
Nach § 1360 b kann der Unterhalt leistende **Ehegatte** eine **Zuvielzahlung**
grundsätzlich nicht zurückfordern. Während § 814 eine Einwendung darstellt,
normiert § 1360 b eine widerlegbare Vermutung (Auslegungsregel). § 1360 b
stellt jedoch einen besonderen Ausschlussgrund auch für Kondiktionsansprüche
dar.[55] Eine Rückforderung objektiv zuviel geleisteter Beträge findet nur bei positiv nachweisbarer Rückforderungsabsicht statt.[56]
Im Fall einer (überhöhten) Unterhaltsleistung kann auf ein Rückzahlungsbe-
gehren sowohl § 814 als auch § 1360 b zur Anwendung kommen. Dass eine
überhöhte Unterhaltsleistung einer sittlichen Pflicht oder auf den Anstand zu
nehmenden Rücksicht entspricht (§ 814 Alt. 2), kann sich (allenfalls) mit den
Umständen des Einzelfalles rechtfertigen lassen. Hat ein Ehegatte positive
Kenntnis davon, dass er zur (überhöhten) Unterhaltszahlung nicht verpflichtet
ist, so kann ein Kondiktionsanspruch wegen § 814 Alt. 1 ausgeschlossen sein.
Hält er sich irrtümlich für verpflichtet, verhindert der spezielle Kondiktions-

---

[52] Durch die Anfechtung eines Rechtsgeschäftes fällt grundsätzlich der Rechtsgrund
mit ex-tunc-Wirkung weg (§ 142 Abs. 1). Das zur Erfüllung der Verbindlichkeit Geleistete kann zurückgefordert werden. § 142 Abs. 2 fingiert – unter bestimmten weiteren Voraussetzungen – die Kenntnis von der Nichtigkeit des Rechtsgeschäftes.
[53] So die h. L., vgl. MünchKomm/*Lieb*, § 814 Rn. 3 ff. m. w. N.
[54] So wohl MünchKomm/*Lieb*, § 812 Rn. 138 und § 814 Rn. 13; vgl. auch *Wendehorst*, in: Bamberger/Roth, § 812 Rn. 28.
[55] BGHZ 50, 266, 270 = NJW 1968, 1780; MünchKomm/*Wacke*, § 1360 b Rn. 4.
[56] So MünchKomm/*Wacke*, § 1360 b Rn. 8 Fn. 26.

ausschlussgrund des § 1360 b eine Rückforderung aus § 812, es sei denn, der zahlende Ehegatte kann seine (bei Zahlung bestehende) Rückforderungsabsicht nachweisen.[57]

2. § 817 S. 2 entsprechend

34   Die Leistungskondiktion ist zudem ausgeschlossen, wenn dem Leistenden ein **Verstoß gegen ein gesetzliches Verbot oder die guten Sitten** zur Last fällt (§ 817 S. 2). Nach Wortlaut und Systematik ist diese Vorschrift nur auf die condictio ob turpem vel iniustam causam (§ 817 S. 1) anwendbar. Nach allgemeiner Meinung stellt sie aber einen allgemeinen Grundsatz für alle Leistungskondiktionen dar („nemo auditur turpitudinem suam allegans" – niemand wird gehört, der aus seiner eigenen Schändlichkeit [vorteilige Rechtsfolgen] herleiten will) und gilt deshalb auch für die Leistungskondiktion nach § 812 Abs. 1 S. 1 Alt. 1.[58]

35   § 817 S. 2 behandelt dem Wortlaut nach („wenn dem Leistenden gleichfalls") nur den Fall, dass sowohl dem Leistenden als auch dem Empfänger ein solcher Sitten- oder Gesetzesverstoß zur Last fällt. Man ist sich aber darüber einig, dass diese Vorschrift auch anzuwenden ist, wenn nur der Leistende verwerflich handelt. Mit anderen Worten: Das Wort „gleichfalls" im Gesetzeswortlaut entfällt bei der analogen Anwendung, weil der Leistende nicht besser stehen soll, wenn nur er verwerflich handelt.

36   Bei Überlassung auf Zeit verhindert § 817 S. 2 nur die Rückforderung während dieser Zeit. Hinsichtlich der Vergütungspflicht für eine wucherische Leistung vertritt die h. M. eine rigorose Ansicht: Bei sittenwidrigen und deshalb nichtigen Darlehensgeschäften kann der Darlehensgeber über § 818 BGB nicht die Verzinsung der nach Ablauf der (unwirksam) vereinbarten Zeit zurückzugewährenden Darlehensvaluta verlangen. Die h. M. billigt dem Darlehensgeber auch nicht einen Wertersatzanspruch auf einen angemessenen, am Kapitalmarkt orientierten Zins zu,[59] um das Risiko des Wucherers nicht zu vermindern.

---

37   **Fall (vgl. BGHZ 99, 333):**

Die Bank K gewährt dem A einen Kredit in Höhe von 50.000 € für 18 Monate zu einem effektiven Jahreszins von 55%. Zum Fälligkeitszeitpunkt verweigert A die Rückzahlung mit der Begründung, der Vertrag sei wegen Wuchers nichtig und er dürfe das Geld behalten. Außerdem verweigert A jede weitere Zinszahlung und verlangt die schon gezahlten Zinsen zurück. Zu Recht?

---

[57] MünchKomm/*Wacke*, § 1360 b Rn. 8; a. A. OLG Stuttgart, FamRZ 1981, 36 für den Fall der Rückforderung eines unberechtigt gezahlten Prozesskostenvorschusses (§ 1360 a Abs. 4); *Gernhuber/Coester-Waltjen*, Lehrbuch des Familienrechts, 4. Aufl. 1994, § 21 III 4, S. 248 f. Fn. 5.
[58] *Brox/Walker*, BS, § 37 Rn. 45, 39. Nicht anwendbar ist § 817 S. 2 hingegen auf Nichtleistungskondiktionen (siehe bspw. BGHZ 152, 307, 315).
[59] So aber *Medicus*, BR, Rn. 700 m. w. N.

Lösung:

I. Anspruch der Bank K gegen A auf Rückzahlung der Darlehensvaluta?

1. § 812 Abs. 1 S. 1 Alt. 1?

a) Die Darlehenssumme ist rechtsgrundlos von K an A geleistet worden. Der Darlehensvertrag (§ 488) ist nach § 138 Abs. 2 nichtig, wenn K die Zwangslage des A ausgebeutet hat. Das ist Tatfrage. Bei derart hohen Zinssätzen nimmt die Rspr. aber schon Nichtigkeit nach § 138 Abs. 1 an.[60] Der Grundtatbestand des § 812 Abs. 1 S. 1 Alt. 1 ist erfüllt.

b) Hier kann der Rückforderungsausschluss nach § 817 S. 2 in Betracht kommen, der auf alle Fälle der Leistungskondiktion und nicht nur auf § 817 S. 1 anzuwenden ist. Dem Wortlaut nach greift § 817 S. 2 allerdings nicht ein, weil nur der Bank K, nicht aber beiden Parteien ein Gesetzes- bzw. Sittenverstoß zur Last fällt, was nach dem Wortlaut des § 817 S. 2 („gleichfalls") aber eigentlich erforderlich wäre. Die h. M. erweitert diese Vorschrift aber auf Fälle, in denen nicht beiden Parteien, sondern nur dem Leistenden ein Gesetzes- oder Sittenverstoß zur Last fällt.
Der Kondiktionsanspruch der K gegen A ist nach § 817 S. 2 ausgeschlossen, weil der leistenden Bank ein Sittenverstoß zur Last fällt. K kann das Geleistete nicht zurückfordern. Fraglich ist aber, ob dies zur Folge hat, dass A das gesamte Darlehen für immer behalten darf.[61] Ausgeschlossen wird durch § 817 S. 2 nur die Rückforderung des Geleisteten. Leistungsgegenstand ist aber nach dem Darlehensvertrag nicht das überlassene Geld schlechthin, sondern die Kapitalnutzung auf Zeit. A muss also das Darlehen nicht vor dem vereinbarten Fälligkeitszeitpunkt zurückzahlen. Deshalb schließt § 817 S. 2 auch nur die Kondiktion des Leistungsgegenstandes auf Zeit aus. Da aber das Darlehen selbst zurückverlangt werden kann, ist die Kondiktion nach Zeitablauf möglich.

c) Ergebnis: A darf die Darlehensvaluta auf Zeit (hier 18 Monate) behalten und ist erst nach Ablauf dieser Zeit zur Rückzahlung verpflichtet.[62]

2. § 817 S. 1? Jedenfalls wegen § 817 S. 2 (–), siehe oben 1.

II. Anspruch der Bank K gegen A auf fortwährende Zinszahlung?

1. § 488 Abs. 1 S. 2 (–) wegen Nichtigkeit des Vertrages.

2. § 812 Abs. 1 S. 1 Alt. 1, 818 Abs. 1?
Der gegebene Bereicherungsanspruch auf Rückgewähr der Darlehensvaluta (I. 1.) umfasst nicht gem. § 818 Abs. 1 Zinsen in angemessener, am Kapitalmarkt orientierten Höhe. Würde man den Leistungsempfänger für verpflichtet halten, wenigstens einen angemessenen Zinssatz zu zahlen, dann könnte der Leistende (der Wucherer) risikolos arbeiten, denn den üblichen Zinssatz würde er erhalten. Um dies zu verhindern, scheidet ein Anspruch auf Zinszahlung (nach h. M.) aus.[63]

---

[60] Beispiele aus der Rechtsprechung bei Palandt/*Heinrichs,* § 138 Rn. 67 f.
[61] So ursprünglich das Reichsgericht: RGZ 151, 70.
[62] BGHZ 99, 333, 338 f.
[63] Eine vermittelnde Meinung nimmt demgegenüber an, dass der Darlehensnehmer entsprechend § 818 Abs. 1 zumindest die tatsächlich erwirtschafteten Zinsen bis zur

III. Anspruch des A gegen Bank K auf Rückzahlung der schon gezahlten Zinsen?

1. § 812 Abs. 1 S. 1 Alt. 1?

a) K erlangt die Zinszahlung. A leistet zum Zweck der Erfüllung eines Darlehensvertrages. Der Darlehensvertrag (§ 488) ist wegen des hohen Zinssatzes nach § 138 Abs. 1 nichtig. Die Leistung ist also rechtsgrundlos. Ein Kondiktionsausschluss nach § 817 S. 2 kommt nicht in Frage, weil dem Leistenden A kein Gesetz- oder Sittenverstoß zur Last fällt.

b) A kann also wegen der Nichtigkeit des Darlehensvertrages den schon gezahlten Zins, den er rechtsgrundlos gezahlt hat, zurückverlangen.

2. § 817 S. 1?
Ein Rückzahlungsanspruch kann auch auf § 817 S. 1 gestützt werden (vgl. unten § 10 Rn. 77 ff.).

---

38 | **Vertiefungsfall zu § 817 S. 2 (BGHZ 111, 308 Schwarzarbeit):**

A beauftragt S, der nicht in die Handwerksrolle eingetragen ist und keinen Gewerbebetrieb angemeldet hat, für ihn in größerem Umfange Handwerksarbeiten „schwarz" durchzuführen. A leistet dem S eine Anzahlung, von der dieser weder Steuern noch Sozialversicherungsbeiträge abführt. Als S nach ordnungsgemäß verrichteter Arbeit den Restwerklohn fordert, verweigert A die Zahlung. Zu Recht?

Lösung:

1. Anspruch aus Werkvertrag gemäß § 631 Abs. 1 (–) Der beiderseitige Verstoß gegen § 8 Abs. 1 Nr. 1 lit. d, e und § 8 Abs. 1 Nr. 2 **SchwArbG**[64] führt zur Nichtigkeit gemäß § 134.

2. Anspruch aus §§ 677, 683 S. 1, 670 (–) Eine gesetzlich verbotene Tätigkeiten darf nicht „für erforderlich [ge]halten" werden (§ 670).[65]

3. Anspruch aus § 812 Abs. 1 S. 1 Alt. 1?

a) A erlangt die Handwerksarbeiten durch Leistung des S rechtsgrundlos.

b) Ein Anspruchsausschluss nach § 814 Alt. 1 kommt nicht in Frage, weil S keine positive Kenntnis der Nichtschuld hat.

c) § 817 S. 2? Dem leistenden S fällt ein Verstoß gegen ein gesetzliches Verbot (SchwArbG) zur Last. Der Tatbestand (in seiner grundsätzlichen

---

Obergrenze des angemessenen Zinses herauszugeben hat (MünchKomm/*Lieb*, § 817 Rn. 17).

[64] SchwArbG, BGBl. I 2004, S. 1842. § 8 Abs. 1 Nr. 1 SchwArbG: „Ordnungswidrig handelt, wer [...] der Verpflichtung zur Anzeige vom Beginn des selbständigen Betriebes eines stehenden Gewerbes (§ 14 der Gewerbeordnung) nicht nachgekommen ist [...] [lit. d] oder ein zulassungspflichtiges Handwerk als stehendes Gewerbe selbständig betreibt, ohne in die Handwerksrolle eingetragen zu sein (§ 1 der Handwerksordnung) [lit. e]." § 8 Abs. 1 Nr. 2 SchwArbG: „Ordnungswidrig handelt, wer Dienst- oder Werkleistungen in erheblichem Umfang ausführen lässt, indem er eine oder mehrere Personen beauftragt, die diese Leistungen unter vorsätzlichem Verstoß gegen eine in Nummer 1 genannte Vorschrift erbringen."

[65] Vgl. zum Problem der Anwendbarkeit der GoA beim nichtigen Vertrag oben § 3 Rn. 7 f.

Auslegung durch die h. M.) ist eigentlich erfüllt. Jedoch ist § 817 S. 2 in der zu beurteilenden Fallkonstellation auf Grund einschränkender teleologischer Auslegung nicht anwendbar.[66] Dies ergibt sich aus dem Grundsatz von Treu und Glauben (§ 242), dass das gesamte Bereicherungsrecht in besonderem Maße beherrscht. Bei der Anwendung des den Gläubiger hart treffenden Rückforderungsverbotes des § 817 S. 2[67] kann außerdem nicht außer Betracht bleiben, welchen Zweck das in Frage stehende Verbotsgesetz verfolgt.

(1) Das SchwArbG verfolgt eine ordnungspolitische Zielsetzung:[68] Schwarzarbeit führt zu erhöhter Arbeitslosigkeit und verursacht Steuerausfälle. Deshalb sollen vertragliche Ansprüche ausgeschlossen werden, was eine generalpräventive Wirkung hat.[69] Die Durchsetzung dieser Ziele des Gesetzes erfordert es aber nicht, dass der Besteller von Schwarzarbeit die Leistung auf Kosten des vorleistenden Schwarzarbeiters unentgeltlich behalten dürfen soll; die Zulassung bereicherungsrechtlicher Ansprüche (in eingeschränktem Umfang) steht dieser generalpräventiven Wirkung nicht entgegen. (2) Außerdem entspricht es nicht der Billigkeit, dem durch die Vorleistung begünstigten Besteller den durch nichts gerechtfertigten Vorteil unentgeltlich zu belassen (§ 242).[70]

d) Es besteht deshalb eine Wertersatzpflicht (§ 818 Abs. 2). Bei der Bemessung ist zu beachten, dass der Schwarzarbeiter im Wege des Bereicherungsausgleichs keinesfalls mehr erlangen kann, als er mit seinem Auftraggeber – in nichtiger Weise – als Entgelt vereinbart hatte. Auch sind die mit der Schwarzarbeit verbundenen Risiken zu berücksichtigen. Insbesondere ist stark wertmindernd zu berücksichtigen, dass vertragliche Gewährleistungsansprüche wegen der Nichtigkeit des Vertrages von vornherein nicht gegeben sind. Haben sich schon Mängel gezeigt, so sind diese darüber hinaus im Rahmen der Saldierung in die Ausgleichsrechnung einzubeziehen.[71]

e) Ergebnis: Ein Anspruch auf Wertersatz (im beschriebenen Umfang) ist ausnahmsweise begründet.

Vertiefungshinweis: Anwendung von § 817 S. 2 analog außerhalb des Berei- **39** cherungsrechts
Eine Anwendung außerhalb des Bereicherungsrechts lehnt die Rechtsprechung ab.[72] Zwar wendet die Gegenmeinung[73] ein, dass der Anspruchs-

---

[66] BGHZ 111, 308, 311; BGH NJW 2006, 45, 46 (Schneeballsystem).
[67] BGHZ 50, 90, 92. Zur Notwendigkeit der Berücksichtigung des Zweckes der einzelnen Verbotsgesetze: *Weyer*, WM 2002, 627.
[68] Vgl. BT-Drs. 2/1111 (Entwurf eines Gesetzes zur Bekämpfung der Schwarzarbeit) und 9/192 (Entwurf eines Gesetzes zur Änderung des Gesetzes zur Bekämpfung der Schwarzarbeit).
[69] Vgl. *Tiedtke*, NJW 1983, 713, 716.
[70] In der Literatur wird die Einschränkung des § 817 S. 2 abgelehnt; sie laufe dem Ziel des SchwArbG (effektive Bekämpfung der Schwarzarbeit) zuwider und schränke die intendierte Abschreckungswirkung erheblich ein (vgl. *Tiedtke*, DB 1990, 2307).
[71] BGHZ 111, 308, 314 m. w. N.
[72] BGHZ 63, 365, 368 f.
[73] *Wendehorst*, in: Bamberger/Roth, § 817 Rn. 13 m. w. N.; differenzierend MünchKomm/*Lieb*, § 817 Rn. 26 ff.

ausschluss des § 817 S. 2 im Ergebnis leer läuft, wenn auch ein nicht bereicherungsrechtlicher Anspruch begründet ist und § 817 S. 2 auf diesen nicht
angewendet wird. Jedoch ist § 817 S. 2 eine Ausnahmevorschrift und mit Rücksicht auf ihren Normzweck (früher: Strafzweck, heute: Rechtsschutzverweige-
rung) eng auszulegen und anzuwenden. Der Anwendungsbereich des § 817 S. 2
ist deshalb auf bereicherungsrechtliche Ansprüche beschränkt.

3. Zusammenfassung

40
> **Ausschluss des Anspruchs aus § 812 Abs. 1 S. 1 Alt. 1**
>
> 1. § 814
>   - § 814 Alt. 1: Positive Kenntnis der Nichtschuld
>   - P: Anfechtung und § 814 Alt. 1 (§ 10 Rn. 31)
>   - § 814 Alt. 2: Leistung entsprach einer sittlichen Pflicht oder
>   Anstand
> 2. § 817 S. 2 analog
>   - nicht nur auf § 817 S. 1, sondern auf alle
>   Leistungskondiktionen entsprechend anzuwenden
>   - „gleichfalls" bei anderen LK als § 817 S. 1 ohne Bedeutung,
>   d. h. Sitten- oder Gesetzesverstoß nur des Leistenden genügt
>   (§ 10 Rn. 35)
>   - P: Bereicherungsrechtlicher Anspruch des Schwarzarbeiters
>   (§ 10 Rn. 38)

B. § 813 – dauerhafte Einrede

41   § 813 Abs. 1 S. 1 ist eine selbständige Anspruchsgrundlage. Sie setzt
– abweichend von dem Grundtatbestand der Leistungskondiktion
(§ 812 Abs. 1 S. 1 Alt. 1) – voraus, dass eine dauernde Einrede besteht.
Insoweit erweitert die „Kondiktion wegen Bestehens einer dauernden
Einrede" die Leistungskondiktion, indem sie dem anfänglichen Fehlen
des rechtlichen Grundes (§ 812 Abs. 1 S. 1 Alt. 1) das Bestehen einer
dauernden Einrede gleichstellt.[74]

I. Tatbestand

42   Erfasst werden nur dauernde (peremptorische) Einreden im Gegensatz zu vorübergehenden (dilatorischen) Einreden.[75] Nur eine Einrede,

---

[74] *Mugdan* II, S. 465 (Motive): Bei erhobener Einrede sei die Forderung so anzusehen, als ob sie rechtlich nie bestanden hätte. Vgl. auch *Wendehorst,* in: Bamberger/
Roth, § 813 Rn. 1; MünchKomm/*Lieb,* § 813 Rn. 1.
[75] Vorübergehende Einreden sind: § 273, § 320, Stundung, Einrede des Bürgen aus
§ 770 Abs. 2.

die die Durchsetzbarkeit eines bestehenden Anspruchs auf Dauer hindert, steht der Rechtsgrundlosigkeit gleich.

Beispiele für dauernde Einreden:
- Bereicherungseinrede (§ 821);
- Einrede der unerlaubten Handlung (§ 853);
- Einrede aus § 1166;
- Einrede der Arglist oder aus § 242;
- Erbrechtliche Einreden (§§ 1973, 1975, 1990f., 2083, 2318 Abs. 1, 2345).

Wichtige **Ausnahmen:** Die Verjährungseinrede begründet keinen **43** Bereicherungsanspruch, obwohl die **Verjährungseinrede** eine dauernde Einrede ist (§§ 813 Abs. 1 S. 2, 214 Abs. 2). Wird auf eine verjährte Forderung geleistet, so kann das Geleistete nicht zurückgefordert werden. Keine Anwendung findet § 813 auch bei der Sachmängeleinrede (§ 433 Abs. 1 S. 2 oder § 633 Abs. 1 i. V. mit § 320),[76] weil die §§ 434 ff. und 634 ff. für eine Rückabwicklung speziellere Vorschriften enthalten, die durch § 813 nicht umgangen werden sollen. Zur **Sachmängeleinrede** nach § 438 Abs. 4 S. 2 vgl. den folgenden Fall.

Fall: **44**

V liefert an K am 1. 4. 2002 eine mangelbehaftete Waschmaschine aus. K begleicht sofort den vereinbarten Kaufpreis. Zwar entdeckt K den Mangel sofort, lässt aber aufgrund mangelnder Entschlussfreudigkeit die Sache zunächst auf sich beruhen. Erst später entschließt er sich zum Handeln und ruft am 2. 4. 2004 bei V an, erklärt den Rücktritt und verlangt Rückzahlung des Kaufpreises. V beruft sich auf „Zeitablauf". Zu Recht?

Lösung:

1. Anspruch aus §§ 433, 434 Abs. 1 S. 1, 437 Nr. 2, 323 Abs. 1, 346 Abs. 1 (–)
   Zwar liegt ein Rücktrittsgrund vor (§ 434 Abs. 1 S. 1). Der Rücktritt ist auch erklärt worden (§§ 133, 157). Der Rücktritt ist aber unwirksam (§§ 438 Abs. 4 S. 1, 218 Abs. 1 S. 1). Das Recht auf Nacherfüllung (§§ 434, 437 Nr. 1, 439 Abs. 1) ist nach § 438 Abs. 1 Nr. 3 verjährt. Es gilt die zweijährige Frist des § 438 Abs. 1 Nr. 3 (in Abweichung von der allgemeinen Frist des § 195). Diese beginnt – in Abweichung von § 199 – mit der Ablieferung der Sache zu laufen (§ 438 Abs. 2), also am 2. 4. 2002, 0 Uhr (§ 187 Abs. 1: sog. Ereignisfrist) und endet am 1. 4. 2004, 24 Uhr (§ 188 Abs. 2 Alt. 1). V hat sich auf Verjährung berufen (§§ 133, 157).

2. Anspruch aus § 813 Abs. 1 S. 1?
   a) V erlangt den Kaufpreis durch Leistung des K.
   b) Es müsste aber eine dauerhafte Einrede bestehen. Infrage kommt die sog. Mängeleinrede (§ 438 Abs. 4 S. 2). Danach kann der Käufer trotz der Unwirksamkeit des Rücktritts nach § 218 Abs. 1 die Zahlung des Kaufpreises insoweit verweigern, als er aufgrund des Rücktritts dazu

---

[76] Vgl. zur Mängeleinrede *Lorenz/Riehm*, Rn. 500 ff.

berechtigt sein würde. Voraussetzung des Rücktritts ist aber auch die Nachfristsetzung (§ 323 Abs. 1 und 2), die bisher nicht gesetzt worden ist.[77]

c) Unabhängig davon erfasst § 813 Abs. 1 die Sachmängeleinrede überhaupt nicht. Die kurze Verjährungsfrist (§ 438 Abs. 1) soll im Interesse der Rechtssicherheit bald möglichst klare Verhältnisse schaffen. Davon macht § 438 Abs. 4 S. 2 (und § 215) Ausnahmen und gewährt eine Einrede gegen den Kaufpreisanspruch; ein darüber hinausgehender Anspruch aus § 813 würde dem Zweck des § 438 Abs. 1 widersprechen.[78] Ob der bereits gezahlte Kaufpreis (z. B. Anzahlung) zurückgezahlt werden kann, ist auch in § 438 Abs. 4 S. 3 speziell geregelt: Nur wenn der Verkäufer zurücktritt, entsteht ein Rückgewährschuldverhältnis (§§ 346 ff.), aufgrund dessen auch der Käufer seine Leistung zurückfordern kann. Ein Rückforderungsrecht des Käufers aus § 813 würde diese vorgehende Regelung, welche die Rückforderung vom Verhalten des Verkäufers abhängig macht, umgehen und scheidet deshalb aus.[79]

d) Der Anspruch aus § 813 Abs. 1 S. 1 ist unbegründet.

II. Ausschlussgründe

45   Es gelten die Ausschlussgründe der allgemeinen Leistungskondiktion (§§ 814, 817 S. 2 analog). Ein Anspruch aus § 813 Abs. 1 S. 1 ist darüber hinaus ausgeschlossen, wenn eine gestundete Forderung vorzeitig erfüllt wird (§ 813 Abs. 2).

46 **Fall:**

V spiegelt dem K vor, ein neuer dreibändiger BGB-Kommentar sei schon jetzt vollständig lieferbar. K bestellt und bezahlt den vergünstigten Kaufpreis im Voraus und erhält einen schon erschienenen Band. Bald darauf erfährt er, dass sich das Erscheinen der übrigen Bände noch über etliche Jahre hinziehen wird, unternimmt aber nichts. Nach zwei Jahren verlangt V von K, die nun erschienenen Kommentarbände abzunehmen. K lehnt dies „wegen der Täuschung von vor zwei Jahren" ab; V verweist auf die versäumte Anfechtungsfrist des § 124. K möchte wissen, ob er die Zahlung herausverlangen kann.

---

[77] Vgl. zum Meinungsstand Staudinger/*Matusche-Beckmann*, § 438 Rn. 134. Nach *Lorenz/Riehm*, Rn. 560 soll der Käufer auch bei verjährtem Nacherfüllungsanspruch eine Nachfrist setzen müssen, wenn diese nicht entbehrlich ist (§§ 323 Abs. 2, 326 Abs. 5, 440); so auch *v. Olshausen*, JZ 2002, 385, 386 ff. Anders *Faust*, in: Bamberger/Roth, § 438 Rn. 53: Zum Schutz des Käufers genüge es, dass dieser nach Verfristung des Gestaltungsrechts zur Kaufpreiszahlung nur Zug um Zug gegen Nacherfüllung verurteilt werden könne.

[78] Vgl. RGZ 144, 93, 95 f. zu §§ 478 f. a. F.

[79] Vgl. auch *Lorenz/Riehm*, Rn. 560; *Huber*, in: Huber/Faust, § 13 Rn. 186 f.

Lösung:

1. § 812 Abs. 1 S. 1 Alt. 1 (Leistungskondiktion)?

V erlangt den Kaufpreis, den K zum Zweck der Erfüllung des Kaufvertrages leistet. Der Kauf ist zwar nach § 123 wegen arglistiger Täuschung anfechtbar. Da K nicht anficht und auch nicht mehr anfechten kann (wegen Versäumung der Anfechtungsfrist des § 124), ist und bleibt der Kauf als Rechtsgeschäft wirksam. K zahlt daher auf eine bestehende Verbindlichkeit, also mit Rechtsgrund. Ein Anspruch aus § 812 Abs. 1 S. 1 Alt. 1 scheidet deshalb aus.

2. Anspruch aus § 813 Abs. 1 S. 1?

   a) Voraussetzung ist, dass K auf eine Forderung zahlt, der eine dauernde Einrede entgegensteht. K hätte die Kaufpreiszahlung (und die Abnahme) verweigern können, denn V erlangt seine Forderung durch unerlaubte Handlung gemäß § 823 Abs. 2 i. V. m. § 263 StGB (Betrug). Dies begründet die Arglisteinrede nach § 853. Die Vorschrift gilt zwar ausdrücklich nur für den Fall, dass „der Anspruch auf Aufhebung der Forderung verjährt ist", gemeint ist die deliktisch erlangte Forderung. Die h. M. wendet die Vorschrift aber auch auf andere Fälle der Fristversäumung an, z. B. auf die Versäumung der Anfechtungsfrist nach § 124.[80]

   b) Das bedeutet: Der Verbindlichkeit aus § 433 Abs. 2 steht die dauernde Einrede des § 853 entgegen. K kann also den Kaufpreis zurückfordern (gegen Rückgabe des schon gelieferten Kommentarbandes [§ 242]; vgl. unten § 10 Rn. 47).

   c) Die Verjährungsfrist nach §§ 195, 199 Abs. 1 ist noch nicht abgelaufen.

3. Als weitere Anspruchsgrundlage kommt § 823 Abs. 2 i. V. m. § 263 StGB (Schutzgesetz) in Betracht.

Vertiefungshinweis: Rückabwicklung bei Arglisteinrede (§ 853) und gegensei- 47
tiger Vertrag

In bestimmten Fallkonstellationen liegt ein gegenseitiger Vertrag vor, der entweder von beiden Vertragsparteien vollständig oder nur vom Verkäufer erfüllt worden ist. Stellt sich nachträglich heraus, dass der Kaufvertrag durch eine unerlaubte Handlung des Verkäufers (z. B. Betrug) zustande gekommen ist, so kann der Geschädigte die Erfüllung seiner Verpflichtung unter Berufung auf § 853 (**Arglisteinrede**) verweigern bzw. das Geleistete nach §§ 813 Abs. 1 S. 1, 853 zurückfordern.[81] Das setzt voraus, dass der Geschädigte die Auflösung des Vertrages insgesamt begehrt; andernfalls verstößt der nach §§ 813 Abs. 1 S. 1, 853 zurückfordernde Geschädigte gegen Treu und Glauben, wenn er die Einrede dazu benutzt, sich seiner vertraglichen Verpflichtung zu entziehen, ohne seinerseits die Pflicht zur Rückgewähr der aufgrund des Vertrages bereits erlangten Vorteils anzuerkennen; dies würde die (Gegen-)Einrede der Arglist

---

[80] BGHZ 42, 37, 42 = NJW 1964, 1797; RGZ 79, 194, 197; MünchKomm/*Stein*, § 853 Rn. 5.

[81] Dies betrifft Fälle, in denen eine Anfechtung wegen Ablaufs der Anfechtungsfrist (§ 124) nicht mehr in Betracht kommt. Solange Gestaltungsrechte (Anfechtung, Rücktritt) erhoben werden können und geltend gemacht werden, kommt eine Rückabwicklung nach § 812 Abs. 1 S. 1 Alt. 1 oder S. 2 Alt. 1 oder nach Rücktrittsrecht in Frage.

(§ 242) begründen.[82] Es stellt sich die Frage, aufgrund welcher Rechtsgrundlage der Geschädigte das seinerseits vom Schädiger Erhaltene diesem zurückgeben muss.

Nach RGZ 60, 294, 296[83] braucht der Geschädigte sich nicht zur Rückgabe des Empfangenen zu erbieten, sondern es ist Sache des Gegners, seine Leistung im Wege der Klage zurückzufordern. Ob dieser Ansicht beizupflichten ist, ist zweifelhaft. Folgt man dem RG kommt als Anspruchsgrundlage § 813 Abs. 1 S. 1 in Betracht; verlangt der Geschädigte Rückgabe der eigenen Leistung, so widerspricht es Treu und Glauben, wenn er das seinerseits Erlangte nicht zurückgeben muss (§ 242); dies setzt aber ein entsprechendes Verhalten des Geschädigten voraus. Zu prüfen ist dann aber § 817 S. 2 (vgl. oben § 10 Rn. 34 ff.). Denkbar ist eine Anwendung der Saldotheorie (vgl. unten § 12 Rn. 32 ff.). Der Geschädigte kann von vornherein nur den Saldo herausverlangen. Handelt es sich um ungleichartige Leistungen, so kann der Geschädigte das seinerseits Geleistete nur zurückfordern, wenn er von sich aus die Rückgewähr der ungleichartigen Leistung Zug um Zug gegen Zahlung anbietet (vgl. unten § 12 Rn. 35). Kommt die Saldotheorie ausnahmsweise nicht zur Anwendung, so ist nach der Zweikondiktionentheorie abzuwickeln (vgl. unten § 12 Rn. 31). Der Schädiger kann dann einen Anspruch aus § 813 Abs. 1 S. 1 haben (vgl. vorstehend).

III. Zusammenfassung

48

---

§ 813
– Kondiktion bei dauerhafter Einrede –

I. Tatbestand

1. Etwas erlangt

2. Durch Leistung auf eine bestehende Verbindlichkeit

3. Dauerhafte Einrede gegen die Verbindlichkeit

   a) Beispiele: § 821 (Bereicherungseinrede), § 853
      (Einrede der unerlaubten Handlung), § 242
      (Arglisteinrede)

   b) Nicht erfasst sind:
      (1) Verjährungseinrede nach §§ 813 Abs. 1 S. 2,
          214 Abs. 2
      (2) Sachmängeleinreden nach § 320 i.V.m. § 433 Abs. 1
          S. 2 bzw. § 633 Abs. 1 (§ 10 Rn. 44)

II. Ausschlussgründe

1. § 813 Abs. 2 (Erfüllung einer gestundeten Forderung)

2. § 814

3. § 817 S. 2 entsprechend

---

[82] Vgl. RGZ 60, 294, 295 f.; 130, 215, 216.
[83] Mit Verweis auf die auf Grundlage des gemeinen Rechts ergangene Entscheidung RGZ 26, 185, 187 f.

C. § 812 Abs. 1 S. 2 Alt. 1 – späterer Wegfall des Rechtsgrundes

Die Leistungskondiktion nach § 812 Abs. 1 S. 2 Alt. 1 (späterer Weg- 49
fall des Rechtsgrundes – condictio ob causam finitam) erfasst Fälle, in
denen der rechtliche Grund zur Zeit der Leistung zunächst vorhanden
ist, aber später endgültig wegfällt.

I. Tatbestand

Die condictio ob causam finitam (§ 812 Abs. 1 S. 2 Alt. 1) unter- 50
scheidet sich vom Grundtatbestand des § 812 Abs. 1 S. 1 Alt. 1 nur dadurch, dass der Rechtsgrund bei Leistung besteht und erst **nach der
Leistung wegfällt.**

Beispiele:
– Eintritt einer auflösenden Bedingung (§ 158 Abs. 2); Eintritt eines Endtermins
  (§§ 163, 158 Abs. 2); einverständliche Vertragsaufhebung (§ 311); Kündigung
  (vgl. § 314); Anfechtung (§ 142; nur bei Zugrundelegung der Mindermeinung,
  vgl. oben § 10 Rn. 24).

Der Rechtsgrund kann später durch Parteivereinbarung in Form eines Aufhebungsvertrages oder einseitig durch Willenserklärung einer
Partei wegfallen (z. B. Widerruf der Schenkung gemäß §§ 530 f.).[84]
Im Fall der Bedingung oder Befristung ist das Geleistete nach Bereicherungsrecht zurückzugewähren, wenn die Bedingung bzw. der End-
termin eintritt. Die Parteien können allerdings auch vertraglich die
strengere Haftung nach den Rücktrittsvorschriften der §§ 346 ff. vereinbaren; in diesem Fall ist nach §§ 346 ff. und nicht nach Bereicherungsrecht zurückabzuwickeln.[85]

II. Ausschlussgründe

Diese Leistungskondiktion wird nach § 817 S. 2 entsprechend **ausge-** 51
schlossen (vgl. oben § 10 Rn. 34 ff.). § 814 gilt dagegen nicht, weil die
Kenntnis i. S. des § 814 sich auf das Fehlen des Rechtsgrundes im Zeitpunkt der Leistung bezieht, nicht aber auf einen späteren eventuellen
Wegfall. Dieser Ausschlussgrund (§ 814) gilt nur für den Grundfall der
Leistungskondiktion (§ 812 Abs. 1 S. 1 Alt. 1) sowie dessen Erweiterung durch § 813.[86]

---

[84] § 531 Abs. 2 ist ein Rechtsgrundverweis (Tatbestandsverweis) im Gegensatz zu
§ 527.
[85] Der Wegfall des rechtlichen Grundes ist zu unterscheiden von dem Rücktritt
gemäß §§ 346 ff. Der Rücktritt lässt den rechtlichen Grund nicht entfallen, sondern
wandelt das Schuldverhältnis (z. B. Kaufvertrag, von dem zurückgetreten wird) in ein
Rückgewährschuldverhältnis um. Dieses regelt die Rückabwicklung speziell.
[86] § 815 ist auf die Kondiktion wegen Wegfalls des rechtlichen Grundes (§ 812
Abs. 1 S. 2 Alt. 1) nicht entsprechend anwendbar, weil die Vorschrift Strafcharakter

III. Zusammenfassung

52

> **§ 812 Abs. 1 S. 2 Alt. 1**
> **– Kondiktion wegen Wegfalls des rechtlichen Grundes –**
>
> I. Tatbestand
> 1. Etwas erlangt
> 2. Durch Leistung
> 3. Zunächst vorhandener rechtlicher Grund fällt später weg
>   – Beispiele: Auflösende Bedingung (§ 158 Abs. 2),
>   Aufhebungsvertrag
>   – P: Anfechtung (§ 142 Abs. 1) (§ 10 Rn. 24, 50)
>
> II. Ausschlussgründe
> 1. § 817 S. 2 entsprechend
> 2. Nicht jedoch § 814 (§ 10 Rn. 51)

D. § 812 Abs. 1 S. 2 Alt. 2 – Zweckverfehlungskondiktion

I. Normzweck und Abgrenzung zur (allgemeinen) Leistungskondiktion

53   Die Zweckverfehlungskondiktion liegt vor, wenn der mit der Leistung nach dem Inhalt des Rechtsgeschäfts bezweckte Erfolg nicht eintritt (§ 812 Abs. 1 S. 2 Alt. 2).[87] Diese Kondiktion wird auch condictio ob rem (= wegen eines Zwecks) oder condictio ob causam datorum genannt.[88]

---

hat und deshalb eng auszulegen ist: so BGHZ 29, 171; BGH JZ 1968, 381 mit zust. Anm. *Lorenz;* a. A. Soergel/*Mühl,* § 815 Rn. 1.

[87] Die Zweckverfehlungskondiktion (condictio ob rem, § 812 Abs. 1 S. 2 Alt. 2) gilt als historisches Überbleibsel vor allem aus der Behandlung der alten (römisch-rechtlichen) Innominatkontrakte, also Verträge, die nicht zu einem klagbaren Anspruch führten; vgl. *v. Caemmerer,* FS Rabel I (1954), S. 333, 346; *Ellger,* S. 189. Mit deren Wegfall habe diese condictio ihre wesentliche Bedeutung eingebüßt, ihre Bedeutung habe sie für das moderne Rechtsleben aber nicht ganz verloren, so die Protokolle (*Mugdan* II, S. 1175 [Protokolle]). Zum römischrechtlichen Ursprung vgl. auch *Giesen,* Jura 1995, 169, 179.

[88] Sie trägt – im Vulgärlatein der Spätantike – auch die Bezeichnung „condictio causa data causa non secuta" (vgl. *Reuter/Martinek,* § 5 III 1 a, S. 147 m. w. N.). Vgl. zur Zweckverfehlungskondiktion *Welker,* Bereicherungsausgleich wegen Zweckverfehlung? (1974).

Beispiele:
– Leistung zum Zweck der Verwendung als Mitgift; später kommt es nicht zur Heirat.
– Erteilung eines Schuldscheines vor Erhalt der Zahlung; später bleibt die Zahlung aus.

Funktional ist die Zweckverfehlungskondiktion (condictio ob rem) 54
der Regelung von Leistungsstörungen im gegenseitigen Vertrag vergleichbar.[89]

Es gibt zwei **Anwendungsfälle** der Zweckverfehlungskondiktion 55
(§ 812 Abs. 1 S. 2 Alt. 2):

1. Bewusste Leistung ohne Verpflichtung: Es wird bewusst geleistet, ohne dass überhaupt eine Verpflichtung dazu besteht. Der Leistende bezweckt damit, dass der Leistungsempfänger etwas tut oder unterlässt, wozu er nicht verpflichtet ist.

2. Ein über die Erfüllung der Verbindlichkeit hinausgehender Zweck („Zweckanstaffelung", str.). Hier besteht – im Unterschied zur vorherigen Fallgruppe – eine Verpflichtung. Soll mit der Leistung auch eine Verbindlichkeit erfüllt werden, dann ist nach h. M. die Zweckverfehlungskondiktion nur dann anwendbar, wenn ein über die Erfüllung der Verbindlichkeit hinausgehender Zweck verfolgt wird.[90]

Im zweiten Anwendungsfall ist der Grundtatbestand der Leistungskondiktion (§ 812 Abs. 1 S. 1 Alt. 1) tatbestandlich ausgeschlossen, weil (auch) auf eine Verbindlichkeit geleistet wird. Im ersten Anwendungsfall ist § 812 Abs. 1 S. 1 Alt. 1 durch § 814 ausgeschlossen. Die allgemeine Leistungskondiktion (§ 812 Abs. 1 S. 1 Alt. 1) und die Zweckverfehlungskondiktion schließen sich also gegeneinander aus.

II. Tatbestand

§ 812 Abs. 1 S. 2 Alt. 2 setzt voraus, dass der mit der Leistung nach 56
dem Inhalt des Rechtsgeschäftes bezweckte Erfolg nicht eintritt. Es muss (1) ein besonderer Erfolg vorliegen, der (2) nach dem Inhalt des Rechtsgeschäftes mit der Leistung bezweckt war und (3) durch die Leistung nicht eingetreten ist.

Die Zweckverfehlungskondiktion ist eine Leistungskondiktion. Deshalb müssen auch die Merkmale „etwas erlangt" (Bereicherungsgegenstand) und „durch Leistung" wie bei den anderen Leistungskondiktionen geprüft werden.

---

[89] *Kupisch,* Ungerechtfertigte Bereicherung: Geschichtliche Entwicklungen (1987), S. 36; *Larenz/Canaris,* SR II/2, § 68 I 3 a, S. 151: Parallelvorschrift zu den §§ 323 Abs. 3, 325 Abs. 1 S. 3 a. F. (= §§ 323 ff.).
[90] *Medicus,* BR, Rn. 691; a. A. *Brox/Walker,* BS, § 37 Rn. 34.

1. Erfolg

57 Es muss ein besonderer **Erfolg** vorliegen, der mit der Leistung erreicht werden soll. Die Erfüllung einer Verbindlichkeit als (Leistungs-) Erfolg ist nicht von dieser Zweckverfehlungskondiktion erfasst; denn die Erfüllung der Verbindlichkeit wird durch § 812 Abs. 1 S. 1 Alt. 1 erfasst. Die Zweckverfehlungskondiktion kann nur in den zwei oben (vgl. oben § 10 Rn. 55) genannten Fällen eingreifen, in denen ein anderer Zweck als die Erfüllung oder ein über die Erfüllung hinausgehender Zweck verfolgt wird.

a) 1. Fallgruppe: „Leistung ohne Verpflichtung" (Vorleistungs- und Veranlassungsfälle)

58 In diesen Fällen besteht (noch) **keine Verpflichtung** zur Leistung und Gegenleistung. Es wird zu dem Zweck geleistet, den Empfänger der Leistung zu einem bestimmten, rechtlich nicht erzwingbaren Verhalten und damit zu einer freiwilligen Gegenleistung zu veranlassen, zu der sich der Empfänger rechtlich nicht verpflichten kann oder will (Veranlassungsfälle). Oder es wird in der Erwartung geleistet, den Empfänger zum Abschluss eines Rechtsgeschäftes und zur Gegenleistung zu bewegen (Vorleistungsfälle).[91]

Beispiele:
– Der Käufer eines formnichtigen Grundstückskaufvertrages zahlt den Kaufpreis, um den Verkäufer zur Erfüllung zu bewegen und damit die Heilungswirkung des § 311 b Abs. 1 S. 2 herbeizuführen (Veranlassungsfall).
– Geldzahlung, um den Empfänger von einer (später doch erstatteten) Strafanzeige abzuhalten (Veranlassungsfall).
– Der Käufer zahlt an den Verkäufer einen Teil des angedachten Kaufpreises, um diesen zum Abschluss des Kaufvertrages zu bewegen (Vorleistungsfall).
– Freistellung von der Arbeit und Übernahme der Fortbildungskosten eines Mitarbeiters (zum Steuerberater) zum Zweck einer gemeinsamen Sozietätsgründung (BGH NJW 2004, 512, 513).

59 **Fall (nach *Loewenheim*, S. 49):**

Grundstückseigentümer E errichtet auf seinem Grundstück ein Wohnhaus. Er beabsichtigt, bestimmte Arbeiten dem Bauhandwerker B zu übertragen. Aufgrund der Vorbesprechungen beginnt B bereits mit der Ausführung der Arbeiten. Später kommt es aber nicht zum Vertragsschluss, weil E und B sich über Einzelheiten nicht einigen können. B verlangt Ersatz für die bereits ausgeführten Arbeiten.

Lösung:

1. Anspruch aus § 311 Abs. 2 i.V.m. § 280 Abs. 1 („cic") (–), kein Anhalt im Sachverhalt (z.B. Veranlassung von Vertrauen auf Vertragsschluss).

---

[91] Typisierung nach *Reuter/Martinek*, § 5 III 1 c, S. 151 ff.

2. § 812 Abs. 1 S. 1 Alt. 1 ist tatbestandlich und wegen § 814 Alt. 1 ausgeschlossen.

3. § 812 Abs. 1 S. 2 Alt. 2 (Zweckverfehlungskondiktion) greift ein. B beginnt mit seinen Leistungen (Ausführungen der Arbeiten) ohne eine bestehende Verpflichtung (Werkvertrag), und zwar in der dem E erkennbaren Erwartung, eine Gegenleistung zu erhalten, nämlich die Zahlung des (Werk-) Lohnes. Diese Zahlung ist aber noch nicht rechtlich erzwingbar, weil ein Werkvertrag noch nicht besteht. B kann daher mit der Zweckverfehlungskondiktion in Verbindung mit § 818 Abs. 2 Wertersatz für die geleistete Arbeit verlangen.

Hinweis: Dieser Fall zeigt zugleich, worin sich die Zweckverfehlungskondiktion von dem Grundtatbestand der Leistungskondiktion unterscheidet (vgl. § 10 Rn. 55). Bei der Leistungskondiktion geht der Leistende irrtümlich davon aus, dass für seine Leistung ein Rechtsgrund besteht (§ 814 Alt. 1). Falls er aber weiß, dass kein Rechtsgrund besteht, also bewusst rechtsgrundlos leistet, wird nach § 814 der Kondiktionsanspruch ausgeschlossen. Bei der Zweckverfehlungskondiktion befindet sich der Leistende hingegen nicht in einem Irrtum: B weiß, dass er zunächst ohne einen rechtlich erzwingbaren Anspruch auf die Gegenleistung seine Werkleistungen erbringt.

b) 2. Fallgruppe: Leistung mit Verpflichtung – Verfolgung eines über die Vertragserfüllung hinausgehenden Zwecks (sog. Zweckanstaffelung)

Umstritten ist, die Anwendbarkeit des § 812 Abs. 1 S. 2 Alt. 2 in den **60** Fällen, in denen zur Erfüllung einer Verbindlichkeit geleistet und mit der Leistung ein darüber hinausgehender Zweck (sog. „angestaffelter" Zweck) verfolgt wird.[92] Die Rechtsprechung und Teile der Literatur bejahen auch hier eine Zweckverfehlungskondiktion.[93] Für diese Ansicht kann geltend gemacht werden, dass in diesen Fällen eine vorrangige Rückabwicklung nach Vertragsrecht nicht in Betracht kommen kann, weil über diesen Zusatzzweck gerade keine vertragliche Vereinbarung erzielt wurde.[94] Überschneidungen mit dem Rechtsinstitut der „Störung der Geschäftsgrundlage" (§ 313) können nicht entstehen, weil beide tatbestandlich verschieden sind.

Die Problematik besteht darin, ob nicht die (Rück-)Abwicklung vorrangig durch ergänzende Vertragsauslegung (§§ 133, 157) oder durch das Institut des Wegfalls der Geschäftsgrundlage (§ 313) gelöst werden muss.

---

[92] *Larenz/Canaris*, SR II/2, § 68 I d, S. 153.

[93] BGH NJW 1973, 612, 613; 1984, 233 (Zweckschenkung); vgl. auch BGH NJW 1992, 2690 f. für die Anwendung der Grundsätze des Wegfalls der Geschäftsgrundlage. Ablehnend *Wendehorst*, in: Bamberger/Roth, § 812 Rn. 43 m. w. N.

[94] Nach den Motiven (*Mugdan* II, S. 470 [Motive]) ist die condictio ob rem (§ 812 Abs. 1 S. 2 Alt. 2) bei der Leistung aus einem gegenseitigen Vertrage nicht gänzlich ausgeschlossen. A. A. *Loewenheim*, S. 60 m. w. N.; *Brox/Walker*, BS, § 37 Rn. 34.

61 | **Fall (vgl. BGH NJW 1965, 1224; BGHZ 41, 282; 53, 152; BAG NJW 1970, 1701):**

Die Haushälterin H leistet dem Witwer W 20 Jahre lang Dienste als Haushaltshilfe, ohne dafür – außer dem gewährten Unterhalt (Unterkunft, Verpflegung und Taschengeld) – Lohn zu erhalten. Die Dienste werden von H in der dem W bekannten und von ihm akzeptierten Erwartung geleistet, W werde die H entweder durch Erbeinsetzung, Vermächtnis oder durch eine anderweitige Vergütung noch besonders entschädigen. Kurz vor seinem Tode ändert W sein Testament und setzt seinen Neffen D zum Alleinerben ein; H bekommt nichts. H verlangt von den Erben Zahlung. Zu Recht?

Abwandlung: Wie ist zu entscheiden, wenn die Erbeinsetzung der H von W versprochen worden ist.

Lösung:

A. Ausgangsfall

I. §§ 611, 612 Abs. 2

Nach der Rspr.[95] kann H Entgelt aufgrund eines Arbeitsvertrages gemäß § 611 i. V. mit § 612 Abs. 2 verlangen.

Der Großteil der Literatur lehnt das Zustandekommen eines Arbeitsverhältnisses mit der Begründung ab, dass die versprochene „Gegenleistung" nicht der Arbeitslohn, sondern die Erwartung der Erbeinsetzung sei und eine Vergütungspflicht gekünstelt wirke.[96]

II. § 812 Abs. 1 S. 2 Alt. 2 (bei Ablehnung eines vertraglichen Anspruchs)

1. W hat Dienstleistungen durch Leistung der H erhalten.

2. Der mit der Leistung bezweckte Erfolg ist nicht eingetreten.

    a) Es besteht zwar ein wirksamer Dienstvertrag. Die Dienstleistungen erbringt H aber nicht nur, um die unmittelbare Gegenleistung (nämlich Kost, Wohnung und Taschengeld) zu erhalten, sondern in der Erwartung einer weitergehenden „Gegenleistung", nämlich einer Erbeinsetzung. Es geht um einen über die Erfüllung des Dienstvertrages hinausgehenden Zweck (Zweckanstaffelung).

    b) Darüber liegt zwischen H und W eine Zweckvereinbarung i. S. des § 812 Abs. 1 S. 2 Alt. 2 vor.

    c) H ist nicht zur Erbin eingesetzt worden. Weil damit der vereinbarte Zweck nicht eingetreten ist, kann H aus §§ 812 Abs. 1 S. 2 Alt. 2, 818 Abs. 2 Wertersatz für die geleisteten Dienste verlangen.

B. Abwandlung des Falles

I. §§ 611, 612 Abs. 2 (Lösung der Rechtsprechung)? § 612 Abs. 2 gilt nicht nur, wenn es an einer Entgeltabsprache von vornherein fehlt, sondern auch (wie hier) wenn eine nach § 2302 ungültige Entgeltabsprache (Versprechen der Erbeinsetzung) getroffen worden ist.

---

[95] Zur fehlgegangenen Vergütungserwartung: BGH NJW 1965, 1224; BAGE 14, 291, 292; BFHE 176, 48, 51.

[96] *Canaris*, BB 1967, 165; Staudinger/*Richardi*, § 612 Rn. 8 ff., 25 ff.; Münch-Komm/*Lieb*, § 812 Rn. 208; a. A. MünchKomm/*Müller-Glöge*, § 612 Rn. 14; ErfK/*Preis*, § 612 Rn. 23.

a) Der mit der Dienstleistung bezweckte Erfolg, nämlich die Erbeinsetzung der H, ist nach § 2302 nichtig.

b) In Betracht kommt deshalb ein faktisches Arbeitsverhältnis.[97] Auf dieses wird § 612 Abs. 2 angewendet.

c) Die Literatur äußert dagegen Bedenken: Nach §§ 611, 612, 2302, 139 sei der gesamte Arbeitsvertrag nichtig. Auf einen nichtigen Arbeitsvertrag könne § 612 Abs. 2 nicht angewendet werden. Denn durch diese Vorschrift sollen nur wirksame, aber unvollständige Dienst- und Arbeitsverträge ergänzt, nicht aber nichtige Lohnabreden ersetzt werden.[98]

II. Zweckverfehlungskondiktion (§ 812 Abs. 1 S. 2 Alt. 2)[99]

Es wird eine Zweckverfehlungskondiktion (§ 812 Abs. 1 S. 2 Alt. 2) angenommen; vgl. dazu vorstehend.

2. „Erfolg" als Inhalt des Rechtsgeschäfts

a) Zweckvereinbarung

Nach dem Wortlaut des § 812 Abs. 1 S. 2 darf der nach dem **Inhalt** **62** **des Rechtsgeschäfts** bezweckte Erfolg nicht eintreten. Dies erfordert eine rechtsgeschäftliche Zweckvereinbarung (Zweckabrede); der besondere Zweck muss vereinbart sein. Die Parteien müssen sich über den Zweck zumindest stillschweigend verständigt haben. Es genügt, dass der Empfänger die Erwartung des Leistenden kennt und durch die Annahme zu verstehen gibt, dass er die Zweckbestimmung billigt. Erforderlich (und ausreichend) ist positive Kenntnis und konkludente Billigung (Kennen und Billigen).

Vertiefungshinweis: Zweckvereinbarung und Zweckbestimmung **63**
Dogmatisch ist die Zweckvereinbarung i.S. des § 812 Abs. 1 S. 2 Alt. 2 von der einseitig durch den Leistenden erfolgenden **Zweckbestimmung** i.S. des Leistungsbegriffs (vgl. oben § 10 Rn. 15) zu unterscheiden.[100] Beide sind rechtlich verschieden. Nicht etwa ersetzt die Zweckvereinbarung zwischen Leistungsempfänger und Leistenden die Zweckbestimmung durch den Leistenden.

Die Zweckvereinbarung kann vor der Zuwendung getroffen werden; die Zweckbestimmung durch den Leistenden (Leistungsbegriff) nimmt dann (regelmäßig) auf diese Zweckvereinbarung Bezug. Regelmäßig wird die Zweckvereinbarung aber erst im Zeitpunkt der Zuwendung vorgenommen und damit mit der (einseitigen) Zweckbestimmung zeitlich zusammenfallen.

b) Abgrenzungen

Die Zweckvereinbarung ist abzugrenzen vom einseitigen Motiv auf **64** der einen Seite und der vertraglichen Verpflichtung auf der anderen Seite. Sie stellt eine zwischen einseitigem Motiv und rechtsgeschäftlicher Verpflichtung anzusiedelnde Rechtsgrundabrede dar.[101] Geschäftsgrundlage (§ 313) und Rechtsgrundabrede (§ 812 Abs. 1 S. 2 Alt. 2)

---

[97] Vgl. BGHZ 53, 152, 158; BGH ebd. S. 153 (LS 2).
[98] So *Beuthien/Weber*, S. 45.
[99] So die Lit.; vgl. *Medicus*, BR, Rn. 692.
[100] Vgl. *Reuter/Martinek*, § 4 II 3 d, S. 100 f. und § 5 III 1 b, S. 150.
[101] So *Reuter/Martinek*, § 5 III 1 b, S. 149 f.

haben einen unterschiedlichen Tatbestand und schließen sich gegenseitig aus.

aa) Abgrenzung vom einseitigen Motiv

65 Eine bloß einseitige Erwartung (einseitiges Motiv) bei einer Partei begründet keine Zweckabrede i. S. der Zweckverfehlungskondiktion. Für die Zweckabrede muss der Zweck dem Empfänger bekannt sein und von ihm zumindest konkludent gebilligt werden.

bb) Abgrenzung von vertraglicher Verpflichtung

66 Das „Rechtsgeschäft" darf nicht voll rechtsgeschäftlich ausgebildet und forderungsbewehrt sein; eine vertragliche Vereinbarung über den Leistungszweck und ein erzwingbarer Anspruch auf Herbeiführung des bezweckten Erfolges muss fehlen. Besteht hingegen eine vertragliche Verpflichtung ist nach den §§ 280 ff., 323 ff. zurück abzuwickeln. Für die Zweckverfehlungskondiktion (§ 812 Abs. 1 S. 2 Alt. 2) ist dann kein Raum.[102] Auch wenn ein Rückgewähranspruch aus ergänzender Vertragsauslegung abgeleitet werden kann (§§ 133, 157), ist für die Zweckverfehlungskondiktion kein Raum und das vertragliche Rückgewährleistungsrecht vorrangig.[103]

cc) Abgrenzung zur Geschäftsgrundlage (§ 313)

67 Während bei § 812 Abs. 1 S. 2 Alt. 2 eine Vereinbarung vorliegen muss, wird bei der Geschäftsgrundlage (§ 313) der bezweckte Erfolg lediglich von beiden Parteien vorausgesetzt, aber nicht vereinbart. Der Unterschied zu den Fällen der Geschäftsgrundlage liegt also darin, dass bei der Geschäftsgrundlage gerade keine rechtsgeschäftliche Zweckvereinbarung zwischen den Parteien getroffen wird. Insoweit schließen sich Zweckverfehlungskondiktion (§ 812 Abs. 1 S. 2 Alt. 2) und Geschäftsgrundlage (§ 313) aus.[104]

68 **Fall (BGHZ 115, 261):**

> Herr A ist Alleineigentümer eines ca. 840 qm großen unbebauten Grundstücks, auf dem ein großzügiges Einfamilienhaus mit Einliegerwohnung errichtet wird, in das A und Frau B nach ihrer Eheschließung (Gütertrennung) einziehen. Während der Bauzeit, als A und B bereits verlobt sind, tragen beide mit Ersparnissen und Arbeitsleistungen zu dem Bauvorhaben bei. B wendet für Baumaterialien und Handwerkerrechnungen insgesamt 54.000 € auf. A bleibt Alleineigentümer des bebauten Grundstücks. A und B trennen sich später. B zieht aus dem Familienheim aus und verlangt 54.000 € nebst Zinsen wegen ihrer Mitwirkung an dem Hausbau in der Zeit vor der Eheschließung. Zu Recht?

---

[102] *Larenz/Canaris*, SR II/2, § 68 I 3 a, S. 150 f. (fehlende vertragliche Verpflichtung als ungeschriebenes negatives Tatbestandsmerkmal); *Wendehorst*, in: Bamberger/Roth, § 812 Rn. 41.
[103] BGH WM 1972, 888 f. m. w. N.
[104] Vgl. *Welker*, Bereicherungsausgleich wegen Zweckverfehlung? (1974), S. 112.

Lösung:

I. Ein Vertrag, faktischer Vertrag oder ein besonderer familienrechtlicher Vertrag ist vor Eheschließung nicht zustande gekommen.[105]

II. Anspruch aus § 812 Abs. 1 S. 1 Alt. 1 (Leistungskondiktion)?
B erbringt zwar ohne rechtlichen Grund Leistungen. Jedoch weiß B, dass sie nicht zu Leistungen verpflichtet ist (§ 814 Alt. 1).

III. Anspruch aus § 812 Abs. 1 S. 2 Alt. 2 (Zweckverfehlungskondiktion)?

1. A erlangt von B Leistungen im Wert von 54.000 € durch Leistung.

2. Fraglich ist, ob ein nach dem Inhalt des Rechtsgeschäftes bezweckter Erfolg nicht eingetreten ist.

   a) Es muss ein besonderer Zweck vorliegen. Dieser könnte in der Erwartung liegen, dass die B Miteigentümerin des Hauses werden würde. Das Berufungsgericht hat Folgendes festgestellt: Der mit den Leistungen der B bezweckte Erfolg soll darin bestanden haben, dass B nach der Fertigstellung des Hauses und der Heirat das hälftige Miteigentum an dem Grundstück übertragen würde.

   b) Weiter müsste eine Vereinbarung über diesen Zweck vorliegen. Eine solche Vereinbarung verneint der BGH im vorliegenden Fall, weil eine solche Vereinbarung zwischen A und B nicht festgestellt werden kann.[106] Bloßes „Kennenmüssen" genügt nicht, vielmehr ist positive Kenntnis von der Zweckvorstellung des anderen Teils zu fordern, woran es im Fall aber fehlt. Die Zweckbestimmung muss mehr sein als bloße Geschäftsgrundlage. Auch die bloße Erkennbarkeit genügt nicht.

   c) Es lässt sich im Fall nicht ausschließen, dass Leistungserfolge i. S. des § 812 Abs. 1 S. 2 Alt. 2 lediglich das Zustandekommen der Ehe und die Benutzung des Hauses als Familienheim sind; diese Zwecke sind aber erreicht worden, sodass auch insoweit Ansprüche nach § 812 Abs. 1 S. 2 Alt. 2 ausscheiden.[107]

IV. In Frage kommen Ansprüche aus §§ 730 ff. Voraussetzung wäre das Bestehen einer (sog. Ehegatteninnen-)Gesellschaft. Eine solche kann bestehen, wenn beide Ehegatten den Zweck verfolgen, gemeinschaftliche Werte zu schaffen, die von ihnen nicht nur gemeinsam genutzt, sondern ihnen nach ihrer Vorstellung auch gemeinsam gehören sollen. Dafür ist im Fall allerdings nichts vorgetragen worden.

V. Ansprüche wegen Widerruf einer Schenkung (§§ 530 ff.) bestehen mangels Schenkung nicht.

---

[105] BGHZ 84, 362, 367.

[106] Vgl. BGHZ 115, 261, 262 f.: „Ein Bereicherungsanspruch wegen Fehlschlagens einer Erwartung setzt indessen voraus, dass darüber mit dem Empfänger der Leistung eine Willensübereinstimmung erzielt worden ist; einseitige Erwartungen genügen nicht. Eine stillschweigende Einigung in diesem Sinn kann angenommen werden, wenn der eine Teil mit seiner Leistung einen bestimmten Erfolg bezweckt und der andere Teil dies erkennt und die Leistung annimmt, ohne zu widersprechen" (vgl. BGHZ 44, 321, 323 = NJW 1966, 540 = LM § 812 BGB Nr. 70; BGHZ 108, 256 = NJW 1989, 2745, 2747 = LM § 558 BGB Nr. 43).

[107] Vgl. BGHZ 84, 361, 363 = NJW 1982, 2236 = LM § 242 (Bb) BGB Nr. 102.

VI. Ausgleichsanspruch wegen Störung der Geschäftsgrundlage (Vertragsanpassung gemäß § 313 Abs. 2 i. V. m. Abs. 1)?

B könnte aber einen Ausgleichsanspruch gem. § 313 entsprechend den Grundsätzen über den Wegfall (Störung) der Geschäftsgrundlage haben.

1. Anwendbarkeit der Grundsätze über den Wegfall der Geschäftsgrundlage? Besondere familienrechtliche Ausgleichsansprüche (Zugewinnausgleich) kommen nicht in Betracht; es besteht Gütertrennung. Die für den Ausgleich zwischen Ehegatten entwickelten Grundsätze über den Wegfall der Geschäftsgrundlage werden auf Leistungen unter Verlobten übertragen.[108] Unter Verlobten kann eine vergleichbare Interessenlage vorliegen mit derjenigen, die im Güterstand der Gütertrennung bei unbenannten Zuwendungen zwischen Ehegatten entstehen kann.[109]

2. Geschäftsgrundlage (§ 313 Abs. 2 und 1)? Zwischen den Verlobten besteht ein besonderes familienrechtliches Rechtsverhältnis (stillschweigend zustande gekommener Kooperationsvertrag).[110] Der Bestand der künftigen Ehe gehört zu den Umständen, die zur Grundlage des Vertrages geworden sind. Mit dem Scheitern der Eheschließung ändern sich diese Umstände schwerwiegend. Die Parteien hätten das Rechtsverhältnis bei Kenntnis nicht so begründet. B ist das Festhalten am Vertrag nicht mehr zumutbar. Damit ist die Geschäftsgrundlage des familienrechtlichen Rechtsverhältnisses weggefallen.[111]

3. Rechtsfolge: B kann grundsätzlich Anpassung des besonderen familienrechtlichen Vertrages verlangen. Die Anpassung wird durch Ausgleich der Aufwendungen für eine zwecklos gewordene Leistung vollzogen.[112] Damit ist ein Anspruch aus WGG begründet.

69   **Vertiefungshinweis:** Gesetzlicher Zugewinnausgleich und Ansprüche aus WGG oder § 812.

Das Vermögen wird im Fall der Scheidung grundsätzlich nach den besonderen gesetzlichen Regeln des familienrechtlichen Güterrechts zwischen den Ehegatten ausgeglichen. Vor allem die Bestimmungen über den **gesetzlichen Zugewinnausgleich** (§§ 1372 ff.; vgl. § 6 Abs. 2 S. 4 LPartG für die Lebenspartnerschaft) regeln den Ausgleich unter den Ehegatten grundsätzlich abschließend. In bestimmten Konstellationen kann sich die Frage (und das Bedürfnis) stellen, ob und inwieweit allgemeine Ansprüche aus WGG (§ 313), § 812 Abs. 1 S. 2 Alt. 2 oder den Regeln der (sog. Ehegatteninnen-)Gesellschaft (§§ 730 ff.) in Betracht zu ziehen sind, um eine Vermögensverschiebung zwischen sich scheidenden Ehegatten zurückabzuwickeln.[113]

---

[108] Vgl. dazu Staudinger/*Lorenz,* § 812 Rn. 100; MünchKomm/*Lieb,* § 812 Rn. 214, 216.

[109] BGHZ 115, 261, 264 f.

[110] Vgl. OLG Hamm FamRZ 1983, 494.

[111] BGHZ 115, 261, 265: „Aufgrund der tatsächlichen Feststellungen des Berufungsgerichts ist davon auszugehen, dass das Verhalten der Parteien rechtsgeschäftliche Qualität hatte, weil die von der Kl. und ihrem Vater erbrachten Leistungen über bloße Gefälligkeiten weit hinausgingen. Diesen Leistungen lag mithin ein besonderes familienrechtliches Rechtsverhältnis zugrunde, zu dessen Geschäftsgrundlage der Bestand der künftigen Ehe zählte."

[112] Vgl. zu den Rechtsfolgen des Wegfalls der Geschäftsgrundlage Palandt/*Grüneberg,* § 313 Rn. 40 ff.

[113] Vgl. BGHZ 115, 261; 115, 132; *Tiedtke,* JZ 1992, 334.

Ein solcher (Ausnahme-)Fall ist zu bejahen, wenn das Ergebnis des Zugewinnausgleichs schlechthin unangemessen und unzumutbar ist,[114] wenn ein besonderes Interesse an der Rückgewähr eines bestimmten Gegenstandes besteht oder andere Umstände einen Rückgriff auf die Grundsätze des Wegfalls der Geschäftsgrundlage (§ 313) gebieten. § 426 kann im Fall gemeinsamer Schulden zur Anwendung kommen.[115] Ein Vermögensausgleich nach den allgemeinen Bestimmungen kommt auch bei Gütertrennung (§ 1414) und nichtehelicher Lebensgemeinschaft in Betracht.

Fall (BGH NJW 1984, 233):   70

A und B sind Miterben der verstorbenen M. A überträgt dem B schenkungshalber seinen Anteil an einem Nachlassgrundstück;[116] B sichert zu, dass er das Grundstück bzw. das Haus selbst bewohnen werde. Nachdem er entgegen seiner Zusage das Haus weitervermietet hat, verlangt A von B Rückübertragung des Eigentums an die Erbengemeinschaft. Zu Recht?

Lösung:

I. Anspruch aus §§ 311 Abs. 1, 280 Abs. 1 auf Schadensersatz wegen Pflichtverletzung (–), weil kein Vermietungsverbot vereinbart wurde und insoweit keine Pflichtverletzung in Frage kommt.

II. §§ 525, 527 Abs. 1 (–), weil ein Vermietungsverbot als schenkungsrechtliche Auflage nicht vertraglich vereinbart ist.

III. § 812 Abs. 1 S. 2 Alt. 1 (–), weil keine auflösende Bedingung (§ 158 Abs. 2: Nachlassgrundstück wird nicht mehr durch Miterben bewohnt) vereinbart ist, die mit Weitervermietung eingetreten sein könnte.

IV. § 812 Abs. 1 S. 2 Alt. 2 (+). B erlangt durch Leistung Alleineigentum am Grundstück. Der nach dem Inhalt des Rechtsgeschäftes mit der Leistung bezweckte Erfolg ist weggefallen: Es liegt eine bloße Zweckschenkung vor, bei der – im Gegensatz zur Schenkung unter Auflage – keine vertragliche Einigung über eine einklagbare Verpflichtung getroffen wird.[117] Das Vermietungsverbot ist Gegenstand einer tatsächlichen Willenseinigung zwischen A und B geworden. Deshalb ist der Anspruch auf Rückübereignung begründet.

Vertiefungshinweis: Zweckschenkung   71
Schenkungen (§§ 516 ff.) können zu einem bestimmten Zweck vorgenommen werden (sog. **Zweckschenkung**). Dieser „Zweck" kann rechtlich unterschiedli-

---

[114] BGHZ 115, 132.
[115] BGHZ 87, 265; BGH NJW 1995, 652.
[116] Nach § 2033 Abs. 1 kann der Erbe über seinen Miterbenanteil verfügen, nicht aber über seinen Anteil an einem einzelnen Nachlassgegenstand (§ 2033 Abs. 2). Eine Verfügung über einen einzelnen Nachlassgegenstand erfolgt grundsätzlich durch alle Miterben gemeinschaftlich (§ 2040). Eine Ausnahme besteht dann, wenn ein Miterbe an den/die anderen Miterben verfügt (BayObLGZ 1957, 370, 374; Münch-Komm/*Heldrich*, § 2040 Rn. 20).
[117] Unklar BGH NJW 1984, 233 r. Sp.: Die Zweckschenkung bleibe vielmehr Geschäftsgrundlage der Schenkungsabrede, wofür eine tatsächliche Willensübereinstimmung ausreiche.

che Bedeutungen haben.[118] (1) Es kann sich dabei um ein bloßes einseitiges (Schenkungs-)Motiv und damit um einen (regelmäßig) nicht nach außen in Erscheinung tretenden einseitigen Willen des Schenkenden handeln („Wunschschenkung"), der grundsätzlich keine Rechtsfolgen hat. (2) Möglich ist eine Auflage (§§ 525 ff.); sie setzt eine vertragliche Vereinbarung zwischen Schenker und Beschenktem voraus. (3) Wird eine vertragliche Vereinbarung über eine einklagbare Verpflichtung nicht getroffen, so kann der Zweck ein „nach dem Inhalt des Rechtsgeschäfts bezweckte[r] Erfolg" i. S. des § 812 Abs. 1 S. 2 Alt. 2 oder (4) Geschäftsgrundlage (§ 313) des Schenkungsvertrages sein. Vgl. zur Abgrenzung der Zweckabrede i. S. des § 812 Abs. 1 S. 2 Alt. 2 und der Geschäftsgrundlage (§ 313) oben § 10 Rn. 67 f. Welche Bedeutung eine sog. Zweckschenkung im Einzelfall hat, ist eine Frage der Auslegung der Parteierklärungen (§§ 133, 157) sowie der Interessenlage.

3. Nichteintritt des bezweckten Erfolges

72   Der Kondiktionsanspruch auf Rückgewähr der Leistung entsteht nur und erst dann, wenn der bezweckte Erfolg nicht eintritt. Der Empfänger darf das Geleistete so lange behalten, bis endgültig feststeht, dass der bezweckte Erfolg nicht mehr eintreten wird.[119]

Beispiel:
Wird die Haushälterin H (vgl. den Fall oben § 10 Rn. 61) nicht als Erbin eingesetzt, kann H die geleisteten Dienste dem Werte nach (§ 818 Abs. 2) im Wege der Zweckverfehlungskondiktion (§ 812 Abs. 1 S. 2 Alt. 2) herausverlangen. Denn der mit den Dienstleistungen bezweckte Erfolg (Erbeinsetzung der H) ist nicht eingetreten, weil eine andere Person als H Erbe des W geworden ist.

4. Zusammenfassung

73   **§ 812 Abs. 1 S. 2 Alt. 2**
            – Anwendungsfälle der Zweckverfehlungskondiktion
                       (condictio ob rem) –

1. Erfüllung einer Verbindlichkeit kein Erfolg i. S. der § 812 Abs. 1 S. 2 Alt. 2, weil von § 812 Abs. 1 S. 1 Alt. 1 erfasst.

2. Daher – in Abgrenzung zur allgemeinen Leistungskondiktion – zwei Anwendungsfälle der Zweckverfehlungskondiktion:

a) Leistung ohne Verpflichtung
   – Leistung bewusst ohne Rechtsgrund (vgl. § 814 Alt. 1), aber mit anderem (als auf Erfüllung einer Verbindlichkeit gerichteten) Zweck (§ 10 Rn. 55, 57 f.)
   – Bsp.: Erhalten einer rechtlich nicht erzwingbaren Gegenleistung

---

[118] Vgl. MünchKomm/*Kollhosser*, § 525 Rn. 4 m. w. N.
[119] Vgl. MünchKomm/*Lieb*, § 812 Rn. 198.

> b) Leistung mit weitergehendem Zweck
> – Leistung zum Zweck der Erfüllung einer Verbindlichkeit
>   mit Rechtsgrund, aber mit über Erfüllung einer
>   Verbindlichkeit hinausgehendem Zweck –
>   sog. Zweckanstaffelung (§ 10 Rn. 55, 60)
> – Bsp.: Zweckschenkung (§ 10 Rn. 71)

III. Ausschluss der Zweckverfehlungskondiktion

1. § 815

Der **Ausschlusstatbestand** des § 815 gilt nur für die Zweckverfeh- 74
lungskondiktion, nicht für die anderen Leistungskondiktionen.[120] Geregelt werden zwei Fälle: (1) Der Eintritt des Erfolges ist von Anfang an
unmöglich und der Kondiktionsgläubiger hat Kenntnis davon (§ 815
Alt. 1). Diese Alternative entspricht dem Ausschlusstatbestand des
§ 814 Alt. 1 für § 812 Abs. 1 S. 1 Alt. 1. (2) Der Kondiktionsgläubiger
verhindert den Eintritt des Erfolges wider Treu und Glauben (§ 815
Alt. 2). Diese Alternative ist Ausfluss des Rechtsgedankens des § 162.
Für sie soll – über den Wortlaut hinaus – erforderlich sein, dass dem
Leistenden subjektiv die Tatsachen bewusst waren, aus denen sich der
Verstoß gegen Treu und Glaube ergibt.[121] Nicht erforderlich ist hinge-
gen, dass der Leistende in der Absicht handelt den Erfolg zu verhindern. Vielmehr reicht es aus, wenn er ohne zwingenden Grund eine
Handlung vornimmt, die für ihn ersichtlich zur Erfolgsverhinderung
führt.[122]

Beispiel:[123]
Der Käufer eines formnichtigen Schwarzkaufs[124] über ein Grundstück (§§ 311 b
Abs. 1 S. 1, 117 Abs. 2 und 1) zahlt den Kaufpreis, um den Verkäufer zur Übereignung zu bewegen. Später löst er sich von dem Vertrag, weil das Grundstück
durch mangelhafte Ausführung eines von ihm selbst veranlassten Umbaus ent-
wertet worden ist, und verlangt Rückzahlung des Kaufpreises Zug um Zug gegen
Rückgabe des Grundstücks (BGH NJW 1980, 451).
Dem Bereicherungsanspruch des Käufers aus § 812 Abs. 1 S. 2 Alt. 2 (Zweckverfehlungskondiktion) steht die Einwendung des § 815 Alt. 2 entgegen: Der Käu-

---

[120] BGHZ 29, 171; a. A. (betreffend der condictio ob causam finitam) *Soergel/*
Mühl, § 815 Rn. 1.
[121] Vgl. *Wendehorst,* in: Bamberger/Roth, § 815 Rn. 5 m. w. N.
[122] Siehe Palandt/*Sprau,* § 815 Rn. 3.
[123] Auf den Anspruch aus § 1301 ist § 815 entsprechend anwendbar; die Rückforderung der Geschenke ist ausgeschlossen, wenn der schenkende Teil (der Schenker)
die Eheschließung wider Treu und Glauben verhindert hat (BGHZ 45, 258, 262 ff.).
[124] Bei einem sog. Schwarzkauf wird ein Grundstückskaufvertrag (vgl. § 311 b
Abs. 1) über einen anderen Kaufpreis notariell beurkundet, als zwischen Käufer und
Verkäufer vereinbart worden ist. Der notariell beurkundete Kaufvertrag über den
nicht gewollten Kaufpreis ist nichtig (§ 117 Abs. 1), der Kaufvertrag über den gewollten Kaufpreis ist formnichtig (§ 117 Abs. 2 i. V. m. § 311 b Abs. 1).

fer ist nicht schutzwürdig, wenn er die Formnichtigkeit nur zum Vorwand nimmt, sich dem Vertrag zu entziehen, um auf diese Weise die Nachteile (Wertverlust des Grundstücks) zu vermeiden, die er selbst durch Umgestaltung des Kaufobjektes nach Vertragsschluss verursacht hat. Der Käufer darf die gemeinsame, von ihm herbeigeführte Erwartung (Verwirklichung des formungültigen Vertrages) nicht zunichte machen.

2. § 817 S. 2 analog

75   Der Ausschlusstatbestand des § 817 S. 2 gilt bei allen Leistungskondiktionen und somit auch bei der Zweckverfehlungskondiktion entsprechend (vgl. oben § 10 Rn. 34 ff.).

IV. Zusammenfassung

76

§ 812 Abs. 1 S. 2 Alt. 2
– Zweckverfehlungskondiktion –

I. Tatbestand
  1. Etwas erlangt
  2. Durch Leistung
  3. Nichteintritt des mit der Leistung bezweckten Erfolges
    a) Besonderer Zweck (nicht die Erfüllung einer
      Verbindlichkeit) (§ 10 Rn. 57)
    b) Zweckvereinbarung („nach dem Inhalte des
      Rechtsgeschäfts")
      (1) Leistungsempfänger muss die Erwartung des
          Leistenden positiv kennen und (zumindest durch
          Annahme der Leistung konkludent) billigen
          (§ 10 Rn. 62)
      (2) Abgrenzung zu (§ 10 Rn. 64 ff.)
        – einseitigem Motiv
        – vertraglicher Vereinbarung
        – Geschäftsgrundlage (Zweckvoraussetzung)
          z. B. bei der Zweckschenkung
    c) Nichteintritt des bezweckten Erfolges

II. Ausschluss
  1. § 815
  2. § 817 S. 2 entsprechend

E. § 817 S. 1 – Leistungskondiktion wegen verwerflichen Empfangs

§ 817 S. 1 enthält nach h. M. einen eigenen, selbständigen Tatbestand der Leistungskondiktion,[125] der den Fall regelt, dass durch die Annahme einer Leistung gegen ein Gesetz oder gegen die guten Sitten verstoßen wird (§ 817 S. 1, Leistungskondiktion wegen verwerflichen Empfangs – condictio ob turpem vel iniustam causam).   **77**

I. Tatbestand

Der Zweck der Leistung muss **gegen ein gesetzliches Verbot oder gegen die guten Sitten verstoßen.** Das Rechtsgeschäft selbst muss nicht wegen Gesetzes- oder Sittenverstoßes nichtig sein.   **78**

Beispiele:
– Versprechen oder Gewährung eines als Darlehen getarnten Schweigegeldes zur Vermeidung einer Strafanzeige.[126]
– Vorteilsannahme durch einen Amtsträger (§ 331 StGB).

Die h. M. verlangt, dass der Empfänger positive Kenntnis von dem Gesetzesverstoß bzw. das Bewusstsein hat, sittenwidrig zu handeln; fahrlässige oder grob fahrlässige Unkenntnis des Verbotes bzw. des Handelns gegen das Verbot reicht nicht aus.[127]

§ 817 S. 1 wird ausgeschlossen durch den Ausschlusstatbestand des § 817 S. 2 (vgl. oben § 10 Rn. 34 ff.).   **79**

II. Anwendungsfälle

Bei einem Verstoß gegen ein gesetzliches Verbot oder gegen die guten Sitten ist das Verpflichtungsgeschäft in aller Regel bereits nach den §§ 134, 138 nichtig; dann besteht ein bereicherungsrechtlicher Anspruch nach § 812 Abs. 1 S. 1 Alt. 1. Die Bedeutung der Kondiktion aus § 817 S. 1 ist deshalb gering. § 817 S. 1 hat insbesondere in zwei **Anwendungsfällen** Bedeutung, in denen eine allgemeine Leistungskondiktion nach § 812 Abs. 1 S. 1 Alt. 1 nicht in Betracht kommt.   **80**

1. Verstoß gegen ein Gesetz oder gegen die guten Sitten nur durch Empfänger

Die h. M. geht davon aus, dass die §§ 134, 138 grundsätzlich nur bei beiderseitigen Gesetzesverstößen in Betracht kommen. Bei einem einsei-   **81**

---

[125] Zum Streitstand siehe MünchKomm/*Lieb*, § 817 Rn. 4 ff.
[126] RGZ 58, 204.
[127] Vgl. Palandt/*Sprau*, § 817 Rn. 8 m. w. N. auch zur abweichenden Ansicht.

tigen Gesetzesverstoß des Empfängers ist das Kausalgeschäft deshalb grundsätzlich wirksam, sodass § 812 Abs. 1 S. 1 Alt. 1 nicht erfüllt ist.

Beispiele:
- Vorteilsannahme durch einen Beamten gemäß § 331 StGB. Hier ist das Verpflichtungsgeschäft nicht nach §§ 134, 138 nichtig, denn die Vorteilsannahme ist nur für den Amtsträger strafbar. Der Schenkungsvertrag ist also wirksam.
- Bei der Schutzgelderpressung ist das Kausalgeschäft wirksam, weil den Leistenden kein Vorwurf trifft, aber Rückforderung nach § 817 S. 1.[128] Der Leistende kann in diesem Fall auch anfechten (§§ 123 f.) und dann nach § 812 Abs. 1 S. 1 Alt. 1 zurückfordern. § 814 steht der Rückforderung durch den Erpressten nicht entgegen, wenn man die Vorschrift als Ausprägung treuwidrigen Verhaltens deutet: Der Erpresste, der die Leistung zurückverlangt, handelt nicht treuwidrig.

2. Kondiktion trotz § 814

82   Nach § 814 ist die Rückforderung (§ 812 Abs. 1 S. 1 Alt. 1) ausgeschlossen, wenn der Leistende **gewusst hat,** dass er zur Leistung nicht verpflichtet war. In diesem Fall kann aber § 817 S. 1 einschlägig sein, auf den der Ausschlussgrund des § 814 nicht anwendbar ist.

83 | **Fall (BAG NJW 1983, 783):**

> Der Auszubildende A steht bei dem Unternehmer U in einem Ausbildungsverhältnis. Für den Abschluss des Ausbildungsvertrages hat U 2.000 € verlangt, die der Vater des A (V) aufgrund einer Zahlungsabsprache zwischen ihm und U auch zahlte, obwohl er wusste, dass er dazu nicht verpflichtet werden kann. Nach Ausbleiben des Ausbildungserfolges verlangt der Vater Rückzahlung der 2.000 €. Zu Recht?

> **Lösung:**

> **I. § 812 Abs. 1 S. 1 Alt. 1?**
> V zahlt ohne Rechtsgrund; denn die Zahlungsabrede ist nach § 134 i. V. m. § 12 Abs. 2 Nr. 1 BBiG[129] nichtig. Jedoch steht dem Anspruch die Einwendung aus § 814 entgegen: V weiß, dass er zur Leistung nicht verpflichtet ist.
> **II. § 817 S. 1?**
> 1. Mit dem Empfang des Geldes verstößt U gegen ein gesetzliches Verbot: § 12 Abs. 2 BBiG erfasst nicht nur die Vereinbarung über eine Ausbildungsentschädigung, sondern auch die Vermögensverschiebung an sich.
> 2. Dem Anspruch aus § 817 S. 1 steht die Einwendung aus § 817 S. 2 nicht entgegen. Zweck des BBiG ist es, eine Vermögensverschiebung zu verhindern. Deshalb ist § 817 S. 2 mit Rücksicht auf den Gesetzeszweck des BBiG in diesem Fall einzuschränken und nicht anzuwenden.
> 3. Der Anspruch aus § 817 S. 1 ist begründet.

---

[128] *Medicus,* BR, Rn. 694.
[129] § 12 Abs. 2 Nr. 1 BBiG: „Nichtig ist eine Vereinbarung über 1. die Verpflichtung Auszubildender, für die Berufsausbildung eine Entschädigung zu zahlen, 2. ...".

§ 11. Nichtleistungskondiktion

Unter Nichtleistungskondiktion versteht man die Bereicherung „in 1
sonstiger Weise" (vgl. § 812 Abs. 1 S. 1 Alt. 2). Dazu gehören alle Be-
reicherungstatbestände, die keine Leistungskondiktion darstellen (vgl.
den Überblick oben § 10 Rn. 22).

A. Einführung und Überblick

Der Begriff „Nichtleistungskondiktion" kennzeichnet mehrere unter- 2
schiedliche Kondiktionsansprüche, denen allen gemeinsam ist, dass es
an einer Leistung und damit an der Grundvoraussetzung für eine
Leistungskondiktion fehlt (zum Verhältnis von Leistungs- und Nichtleistungskondiktion vgl. oben § 9 Rn. 18 ff.). Die verschiedenen **Arten**
der Nichtleistungskondiktion unterscheidet man nach dem Zustandekommen der Bereicherung:

1. Die **allgemeine Eingriffskondiktion** (§ 812 Abs. 1 S. 1 Alt. 2) betrifft
   Fälle, in denen sich die Vermögensverschiebung nicht durch eine
   Handlung des Bereicherungsgläubigers vollzieht. Regelmäßig greift
   eine Person (der Bereicherungsschuldner) in Rechtspositionen des
   Bereicherungsgläubigers ein.

2. Die **Rückgriffskondiktion** (§ 812 Abs. 1 S. 1 Alt. 2) betrifft die Tilgung einer fremden Schuld. Jemand (der Bereicherungsgläubiger) befreit einen anderen (den Schuldner der getilgten Forderung/Bereiche-
   rungsschuldner) gegenüber einem Dritten von einer Verbindlichkeit
   (ohne ihm [dem Schuldner] eine Leistung zu erbringen) und verlangt
   hierfür Ersatz.

3. Die **Verwendungskondiktion** (§ 812 Abs. 1 S. 1 Alt. 2) betrifft Fälle,
   in denen der Bereicherungsgläubiger Verwendungen auf fremde Sachen macht (z.B. Reparaturen durchführt) und diese Verwendungen
   vom Eigentümer (Bereicherungsschuldner) ersetzt verlangt.

Diese **Einteilung ist nicht abschließend** und hat nur systematische Be- 3
deutung. Zur allgemeinen Eingriffskondiktion (§ 812 Abs. 1 S. 1 Alt. 2)
gibt es drei Spezialtatbestände in § 816 und einen Spezialtatbestand in
§ 822:

1. § 816 Abs. 1 S. 1: Entgeltliche Verfügung eines Nichtberechtigten;

2. § 816 Abs. 1 S. 2: Unentgeltliche Verfügung eines Nichtberechtigten;

3. § 816 Abs. 2: Leistung an einen Nichtberechtigten;

4. § 822: Unentgeltliche Verfügung eines Berechtigten.

4   Die allgemeine Eingriffskondiktion (§ 812 Abs. 1 S. 1 Alt. 2) hat ihrerseits vier Anwendungsfälle, die sich aus der Art und Weise des Erlangens der Bereicherung ergeben:[1]

1. Der Bereicherte greift durch eine Handlung in das Recht eines anderen ein, ohne die Befugnis zum Eingriff in fremde Rechte zu haben, und mehrt so sein Vermögen (z. B. Verbrauch oder Nutzung fremder Sachen). Möglich ist auch, dass ein Dritter (etwa durch staatlichen Hoheitsakt) zugunsten des Bereicherten in die fremde Rechtsposition eingreift.

2. Die Bereicherung wird durch den Entreicherten selbst herbeigeführt, z. B. durch irrtümliche Verwendung eigener Sachen für einen anderen. Dann liegt eine Leistungskondiktion nicht vor, weil die Zweckgerichtetheit der Vermögensvermehrung i. S. des Leistungsbegriffs fehlt (vgl. oben § 10 Rn. 15 ff.).

3. Bereicherung durch ein Naturereignis, z. B. Kühe grasen auf einer fremden Wiese.

4. Bereicherung durch Vorgänge, an die das Gesetz eine Rechtsänderung knüpft (§§ 946 f., 932 ff., 955, 973 ff.), wenn das Gesetz mit dem gesetzlichen Erwerbsvorgang nicht zugleich einen Rechtsgrund für das Behaltendürfen bereitstellt.

5 | **Arten der Nichtleistungskondiktionen**

1. Eingriffskondiktionen
   a) Allgemeine Eingriffskondiktion nach § 812 Abs. 1 S. 1 Alt. 2
     – Funktion: Rechtsfortwirkungsanspruch zum Güterschutz (im Gegensatz zu der aus der Güterbewegung herrührenden Funktion der Leistungskondiktion [§ 9 Rn. 11])
   b) Spezialtatbestände der Eingriffskondiktion
     (1) Entgeltliche Verfügung eines Nichtberechtigten (§ 816 Abs. 1 S. 1)
     (2) Unentgeltliche Verfügung eines Nichtberechtigten (§ 816 Abs. 1 S. 2)
     (3) Leistung an einen Nichtberechtigten (§ 816 Abs. 2)
     (4) Unentgeltliche Verfügung eines Berechtigten (§ 822)

2. Verwendungskondiktion
     = Aufwendungen auf eine fremde Sache
     – P: Bau auf fremden Grund (§ 11 Rn. 64)

3. Rückgriffskondiktion
     = Tilgung fremder Schulden (§ 267)
     – Vorrang vertraglicher oder gesetzlicher Regelungen (§ 11 Rn. 69)
     – P: Aufgedrängte Bereicherung (§ 11 Rn. 63, 66, § 12 Rn. 61 ff.)

---

[1] Fallgruppen nach Staudinger/*Lorenz*, § 812 Rn. 25 ff.

B. Allgemeine Eingriffskondiktion
(§ 812 Abs. 1 S. 1 Alt. 2)

I. Überblick

Die allgemeine **Eingriffskondiktion** ist ein Rechtsfortwirkungsan- 6
spruch, der im Rahmen des Güterschutzrechts den **Zuweisungsgehalt**
des Rechts des Kondiktionsgläubigers verwirklichen soll, das der Bereicherte verkürzt hat.[2] Es handelt sich um einen eigenständigen Anspruch
mit einer selbständigen Funktion im Güterschutz. Hauptfunktion der
Eingriffskondiktion ist es, dem Berechtigten eine Ausgleichsmöglichkeit
zu schaffen, dessen Rechtsgut ohne Erlaubnis gebraucht, genutzt, verbraucht oder verwertet wurde.[3] Wegen der unterschiedlichen Funktionen von Leistungs- und Eingriffskondiktion sind die Tatbestandsmerkmale des § 812 Abs. 1 S. 1 Alt. 2 (trotz gleichen Wortlautes)
unterschiedlich und entsprechend ihrer Funktion zu definieren.

II. Tatbestand

1. Bereicherungsgegenstand

Bereicherungsgegenstand bei der Eingriffskondiktion ist jeder Ver- 7
wendungs-, Nutzungs- oder Eingriffserfolg eines fremden Rechts (vgl.
zum Bereicherungsgegenstand bei der Leistungskondiktion oben § 10
Rn. 4 ff.). Auf einen Vermögenswert oder eine Gegenständlichkeit
kommt es nicht an. Von Bedeutung ist die Eingriffkondiktion vor allem
beim Eingriff in immaterielle Nutzungsmöglichkeiten. Wenn als Vermögensvorteil nur der **Besitz** erlangt worden ist, scheidet die Eingriffskondiktion aus. Denn die Besitzschutz-Vorschrift des § 861 darf nicht
durch das Bereicherungsrecht unterlaufen werden und geht der allgemeinen Eingriffskondiktion deshalb als Spezialregelung vor.[4]

2. Erwerb („in sonstiger Weise")

Die Bereicherung muss **in sonstiger Weise** entstanden sein, also ge- 8
rade nicht durch Leistung (vgl. oben § 10 Rn. 9 ff.).[5]

---

[2] So die heute herrschende Auffassung in Anschluss an *Wilburg* und *v. Caemmerer*;
vgl. oben § 9 Rn. 6 ff.

[3] Vgl. *Reuter/Martinek*, § 7 I 1, S. 236.

[4] Palandt/*Bassenge*, § 861 Rn. 2.

[5] In der Literatur (*Brox/Walker*, BS, § 38 Rn. 5; wohl auch *Giesen*, Jura 1995, 234,
237) wird an dieser Stelle zum Teil geprüft, ob ein Eingriff vorliegt, und es wird die
Rechtswidrigkeits- und Zuweisungstheorie (vgl. unten § 11 Rn. 10 Fn. 7) erörtert.
Dogmatisch korrekt ist die Einordnung dieser Frage in „auf dessen Kosten" (vgl.
§ 11 Rn. 9 ff.).

3. Auf dessen Kosten

9   Das Tatbestandsmerkmal „auf dessen Kosten" hat nur für die Nicht-
leistungs-, nicht aber für die Leistungskondiktion Bedeutung (vgl. oben
§ 9 Rn. 6 ff.). Es dient dazu, eine uferlose Bereicherungshaftung zu verhindern. Mittels des Merkmals „auf dessen Kosten" können die Parteien der Eingriffskondiktion bestimmt[6] (und der Bereicherungsgegenstand spezifiziert) werden.

a) Bestimmung des Bereicherungsgläubigers und Bereicherungsschuldners

10   Das Tatbestandsmerkmal „auf dessen Kosten" ist erfüllt, wenn ein
Eingriff in ein fremdes Recht vorliegt. Nach h. M. ist nicht die Handlung entscheidend.[7] Abzustellen ist vielmehr auf das betroffene Rechtsgut bzw. den Schutzbereich des beeinträchtigten Rechtsgutes und
dessen Reichweite: Wird die Rechtsposition, um die es bereicherungsrechtlich geht, von der Rechtsordnung dem Gläubiger zur ausschließlichen Verfügung zugewiesen, sodass der Eingriff zu dessen Lasten geht
(sog. **Zuweisungstheorie**, heute h. M.)?[8] Eine einheitliche Formel zur
Bestimmung des (ausfüllungsbedürftigen) Begriffs des **Zuweisungsgehaltes** gibt es nicht. Als Entscheidungskriterien sind im jeweiligen Einzelfall heranzuziehen:

– gesetzliche Wertungen (sachenrechtlich [§ 903] oder schuldrechtlich),
– das Bestehen von Nutzungs- und Verwertungsmöglichkeiten des
  Gläubigers (anerkannte marktfähige Verwertungsmöglichkeit einer
  Rechtsposition),[9, 10]
– das Bestehen eines Unterlassungsanspruchs, den der Gläubiger gegen
  den Schuldner hat,[11]
– Deliktsschutz einer bestimmten Rechtsposition.[12]

11   Allgemein formuliert: Der Eingriffskondiktion unterliegt ein vermögensrechtlicher Vorteil dann, wenn der Erwerber diesen nur unter Ver-

---

[6] Vgl. BGHZ 94, 160, 165; 99, 385, 390.

[7] Die sog. Rechtswidrigkeitstheorie stellt auf die Handlung des Schuldners, den bereichernden Vorgang, ab und prüft, ob diese Handlung nach allgemeinen Grundsätzen rechtswidrig ist. „Rechtswidrig" ist jede Handlung, die gegen zwingende Gebots-
und Verbotsnormen verstößt oder einen Eingriff in ein subjektives Privatrecht darstellt, den der Betroffene sich nicht gefallen zu lassen braucht und zu dessen Unterlassung der Handelnde verpflichtet war.

[8] BGHZ 82, 299, 306 = NJW 1982, 1154, 1155; Staudinger/*Lorenz*, § 812 Rn. 23
m. w. N.; *Medicus*, BR, Rn. 709 bis 712; *Schlechtriem*, SBT, Rn. 748 ff.

[9] *Hüffer*, JuS 1981, 263, 265.

[10] Es ist folgende (Test-)Frage zu stellen: Hätte der Gläubiger die Möglichkeit gehabt, dem Schuldner den Eingriff und damit den Vermögenserwerb, um dessen Herausgabe oder Ersatz es geht, entgeltlich zu gestatten? Vgl. MünchKomm/*Lieb*, § 812
Rn. 250; kritisch dazu *Larenz/Canaris*, SR II/2, § 69 I 1 d, S. 172.

[11] So *Kleinheyer*, JZ 1970, 471.

[12] Zuweisungsgehalt kommt grundsätzlich denjenigen und nur denjenigen Gütern
zu, die deliktsrechtlich geschützt sind, und zwar so weit, wie der Deliktsschutz tatbestandsmäßig reicht (vgl. *Larenz/Canaris*, SR II/2, § 69 I 1 c, S. 170 f.).

letzung einer geschützten Rechtsposition und der alleinigen Verwertungsbefugnis des Rechtsinhabers erlangen konnte. Die geschützte Rechtsposition muss dem Rechtsinhaber (Bereicherungsgläubiger) gewährleisten, dass ohne seine Zustimmung ihre Nutzung durch Dritte zu unterbleiben hat; bloße Erwerbs- und Gewinnchancen reichen nicht aus.[13]

Beispiele:
– Macht jemand von Erkenntnissen Gebrauch, die nicht unter dem Schutz gewerblicher Sonderrechte stehen, in einem öffentlichen Genehmigungsverfahren anerkannt und damit offenkundig und allgemein zugänglich geworden sind, so fehlt es an dem Eingriff in den Zuweisungsgehalt eines Rechts desjenigen, der diese Erkenntnisse im Rahmen seiner Forschungen erlangt (BGHZ 107, 117).
– Ein schuldrechtlicher Anspruch auf Herausgabe oder Rückgewähr von Gegenständen weist diese selbst noch nicht dem Anspruchsberechtigten zu. Durch die Verfügung über den Gegenstand kann deshalb nicht „in sonstiger Weise" (§ 812 Abs. 1 S. 1 Alt. 2) in seine Rechtsposition eingegriffen werden (BGH NJW 1993, 1919 m.w.N.) (vgl. zu § 823 Abs. 1 und dem Schutz von Forderungsrechten § 16 Rn. 93 ff.).

Auf der Grundlage der Zuweisungstheorie ist **Bereicherungsgläubiger** 12 derjenige, dem das betroffene Recht zugewiesen ist. **Bereicherungsschuldner** ist der, in dessen Vermögen die durch Eingriff erzielten Vermögensvorteile gelangt sind.[14]

Fall (BGHZ 131, 297 = NJW 1996, 838): 13

Student M hat vom Vermieter V eine recht großzügige Wohnung gemietet. Um sich etwas dazu zu verdienen, untervermietet M einen Teil der Wohnung an den Kommilitonen U. Als V davon erfährt, verlangt V von M den Untermieterlös heraus. Zu Recht?

Lösung:

I. Anspruch aus §§ 535, 280 Abs. 1? Die unberechtigte Untervermietung stellt eine Pflichtverletzung des Mieters dar (vgl. § 540 Abs. 1). Jedoch ist dem V dadurch kein Schaden entstanden. Nach der Differenzhypothese weicht die reale Lage (Untervermietung) nicht von der hypothetischen Lage (keine Untervermietung) ab; ein Schaden läge nur vor, wenn die Untervermietung zu einer erhöhten Abnutzung der Wohnung geführt hätte, wozu aber nichts vorgetragen ist.

II. §§ 987, 990, 99 Abs. 3? Ein Anspruch aus EBV kommt nicht in Betracht, weil M aufgrund Mietvertrages zum Besitz berechtigt ist. Der (berechtigte) Fremdbesitzerexzess (sog. nicht so berechtigter Besitzer) ist von den Vorschriften nicht erfasst.

III. §§ 687 Abs. 2 S. 1, 681 S. 2, 667 auf Herausgabe des Erlangten? Fraglich ist, ob M ein fremdes Geschäft geführt hat. Der Mieter, der vertragswidrig un-

---

[13] BGHZ 107, 117.
[14] Vgl. *Ellger*, S. 205, 230 f.

tervermietet, übt nur den ihm überlassenen Gebrauch in einer ihm nicht zustehenden Weise aus. Er nimmt damit aber kein Geschäft des V vor, der zur Untervermietung der vermieteten Wohnung nicht selbst berechtigt ist. Deshalb fehlt es an der Fremdheit des Geschäftes (vgl. oben § 6 Rn. 5).

IV. § 816 Abs. 1 S. 1? Es liegt keine Verfügung i. S. des § 816 vor (vgl. unten § 11 Rn. 26, 37).

V. § 812 Abs. 1 S. 1 Alt. 2 (allgemeine Eingriffskondiktion)? Voraussetzung ist, dass M etwas auf Kosten eines anderen ohne rechtlichen Grund erlangt, also in den Zuweisungsgehalt eines fremden Rechts eingreift (h. M.). Dem Vermieter entgehen durch die Untervermietung keine Verwertungs- oder Gebrauchsmöglichkeiten, deren er sich nicht schon durch den Abschluss des Hauptmietvertrages entäußert hätte; er selbst könnte die Mietsache einem Dritten gar nicht mehr überlassen. Deshalb greift M nach Ansicht des BGH durch die Untervermietung nicht in den Zuweisungsgehalt des Rechts des V ein.[15]

VI. Ergebnis: V kann nicht die Herausgabe der Untermiete, sondern nur Unterlassung verlangen (§ 541) oder kündigen (§ 543 Abs. 2 S. 1 Nr. 2).

b) Unmittelbarkeit der Vermögensverschiebung

14   Die Literatur bestimmt den Bereicherungsschuldner und Bereicherungsgläubiger schon durch die Zuweisungstheorie,[16, 17] ohne auf weitere Kriterien, insbesondere auf die Unmittelbarkeit, abzustellen.[18] Der

---

[15] *Lieb* vertritt demgegenüber, dass der Umfang der vertraglichen Gestattung durch den Mietvertrag gerade begrenzt ist. Somit greife eine darüber hinausgehende Nutzung (die Untervermietung) in weitergehende, dem Vermieter vorbehaltene Verwertungsmöglichkeiten ein: Dieser hätte die Mietsache zwar keinem Dritten mehr überlassen können, er hätte aber dem Mieter die Untervermietung – gegen Zahlung eines höheren Mietzinses – einräumen können (MünchKomm/*Lieb*, § 812 Rn. 266).

[16] MünchKomm/*Lieb*, § 812 Rn. 245 f.; Staudinger/*Lorenz*, § 812 Rn. 23 und 31; *Larenz/Canaris*, SR II/2, § 67 II 1, S. 131 f.; *Koppensteiner/Kramer*, § 9 II, S. 88 ff.; *Medicus*, BR, Rn. 664: Die Trennungstheorie diene dazu, das Unmittelbarkeitserfordernis zu entlasten; vgl. auch *Ellger*, S. 216 f.

[17] Nach anderer Ansicht ist die Zuweisungstheorie im Tatbestandsmerkmal „ohne rechtlichen Grund" tatbestandlich einzuordnen; die Bestimmung des Zuweisungsgehaltes definiere die Rechtsgrundlosigkeit; das Tatbestandsmerkmal „auf dessen Kosten" werde dann von der als Zuweisungswidrigkeit verstandenen Rechtsgrundlosigkeit absorbiert (so *Reuter/Martinek*, § 7 I 3, S. 240 f.; *Hüffer*, JuS 1981, 263, 264).

[18] MünchKomm/*Lieb*, § 812 Rn. 18; *Esser/Weyers*, SR II/2, § 50 I 2, S. 79 f.; *Koppensteiner/Kramer*, § 9 I 5 c, S. 85 bis 88; *Ellger*, S. 205. Zu weit gehen *Reuter/ Martinek*, § 7 I 2, S. 237 (Das Erfordernis der Unmittelbarkeit habe sich erledigt. Ihre Funktion, Bereicherungsgläubiger und Bereicherungsschuldner zu bestimmen und die Haftung aus Eingriffskondiktion zu beschränken, hat sich zwar nicht erledigt; sie wird aber durch den modernen Leistungsbegriff (das Dogma des Vorrangs der Leistungs- vor der Eingriffskondiktion und dem grundsätzlichen Ausschluss der Durchgriffskondiktion) im Rahmen der Leistungskondiktion (vgl. *Larenz/Canaris*, SR II/2, § 67 II 1, S. 131 ff.) und durch die Zuweisungstheorie bei der Eingriffskondiktion (vgl. BGHZ 82, 299, 306 = NJW 1982, 1154, 1155) übernommen. Insoweit hat die „Unmittelbarkeit" heute keine eigenständige Bedeutung mehr. Das Merkmal kann allenfalls als Konkretisierung von „auf dessen Kosten" angesehen und insoweit unterstützend herangezogen werden (MünchKomm/*Lieb*, § 812 Rn. 18 f.).

Zuweisungsgehalt der Rechtsposition ersetzt demnach bei der Eingriffskondiktion das bei der Leistungskondiktion bestehende Erfordernis, dass das Erlangte aus einer Leistung des Bereicherungsgläubigers stammen müsse.[19] Von der Rechtsprechung wird aber vor allem beim Auftreten mehrerer Personen – unterstützend – auf die „**Unmittelbarkeit der Vermögensverschiebung**"[20] abgestellt.[21] Eine unmittelbare Vermögensverschiebung liegt vor, wenn der Bereicherungsgegenstand aus dem Vermögen des Bereicherungsgläubigers direkt in das Vermögen des Bereicherungsschuldners übergegangen ist, und zwar ohne Umweg über das Vermögen Dritter (sog. Unmittelbarkeit der Vermögensverschiebung).[22] Wer unmittelbar etwas erlangt hat, ist Bereicherungsschuldner.

Beispiel: 15
Die Mieter der Wohnanlage des B nutzen die Garagenzufahrt des Grundstücks des K, um zu ihrer Tiefgarage auf dem Grundstück des B zu gelangen. Zugunsten des B ist schon vor Eigentumserwerb durch K eine öffentlich-rechtliche Baulast auf dem Grundstück des K eingetragen. Für die Nutzung der Zufahrt verlangt K von B Ersatz (BGHZ 94, 160). (1) Ein Anspruch aus § 917 Abs. 2 kommt nicht in Betracht, weil B einen Notweg nicht verlangt hat (vgl. § 917 Abs. 1 S. 1). (2) K könnte einen Anspruch aus § 812 Abs. 1 S. 1 Alt. 2 (Eingriffskondiktion) haben. (a) Die Baulast erlangt B nicht auf Kosten des K, weil eine Vermögensverschiebung (Bestellung der Baulast) zwischen B und dem Voreigentümer des Grundstücks des K vor Eigentumserwerb des K stattgefunden hat. (b) (aa) B erlangt aber die Nutzung der Garagenzufahrt. (bb) Dass nicht B selbst, sondern seine Mieter die Zufahrt tatsächlich nutzen, steht einer Bereicherungsschuld des B nicht entgegen, wenn zwischen K und B eine unmittelbare Vermögensverschiebung stattfindet. Das trifft hier zu, weil B aus der Nutzung der Zufahrt unmittelbar begünstigt wird, er die Tiefgaragenstellplätze vermietet hat und auch hierfür die nötige Zufahrt schuldet. Insoweit erspart er eigene Aufwendungen. (cc) Es fehlt an einem Rechtsgrund. (c) Der Anspruch ist begründet.

Vertiefungsbeispiel: 16
Der Versicherer zahlt an den Inhaber einer Grundschuld (B) die Versicherungssumme wegen teilweiser Zerstörung des Kaufgrundstücks. Die Grundschuld ist aber nach § 883 Abs. 1 S. 2, Abs. 2 dem Grundstückskäufer K gegen-

---

[19] So wörtlich BGHZ 82, 299, 306 = NJW 1982, 1154, 1155; in Anschluss daran BGHZ 107, 117, 121.

[20] Es dient dazu, die Parteien der Nichtleistungskondiktion festzulegen und die Herausgabeverpflichtung auf den durch den Eingriff unmittelbar Begünstigten zu beschränken (BGHZ 68, 276 = NJW 1977, 1287; BGHZ 94, 160, 165).

[21] Das Prinzip der Unmittelbarkeit wendet sich gegen die Zulassung der sog. Versionsklage und den unmittelbaren Durchgriff bei so genannten Bereicherungsketten (vgl. *v. Caemmerer*, FS Rabel I, S. 333, 372). Die jüngere Rechtsprechung verfährt pragmatisch, ohne eine genaue dogmatische Einordnung erkennen zu lassen, um sich damit für künftige fallrechtliche Entwicklungen offen zu halten (so die Wertung von Staudinger/*Lorenz*, § 812 Rn. 23).

[22] BGHZ 46, 260, 262 f.; 68, 276; 94, 160, 165; aus der jüngeren Literatur Larenz/ *Canaris*, SR II/2, § 67 II 2 b, S. 135 (große Bedeutung des Unmittelbarkeitserfordernisses, eigenständige Funktion zumindest bei Bestimmung des Bereicherungsschuldners) und § 69 I 3 a, S. 177 f.; *Wendehorst*, in: Bamberger/Roth, § 812 Rn. 60.

über relativ unwirksam, weil für K eine vorrangige Auflassungsvormerkung eingetragen ist. Der Grundstückskäufer K, der später Eigentum erwirbt, verlangt von B Ersatz (BGHZ 99, 385). K hat einen Anspruch aus § 812 Abs. 1 S. 1 Alt. 2 (Eingriffskondiktion) gegen B (Grundschuldgläubiger) auf Herausgabe der erlangten Zahlung. (a) B erlangt die Versicherungsleistung. (b) Er erhält sie nicht durch eine Leistung des K. (c) Die erlangte Versicherungsleistung ist nach dem maßgeblichen Zuweisungsgehalt der einschlägigen Rechtsordnung dem Bereicherungsgläubiger zuzuordnen, sodass B sie auf Kosten des K erlangt. Wegen der vorrangigen Vormerkung gebührt dem K die Versicherungssumme. Dies ergibt sich aus Folgendem: Der Grundschuldgläubiger hat eigentlich ein Pfandrecht an dem Ersatzanspruch des Grundstückseigentümers und insoweit ein Einziehungsrecht (§§ 1192 Abs. 1, 1127 Abs. 1, 1128 Abs. 3, 1282 Abs. 1 S. 1 und 2, 1228 Abs. 2). Jedoch ist die Grundschuldbestellung wegen der vorrangigen Vormerkung nach § 883 Abs. 1 S. 2 und Abs. 2 dem K gegenüber relativ unwirksam. K könnte von B die Löschung der Grundschuld (§ 888) – mit der Folge des Wegfalls des Einziehungsrechts – und vom Verkäufer Abtretung des Versicherungsanspruchs (§ 285) wegen Unmöglichkeit der Übereignung (§ 275 Abs. 1) verlangen. (d) Es mangelt auch nicht an der Unmittelbarkeit der Vermögensverschiebung. Zwar wird eine Zuwendung von dem Versicherer an B vollzogen, eine Vermögensverschiebung liegt aber unmittelbar von K an B vor: Wegen der nur relativen Unwirksamkeit ist die Versicherungsforderung durch Zahlung an B erloschen. K verliert dadurch seinen Surrogatanspruch aus § 285 gegen den Grundstücksverkäufer; dieser Vorgang führt zugleich zu einer Vermögensmehrung bei B als Zahlungsempfänger. Damit sind die Parteien der Nichtleistungskondiktion festgelegt, so der BGH. (e) Ein Vorrang der Leistungsbeziehung kommt nicht in Betracht, weil B (im Verhältnis zu K) nicht von einer Leistung der Versicherungssumme durch den Grundstückseigentümer oder des Versicherers ausgehen kann (wohl Folge der relativen Unwirksamkeit der Grundschuld [§ 883 Abs. 2]).

17   Mit dem Merkmal „auf dessen Kosten" ist nicht gemeint, dass sich das Vermögen des Bereicherungsgläubigers vermindert haben muss.[23]

Beispiel:
Student X profitiert von der gut ausgestatteten Universitätsbibliothek und erspart sich dadurch die Anschaffung eigener teurer Literatur. X hat – untechnisch und wirtschaftlich gedacht – etwas „auf Kosten" der Universität erlangt. Ein Nutzungsentgelt (aus allgemeiner Nichtleistungskondiktion) kann die Universität dennoch nicht verlangen, obwohl sie durch Anschaffung von Literatur und Nutzung durch die Studenten einen wirtschaftlichen Nachteil erlitten hat. Die Aufwendungen für die Universitätsbibliothek sind gemacht worden, lange bevor X zu studieren angefangen hat. Die Bücher bzw. deren Nutzungsmöglichkeit sind deshalb nicht unmittelbar (direkt) von der Universität in das Vermögen des X gelangt.

4. Ohne Rechtsgrund

18   Bei dem Tatbestandsmerkmal „ohne rechtlichen Grund" kommt es darauf an, dass für das durch den jeweiligen bereichernden Vorgang begründete Haben des Empfängers kein Rechtsgrund im Sinne eines Behaltensgrundes zur Seite steht.[24] Infrage kommt ein gesetzlicher

---

[23] Das wäre die Sicht des Schadensersatzrechts, aber nicht des Bereicherungsrechts.
[24] MünchKomm/*Lieb*, § 812 Rn. 334.

(§§ 932 ff., 816 Abs. 1) oder vertraglicher (z. B. Anspruch, den der eingreifende Schuldner selbst erfüllt hat) Behaltensgrund.[25]

Es geht – im Gegensatz zur Leistungskondiktion (objektiver Rechts-   **19** grundbegriff, vgl. oben § 10 Rn. 23) – nicht um die causa, welche eine gewollte Vermögensbewegung rechtfertigen soll;[26] insoweit tritt die unterschiedliche Funktion der Eingriffs- und Leistungskondiktion wieder hervor (vgl. oben § 9 Rn. 10 f., 13). Irrelevant ist, ob der Eingriff, der zum Rechtserwerb des Schuldners auf Kosten des Gläubigers führt, rechtswidrig ist (anders die Vertreter der Rechtswidrigkeitstheorie; vgl. oben § 11 Rn. 10 Fn. 7). Es kommt allein auf den eingetretenen Zustand und die Existenz eines Behaltensgrundes für diesen an. Mit dem Tatbestandsmerkmal „ohne rechtlichen Grund" ist auch nicht gemeint, dass der erlangte Vermögensvorteil einen entsprechenden Nachteil oder Schaden beim Rechtsträger des fremden Gutes bewirkt hat;[27] es geht um eine Bereicherung des Schuldners, nicht um eine Entreicherung oder Schädigung des Gläubigers.[28]

Beispiel:
B, Inhaber einer Fensterfabrik, benutzt bei der Herstellung von Fensterrahmen ein Kunststoffprofil, das als Gebrauchsmuster für den A geschützt ist (BGHZ 68, 90).
Dem A ist nach der Rechtsordnung (Markengesetz) die ausschließliche Benutzung des Gebrauchsmusters zugewiesen. Eigentum und Immaterialgüterrechte sind nämlich nach der Rechtsordnung ihrem Inhaber ausschließlich zugewiesen. Ohne eine Einwilligung (Lizenz) hätte B das Immaterialgüterrecht des A nicht kommerziell verwenden dürfen. Deshalb ist die Nutzung ohne Rechtsgrund erlangt.

Die Tatbestandsmerkmale „auf dessen Kosten" und „ohne rechtli-   **20** chen Grund" erfüllen unterschiedliche Funktionen. Insoweit kann es zu Überschneidungen zwischen den einzelnen Tatbestandsmerkmalen eigentlich nicht kommen.[29] Daran ändert sich nichts dadurch, dass das Tatbestandsmerkmal „ohne rechtlichen Grund" regelmäßig erfüllt ist, wenn ein Eingriff in den Zuweisungsgehalt eines fremden Rechts („auf dessen Kosten") vorliegt.

---

[25] MünchKomm/*Lieb*, § 812 Rn. 334.

[26] Staudinger/*Lorenz*, § 812 Rn. 1; *Larenz/Canaris*, SR II/2, § 67 I, S. 129 f.

[27] So noch die traditionelle Bereicherungslehre; vgl. *Savigny*, System des heutigen römischen Rechts, Bd. V (1841), S. 525 ff.; weiter schon die Protokolle (*Mugdan* II, S. 1170 f. [Protokolle]).

[28] Vgl. Staudinger/*Lorenz*, § 812 Rn. 23.

[29] Die Rechtswidrigkeitstheorie bestimmt das Merkmal der Rechtsgrundlosigkeit neben „auf Kosten" von der Rechtswidrigkeit des Eingriffs her (Staudinger/*Lorenz*, § 812 Rn. 23). Teilweise wird die Rechtsgrundlosigkeit mit „auf Kosten" gleich gesetzt (vgl. *Larenz/Canaris*, SR II/2, § 67 II 2 a [S. 135]). Es wird angenommen, dass, wenn ein Erwerb auf Kosten eines anderen erfolgt, dies i. d. R. ohne rechtlichen Grund geschieht (Staudinger/*Lorenz*, § 812 Rn. 23). Die Tatbestandsmerkmale „auf Kosten" und „ohne rechtlichen Grund" werden teilweise gemeinsam so definiert, dass ein aus unbefugter Inanspruchnahme fremden Gutes resultierender Erwerb an den Berechtigten herauszugeben ist (vgl. Staudinger/*Lorenz*, § 812 Rn. 77).

21   **Vertiefungshinweis:** Kondiktionsfestigkeit des durch Ersitzung erlangten Eigentums (§ 937)

Im Fall RGZ 130, 69 stellte sich die Frage, ob der durch **Ersitzung** vollzogene Eigentumserwerb kondiktionsfest ist, also nicht mit Hilfe eines Kondiktionsanspruchs zurückgefordert werden kann.

Dabei ging es um eine (schenkweise [causa]) Übereignung durch einen Geschäftsunfähigen (§ 929 S. 1), die nichtig ist (§ 105 Abs. 1), weshalb ein Eigentumserwerb des Beschenkten durch Ersitzung in Betracht kam (§ 937). Zu prüfen war, ob eine Leistungskondiktion (§ 812 Abs. 1 S. 1 Alt. 1) auf Rückübereignung begründet war. Das RG bejahte eine Kondiktion des früheren Eigentümers gegen den Ersitzenden auf Rückübereignung und stützte sich dabei darauf, dass die Regelung des § 951 keinen Umkehrschluss („nur in diesem Fall des gesetzlichen Erwerb komme ein Bereicherungsausgleich in Frage") zulasse, sowie auf den Vergleich mit dem rechtsgeschäftlichen Erwerb: Es wäre widersprüchlich, wenn bei einem schenkweisen Erwerb von einem Geschäftsfähigen ein Anspruch aus § 816 Abs. 1 S. 2 bis zu 30 Jahre (§ 195 a. F.) möglich ist, während im Fall der Schenkung durch einen Geschäftsunfähigen der Kondiktionsanspruch nach Ablauf von 10 Jahren (Ersitzungsfrist) ausscheide und der Erwerber haftfrei sei. Dem stimmt die überwiegende Ansicht in der Literatur zu.[30] Die entgegenstehende Literaturansicht[31] sieht den Ersitzungserwerb als kondiktionsfest an und beruft sich auf das Fehlen einer dem § 951 entsprechenden Regelung und auf das Ausscheiden eines Redaktionsversehens.

Diese (Bereicherungs-)Problematik konnte auf Grundlage des alten (Schuld-) Rechts nur deshalb entstehen, weil der Bereicherungsanspruch in 30 Jahren verjährte und die Ersitzungsfrist 10 Jahre betrug. Insoweit ist die Streitfrage durch die Schuldrechtsreform entschärft worden: Die Regelverjährung beträgt 3 Jahre (§ 195); der Bereicherungsanspruch verjährt dann regelmäßig vor Eintritt der Ersitzungsfrist (10 Jahre). Die kondiktionsrechtliche Problematik kann sich aber immer noch stellen, wenn die Verjährung erst nach der Ersitzungsfrist endet, weil sie später zu laufen begonnen hat; nach § 199 Abs. 1 (Nr. 2) (sog. subjektives System) beginnt die Verjährung mit dem Ende des Jahres, in dem der Gläubiger Kenntnis oder grob fahrlässige Unkenntnis der den Anspruch begründenden Umstände sowie der Person des Schuldner erlangt.

22   **Fall (BGHZ 55, 128 „Flugreise"-Fall):[32]**

Der fast 18-jährige M fliegt mit einem gültigen Flugschein mit einer Maschine der Lufthansa (L) von München nach Hamburg. Von dort gelingt ihm ohne gültigen Flugschein der Weiterflug mit derselben Maschine nach New York. Als ihm in New York die Einreise in die USA verweigert wird, befördert ihn die Lufthansa noch am selben Tag zurück. Sie verlangt nun von M den tariflichen Flugpreis für den Hinflug von Hamburg nach New York. Der gesetzliche Vertreter des M verweigert die Genehmigung. Besteht ein (Kondiktions-)Anspruch der L dem Grunde nach?

---

[30] Vgl. MünchKomm/*Baldus,* § 937 Rn. 35 ff. m. w. N. zur überwiegenden und abweichenden Ansicht.

[31] Staudinger/*Lorenz,* Vor § 812 ff. Rn. 38 m. w. N.

[32] Vollständig abgedruckt in BGH NJW 1971, 609; siehe auch *Hombrecher,* JURA 2004, 250.

Lösung:

1. Ein vertraglicher Zahlungsanspruch scheitert an der fehlenden Wirksamkeit des Beförderungsvertrages; der gesetzliche Vertreter hat nicht genehmigt (vgl. § 108).

2. Keine Leistungskondiktion (§ 812 Abs. 1 S. 1 Alt. 1), weil keine bewusste und gewollte Beförderung (= Leistung) des M durch die Lufthansa vorliegt. Die Lufthansa befördert den blinden Passagier M nicht willentlich. Sie will weder eine Beförderungsleistung gegenüber einem „blinden Passagier" erbringen noch dem M gegenüber einen bestimmten Leistungszweck erreichen. Eine Verbindlichkeit (Beförderungsvertrag) soll ihm gegenüber nicht erfüllt werden.

   Es handelt sich um einen Grenzfall, bei dem sich Leistung und Eingriff kaum noch unterscheiden lassen.[33] Der BGH äußerte sich im Fall nicht konkret, spricht aber mehrmals von Leistung(-sempfang); es wird aber bei § 819 Abs. 1 auf die Kenntnis des Minderjährigen (§ 828 Abs. 3 = § 828 Abs. 2 a. F.) und eine unerlaubte Handlung (§ 265 a StGB) abgestellt (vgl. unten § 12 Rn. 59). In der Literatur wird teilweise eine Leistungskondiktion angenommen[34] und dies mit einem den blinden Passagier einschließenden (generellen) Leistungswillen begründet (vgl. oben § 10 Rn. 21).

3. Anspruch auf Zahlung gemäß § 812 Abs. 1 S. 1 Alt. 2 (Eingriffskondiktion)?

   a) Das erlangte Etwas, also der Vermögensvorteil, besteht in der Inanspruchnahme von Diensten, nämlich in der Beförderung als solcher (vgl. oben § 10 Rn. 5 f.).

   b) In sonstiger Weise? Eine Leistung liegt nicht vor (vgl. vorstehend). Die Beförderung wird gegenüber M ohne Wissen und Willen der L erbracht.

   c) Auf dessen Kosten? Erforderlich ist ein Eingriff in den Zuweisungsgehalt eines fremden Rechts. M müsste die Beförderung erlangt haben, indem er in die rechtlich geschützte Vermögenssphäre der Lufthansa eingreift. M erschleicht sich den Hinflug nach New York. Er nimmt also eine Beförderung der Lufthansa in Anspruch, die regelmäßig nur gegen Entgelt erbracht wird. Die Lufthansa entscheidet darüber, zu welchen Bedingungen sie jemanden befördern will. Wer sich ohne oder gegen ihren Willen die Beförderung verschafft, greift in den Zuweisungsgehalt ihrer rechtlich geschützten Position ein. L ist als Inhaber des in Anspruch genommenen Rechts richtiger Bereicherungsgläubiger, M als Vorteilsinhaber Bereicherungsschuldner.

   Darüber hinaus erhält M das erlangte Etwas unmittelbar von L und nicht über einen Dritten. Die Vermögensverschiebung beruht auf ein und demselben Vorgang (Unmittelbarkeit des Vermögenserwerbs). Das Merkmal „auf dessen Kosten" ist damit gegeben.

   d) Ohne Rechtsgrund? Mit der Bejahung des Zuweisungsgehaltes des Beförderungsrechts steht zugleich fest, dass die Nutzung oder Beförderung einer Legitimation bedarf. Dem M fehlt ein Recht(-sgrund), die Beförderungsleistung in Anspruch nehmen zu dürfen. Deshalb erlangt er sie ohne rechtlichen Grund.

   e) Ergebnis: Eine Eingriffskondiktion ist dem Grunde nach erfüllt. Vgl. zu weiteren Problemen des Falles (insbesondere zum Wegfall der Bereicherung und zur verschärften Bereicherungshaftung) unten § 12 Rn. 59.

---

[33] So *Medicus*, BR, Rn. 665.
[34] Vgl. *Beuthien/Weber*, S. 54, 58 f.; *Giesen*, Jura 1995, 169, 172.

4. § 823 Abs. 1 (–). Kein Schadensersatzanspruch, weil keine Rechtsgutverletzung und kein Schaden. Im BGH-Fall ist die Maschine nicht voll ausgebucht, sodass zahlwillige Passagiere nicht zurückgewiesen werden müssen und somit die hypothetische von der realen Lage nicht abweicht.

III. Zusammenfassung

23

§ 812 Abs. 1 S. 1 Alt. 2
– Tatbestand der Eingriffskondiktion –

1. Etwas erlangt
   – P: Bei Besitzerlangung: Vorrang der Besitzschutzvorschrift
     des § 861 (§ 11 Rn. 7)
2. In sonstiger Weise, d. h. nicht durch Leistung
3. Auf Kosten des Bereicherungsgläubigers
   a) Definition:
      = Zuweisungstheorie (h. M.): Eingriff in den Zuweisungs-
        gehalt eines fremden Rechts
      – P: Bestimmung des Zuweisungsgehalts im Einzelfall
        (§ 11 Rn. 10 ff.)
   b) Funktion:
      (1) Nach der Zuweisungstheorie der h. M. Bestimmung von
        – Bereicherungsgläubiger
          (Wem ist das betroffene Recht zugewiesen?) und
        – Bereicherungsschuldner
          (Wer erlangt Vermögensvorteile?)
      (2) Unmittelbarkeit der Vermögensverschiebung (Rspr.) –
        (Ergänzende) Bestimmung des Bereicherungsschuldners
        (§ 11 Rn. 14 ff.)
4. Ohne Rechtsgrund
   – Behaltensgrund: Vertraglicher oder gesetzlicher Rechtsgrund
     für das Behaltendürfen des Erlangten (§ 11 Rn. 18 f.)

C. Sondertatbestände der Eingriffskondiktion gemäß §§ 816, 822

I. Einführung und Überblick

24   §§ 816 und 822 enthalten **Sondertatbestände** der Eingriffskondiktion, die in einem Rechtsgutachten (Klausur) entsprechend dem Spezialitätsgrundsatz vor § 812 Abs. 1 S. 1 Alt. 2 zu prüfen sind. Das Gesetz unterscheidet:

– die entgeltliche Verfügung eines Nichtberechtigten (§ 816 Abs. 1 S. 1),
– die unentgeltliche Verfügung eines Nichtberechtigten (§ 816 Abs. 1 S. 2),
– die unentgeltliche Verfügung eines Berechtigten (§ 822) und
– die Leistung an einen Nichtberechtigten gemäß § 816 Abs. 2.

§§ 816 Abs. 1, 822 erfassen Eingriffe durch Verfügung und stellen gesetzlich geregelte Fälle von bereicherungsrechtlichen Dreipersonenverhältnissen dar (vgl. unten § 11 Rn. 28, 41, 43). § 816 Abs. 2 regelt den Eingriff durch wirksame Leistungsannahme durch einen Nichtberechtigten.

II. Entgeltliche Verfügung eines Nichtberechtigten (§ 816 Abs. 1 S. 1)

1. Regelungszweck

Grundsätzlich kann nur der Inhaber eines Rechts wirksam über sein 25 Recht verfügen. Im Interesse der Sicherheit des Rechtsverkehrs gibt es hiervon Ausnahmen. Auch die **Verfügung eines Nichtberechtigten** (z.B. Nichteigentümers) über ein fremdes Recht kann wirksam sein, z.B. bei einem gutgläubigen Erwerb gemäß § 932. Der Rechtsinhaber verliert dann seinen Vermögensgegenstand; der Nichtberechtigte, der über den fremden Vermögensgegenstand entgeltlich verfügt hat, erzielt in Form der Gegenleistung einen Vermögenszuwachs. Diesen soll er nicht behalten dürfen. Dieses Ergebnis wird durch § 816 Abs. 1 S. 1 korrigiert.

2. Tatbestand

a) Verfügung (durch einen Nichtberechtigten)

Verfügung ist ein Rechtsgeschäft, durch das ein Recht unmittelbar 26 übertragen, belastet, aufgehoben oder inhaltlich geändert wird.

Beispiele:
Übertragung des Eigentums (§§ 929 ff.); Belastung einer Sache mit einem Pfandrecht (§§ 1204 ff.); Abtretung einer Forderung (§§ 398 ff.); Inhaltsänderung durch Auswechselung der durch Hypothek gesicherten Forderung (§§ 1180 Abs. 1, 877).

b) Anspruchssteller und Anspruchsgegner

Das Gesetz definiert den „Berechtigten" und „Nichtberechtigten" 27 nicht. Es gelten deshalb die allgemeinen Regeln.

Berechtigter und deshalb Bereicherungsgläubiger ist der Rechtsinhaber einer Sache. Nur ihm gegenüber kann die Verfügung wirksam sein. Maßgebend ist allein die Rechtsinhaberschaft, und zwar auch dann, wenn mit ihr ausnahmsweise keine Verfügungsbefugnis verbunden ist (vgl. den Vertiefungshinweis unten § 11 Rn. 29).

Beispiel:
Über den Nachlass des Alleinerben E ist Testamentsvollstreckung (durch den Testamentsvollstrecker T) angeordnet worden. Verfügt der Dritte D über einen Nachlassgegenstand, so ist der Erbe E Berechtigter i. S. des § 816 Abs. 1 und damit anspruchsberechtigt.

28 Die Verfügung muss von einem Nichtberechtigten vorgenommen worden sein. **Nichtberechtigter** ist, wer über eine Sache nicht verfügungsbefugt ist. Die Verfügungsbefugnis fehlt dem Nicht-Rechtsinhaber und dem Rechtsinhaber, zu dessen Lasten das Gesetz (vgl. § 137 S. 1) die Verfügungsbefugnis einschränkt.

Beispiel:
Das Kfz des Grundstückseigentümers G fällt in den Haftungsverband einer Hypothek (§ 1120). Hypothekenberechtigter ist H. Wenn G über das Kfz an den Dritten verfügt und der Dritte gutgläubig lastenfrei Eigentum erwirbt, so ist G bezüglich der Hypothek, die auch das Kfz erfasst, Nichtberechtigter i. S. des § 816 Abs. 1 S. 1, weil er nicht über die Hypothek verfügen kann. H ist Berechtigter i. S. des § 816 Abs. 1 S. 1, weil er Rechtsinhaber der Hypothek ist.

Auch der Erwerber, der die Sache vom verfügenden Nichtberechtigten erwirbt, ist an sich nicht verfügungsbefugt. Das Gesetz bestimmt ihn aber nicht als Anspruchsverpflichteten (Umkehrschluss aus § 816 Abs. 1 S. 2). Es findet also kein Durchgriff gegen den dritten Erwerbenden statt.

29 **Vertiefungshinweis:** „Berechtigter" und „Nichtberechtigter" i. S. des § 816 Abs. 1 S. 1 und § 185
Sowohl § 816 als auch § 185 verwenden die Worte „Berechtigter" und „Nichtberechtigter". Die Bedeutung dieser Gesetzesbegriffe ist problematisch. Zu beachten ist, dass Berechtigung und Nichtberechtigung sich auf die Rechtsinhaberschaft (Zuordnung einer Sache zu einer Person) oder die Verfügungsbefugnis (Rechtsmacht zur Verfügung über eine Sache) beziehen können.[35]
Das Besondere an § 816 Abs. 1 S. 1 ist, dass „Berechtigter" und „Nichtberechtiger" nicht als Gegensatzbegriffe („Wer nicht Berechtigter ist, ist Nichtberechtigter.") zu verstehen sind, sondern unterschiedliche Bezugspunkte haben: Berechtigter meint den Rechtsinhaber, ohne dass (materiellrechtlich) die Verfügungsbefugnis von Bedeutung ist. Nichtberechtigter ist der Nicht-Verfügungsbefugte, die Rechtsinhaberschaft ist ohne Bedeutung.[36]
Anders ist dies – trotz des gleichen Gesetzeswortlautes – in § 185 Abs. 1. Hier beziehen sich die Begriffe „Berechtigter" und „Nichtberechtigter" beide auf die Verfügungsbefugnis, ohne dass es auf die Rechtsinhaberschaft ankommt.[37]

---

[35] Dieser Unterschied wird in der Literatur nicht nachvollzogen, vielmehr werden beide Bezugspunkte (Rechtsinhaberschaft und Verfügungsbefugnis) bei Bestimmung des „Berechtigten" und „Nichtberechtigten" miteinander vermengt; vgl. Palandt/*Sprau*, § 816 Rn. 10 f.; MünchKomm/*Lieb*, § 816 Rn. 20; Staudinger/*Lorenz*, § 816 Rn. 14 f. Richtig aber *Wendehorst*, in: Bamberger/Roth, § 816 Rn. 9 und 10.
[36] Wer nicht „Berechtigter" ist, ist deshalb nicht automatisch „Nichtberechtiger". Wer nicht „Nichtberechtigter" ist, ist nicht sofort „Berechtigter"; vgl. auch BGH NJW 2004, 365.
[37] Für § 185 Abs. 1 gilt deshalb, dass sich Berechtigter und Nichtberechtigter spiegelbildlich ergänzen (richtig Palandt/*Heinrichs*, § 185 Rn. 5 ff.; *Bub*, in: Bamberger/Roth, § 185 Rn. 5 und 7).

Nichtberechtigter ist deshalb auch der nicht alleinige Rechtsinhaber (z. B. Miteigentümer, Gesamthänder).

Beispiel:
Eine Verfügung des Insolvenzschuldners (Gemeinschuldners) über einen Massegegenstand wird wirksam, wenn der Insolvenzverwalter genehmigt (§ 185 Abs. 2 S. 1 Fall 1; vgl. §§ 80 f. InsO). Der Insolvenzschuldner bleibt zwar Rechtsinhaber, verliert aber mit Insolvenzverfahreneröffnung die Verfügungsbefugnis und ist deshalb „Nichtberechtigter" i. S. des § 185. Der Insolvenzverwalter ist nicht Rechtsinhaber an den Massegegenständen, sondern nur verfügungsbefugt und deshalb „Berechtigter" i. S. des § 185 Abs. 1.

c) Wirksamkeit der Verfügung gegenüber dem Berechtigten

Die Verfügung muss dem Berechtigten gegenüber **wirksam** sein. Das 30 ist der Fall, wenn jemand kraft guten Glaubens von dem Nichtberechtigten das Recht erwirbt (§§ 932 ff., 891 ff., 1207 f., 2365 ff., § 366 HGB). Möglich ist auch, dass bei einer (unwirksamen) Verfügung (z. B. bei abhanden gekommenen Sachen, § 935) oder einem unredlichen Erwerber (§ 932 Abs. 2) die Verfügung erst durch eine (nachträgliche) **Genehmigung** des Berechtigten wirksam wird (§ 185 Abs. 2 S. 1 Alt. 1). Die Genehmigung kann auch konkludent erklärt werden; verlangt der Berechtigte von dem Nichtberechtigten den Verkaufserlös heraus, so kann hierin eine konkludente Genehmigung gesehen werden (vgl. unten § 11 Rn. 32).

Der Eigentümer einer beweglichen Sache, der das Eigentum daran wegen § 932 Abs. 2 oder § 935 nicht verloren hat, kann wählen, ob er mit § 985 sein Eigentum verfolgen oder über §§ 816 Abs. 1 S. 1, 185 Abs. 2 S. 1 Alt. 1 den Veräußerungserlös fordern will. Im Fall einer Kettenveräußerung (**Veräußerungskette**) kann der Berechtigte wählen, welchen nichtberechtigt Verfügenden er in Anspruch nehmen will bzw. welche Verfügung (eines Nichtberechtigten) er genehmigt.

Fall (BGHZ 56, 131):   31

Der gutgläubige S erwirbt Ware, die dem G gestohlen worden ist. Nachdem S sie an seine Kunden weiterveräußert hat und diese die Ware verarbeitet haben, genehmigt G die Weiterveräußerungen des S an dessen Kunden und verlangt von S Ersatz. Zu Recht?

Lösung:

I. Ein Anspruch aus §§ 989, 990 Abs. 1 scheidet aus. Zwar besteht im Zeitpunkt der Verfügung des S an seine Abnehmer ein EBV (vgl. § 935 Abs. 1 S. 1), jedoch trifft S an der Unmöglichkeit der Herausgabe der Ware kein Verschulden (§ 989); außerdem fehlt es an der Bösgläubigkeit i. S. des § 990 Abs. 1.

II. §§ 687 Abs. 2 S. 1, 681 S. 2, 667 scheidet mangels vorsätzlicher Eigengeschäftsführung aus.

III. Für einen Anspruch aus §§ 677, 681 S. 2, 667 fehlt der Fremdgeschäftsführungswille (vgl. § 687 Abs. 1).

IV. G kann aber aus § 816 Abs. 1 S. 1 Herausgabe des Erlöses verlangen.

1. G ist Berechtigter, S Nichtberechtigter.

2. Die Verfügungen (§ 929) sind dem G gegenüber zunächst unwirksam (§ 935 Abs. 1 S. 1). Jedoch genehmigt G sie (nachträglich) (§ 185 Abs. 2 S. 1 Alt. 1). Problematisch ist daran aber, dass G im Zeitpunkt der Genehmigung nicht mehr Berechtigter ist, weil die Abnehmer des S an der Ware nach § 950 Eigentum erworben haben. Nach Ansicht des BGH kann der Eigentümer einer gestohlenen Sache die Verfügung eines Nichtberechtigten jedoch auch dann noch genehmigen und den Veräußerungserlös nach § 816 Abs. 1 S. 1 herausverlangen, wenn der „Erwerber" durch Verarbeitung nach § 950 Eigentum an den gestohlenen Sachen erworben hat. Es kommt nicht darauf an, was mit der Sache geschieht, nachdem über sie durch einen Nichtberechtigten verfügt worden ist, wenn nur der die Verfügung Genehmigende im Zeitpunkt der Verfügung über den Gegenstand noch dessen Eigentümer ist. Auch auf die tatsächliche oder rechtliche Verfügungsmacht des die Verfügung genehmigenden Eigentümers im Zeitpunkt der Abgabe der Genehmigung kommt es nicht an.[38] Ausreichend ist es, wenn der Genehmigende zu dem Zeitpunkt der Verfügung des Nichtberechtigten, die genehmigt wird, noch verfügungsbefugt ist. Begründung:

– § 816 Abs. 1 S. 1 dient dem Schutz des Eigentums. Wenn der Eigentümer die tatsächliche Verfügungsmacht über den Gegenstand verloren hat (z. B. „Erwerber" ist unbekannt), würde es der Schutzfunktion des Anspruchs nicht gerecht, den Eigentümer stets auf § 985 (statt auf § 816 Abs. 1 S. 1 bei Genehmigung) zu verweisen. Die Interessenlage sei im Fall des Verlustes der rechtlichen Verfügungsmacht (wie im Fall) gleich.

– Zwar hat der ehemalige Eigentümer gegen den Rechtserwerber einen Anspruch aus § 951 Abs. 1 S. 1. Dennoch hat der ursprüngliche Eigentümer die Wahl zwischen dem Anspruch aus § 816 Abs. 1 S. 1 gegen den Veräußerer (hier S) und § 951 Abs. 1 S. 1 gegen den Rechtserwerber (hier die Abnehmer des S). Nur so wird die Schutzfunktion des § 816 Abs. 1 S. 1 voll verwirklicht.

– Wenn S den Abnehmern selbst Eigentum verschafft hätte, würde sich die gleiche Rechtslage ergeben.

V. Ergebnis: G kann von S Herausgabe des Erlangten (Verkaufserlöses) verlangen.

32   **Vertiefungshinweis:** Genehmigung durch den Berechtigten und die damit verbundenen Risiken.

Für den Berechtigten stellt es ein wirtschaftliches Risiko dar, wenn er die Verfügung **genehmigt** oder genehmigen muss, ohne den Erlös vom nichtberechtigten Verfügenden sofort zu erhalten. Denn durch die Genehmigung verliert der Berechtigte den Herausgabeanspruch (§ 985) gegen den Erwerber. Um dieses Risiko für den Berechtigten auszuschließen, wird – rechtlich konstruktiv – eine (wohl durch die Nichtherausgabe des Erlöses) auflösend bedingte Genehmigung oder eine Verurteilung des Nichtberechtigten zur Herausgabe des Erlöses Zug um Zug gegen die Genehmigung der Verfügung vertreten.[39] Es ist deshalb genau zu prüfen, ob die Klageerhebung auf Herausgabe des Erlöses schon eine Ge-

---

[38] BGHZ 56, 131, 133 m. w. N.
[39] *Wilkens,* AcP 157 (1958), 399 (auflösend bedingt erteilte Genehmigung); MünchKomm/*Lieb,* § 816 Rn. 26 m. w. N. (Verurteilung Zug um Zug gegen Genehmigung).

nehmigung der Verfügung darstellt; dies wird wohl regelmäßig zu verneinen sein.

d) Entgeltlichkeit

Die Verfügung muss gegen Entgelt vorgenommen worden sein (**Ent-**   33 **geltlichkeit**). Dies ergibt sich nicht unmittelbar aus § 816 Abs. 1 S. 1, aber aus § 816 Abs. 1 S. 2, der für unentgeltliche Verfügungen eine Sonderregelung enthält. Entscheidend ist, ob der Erwerber eine Gegenleistung erbringt und ob die Gegenleistung des Erwerbers bei verständiger Würdigung aller Umstände des Einzelfalls als Ausgleich für den Gegenstand anzusehen ist.[40] Es genügt jedes Vermögensopfer des Erwerbers mit Gegenleistungscharakter i. w. S. gegenüber dem Verfügenden oder Dritten, um Entgeltlichkeit zu bejahen.[41]

> **Beispiel:**
> E ist Eigentümer von Gegenständen, die sich auf dem Hof des A befinden. Zwischen A (Verkäufer) und B (Käufer) wird eine Hofübergabe (vorweggenommene Erbfolge) vereinbart und vollzogen (gutgläubiger Erwerb der Gegenstände des E, § 926 Abs. 2). E verlangt von B Herausgabe „seines Eigentums". Zu Recht (BGH WM 1964, 614)?
> E könnte gegen B nach § 816 Abs. 1 S. 2 Herausgabe des Erlangten (Übergabe und Übereignung der Gegenstände) verlangen. Voraussetzung ist Unentgeltlichkeit „der Verfügung". Die von B aufgrund des Hofübergabevertrages zu erbringenden Leistungen beliefen sich (im BGH-Fall) auf ca. 60.000 DM, der (Ertrags-) Wert des Hofes auf 112.500 DM. Es liegt damit eine **gemischte Schenkung** vor. Ob § 816 Abs. 1 S. 2 anwendbar ist, richtet sich danach, ob der unentgeltliche oder entgeltliche Teil überwiegt (**Schwerpunkttheorie**, vgl. § 531 Abs. 2). Der BGH bejaht den entgeltlichen Charakter des Vertrages. § 816 Abs. 1 S. 2 ist deshalb unbegründet (vgl. zur gemischten Schenkung unten § 11 Rn. 46).

3. Rechtsfolge

Der Berechtigte hat gegen den Nichtberechtigten einen Anspruch auf   34 **Herausgabe des Erlangten.** Nach h. M. ist stets das erlangte Entgelt herauszugeben, gleichgültig, ob der Wert des Gegenstandes, über den verfügt worden ist, höher oder geringer ist als das erlangte Entgelt (vgl. unten § 11 Rn. 37).

Der Kaufpreis, den der Nichtberechtigte zum Erwerb der Sache ge-   35 zahlt hat, darf nicht (im Rahmen des § 818 Abs. 3) bereicherungsmindernd berücksichtigt werden (vgl. unten § 12 Rn. 24 ff.).[42]

> **Fall:**   36
>
> A leiht seinem Freund B seinen Palandt. Als B in Geldverlegenheit gerät, verkauft und übereignet B den Palandt unter Übergabe an C, dem gegenüber er sich als Eigentümer ausgibt. Ansprüche des A?

---

[40] *Wendehorst,* in: Bamberger/Roth, § 816 Rn. 8 m. w. N. Auf die subjektive Auffassung der Parteien – wie im Schenkungsrecht – kommt es nicht an.
[41] *Larenz/Canaris,* SR II/2, § 69 II 2 b, S. 184.
[42] BGHZ 14, 7.

Lösung:

I. Ansprüche A gegen C

1. Der gegen den Dritten gerichtete Herausgabeanspruch aus § 604 Abs. 1 und Abs. 4 ist zwar tatbestandlich erfüllt, scheidet aber dennoch aus: Der gutgläubige C erwirbt nach §§ 929 S. 1, 932 Abs. 1 S. 1 Eigentum. Der Kommentar ist dem A nicht abhanden gekommen (§ 935). Wäre C zur Herausgabe verpflichtet, so könnte er (C) im Gegenzug nach § 985 Herausgabe von A verlangen (§ 242).

2. § 985 (–). Vgl. vorstehend.

3. § 812 Abs. 1 S. 1 Alt. 1 (Leistungskondiktion)? Ein Bereicherungsanspruch des A gegen C scheidet aus, weil C den Palandt nicht durch Leistung des A erlangt.

4. § 812 Abs. 1 S. 1 Alt. 2 (Eingriffskondiktion)? Vorrang der Leistungskondiktion, Leistung des B an C: A hat also keine Ansprüche gegen C.[43]

5. § 823 Abs. 1 kommt nicht in Frage, weil C gutgläubig Eigentum erwirbt und deshalb keine Widerrechtlichkeit i. S. des § 823 Abs. 1 vorliegt (vgl. § 16 Rn. 15).[44] Außerdem trifft den C kein Verschuldensvorwurf (§ 276).

II. Ansprüche des A gegen B

1. §§ 598, 604 Abs. 1, 275 (Abs. 1 oder Abs. 2 S. 1), 283, 280 Abs. 1, 281 Abs. 1 S. 3? Durch die Veräußerung an C hat sich B seine Rückgabepflicht aus dem Leihvertrag schuldhaft unmöglich gemacht (subjektive nachträgliche Unmöglichkeit nach § 275 Abs. 1 oder Abs. 2 S. 1). Er schuldet daher Schadensersatz statt der (ganzen) Leistung.

2. §§ 598, 604 Abs. 1, 275, 285 Abs. 1? Anspruch auf das stellvertretende commodum, also den Verkaufserlös (+).

3. §§ 687 Abs. 2 S. 1, 681 S. 2, 667 auf Verkaufserlös (+). Nur der Eigentümer A darf den Palandt veräußern. Dass B wissentlich ein Geschäft des A ohne dessen Berechtigung führt, ist hier anzunehmen.

4. § 816 Abs. 1 S. 1?

   a) Tatbestand: B trifft als Nichtberechtigter über den Palandt des A eine Verfügung, die dem Berechtigten A gegenüber wirksam ist (§§ 929 S. 1, 932 Abs. 1 S. 1). C erwirbt gutgläubig Eigentum.

   b) Rechtsfolge: B ist dem A zur Herausgabe des durch die Verfügung Erlangten verpflichtet, also zur Herausgabe des Verkaufserlöses (so die h. M.; vgl. den Vertiefungshinweis unten § 11 Rn. 37).[45]

5. § 823 Abs. 1 (Eigentumsverletzung in Form der Zuordnungsverletzung, vgl. unten § 16 Rn. 14) (+). Der Anspruch ist allerdings auf Schadensersatz, nicht auf Erlösherausgabe gerichtet.

37   **Vertiefungsprobleme** zu § 816 Abs. 1 S. 1

1. Unberechtigte Nutzungsüberlassung und § 816 Abs. 1 S. 1

Vermietet der (dazu nicht berechtigte) Mieter eine Sache des Eigentümers (Berechtigten) **unberechtigt** an einen Dritten (etwa Untervermietung, vgl. oben

---

[43] Vgl. auch BGHZ 36, 56, 60.

[44] Vgl. § 748 Abs. 2 E I (Erster Entwurf zum BGB): „Als rechtlicher Grund ist es im Zweifel anzusehen, wenn ein Rechtsverlust auf einer diesen bestimmenden Vorschrift beruht."

[45] Der Vorteil dieses Anspruchs liegt darin, dass er unabhängig von Verschuldensfragen ist, die beim vertraglichen, deliktischen Anspruch und bei dem (Schadensersatz-)Anspruch aus GoA zu prüfen sind.

§ 11 Rn. 13), so stellt sich die Frage, ob § 816 Abs. 1 S. 1 einen Anspruch auf Herausgabe des Mietzinses als erlangtes Etwas rechtfertigt.[46] Eine Literaturmeinung bejaht dies und stützt sich dabei darauf, dass der Nichtberechtigte zwar nicht über die Sache, aber über die Nutzungsmöglichkeit verfügt habe; außerdem bestehe ein Bedürfnis für den Anspruch, weil der Dritte wegen seiner (regelmäßigen) Gutgläubigkeit aus EBV nicht zum Nutzungsersatz verpflichtet ist (vgl. § 993 Abs. 1 Halbs. 2).

Die h. M. lehnt eine direkte und analoge Anwendung des § 816 Abs. 1 S. 1 zu Recht ab. Die Vermietung stellt keine Verfügung im Rechtssinne dar; auch eine Verfügung über die Nutzungsmöglichkeit liegt nicht vor. Der Eigentümer kann jederzeit vom Dritten Herausgabe verlangen (§ 604 Abs. 4 oder § 985). Deshalb unterscheidet sich dieser Fall wesentlich von der typischen Konstellation des § 816 Abs. 1 S. 1, bei der der Dritte Eigentümer geworden ist. Es fehlt damit auch die für die Analogie erforderliche vergleichbare Interessenlage. Die §§ 987 ff. stellen vorrangige Sonderregelungen dar: Ist der Dritte gutgläubig, so haftet zwar nicht er selbst; es kommt aber eine Haftung des Nichtberechtigten als mittelbarer Besitzer in Frage (vgl. § 991 Abs. 2).

2. Analoge Anwendung bei Eigentumserwerb kraft Gesetzes (§§ 946 ff.)
Baut der Nichtberechtigte eine Sache in das Grundstück eines Dritten ein, so erwirbt der Dritte daran **Eigentum kraft Gesetzes** (§§ 946 ff.). Fraglich ist, ob der Nichtberechtigte nach § 816 Abs. 1 S. 1 zur Herausgabe des Erlangten, also des Erlöses für den Einbau (etwa des erhaltenen Werklohns) verpflichtet ist.[47] Zwar liegt keine Verfügung des Nichtberechtigten i. S. des § 816 Abs. 1 S. 1 vor, die dem berechtigten Eigentümer gegenüber wirksam ist, weil der Nichtberechtigte in diesem Fall nur eine tatsächliche Handlung (Einbau) vornimmt und das Eigentum kraft Gesetzes (§§ 946 ff.), nicht aber aufgrund der (rechtsgeschäftlichen) Verfügung erworben wird. Jedoch wäre der Tatbestand des § 816 Abs. 1 S. 1 erfüllt, wenn der Nichtberechtigte vor Einbau die Sachen dem Dritten übereignet hätte. Weil der Nichtberechtigte den (tatsächlichen) Einbau vornimmt, an den das Gesetz eine Rechtsänderung knüpft, liegt eine den §§ 932 ff. vergleichbare Rechtslage vor, bei denen ein Eigentumserwerb an einen (an sich unwirksamen rechtsgeschäftlichen) Erwerbstatbestand bei Vorliegen weiterer Voraussetzungen geknüpft ist. Deshalb ist eine analoge Anwendung des § 816 Abs. 1 S. 1 in diesem Fall gerechtfertigt, wenn die Voraussetzungen vorliegen, unter denen ein rechtsgeschäftlicher Erwerb eingreifen würde.

3. Rechtsfolgen der Genehmigung im Rahmen des § 816 Abs. 1 S. 1
Scheitert die Wirksamkeit einer Verfügung des Nichtberechtigten an bestimmten Rechtsgründen (§§ 935, 932 Abs. 2), so kann der Berechtigte die Verfügung dennoch **genehmigen** (§§ 184, 185 Abs. 2 S. 1 Alt. 1), sodass der Tatbestand des § 816 Abs. 1 S. 1 erfüllt wird. Mit der Genehmigung ist das Tatbestandsmerkmal „dem Berechtigten gegenüber wirksam" gegeben; der Berechtigte kann jetzt gegen den Dritten nicht mehr den Eigentumsherausgabeanspruch (§ 985) geltend machen. Durch die Genehmigung mit Rückwirkung (§ 184) wird der Nichtberechtigte nicht etwa zum Berechtigten (i. S. des § 816 Abs. 1 S. 1), sondern bleibt – tatbestandlich – Nichtberechtigter. Auch entzieht sich der Berechtigte durch Genehmigung nicht die an sich bestehenden Ansprü-

---

[46] *Larenz/Canaris*, SR II/2, § 69 II 1 d, S. 182.
[47] MünchKomm/*Lieb*, § 816 Rn. 17 m. w. N.: Ansprüche aus §§ 951 Abs. 1 S. 1, 812 sind bei Gutgläubigkeit des Erwerbers nach den Wertungen der §§ 932 ff. grundsätzlich ausgeschlossen. Vgl. unten § 13 Rn. 16.

che aus §§ 989, 990 und 823 Abs. 1 etwa deshalb, weil er infolge der Rückwirkung der Genehmigung seine Eigentümerstellung verlieren würde.[48]

4. Rechtsfolge: Gewinnhaftung oder nur Werthaftung?

Bei der Verfügung eines Nichtberechtigten stellt sich regelmäßig das Problem, ob der nichtberechtigt Verfügende den erlangten Verkaufserlös, so die Theorie der **Gewinnhaftung**, oder nur den Marktwert (objektiver Wert der Sache), so die Theorie der **Werthaftung**, herausgeben muss. Bei dieser Streitfrage geht es um eine Interessenbetrachtung: Wer soll das Risiko tragen, wenn die Sache mit Verlust weiterveräußert wird; und wem soll die Geschäftsgewandtheit des Verfügenden zugute kommen, wenn dieser die Sache mit Gewinn veräußert?

Teile der Literatur wollen nur den objektiven Wert ersetzen; sie haben dabei die besonderen bereicherungsrechtlichen Rechtsfolgebestimmungen, insbesondere § 818 Abs. 2 (Wertersatzhaftung), im Auge.[49] Für diese Ansicht spricht eine enge Anwendung des Wortlautes von § 816 Abs. 1 S. 1: Der Nichtberechtigte erlangt durch seine Verfügung nur die Befreiung von der Forderung des Berechtigten auf Herausgabe der Sache; dafür müsste – wegen Unmöglichkeit der Herausgabe – Wertersatz geleistet werden (§ 818 Abs. 2).[50]

Die Interessenbetrachtung spricht eher gegen diese Ansicht; der Bereicherungsschuldner ist ausreichend durch § 818 Abs. 3 (Wegfall der Bereicherung) geschützt. Mit Rücksicht darauf, dass § 816 Abs. 1 S. 1 Ersatz für die verlorene Vindikation (vgl. § 985) ist, sowie die Bestimmungen der § 285 (stellvertretendes commodum) und § 993 Abs. 1 (Herausgabe von Übermaßfrüchten) ist der Rechtsprechung und h.L. zu folgen. Die Rechtsprechung[51] und h.L. berufen sich auf den Wortlaut[52] und sehen als „durch die Verfügung Erlangt" das an, was der nichtberechtigt Verfügende als Gegenleistung für die Verfügung erhalten hat; davon ist auch ein etwaiger Gewinn oder eine zwischenzeitlich eintretende Wertsteigerung erfasst. Ist der Verkaufserlös geringer als der Wert der Sache, so ist man sich allerdings darüber einig, dass nur der Verkaufserlös herausverlangt werden kann.

4. Zusammenfassung

38

> ## § 816 Abs. 1 S. 1
> **– Kondiktion wegen entgeltlicher Verfügung eines Nichtberechtigten –**
>
> I. Tatbestand
>
>   1. Verfügung
>
>   2. durch Nichtberechtigten (= Nicht-Verfügungsbefugten)
>   – P: Keine analoge Anwendung bei unberechtigter Nutzungsüberlassung, z. B. bei Miete (h. M., § 11 Rn. 37)

---

[48] Vgl. BGHZ 32, 53 = NJW 1960, 860.
[49] Staudinger/*Lorenz*, § 816 Rn. 23 und 25; *Medicus*, BR, Rn. 723.
[50] Vgl. *Medicus*, BR, Rn. 723.
[51] Vgl. BGHZ 29, 157.
[52] Das Wortlautargument der h.M. ist problematisch: Rechtsfolge der Verfügung ist der Verlust des Besitzes des Nichtberechtigten am Gegenstand und damit die Unmöglichkeit der Herausgabe an den Berechtigten, nicht aber ein Rechtserwerb an der Gegenleistung. Dieser beruht auf einer selbständigen Verfügung über den Gegenstand der Gegenleistung (beachte das sachenrechtliche Spezialitätsprinzip); vgl. *Medicus*, BR, Rn. 723.

- P: Analoge Anwendung bei Eigentumserwerb kraft
  Gesetzes nach §§ 946 ff. (h. M., § 11 Rn. 37)
3. Wirksamkeit der Verfügung gegenüber dem Berechtigten
   (= Rechtsinhaber)
   - z. B. infolge gutgläubigen Erwerbs (z. B. §§ 932 ff.)
   - oder auf Grund (nachträglicher) Genehmigung
     (§ 185 Abs. 2 S. 1 Alt. 1; maßgeblich ist Berechtigung im
     Zeitpunkt der Verfügung des Nichtberechtigten)
   - P: Verlangen der Verkaufserlösherausgabe (z. B. Klageerhe-
     bung) von dem Nichtberechtigten als konkludente
     Genehmigung (§ 11 Rn. 30, 32)
   - Hinweis: genehmigt der Eigentümer (Rechtsinhaber)
     die unwirksame Verfügung nicht, bleibt er Eigentümer
     und kann nach § 985 gegen den unberechtigten Besitzer
     vorgehen.
4. Entgeltlichkeit
   (vgl. den Gegensatz zu § 816 Abs. 1 S. 2 [„unentgeltlich"])

II. Rechtsfolge
Herausgabe des erlangten Entgelts (sog. Gewinnhaftung), auch
wenn Wert des Gegenstandes höher oder geringer ist als der
Erlös (a. A. Werthaftung) (§ 11 Rn. 34, 37)

III. Unentgeltliche Verfügung eines Nichtberechtigten (§ 816 Abs. 1 S. 2)

1. Regelungszweck

§ 816 Abs. 1 S. 2 regelt die bereicherungsrechtlichen Folgen einer **un-**   **39**
entgeltlichen Verfügung durch einen Nichtberechtigten. Die spezielle
Eingriffskondiktion ist notwendig, weil andere Anspruchsgrundlagen
nicht greifen: Verfügt ein Nichtberechtigter unentgeltlich (z. B. aufgrund
einer Schenkung) wirksam über einen Gegenstand eines anderen, dann
scheidet ein Anspruch aus § 816 Abs. 1 S. 1 und § 812 Abs. 1 S. 1 Alt. 2
tatbestandlich aus. Denn der Nichtberechtigte hat durch die Verfügung
(vom Erwerber) nichts „erlangt", was er herausgeben könnte. Ist die
Verfügung wirksam, z. B. weil der Beschenkte gutgläubig das Eigentum
an der übereigneten Sache erworben hat, dann scheidet auch ein Herausgabeanspruch (§ 985) des bisherigen Eigentümers gegen den Erwerber aus. Ein Bereicherungsanspruch aus § 812 Abs. 1 S. 1 Alt. 2
(Eingriffskondiktion) des Eigentümers gegen den Dritten greift nicht
ein, weil der Dritte etwas durch die Leistung des Nichtberechtigten erlangt hat. Denn es gilt der Grundsatz des Vorrangs der Leistungskondiktion vor der Nichtleistungskondiktion (vgl. oben § 9 Rn. 18 ff. und
unten § 13 Rn. 6 ff.).

Es wäre unbillig, wenn der Beschenkte, der selbst aus seinem Vermögen nichts für den Erwerb aufgewendet hat, den Gegenstand behalten dürfte und der Eigentümer einen endgültigen Verlust hinnehmen müsste. Deshalb gestattet § 816 Abs. 1 S. 2 (ausnahmsweise) den **Durchgriff** auf den Erwerber: Der Beschenkte ist zwar Eigentümer der Sache geworden; das Eigentum ist aber kondizierbar, weil der Dritte wegen der Unentgeltlichkeit des Erwerbs weniger schutzwürdig ist. Auch andere Vorschriften (§ 134 InsO, § 4 AnfG, §§ 2287, 2329) zeigen, dass der unentgeltliche Erwerb weniger schutzwürdig ist und hinter anderen Interessen zurücktreten muss.

2. Tatbestand

40   § 816 Abs. 1 S. 2 setzt in Abweichung zu Abs. 1 S. 1 voraus, dass die Verfügung **unentgeltlich** ist (vgl. zur Entgeltlichkeit oben § 11 Rn. 33). Ausreichend ist es, wenn der Rechtsverlust infolge einer Verfügung, nicht durch die Verfügung eintritt.

> **Beispiel:**
> V übereignet dem K schenkweise ein Grundstück, das mit einer Grundschuld zugunsten des G belastet ist. Die Grundschuld ist versehentlich nicht im Grundbuch eingetragen. K erwirbt nach §§ 891, 892 gutgläubig lastenfrei das Eigentum am Grundstück. Rechtslage (BGHZ 81, 395)?
> (1) Ein Anspruch des G gegen K aus § 894 (Grundbuchberichtigung) besteht nicht. Das Grundbuch ist nicht unrichtig, weil K gutgläubig lastenfrei Eigentum am Grundstück erwirbt (§§ 891 f.). (2) G kann von K Wiederbegründung der Grundschuld (§§ 1191, 873) verlangen (§ 816 Abs. 1 S. 2). Zwar verfügt V nicht über die Grundschuld selbst, sondern über das Eigentum am Grundstück (als Berechtigter); die Grundschuld erlischt infolge des öffentlichen Glaubens kraft Gesetzes (§ 892). Der Zweck der Vorschrift (Ausgleich von Rechtsverschiebungen, die aufgrund der Vorschriften über den gutgläubigen Erwerb eintreten) macht es erforderlich, auch den Fall der Verfügung über einen Gegenstand, bei dem Rechte Dritter infolge öffentlichen Glaubens des Grundbuchs erlöschen, in § 816 Abs. 1 S. 2 mit einzubeziehen. Dafür spricht auch, dass die Interessen des Beschenkten (unentgeltlich Erwerbenden) weniger schutzwürdig sind und die Interessen des früheren Berechtigten überwiegen.

41   **Anspruchsgegner** ist nicht der verfügende Nichtberechtigte (so § 816 Abs. 1 S. 1), sondern derjenige, der aufgrund der Verfügung unmittelbar ein Recht erlangt hat. Diese besondere Bestimmung des Anspruchsgegners folgt daraus, dass der unentgeltlich Verfügende nichts mehr hat, was er herausgeben könnte.

42   Vertiefungshinweis: Anspruchsgegner bei § 816 Abs. 1 S. 2 Anspruchsgegner ist derjenige, der unmittelbar durch die Verfügung etwas erlangt. Die **Unmittelbarkeit** setzt voraus, dass der Erwerb durch dieselbe Verfügung begründet wurde wie der Rechtsverlust des Berechtigten. Daran fehlt es, wenn der Nichtberechtigte das Erlangte durch eine Verfügung, die dem Berechtigten gegenüber wirksam ist, zunächst in sein eigenes Vermögen verbringt und erst hieraus einem Dritten unentgeltlich etwas zuwendet.

Beispiel:
Werden unterschlagene Gelder vom Unterschlagenden auf das eigene Konto eingezahlt, so liegt darin eine wirksame Verfügung des Nichtberechtigten, aus welcher der Nichtberechtigte eine entsprechende Forderung gegen die Bank erwirbt. Er ist deshalb einem Anspruch des Berechtigten aus § 816 Abs. 1 S. 1 auf Abtretung der Forderung gegen die Bank ausgesetzt. Verfügt er später über das Guthaben (schenkweise) zugunsten des Erwerbers, so liegt darin eine neue Verfügung an den Erwerber, die gegen diesen keinen Anspruch aus § 816 Abs. 1 S. 2 begründet, weil es im Verhältnis des Berechtigten zum Erwerber an der erforderlichen Unmittelbarkeit fehlt (BGH NJW 1969, 605). Der Nichtberechtigte ist aus § 816 Abs. 1 S. 1 verpflichtet.

§ 816 Abs. 1 S. 2 ermöglicht einen **Durchgriff** entgegen den Leistungsbeziehungen. Obwohl zwischen dem verfügenden Nichtberechtigten und dem Erwerber eine Leistungsbeziehung besteht (etwa Schenkung, §§ 516 ff.) und der Erwerber die Sache durch Leistung des Nichtberechtigten erlangt, ist er dem Berechtigten zur Herausgabe verpflichtet. Der Grundsatz des Vorranges der Leistungsbeziehung (vgl. oben § 9 Rn. 18 ff. und unten § 13 Rn. 6 ff.) steht einer Direktkondiktion ausnahmsweise nicht entgegen. § 816 Abs. 1 S. 2 stellt einen ausdrücklichen gesetzlichen Fall des Durchgriffs, also einer Kondiktion entgegen den Leistungsverhältnissen, dar und sagt gerade, dass der unentgeltliche gutgläubige Erwerb aufgrund einer Leistung eines anderen keinen Bestand gegenüber dem ursprünglichen Eigentümer (dem Berechtigten) hat.

Fall: 44

A leiht dem B seinen Palandt. B verschenkt und übereignet den Kommentar an C. Ansprüche des A?

Lösung:

I. Ansprüche des A gegen B nach §§ 604 Abs. 1, 275 Abs. 1, 283, 280 Abs. 1 und § 823 Abs. 1 (Eigentumsverletzung) auf Schadensersatz (+)

II. Anspruch des A gegen C auf Herausgabe aus § 985 oder § 823 Abs. 1 (–), weil A nicht mehr Eigentümer bzw. C keine schuldhafte Eigentumsverletzung begangen hat.

III. Anspruch des A gegen C aus § 816 Abs. 1 S. 2?
1. B hat als Nichtberechtiger eine Verfügung vorgenommen, die dem Berechtigten gegenüber wirksam ist (§§ 929 S. 1, 932 Abs. 1 S. 1).
2. Die Verfügung ist unentgeltlich, weil eine Schenkung an C vorliegt.
3. Problem und möglicher Einwand: Vorrang der Leistungskondiktion. Denn zwischen B und C besteht ein Schenkungsvertrag; B leistet an C. Aber: § 816 Abs. 1 S. 2 lässt einen Durchgriff ausdrücklich zu und normiert insoweit eine Ausnahme vom Grundsatz des Vorrangs der Leistungskondiktion.
4. Rechtsfolge: Herausgabe des Erlangten. C erlangt das Eigentum und den Besitz.

43

> **IV.** Ergebnis: A kann von B Schadensersatz oder von C Herausgabe des Palandts verlangen, jedoch nur alternativ, weil A keinen Schaden hat, wenn er von C den Palandt wiedererlangen kann.

45 **Vertiefungshinweis:** § 816 Abs. 1 S. 2 und rechtsgrundlose Verfügung
Problematisch ist, ob bei entgeltlicher, aber **rechtsgrundloser Verfügung** § 816 Abs. 1 S. 2 analog anwendbar ist.[53] Wenn ein Nichtberechtigter zwar keine unentgeltliche, aber eine rechtsgrundlose Verfügung vornimmt (z. B. der Kaufvertrag ist nichtig), dann stellt sich die Frage,
– ob der Berechtigte direkt bei dem Erwerber kondizieren kann (§ 816 Abs. 1 S. 2 analog) oder
– ob der Berechtigte beim Nichtberechtigten kondizieren muss (§ 816 Abs. 1 S. 1); der Nichtberechtigte hat gegen den Erwerber seinerseits einen Bereicherungsanspruch aus § 812 Abs. 1 S. 1 Alt. 1 (Leistungskondiktion); diesen hat er – bei weiter Auslegung des Rechtsfolgenanordnung des § 816 Abs. 1 S. 1 – durch die Verfügung erlangt, die dem Berechtigten gegenüber wirksam ist. Deshalb kann der Berechtigte die Kondiktion der Kondiktion aus § 816 Abs. 1 S. 1 verlangen.
Hinter diesem Problem steckt die Frage, ob eine Direktkondiktion oder eine Kondiktion übers Eck in Betracht kommt. Eine früher in der Literatur vertretene Auffassung wendet in diesem Fall § 816 Abs. 1 S. 2 analog an und stellt die unentgeltliche der rechtsgrundlosen Verfügung gleich. Dies wird aber von der h. M. und Rechtsprechung abgelehnt. Nach h. M. bestehen zwei Bereicherungsansprüche (Doppelkondiktion); durch die Verfügung an den Dritten erlangt der Verfügende einen Bereicherungsanspruch gegen diesen (§ 812 Abs. 1 S. 1 Alt. 1).[54] Diesen Bereicherungsanspruch muss der Verfügende an den Berechtigten abtreten. Für die h. M. und Rechtsprechung spricht entscheidend, dass im Fall einer Direktkondiktion dem Erwerber die Einwendungen abgeschnitten wären, die er gegen seinen Vertragspartner, den nichtberechtigt Verfügenden, hätte erheben können. Bei einer Kondiktion übers Eck (Kondiktion der Kondiktion) kann der Erwerber dem Berechtigten Einwendungen gegen den Nichtberechtigten entgegen halten, die er dem Verfügenden gegenüber erheben kann (§ 404).[55]

46 **Vertiefungshinweis:** „Gemischte Schenkung" und „Verkauf zu Freundschaftspreis"
Fraglich ist, ob im Fall einer **gemischten Schenkung**[56] das Tatbestandsmerkmal der „Unentgeltlichkeit" i. S. des § 816 Abs. 1 S. 2 erfüllt ist.
Der BGH[57] bejaht die Unentgeltlichkeit und damit die Anwendbarkeit von § 816 Abs. 1 S. 2, wenn der unentgeltliche Charakter überwiegt (**Schwerpunkttheorie**, „Alles oder Nichts"-Lösung, vgl. oben § 11 Rn. 33). In der Literatur wird eine differenzierende Lösung vertreten, bei der es nicht darauf ankommt, ob der entgeltliche oder der unentgeltliche Teil überwiegt:[58] Hinsichtlich des entgeltlichen Teils kann der frühere Berechtigte den Nichtberechtigten in Anspruch

---

[53] Eine ähnliche Problematik stellt sich bei § 988; vgl. RGZ 163, 348.
[54] Vgl. *Wendehorst*, in: Bamberger/Roth, § 812 Rn. 186 m. w. N. zu beiden Ansichten.
[55] Vgl. MünchKomm/*Lieb*, § 816 Rn. 40 f, 49 für die Frage, wie der Erwerber seine Gegenleistung zurückerhalten kann.
[56] Vgl. zur gemischten Schenkung und zur Anwendbarkeit der §§ 516 ff. *Medicus*, BR, Rn. 380 f.
[57] BGH WM 1964, 614.
[58] *Larenz/Canaris*, SR II/2, § 69 II 2 c, S. 184 f.

nehmen (§ 816 Abs. 1 S. 1); hinsichtlich des unentgeltlichen Teils haftet der Erwerber auf Wertersatz (§§ 816 Abs. 1 S. 2, 818 Abs. 2), weil er den (unentgeltlichen) Teil (bei Unteilbarkeit des Gegenstandes) nicht herausgeben kann.[59]

3. Zusammenfassung

---

§ 816 Abs. 1 S. 2   47
**– Kondiktion wegen unentgeltlicher Verfügung eines
Nichtberechtigten –**

– Ausnahmsweise Direktkondiktion entgegen der
   Leistungsbeziehung (§ 11 Rn. 39, 43)

I. Tatbestand
    1. Verfügung
    2. durch Nichtberechtigten (Nicht-Verfügungsbefugten)
    3. Wirksamkeit der Verfügung gegenüber dem Berechtigten
       (= Rechtsinhaber)
       – Gutgläubiger Erwerb (z. B. §§ 932 ff.)
       – Nachträgliche Genehmigung der unwirksamen Verfügung
         durch den (zurzeit der Verfügung des Nichtberechtigten)
         Berechtigten (§ 185 Abs. 2 S. 1 Alt. 1)
    4. Unentgeltlichkeit
       – P: Gemischte Schenkung (§ 11 Rn. 46)
       – P: Keine analoge Anwendung bei entgeltlicher, aber rechts-
         grundloser Verfügung (h. M., § 11 Rn. 45)

II. Rechtsfolge
    Herausgabe des Erlangten durch Anspruchsgegner = wer
    aufgrund der Verfügung unmittelbar einen rechtlichen Vorteil
    erlangt

IV. Subsidiäre Bereicherungshaftung bei unentgeltlicher Verfügung eines Berechtigten (§ 822)

1. Regelungszweck und Abgrenzung zu § 816 Abs. 1 S. 2

§ 822 normiert eine Direktkondiktion (**Durchgriff**) bei einer **unent-**   48
geltlichen Verfügung: Obwohl der Erwerber etwas durch Leistung des
berechtigt Verfügenden erlangt hat, ist er einem Bereicherungsanspruch
einer Person ausgesetzt, die nicht sein Vertragspartner und Leistender

---

[59] Diesen Anspruch kann der Erwerber abwenden, indem er die erlangte Sache an den „Berechtigten" herausgibt, und zwar Zug-um-Zug gegen Abtretung des Anspruchs des Berechtigten gegen den nichtberechtigt Verfügenden aus § 816 Abs. 1 S. 1 (vgl. *Larenz/Canaris*, SR II/2, § 69 II 2 c, S. 185).

ist. Der Erwerbende ist weniger schutzwürdig, weil unentgeltlich verfügt wurde. § 822 verlangt die unentgeltliche Verfügung eines Berechtigten; § 816 Abs. 1 S. 2 verlangt dagegen die unentgeltliche Verfügung
eines Nichtberechtigten.

2. Tatbestand

49   Voraussetzung des § 822 ist, dass (1) der Bereicherungsgläubiger gegen den ersten Erwerber einen Bereicherungsanspruch (z. B. § 812
Abs. 1 S. 1 Alt. 1 oder 2) hat. (2) Der erste Erwerber muss den Bereicherungsgegenstand dem Dritten unentgeltlich zugewendet haben (zur
Unentgeltlichkeit vgl. oben § 11 Rn. 40). (3) Der erste Erwerber ist infolge der Verfügung an den Dritten („infolgedessen") entreichert i. S.
des § 818 Abs. 3 (keine Haftung des Erstempfängers aus rechtlichen
Gründen). An Letzterem fehlt es, wenn der erste Erwerber infolge Bösgläubigkeit verschärft haftet (§§ 819 Abs. 1, 818 Abs. 4). Nach Wortlaut, Regelungszusammenhang und Entstehungsgeschichte erfasst die
Vorschrift nur die rechtliche Unmöglichkeit der Herausgabe (§ 818
Abs. 3).[60] Bloße Unfähigkeit zur Herausgabe des Erlangten (Insolvenz)
reicht dagegen nicht aus.[61] Bei Zahlungsunfähigkeit des verfügenden
Ersterwerbers ist der Gläubiger ausreichend durch das Anfechtungs-
recht (§§ 129 ff. InsO und §§ 1 ff. AnfG) geschützt.

50

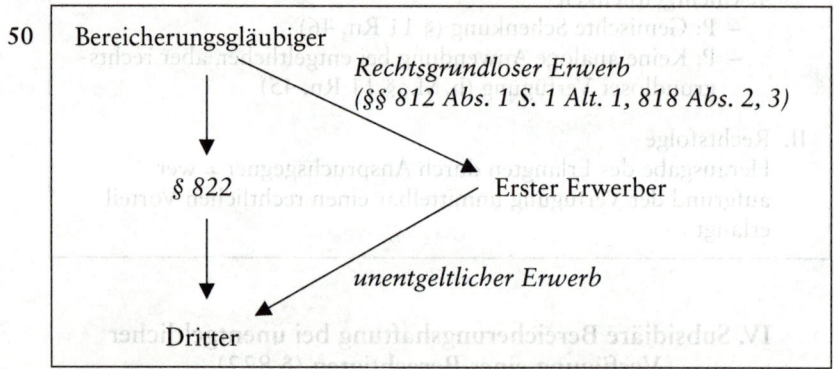

51   **Fall:**

A verkauft und übereignet dem B einen Palandt. B verschenkt den Kommentar seinem Freund C. Der Kaufvertrag zwischen A und B ist infolge wirksamer
Anfechtung nach §§ 142 Abs. 1, 119 Abs. 1 (Inhaltsirrtum) nichtig. Ansprüche
des A gegen C?

---

[60] BGH NJW 1999, 1026, 1028.
[61] H. M.; BGH NJW 1969, 605; NJW 1999, 1026, 1028 m. w. N.; *Wendehorst*, in:
Bamberger/Roth, § 816 Rn. 8; a. A. *Larenz/Canaris*, SR II/2, § 69 IV 1, S. 195;
MünchKomm/*Lieb*, § 822 Rn. 6 jeweils m. w. N.

Lösung:

1. § 816 Abs. 1 S. 2 (–)

Voraussetzung ist die Verfügung eines Nichtberechtigten. Hier verfügt B als (dinglich) Berechtigter und als Verfügungsbefugter; nur der Kaufvertrag ist nichtig (Abstraktionsprinzip). Deshalb scheidet § 816 Abs. 1 S. 2 als Anspruchsgrundlage aus.

2. § 822 (+)

a) Der Kondiktionsgläubiger muss gegen den ersten Empfänger einen Bereicherungsanspruch haben. Der Kondiktionsgläubiger A hat hier gegen den ersten Empfänger B eine Leistungskondiktion (§ 812 Abs. 1 S. 1 Alt. 1); B hat nämlich ohne Rechtsgrund (nichtiger Kaufvertrag wegen Anfechtung [§ 142 Abs. 1]) das Eigentum an dem Palandt durch Leistung des A erworben.

b) Der erste Empfänger muss dem Dritten das Erlangte unentgeltlich zugewandt haben. Der erste Empfänger B hat den Palandt dem C schenkweise übereignet.

c) Durch die Zuwendung des ersten Empfängers (d.h. des B an C) muss der Bereicherungsanspruch des Gläubigers A gegen B ausgeschlossen sein. Die an sich bestehende Leistungskondiktion des A gegen B ist ausgeschlossen, denn B ist nicht mehr bereichert (§ 818 Abs. 3 – Wegfall der Bereicherung; vgl. unten § 12 Rn. 14 ff., insbesondere Rn. 16). Infolge der Verfügung an C ist der Bereicherungsgegenstand bei B ersatzlos weggefallen. Weil B den Irrtum des A nicht kannte (§ 142 Abs. 2), ist er auch nicht bösgläubig i.S. des § 819 Abs. 1.

d) Ergebnis: Es greift die subsidiäre Haftung des C gemäß § 822 ein. Ein Vorrang des Leistungskondiktion besteht nicht.

Wenn der Empfänger verschärft haftet (§§ 818 Abs. 4, 819) und sich 52 auf § 818 Abs. 3 nicht berufen kann, kommt § 822 nicht zur Anwendung, so dass der Dritte dem Bereicherungsgläubiger gegenüber nicht auf Herausgabe haftet. Der bösgläubige Erstempfänger kann vom Bereicherungsgläubiger aus §§ 818 Abs. 4, 292, 989 auf Schadensersatz in Anspruch genommen werden. Ist der Verfügende dagegen gutgläubig, so haftet der Erwerber aus § 822, weil der Erstempfänger (Verfügende) nach § 818 Abs. 3 nicht haftet. Das führt zu folgendem, auf den ersten Blick merkwürdigen Ergebnis: Der Dritte, der von einem bösgläubigen Empfänger etwas erwirbt, steht besser (keine Herausgabepflicht aus § 822), als der Dritte, der von einem gutgläubigen Erwerber erwirbt (Herausgabepflicht aus § 822).[62]

---

[62] *Giesen*, Jura 1995, 234, 245 m.w.N.

3. Zusammenfassung

53

> **§ 822**
> **– (Subsidiäre) Kondiktion wegen unentgeltlicher Verfügung eines Berechtigten –**
>
> I. Tatbestand
> 1. Bereicherungsanspruch des Gläubigers gegen den ersten Erwerber
> 2. Unentgeltliche Zuwendung des Bereicherungsgegenstandes durch den ersten Erwerber an den Dritten
> 3. Ausschluss des Bereicherungsanspruchs des Gläubigers gegen den ersten Erwerber (vgl. 1.) wegen Entreicherung des ersten Erwerbers nach § 818 Abs. 3
>   – P: Insolvenz des Ersterwerbers (§ 11 Rn. 49)
>
> II. Rechtsfolge
> Ausnahmsweise Direktkondiktion des Gläubigers gegen den Dritten

V. Leistung an einen Nichtberechtigten (§ 816 Abs. 2)

1. Regelungszweck

54　§ 816 Abs. 2 betrifft die Leistung an einen Nichtberechtigten. Wenn ein Schuldner nicht an seinen Gläubiger, sondern **an einen Nichtberechtigten** leistet, erlischt der Anspruch des Gläubigers allerdings grundsätzlich nicht (§ 362 Abs. 1). Dann besteht auch keine Notwendigkeit für eine Kondiktion seitens des Gläubigers, der immer noch Inhaber der nicht getilgten Forderung ist.

Eine Korrektur durch eine bereicherungsrechtliche Kondiktion ist aber notwendig, wenn die Leistung an den Nichtberechtigten den Schuldner gegenüber dem Gläubiger befreit, z.B. nach § 407 Abs. 1, wenn der Schuldner in Unkenntnis einer Abtretung an den alten Gläubiger (Zedenten) leistet und von seinem Wahlrecht i.S. dieser Vorschrift Gebrauch macht. Der neue Gläubiger (Berechtigter) hat dann gegen den alten Gläubiger (Nichtberechtigten) einen Anspruch aus § 816 Abs. 2; der Nichtberechtigte muss dem Berechtigten das Geleistete herausgeben.

2. Tatbestand

55　An diesem Tatbestand ist wesentlich, dass an einen Nichtberechtigten geleistet wird und dass die Leistung **dem Berechtigten gegenüber wirksam** wird.

Anwendungsfälle:
- Zahlung an den Zedenten (§ 407 Abs. 1; vgl. auch §§ 1156, 1158 f.);
- Zahlung an den Inhaber eines Namenspapiers mit Inhaberklausel (§ 808);
- Zahlung an den Hypothekengläubiger, der im Grundbuch eingetragen ist, aber mangels wirksamer dinglicher Einigung nicht dinglicher Rechtsinhaber geworden ist (§ 893);
- Zahlung an den Inhaber eines Erbscheins, der nicht Erbe ist (§§ 2367 Alt. 1, 2366).

Fall (nach *Medicus*, Gesetzliche Schuldverhältnisse, S. 133): 56

S hat von der Bank B einen Kredit erhalten. Zur Sicherheit tritt er an B bestimmte Kundenforderungen ab und informiert seine Kunden davon. Später zahlt S den Kredit an B zurück, die daraufhin die Kundenforderungen an S zurück abtritt. Eine Anzeige an die Kunden unterbleibt. Diese zahlen an B. Rechtslage?

Lösung:

Anspruch des S gegen B auf Herausgabe des Geleisteten aus § 816 Abs. 2?

1. Die Kunden zahlen nicht an den wahren Gläubiger S, der mit der Rückübertragung (wieder) Inhaber der Forderungen ist. Sie bewirken vielmehr an einen Nichtberechtigten (B) eine Leistung, die eigentlich nicht zum Erlöschen ihrer Verbindlichkeiten führen kann, weil die Leistung an einen Nichtgläubiger grundsätzlich keine befreiende Wirkung hat (vgl. § 362 Abs. 1 „an den Gläubiger"). Eine Ausnahme hiervon macht § 407 Abs. 1. Danach werden die Kunden in ihrem Vertrauen darauf geschützt, die bisher bestehende und ihnen mitgeteilte Gläubigerschaft der B dauere noch an.[63] Nach § 407 Abs. 1 sind die Verbindlichkeiten der Kunden erloschen; die Kunden brauchen nicht noch einmal an S zu zahlen, wenn sie von ihrem Wahlrecht Gebrauch machen und sich auf § 407 Abs. 1 berufen. Die Kunden haben an einen Nichtberechtigten (B) gezahlt. Diese Leistung ist aber dem Berechtigten (S) gegenüber wirksam (§§ 407 Abs. 1, 362 Abs. 1).

2. Die nichtberechtigte B, die eine gegenüber dem Berechtigten S wirksame Leistung erhält, muss diese an den Berechtigten S herausgeben.

3. Ergebnis: B schuldet dem G die Herausgabe der Beträge, die von den Kunden an sie (B) geleistet wurden.

Vertiefungshinweis: Genehmigung (§ 185 Abs. 2 S. 1 Alt. 1) und §§ 407 57
Abs. 1, 816 Abs. 2
Ausgangspunkt: In einem Dreipersonenverhältnis hat der Zedent gegen den Schuldner eine Forderung, die er dem Zessionar abtritt. Der Schuldner leistet nach der Abtretung solvendi causa an den Zedenten, den er (der Schuldner) gutgläubig noch für seinen Gläubiger hält. – Ist die Leistung des Schuldners nach § 407 Abs. 1 gegenüber dem Zessionar wirksam, ist er von seiner Schuld befreit, und der Zessionar muss sich an den Zedenten halten (§ 816 Abs. 2). Dem Schuldner steht nach § 407 Abs. 1 allerdings ein **Wahlrecht** zu, nach dem er sich auf Erfüllung berufen kann oder aber selbst beim Zedenten kondizieren

---

[63] Vgl. dazu *Schwarz*, AcP 203 (2003), 241, 245.

kann, wenn er sich nicht auf Erfüllung beruft.[64] Der Zessionar hat aber ebenso die Wahl, nach §§ 362 Abs. 2, 185 Abs. 2 S. 1 Alt. 1 die Leistung an den Zedenten als Leistung an einen Dritten zu genehmigen, dadurch die Schuld zum Erlöschen zu bringen und nach § 816 Abs. 2 gegen den Zedenten vorzugehen, wenn der Schuldner sich nicht vorher auf (den tatbestandlich einschlägigen) § 407 Abs. 1 beruft.[65]

In der Literatur wird teilweise diese Genehmigungsmöglichkeit des Zessionars abgelehnt und ausschließlich dem Schuldner die Bestimmung überlassen, ob Erfüllung eintreten soll und der Zessionar sich nur an den Zedenten nach § 816 Abs. 2 halten kann oder ob der Schuldner beim Zedenten kondizieren soll und jener gegenüber dem Zessionar weiterhin aus der Hauptforderung verpflichtet bleibt.[66] Die Literaturmeinung nimmt dem Zessionar das Genehmigungsrecht zugunsten des Wahlrechts des Schuldners. Jedoch geht der Schuldnerschutz durch § 407 nicht so weit, dass er Rechte des Zessionars beschränkt (durch Ausschluss eines Genehmigungsrechts); die Rechte des Zessionars bleiben vielmehr erhalten. Deshalb ist diese Ansicht der Literatur abzulehnen. Die h. M. lässt – zutreffenderweise – das Recht zur Genehmigung durch den Zessionar nach §§ 362 Abs. 2, 185 Abs. 2 S. 2 Alt. 1 ohne Rücksicht auf die Schuldnerschutznorm des § 407 Abs. 1 zu.[67] Eine dritte Ansicht vertritt *Canaris*, der die Genehmigung durch den Zessionar gestattet, dem Schuldner aber das Recht einräumt, seine Tilgungsbestimmung nach § 119 (Abs. 1 Alt. 1 oder Abs. 2) anzufechten mit der Folge, dass es an einer Leistung i. S. des § 816 Abs. 2 fehlt und die Gefahr der Vereitelung des Wahlrechts damit gebannt ist.[68] Jedoch ist dabei problematisch, ob der Irrtum über die Gläubigerschaft des Leistungsempfängers einen Erklärungsirrtum oder einen Eigenschaftsirrtum der Tilgungserklärung begründen kann.

---

[64] Das ist heute h. M.; statt aller MünchKomm/*Roth*, § 407 Rn. 10 m. w. N.

[65] Relevant wird diese Frage dann, wenn der Schuldner selbst eine Forderung gegen den Zessionar hat und der Zessionar insolvent ist, der Schuldner somit ein Interesse an der Aufrechnung gegenüber dem Zessionar und an der Kondiktion gegenüber dem Zedenten hat. Diese Aufrechnung könnte der Schuldner nicht verwirklichen, wenn der Zessionar genehmigt und damit die Schuld gegenüber dem Zessionar erloschen ist (§§ 362 Abs. 2, 185 Abs. 2 S. 1 Alt. 1). Relevanz besteht aber auch bei der Insolvenz des Schuldners, weil der Zessionar durch die Genehmigung der Gefahr, mit seiner Hauptforderung gegen den Schuldner auszufallen, entgehen sowie der Masse einen Rückforderungsanspruch aus § 812 Abs. 1 S. 1 Alt. 1 BGB gegen den Zedenten entziehen könnte.

[66] *Weimar*, JR 1966, 461; *Koppensteiner/Kramer*, S. 100 f.; *Schlechtriem*, in: Symposium König, 1984, S. 76; *Serick*, Eigentumsvorbehalt und Sicherungsübereignung, Band IV, 1976, § 54 II 3 a, S. 661; Staudinger/*Lorenz*, § 816 Rn. 9, 32; *Esser/Weyers*, SR II/2, § 50 II 4, S. 87: Keine Genehmigungsmöglichkeit bei Insolvenz des Schuldners; Soergel/*Mühl*, BGB, 11. Aufl. 1985, § 816 Rn. 51, der den Bedenken gegen die Rechtsprechung zustimmt. Vgl. auch *Ehmann*, JZ 1968, 549, 553; *Roth*, JZ 1972, 150.

[67] BGHZ 85, 267, 272 f.; BGH WM 1958, 1222, 1223; 1961, 273, 274; NJW 1972, 1197, 1199; 1974, 944, 945; 1986, 2430; 1988, 495, 496; BGH LM Nr. 6 zu § 816 Abs. 2; kritisch MünchKomm/*Lieb*, § 816 Rn. 60.

[68] *Larenz/Canaris*, SR II/2, § 69 II 3 d, S. 187; zur Zulässigkeit der Anfechtbarkeit einer Tilgungsbestimmung vgl. BGHZ 106, 163, 166.

3. Zusammenfassung

---

§ 816 Abs. 2   **58**
– Kondiktion wegen Leistung an einen Nichtberechtigten –

I. Tatbestand
1. Leistung des Schuldners
2. An einen Nichtberechtigten (z. B. Altgläubiger)
3. Wirksam gegenüber dem Berechtigten (z. B. Neugläubiger)
   – Beispiele: § 407, §§ 2367 Alt. 1, 2366
   – Wahlrecht des Schuldners (§§ 407, 362 Abs. 1) zwischen
     a) Erfüllung und damit § 816 Abs. 2 gegen den
        Neugläubiger oder
     b) keine Erfüllung und Kondiktion beim Altgläubiger nach
        § 812 Abs. 1 S. 1 Alt. 1 (§ 11 Rn. 57)
   – P: Genehmigungsmöglichkeit des Neugläubigers
     (bezüglich der Leistung an den Altgläubiger als Dritten)
     nach §§ 362, 185 Abs. 2 S. 1 Alt. 1 neben § 407 Abs. 1
     möglich (h. M., § 11 Rn. 57)

II. Rechtsfolge
   Nichtberechtigter Empfänger hat das Empfangene an den
   Berechtigten herauszugeben.

D. Aufwendungs- oder Verwendungskondiktion (§ 812 Abs. 1 S. 1 Alt. 2)

Von einer **Verwendungskondiktion** – teilweise wird auch der weitere 59
Begriff der Aufwendungskondiktion gebraucht[69] – spricht man, wenn
jemand Aufwendungen oder Verwendungen auf eine fremde Sache
vornimmt. Es handelt sich um eine Fallgruppe der Nichtleistungskondiktion (§ 812 Abs. 1 S. 1 Alt. 2; vgl. oben § 11 Rn. 2). Die Begriffe
„Aufwendungen" und „Verwendungen" werden nicht einheitlich gebraucht.[70] Meistens dient „Aufwendung" als Oberbegriff für alle freiwilligen Vermögensaufwendungen, während „Verwendung" die auf einen bestimmten Gegenstand bezogenen Aufwendungen meint (vgl. zur
Problematik der Aufwendungen als Schaden unten § 22 Rn. 5 f.). Einen
Anhalt für diese begriffliche Unterscheidung gibt das BGB in den
§ 2381 und § 347 Abs. 2. Der Begriff der Verwendungen i. S. der Ver-

---

[69] Vgl. MünchKomm/*Lieb*, § 812 Rn. 226, 197 f. *Wendehorst* teilt in eine allgemeine Aufwendungskondiktion und eine spezielle Aufwendungskondiktion (Verwendungskondiktion [des § 951 Abs. 1 S. 1, 812 Abs. 1 S. 1 Alt. 2]) ein (*Wendehorst*,
in: Bamberger/Roth, § 812 Rn. 87 ff.).
[70] Vgl. *Medicus*, BR, Rn. 874 ff.

wendungskondiktion ist weiter als der (engere) Verwendungsbegriff des EBV (vgl. unten § 11 Rn. 64).

Auf- oder Verwendungen auf eine fremde Sache können einen Bereicherungsanspruch auslösen, wenn dadurch das Vermögen des Eigentümers ohne Rechtsgrund vermehrt wird. Prüfungstechnisch stellt sich die Frage der „Auf- oder Verwendungen" im Tatbestandsmerkmal „etwas erlangt" und bei § 818 Abs. 3 (Problem der **aufgedrängten Bereicherung,** vgl. unten § 12 Rn. 61f.).

60   Eine (Aufwendungs- oder) Verwendungskondiktion ist tatbestandlich ausgeschlossen:
– wenn der Vermögensmehrung ein Vertrag zugrunde liegt. Dann liegt in dem Vertrag ein Rechtsgrund vor, sodass ein Bereicherungsanspruch ausscheidet.
– wenn der Vermögensmehrung ein nichtiger Vertrag zugrunde liegt. Dann ist eine Leistungskondiktion (§ 812 Abs. 1 S. 1 Alt. 1) gegeben, wenn durch eine Zuwendung das Vermögen eines anderen bewusst und zweckgerichtet vermehrt wird (Leistung).

61   Fehlt es dagegen an dem für eine Leistung erforderlichen Zuwendungswillen, kommt nur eine Bereicherung in sonstiger Weise (in Form der Verwendungskondiktion) in Frage. Das ist etwa der Fall, wenn jemand irrtümlich fremdes Vermögen mehrt.

Beispiel:
Jemand repariert die Sache eines anderen, die er für seine eigene hält, unter Verwendung eigener Materialien.

Aufwendungen und **Leistung** unterscheiden sich also durch die Zweckgerichtetheit (vgl. oben § 10 Rn. 10). Während für eine Leistung im bereicherungsrechtlichen Sinne der Leistungszweck und die Zweckbestimmung konstitutiv sind, fehlen diese bei den Aufwendungen.[71]

62   **Fall:**

G bewässert seinen Garten. Der versehentlich zu weit eingestellte Bewässerungsapparat versprüht unbewusst auch Wasser auf das Grundstück des Nachbarn S. G verlangt „Ersatz". Zu Recht?

Lösung:

1. Die (an sich) vorrangigen §§ 994 ff. kommen nicht in Betracht, weil kein Eigentümer-Besitzer-Verhältnis gegeben ist; denn G hat den Garten des S nicht in Besitz.
2. Ansprüche aus GoA scheiden aus, weil G ein fremdes Geschäft mit Eigengeschäftsführungswillen führt (vgl. § 687 Abs. 1).
3. Eine Leistungskondiktion (§ 812 Abs. 1 S. 1 Alt. 1) ist mangels Leistung (bewusster und zweckgerichteter Vermehrung fremden Vermögens) aus-

---

[71] Vgl. *Larenz/Canaris,* SR II/2, § 67 II 1 d, S. 133.

geschlossen. G meint, den eigenen Garten zu bewässern, und will nicht fremdes Vermögen mehren.

4. G kann von S aus dem Gesichtspunkt der Verwendungskondiktion (§ 812 Abs. 1 S. 1 Alt. 2) seine Aufwendungen vergütet verlangen, weil er die Bewässerung durch Nichtleistung (hier Aufwendungen des G) auf Kosten des G ohne Rechtsgrund erhält.

Bei der Verwendungskondiktion ist häufig problematisch, dass der **63** Eigentümer der Sache die Auf- oder Verwendungen eines Dritten gar nicht haben will (sog. aufgedrängte Bereicherung, vgl. unten § 12 Rn. 61f.). Die dogmatische Einordnung der aufgedrängten Bereicherung ist umstritten. Teils wird auf die Wertung des § 814 verwiesen (Leistung in Kenntnis der Nichtschuld), teils wird der Wertbegriff des § 818 Abs. 2 subjektiv, d. h. aus der Sicht des Eigentümers, verstanden, teils wird mit § 818 Abs. 3 (Wegfall der Bereicherung, verstanden als anfängliches Fehlen der Bereicherung) geholfen. Es besteht – wohl nach allen Ansichten – grundsätzlich kein Wertersatzanspruch. Anders ist dies nur dann, wenn sich der Bereicherte eine objektiv vorliegende Werterhöhung zunutze macht.

Vertiefungshinweis: Verwendungsersatz – Konkurrenz von EBV und § 812 **64** Abs. 1 S. 1 Alt. 2

Insbesondere beim **Bau auf fremden Grund** stellt sich die Frage, ob die Verwendungskondiktion (§ 812 Abs. 1 S. 1 Alt. 2) neben einem **Eigentümer-Besitzer-Verhältnis** (§ 987 ff.) anzuwenden ist.

Die h. M. geht davon aus, dass die Verwendungsersatzregelungen der §§ 994 ff. eine abschließende Sonderregelung darstellen, die andere Ansprüche (§§ 823 ff., 812 ff.) ausschließen, so auch § 951. Voraussetzung ist allein ein Eigentümer-Besitzer-Verhältnis, ohne dass es darauf ankommt, ob im Einzelfall „Verwendungen" i. S. des §§ 994 ff. vorliegen.[72] Diese Rechtsansicht wird mit der erschöpfenden Sonderregelung der §§ 987 ff. (besondere Anspruchsvoraussetzungen, spezielle Wertentscheidungen) begründet, die dem allgemeinen (Bereicherungs-)Recht vorgingen.[73] Ansprüche aus GoA (§§ 677 ff.) scheiden regelmäßig tatbestandlich aus: Beim Eigenbesitzer folgt dies aus § 687 Abs. 1; beim Geschäftsanmaßer ist § 687 Abs. 2 anzuwenden. Dem Fremdbesitzer fehlt in diesen Fällen regelmäßig der Fremdgeschäftsführungswille (vgl. oben § 4 Rn. 24 ff.).[74]

Für den Bau auf fremden Grund folgt daraus: (1) Nach §§ 994 ff. werden nur Verwendungen ersetzt. Verwendungen i. S. der §§ 994 ff. sind Vermögensaufwendungen, die der Sache zugute kommen sollen, ohne sie grundlegend zu verändern; sie zielen darauf ab, den Bestand der Sache als solcher zu erhalten, wiederherzustellen oder zu verbessern (Bestandsverbesserung).[75] Durch die Bebauung eines Grundstücks wird der Zustand des Grundstücks verändert und das Grundstück für andere Zwecke benutzbar gemacht. Damit fehlt es beim Bau auf fremden Grund (grundsätzlich) an „Verwendungen" i. S. des §§ 994 ff.[76]

---

[72] Grundlegend BGHZ 41, 157; BGH NJW 1996, 52 m. w. N.; Staudinger/*Gursky*, Vor §§ 994 ff. Rn. 39; Palandt/*Bassenge*, Vor §§ 994 ff. Rn. 15; a. A. aber *Canaris*, JZ 1996, 344, 349.

[73] BGHZ 41, 157, 158.

[74] Vgl. MünchKomm/*Medicus*, § 994 Rn. 29.

[75] BGHZ 10, 171, 177 ff.

[76] BGHZ 41, 157, 160 f.

(2) Konkurrierende Verwendungsersatzansprüche aus § 812 Abs. 1 S. 1 Alt. 2 (Verwendungskondiktion) in Verbindung mit § 951 Abs. 1 S. 1 scheiden wegen des Vorranges des EBV (Wertungen der §§ 994 ff.) aus. (3) Ansprüche aus GoA (§§ 677, 683 S. 1, 670), die an sich ein EBV ausschließen würden (Recht zum Besitz, vgl. oben § 7 Rn. 3), scheiden mangels Fremdgeschäftsführungswillens aus (vgl. § 687 Abs. 1). (3) Möglich ist nur ein Anspruch aus § 997 Abs. 1 (Wegnahmerecht), indem der Gläubiger die in das Grundstück eingebauten Sachen abbricht und sich aneignet. (4) Kommt ein solches Wegnahmerecht (aus Rechtsgründen)[77] im Einzelfall nicht in Frage, so besteht ein Entschädigungsanspruch (§ 242, Rechtsgedanke des § 906 Abs. 2 S. 2).[78] Die Höhe des Entschädigungsanspruchs bleibt hinter § 818 Abs. 2 zurück.

In der Literatur wird die Einschränkung des Verwendungsbegriffs durch die Rechtsprechung verbreitet abgelehnt oder die §§ 951, 812 im Grunde neben den §§ 994 ff. angewendet und eine Verwendungskondiktion gewährt.[79] Begründung der letzten Ansicht:[80] Bei einem Ausschluss der Verwendungskondiktion würde der besitzende Verwender schlechter gestellt als der nicht-besitzende Verwender, der aus § 812 Abs. 1 S. 1 Alt. 2 vorgehen könnte; dies sei eine nicht zu rechtfertigende Ungleichbehandlung.[81] Es wird auf § 951 Abs. 2 S. 1 verwiesen, der davon ausgehe, dass § 951 neben dem EBV anwendbar sei.

65

§ 812 Abs. 1 S. 1 Alt. 2
– Verwendungskondiktion –

I. Anwendungsbereich
   – tatbestandlich ausgeschlossen bei einem wirksamen Vertragsverhältnis
   – tatbestandlich ausgeschlossen bei einer Leistungskondiktion; also Verwendungskondiktion nur bei Vermögensmehrung ohne Leistungs- bzw. Zuwendungswillen anwendbar (z. B. bei irrtümlicher Mehrung fremden Vermögens)

II. Konkurrenzen
   Bei besitzendem Verwender: Vorrang des EBV (§§ 994 ff., str.)
   – P: Bau auf fremdem Grund (§ 11 Rn. 64)

III. Tatbestand
   1. Etwas erlangt
   2. In sonstiger Weise: durch eine Verwendung (Aufwendungen auf eine fremde Sache)
   3. Auf Kosten des Bereicherungsgläubigers
   4. Ohne Rechtsgrund

---

[77] Im Fall des BGH (BGHZ 41, 157) stand § 22 Wohnraumbewirtschaftungsgesetz vom 31. März 1953 (BGBl. I S. 97 in der Fassung der Anlage zu Art. X § 6 des Gesetzes vom 23. Juni 1960, BGBl. I S. 389, 418) einem Abbruch des Überbaus entgegen, weil die Vorschrift ein im öffentlichen Interesse erlassenes „Verbot baulicher Veränderung" enthielt.

[78] Vgl. BGHZ 41, 157, 165.

[79] *Medicus*, BR, Rn. 877 und 897; *Larenz/Canaris*, SR II/2, § 74 I 3, S. 345 f.

[80] Im Einzelnen *Medicus*, BR, Rn. 897.

[81] So auch *Brox/Walker*, BS, § 38 Rn. 14.

E. Rückgriffskondiktion (§ 812 Abs. 1 S. 1 Alt. 2)

I. Funktion und Anwendungsbereich

Eine **Rückgriffskondiktion** (§ 812 Abs. 1 S. 1 Alt. 2) kommt in Frage, 66
wenn ein Dritter eine fremde Schuld tilgt und dadurch den Schuldner
von dessen Verbindlichkeit gegenüber dem Gläubiger befreit. Es handelt sich um eine Fallgruppe der Nichtleistungskondiktion (§ 812
Abs. 1 S. 1 Alt. 2; vgl. oben § 11 Rn. 2). Zahlt jemand auf eine fremde
Schuld (§ 267), so erlangt der Schuldner Befreiung von seiner Verbindlichkeit (zur unechten Gesamtschuld vgl. oben § 8 Rn. 11 ff.). Es stellt
sich dann die Frage, ob der Zahlende vom Schuldner Ersatz verlangen
kann. Bereicherungsrechtlich gilt grundsätzlich: Wer eine fremde Schuld
wirksam tilgt, bereichert den anderen, weil dessen Vermögen von einer
Verbindlichkeit befreit wird. Die Rückgriffskondiktion (auch Auslagenkondiktion genannt) ermöglicht es dem tilgenden Dritten, den
Schuldner in Regress zu nehmen. Dabei stellt sich regelmäßig das Problem der **aufgedrängten Bereicherung** (vgl. unten § 12 Rn. 61 f.).

II. Tatbestand

Voraussetzung ist, (1) dass der Bereicherungsschuldner etwas erlangt 67
hat. (2) Es muss hinsichtlich dieses Bereicherungsgegenstandes eine
Nichtleistung im Verhältnis des Bereichungsgläubigers zum Bereicherungsschuldner vorliegen. (3) Ein Rechtsgrund (z. B. Auftrag, Geschäftsbesorgung, Geschäftsführung ohne Auftrag) für die Zuwendung darf
nicht vorhanden sein.

Durch Zahlung eines Dritten erlangt der (Bereicherungs-)Schuldner 68
Befreiung von seiner Schuld unter den Voraussetzungen des § 267. Dafür muss der Dritte mit Fremdtilgungswillen auf eine fremde Schuld
zahlen, und die Schuld muss tatsächlich bestehen. Liegt ein Fall der Legalzession vor, so hat der (Bereicherungs-)Schuldner keine Schuldbefreiung erlangt, weil durch diese nur der Gläubiger wechselt.

Beispiele:
- Gesetzlicher Forderungsübergang (sog. cessio legis oder Legalzession): § 774
  Abs. 1 S. 1, § 268 Abs. 3 usw.; auch bei Unterhaltszahlung: §§ 1607 Abs. 2
  S. 2, 1608 S. 3, 1615a, 1584 S. 3.
- B hat sich für die Verbindlichkeit des S gegenüber G verbürgt (§§ 765 ff.) und
  zahlt bei Fälligkeit der Forderung des G an diesen. Damit erfüllt er seine Bürgenschuld (§§ 765 Abs. 1, 767). Es liegt (regelmäßig) keine Zahlung auf die Verbindlichkeit des Schuldners S gegenüber dem G vor, also keine Leistung eines
  Dritten i. S. des § 267, weil der Bürge seine eigene (wenn auch akzessorische)
  Bürgenschuld tilgen will.[82] Nach § 774 Abs. 1 S. 1 geht die Forderung des G

---

[82] Der Wortlaut des § 766 S. 3 ist insoweit ungenau.

gegen S auf B über. S erlangt insoweit nichts, also keine Schuldbefreiung. Für eine Verwendungskondiktion ist deshalb kein Raum (vgl. oben § 8 Rn. 22 ff.).[83]

69   Die Rückgriffskondiktion ist tatbestandlich ausgeschlossen, wenn andere vertragliche oder gesetzliche Regressregelungen greifen. Deshalb sind in der Fallbearbeitung zuerst andere Rückgriffsmöglichkeiten zu prüfen:

– Rechtsgeschäftliche Pflicht zur Abtretung einer Forderung (§§ 255, 285).

– Auftragsrecht, wenn aufgrund Auftrags gezahlt wird (§§ 662 ff.); vgl. §§ 478 f. für den Regress des Unternehmers gegen den Hersteller bei Verbrauchsgüterkauf.

– Zahlung als Geschäftsführer ohne Auftrag: Rückgriff über §§ 683 S. 1, 670 (Aufwendungsersatzanspruch). Die (berechtigte) GoA geht dem Bereicherungsrecht vor (vgl. oben § 7 Rn. 6). Bei nichtberechtigter Geschäftsführung ohne Auftrag verweist § 684 S. 1 auf § 818 ff. (vgl. oben § 5 Rn. 51 ff.).

70   Der **Vorrang der Leistungskondiktion** (vgl. oben § 9 Rn. 18 ff. und unten § 13 Rn. 6 ff.) steht der Nichtleistungskondiktion des Dritten gegen den Schuldner (Rückgriffskondiktion, § 812 Abs. 1 S. 1 Alt. 2) nicht entgegen. Denn bei einer Drittleistung (§ 267) wird das Geschuldete (Geld) vom Dritten an den Gläubiger geleistet. Der Dritte leistet also den Geldbetrag nicht an den Schuldner. Der Schuldner bekommt nur die Schuldbefreiung (einen anderen Bereicherungsgegenstand). Diese erlangt er aber nicht durch Leistung des Dritten.

71 | **Fall (nach *Medicus*, BR, Rn. 949 a. E.):** |

S kauft bei G einen Fernseher unter Eigentumsvorbehalt. D hat eine vollstreckbare Forderung gegen S und möchte in den Fernseher vollstrecken (§§ 808 ff. ZPO), um sich daraus zu befriedigen. Solange aber G aufgrund seines Eigentumsvorbehalts noch Eigentümer des Fernsehers ist, kann G die Zwangsvollstreckung des D in den Fernseher mittels einer Drittwiderspruchsklage (§ 771 ZPO, Eigentum als ein „die Veräußerung hinderndes Recht") verhindern. Durch eine Zahlung der restlichen Kaufpreisraten kann D aber erreichen, dass das (bisher aufschiebend bedingte) Eigentum endgültig auf S übergeht und G – mangels Eigentümerstellung – nicht mehr mit Erfolg die Drittwiderspruchsklage erheben kann. Um nicht der Drittwiderspruchsklage des G ausgesetzt zu sein, zahlt D an G die noch ausstehenden Kaufpreisraten und nimmt den S in Regress. Zu Recht?

---

[83] Denkbar ist es, dass der Bürge auf die Verbindlichkeit des Schuldners leistet (BGH NJW 1986, 251). Dies setzt eine entsprechende Tilgungsbestimmung voraus: Der Bürge muss im Zeitpunkt der Zahlung an den Gläubiger (ausdrücklich oder konkludent) zum Ausdruck bringen, dass er auf die persönliche Verbindlichkeit des Schuldners gegenüber dem Gläubiger statt auf seine Bürgenschuld leistet (Dritttilgungswille, § 267). Die persönliche Schuld erlischt und damit auch die (akzessorische) Bürgenschuld. In diesem Fall kommt § 774 Abs. 1 S. 1 nicht zur Anwendung, denkbar ist aber eine Aufwendungskondiktion des Bürgen gegen den Schuldner (§ 812 Abs. 1 S. 1 Alt. 2).

Lösung:

Anspruch des D gegen S auf Rückzahlung der an G geleisteten Raten?

1. Mangels Vertragsverhältnisses zwischen D und S besteht kein vertraglicher Rückzahlungsanspruch.

2. Eine berechtigte Geschäftsführung ohne Auftrag (§§ 677, 683 S. 1, 670) scheidet aus.

   a) Zwar stellt die Schuldtilgung ein auch-fremdes Geschäft dar.

   b) Die an sich geltende Vermutung des Fremdgeschäftsführungswillens wird aber widerlegt. Es fehlt am finalen Element (Fremdgeschäftsführungswille i. e. S.; vgl. oben § 4 Rn. 24). D will nur seine eigenen Interessen fördern. Solange G nämlich aufgrund seines Eigentumsvorbehalts noch Eigentümer des Fernsehers ist, kann G nach § 771 ZPO die Zwangsvollstreckung verhindern. Durch die Zahlung des restlichen Kaufpreises bewirkt D, dass das Eigentum auf S übergeht und G nicht mehr nach § 771 ZPO vorgehen kann. Dann steht dem D die Zwangsvollstreckung offen, die ausschließlich in seinem Interesse liegt. (c) Jedenfalls aber fehlt das Interesse und der wirkliche oder mutmaßliche Willen des S (§ 683 S. 1): S ist nicht daran interessiert, dass D die Voraussetzung für eine erfolgreiche Pfändung seines Fernsehers schafft.

3. Ein Anspruch aus § 684 S. 1 i. V. m. §§ 818 ff. scheidet mangels Fremdgeschäftsführungswillens aus (vgl. vorstehend).

4. Leistungskondiktion gemäß § 812 Abs. 1 S. 1 Alt. 1 (–)
   S erlangt Schuldbefreiung. Diese leistet D aber nicht an S, sondern D leistet nur den Geldbetrag (anderer Bereicherungsgegenstand als Schuldbefreiung) an G (im bereicherungsrechtlichen Sinne). Für die an S zugewendete Schuldbefreiung fehlt ein erklärter Leistungszweck des D.

5. Eine Eingriffskondiktion (§ 812 Abs. 1 S. 1 Alt. 2) ist ebenfalls zu verneinen; denn S greift nicht in den Zuweisungsgehalt eines Rechts des D ein.

6. In Betracht kommt nur eine Rückgriffskondiktion (§ 812 Abs. 1 S. 1 Alt. 2).

   a) S erlangt die Befreiung von seiner Kaufpreisschuld gegen G auf Kosten des D, weil D als Dritter mit Fremdtilgungswillen an G leistet (§§ 267, 362 Abs. 1).

   b) D leistet diese nicht an S. Ein rechtlicher Grund dafür fehlt.

   c) Ein Vorrang der Leistungskondiktion kommt nicht in Betracht, weil S die Schuldbefreiung auch nicht durch eine Leistung eines Dritten erlangt (vgl. vorstehend).

7. D kann von S aus Rückgriffskondiktion (§ 812 Abs. 1 S. 1 Alt. 2) Zahlung der an G geleisteten Raten verlangen.

Vertiefungshinweis: Wahlrecht des irrtümlich Leistenden – nachträglich erklärter Dritttilgungswille   72
klärter Dritttilgungswille
   Die Zahlung eines Dritten nach § 267 setzt voraus, dass der Dritte in der Absicht zahlt, eine fremde Schuld zu tilgen (Fremdtilgungswille). Geht der Zahlende von einer vermeintlich eigenen Verbindlichkeit aus und zahlt, so fehlt ihm der Fremdtilgungswille. Eine Leistungsbefreiung des wahren Schuldners nach § 267 scheitert am Fremdtilgungswille, eine Rückgriffskondiktion (§ 812 Abs. 1 S. 1 Alt. 2) gegen den Schuldner daran, dass dieser nichts (keine Schuldbefrei-

ung) erlangt hat. Es stellt sich aber die Frage, ob der Zahlende **nachträglich den Dritttilgungswillen erklären** und im Anschluss daran gegen den Schuldner aus Rückgriffskondiktion vorgehen kann. Insoweit hätte der irrtümlich Leistende ein **Wahlrecht**. Vgl. zur Rückabwicklung im Dreipersonenverhältnis bei Zahlung auf fremde Schuld und Mängel im Deckungs- oder Valutaverhältnis unten § 13 Rn. 60 ff.

73　**Fall (BGH NJW 1986, 2700):**

Der Versicherer V bezahlt die Kosten der Heilbehandlung nach einem Verkehrsunfall, den die Tochter der (unterhaltsverpflichteten) Eltern B erlitten hat. Nachdem sich herausgestellt hat, dass V im konkreten Fall nicht zur Zahlung verpflichtet ist, verlangt V von B die Rückerstattung der erbrachten Leistungen. Zu Recht?

Lösung:

1. Anspruch aus §§ 677, 683 S. 1, 670 (–) Ein Anspruch aus GoA scheidet mangels Fremdgeschäftsführungswillens aus. V geht bei der Zahlung davon aus, eine eigene Verpflichtung zu erfüllen und ausschließlich ein eigenes Geschäft zu besorgen.

2. Anspruch aus § 812 Abs. 1 S. 1 Alt. 1 (Leistungskondiktion)?

a) Die Eltern B erlangen Schuldbefreiung.

b) Diese leistet V aber nicht an B. Vielmehr leistet V nur an die geschädigte Tochter das Geld (anderer Bereicherungsgegenstand als Schuldbefreiung) zur Tilgung einer vermeintlichen eigenen Verbindlichkeit. Eine etwaige tatsächliche Auszahlung an die Eltern als gesetzliche Vertreter (§§ 1626, 1629 Abs. 1 S. 1 und 2) ändert daran nichts, weil sie insoweit nur Leistungsmittler sind.

3. Anspruch aus § 812 Abs. 1 S. 1 Alt. 2 (Rückgriffskondiktion)?

a) Die B müssten etwas erlangt haben. (aa) Weil V zur Zeit der Zahlung an eine eigene Verpflichtung glaubt und auf eine vermeintlich eigene Schuld zahlt, zahlt sie nicht als Dritte an den Gläubiger zur Tilgung fremder Schulden (Verpflichtung der Eltern gegenüber der Tochter zur Unterhaltsleistung; § 267); insoweit erlangen B nicht die Befreiung von ihrer gesetzlichen Unterhaltspflicht (zur Zahlung der Heilbehandlungskosten an die Tochter) (kein Drittleistungswille im Zeitpunkt der Zahlung). (bb) Indem V von B Rückerstattung fordert, bringt V zum Ausdruck, dass er auf den ihm zustehenden Bereicherungsanspruch gegen die Tochter verzichtet und seine irrtümliche Eigenleistung als für die B erbracht gelten soll. B könnte von ihrer Unterhaltspflicht befreit sein (erlangtes Etwas), wenn V nachträglich eine Tilgungsbestimmung erklären kann, dass er zur Tilgung fremder Schuld an den Schuldner zahle (§ 267). Ob bei einer irrtümlichen Eigenleistung die Tilgungsbestimmung nachträglich geändert werden und die erbrachte Leistung auf diese Weise als Leistung des wahren Schuldners bestimmt werden kann, ist umstritten,[84] aber vom BGH bei §§ 267, 812 mit Rücksicht auf das im Bereicherungsrecht besonders geltende Gebot der Billigkeit und dem Grundsatz von Treu und Glauben und unter Berücksichtigung der Inte-

---

[84] Vgl. zum Streitstand BGH NJW 1986, 2700 f. und *K. Schmidt*, JuS 1987, 142.

ressen der Beteiligten zugelassen worden.[85] B erlangen damit Schuldbefreiung (vgl. § 267).

b) Es liegt eine Nichtleistung auf Kosten der V vor.

c) Im Verhältnis V zu B fehlt ein die Vermögensverschiebung rechtfertigender Rechtsgrund.

d) Ein Vorrang der Leistungskondiktion kommt nicht in Betracht. B haben die Schuldbefreiung nicht durch Leistung eines Dritten erlangt.

e) V kann deshalb nach § 812 Abs. 1 S. 1 Alt. 2 Rückerstattung verlangen.

III. Zusammenfassung

§ 812 Abs. 1 S. 1 Alt. 2 74
– Rückgriffskondiktion –

Dritter tilgt eine fremde Verbindlichkeit und nimmt den (schuldbefreiten) Schuldner in Regress.

I. Tatbestand
  1. Etwas erlangt
    – Befreiung von einer Verbindlichkeit (siehe § 267: Zahlung eines Dritten mit Fremdtilgungswille) (§ 11 Rn. 68) (nicht bei gesetzlichem Forderungsübergang (z. B. §§ 268 Abs. 3, 774)
  2. In sonstiger Weise
    – durch Nichtleistung: Keine Leistung der Schuldbefreiung an den Schuldner (aber: Leistung des Geldbetrags, den Schuldner dem Gläubiger schuldet, an Gläubiger [§ 267: eigene Tilgungsbestimmung])
    – P: Nachträglicher Fremdtilgungswille bei Zahlung auf vermeintliche Eigenschuld (§ 11 Rn. 72)
  3. Auf Kosten des Bereicherungsgläubigers
  4. Ohne Rechtsgrund (nicht bei vertraglicher Verpflichtung zur Drittleistung oder berechtigter GoA)
II. Rechtsfolge
    §§ 812 Abs. 1 S. 1 Alt. 2, 818 Abs. 2: Wertersatz, da Befreiung von der Verbindlichkeit nicht herausgegeben werden kann.

[85] Die Möglichkeit einer nachträglichen Tilgungsbestimmung verschafft dem Dritten ein Wahlrecht, entweder das Geleistete vom (vermeintlichen) Gläubiger zurückzufordern (§ 812 Abs. 1 S. 1 Alt. 1) oder den (wahren) Schuldner in Regress zu nehmen (Rückgriffskondiktion, Zahlung auf fremde Schuld [§ 267]).

§ 12. Inhalt und Umfang von Bereicherungsansprüchen

1   Ist der Tatbestand einer Kondiktion erfüllt, so ist der Bereicherungs-schuldner zur Herausgabe des Erlangten verpflichtet (so z. B. §§ 812 Abs. 1 S. 1, 816, 817 S. 1). Daneben erstreckt sich die Herausgabepflicht auch auf die aus dem Erlangten gezogenen Nutzungen und auf Surroga-te (§ 818 Abs. 1). Wenn die Herausgabe nicht (mehr) möglich ist, muss der Bereicherte Wertersatz leisten (§ 818 Abs. 2). Durch § 818 Abs. 3 wird die Bereicherungshaftung auf die noch vorhandene Bereicherung eingeschränkt, durch §§ 818 Abs. 4, 819 f. verschärft und erweitert.

A. Gegenstand der Bereicherung

I. Herausgabe des erlangten Etwas

2   Gegenstand der Herausgabe kann alles sein, was dem Schuldner ver-schafft worden ist (vgl. oben § 10 Rn. 4 ff., § 11 Rn. 7). Das Erlangte ist in Natur herauszugeben. Dies ergibt sich bereits aus § 812 Abs. 1, nicht erst aus § 818 Abs. 1. Es muss deshalb beim Tatbestandsmerkmal „et-was erlangt" (also im Tatbestand des Bereicherungsanspruchs) genau geprüft werden, was der Bereicherungsschuldner erlangt hat; das er-langte Etwas ist schuld- oder sachenrechtlich konkret zu bezeichnen.

Beispiele:
- Wenn der Bereicherungsschuldner Eigentum an einer Sache erlangt hat, ist § 812 Abs. 1 auf Rückübereignung durch Einigung und Übergabe (§ 929 S. 1) gerichtet.
- Ist nur Besitz erlangt worden, richtet sich der Anspruch darauf, dem Gläubiger die tatsächliche Sachherrschaft wieder zu verschaffen.
- Wurde eine Forderung erlangt, dann richtet sich der Anspruch auf Herausgabe des Erlangten auf (Rück-)Abtretung der Forderung.

3   Das „erlangte Etwas" ist von dem Wertersatz (§ 818 Abs. 2) sowie von der Frage der „ersparten Aufwendungen" (vgl. unten § 12 Rn. 17) zu unterscheiden.[1]

II. Herausgabe der Nutzungen, insbesondere der Gebrauchsvorteile

4   Der Anspruch auf Herausgabe umfasst auch die **Nutzungen**, die der Bereicherte aus dem Erlangten (tatsächlich) gezogen hat (§ 818 Abs. 1), nicht dagegen Ersatz von Nutzungen, die er aus dem Erlangten hätte

---

[1] Vgl. BGHZ 55, 128 „Flugreise"-Fall oben § 10 Rn. 6, 8.

ziehen können (vgl. dagegen zu Nutzungen als primärer Bereicherungsgegenstand Rn. 6). Nutzungen können Sach-, Rechtsfrüchte und Gebrauchsvorteile sein (§§ 100, 99).

Beispiele:
– Zinsen für auf ein Bankkonto eingezahltes Geld;[2]
– die Nutzung eines Pkw.

Können die Nutzungen nicht in Natur herausgegeben werden, dann   5
ist nach § 818 Abs. 2 Wertersatz zu leisten.

Beispiel:
Die Gebrauchsvorteile aus der unberechtigten Nutzung eines Pkw können nicht
in Natur herausgegeben werden; daher ist Wertersatz zu leisten. Vgl. zur Höhe
des Wertersatzes unten § 12 Rn. 10 f.

Hinweis: Nach der Rspr. ist ein Nutzungsersatz nach Bereicherungsrecht ausgeschlossen, wenn ein **Eigentümer-Besitzer-Verhältnis** vorliegt. Die §§ 987 ff. gehen als Sonderregelungen vor (arg. aus § 993 Abs. 1, der nur für die Übermaßfrüchte auf das Bereicherungsrecht verweist).[3]

Vertiefungshinweis: Nutzungen als primärer Bereicherungsgegenstand   6
Nutzungen i. S. des Nebenfolgeanspruchs (§ 818 Abs. 1) sind von Nutzungen
als primärem Bereicherungsgegenstand (§ 812 Abs. 1) abzugrenzen. Im letzten
Fall sind die Nutzungen bzw. die Nutzungsmöglichkeit selbst das erlangte
Etwas i. S. des § 812 Abs. 1, während im ersten Fall die Nutzungen bloße „Nebensache" des erlangten Gegenstandes oder Rechts sind (§ 818 Abs. 1). Beispiele für Nutzungen als primärer Bereicherungsgegenstand:
– Ein Gegenstand oder Recht ist dem Schuldner von vornherein nur zum Gebrauch oder zur Nutzung überlassen worden.
– Der Schuldner hat nicht in die Substanz, sondern in die Nutzungsmöglichkeit
eingegriffen (Eingriff in Immaterialgüterrechte).
Bedeutung hat diese Unterscheidung für die bereicherungsrechtlichen Rechtsfolgen: Bei den primären Nutzungen i. S. des § 812 Abs. 1 ist die Nutzungsmöglichkeit erlangt; für diese ist Wertersatz zu leisten (§ 818 Abs. 2); dabei kommt
es nicht darauf an, ob der Schuldner Nutzungen tatsächlich gezogen hat; infrage
kommen kann dann aber ein Wegfall der Bereicherung (§ 818 Abs. 3). Dagegen
ist nach §§ 818 Abs. 1 und 2 Wertersatz nur für die tatsächlich gezogenen (sekundären) Nutzungen zu leisten; nur im Fall des §§ 818 Abs. 4, 292 Abs. 2, 987
Abs. 2 ist Wertersatz für (schuldhaft) nicht gezogene Nutzungen zu leisten.

III. Surrogate

Herauszugeben ist auch, was der Empfänger auf Grund eines erlang   7
ten Rechts oder als Ersatz für die Zerstörung, Beschädigung oder Entziehung des erlangten Gegenstands erwirbt (vgl. § 818 Abs. 1).

---

[2] Die Rechtsprechung unterscheidet nicht zwischen erzielten und ersparten Zinsen
(BGHZ 138, 160). Auch die Zinsen, die der Bereicherungsschuldner dadurch erspart,
dass er rechtsgrundlos erlangtes Geld seinem Vermögen einverleibt (z. B. Tilgung eigener Schulden), sind nach § 818 Abs. 1 und 2 herauszugeben bzw. zu ersetzen (vgl.
MünchKomm/*Lieb*, § 818 Rn. 8; Palandt/*Sprau*, § 818 Rn. 10).
[3] H. M. vgl. BGHZ 14, 7 ff.; 41, 17 ff.; a. A. Teile der Literatur, z. B. *Brox/Walker*,
BS, § 39 Rn. 3 m. w. N.

Beispiel:
A erlangt für einen zerstörten Pkw, den er eigentlich an B herausgeben muss, eine Versicherungsforderung. Herauszugeben ist dann die Versicherungsforderung durch Abtretung oder – nach erfolgter Leistung des Versicherers – Zahlung des als Versicherungssumme erhaltenen Geldbetrages, da die Leistung des Versicherers das Surrogat für die Zerstörung des erlangten Pkw ist.

8   Außer den Surrogaten, die als Ersatz für die Zerstörung, Beschädigung oder Entziehung anzusehen sind, muss der Bereicherungsschuldner solche Surrogate herausgeben, die „aufgrund des erlangten Rechtes" erworben wurden. Nach h. M. ist hierunter nur das zu verstehen, was bei der bestimmungsgemäßen Ausübung des Rechtes erlangt wurde. Nicht herauszugeben ist daher das sog. **rechtsgeschäftliche Surrogat,** also das, was der Bereicherungsschuldner aus einem Rechtsgeschäft (z. B. einem Verkauf) erlangt hat.[4] Denn nach h. M. ist der Veräußerungserlös nicht durch die bestimmungsgemäße Ausübung des Eigentumsrechts erworben, sondern aufgrund eines selbständigen Rechtsgeschäftes mit dem Erwerber. Zu leisten ist in diesem Fall Wertersatz gemäß § 818 Abs. 2, der sich nach dem objektiven Verkehrswert der Sache bemisst. Begründen lässt sich diese Ansicht mit dem von § 285 und § 816 Abs. 1 abweichenden Wortlaut der Vorschrift und der besonderen Regelung des § 1418 Abs. 2 Nr. 3.

Beispiel:
A verkauft das rechtsgrundlos erlangte Auto (Wert 800 €) an einen Schrotthändler für 1.000 €. Den Verkaufserlös muss er nicht nach §§ 812 Abs. 1 S. 1, 818 Abs. 1 herausgeben, sondern nur Wertersatz (800 €) leisten.

Im Rahmen der Bereicherungshaftung sind rechtsgeschäftliche Surrogate nur nach § 816 Abs. 1 S. 1 (vgl. oben § 11 Rn. 34, 37) und nach §§ 818 Abs. 4, 285 (verschärfte Bereicherungshaftung, vgl. unten § 12 Rn. 52) herauszugeben.

9   „Aufgrund eines erlangten Rechtes", also bei bestimmungsgemäßer Rechtsausübung, wird ein Erlös dagegen in folgenden Beispielen erzielt:

– K erwirbt von V wirksam eine Forderung (§ 398), der Forderungskaufvertrag ist aber nichtig (Abstraktionsprinzip). K zieht den Forderungsbetrag vom Schuldner ein. Die Forderung erlischt (§ 362 Abs. 1). V kann von K aus §§ 812 Abs. 1 S. 1 Alt. 1, 818 Abs. 1 den eingezogenen Forderungsbetrag verlangen; diesen hat er „aufgrund eines erlangten Rechtes" (Forderung) erlangt.
– Bei Verwertung eines rechtsgrundlos bestellten Sicherungsrechts besteht die Pflicht zur Herausgabe des Verwertungserlöses.
– Der Gewinn mittels eines rechtsgrundlos erworbenen Lotterieloses ist in bestimmungsgemäßer Rechtsausübung erlangt und daher herauszugeben.

---

[4] H. M. vgl. BGHZ 24, 106 (110).

B. Wertersatz

Können das Erlangte, die Nutzungen oder das Surrogat nicht (mehr) **10**
so, wie sie erlangt worden sind, herausgegeben werden, ist nach § 818
Abs. 2 **Wertersatz** zu leisten. Voraussetzung ist, dass das Erlangte wegen seiner Beschaffenheit (z. B. weil es sich um Gebrauchsvorteile handelt) oder aus einem anderen Grunde (z. B. wegen Verlust oder Zerstörung) nicht (mehr) herausgegeben werden kann. Die **Unmöglichkeit der
Herausgabe** i. S. des § 818 Abs. 2 erfasst alle Hindernisse, die einen
Ausschlussgrund für die Leistung nach § 275 begründen.[5]

Für die Ermittlung des Wertersatzes ist der **objektive Verkehrswert** **11**
maßgeblich.[6] Nur bei § 816 Abs. 1 S. 1 ist der Veräußerungserlös herauszugeben (vgl. oben § 11 Rn. 34, 37). Der Verkehrswert findet in einer üblichen und angemessenen Vergütung seinen Ausdruck, der bei
ordnungsgemäßer Inanspruchnahme des in Rede stehenden Rechtsgutes zu entrichten ist.[7]

Beispiel:
Die Gebrauchsvorteile aus der Nutzung eines Pkw können nicht in Natur herausgegeben werden. Der Wert der Benutzung eines Pkw wird von der Praxis regelmäßig nach der gefahrenen Strecke berechnet.[8]

Für die Wertermittlung ist nach h. M. der **Zeitpunkt** der Entstehung
des Kondiktionsanspruchs entscheidend (vgl. unten § 12 Rn. 13). Das
ist z. B. der Zeitpunkt der rechtsgrundlosen Leistung (§ 812 Abs. 1 S. 1
Alt. 1), des Wegfalls des Rechtsgrundes (§ 812 Abs. 1 S. 2 Alt. 1) oder
des Eingriffs (§ 812 Abs. 1 S. 1 Alt. 2).

Fall (BGHZ 75, 203): **12**

A will von B einen gebrauchten Haubenkipper erwerben und gibt dafür einen
Lastzug in Zahlung, den er dem B bereits übereignet. Als der Kaufvertrag
zwischen A und B schließlich nicht zustande kommt, verlangt A Rückübereignung des Lastzugs. B kann dem jedoch nicht nachkommen, weil er
den Lastzug (Verkehrswert 100.000 €) bereits an C veräußert hat. Was kann A
von B verlangen, wenn dieser den Lastzug für (1) 100.000 €, (2) 110.000 €
(also über Verkehrswert), (3) für 90.000 € (also unter Verkehrswert) veräu
ßert, wenn er von dem Zustandekommen des Kaufvertrages ausgegangen
ist?

---

[5] *Wendehorst*, in: Bamberger/Roth, § 818 Rn. 22.
[6] BGHZ 99, 244, 248. Bei Verletzung eines Warenzeichens ist der Verkehrswert des
Gebrauchs dieses Warenzeichens durch Dritte maßgeblich.
[7] BGHZ 132, 198, 207 m. w. N.
[8] Vgl. zur Berechnung *Reinking/Eggert*, Rn. 460 ff.

Lösung:

I. §§ 677, 681 S. 2, 667 auf Herausgabe des Erlangten (–) B veräußert als Eigentümer und nimmt deshalb kein fremdes Geschäft vor. Dass er den schuldrechtlichen Herausgabeanspruch durch die Weiterveräußerung vereitelt, ändert daran nichts und begründet kein fremdes Geschäft.

II. § 687 Abs. 2, 681 S. 2, 667 auf Herausgabe des Erlangten (–), weil kein objektiv fremdes Geschäft vorliegt; B ist Eigentümer.

III. Anspruch aus § 816 Abs. 1 S. 1 (–), weil B Eigentümer ist und damit als Berechtigter verfügt.

IV. § 812 Abs. 1 S. 1 Alt. 1 (Leistungskondiktion) (–), weil Leistung in Kenntnis der Nichtschuld (§ 814 Alt. 1).

V. § 812 Abs. 1 S. 2 Alt. 2 (Zweckverfehlungskondiktion)?

1. Tatbestand (+), weil der mit der Leistung bezweckte Erfolg (Zustandekommen des Kaufvertrages) nicht eingetreten ist.

2. Rechtsfolge

   a) Variante 1

      aa) § 812 Abs. 1 S. 2 und S. 1: Herausgabe des Erlangten: Rückübereignung des Lastzugs; dies ist dem B wegen der Weiterveräußerung an C nicht mehr möglich.

      bb) § 818 Abs. 1: Herausgabe des Surrogats, also des Kaufpreises (Veräußerungserlös) von 100.000 €? Nach h. M. erfasst § 818 Abs. 1 nicht das rechtsgeschäftliche Surrogat (commodum ex negotiatione), also nicht, was der Bereicherungsschuldner B durch Erfüllung des Rechtsgeschäfts (Kaufvertrag mit C) über den Bereicherungsgegenstand (Lastzug) erlangt.

      cc) § 818 Abs. 2: Wertersatz in Höhe von 100.000 € (+)

      A kann von B den Wert des Lastzugs ersetzt verlangen, d. h. Verkehrswert von 100.000 € (der zufällig mit dem Veräußerungserlös übereinstimmt).

   b) Variante 2

   Nach § 818 Abs. 2 ist Wertersatz zu leisten. Der Wertbegriff ist objektiv zu bestimmen; der Verkehrswert der Sache, die nicht mehr herausgegeben werden kann, wird geschuldet (h. L. und st. Rspr.).[9] D. h. (nur) 100.000 € (= Verkehrswert). Eine Pflicht zur Herausgabe des „Gewinns" (10.000 €) bestünde nur im Fall des §§ 818 Abs. 4, 285.[10]

   c) Variante 3

      aa) § 818 Abs. 2: objektiver Wert, also 100.000 €

      bb) § 818 Abs. 3: Wegfall der Bereicherung?

      B macht aber einen „Verlust" von 10.000 €, weil in dieser Höhe unter Verkehrswert verkauft wird. In Höhe von 10.000 € ist die Bereicherung (ersatzlos) weggefallen. In dem Vermögen des B sind nur 90.000 € vorhanden, die über das Bereicherungsrecht „abgeschöpft" werden könnten (Zweck: Abschöpfung der Vermögensmehrung beim Bereicherten). Beachte: §§ 812 ff. gewähren keinen Schadensersatz!

---

[9] BGHZ 132, 198, 207.
[10] Vgl. dazu BGHZ 75, 203.

Vertiefungshinweis: Zeitpunkt der Ermittlung des Wertes (§ 818 Abs. 2)   **13**
Der **Zeitpunkt** für die Ermittlung des Wertes (§ 818 Abs. 2) ist umstritten.[11]
Während die h. M. vom Zeitpunkt der Entstehung des Kondiktionsanspruchs
ausgeht, wird in der Literatur zum Teil auf den (späteren) Zeitpunkt der Entstehung des Wertersatzanspruchs oder der Umwandlung des Herausgabeanspruchs
in einen Wertersatzanspruch (bei nachträglicher Unmöglichkeit der Herausgabe)
abgestellt; vertreten wird auch der Zeitpunkt des Eintritts der Bösgläubigkeit
oder Rechtshängigkeit.[12] Relevant ist dieser Meinungsstreit dann, wenn der
Wert der herauszugebenden Sache sich nach der Entstehung des Kondiktionsanspruchs verändert (steigt oder fällt).

Beispiel:
Es wird ein Kaufvertrag geschlossen. Dieser wird erfüllt. Die herauszugebende
Sache erfährt nun eine Steigerung ihres Wertes infolge steigender Marktpreise.
Nun wird die Sache zerstört. Erst danach wird wirksam angefochten (§§ 142
Abs. 1, 143 Abs. 1). Erst jetzt klagt der Verkäufer auf Herausgabe. Es stellt sich
nun die Frage, ob der Wert (1) nach dem Verkehrswert zur Zeit der Entstehung
des Kondiktionsanspruchs (Zeitpunkt der Leistung [Rückwirkung der Anfechtung
nach § 142 Abs. 1]), (2) dem Entstehen des Wertersatzanspruchs (Zerstörung der
Sache) oder (3) zum Zeitpunkt des Eintritts der Bösgläubigkeit (Anfechtungserklärung) oder (spätestens) der Rechtshängigkeit zu berechnen ist. Es geht dabei um
die Frage, wer das Risiko bzw. den Erfolg sich verändernder Werte tragen muss
bzw. darf.
Die Beantwortung dieser Frage hängt mit dem dogmatischen Verständnis von
§ 818 Abs. 2 und Abs. 3 zusammen. Geht man davon aus, dass § 818 Abs. 2
vermutet, der Wert des Geleisteten sei in das Vermögen des Schuldners übergegangen und im Zeitpunkt der Bösgläubigkeit oder Rechtshängigkeit (Fixierung
des Bereicherungsanspruchs) noch vorhanden,[13] so könnte auf den Zeitpunkt der
Entstehung des Kondiktionsanspruchs abgestellt werden. Dies ist aber vor dem
Hintergrund der modernen Bereicherungsdogmatik zweifelhaft. Dem (spätesten)
Zeitpunkt der Bösgläubigkeit oder Rechtshängigkeit steht entgegen, dass der
Schuldner eine Wertsteigerung, die zwischen Entstehung des Wertersatzanspruchs und Bösgläubigkeit (oder Rechtshängigkeit) eingetreten ist, nicht mehr
erlangt hat (vgl. § 818 Abs. 3). Vorzugswürdig ist deshalb der Zeitpunkt, in dem
der Wertersatzanspruch entsteht (Unmöglichwerden der Herausgabe). Den Wert
der Sache zu diesem Zeitpunkt hat der Bereicherungsschuldner tatsächlich erlangt.[14]

---

[11] Der Gesetzgeber hat diese Frage ausdrücklich offengelassen (vgl. *Mugdan* II,
S. 467 [Motive]).

[12] Vgl. *Koppensteiner/Kramer*, § 16 III 1, S. 175; MünchKomm/*Lieb*, § 818 Rn. 56
m. w. N. sowie mit eigener differenzierender Ansicht.

[13] So der historische Gesetzgeber (*Mugdan* II, S. 467 [Motive]) auf der Grundlage
der traditionellen Bereicherungslehre.

[14] Im Ergebnis gleich *Larenz/Canaris*, SR II/2, § 72 III 5, S. 282–285 (Ausnahme:
Aufwendungskondiktion; Zeitpunkt, in dem der Bereicherungsgläubiger die Verfü-
gungsgewalt über die wertgesteigerte Sache erlangt, ist maßgeblich); MünchKomm/
Lieb, § 818 Rn. 58.

C. Wegfall der Bereicherung

I. Normzweck

14   § 818 Abs. 3 beschränkt die Herausgabepflicht auf die (noch) vorhandene Bereicherung. Die Vorschrift privilegiert den Bereicherungsschuldner gegenüber Schuldnern aus anderen Rechtsgründen (wie
§§ 346 ff., 987 ff., 823 ff.). Der Wegfall der Bereicherung (Entreicherung) kann sowohl auf dem Wegfall des Erlangten als auch auf berei-
cherungsmindernden Vermögensdispositionen beruhen. Die Privilegierung des Bereicherungsschuldners entfällt im Falle der verschärften
Haftung gem. §§ 818 Abs. 4, 819 (vgl. dazu § 12 Rn. 43).

Vertiefungshinweis:
Auf der Grundlage der bereicherungsorientierten, traditionellen Ansicht zur
Bereicherungshaftung (vgl. oben § 10 Rn. 8) hat die Rechtsprechung in § 818
Abs. 3 (**Wegfall der Bereicherung**) den obersten Grundsatz des Bereicherungs-
rechts gesehen. 818 Abs. 3 war danach die zentrale Norm des Bereicherungs-
rechts.

Nach der heute herrschenden modernen Bereicherungslehre, die
von einer gegenstandsorientierten Bereicherungshaftung ausgeht (vgl.
oben § 10 Rn. 8), stellt § 818 Abs. 3 nur (noch) eine Möglichkeit zur
Berücksichtigung der schutzwürdigen Interessen des Bereicherungsschuldners dar und begründet zu dessen Gunsten eine überprüfungs-
und begründungsbedürftige Ausnahmevorschrift (Kondiktionssperre).
§ 818 Abs. 3 hat insoweit seine zentrale Stellung im Bereicherungsrecht
verloren und (nur noch) die Bedeutung einer Einwendung.[15]

II. Entreicherung des Bereicherungsschuldners

15   § 818 Abs. 3 ist eine von Amts wegen zu beachtende (rechtsvernich-
tende) Einwendung des Bereicherungsschuldners, deren Voraussetzungen dieser zu beweisen hat.[16]
Eine Entreicherung i. S. des § 818 Abs. 3 liegt vor, wenn

1. der erlangte Gegenstand ersatzlos weggefallen ist oder
2. wenn das ursprünglich Erlangte zwar noch vorhanden ist, der Bereicherte aber sonstige Vermögensnachteile erlitten hat, die eine Entreicherung begründen (entreichernde Vermögensnachteile).

---

[15] Vgl. zur Bedeutung und deren Wandel MünchKomm/*Lieb*, § 818 Rn. 62 ff.
m. w. N.
[16] BGHZ 118, 383, 388.

1. Wegfall des Erlangten

Fällt das erlangte Etwas **ersatzlos fort,** so ist der Tatbestand des 16 § 818 Abs. 3 erfüllt. Erfasst ist der anfängliche (= Zeitpunkt der Erlangung des Bereicherungsgegenstandes) wie der nachträgliche Wegfall der Bereicherung.

Beispiele:
– Die erlangte Nutzungsmöglichkeit war für den Bereicherungsschuldner von Anfang an nichts wert.[17]
– Der Gegenstand ist untergegangen, gestohlen, verbraucht oder verschenkt worden.

Vor der Annahme einer Entreicherung ist allerdings stets zu prüfen, ob nicht anstelle des Gegenstandes ein anderer wirtschaftlicher Vorteil beim Empfänger verblieben ist. Ist dies der Fall, kann von einem Wegfall der Bereicherung nicht gesprochen werden. Dies trifft beispielsweise auf die Ersparnis von Aufwendungen oder den Erhalt eines Veräußerungserlöses zu.

a) Ersparnis von Aufwendungen

Bei der Ersparnis von eigenen Aufwendungen ist zu differenzieren: 17
Selbst wenn das ursprünglich Erlangte weggefallen ist, ist die Bereicherung noch vorhanden, wenn der Schuldner Aufwendungen erspart hat, die er sonst hätte tätigen müssen.[18]

Beispiel:
Der Bereicherungsschuldner hat einen (herauszugebenden) Gegenstand für seinen Haushalt verbraucht. Dann hat er die Aufwendungen erspart, die er sonst hätte tätigen müssen, um den Gegenstand selbst anzuschaffen.

Anders ist dies im Fall von **Aufwendungen,** die der Bereicherungs- 18 schuldner ohne die Bereicherung nicht vorgenommen hätte (sog. Luxusaufwendungen). Dann ist ein Wegfall der Bereicherung zu bejahen, weil – gemessen an dem ohne Bereicherung normalen Lauf der Dinge – keine Aufwendungen erspart wurden.

Beispiele:
– Der von BAföG lebende Student S verwendet den (aus einem später angefochtenen Kaufvertrag) erlangten Verkäuferlös für ein teures Abendessen mit seinen Kommilitonen in einem 5-Sterne-Hotel. Eine derartige Ausgabe hätte er sich sonst nie leisten können oder nicht geleistet. Eine Ersparnis eigener Aufwendungen liegt nicht vor, sondern ein Wegfall der Bereicherung.
– Vgl. auch BGHZ 55, 128 „Flugreise"-Fall unten § 12 Rn. 59: Die teure Flugreise hätte sich der minderjährige blinde Passagier nie leisten können.

b) Veräußerungserlös

Verkauft der Bereicherungsschuldner die Sache, die er an sich he- 19 rauszugeben hätte, ist sein Vermögen um den **Veräußerungserlös** ver-

---

[17] Vgl. BGHZ 55, 128, 131 ff. „Flugreise"-Fall.
[18] BGHZ 118, 383, 386; NJW 2003, 3271 f.

größert, den er durch die Weiterveräußerung erlangt hat. Der Bereicherungsschuldner ist dann nicht entreichert. Er muss zwar nicht den Veräußerungserlös selbst herausgeben, weil § 818 Abs. 1 keine rechtsgeschäftlichen Surrogate erfasst (vgl. oben § 12 Rn. 8), aber er muss den
(objektiven) Wert der Sache ersetzen (§ 818 Abs. 2) (vgl. oben § 12
Rn. 11).

2. Bereicherungsmindernde Vermögensnachteile

20   Eine Entreicherung kann nicht nur durch Wegfall des Erlangten, sondern auch durch sonstige **Vermögensnachteile** entstehen.

Umstritten ist, welche Vermögensnachteile abzugsfähig sind. Nach
der älteren Rspr., die unter dem Einfluss der traditionellen, vermögensorientierten Bereicherungslehre steht (vgl. oben § 10 Rn. 8) ist die herauszugebende Bereicherung die Differenz, die sich aus dem Stand des
Vermögens vor und nach dem bereichernden Ereignis ergibt. Deshalb
sind alle Vermögensnachteile als Entreicherung zu berücksichtigen, die
mit dem Erwerb in adäquat kausalem Zusammenhang stehen (reine
Kausalitätsbetrachtung).[19] Die neuere Rspr. ist von einer reinen Kausalitätsbetrachtung abgerückt und stellt im Einzelfall – wertend und differenzierend – auf Risikogesichtspunkte ab.[20] Die (wohl herrschende)
Lehre berücksichtigt hingegen nur solche Vermögensnachteile, die dem
Bereicherten gerade wegen seines Vertrauens auf die Endgültigkeit des
Erwerbes entstanden sind (Gesichtspunkt des Vertrauensschutzes).[21]

21   Relevante Vermögensnachteile führen bei einer Verpflichtung, den
Bereicherungsgegenstand in Natur herauszugeben, zur Herausgabe des
Erlangten Zug um Zug gegen Ersatz der Aufwendungen oder des Schadens, ohne dass es der Prüfung eines besonderen Aufwendungs- oder
Schadensersatzanspruchs bedarf. Bei einer Pflicht zum Wertersatz gem.
§ 818 Abs. 2 führen sie zur Herabsetzung des zu ersetzenden Wertes
durch Verrechnung der eigenen Aufwendungen oder des Schadens mit
dem geschuldeten Wertersatz.[22]

---

[19] BGHZ 1, 75, 81; BGH NJW 1981, 277, 278 m. w. N.; RGZ 106, 4, 7. Vgl. die
Motive (*Mugdan* II, S. 468 [Motive]): Vermögensminderungen seien zu berücksichtigen, die im Kausalzusammenhang mit dem Empfange und Haben des Geleisteten
stehen und das Vermögen des Bereicherungsschuldners vermindert haben. Vgl. auch
Mugdan II, S. 1183 (Protokolle).

[20] BGHZ 109, 139, 145: Entscheidend ist, welche Partei des Bereicherungsverhältnisses das Risiko für bestimmte Kosten tragen muss; BGHZ 116, 251, 255 f.
m. w. N.: Zu prüfen ist, welcher Partei das Entreicherungsrisiko zugewiesen ist.

[21] Es ist folgende Testfrage zu stellen: Wie stünde der Bereicherungsschuldner bei
(rechtzeitiger) Kenntnis von der Rechtsgrundlosigkeit seines Erwerbs? Es ist nicht
danach zu fragen, wie er ohne den rechtsgrundlosen Erwerb stünde (vgl. *Larenz/*
Canaris, SR II/2, § 73 I 2 a, S. 297). Zu anderen Kriterien der Lehre vgl. die Darstellung von MünchKomm/*Lieb*, § 818 Rn. 74 ff.

[22] Diese Zug-um-Zug-Verpflichtung ist keine i. S. des § 273, sondern eigentlich nur
Ausfluss der vermögensorientierten (traditionellen) Bereicherungslehre, nach der eine
Vermögensdifferenz als Bereicherungsgegenstand herauszugeben ist (vgl. oben § 10
Rn. 8).

a) Aufwendungen auf den Bereicherungsgegenstand

Der Bereicherungsschuldner macht im Zusammenhang mit dem er- **22**
langten Etwas **Aufwendungen**, die sein Vermögen mindern. Insoweit ist
er entreichert.

Beispiele:
– Ein (beschädigter) Gebrauchtwagen, für den nach Bereicherungsrecht Wertersatz zu leisten ist, wird von dem Bereicherungsschuldner instand gesetzt. Die
dafür anfallenden Aufwendungen können bereicherungsmindernd geltend gemacht werden.
– Im Zusammenhang mit der Erfüllung eines (nichtigen) Grundstückskaufvertrages sind Kosten für die Eintragung einer Auflassungsvormerkung entstanden.
Eine Berücksichtigung dieser Aufwendungen bei § 818 Abs. 3 hat der BGH abgelehnt.[23] Es sei im Einzelfall zu prüfen, inwieweit das Entreicherungsrisiko gemäß § 818 Abs. 3 BGB nach den Vorschriften zu dem fehlgeschlagenen Geschäft oder nach dem Willen der Vertragschließenden jeweils der einen oder
anderen Partei zugewiesen sein sollte. In der Literatur werden gegen eine kon-
turlose Einzelfallprüfung Bedenken erhoben. Zugestimmt wird aber mit Blick auf
die Besonderheiten der bereicherungsrechtlichen Rückabwicklung gegenseitiger Verträge dem Argument, dass der Käufer vom Verkäufer nicht nebeneinander Herausgabe der aus dem Kaufpreis gezogenen Nutzungen (§ 818 Abs. 1)
und Ersatz seiner Finanzierungskosten verlangen dürfe. Favorisiert wird eine
differenzierende Lösung: Entreicherung, so weit die Finanzierungskosten höher
sind als die Nutzungen.[24]

b) Vermögensfolgeschäden

Schäden, die im Zusammenhang mit der Bereicherung stehen, kön- **23**
nen eine Entreicherung des Bereicherungsschuldners zur Folge haben.
Es kommt darauf an, ob man den Gedanken des Vertrauensschutzes
oder Kausalitätserwägungen in den Vordergrund rückt.

Beispiel:
S will dem G den aufgrund eines nichtigen Kaufvertrages erworbenen Hund nur
gegen Ersatz der Futter- und Tierarztkosten und der Schäden herausgeben, die
der Hund in seiner Wohnung angerichtet hat.[25] Die Futter- und Tierarztkosten stellen unstreitig eine Entreicherung des S dar. Diese Kosten stehen einerseits mit
dem Erwerb in kausalem Zusammenhang, andererseits greift das Argument des
Vertrauensschutzes, da S die Aufwendungen tätigte, weil er auf die Endgültigkeit
des Erwerbes vertraute. Das ist anders bei den Schäden, die der Hund angerichtet hat. Nach der Literatur sind diese Schäden nicht bei der Entreicherung zu berücksichtigen, da der Gedanke des Vertrauensschutzes hier nicht eingreift.[26] Nach
der den Kausalitätsgedanken betonenden Rspr. stehen diese Schäden in einem
ursächlichen Zusammenhang mit dem Erwerb und können daher als Entreicherung berücksichtigt werden.[27]
In jedem Fall stellt sich das Problem, dass die geltend gemachten Beträge nicht
von dem herauszugebenden Tier „abgezogen" werden können. S braucht den

---

[23] Vgl. BGHZ 116, 251, 256 f. m. w. N.
[24] *Canaris*, JZ 1992, 1114, 1118 und folgend MünchKomm/*Lieb*, § 818 Rn. 77 f.
[25] Beispiel nach *Brox/Walker*, BS, § 39 Rn. 1 und 9.
[26] Vgl. MünchKomm/*Lieb*, § 818 Rn. 90.
[27] RGZ 106, 4 ff.; BGHZ 1, 75 (81).

Hund deshalb nur Zug um Zug gegen Ersatz seiner Aufwendungen (und Schäden) herauszugeben.

c) Keine Entreicherung: Erwerbspreis

24   Ob und wieweit der **Erwerbspreis**, den der Bereicherungsschuldner zum Erwerb eines herauszugebenden Gegenstandes gezahlt hat, bereicherungsmindernd zu berücksichtigen ist, richtet sich im Rahmen der Leistungskondiktion (§ 812 Abs. 1 S. 1 Alt. 1) nach den besonderen Grundsätzen der Saldotheorie bzw. Zweikondiktionentheorie (vgl. unten § 12 Rn. 29 ff.).

25   Gegen einen Anspruch aus Nichtleistungskondiktion (§ 812 Abs. 1 S. 1 Alt. 2) kann der Erwerbspreis nicht bereicherungsmindernd (§ 818 Abs. 3) geltend gemacht werden.[28] Zum einen stehen dem Bereicherungsschuldner Ansprüche aus Pflichtverletzung (§§ 280 ff.) gegen seinen Vertragspartner (etwa auf Rückzahlung des Erwerbspeises) zu; das Risiko der Uneinbringlichkeit dieser Forderungen kann und soll nicht der Bereicherungsgläubiger tragen. Zum anderen würde der Schutz des Bereicherungsgläubigers durch die Nichtleistungskondiktion unterlaufen bzw. umgangen. Außerdem steht die Zahlung des Erwerbspreises als vermögensmindernde Handlung mit der Bereicherung (etwa durch Verbrauch oder Einbau) nicht in einem ursächlichen Zusammenhang. Aufwendungen für den Erwerb einer Sache begründen deshalb keine Entreicherung i.S. des § 818 Abs. 3. Diese Problematik stellt sich allerdings überhaupt nicht, wenn man mit der neuen Rechtsprechung eine Nichtleistungskondiktion schon am Vorrang des Leistungsverhältnisses scheitern lässt (vgl. oben § 13 Rn. 6).[29]

26   Ebenso wenig ist der Erwerbspreis abzugsfähig, wenn der Nichtberechtigte vom Berechtigten in Anspruch genommen wird (§ 816 Abs. 1 S. 1), nachdem er die Sache von seinem Vormann erworben hat und als Nichtberechtigter an einen Dritten verfügt (Veräußerungskette). Den Erwerbspreis – also das Entgelt, das der Nichtberechtigte an den Vormann geleistet hat, um die Sache zu erhalten – kann er nicht als Entreicherung abziehen (vgl. unten § 13 Rn. 17, „Jungbullen"-Fall). Begründung:
– Die Zahlung des Erwerbspreises ist keine Folge der Bereicherung (sondern deren Ursache) und deshalb nicht bereicherungsmindernd zu berücksichtigen.[30]
– Vor der Veräußerung hätte der nichtberechtigte Bereicherungsschuldner die Sache nach § 985 herausgeben müssen; der Kaufpreis hätte dem Bereicherungsgläubiger dann nicht als Verwendungen i.S. der §§ 994 ff. entgegengesetzt werden können.[31] Hat der Schuldner die

---

[28] Vgl. BGHZ 14, 7, 9 f.; 66, 150, 157 m. w. N.
[29] Vgl. BGHZ 36, 30 „Idealheim"-Fall; BGHZ 40, 272 „Elektrogeräte"-Fall; vgl. unten § 13 Rn. 13.
[30] BGHZ 14, 7, 9; kritisch dazu *Medicus*, BR, Rn. 725.
[31] BGHZ 55, 176, 179 f. „Jungbullen-Fall"; vgl. unten § 13 Rn. 17.

Sache veräußert, so kann bei § 816 Abs. 1 S. 1, der an die Stelle der Vindikation tritt,[32] nichts anderes gelten.

– Es fällt in den Risikobereich des Bereicherungsschuldners, sich bezüglich des Kaufpreises und dessen Rückzahlung nach den Regeln der Leistungsstörung mit dem Verkäufer auseinanderzusetzen.

– Wenn man den Kaufpreis bereicherungsmindernd berücksichtigt, so würde der Schutz der Nichtleistungskondiktion unterlaufen.

Fall (nach *Loewenheim*, S. 144):   27

B bestellt bei einem Blumengeschäft G einen Blumenstrauß (Wert 20 €), der ihm in seine Wohnung gebracht werden soll. Infolge eines Irrtums des Boten wird der Strauß versehentlich bei der A abgegeben. A nimmt an, es handele sich um eine Aufmerksamkeit ihres Freundes X, und stellt die Blumen in ihr Wohnzimmer. Nachdem die Blumen verwelkt sind, wirft sie die Blumen fort. Ansprüche des G gegen A?

Fallabwandlung: Die A ist am gleichen Abend bei Bekannten eingeladen, denen sie ohnehin Blumen (im Wert von 5 €) mitbringen will. Sie verzichtet auf den Kauf und nimmt den (für B bestimmten) Blumenstrauß mit.

Lösung:

1. Anspruch aus Kaufvertrag (§ 433 Abs. 2) (–), weil kein Kaufvertragsschluss zwischen G und A.

2. Anspruch des G gegen A aus § 812 Abs. 1 S. 1 Alt. 2?
   a) Erlangtes Etwas: Eigentum und Besitz an den Blumen.
   b) Nichtleistung des G? G verfolgt gegenüber A keinen Leistungszweck. Auch A fasst die Zuwendung des G nicht als Leistung des G auf. Es liegt deshalb keine Leistung des G an A vor.
   c) Ohne Rechtsgrund (+), weil zwischen G und A kein Kaufvertrag zustande kommt.
   d) Vorrang der Leistungskondiktion?
      Entscheidend ist die objektive Sicht des Leistungsempfängers (vgl. oben § 10 Rn. 13). Aus der Sicht der Empfängerin A könnte eine bewusste und (als Schenkung) zweckgerichtete Mehrung fremden Vermögens durch X vorliegen; G wäre aus der Sicht der A nur Leistungsmittlerin. A fasst die vom Boten der G überbrachte Zweckerklärung entsprechend auf und darf sie auch so auffassen. Jedoch veranlasst X nichts, so dass ihm die Zuwendung nicht als Leistung zugerechnet werden kann (vgl. unten § 13 Rn. 46 f.). A erlangt die Blumen deshalb nicht durch Leistung eines Dritten (hier X).
   e) Rechtsfolge: Herausgabe des Erlangten (Blumen), was aber nicht mehr möglich ist, weil die Blumen weggeworfen wurden. Daher Wertersatz nach § 818 Abs. 2.

---

[32] Der Gedanke, dass die condictio ein Ersatz für die verlorene Vindikation ist (Rechtsfortwirkung) ist, geht auf *Savigny* zurück (vgl. *Reuter/Martinek*, § 1 I 3, S. 14).

f) Jedoch Einwand des § 818 Abs. 3 (Wegfall der Bereicherung): Eigentum und Besitz an den Blumen sind nicht mehr im Vermögen der A und damit ersatzlos weggefallen. Aufwendungen werden nicht erspart. Es ist keine Bereicherung bei A mehr vorhanden, die abgeschöpft werden könnte.

g) Ergebnis: Kein Bereicherungsanspruch.[33]

Fallabwandlung:

§ 818 Abs. 3 – Wegfall der Bereicherung?

A schenkt die Blumen ihren Bekannten. Zwar sind sie nicht mehr in ihrem Vermögen vorhanden, jedoch erspart sie eigene Aufwendungen. Denn ohne den versehentlich gelieferten Strauß hätte sie selbst einen Blumenstrauß gekauft. A erspart den Betrag, den sie sonst für Blumen ausgegeben hätte, und ist um den ersparten Kaufpreis eines Blumenstraußes bereichert. Diesen Betrag muss sie als Bereicherung herausgeben. Weil A nur 5 € erspart hat, ist sie insoweit nicht entreichert; aber hinsichtlich des Differenzbetrages von 15 € greift § 818 Abs. 3.

3. Zusammenfassung

28

§ 818 Abs. 3
– Wegfall der Bereicherung –

Entreicherung des Bereicherungsschuldners nach § 818 Abs. 3, wenn

1. Ersatzloser Wegfall des erlangten Gegenstandes
   - P: anderer wirtschaftlicher Vorteil anstelle des weggefallenen Gegenstands, wie z. B.
   - Ersparnis von Aufwendungen
     (Ausnahme: Luxusaufwendungen) (§ 12 Rn. 17 f.)
   - Veräußerungserlös (§ 12 Rn. 19)

2. Bereicherungsmindernde Vermögensnachteile, wie z. B.
   - Aufwendungen auf den Bereicherungsgegenstand
     (§ 12 Rn. 22)
   - Vermögensfolgeschäden (§ 12 Rn. 23)
   - P: bloße Kausalität (Rspr.) oder wertende Zurechnung im Hinblick auf Vertrauen auf Endgültigkeit des Erwerbs oder Zurechnung nach Risikogesichtspunkten (§ 12 Rn. 20)
   - Keine Entreicherung durch Zahlung des Preises für den Erwerb des Bereicherungsgegenstandes (§ 12 Rn. 24 ff.)

---

[33] Zu denken wäre auch an § 241a Abs. 1 mit der Erwägung, dass die Zusendung der Blumen im Verhältnis G zu A eine unbestellte Warenlieferung darstellte; vgl. aber auch § 241a Abs. 2.

III. Rückabwicklung gegenseitiger Verträge: Zweikondiktionentheorie – Saldotheorie

1. Überblick

Im **gegenseitigen Vertrag** stehen sich Leistung und Gegenleistung ge- 29
genüber (Synallagma). Ist der Vertrag nichtig und sind die Leistungen
der Vertragsparteien bereits ausgetauscht worden, stellt sich die Frage,
wie bei einem Bereicherungsanspruch die empfangene Gegenleistung zu
berücksichtigen ist.

Ist eine Leistung untergegangen, so könnte sich ergeben, dass die eine 30
Vertragspartei das Geleistete zurückfordern kann, ohne aber das selbst
Erhaltene, das untergegangen ist, zurückgeben oder dafür Wertersatz
leisten zu müssen (§ 818 Abs. 3).

Beispiel:
Käufer und Verkäufer eines unerkannt nichtigen Kaufvertrages über einen Pkw
erfüllen ihre vermeintlichen Vertragspflichten. Der Pkw wird beim Käufer zerstört.
Nun wird der Vertrag bereichungsrechtlich rückabgewickelt.

Betrachtet man die Rechtslage ohne Berücksichtigung der synallag-
matische Struktur gegenseitiger Verträge und billigt jeder Partei einen
selbstständigen Bereicherungsanspruch zu, so ergibt sich im Beispielsfall,
dass sich der Käufer gegenüber dem Kondiktionsanspruch des Verkäufers auf Entreicherung wegen des zerstörten Pkw berufen kann, während
der Verkäufer den Kaufpreis in voller Höhe herausgeben muss. Dieses
Ergebnis wird heute überwiegend als unbillig angesehen. In Literatur
und Rechtsprechung sind daher andere Lösungen entwickelt worden.

2. Streitstand

a) Zweikondiktionentheorie

Die Problematik der Rückabwicklung gegenseitiger Verträge ist in 31
den §§ 812 ff. nicht besonders geregelt. Die (ältere) **Zweikondikti-
nentheorie** ging deshalb – wie oben beschrieben – davon aus, dass jede
Partei einen selbständigen Bereicherungsanspruch hat, der unabhängig
von dem Bereicherungsanspruch der anderen Partei ist. Aufgrund der
als unbillig empfundenen Rechtsfolgen ist von der Rechtsprechung die
sog. Saldotheorie und in der neueren Literatur die sog. eingeschränkte
Zweikondiktionentheorie entwickelt worden.

b) Saldotheorie

Die **Saldotheorie** ergibt sich aus der konsequenten Anwendung der 32
bereicherungs- oder vermögensorientierten Bereicherungshaftung, nach
der die §§ 812 ff. auf eine Differenz zweier Vermögenslagen gerichtet
sind;[34] sie wird als konsequente Ausformung des § 818 Abs. 3 angese-

---

[34] Vgl. *Reuter/Martinek*, § 17 I 4 a, S. 579 f.

hen.[35] Die schon vom RG[36] vertretene Theorie wird vom BGH fortgeführt.[37] Die Saldotheorie geht auch bei einem nichtigen gegenseitigen Vertrag davon aus, dass die von den Parteien erbrachten Leistungen durch den Austauschzweck wirtschaftlich miteinander verbunden
sind.[38]

aa) Grundsätze der Saldotheorie

33   Die Saldotheorie wird durch folgende **Grundsätze** bestimmt: Der Bereicherungsgläubiger muss sich von seinem Bereicherungsanspruch seine eigene Entreicherung abziehen lassen. „Der Wert der [eigenen]
Entreicherung wird zum Abzugsposten vom eigenen Bereicherungsanspruch."[39] Deshalb kann sich auch die Vertragspartei auf § 818
Abs. 3 berufen, in deren Vermögen der herauszugebende Gegenstand
nicht untergegangen ist, während § 818 Abs. 3 eigentlich nur für denjenigen einen Einwand begründet, in dessen Vermögen die herauszugebende Sache untergegangen ist. Damit trägt grundsätzlich derjenige
das Entreicherungsrisiko, bei dem die Entreicherung eingetreten ist.
Im oben gewählten Beispiel wird vom Kondiktionsanspruch des Käufers in Höhe des Kaufpreises der „Wert der Entreicherung" in Abzug
gebracht.

34   Ihren Namen verdankt die Saldotheorie der Tatsache, dass zwei
gleichartige Bereicherungsansprüche automatisch (ohne Aufrechnungserklärung) gegeneinander verrechnet, also saldiert werden. Nur derjenige, für den sich ein positiver Saldo ergibt, hat einen Anspruch auf den
Saldo; derjenige, zugunsten dessen sich ein negativer Saldo ergibt, hat
keinen Bereicherungsanspruch. Es wird unabhängig von der Ursache
eines Wegfalls des Erlangten saldiert. Der Sachwert der (untergegange-
nen Kauf-)Sache ist nur ein Abzugsposten.[40]

35   Bei ungleichartigen Ansprüchen (z. B. nichtiger Kaufvertrag: Anspruch
auf Rückgabe und Rückübereignung der Kaufsache und Anspruch auf
Rückzahlung des Kaufpreises) muss der Bereicherungsgläubiger von
sich aus die Rückgewähr der von ihm empfangenen ungleichartigen
(Gegen-)Leistung Zug um Zug anbieten.[41] Dies muss im Klageantrag

---

[35] BGHZ 57, 137, 150.

[36] Vgl. RGZ 54, 137, 141: „... kann und muss unter dem nach § 812 herauszugebenden „etwas" nicht etwa ein beliebiger einzelner aus dem Vermögen des
Einen in das des Anderen hinübergeflossener Wert, sondern nur die Gesamtheit des
Hinübergelangten unter gleichzeitiger Berücksichtigung der dafür gegebenen Werte
und der auf dem Empfangenen ruhenden Lasten verstanden werden."; bezug-
nehmend auf RGZ 44, 136, 144 zum gemeinen Recht; RGZ 94, 253, 254 f.; 105, 29,
31.

[37] Begründet wurde dies mit dem „natürlichen Rechtsgefühl und der Billigkeit";
RGZ 94, 253, 254.

[38] Vgl. zum Lösungsansatz der Saldotheorie *Thier*, JuS 1999, L 9.

[39] *Medicus*, BR, Rn. 225.

[40] *Medicus*, BR, Rn. 225.

[41] BGHZ 146, 298, 307 m. w. N.; BGH WM 1995, 159, 160 m. w. N.; NJW 1963,
1870; 1988, 3011.

berücksichtigt werden (Klage auf Herausgabe des Geleisteten Zug um Zug gegen Rückgewähr des Erlangten).[42]

bb) Einschränkungen der Saldotheorie

Die Saldotheorie kommt nur dann zur Anwendung, wenn es möglich **36** ist, sich auf § 818 Abs. 3 zu berufen, also nicht im Fall des § 818 Abs. 4 oder § 819.[43] **Nicht zur Anwendung** kommt die Saldotheorie im Fall der Vorleistung, wenn also nur eine Partei ihre (vermeintliche) Vertragspflicht erfüllt hat, weil insoweit eine Saldierung gegenseitiger Ansprüche nicht möglich ist.[44] Eine Saldierung der Ansprüche kommt auch im Falle der Insolvenz eines Vertragspartners nicht in Betracht.[45]

Statt der Saldotheorie wird außerdem von der Rspr. in bestimmten **37** Fallgruppen aus Billigkeitsgründen die Zweikondiktionentheorie angewandt. Die Saldotheorie wird nicht angewandt:

1. zu Ungunsten nicht voll Geschäftsfähiger (Geschäftsunfähiger, **Minderjähriger**);[46]

2. wenn der Bereicherungsgläubiger durch **Täuschung** oder widerrechtliche Drohung zum Vertragsschluss bestimmt worden ist;[47]

3. zum Nachteil der Vertragspartei, die durch ein wucherähnliches und nach § 138 Abs. 1 nichtiges Geschäft benachteiligt ist;[48]

4. wenn die Verschlechterung der Kaufsache auf einem Sachmangel beruht, für den nach dem Vertrag der Verkäufer einzustehen hätte.[49]

Zur Begründung: Die Anwendung der Saldotheorie bevorzugt den Bereicherungsschuldner, weil dieser nur zur Herausgabe des Saldos statt der vollen Leistung des Bereicherungsgläubigers (so die Zweikondiktionentheorie) verpflichtet ist; sie benachteiligt umgekehrt den Bereicherungsgläubiger, der nur einen Saldo zurückerhält statt seine ganze Leistung. Dieses Ergebnis würde in den vier Ausnahmefällen, aber auch bei einem rückabzuwickelnden gegenseitigen Vertrag der Billigkeit widersprechen. Der Vertragspartner des nicht voll Geschäftsfähigen, der Täuschende, Wucherer und der Verkäufer einer mangelhaften Kaufsache sind nicht schutzwürdig. Es gilt deshalb die Zweikondiktionentheorie.

---

[42] Dabei handelt es sich aber nicht um eine Zug-um-Zug-Herausgabe i. S. des §§ 273, 320. Bereicherungsgegenstand ist von vornherein die Vermögensdifferenz, die bei ungleichartigen Leistungen dadurch gebildet wird, dass Leistung Zug-um-Zug gegen Herausgabe der Gegenleistung gefordert wird.

[43] BGHZ 146, 298, 307 m. w. N.

[44] *Medicus,* BR, Rn. 226 auch mit Nachweisen zur Gegenansicht.

[45] BGHZ 161, 241 ff.

[46] BGHZ 126, 105 m. w. N.

[47] BGHZ 57, 137, 146 ff., insbesondere 149.

[48] BGHZ 146, 298, 306 ff.

[49] BGHZ 78, 216, 222 ff.

c) Neuere Lehre (eingeschränkte Zweikondiktionentheorie)

38   Die neuere Lehre nimmt (auf der Grundlage der modernen Bereicherungslehre) eine unmittelbare normative Einschränkung des Wegfalls der Bereicherung (§ 818 Abs. 3) unter risikozuweisenden Aspekten vor, und zwar in der Person, in dessen Vermögen der betreffende Gegenstand untergegangen ist (eingeschränkte Zweikondiktionentheorie). Dies führt zu einer normativen Restriktion des § 818 Abs. 3 mit der Folge einer bereicherungsunabhängigen Wertersatzpflicht nach § 818 Abs. 2.[50] Ob derjenige, in dessen Person der Gegenstand untergegangen ist, sich auf § 818 Abs. 3 berufen kann, hängt davon ab, wer das Risiko des Untergangs der Sache zu tragen hat.

39   Es wird damit grundsätzlich von der Zweikondiktionstheorie ausgegangen mit der Besonderheit, dass in bestimmten Fällen dem Bereicherungsschuldner, in dessen Vermögen sich die untergegangene Sache befindet, der (an sich einschlägige) Einwand des § 818 Abs. 3 versagt ist (eingeschränkte Zweikondiktionentheorie).

Hinsichtlich der **risikozuweisenden Kriterien** wird auf die Wertung der §§ 350, 351 a.F. (jetzt § 346 Abs. 2 S. 1 Nr. 3, Abs. 3 S. 1 Nr. 3) abgestellt. Insoweit werden die Regeln des Rücktritts- und Bereicherungsrechts harmonisiert.[51] Das hat folgende Konsequenzen:

1. Bei einem zufälligen Untergang der Kaufsache beim Käufer ([Bereicherungs-]Schuldner, bei dem sich der Gegenstand befindet) oder bei Beachtung der Sorgfalt in eigenen Angelegenheiten (§ 346 Abs. 2 S. 1 Nr. 3, Abs. 3 S. 1 Nr. 3; § 350 a.F.)[52] hat der Käufer das Risiko des Untergangs nicht zu tragen und kann sich deshalb auf § 818 Abs. 3 berufen. Auf das Verhalten des Verkäufers (etwa arglistige Täuschung oder von ihm zu vertretender Sachmangel) kommt es nicht an.

Beispiel:
Der herauszugebende Pkw (Bereicherungsgegenstand) wird bei einem Unfall zerstört. Den Käufer trifft keinerlei Sorgfaltsverstoß. Nach Anfechtung des Kaufvertrages kann der Käufer zwar Rückzahlung des Kaufpreises verlangen, dagegen kann sich der Käufer auf den Wegfall der Bereicherung (ersatzloser Wegfall der Bereicherung, § 818 Abs. 3) berufen, wenn der Verkäufer Herausgabe des Pkw verlangt.

2. Hat derjenige, in dessen Vermögen sich der Gegenstand befindet (Käufer), den Untergang verschuldet (vgl. § 351 a.F.),[53] so hat er das Risiko zu tragen. Er kann sich deshalb nicht auf § 818 Abs. 3 berufen und haftet bereicherungsunabhängig auf Wertersatz (§ 818 Abs. 2).

---

[50] MünchKomm/*Lieb*, § 818 Rn. 123ff. m.w.N.; *Schlechtriem*, SBT, Rn. 797; a.A. *Koppensteiner/Kramer*, § 16 V 2, S. 181.

[51] Vgl. zum Einfluss auf die Saldotheorie *Grünewald*, FS Hadding, S. 33ff.; *Thier*, FS Heldrich, S. 339ff.

[52] In diesem Fall ist der Rücktrittsschuldner weder zur Herausgabe noch zum Wertersatz verpflichtet (§ 346 Abs. 3 S. 1 Nr. 3).

[53] In diesen Fällen ist der Rücktrittsschuldner zum Wertersatz verpflichtet (§ 346 Abs. 2 S. 1 Nr. 3).

Beispiel:
Der Käufer lässt den gekauften Pkw (nichtiger Kaufvertrag) unverschlossen auf einem Parkplatz stehen. Der Wagen wird gestohlen. Wenn der Verkäufer V Rückgabe des Pkw verlangt (§ 812 Abs. 1 S. 1 Alt. 1), kann sich K nicht auf den Wegfall der Bereicherung (ersatzloser Wegfall des Erlangten, § 818 Abs. 3) berufen, weil der Untergang in seinen Risikobereich fällt und insbesondere auf der eigenen Sorgfaltslosigkeit beruht (vgl. § 351 a.F., § 346 Abs. 3 S. 1 Nr. 3).[54] Er haftet nach § 818 Abs. 2 auf Wertersatz, und dies bereicherungsunabhängig.

Minderjährigen und Geschäftsunfähigen kann das Risiko des Weg- **40** falls der Bereicherung nicht aufgelegt werden (fehlende Zurechenbarkeit). Eine **arglistige Täuschung** (durch den Verkäufer) hat dagegen grundsätzlich keinen Einfluss auf die Risikoverteilung und die Frage, ob sich der Bereicherungsschuldner auf den Wegfall der Bereicherung berufen kann.[55]

Fall: **41**

V verkauft seinen Pkw (Wert 4.000 €) für 5.000 € an K. Der Kaufvertrag wird beiderseitig sofort erfüllt. Bei einem Unfall wird der Pkw ohne Verschulden des K total zerstört. Nun stellt sich heraus, dass der Kaufvertrag nichtig ist. Kondiktionsansprüche?

Lösung:

1. Anspruch des V gegen K auf Wertersatz von 4.000 € für den zerstörten Pkw aus § 812 Abs. 1 S. 1 Alt. 1 (Leistungskondiktion)?

a) K hat Eigentum und Besitz an dem Pkw durch Leistung des V ohne Rechtsgrund erlangt. Die Herausgabe des Pkw ist dem K unmöglich geworden, deshalb besteht an sich die Pflicht zum Wertersatz in Höhe von 4.000 € (§ 818 Abs. 2). K ist allerdings wegen ersatzlosen Wegfalls des Gegenstandes entreichert (§ 818 Abs. 3); für den zerstörten Pkw hat er keinerlei Ersatz erhalten. Deshalb ist er auf Grundlage der Zweikondiktionentheorie nicht aus § 812 Abs. 1 S. 1 verpflichtet.

b) Auf der Grundlage der Saldotheorie hat V keinen Anspruch, weil sich zugunsten des V kein positiver Saldo ergibt (4.000 € – 5.000 €) und eine Ausnahme von der Saldotheorie nach der Rspr. hier nicht eingreift. V hat keinen Anspruch.

c) Auf der Grundlage der eingeschränkten Zweikondiktionentheorie ist zu prüfen, ob sich K, in dessen Vermögen sich die untergegangene Sache befunden hat, als Bereicherungsschuldner ausnahmsweise nicht auf § 818 Abs. 3 berufen kann (§ 346 Abs. 3 S. 1 Nr. 3 analog). Weil er den Untergang der Kaufsache nicht verschuldet hat, ist ihm der Einwand des § 818 Abs. 3 nicht genommen. Deshalb ist K nach dieser Theorie nicht zum Wertersatz verpflichtet.

d) Ergebnis: V hat – nach allen Theorien – keinen Kondiktionsanspruch gegen K.

---

[54] Vgl. dazu *Grothe*, in: Bamberger/Roth, § 346 Rn. 29 bis 33.
[55] Vgl. MünchKomm/*Lieb*, § 818 Rn. 143 m.w.N.

2. Anspruch des K gegen V auf Rückzahlung von 5.000 € (Kaufpreis) aus § 812 Abs. 1 S. 1 Alt. 1 (Leistungskondiktion)?

a) Tatbestand: V erlangt den Kaufpreis durch Leistung ohne Rechtsgrund (§ 812 Abs. 1 S. 1 Alt. 1).

b) Rechtsfolge: Er ist deshalb zur Herausgabe des Erlangten, also des Kaufpreises, verpflichtet.

c) Berücksichtigung des Synallagmas: Fraglich ist aber, wie die Gegenleistung des V bei der bereicherungsrechtlichen Rückabwicklung zu berücksichtigen ist.

aa) Nach der strengen Zweikondiktionentheorie hat der Käufer einen Kondiktionsanspruch. Jede Leistung ist unabhängig von der anderen zurück abzuwickeln. K kann deshalb 5.000 € von V herausverlangen.

bb) Saldotheorie: Im Unterschied zur Zweikondiktionentheorie gibt es bei der Saldotheorie von Anfang an nur einen Bereicherungsanspruch auf den Saldo von Leistung und Gegenleistung. Deshalb kann nur derjenige kondizieren, zu dessen Gunsten sich ein positiver Saldo ergibt. Das ist im Fall des K, zu dessen Gunsten sich ein Saldo von 1.000 € ergibt (5.000 € – 4.000 € [Entreicherung des K infolge Zerstörung des Pkw, s. o.]). Denn die eigene Entreicherung des K (4.000 €) wird zum Abzugsposten bei dem Bereicherungsanspruch des K. Eine von der Rspr. anerkannte Einschränkung der Saldotheorie liegt im Fall nicht vor; auch das (mangelnde) Verschulden des K am Untergang der Kaufsache spielt keine Rolle. K kann deshalb von V nur 1.000 € herausverlangen.

cc) Neuere Lehre: Die neuere Lehre nimmt eine Einschränkung des Einwandes des § 818 Abs. 3 nach risikozuweisenden Aspekten vor. Sie stellt auf die Wertung der §§ 350 f. a. F. (= § 346 Abs. 3 S. 1 Nr. 3) ab: Im Fall des Untergangs der Sache infolge eines Verstoßes gegen die eigenübliche Sorgfalt kann sich derjenige, in dessen Vermögen sich die Sache befindet, nicht auf § 818 Abs. 3 berufen. Da es hier nicht um den Anspruch auf Herausgabe des zerstörten Gegenstandes geht, stellt sich die Frage nach § 818 Abs. 3 (nach dem Verständnis der neueren Lehre) nicht. K kann deshalb 5.000 € herausverlangen.

d) Ergebnis: K kann 5.000 € herausverlangen, nach der Saldotheorie jedoch nur 1.000 €.

3. Zusammenfassung

42

Rückabwicklung eines gegenseitigen Vertrages
– Zweikondiktionen- oder Saldotheorie –

1. Strenge Zweikondiktionentheorie (§ 12 Rn. 31)
Selbständiger Bereicherungsanspruch jeder Partei bei uneingeschränkter Anwendbarkeit von § 818 Abs. 3

2. Saldotheorie (§ 12 Rn. 32 ff.)

a) Anwendungsvoraussetzung
   – § 818 Abs. 3 darf nicht gem. §§ 818 Abs. 4, 819
     ausgeschlossen sein

- Erfüllung nur durch eine Partei im Wege der Vorleistung
- Insolvenz einer Partei
b) Grundsätze der Saldotheorie
- Wert der eigenen Entreicherung wird vom eigenen Bereicherungsanspruch abgezogen
- Gleichartige Bereicherungsansprüche werden saldiert (d. h. nur ein Bereicherungsanspruch); bei ungleichartigen Bereicherungsansprüchen Zug-um-Zug-Leistung
c) Ausnahme: Keine Saldierung, sondern strenge Zweikondiktionentheorie unter Anwendbarkeit des § 818 Abs. 3 bei:
- Minderjährigen
- Täuschung (oder widerrechtlicher Drohung)
- Sittenwidrigkeit (§ 138)
- Verschlechterung der Sache durch Sachmangel

3. Eingeschränkte Zweikondiktionentheorie (§ 12 Rn. 38 ff.)
a) Grundsatz
- Unmittelbare Einschränkung des § 818 Abs. 3 nach Risikogesichtspunkten
b) Rechtsfolge
- Kein Berufen auf § 818 Abs. 3, sondern bereicherungsunabhängige Wertersatzpflicht nach § 818 Abs. 2
c) Risikoverteilung
- Wer hat das Risiko des Untergangs (Verschlechterung) des Bereicherungsgegenstandes zu tragen, z. B. bei verschuldetem Untergang (§ 351 a. F.), d. h. „verschuldeter" Entreicherung?
  aa) Bereicherungsschuldner hat Risiko nicht zu tragen und kann sich auf § 818 Abs. 3 berufen:
  - Bei zufälligem oder trotz Beachtung der eigenüblichen Sorgfalt eintretendem Untergang (Wertung des § 346 Abs. 2 S. 1 Nr. 3, Abs. 3 S. 1 Nr. 3 [§ 350 a. F.])
  - Geschäftsunfähiger und beschränkt geschäftsfähiger Bereicherungsschuldner (Minderjährigenschutz)
  bb) Bereicherungsschuldner hat das Risiko zu tragen und kann sich auf § 818 Abs. 3 nicht berufen:
  - Verschuldete Zerstörung der Sache

D. Verschärfte Bereicherungshaftung

I. Überblick

43   Die Einwendung des Wegfalls der Bereicherung nach § 818 Abs. 3 privilegiert den Bereicherungsschuldner. Diese Privilegierung ist in folgenden Fällen ausgeschlossen:
– wenn der Empfänger (Bereicherungsschuldner) auf Herausgabe verklagt ist (§ 818 Abs. 4),
– wenn er den Mangel des Rechtsgrundes kennt (§ 819 Abs. 1),
– wenn durch Annahme der Leistung gegen ein gesetzliches Verbot oder die guten Sitten verstoßen wird (§ 819 Abs. 2), oder
– wenn er mit einer Herausgabepflicht rechnen muss (§ 820 Abs. 1).
In diesen Fällen spricht man von der **verschärften Bereicherungshaftung**.

II. Tatbestände verschärfter Haftung

1. Rechtshängigkeit (§ 818 Abs. 4)

44   Die Haftungsverschärfung tritt mit **Rechtshängigkeit** ein. Gemeint ist die Rechtshängigkeit der Klage des Bereicherungsgläubigers gegen den Bereicherungsschuldner („Empfänger") auf Herausgabe des Erlangten oder Leistung von Wertersatz. Sie tritt ein mit Zustellung der Klage (§§ 261 Abs. 1, 253 Abs. 1 ZPO).

Sonderfälle: Im Mahnverfahren ist § 696 Abs. 3 ZPO zu beachten. Die Rechtshängigkeit der im Lauf eines Prozesses erhobenen Ansprüche regelt § 261 Abs. 2 ZPO.

2. Kenntnis des fehlenden Rechtsgrundes (§ 819 Abs. 1)

45   Der Rechtshängigkeit gleichgestellt ist der Fall, dass der Empfänger den Mangel des rechtlichen Grundes **kennt oder später erfährt**.

Erforderlich ist positive Kenntnis vom Mangel des rechtlichen Grundes, der die Vermögensverschiebung rechtfertigen könnte. Kenntnis der das Fehlen begründenden Tatsachen allein reicht nicht. Kenntnis der Anfechtbarkeit steht der Kenntnis der Nichtigkeit und damit des Fehlens des rechtlichen Grundes gleich (vgl. § 142 Abs. 2; vgl. oben § 10 Rn. 31 Fn. 48). Grob fahrlässige Unkenntnis reicht dagegen nicht.

Diese Kenntnis muss im Zeitpunkt des Empfangs der Leistung vorliegen. Erlangt der Schuldner nachträglich Kenntnis, so tritt ab diesem Zeitpunkt die verschärfte Haftung des Bereicherungsschuldners ein.

46   Für die Kenntnis kommt es entscheidend auf die Person des Bereicherungsschuldners („Empfänger") an. Ist der Empfänger ein Vertretener

i. S. der §§ 164 ff. oder handelt es sich nicht um eine natürliche Person, so kommt eine **Wissenszurechnung** nach § 166 analog in Betracht.

Problematisch ist Wissenszurechnung bei einem **minderjährigen** 47 **Empfänger** einer Zuwendung. Die h. M. differenziert (vgl. unten § 12 Rn. 59):

– Bei einer Leistungskondiktion wird analog §§ 106 ff. nicht auf die Kenntnis des Minderjährigen, sondern auf die des gesetzlichen Vertreters abgestellt. Begründung: Es geht um die Rückabwicklung von fehlgeschlagenen Vertragsbeziehungen. Es wäre widersprüchlich den Minderjährigen beim Zustandekommen des Vertrages über die Vorschriften der §§ 106 ff. zu schützen, bei Rückabwicklung aber nicht.
– Bei der deliktsähnlichen Eingriffskondiktion wendet die h. M. dagegen § 828 Abs. 3 entsprechend an; dabei kommt es auf die Einsichtsfähigkeit des Minderjährigen an (vgl. § 16 Rn. 169).

3. Gesetzes- oder Sittenverstoß (§ 819 Abs. 2)

Tatbestandlich setzt § 819 Abs. 2 voraus, dass der Empfänger durch 48 die Annahme der Leistung gegen ein **gesetzliches Verbot** oder gegen die **guten Sitten** verstößt. Erforderlich ist das Bewusstsein des Empfängers von der Rechts- oder Sittenwidrigkeit. Diese Kenntnis muss bei Annahme der Leistung vorliegen.

4. Ungewisser Leistungserfolg bei Zweckverfehlungskondiktion (§ 820 Abs. 1 S. 1) und möglicher späterer Wegfall des Rechtsgrundes (§ 820 Abs. 1 S. 2)

§ 820 Abs. 1 erfasst zwei Fälle der **subjektiven Ungewissheit** über 49 den künftigen Wegfall des rechtlichen Grundes. Dabei knüpft Satz 1 an § 812 Abs. 1 S. 2 Alt. 2 (Zweckverfehlungskondiktion) und Satz 2 an § 812 Abs. 1 S. 2 Alt. 1 (Kondiktion wegen späteren Wegfalls des rechtlichen Grundes) an.

Voraussetzung ist Ungewissheit bzw. „als möglich ansehen". Erfor- 50 derlich und ausreichend ist ein ernsthaftes Rechnen mit einem bestimmten Ereignis. Gegenstand der Ungewissheit ist im Fall des Absatzes 1 S. 1 der Eintritt des bezweckten Erfolges, im Absatz 1 S. 2 der Wegfall des Rechtsgrundes nach dem Inhalt des Rechtsgeschäftes. Diese subjektive Ungewissheit muss bei beiden Beteiligten, also dem Bereicherungsgläubiger und dem Empfänger, vorliegen, und zwar im Zeitpunkt der Leistung. Nachträgliche Kenntnis ist nicht von der Vorschrift erfasst.

Beispiel:
K und V schließen ein genehmigungsbedürftiges Rechtsgeschäft. Wenn sie die Erteilung der Genehmigung als sicher ansehen, liegt § 820 Abs. 1 nicht vor. Anders ist es aber, wenn den Parteien ernsthaft mit der Möglichkeit rechnen, dass die Genehmigung versagt werden könnte.[56]

---

[56] RG HRR 1933, 1842 (Nr. 1843); RG WarnR 1923/24, 59, 61.

51   **Vertiefungshinweis:** Abgrenzung der Tatbestände
Die Tatbestände der Haftungsverschärfung sowie der Einwendungen gegen
den Kondiktionsanspruch enthalten unterschiedliche Anforderungen an die
Kenntnis der Beteiligten und sind wie folgt abzugrenzen:
- § 814: Bloße einseitige Kenntnis des Bereicherungsgläubigers.
- § 818 Abs. 4: abgestellt wird auf Rechtshängigkeit, selbst wenn Bereicherungsschuldner ausnahmsweise keine Kenntnis von ihr hat.
- § 819 Abs. 1: Einseitige Kenntnis des Bereicherungsschuldners („Empfängers").
Im Sonderfall beiderseitiger Kenntnis wendet die Rechtsprechung § 819 trotz
an sich vorliegender Voraussetzungen nicht an. Von der Unanwendbarkeit des
§ 819 wird auch ausgegangen, wenn der Empfänger – zu Recht oder zu Unrecht – eine solche Kenntnis beim Leistenden annimmt.[57] In diesem Fall kann
der Empfänger annehmen, dass er die Leistung behalten darf (vgl. § 814).
Liegt tatsächlich Kenntnis des Leistenden vor, so kann § 814 schon den Bereicherungstatbestand ausschließen (vgl. zur Anwendung des § 814 bei der
Anfechtung oben § 10 Rn. 31).
- § 819 Abs. 2: Einseitige Kenntnis des Empfängers von der Rechts- oder Sittenwidrigkeit.
- § 820 Abs. 1: Beiderseitige Ungewissheit von Bereicherungsgläubiger und Bereicherungsschuldner.

III. Rechtsfolgen bei verschärfter Haftung

52   Hinsichtlich der **Rechtsfolgen** der verschärften Haftung sind drei
Punkte zu bedenken:
1. Der Bereicherungsschuldner kann sich nicht auf den Wegfall der Bereicherung (§ 818 Abs. 3) berufen (dazu unten 1.).
2. Der Bereicherungsschuldner haftet „nach den allgemeinen Vorschriften" (§ 818 Abs. 4), d.h. nach den allgemeinen Vorschriften des
Schuldrechts in Verbindung mit den Vorschriften des EBV (dazu unten 2.).
3. Eine verschuldensunabhängige und bereicherungsunabhängige Wertersatzhaftung (§ 818 Abs. 2) ist (alternativ zur Haftung nach § 818
Abs. 4) möglich (dazu unten 3.).

1. Kein Berufen auf § 818 Abs. 3

53   Eine Rechtsfolge der verschärften Haftung ist, dass sich der Bereicherungsschuldner („Empfänger") nicht auf den **Wegfall der Bereicherung**
(§ 818 Abs. 3) berufen kann. Dieser Einwand ist ihm bei verschärfter
Bereicherungshaftung abgeschnitten.

2. Verweis auf die allgemeinen Vorschriften (§ 818 Abs. 4)

54   Liegt einer der vier Tatbestände vor (vgl. oben § 12 Rn. 44 ff.), dann
haftet der Empfänger nach den „allgemeinen Vorschriften" (§ 818

---

[57] Vgl. RGZ 137, 171, 179; RG JW 1936, 3179 (für Anfechtbarkeit) mit Anm.
Süß, JW 1937, 1959; *Koppensteiner/Kramer*, § 15 I 2 e, S. 147. Vgl. dazu § 741 E I.

Abs. 4). Die wohl überwiegende Meinung versteht darunter die §§ 275 ff.; eine andere Ansicht sieht nur die §§ 291 f. (Vorschriften über die Rechtshängigkeit) als erfasst an.[58] Die Verweisung verfolgt den Zweck, dem verschärft haftenden Bereicherungsschuldner die Vergünstigungen, die ihm nach Bereicherungsrecht zugute kommen, zu nehmen und ihn den Schuldnern anderer Rechtsgründe gleichzustellen.[59]

Verschärfte Haftung nach §§ 818 Abs. 4, 819 Abs. 1   55

Verweisung auf die allgemeinen Vorschriften

Bereicherungs-gegenstand	Haftung
Sache	Schadensersatz nach §§ 292 Abs. 1, 989, 990 (Verschuldenshaftung)
	Herausgabe der Nutzungen nach § 292 Abs. 2, 987 Abs. 2
	Ersatz der Verwendungen nach § 292 Abs. 2, 994 Abs. 2, 995
	Herausgabe des Surrogats nach § 285
Geld	Verzinsung nach § 291

Hat der Bereicherungsschuldner einen bestimmten Gegenstand her-   56 auszugeben, dann verweist § 292 auf die Vorschriften des Eigentümer-Besitzer-Verhältnisses über Schadensersatz, Verwendungen und Nutzungen (§§ 987 ff.). Der Bereicherungsschuldner muss beispielsweise Schadensersatz leisten (§§ 292 Abs. 1, 989), wenn der Gegenstand durch sein Verschulden verschlechtert wird, untergeht oder sonst nicht herausgegeben werden kann. Bei Verzug haftet der Bereicherungsschuldner sogar für Zufall (§ 287 S. 2), während im EBV nur der bösgläubiger Besitzer verschuldensunabhängig (§ 287 S. 2) haften kann (vgl. § 990 Abs. 2).[60] Ist ein **Geld**(-wert) herauszugeben, so ist § 292 nicht anzuwenden, weil es sich bei dem Geldbetrag nicht um eine bestimmte Sache i. S. des

---

[58] Vgl. BGHZ 83, 293, 298 f. m. w. N. auch zur abweichenden Auffassung; *Medicus,* JuS 1993, 705 f. m. w. N., nach dem nur die §§ 291 f. gelten und die §§ 275 ff. nur insoweit, als sie von den §§ 987 ff. in Bezug genommen werden.
[59] So BGHZ 83, 293, 299.
[60] *Medicus,* JuS 1993, 705, 707 und 710: Die Verzugshaftung wird von § 990 Abs. 2 vorausgesetzt und von § 292 Abs. 1 („soweit nicht aus dem Schuldverhältnis oder dem Verzuge des Schuldners sich zugunsten des Gläubigers ein anderes ergibt.") bestätigt.

§ 292 handelt. Anerkannt ist, dass der Bereicherungsschuldner nicht von seiner Leistungspflicht frei wird, wenn er das Geld ausgibt (Garantiehaftung). Vor der Schuldrechtsreform ließ sich das mit § 279 a. F. begründen;[61] „Geld muss man haben."[62] Trotz des Wegfalls des § 279 hat sich daran aber seit dem 1. 1. 2002 nichts geändert (vgl. unten § 12 Rn. 57). Begründen lässt sich dies mit der Anwendung des § 818 Abs. 2. Die Geldschuld ist nach § 291 zu verzinsen. Ist dagegen nicht bloß ein bestimmter Geldbetrag, sondern sind bestimmte Geldzeichen herauszugeben, so handelt es sich um eine Stückschuld, auf welche die Verweisung des § 292 auf das EBV passt.[63]

57   **Vertiefungshinweis:** Geldschuld und Verweisung des § 818 Abs. 4 auf § 279 a. F.

Problematisch ist die rechtliche Einordnung der **Geldschuld** in § 818 Abs. 4. § 818 Abs. 4 verweist auf die allgemeinen Vorschriften. Davon erfasst war – so der BGH[64] – auch § 279 a. F., nach dem bei einer Gattungsschuld eine leistungsbefreiende Unmöglichkeit nicht eintritt, solange die Leistung aus der Gattung noch möglich ist. Um den verschärft haftenden Bereicherungsschuldner, der nach §§ 292, 989 grundsätzlich nur bei Verschulden haftet, nicht besser zu stellen als den nach allgemeinen schuldrechtlichen Grundsätzen haftenden Schuldner (Haftung nach § 279 verschuldensunabhängig), sei es mit Rücksicht auf den Zweck des § 818 Abs. 4 sach- und interessengerecht, den verschärft haftenden Bereicherungsschuldner, der zur Herausgabe eines nur der Gattung nach bestimmten Gegenstandes verpflichtet ist, einem Schuldner aus anderen Rechtsgründen gleichzustellen.[65] Weil der Geldleistungsschuldner nach § 279 für seine finanzielle Leistungsfähigkeit einzustehen hat,[66] haftet er nach §§ 818 Abs. 4, 279 stets auf Herausgabe des geschuldeten Geldes.

Zwar ist infolge der Schuldrechtsreform § 279 weggefallen. Dass der verschärft haftende Bereicherungsschuldner stets für seine finanzielle Leistungsfähigkeit einzustehen hat, kann deshalb mit § 279 nicht mehr begründet werden. Trotzdem hat sich im Ergebnis nichts geändert. Auch auf Grundlage des neuen Schuldrechts muss der verschärft haftende Bereicherungsschuldner für seine finanzielle Leistungsfähigkeit einstehen und haftet stets auf Herausgabe von Geld. Die generelle Leistungspflicht des Geldleistungsschuldners ist ein allgemeiner Grundsatz. Eine Begründung dafür, dass der verschärft haftende Geldleistungsschuldner geschuldetes Geld stets herausgeben muss, ergibt sich aus § 818 Abs. 2: Danach kann sich der verschärft haftende Bereicherungsschuldner auf § 818 Abs. 3 nicht berufen und haftet deshalb (bereicherungsunabhängig) nach § 818 Abs. 2 auf Wertersatz.[67]

---

[61] Kritisch zur Anwendung des § 279 *Medicus,* JuS 1993, 705, 709, der die Wertersatzschuld mit dem Schicksal desjenigen Gegenstandes verbinden will, um dessen Wert es sich handelt.

[62] Vgl. zu dieser Maxime *Medicus,* AcP 188 (1988), 489.

[63] Vgl. *Medicus,* JuS 1993, 705, 708.

[64] BGHZ 83, 293.

[65] BGHZ 83, 293, 300.

[66] So BGHZ 28, 123, 128.

[67] Vgl. dazu MünchKomm/*Lieb,* § 818 Rn. 158 und 114; *Koppensteiner/Kramer,* § 16 II 1 f, S. 160 f.

3. Vertiefungshinweis: Bereicherungsunabhängige Wertersatzhaftung (§ 818 Abs. 2)

Nach traditioneller Bereicherungslehre war § 818 Abs. 2 nur Ausdruck der Haftung des gutgläubigen Bereicherungsschuldners auf die bei Rechtshängigkeit vorhandene Bereicherung; ihr lag die Vermutung zugrunde, dass der Wert der Sache bei Rechtshängigkeit noch im Vermögen des gutgläubigen Bereicherungsschuldners vorhanden war. Die §§ 812 ff. waren auf die bei Rechtshängigkeit vorhandene Bereicherung gerichtet.   **58**

Die moderne Bereicherungslehre unterscheidet zwischen dem erlangten Etwas als Bereicherungsgegenstand und der Bereicherung i. S. des § 818 Abs. 3 auf der Rechtsfolgenseite und macht es möglich, in § 818 Abs. 2 die Rechtsgrundlage für eine **bereicherungsunabhängige Wertersatzhaftung** des bösgläubigen Bereicherungsschuldners zu sehen.[68] Kann sich der Bereicherungsschuldner auf § 818 Abs. 3 nicht berufen, so entfällt damit ein Einwand (§ 818 Abs. 3) gegen einen Wertersatzanspruch (§ 818 Abs. 2); der Wertersatzanspruch aus § 818 Abs. 2 ist dann begründet, obwohl der Bereicherungsschuldner nicht bereichert ist. Diese Rechtsanwendung verhindert es, dass der bösgläubige oder verklagte Bereicherungsschuldner (in bestimmten Fällen) besser gestellt wird als der gutgläubige. Auf der Grundlage der modernen Bereicherungslehre ist § 818 Abs. 2 (auch) Rechtsgrundlage für eine bereicherungsunabhängige Wertersatzhaftung des bösgläubigen Bereicherungsschuldners.

Fall (BGHZ 55, 128 „Flugreise"-Fall):[69]   **59**

Der fast 18-jährige M flog mit einem gültigen Flugschein in einer Maschine der Lufthansa (L) von München nach Hamburg. Von dort gelang ihm, nun ohne gültigen Flugschein, der Weiterflug mit derselben Maschine nach New York. Als ihm dort die Einreise in die USA verweigert wurde, beförderte ihn die Lufthansa noch am selben Tag zurück. Sie verlangt von M den tariflichen Flugpreis für den Hinflug von Hamburg nach New York. Der gesetzliche Vertreter des M verweigert die Genehmigung. In welcher Höhe besteht ein Kondiktionsanspruch der Lufthansa gegen M?

Lösung:

Anspruch L gegen M für den Hinflug aus §§ 812 Abs. 1 S. 1 Alt. 2 (Eingriffskondiktion), 818 Abs. 2 und Abs. 3, 819 Abs. 1, 818 Abs. 4, 818 Abs. 2 und § 291?[70]

---

[68] MünchKomm/*Lieb*, § 818 Rn. 67 ff.; *Koppensteiner/Kramer*, § 16 II 1 f, S. 160 f.

[69] Vollständig abgedruckt in BGH NJW 1971, 609, vgl. auch *Hombrecher*, Jura 2004, 250.

[70] Ansprüche aus GoA (§§ 677, 683 S. 1, 670) scheiden mangels Fremdgeschäftsführungswillens der L (Fremdgeschäftsführungsbewusstsein) aus (vgl. oben § 4 Rn. 24 ff.).

I. Tatbestand der Eingriffskondiktion (+), (vgl. oben § 11 Rn. 22; zur Frage des Bereicherungsgegenstandes § 10 Rn. 6).

II. Rechtsfolge

1. Eigentlich ist die erlangte Beförderungsleistung herauszugeben.

2. Diese kann aber tatsächlich nicht herausgegeben werden. Deshalb ist nach § 818 Abs. 2 Wertersatz zu leisten.

3. Einwand des § 818 Abs. 3? Nach der Inanspruchnahme ist ein Vermögensvorteil der Beförderung bei M nicht mehr vorhanden (Entreicherung). Jedoch könnte M eigene Aufwendungen erspart haben und insoweit noch bereichert sein. Jedoch handelt es sich um eine „Luxusreise", also um eine Reise, die M ansonsten nicht unternommen hätte. Deshalb hat M keine Aufwendungen erspart. Der Einwand des § 818 Abs. 3 ist insoweit eigentlich begründet.[71]

4. § 819 Abs. 1?

a) Tatbestand: § 819 Abs. 1 setzt Bösgläubigkeit des Bereicherungsschuldners voraus. Dazu ist positive Kenntnis des Empfängers vom Mangel des rechtlichen Grundes erforderlich, also davon, dass M ohne Vertrag befördert wird. Auf welche Person es bei Minderjährigkeit des Schuldners ankommt, ist umstritten. Dazu werden drei Ansichten vertreten:

– Ansicht 1: Kenntnis des gesetzlichen Vertreters ist entscheidend.[72] Argumente: (1.) Minderjährigenschutz. (2.) Weil auch bei Eingriff Wertersatz zu leisten ist, der in der Regel der verkehrsüblichen Gegenleistung entspricht, muss es wie im Vertragsrecht auf den gesetzlichen Vertreter ankommen. (3.) Der Bereicherungsgläubiger ist weniger schutzwürdig als beim Delikt, sofern ihm kein Schaden entstanden ist.

– Ansicht 2: Kenntnis des Minderjährigen entscheidend (§§ 827, 828 analog). Argument: Einsichtsfähigkeit als relevantes und interessengerechtes Kriterium.

– Ansicht 3 (h. M.):[73] Differenzierung nach Bereicherung im rechtsgeschäftlichen und nicht-rechtsgeschäftlichen (deliktischen) Bereich. (1.) Im rechtsgeschäftlichen Bereich (i. d. R. Leistungskondiktion): Kenntnis des gesetzlichen Vertreters maßgeblich. Argument: Minderjährigenschutz. (2.) Im nicht-rechtsgeschäftlichen Bereich (i. d. R. Eingriffskondiktion): Kenntnis des Minderjährigen maßgeblich. Argument: Wegen Deliktsähnlichkeit ist die Einsichtsfähigkeit entscheidend.

Die h. M. wird der unterschiedlichen Funktion von Leistungs- und Eingriffskondiktion (vgl. oben § 9 Rn. 10 f., 13) am besten gerecht. Deshalb ist ihr zu folgen. Da hier ein deliktisches Handeln (vgl. § 265 a StGB) und damit ein Eingriff (und keine Leistung) vorliegt, kommt es

---

[71] Vgl. *Beuthien/Weber,* S. 61: Darauf, dass er nie bereichert gewesen ist, kann sich der Schuldner nicht berufen. Denn § 818 Abs. 3 sei so zu lesen, dass die Verpflichtung zur Herausgabe oder zum Wertersatz nicht nur ausgeschlossen sei, soweit der Empfänger nicht mehr bereichert ist, sondern erst recht auch dann, wenn er (von Anfang an) nicht bereichert war.

[72] MünchKomm/*Lieb,* § 819 Rn. 7 m. w. N.; *Larenz/Canaris,* SR II/2, § 73 II 2 a und b, S. 312 f.

[73] *Medicus,* BR, Rn. 176.

entscheidend auf die Kenntnis und Einsichtsfähigkeit des M an (§ 828 Abs. 3 S. 1). Da M fast volljährig ist, ist Einsichtsfähigkeit zu bejahen. M weiß, dass kein Vertrag besteht. Deshalb kann sich M auf die Entreicherung nicht berufen.[74]

b) Rechtsfolge des § 819 Abs. 1: Verschärfte Haftung (§ 818 Abs. 4).

aa) Es tritt eine verschärfte Haftung nach § 818 Abs. 4 nach den „allgemeinen Vorschriften" ein. Problematisch ist dies aber im Fall der tatsächlichen Inanspruchnahme von Leistungen, weil die allgemeinen Vorschriften dafür keine Regel enthalten. §§ 292, 987 normieren zwar eine Haftung für Nutzungen und Gebrauchsvorteile, aber nur im Zusammenhang mit der Herausgabe einer Sache.

bb) M haftet aber – trotz Bösgläubigkeit – weiterhin nach § 818 Abs. 2 auf Wertersatz (bereicherungsunabhängige Wertersatzhaftung) und kann sich § 818 Abs. 3 nicht berufen.

5. Ergebnis: Der geschuldete Ersatz des Wertes der Beförderung (Eingriffserwerb) ist nach der Höhe der dafür üblichen Vergütung zu bestimmen. Daher besteht ein Wertersatzanspruch in Höhe des tariflichen Flugpreises.

IV. Zusammenfassung

Verschärfte Bereicherungshaftung   60

I. Tatbestände

1. Empfänger ist auf Herausgabe verklagt (§ 818 Abs. 4).

2. Empfänger (Bereicherungsschuldner) kennt den Mangel des Rechtsgrundes (§ 819 Abs. 1).

3. Gesetzes- oder Sittenverstoß des Empfängers (§ 819 Abs. 2).

4. Empfänger muss mit einer Herausgabepflicht rechnen (§ 820 Abs. 1).

II. Rechtsfolgen

1. Ausschluss des § 818 Abs. 3: Bereicherungsschuldner kann sich nicht auf Wegfall der Bereicherung berufen.

2. Haftungsverschärfung nach § 818 Abs. 4: Bereicherungsschuldner haftet „nach den allgemeinen Vorschriften", d.h. nach allgemeinem Schuldrecht (i.V.m. EBV-Vorschriften) (§ 12 Rn. 54 ff.)

3. § 818 Abs. 2: bereicherungsunabhängige Wertersatzhaftung (§ 12 Rn. 58 f.)

---

[74] So auch im Ergebnis BGHZ 55, 128, 137.

E. Aufgedrängte Bereicherung

61 In bestimmten Fällen kann der Schuldner Ausgleich (§ 818 Abs. 2) für eine Bereicherung schulden, die ihm aus irgendwelchen Gründen unerwünscht ist (sog. aufgedrängte Bereicherung). Er soll etwas vergüten, das er eigentlich gar nicht haben will.

Beispiele:
– Der Pächter baut vertragswidrig auf dem Grundstück des Eigentümers E ein massives Gebäude. Nach vorzeitiger Aufhebung des Pachtvertrages und Rückgabe des Pachtgrundstücks verlangt P von E ein angemessenes Entgelt für die durch die Errichtung des Gebäudes hervorgerufene Wertsteigerung des Grundstücks (BGHZ 23, 61).
– Die Hobbygärtnerin S mäht nicht nur ihren eigenen Rasen, sondern auch den ihres Nachbarn B. Dafür will sie von B Ersatz. B wollte aber seinen Rasen am nächsten Tag umpflügen.
– D zahlt die Schulden des S gegenüber G (§ 267). S hatte aber gegenüber G ein Zurückbehaltungsrecht (§ 273). D verlangt nun von S Ersatz aus Rückgriffskondiktion (§ 812 Abs. 1 S. 1 Alt. 2).

62 In den Fällen der Zahlung auf fremde Schuld führt die analoge Anwendung der §§ 404 ff. auf das Verhältnis zwischen Drittem und Schuldner zu dogmatisch überzeugenden wie sachgerechten Ergebnissen: Der Schuldner kann dem Dritten (Bereicherungsgläubiger) die Einwendungen entgegenhalten, die er dem Gläubiger gegenüber erheben konnte.[75] Im obigen Beispiel kann S gegenüber D somit § 273 geltend machen (vgl. § 404 analog).

Für die rechtliche Behandlung der übrigen Fälle werden unterschiedliche Lösungsansätze vorgeschlagen, die aber alle im Wesentlichen zu gleichen oder ähnlichen Ergebnissen führen: Der Schuldner einer aufgedrängten Bereicherung schuldet keinen (oder nur einen eingeschränkten) Wertersatz, es sei denn, er realisiert den Wertzuwachs.

1. Zur Begründung wird teils auf die Wertung des § 814 (Leistung in Kenntnis der Nichtschuld) verwiesen; diese Einwendung kann allerdings nur eine Leistungskondiktion ausschließen, nicht aber eine Nichtleistungskondiktion (vgl. oben § 10 Rn. 28 ff.).

2. Teils wird § 818 Abs. 3 angewandt: Der Schuldner ist entreichert, soweit das Erlangte für ihn schon von Anfang an keinen Nutzen bringt. Die aufgedrängte Bereichung ist dann im Rahmen des Wegfalls der Bereicherung zu prüfen.

3. Teils wird der Wertbegriff des § 818 Abs. 2 subjektiv, d. h. aus der Sicht des Eigentümers, verstanden: Das Vermögen des Begünstigten ist nur insoweit vermehrt, als der Bereicherte sich den Verwendungserfolg wirklich zunutze macht.[76]

---

[75] Vgl. *Wendehorst*, in: Bamberger/Roth, § 818 Rn. 136 m. w. N.; *Medicus*, BR, Rn. 952.

[76] Vgl. *Koppensteiner/Kramer*, § 16 II 3, S. 168 f.; *Giesen*, Jura 1995, 234, 242.

4. Im Fall der aufgedrängten Bereicherung kann ein Gegenanspruch des aufgedrängten Bereicherten begründet werden, der einredeweise geltend gemacht werden kann.

Beispiele
– In BGHZ 23, 61 konnte der Bereicherungsschuldner (Grundstückseigentümer) dem Anspruch des Pächters aus §§ 951 Abs. 1 S. 1, 812 Abs. 1 S. 1 Alt. 2 den § 1001 S. 2 entsprechend entgegensetzen: Der Bereicherte kann sich einer aufgedrängten Bereicherung durch Wiederherstellung des alten Zustandes erwehren;[77] die Zahlung könne durch die Gestattung der Wegnahme ersetzt werden, und dies könne der Bereicherungsklage einredeweise entgegen gehalten werden.
– Der Bereicherte kann auf Beseitigungs- und Schadensersatzansprüche (§ 1004, § 823 Abs. 1, §§ 989, 990 i. V. mit § 249) zurückgreifen, aus diesen Rückgängigmachung des Vermögenszuwachses verlangen und sie dem Bereicherungsanspruch einredeweise entgegensetzen; hätte der Bereicherungsgläubiger die Bereicherung pflichtgemäß beseitigt, wäre der Schuldner nicht mehr bereichert (§ 818 Abs. 3).[78]

Eine differenzierende Ansicht vertritt *Canaris:*[79] Eine Bereicherungshaftung kommt danach in Betracht, wenn und soweit der Bereicherte eine Vermögensmehrung realisiert hat. Soweit und solange eine Vermögensmehrung nicht realisiert ist, wird zwischen dem bösgläubigen und dem gutgläubigen Bereicherungsgläubiger unterschieden. Der gutgläubige Bereicherungsgläubiger kann unabhängig von der Realisierung des Vermögenszuwachses Wertersatz nach § 818 Abs. 2 verlangen kann. Liegt Bösgläubigkeit vor, so ist der Kondiktionsanspruch grundsätzlich gesperrt, es sei denn eine Realisierung des Vermögenszuwachses ist nach Treu und Glauben zumutbar (§§ 254 Abs. 2 S. 2, 242).

F. Sonstiges

I. Bereicherungseinrede (§ 821) und Verjährung

§ 821 regelt eine **Bereicherungseinrede** für einen speziellen Fall: Wenn   63
der (bereicherungsrechtliche) Anspruch auf Befreiung von einer Verbindlichkeit verjährt ist, kann derjenige, der diese Verbindlichkeit rechtsgrundlos eingegangen ist, die Erfüllung dennoch verweigern.
Die Vorschrift des § 821 ist aber auch schon vor Eintritt der Verjährung anzuwenden. Aus § 821 ist die Befugnis des Bereicherungsschuldners abzuleiten, sich verweigern zu können, aus einem rechtsgrundlos erlangten Recht durch den Rechtsinhaber in Anspruch genommen zu

---

[77] § 951 Abs. 1 S. 2 erfasst nur ein Wiederherstellungsverlangen des Rechtsverlierers und schließt dieses aus; dem steht aber auch nicht entgegen, dass sich der Bereicherte (Rechtsgewinner) auf die Möglichkeit der Wiederherstellung des alten Zustandes beruft.
[78] BGH NJW 1965, 816.
[79] *Larenz/Canaris,* SR II/2, § 72 IV, S. 287 ff.

werden. Dies ergibt sich eigentlich schon aus § 242: „dolo facit, qui petit, quod statim redditurum est".[80]

Beispiele:
– G ist Inhaber einer Grundschuld, die auf dem Grundstück des E lastet. Der (schuldrechtliche) Sicherungsvertrag (mit Bestellabrede als Rechtsgrund) ist nichtig. Wenn G aus der Grundschuld gegen G vorgeht (§§ 1191, 1192, 1147: Anspruch auf Duldung der Zwangsvollstreckung), kann E die Bereicherungseinrede (§ 821) geltend machen: G erlangt die Grundschuld durch Leistung ohne Rechtsgrund und ist deshalb zur „Herausgabe" verpflichtet. Diesen Anspruch kann E einredeweise geltend machen (§ 821).
– Student U beschädigt das Kfz des S bei einem Unfall schuldhaft. Der S bringt den U – während der Tage später stattfindenden Gespräche – dazu, ein abstraktes Schuldanerkenntnis zu unterschreiben, „weil sein [S] Schadensersatzanspruch aus § 823 Abs. 1 und § 7 Abs. 1 StVG schließlich gesichert sein müsse". U erfüllt den Schadensersatzanspruch aus § 823 Abs. 1 bzw. § 7 Abs. 1 StVG. S, der knapp bei Kasse ist, will nun aus dem abstrakten Schuldanerkenntnis vorgehen. Rechtslage?
Ein Anspruch aus dem abstrakten Schuldanerkenntnis (§ 781) ist wirksam entstanden. Jedoch kann U die Bereicherungseinrede (§ 821) erheben, weil S das Schuldanerkenntnis rechtsgrundlos innehat: (1) S erlangt das Schuldanerkenntnis durch Leistung des U (vgl. § 812 Abs. 2). (2) Der Rechtsgrund ist aber später weggefallen, als U seine Schadensersatzpflicht erfüllt (vgl. zum Rechtsgrund bei § 812 Abs. 2 oben § 10 Rn. 25). (c) U hat selbst einen Anspruch aus § 812 Abs. 1 S. 2 Alt. 1 und damit eine Bereicherungseinrede aus § 821. Der Anspruch des S ist damit einredebehaftet.

64   Die Bereicherungsansprüche **verjähren** nach § 195 in 3 Jahren (Regelverjährungsfrist). Der Beginn der Verjährungsfrist richtet sich grundsätzlich nach § 199 Abs. 1. Verjährung tritt spätestens nach 10 Jahren von der Entstehung des Anspruchs an ein (§ 199 Abs. 4). Die Aufwendungs- und Rückgriffskondiktion verjähren zum gleichen Zeitpunkt wie die getilgte Schuld.[81]

II. Konkurrenzen (Grundsätze)

65   Im Rahmen einer Fallprüfung, bei der alle in Betracht kommenden Anspruchsgrundlagen zu berücksichtigen sind, stellen Ansprüche aus ungerechtfertigter Bereicherung (§§ 812 ff.) selbstständige Anspruchsgrundlagen dar. Treffen diese Ansprüche mit anderen Ansprüchen zusammen, so stellt sich die Frage nach den Konkurrenzen.[82]

66   **Vertragliche Rückabwicklungsvorschriften** haben Vorrang und schließen das Bereicherungsrecht („ohne rechtlichen Grund") grundsätzlich aus. Vertragliche Rückabwicklungsvorschriften können Folgende sein:
– Vertraglich autonom vereinbarte Rückabwicklungsregelungen (§§ 311 Abs. 2, 241), vertraglicher Rücktritt nach §§ 346 ff., verbraucherrechtliches Widerrufsrecht (§§ 355 ff., 312 ff.),

---

[80] Vgl. Staudinger/*Lorenz*, § 821 Rn. 3: Bereicherungseinrede als Ausprägung der Replik der allgemeinen Arglist (§§ 826, 242).
[81] BGH NJW 2000, 3492, 3494 f.
[82] Vgl. *Schildt*, JuS 1995, 953.

– vertragliche Abwicklungsvorschriften nach Beendigung eines Dauerschuld-
verhältnisses (Miete [§§ 546 ff., 539], Leihe [§§ 601, 604]), solche aus ergänzender Vertragsauslegung (§§ 133, 157) oder
– aus Störung der Geschäftsgrundlage (§ 313, vgl. die Abgrenzung zur Zweckverfehlungskondiktion oben § 10 Rn. 67 f.), faktisches Vertragsverhältnis (fehlerhafter Arbeitsvertrag oder Gesellschaft).

Die berechtigte **GoA** (§§ 677 ff.) stellt einen Rechtsgrund i. S. der   67
§§ 812 ff. dar und schließt insoweit eine Anwendung des Bereicherungsrechts aus. § 684 S. 1 (unberechtigte GoA) verweist auf das Bereicherungsrecht (vgl. oben § 7 Rn. 7 f.). Bei vorsätzlicher Eigengeschäftsführung haftet der Geschäftsherr nach § 687 Abs. 2 S. 2 i. V. m. § 684 S. 1
nur dann auf die Bereicherung, wenn der Geschäftsherr seinerseits Ansprüche aus §§ 687 Abs. 2 S. 1, 677, 678, 681, 682 geltend macht (vgl.
oben § 6 Rn. 7 f.); darüber hinaus sind Ansprüche des Geschäftsführers
aus den §§ 812 ff. ausgeschlossen.[83] Bei irrtümlicher Eigengeschäftsführung kommen die §§ 677 bis 686 nicht zur Anwendung (§ 687 Abs. 1);
es gilt Bereicherungsrecht. Vgl. zum Problem der Rückabwicklung nichtiger Verträge oben § 3 Rn. 7 f.

Ansprüche aus **EBV** (§§ 987 ff.) gehen den bereicherungsrechtlichen   68
Ansprüchen grundsätzlich vor (vgl. § 993 Abs. 1 a. E.). Dies begründet die h. M. damit, dass der redliche Besitzer durch Gewährung von
verschiedenen Haftungsprivilegien gegen deliktische und bereicherungsrechtliche Ansprüche geschützt werden soll. Der Vorrang betrifft
Ansprüche des Besitzers auf Herausgabe der oder Wertersatz für Nutzungen (vgl. §§ 987 f., 990), Schadensersatz (vgl. §§ 989 f.) und
Ansprüche auf Verwendungsersatz (vgl. §§ 994 ff.) und gilt, sobald
eine Vindikationslage (Eigentümer, Besitz, kein Recht zum Besitz
[§§ 985 f.]) besteht (vgl. oben § 11 Rn. 64). Bereicherungsansprüche
sind dagegen nicht ausgeschlossen, wenn es um Herausgabe einer
Sache selbst,[84] die Veräußerung oder den Verbrauch von Sachen[85] und
die Herausgabe eines Erlöses aus der Verfügung eines Nichtberechtigten geht; diese Rechtsfolgen werden in den §§ 987 ff. nicht geregelt,
sodass ein Vorrang des EBV nicht in Betracht kommt. (Sachenrechtliche) Spezialprobleme stellen die (bereicherungsrechtliche) Haftung
des rechtsgrundlosen (= unentgeltlichen?) Besitzers[86] sowie die Haftung
des „nicht mehr berechtigten Besitzers" nach Wegfall des Besitzrechts[87]
dar.

---

[83] BGHZ 39, 186, 188 f. unter Berufung darauf, dass die §§ 996 und § 687 Abs. 2
vorrangige Sonderregelungen darstellen und insoweit – um eine Gesetzesumgehung
zu verhindern – den §§ 812 ff. vorgingen. Der Rechtsgrund für die Bereicherung liege
in den §§ 996, 687 Abs. 2.
[84] Beispiel: Der Kaufvertrag ist nichtig, der Käufer hat aber schon Besitz erlangt.
Bezüglich der Besitzherausgabe konkurrieren § 985 und § 812 Abs. 1.
[85] BGHZ 14, 7, 8 m. w. N.; 36, 56, 59.
[86] Vgl. dazu RGZ 163, 348; *Fritzsche*, in: Bamberger/Roth, § 988 Rn. 16 bis 19;
Palandt/*Bassenge*, § 988 Rn. 8 bis 10.
[87] Vgl. *Fritzsche*, in: Bamberger/Roth, § 987 Rn. 18–20 zum Meinungsstand.

69 Ansprüche aus **Delikt** (§§ 823 ff.) können neben bereicherungsrechtlichen Ansprüchen in Betracht kommen. So ist in Fällen, in denen ein
Schadensersatzanspruch aus § 823 Abs. 1 begründet ist, regelmäßig
auch der Tatbestand der Eingriffskondiktion (§ 812 Abs. 1 S. 1 Alt. 2,
vgl. oben § 11 Rn. 6 ff.) erfüllt. Zu beachten ist, dass beide Ansprüche
auf unterschiedliche Anspruchsziele gerichtet sind und sich insoweit
grundlegend unterscheiden (vgl. oben § 9 Rn. 3 f.).

70 Vgl. zur Konkurrenz der §§ 812 ff. zu den **familienrechtlichen und
güterrechtlichen Ansprüchen** oben § 10 Rn. 70.

71 **Das Wertpapierrecht** enthält besondere Vorschriften über „Bereicherung" (vgl. Art. 89 WG, Art. 58 ScheckG) und schließt (nur) insoweit
die §§ 812 ff. aus.

72 In welchem Umfang die §§ 812 ff. anzuwenden sind, ist fraglich,
wenn Vorschriften außerhalb des Bereicherungsrechts auf die „Vorschriften über die Herausgabe einer ungerechtfertigen Bereicherung"
verweisen. Dabei kann es sich um eine Rechtsfolgenverweisung handeln, welche nur die §§ 818 ff., also die Vorschriften über den Inhalt
und Umfang der Herausgabepflicht, erfasst, oder um eine Rechtsgrundverweisung, bei der neben den bereicherungsrechtlichen Rechtsfolgen-
anordnungen auch ein bereicherungsrechtlicher Tatbestand (z. B. § 812
Abs. 1 S. 1 Alt. 2) zu prüfen ist. Ob das eine oder das andere zutrifft, ist
im konkreten Fall nach der Teleologie der konkreten Verweisung zu
entscheiden (vgl. zu § 684 S. 1 oben § 5 Rn. 51 ff., zu § 951 unten § 13
Rn. 13).

§ 13. Bereicherungsansprüche im Mehrpersonenverhältnis

1 Besonders problematisch und umstritten sind Bereicherungsansprüche in Mehrpersonenverhältnissen, also in Fallkonstellationen, an denen mehr als zwei Personen beteiligt sind. Möglich ist eine Mehrheit
von Zuwendungs- und Leistungsverhältnissen oder ein Zusammentreffen von Leistung und Eingriff.

A. Leitgedanken der Prüfung

2 Allgemeingültige Aussagen über die bereicherungsrechtliche Rückabwicklung im Mehrpersonenverhältnis zu treffen, ist schwierig. So
geht die Rechtsprechung nach wie vor davon aus, dass „sich bei der bereicherungsrechtlichen Behandlung von Vorgängen, an denen mehr als
zwei Personen beteiligt sind, jede schematische Lösung verbietet [und
es] stets auf die Besonderheiten des Einzelfalles ankommt, die für die

sachgerechte bereicherungsrechtliche Abwicklung derartiger Vorgänge
zu beachten sind".[1]

Um die dogmatisch komplizierten und in Rechtsprechung und Lite- 3
ratur zumeist umstrittenen Fälle der Kondiktion im Mehrpersonenverhältnis verständlich zu machen, empfiehlt es sich, zwei **Grundregeln** zu
beachten (vgl. unten § 13 Rn. 4 f., 6 ff.), mit deren Hilfe man bei der
Falllösung häufig zu einem überzeugenden Ergebnis kommen kann.

Diese Regeln vermitteln mitunter den Eindruck, Fälle der Kondiktion
im Mehrpersonverhältnis seien relativ einfach zu lösen.[2] Dem ist nicht
so, vielmehr handelt es bei diesen Regeln nur um Faustformeln, welche
die Besonderheiten und die sich daraus ergebenden Wertungs- und Ge-
rechtigkeitsgesichtspunkte des Einzelfalles zwangsläufig nicht berücksichtigen können. Trotzdem bedeuten diese Leitlinien – insbesondere
für die Erstellung eines Rechtsgutachtens (Klausur) – ein wertvolles Ar-
gumentationsgerüst, mit dessen Hilfe eine Lösung entwickelt werden
kann.

I. Maßgeblichkeit des jeweiligen Leistungsverhältnisses

Liegen mehrere Leistungsverhältnisse vor, dann ist eine bereiche- 4
rungsrechtliche Rückabwicklung grundsätzlich nur in dem mangelhaften **Rechtsverhältnis** vorzunehmen.[3] Auszugehen ist von der üblichen
Definition der Leistung (vgl. oben § 10 Rn. 9). Sind mehrere Rechtsverhältnisse mangelhaft (nichtige Verträge), dann finden grundsätzlich
mehrere Leistungskondiktionen zwischen den Partnern der jeweiligen
Rechtsverhältnisse statt. Häufig – zumindest in der wissenschaftlichen
Ausbildungsliteratur – handelt es sich bei den Mehrpersonenverhältnissen um Dreipersonenbeziehungen. Man spricht dann von der Notwendigkeit „über das Dreieck zu kondizieren", im Gegensatz zur Möglichkeit einer Direktkondiktion. Für die Maßgeblichkeit der jeweiligen
Leistungsbeziehung sprechen insbesondere die folgenden Gesichtspunkte:[4]

1. Jede Vertragspartei soll die Einwendungen und Einreden gegen ihren
   Vertragspartner behalten.
2. Eine Partei soll vor Einwendungen aus dem Verhältnis des Vertragspartners zu einem Dritten geschützt werden (keine Einwendungen
   aus Rechten Dritter [„exceptio ex iure tertii"]).

---

[1] Vgl. BGHZ 89, 376, 378 m. w. N.
[2] Nach *Wendhorst*, in: Bamberger/Roth, Vor §§ 812–822 Rn. 5 sollen sich alle
Dreiecksprobleme mittels einfacher Faustregeln lösen lassen.
[3] Anders ist dies dann, wenn ein Mangel auf der dinglichen Ebene vorliegt. Ist eine
Übereignung in einem Kettenverhältnis unwirksam, so kann ein dinglicher Anspruch
(§ 985) auch außerhalb der Leistungsbeziehung in Betracht kommen. Insoweit spielt
das Leistungsverhältnis keine Rolle.
[4] *Canaris*, FS Larenz, S. 799, 802 f.; *Medicus*, BR, Rn. 667.

3. Jede Vertragspartei soll nur das Insolvenzrisiko ihres Vertragspartners tragen sowie sich im Prozess nur mit ihrem Vertragspartner und nicht mit Dritten auseinandersetzen müssen (Rollenverteilung im Verfahren).

5   Maßgebend sind die jeweiligen Leistungsverhältnisse, die streng von bloßen Zuwendungsverhältnissen zu unterscheiden sind (vgl. zur Abgrenzung von Leistung und Zuwendung oben § 10 Rn. 10). Gläubiger des (Leistungs-)Kondiktionsanspruchs ist der Leistende, also nicht schon derjenige, der die Vermögensverschiebung tatsächlich vorgenommen hat (der Zuwendende). Schuldner ist der Leistungsempfänger und damit nicht derjenige, welcher den Gegenstand tatsächlich in Empfang genommen hat. Entscheidend für die Bestimmung des Leistungsverhältnisses[5] ist nach h. M.[6] die Sicht des Empfängers (vgl. oben § 10 Rn. 13). Es kommt darauf an, wen der Empfänger als Leistenden ansehen durfte. Entsprechend der gesetzlichen Wertung für die Auslegung von empfangsbedürftigen Willenserklärungen (§§ 133, 157) wird auf den objektiven Empfängerhorizont abgestellt.[7]

II. Vorrang der Leistungs- vor der Nichtleistungskondiktion (Subsidiarität der Nichtleistungskondiktion)

6   Im Mehrpersonenverhältnis kann eine Leistung zu einem Erwerb führen, der im Verhältnis zu einem Dritten einen Eingriff bedeutet. Es gilt der Grundsatz des „Vorrangs der Leistungs- vor der Nichtleistungskondiktion" (**Subsidiarität der Nichtleistungskondiktion**). Bevor untersucht wird, ob hinsichtlich eines bestimmten Bereicherungsgegenstandes eine Bereicherung in sonstiger Weise gegeben ist, muss geprüft werden, ob nicht bezüglich desselben Gegenstandes eine Leistung oder Leistungskondiktion vorliegt. Eine Leistungskondiktion schließt eine Bereicherung in sonstiger Weise grundsätzlich aus (vgl. oben § 9 Rn. 18 ff.).[8]

Der Vorrang der Leistungs- vor der Nichtleistungskondiktion gilt jedoch nicht uneingeschränkt. Vielmehr sind Wertungen zu berücksichtigen, die sich aus den Gutglaubensvorschriften der §§ 932, 935, § 366 HGB (sachenrechtliche „Als-Ob-Betrachtung") und §§ 170 ff. ergeben. Grund dieser Ausnahmen ist es, Wertungswidersprüche zu vermeiden (Stichwort: Einheit der Rechtsordnung).

Als Merksatz mag gelten:

1. Beim Zusammentreffen von Leistung und Eingriff ist der Rechtserwerber wenigstens dann gegen eine Eingriffskondiktion des Rechts-

---

[5] Kritisch zum Leistungsbegriff als dogmatisches Zentralkriterium *Larenz/Canaris*, SR II/2, § 70 VI 2, S. 248 f.

[6] BGHZ 40, 274.

[7] Vgl. *Brox/Walker*, BS, § 37 Rn. 21 f. m. w. N.

[8] Im Zweipersonenverhältnis ist dies unproblematisch; dort kann ein Erwerb durch Leistung oder (alternativ) ein Erwerb in sonstiger Weise vorliegen. Das eine schließt das andere logisch zwingend aus.

verlierers zu schützen (der Vorrang der Leistungskondiktion gilt also!), wenn ein redlicher Erwerb vom Nichtberechtigten möglich gewesen wäre.

2. Wäre ein redlicher Erwerb vom Nichtberechtigten nicht möglich gewesen (z. B. wegen Diebstahls, vgl. § 935), dann ist eine Eingriffskondiktion neben (oder trotz) der Leistung zulässig.[9]

Der Vorrang der Leistungs- vor der Nichtleistungskondiktion gilt nur für denselben Bereicherungsschuldner und denselben Bereicherungsgegenstand. Nur wenn gerade der Bereicherungsschuldner den Bereicherungsgegenstand („erlangtes Etwas") durch Leistung eines anderen erlangt hat, scheidet eine Eingriffskondiktion auf Herausgabe dieses Gegenstandes aus. — 7

Beispiele:
– D entwendet den Computer des E und verleiht ihn anschließend an den nichtsahnenden X. Ansprüche des E hinsichtlich des Computers? (1) E (Eigentümer) kann von X (unberechtigter Besitzer) den Computer gem. § 985 herausverlangen. (2) Die Vorenthaltung des Eigentums begründet eine Eigentumsverletzung und einen Anspruch aus § 823 Abs. 1; jedoch fehlt es bei dem (noch) nichtsahnenden X am Verschulden. (3) § 861 Abs. 1 scheitert an der mangelnden verbotenen Eigenmacht (vgl. § 858 Abs. 2 S. 2 Alt. 2). (4) Begründet ist ein Anspruch aus § 812 Abs. 1 S. 1 Alt. 2 (Eingriffskondiktion). (a) Das Vorenthalten fremden Eigentums stellt einen Eingriff in den Zuweisungsgehalt des Eigentums dar; ein Rechtsgrund dafür fehlt. (b) Der Vorrang der Leistungs- vor der Nichtleistungskondiktion steht dem unter Berücksichtigung der sachenrechtlichen Wertung (§ 985) nicht entgegen.
– Vgl. BGHZ 36, 30 „Idealheim"-Fall und BGHZ 40, 272 „Elektrogeräte"-Fall unten § 13 Rn. 13.

Bei einem Eigentumserwerb kraft Gesetzes (§§ 946 ff.) ist dagegen die sachenrechtliche Parallelwertung entscheidend und zu prüfen, ob der Bereicherungsschuldner bei rechtsgeschäftlichem Erwerb Eigentum hätte erwerben können (vgl. im Einzelnen unten § 13 Rn. 15 ff.). — 8

Beispiel:
Fleischwarenfabrikant F verarbeitet Jungbullen, die er von D erworben hat, zu Wurst. D hat die Jungbullen zuvor von Landwirt E gestohlen. Kann E direkt bei F kondizieren oder gilt der Vorrang der Leistungskondiktion? Von D hat F nur den Besitz erlangt. Eigentum erwirbt er kraft Gesetzes (§ 950). Rechtsgeschäftlich konnte F aber auch kein Eigentum erwerben, weil die Jungbullen dem E abhanden gekommen sind (§ 935 Abs. 1). Dem Anspruch des E gegen F aus §§ 951 Abs. 1 S. 1, 812 Abs. 1 S. 1 Alt. 2 (Eingriffskondiktion) auf Herausgabe des Eigentums bzw. Wertersatzes steht daher aufgrund der Wertung des § 935 der Vorrang des Leistungsverhältnisses nicht entgegen (BGHZ 55, 176 „Jungbullen"-Fall; vgl. unten § 13 Rn. 17).

---

[9] Vgl. *Larenz/Canaris*, SR II/2, § 70 VI 1, S. 246: Richtschnur ist das Bemühen um einen Gleichlauf mit denjenigen Ergebnissen, die sich ceteris paribus bei einer reinen rechtsgeschäftlichen Lösung, d. h. bei unmittelbarer Anwendbarkeit der §§ 932, 935, ergeben würden.

B. Grundfälle und -konstellationen

I. Mehrheit von Leistungsverhältnissen

1. Leistungskette – „Durchlieferung"

9   Der Grundfall eines Bereicherungsausgleichs im Dreipersonenverhältnis ist die sog. abgekürzte Lieferungs- oder **Leistungskette**.

Beispiel:
A verkauft eine Sache an B; B verkauft diese weiter an C. Sie vereinbaren, dass
die Sache direkt von A an C geliefert wird (sog. **Durchlieferung**). In diesem Fall
liegt eine Zuwendung des A an C vor; dabei handelt es sich aber nicht um eine
Leistung im bereicherungsrechtlichen Sinne, weil A gegenüber C keinen Leistungszweck verfolgt (vgl. zum Leistungsbegriff oben § 10 Rn. 9 ff.). Es liegt vielmehr eine Leistung im Verhältnis A-B und B-C vor (Leistung „übers Eck"). A erbringt gegenüber B eine bewusste Vermögensvermehrung zum Zweck der
Erfüllung des Kaufvertrages; für das Verhältnis B-C gilt Entsprechendes.[10]

10   Ist ein Kausalverhältnis (A–B oder B–C) nichtig, so findet ein bereicherungsrechtlicher Ausgleich nur zwischen diesen beiden Personen
durch eine Leistungskondiktion (§ 812 Abs. 1 S. 1 Alt. 1) statt: Jede
Vertragspartei hat die Einwendungen gegen seinen Vertragspartner und
ist vor Einwendungen Dritter geschützt, jede Partei trägt nur das Insol-
venz- und Prozessrisiko seines Vertragspartners.

11   Wenn beide Kausalverhältnisse (A–B und B–C) nichtig sind (sog.
Doppelmangel), dann muss eine Kondiktion in den mangelhaften Leistungsverhältnissen stattfinden: A kann bei B und B kann bei C kondizieren; eine Direktkondiktion des A bei C findet aus den oben genannten Gründen (vgl. oben § 13 Rn. 4) nicht statt. Der Inhalt des
jeweiligen Bereicherungsanspruchs richtet sich grundsätzlich nach den
allgemeinen Regeln: B schuldet dem A Herausgabe des Leistungsgegenstandes, wie auch C dem B zur Herausgabe des Leistungsgegenstandes
verpflichtet ist. Streitig ist, ob eine sog. **Kondiktion der Kondiktion**
(Abtretung des Bereicherungsanspruchs des B gegen C an A) stattfinden
muss (vgl. unten § 13 Rn. 39).

2. Bestimmung des Leistungsverhältnisses – Irrtum des Leistenden

12   Die bereicherungsrechtliche Rückabwicklung findet grundsätzlich in
dem mangelhaften **Leistungsverhältnis** statt. Es kommt dabei entscheidend darauf an, in welchem Zweipersonenverhältnis eine Leistung vorgenommen worden ist.

---

[10] Sachenrechtlich liegt ein doppelter Geheißerwerb vor. A übereignet an B durch
Übergabe des A an C (statt an B) auf Geheiß des B (Geheißerwerb auf Erwerber-
seite). B übereignet an C, indem A (statt B) auf Geheiß des B die Kaufsache an
C übergibt (Geheißerwerb auf Veräußererseite). Vgl. den „Hemden"-Fall unten § 13
Rn. 20.

Fall (BGHZ 36, 30 „Idealheim"-Fall und BGHZ 40, 272 „Elektrogeräte"-Fall):   **13**

Der Grundstückseigentümer E beauftragt die Idealheim GmbH, vertreten durch deren Geschäftsführer Architekt W, mit dem Bau eines Zweifamilienhauses zum Festpreis von 320.000 €. Da die Idealheim GmbH nicht in der Lage ist, den Rohbau selbst auszuführen, will W den selbstständigen Unternehmer U (als Subunternehmer) mit der Erstellung des Rohbaus beauftragen. Bei der Unterredung stellt sich W als Architekt des E vor und einigt sich mit U über die Errichtung des Rohbaus auf dem Grundstück des E. U hält den W deshalb (berechtigterweise) für den Bevollmächtigten des E. Nachdem U den Rohbau ausgeführt und E die Bauarbeiten als technisch einwandfrei abgenommen hat, verlangt U von E Zahlung in Höhe von 60.000 € für seine Bauleistungen und die eingebauten Materialien. E weigert sich zu zahlen, weil er (E) nicht mit U, sondern mit der Idealheim GmbH, vertreten durch W, einen Werkvertrag geschlossen habe. U möge sich wegen seiner Forderung an die Idealheim GmbH wenden.

Lösung:

A. Ansprüche des U gegen E

I. Anspruch auf Werklohn aus § 631?

Ein Werkvertrag zwischen U und E kommt nur dann zustande, wenn W als Vertreter für E wirksam handelt (§§ 164 ff.). E bevollmächtigt aber den W nicht (§ 167 Abs. 1). W handelt somit als Vertreter ohne Vertretungsmacht. Da E den Werkvertrag nicht genehmigt (vgl. § 177 Abs. 1), ist ein Werkvertrag zwischen U und E nicht zustande gekommen.

II. Anspruch aus §§ 677, 683 S. 1, 670 (berechtigte GoA) (–) Kein Fremdgeschäftsführungswille des U, weil er an einen wirksamen Vertrag glaubt, den er als eigenes Geschäft erfüllen will (vgl. oben § 4 Rn. 24 ff.).

III. Anspruch gemäß §§ 812 Abs. 1 S. 1 Alt. 1 (Leistungskondiktion), 818 Abs. 2 auf Wertersatz?

1. E erhält den Besitz an den Baumaterialien, das Eigentum erlangt er kraft Gesetzes (wesentlicher Bestandteil des Grundstücks, §§ 946, 94 Abs. 1, 95 Abs. 1 S. 2).

2. Fraglich ist, ob E den Besitz durch Leistung des U erhalten hat bzw. in welcher Eigenschaft U gegenüber dem Bauherrn E tätig geworden ist. U selbst will eine eigene Verbindlichkeit gegenüber E erfüllen, weil U an einen eigenen Werkvertrag mit E glaubt. Aus der Sicht des (objektiven) Zuwendungsempfängers (E) sieht es jedoch so aus, als leiste sein Vertragspartner, die I-GmbH, durch den von ihr als Erfüllungsgehilfen eingesetzten U (als Subunternehmer).

Es stellt sich die Frage, ob zur Bestimmung des Leistenden auf den inneren Leistungswillen (des U) oder den objektiven Erklärungswert des Leistungsverhaltens aus der Sicht des Zuwendungsempfängers (des E) abzustellen ist (vgl. § 10 Rn. 13). Maßgebend ist nach h. M. der Empfängerhorizont und damit die Frage, ob der (objektive) Empfänger die Leistung (entsprechend den Grundsätzen über die Willenserklärung [§§ 133, 157]) nach den gesamten Umständen als für den Schuldner erbracht ansehen darf. Maßgeblich ist also der objektive Erklärungswert der Leistungsbestimmung dafür, wer Leistender ist.

E schließt einen Werkvertrag mit der I-GmbH und darf deshalb davon ausgehen, dass U diese Leistung für die I-GmbH erbringen will. Weil eine vertragliche Beziehung zwischen U und E fehlt, kann E auch nicht erkennen,
dass U eine eigene Leistung ihm gegenüber erbringen will. Da U nicht deutlich macht, dass er von einem Werkvertrag mit E ausgeht, ist nach dem
objektiven Erklärungswert die erbrachte Leistung als eine Leistung der
I-GmbH anzusehen und nicht als eine Leistung des U. Da somit eine Leistung von U an E nicht vorliegt, hat U keine Leistungskondiktion gegen E.

IV. Anspruch auf Wertersatz gemäß §§ 951 Abs. 1 S. 1, 812 Abs. 1 S. 1
Alt. 2?

1. § 951 Abs. 1 S. 1 stellt nach h. M. eine Rechtsgrundverweisung dar. Er
   enthält also keinen selbständigen Anspruch, der nur hinsichtlich des Um-
   fanges auf die Vorschriften des Bereicherungsrechts verweist. Vielmehr
   verweist § 951 Abs. 1 S. 1 in vollem Umfang auf die Vorschriften über die
   ungerechtfertigte Bereicherung; es müssen also alle Merkmale des hier
   möglicherweise einschlägigen § 812 Abs. 1 S. 1 Alt. 2 vorliegen.

2. Mit der Errichtung des Rohbaus ist der Grundstückseigentümer E nach
   §§ 946, 94 Abs. 1, 95 Abs. 1 S. 2 Eigentümer des Rohbaus geworden. U
   hat kraft Gesetzes das Eigentum an den verwendeten Materialien verloren.

3. Es kommt eine Bereicherung in sonstiger Weise in Betracht (§ 812 Abs. 1
   S. 1 Alt. 2). Dieser Anspruch kann aber nur gegeben sein, wenn die Vermögensmehrung des E nicht durch eine Leistung eingetreten ist. Denn
   nach dem Grundsatz des Vorrangs der Leistungskondiktion (Subsidiarität
   der Nichtleistungskondiktion) schließt die Leistung die Kondiktion wegen
   Bereicherung in sonstiger Weise aus.
   Hierzu führt BGHZ 40, 278 (Elektrogerätefall, Ergänzung zum Idealheimfall)
   aus: „Derjenige, der vom Vertragspartner – etwa Subunternehmer – herangezogen worden ist, um die Leistung zu erbringen, hat keinen Bereicherungsanspruch gegen den Empfänger, weder eine Leistungskondiktion
   noch einen Anspruch wegen einer Bereicherung „in sonstiger Weise". Ein
   Anspruch wegen Bereicherung in sonstiger Weise ... kann vielmehr nach
   der neueren Lehre nur dann entstehen, wenn der Bereicherungsgegenstand dem Empfänger überhaupt nicht, also von niemandem geleistet
   worden ist."
   U kann daher von E keine Vergütung aus Eingriffskondiktion verlangen,
   weil E durch eine Leistung der I-GmbH bereichert ist. Es liegt ein Leistungsverhältnis zwischen E und der I-GmbH vor, U ist Erfüllungsgehilfe der
   I-GmbH.[11]

B. Ansprüche des U gegen die I-GmbH

I. Anspruch auf Werklohn gemäß § 631 Abs. 1?

Ein Werkvertrag zwischen U und I ist nicht zustande gekommen. Begründung:

– W handelt nicht im Namen der I-GmbH (§ 164 Abs. 1; §§ 133, 157: objektiver Empfängerhorizont), und diese ist damit nicht wirksam vertreten.

---

[11] Zu erwägen wäre in diesen Fällen eine Anfechtung der Tilgungsbestimmung wegen Inhaltsirrtums (§ 119 Abs. 1 Alt. 1) durch den Leistenden. Die Anfechtung würde
die Leistung beseitigen (§ 142 Abs. 1) und den Weg für eine Kondiktion des U gegen
E aus Nichtleistungskondiktion (§ 812 Abs. 1 S. 1 Alt. 2) frei machen (vgl. dazu
Staudinger/*Lorenz*, § 812 Rn. 61 m. w. N.). Im vorliegenden Fall ist eine Anfechtung
nicht (unverzüglich, § 121) erklärt worden.

– Es ist ein Dissens gemäß § 155 gegeben. Die Vertragsparteien einigen sich nicht über den Vertragspartner (essentialia negotii). Während die I-GmbH einen Werkvertrag mit U schließen und U als Subunternehmer verpflichten will, glaubt U, mit E einen Werkvertrag abzuschließen.

II. Anspruch auf Wertersatz gemäß §§ 812 Abs. 1 S. 1 Alt. 1, 818 Abs. 2?

1. Die I-GmbH erlangt Befreiung von ihrer eigenen Werkleistungspflicht aus § 631 gegenüber E, indem U als Subunternehmer Bauleistungen erbringt, welche die I-GmbH dem E schuldet.

2. Diese Schuldbefreiung erlangt sie durch eine Leistung des U. Aus der Sicht der I-GmbH sieht das Leistungsverhalten des U so aus, als erfülle U seine Werkleistungspflicht aus dem Auftrag gegenüber der I-GmbH, nämlich seine Verpflichtungen als Subunternehmer.

3. Da ein Werkvertrag zwischen I und U nicht zustande kommt (vgl. oben), ist die Schuldbefreiung auch rechtsgrundlos (ohne rechtlichen Grund).

4. Die Schuldbefreiung herauszugeben, ist wegen ihrer Beschaffenheit nicht möglich. Deshalb hat die I-GmbH gemäß § 818 Abs. 2 den objektiven Wert zu ersetzen. Der zu ersetzende Wert wird der Höhe nach dem zwischen U und I-GmbH unwirksam vereinbarten Werklohn gleichkommen.

C. Anspruch des U gegen W

Anspruch auf Erfüllung oder Schadensersatz gemäß § 179 Abs. 1 (+)

W will als Geschäftsführer der I-GmbH für diese mit U einen Werkvertrag abschließen. W ist aber gegenüber U als Vertreter des E aufgetreten, ohne dazu bevollmächtigt gewesen zu sein. W ist deshalb gemäß § 179 Abs. 1 dem U nach dessen Wahl zur Erfüllung oder zum Schadensersatz verpflichtet.

3. Zusammenfassung

Bereicherungsansprüche im Mehrpersonenverhältnis   14
– Maßgeblichkeit des Leistungsverhältnisses –

I. Grundsatz
– Maßgeblichkeit des Leistungsverhältnisses
– Merksatz: Die bereicherungsrechtliche Abwicklung findet in dem jeweiligen (fehlerhaften) Leistungsverhältnis statt („Idealheim"- und „Elektrogeräte"-Fall, § 13 Rn. 13).

II. Gläubiger und Schuldner der Leistungskondiktion
1. Kondiktionsgläubiger = Leistender
– nicht der Zuwendende (= derjenige, der die Vermögensverschiebung tatsächlich vorgenommen hat)
2. Kondiktionsschuldner = Leistungsempfänger
– nicht derjenige, der den Gegenstand tatsächlich in Empfang genommen hat

III. Bestimmung des Leistungsverhältnisses
– Maßgeblichkeit des Empfängerhorizontes (h. M., § 10 Rn. 13 und § 13 Rn. 5): Wen darf der Empfänger als Leistenden ansehen?

260 3. Teil. Ungerechtfertigte Bereicherung

II. Zusammentreffen von Leistung und Eingriff

15   In bestimmten Konstellationen trifft eine Leistungsbeziehung zwischen zwei Personen mit einer Nichtleistungsbeziehung zwischen anderen Personen zusammen (vgl. auch oben im Idealheim bzw. Elektrogerätefall). Anspruchssteller ist regelmäßig der Zuwendende, der mit dem Anspruchsgegner (Zuwendungsempfänger) regelmäßig nicht in einer Leistungsbeziehung steht und deshalb nur einen Anspruch aus Eingriffskondiktion geltend machen kann. Für die Frage, ob eine derartige Eingriffskondiktion besteht, ist die **sachenrechtliche Parallelwertung** das entscheidende Wertungskriterium (vgl. oben § 13 Rn. 8).

1. Sachenrechtliche Parallelwertung: Möglicher Gutgläubenserwerb

16   **Fall (BGHZ 56, 228 „Einbau"-Fall):**

Der Baustoffhändler G liefert an den Bauunternehmer T Baumaterial unter Eigentumsvorbehalt. T baut dieses jedoch noch vor Zahlung des Kaufpreises aufgrund eines Werkvertrages mit S in dessen Grundstück ein. Da über das Vermögen des T das Insolvenzverfahren eröffnet wird, verlangt G von S den Wert des Materials ersetzt. Zu Recht?

Lösung:

1. Vertragliche Ansprüche des G gegen S scheiden aus.

2. Ein Anspruch auf Schadensersatz aus EBV (§ 990 Abs. 1 S. 1, 989) scheidet bereits mangels EBV, aber auch mangels Bösgläubigkeit, Rechtshängigkeit und Verschuldens des S aus.

3. Infrage kommt ein Anspruch aus § 812 Abs. 1 S. 1 Alt. 1 (Leistungskondiktion).

   a) S erlangt den Besitz an dem Baumaterial. Das Eigentum erlangt er kraft Gesetzes (§ 946).

   b) Fraglich ist, ob eine Leistung des G vorliegt. Leistung ist die bewusste und zweckgerichtete Mehrung fremden Vermögens. Entscheidend ist nach h.M. die Sicht des Leistungsempfängers, hier also des S. Aus der Sicht des S liegt eine Leistungskette des G an T (aufgrund eines Kaufvertrages) und des T an S (aufgrund des Bauvertrages) vor. Es fehlt damit im Verhältnis G zu S an einer Leistung.

   c) Eine Leistungskondiktion scheidet aus.

4. G könnte einen Anspruch aus §§ 951 Abs. 1 S. 1, 812 Abs. 1 S. 1 Alt. 2, 818 Abs. 2 (Eingriffskondiktion) haben.

   a) Durch den Einbau in das Grundstück hat S das Eigentum am Baumaterial nach § 946 kraft Gesetzes erworben.

   b) Es müssen die Voraussetzungen des § 812 Abs. 1 S. 1 Alt. 2 (Rechtsgrundverweisung) vorliegen. S erlangt das Eigentum. Im Verhältnis G zu S fehlt es an einer Leistung; insoweit liegt eine Nichtleistung vor. Zwar fehlt es im Verhältnis S zu G an einem die Vermögensverschiebung rechtfertigenden Rechtsgrund.

c) Eine Direktkondiktion scheidet dennoch aus. Denn es liegt eine Leistung von G an T und von T an S jeweils aufgrund wirksamer Kausalverhältnisse (Kaufvertrag, Bauvertrag) vor. Bei dieser Sachlage (zwei intakte Leistungsverhältnisse) scheidet eine Direkt- bzw. Eingriffskondiktion unstreitig aus. Begründung:

Im Mehrpersonenverhältnis kann eine Leistung einen Erwerb vermitteln, der im Verhältnis zu einem Dritten einen Eingriff bedeutet. Im Mehrpersonenverhältnis können also Leistung und Eingriff nebeneinander vorliegen. Ein Ausschluss der Nichtleistungskondiktion lässt sich nicht (immer) einfach mit dem gesetzlich nicht festgelegten Grundsatz des Vorrangs der Leistungskondiktion vor der Nichtleistungskondiktion begründen. Ein solcher Vorrang muss vielmehr im Einzelfall mit anderen Wertungen des Gesetzes übereinstimmen. Solche Wertungen sind den §§ 932, 935, 816 Abs. 1 S. 1,[12] § 366 HGB zu entnehmen. Da der Werkvertrag entgeltlich und das Baumaterial dem G nicht abhanden gekommen ist, hätte der gutgläubige S Eigentum an dem Baumaterial bei einer rechtsgeschäftlichen Übereignung nach §§ 929, 932, 816 Abs. 1 S. 1 kondiktionsfest erworben. Dieses Ergebnis darf sich nicht ändern, wenn das Material ohne vorangegangene rechtsgeschäftliche Übereignung eingebaut worden ist. Der Ausschluss der Nichtleistungskondiktion des G gegen S kann also nicht (nur) aus den allgemeinen Gründen, die den grundsätzlichen Vorrang der Leistungskondiktion tragen, sondern (auch) aus den gesetzlichen Wertungen der §§ 932, 935, 816 Abs. 1 S. 1 gefolgert werden („sachenrechtliche Parallelwertung"):[13]

– Auch wenn S das Eigentum nicht durch Leistung (sondern kraft Gesetzes gemäß § 946) erworben hat, hat der Eigentumsverlust des G seinen Ursprung in den beiden Vertragsbeziehungen.[14]

– Grundsatz vom Vorrang der Leistungskondiktion: Eine Eingriffskondiktion kommt nur in Betracht, wenn der Bereicherungsgegenstand dem Empfänger überhaupt nicht, also von niemandem geleistet worden ist. Was jemand durch Leistung erhalten hat, kann er nicht zugleich in sonstiger Weise erworben haben. Der Einbau stellt für S eine Leistung des Bauunternehmers T dar. Folglich braucht S an sich nur mit T und nicht mit dem Eigentümer G abzurechnen.

d) Ergebnis: Kein Bereicherungsanspruch des G gegen S.
Hinweis: S wäre hingegen nicht geschützt, wenn unentgeltlich eingebaut worden ist (vgl. §§ 816 Abs. 1 S. 2, 822), oder das Material abhanden gekommen (§ 935 Abs. 1) oder S bösgläubig (§ 932 Abs. 2) gewesen wäre.

5. § 823 Abs. 1 scheidet aus. Dem S ist weder positives Tun noch ein pflichtwidriges Unterlassen vorzuwerfen, insbesondere trifft S keine (all-

---

[12] § 816 Abs. 1 S. 1 regelt ebenso ein Zusammentreffen von Leistung und Eingriff: Der Erwerb erfolgt hier einerseits durch Leistung des nichtberechtigten Veräußerers; andererseits aber auch unter Eingriff in das Recht des ursprünglichen Eigentümers. Dennoch richtet § 816 Abs. 1 S. 1 die Nichtleistungskondiktion nur gegen den Veräußerer und nicht auch gegen den entgeltlichen Erwerber. Damit will der Gesetzgeber den entgeltlichen redlichen Erwerb „konditionsfest" machen, ihm also schuldrechtliche Beständigkeit verleihen.
[13] Vgl. *Medicus*, BR, Rn. 729.
[14] So BGHZ 56, 228, 241.

gemeine) Rechtspflicht, eine Eigentumsverletzung durch T zu verhindern. Darüber hinaus fehlt es am Verschulden des S. Ebenso scheitert ein Anspruch aus § 823 Abs. 2 und § 826.

6. Ergebnis: G kann von S aus keinem Rechtsgrund Wertersatz verlangen.

2. Sachenrechtliche Parallelwertung: Ausschluss eines Gutglaubenserwerbs

17   **Fall (BGHZ 55, 176 „Jungbullen"-Fall):**[15]

Der Dieb D entwendet dem Landwirt E zwei Jungbullen und verkauft sie für 1.000 € an den gutgläubigen Fleischwarenfabrikanten F, der die Tiere weiterverarbeitet. Da D nicht auffindbar ist, verlangt E von F Wertersatz für die Bullen in Höhe von 1.000 €. Zu Recht?

Lösung:

I. Schadensersatzanspruch aus §§ 990 Abs. 1, 989 scheidet mangels Rechtshängig- bzw. Bösgläubigkeit und Verschuldens des F aus.

II. Anspruch auf Wertersatz gemäß §§ 951, 812 Abs. 1 S. 1 Alt. 2, 818 Abs. 2?

1. Entgegenstehende Sperrwirkung des § 993 Abs. 1 Halbs. 2? Ansprüche aus §§ 951, 812 werden nicht von der Sperrwirkung des EBV erfasst. Denn § 951 regelt keinen Nutzungs- oder Schadensersatz, sondern Wertersatz für einen Rechtsverlust. Deshalb stellen §§ 987 ff. insoweit weder eine verdrängende Sonderregelung dar noch den gutgläubigen Besitzer von Schadensersatzansprüchen frei und wollen nicht erreichen, dass er auch den Wert der Sache behalten darf.

2. Voraussetzung für § 951 Abs. 1 S. 1 ist, dass der Anspruchssteller einen Rechtsverlust gemäß §§ 946 bis 950 erleidet. E verliert das Eigentum nicht schon durch Übereignung gemäß § 929 S. 1 durch D an F, weil D die Berechtigung fehlt. Auch § 932 Abs. 1 S. 1 greift nicht ein, weil dem E die Jungbullen abhanden gekommen sind (§ 935 Abs. 1 S. 1). E verliert das Eigentum erst gemäß § 950 Abs. 1 S. 1 infolge der Verarbeitung der Jungbullen zu Fleischware.

3. Voraussetzungen gemäß § 812 Abs. 1 S. 1 Alt. 2

   a) Nach ganz h. M. spricht § 951 eine Rechtsgrundverweisung aus. Die Vorschrift soll lediglich klarstellen, dass die §§ 812 ff. trotz der sachenrechtlichen Zuordnungsregeln der §§ 946 bis 950 Anwendung finden.[16]

   b) Erlangter Vermögensvorteil ist das Eigentum an den Bullen, das F durch die selbst durchgeführte Verarbeitung erwirbt.

---

[15] Vgl. auch *Hombrecher*, Jura 2003, 333.

[16] Gegen eine bloße Rechtsfolgenverweisung spricht im Übrigen, dass ansonsten neben eine Verpflichtung aus wirksamem Vertrag auf die Vergütung im Falle eines Eigentumsübergangs nach §§ 946–950 stets ein Anspruch aus § 951 träte, der sich eventuell auf Wertersatz in anderer Höhe richtete.

c) F erwirbt das Eigentum durch einen Eingriff in den Zuweisungsgehalt eines fremden Rechts (§ 903). Eine Leistung liegt insoweit nicht vor, weil F durch Leistung des D nur den Besitz an den Bullen erwirbt (vgl. § 935 Abs. 1). Bezüglich des Vermögensvorteils „Eigentum" fehlt also ein Zusammentreffen von Leistung und Eingriff.

d) Ohne Rechtsgrund? Fraglich ist aber, ob der Eigentumserwerb des F nach § 950 nicht gerechtfertigt ist.

    aa) Ein Rechtsgrund für den Eigentumserwerb an den Jungbullen durch F kann im Kaufvertrag zwischen dem Dieb und F nicht gesehen werden (Relativität der Schuldverhältnisse).

    bb) Das Eigentum erwirbt er nach § 950 kraft Gesetzes und nicht infolge eines rechtsgeschäftlichen Veräußerungsgeschäftes. Diese Bestimmung gibt für sich aber keinen rechtfertigenden Rechtsgrund für die Vermögensverschiebung ab, wie § 951 Abs. 1 S. 1 zu entnehmen ist.

Es fehlt damit an einem die Vermögensverschiebung rechtfertigenden Rechtsgrund.

e) Vorrang der Leistungskondiktion? Der BGH beruft sich auf die §§ 932 ff., welche den Interessenkonflikt zwischen neuem und früheren Eigentümer abschließend regeln.

  – Bei einem gutgläubigen Erwerb wird der Interessenkonflikt zugunsten des Erwerbers geregelt: Das Kausalgeschäft zwischen dem Nichtberechtigten und dem Erwerber stellt den die Vermögensverschiebung rechtfertigenden Rechtsgrund dar. Eine Eingriffskondiktion oder Ausgleichsanspruch des früheren Eigentümers scheidet aus.

  – Erwirbt der Erwerber kein Eigentum (wegen Abhandenkommens [§ 935], Bösgläubigkeit [§ 932 Abs. 2]), löst das Gesetz den Interessenkonflikt zugunsten des Eigentümers: Er behält sowohl Eigentum als auch den Herausgabeanspruch aus § 985. Es liegt kein Eigentumserwerb vor, der durch das Kausalgeschäft gerechtfertigt werden könnte. Der spätere Eigentumserwerb nach §§ 946 ff. hat mit dem Veräußerungsgeschäft nichts mehr zu tun und wird durch dieses (Kaufvertrag zwischen Dieb und F) auch nicht mehr gerechtfertigt.

Der Grundsatz des Vorrangs der Leistungsbeziehung greift daher ausnahmsweise nicht, weil er mit den vorrangigen Wertungskriterien der §§ 932 ff. kollidiert (Vorrang sachenrechtlicher Wertungen). Wenn und weil F nicht gutgläubig Eigentum hätte erwerben können (§§ 929 S. 1, 932 Abs. 1 S. 1), wäre er einem Anspruch aus § 985 sowie anderen Ausgleichsansprüchen ausgesetzt.

Ein vorrangiges Leistungsverhältnis liegt damit nicht vor.

4. Rechtsfolge:

a) § 812 Abs. 1, 818 Abs. 1, 2: Wertersatz in Höhe von 1.000 €.

b) Entreicherung gemäß § 818 Abs. 3 im Hinblick auf den an D gezahlten Kaufpreis? Dieser Einwand scheidet aus, weil der gezahlte Kaufpreis dem Anspruch aus § 985 ebenfalls nicht entgegengehalten werden kann; für den Rechtsfortwirkungsanspruch (§ 951) kann nichts anderes gelten. Dafür dass die Erwerbskosten nicht abzugsfähig sind, spricht auch § 816 Abs. 1 S. 1. Der unberechtigt Verfügende, der nach § 816 Abs. 1 S. 1 den erlangten Erlös herauszugeben hat, darf nicht den Betrag abziehen, den er selbst als Entgelt für die Sache an einen Dritten gezahlt hat. Das gilt dann auch – wie hier – für die allgemeine Eingriffskondiktion (vgl. oben § 12 Rn. 24 ff.).

Anmerkung: Statt vom Erwerber Ersatz zu verlangen (§§ 951 Abs. 1, 812), kann der frühere Eigentümer auch die (unwirksame) Verfügung des D an F genehmigen (§ 185 Abs. 2 S. 1) und vom Verfügenden (im Fall D) einen Anspruch aus § 816 Abs. 1 S. 1 auf Herausgabe des durch die Verfügung Erlangten geltend machen (vgl. oben § 11 Rn. 30, 34, 37). In diesem Fall war ein solches Vorgehen jedoch wenig ratsam, da der Dieb D nicht greifbar war. Nach Realisierung des bereicherungsrechtlichen Anspruches des E gegen F, muss nun F hoffen, seine Ansprüche gegen den flüchtigen D geltend machen zu können.

3. Zusammenfassung

18

Bereicherungsansprüche im Mehrpersonenverhältnis
– Zusammentreffen von Leistung und Eingriff –

1. Grundsatz vom Vorrang der Leistungskondiktion vor der Nichtleistungskondiktion
   – Eine Leistungskondiktion schließt hinsichtlich desselben Bereicherungsgegenstandes eine Nichtleistungskondiktion grundsätzlich aus.
   (= Bei Leistungsverhältnissen keine Eingriffskondiktion entgegen den Leistungsverhältnissen)
   – Eingriffskondiktion nur dann, wenn der Bereicherungsgegenstand dem Empfänger von niemandem geleistet worden ist.

2. Notwendigkeit der Übereinstimmung mit sachenrechtlichen Parallelwertungen
   – Wertungskriterium: „sachenrechtliche Parallelwertung" (§§ 932, 935, 816 Abs. 1 S. 1 BGB, 366 HGB)

   a) Vorrang der Leistungskondiktion, wenn redlicher Erwerb vom Nichtberechtigten möglich (vgl. „Einbau"-Fall; § 13 Rn. 16) – Bestätigung des Grundsatzes vom Vorrang der Leistungskondiktion

   b) Kein Vorrang der Leistungskondiktion, wenn redlicher Erwerb vom Nichtberechtigten nicht möglich (z. B. bei Abhandenkommen, Bösgläubigkeit, vgl. §§ 935, 932 Abs. 2); sondern Eingriffskondiktion (vgl. „Jungbullen"-Fall, § 13 Rn. 17) – Durchbrechung des Grundsatzes vom Vorrang der Leistungskondiktion

C. Vertiefungsprobleme

Mehrpersonenverhältnisse können in den verschiedensten (wirtschaft- 19
lichen) Konstellationen auftreten. Immer dann, wenn eine „causa"
mangelhaft ist, stellt sich die Problematik, ob und wie eine bereicherungsrechtliche Anspruchsgrundlage einschlägig bzw. anzuwenden ist.
Die Frage nach dem bereicherungsrechtlichen Anspruchsgegner hat eine
praktische Bedeutung vor allem dann, wenn eine Partei zahlungsunfähig oder insolvent ist. Im Folgenden werden – über die oben behandelten Grundfällen hinaus – die typischen und wichtigsten Konstellationen
(vor allem) anhand der Rechtsprechung des BGH aufgeführt.

I. Vorrang der Leistungskondiktion – Gutgläubiger (Geheiß-)Erwerb

Fall (BGH NJW 1974, 1132 „Hemden"-Fall):   20

G betreibt eine Hemdenfabrik. Der Schneider M hat schon mehrfach Hem-
dengeschäfte für G vermittelt. Eines Tages schließt M mit S einen Kaufvertrag
über die Lieferung von Hemden ab und einigt sich über den Eigentumsübergang. M legt dabei nicht offen, dass er im Namen des G handelt. Wie mit
M abgesprochen, holt sich S die Hemden bei G ab, der diese ohne weiteres
herausgibt, weil er an ein eigenes Geschäft glaubt. S veräußert die Hemden
an Dritte. G verlangt von S Bezahlung der Hemden. Zu Recht?

Lösung:

I. Anspruch aus Kaufvertrag (§ 433 Abs. 1 S. 1) scheidet aus, weil M den G
nicht wirksam vertritt (§§ 164 ff.). M handelt nicht im fremden Namen (§ 164
Abs. 1 S. 1), sondern schließt ein Eigengeschäft ab (vgl. § 164 Abs. 2). Ein
Kaufvertrag kommt zwischen M und S, nicht aber zwischen G und S zustande.

II. Anspruch auf Schadensersatz aus §§ 990 Abs. 1 S. 1, 989?

Voraussetzung ist, dass im Zeitpunkt der Veräußerung der Hemden durch
S an Dritte (Zeitpunkt des schädigenden Ereignisses) ein Eigentümer-Besit-
zer-Verhältnis (§§ 985 f.) vorliegt, also G Eigentümer und S nichtberechtigter
Besitzer ist. Fraglich ist, wer Eigentümer der Hemden ist. Ursprünglich war G
Eigentümer der Hemden. Er könnte das Eigentum aber an S verloren haben.
Eine Übereignung zwischen M und S nach §§ 929 S. 1, 932 Abs. 1 S. 1 liegt
nicht vor, weil M dem S den Besitz nicht unmittelbar verschafft. Auch §§ 929,
931, 934 scheidet mangels (Schein-)Abtretung aus.
Es liegt jedoch ein sog. **gutgläubiger Geheißerwerb**[17] vor. Aus der Sicht

---

[17] Beim Geheißerwerb erfolgt die zur Übereignung erforderliche Übergabe, indem
der unmittelbare Besitzer, der dem Eigentümer nicht den mittelbaren Besitz vermittelt, auf Geheiß des Veräußerers dem Erwerber die Sache übergibt (vgl. *Baur/Stürner*,
Sachenrecht, 17. Aufl. 1999, § 51 Rn. 15 und 17; zum doppelten Geheißerwerb
Medicus, BR, Rn. 671; vgl. auch oben § 13 Rn. 9 Fn. 11).

des S stellt sich die Herausgabe der Ware durch G als Übereignung des M an S dar, für den G die Gegenstände nur übergibt.

1. Veräußerer M und Erwerber S einigen sich dinglich.

2. Die Übergabe findet nicht direkt von M an S, sondern durch Vermittlung des G statt: Die Besitz- (und damit die Eigentums)Übergabe vom wahren Sachleistungsschuldner (M) auf den Empfänger (S) wird – aus der Sicht des S – durch den G vermittelt; G übergibt auf Anweisung des M an S die Gegenstände (Geheißerwerb).

3. Zwar handelt G nicht auf den tatsächlichen Geheiß (Weisung) des Veräußerers M, jedoch lässt die Rechtsprechung[18] auch einen gutgläubigen Geheißerwerb zu, wenn der Erwerber die Gegenstände auf „Geheiß" des Veräußerers tatsächlich erlangt. S ist bei Besitzerlangung gutgläubig. G verliert damit sein Eigentum, S erwirbt es gutgläubig. Ein EBV liegt damit nicht vor. Damit scheiden Ersatzansprüche aus den §§ 987 ff. aus.

III. § 812 Abs. 1 S. 1 Alt. 1 (Leistungskondiktion)?

Ein Anspruch aus Leistungskondiktion setzt voraus, dass zwischen G und S eine Leistungsbeziehung besteht. Aus der Sicht des S (Zuwendungsempfänger) liegt aber eine Leistung des M, nicht des G vor, weil M durch die (scheinbar) veranlasste Herausgabe der Ware durch G seine Kaufvertragsschuld erfüllen will. G ist – aus der Sicht des S – nur Leistungsmittler. Deshalb fehlt es an einer Leistungsbeziehung zwischen G und S.

IV. § 816 Abs. 1 S. 1?

Ein Anspruch auf Herausgabe des Erlangten scheidet aus, weil S durch Veräußerung an Dritte nicht als Nichtberechtigter Verfügungen vornimmt, sondern als Berechtigter (vgl. vorstehend).

V. § 812 Abs. 1 S. 1 Alt. 2 (Eingriffkondiktion)?

Ein Anspruch aus Eingriffskondiktion scheidet ebenfalls aus. Zwar erlangt S das Eigentum auf Kosten des G durch Nichtleistung (von G) und ohne Rechtsgrund (im Verhältnis S zu G). Der Anspruch ist aber trotzdem zu verneinen, weil

– im Fall eines gutgläubigen Erwerbs der Erwerber aus ungerechtfertigter Bereicherung überhaupt nicht mehr in Anspruch genommen werden kann,[19] es sei denn, es liegt ein Fall des §§ 816 Abs. 1 S. 2, 822 vor;
– S die Ware durch Leistung des M erlangt und diese Leistungsbeziehung eine Eingriffskondiktion ausschließt. Eine Direktkondiktion ist gem. dem Grundsatz vom Vorrang der Leistungskondiktion ausgeschlossen, da eine Direktkondiktion den Wertungen aus §§ 932 ff., 816, § 366 HGB widersprechen würde.

VI. § 823 Abs. 1 scheidet aus, weil S keine schuldhafte Eigentumsverletzung begeht.

VII. Ergebnis: G hat keine Ansprüche gegen S.

Weiterer Fall: BGHZ 77, 274[20]

---

[18] BGHZ 36, 56, 60.

[19] So BGH NJW 1974, 1132, 1134.

[20] Fall zu § 932, § 366 HGB; Ermächtigung des Käufers zur Weiterveräußerung für den Fall, dass die Kaufpreisforderung aus dem Weiterverkauf abgetreten wird (sog. verlängerter Eigentumsvorbehalt). Problem des gutgläubigen Erwerbs des (Zweit-)Käufers, wenn ein Abtretungsverbot mit dem (Erst-)Käufer vereinbart wird, und

II. Irrtümliche Zahlung fremder Schulden

1. Beiderseitiger Irrtum

Der Zuwendende und der Empfänger **irren gemeinsam** darüber, dass 21
die zu tilgende Schuld zwischen ihnen besteht, während in Wahrheit ein
Dritter der wahre Schuldner ist.

Fall (vgl. RGZ 44, 136, 143): 22

Weil die Eltern S glauben, ihr minderjähriger Sohn C hätte unzureichend von
ihnen beaufsichtigt den Gartenzaun des Nachbarn N beschädigt, leisten sie
an N Schadensersatz, der ebenfalls von einem Streich des C ausgeht. Nachträglich stellt sich jedoch heraus, dass K, Tochter der X, die nicht hinreichend
beaufsichtigte „Übeltäterin" war. Die S verlangen von N Erstattung. Zu
Recht?

Lösung:

Infrage kommt ein Anspruch aus § 812 Abs. 1 S. 1 Alt. 1 (Leistungskondiktion).
1. N erlangt bei Barzahlung Eigentum an den Geldscheinen.
2. Es liegt eine Leistung der S vor. Diese wenden bewusst und zum Zweck
   der Erfüllung einer (vermeintlich) eigenen Schuld das Geld an N zu. Sowohl
   S als auch N glauben an eine Verpflichtung der S gegenüber N aus § 832
   Abs. 1 S. 1.
   Da die Schuld der S objektiv nicht besteht, könnte eine Drittleistung
   (§ 267) vorliegen, wenn S die Schuld der X getilgt hätten. § 267 setzt aber
   nach h.M. voraus, dass der leistende Dritte eine entsprechende Tilgungsbestimmung („Tilgung der Schuld eines Dritten") abgibt; nur in diesem Fall
   kann die Schuld des Dritten erlöschen (vgl. unten § 13 Rn. 60 ff.). Daran
   fehlt es aber im vorliegenden Fall. Eine grundsätzlich mögliche nachträgliche Tilgungsbestimmung ist nicht erklärt worden (vgl. oben § 11 Rn. 72).
3. Weil S nicht aus § 832 Abs. 1 S. 1 verpflichtet sind, fehlt es an einem die
   Leistung rechtfertigenden Rechtsgrund. Ein Rechtsgrund kann nicht in der
   Verpflichtung der X gegen N gesehen werden. Auf diese Schuld wird nicht
   geleistet; eine dafür erforderliche Tilgungsbestimmung liegt nicht vor.
4. Damit ist N zur Erstattung verpflichtet (§ 812 Abs. 1 S. 1 Alt. 1).

---

2. Einseitiger Irrtum

Bei **einseitig irrtümlicher** Eigenleistung glaubt der Zuwendende, 23
durch Zuwendung an den Zuwendungsempfänger eine eigene Schuld
gegenüber diesem zu erfüllen, die aber in Wirklichkeit gar nicht besteht,

---

Problem der Erkundigungspflicht des (Zweit-)Käufers im Falle eines vereinbarten
Abtretungsverbotes.

und „leistet" an den Zuwendungsempfänger zur Schuldtilgung. Der Zuwendungsempfänger hingegen meint, es handele sich um eine Leistung seines tatsächlichen Schuldners. Die h.M. stellt zur Bestimmung des Leistenden auf die objektive Sicht des Zuwendungsempfängers ab und fragt danach, als wessen Leistung sich die Zuwendung an ihn darstellt (vgl. oben § 10 Rn. 13). Vertreten wird, dass der Zuwendende die (nur aus objektiver Sicht des Empfängers gesetzte und deshalb der Sicht des Zuwendenden irrtümliche) Tilgungsbestimmung anfechten kann und sich so die Direktkondiktion gegen den Zuwendungsempfänger verschaffen könne.[21]

Beispiel:
BGHZ 36, 30 „Idealheim"-Fall, vgl. oben § 13 Rn. 13.

24　　Wenn eine ursprüngliche Tilgungsbestimmung infolge Anfechtung (§ 142 Abs. 1) keine Tilgungswirkung (§§ 362, 267) hat, stellt sich die weitere Frage, ob der Zuwendende nachträglich eine Tilgungsbestimmung dahingehend treffen darf, dass die Schuld eines Dritten getilgt werden soll?

25　　**Fall (vgl. BGHZ 106, 163):**

An einer KG sind B (Komplementär) und S (Kommanditist) beteiligt. Diese KG schuldet dem K aus Werkvertrag Werklohn in Höhe von 30.000 €. Eine OHG, an der neben T wiederum S beteiligt ist, ist dem K ebenfalls zur Zahlung von Werklohn in Höhe von 30.000 € verpflichtet. K steht mit S in brieflichem Kontakt wegen der Zahlung der Werklohnforderung der OHG, als auf dem Konto des K eine Zahlung der KG mit dem Vermerk „Zahlung Verbindlichkeit" eingeht. Weil K von der Beteiligung des S an beiden Gesellschaften weiß, geht er von einer Zahlung für die OHG aus. Als er die KG auffordert, ihre Schuld zu begleichen, beruft sich diese auf die von ihr vorgenommene Zahlung, erklärt hilfsweise die Anfechtung der „Überweisung" und „bestimmt, dass die Zahlung mittels Überweisung als Tilgung der Schuld der KG gelten" soll. Zu Recht?

Lösung:

K könnte von der KG Zahlung des Werklohnes in Höhe von 30.000 € aus § 631 Abs. 1 verlangen.

I. Der Anspruch ist wirksam entstanden.

II. Fraglich ist, ob er nachträglich erloschen ist.

1. Die Schuld könnte durch Erfüllung erloschen sein (§ 362 Abs. 1). Dazu ist erforderlich, dass der richtige Schuldner an den richtigen Gläubiger die richtige Leistung am richtigen Ort und zur richtigen Zeit erbringt. Eine Tilgungsbestimmung (vgl. § 366 Abs. 1 a. E.), durch die der Leistende den

---

[21] Vgl. *Larenz/Canaris*, SR II/2, § 70 III 3 b, S. 219.

Verwendungszweck der Zahlung bestimmt, ist grundsätzlich nicht erforderlich (so die herrschende Theorie der realen Leistungsbewirkung), aber auch nicht von Nachteil, wenn sie tatsächlich erklärt wird. Sie stellt eine einseitig empfangsbedürftige Willenserklärung (nach a. A. eine geschäftsähnliche Handlung) dar und unterliegt u. a. den §§ 133, 157 über die Auslegung von Willenserklärungen.

Die KG erklärt bei ihrer Leistung mittels Überweisung eine Tilgungsbestimmung. Mit Rücksicht auf die briefliche Korrespondenz zwischen K und S und der bekannten Beteiligung des S an der KG und der OHG ist die Tilgungsbestimmung der KG aus der Sicht eines objektiven Empfängers so zu verstehen, dass die Schuld der OHG getilgt werden soll. Der Wille der KG, eine eigene Schuld zu tilgen, ist aus objektiver Empfängersicht nicht hinreichend deutlich zum Ausdruck gekommen. Aus objektiver Empfängersicht liegt stattdessen eine (wenn auch irrtümliche) Leistung der KG als Dritten auf die (fremde) Schuld der OHG vor (§ 267).

Weil die Leistung der KG aus der maßgebenden objektiven Empfängersicht den Zweck hat, die Schuld der OHG zu tilgen, kann sie nicht zum Erlöschen der eigenen Schuld der KG führen.

2. Jedoch erklärt die KG die Anfechtung der „Überweisung".

a) Voraussetzungen: (aa) Als einseitig empfangsbedürftige Willenserklärung oder geschäftsähnliche Handlung ist die Tilgungserklärung anfechtbar (§§ 119 ff.). (bb) Die Anfechtungserklärung der KG bezieht sich auf ihre irrtumsbedingte Tilgungsbestimmung (§ 143 Abs. 1). Es liegt eine zulässige Eventualanfechtung (Rechtsbedingung) und keine unzulässig bedingte Anfechtungserklärung vor (vgl. § 388 S. 2). (cc) Als Anfechtungsgrund kommt ein Inhaltsirrtum (§ 119 Abs. 1 Alt. 1) in Betracht, weil die KG eine Tilgungsbestimmung, die auf Tilgung einer fremden Schuld gerichtet ist, nicht abgeben wollte. (dd) Die weiteren Anfechtungserfordernisse sind erfüllt.

b) Rechtsfolge: Die Tilgungsbestimmung ist deshalb ex tunc nichtig (§ 142 Abs. 1). Die für die Tilgung einer fremden Schuld erforderliche Tilgungsbestimmung (§ 267) gilt deshalb als nicht erklärt; die fremde Schuld als nicht getilgt. Daraus folgt aber nicht, dass die Zahlung automatisch die eigene Schuld tilgt („Die Anfechtung kassiert, aber reformiert nicht.").

3. Die KG könnte aber nachträglich eine Tilgungsbestimmung erklären, die bestimmt, dass die Zahlung auf ihre eigene Schuld getätigt gelten soll. Ob eine nachträgliche Tilgungsbestimmung zulässig ist, ist umstritten (vgl. oben § 11 Rn. 72).[22] Eine ausdrückliche Regelung im Gesetz ist nicht vorhanden. § 366 Abs. 1 a. E. spricht allerdings von Bestimmung „bei der Leistung".

4. Auf die Streitfrage kommt es aber nicht an, wenn die KG durch Aufrechnung (§§ 387 ff.) ihre Schuld teilweise getilgt hat.

a) Voraussetzung ist eine Aufrechnungslage (§ 387). Die KG ist dem K gegenüber zur Zahlung des Werklohnes verpflichtet. Zugleich hat die KG gegen K einen Anspruch aus § 812 Abs. 1 S. 1 Alt. 2: K erlangt 30.000 €; es liegt – infolge der Anfechtung der Tilgungsbestimmung – keine Leistung der KG an K vor; ein Rechtsgrund für die Zahlung fehlt, weil K die Zahlung der Schuld der OHG von der OHG, nicht aber von

---

[22] Offen gelassen in BGHZ 75, 299, 303 m. w. N.; 106, 163, 168.

der KG verlangen kann und K somit etwas von der KG erhält, was er nicht von ihr (sondern von der OHG) fordern kann.[23] Beide Forderungen sind gleichartig; die Forderung des K ist fällig, die Schuld der KG erfüllbar.

b) Die von der KG erklärte „Bestimmung" ist als Aufrechnungserklärung (§ 388 S. 1) auszulegen (§§ 133, 157).

c) Rechtsfolge ist, dass die Werklohnschuld der KG erloschen ist (§ 389).

III. Ergebnis: Der Anspruch des K ist unbegründet.

III. Anweisungsfälle

1. Einführung

26   In den **Anweisungsfällen** treten drei Personen auf: Angewiesener (AG), Anweisender (AW) und der Empfänger der Anweisungsleistung (Anweisungsempfänger [AE] oder Begünstigter).[24] Anweisung meint im Bereicherungsrecht nicht die (technische) Anweisung i. S. des §§ 783 ff. (= Anweisung als schriftliche Leistungsermächtigung, die demjenigen ausgehändigt wird, der den Leistungsgegenstand [meist Geld] letztlich erhalten soll), sondern ist im untechnischen Sinn zu verstehen: Gemeint ist eine Aufforderung des Anweisenden an den Angewiesenen, eine Zuwendung an den Anweisungsempfänger zu tätigen.[25] Die Anweisung stellt eine einseitig empfangsbedürftige Willenserklärung dar, für welche die allgemeinen Bestimmungen über Willenserklärungen gelten.

27   Das Verhältnis zwischen dem Anweisenden und Angewiesenen bezeichnet man als Deckungsverhältnis, das zwischen Anweisendem und Anweisungsempfänger als Valutaverhältnis und das Verhältnis zwischen Angewiesenem und Anweisungsempfänger als Zuwendungsverhältnis. Von Deckungsverhältnis spricht man, weil der Angewiesene in diesem Verhältnis für seine Tätigkeit Deckung, d. h. einen Gegenwert bekommt z. B. die Forderung aus einem Kredit- oder Girovertrag. Von Valutaverhältnis wird gesprochen, weil die Zahlung des Angewiesenen dem Anweisenden als seine Leistung an den Anweisungsempfänger zugerechnet wird („die valuta fließt also in diesem Verhältnis").[26]

---

[23] Liegen die Voraussetzungen des § 267 Abs. 1 vor, so kann der Dritte beim Gläubiger grundsätzlich nicht kondizieren. Der Gläubiger hat das erhalten, was ihm aufgrund des Anspruchs gegen seinen Schuldner zusteht. Die Schuld, auf welche die Zahlung des Dritten erfolgt ist, bildet den Rechtsgrund – auch im Verhältnis zwischen Dritten und Gläubiger. Anders ist dies im Fall der Anfechtung der Tilgungsbestimmung.

[24] Zur Terminologie vgl. § 783 BGB.

[25] Zur Anweisung E. *Ulmer*, AcP 126 (1926), 129, 130 f.

[26] MünchKomm/*Hüffer*, § 783, Rn. 4.

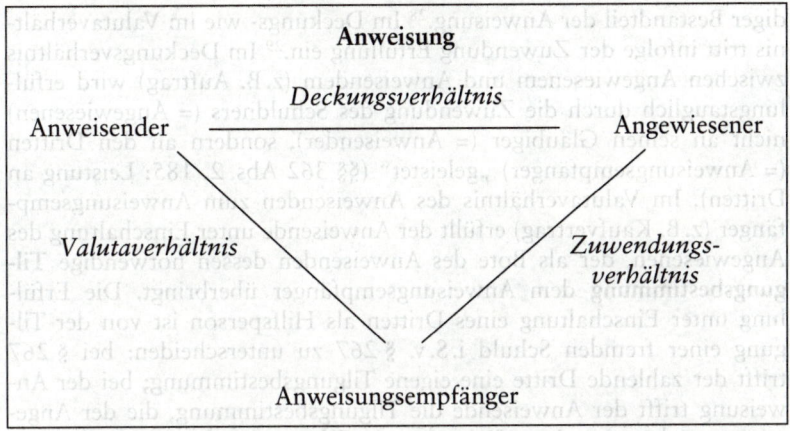

Der Anweisende weist den Angewiesenen an, dem Anweisungs-   28
empfänger bzw. Begünstigtem etwas zuzuwenden, etwa die Zahlung
von Geld. Das Valutaverhältnis stellt regelmäßig ein (vertragliches)
Schuldverhältnis dar: Der Anweisende ist gegenüber dem Anweisungsempfänger zu einer Leistung (Zahlung) verpflichtet. Das Deckungsverhältnis besteht häufig in einem Auftrag, welcher den Angewiesenen
(Auftragnehmer) verpflichtet, eine Zuwendung an den Anweisungsempfänger zu tätigen. Im Verhältnis Angewiesener zu Anweisungsempfänger wird die Zuwendung tatsächlich vollzogen (etwa die Zahlung von
Geld).

a) Bereicherungsrechtliche Problematik

Die Zuwendung stellt im bereicherungsrechtlichen Sinne (regelmä-   29
ßig) keine Leistung des Angewiesenen an den Anweisungsempfänger
dar. Denn aus der maßgebenden (objektiven) Sicht des Empfängers[27]
verfolgt der Zuwendende (Angewiesenen) gegenüber dem Empfänger
keinen Leistungszweck. Aus Sicht des Empfängers liegt vielmehr eine
Leistung des Anweisenden vor, die dieser unter Einschaltung des Angewiesenen erbringt. Die Zuwendung stellt bereicherungsrechtlich also
eine Leistung des Anweisenden an den Anweisungsempfänger dar.
Gleichzeitig ist die Zuwendung aber auch eine Leistung des Angewiesenen an den Anweisenden; denn der Angewiesene will durch die Zuwendung (gegenüber dem Empfänger) seine Verpflichtung gegenüber
dem Anweisenden erfüllen.

b) Erfüllungsrechtliche Problematik

Erfüllungsrechtlich ergibt sich Folgendes: Mit der Zuwendung über-   30
bringt der Angewiesene zugleich als Bote eine Tilgungsbestimmung des
Anweisenden an den Empfänger; die Tilgungsbestimmung ist notwen-

---

[27] Vgl. BGHZ 87, 393, 399.

diger Bestandteil der Anweisung.[28] Im Deckungs- wie im Valutaverhältnis tritt infolge der Zuwendung Erfüllung ein.[29] Im Deckungsverhältnis
zwischen Angewiesenem und Anweisendem (z. B. Auftrag) wird erfül-
lungstauglich durch die Zuwendung des Schuldners (= Angewiesenen)
nicht an seinen Gläubiger (= Anweisender), sondern an den Dritten
(= Anweisungsempfänger) „geleistet" (§§ 362 Abs. 2, 185: Leistung an
Dritten). Im Valutaverhältnis des Anweisenden zum Anweisungsempfänger (z. B. Kaufvertrag) erfüllt der Anweisende unter Einschaltung des
Angewiesenen, der als Bote des Anweisenden dessen notwendige **Tilgungsbestimmung** dem Anweisungsempfänger überbringt. Die Erfüllung unter Einschaltung eines Dritten als Hilfsperson ist von der Tilgung einer fremden Schuld i. S. v. § 267 zu unterscheiden: bei § 267
trifft der zahlende Dritte eine eigene Tilgungsbestimmung; bei der Anweisung trifft der Anweisende die Tilgungsbestimmung, die der Angewiesene (als aus seiner Sicht fremde Tilgungsbestimmung) als Bote
überbringt.

2. Wirksame Anweisung

31   Für die bereicherungsrechtliche Beurteilung der Anweisungsfälle ist
zwischen den Fällen der wirksamen Anweisung und den Fällen der fehlerhaften Anweisung (vgl. unten § 13 Rn. 42 ff.) zu unterscheiden.

a) Nichtigkeit des Deckungsverhältnisses

32   Ein Mangel im Deckungsverhältnis kann auftreten, wenn das zwischen Anweisendem und Angewiesenem bestehende Rechtsverhältnis
aus irgendwelchen Gründen nichtig ist.

> **Beispiel:**
> Der erteilte Auftrag oder der bestehende Geschäftsbesorgungsvertrag (etwa
> Bankvertrag) ist wegen § 105 Abs. 2 nichtig.
> In diesem Fall kann der Angewiesene, der auf der Grundlage des vermeintlich
> bestehenden Vertrages eine Zuwendung an den Anweisungsempfänger erbracht
> hat, nur bei seinem Vertragspartner, dem Anweisenden, nach § 812 Abs. 1 S. 1
> Alt. 1 kondizieren.

33   Eine Eingriffskondiktion des Angewiesenen gegen den Anweisungsempfänger kommt nicht in Betracht. Es fehlt zwar nicht an der für
die Nichtleistungskondiktion erforderlichen Unmittelbarkeit der Vermögensverschiebung (vgl. oben § 11 Rn. 14 ff.).[30] Eine Nichtleistungskondiktion gegenüber dem Anweisungsempfänger scheitert aber am

---

[28] Anders im Fall des § 267: Im Fall des § 267 gibt der zuwendende Dritte eine
eigene Tilgungsbestimmung ab; so die h. L.

[29] Vgl. dazu *Larenz/Canaris*, SR II/2, § 67 II 1 d, S. 133; MünchKomm/*Lieb*, § 812
Rn. 31 a; *Reuter/Martinek*, § 10 I, S. 387 ff.

[30] *Larenz/Canaris* (SR II/2, § 70 II 1 c, S. 203 f.) führen das Abstraktionsprinzip als
entscheidendes Wertungskriterium zur Begründung dafür an, dass eine Direktkondiktion nicht in Frage kommt. Ihm könne die rechtliche Wertung entnommen werden, die eine Nichtleistungskondiktion bzw. Direktkondiktion ausschließe.

Grundsatz des Vorrangs der Leistungskondiktion (vgl. oben § 9
Rn. 18 ff. und § 13 Rn. 6 ff.).

Umstritten ist, was der Anweisende vom Angewiesenen durch dessen   34
Zuwendung an den Anweisungsempfänger erlangt hat. Nach h. M. hat
er die Befreiung von seiner Verbindlichkeit gegenüber dem Anweisungsempfänger erlangt, indem der Angewiesene weisungsgemäß die
Zuwendung getätigt hat und damit die Schuld des Anweisenden gegenüber dem Anweisungsempfänger erloschen ist (§ 362).[31] Nach anderer
Ansicht soll der Anweisende – unter normativen Gesichtspunkten – den
vom Angewiesenen an den Anweisungsempfänger zugewendeten Gegenstand erlangt haben; die Zuwendung sei als eine Leistung des Angewiesenen an den Anweisenden anzusehen, weshalb der Angewiesene
so zu behandeln sei, als habe er das Geleistete selbst erlangt.[32] Da der
Angewiesene das Erlangte – gleich, welcher Ansicht man folgt – nicht
herausgeben kann, ist er zum Wertersatz verpflichtet (§ 818 Abs. 2).

Auf den Wegfall der Bereicherung (§ 818 Abs. 3) kann sich der Anweisende auch dann nicht berufen, wenn man mit der Mindermeinung
den Gegenstand der Zuwendung selbst als erlangt ansieht. Denn der
Anweisende hat eigene Aufwendungen erspart, die er hätte tätigen müssen, wenn er selbst das Geschuldete dem Anweisungsempfänger zugewendet hätte (vgl. oben § 12 Rn. 17 f.).

Fall (BGHZ 88, 232):   35

Der Notar N soll im Auftrag des Grundstücksverkäufers V den Kaufpreis, den
er vom Käufer erhalten hat, dazu verwenden, die auf dem Kaufgrundstück
ruhenden Grundpfandrechte abzulösen; den übrig bleibenden Betrag soll er
an den Bruder des Verkäufers (B) auszahlen. Nachdem N dies getan hat,
stellt er fest, dass er ein Grundpfandrecht vergessen hat. Nach dessen Ablösung verlangt N von B den dazu erforderlichen Betrag von 4.000 € zurück. Zu
Recht?

Lösung:

I. N hat keinen Anspruch aus § 812 Abs. 1 S. 1 Alt. 1 (Leistungskondiktion).

B erlangt den Restbetrag, jedoch nicht durch Leistung des N. Es liegt ein typisches Dreiecksverhältnis vor, verbunden mit einer abgekürzten Auszahlung.
Im Deckungsverhältnis zwischen N und V besteht ein Auftrag, im Valutaverhältnis zwischen V und B ein Schenkungsvertrag. Die Zuwendung erfolgt
zwar unmittelbar zwischen N und B, sie stellt aber (bereicherungsrechtlich)
eine Leistung des N an V zum Zweck der Erfüllung des Auftrages und des
V an B schenkungshalber, also eine Leistung „übers Eck" („abgekürzte" Auszahlung), dar. Im Verhältnis N-B fehlt ein Leistungszweck und damit eine
Leistung.

---

[31] *Esser/Weyers*, BT/2 § 48 III m. w. N.
[32] MünchKomm/*Lieb*, § 812 Rn. 43 m. w. N.

II. N könnte einen Anspruch aus § 812 Abs. 1 S. 1 Alt. 2 (Nichtleistungskondiktion) haben. Es stellt sich die Frage, ob N einen direkten Anspruch gegen B entgegen den Leistungsbeziehungen hat.

1. B erlangt von N 4.000 € durch Nichtleistung rechtsgrundlos.

2. Jedoch vollzieht sich eine Rückabwicklung grundsätzlich innerhalb der jeweiligen Leistungsverhältnisse (hier also im Deckungsverhältnis). Allerdings verbietet sich bei der bereicherungsrechtlichen Behandlung von Vorgängen, an denen mehr als zwei Personen beteiligt sind, jede schematische Lösung, so der BGH. Es kommt auf die Besonderheiten des Einzelfalles an. Diese bestehen hier darin, dass B den Restbetrag im Valutaverhältnis unentgeltlich erhält.

Der BGH bejaht (ausnahmsweise) bei fehlerhaftem Deckungsverhältnis zwischen dem Anweisenden und Angewiesenen (hier keine Anweisung des V an den Notar, das zur Ablösung benötigte Geld an den B auszuzahlen) einen unmittelbaren Bereicherungsanspruch des Angewiesenen gegen den Leistungsempfänger, wenn der Empfänger nach der mit dem Anweisenden im Valutaverhältnis getroffenen Regelung die Leistung unentgeltlich erhält und in der Person des Anweisenden die Voraussetzungen des §§ 818 Abs. 4, 819 nicht vorliegen. Begründungsansätze:

– Den §§ 816 Abs. 1 S. 2, 822 ist der allgemeine Rechtsgedanke zu entnehmen, dass die Interessen des unentgeltlich Bedachten zurücktreten müssen, wenn es um eine rechtsgrundlose Rechtsänderung geht (so RG JW 1934, 2458).

– Die typische Schwäche des unentgeltlichen Erwerbs rechtfertige die Herausgabeverpflichtung.

– In der Literatur wird §§ 816 Abs. 1 S. 2, 822 analog als Anspruchsgrundlage vorgeschlagen.[33]

– Die Zahlung kann dem Verkäufer nicht als Leistung zugerechnet werden (weil von der Anweisung nicht gedeckt). Der Zahlungsempfänger verdient keinen Vertrauensschutz, weil er weiß, dass er nur den „Überrest" nach Ablösung aller Pfandrechte erhalten soll.[34]

3. N kann von B (ausnahmsweise) direkt Erstattung von 4.000 € verlangen.

36   **Beispiel:**
Die klagende Bank zahlt entsprechend einer wirksamen Weisung der Beklagten die Darlehenssumme an den Dritten aus, der eine Forderung gegen den Sohn der Beklagten hat. Nachdem sich die Sittenwidrigkeit des Darlehensvertrages zwischen der klagenden Bank und dem Beklagten herausgestellt hat, fordert die Klägerin von der Beklagten Rückzahlung des Kapitals. Begründet ist ein Anspruch aus § 812 Abs. 1 S. 1 Alt. 1. Die Zuwendung der Klägerin an den Dritten stellt – bereicherungsrechtlich – eine Leistung der Klägerin an die Beklagte und eine Leistung der Beklagten an den Dritten dar. Bei wirksamer Anweisung findet deshalb der bereicherungsrechtliche Ausgleich zwischen den jeweiligen Vertragsparteien, hier also zwischen der Klägerin und der Beklagten, statt. Ein Bereicherungsanspruch des Angewiesenen gegen den Dritten ist grundsätzlich ausgeschlossen. OLG Hamm: „Zahlt der Kreditgeber das Darlehen weisungsgemäß an einen Dritten aus, ist im Falle der Nichtigkeit des Vertrags (§ 138) der Darlehensnehmer zur bereicherungsrechtlichen Rückerstattung des Kapitals verpflichtet. Er muss sich so behandeln lassen, als habe zunächst er die Leistung empfan-

---

[33] *Erman/Westermann*, § 812, Rn. 35 m. w. N.
[34] Vgl. *Larenz/Canaris*, SR II/2, § 70 IV 4 b, S. 234.

gen und sodann selbst an den Dritten weitergeleitet" (OLG Hamm WM 1986, 1216).

b) Nichtigkeit des Valutaverhältnisses

Bei einem Mangel im Valutaverhältnis kommt (grundsätzlich) nur eine Rückabwicklung im Verhältnis der Parteien des Valutaverhältnisses, also zwischen Anweisendem und Anweisungsempfänger, in Frage. Nur dieses Leistungsverhältnis ist mangelhaft. Der Anweisende hat gegenüber dem Anweisungsempfänger einen Anspruch aus § 812 Abs. 1 S. 1 Alt. 1. **37**

c) Doppelmangel

Im Fall eines Doppelmangels ist sowohl das Deckungs- als auch das Valutaverhältnis nichtig, die vom Anweisenden an den Angewiesenen erteilte Anweisung dagegen wirksam. Insoweit ist zu berücksichtigen, dass die bereicherungsrechtliche Anweisung eine eigenständige empfangsbedürftige Willenserklärung ist (vgl. § 13 Rn. 26), die von der Wirksamkeit des Deckungsverhältnisses grundsätzlich unabhängig ist.[35] **38**

Nach h. M. kommt eine Direktkondiktion des Angewiesenen gegen den Anweisungsempfänger grundsätzlich nicht in Betracht, sondern nur eine bereicherungsrechtliche Rückabwicklung „übers Eck".[36] Der Angewiesene muss beim Anweisenden, also bei seinem Vertragspartner im Deckungsverhältnis, und der Anweisende beim Anweisungsempfänger, also bei seinem Vertragspartner im Valutaverhältnis, kondizieren. Der Grund dafür ist, dass bei einer Direktkondiktion sowohl dem letzten Glied einer dreigliedrigen Bereicherungskette als auch dem Zwischenmann seine Einwendungen, Aufrechnungsmöglichkeiten und Gegenrechte gegen den jeweiligen Vormann abgeschnitten würden.[37] Ausnahmsweise kommt eine Direktkondiktion des Angewiesenen gegen den Anweisungsempfänger dann in Betracht, wenn das Deckungsverhältnis unwirksam ist und im Valutaverhältnis eine unentgeltliche Leistung vorliegt (vgl. §§ 816 Abs. 1 S. 2, 822). Das Reichsgericht und der BGH gingen bzw. gehen bisher im Fall eines Doppelmangels dagegen generell von einer Direktkondiktion aus.[38]

Fraglich ist, worin das vom Anweisenden erlangte Etwas besteht.[39] Die früher h. M. ging davon aus, dass der Anweisende den Bereicherungsanspruch gegen den Anweisungsempfänger erlangt hat; diesen müsse er an den Angewiesenen herausgeben, also abtreten. Dies führt zu einer **Kondiktion der Kondiktion**. Dies aber hat trotz der Abwicklung „übers Eck" im Ergebnis zur Folge, dass sich der Angewiesene die **39**

---

[35] Zur Abstraktheit der Anweisung vgl. MünchKomm/*Hüffer*, § 783 Rn. 6.
[36] Vgl. *Larenz/Canaris*, SR II/2, § 70 II 2 a, S. 204 f. m. w. N.
[37] Vgl. BGHZ 48, 70, 71 f.
[38] BGHZ 36, 30, 32; 37, 363, 368 ff. für die entsprechende Anwendung des § 816 Abs. 1 S. 2; BGH JZ 1962, 404, 405; offen gelassen, ob daran fest zu halten ist, in BGHZ 147, 269, 275 und NJW 1989, 2879, 2881.
[39] Nachweise zu den vertretenen Ansichten bei MünchKomm/*Lieb*, § 812 Rn. 48.

Einwendungen des Anweisungsempfängers entgegenhalten lassen muss (vgl. § 404) und dessen Insolvenzrisiko trägt („Kumulierung der Einwendungen und des Konkursrisikos"), obwohl er mit dem Anweisungsempfänger keine Rechtsbeziehung intendierte. Wegen dieser Bedenken soll nach anderer (normativer) Ansicht der Anweisende den Leistungsgegenstand selbst erlangt haben, den der Angewiesene dem Anweisungsempfänger zugewendet hat; da der Anweisende den Leistungsgegenstand nicht herausgeben kann, muss er Wertersatz leisten (§ 818 Abs. 2). Dem ist mit Rücksicht darauf, dass eine Kumulation von Risiken beim AG zu vermeiden sind (vgl. zu den maßgeblichen Wertungskriterien oben § 13 Rn. 4), zuzustimmen.

40   **Fall (BGHZ 48, 70):**

K will von der X-KG deren Filialgeschäfte kaufen. In Erwartung eines Vertragsschlusses zahlt er im allseitigen Einverständnis an B, einen Gesellschafter der KG, 5.000 €. Es liegt ein wirksamer Gesellschaftsbeschluss vor, nach welchem dem B wegen der Vorausleistung durch K im Hinblick auf den vorgesehenen Kaufvertrag ein besonderes Entnahmerecht aus dem Gesellschaftsvermögen zusteht. Nachdem die Vertragsverhandlungen gescheitert sind, verlangt K von B Ersatz. Zu Recht?

Lösung:

K könnte von B Ersatz aus § 812 Abs. 1 S. 1 Alt. 2 (Direktkondiktion) haben.

1. B erlangt 5.000 €.

2. Eine Leistung liegt im Verhältnis K zu B nicht vor. Die Zuwendung des K an B stellt – aus der Sicht eines objektiven Empfängers betrachtet – bereicherungsrechtlich eine Leistung des K an die KG und der KG an B dar: K zahlt auf die (zukünftige) Kaufpreisschuld; die KG erfüllt ein Entnahmerecht des Gesellschafters B. Zwischen K und B liegt also eine Nichtleistung vor.

3. Es wird ohne Rechtsgrund gezahlt.

4. Fraglich ist aber, ob nicht die Leistungsbeziehung zwischen K und der KG sowie zwischen der KG und B vorgeht (sog. Vorrang der Leistungskondiktion). Auch im Fall einer Leistungskette kann nach der Rechtsprechung eine Direktkondiktion ausnahmsweise in Betracht kommen, wenn ein Fall eines Doppelmangels vorliegt, in dem das Valuta- und Deckungsverhältnis mangelhaft sind, also in beiden Verhältnissen ein Kausalverhältnis nicht oder nicht mehr besteht. Ob dem zu folgen ist, ist umstritten. Einer Stellungnahme bedarf es aber nur dann, wenn überhaupt ein Doppelmangel vorliegt.

   a) Weil der Kaufvertrag zwischen K und der KG nicht zustandgekommen ist, hat K gegen die KG einen Anspruch aus § 812 Abs. 1 S. 2 Alt. 2 (Zweckverfehlungskondiktion). Das Deckungsverhältnis ist mangelhaft.

   b) Aber auch das Valutaverhältnis zwischen der KG und B müsste mangelhaft sein. Jedoch ergibt sich in diesem Fall ein Rückgewähranspruch der KG nicht aus Bereicherungsrecht, sondern auf Grund eines vertraglichen Rückgewähranspruchs. Nach dem Gesellschaftsbeschluss sollte B ein Entnahmerecht im Fall des Zustandekommens des Kaufvertrages

haben; im Fall des Scheiterns des Vertragsschlusses besteht ein vertraglicher Rückgewähranspruch.

c) Weil deshalb kein Doppelmangel vorliegt, greift die Erwägung nicht, aus
der eine (ausnahmsweise) Direktkondiktion im Fall eines Doppelmangels abgeleitet wird („Unnötiger Umweg, wenn K sich an den Erstver-
pflichteten verweisen lassen müsste."). Eine Haftung aus Vertrag
schließt die aus Bereicherung aus und geht ihr vor. Ein Eingriff in die
Vertragsbeziehung durch eine Direktkondiktion ist weder begründbar
noch haltbar.[40] Es fehlt die für eine Direktkondiktion erforderliche unun-
terbrochene Kette von Bereicherungsansprüchen.

5. K hat keinen Anspruch gegen B. Er muss sich an die KG wenden.

d) Zusammenfassung

Anweisungsfälle bei wirksamer Anweisung   41
– Leistung „übers Eck" –

I. Leistung „übers Eck" aufgrund wirksamer Anweisung
– maßgebende Sicht des Zuwendungsempfängers
– Zuwendung des Angewiesenen an den Anweisungsempfänger
(= Zuwendungsempfänger = Begünstigter) im Zuwendungs-
verhältnis
– Leistung des Angewiesenen an den Anweisenden im
Deckungsverhältnis und eine Leistung des Anweisenden an
den Anweisungsempfänger im Valutaverhältnis

II. Kondiktionsverhältnisse
1. Nichtigkeit des Deckungsverhältnisses:
– Kondiktion des Angewiesenen (= Zuwendender) beim
Anweisenden (§ 812 Abs. 1 S. 1 Alt. 1)
– Keine Eingriffskondiktion des Angewiesenen gegen den
Anweisungsempfänger (§ 13 Rn. 31 ff.)
2. Nichtigkeit des Valutaverhältnisses:
– Kondiktion des Anweisenden gegen den Anweisungsempfänger (§ 812 Abs. 1 S. 1 Alt. 1) (§ 13 Rn. 37)
3. Doppelmangel (Nichtigkeit von Deckungs- und Valutaverhältnis):
– Keine Direktkondiktion des Angewiesenen beim
Anweisungsempfänger (§ 13 Rn. 38 ff.)
– sondern Doppelkondiktion (h. M.): Angewiesener kondiziert beim Anweisenden (Deckungsverhältnis) und Anweisender beim Anweisungsempfänger (Valutaverhältnis)
– P: erlangtes Etwas durch den Anweisenden: Kondiktion
(mit der Folge: Kondiktion der Kondiktion) oder Zuwen-
dungsgegenstand (normative Betrachtung).

---

[40] So BGHZ 48, 70, 75.

3. Anweisungsfälle bei „Fehler" in der Anweisung

42   Es gibt Anweisungsfälle, in denen – im Gegensatz zu den oben § 13 Rn. 26ff. behandelten Grundfällen – die **Anweisung** selbst **fehlt** oder **unwirksam** ist.

Beispiele:
– „Angewiesener" nimmt eine Anweisung des „Anweisenden" nur irrtümlich an; eine solche hat in Wirklichkeit niemals vorgelegen.
– Anweisender hat seine Anweisung vor der Auszahlung widerrufen.
– Die Anweisung ist aus Rechtsgründen nichtig.

43   Auch in diesen Fällen stellt sich die bereicherungsrechtliche Frage, ob der (vermeintlich) Angewiesene direkt beim Anweisungsempfänger kondizieren kann (Direktkondiktion) oder ob eine Rückabwicklung „übers Eck" (also [vermeintlich] Angewiesener muss beim [vermeintlich] Anweisenden und dieser beim Anweisungsempfänger kondizieren) zu vollziehen ist. Schuldrechtlich ergibt sich die Frage, ob trotz fehlerhafter Anweisung im Valutaverhältnis Erfüllung (§ 362) eintritt, wenn der (vermeintlich) Angewiesene den Gegenstand dem Anweisungsempfänger zuwendet, den der (vermeintlich) Anweisende dem Anweisungsempfänger (etwa aus Vertrag) schuldet.

a) Allgemeines

aa) Kondiktionsansprüche

44   Die herrschende Lehre geht davon aus, dass bei Fehlen oder Unwirksamkeit der Anweisung eine Direktkondiktion des Angewiesenen gegen den Anweisungsempfänger infrage kommen kann. Mit Rücksicht auf den Leistungsbegriff (vgl. oben § 10 Rn. 9ff.) wird es sich dabei um eine Nichtleistungskondiktion (§ 812 Abs. 1 S. 1 Alt. 2) handeln, weil der Angewiesene gegenüber dem Anweisungsempfänger keinen eigenen Leistungszweck verfolgt.[41]

45   Die Rechtsprechung stellt zur Begründung einer Direktkondiktion darauf ab,
– dass sich in derartigen Fällen die Zahlung des Angewiesenen aus der Sicht des Zahlungsempfängers jedenfalls dann nicht als Leistung des Anweisenden darstellt, wenn der Zahlungsempfänger das Fehlen der Anweisung kannte oder kennen musste.[42]
– Zusätzlich wird auf Zurechenbarkeit und Veranlassung abgestellt.[43] Insoweit kommt es auf ein Verhalten des Anweisenden an, das die Zahlung veranlasst haben kann.

46   Es liegt damit ein **Rechtsscheinsproblem** (Zurechnungs- und Gutglaubensproblem) vor.[44] Deshalb können die §§ 170ff. analog an-

---

[41] Vgl. BGHZ 152, 307; *Medicus*, BR, Rn. 676f.; noch offen gelassen von BGHZ 66, 372, 376; 67, 75, 80; 87, 393, 398.
[42] BGHZ 88, 232, 236; 111, 382, 386.
[43] BGHZ 111, 382, 386; BGH ZIP 1990, 1126 r. Sp.; NJW 2005, 3213ff.
[44] Vgl. BGHZ 147, 145; BGH NJW 152, 307.

gewendet werden. Ob der Anweisungsempfänger (Begünstigte) einer Direktkondiktion des Angewiesenen nicht ausgesetzt ist bzw. ob eine Leistung des Anweisenden an den Anweisungsempfänger vorliegt, entscheidet sich nach Zurechnungs- und Gutglaubensgesichtspunkten:

– Nur wenn der Anweisende eine Auszahlung in zurechenbarer Weise veranlasst hat, kann von einer Leistung des Anweisenden an den Anweisungsempfänger gesprochen werden (zurechenbare Veranlassung als notwendige Voraussetzung für Leistung des Anweisenden an Anweisungsempfänger).

– Nur wenn der Anweisungsempfänger gutgläubig ist, das Fehlen der Anweisung nicht kennt und vielmehr von einer wirksamen Anweisung ausgehen kann, liegt – vom Empfängerhorizont aus betrachtet (vgl. oben § 10 Rn. 13) – eine Leistung des Anweisenden an den Anweisungsempfänger vor (Gutgläubigkeit als hinreichende Voraussetzung für Leistung des Anweisenden an Anweisungsempfänger).

Auf der Grundlage der Rechtsprechung kann man eine Direktkondiktion unter zwei Voraussetzungen verneinen, (1) dass eine Zurechnung der Zuwendung als Leistung des AW ausgeschlossen ist und (kumulativ) (2) dass Kenntnis des Zahlungsempfängers vom Fehler in der Anweisung vorliegt bzw. es auf dessen Unkenntnis ausnahmsweise nicht ankommt.[45]   **47**

Es ergeben sich folgende Alternativen:

– Liegen eine Veranlassung der Zuwendung und Gutgläubigkeit vor, so liegt eine Leistung („übers Eck") des AW an AE vor. Die Leistung des AW an AE schließt die Eingriffs- bzw. Direktkondiktion des AG gegen AE aus.

– Liegt ein Veranlassung der Zuwendung oder Gutgläubigkeit nicht vor, so kann AE von einer Leistung des AW an sich nicht ausgehen; dann ist der AE einer Nichtleistungskondiktion des AG ausgesetzt. Eine Drittleistung (§ 267) liegt tatbestandlich regelmäßig nicht vor.

bb) Erfüllungsproblem

Fraglich ist, ob sich der Anweisungsempfänger gegenüber dem Anweisenden als seinem Schuldner im Valutaverhältnis auf Erfüllung berufen kann, weil er (der Anweisungsempfänger) nur das bekommen hat, was er im Valutaverhältnis zu fordern berechtigt ist. Unter der zutreffenden Voraussetzung, dass Erfüllung in Fällen, in denen eine Zuwendung nicht ohne weiteres einer Schuld zugeordnet werden kann, nur bei einer entsprechenden Tilgungsbestimmung eintritt,[46] ergibt sich Folgendes: Bei Fehlen oder Unwirksamkeit der Anweisung fehlt dem Angewiesenen zugleich die Botenmacht zur Überbringung einer Tilgungsbestimmung des Anweisenden an den Anweisungsempfänger. Mangels Tilgungsbestimmung kann Erfüllung nicht eintreten. Erfüllung i. S. des   **48**

---

[45] Vgl. BGHZ 147, 145; BGHZ 152, 307.
[46] So die Theorie der realen Leistungsbewirkung sowie – im Ergebnis – auch die Theorie der finalen Leistungsbewirkung (vgl. Palandt/*Grüneberg*, § 362 Rn. 5, 7).

§ 362 kann dann nur unter Rechtsscheinsgesichtspunkten (Rechtsschein einer Botenmacht, §§ 170 ff. analog) in Betracht kommen.[47]

Beispiel:
Z ist dem B aus Darlehen verpflichtet. Z, selbst Postbeamter, stellt eine Postanweisung aus, die er an die Post(stelle) absendet und eine Auszahlung an B bewirken soll. Der Postanweisungsvertrag ist unwirksam.[48]

Die Zahlung der Post an B ist – bereicherungsrechtlich – als eine Leistung der Post an Z und des Z an B anzusehen. Davon kann der Zahlungsempfänger B – auch aufgrund des Postanweisungsformulars – berechtigterweise ausgehen. Die Zahlung bringt die Schuld des Z gegenüber B (trotz materiell unwirksamer Anweisung) zum Erlöschen, so das RG. Begründen lässt sich das wohl mit § 172 Abs. 2 analog. Die Vorschrift begründet den Rechtsschein einer Tilgungsbestimmung, welche durch das Postanweisungsformular veranlasst ist und welche die Post als Botin des Schuldners Z dem gutgläubigen B überbringt. Damit kann die Zahlung der Schuld des Z gegenüber B eindeutig zugeordnet werden und Tilgungswirkung haben.

b) Fehlen, Unwirksamkeit und Widerruf einer Anweisung oder eines Schecks

aa) Fehlen und Unwirksamkeit einer Anweisung

49   In bestimmten Konstellationen fehlt die Anweisung des Anweisenden an den Angewiesenen auf Zahlung an den Anweisungsempfänger (Begünstigten) von Anfang an oder ist nichtig oder unwirksam.

Beispiel:
Z ist dem B zur Zahlung einer Schuld verpflichtet. K zahlt irrtümlich zum zweiten Mal an B, nachdem er schon einmal aufgrund wirksamer Anweisung der Z an B gezahlt hat. K verlangt von B Ersatz (OLG Hamburg NJW 1983, 1499).
Das OLG Hamburg bejaht eine Direktkondiktion des K gegen B aus § 812 Abs. 1 S. 1 Alt. 1 (richtig wohl Alt. 2 [Nichtleistungskondiktion]). Eine Zahlungsanweisung für die zweite Zahlung fehlt. Es fehlt damit an einer dem Z zurechenbaren Anweisung. Weil und wenn dem „Anweisungsempfänger" (= B) das Fehlen einer Anweisung ersichtlich ist, liegt aus dessen Sicht keine Leistung des Zahlenden (= K) an B vor; er muss die Zuwendung auf den sie unmittelbar bewirkenden Beteiligten beziehen.

50 | **Fall (BGHZ 66, 372):** |
|---|

S weist seine Bank B durch Überweisungsauftrag an, 1.000 € auf das Konto des D zu überweisen. Wegen eines Versehens eines Angestellten der B wird das Geld jedoch auf das Konto des G transferiert. B fordert nunmehr von G Rückzahlung. Zu Recht?

Lösung:

Rückzahlungsanspruch der B gegen G
1. Anspruch aus § 812 Abs. 1 S. 1 Alt. 1?
   G erlangt einen Vermögensvorteil, nämlich eine (kontokorrentgebundene) Forderung des G gegen seine kontoführende Bank. Es fehlt aber an einer

---

[47] Vgl. *Wendehorst*, in: Bamberger/Roth, § 812 Rn. 160.
[48] Vgl. zu den Gründen RGZ 60, 24 „Postanweisung"-Fall".

Leistung der B, weil der Überweisung selbst aus der Sicht des Empfängers (G) kein Leistungszweck seitens der B zugrunde liegt. Deshalb ist ein Anspruch aus § 812 Abs. 1 S. 1 Alt. 1 unbegründet.

2. Anspruch aus § 812 Abs. 1 S. 1 Alt. 2 (allgemeine Nichtleistungskondiktion)?

a) Zwar erlangt G einen Vermögensvorteil durch Nichtleistung des B.

b) Problematisch ist aber, ob eine (im Rahmen der Rückabwicklung vorrangige) Leistung des S in Betracht kommt. Gegenüber G verfolgt der S keinen Leistungszweck; seine Anweisung bezieht sich allein auf den D. S veranlasst die Zuwendung an G auch nicht zurechenbar, weil seine Anweisung eindeutig zugunsten D ausgestellt ist. Dementsprechend fehlt es auch an einem schutzwürdigen Vertrauen des G. Der Fall ist auch nicht mit dem des späteren Widerrufs vergleichbar; dort liegt eine zurechenbare Veranlassung vor. Es fehlt also an einer Leistung des S und damit an einer vorrangigen Leistungsbeziehung zwischen S und G.

c) Die übrigen Anspruchsvoraussetzungen liegen vor.

d) Fraglich ist allerdings die Rechtsfolge im Hinblick auf den erlangten Vermögensvorteil. Die Forderung gegen die Bank ist kontokorrentgebunden; sie hat ihre rechtliche Selbständigkeit verloren. Mithin kann sie nicht zurückgewährt werden. Daher ist gemäß § 818 Abs. 2 Wertersatz zu leisten.

e) Ergebnis: Anspruch B gegen G aus § 812 Abs. 1 S. 1 Alt. 2 (+)

Vgl. auch oben § 10 Rn. 18.

Fall (BGHZ 111, 382): 51

S nimmt bei der Bank B ein Darlehen über 7.000 € auf und weist die B an, die Darlehensvaluta nicht an ihn selbst, sondern an seinen Gläubiger G auszuzahlen. Später stellt sich jedoch heraus, dass S bereits zum Zeitpunkt der Kreditaufnahme geschäftsunfähig war. Kondiktionsansprüche der B?

Lösung:

1. Anspruch der B gegen G aus § 812 Abs. 1 S. 1 Alt. 1?
Der Anspruch scheitert, weil es an einer Leistung der B an den G fehlt. B verfolgt – vom Empfängerhorizont aus betrachtet – keinen eigenen Leistungszweck gegenüber G. Eine Drittleistung i. S. des § 267 liegt nicht vor.

2. Anspruch B gegen G aus § 812 Abs. 1 S. 1 Alt. 2?

a) G erlangt das Geld (kontokorrentgebundene Forderung gegen die Bank).

b) Der Nichtleistungskondiktion könnte aber entgegenstehen, dass G die Zahlung i. H. von 7.000 € durch eine (vorrangige) Leistung erlangt, wobei hier nur eine Leistung des S an G in Betracht kommt. Grundsätzlich ist in Anweisungsfällen eine Rückabwicklung in dem jeweiligen (mangelhaften) Leistungsverhältnis vorzunehmen. Anders ist dies aber dann, wenn es von vornherein an einer wirksamen Anweisung sowie an einer wirksamen Zweckbestimmung fehlt: Die Zahlung kann dem Anweisenden dann nicht als seine Leistung zugerechnet werden. Wegen der Geschäftsunfähigkeit des Anweisenden ist die Anweisung (einseitiges Rechtsgeschäft) und auch die Tilgungsbestimmung (rechtsgeschäftsähnliche Handlung), die der Angewiesene als Bote überbringt, nichtig (§ 105 Abs. 1). Dieser Fall steht dem der von vornherein fehlenden Anweisung gleich; zwischen dem Angewiesenen und dem Dritten findet ein Bereicherungsausgleich statt. Es liegt deshalb keine zurechenbare Leistung des S an G vor.[49]

Selbst wenn aus dem Empfängerhorizont des G eine Leistung des S an G vorläge, muss in diesem Fall der Schutz des Zahlungsempfängers dem Schutz des Geschäftsunfähigen weichen, sodass es ausnahmsweise auf den Empfängerhorizont nicht ankommt.

Daher keine Leistung des S an G, kein Vorrang einer Leistungsbeziehung, die eine Direktkondiktion ausschließen würde.

3. Ergebnis: Direktkondiktion der B gegen G (+)

Vgl. auch oben § 10 Rn. 18.

---

52 **Weitere Fälle:**
- Bei Fehlen der Ausstellerunterschrift auf einem Scheck (Art. 1 Nr. 6, Art. 2 ScheckG)[50] ist dem Scheinanweisenden die Auszahlung der Bank nicht zuzurechnen; der Zahlungsempfänger ist nicht schutzwürdig, weil Fehlen der Unterschrift erkennbar. Deshalb Bereicherungsanspruch der Bank gegen Zahlungsempfänger. Ob Leistungs- oder Nichtleistungskondiktion wurde offen gelassen (BGHZ 66, 362).
- Kenntnis des Zahlungsempfängers vom Widerruf oder Fehlen oder Erlöschen einer wirksamen Anweisung – Direktkondiktion bejaht (BGHZ 67, 75; 87, 393; 88, 232, 235).
- Auszahlung des 10-fachen Betrages der angewiesenen Summe. Direktkondiktion der angewiesenen Bank gegen den Zahlungsempfänger (BGH NJW 1987, 185).
- Nachträgliche Unwirksamkeit der Überweisung aufgrund Konkurseröffnung (BGHZ 67, 75).
- Lastschriftverfahren: Der Gläubiger lässt durch seine Bank einen Rechnungsbetrag bei der Schuldnerbank einziehen, obwohl er keine Einziehungsermächtigung hat (BGHZ 69, 186).
(1) Ein Anspruch des Schuldners gegen die Gläubigerbank aus § 812 Abs. 1 S. 1 Alt. 1 (Leistungskondiktion) kommt nicht in Betracht: Es liegt eine Leistung der Schuldnerbank an den Schuldner und des Schuldners an den Gläubiger vor (Gläubigerbank als Leistungsmittlerin), aber keine Leistung des Schuldners an die Gläubigerbank. (2) Eine Eingriffskondiktion des Schuldners gegen die Gläubigerbank scheitert am Vorrang des Leistungsverhältnisses: Die Gläubigerbank erlangt den Rechnungsbetrag durch Leistung der Schuldnerbank in Erfüllung des zwischen den Banken bestehenden Giroverhältnisses. (3) Dem Schuldner steht nur ein Anspruch gegen seine (Schuldner-) Bank zu.

---

[49] Selbst im Fall einer bestehenden Darlehensschuld wäre mangels Tilgungsbestimmung keine Erfüllung eingetreten (vgl. §§ 362, 366 Abs. 1 a. E.).

[50] Ein unwirksamer Scheck kann in eine Anweisung (im untechnischen Sinne) umgedeutet werden; vgl. BGHZ 87, 393, 394.

bb) Widerrufsfälle

Bei **Widerruf einer Anweisung** widerruft der Anweisende seine dem 53
Angewiesenen (AG) erteilte Anweisung gegenüber dem Angewiesenen
(vgl. etwa § 418 Abs. 1 HGB). Irrtümlich führt der Angewiesene, der
vom Widerruf (noch) nichts weiß, nach dem Widerruf die Anweisung
aus und wendet dem Anweisungsempfänger etwas zu.

In diesen Fällen stellt sich die oben beschriebene Rechtsscheinprob-
lematik (vgl. oben § 13 Rn. 46 f.). Nach h. M. ist eine Direktkondiktion
des AG gegen AE ausgeschlossen. Die Rechtsprechung hat eine Direktkondiktion verneint, wenn der Zuwendungsempfänger vom Widerruf
der Anweisung keine Kenntnis hatte.[51] Die Zahlung ist dem Anweisenden als Leistung zuzurechnen. Der Bereicherungsausgleich hat grundsätzlich innerhalb des jeweiligen Deckungs- bzw. Leistungsverhältnisses
stattzufinden.

Bei bestehender Forderung im Valutaverhältnis tritt Tilgungswir- 54
kung, also Erfüllung, ein (§ 362 Abs. 1). Dass die Zahlung eines Dritten
Erfüllungswirkung hat, erfordert eine entsprechende **Tilgungsbestimmung**, die der Dritte (= Angewiesener) als Bote des Anweisenden dem
Anweisungsempfänger (= Zahlungsempfänger) überbringt. Zwar wird
mit dem Widerruf der Anweisung auch im Zweifel zugleich die Tilgungsbestimmung widerrufen. Abgestellt werden kann jedoch auf den
Anschein einer vom Anweisenden gesetzten Tilgungsbestimmung, die
der AG als Bote dem AE überbringt. Es geht um den Schutz des Rechtsscheins der Botenmacht des Angewiesenen. Insoweit kann man sich auf
eine Rechtsanalogie zu §§ 170, 171 Abs. 2, 172 Abs. 2, 173 stützen.[52]

Fall (BGHZ 61, 289):	55

Zwecks Begleichung einer Kaufpreisforderung übergibt S dem G einen auf
die Bank B gezogenen Scheck über 80.000 €. Da S jedoch wegen der rechtlich komplizierten Geschäftsbeziehungen zu G befürchtet, mehrfach auf die
Forderung zahlen zu müssen, sperrt er den Scheck durch Schreiben an die
B. Dem G, der von dem Widerruf (= Sperrung) keinerlei Kenntnis hatte, wird
gleichwohl aufgrund eines Versehens eines Angestellten der B nach Vorlage
des Schecks der volle Betrag ausgezahlt, obwohl die Vorlagefrist gemäß
Art. 29 ScheckG bereits verstrichen ist. B verlangt nunmehr von G die Rückzahlung der 80.000 €. Mit Erfolg? Fallabwandlung: Wie ist zu entscheiden,
wenn G vom Widerruf Kenntnis hatte?

Lösung:

1. Anspruch der B gegen G aus § 812 Abs. 1 S. 1 Alt. 1? Scheidet mangels
Leistung der B an G aus. Aus der Sicht des Zahlungsempfängers G, der
vom Widerruf[53] nichts weiß, liegt eine Leistung der Bank an S vor. B nimmt

---

[51] BGH 63, 289; 87, 246; 87, 393; 89, 376.
[52] So *Canaris*, Bankvertragsrecht, 3. Aufl. 1988, Rn. 439; *Larenz/Canaris*, SR II/2,
§ 70 II 3 c, S. 209: Analogie zu § 172 Abs. 2.
[53] Wegen des Widerrufs des Schecks (Art. 29, 32 ScheckG) fehlt es an einer (noch)
gültigen Anweisung.

keine zweckgerichtete Vermögensmehrung zugunsten des G vor. Daher § 812 Abs. 1 S. 1 Alt. 1 (–)

2. Anspruch der B gegen G aus § 812 Abs. 1 S. 1 Alt. 2 (Nichtleistungskondiktion)?

a) G erlangt 80.000 € durch Nichtleistung der B und – im Verhältnis G zu B – ohne Rechtsgrund.

b) Es könnte aber eine vorrangige Leistung des S vorliegen.

aa) Grundsätzlich kommt eine Kondiktion nur in dem (fehlerhaften) Leistungsverhältnis in Betracht. Jedoch verbietet sich in Mehrpersonenverhältnissen eine schematische Lösung. Hier veranlasst S durch Ausgabe des Schecks die Zahlung zurechenbar. G selbst ist gutgläubig. Deshalb ist die Zahlung der Bank dem S als Leistung des S an G zuzurechnen. Für dieses Ergebnis spricht auch, dass infolge des Widerrufs das Deckungsverhältnis zwischen der Bank und G fehlerhaft ist und insoweit eine Rückabwicklung grundsätzlich im mangelhaften Kausalverhältnis statt zu finden hat.

bb) Während in den üblichen Anweisungsfällen der Angewiesene eine Tilgungsbestimmung des Anweisenden als Bote überbringt, trifft der Aussteller eines Schecks mit der Übergabe des Schecks eine eigene Zweckbestimmung gegenüber dem Empfänger. Zwar widerruft der Anweisende den Scheck. Weil der gutgläubige Zahlungsempfänger G davon aber nichts weiß, kann und darf er nach wie vor von einer Leistung des S an G, die der ursprünglichen Zweckbestimmung (Tilgung der Schuld) entspricht, ausgehen sowie davon, dass er (G) es mit S zu tun hat und etwaige Fehl- oder Überzahlungen nicht mit der ihm (G) fremden Bank, sondern mit seinem Vertragspartner abzurechnen hat (Maßgeblichkeit des Empfängerhorizontes). G erlangt das Geld also durch eine Leistung des S.

c) Ergebnis: § 812 Abs. 1 S. 1 Alt. 2 (–)

3. Fallabwandlung:
Wie oben. Nur ergibt sich in diesem Fall aus dem Empfängerhorizont (unter Hinzurechnung des Sonderwissens), dass keine zurechenbare Leistung vorliegt, deshalb keine vorrangige Leistungsbeziehung gegeben ist und eine Direktkondiktion (§ 812 Abs. 1 S. 1 Alt. 2) einschlägig ist.

56   Weitere Fälle:
– Widerruf eines Überweisungsauftrages. Unkenntnis des Zahlungsempfängers, dem die Überweisung vom Auftraggeber angekündigt worden war, vom Widerruf: keine Direktkondiktion der Bank gegen den Zahlungsempfänger (BGHZ 87, 246).
– Widerruf der Anweisung. Kenntnis des Empfängers vom Widerruf: Direktkondiktion der Bank gegen Zahlungsempfänger (BGHZ 87, 393).
– Widerruf oder Änderung eines Dauerauftrages ohne Kenntnis des Zahlungsempfängers vom Widerruf oder der Änderung. Keine Direktkondiktion der Bank (BGHZ 89, 376).
– Bereicherungsanspruch der Bank gegen den Empfänger einer Überweisung bei fehlender Kontovollmacht des Auftraggebers (OLG Celle WM 1976, 170).

c) Zusammenfassung

Anweisung   57
– Fehlende, fehlerhafte oder widerrufene Anweisung –

I. Fallgruppe
– Fehlen, Unwirksamkeit oder Widerruf der Anweisung

II. Bestimmung der Leistungs- und Kondiktionsverhältnisse
= Zurechnung einer Zuwendung als Leistung
– Maßgeblichkeit der Rechtsscheinsgrundsätze (§ 13 Rn. 46 f.)
– Veranlassung der Zuwendung durch Anweisenden
– Gutgläubigkeit des AE

III. Kondiktionsfälle
1. Veranlassung der Zuwendung durch AW und Gutgläubigkeit des AE (keine Kenntnis von „Mangel" in Anweisung)
– Kondiktion „übers Eck"
– Keine Direktkondiktion des AG gegen AE (§ 13 Rn. 47, 55)
2. Keine Veranlassung der Zuwendung durch AW oder keine Gutgläubigkeit des AE
– Eingriffskondiktion des AG gegen AE
– Keine Leistungsverhältnisse im Deckungs- und Zuwendungsverhältnis (§ 13 Rn. 47, 50 f.)

4. Angenommene Anweisung im Sinne von § 784

Von der Anweisung im weiten Sinne als Aufforderung, an einen Drit-   58
ten eine Zuwendung zu erbringen, ist die in §§ 783 ff. geregelte Anweisung im eigentlichen Sinne ein Unterfall. Bei der Anweisung im eigentlichen Sinne geht es um die schriftliche Anweisung auf Leistung von Geld, Wertpapieren und vertretbaren Sachen. Nimmt der Angewiesene die Anweisung i. S. von § 783 an, so ist er dem Anweisungsempfänger (Begünstigten) gegenüber zur Leistung verpflichtet (§ 784 Abs. 1 S. 1, **angenommene Anweisung**). Nach der allgemeinen bereicherungsrechtlichen Definition der Leistung würde der Angewiesene deshalb nicht nur an den Anweisenden, sondern auch an den Anweisungsempfänger (Begünstigten) leisten. Trotzdem geht die h. M. grundsätzlich von einer bereicherungsrechtlichen Rückabwicklung „übers Eck" aus, also im Verhältnis zwischen Angewiesenem und Anweisendem (Deckungsverhältnis) und im Verhältnis zwischen Anweisendem und Anweisungsempfänger (Valutaverhältnis), je nachdem, welches Rechtsverhältnis unwirksam ist.

Mit dem Leistungsbegriff allein lässt sich dies schwer begründen.   59
Überzeugend ist aber das Argument, dass eine Rückabwicklung grundsätzlich im fehlerhaften Kausalverhältnis vorzunehmen ist. Im Fall einer

angenommenen Anweisung wird zwar die Rechtsstellung des Begünstigten durch einen eigenen Anspruch gestärkt. Es ändert sich aber dadurch nichts an der bereicherungsrechtlichen Zurechenbarkeit der Leistung und der Art und Weise des Bereicherungsausgleichs. Die Stellung des Begünstigten soll bereicherungsrechtlich nicht verschlechtert werden.[54] Eine Direktkondiktion kann in Frage kommen, wenn eine wirksame Anweisung fehlt und Zurechenbarkeit ausgeschlossen ist.

IV. Drittleistung (§ 267)

60   Die Fälle der **Drittleistung** sind dadurch gekennzeichnet, dass der Schuldner (S) dem Gläubiger (G) etwas schuldet und ein Dritter (D) an den Gläubiger das Geschuldete erbringt. Der Dritte kann aus eigenem Antrieb oder durch den Schuldner veranlasst (sog. veranlasste Drittleistung) handeln. Er muss, um die Voraussetzungen des § 267 zu erfüllen, mit Fremdtilgungswillen handeln, also eine fremde Schuld tilgen wollen; dieser Wille muss nach außen erkennbar sein (Empfängerhorizont).

1. Fallgruppen

61   Ein Fall des § 267 liegt auch dann vor, wenn der Zahlende mit der Tilgung der fremden Schuld zugleich eine eigene Verbindlichkeit gegenüber dem Schuldner erfüllt. Die Rechtsprechung lässt auch in diesem Fall einen Anspruch aus Rückgriffskondiktion (§ 812 Abs. 1 S. 1 Alt. 2) des Dritten gegen den befreiten Schuldner zu.[55]

62   Die Fälle des § 267 unterscheiden sich von denen der Anweisung (vgl. oben § 13 Rn. 26 ff.) dadurch, dass der Dritte bei einer Drittleistung (§ 267) eine eigene Tilgungsbestimmung abgibt, während der Dritte (Angewiesene) in den Fällen der Anweisung nur eine fremde Tilgungsbestimmung des Schuldners (Anweisenden) als Bote überbringt.[56]

Die h.L. und Rechtsprechung[57] differenziert bei den Fällen der Drittleistung (§ 267) zwischen

1. der nicht veranlassten Drittleistung.
   – Leistungskondiktion zwischen Leistendem (Dritten) und Leistungsempfänger (Gläubiger) bei mangelhaftem Valutaverhältnis,
   – sonst Rückgriffskondiktion des Zuwendenden (Dritten) gegen den Schuldner wegen Schuldtilgung;
2. der vom Schuldner zurechenbar veranlassten Drittleistung. Weil sie den Anweisungsfällen gleicht, soll sie bereicherungsrechtlich wie diese behandelt werden: grundsätzlich Kondiktion im fehlerhaften Leistungsverhältnis.

---

[54] Vgl. BGHZ 122, 46, 52.
[55] BGHZ 70, 389; 72, 246; BGH NJW 1964, 1898.
[56] Vgl. BGHZ 113, 62, 68 ff.
[57] BGHZ 113, 62, 68.

Bei bestehender Forderung im Valutaverhältnis und nicht veranlass- 63
ter Drittleistung kann der Dritte vom Schuldner einen Anspruch aus
Rückgriffskondiktion (§ 812 Abs. 1 S. 1 Alt. 2, vgl. oben § 11 Rn. 66 ff.)
geltend machen. Erlangt hat der Schuldner die Befreiung von seiner
Verbindlichkeit gegenüber dem Gläubiger (§§ 362, 267). In diesem Fall
kann es zu einer aufgedrängten Bereicherung kommen, wenn dem
Schuldner die Schuldbefreiung entgegen seinem Willen aufgedrängt
wird; aufgrund der Ähnlichkeit mit dem Fall des Forderungsüberganges
kraft Gesetzes wird die analoge Anwendung der §§ 404 ff. vorgeschlagen:[58] Der Schuldner kann dem Dritten Einwendungen nach §§ 404 ff.
entsprechend entgegenhalten (vgl. oben § 12 Rn. 62).

Im Fall der fehlenden Forderung im Valutaverhältnis bei nicht veran- 64
lasster Drittleistung lässt die Rechtsprechung und h.L. eine Direktkondiktion des Dritten gegen den Zuwendungsempfänger zu.[59] Es fehlt
eine Veranlassung der Zuwendung durch den Schuldner (etwa durch
eine Anweisung), die eine Zurechnung der Zuwendung als Leistung des
Schuldners begründen könnte. Weil im Fall der Drittleistung nach
§ 267 der Dritte den Leistungszweck selbst bestimmt und eine Zurechnung der Zuwendung an den Schuldner nicht in Frage kommt, handelt
es sich bei dem in Frage stehenden Kondiktionsanspruch um eine
Leistungskondiktion (§ 812 Abs. 1 S. 1 Alt. 1). Bei Fällen, die unter
§ 267 zu subsumieren sind, richtet sich die Rechtsgrundlosigkeit der
Leistung des Dritten an den Gläubiger allein nach dem Valutaverhältnis
(Verhältnis zwischen Gläubiger und Schuldner).[60]

Eine Rückgriffskondiktion kann im Fall der unechten Gesamtschuld 65
in Betracht kommen, wenn der eine Schuldner leistet und dadurch den
anderen unechten Gesamtschuldner befreit (vgl. oben § 8 Rn. 22 ff.).[61]
Vgl. zur irrtümlichen Annahme einer Verpflichtung – Dritter leistet auf
eine fremde Schuld – oben § 13 Rn. 23 ff.

2. Rechtsprechungsfälle

– Der Kläger (Bauträger) veräußert ein von ihm errichtetes Gebäude und tritt 66
dem Käufer zugleich die Mängelgewährleistungsansprüche gegen die von ihm
beauftragten Beklagten (Handwerker) ab. Nachdem der Erwerber aufgrund
Baumängel Gewährleistungsrechte erhoben hat und die (beklagten) Handwerker den Forderungen nicht nachgekommen sind, beseitigt der Kläger
selbst die Mängel und verlangt von den Beklagten (Handwerkern) Ersatz
(BGHZ 70, 389).
(1) Eigene Ansprüche wegen Pflichtverletzung (Gewährleistung) kann der
Kläger gegen die Beklagten nach Abtretung der „Gewährleistungs"-An-
sprüche nicht mehr geltend machen; eine Rückabtretung liegt nicht vor. Die

---

[58] *Larenz/Canaris*, SR II/2, § 69 III 2 b, S. 192; MünchKomm/*Lieb*, § 812 Rn. 125;
Medicus, BR, Rn. 952.
[59] BGHZ 113, 62, 68 f. m. w. N.; *Beuthien*, JZ 1968, 323, 326; *Koppensteiner/
Kramer*, § 6 VI 2, S. 42 f.; *Medicus*, BR, Rn. 685.
[60] MünchKomm/*Lieb*, § 812 Rn. 128 a. E.
[61] BGHZ 39, 261, 265.

(abgetretenen) Rechte des Erwerbers könnten nur kraft Ermächtigung (prozessual: gewillkürte Prozessstandschaft) durch den Kläger geltend gemacht werden. (2) Ein Anspruch aus berechtigter GoA scheidet aus; zwar nimmt der Kläger ein fremdes Geschäft (der Beklagten) mit (vermutetem) Fremdgeschäftsführungswillen vor; jedoch widerspricht dies dem Interesse und Willen der Beklagten, weil diese die geforderte Mängelbeseitigung verweigert. In Betracht kommen nur Ansprüche aus §§ 684 S. 1, 812 Abs. 1 S. 1 (sog. unberechtigte GoA). (3) Der Kläger hat Ansprüche aus §§ 812 Abs. 1 S. 1 Alt. 1, 267. (a) Nach Ansicht der Rechtsprechung schließt die unberechtigte GoA die Anwendbarkeit der §§ 812 ff. nicht aus (vgl. oben § 7 Rn. 7). (b) Der Beklagte hat die Befreiung von der eigenen Gewährleistungspflicht und damit „etwas erlangt". Dazu müssen allerdings die Voraussetzungen des § 637 Abs. 1 (= §§ 633, 634 a. F.) vorliegen, weil durch die Anwendung der §§ 812 ff. die besonderen Gewährleistungsvoraussetzungen nicht umgangen werden dürfen.[62] Davon ist hier auszugehen. (c) Der Kläger leistet zur Erfüllung der eigenen Mängelbeseitigungspflicht gegenüber dem Erwerber und zur Erfüllung der Mängelhaftungspflicht der Beklagten gegenüber dem Erwerber (doppelte Tilgungsbestimmung); die Erbringung einer Leistung auch für den wahren Schuldner reicht für §§ 812, 267 aus. (d) Ein Rechtsgrund fehlt.

– Der Kläger kauft ein Grundstück vom Verkäufer und übernimmt – in Anrechnung auf den Kaufpreis – eine persönliche Verpflichtung aus Darlehen des Verkäufers, die mit einer Grundschuld auf dem Grundstück gesichert ist. Der Kläger zahlt die Zinsen an den Beklagten auf die Grundschuld. Nachdem die Schuldübernahme an der mangelnden Genehmigung des Gläubigers, des Beklagten, gescheitert und der Kläger vom Vertrag (berechtigterweise) zurückgetreten ist, verlangt er vom Beklagten die Zinsen aus ungerechtfertigter Bereicherung heraus (BGHZ 72, 246).
Infrage kommt ein Anspruch aus § 812 Abs. 1 S. 1 Alt. 1 (Leistungskondiktion). (1) Das vorliegende Dreiecksverhältnis (Deckungsverhältnis zwischen Kläger und Verkäufer: Rückabwicklungsschuldverhältnis; Valutaverhältnis zwischen Verkäufer und Beklagten: Darlehensverhältnis [weil keine Schuldübernahme]) schließt einen Bereicherungsanspruch des Klägers gegen den Beklagten aber dann nicht aus, wenn die Zahlung eine eigene Leistung an den Beklagten darstellt. (2) Für den Fall einer im Zeitpunkt der Zahlung noch nicht genehmigten Schuldübernahme (§ 415 Abs. 3) ergibt sich: Die Zahlung an den Beklagten stellt – bereicherungsrechtlich – eine Leistung (= bewusste und zweckgerichtete Mehrung fremden Vermögens) des Klägers an den Verkäufer und des Verkäufers an den Beklagten dar (Leistung „übers Eck"). Entscheidend ist der Empfängerhorizont: Wer es übernimmt, eine fremde Schuld zu tilgen, leistet i. d. R. an den Schuldner, wenn er absprachegemäß dessen Gläubiger befriedigt und damit die Schuld tilgt; soll die Zuwendung einen darüber hinausgehenden Zweck haben, so muss der Zuwendende dies unmissverständlich zum Ausdruck bringen. Daran fehlt es hier: Aus der Sicht des Beklagten, der von der gesetzlichen Regelung des § 415 Abs. 3 ausgehen kann und darf, erfüllt der Kläger ausschließlich die Schuld des Verkäufers (und nicht auch eine eigene Verpflichtung, was für § 267 allerdings ausreichen würde). (3) Bei Annahme eines berechtigten Vertrages zugunsten Dritter ergibt sich kein abweichendes Ergebnis (vgl. unten § 13 Rn. 74, 76 ff.). Indem der Kläger die Schuld übernimmt, macht er sich dem Verkäufer gegenüber bis zur Genehmigung durch berechtigten Vertrag zugunsten Dritter zum Gesamt-

---

[62] Vgl. BGHZ 46, 242, 246; BGH NJW 1963, 806; 1966, 39; 1968, 43.

schuldner (Schuldbeitritt). Die Zahlung stellt insoweit also eine Zahlung auf eine eigene Schuld dar. Dies rechtfertigt aber einen Bereicherungsanspruch gegen den Beklagten nicht: Bei Dreiecksverhältnissen[63] verbietet sich jede schematische Lösung; der Beklagte darf im Fall eines Vertrages zugunsten Dritter, durch den der Begünstigte besser gestellt werden soll als bei einer bloßen (internen) Erfüllungsübernahme, nicht schlechter gestellt werden als im Fall der einfachen Erfüllungsübernahme;[64] es handelt sich um eine abgekürzte Leistung; der bereicherungsrechtliche Ausgleich hat in den Leistungsverhältnissen statt zu finden (so der BGH). Weil es an einer Leistung des Klägers an den Beklagten fehlt, kommt ein Bereicherungsanspruch (Leistungskondiktion) gegen den Beklagten nicht in Betracht. (4) Der Kläger muss sich an den Verkäufer halten; eine Anspruchsgrundlage ergibt sich aus dem Rückgewährschuldverhältnis.

– Der klagende Versicherer leistet an den Beklagten die Versicherungssumme, weil er irrig davon ausgeht, dass der Beklagte gegen den Schädiger, seinen Versicherungsnehmer, einen Haftpflichtanspruch hat und damit ein Versicherungsfall, der einen Haftungsfall begründet, vorliegt (BGHZ 113, 62). Der Kläger hat gegen den Beklagten einen Anspruch aus § 812 Abs. 1 S. 1 Alt. 1. (1) Der Beklagte erlangt die Versicherungssumme durch eine Leistung des Klägers. Der Versicherer zahlt – wie regelmäßig – nicht auf eine eigene Schuld, sondern auf die Haftpflichtschuld seines Versicherungsnehmers (§ 267) und nimmt damit eine eigene, bewusste und zweckgerichtete Vermögensmehrung des Beklagten vor. Eine Anweisung des Versicherungsnehmers und die Überbringung einer bloß fremden Tilgungsbestimmung als Bote liegt nicht vor; der Kläger leistet aus eigenem Antrieb und gibt eine eigene Tilgungsbestimmung ab. (2) Es fehlt am Rechtsgrund. (3) Damit ist der Anspruch des Klägers aus Leistungskondiktion begründet.

3. Zusammenfassung

Drittleistung (§ 267)	67

1. Tatbestand der Drittleistung (§ 267)
   – Fremdtilgungswille des Dritten erforderlich
   – Unterschied zur Anweisung:
      – Dritter i. S. des § 267 gibt eigene Tilgungsbestimmung ab.
      – Bei Anweisung überbringt der Dritte als Bote nur eine fremde Tilgungsbestimmung.

2. Fallgruppen (h. M.)
   a) Vom Schuldner veranlasste Drittleistung
   Geltung der Grundsätze der Anweisungsfälle (§ 13 Rn. 62)

---

[63] Dies ist problematisch, weil eigentlich kein typisches Dreiecksverhältnis vorliegt, in dem im Deckungs- und/oder im Valutaverhältnis der Rechtsgrund fehlt und deshalb eine rechtsgrundlose Leistung in Betracht kommen kann.

[64] Weil bei der bloßen Erfüllungsübernahme kein Bereicherungsanspruch in Frage kommt, würde der Gläubiger, wenn er im Fall eines berechtigenden Vertrages zugunsten Dritter einem Bereicherungsanspruch ausgesetzt wäre, schlechter als bei Erfüllungsübernahme stehen, obwohl er durch den berechtigten Vertrag zugunsten Dritter dadurch begünstigt werden soll, dass er einen zusätzlichen Schuldner erhält. Dies wäre widersprüchlich.

> b) Nicht veranlasste Drittleistung
> – Bei bestehender Forderung im Valutaverhältnis
>   (zwischen Gläubiger und Schuldner):
> – Rückgriffskondiktion des zuwendenden Dritten gegen
>   Schuldner
> – Erlangtes Etwas: Befreiung von der Verbindlichkeit des
>   Schuldners gegen seinen Gläubiger (§ 13 Rn. 63)
> – Bei mangelhaftem Valutaverhältnis:
> – Leistungskondiktion (Direktkondiktion) zwischen
>   leistendem Dritten und Leistungsempfänger (§ 13 Rn. 64)

V. Zession (§ 398)

1. Grundsätze

68   Der Zedent tritt eine Forderung gegen den Schuldner aus einem Schuldverhältnis (Deckungsverhältnis) an den Zessionar ab (**Zession**). Die Forderung wird in der Regel erfüllungshalber zur Erfüllung einer Forderung des Zessionars gegen den Zedenten abgetreten (Valutaverhältnis). Der Schuldner leistet an den Zessionar. Fraglich ist das Bestehen von Kondiktionsansprüchen, wenn eines der in Frage kommenden Rechtsverhältnisse mangelhaft ist. Es können folgende Fälle unterschieden werden:

69   1. Fall: Nichtexistenz der abgetretenen Forderung. Die Rechtsprechung und h. L. verweisen den zuwendenden Schuldner grundsätzlich auf die Kondiktion „übers Eck": Der Schuldner muss beim Zedenten kondizieren, und der Zedent beim Zessionar.[65] Die Zuwendung des Schuldners an den Zessionar stellt eine Leistung des Schuldners an den Zedenten und zugleich eine Leistung des Zedenten an den Zessionar dar („Leistung übers Eck"); das Erlöschen der Forderung des Zessionars gegen den Zedenten im Valutaverhältnis beruht auf der in der Zession liegenden Tilgungsbestimmung, die von der abgetretenen Forderung unabhängig ist.[66] Weil die Mitteilung der Zession eine Anweisung (im untechnischen Sinne) zur Zahlung an den Zessionar enthält, liegt eine anweisungsähnliche Lage vor.

Beispiele:
– Der klagende Versicherer und der Versicherungsnehmer (VN) schließen einen Feuerversicherungsvertrag. VN tritt die Versicherungsforderung aus einem ver-

---

[65] Vgl. BGH NJW 1989, 161 m. w. N. auch zur abweichenden Meinung; bestätigt auch für Abtretung einer in Wahrheit nicht bestehenden Forderung aus einem Factoringvertrag vgl. BGH NJW 2005, 1369.

[66] Die Abtretung der Forderung erfolgt erfüllungshalber (vgl. § 364). Die Forderung zwischen Zessionar und Zedent erlischt erst, wenn der Zessionar aus der erfüllungshalber abgetretenen Forderung Befriedigung erlangt hat (vgl. *Dennhardt,* in: Bamberger/Roth, § 364 Rn. 4 m. w. N.). Dies trifft zu, wenn der Schuldner an den Zessionar zahlt.

meintlichen Brand- oder Schadensfall (sicherungshalber) an den Beklagten ab, mit dem er einen Darlehensvertrag geschlossen hat. Der Versicherer zahlt die Versicherungssumme an den Beklagten aus. Nachdem sich herausgestellt hat, dass kein Versicherungsfall vorliegt, verlangt er vom Beklagten Rückzahlung (BGHZ 105, 365 „Feuerversicherung"-Fall).

(1) Ein Anspruch aus § 812 Abs. 1 S. 1 Alt. 1 (Leistungskondiktion) scheidet aus; es fehlt eine Leistung der Klägerin an den Beklagten. Es liegt eine Leistung „übers Eck" vor: Die Klägerin leistet an den VN zur Erfüllung der Versicherungsforderung und der VN an den Beklagten zur Rückzahlung des gewährten Kredites.[67] Zumindest stellt sich die Rechtslage aus der Sicht des Zahlungsempfängers, des Beklagten, (h. M.) derart dar. (2) Einem Anspruch aus Nichtleistungskondiktion (§ 812 Abs. 1 S. 1 Alt. 2) steht der Vorrang der Leistungsverhältnisse entgegen. Grundsätzlich ist der Zweck, den die Beteiligten nach ihrem zum Ausdruck kommenden Willen verfolgen, entscheidend; danach richtet sich die Zweckbestimmung und das Leistungsverhältnis für den bereicherungsrechtlichen Ausgleich. Besondere Gründe, die eine Direktkondiktion (außerhalb der Leistungsverhältnisse) ausnahmsweise rechtfertigen könnten, liegen nicht vor; insbesondere liegt kein Fall vor, in dem das Deckungsverhältnis fehlt oder der Zuwendungsempfänger Kenntnis von einem Mangel im Deckungsverhältnis hat (vgl. oben § 13 Rn. 46 f.). Für das Ergebnis sprechen auch Gesichtspunkte der Risikoverteilung und des Vertrauensschutzes; das Ergebnis ist interessengerecht, so der BGH. (3) Die Klage ist unbegründet.[68]

– Der klagende Versicherer und der Leasingnehmer (Versicherungsnehmer) schließen einen Kaskoversicherungsvertrag. Aufgrund des Leasingvertrages, in dem der Leasingnehmer die Haftung für Beschädigungen usw. übernimmt, tritt der Leasingnehmer dem beklagten Leasinggeber[69] alle Rechte aus dem Versicherungsvertrag (im voraus) ab. Bei Eintritt eines vermeintlichen Versicherungsfalles zahlt der Kläger an die Beklagte. Nachdem sich herausgestellt hat, dass der Kläger mangels Versicherungsfalles nicht zur Leistung verpflichtet ist, verlangt er vom Beklagten Rückzahlung aus unberechtigter Bereicherung (BGHZ 122, 46 [Fortführung von BGHZ 105, 365]).

(1) Ein Anspruch aus § 812 Abs. 1 S. 1 Alt. 1 (Leistungskondiktion) scheidet mangels Leistungsbeziehung zwischen Kläger und dem (bezüglich des nicht

---

[67] Versicherungsrechtlich wird die Auszahlung einer Versicherungsleistung an einen Zessionar als Zahlung an den Versicherungsnehmer – auch im Sinne des § 67 VVG – angesehen.

[68] Es sind zwei Typen von Versicherungsfällen zu unterscheiden: (1) Im Fall BGHZ 113, 62 bestand eine Haftpflichtschuld des Versicherungsnehmers, auf welche der Versicherer zahlte. (2) Im Fall BGHZ 105, 365 liegt keine Haftpflichtschuld (Schädigung eines Dritten) vor, sondern nur ein Schadensfall (Beschädigung des eigenen Eigentums), der einen Anspruch des Versicherungsnehmers gegen den Versicherer begründet. In diesem Fall kommt eine Drittleistung nicht in Betracht.

[69] Es lag eine Fremdversicherung (§§ 74 ff. VVG) vor; der Beklagte war Versicherter und konnte über die Rechte aus dem Versicherungsvertrag in dem in Sicherungsschein beschriebenen Umfang selbst verfügen. Der Versicherte wird aber nicht zu einem zweiten Versicherungsnehmer. Die Zahlungspflicht des Versicherers gegenüber dem Versicherten beruht nach wie vor auf dem Deckungsverhältnis, dem Versicherungsvertrag zwischen Versicherer und Versicherungsnehmer. Es liegen keine zwei nebeneinander bestehenden Versicherungsverhältnisse vor, sondern es besteht nur eine Verknüpfung von Versicherungsnehmer und Versicherten; eine bereicherungsrechtlich relevante Rechtsbeziehung zwischen dem Versicherer und Versicherten besteht nicht. Rechtlich wie wirtschaftlich ist der Versicherte einem Zessionar vergleichbar (vgl. BGHZ 122, 46, 49 f.).

vorliegenden Versicherungsfalles gutgläubigen) Beklagten aus. (2) Einer Nichtleistungskondiktion (§ 812 Abs. 1 S. 1 Alt. 2) stehen die Leistungsverhältnisse
entgegen. Gesichtspunkte des Vertrauensschutzes und der Risikoverteilung
rechtfertigen kein anderes Ergebnis und damit keine Direktkondiktion.[70]

70   2. Fall: Keine Forderung im Valutaverhältnis zwischen Zessionar und
Zedent: Die abgetretene Forderung besteht zwar, im Verhältnis Zedent
zum Zessionar fehlt es aber an einer Forderung, zu deren Erfüllung der
Zedent die Forderung an den Zessionar erfüllungshalber abtritt. Nach
h. M. ist über das Eck rückabzuwickeln: Der Zedent muss beim Zessionar kondizieren, also im mangelhaften Leistungsverhältnis (§ 812
Abs. 1 S. 1 Alt. 1).

Beispiel:
E verkauft sein Grundstück an K. Die darauf lastende Grundschuld zuguns-
ten G soll vorher abgelöst werden (lastenfreie Übereignung des Grundstücks).
Dazu tritt E seinen Kaufpreisanspruch gegen K (zum Teil) an G ab; K zahlt an
G. Nun stellt sich heraus, dass die Grundschuld nicht wirksam entstanden ist
(mangelnde Deckung von Einigung und Eintragung). Rechtslage (BGH WM 1989,
1811)?
E kann von G Rückzahlung aus § 812 Abs. 1 S. 1 Alt. 1 (Leistungskondiktion)
verlangen. (a) G erlangt die Zahlung. (b) Es liegt eine Leistung des E an G vor. Die
Zuwendung des K an G (Zahlung auf die abgetretene Kaufpreisforderung) stellt
aus der Sicht des Zahlungsempfängers G eine bewusste und gewollte Vermögensmehrung des E zum Zweck der Ablösung der Grundschuld dar.[71] (c) Wegen
der nichtigen Grundschuld fehlt der Rechtsgrund.

71   3. Fall: Es fehlt sowohl im Valutaverhältnis eine Forderung des Zessionars gegen den Zedenten als auch die abgetretenen Forderung („Doppelmangel"). Es wird „übers Eck" abgewickelt: Der Schuldner kondiziert beim Zedenten, der Zedent kondiziert beim Zessionar.

72   4. Fall: Unwirksamkeit des Zessionsvertrages. Hat der Zedent dem
Schuldner die Abtretung angezeigt, so folgt aus § 409 das Erlöschen der
(unwirksam abgetretenen) Forderung; der Zedent muss sich an den
Zessionar halten (§ 816 Abs. 2).[72] Fehlt eine Anzeige i. S. des § 409
Abs. 1 (z.B. Zahlung auf Veranlassung des Schuldners oder Zahlung
auf eigene Veranlassung), so kommt eine Direktkondiktion des Schuldners beim Zessionar in Betracht. Es fehlt ein (der Anweisung ähnlicher)
Zessionsvertrag, der die Zuwendung des Schuldners an den Zessionar
zu einer Leistung des Schuldners an den Zedenten macht (vgl. zur Zurechenbarkeit oben § 13 Rn. 46 f.) und die Rückabwicklung übers Eck
rechtfertigt.[73]

---

[70] Vgl. im Einzelnen BGHZ 122, 46, 51.

[71] So BGH WM 1989, 1811, 1813. Der Leistungsbegriff ist in diesen Fällen aber
problematisch. (1) Die Zuwendung an den Grundschuldgläubiger könnte auch als
Leistung des K zur Erfüllung der (abgetretenen) Kaufpreisforderung angesehen werden. (2) Die Abtretung der Kaufpreisforderung des E an G könnte schon eine Leistung zum Zweck der Ablösung der Grundschuld sein.

[72] So zu Recht *Wendehorst*, in: Bamberger/Roth, § 812 Rn. 190.

[73] MünchKomm/*Lieb*, § 812 Rn. 147; *Larenz/Canaris*, SR II/2, § 70 V 1 c, S. 239.

Beispiele:
- Der Schuldner leistet an den Zessionar eine Überzahlung auf eine abgetretene Forderung. Der BGH bejahte eine Leistungskondiktion (§ 812 Abs. 1 S. 1 Alt. 1) des Schuldners gegen den Zessionar auf Rückzahlung der Überzahlung. Es liegt ein Mangel vor, der mit der Rechtsbeziehung des Schuldners zu dem Zedenten und der durch diese geschaffene Risikoverteilung nichts zu tun hat; der Zedent veranlasst insoweit die Zahlung an den Zessionar nicht, sodass eine Zurechnung der Zuwendung als Leistung an den Zedenten nicht in Betracht kommt (BGH NJW 1989, 161).
- Versicherungsfall, bei dem der Gläubiger eines (vermeintlichen) Haftpflichtanspruchs diesen Anspruch scheinbar an einen Dritten abtritt (unwirksamer Zessionsvertrag), der Versicherer an den Scheinzessionar leistet und später das Geleistete vom Scheinzessionar zurückverlangt. Es liegt eine Leistung des Versicherers als Dritter auf eine fremde Schuld (§ 267) vor. Eine veranlasste Drittzahlung oder anweisungsähnliche Lage ist nicht gegeben (vgl. oben § 13 Rn. 62). Bei irrig angenommener Zession kann deshalb der Dritte (Versicherer) die dem vermeintlichen Zessionar erbrachte Leistung beim Zessionar direkt kondizieren (BGHZ 113, 62, 70).

2. Zusammenfassung

Zession (§ 398)   73

I. Fallkonstellation
- Der Schuldner leistet an den Zessionar, um eine vom Zedenten an den Zessionar (in der Regel) erfüllungshalber abgetretene Forderung zu erfüllen.

II. Fallgruppen
   1. Nichtexistenz der abgetretenen Forderung
      - Zuwendung (Zahlung) des Schuldners an den Zessionar = Leistung des Schuldners an den Zedenten und zugleich Leistung des Zedenten an den Zessionar („Leistung übers Eck") (vgl. „Feuerversicherungs"-Fall, § 13 Rn. 69)
   2. Fehlen der Forderung im Valutaverhältnis
      - Kondiktion des Zedenten gegen Zessionar im Valutaverhältnis (§ 13 Rn. 70)
   3. Fehlen der Forderung im Valutaverhältnis und der abgetretenen Forderung
      - Abwicklung übers Eck: Schuldner kondiziert bei Zedenten, Zedent beim Zessionar (§ 13 Rn. 71)
   4. Unwirksame Abtretung
      - Leistungskondiktion des (zahlenden) Schuldners gegen den Scheinzessionar (§ 13 Rn. 72)

VI. (Echter) Vertrag zugunsten Dritter (§ 328)

74   Bei einem (echten) **Vertrag zugunsten Dritter** verspricht der Versprechende dem Versprechensempfänger, an einen Dritten zu leisten. Der Dritte erwirbt ein unmittelbares Forderungsrecht gegen den Versprechenden (§§ 328 Abs. 2, 335). Zwischen dem Versprechensempfänger und dem Dritten besteht regelmäßig ein Schuldverhältnis (Valutaverhältnis). Der Versprechende wendet dem Dritten die (vertragsgemäße) Leistung zu.

Beispiel: Im Rahmen eines Lebensversicherungsvertrages kann der Versicherungsnehmer bestimmen, welche Person im Versicherungsfall den Anspruch auf die Versicherungssumme haben soll. Der (unwiderrufliche) Bezugsberechtigte hat ein eigenes Forderungsrecht gegenüber dem Versicherer, vgl. §§ 166 VVG; 330 BGB.

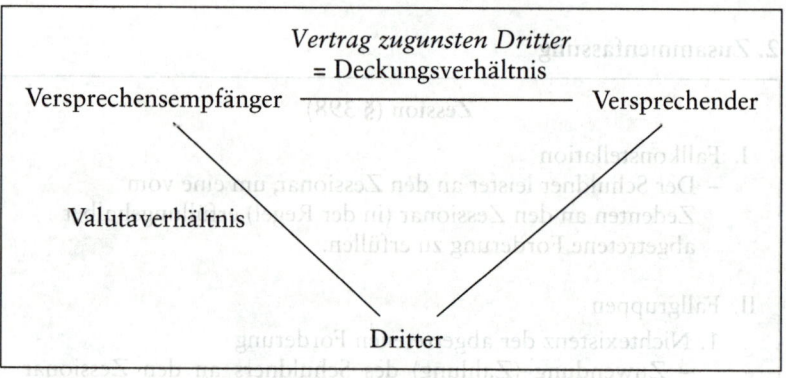

Vertrag zugunsten Dritter
= Deckungsverhältnis

In dieser Fallkonstellation können Mängel im Valutaverhältnis zwischen Versprechensempfänger und Drittem oder im Deckungsverhältnis zwischen Versprechendem und Versprechensempfänger auftreten. Bereicherungsrechtlich ist grundsätzlich entscheidend, in welchem Rechtsverhältnis ein Mangel vorliegt.

75   Hinweis: Beim unechten Vertrag zugunsten Dritter erwirbt der Dritte keinen eigenen Anspruch gegen den Versprechenden. Bei Mängeln im Deckungsverhältnis (zwischen Versprechensempfänger und Versprechendem) und im Valutaverhältnis (zwischen Versprechensempfänger und Drittem) wird im jeweils fehlerhaften Rechtsverhältnis kondiziert; es gelten die Grundsätzen der Anweisungslage (vgl. oben § 13 Rn. 26 ff.).

1. Mangel im Valutaverhältnis

76   Ein Mangel im Valutaverhältnis betrifft allein den Versprechensempfänger und den Dritten; eine Rückabwicklung hat allein in deren Verhältnis mittels Leistungskondiktion stattzufinden. Die Zuwendung des

Versprechenden an den Dritten stellt bereicherungsrechtlich eine Leistung übers Eck dar, also des Versprechenden an den Versprechensempfänger und des Versprechensempfängers an den Dritten.

2. Mangel im Deckungsverhältnis

Liegt im Deckungsverhältnis ein Mangel vor, so stellt sich die Frage,   77
bei wem der Versprechende kondizieren kann. Geht man bei der Lösung dieser Fälle von der üblichen Definition der Leistung aus, um das bereicherungsrechtlich relevante Leistungsverhältnis zu ermitteln,[74] so stellt sich das folgende Problem. Der Versprechende könnte sowohl an den Versprechensempfänger (zur Erfüllung des Vertrages im Deckungsverhältnis) als auch an den Dritten (zur Erfüllung des Anspruchs des Dritten aus dem echten, berechtigenden Vertrag zugunsten Dritter) leisten, und es könnten somit zwei relevante Leistungsbeziehungen in Betracht kommen. Mit der bloßen Definition des Leistungsbegriffes können die relevante Leistungsbeziehung und damit der Schuldner eines (Leistungs-)Kondiktionsanspruchs nicht ermittelt werden, weil grundsätzlich zwei Leistungsverhältnisse vorliegen (können). Es muss deshalb aus anderen Erwägungen, insbesondere der Interessenlage sowie den Besonderheiten des Einzelfalles, heraus ermittelt werden, welche Leistungsbeziehung bereicherungsrechtlich relevant ist und welche Leistungsbeziehung dagegen zurücktritt. Es ist zwischen folgenden Fällen zu differenzieren:

1. Fall. Der Versprechende leistet an den Versprechensempfänger im   78
Deckungsverhältnis, der Versprechensempfänger an den Dritten aus dem Valutaverhältnis (Leistung „übers Eck"). Dasjenige, was der Dritte vom Versprechensempfänger im Valutaverhältnis verlangen kann, und das, was der Dritte aufgrund des berechtigenden Vertrages zugunsten Dritter vom Versprechenden verlangen kann, sind gattungsmäßig gleich. Die Zuwendung des Versprechenden an den Dritten stellt eine bloße abgekürzte Leistung dar. Diese Rechtslage entspricht der üblichen Anweisungslage. Das Forderungsrecht des Dritten (aus dem berechtigenden Vertrag zugunsten Dritter) hat bereicherungsrechtlich keine Bedeutung; es dient nur der Verstärkung der Rechtsstellung des Dritten durch ein eigenes Forderungsrecht gegenüber dem Versprechenden und soll die Rechtsstellung des Dritten bereicherungsrechtlich nicht (durch einen Bereicherungsanspruch des Zuwendenden gegen den Dritten) schwächen. Der Dritte ist nur Gläubiger, aber kein Vertragspartner. Bei fehlerhaftem Deckungsverhältnis kann der Versprechende nur beim Versprechensempfänger kondizieren (§ 812 Abs. 1 S. 1 Alt. 1 [Leis-

---

[74] Es kommt entscheidend darauf an, welchen Zweck die Beteiligten nach ihren zum Ausdruck kommenden Willen verfolgt haben; soweit der von den Beteiligten gewollte Zweck nicht übereinstimmt, ist die Sicht des Zuwendungsempfängers entscheidend (h. M.). Der bereicherungsrechtliche Ausgleich vollzieht sich grundsätzlich im Verhältnis des fehlerhaften Leistungsverhältnisses (vgl. oben § 13 Rn. 4 f.).

tungskondiktion]). Ein Kondikitonsanspruch gegen den Dritten kommt grundsätzlich nicht in Frage.

Beispiel:
Der Kläger und H schließen einen Kaufvertrag über einen Dampfkessel. Im Vertrag räumen sie dem Beklagten ein Forderungsrecht ein. H selbst verkauft den Dampfkessel an den Beklagten weiter. Der Beklagte erlangt vertragsgemäß (Vertrag zwischen H und dem Beklagten) Eigentum. Aufgrund einiger Unstimmigkeiten ficht der Kläger seinen Vertrag mit H wirksam an; der Vertrag zwischen H und dem Beklagten ist und bleibt wirksam. Der Kläger verlangt von dem Beklagten Herausgabe des Kessels (BGHZ 5, 281 „Dampfkessel"-Fall).

(1) Ein Anspruch aus § 985 scheidet mangels Eigentums des Klägers aus. (2) Ein Anspruch aus § 812 Abs. 1 S. 1 Alt. 1 (Leistungskondiktion) setzt eine Leistungsbeziehung zwischen dem Kläger und dem Beklagten voraus. Der Vertrag zwischen dem Kläger und H ist ein berechtigender Vertrag zugunsten Dritter und begründet für den Dritten (hier: Beklagten) ein eigenes Forderungsrecht. Der Kläger könnte zum Zweck der Erfüllung des im Kaufvertrag zwischen dem Kläger und H begründeten Forderungsrechts des Beklagten dem Beklagten bewusst eine Vermögenszuwendung gemacht und deshalb an ihn geleistet haben. Infrage kommt aber auch eine Leistung des Klägers an H zur Erfüllung des Kaufvertrages zwischen ihm und H. Geht man davon aus, dass der Schuldner in der Regel auf das Schuldverhältnis im weiteren Sinne leistet (hier Kaufvertrag zwischen Kläger und H), so liegt eine (bereicherungsrechtlich relevante) Leistung des Klägers an H vor, sodass es an einer (bereicherungsrechtlich relevanten) Leistung an den Beklagten fehlt. Dass es auf die Leistung des Klägers an den Beklagten bereicherungsrechtlich nicht ankommt, kann man auch damit begründen, dass der berechtigende Vertrag die Rechtsposition des Dritten durch Einräumung eines eigenen Forderungsrechts stärken, nicht aber durch Begründung einer bereicherungsrechtlichen Haftung gegenüber dem Kläger schwächen soll. Dies entspricht auch dem Empfängerhorizont des Zuwendungsempfängers (Beklagten). (3) Auch ein Anspruch aus §§ 813, 334 ist unbegründet. Die Anfechtung könnte ein Leistungsverweigerungsrecht auch gegenüber dem Dritten (hier Beklagten) begründen. Dies ist aber bei einer nach Rechtserwerb erklärten Anfechtung nicht der Fall; die Zuwendung hat im Verhältnis zwischen H und Beklagten schon abschließende Wirkung (Erfüllung). Der Kläger kann darin nicht mehr eingreifen. (4) Infrage kommt ein Anspruch aus § 812 Abs. 1 S. 1 Alt. 2 (Nichtleistungskondiktion). Jedoch ist der Beklagte nicht auf Kosten des Klägers ungerechtfertigt bereichert: Rechtsgrund für die Leistung des Dampfkessels ist nicht der Vertrag des Klägers mit H, sondern der Vertrag zwischen H und dem Beklagten.

79 2. Fall. Der Zuwendung des Versprechenden an den Dritten wird eine auf den Dritten bezogene Zweckrichtung gegeben, welche die Zuwendung als eine allein vom Bestand des Deckungsverhältnisses abhängige Leistung an den Dritten im bereicherungsrechtlichen Sinne erscheinen lässt und vom Valutaverhältnis (zwischen Versprechensempfänger und Dritten) ganz unabhängig sein soll. Aus der Sicht des Zuwendungsempfängers (Dritten) liegt eine Leistung des Versprechenden an den Dritten unmittelbar vor. Leistungsempfänger ist der Dritte und damit derjenige, der in engerer Verbindung zu dem mit der Leistung verfolgten Zweck steht.[75] Ein bereicherungsrechtliches Leistungs-

---

[75] *Medicus*, BR, Rn. 683 a. E.

verhältnis nur zwischen Versprechendem und Dritten ist dann interessengerecht. Das (Leistungs-)Verhältnis zwischen Versprechendem und Versprechensempfänger tritt insoweit bereicherungsrechtlich zurück.

Es handelt sich um Fälle, in denen nach dem Willen der Vertragsparteien der Dritte ein eigenes Forderungsrecht gegen den Versprechenden erhalten soll, das den für seinen Bestand maßgebenden Rechtsgrund nur im Deckungsverhältnis zwischen Versprechendem und Versprechensempfänger haben und von einem etwaigen Valutaverhältnis zwischen Versprechensempfänger und Dritten ganz unabhängig sein soll. Bei fehlerhaftem Deckungsverhältnis kann der Versprechende direkt vom Dritten kondizieren. Anwendungsfälle:[76]

- „Versorgungsverträge" i. S. des § 330, z. B. Lebensversicherungsvertrag.
- Dem Dritten wird ein ausschließliches Forderungsrecht – in Abbedingung des § 335 – eingeräumt.
- Das Valutaverhältnis erschöpft sich bereits in der Zuwendung der Forderung aus dem echten, berechtigenden Vertrag zugunsten Dritter.
- Im Valutaverhältnis liegt ein unentgeltliches Rechtsgeschäft vor (§ 822 entspr.).[77]

Beispiel:
Der Kläger schließt mit dem Bauträger B einen Kaufanwärtervertrag, in dem eine Maklercourtage für den Beklagten vereinbart wird. Nach Auszahlung der Courtage an den Beklagten ficht der Kläger die Maklervereinbarung wirksam an und verlangt vom Beklagten Rückzahlung (BGHZ 58, 184 „Makler-Courtage-Fall" [Vorinstanz OLG Hamburg JZ 1971, 424]).
Der BGH bejaht eine Direktkondiktion des Klägers gegen den Beklagten aus § 812 Abs. 1 S. 1 Alt. 1. (1) Weil die zwischen dem Kläger und B vereinbarte Maklercourtage zugunsten des Beklagten ein (selbständiger und) echter, berechtigender Vertrag zugunsten Dritter darstellt, ergibt sich das Problem, ob der Kläger beim Beklagten oder bei seinem Vertragspartner B kondizieren kann und muss. (2) Regelmäßig liegt eine Leistung „übers Eck" vor; aber es kann auch sinnvoll und wirtschaftlich gesehen interessengerecht sein, die Zuwendung des Versprechenden (Klägers) an den Dritten (Beklagten) eine auf den Dritten bezogene Zweckrichtung zu geben, welche die Zahlung als eine vom Bestand des Deckungsverhältnisses unabhängige Leistung an den Dritten im bereicherungsrechtlichen Sinne erscheinen lässt.[78] Dann leistet der Kläger an den Beklagten; es liegt ein vom Kaufanwärtervertrag losgelöster und verselbständigter Vertrag zugunsten Dritter vor; das Rechtsverhältnis des Klägers zu B ist als von der Courtagevereinbarung unabhängig zu behandeln; dies fasst der Beklagte auch so auf. Das Rechtsverhältnis des Klägers zum Beklagten wird als der wirtschaftliche Schwerpunkt der mit B geschlossenen Maklervereinbarung angesehen.

---

[76] Vgl. dazu BGHZ 58, 184, 188 f.

[77] Die typische Schwäche des unentgeltlichen Erwerbs rechtfertigt die Herausgabepflicht des Dritten gegenüber dem Versprechenden (vgl. §§ 822, 816 Abs. 1 S. 2). Ist der Versprechensempfänger dagegen bösgläubig, so kann er sich nicht auf den Wegfall der Bereicherung berufen und haftet gegebenenfalls verschärft; ein Direktanspruch scheidet dann aus. Die Literatur stellt die Insolvenz des Versprechensempfängers dem Wegfall der Bereicherung (§ 818 Abs. 3) gleich (vgl. *Canaris*, FS Larenz, S. 799, 833; *Larenz/Canaris*, SR II/2, § 69 IV 1 a, S. 195).

[78] Nach der h. M. kommt es darauf an, wer in engerer Verbindung zu dem mit der Zuwendung verfolgten Zweck steht; *Medicus*, BR, Rn. 683 a. E.

3. Zusammenfassung

80

Vertrag zugunsten Dritter (§ 328)

I. Berechtigender Vertrag zugunsten Dritter
- Bei einem echten Vertrag zwischen Versprechensempfänger und Versprechendem zugunsten Dritter verspricht der Versprechende dem Versprechensempfänger, an einen Dritten, der einen unmittelbaren Anspruch gegen den Versprechenden erwirbt, zu leisten (§§ 328 Abs. 2, 335).

1. Mangel im Valutaverhältnis
(zwischen Versprechensempfänger und Drittem):
- Leistungskondiktion des Versprechensempfängers bei dem Dritten; die Zuwendung des Versprechenden an den Dritten ist eine Leistung „übers Eck" (§ 13 Rn. 76).

2. Mangel im Deckungsverhältnis
(zwischen Versprechensempfänger und Versprechendem):

a) Grundsätzlich zwei Leistungsverhältnisse (doppelter Leistungszweck) (§ 13 Rn. 77):
- zwischen dem Versprechenden und dem Versprechensempfänger zur Erfüllung des Deckungsverhältnisses
- zwischen dem Versprechenden und dem Dritten zur Erfüllung des Anspruchs des Dritten gegen den Versprechenden aus dem berechtigten Vertrag zugunsten Dritter

b) Bereicherungsrechtliche Abwicklung
- Grundsätzlich nur Leistungskondiktion zwischen Versprechendem und Versprechensempfänger:
- Deckungsverhältnis vorrangig; bereicherungsrechtlich relevante Leistung des Versprechenden an den Dritten fehlt (vgl. „Dampfkessel"-Fall; § 13 Rn. 78).
- Ausnahme: Bereicherungsrechtliches Leistungsverhältnis nur zwischen Versprechendem und Drittem (Direktkondiktion), wenn Dritter ein von dem Valutaverhältnis unabhängiges Forderungsrecht gegen Versprechenden hat („Makler-Courtage"-Fall; Lebensversicherungsverträge; § 13 Rn. 79).

II. Unechter Vertrag zugunsten Dritter:
Behandlung wie Anweisungsfälle (§ 13 Rn. 75)

VII. Einschaltung von Hilfspersonen

81   Als **Hilfspersonen** werden Stellvertreter, Boten oder Zahlstellen bezeichnet, die in einen Zuwendungsvorgang eingeschaltet werden. Die Hilfsperson ist bereicherungsrechtlich ohne Bedeutung, wenn ihre Zuwendung dem sie einschaltenden Geschäftsherrn zugerechnet werden kann. Es liegt dann nur eine bereicherungsrechtlich relevante Rechtsbeziehung zwischen dem Geschäftsherrn und dem Dritten vor und insoweit kein Dreipersonenverhältnis.

Beispiele:
– Der Bote überbringt eine bestimmte Summe Geld irrtümlich an den falschen Empfänger. Ist die Zuwendung des Boten dem Geschäftsherrn zuzurechnen, so kommt nur eine Kondiktion zwischen Geschäftsherrn und Zahlungsempfänger in Betracht. Im Fall mangelnder Zurechnung kann der Bote beim Zuwendungsempfänger selbst kondizieren.[79]
– Der Schuldner zahlt an den Gläubiger durch Banküberweisung. Die Gläubigerbank ist nur Zahlstelle des Gläubigers. Es liegt eine Leistung zwischen dem Schuldner und Gläubiger, nicht aber der Gläubigerbank vor.

Beim Auftreten eines Stellvertreters ist zu unterscheiden zwischen offener und versteckter Stellvertretung. **82**

1. Bei offener Stellvertretung (§§ 164 ff.) ist grundsätzlich der Vertretene der Leistende. Es liegt kein echtes Dreiecksverhältnis vor. Leistungs- und Zahlungsempfänger ist nicht der Bevollmächtigte, sondern der Vollmachtgeber. Der Bevollmächtigte ist nur unselbstständige Zahlstelle.

Beispiel:
K schließt mit B, vertreten durch den Prokuristen P, Kaufverträge. P stellt im Namen der B wiederholt überhöhte Beträge in Rechnung, die K an P zahlt. Nachdem K dies bemerkt hat, verlangt K die überzahlten Beträge zurück (RGZ 79, 285).
K hat gegen B einen Anspruch aus § 812 Abs. 1 S. 1 Alt. 1 (Leistungskondiktion). (a) B hat die überzahlten Beträge erlangt. K zahlt an P in seiner Eigenschaft als Prokurist. Zahlungsempfänger ist – rechtlich gesehen – der B. Bereichert ist damit B, nicht P. (b) Eine Leistung des K liegt vor. (c) Ein Rechtsgrund fehlte. (d) Ein Anspruch aus § 812 Abs. 1 S. 1 Alt. 1 ist begründet.

2. Bei versteckter Stellvertretung (z.B. Kommission, Treuhand, Strohmann) ist der Vertreter der Leistende bzw. der Leistungsempfänger; er ist selbstständige Zwischenperson.

Beispiel:
Die Zuwendung des Zahlenden an den Treuhänder stellt eine Leistung an diesen, nicht dagegen eine solche an den Treugeber dar. Während die Einschaltung eines Boten oder offenen Stellvertreters die Annahme einer unmittelbaren Vermögensverschiebung an die dahinter stehende Person nicht hindert, ist dies bei Zwischenschaltung eines Kommissionärs, indirekten Stellvertreters, Strohmanns und Treugebers anders. Das Vermögen wird in diesen Fällen unmittelbar zwischen dem Zuwendenden und der selbständigen Zwischenperson verschoben. Ein Bereicherungsanspruch des Zahlenden im Falle von Rechtsgrundlosigkeit entsteht deshalb gegen den Treuhänder, nicht gegen den Treugeber (BGH NJW 1961, 1461).

3. Ist ein Vertreter ohne Vertretungsmacht involviert, kommt ein Anspruch des Zuwendenden gegen den „Vertretenen" aus Leistungs-

---

[79] Beispiel nach MünchKomm/*Lieb*, § 812 Rn. 105.

kondiktion nur in Betracht, wenn sich aus Sicht des Vertretenen ergibt, dass die Leistung an ihn erbracht wurde und nicht an den Vertreter ohne Vertretungsmacht. Eine Nichtleistungskondiktion gegen den „Vertretenen" kommt nur in Betracht, wenn „ihm von niemandem geleistet worden ist".[80] Der Anspruch aus § 179 gegen den Vertreter ohne Vertretungsmacht schließt die Bereicherungshaftung des Vertretenen nicht aus.[81]

Beispiel:
Der Architekt A vergibt Zusatzaufträge an einen Handwerker H im Namen des Bauherrn B, ohne von ihm für diese Zusatzverträge bevollmächtigt zu sein. H hat Ansprüche gegen A aus § 179 (falsus procurator) und gegen B aus § 812 Abs. 1 S. 1 Alt. 2 (Nichtleistungskondiktion).[82] (a) B erlangt die Handwerkerleistungen. (b) Eine Leistung (i. S. des § 812 Abs. 1 S. 1 Alt. 1) liegt nicht vor, weil der Zuwendungsempfängers (B) hinsichtlich der Zusatzarbeiten wegen der nicht erteilten Vollmacht nicht von einer bewussten Vermögensmehrung des H an sich ausgehen kann und darf. (c) Der Rechtsgrund fehlt. Insbesondere § 179 begründet keinen entsprechenden Rechtsgrund (OLG Hamm MDR 1975, 488).

---

[80] Vgl. BGHZ 40, 270, 278 und § 13 Rn. 13.
[81] Vgl. Palandt/*Sprau*, § 812 Rn. 46 und Palandt/*Heinrichs*, § 179 Rn. 9.
[82] Nicht erörtert hat das OLG Hamm Ansprüche aus GoA (§§ 677, 683 S. 1, 670 oder § 684 S. 1 i. V. m. §§ 818 ff.).

4. Teil. Deliktsrecht

Literatur: *v. Bar*, Gemeineuropäisches Deliktsrecht, 2. Band. Schaden und Schadensersatz, Haftung für und ohne eigenes Fehlverhalten, Kausalität und Verteidigungsgründe, 1999; *ders.*, Deliktsrecht in Europa, Systematische Einführungen, Gesetzestexte, Übersetzungen, 1994; *Brüggemeier*, Deliktsrecht, 1986; *ders.*, Prinzipien des Haftungsrechts: Eine systematische Darstellung auf rechtsvergleichender Grundlage, 1. Aufl. 1999; *Deutsch*, Allgemeines Haftungsrecht, 2. Aufl. 1996; *ders.*, Gefährdungshaftung: Tatbestand und Schutzbereich, JuS 1981, 317; *Deutsch/Ahrens*, Deliktsrecht, 4. Aufl. 2002; *Fuchs*, Deliktsrecht, 6. Aufl. 2006; *Grunewald*, Bürgerliches Recht, 7. Aufl. 2006, § 32; *Kupisch/Krüger*, Grundfälle zum Recht der unerlaubten Handlungen, JuS 1980, 270, 422, 574, 727; 1981, 30, 347, 584, 737; *Kötz/Wagner*, Deliktsrecht, 10. Aufl. 2006; *Lemcke*, Gefährdungshaftung im Straßenverkehr unter Berücksichtigung der Änderungen durch das 2. SchadÄndG, ZfS 2002, 318; *Leßmann*, Einführung und Überblick zum Recht der unerlaubten Handlungen, JA 1988, 57; *ders.*, Grundtatbestände der unerlaubten Handlung, JA 1988, 237; *ders.*, Weiterentwicklung in Rechtsprechung und Lehre zu § 823 Abs. 1, JA 1988, 409; *ders.*, Besondere Deliktstatbestände, JA 1988, 585; Gefährdungshaftung, JA 1989, 117; *ders.*, Der Schadensersatzanspruch bei unerlaubten Handlungen I, JA 1989, 281; *ders.*, Der Schadensersatzanspruch bei unerlaubten Handlungen II, JA 1989, 330; *Medicus*, Gefährdungshaftung im Zivilrecht, Jura 1996, 561; *Mertens/Reeb*, Grundfälle zum Recht der unerlaubten Handlung, JuS 1971, 409, 469, 525, 586; 1972, 35; *Miserre*, Der deliktische Schutz des Persönlichkeitsrechts, JA 2003, 282; *Schwerdtner*, Recht der unerlaubten Handlungen, Jura 1981, 414, 484; *Weyers/Wandt*, Versicherungsvertragsrecht, 3. Aufl. 2003.

§ 14. Einleitung

A. Überblick

Das Recht der unerlaubten Handlungen ist in den §§ 823 ff. geregelt.[1, 2] Daneben gibt es zahlreiche Sondergesetze, welche „unerlaubte Handlungen" i. w. S. regeln (StVG, ProdHaftG, u. a.). Dieses Rechtsgebiet, insbesondere die §§ 823 ff., bildet einen Kernbereich der juristischen Ausbildung (Klausuren und Examen) und der Praxis. **1**

---

[1] Zur historischen Entwicklung und den Zielen des Deliktsrechts vgl. *Kötz/Wagner*, Rn. 13 ff.

[2] Zum europäischen Deliktsrecht *v. Bar*, Gemeineuropäisches Deliktsrecht, 2. Band, 1999; *ders.*, Deliktsrecht in Europa, Systematische Einführungen, Gesetzestexte, Übersetzungen, 1994; *Zweigert/Kötz*, Einführung in die Rechtsvergleichung, 3. Aufl. 1996, § 40 bis § 43.

B. Deliktische Haftungsgründe

2   Die §§ 823 ff. enthalten Ansprüche aus sog. unerlaubter Handlung (vgl. die Überschrift von § 823). Vom Lateinischen abgeleitet, spricht man auch von „Delikt" oder „deliktischen Ansprüchen". Unerlaubte Handlungen begründen ein gesetzliches Schuldverhältnis. Die in den §§ 823 ff. geregelten Tatbestände enthalten durchweg selbstständige Anspruchsgrundlagen, die auf Schadensersatz gerichtet sind.

Die Haftung eines Schädigers für einen verursachten Schaden setzt besondere Anspruchsnormen voraus. Diese beruhen auf unterschiedlichen Gründen und lassen sich auf verschiedene Wertungsgesichtspunkte zurückführen.[3]

Die Verschuldenshaftung (§§ 823 ff., vgl. unten § 16 Rn. 1 ff.) knüpft an eine rechtswidrige und schuldhafte Schädigung an. Dagegen beruht die Gefährdungshaftung (etwa § 7 Abs. 1 StVG, vgl. unten § 21 Rn. 5 ff.) auf der Schaffung einer Gefahrenquelle, ohne dass es auf Rechtswidrigkeit und Verschulden ankommt. Eine Billigkeitshaftung für eine rechtswidrige, aber schuldlose unerlaubte Handlung ist in § 829 geregelt (vgl. unten § 16 Rn. 178 ff.). Eine verschuldensunabhängige Schadenshaftung wegen rechtmäßiger Einwirkung auf eine fremde Sache kann auf „Aufopferung" gestützt werden (Beispiel: § 904 S. 2).[4]

3   **Haftungsgründe**

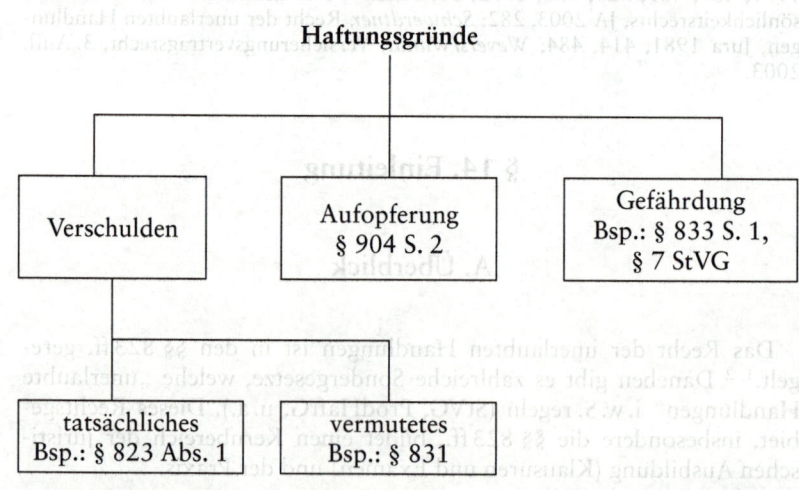

---

[3] Vgl. im Einzelnen *Deutsch/Ahrens*, Rn. 5 ff.

[4] § 904 S. 2 ist ein sog. zivilrechtlicher Aufopferungsanspruch, der die durch § 904 S. 1 ausgeschlossene Eigentümerbefugnis ausgleicht. Die erforderliche „Einwirkung" setzt zumindest bedingten Vorsatz voraus, vgl. BGHZ 92, 359. – Zum Aufwendungsersatzanspruch aus Geschäftsführung ohne Auftrag (§§ 677, 683 S. 1, 670) für eine Selbstaufopferung vgl. oben GoA § 5 Rn. 7 ff. und § 3 Rn. 3 f., § 8 Rn. 15 ff.

I. Verschuldensprinzip

Die §§ 823 ff. gehen vom **Verschuldensprinzip** aus. Der Schädiger 4
haftet grundsätzlich nur, wenn er den Schaden rechtswidrig und schuldhaft verursacht hat. Dem Schädiger muss sein Verschulden grundsätzlich nachgewiesen werden. In bestimmten Fällen wird das Verschulden widerlegbar vermutet; der Schädiger haftet also, wenn er sich nicht exkulpieren kann (Standardbeispiel: § 831).

II. Gefährdungshaftung

Der Gesetzgeber hat als Ausnahme vom Verschuldensprinzip Tatbe- 5
stände der **Gefährdungshaftung** normiert. Solche Ausnahmetatbestände finden sich in § 833 S. 1 (Gefährdungshaftung des Tierhalters) und insbesondere in Spezialgesetzen (z. B. in § 7 Abs. 1 StVG: Haftung des Halters eines Kfz). Bei einer Gefährdungshaftung tritt die Haftung ohne Rücksicht auf Rechtswidrigkeit und Verschulden ein, weil der Haftende eine zwar erlaubte, aber besondere Gefahrenlage geschaffen hat.

§ 15. Unerlaubte Handlungen

A. Überblick

Die gesetzlichen Tatbestände der deliktischen Verschuldenshaftung in 1
den §§ 823 ff. sind durch einen hohen Abstraktionsgrad der einzelnen Tatbestandsmerkmale gekennzeichnet. Daraus resultiert eine breite Möglichkeit der Auslegung für die Rechtsprechung[1] („Deliktsrecht als Richterrecht reinsten Wassers über weite Strecken"[2]). Dementsprechend gibt es zu der geringen Anzahl von Rechtsvorschriften eine umfangreiche Rechtsprechung.

I. Vertragliche und gesetzliche Schadensersatzansprüche

Wenn jemand durch eine andere Person geschädigt wird, kann der 2
Geschädigte Schadensersatz nur dann verlangen, wenn dafür eine Anspruchsgrundlage vorliegt. Diese kann sich aus Vertrag und aus Gesetz ergeben. Vertragliche Schadensersatzansprüche setzen einen bestehen-

---

[1] Vgl. den Hinweis der RegBegr. zum Entwurf eines Zweiten Gesetzes zur Änderung schadensersatzrechtlicher Vorschriften (BT-Drs. 14/7752, S. 11).
[2] So *Kötz/Wagner*, im Vorwort zur 9. Auflage 2001.

den Vertrag voraus und knüpfen an eine Vertragsverletzung an (z. B. Pflichtverletzung). Die gesetzlichen Schadensersatzansprüche gewähren Schadensersatz, wenn ein gesetzlich normierter Tatbestand erfüllt ist, ohne dass das Bestehen einer vertraglichen Beziehung Voraussetzung ist. Gesetzliche Schadensersatzansprüche sind insbesondere die Ansprüche aus §§ 823 ff. (unerlaubte Handlungen).

3   Die Rechtsfolgen eines Schadensersatzanspruchs, also der Inhalt, die Art und der Umfang des zu leistenden Schadensersatzes, sind im allgemeinen Schuldrecht (§§ 249 ff.) geregelt. Diese Vorschriften gelten grundsätzlich für alle Schadensersatzansprüche, stellen aber selbst keine Anspruchsgrundlagen dar. Sie setzen vielmehr voraus, dass eine Anspruchsgrundlage tatbestandlich erfüllt ist, und regeln die Rechtsfolgenseite näher („Ersatz des daraus entstehenden Schadens", vgl. § 823 Abs. 1 a. E.).

II. System kollektiver Sicherungen

4   Das Haftungsrecht wird durch ein umfassendes **System kollektiver Sicherungen** überlagert. Häufig genießt der Schädiger (freiwillig oder auf Grund gesetzlicher Verpflichtung) Haftpflichtversicherungsschutz. Dieser Versicherungsschutz hat grundsätzlich keinen Einfluss auf die (vorrangig und unabhängig zu klärende) Haftung. Es gilt vielmehr der Grundsatz: Die Versicherung folgt der Haftung (sog. Trennungsprinzip).[3]

Beispiel:
– Der haftpflichtversicherte S verletzt beim Skifahren den G. Für die Haftung des S spielt das Bestehen einer freiwilligen Privathaftpflichtversicherung keine Rolle. G hat auch keine Ansprüche gegen den Privathaftpflichtversicherer des S.
– Bei der Kfz-Haftpflichtversicherung, zu deren Abschluss für den Kfz-Halter (Halterhaftung gem. § 7 Abs. 1 StVG) eine gesetzliche Verpflichtung besteht, besteht die Besonderheit, dass der Kfz-Haftpflichtversicherer (gegen den der Geschädigte einen Direktanspruch nach § 3 PflVG hat) neben dem Kfz-Halter als Gesamtschuldner haftet.

Versicherungsschutz kann allerdings ausnahmsweise eine Haftungsersetzung bewirken (so die gesetzliche Unfallversicherung nach SGB VII bei Arbeitsunfällen).[4] Für den verursachten Schaden tritt dann nicht der Schädiger, sondern eine Solidargemeinschaft ein, nämlich ein Haftungsfonds aus den Beiträgen aller potenziellen Schädiger.

Beispiel:
– Bei Arbeitsunfällen tritt für den Arbeitgeber die Berufsgenossenschaft ein und zahlt die Krankheitskosten.

---

[3] Ausführlich hierzu *Weyers/Wandt*, Rn. 904 ff. Zur Bindungswirkung des Haftpflichturteils für den nachfolgenden Deckungsrechtsstreit als notwendige Ergänzung des Trennungsprinzips vgl. BGH NJW 2006, 289.
[4] Vgl. *Kötz/Wagner*, Rn. 9.

Auch der Geschädigte hat sich oftmals im Rahmen der Risikovorsorge gegen Schadensereignisse und sonstige Wechselfälle des Lebens gesichert.

Beispiele:
Krankenversicherung, Hausratsversicherung, Kaskoversicherung bei Pkw; ähnlich Entgeltfortzahlung im Krankheitsfall.

Dem BGB ist diese Überlagerung des Schadensersatzrechts durch das Recht kollektiver Sicherungen fremd. Das Haftungsrecht des BGB beschäftigt sich ausschließlich mit der Beziehung zwischen dem Geschädigten und dem Schädiger. Durch bestehenden Versicherungsschutz des Geschädigten wird das Deliktsrecht grundsätzlich nicht berührt. Das Deliktsrecht bestimmt autonom, ob überhaupt ein Haftungsfall vorliegt, für den ein Haftpflichtversicherer eintrittspflichtig ist (i.d.R. gegenüber dem Schädiger, der Versicherungsnehmer ist; nur ausnahmsweise bei der Kfz-Haftpflichtversicherung unmittelbar gegenüber dem Geschädigten). So weit der Geschädigte selbst für Versicherungsschutz gesorgt hat und sein Versicherer (z. B. Kaskoversicherer) ihn entschädigt, kann der deliktische Anspruch des Geschädigten kraft Gesetzes (Legalzession) auf den Versicherer übergehen (z.B. § 116 SGB X, § 67 VVG; vgl. auch § 6 EFZG), damit der Versicherer mit Hilfe dieses übergegangenen Anspruchs gegen den Schädiger Regress nehmen kann. Das Deliktsrecht verwandelt sich damit in ein Recht der Regressvoraussetzungen.[5] Es bedarf keiner Betonung, dass die Frage des Bestehens von Versicherungsschutz in der Praxis – ungeachtet des Trennungsprinzips zwischen Haftung und Versicherung – von herausragender Bedeutung ist. Dies weist dem Haftpflicht- und Sachversicherungsrecht eine hohe Bedeutung zu.

Fall:

Der Schädiger S verletzt den Angestellten A bei einer Wirtshausschlägerei vorsätzlich. Der A ist bei dem Arbeitgeber B beschäftigt, der ihm während seiner Krankheit das Gehalt weiterzahlt. Ansprüche des A und B gegen S?

Lösung:

I. Ansprüche des A gegen S aus § 823 Abs. 1?

1. Rechtswidrige und schuldhafte Körperverletzung (+)

2. Schaden?

    a) Verdienstausfall? Auf Grundlage des natürlichen Schadensbegriffs (vgl. dazu § 22 Rn. 8) erleidet A keinen Schaden wegen Verdienstausfalles. Denn A erhält von B Fortzahlung seines Gehaltes (vgl. § 3 EFZG).

---

[5] So *Kötz/Wagner*, Rn. 47.

b) Heute ist aber der sog. normative Schadensbegriff herrschend. Bei den Rechtsfolgen der schuldhaften Verletzung von Menschen ist der normative Schadensbegriff mit der besonderen Fallgruppe der Vorteilsausgleichung zu beachten: Wird nämlich ein Schaden von einem Dritten übernommen (z. B. die Heilungskosten von einem Sozialversicherungsträger, der Verdienstausfall vom Arbeitgeber im Wege der Entgeltfortzahlung), dann liegt trotzdem ein Schaden des Verletzten vor. Dem Schädiger soll nicht zugute kommen, dass der Schaden des Verletzten an sich durch die Leistung des Dritten ausgeglichen wird. Deshalb ist ein Schaden in Höhe des Verdienstausfalles zu bejahen.

3. Jedoch ist A nicht mehr Anspruchsberechtigter (aktivlegitimiert). Der an sich begründete Schadensersatzanspruch des A gegen den Schädiger S ist kraft Legalzession auf den Arbeitgeber B übergegangen (vgl. § 6 Abs. 1 EFZG).

4. Ergebnis: A kann nicht von S Schadensersatz in Höhe des Verdienstausfalles verlangen.

II. Ansprüche des B

1. Eigener Anspruch aus § 823 Abs. 1 (–), weil keine Verletzung eines Rechts oder Rechtsgutes (Recht am eingerichteten und ausgeübten Gewerbebetrieb ist mangels Betriebsbezogenheit des Eingriffs nicht einschlägig [vgl. unten § 16 Rn. 85 ff.]).

2. Anspruch aus übergeleitetem Recht aus § 6 EFZG i. V. m. § 823 Abs. 1 (gesetzlicher Forderungsübergang) (+)

III. Ergebnis: Der Arbeitnehmer erhält nach dem EFZG von seinem Arbeitgeber Entgeltfortzahlung. Nach § 6 EFZG geht der Anspruch des Arbeitnehmers aus § 823 Abs. 1 auf Ersatz des Verdienstausfalls gegen den Schädiger auf den Arbeitgeber über, der das Entgelt fortzahlt. Für diesen Regress des Arbeitgebers gegen den Schädiger ist also letztlich wieder die Rechtslage nach dem BGB ausschlaggebend, nämlich ob A gegen S einen Schadensersatzanspruch (§ 823 Abs. 1) hat.

Hinweis:

1. Krankheitskosten trägt bei gesetzlich Versicherten letztlich die Krankenkasse (z. B. AOK, DAK), aber auch insoweit hat A einen Schaden (normativer Schaden). Dass eine Solidargemeinschaft für die Krankheitskosten aufkommt, soll den Schädiger S nicht entlasten.

2. Der Schadensersatzanspruch des A gegen S aus § 823 Abs. 1 (Körperverletzung) in Höhe der Krankheitskosten geht im Wege des gesetzlichen Forderungsübergangs auf den Träger der Krankenkasse über (§ 116 Abs. 1 SGB X). Die Krankenkasse kann also in Höhe des (an sich an B zu leistenden) Schadensersatzes den S in Regress nehmen. Das bedeutet, dass auch für den Regressanspruch der Krankenkasse die Rechtslage nach dem BGB (§ 823 Abs. 1) entscheidend bleibt.

B. Das Regelungssystem der §§ 823 ff.

I. Regelungssystem

Die §§ 823 ff. enthalten keine „großen" Generalklauseln. Das BGB 7
hat sich nicht – wie etwa der französische code civil –[6] für einen scha-
densersatzbegründenden Generaltatbestand entschieden.[7] Eine deliktische Generalklausel könnte etwa folgenden Wortlaut haben: „Wer
einen anderen rechtswidrig und schuldhaft schädigt, muss ihm Schadensersatz leisten." Generalklauseln haben zwar den Vorteil, flexibel
und offen für künftige Entwicklungen zu sein; ihr Nachteil ist jedoch,
wie bei allen Generalklauseln (vgl. § 242), dass sie zu einer erheblichen
Rechtsunsicherheit führen und dass eine richterliche Konkretisierung
für ihre praktische Handhabung notwendig ist. Eine umfassende Generalklausel für eine außervertragliche Schadenshaftung würde auch dazu
führen, dass es eine Fülle von Schadensersatzansprüchen gäbe. Die
Höhe der möglichen Schadensersatzforderungen und das Schadensersatzrisiko wären kaum übersehbar, insbesondere wenn jeder reine Vermögensschaden ersetzt werden müsste.

Das deutsche Recht hat ein System enumerativer Einzeltatbestände
geschaffen. § 823 Abs. 1, § 823 Abs. 2 und § 826 lassen sich als delikts-
rechtliche Grundtatbestände oder auch als drei „kleine" Generalklauseln bezeichnen. Dieses System von möglichst konkreten Einzeltatbe-
ständen gilt für die Verschuldenshaftung, aber auch für die Gefährdungshaftung.

II. Grundtatbestände der Verschuldenshaftung

Bei der Verschuldenshaftung hat das BGB drei Grundtatbestände 8
aufgestellt, mit denen die wichtigsten Schutzbereiche erfasst werden
sollen:[8]

1. In § 823 Abs. 1 werden bestimmte Rechte (z.B. das Eigentum und
andere absolute Rechte) und Rechtsgüter (z.B. Leben) geschützt.
§ 823 Abs. 1 ist der Grundtatbestand der unerlaubten Handlungen,
an dem sich der Aufbau und die Dogmatik des Deliktsrechts de-
monstrieren lassen (vgl. unten § 16 Rn. 1 ff.).

---

[6] Art. 1382 code civil: Tout fait quelconque de l'homme, qui cause à autrui un
dommage, oblige celui par la faute duquel il est arrivé, à le réparer.
Art. 1383 code civil: Chacun est responsable du dommage qu'il a causé non seu-
lement par son fait, mais encore par sa négligence ou par son imprudence.
[7] So die Entscheidung der zweiten Kommission (*Mugdan* II, S. 1072 ff. [Proto-
kolle]); vgl. *Larenz/Canaris*, SR II/2, § 75 I 3 a, S. 354 f. m. w. N.
[8] Vgl. *Grunewald*, Bürgerliches Recht, § 32 Rn. 5–13.

Beispiel:
S parkt das Kfz des G zu. Dadurch wird das Eigentum des G am Kfz verletzt (sog. Gebrauchsbehinderung, vgl. unten § 16 Rn. 30 ff.). Infrage kommt ein Anspruch aus § 823 Abs. 1.

2. Nach § 823 Abs. 2 ist zum Schadensersatz verpflichtet, wer einem anderen dadurch Schaden zufügt, dass er gegen ein besonderes, zum Schutz des Geschädigten bestehendes Gesetz verstößt.

Beispiel:
V verkauft dem K seinen gebrauchten Pkw und verschweigt dabei, dass es sich um einen sog. Unfallwagen handelt. § 263 StGB (Betrug) ist ein Schutzgesetz.

3. § 826 schützt als eine Art Auffangtatbestand vor jeder vorsätzlichen sittenwidrigen Schädigung, insbesondere auch vor bloßen Vermögensschäden. Vorausgesetzt wird aber eine besondere Handlungsqualität, nämlich Sittenwidrigkeit und Vorsatz.

Beispiel:
Wirtschaftsprüfer W gibt eine bewusst unrichtige Auskunft über die Kreditwürdigkeit eines Unternehmens und veranlasst dadurch die Bank B, einen Kredit zu gewähren. Dies kann eine vorsätzliche sittenwidrige Schädigung der Bank B sein.

9 | **Fall:**

Der Arbeitnehmer A wird durch den Schädiger S verletzt und ist arbeitsunfähig. Sein Arbeitgeber G kann einen gewinnträchtigen Auftrag nicht durchführen, weil er auf die Mitarbeit seines Angestellten A angewiesen ist. Schadensersatzansprüche des G gegen S?

Lösung:

1. § 823 Abs. 1 (–), weil es an einer Rechtsgutverletzung (Körperverletzung, Eingriff in das Recht am eingerichteten und ausgeübten Gewerbebetrieb) des G fehlt. Zwar hat G einen Vermögensschaden erlitten (sog. primärer Vermögensschaden; vgl. unten § 16 Rn. 97 f.). Jedoch ist das Vermögen selbst kein von § 823 Abs. 1 geschütztes Rechtsgut.
2. § 823 Abs. 2 (–), weil ein erforderliches Schutzgesetz fehlt.
3. § 826 (–). Zwar ersetzt § 826 (ausnahmsweise) auch einen primären Vermögensschaden. Jedoch will S den G nicht schädigen; der erforderliche Schädigungsvorsatz fehlt.
4. Ergebnis: G kann also keinen Schadensersatz von S verlangen.

§ 16. Grundtatbestand des § 823 Abs. 1

A. Aufbau und Struktur des § 823 Abs. 1

§ 823 Abs. 1   1

1. Rechts-(gut-)verletzung
2. Verletzungshandlung: positives Tun oder Unterlassen
3. (Haftungsbegründende) Kausalität zwischen Handlung und Rechts-(gut-)verletzung
4. Rechtswidrigkeit
5. Verschulden (Vorsatz oder Fahrlässigkeit)
6. Schaden
7. (Haftungsausfüllende) Kausalität zwischen Rechts-(gut-)verletzung und Schaden
8. Mitverschulden (§ 254)

Anmerkung:
Haftungsbegründender Tatbestand (Ziffer 1. bis 5.): Voraussetzungen
– Tatbestandsmäßigkeit: Ziffer 1. bis 3.
– Rechtswidrigkeit: Ziffer 4.
– Verschulden: Ziffer 5.
Haftungsausfüllender Tatbestand (Ziffer 6. und 7.): Rechtsfolge

B. Die geschützten Rechtsgüter und Rechte

Man unterscheidet zwischen Rechtsgütern und Rechten. Als Rechts-   2
güter werden Leben, Körper, Gesundheit und Freiheit bezeichnet. Sie
können nicht Gegenstand besonderer Rechte sein, sondern sind Teile
einer Person und mit ihr untrennbar verbunden. Anders dagegen die
durch § 823 Abs. 1 geschützten „Rechte" (Eigentum und „sonstiges
Recht").

I. Leben

Das Rechtsgut **Leben** wird verletzt durch Tötung oder auch durch   3
eine Körperverletzung mit Todesfolge.

Als Ersatzberechtigter kann der Getötete selbst nicht infrage kommen, sondern nur bestimmte mittelbar Geschädigte (§§ 844 bis 846).

Das sind solche Personen, die zwar keine (Rechts- oder) Rechtsgutverletzung erlitten haben, aber einen Vermögensschaden (vgl. unten § 20 Rn. 3 ff., § 22 Rn. 52 ff.).

Wer für den Tod eines Menschen verantwortlich ist, muss ersetzen:
– den Erben die bis zum Tod entstandenen Behandlungskosten gem. §§ 249 Abs. 2 S. 1, 1922 Abs. 1; insoweit liegt (noch) kein Fall einer „Verletzung des Lebens" vor;
– den Erben die Bestattungskosten gemäß § 844 Abs. 1;
– den kraft Gesetzes Unterhaltsberechtigten ihren Unterhaltsschaden gemäß § 844 Abs. 2 (z.B. Ehegatte und Kinder);
– den kraft Gesetzes Dienstberechtigten (vgl. §§ 1619, 1754 bis 1756) Ersatz für die entgangenen Dienste (§ 845).

II. Körper und Gesundheit

1. Begriffsbestimmung

4   **Körperverletzung** bedeutet einen äußeren Eingriff in die körperliche Unversehrtheit. **Gesundheitsverletzung** ist die Beeinträchtigung innerer Lebensvorgänge: jedes Hervorrufen oder Steigern eines von der normalen körperlichen Funktion nachteilig abweichenden Zustandes, wobei unerheblich ist, ob Schmerzzustände auftreten oder bereits eine tiefgreifende Veränderung der Befindlichkeit eingetreten ist.[1]

Beispiel für eine Gesundheitsverletzung:
Die Übertragung des HI-Virus ist eine Gesundheitsverletzung, und zwar auch dann, wenn es noch nicht zum Ausbruch der Immunschwächekrankheit AIDS gekommen ist (BGHZ 114, 284).

Die Abgrenzung zwischen einer Körper- und einer Gesundheitsverletzung ist schwierig, wegen der gleichen Rechtsfolgen und des gleichen Unrechtsgehalts aber nicht unbedingt nötig.

2. Rechtsfolgen

5   Bei der schuldhaften Verletzung eines Menschen wird nach § 823 Abs. 1 geschuldet:
– Ersatz der notwendigen Heilungskosten nach § 249 Abs. 2 S. 1 (Naturalrestitution gemäß § 249 Abs. 1 ist ebenfalls möglich, wird vom Geschädigten jedoch regelmäßig nicht gewählt);
– Schmerzensgeld nach § 253 Abs. 1 und 2;
– Ersatz von entgangenem Gewinn gem. § 252 oder – wie es § 842 formuliert – Ersatz der Nachteile für Erwerb und Fortkommen. Die Höhe des Schadensersatzes richtet sich nach der Lebensstellung und dem Beruf des Verletzten.

---

[1] BGHZ 114, 284, 289 m.w.N.; BGH NJW 2005, 2614, 2615.

Bei den Rechtsfolgen der schuldhaften Verletzung von Menschen ist 6 der wertende Schadensbegriff mit der besonderen Fallgruppe der Vorteilsausgleichung (vgl. dazu und zum normativen Schadensbegriff unten § 22 Rn. 12 ff.) zu beachten: Wird nämlich ein Schaden von einem Dritten übernommen (z. B. die Heilungskosten von einem Sozialversicherungsträger, der Verdienstausfall vom Arbeitgeber im Wege der Entgeltfortzahlung), dann liegt trotzdem ein Schaden des Verletzten vor. Der Vorteil, dass der Schaden des Verletzten an sich durch die Leistung eines Dritten ausgeglichen wird, soll nicht dem Schädiger zugute kommen. Der Verletzte erhält aber auch keine doppelte Entschädigung, weil sein Schadensersatzanspruch gegen den Schädiger im Wege der Legalzession auf den Dritten übergeht (§ 6 Abs. 1 EFZG, § 116 SGB X).

3. Sonderprobleme, insbesondere Arzthaftung

a) Ärztlicher Heileingriff

Der ärztliche Heileingriff ist – nach der Rechtsprechung – eine tatbe- 7 standsmäßige Körperverletzung, auch wenn er zu Heilzwecken und lege artis erfolgreich durchgeführt wird. Lediglich die Rechtswidrigkeit entfällt, wenn der Eingriff von einer wirksamen Einwilligung (oder von einer berechtigten GoA, vgl. oben § 7 Rn. 8) gedeckt ist.[2]

Im Arzthaftungsprozess hat der Patient grundsätzlich die Beweislast 8 für die haftungsbegründenden Umstände. Die Rspr. hat allerdings zugunsten des Patienten ein abgestuftes System von Beweiserleichterungen bis hin zur Umkehr der Beweislast entwickelt (Mängel in der ärztlichen Dokumentation können zu Beweiserleichterungen für den Patienten führen; Umkehr der Beweislast bei groben Behandlungsfehlern).[3]

Eine Einwilligung führt dazu, dass der Heileingriff nicht rechtswid- 9 rig, sondern gerechtfertigt ist. Der Arzt muss beweisen, dass eine rechtswirksame Einwilligung vorliegt. Die Einwilligung muss vor dem Eingriff erklärt worden sein. Sie setzt grundsätzlich eine rechtzeitige und umfassende Aufklärung voraus.[4]

b) Sonderfälle

Bei der Verletzung eines Kindes im Mutterleib können drei Fallgrup- 10 pen unterschieden werden:

---

[2] BGHZ 29, 46, 49, st. Rspr.; Staudinger/*Hager*, § 823 Rn. I 1 m. w. N.
[3] BGHZ 99, 391; vgl. dazu auch BGHZ 159, 48, 53 ff.
[4] In Betracht kommt auch eine sog. Stufenaufklärung. Danach braucht der Arzt den Patienten zunächst nur allgemein auf die Risiken der Behandlung hinzuweisen. Der Patient kann dann – wie es häufig geschieht – zu erkennen geben, er überlasse das Nötige vertrauensvoll dem Arzt und wolle keine Einzelheiten erfahren. Dies genügt für eine wirksame Einwilligung. Der Patient kann aber auch nach Einzelheiten fragen; dann muss der Arzt diese Einzelheiten regelmäßig offenbaren (*Medicus,* Gesetzliche Schuldverhältnisse, S. 22).

1. Schädigung im Mutterleib;[5]
2. Krankes Leben (sog. wrongful life);[6]
3. Kind als (Unterhalts-)Schaden.[7]

11

> **Fall (BGHZ 8, 243; 58, 48; 86, 240; 93, 351, 355; 124, 128; BGH NJW 1995, 2407):**
>
> Die schwangere Frau F: a) wird bei einem von A verschuldeten Verkehrsunfall verletzt; ihr Kind K kommt infolge des Unfalls mit einem Gehirnschaden zur Welt; b) erkrankt an Röteln; der Arzt A stellt schuldhaft eine falsche Diagnose; das Kind K kommt schwer behindert zur Welt; c) bekommt ein Kind, weil der Arzt A eine Sterilisation des Ehemannes nicht sachgerecht durchgeführt hat. Der Eingriff war ärztlich fehlerhaft. Schadensersatzansprüche?

> **Lösung:**

Variante a: Schädigung im Mutterleib

a) Schadensersatzanspruch des Kindes K aus § 823 Abs. 1 (Gesundheitsverletzung) (+) Heute ist anerkannt, dass die Schädigung eines Kindes vor der Geburt (Schädigung einer Leibesfrucht) Schadensersatzansprüche nach § 823 Abs. 1 für das Kind auslöst, wenn es lebend geboren wird. Begründung:[8] Dass das Kind nie gesund gewesen sei, spreche nicht gegen die Gesundheitsverletzung. Denn der gesunde Zustand sei „von Schöpfung und Natur für den lebenden Organismus eines Menschen vorausgegeben. Die Rechtsordnung ist in dieser Hinsicht an das Phänomen der Natur gebunden."

b) Anspruch der Eltern (–), weil Schädigung des Kindes keine Rechtsgutverletzung der Eltern ist.

Variante b: Krankes Leben (wrongful life) – Schadensersatz des Kindes?

a) Anspruch des Kindes

aa) aus § 823 Abs. 1 (–)

Mit der Fallgruppe „krankes Leben" (wrongful life) sind die Fälle gemeint, in denen der Arzt eine erkrankte Mutter falsch berät und die Schwangere daran gehindert wird, die Geburt eines kranken Kindes durch einen Abbruch der Schwangerschaft zu vermeiden. Die Alternative für das Kind lautet hier also nicht, wie in der ersten Fallgruppe (Schädigung im Mutterleib, vgl. vorstehend Variante a), krank oder gesund zu sein. Vielmehr besteht nur die Alternative zwischen einem Schwangerschaftsabbruch (nicht geboren zu werden) und dem kranken Leben („wrongful life").

Eine deliktische Pflicht, die Geburt einer Leibesfrucht deshalb zu verhindern, weil das Kind behindert sein wird, gibt es nicht.[9] Mit Rücksicht auf den hohen Stellenwert des Rechtsgutes „Leben" verletzt weder das Ermöglichen noch das Nichtverhindern von Leben (anders,

---

[5] BGHZ 8, 243; 58, 48; 93, 351, 355.
[6] BGHZ 86, 240.
[7] BGHZ 124, 128; BGH NJW 1995, 2407.
[8] Vgl. BGHZ 8, 243, 247 f. vor allem in Abgrenzung zu den absoluten Rechten.
[9] BHGZ 86, 240, 251.

soweit die Qualität dieses Lebens durch Tun oder Unterlassen erst beeinträchtigt wird) ein nach § 823 Abs. 1 geschütztes Rechtsgut.[10]

bb) (Behandlungs-)Vertrag mit Schutzwirkung zugunsten des Kindes (Dritter) (–)

Eine Vertragspflicht zwischen Arzt und Mutter zugunsten des Kindes ist nicht verletzt worden. Ebenso wenig wie eine Rechtsgutverletzung i. S. des § 823 Abs. 1 vorliegt, kommt eine Verletzung einer Vertragspflicht in Betracht (vgl. vorstehend).

cc) Ergebnis: Kein Schaden des Kindes, also kein Schadensersatzanspruch.

b) Anspruch der Eltern auf Schadensersatz oder Schmerzensgeld?

Vgl. nachfolgend Variante c.

Variante c: Kind als (Unterhalts-)Schaden?

a) Anspruch der Eltern (Vater und Mutter) auf Schadensersatz aus Vertragsverletzung bzw. für die Mutter, wenn sie nicht Vertragspartei war, aus Verletzung eines Vertrages zugunsten Dritter?

aa) Die mangelhafte Sterilisation stellt eine Pflichtverletzung des Behandlungsvertrages dar (§ 280 Abs. 1).[11]

bb) Der Arzt ist deshalb zum Ersatz des daraus entstandenen Schadens verpflichtet (§ 249 Abs. 2 S. 1).

(1) Es ist ein Unterhaltsaufwand infolge der fehlgeschlagenen Sterilisation entstanden. Strittig ist, ob die Eltern Freistellung von diesen wirtschaftlichen Belastungen verlangen können, die durch die Vertragserfüllung des Arztes vermieden werden sollten (Unterhaltsbedarf). Der BGH hat diese Frage bejaht und einen Schadensersatzanspruch auf Ersatz des Unterhaltsschadens – auch in Anbetracht der besonderen verfassungsrechtlichen Rechtslage – zugebilligt.[12]

(2) Schmerzensgeld kann (von der Frau) ebenfalls verlangt werden (§ 253 Abs. 1 und 2).

b) Anspruch der Ehefrau aus § 823 Abs. 1 (+)

Eine Körperverletzung liegt vor, wenn eine Schwangerschaft gegen den Willen der betroffenen Frau herbeigeführt wird.[13] Hier ist die Schwangerschaft infolge fehlgeschlagener Sterilisation des Ehemannes eingetreten.[14] Rechtswidrigkeit und Verschulden sind zu bejahen. Ein Anspruch auf Ersatz des Unterhaltsschadens und auf Schmerzensgeld ist deshalb (nach der Rechtsprechung des BGH) begründet.

---

[10] BGHZ 86, 240, 252 f.

[11] Eine Pflichtverletzung gegenüber dem Kind kommt nicht in Frage, anders gegenüber den Eltern. Die rechtfertigende Erlaubnis zum Schwangerschaftsabbruch wird nur im eigenen Interesse der Mutter gewährt (BGHZ 86, 240, 253).

[12] BGH NJW 1995, 2407, 2409 f. m. w. N.

[13] BGH NJW 1995, 2407, 2408.

[14] Vgl. BGH NJW 1995, 2407, 2408 f.

III. Freiheit

12   Mit dem Begriff **Freiheit** ist die körperliche (Fort-)Bewegungsfreiheit gemeint (wie bei der Freiheitsberaubung i. S. des § 239 StGB), nicht dagegen die Möglichkeit wirtschaftlicher Entfaltung.

Beispiele:
- Einschließen einer Person,
- Wegnahme der Kleider eines Badenden,[15]
- Herbeiführen einer Verhaftung.[16]

IV. Eigentum

13   Nach § 903 ist das **Eigentum** das umfassende Herrschaftsrecht über eine Sache. Der Eigentümer hat das Recht, mit der Sache nach Belieben zu verfahren (**Nutzungsfunktion**) und andere von jeder Einwirkung auszuschließen (**Ausschlussfunktion**). Eigentum kann auf unterschiedliche Art und Weise verletzt werden. In Betracht kommen eine Verletzung des Rechts „Eigentum", Sachentziehung, Substanzverletzung und die Gebrauchsbehinderung.

Nur in der ersten Fallgruppe wird das Eigentum als Recht betroffen; in den anderen Fallgruppen wird auf den Gegenstand des Eigentumsrechts, auf die Sache selbst, eingewirkt.

1. Verletzung des Rechts „Eigentum"

14   Das Eigentum kann dadurch verletzt werden, dass die rechtliche Zuordnung einer Sache verändert wird. Das Eigentumsrecht wird entzogen oder ein fremdes Recht daran begründet. Dies geschieht regelmäßig aufgrund der Rechtsscheinsvorschriften (§§ 932 ff., 891 ff., 2365 ff., usw.) oder der Vorschriften über den originären Erwerb (§§ 946 ff., usw.) oder durch hoheitliche Maßnahmen (Maßnahmen der Zwangsvollstreckung).

15   **Fall:**

N veräußert versehentlich ein (nicht abhanden gekommenes) Buch, das dem E gehört, an den D, der den N leicht fahrlässig für den Eigentümer hält. Schadensersatzansprüche des E gegen N und D?

Lösung:

1. E gegen N
   a) §§ 990 Abs. 1 S. 1, 989? Nur wenn N zur Zeit der Veräußerung nichtberechtigt ist und bei Besitzerwerb seine mangelnde Berechtigung kannte

---

[15] RGSt 6, 231, 232; Soergel/*Zeuner*, 11. Aufl. 1985, § 823 Rn. 27.
[16] BGH NJW 1964, 650.

(§ 990 Abs. 1 S. 1) oder später erfuhr (§ 990 Abs. 1 S. 2), kommt ein Schadensersatzanspruch in Betracht.

b) § 823 Abs. 1 (Eigentumsverletzung wegen Zuordnungsverletzung)?

aa) Liegt ein EBV vor, so sind die §§ 823 ff. nur unter den Voraussetzungen des § 992 anwendbar.

bb) Liegt kein EBV vor, so sind die §§ 823 ff. uneingeschränkt anwendbar: Es ist eine rechtswidrige fahrlässige Eigentumsverletzung zu bejahen. E verliert durch die Verfügung des N an den gutgläubigen D das Eigentum an dem Buch (§§ 929, 932 Abs. 1 und 2). Deshalb § 823 Abs. 1 (+)

c) Ein Anspruch aus § 816 Abs. 1 ist begründet, aber nicht auf Schadensersatz gerichtet.

2. E gegen D

a) aus §§ 990 Abs. 1 S. 1, 989 (–), weil D gutgläubig Eigentum erwirbt (§ 932 Abs. 2) und deshalb zwischen E und D kein EBV besteht.

b) aus § 823 Abs. 1?

aa) Eigentumsverletzung (+)

bb) Rechtswidrigkeit (–), weil § 823 durch die Wertung des §§ 932 ff. eingeschränkt wird: Das Gesetz lässt den Eigentumserwerb durch einen gutgläubigen Dritten zu. Würde der gutgläubige Dritte dem Eigentümer auf Schadensersatz haften, müsste er das gutgläubig erworbene Eigentum wieder hergeben. Das widerspricht aber dem § 932. Wer gutgläubig das Eigentum nach §§ 932 ff. vom Nichtberechtigten erwirbt, handelt grundsätzlich nicht rechtswidrig und haftet deshalb nicht nach § 823 Abs. 1.[17]

c) Deshalb § 823 Abs. 1 (–).

2. Sachentziehung

Das Eigentum wird dadurch verletzt, dass dem Eigentümer dauernd oder auch nur vorübergehend die tatsächliche Sachherrschaft über eine Sache (ganz oder teilweise) **entzogen** wird. Das kann z. B. durch einen Diebstahl oder durch eine Unterschlagung geschehen. Eine Sachentziehung stellt es auch dar, wenn der Eigentümer durch Täuschung veranlasst wird, die Sache wegzugeben (z. B. aufgrund eines Betruges). Vgl. zu den Konkurrenzen, vor allem zum EBV, unten § 20 Rn. 32.   **16**

3. Substanzverletzung

a) Allgemeines

Das Eigentum wird dadurch verletzt, dass eine Sache **zerstört oder** **beschädigt** wird. Es genügt, wenn eine Ursachenkette in Gang gesetzt wird, die letztlich zur Substanzverletzung führt.[18]   **17**

---

[17] Vgl. dazu MünchKomm/*Wagner*, § 823 Rn. 99.
[18] Vgl. BGHZ 56, 73, 78.

Beispiel:

Schädigung von Bäumen, weil das zur Abwendung von Gefahren (hier Apfel-
schorfbefall) bestimmte Produkt (hier ein bestimmtes Spritzmittel) nicht geeignet,
sondern wirkungslos ist und der Benutzer von der Verwendung eines anderen
wirksamen Produkts im Vertrauen auf die Wirksamkeit des (untauglichen) Produktes absieht.[19]

18 | **Fall (BGHZ 41, 123):**

H fällt bei Straßenbauarbeiten an einer Landstraße Bäume. Ein Baum fällt auf
ein Starkstromkabel; die Stromleitung wird unterbrochen. Bei dem Geflügel-
züchter G, der einen elektrischen Brutkasten mit 30.000 Eiern betreibt, fällt
der Strom aus, und nur wenige Küken schlüpfen aus. G nimmt den H auf
Schadensersatz in Anspruch. Zu Recht?

Lösung:

Infrage kommt ein Anspruch aus § 823 Abs. 1.

a) Das Eigentum des G wird verletzt, weil die befruchteten Eier, die sich im
   Brutkasten befinden, vernichtet oder beschädigt werden.

b) Die Eigentumsverletzung ist durch das Fällen des Baumes verursacht worden. Dies führt mittelbar zur „Verletzung" der Eier (Fall der mittelbaren
   Rechtsgutverletzung [Ursachenkette]; kein Fall des sog. mittelbar Geschädigten, vgl. unten § 22 Rn. 53).

c) Für die Eigentumsverletzung ist das Verhalten des H adäquat kausal (haftungsbegründender Tatbestand). Es liegt nämlich nicht außerhalb aller
   Wahrscheinlichkeit, dass beim Baumfällen eine vorbeiführende Starkstromleitung beschädigt wird und dass bei einer Stromunterbrechung solche Einwirkungen auf fremde Sachen anderer stattfinden. Bedenken aus
   dem Gesichtspunkt des Schutzzwecks bestehen nicht (vgl. unten § 16
   Rn. 136).[20]

d) H handelt rechtswidrig, weil keine Rechtfertigungsgründe gegeben sind.

e) Das Verhalten des H ist auch schuldhaft; er hätte dafür sorgen müssen,
   dass beim Fällen der Bäume die Starkstromleitung nicht beschädigt wird.

f) H muss den Schaden ersetzen, der durch die Eigentumsverletzung entstanden ist (haftungsausfüllende Kausalität).

g) Ergebnis: G kann also von H Schadensersatz dafür verlangen, dass die
   Küken nicht ausgebrütet worden sind. (Ein Eingriff in das Recht am eingerichteten und ausgeübten Gewerbebetrieb ist nicht mehr zu prüfen, da
   dieses Recht subsidiär ist; vgl. unten § 16 Rn. 75).

b) Vertiefungshinweis: Sog. weiterfressender Mangel

19   Nach der Übereignung einer Kaufsache verursacht ein (auch schon
vorher bestehender) Mangel einen Schaden an der Kaufsache selbst;
unter dem Gesichtspunkt des **„weiterfressenden Mangels"** wird Schadensersatz aus § 823 Abs. 1 verlangt. In einer anderen Fallgruppe wird

---

[19] BGHZ 80, 186.
[20] BGHZ 41, 123, 127 f.

eine Einzelsache mangelhaft geliefert und mit der Gesamtsache verbunden, die wegen des Mangels unbrauchbar wird, und Schadensersatz (§ 823 Abs. 1) wegen Eigentumsverletzung der Gesamtsache oder der fehlerfreien, in die Gesamtsache eingebauten Einzelteile verlangt.

aa) Grundsatz: Anspruchskonkurrenz

Der Vertragspartner haftet in diesen Fällen nach Gewährleistungsregeln (§§ 434 ff., 280 ff. beim Kauf, §§ 633 ff., 280 ff. beim Werkvertrag), wenn er eine mangelhafte Kaufsache liefert oder ein mangelhaftes Werk erstellt. Daneben können deliktische Ansprüche aus § 823 Abs. 1 bestehen. Die Ansprüche aus Vertragsrecht und Deliktsrecht können nebeneinander geltend gemacht werden (Anspruchskonkurrenz, vgl. oben § 1 Rn. 5 ff.); jeder Anspruch ist nach seinen Voraussetzungen, seinem Inhalt und seiner Durchsetzung selbstständig zu beurteilen.[21] Das hat u. a. für die Verjährung (§ 195 und §§ 438, 634 a)[22] und für die Rügeobliegenheit nach § 377 HGB[23] Bedeutung.   **20**

bb) Besonderheiten des deliktischen Anspruchs

Für das Verhältnis zwischen § 823 Abs. 1 und den Ansprüchen aus Vertragsrecht (Mängelgewährleistung) ergeben sich beim „weiterfressenden Mangel" einige Besonderheiten.   **21**

Der Grundsatz lautet: Das Eigentum wird nicht schon dadurch verletzt (i. S. des § 823 Abs. 1), dass eine mangelhafte Sache geliefert oder ein fehlerhaftes Werk erstellt wird. Denn der Käufer oder Werkbesteller erwirbt von vornherein nur das Eigentum an einer mangelhaften Sache, also mangelhaftes Eigentum.

Beispiel:
Keine Eigentumsverletzung: Dem Besteller wird in Ausführung eines Bauvertrages durch den Unternehmer ein Neubau übergeben, dessen Dach von Anfang an undicht ist.
Eine Ausnahme besteht beim sog. weiterfressenden Mangel. Nach der BGH-Rechtsprechung kann ein sog. „weiterfressender" Mangel zu einer Eigentumsverletzung an der Kaufsache i. S. des § 823 Abs. 1 führen.

(1) Abgrenzungskriterien

Die entscheidende Frage über die Anwendbarkeit des § 823 Abs. 1 ist, wie zwischen   **22**
– einem „normalen" Mangel, bei dem mangels Eigentumsverletzung nur vertragliche Schadensersatzansprüche in Betracht kommen (Produktfehler), und

---

[21] BGHZ 67, 359, 362 f. (Schwimmschalter); 101, 337, 344 (Weinkorken).

[22] Durch das Schuldrechtsmodernisierungsgesetz ist die Verjährungsproblematik (große zeitliche Unterschiede zwischen Vertrags- und Deliktshaftung) etwas entschärft worden.

[23] Die Rügeobliegenheit nach § 377 HGB gilt nicht für den deliktischen Anspruch. Wenn also beim Handelskauf eines der in § 823 Abs. 1 genannten Rechtsgüter des Käufers durch Schlechtlieferung verletzt wird, dann trifft den Käufer insoweit nicht die Rügeobliegenheit nach § 377 HGB (BGHZ 101, 337; Weinkorken).

– einem sog. weiterfressenden Mangel, bei dem infolge einer Eigentumsverletzung auch deliktische Ansprüche (§ 823 Abs. 1) in Betracht kommen,

abzugrenzen ist. Der BGH hat zunächst auf das Kriterium des „funktionell begrenzten Mangels" abgestellt und demgemäß zwischen einem
die übereignete Sache von vornherein insgesamt umfassenden Mangel
(keine Eigentumsverletzung) und einem begrenzten Mangel, der erst
später einen zusätzlichen Schaden an der sonst mangelfreien Gesamtsache hervorgerufen hat (Eigentumsverletzung), unterschieden.[24] Später
hat er auf einen Vergleich zwischen Nutzungs- oder Äquivalenzinteresse
einerseits und Integritätsinteresse andererseits abgestellt:[25]

– Das **Nutzungs- und Äquivalenzinteresse** erfasst die Vertragserwar-
tung auf Erwerb einer mangelfreien Sache und wird allein durch das
Vertragsrecht erfasst (keine Eigentumsverletzung;

– das sog. **Integritätsinteresse** ist darauf gerichtet, durch die in den Verkehr gegebene Sache nicht im Eigentum oder Besitz verletzt zu werden, und wird durch § 823 Abs. 1 ausgeglichen (Eigentumsverletzung).

23   Der Vergleich zwischen beiden „Interessen" geschieht auf der Grundlage des Merkmals der **Stoffgleichheit**. Wenn Stoffgleichheit zwischen
Nutzungs- bzw. Äquivalenzinteresse und Integritätsinteresse gegeben
ist, dann besteht nur ein vertraglicher Schadensersatzanspruch und
kein Anspruch aus § 823 Abs. 1. Fehlt es an der Stoffgleichheit, so liegt
Anspruchskonkurrenz zwischen dem vertraglichen und deliktischen
Schadensersatzanspruch vor. Stoffgleichheit ist anzunehmen, wenn
sich

– der geltend gemachte Schaden (Endschaden)

– mit dem im Augenblick des Eigentumsübergangs dem Produkt anhaftenden Mangelunwert, d. h. der im Mangel verkörperten Entwertung
der Sache für das Äquivalenz- und Nutzungsinteresse (Produktfehler), deckt.

Stoffgleichheit liegt insbesondere vor, wenn der Mangel die Sache
von vornherein derart ergreift, dass sie von Anfang an insgesamt wertlos ist. Stoffgleichheit fehlt, wenn der Mangel zunächst einem mehr
oder weniger begrenzten Teil der Sache anhaftet.[26]

24   Entscheidend für den Vergleich von Schaden und Mangelunwert oder
Produktfehler ist eine natürliche und wirtschaftliche Betrachtungsweise.
In Einzelfällen ist es oft schwierig zu ermitteln,

– ob der geltend gemachte Schaden mit einem der Sache von Anfang an
anhaftenden Mangelunwert „stoffgleich" ist und deshalb der Ausgleich allein der Vertragsordnung überlassen bleiben muss oder

---

[24] BGHZ 67, 359 (Schwimmschalter).
[25] In BGHZ 86, 256, 261 (Gaszug) stellt der BGH klar, dass die funktionelle Ab-
grenzbarkeit kein abschließendes Abgrenzungskriterium zur Bestimmung der Stoffgleichheit darstellt.
[26] BGHZ 86, 256, 260 f. (Gaszug).

– ob die Beschädigung oder Zerstörung der Sache aufgrund von Versäumnissen des Herstellers, die sich in dem Mangel niederschlagen, über das Nutzungs- und Äquivalenzinteresse hinausgeht und das Integritätsinteresse des Eigentümers oder Besitzers verletzt und deshalb der Deliktshaftung zugänglich ist. Der BGH verlangt eine wertende Beurteilung.[27]

Die Literatur zu den weiterfressenden Mängeln ist uneinheitlich.[28] Verbreitet ist die Meinung, eine Anspruchskonkurrenz sei nicht anzuerkennen. Nach der gesetzlichen Wertung falle die Gebrauchstauglichkeit allein in die Sachmängelgewährleistung bzw. Leistungsstörung.

Durch die Schuldrechtsmodernisierung wurde die Problematik der unterschiedlichen Verjährung von gewährleistungsrechtlichen und deliktischen Ansprüchen entschärft, aber nicht beseitigt: Für das Gewährleistungsrecht beträgt die Verjährungsfrist nunmehr grundsätzlich zwei Jahre beginnend mit der Ablieferung der Sache (früher gemäß § 477 Abs. 1 a. F. sechs Monate). Für deliktische Ansprüche gilt gemäß §§ 195, 199 Abs. 1 die regelmäßige Verjährungsfrist (drei Jahre), wobei der Verjährungsbeginn gemäß § 199 Abs. 1 von der Kenntnis des Gläubigers abhängt. Es bestehen also auch weiterhin deutliche Unterschiede.[29]

(2) Beispielsfälle

Der BGH hat im nachfolgenden „Hebebühnen"-Fall die Stoffgleichheit angenommen und damit einen Anspruch aus § 823 Abs. 1 verneint.[30]   25

Fall (BGH NJW 1983, 812 = BB 1983, 464 „Hebebühnen"-Fall):

Der Verkäufer (V) liefert dem Käufer (K) mehrere Einzelteile, die der Hersteller (H) hergestellt hat. Daraus baut K selbst eine Kfz-Hebebühne zusammen und stellt sie in seinem Betrieb auf. Beim Gebrauch der Hebebühne stürzt der (aufgebockte) Pkw des Dritten (D) von der Bühne. Ursache ist ein Produktionsfehler an tragenden (vom Käufer erworbenen) Teilen der Bühne und an dem Hubwagen. K verlangt von H Schadensersatz für den Haftungsschaden (= den an D geleisteten Schadensersatz) (im BGH-Fall auch für weitere Schadensposten). Zu Recht?

---

[27] Vgl. BGHZ 86, 256, 260 f. (Gaszug).

[28] Vgl. *Spindler,* in: Bamberger/Roth, § 823 Rn. 60 ff., insbesondere Rn. 64 ff. m. w. N.

[29] So auch *Huber,* in Huber/Faust § 14 Rn. 30 f.; *Staudinger,* ZGS 2002, 145, 146.

[30] Weitere Beispiele: BGH NJW 1981, 2248, 2249 (Dachdämmplatten: das mit dem Fehler behaftete Einzelteil war mit der Gesamtsache bzw. dem später beschädigten [zunächst einwandfreien] anderen Teil zu einer nur unter Inkaufnahme von erheblichen Beschädigungen trennbaren Einheit verbunden.); BGH BauR 1972, 379 (Mangel kann nicht auf wirtschaftlich vertretbare Weise behoben werden). – Vgl. auch die Ausführungen zur Stoffgleichheit in BGHZ 86, 256, 261 (Gaszug; im konkreten Fall verneint): Mangel ergreift die Sache von vornherein derart, dass sie von Anfang an insgesamt wertlos ist oder der Mangel später in der Zerstörung oder Beschädigung der Sache offen zu Tage tritt; Stoffgleichheit liegt vor, wenn das mit dem Fehler behaftete Einzelteil mit der Gesamtsache eine nur schwer trennbare Einheit bildet.

Lösung:

1. Vertragliche Ansprüche (Schadensersatz aus Mängelgewährleistungsrecht [§ 437 Nr. 3 i. V. m. § 280 Abs. 1] für Mangelfolgeschaden oder Nacherfüllung [§ 437 Nr. 1 i. V. m. § 439]) hat K gegen H nicht, weil zwischen K und H kein Kaufvertrag zustande gekommen ist.

2. Infrage kommt ein deliktischer Schadensersatzanspruch aus § 823 Abs. 1. Das setzt eine Eigentumsverletzung voraus. In den Fällen eines weiterfressenden Mangels bejaht der BGH eine Eigentumsverletzung nur, wenn Mangelunwert und Endschaden verschieden sind und damit keine Stoffgleichheit vorliegt.

    Im „Hebebühnen"-Fall hat der BGH (unter dem Gesichtspunkt der Eigentumsverletzung) die Stoffgleichheit des geltend gemachten Schadens mit dem Mangelunwert, welcher der Sache von Anfang an anhaftete, bejaht und damit eine Eigentumsverletzung i. S. des § 823 Abs. 1 abgelehnt.[31]

    Begründung: Es sei lediglich der von Anfang an der Hebebühne anhaftende Defekt zutage getreten. Die Hebebühne sei mit diesem Defekt für den bestimmungsgemäßen Einsatz auf Dauer nicht geeignet gewesen. Es gehe deshalb nur um das Nutzungs- oder Äquivalenzinteresse an der Hebebühne, nicht um ein darüber hinausgehendes Integritätsinteresse.[32]

3. Auch ein Anspruch aus § 823 Abs. 1 wegen Eingriffs in den eingerichteten und ausgeübten Gewerbebetrieb wurde abgelehnt. Bei der Beschädigung einer einzelnen Maschine, deren Ausfall den Betrieb in seiner Substanz nicht ernstlich beeinträchtigen kann, liegen die Voraussetzungen für einen „betriebsbezogenen" Eingriff nicht vor (vgl. unten § 16 Rn. 85).

4. Ein Anspruch aus § 823 Abs. 2 i. V. m. Gerätesicherheitsgesetz (Gesetz über technische Arbeitsmittel)[33] ist nicht gegeben, weil das hier betroffene Eigentum und Vermögen nicht in den (sachlichen) Schutzbereich der Vorschrift fällt (vgl. unten § 17 Rn. 14, 16).

5. Zu weiteren Ansprüchen sogleich im Vertiefungshinweis unter § 16 Rn. 26.

26   Vertiefung: Weitere Ansprüche

Lösung:

Fortführung von § 16 Rn. 25.

Der Käufer könnte jedoch gegen H einen Regressanspruch haben.

a) Infrage kommt ein Aufwendungsersatzanspruch aus §§ 677, 683 S. 1, 670.

    aa) K zahlt auf die Schuld des Herstellers gegenüber dem Dritten und besorgt damit ein (objektiv) fremdes Geschäft. Wegen des Konstruktions- oder Fabrikationsfehlers (vgl. unten § 21 Rn. 60 f.) ist H dem

---

[31] BGH NJW 1983, 812, 813.

[32] In BGHZ 138, 230, 238 (Transistoren für Steuergerät) weist der BGH auf den „Hebebühnen"-Fall und darauf hin, dass Schadensersatz wegen Verletzung des Eigentums an den an sich fehlerfreien Einzelteilen, die mit den fehlerhaften Einzelteilen zur Gesamtsache (hier Hebebühne) zusammengesetzt worden sind, möglich gewesen wäre (vgl. zu diesen Fällen unten § 16 Rn. 28 f.).

[33] Vgl. *Medicus*, BR, Rn. 651.

D (= Eigentümer des beschädigten Pkw) nämlich zum Schadensersatz aus § 823 Abs. 1 verpflichtet.

bb) Ob K mit Fremdgeschäftsführungswillen zahlt, ist dagegen fraglich; nach h. M. wird dieser allerdings vermutet. Zweifel bestehen auch am Interesse und am Willen des Geschäftsherrn (des Herstellers, vgl. § 683 S. 1). Stellt man auf den mutmaßlichen Willen ab, der dem Interesse entspricht, so ist der Tatbestand des § 683 S. 1 zu bejahen, weil die Befreiung von der Schuld dem H objektiv nützlich ist.

b) In Betracht kommt ein Anspruch aus § 812 Abs. 1 S. 1 Alt. 2 (Rückgriffskondiktion).

H erlangt Befreiung von seiner Verbindlichkeit gegen D, indem K an D auf eine fremde Schuld zahlt (§ 267). Selbst wenn K den erforderlichen Fremdtilgungswillen bei Zahlung nicht hat, kann er nachträglich erklären, dass er auf eine fremde Schuld zahlen will (vgl. oben § 11 Rn. 66 und 72).

Die Befreiung von der Verbindlichkeit geschieht „in sonstiger Weise" (durch Nichtleistung). Sie geschieht aber nicht ohne rechtlichen Grund; ein rechtlicher Grund liegt vielmehr in der berechtigten GoA, wenn man deren Voraussetzungen mit der h. M. (vgl. a) bb)) bejaht (vgl. zur GoA als bereicherungsrechtlicher Rechtsgrund oben § 7 Rn. 6).

Deshalb ist H nicht zur Herausgabe des Erlangten verpflichtet.

c) In Betracht kommen auch Ansprüche aus Gesamtschuldnerausgleich gem. § 426 Abs. 1 S. 1 oder § 426 Abs. 2 S. 1. Wenn nicht nur H dem D aus § 823 Abs. 1 zum Schadensersatz verpflichtet ist, sondern auch K dem D aus §§ 631, 280 Abs. 1 (weil er die Verschuldungsvermutung nicht widerlegen kann), sind H und K Gesamtschuldner (§ 840 Abs. 1) und intern zum Ausgleich verpflichtet.

Ein Beispiel dafür, dass der BGH die Stoffgleichheit verneint, eine **27** Eigentumsverletzung i. S. des § 823 Abs. 1 demgemäß angenommen und einen Anspruch aus § 823 Abs. 1 (Eigentumsverletzung) bejaht hat, ist der „Gaszug"-Fall.[34]

Fall (BGHZ 86, 256 = NJW 1983, 810 „Gaszug"-Fall):

K erwirbt im Autohaus V einen Neuwagen. Aufgrund eines Defektes bewegt sich der Gaszug nicht einwandfrei; nach Betätigung des Gashebels rutscht dieser nicht immer in die Ausgangsstellung zurück. Der Wagen beschleunigt wegen des defekten Gaszuges, obwohl der Fuß vom Gaspedal genommen wird. K verursacht deshalb einen Unfall. Er (K) verlangt vom Hersteller des Pkw Schadensersatz nach § 823 Abs. 1.

---

[34] Weiteres Beispiel: BGHZ 67, 359 (Schwimmschalter: Das mangelhafte Einzelteil ist funktionell begrenzt und sein Wert gegenüber dem Gesamtwert der Anlage ist nur geringfügig); BGH NJW 1978, 2241, 2242 f. (Kfz-Hinterreifen: Beschädigung eines gekauften Kfz bei Unfall infolge unzulässiger und damit mangelhafter Bereifung; erst nach Eigentumsübergang hat sich eine aus diesem Mangel entspringende Gefahrursache zu einem im Vergleich zu diesem Mangel anderen und ungleich höheren Schaden infolge eines Unfalls in einer konkreten Verkehrssituation realisiert).

Lösung:

Ein Anspruch aus § 823 Abs. 1 (Eigentumsverletzung) ist begründet. Der BGH hat die Stoffgleichheit zwischen dem geltend gemachten Schaden (insbes. Reparaturkosten des Pkw) und dem der Sache von Anfang an anhaftenden Mangelunwert verneint.

Begründung: Der Mangel des Gaszugs mache das Fahrzeug (Gesamtsache), das betriebsfähig war und blieb, nicht von Anfang an wertlos. Die vom Gaszug ausgehenden Unfallgefahren hätten vermieden werden können, wenn der Defekt rechtzeitig erkannt und behoben worden wäre. Im Unfallschaden am Pkw hat sich nicht der durch die Mangelhaftigkeit der Gaszuganlage dem Kfz von Anfang anhaftende Minderwert manifestiert; der Gesamtschaden hätte verhindert werden können, wenn dem Käufer die Quelle der Gefahr rechtzeitig bewusst geworden wäre.

28   Wenn mangelhafte Einzelteile mit anderen fehlerfreien Einzelteilen zu einer Gesamtsache verbunden werden, stellt sich die Frage, ob schon darin eine Eigentumsverletzung liegt. Der BGH prüft eine Eigentumsverletzung im Hinblick auf verschiedene Objekte (Eigentum); er prüft, ob das Eigentum

1. an den mangelhaften Einzelteilen,

2. an der (hergestellten) Gesamtsache oder

3. an den an sich fehlerfreien und funktionsfähigen Einzelteilen durch
   (a) (nachträgliche) Auswechselung der mangelhaften Teile oder
   (b) schon durch Verbindung der fehlerfreien mit dem fehlerhaften Einzelteil

verletzt worden ist.

Beispiele:[35]
– K stellt elektrische Regler u. a. aus von B gelieferten Kondensatoren her. Diese sind fehlerhaft. (1) Die Lieferung der mit Fehlern behafteten Kondensatoren stellt keine Eigentumsverletzung dar. (2) Es liegt wegen Stoffgleichheit auch keine Eigentumsverletzung an den Reglern vor, die mit den fehlerhaften Kondensatoren hergestellt wurden. (3) Es kann offen bleiben, ob die Verletzung i. S. des § 823 Abs. 1 bereits durch die Verbindung mit der fehlerhaften Sache oder erst mit deren Ausbau eingetreten ist. (4) Jedenfalls liegt eine Eigentumsverletzung darin, dass bei den später vorgenommenen Reparaturarbeiten die Kondensatoren nur unter Beschädigung oder Zerstörung anderer Teile der von der Beklagten hergestellten Regler ausgebaut werden konnten[36] (BGHZ 117, 183, „Kondensatoren"-Fall).

---

[35] Vgl. zu weiteren Beispielen mit Kurzwiedergabe des Sachverhaltes *Spindler*, in: Bamberger/Roth, § 823 Rn. 62.

[36] BGHZ 117, 183 (LS): Stellt der Käufer einer mangelhaften Sache durch deren Verbindung mit mangelfreien Sachen, die in seinem Eigentum stehen, eine neue Sache her, bei welcher die mangelhaften Teile ohne Beschädigung der mangelfreien Teile von diesen nicht getrennt werden können, so liegt jedenfalls im Zeitpunkt der Trennung eine Eigentumsverletzung an den bisher unversehrten Teilen der neuen Sache vor.

– Es werden mangelhafte Transistoren in ein Steuergerät eingebaut, das deshalb funktionsunfähig ist. (1) In der auf dem Einbau mangelhafter Transistoren beruhenden Funktionsunfähigkeit der Steuergeräte ist keine Verletzung des Eigentums an den Geräten zu sehen: Der Produktfehler wirkt sich nur auf das Nutzungs- und Äquivalenzinteresse an den gebrauchsuntauglichen Steuergeräten aus, nicht aber wird das Integritätsinteresse am Bestand unbeschädigten Eigentums beeinträchtigt. Eine Eigentumsverletzung an den Steuergeräten scheidet deshalb wegen „Stoffgleichheit" aus. (2) Es stellt aber eine Eigentumsverletzung dar, wenn die fehlerfreien Teile mit dem fehlerhaften Teil (untrennbar) verbunden und damit gebrauchsuntauglich werden (nicht unerhebliche Beeinträchtigung der bestimmungsgemäßen Verwendung).[37] Diese an sich einwandfreien Einzelteile sind untrennbar mit dem Steuergerät verbunden und können nicht mehr in anderer Weise genutzt werden (Gebrauchsbeeinträchtigung) (vgl. unten § 16 Rn. 29) (BGHZ 138, 230, „Transistoren"-Fall).

– An einem Kfz-Motor fehlt die Befestigungsschraube des Nockenwellensteuerrades. Deshalb rutscht das Nockenwellensteuerrad herunter und zerstört den ganzen Motor. Der Mangel haftet dabei nur einem kleinen Teil der Gesamtsache an (dem Steuerrad, das nicht ordnungsgemäß befestigt ist und deshalb Gefahr läuft, sich von der Nockenwelle zu lösen), nicht hingegen dem Gesamtprodukt als solchem (keine Stoffgleichheit). Dass von vornherein das Risiko einer erheblichen Beschädigung der ansonsten mangelfreien Gesamtsache besteht, ist unbeachtlich. Ebenso ohne Bedeutung ist, ob der Fehler vor dem Schadenseintritt bei normalem Lauf der Dinge entdeckt werden könnte. Deshalb liegt keine Stoffgleichheit vor, ein Anspruch aus § 823 Abs. 1 ist begründet (BGH NJW 1992, 1678 „Nockenwellen"-Fall).

Vertiefungshinweis: Gebrauchsuntauglichkeit von Einzelteilen einer Gesamtsache als Eigentumsverletzung?   **29**

Fraglich ist, ob eine Eigentumsverletzung an fehlerfreien Einzelteilen vorliegt, wenn diese mit einem fehlerhaften anderen Einzelteil zu einer Gesamtsache verbunden werden.

1. Die Gebrauchsuntauglichkeit einer Sache (Einzelteile) kann eine Eigentumsverletzung darstellen. Gebrauchstaugliche Einzelteile werden mit fehlerhaften Einzelteilen derart verbunden, dass sie mit wirtschaftlich vertretbarem Aufwand aus der Gesamtsache nicht wieder ausgebaut und deshalb nicht mehr in anderer Weise benutzt werden können.

2. Es stellt sich die Frage, ob es für die Gebrauchstauglichkeit bzw. Verwendbarkeit auf die Einzelteile oder auf die Nutzung der Gesamtsache ankommt. Der BGH ließ die Frage offen und bejahte eine Eigentumsverletzung bereits im Zeitpunkt des Zusammenbaus jedenfalls für den Fall, dass die Bestandteile unauflösbar zusammengefügt werden und dadurch in ihrem Wert und ihrer Verwendbarkeit beeinträchtigt werden.[38]

3. Der Annahme einer Eigentumsverletzung steht es nicht entgegen, dass der Geschädigte aus den Einzelteilen selbst die Gesamtsache hergestellt und daran originäres Eigentum nach § 950 Abs. 1 erworben hat. Weil sachenrechtliche Zuordnungsvorschriften für das Schadensrecht grundsätzlich ohne Bedeutung sind, wird bei der Frage nach der Verletzung des Eigentums an

---

[37] BGHZ 138, 230 (LS): Werden bei der Anfertigung einer neuen Sache die dazu dienenden einwandfreien Teile des Herstellers durch ihre Verbindung mit den hierzu bestimmten, jedoch mangelhaften Teilen eines Zulieferers unbrauchbar, so tritt bereits im Zeitpunkt ihrer Verbindung eine Verletzung des Eigentums an den zuvor unversehrten Bestandteilen ein.

[38] BGHZ 138, 230, 236 (Transistoren).

Einzelteilen einer Sache auch nicht entscheidend auf deren sachenrechtliche Selbstständigkeit abgestellt; es kommt auf eine wirtschaftliche Betrachtung an, also darauf, ob das Integritäts- oder nur allein das Äquivalenzinteresse des Eigentümers beeinträchtigt worden ist.[39]

4. Der BGH prüft im „Transistoren"-Fall noch, ob zwischen dem Mangelunwert der (Gesamt-)Sache und dem eingetretenen Schaden Stoffgleichheit besteht.[40] Hinsichtlich der (an sich brauchbaren) Einzelsache, die untrennbar in die Gesamtsache eingefügt wird, fehlt es jedoch in jedem Fall an der Stoffgleichheit.

4. Gebrauchsbehinderung

30   Die Fallgruppe der Eigentumsverletzung durch eine mittelbare Substanzverletzung (vgl. oben § 16 Rn. 17) ist abzugrenzen von einer anderen Fallgruppe. Es stellt sich die Frage, ob das Eigentum auch dadurch verletzt werden kann, dass durch ein äußeres Ereignis ein Betrieb unterbrochen wird (Fallgruppe: Eigentumsverletzung durch Betriebsunterbrechung).

31   Eine Eigentumsverletzung setzt nicht notwendig einen Eingriff in die Sachsubstanz voraus, sondern kann auch in einer anderen Einwirkung auf eine Sache bestehen. Eine Eigentumsverletzung liegt dann darin, dass die bestimmungsgemäße Verwendung der Sache nicht unerheblich beeinträchtigt wird, obgleich eine Beschädigung der Substanz der Sache nicht gegeben ist,[41] oder dass durch eine tatsächliche Einwirkung auf die Sache selbst deren bestimmungsgemäßer Gebrauch behindert wird (**Gebrauchsbehinderung**).[42] Eine bloß vorübergehende Einschränkung der wirtschaftlichen Nutzung reicht für sich nicht aus.

32 | **Fall (BGHZ 55, 153):** |
|---|
| An einem Fleet, das zu einer Mühle führt, ist durch ein Verschulden des Eigentümers S ein Stück der Böschung eingestürzt. Dadurch kann das Transportschiff des G, das an der Mühle liegt, das Fleet für ca. 8 Monate nicht mehr verlassen. Ein anderes Schiff des G, das die Mühle beliefern will, kann die Mühle nicht erreichen und dort nicht entladen werden. G verlangt von S Verdienstausfall hinsichtlich des eingesperrten und des ausgesperrten Schiffes. Zu Recht? |
| **Lösung:** |
| 1. Anspruch auf Schadensersatz aus § 823 Abs. 1 wegen des eingesperrten Schiffes? |
| a) § 823 Abs. 1 (Eigentumsverletzung)? |
| Das Eigentum kann auch ohne Eingriff in die Sachsubstanz durch eine sonstige die Eigentümerbefugnisse treffende tatsächliche Einwirkung |

---

[39] BGHZ 138, 230, 237 m. w. N. (Transistoren).
[40] Dies wäre nicht erforderlich gewesen, weil ausschließlich eine Eigentumsverletzung an den (an sich funktionsfähigen) Einzelteilen geprüft wurde.
[41] BGHZ 138, 230, 235 f. m. w. N. (Transistoren).
[42] Vgl. etwa BGH NJW 1994, 517, 518 m. w. N.

auf die Sache verletzt werden. Der BGH sieht eine Eigentumsverletzung an dem eingesperrten Schiff darin, dass es wegen der Sperrung des Fleets jede Bewegungsmöglichkeit verliert und damit als Transportmittel praktisch ausgeschaltet und seinem bestimmungsgemäßen Gebrauch entzogen ist.

b) Eine Verletzung des Rechts am eingerichteten und ausgeübten Gewerbebetrieb kommt wegen des subsidiären Charakters dieses Rechts (vgl. § 16 Rn. 75) nicht in Frage.[43]

2. Anspruch auf Schadensersatz wegen des ausgesperrten Schiffes?

a) § 823 Abs. 1 (Eigentumsverletzung)?

aa) Eine Eigentumsverletzung (Gebrauchsbehinderung) hinsichtlich des ausgesperrten Schiffes hat der BGH dagegen verneint: Das ausgesperrte Schiff sei in seiner Eigenschaft als Transportmittel nicht betroffen und damit seinem natürlichen Gebrauch nicht entzogen. Abgestellt wird also auf die allgemeine Gebrauchstauglichkeit der Sache (Verwendung als Transportmittel), nicht auf die Verwendung im konkreten Einzelfall (Fahrt zu der Mühle).

bb) Dass die ausgesperrten Schiffe die Mühle nicht erreichen können, stellt keinen Eingriff in das Eigentum an den Schiffen, sondern eine Behinderung in der Ausübung des jedem Schifffahrttreibenden an dem Fleet zustehenden Gemeingebrauchs dar. Dies ist aber kein absolutes Recht i. S. des § 823 Abs. 1.

b) § 823 Abs. 1 (Recht am eingerichteten und ausgeübten Gewerbebetrieb) (–), weil es an einem unmittelbaren Eingriff in den Bereich des Gewerbebetriebes (Betriebsbezogenheit) fehlt und die (aufgehobene) Schiffbarkeit einer Wasserstraße nicht zum Gewerbebetrieb des einzelnen Schifffahrttreibenden gehört (vgl. im Einzelnen unten § 16 Rn. 85).

Beispiele: 33

– Durch einen Dammbruch wird die wasserseitige Zufahrt zu einer Umschlag- und Lageranlage blockiert, sodass Schiffe diese nicht anlaufen können. Dem Betreiber der auch über Land erreichbaren Anlage entgeht dadurch Gewinn. (1) Eine Eigentumsverletzung hat der BGH verneint: Der Dammbruch greife nicht in die Sachsubstanz der Anlage ein noch beschränke oder beseitige er deren technische Brauchbarkeit; Folge sei nur, dass die Anlage nicht angefahren werden könne. Auch eine Minderung des Wertes der Einrichtung liege nicht vor; die Anlage bleibe benutzbar, nur die Kunden blieben aus.[44] (2) Der Gemeingebrauch ist kein „sonstiges Recht" i. S. des § 823 Abs. 1. (3) Ein Eingriff in das Recht am eingerichteten und ausgeübten Gewerbebetrieb scheidet aus, weil der Dammbruch kein betriebsbezogener Eingriff ist; die vorübergehende Beeinträchtigung des Gemeingebrauchs an öffentlichen Straßen begründet grundsätzlich keinen Schadensersatzanspruch (BGHZ 86, 152).

– Wird wegen akuter Brand- und Explosionsgefahr auf einem Grundstück auch das Nachbargrundstück, auf dem sich ein Betrieb befindet, polizeilich geräumt und gesperrt, so liegt eine Verletzung des Eigentums am Nachbargrundstück vor (Gebrauchsbehinderung). Das polizeiliche Räumungsverbot (von zweistün-

---

[43] Ein Anspruch aus § 823 Abs. 2 i. V. m. §§ 80 ff. Abs. 1 NdsWasserG in der damaligen Fassung (Vorschrift über die Unterhaltspflicht an einem Gewässer) kommt nicht in Betracht, weil dieser Vorschrift der Schutzgesetzcharakter fehlt.

[44] Kritisch zu diesem Argument *Medicus*, BR, Rn. 613.

diger Dauer) schränkt das Eigentumsrecht (§ 903 S. 1) zwar nur vorübergehend, aber empfindlich ein (BGH NJW 1977, 2264).[45]
– Wird ein Verkehrsteilnehmer durch die auf Lösch- und Sicherungsmaßnahmen beruhende Sperrung einer öffentlichen Straße vorübergehend in seiner Fortbewegungsfreiheit mittels seines Kfz behindert, so liegt darin keine Eigentumsverletzung am Kfz (BGH NJW 1977, 2264, 2265 r. Sp. [Beispiel obiter dictum]; vgl. unten § 16 Rn. 34).[46]
– Das Zuparken eines Fahrzeuges stellt eine Verletzung des Eigentums des zugeparkten Fahrzeugs (Gebrauchsbehinderung) dar. Das Versperren eines Parkplatzes (Verhindern der Nutzung der Parkfläche) ist dagegen keine Eigentumsverletzung an dem Kfz des Parkplatzeigentümers oder Parkplatzmieters i. S. des § 823 Abs. 1. Infrage kommt aber eine Verletzung des Eigentums oder des (berechtigten) Besitzes an dem Parkplatz, weil die Nutzung des Parkplatzes beeinträchtigt wird.

34 **Vertiefungshinweis:** Gebrauchsbeeinträchtigung – Abgrenzung

1. Fragestellung

Liegt eine Gebrauchsbeeinträchtigung i. S. des § 823 Abs. 1 vor, wenn eine Sache nicht bestimmungsgemäß verwendet werden kann? Die Schwierigkeit der Beantwortung ergibt sich aus zwei Prinzipien des BGB, die voneinander abweichen und sich nicht vollkommen decken:[47]
– § 903 S. 1: Der Eigentümer kann seine Sache nach Belieben verwenden.
– § 823 Abs. 1, der an § 903 S. 1 anknüpft, normiert keinen Anspruch eines bloß mittelbar Geschädigten, der nur einen primären Vermögensschaden erlitten hat.
In der Sache geht es um die Abgrenzung zwischen einem Eigentumsschaden und einem nicht unter § 823 Abs. 1 fallenden primären, reinen Vermögensschaden oder anders formuliert zwischen einer Eigentumsverletzung und einer Dispositionsbeeinträchtigung, die nicht (umfassend) von § 823 Abs. 1 geschützt ist. In der Rechtsprechung liegen auf den ersten Blick widersprüchliche Entscheidungen vor. Die Ansichten in der Literatur sind sehr zahlreich.

2. Fälle des BGH

In den Stromkabel-Fällen[48] (vgl. unten § 16 Rn. 86) steht der Betrieb wegen Stromunterbrechung still. Der durch die Betriebsunterbrechung entstandene Schaden beruht nicht auf der Verletzung eines nach § 823 Abs. 1 geschützten Rechts, sondern es liegt nur eine Verletzung des Vermögens (sog. primärer Vermögensschaden) vor.[49] In BGHZ 41, 123, 127 sieht der BGH in der Produktionsunterbrechung ohne Substanzverletzung einen nicht ersatzfähigen Vermögensschaden eines lediglich mittelbar geschädigten Dritten, der Ausfälle erleidet, weil das unmittelbar (an den Stromkabeln) geschädigte Elektrizitätswerk die vertraglich zugesagte Stromlieferung vorübergehend nicht erbringen kann. Eine Eigentumsverletzung in Form einer Gebrauchsbeeinträchtigung wird in beiden Fällen wohl nicht geprüft oder stillschweigend abgelehnt.

---

[45] Anders aber folgende Sachverhaltskonstellation: Die kurzfristige Störung des öffentlichen Verkehrs auf den Zufahrtswegen zum Grundstück des Geschädigten stellt keine selbstständige Beeinträchtigung des Eigentums am Betriebsgrundstück dar (BGH NJW 1977, 2264, 2265 r. Sp.).
[46] Staudinger/*Hager*, § 823 Rn. B 54; *Larenz/Canaris*, SR II/2, § 76 II 3 c, S. 389 f., der dies mit dem Schutzbereich der verletzten Verkehrspflicht begründet.
[47] Vgl. Staudinger/*Hager*, § 823 Rn. B 96.
[48] BGHZ 29, 65; 41, 123.
[49] So BGHZ 29, 65, 75.

Auch im „Fleet"-Fall ist es – wie in einem „Stromkabel"-Fall[50] – zu keiner Substanzverletzung gekommen. Es kommt deshalb eine Eigentumsverletzung nur unter dem Gesichtspunkt der Gebrauchsbeeinträchtigung in Frage. Eine Eigentumsverletzung wird darin gesehen, dass ein Schiff jede Bewegungsmöglichkeit verliert, als Transportmittel praktisch unbrauchbar ist und seinem bestimmungsgemäßen Gebrauch entzogen wird; das Einsperren wird als tatsächliche Einwirkung auf das Schiff gewertet, das von § 823 Abs. 1 erfasst sei.[51]

Während also im „Fleet"-Fall[52] eine Eigentumsverletzung am eingesperrten und dadurch unbrauchbaren Schiff bejaht wird, wird in den „Stromkabel"-Fällen[53] eine Eigentumsverletzung an den nicht benutzbaren Maschinen in Form einer Gebrauchsbehinderung abgelehnt. Es stellt sich die Frage, inwieweit sich die beiden Fälle voneinander unterscheiden.

3. Abgrenzung

Ob und wann eine Gebrauchsbehinderung eine Eigentumsverletzung i. S. des § 823 Abs. 1 darstellt, ist problematisch. Erforderlich ist zum einen eine Einwirkung auf die zu nutzende Sache selbst und nicht auf die Person des Eigentümers.[54] Welche Kriterien darüber hinaus entscheidend sind, ist umstritten.

a) Unter funktionellen Gesichtspunkten sind die im Ergebnis abweichenden Entscheidungen („Fleet"-Fall einerseits und „Stromkabel"-Fall andererseits) schwer zu verstehen und nicht zu rechtfertigen. In beiden Fällen wird die Funktion einer Sache verhindert. Durch Stromausfall kann die Maschine nicht genutzt werden, wegen Einsturzes eines Kanals kann ein Schiff nicht auslaufen. Warum im einen Fall eine Gebrauchsbeeinträchtigung vorliegt, im anderen Fall dagegen nicht, leuchtet nur schwer ein. Die Funktion an sich ist also kein (geeignetes) Abgrenzungskriterium.

b) Möglich ist es, zur Abgrenzung auf die Schwere (Erheblichkeit) der Beeinträchtigung abzustellen.[55]

c) Im „Fleet"-Fall liegt eine zeitlich länger dauernde Beeinträchtigung vor, während die Stromunterbrechung in den Stromfällen nur von kurzer Dauer ist. Insoweit kann die Dauer der Gebrauchsbeeinträchtigung ein (allerdings sehr vages und zweifelhaftes) Abgrenzungskriterium bilden.

d) Eine Eigentumsverletzung ist zu bejahen, wenn der Gebrauch der Sache für einen so erheblichen Zeitraum aufgehoben (völliger Ausschluss jeder Nutzungsmöglichkeit)[56] oder so nachhaltig gestört wird, dass dadurch deren Marktwert herabgesetzt wird.[57]

4. Ergebnis: Ob eine Eigentumsverletzung in Form einer bloßen Gebrauchsbeeinträchtigung vorliegt, ist negativ zu bestimmen. Sie ist zu verneinen, wenn keine erhebliche (= eine unerhebliche) Beeinträchtigung der Brauchbarkeit vor-

---

[50] BGHZ 29, 65.
[51] BGHZ 55, 153, 159.
[52] BGHZ 55, 153.
[53] BGHZ 29, 65; 41, 126.
[54] BGHZ 63, 203, 206 f.; *Medicus*, SR-BT, Rn. 797.
[55] BGH NJW 1998, 1942, 1943 m. w. N.: Nicht unerhebliche Beeinträchtigung der bestimmungsgemäßen Verwendung. Kritisch *Medicus*, SR-BT, Rn. 797.
[56] *Kötz/Wagner*, Rn. 146.
[57] MünchKomm/*Mertens*, 3. Auflage 1997, § 823 Rn. 113; kritisch dazu: MünchKomm/*Wagner*, § 823 Rn. 116, der zu Bedenken gibt, dass eine solche Abgrenzung bei Gütern versagt, für die es keinen Gebrauchsmarkt gibt. Auch in BGHZ 86, 152, 155 wird das Kriterium „Minderung des Wertes der Sache" im Zusammenhang mit der Prüfung, ob eine Eigentumsverletzung durch Gebrauchsbeeinträchtigung vorliegt, herangezogen.

liegt. Die mangelnde Erheblichkeit kann anhand von verschiedenen Kriterien festgestellt werden:
- zeitlich kurze Beeinträchtigung;
- Brauchbarkeit ist in anderen Beziehungen vorhanden und insoweit nicht beeinträchtigt;
- Wert der Sache wird nicht vermindert.

5. Zusammenfassung

35

> ### Verletzung des Eigentums (§ 823 Abs. 1)
>
> I. Das Eigentum wird verletzt durch:
>
> 1. Zuordnungsverletzung
>   Das Recht „Eigentum" wird verletzt durch Verlust
>   (z. B. durch gutgläubigen Erwerb gemäß §§ 929, 932) oder
>   Belastung (§ 16 Rn. 14 f.).
> 2. Sachentziehung
>   Dem Eigentümer wird die Sache entzogen
>   (z. B. durch Diebstahl).
>   – P: Konkurrenz zu EBV gemäß §§ 987 ff. (§ 16 Rn. 16)
> 3. Substanzverletzung
>   Es wird in die Sachsubstanz eingegriffen
>   (z. B. Beschädigung der Sache).
>   – P: Eigentumsverletzung durch Betriebsunterbrechung
>   (§ 16 Rn. 18)
>   – P: Weiterfressender Mangel (§ 16 Rn. 19)
> 4. Gebrauchsbehinderung
>   Dem Eigentümer wird der bestimmungsgemäße Gebrauch
>   unmittelbar entzogen.
>   – P: Abgrenzung der Gebrauchsbehinderung (als Eigentums-
>   verletzung) von einer bloßen Einschränkung der
>   wirtschaftlichen Nutzung als reinem Vermögensschaden
>   (§ 16 Rn. 34)
>
> II. Eigentumsverletzung (Substanzverletzung) bei sog. weiter-
>   fressendem Mangel (nach BGH) (§ 16 Rn. 22 ff.)
>
> 1. Nutzungs- und Äquivalenzinteresse: nur vertraglicher
>   Schadensersatzanspruch
> 2. Integritätsinteresse: (auch) § 823 Abs. 1
> 3. Abgrenzung: Stoffgleichheit zwischen Produktfehler und
>   Endschaden?
>   – bei vorhandener Stoffgleichheit: Eigentumsverletzung (–)
>   – bei fehlender Stoffgleichheit: Eigentumsverletzung (+)

V. Sonstige absolute Rechte

Auch „sonstige Rechte" werden von § 823 Abs. 1 erfasst. Um zu   36
verhindern, dass dieser Begriff bei einer weiten Auslegung zu einer großen, für das deutsche Deliktsrecht untypischen Generalklausel (vgl.
dazu oben § 15 Rn. 7) wird, ist das Tatbestandsmerkmal „sonstige
Rechte" eng auszulegen. „Sonstige Rechte" sind nur Rechte, die dem in
§ 823 Abs. 1 ausdrücklich genannten Recht „Eigentum" wesensgleich
sind; dem sonstigen Recht müssen also wie dem Eigentum eine **Aus-
schluss- und Zuweisungsfunktion** innewohnen[58] (vgl. § 16 Rn. 13);
hierfür wird teilweise zusätzlich noch eine „sozialtypische Offenkundigkeit" der Rechtsposition verlangt.[59] Mit den sonstigen Rechten sind
deshalb sonstige „absolute" Rechte gemeint.

1. Einzelfälle

Zu den „sonstigen Rechten" gehören insbesondere: 37
Beschränkt dingliche Rechte, wie z.B. Pfandrecht, Grundpfandrechte
(Hypothek und Grundschuld);

Beispiele:
– Der Grundstückseigentümer E verfügt über sein Grundstück derart, dass ein
Dritter (D) gutgläubig lastenfrei Eigentum erwirbt (§ 892). Die materiell bestehende, aber formell nicht eingetragene Grundschuld des G erlischt dadurch.
Dies stellt eine Verletzung des (absoluten Grundstücks-)Rechts des G durch
den verfügenden E (= Schädiger) dar; D haftet dagegen mangels Rechtswidrigkeit der Eigentumsverletzung nicht nach § 823 Abs. 1 (vgl. zur vorrangigen Wertung der §§ 932, 892 oben § 16 Rn. 15).
– Veranlasst der Aufsicht führende Architekt sorgfaltswidrig eine Verschlechterung
eines Grundstücks durch bauliche Veränderung der darauf stehenden Häuser,
so liegt darin eine Verletzung des auf dem Grundstück lastenden Grundpfand-
rechtes (§ 823 Abs. 1). Damit konkurriert ein Anspruch aus § 823 Abs. 2 i.V.m.
§§ 1134, 1192 (BGHZ 65, 211).

Auch die Verletzung eines beschränkt dinglichen Rechts an einer
Anwartschaft ist möglich.

Vertiefungsbeispiel (BGHZ 92, 280, 294)   38
Der Käufer (= Grundstückseigentümer und Vorbehaltskäufer [VK]) hat Vorbe-
haltseigentum an einem Fahrzeug vom Vorbehaltsverkäufer (VV) erworben. Dieses
fällt in den Haftungsverband einer Grundschuld (§§ 1192, 1120), die auf dem
Grundstück des Käufers zugunsten des Grundpfandgläubigers (GG) lastet. Durch
Vereinbarung mit dem VV wird das Vorbehaltseigentum bzw. Anwartschaftsrecht
des Käufers rechtswirksam aufgehoben; der VV übereignet anschließend das
Fahrzeug zur Sicherheit an den Sicherungseigentümer (SiE), der nachträglich den

---

[58] *Medicus*, BR, Rn. 607.
[59] Vgl. MünchKomm/*Mertens*, 3. Auflage 1997, § 823 Rn. 123 m.w.N.: soziale
Ausschlussfunktion, spezifischer Zuweisungsgehalt und entsprechende sozialtypische
Offenkundigkeit. Dagegen Staudinger/*Hager*, § 823 Rn. B 124.

(noch offenen) Restkaufpreis finanziert; der SiE erwirbt dadurch lastenfreies Eigentum am Fahrzeug zur Sicherheit[60] (§ 929 S. 1).[61] Der SiE veräußert das Fahrzeug und befriedigt aus dem Erlös sein Finanzierungsdarlehen. Ansprüche des Grundschuldgläubigers gegen SiE? (1) Anspruch aus § 816 Abs. 1 S. 1 und § 687 Abs. 2 S. 1, 681 S. 2, 667 auf Erlösherausgabe oder § 823 Abs. 1, 251 auf Schadensersatz wegen Verwertung von belastetem Sicherungseigentum? Voraussetzung: Zurzeit der Verwertung muss das Fahrzeug in den Haftungsverband der Grundschuld fallen. Dies ist aber nicht der Fall, weil SiE unbelastetes Sicherungseigentum erworben hat und das Fahrzeug damit nicht mehr in den Haftungsverband der Grundschuld (§ 1120) fällt. Das Anwartschaftsrecht des VK ist aufgehoben worden, eine analoge Anwendung von § 1276 Abs. 1 S. 1 lehnt der BGH ab. (2) Anspruch auf Schadensersatz aus § 823 Abs. 1 und § 823 Abs. 2 i. V. m. § 1135, 1133 f. wegen Vereitelung bzw. Erschwerung der Grundpfandhaftung von Zubehörstücken durch deren Veräußerung? (a) Während – anerkanntermaßen – die Verschlechterung, Veräußerung oder Entfernung von Zubehörsachen eine Grundpfandhaftung erschweren und vereiteln und damit Schadensersatzansprüche aus § 823 Abs. 1 begründen kann, lässt der BGH die Frage offen, ob die Aufhebung des Anwartschaftsrechts eine Verletzung der Grundschuld mit der Folge einer Schadenshaftung des aufhebenden Vorbehaltskäufers oder des Dritten (als Teilnehmer) ist. (2) Rechtswidrigkeit: Die Aufhebung der Anwartschaft ist im Fall jedenfalls keine rechtswidrige Verletzung der Grundschuld, wenn sie im Rahmen einer wirtschaftlich vernünftigen Abwicklung (vgl. auch § 1135) des Vorbehaltskaufvertrages erfolgt (hier: nachträgliche Finanzierung des Restkaufpreises durch einen Dritten, dingliche Absicherung des Dritten am Vorbehaltsgut, Pflicht zur Übereignung des Sicherheitseigentums an den Vorbehaltskäufer nach Tilgung des Darlehens); solche Einwirkungen muss der Grundpfandgläubiger hinnehmen.[62]

39   Es kann zu einer Konkurrenz der Ansprüche des Eigentümers und des davon verschiedenen Inhabers eines (beschränkt) dinglichen, das Eigentum belastenden Rechts kommen, wenn es um den gleichen Schaden geht.

Dingliche Anwartschaftsrechte.

Beispiel:
S beschädigt das Kfz, das K von V unter Eigentumsvorbehalt gekauft hat (vgl. § 449). Es liegt eine Verletzung des (auflösend bedingten) Eigentums des V sowie des Anwartschaftsrechts des K (aufschiebend bedingtes Eigentum) vor. S muss nach h. M. an V und K gemeinsam leisten (§§ 432, 1077, 1281).[63]

---

[60] Aus dem Sicherungsvertrag ergab sich wohl die Pflicht (also kein Anwartschaftsrecht bei Sicherheitseigentum), das Fahrzeug nach Tilgung des Darlehens an den Vorbehaltskäufer zu übereignen.

[61] Die Übergabe wird vollzogen, indem der Veräußerer (= Vorbehaltsverkäufer) dem Dritten mittelbaren Besitz verschaffte, was für § 929 S. 1 ausreicht; der Vorbehaltskäufer besaß nach der Veräußerung nicht mehr für den Vorbehaltsverkäufer, sondern für den Dritten (vgl. *Baur/Stürner*, Sachenrecht, § 51 Rn. 16: Besitzerwerb durch Übertritt des Besitzmittlers in die Herrschaftssphäre des Erwerbers).

[62] In BGHZ 92, 280 hat der BGH die sachenrechtlich relevante Entscheidung gefällt, dass ein Anwartschaftsrecht von den Kaufvertragsparteien wirksam nachträglich aufgehoben werden kann, auch wenn es der Grundpfandhaftung (§ 1120) unterliegt und diese durch die Aufhebung der Anwartschaft gegenstandslos wird.

[63] *Baur/Stürner*, Sachenrecht, § 59 Rn. 45 m. w. N.

Immaterialgüterrechte (z. B. Patent, Urheberrecht) sowie gewerbliche Schutzrechte (Warenzeichen- oder Musterschutzrechte).

Mitgliedschaftsrechte: Geschäftsanteile an einer GmbH oder Aktien, Mitgliedschaftsrechte an einem eingetragenen Verein.[64, 65]

Beispiele:
- Der Geschäftsanteil an einer GmbH (§§ 14 f. GmbHG) ist ein „sonstiges Recht" i. S. des § 823 Abs. 1, das verletzt werden kann, wenn der Gesellschafter durch eine rechtswidrige Versteigerung des verpfändeten Geschäftsanteils bei der Zwangsvollstreckung ganz oder teilweise um diesen Geschäftsanteil gebracht wird (RGZ 100, 274, 278 f.).
- Das Mitgliedschaftsrecht des Aktionärs, verkörpert durch die Aktie, ist ein sonstiges Recht i. S. des § 823 Abs. 1, das aber nicht dadurch widerrechtlich verletzt wird, dass ihr Wert durch Handlungen, die den Wert und die Ertragsfähigkeit der Aktiengesellschaft schmälern, gemindert wird, sondern nur dadurch, dass der Aktionär um die Aktienrechte selbst ganz oder teilweise gebracht wird. Es liegt sonst nur ein reiner Vermögensschaden vor (RGZ 158, 248, 255).
- Die satzungswidrige Weigerung, die Yacht eines Vereinsmitgliedes als zu einer bestimmten Bootsklasse gehörig anzuerkennen, trifft die Mitgliedschaft dieses Mitgliedes im eingetragenen Verein (§ 21) in ihrem Kern und stellt eine Verletzung eines „sonstigen Rechts" i. S. des § 823 Abs. 1 dar (BGHZ 110, 323, 334).[66]

Familienrechte, soweit sie als „Herrschaftsrechte" ausgestaltet sind, **40** wie z. B. das Recht der elterlichen Sorge.

Beispiele:
- Die Ehefrau wendet Detektivkosten auf, weil der getrennt lebende Ehemann ihr das Kind vorenthält und dessen Aufenthalt nicht bekannt gibt, obwohl sie allein sorgeberechtigt ist (vgl. jetzt § 1671). Sie verlangt von ihrem Ehemann Ersatz der Detektivkosten (BGHZ 111, 168).
  (1) Das Recht der elterlichen Sorge (§§ 1626 ff.) ist ein sonstiges Recht i. S. des § 823 Abs. 1, dessen absoluter Charakter in § 1632 zum Ausdruck kommt. Die Vorenthaltung des Kindes stellt eine Verletzung des Rechts der Ehefrau dar.
  (2) Die Verletzung ist rechtswidrig – ein Recht des Mannes, das Kind vorzuenthalten und dessen Aufenthalt geheim zu halten, besteht nicht – und schuldhaft.
  (3) Deshalb ist der Ehemann zum Ersatz der aus der Verletzung entstandenen Kosten verpflichtet. Davon erfasst sind die Aufwendungen, die erforderlich sind, um das Kind wieder zu finden, also grundsätzlich auch die aufgewendeten Detektivkosten.
- Ein 37-jähriger Mann (M) unterhält mit der 16-jährigen Tochter der Eltern E intime Beziehungen. E können den Umgang der Tochter mit M nach § 1004, 823 Abs. 1 (quasinegatorischer Unterlassungsanspruch, vgl. unten § 20 Rn. 27 f.) verhindern. Das (verletzte) Recht der elterlichen Sorge (sonstiges Recht i. S. des § 823 Abs. 1) erfasst auch das Recht zur Erziehung und Beaufsichtigung, welches den Eltern zur selbstständigen und unabhängigen Wahrnehmung nach ih-

---

[64] Vgl. *Habersack,* Die Mitgliedschaft, 1996; *Helms,* Schadensersatzansprüche wegen Beeinträchtigung der Vereinsmitgliedschaft, 1998; *Schwarz,* in: Bamberger/Roth, § 38 Rn. 2. An dem absoluten Schutz der Mitgliedschaft gegen Dritte zweifelnd *Medicus,* BR, Rn. 620 a.

[65] Die Rechtswidrigkeit muss positiv geprüft werden, weil ein offener Tatbestand vorliegt (vgl. Staudinger/*Hager,* § 823 Rn. B 145 m. w. N.).

[66] *Schwarz,* in: Bamberger/Roth, § 38 Rn. 2 und 18.

rem pflichtgemäßen Ermessen und Verantwortung (bis zur Grenze des § 1666) obliegt (OLG Frankfurt NJW 1979, 2052).

Geschützt ist auch der sog. räumlich gegenständliche Bereich der Ehe, insbesondere die Ehe- und Familienwohnung. Gegen das Eindringen eines „Ehe-Störers" in den räumlich-gegenständlichen Bereich der Ehe besteht nach h. M. ein quasinegatorischer Unterlassungs- und Beseitigungsanspruch gegen den Störer (§ 1004 analog).[67]

Beispiel:
Der Ehemann nimmt die Frau F, mit der er ein ehebrecherisches Verhältnis führt, in die eheliche Wohnung auf und bewohnt mit ihr gemeinsam ein Zimmer. Die ebenfalls in der Wohnung wohnende Ehefrau kann von F Beseitigung der Störung und zukünftig Unterlassung (in Form des Auszugs aus der Wohnung) verlangen (§§ 1004, 823 Abs. 1). Zwar haben die persönlichen Beziehungen der Ehegatten zueinander vorwiegend sittlichen Charakter und sind einer Regelung durch die Rechtsordnung nicht ohne weiteres zugänglich (vgl. § 888 Abs. 3 ZPO), anders aber der sog. räumlich-sachliche Bereich der Ehe, der die äußere sachliche Grundlage für das gemeinsame Ehe- und Familienleben umfasst, den einzelnen Familienmitgliedern die Entfaltung ihrer Persönlichkeit ermöglichen soll und von § 823 Abs. 1 umfasst ist. Daneben können Ansprüche aus Besitzschutz (§§ 861 ff.) sowie Eigentumsschutz (§ 1004) in Frage kommen (BGHZ 6, 360).

Dagegen gewährt die Rspr. keine Schadensersatzansprüche aus § 823 Abs. 1 wegen Verletzung der bei Eingehung der Ehe begründeten Pflichten gegen den untreuen Ehepartner und gegen den in die Ehe eindringenden Dritten; nur § 826 kann insoweit einen Schadensersatzanspruch begründen.[68]

Beispiel:
Erleidet die Ehefrau (im vorstehenden Beispiel) psychische Schäden und muss sich einer Heilbehandlung unterziehen, so kann sie die entstandenen Behandlungskosten weder vom Ehemann noch von Dritten aus § 823 Abs. 1 (Verletzung des räumlich gegenständlichen Bereichs der Ehe) ersetzt verlangen. Begründen lässt sich das mit dem Schutzzweck der Norm (im haftungausfüllenden Tatbestand): Der deliktische Rechtsgüterschutz hat insoweit seine Grenze; die Ehe steht außerhalb der Rechtsverhältnisse, deren Verletzung Schadensersatzansprüche auslösen könnten; gegebenenfalls erforderliche Ermittlungen im Beweisverfahren sind unerwünscht; hinsichtlich der Vielfalt möglicher Eingriffe sind brauch-

---

[67] A. A. *Medicus*, BR, Rn. 619 gegen eine Qualifizierung der Ehe als eigentumsähnliche Position und sonstiges Recht; anerkannt wird aber die Verbindung der Ehegatten zu geschlechtlicher Treue als (in Analogie zu den in § 823 Abs. 1 geschützten Lebensgütern) durch § 823 Abs. 1 geschützt.

[68] BGH NJW 1990, 706 m. w. N. (Schadensersatzverlangen eines Scheinvaters nach Scheidung der Ehe für den jahrelang gezahlten Unterhalt an die nicht von ihm stammende Tochter von der früheren Ehefrau). Der BGH stützt seine Ansicht darauf, dass Ehestörungen, die (z. B. Ehebruch) unmittelbar die innere Lebens- und Geschlechtsgemeinschaft der Ehegatten berühren, einen innerehelichen Vorgang darstellen, der nicht in den Schutzzweck der deliktischen Haftungstatbestände einbezogen ist. Das Wesen der Ehe vertrage das Einwirken schadensrechtlicher Grundsätze auf innereheliche Vorgänge nicht mit der Folge, dass das Ehe- und Familienrecht die Deliktsregeln verdränge (BGH NJW 1990, 706, 707).

bare Abgrenzungskriterien nicht zu finden (BGHZ 23, 281; 26, 217, 221 ff., 57, 229).[69]

2. Besitz

Der **Besitz** kann nach h. M. ein sonstiges Recht i. S. des § 823 Abs. 1   **41**
sein.[70] Zutreffenderweise ist zwischen den unterschiedlichen Besitzpositionen zu differenzieren. Außerdem sind zwei unterschiedliche Schadensposten zu unterscheiden:[71]
– Nutzungsschaden = Beeinträchtigung der Möglichkeit, die Sache zu
  gebrauchen;
– Haftungsschaden = Besitzer wird infolge Beschädigung der Sache
  durch Dritten gegenüber dem Eigentümer schadensersatzpflichtig.

a) Unmittelbarer Besitz – Recht zum Besitz

Der **unmittelbare Besitz** wird von der (jedenfalls früher) h. M. als   **42**
sonstiges Recht i. S. des § 823 Abs. 1 angesehen. Zu ersetzen sind die
Schäden, die aufgrund entgangener Nutzungsrechte (Ersatzansprüche,
Wegnahme-, Zurückbehaltungs- und Verwendungsrechte) entstehen,
sowie Haftungsschäden.

Gegen die Einbeziehung des bloßen Besitzes in den Deliktsschutz
wird eingewandt, dass der Besitz nur eine tatsächliche Rechtsposition
ist (vgl. § 854) und Besitzschutz (§§ 861 f.) jedem Besitzer (also auch
dem unberechtigten) zukommt. Dem bloßen Besitz fehlt jeder Zuweisungsgehalt, der aber gerade für die Rechte und Rechtsgüter des § 823
Abs. 1 wesentlich ist (vgl. oben § 16 Rn. 36).[72]

Nach anderer Ansicht soll deshalb nur der **berechtigte Besitz** bzw.
(im Ergebnis gleichbedeutend) das **Recht zum Besitz** (und Gebrauch
und Nutzung) deliktsrechtlich geschützt sein.[73] Berechtigter Besitzer ist
derjenige Besitzer, der aufgrund eines Rechtes zum Besitz berechtigt ist
(z. B. Mietvertrag). Zuweisungsgehalt (vertragliches Recht zum Besitz,
Nutzung und Gebrauch) und Ausschlussfunktion (§§ 566, 986 Abs. 2,
861 f.) sind in diesem Fall vorhanden. Zu ersetzen sind Nutzungs- und
Haftungsschäden. Liegt berechtigter Besitz vor, so kommt es auf diese
Streitfrage nicht an.

---

[69] Unter dem Gesichtspunkt der Gesundheitsverletzung infolge psychischer Einwirkung kann ein Anspruch aus § 823 Abs. 1 begründet werden.

[70] Nachweise bei Staudinger/*Hager*, § 823 Rn. B 167; Vgl. auch MünchKomm/
Wagner, § 823 Rn. 151.

[71] Vgl. *Wieser*, JuS 1970, 557, 559.

[72] *Larenz/Canaris*, SR II/2, § 76 II 4 f, S. 396; *Medicus*, AcP 165 (1965), 115,
117 f.

[73] Vgl. auch *Medicus*, BR, Rn. 607. Nach *Medicus* (a. a. O.) stellt allerdings auch
der unrechtmäßige Besitz ein sonstiges Recht i. S. des § 823 Abs. 1 dar, wenn ihm das
Gesetz außer den Abwehrrechten positive Befugnisse zuweist. Dies trifft auf den unrechtmäßigen, entgeltlichen redlichen und unverklagten Besitzer zu, der nach §§ 987,
988, 990, 993 Abs. 1 im Verhältnis zum Eigentümer die Nutzungen behalten darf
(vgl. auch § 1007 Abs. 3 S. 2).

Beispiele:

– Eine Gruppe Demonstranten blockiert zwei Tage lang den Einsatz von Baumaschinen des Bauunternehmers U. U kann von den Demonstranten Schadensersatz nach (§ 830 Abs. 1 S. 2 i.V.m.) § 823 Abs. 1 verlangen. (1) U war berechtigter Besitzer der Baumaschinen. Der berechtigte Besitz stellt ein geschütztes
Rechtsgut i.S. des § 823 Abs. 1 dar; ob U auch Eigentümer ist, ist deshalb unbeachtlich. Die nicht unerhebliche Behinderung des bestimmungsgemäßen Gebrauchs stellt eine Verletzung des Eigentums dar.[74] Entsprechendes gilt für den
berechtigten Besitz: Soll dieser gerade dazu dienen, eine bestimmte Nutzung
der Sache zu ermöglichen, so liegt eine Rechtsgutverletzung i.S. des § 823
Abs. 1 vor, wenn der Besitzer an dieser Nutzung gehindert wird. Die Gebrauchsbehinderung ist infolge ihrer zweitägigen Dauer auch von einigem Gewicht und infolge der völligen Gebrauchsuntauglichkeit nicht nur unerheblich.
(2) Der Eingriff ist rechtswidrig, was der BGH in Auseinandersetzung mit dem
Verfassungsrecht (Art. 8 GG) im Einzelnen begründet. (3) Verschulden ist zu bejahen. (4) Zu ersetzen ist der Schaden infolge der ausgebliebenen Nutzung der
Maschinen. (5) Ein Anspruch wegen Eingriffs in den eingerichteten und ausgeübten Gewerbebetrieb scheidet infolge Subsidiarität aus (BGHZ 137, 89).

– Bauunternehmer U errichtet eine Uferwand in einem Hafen, dessen Eigentümerin die auftraggebende Stadt ist. Bei Einfahrt in den Hafen beschädigt S mit seinem Schiff die teilweise errichtete Uferwand. Dem U entstehen zusätzliche
Kosten, um die Wand wieder aufzubauen, die er von S ersetzt verlangt. Anspruchsgrundlage ist § 823 Abs. 1. Das beeinträchtigte Rechtsgut ist der (von
S vertraglich eingeräumte) berechtigte Besitz des U an der Uferwand[75] (BGH
NJW 1984, 2569).[76]

– S beschädigt das Kfz, das M vom Eigentümer E gemietet hat. M kann eine Verletzung seines (aufgrund des Mietvertrages) berechtigten Besitzes geltend machen.

43   Entscheidend ist die Streitfrage (Schutz des bloßen Besitzes oder nur
des berechtigten Besitzes), wenn ein nichtberechtigter Besitzer gegen
den Eigentümer Ansprüche geltend macht. In diesen Fällen sind (u.a.)
die Wertungen des EBV von Bedeutung.

Beispiel:[77]

K hat an A eine Lagerhalle vermietet, die A zum Teil (berechtigt) an B unvermie-
tet hat. Nachdem K den Hauptmietvertrag mit A wirksam gekündigt hat, verlangt

---

[74] Vgl. BGHZ 55, 153 „Fleet"-Fall.

[75] Problematisch ist, ob die Aufwendungen zur Wiedererrichtung der Mauer als
Schadenersatz verlangt werden können. (a) Anerkannt ist, dass ein Haftungsschaden
vom Schädiger ersetzt verlangt werden kann: Ist der Besitzer bei Beschädigung der
Sache durch einen Dritten dem Eigentümer (regelmäßig aus Vertrag) haftpflichtig, so
kann der Besitzer diesen (Haftungs-)Schaden vom schädigenden Dritten ersetzt verlangen. An einem Haftungsschaden wegen einer Eigentumsverletzung aus Vertrag
oder Gesetz fehlt es hier aber. (b) Bei einem infolge der werkvertraglichen Gefahrtragungsregel sich ergebenden Wiederherstellungsaufwand muss aber (wegen vergleichbarer Rechtslage) Entsprechendes gelten. Weil die Abnahme (§ 640) noch nicht stattgefunden hat, trägt der Werkunternehmer U weiterhin die Leistungsgefahr (§ 644
Abs. 1 S. 1) und muss deshalb im Falle einer Beschädigung das Werk auf seine eigenen Kosten wiederherstellen. Diese sich aus der vertraglichen Gefahrtragungsregel
ergebenden Aufwendungen kann der Unternehmer vom Schädiger als Schaden ersetzt verlangen (vgl. BGH NJW 1984, 2569).

[76] Dieser Fall kann auch über die Drittschadensliquidation (Fallgruppe: obligatorische Gefahrentlastung) gelöst werden (vgl. unten § 25 Rn. 10).

[77] Weiterer Fall: BGHZ 114, 305.

er (K) von B Herausgabe der Halle. Weil B dem nicht nachkommt, setzt sich K eigenhändig in den Besitz der Mietsache, den B allerdings mittels einstweiliger Verfügung wiedererlangt. B verlangt von K Ersatz wegen zwischenzeitlicher Nichtnutzung der Lagerhalle (BGHZ 79, 232).

Als Anspruchsgrundlage kommt § 823 Abs. 1 und § 823 Abs. 2 i. V. m. § 858 in Betracht. Nach der Rechtsprechung des BGH ist im Verhältnis des Eigentümers zum Besitzer nur der berechtigte Besitz geschütztes Rechtsgut i. S. des § 823 Abs. 1.[78] Ein Besitzrecht hat B aber aus folgenden Gründen nicht: (1) Mit der Kündigung des Hauptvermietvertrages ist auch der Untermieter B zur Herausgabe verpflichtet (§ 546 Abs. 2) und hat kein Recht mehr, die Mietsache im eigenen Interesse zu nutzen. Der Besitzer ist in diesem Fall verpflichtet, die Nutzung der Sache zu unterlassen. (2) Die Besitzschutzvorschriften wollen nur verhindern, dass der Berechtigte eigenmächtig den Zustand herstellt, auf den er einen Anspruch hat, begründen aber kein Nutzungsrecht. (3) Die einstweilige Verfügung begründet kein Recht zum Besitz oder zur Nutzung. (4) Auch aus §§ 546 a, 571 (früher § 557) folgt, dass das Gesetz unberechtigten Besitz und Nutzung der herauszugebenden Sache missbilligt. (5) Dass die §§ 987 ff. dem (gutgläubigen) Besitzer in bestimmten Fällen die Nutzungen belassen, bedeutet nicht, dass der Besitzer auch ein Recht auf Nutzung hat.

Auch der berechtigte **Mitbesitz** ist als sonstiges Recht geschützt. Er **44** ist nicht nur im Verhältnis des Mitbesitzers zu einem Dritten, sondern auch im Verhältnis von Mitbesitzern untereinander geschützt.[79]

Beispiel:
Ehegatten, Partner einer nichtehelichen Lebensgemeinschaft.

Zwar besteht zwischen Mitbesitzern nur ein eingeschränkter Besitz- **45** schutz (vgl. § 866). § 823 Abs. 1 ist aber zwischen Mitbesitzern uneingeschränkt anwendbar. § 866 ist auf die Besitzschutzmöglichkeiten der §§ 859 ff. zugeschnitten und besagt nicht, dass der Besitz im Verhältnis zwischen Mitbesitzern nur als schutzwürdig angesehen wird, soweit eine Besitzentziehung, nicht aber, soweit nur eine Besitzstörung vorliegt.[80]

Vertiefungshinweis: Gläubigerkonkurrenz zwischen Besitzer und Eigentümer **46** beim Schadensersatzanspruch.

Wird eine Sache beschädigt, die im unmittelbaren (berechtigten) Besitz eines Dritten steht, der nicht der Eigentümer ist, so stellt sich die Frage, wie die beiden Schadensersatzansprüche des Eigentümers und Besitzers zueinander stehen.

Beispiel:
S fährt bei nächtlichen Einparkversuchen das Kfz des M an. M ist nicht der Eigentümer des Kfz, sondern hat es vom Eigentümer E gemietet oder unter Vorbehalt gekauft. Sowohl E als auch M können aus § 823 Abs. 1 (Eigentumsverletzung bzw. Verletzung des berechtigten Besitzes [bzw. Anwartschaftsrechts] als sonstiges Recht i. S. des § 823 Abs. 1) Schadensersatz verlangen.

Problematisch ist in diesem Fall die Höhe der (zu ersetzenden) Schäden, also das Eigentümerinteresse und das Besitzinteresse. Zur Bestimmung dieser Inte-

---

[78] Fehlt es an der Besitzberechtigung, so kann der (nicht berechtigte) Besitzer auch dann keinen Nutzungsschaden ersetzt verlangen, wenn der Eigentümer dem Besitzer den Besitz durch verbotene Eigenmacht entzieht.
[79] H. M.; BGHZ 62, 243.
[80] BGHZ 62, 243, 248 f.; *Medicus,* BR, Rn. 608.

ressen ist das Innenverhältnis zwischen Eigentümer und Besitzer von Bedeutung (Haftungsschaden des Besitzers?). Im Außenverhältnis zum Schädiger nimmt die im Schrifttum vorherrschende Lehre eine gemeinschaftliche Berechtigung am ungeteilten Ersatzanspruch gegen den Schädiger an; rechtliche Grundlage für die gemeinschaftliche Berechtigung von Eigentümer und Besitzer sind die §§ 432, 1077, 1281 analog.[81] Dem Schädiger kommt § 851 (Ersatzleistung an einen Nichtberechtigten) zugute.

b) Mittelbarer Besitz (§ 868)

47   Der rechtmäßige **mittelbare Besitzer** (§ 868)[82] genießt gegenüber Dritten den Schutz nach § 823 Abs. 1.

Beispiel:
Der Vermieter V ist mittelbarer Besitzer der vermieteten Wohnung, der Mieter unmittelbarer Besitzer (Besitzmittlungsverhältnis). V kann seinen mittelbaren Besitz als sonstiges Recht i. S. des § 823 Abs. 1 gegenüber einem Dritten (etwa Besucher) geltend machen; ist V auch Eigentümer, so kann er auch sein Eigentum geltend machen (§ 1004, § 823 Abs. 1).

Der mittelbare Besitzer kann den mittelbaren Besitz über § 823 Abs. 1 aber nicht gegenüber dem unmittelbaren Besitzer geltend machen. Denn gegenüber dem unmittelbaren Besitzer hat er keine Besitzschutzansprüche nach §§ 861 ff., also keine „eigentumsähnliche" Position; der Schutz des Besitzers ist damit relativiert. Insoweit gelten die Bestimmungen des Besitzmittlungsverhältnisses (z. B. Mietvertrag).[83]

48   **Fall (BGHZ 32, 194):**

Der Bauunternehmer B mietet von V einen Turmdrehkran, den er aufgrund eines Vertrages von T zur Baustelle bringen lässt. Da T unvorsichtig fährt, stürzt der Kran beim Transport um und wird beschädigt. Der Beginn der Bauarbeiten verzögert sich deshalb, und B erleidet dadurch einen Schaden. Vertragliche Ansprüche sind durch allgemeine Geschäftsbedingungen wirksam ausgeschlossen. Kann B von T Schadensersatz nach § 823 Abs. 1 verlangen?

Lösung:

1. Anspruch aus §§ 631, 280 (Pflichtverletzung des Beförderungsvertrages). Tatbestandlich erfüllt, aber wirksamer Haftungsausschluss durch AGB.
2. Anspruch des B gegen T auf Schadensersatz aus § 823 Abs. 1? Voraussetzung: Verletzung eines Rechts i. S. des § 823 Abs. 1.
   a) B ist nicht Eigentümer.

---

[81] Palandt/*Bassenge*, § 929 Rn. 43 m. w. N.; *Medicus*, BR, Rn. 609; a. A. *Müller-Laube*, JuS 1993, 529, 534 f. für die vorrangige Forderungszuständigkeit des vertragstreuen Besitzers bzw. Anwartschaftsberechtigten.
[82] Wer aufgrund eines (vermeintlichen) Besitzmittlungsverhältnisses (z. B. als Käufer aufgrund eines Kaufvertrags mit Eigentumsvorbehalt) eine Sache für eine bestimmte Zeit besitzt und einen anderen als Oberbesitzer (z. B. den Eigentumsvorbehalts-Verkäufer) anerkennt, ist unmittelbarer (Fremd-)Besitzer, der Oberbesitzer ist mittelbarer (Eigen-)Besitzer (§ 868).
[83] Vgl. BGHZ 32, 194, 204 ff.; *Medicus*, BR, Rn. 608.

b) B ist aber mittelbarer, T unmittelbarer Besitzer des Kranes (während des Transportes). Der Besitz ist zwar kein Recht, kann aber gleich einem ausschließlichen Recht i. S. des § 823 Abs. 1 gegen jedermann geschützt und deshalb ein „sonstiges Recht" i. S. des § 823 Abs. 1 sein. Das ist der Fall, soweit der Besitz (nach besitzrechtlichen Vorschriften) gegen jedermann geschützt und insoweit „eigentumsähnlich" ist. Zwar steht der unmittelbare dem mittelbaren Besitzer in bestimmten Beziehungen gleich (§§ 868 f.). Jedoch sehen die den Besitz regelnden Vorschriften des BGB keinen Schutz des mittelbaren Besitzers gegen Beeinträchtigungen seiner Rechtsstellung durch den unmittelbaren Besitzer vor; insoweit ist der mittelbare Besitzer nur durch die schuldrechtliche Beziehung und die sich daraus ergebenden Ansprüche geschützt. Mit diesen, die Rechtsstellung des mittelbaren Besitzers regelnden Vorschriften ist ein deliktischer Schutz des mittelbaren gegenüber dem unmittelbaren Besitzer unvereinbar. Auf dem Weg über § 823 Abs. 1 kann ein Schutz des mittelbaren Besitzers gegen den unmittelbaren Besitzer deshalb nicht hergeleitet werden. Im Verhältnis zum unmittelbaren Besitzer fehlt dem mittelbaren Besitz also ein absoluter Gehalt, der ihn den Rechten i. S. des § 823 Abs. 1 gleich stellt.[84]

3. Für den Anspruch aus § 823 Abs. 2 i. V. m. § 858 (verbotene Eigenmacht) gilt Entsprechendes: § 858 ist zwar ein Schutzgesetz. Es gilt aber nur im Verhältnis zu Drittstörern. Hingegen genießt der mittelbare Besitzer keinen Besitzschutz gegen den unmittelbaren Besitzer (vgl. vorstehend).

4. Ergebnis: B hat gegen T keinen Schadensersatzanspruch (aus Delikt).

3. Allgemeines Persönlichkeitsrecht

a) Allgemeines

§ 823 Abs. 1 erfasst die Rechtsgüter einer Person Leben, Körper, Ge-   49
sundheit und Freiheit. Daneben regelt das Privatrecht in bestimmten
Vorschriften einzelne personenbezogene subjektive Rechte, z. B. das
Namensrecht (§ 12) und das Recht am eigenen Bild (§§ 22 ff. Kunst-
urheberG). Diese Rechte werden als **besondere Persönlichkeitsrechte**
bezeichnet. Ein allgemeines Persönlichkeitsrecht ist dagegen im Gesetz
nicht ausdrücklich als ein geschütztes Recht genannt. Die Rspr. hat aber
aus Art. 1 GG (Würde des Menschen) und Art. 2 Abs. 1 GG (Recht auf
freie Entfaltung der Persönlichkeit) ein **allgemeines Persönlichkeitsrecht** als absolutes, durch § 823 Abs. 1 geschütztes sonstiges Recht abgeleitet.[85, 86]

---

[84] BGHZ 32, 194, 204 f.

[85] Grundlegend BGHZ 13, 334, Urt. v. 25. Mai 1954; seitdem ständige Rechtsprechung (vgl. BGHZ 30, 7, 11 m. w. N. „Caterina Valente"). Kritisch zum allgemeinen Persönlichkeitsrecht als sonstiges Recht i. S. des § 823 Abs. 1 und für Analogie zu den in der Vorschrift genannten Rechtsgütern *Medicus*, BR, Rn. 615; *Beuthien*, NJW 2003, 1220 m. w. N.

[86] Es ist verfassungsdogmatisch unzutreffend, dem GG ein Recht jedes einzelnen auf Achtung der Persönlichkeit des anderen zu entnehmen, weil eine unmittelbare Drittwirkung von Grundrechten grundsätzlich nicht in Betracht kommt. Einschlägig ist aber die (objektive) Schutzgebotsfunktion der Grundrechte; vgl. *Larenz/Canaris*,

b) Subsidiarität (Auffangtatbestand)

50   Das allgemeine Persönlichkeitsrecht ist ein **Auffangtatbestand** und soll die Lücken schließen, welche das positive Recht beim Schutz des Persönlichkeitsrechts lässt. Es hat **subsidiäre Bedeutung**, d.h. es kann nur dann zur Anwendung kommen, wenn nicht der im Fall betroffene Teilbereich des Persönlichkeitsrechts durch andere Vorschriften geschützt bzw. geregelt ist.

51   Die Bedeutung der „Subsidiarität" ist allerdings umstritten. Es sind dabei drei Fallkonstellationen zu unterscheiden:

1. Es liegt kein Sondergesetz vor. Dann ist das allgemeine Persönlichkeitsrecht zu prüfen.

2. Ein Sondergesetz erfasst einen Teilbereich des Persönlichkeitsrechts und gewährt den vom Geschädigten geforderten Anspruch. Ein Rückgriff auf das allgemeine Persönlichkeitsrecht ist nicht mehr erforderlich (kein Schutzbedürfnis für den Verletzten), dieses also nicht mehr im Einzelnen zu prüfen, sondern mit dem Hinweis auf die Subsidiarität zu erledigen. Es können dann nur die in dem speziellen Gesetz geregelten Rechte (leges speciales) sowie Ansprüche aus § 823 Abs. 2 i. V. m. diesem (Schutz-)Gesetz erhoben werden.[87]

Beispiele:
– Die Sängerin C wird ohne ihre Zustimmung in einer Werbeanzeige für Zahnprothesen mit ihrem Namen erwähnt. C verlangt vom Werbenden Unterlassung (BGHZ 30, 7 „Caterina Valente").
(1) Ein Anspruch aus § 12 S. 2 auf Unterlassung setzt voraus, dass jemand den Namen der C leugnet (Namensbestreitung) oder sich den Namen der C anmaßt (Namensanmaßung). Der eigenmächtige namentliche Hinweis auf eine andere Person (C) in der Werbung als solcher stellt aber keinen Namensmissbrauch i. S. des § 12 dar, weil sich der Werbende den durch den Namen repräsentierten Eigenwert der Person der C weder für sich noch für seine Erzeugnisse aneignet.
(2) Weil § 12 tatbestandlich nicht eingreift, kann ein Anspruch aus §§ 1004 Abs. 1 S. 2, 862 Abs. 1 S. 2, 12 S. 2 analog i. V. m. dem allgemeinen Persönlichkeitsrecht (quasinegatorischer Unterlassungsanspruch, vgl. unten § 20 Rn. 27 f.) infrage kommen.[88] Der BGH bejaht eine Verletzung des allgemeinen Persönlichkeitsrechts, weil C vor der Öffentlichkeit derart in eine Beziehung zu den angepriesenen Gegenständen gesetzt wird, dass diese Beziehung als unangenehm und gegen den guten Geschmack verstoßend empfunden wird.
– In BGHZ 39, 124 (Ehrverletzung, vgl. unten § 16 Rn. 70) wäre eigentlich vorrangig ein Anspruch aus § 823 Abs. 2 i. V. m. §§ 185 ff. StGB zu prüfen gewesen. Denn auch diese Anspruchsgrundlage gewährt nach der Rechtsprechung Schmerzensgeld (§ 253 Abs. 1).[89] Der BGH gewährte ein Anspruch aus § 823

SR II/2, § 80 I 3, S. 492 f. Vgl. zur Drittwirkung der Grundrechte *Dreier*, in: Dreier, Grundgesetz-Kommentar, Bd. 1, 1996, Vorb. Rn. 57 ff.
[87] Vgl. BGHZ 80, 311, 318 f.; 91, 233, 237 f.
[88] Vgl. BGHZ 30, 7, 11 „Caterina Valente"; *Bamberger*, in: Bamberger/Roth, § 12 Rn. 67.
[89] BGHZ 95, 212 (LS): Ein Anspruch auf Geldentschädigung wegen Verletzung des allgemeinen Persönlichkeitsrechts kann – neben § 823 Abs. 1 – auch auf §§ 823 Abs. 2 BGB, 186 StGB gestützt werden.

Abs. 1 i. V. m. dem allgemeinen Persönlichkeitsrecht, weil § 823 Abs. 2 i. V. m. §§ 185 ff. StGB den Ehrenschutz nicht abschließend regelt, und er nicht nur die Ehre, sondern auch die Privatsphäre verletzt sah.[90]

3. Es liegt ein Sondergesetz vor, das den betroffenen Teilbereich der Persönlichkeit mit bestimmten Rechtsfolgen (Ansprüchen des Betroffenen) regelt, aber nicht umfassend, indem es den vom Geschädigten (Anspruchsteller) geforderten Rechtsfolgenausspruch nicht oder nicht so wie gefordert gewährt. In diesem Fall ist weiter zu prüfen, ob die Regelung des Sondergesetzes (z. B. im Hinblick auf die normierten Rechtsfolgen) abschließend ist und das allgemeine Persönlichkeitsrecht i. S. des § 823 Abs. 1 verdrängt.

Beispiel:
B, Inhaber einer Wirtschaftsauskunftei, hat unbefugt Daten über K an einen Dritten weitergegeben. K verlangt von B Bekanntgabe des Datenempfängers, an den dieser (B) die über K gespeicherten Daten weitergegeben hat. (1) Anspruchsgrundlage für den Auskunftsanspruch könnte das BDSG sein. Das BDSG a. F. regelte einen Auskunftsanspruch des Betroffenen; dieser gewährte aber (in der damaligen Fassung [1984]) keinen Anspruch auf Bekanntgabe des Datenempfängers (vgl. aber nach aktueller Rechtslage § 19 Abs. 1 S. 1 Nr. 2 und § 34 Abs. 1 S. 1 Nr. 2 BDSG). (2) Es könnte ein Anspruch aus § 823 Abs. 1 (allgemeines Persönlichkeitsrecht) auf Schadensersatz in Frage kommen, der einen Anspruch auf Auskunft einschließt. Einem Schadensersatzanspruch aus § 823 Abs. 1 stand aber das BDSG entgegen, so der BGH. Soweit das BDSG a. F. die Rechte des Betroffenen aus unzulässiger Datenverarbeitung abschließend regelte, musste § 823 Abs. 1 als Anspruchsgrundlage ausscheiden. Dies war hinsichtlich der Auskunftspflicht der Fall. Deshalb kam ein allgemeiner Auskunftsanspruch nach § 823 Abs. 1 i. V. m. dem allgemeinen Persönlichkeitsrecht nicht in Frage. (3) Einschlägig gewesen wäre ein Anspruch aus § 823 Abs. 2 i. V. m. § 32 Abs. 2 BDSG a. F.; diesen ließ der BGH offen. (4) Nach dem BGH kommt ein Auskunftsanspruch aus § 1004 (Anspruch auf Beseitigung), gestützt auf das allgemeine Persönlichkeitsrecht, in Betracht: (a) B verletzt durch unzulässige (weil gegen das BDSG verstoßende) Weitergabe von personenbezogenen Daten das allgemeine Persönlichkeitsrecht widerrechtlich. (b) Solange die Daten beim Empfänger noch vorhanden sind, besteht eine fortwährende Beeinträchtigung. (c) Damit ist er zur Beseitigung der Beeinträchtigung verpflichtet. Diese Beeinträchtigung beseitigt er durch Auskunft über den Datenempfänger; denn auch dieser ist Störer und nach § 1004 zur Beseitigung verpflichtet. Zur Bekanntgabe des Namens des Datenempfängers ist B, der zur Beseitigung eines Zustandes fortwirkender Störung verpflichtet ist, nach Treu und Glauben grundsätzlich verpflichtet. Deshalb kann K von B Auskunft über Namen und Anschrift des (dem K) unbekannten Empfängers verlangen (BGHZ 91, 233 [insbes. S. 237 ff.],[91] vgl. auch BGHZ 80, 311, 318 f.).

c) **Tatbestand: Verletzung des allgemeinen Persönlichkeitsrechts**

Das **allgemeine Persönlichkeitsrecht** ist ein Recht des Einzelnen auf 52 Achtung seiner Menschenwürde und auf Entfaltung seiner individuellen Persönlichkeit. In den Schutzbereich des allgemeinen Persönlich-

---

[90] Widersprüchlich *Bamberger,* in: Bamberger/Roth, § 823 Anh. Rn. 2 einerseits und Rn. 31 andererseits.
[91] Der Entscheidung begegnen einige Zweifel; vgl. Staudinger/*Hager,* § 823 Rn. C 173: „widersprüchlich".

keitsrechts fallen die Persönlichkeit selbst, ihre Ehre und ihr Ansehen, die Intim- und Geheimsphäre, der Schutz des Privatbereichs, der Individualität, Identität und Selbstbestimmung der Person, das Verbot der Diskriminierung.[92] Die Grenze des Persönlichkeitsrechts verläuft dort, wo der aus Art. 1 und 2 GG folgende unantastbare persönliche Bereich des Einzelnen endet, der sich in die Gemeinschaft einfügen und auf die Rechte und Interessen anderer Rücksicht nehmen muss:
– Keine Verletzung der Rechte anderer und
– kein Verstoß gegen die verfassungsmäßige Ordnung oder das Sittengesetz.

aa) Eingriff

53   Voraussetzung ist ein **Eingriff** in das allgemeine Persönlichkeitsrecht. In der Rechtsprechung haben sich Schutzbereiche des allgemeinen Persönlichkeitsrechtes herausgebildet, die durch bestimmte typische Eingriffshandlungen gekennzeichnet sind (typologische Betrachtung) und sich in folgende Fallgruppen (Schwerpunkte) zusammenfassen lassen, die aber nicht abschließend sind und sich überschneiden:[93]

54   **Entstellung und unwahre Behauptungen.** Eine Person darf nicht in ein „falsches Licht gerückt" werden (im amerikanischen Recht: „placing a person in a false light").[94]

Beispiele:
– Eine Verletzung des allgemeinen Persönlichkeitsrechts liegt vor, wenn ein Zeitungsverlag eine Zuschrift ohne Billigung des Verfassers mit Änderungen veröffentlicht und hierdurch in die persönlichkeitsrechtliche Eigensphäre des Verfassers eingreift, dessen Persönlichkeitsbild durch die Änderung verfälscht erscheinen konnte (BGHZ 13, 334).
– Es braucht niemand, auch nicht eine in der Öffentlichkeit bekannte Persönlichkeit, zu dulden, ungefragt in einer Werbeanzeige für bestimmte Gegenstände erwähnt zu werden (BGHZ 30, 7, 12 f. „Caterina Valente").

55   **Herabsetzung. Beeinträchtigung der Ehre oder Diskriminierung einer Person.**

Beispiel:
Eine Person ist durch bestimmte öffentliche Äußerungen in einer Pressereportage („Klägerin passe in ein zweitrangiges Tingeltangel auf der Reeperbahn, sie sehe aus wie eine ausgemolkene Ziege, bei ihrem Anblick werde den Zuschauern die Milch sauer") in ihrem allgemeinen Persönlichkeitsrecht verletzt (BGHZ 39, 124).

56   **Beeinträchtigung wirtschaftlicher Interessen einer Person**[95] (z.B. der wirtschaftlichen Nutzung). Der eigene Namen, das Bild oder Firmenzeichen dürfen nicht unbefugt zu Werbezwecken ausgenutzt werden.

---

[92] *Bamberger*, in: Bamberger/Roth, § 823 Anh. Rn. 28; *Koppernock*, Das Grundrecht auf bioethische Selbstbestimmung, 1997.
[93] Fallgruppenbildung nach *Larenz/Canaris*, SR II/2, § 80 II, S. 498 ff.
[94] Vgl. *Larenz/Canaris*, SR II/2, § 80 II 1, S. 499 m. w. N.
[95] Vgl. BGHZ 143, 214, 219.

Beispiele:
– Ein Plakat, das K „ohne sein Wissen in der Pose des Herrenreiters für das
– auch sexuelle – Kräftigungsmittel der [B] werben – man könnte fast sagen: rei-
ten" lässt (so der BGH), beeinträchtigt K in seinem allgemeinen Persönlichkeitsrecht (BGHZ 26, 349 „Herrenreiter").
– B, Inhaber der Marke „Marlene", hat (u. a.) Dritten gestattet, das Bildnis sowie
den Namenszug von „Marlene Dietrich" zu verwenden. Darin liegt eine Verletzung des (auch postmortal geschützten) allgemeinen Persönlichkeitsrechts, das
auch vermögenswerte Interessen einer Person schützt. Persönlichkeitsmerkmale wie Abbildung, Name, Stimme oder sonstige Merkmale der Persönlichkeit
können infolge Bekanntmachung und Ansehen der Person in der Öffentlichkeit
einen beträchtlichen Wert haben und deshalb gegen Entgelt verwertbar sein.
Diese kommerziellen Interessen des Betroffenen werden bei unerlaubter Verwertung der Persönlichkeitsmerkmale (zu Werbezwecken) betroffen. Das Persönlichkeitsrecht soll die allein dem Berechtigten (im konkreten Fall den Erben)
zustehende freie Entscheidung darüber schützen, ob und unter welchen Voraussetzungen sein Bildnis, Name oder andere kennzeichnende Persönlichkeitsmerkmale den Geschäftsinteressen Dritter dienstbar gemacht werden
(BGHZ 143, 214 = NJW 2000, 2195, 2197 „Marlene Dietrich" mit Anm.
Beuthien, NJW 2003, 1220; *Kötz/Wagner*, Rn. 404).

Eingriff in die informationelle Selbstbestimmung. Informationen   57
(persönliche Daten, gesprochenes und geschriebenes Wort, Bild) über
eine Person dürfen nicht unerlaubt beschafft oder verbreitet werden.
Schriftliche Äußerungen, insbesondere Briefe oder sonstige private oder
vertrauliche Aufzeichnungen, dürfen nur mit Zustimmung des Verfassers und nur in der von ihm gebilligten Weise veröffentlicht werden.

Beispiele:[96]
– B hat ein persönliches Gespräch mit K, das einem Gedanken- und Meinungs-
austausch dient, heimlich auf Tonband aufgenommen. Darin liegt eine Verletzung des allgemeinen Persönlichkeitsrechts. Zum allgemeinen Persönlichkeitsrecht gehört auch die Befugnis, selbst darüber bestimmen zu können, ob die
Worte dem Gesprächspartner, einem bestimmten Kreis oder der Öffentlichkeit
zugänglich gemacht werden sollen (BGHZ 27, 284, 286).[97]
– Bei nicht genehmigter Bekanntgabe ärztlicher Bescheinigungen über den Gesundheitszustand eines anderen ist die persönlichkeitsrechtlich geschützte Ge-

---

[96] Weitere Beispiele: BGHZ 24, 200 „Spätheimkehrer" (Unzulässigkeit der Aufnahme von Bildern aus privater Sphäre auch bei Personen der Zeitgeschichte zum
Zweck der Veröffentlichung); BGHZ 26, 349, 355 „Herrenreiter"-Fall (durch eigenmächtige Bildnisveröffentlichung werde dem Abgebildeten die Freiheit entzogen,
auf Grund eigener Entschließung über dieses Gut seiner Individualsphäre zu verfügen); BGHZ 128, 1 „Caroline von Monaco" (Verletzung des Selbstbestimmungsrechts durch Unterschieben erfundener Äußerungen).
[97] Vgl. auch BGHZ 80, 25, 42: Die Verbreitung eines ungenehmigten Tonbandmit-
schnitts eines vertraulichen Gesprächs verletzt grundsätzlich das Persönlichkeitsrecht
des Gesprächspartners. Anders ist dies bei der Wiedergabe eines vertraulichen Gesprächs, das ein Gesprächsteilnehmer (hier: Reporter, der sich unter Verdeckung seiner Absichten bei der Bild-Zeitung hat einstellen lassen, um später über seine Erleb-
nisse bei der Bild-Zeitung zu berichten) aus der Erinnerung wiedergibt und bei dem
die Wiedergabe die „Authentizität" einer „Gesprächskonserve" nicht beansprucht
(kein Eindringen in den Vertrauensbereich durch den Tonträger und keine „Verding-
lichung" des gesprochenen Wortes).

heimsphäre berührt; eine Verletzung des allgemeinen Persönlichkeitsrechts kann vorliegen (BGHZ 24, 72, 79).
- Eine Wirtschaftsauskunftei hat in formeller und materieller Hinsicht unzulässig Daten an einen Dritten weitergegeben. Jede durch das BDSG nicht gedeckte Übermittlung personenbezogener Daten stellt eine Verletzung des allgemeinen Persönlichkeitsrechts dar (BGHZ 91, 233).

58   **Beeinträchtigung der Entscheidungsfreiheit.** Zwar ist die allgemeine Handlungsfreiheit deliktisch nicht geschützt (keine große Generalklausel; vgl. oben § 15 Rn. 7). Im Hinblick auf spezielle Ausprägungen der Handlungsfreiheit kann aber das allgemeine Persönlichkeitsrecht einschlägig sein.

Beispiele:
- A stellt der K, mit der er intime Beziehungen unterhält, wahrheitswidrig die Scheidung seiner Ehe in Aussicht und verspricht ihr die anschließende Eheschließung. – Das OLG Hamm (NJW 1983, 1436) gewährte Schmerzensgeld wegen einer Verletzung des allgemeinen Persönlichkeitsrechts der K. A habe die Individual- und Privatsphäre der Klägerin verletzt, denn er habe ihre Möglichkeit zur freien Entfaltung und Entschließung über lange Zeit dadurch beschränkt, dass er zumindest die Absicht einer Scheidung vorgetäuscht und damit die K in der Erwartung einer demnächstigen Eheschließung bestärkt hat.
- In einer Klinik werden Organe aus dem Körper eines Verstorbenen zum Zweck einer Leberverpflanzung operativ entnommen, ohne dass die Angehörigen zustimmen. Dies verletzt das Persönlichkeitsrecht der nächsten Angehörigen, denen ein Bestimmungs- und Bewahrungsrecht an der Leiche zusteht (LG Bonn JZ 1971, 56).

59   **Belästigungen. Sonstige Beeinträchtigungen der Privatsphäre.**

Beispiel:
Obwohl K auf seinem Briefkasten einen Aufkleber „Keine Werbung" angebracht hat, wirft B weiterhin Werbematerialien ein. K verlangt von B Unterlassung (BGHZ 106, 229, 233 f. „Briefkastenwerbung").
K macht (quasi-)negatorische Unterlassungsansprüche geltend. (1) Er hat einen Anspruch aus §§ 1004, 903, 862. (a) Seine räumlich-gegenständliche Sphäre des Eigentums und Besitzes wird durch das Aufdrängen von unerwünschtem Werbematerial beeinträchtigt; dabei kommt es nicht darauf an, ob durch die Werbesendungen die Funktion des Briefkastens (Aufnahme von Postsendungen) in Frage gestellt wird. (b) Mit Wiederholung ist zu rechnen (§ 1004 Abs. 1 S. 2). (c) B ist Störer, weil er durch Einwurf des Materials das Recht des K beeinträchtigt. (2) Als Anspruchsgrundlage kommt auch §§ 1004, 823 Abs. 1 in Betracht. (a) Ein Spezialgesetz besteht nicht. Insbesondere ist §§ 1004, 903, 862 kein (abschließendes) Spezialgesetz. (b) Durch das personale Selbstbestimmungsrecht ist der Wille des Bürgers geschützt, seinen Lebensbereich vom jedem Zwang zur Auseinandersetzung mit Werbung nach Möglichkeit freizuhalten. Deshalb kann sich der Einzelne gegen das Eindringen der Werbung in seinen rechtlich geschützten Eigenbereich zur Wehr setzen; die Werbewirtschaft sowie die betroffene Werbemethode wird dadurch nicht in Frage gestellt. (c) Zur Wiederholungsgefahr und Störereigenschaft vgl. vorstehend.

bb) Umfassende Güter- und Interessenabwägung

60   Das allgemeine Persönlichkeitsrecht ist ein sog. **offener Tatbestand** (**Rahmenrecht**), weil sein Schutzbereich – seinem Umfang nach – nicht

absolut feststeht. Nach Art. 2 Abs. 1 GG wird es nämlich durch die verfassungsmäßige Ordnung einschließlich der Rechte anderer beschränkt. Es bedarf daher einer umfassenden **Güter- und Interessenabwägung**, um eine rechtswidrige Verletzung des allgemeinen Persönlichkeitsrechts festzustellen. Dabei sind die im Einzelfall in Rede stehenden Güter und Interessen der Beteiligten, Gründe des Gemeinwohls, Rechtsgüter der Allgemeinheit, Zweckrichtung und Motivation des Eingriffs und die Art des Schutzbereichs umfassend abzuwägen. Eine klare Trennung im Prüfungsaufbau zwischen Tatbestand (Rechtsgutverletzung) und Rechtswidrigkeit ist deshalb nicht möglich (Aufbau des Rechtsgutachtens!). Der Grundsatz, die Rechtsgutverletzung indiziert die Rechtswidrigkeit, ist hier also nicht anwendbar. Es wird vielmehr einheitlich geprüft, ob eine „rechtswidrige Beeinträchtigung" des allgemeinen Persönlichkeitsrechts vorliegt. Dies unterscheidet das allgemeine Persönlichkeitsrecht von den anderen Rechten und Rechtsgütern des § 823 Abs. 1.

Im Rahmen der Interessenabwägung sind (u. a.) von Bedeutung: **61**
- Intensität und Grad der Vermeidbarkeit der Persönlichkeitsrechtsverletzung;
- Grundrechte anderer; dabei ist aber zu beachten, dass diese grundsätzlich keine unmittelbare Drittwirkung haben;
- § 193 StGB: Wahrnehmung berechtigter Interessen;
- Interessen des Schädigers oder Störers im Zusammenhang mit der Persönlichkeitsrechtsverletzung.

Beispiele:
- B gibt ärztliche Bescheinigungen über den Gesundheitszustand des K ohne dessen Genehmigung bekannt. Ob eine rechtswidrige Verletzung des allgemeinen Persönlichkeitsrechts vorliegt, muss durch eine umfassende Würdigung und Abwägung aller (für die Begrenzung des allgemeinen Persönlichkeitsrechts des K durch die Rechte anderer) bedeutsamen Umstände beurteilt werden (Prinzip der Güter- und Interessenabwägung). Dafür sind die Interessen des K an der Geheimhaltung der Unterlagen und die Interessen des B an deren Offenlegung (Interesse eines Versicherers an der Aufklärung eines Unfalls, an dem K beteiligt ist und aus dem K Ansprüche herleitet) zu berücksichtigen und gegeneinander abzuwägen (vgl. BGHZ 24, 72, 80 ff.).
- Bei ungenehmigter Erwähnung einer Person in einer Werbeanzeige ist das allgemeine Persönlichkeitsrecht betroffen. Es müssen die wirtschaftlichen Interessen des Werbenden den persönlichen Belangen des anderen gegenüber gestellt werden (BGHZ 30, 7, 12 f. „Caterina Valente").
- Die öffentlichen Äußerungen („Klägerin passe in ein zweitrangiges Tingeltangel auf der Reeperbahn, sie sehe aus wie eine ausgemolkene Ziege, bei ihrem Anblick werde den Zuschauern die Milch sauer") dienen keiner angemessenen Wahrung öffentlicher Interessen und sind – auch in Anbetracht der Pressefreiheit (Art. 5 GG) – ein unzulässiger Eingriff in die Privatsphäre (BGHZ 39, 124).

Vertiefungshinweis: Die Abwägung der deutschen Gerichte und die Ansicht   **62** des Europäischen Gerichtshofs für Menschenrechte.
Gemäß § 22 KunstUrhG dürfen Bildnisse nur mit Einwilligung des Abgebildeten verbreitet oder öffentlich zur Schau gestellt werden. § 23 Abs. 1 Nr. 1

KunstUrhG normiert eine Ausnahme, nach der Bildnisse aus dem Bereich der Zeitgeschichte auch ohne Einwilligung verbreitet und zur Schau gestellt werden dürfen. Hierbei ist zwischen Bildnissen von relativen Personen der Zeitgeschichte (z.B. ein Zuschauer, der auf einem Photo eines Preisträgers mitabgebildet ist, also jemand, der nur in Verbindung mit einem bestimmten Ereignis Beachtung in der Öffentlichkeit findet) und solchen von absoluten Personen der Zeitgeschichte (z.B. bekannte Schauspieler, Spitzensportler, Politiker, Mitglieder eines Königshauses, etc.) zu unterscheiden. Im Grundsatz muss eine relative Person der Zeitgeschichte die Veröffentlichung eines Bildnisse nur dann dulden, wenn dieses im Zusammenhang mit dem bestimmten Ereignis steht, während eine absolute Person der Zeitgeschichte diesen Schutz nicht genießt. Die Ausnahme des § 23 Abs. 1 Nr. 1 KunstUrhG findet ihre Grenzen in § 23 Abs. 2 KunstUrhG, wonach eine Verbreitung oder Schaustellung, durch die ein berechtigtes Interesse des Abgebildeten verletzt wird, untersagt ist. Ob dies der Fall ist, ist durch eine einzelfallbezogene Güter- und Interessenabwägung des Schutzes der Privatsphäre der abgebildeten Person auf der einen und dem Informationsbedürfnis der Öffentlichkeit auf der anderen Seite zu bestimmen.[98]

Der BGH stellte bei dieser Abwägung bisher, mit Billigung des BVerfG,[99] auf das Kriterium der örtlichen Abgeschiedenheit ab: Eine absolute Person der Zeitgeschichte genießt den Schutz ihres Privatlebens, solange sie sich in einer Sphäre örtlicher Privatheit und Abgeschiedenheit bewegt. Dies ist dann der Fall, wenn sich jemand in eine örtliche Abgeschiedenheit zurückzieht und erkennbar für sich allein sein will und sich im Vertrauen auf die Abgeschiedenheit so verhält, wie er es in der breiten Öffentlichkeit nicht tun würde.[100] Dieser Schutz endet jedoch, wenn sich die Person selbst in die Öffentlichkeit begibt und damit selbst Teil der Öffentlichkeit wird.[101] Hier muss eine absolute Person der Zeitgeschichte hinnehmen, dass die Allgemeinheit ein berechtigtes Interesse daran hat, zu erfahren, wo die Person sich aufhält und welche Aktivitäten sie ausübt (z.B. Einkaufen auf einem Wochenmarkt).[102]

Diese Abgrenzung ermöglicht nach Ansicht des Europäischen Gerichtshofs für Menschenrechte (EGMR) keinen gerechten Ausgleich zwischen den widerstreitenden Interessen.[103] Beanstandet wird sowohl die Klassifizierung als absolute Person der Zeitgeschichte als auch das räumliche Kriterium der örtlichen Abgeschiedenheit.[104] Nach Auffassung des EGMR muss der Ausgleich zwischen dem Schutz des Privatlebens und der Freiheit der Meinungsäußerung anhand inhaltlicher Kriterien vorgenommen werden: Es sei zu fragen, ob es sich um eine Berichterstattung handelt, die einen Beitrag zu einer Diskussion von allgemeinem Interesse in einer demokratischen Gesellschaft leistet, oder um eine solche, die nur die Neugier eines bestimmten Publikums über das Privatleben einer bestimmten Person befriedigen will.[105]

---

[98] BGHZ 131, 332, 337.

[99] Vgl. BVerfG 101, 361.

[100] BGHZ 131, 332, 339.

[101] BGHZ 131, 332, 343.

[102] BGHZ 131, 332, 343.

[103] Vgl. EGMR NJW 2004, 2647: In diesem Fall ging es um die Veröffentlichung von Photos, die Caroline von Monaco u.a. beim Einkaufen zeigten. Zur Berücksichtigung der Entscheidungen des EGMR durch deutsche Gerichte im Rahmen methodisch vertretbarer Gesetzesauslegung vgl. BVerfGE 111, 307.

[104] EGMR NJW 2004, 2647, 2650 f.

[105] EGMR NJW 2004, 2647, 2649 f.; vgl. zum Ganzen *Heldrich*, NJW 2004, 2634 ff.; *Kötz/Wagner*, Rn. 380 ff.

d) Rechtsfolge der Verletzung des allgemeinen Persönlichkeitsrechts

aa) Unterlassung und Beseitigung (§ 1004)

Es kommen Unterlassungs- und Beseitigungsansprüche (z. B. ein Wi-   63
derruf) nach § 1004 in Betracht (vgl. zu § 1004 unten § 20 Rn. 21 ff.).
Werturteile sind mit Rücksicht auf die grundrechtliche Position des Ur-
teilenden (Art. 5 GG) nach st. Rspr. einem Beseitigungsanspruch (Widerruf) nicht zugänglich.[106]

Beispiele:

– B beeinträchtigt das Persönlichkeitsrecht der K dadurch, dass sie ohne Zustimmung in einer Werbeanzeige in einer für sie schädlichen Weise erwähnt
wird. Es besteht ein Unterlassungsanspruch aus §§ 823 Abs. 1, 1004. Aus dem
Unterlassungsanspruch folgt aber kein Verbot, den Namen der K zu verwenden (Unterlassung künftigen Namensmissbrauchs), sondern dass B in Zukunft
die Grenzen des Persönlichkeitsrechts der K beachten muss (BGHZ 30, 7, 14
„Caterina Valente").

– Beseitigungsanspruch aus §§ 823, 1004 auf Löschung von Tonbandaufnahmen,
die während eines persönlichen Gesprächs unbefugter Weise gemacht worden
sind (BGHZ 27, 284).

– Im Fall der Verbreitung unwahrer Tatsachen kann ein Widerruf verlangt werden
(Beseitigungsanspruch). Bei dem Abdruck von unwahren Tatsachenbehauptungen auf der Titelseite einer Illustrierten ist ein Widerruf auf der Titelseite der
Illustrierten zu veröffentlichen, dessen Druckanordnung geeignet sein muss, bei
dem Leser den Grad der Aufmerksamkeit zu erzeugen, den die bekämpfte Behauptung beansprucht hat (BGHZ 128, 1 „Caroline von Monaco"). – Daneben
kann ein spezialgesetzlicher Gegendarstellungsanspruch nach Mediengesetzen
bestehen (*Kötz/Wagner* Rn. 416).

bb) Ersatz des immateriellen Schadens (Schmerzensgeld)

Der Geschädigte kann auch ein **Schmerzensgeld** (Ersatz des immate-   64
riellen Schadens) verlangen.[107] Die Rechtsprechung hat sich über den
Wortlaut der §§ 253, 847 a. F. hinweggesetzt[108] und bei schwerwiegen-
dem Eingriff, der auf andere Weise nicht befriedigend auszugleichen ist,
einen Schmerzensgeldanspruch (Ersatz des immateriellen Schadens) zuerkannt.[109] Das BVerfG[110] hat diese Rechtsprechung der Zivilgerichte als
verfassungsgemäß gebilligt. Die Zubilligung von Schmerzensgeld dient
der Stärkung des Rechtsschutzes der Persönlichkeit und soll verhindern,
dass Verletzungen der Würde und Ehre ohne Sanktion bleiben.[111] Dabei

---

[106] BVerfGE 97, 125, 150 f.; BGH NJW 1989, 2941, 2942; Staudinger/*Hager*,
§ 823 Rn. C 272.

[107] St. Rspr.; BGHZ 26, 349 „Herrenreiter"-Fall; 35, 363, 367 ff. „Ginseng-
Wurzel"-Fall.

[108] § 253 BGB a. F.: „nur in den durch das Gesetz bestimmten Fällen". Vgl. BGHZ
39, 124, 130 ff. mit Verweis auf die gesetzgeberischen Materialien, die seit 1900 ge-
wandelte Rechtsauffassung und die tiefgreifende technische und soziale Entwicklung
und das Bedürfnis eines verstärkten und der Eigenart der Verletzung adäquaten
Rechtsschutzes der Persönlichkeit.

[109] Grundlegend BGHZ 26, 349 „Herrenreiter"-Fall; vgl. dazu auch *Miserre*, JA
2003, 252, 256.

[110] BVerfGE 34, 369 „Soraya".

[111] Vgl. BGHZ 128, 1, 15 „Caroline von Monaco".

steht im Fall einer Verletzung des Persönlichkeitsrechts der Gesichtspunkt der Genugtuung des Opfers und der Prävention im Vordergrund (vgl. zu den Funktionen des Schmerzensgeldanspruchs unten § 23 Rn. 44).[112] Daran hat das Zweite Gesetz zur Änderung schadensersatzrechtlicher Vorschriften[113] nichts geändert (vgl. unten § 23 Rn. 43).[114]

65 Ein Anspruch auf Schmerzensgeld kommt nur unter folgenden Voraussetzungen in Betracht:
– Eine andere Form des Schadensausgleichs (Widerruf, Gegendarstellung) ist nicht möglich; und
– die Verletzung muss schwer sein; dafür sind die Bedeutung und Tragweite des Eingriffs, Anlass und Beweggrund des Handelnden sowie der Grad des Verschuldens des Schädigers von Bedeutung.[115] Auf die Schwere des Eingriffs kommt es bei Eingriffen in vermögenswerte Bestandteile des allgemeinen Persönlichkeitsrechts (z. B. Recht am eigenen Bild oder Namensrecht) nicht an.[116]
Ein Widerruf schließt einen Anspruch auf Schmerzensgeld nur dann aus, wenn durch den Widerruf ein hinreichender Ausgleich für die Rechtsbeeinträchtigung erreicht wird. Dies ist dann grundsätzlich nicht der Fall, wenn sich der Angriff gegen die Grundlage der Persönlichkeit richtet oder wenn der Verletzer den verlangten Widerruf verweigert, sodass ihn der Verletzte erst spät aufgrund gerichtlicher Entscheidung erlangen kann.[117]

66 Soweit die Persönlichkeitsrechte dem Schutz ideeller Interessen dienen, sind sie unauflöslich an die Person ihres Trägers gebunden, höchstpersönlicher Natur und deshalb unverzichtbar, unübertragbar und unvererblich; der höchstpersönliche Achtungsanspruch wirkt aber zum Schutz vor Beeinträchtigungen ideeller Interessen fort und kann nach dem Tod von der hierzu ermächtigten Person wahrgenommen werden (postmortaler Persönlichkeitsschutz).[118]

---

[112] BGHZ 128, 1, 15 f. „Caroline von Monaco" m. w. N.

[113] Gesetz vom 19. 7. 2002, BGBl. I, S. 2674.

[114] Früher hat die Rechtsprechung den Schmerzensgeldanspruch bei Persönlichkeitsrechtsverletzung aus einer Rechtsanalogie zu § 847 (a. F.) abgeleitet (vgl. BGHZ 26, 349 „Herrenreiter"-Fall), später aus dem Schutzauftrag des Art. 1, 2 Abs. 1 GG mit Rücksicht auf die modernen Verhältnisse in Abweichung von der (historisch) gesetzgeberischen Konzeption (vgl. BGHZ 35, 363 „Ginseng-Wurzel"-Fall; 39, 124, 131 f.; so auch ausdrücklich BGHZ 143, 214, 218 f. = NJW 2000, 2195 „Marlene Dietrich"). Vgl. dazu die RegBegr., BT-Drs. 14/7752, 24 f. Der Bundesrat wollte eine gesetzliche Regelung für Schmerzensgeld bei Persönlichkeitsrechtsverletzungen (Stellungnahme des Bundesrates, BT-Drs. 14/7752, S. 49); dem begegnete die Bundesregierung in ihrer Gegenäußerung aber mit Zurückhaltung (BT-Drs. 14/7752, S. 55).

[115] BGHZ 35, 363, 368 ff. „Ginseng-Wurzel"-Fall; 128, 1, 12 „Caroline von Monaco"; OLG Hamburg NJW 1996, 2870, 2871 f.; OLG Hamm NJW-RR 2004, 919, 921 „Lisa Loch".

[116] BGHZ 143, 214 „Marlene Dietrich".

[117] BGHZ 128, 1, 13 „Caroline von Monaco".

[118] BGH NJW 2000, 2195 „Marlene Dietrich".

Fall (BGHZ 128, 1 und OLG Hamburg NJW 1996, 2870 „Caroline von Monaco"):   67

Klägerin ist Caroline von Monaco, Beklagter ein Verlag, der Zeitschriften herausgibt. In einer dieser Zeitschriften wird ein angebliches Interview mit der Klägerin schon auf der Titelseite groß angekündigt und dann im Text veröffentlicht („Exklusiv – Caroline spricht zum 1. Mal – Von Traurigkeit, Hass auf dieser Welt, Glückssuche"). Dieses Interview ist frei erfunden. Deswegen und wegen einiger weiterer Entgleisungen verlangt die Klägerin ein Schmerzensgeld von mindestens 100.000 DM.

Lösung:

Anspruch aus § 823 Abs. 1 (Verletzung des allgemeinen Persönlichkeitsrechts) i. V. m. Art. 1, 2 Abs. 1 GG auf Leistung von Schmerzensgeld?

1. Tatbestand des § 823 Abs. 1 (allgemeines Persönlichkeitsrecht)?
   Zwar werden keine ehrenrührigen Tatsachen über C publik gemacht. Aber „verletzt wird ihr Anspruch [der Klägerin] auf Selbstbestimmung über ihr Erscheinungsbild dadurch, dass ihr Äußerungen untergeschoben werden, die sie unstreitig nicht getan hat".[119] Die Verletzung ist rechtswidrig und schuldhaft.

2. Rechtsfolge: Der Verlag ist zum Ersatz des dadurch entstandenen Schadens verpflichtet. Ein materieller Schaden ist der C nicht entstanden; ein immaterieller Schaden könnte zu ersetzen sein (sog. Schmerzensgeld).
   a) Die Ersatzfähigkeit eines immateriellen Schadens bei Verletzung des allgemeinen Persönlichkeitsrechts lässt sich zwar nicht aus § 253 Abs. 2 ableiten, folgt aber aus Art. 1 und 2 GG (vgl. dazu § 16 Rn. 64 ff.).
   b) Bemessung des Schmerzensgeldes: Bei der Bemessung der Schmerzensgeldhöhe steht die Genugtuung für das Opfer im Vordergrund. Außerdem – so der BGH – soll die Geldentschädigung auch der Prävention dienen. Deshalb muss bei der Bemessung auch die Absicht des Verletzers (Zeitungsverlages) zur Gewinnerzielung berücksichtigt werden, also dass das Persönlichkeitsrecht in Gewinnerzielungsabsicht („Zwangskommerzialisierung") unter vorsätzlichem Rechtsbruch verletzt wird. Der erzielte Gewinn soll zwar nicht abgeschöpft, es muss aber ein „echter Hemmungseffekt" vor solchen „Vermarktungen der Persönlichkeit" erreicht werden.
   Die Vorinstanz (OLG Hamburg) hatte die Höhe der betriebswirtschaftlich ermittelbaren Vorteile des Verletzers aus der Persönlichkeitsverletzung als irrelevant angesehen und nur 30.000 DM zuerkannt. Der BGH hob das Berufungsurteil auf und verwies die Sache zur Festsetzung eines höheren Betrages an das OLG zurück. Das OLG Hamburg (NJW 1996, 2870) hat dann eine Geldentschädigung in Höhe von 180.000 DM zugesprochen.

cc) Ersatz des materiellen Schadens

Der Schädiger ist zum Ersatz des durch die Verletzung des Persön-   68
lichkeitsrechts entstandenen Schadens verpflichtet (§ 249 Abs. 1, Natu-

---

[119] BGHZ 128, 1, 7 „Caroline von Monaco".

ralrestitution).[120] Das allgemeine Persönlichkeitsrecht ist nicht nur in ideeller Hinsicht geschützt (Schutz des Wert- und Achtungsanspruchs der Persönlichkeit), sondern erfasst auch vermögenswerte Interessen der Persönlichkeit (wirtschaftliche Verwertung einer Person wegen deren Popularität und Image). Infrage kommt deshalb **materieller Schadensersatz** in Geld in den Grenzen des Erforderlichen (§ 249 Abs. 2; z.B. Ersatz eigener Aufwendungen zur Beseitigung der Schadensfolgen).[121] Der Schaden kann konkret, nach der angemessenen Gebühr (sog. Lizenzanalogie, vgl. unten § 16 Rn. 69) oder nach dem durch den Eingriff erzielten Gewinn berechnet werden.[122] Voraussetzung ist – anders als beim Schmerzensgeld (vgl. oben § 16 Rn. 65) – nicht, dass der Eingriff besonders schwerwiegend ist.

In der neueren Rechtsprechung ist anerkannt, dass der vermögenswerte Bestandteil des Persönlichkeitsrechts – im Gegensatz zum ideellen Teil – vererblich ist. Die vermögensrechtlichen Befugnisse stehen dem Erben zu, der Ansprüche auf Ersatz des (materiellen) Schadens entsprechend dem ausdrücklichen oder mutmaßlichen Willen des Verstorbenen erheben kann.[123]

69 Der Schaden kann auf der Grundlage der Fiktion eines abgeschlossenen Lizenzvertrages berechnet werden (sog. **Lizenzanalogie**).[124] Im Vergleich zur Berechnung des Verletzergewinns oder des entgangenen Gewinns ist dies die einfachere Liquidationsart. Diese Berechnungsmethode entfällt, wenn die beeinträchtigte Person zur Vermarktung ihrer Persönlichkeit nicht (lizenz-)bereit ist und damit eine Beeinträchtigung vermögensrechtlicher Art überhaupt nicht in Betracht kommt.[125, 126]

Beispiel:
Ein Schadensersatzanspruch kann auf der Grundlage der Lizenzgebühren berechnet werden, wird aber vom BGH im „Herrenreiter"-Fall abgelehnt. Die Fiktion eines Lizenzvertrages müsste unterstellen, dass sich K für viel Geld freiwillig in die

---

[120] Vornahme von Handlungen, welche die eingetretene Persönlichkeitsverletzung beseitigen: Widerruf, Richtigstellung, Ergänzung unvollständiger Äußerungen. Vgl. zur Abgrenzung zum Beseitigungsanspruch unten § 20 Rn. 25.

[121] BGHZ 66, 182, 191 ff.; *Bamberger,* in: Bamberger/Roth, § 823 Anh. Rn. 102.

[122] Vgl. *Bamberger,* in: Bamberger/Roth, § 823 Anh. Rn. 102.

[123] BGH NJW 2000, 2195, 2197 ff. „Marlene Dietrich".

[124] BGHZ 26, 349, 352 „Herrenreiter"-Fall; 35, 363, 366 „Ginseng-Wurzel"-Fall; vgl. zur Lizenzanalogie *Ullmann,* AfP 1999, 209, 212 ff.

[125] BGHZ 26, 349, 352 „Herrenreiter"-Fall; 35, 363, 366 „Ginseng-Wurzel"-Fall; abweichend *Bamberger,* in: Bamberger/Roth, § 823 Anh. Rn. 102: übliche und angemessene Lizenzgebühr als Mindestschaden, es sei denn, eine Lizenzierung kommt nicht in Betracht. Gegen das Erfordernis der Lizenzbereitschaft *Ullmann,* AfP 1999, 209, 212 f.

[126] Das Erfordernis der Lizenzbereitschaft hat zur Folge, dass der professionelle Prominente einen Schadensersatz- und Bereicherungsanspruch (in Höhe der Lizenzanalogie) hat, der nicht professionelle Prominente dagegen nicht. Der nichtprofessionelle Prominente ist auf Ersatz des immateriellen Interesses verwiesen. Darauf weist *Ullmann,* AfP 1999, 209, 213 hin.

unwürdige Lage bringen würde, gegen die er sich gerichtlich gewehrt hat. Damit würde dem Kläger ein Verhalten unterstellt, das er als kränkend und als erneute Persönlichkeitsminderung empfinden würde (BGHZ 26, 349 „Herrenreiter"-Fall, vgl. § 16 Rn. 56).

Fall (BGHZ 39, 124):   70

Die Illustrierte „Stern" nimmt in einer Reportage des R zu den Leistungen der Fernsehansagerinnen des Senders Freies Berlin Stellung. Dabei wird vor allem die A abfällig kritisiert. Es heißt unter anderem in der Reportage, die A passe in ein zweitrangiges Tingeltangel auf der Reeperbahn, sie sehe aus wie eine ausgemolkene Ziege, bei ihrem Anblick werde den Zuschauern die Milch sauer. Unter Hinweis darauf, dass die A nicht verheiratet ist, wird angeführt: „Sie hat eine Freundin und einen Hund, denen ihr Herz gehört – was soll sie mit einem Mann?" Kann die A von R Schmerzensgeld verlangen?

Lösung:

1. Ein Anspruch der A gegen R auf Zahlung von Schmerzensgeld kann sich aus § 823 Abs. 1 wegen Verletzung des allgemeinen Persönlichkeitsrechts ergeben.

   a) Das allgemeine Persönlichkeitsrecht ist als sonstiges Recht i. S. des § 823 Abs. 1 anerkannt.

      aa) Es handelt sich nur um einen sog. Auffangtatbestand. Das Recht der persönlichen Ehre ist ein besonders prägnanter Aspekt des allgemeinen Persönlichkeitsrechts. Der Eingriff beschränkt sich jedoch nicht auf einen Angriff auf die Ehre, sondern berührt weitergehend auch andere Aspekte der Privatsphäre der A.

      bb) Es müsste eine rechtswidrige Verletzung des allgemeinen Persönlichkeitsrechts gegeben sein (Rahmenrecht, umfassende Güter- und Interessenabwägung). Die Veröffentlichung dieser Details stellt ein Eindringen in die Privat- und Intimsphäre der A dar sowie eine Beeinträchtigung ihrer Ehre. Ein Eingriff in das allgemeine Persönlichkeitsrecht ist gegeben. Ob dieser Eingriff eine Verletzung des allgemeinen Persönlichkeitsrechts begründet, ist anhand einer umfassenden Güter- und Interessenabwägung im Einzelfall festzustellen. Bei dieser Abwägung sind jeweils die berührten Interessen des Verletzten und die Interessen der Gegenpartei (unter Umständen den Schädiger begünstigende Grundrechte, wie z. B. Meinungsfreiheit gemäß Art. 5 GG oder besondere Rechtfertigungsgründe, wie z. B. die Wahrnehmung berechtigter Interessen nach § 193 StGB) sowie die sonstigen Umstände zu berücksichtigen, insbesondere die Art und Schwere der Beeinträchtigung, ihr Anlass und das Verhalten des Verletzten selbst.

      Auch wenn man berücksichtigt, dass es der Presse erlaubt ist, die Leistungen der A als Ansagerin zu kritisieren und dabei auch auf das den Fernsehteilnehmern bekannte äußere Erscheinungsbild der A einzugehen („ausgemolkene Ziege"), so gehen derart kränkende Angriffe weit über das Maß einer erlaubten Kritik hinaus. Insbesondere der Hinweis auf die Freundin und den Hund, der dem Leser bestimmte Neigungen der A suggeriert, bedeutet ein nicht zu recht-

fertigendes Eindringen in die Intimsphäre und eine schwere Beeinträchtigung der Ehre der A.[127]
Durch die Reportage ist also das Persönlichkeitsrecht der A rechtswidrig verletzt worden.

cc) Verschulden liegt vor.

c) Schaden: Zu ersetzen wäre ein Vermögensschaden, der aber nicht vorliegt. Fraglich ist, ob auch der Nichtvermögensschaden (in Form von Schmerzensgeld) zu ersetzen ist. § 253 Abs. 1 und 2 regelt die Ersatzfähigkeit des Nichtvermögensschadens und erfasst das allgemeine Persönlichkeitsrecht nicht.

Trotzdem besteht – auch nach dem Zweiten Gesetz zur Änderung schadensersatzrechtlicher Vorschriften vom 19. 7. 2002 – ein Anspruch auf ein angemessenes Schmerzensgeld. Grundlage dieses Anspruchs ist nicht (mehr) § 847 (a. F.) analog, sondern der BGH hat sich auf Art. 1 und 2 Abs. 1 GG gestützt. Der BGH hat in ständiger Rechtsprechung (seit BGHZ 26, 349 „Herrenreiter") bei Verletzung des allgemeinen Persönlichkeitsrechts einen Anspruch auf Schmerzensgeld unter zwei Einschränkungen gewährt: Es muss sich um eine schwere Verletzung des Persönlichkeitsrechts handeln, und der Eingriff darf auf andere Weise nicht befriedigend auszugleichen sein. Diese Voraussetzungen für einen Schmerzensgeldanspruch liegen vor. Es handelt sich um einen besonders schweren Eingriff in das Persönlichkeitsrecht der A. Die ideelle Beeinträchtigung (der Eingriff) kann nicht auf andere Weise, z. B. durch Widerruf, befriedigend ausgeglichen werden.

Für die Höhe des Schmerzensgeldes sind die gesamten Umstände des Falles zu würdigen. Das vom BGH bestätigte Urteil des OLG Hamburg hat der A 10.000 DM zugesprochen (im Jahr 1963).

2. Im Betracht kommt auch ein Schmerzensgeldanspruch aus § 823 Abs. 2 i. V. m. §§ 185 ff. StGB wegen Ehrverletzung.

71　　**Vertiefungshinweis:** Schadensersatz- und Bereicherungsansprüche
Der vermögenswerte Bestandteil des allgemeinen Persönlichkeitsrechtes kann betroffen sein, wenn der Name oder das Bildnis zu wirtschaftlichen Zwecken benutzt wird. Dieser Eingriff in das allgemeine Persönlichkeitsrecht kann Schadensersatzansprüche aus § 823 Abs. 1 auf Ersatz des materiellen Schadens und auch Bereicherungsansprüche auf Herausgabe des Erlangten aus § 812 Abs. 1 S. 1 Alt. 2 (Eingriffskondiktion) begründen.
Der Schadensersatzanspruch gründet auf der Verletzung des allgemeinen Persönlichkeitsrechts und ist auf Ausgleich eines entstandenen Schadens gerichtet; entscheidend ist der beim Geschädigten entstandene Schaden („Weniger" beim Geschädigten). Anspruchsinhaber ist der Geschädigte, also der, dem (eine Rechtsverletzung und) ein Schaden zugefügt worden ist; der Anspruch ist gegen den Schädiger zu richten.
Der Bereicherungsanspruch (Eingriffskondiktion) hat seine Grundlage in einem Eingriff in den Zuweisungsgehalt[128] eines Rechts eines Dritten (Eingriff in den vermögenswerten Bestandteil des allgemeinen Persönlichkeitsrechts); he-

---

[127] BGHZ 39, 129.
[128] Beim Namensrecht und Recht am eigenen Bild besteht ein Zuweisungsgehalt für diejenigen Fälle, in denen Namen und Bild auch wirtschaftlich gewerbsmäßig (im Rahmen einer Firma, eines Markenzeichens oder der Werbung) verwendet werden. Im Übrigen wird der Zuweisungsgehalt nur ausnahmsweise zu bejahen sein.

rauszugeben ist das Erlangte („Mehr" beim Eingreifer); erlangt hat der Bereicherungsschuldner – unter der Voraussetzung der Lizenzbereitschaft des Bereicherungsgläubigers[129] – die ersparten Aufwendungen für eine angemessene Lizenz, die er bei Erlaubnis durch den Rechtsträger hätte aufwenden müssen (sog. **Lizenzanalogie**).[130] Anspruchsgegner ist derjenige, der etwas unberechtigt erlangt hat; Anspruchsinhaber ist derjenige, in dessen Recht eingegriffen wurde. Schadens- und Bereicherungsansprüche sind an sich auf verschiedene Anspruchsziele gerichtet (vgl. zur Unterscheidung zwischen Bereicherungs- und Schadensersatzrecht oben § 9 Rn. 3 ff.); im Fall des allgemeinen Persönlichkeitsrechts stimmen die Rechtsfolgen aber bei Berechnung im Wege der Lizenzanalogien (ausnahmsweise) überein.

Beispiel:
B ist alleiniger Geschäftsführer einer – zwischenzeitlich nicht mehr bestehenden – GmbH und Inhaber der Marke „Marlene". Die GmbH hat Dritten die Verwendung des Bildnisses von Marlene Dietrich, des handschriftlichen Namenszuges derselben und des Namens „Marlene" zur Kennzeichnung von Waren oder gewerblichen Leistungen und in der Werbung für Waren oder gewerbliche Leistungen gestattet sowie durch Werbeanzeigen mit der Darstellung von Marlene Dietrich für gewerbliche Leistungen und Waren geworben. K, Alleinerbin von Marlene Dietrich, verlangt von B Ersatz (BGHZ 143, 214 = NJW 2000, 2195 „Marlene Dietrich").
(1) In Betracht kommt ein Schadensersatzanspruch (§ 823 Abs. 1) der K als Erbin von Marlene Dietrich, die durch die Nutzung ihres Bildes und Namens in ihrem allgemeinen Persönlichkeitsrecht beeinträchtigt worden ist. (2) Infrage kommen auch Bereicherungsansprüche aus § 812 Abs. 1 S. 1 Alt. 2 (Eingriffskondiktion). (a) Es liegt ein Eingriff in den Zuweisungsgehalt des allgemeinen Persönlichkeitsrechts Marlene Dietrichs vor. Eingreifender ist aber die GmbH als vermarktende Gesellschaft. (b) Jedenfalls hat B selbst nichts erlangt und ist wohl auch nicht (mehr) bereichert (§ 818 Abs. 3). (c) Nur die GmbH könnte deshalb aus Eingriffskondiktion in Anspruch genommen werden, wenn sie noch existierte.
Zum Problem, inwieweit das allgemeine Persönlichkeitsrecht nach dem Tod einer Person noch geltend gemacht werden kann vgl. oben § 16 Rn. 66 und 68.

e) Zusammenfassung

Allgemeines Persönlichkeitsrecht (§ 823 Abs. 1)
 	
 Besonderheiten des allgemeinen Persönlichkeitsrechts gegenüber den anderen absoluten Rechten des § 823 Abs. 1
 – Auffangtatbestand (subsidiär)
 – Rahmenrecht (offener Tatbestand)
 	
 I. Tatbestand
    1. Auffangtatbestand (subsidiär) (§ 16 Rn. 50 f.)
    2. Rechtswidrige Verletzung des allgemeinen Persönlichkeits-
       rechts (Rahmenrecht)
       a) Eingriff
	72

---

[129] Kritisch zum Erfordernis der Lizenzbereitschaft bei der bereicherungsrechtlichen Beurteilung *Ullmann*, AfP 1999, 209, 212.

[130] Die übliche und angemessene Lizenzgebühr ist für die Nutzung der entsprechenden Rechtsposition im Rechtsverkehr zu entrichten (vgl. *Bamberger*, in: Bamberger/Roth, § 823 Anh. Rn. 110). Vgl. oben § 16 Rn. 68 f.

b) Umfassende einzelfallbezogene Güter- und Interessenabwägung (§ 16 Rn. 60 f.)
3. Verschulden
II. Rechtsfolgen
1. Ersatz des Vermögensschadens (§ 249 Abs. 2 S. 1)
2. Schmerzensgeld (Art. 1, 2 Abs. 1 GG), wenn
– andere Form des Schadensausgleichs (z. B. Widerruf) nicht
möglich und (kumulativ)
– die Verletzung des allgemeinen Persönlichkeitsrechts
schwer wiegt (§ 16 Rn. 65 ff.)
3. Unterlassung und Beseitigung (§ 1004)

4. Recht am eingerichteten und ausgeübten Gewerbebetrieb

73   Das **Recht am eingerichteten und ausgeübten Gewerbebetrieb** ist als
sonstiges Recht i. S. des § 823 Abs. 1 von der Rechtsprechung seit langem anerkannt. Dadurch soll das Unternehmen in seiner wirtschaftlichen Tätigkeit, in seinem Funktionieren, vor widerrechtlichen Eingriffen Dritter geschützt werden,[131] und zwar auch über den Bereich
hinaus, den die wettbewerbs- und deliktsrechtlichen Schutznormen positiv erfassen. Es handelt sich dabei um eine im Wege der Rechtsfortbildung im Rahmen des § 823 Abs. 1 geschaffene Erweiterung durch Einbeziehung des Gewerbebetriebes.[132]

In der Literatur dagegen ist die Anerkennung als sonstiges Recht
höchst umstritten.[133] Der Kritik geht es unter anderem darum, dass mit
diesem Recht eine (beschränkte) deliktische Generalklausel geschaffen
werde, die dem Schutz der Grundlage und des Freiheitsspielraums der
unternehmerischen Tätigkeit dient, die aber dem Deliktsrecht mit seinen enumerativen Tatbeständen eigentlich fremd ist (vgl. zur deliktischen Generalklausel oben § 15 Rn. 7); es schaffe eine Ermächtigungs-
grundlage für die Rechtsprechung zur Entwicklung von außergesetz-
lichen Verkehrspflichten zum Schutz der Grundlage und des Freiraums
unternehmerischer Tätigkeit, die im Hinblick auf Art. 20 Abs. 3 GG
bedenklich sei.[134] De facto würden reine Vermögensinteressen geschützt
(*Kötz/Wagner*, Rn. 164 f.).

74   Wie auch das allgemeine Persönlichkeitsrecht hat das Recht am eingerichteten und ausgeübten Gewerbebetrieb subsidiäre Bedeutung; es
handelt sich auch hier um einen offenen Tatbestand, sodass die Feststellung der Tatbestandsmäßigkeit und Rechtswidrigkeit einer besonderen
Prüfung bedürfen.

---

[131] Grundlegend zum Recht am eingerichteten und ausgeübten Gewerbebetrieb i. S.
der aktuellen Rechtsprechung BGHZ 29, 65, 70.
[132] So BGHZ 65, 325, 328.
[133] Vgl. etwa *Larenz/Canaris*, SR II/2, § 81 IV, S. 560 ff.
[134] Vgl. dazu MünchKomm/*Mertens*, 3. Auflage 1997, § 823 Rn. 481.

a) Subsidiarität (Auffangtatbestand)

Das Recht am eingerichteten und ausgeübten Gewerbebetrieb ist ein   75
Auffangtatbestand und soll gesetzliche Lücken im Schutz des Gewerbebetriebes füllen. Es kommt nur dann zur Anwendung, wenn eine andere
Rechtsgrundlage nicht gegeben ist und der Zusammenhang der auf
dem jeweiligen Rechtsgebiet geltenden Normen ergibt, dass eine Lücke
besteht, die mit Hilfe des § 823 Abs. 1 geschlossen werden muss.[135] Es
tritt grundsätzlich hinter speziellen Ansprüchen (z. B. nach § 823 Abs. 1
wegen Eigentumsverletzung, § 824,[136] UWG) zurück.

Beispiel:
B macht geschäftsschädigende Äußerungen über A. (1) § 824 BGB ist mangels
unrichtiger Tatsachenbehauptungen nicht erfüllt. (2) Ansprüche aus § 1 UWG oder
§ 826 sind nicht einschlägig. (3) Infrage kommt aber ein Anspruch aus § 823
Abs. 1 wegen Eingriffs in das Recht am eingerichteten und ausgeübten Gewerbebetrieb. Dazu der BGH: Der Rechtsschutz bei schädigenden Werturteilen, die
nicht von § 1 UWG oder § 826 erfasst werden, wäre unvollkommen, wenn sie
nicht als Verletzungshandlung gegenüber dem Recht am eingerichteten und ausgeübten Gewerbebetrieb gewertet werden könnten (BGHZ 3, 270, 278 f. „Constanze“-Urteil).

Die Bedeutung der „Subsidiarität“ ist hier ebenso problematisch wie
beim allgemeinen Persönlichkeitsrecht (vgl. dazu oben § 16 Rn. 50 f.).

b) Rechtswidrige Verletzung des Rechts am Gewerbebetrieb

aa) Beeinträchtigung des Gewerbebetriebes

(1) Gewerbebetrieb

Als **Gewerbebetrieb** ist alles das zu verstehen, was in seiner Gesamt-   76
heit den Gewerbebetrieb zur Entfaltung und Betätigung in der Wirtschaft befähigt.[137] Dazu gehört nicht nur der eigentliche Bestand[138]
(z. B. Betriebsgrundstück, Geschäftsräume), sondern die gesamte unter-
nehmerische Tätigkeit in ihren einzelnen Ausprägungen, also alles, was
in seiner Gesamtheit den Gewerbebetrieb zur Entfaltung und Betätigung in der Wirtschaft befähigt (Räumlichkeiten, Maschinen, Betriebs-

---

[135] BGHZ 36, 252, 256 „Gründerbildnis“; 38, 200, 204 „Kindernähmaschinen“:
Das Recht am eingerichteten und ausgeübten Gewerbebetrieb sei nur einschlägig,
„wenn eine andere Rechtsgrundlage nicht gegeben ist und der Zusammenhang der
auf dem jeweiligen Rechtsgebiet geltenden Normen ergibt, dass eine Lücke besteht,
die mit Hilfe des § 823 Abs. 1 geschlossen werden darf“. BGHZ 55, 153, 158 f.
„Fleet“-Fall; BGH NJW 1980, 881, 882: Die richterrechtliche Gestaltung des Rechts
am Gewerbebetrieb soll das kodifizierte Haftungsrecht nur ergänzen, nicht aber ab-
ändern; NJW 1983, 2195, 2196.
[136] Vgl. zur Anwendbarkeit des Rechts am eingerichteten und ausgeübten Gewerbebetrieb bei wahren Tatsachenbehauptungen BGH NJW 1980, 881, 882.
[137] BGHZ 29, 65, 70.
[138] Noch das Reichsgericht beschränkte (in frühen Entscheidungen) den Schutz auf
den Bestand des Unternehmens und wollte nur tatsächliche oder rechtliche Behinderungen der Gewerbeausübung erfasst wissen; RGZ 101, 335, 337; 102, 223, 225
m. w. N.; 126, 93, 96 m. w. N.; 135, 242, 247 m. w. N.

geheimnisse, Geschäftsverbindung, Kundenkreis usw.);[139] geschützt wird der Gewerbebetrieb also
– in seinem Bestand und
– in seiner Ausstrahlung, soweit es sich um gerade dem Gewerbebetrieb in seiner wirtschaftlichen und wirtschaftenden Tätigkeit wesensgemäße und eigentümliche Erscheinungsformen und Beziehungen handelt.[140] Nicht geschützt wird die bloße Erwerbsaussicht.

Beispiel:
Die Fahrten zu einer (versperrten) Mühle machen den wesentlichen Teil der geschäftlichen Tätigkeiten eines Schifffahrttreibenden aus. Trotzdem gehört die Schiffbarkeit einer Wasserstraße nicht zum Bereich des Gewerbebetriebes dieses Schifffahrttreibenden. Der schwerpunktmäßige, ausschließlich von Vertragsbeziehungen abhängige konkrete Einsatz (Einsatzort) von Maschinen eines Gewerbetreibenden ist nicht entscheidend für den „Gewerbebetrieb". Die faktisch vorwiegende oder ausschließliche Nutzung einer Wasserstraße führt nicht dazu, dass die Schiffbarkeit einer von einem Schifffahrttreibenden im Rahmen der Erfüllung vertraglicher Pflichten zu benutzenden Wasserstraße als zum Bereich seines Gewerbebetriebes gehörend anzusehen ist (BGHZ 55, 153, 161 f. „Fleet"-Fall).

77 Der „Gewerbebetrieb" wird bestimmt durch die Merkmale der Selbstständigkeit, Entgeltlichkeit, Nachhaltigkeit und Auftreten nach außen. Auch eine freiberufliche (nicht gewerbliche) Tätigkeit (Arzt oder Rechtsanwalt) wird erfasst. Die Ausrichtung auf Gewinnerzielung ist nicht der entscheidende Gesichtspunkt für das Recht am eingerichteten und ausgeübten Gewerbebetrieb i. S. des § 823 Abs. 1; ein Schutzbedürfnis besteht genauso wie bei gewerblichen Betrieben.[141]

(2) Schutzbereich und Eingriff

78 Es liegt ein **offener Tatbestand** vor. Eine absolute Bestimmung des Schutzbereiches ist deshalb nicht möglich. Wie beim allgemeinen Persönlichkeitsrecht ist im Einzelfall anhand einer umfassenden Güter- und Interessenabwägung zu prüfen, ob der Gewerbebetrieb rechtswidrig verletzt worden ist (vgl. unten Rn. 88). Die Rechtsprechung hat allerdings anhand der typischen Eingriffshandlungen bestimmte Fallgruppen gebildet, in denen Sie einen rechtswidrigen Eingriff in das Recht am Gewerbebetrieb angenommen hat.

79 **Unberechtigte Schutzrechtswarnung:** Erhebung von in Wirklichkeit nicht bestehenden gewerblichen Schutzrechten (z. B. Patent, Gebrauchsmuster).

Beispiel:
K und B sind Hersteller von Kindernähmaschinen. K, für den ein Gebrauchsmuster eingetragen ist, fordert B auf, die Herstellung und Lieferung von bestimmten Maschinen zu unterlassen, weil darin eine Verletzung des Gebrauchsmusters liege. Nach einigem Schriftverkehr erhebt K Klage, Herstellung und Vertrieb der

---

[139] Vgl. BGHZ 3, 270, 279 f. „Constanze".
[140] BGHZ 29, 65, 70.
[141] Vgl. dazu MünchKomm/*Wagner*, § 823 Rn. 183 m. w. N. im Gegensatz zur früheren Rechtsprechung.

bestimmten Maschinen zu unterlassen. Nachdem B die Löschung des von K geltend gemachten Gebrauchsmusters erreicht hat, verlangt er (B) von K Schadensersatz, weil er infolge der Verwarnung durch K die Produktion habe einstellen müssen (BGHZ 38, 200 „Kindernähmaschinen").

Als Anspruchsgrundlage kommt § 823 Abs. 1 (Recht am eingerichteten und ausgeübten Gewerbebetrieb) in Betracht. (1) Zwar ist das Recht am eingerichteten und ausgeübten Gewerbebetrieb aber nur ein subsidiärer Auffangtatbestand. Weil eine andere Rechtsgrundlage aber nicht gegeben ist, kann auf § 823 Abs. 1 zurückgegriffen werden. Dem schutzwürdigen Interesse des zu Unrecht Verwarnten wird in Anbetracht der einschneidenden Wirkungen eines Unterlassungsbegehrens durch eine bloße Bereicherungshaftung und durch eine Haftung aus §§ 823 Abs. 2, 826 und § 1 UWG nicht hinreichend Rechnung getragen. (2) Die unberechtigte Schutzrechtsverwarnung, also die Verwarnung (oder Klage) auf Unterlassung und Schadensersatz aus einem Gebrauchsmuster, stellt einen Eingriff in das Recht am eingerichteten und ausgeübten Gewerbebetrieb dar. Der Klageerhebung steht die vorherige Verwarnung gleich.

Gewerbeschädigende, herabsetzende Werturteile   80

Beispiele:[142]
– B veröffentlicht in seiner Zeitschrift einen Artikel, der – getragen von höchster kirchlicher Autorität – den (vor allem christlichen) Leser eindringlich vor der Zeitschrift der K (Klägerin)warnt und diese Warnung mit einer achtungsverletzenden Herabsetzung der hinter der Klägerin stehenden Personen verbindet. Darin sah der BGH geschäftsschädigende Werturteile, die ein Eingriff in das durch § 823 Abs. 1 geschützte Recht an der ungestörten Ausübung eines eingerichteten Gewerbebetriebes sein konnten. (Vgl. zur Güter- und Interessenabwägung unten § 16 Rn. 88 ff.) (BGHZ 3, 270 „Constanze").
– Der „Stern" hat einen Artikel zu einem religiösen Thema veröffentlicht. Zu diesem äußert sich B in seiner Zeitschrift „Echo der Zeit" u. a. wie folgt: Der Titel des „Stern"-Artikels „Brennt in der Hölle wirklich ein Feuer?" sei eine auf Dummenfang abzielende Überschrift gewesen; in dem Aufsatz seien unglaublich dreiste theologische und kirchenrechtlich falsche Thesen an den Mann gebracht worden; der Maßstab des Stern sei die Straße; Meinungsfreiheit heiße für den Stern leichtfertige Verfälschung oder Unkenntnis der Fakten, Konfessionshetze. Darin wurde vom BGH eine abfällige Kritik gesehen, die einen Eingriff in das Recht am eingerichteten und ausgeübten Gewerbebetrieb begründen konnte. Vgl. zur Güter- und Interessenabwägung unten § 16 Rn. 89 (BGHZ 45, 296 „Höllenfeuer").
– Das von A betriebene Restaurant wird in einem Zeitungsartikel des B besprochen. In dem Artikel werden u. a. die im Lokal des A angebotenen Gerichte als „wie eine Portion Pinscherkot" in den Teller „hingeschissen" und „zum Kotzen", die Bedienungen als „radikal vor sich hindämmernd" und vor dem „ersten Herzinfarkt" stehend, die Zustände in dem Lokal als „heilloses Chaos" usw. bezeichnet (OLG Frankfurt NJW 1990, 2002). (1) Ein Anspruch aus § 824 Abs. 1 scheidet mangels Tatsachenbehauptung aus. (2) Eine Verletzung des Rechts am eingerichteten und ausgeübten Gewerbebe-

---

[142] Weiteres Beispiel: BGHZ 65, 325 „Stiftung Warentest" (Veröffentlichung eines vergleichenden Warentests, in dem die Ski-Sicherheitsbindungen eines Anbieters mit „noch zufriedenstellend" und „nicht zufriedenstellend" bewertet wurden); BGHZ 91, 117 (Verwendung einer als „Anti-Werbung" satirisch verfremdeten Zigarettenreklame in Nichtraucherkalender zur Warnung vor Gesundheitsgefahren der Raucher und zur Kritik an der Zigarettenwerbung; keine Rechtsverletzung des betreffenden Zigarettenherstellers).

trieb (§ 823 Abs. 1) ist zu bejahen. (a) Der Artikel kritisiert die gewerbliche Tätigkeit (als solche) und ist deshalb betriebsbezogen. (b) Zwar muss sich jeder Gewerbebetrieb einer Kritik seiner Leistungen stellen; eine gewerbe- und geschäftsschädigende Kritik ist nicht grundsätzlich unzulässig (Wertung des Art. 5 Abs. 1 und Abs. 2 GG); hinzu kommt das Interesse an der Aufklärung der Verbraucher. Solange keine bewusst unwahren Angaben gemacht werden und die Grenzen einer „Schmähkritik" nicht überschritten werden, ist die Rechtswidrigkeit zu verneinen. Anders ist dies aber bei Diffamierung; sie stellen eine gezielte und bewusst herabwürdigende Schmähkritik dar, die auch unter dem Gesichtspunkt der Satire (Art. 5 GG) nicht zu rechtfertigen ist.[143]

81　　Verbreitung wahrer, aber abträglicher Tatsachen[144]

Beispiele:
– B, ein Verband mit Mitgliedern aus der Rauchwaren- und Pelzwirtschaft, versendet Listen mit „langsamen Zahlern" (nicht zahlungswillige oder -fähige Schuldner) an alle seine Mitglieder. Weil K seine Schuld gegenüber seinem Gläubiger noch nicht beglichen hat, ist auch er in dieser Liste aufgeführt. Auch die Verbreitung wahrer Tatsachen (deshalb kein Anspruch aus § 824) über einen Kaufmann, die einen ungünstigen Schluss auf seine Kreditwürdigkeit zulassen, kann einen Eingriff in sein Recht am eingerichteten und ausgeübten Gewerbebetrieb enthalten. Die Bejahung des Anspruchs erforderte aber eine umfassende Interessen- und Güterabwägung, vgl. unten § 16 Rn. 88 (BGHZ 8, 142 „langsame Zahler").
– Der Gläubiger stellt einen Antrag auf Eröffnung eines Insolvenzverfahrens über das Vermögen des Schuldners. Dieser wird als unbegründet zurückgewiesen. (1) Wer sich eines staatlichen, gesetzlich eingerichteten und geregelten Verfahrens bedient, greift auch dann nicht unmittelbar und rechtswidrig in den geschützten Rechtskreis des Schuldners ein, wenn sein Begehren sachlich nicht gerechtfertigt ist und dem anderen Teil aus dem Verfahren Nachteile erwachsen. Der Schuldner wird durch besondere Schadensersatzansprüche geschützt, ein Rückgriff auf § 823 Abs. 1 scheidet aus; nur § 826 ist anwendbar. (2) Die ungerechtfertigte Mitteilung der Antragsstellung an Dritte kann aber einen Eingriff in das Recht am eingerichteten und ausgeübten Gewerbebetrieb begründen. Diese Information ist geeignet, den Gewerbebetrieb zu beeinträchtigen. Dem Gläubiger obliegen gewisse Prüfungs- und Aufklärungspflichten (BGHZ 36, 18).

82　　**Blockade des Betriebs.** Eine von Demonstranten durchgeführte Blockade kann einen Eingriff in den Gewerbebetrieb darstellen.

Beispiel:
B fordert dazu auf, sämtliche Ein- und Ausgänge des Geschäftsgebäudes des K zu blockieren, um eine Auslieferung der Bild-Zeitung zu verhindern. Dieser Aufforderung kommen neben ihm noch weitere 1.500 Personen nach. Die dem K entstandenen Mehraufwendungen und Erlöseinbußen können nach (§ 830 Abs. 1 S. 1 i.V.m.) § 823 Abs. 1 ersetzt verlangt werden, weil die Blockade einen unmittelbaren, betriebsbezogenen Eingriff in das Recht am eingerichteten und ausgeübten Gewerbebetrieb darstellt. Einschlägig sind auch Ansprüche aus § 823 Abs. 2 i.V.m. § 240 StGB und § 826 (BGHZ 59, 30).

---

[143] OLG Frankfurt NJW 1990, 2002.
[144] Vgl. auch BGH [24. 1. 2006].

Boykottmaßnahmen   83

Beispiel:
Zwischen K (Inhaber eines Einzelhandelsgeschäftes und Vermieter einer Wohnung) und dem Ehepaar S ist es zu Streitigkeiten gekommen: K will den Ehemann
S (Spätheimkehrer aus Kriegsgefangenschaft) nicht mit in den langfristigen Mietvertrag, der zwischen der Schwiegermutter der Ehefrau S und K besteht, aufneh-
men. B (Herausgeber einer Illustrierten) veröffentlicht 1953 als Begleittext eines
Bildberichts (u. a.) Folgendes: „Spätheimkehrer unerwünscht. … Herzenskälte des
K gegenüber dem Spätheimkehrer S … Erste Reaktion der Bevölkerung: Geschäftsboykott der Firma K". Dadurch wird der schon vorher geübte Boykott gegen das Geschäft des K auf weitere Käuferschichten ausgedehnt. K hat gegen
B einen Schadensersatzanspruch aus § 823 Abs. 1. Die im Bildbericht erhobenen
Vorwürfe[145] begründen einen Eingriff in das Recht am eingerichteten und ausgeübten Gewerbebetrieb,[146] weil ein Geschäftsboykott die freie Entfaltung der gewerblichen Tätigkeit beeinträchtigt und die in dem Geschäftsunternehmen verkörperten Werte gefährdet (BGHZ 24, 200 „Spätheimkehrer").

Arbeitskampfmaßnahmen   84

Beispiel:
Ein rechtswidriger Streik ist nach st. Rspr. ein Eingriff in das Recht am eingerichteten und ausgeübten Gewerbebetrieb. Es kommt entscheidend darauf an, ob
ein Streik rechtmäßig und von Art. 9 Abs. 3 GG gedeckt ist oder nicht (vgl. BAG
AP Nr. 106 zu Art. 9 GG [Arbeitskampf]).

bb) Unmittelbarkeit: Betriebsbezogenheit des Eingriffs

Das Recht am Gewerbebetrieb wird nur gegen **unmittelbare Eingriffe** 85
geschützt; das sind solche, die gegen den Betrieb als solchen gerichtet,
d. h. **betriebsbezogen,** sind und nicht vom Gewerbebetrieb ohne weiteres ablösbare Rechte oder Rechtsgüter betreffen.[147] Der Eingriff muss
die Grundlage des Betriebes bedrohen oder gerade den Funktionszu-
sammenhang der Betriebsmittel auf längere Zeit aufheben oder seine
Tätigkeit als solche in Frage stellen.[148] Der Eingreifende muss solche
Verhaltenspflichten verletzen, die ihm im Hinblick auf das besondere
Schutzbedürfnis eines Gewerbebetriebes obliegen.[149]

Bei einem Schadensereignis, das mit dem Betrieb nicht unmittelbar in
Beziehung steht, fehlt es an der Betriebsbezogenheit.[150] Auf die bloße
Kausalitätsfrage und das Fehlen von Zwischenursachen kommt es
dabei nicht entscheidend an. Der Eingriff muss auch nicht zweck-

---

[145] Die in dem Bildbericht erhobenen Vorwürfe gegen K richten sich zwar nicht
unmittelbar gegen den gewerblichen Tätigkeitskreis der K, sondern gegen ihr Verhalten als Hauseigentümer. Jedoch sind die Äußerungen des B eine Aufforderung zum
Geschäftsboykott, welches ohne Zweifel einen unmittelbaren Eingriff in das Recht
am eingerichteten und ausgeübten Gewerbebetrieb darstellt.
[146] Zwar waren durch die Bildveröffentlichung die §§ 22 ff. KUG sowie das allgemeine Persönlichkeitsrecht tangiert. Diese erfassen aber nicht den Boykottaufruf, sodass sich insoweit das Problem der Subsidiarität nicht stellt.
[147] Vgl. BGHZ 29, 65, 74; BGH NJW-RR 2005, 673, 675.
[148] BGH NJW 1983, 812, 813 „Hebebühnen"-Fall.
[149] BGH NJW 1977, 2264, 2265.
[150] BGHZ 29, 65, 74 f.

bezogen auf eine Einschränkung der gewerblichen Tätigkeit gerichtet sein.

Beispiele:[151]

– Die Verletzung von Arbeitnehmern, die zur Fortführung eines Betriebes unentbehrlich sind, stellt keinen Eingriff in das Recht am eingerichteten und ausgeübten Gewerbebetrieb dar. Nicht jeder Eingriff in den arbeitsrechtlichen Betrieb soll einen Haftungstatbestand nach § 823 Abs. 1 darstellen (BGHZ 7, 30, 36 f.)

– Wenn nur einzelne Mitarbeiter[152] oder Fahrzeuge[153] oder eine einzelne Maschine[154] betroffen sind, dann fehlt es an der Betriebsbezogenheit. Der Eingriff muss sich gegen den Betrieb als solchen richten.

– Dem Gewerbetreibenden wird nur der wirtschaftliche Gewinn entzogen, oder es wird schädigend auf den Lieferanten eingewirkt oder die Aussicht auf Erwerb beeinträchtigt. In diesen Fällen liegt nur eine mittelbare, nicht von § 823 Abs. 1 (Recht am eingerichteten und ausgeübten Gewerbebetrieb) erfasste Schädigung vor (BGHZ 29, 65, 67 m. w. N.).

---

86 | **Fall (vgl. BGHZ 29, 65; 41, 123):**

Der Unternehmer U beschädigt bei Ausschachtungsarbeiten ein zur Fabrik des G führendes Stromkabel. In der Fabrik des G fällt für mehrere Stunden der Strom aus. Dem G entsteht, weil die Produktion nicht weiter laufen kann, ein hoher Gewinnausfall. Hat G einen Anspruch gegen U aus § 823 Abs. 1?

Lösung:

Anspruch aus § 823 Abs. 1?

1. Eine Eigentumsverletzung des Unternehmers G könnte hinsichtlich der einzelnen zum Unternehmen gehörenden Gegenstände gegeben sein.

a) Eine Substanzverletzung ist nicht eingetreten.

b) Infrage kommt aber eine Gebrauchsbeeinträchtigung (vgl. § 16 Rn. 30 f.). Soweit nämlich die Maschinen mit Strom zu betreiben sind (z. B. Glühlampen, Elektromotoren, Maschinen), ist der Gebrauch des Eigentums für die Dauer der Stromunterbrechung praktisch unmöglich. Der infolge des Produktionsausfalls entstandene Schaden wird in BGHZ 41, 123, 127 als rein primärer, durch § 823 Abs. 1 nicht zu ersetzender Vermögensschaden eines lediglich mittelbar geschädigten Dritten behandelt, ohne dass dies aber entscheidungserheblich ist; als unmittelbar Geschädigter wird die Eigentümerin an den Stromkabeln (E-Werk) angesehen. Auch in BGHZ 29, 65, 75 wird eine Verletzung eines Rechtsgutes des § 823 Abs. 1 durch den Produktionsausfall verneint und nur ein von § 823 Abs. 1 nicht erfasster Vermögensschaden angenommen. In beiden Fällen wird die Eigentumsverletzung nur im Hinblick

---

[151] Weiteres Beispiel: BGHZ 86, 152, 156 (Dammbruch steht in keiner unmittelbaren Beziehung zum Gewerbebetrieb; die Sperrung der Wasserstraße ist eine mehr zufällige und allgemeine Folge des Schadensereignisses). Problematisch: BGH NJW 1992, 41 (Betriebsbezogenheit gegeben, weil der Betrieb auf Baustelle infolge Kurzschlusses an einem mangelhaft gelieferten Baustromverteiler für 6 Wochen zum Erliegen gekommen ist).

[152] BGHZ 7, 30, 36 = NJW 1952, 1249.

[153] BGHZ 29, 65, 74 = NJW 1959, 479.

[154] BGH NJW 1983, 812, 813 „Hebebühnen"-Fall.

auf eine Substanzverletzung, nicht aber eine Gebrauchsbeeinträchtigung, geprüft, was aber nahe gelegen hätte; der BGH lehnt damit eine für § 823 Abs. 1 relevante Gebrauchsbeeinträchtigung wohl stillschweigend ab (vgl. oben § 16 Rn. 34).

2. Auch ein Eingriff in das Recht am eingerichteten und ausgeübten Gewerbebetrieb („sonstiges Recht" i. S. des § 823 Abs. 1) ist abzulehnen. Es fehlt ein betriebsbezogener Eingriff, also eine Beeinträchtigung, die sich gegen den Gewerbebetrieb als solchen richtet, weil die Unterbrechung der Stromzufuhr nicht den Betrieb als solchen in seiner spezifischen Funktion betrifft (vgl. dazu § 16 Rn. 85). Es liegt nur eine Verletzung des Eigentums des Kabeleigentümers (E-Werk) sowie des eingeschränkten Stromlieferungsanspruchs des Strom-Abnehmers vor. Der BGH hat eine Ersatzpflicht aus § 823 Abs. 1 auch unter dem Gesichtspunkt des Eingriffs in den Gewerbebetrieb abgelehnt.

3. Ergebnis: Kein Schadensersatzanspruch aus § 823 Abs. 1.

Vertiefungshinweis: Betriebsbezogenheit und Abgrenzung   87
1. Ausweitung des Schutzumfanges durch die Rechtsprechung
a) Das RG wendete § 823 Abs. 1 i. V. m. dem Recht am eingerichteten und ausgeübten Gewerbebetrieb nur bei Eingriffen in den Bestand des Gewerbebetriebes an, also wenn der Betrieb tatsächlich behindert, seine Unzulässigkeit behauptet oder seine Einschränkung oder Einstellung verlangt wurde; dies waren Fälle, in denen die Grundlage des Gewerbebetriebes unmittelbar angetastet wurde; entwickelt wurden diese Grundsätze an Fragen des Boykotts und des Wettbewerbs.[155]

b) Schon das RG erweiterte den Anwendungsbereich des Rechts am eingerichteten und ausgeübten Gewerbebetrieb über den bloßen Bestandsschutz hinaus: Der Unternehmer sollte vor widerrechtlichen Störungen bewahrt bleiben, die sein Unternehmen nicht zur vollen, in der Gesamtheit seiner Bestandteile und Betriebsmittel begründeten Entfaltung kommen ließen, auch wenn der Bestand des Unternehmens nicht selbst in Frage gestellt war.[156]

c) Der BGH sieht jede Beeinträchtigung, die einen unmittelbaren Eingriff in den gewerblichen Tätigkeitskreis darstellt, als vom Schutzumfang des Rechts am eingerichteten und ausgeübten Gewerbebetrieb erfasst an, und zwar auch außerhalb des Gebietes des Wettbewerbs und der gewerblichen Schutzrechte.[157] Vgl. zum Schutzbereich oben § 16 Rn. 76 f.

2. Begrenzung des Schutzbereichs
Das System des Deliktsrechts macht eine Eingrenzung des Schutzumfanges erforderlich. Im deutschen Deliktsrecht gibt es gerade keine allgemeine deliktische Generalklausel und keinen primären Vermögensschutz. Dem würde es widersprechen, jede Beeinträchtigung der unternehmerischen Handlungsfreiheit oder bloße Schädigung des Unternehmers (z. B. Umsatzeinbußen) als von § 823 Abs. 1 erfasst anzusehen.

Das entscheidende Kriterium zur Eingrenzung des Tatbestandes stellt die „Unmittelbarkeit" bzw. „Betriebsbezogenheit" des Eingriffs dar.[158] Dabei han-

---

[155] Vgl. RGZ 64, 52, 55; 126, 93, 96; 135, 242, 247.
[156] Vgl. BGHZ 29, 65, 68 f.; RGZ 132, 311, 316.
[157] Vgl. BGHZ 3, 270 „Constanze".
[158] Unklar ist im Verhältnis von Unmittelbarkeit und Betriebsbezogenheit, ob Letzteres die Unmittelbarkeit konkretisiert, modifiziert oder beide Merkmale kumulativ anzuwenden sind.

delt es sich um ein Wertungskriterium, kein faktisches Kriterium i. S. der Kausalität (unmittelbar oder mittelbar über Zwischenglieder).

Durch eine positive Definition lässt sich das Kriterium der „Unmittelbarkeit" schwer fassen. Voraussetzung der Unmittelbarkeit ist jedenfalls eine Beeinträchtigung der spezifischen Funktion des Betriebes. Es fehlt an einem unmittelbaren, betriebsbezogenen Eingriff, wenn

– Beeinträchtigungen, die jeden treffen können,[159] oder
– Verletzung von Rechten oder Rechtsgütern, die vom Betrieb ohne weiteres ablösbar sind, vorliegen.

cc) Umfassende Güter- und Interessenabwägung

88   Wegen des nicht abgeschlossenen Schutzbereichs des „Rechts am eingerichteten und ausgeübten Gewerbebetrieb" ist sein Umfang und Inhalt von Fall zu Fall aufgrund der jeweils betroffenen Spannungslage zu ermitteln, in der die Interessen des Unternehmens in Konflikt mit den Interessen anderer stehen.[160] Wie beim allgemeinen Persönlichkeitsrecht ist im Einzelfall anhand einer umfassenden **Güter- und Interessenabwägung** zu prüfen, ob der Gewerbebetrieb **rechtswidrig** verletzt worden ist.[161]

Dabei ist der Widerstreit zwischen dem verfolgten Interesse und dem Rechtsgut, das diesem Interesse geopfert werden soll, auszugleichen.[162] Es sind die Interessen der Parteien zu ermitteln und dabei die Interessen und Ziele des Schädigers, die er mit seinem Eingriff verfolgt, einerseits und das Interesse des Geschädigten an der störungsfreien Ausübung des Gewerbebetriebes andererseits zu berücksichtigen.

Beispiel:
Fall BGHZ 8, 142 „langsame Zahler" (vgl. den Sachverhalt oben § 16 Rn. 81).
(a) Zur Feststellung eines widerrechtlichen Eingriffs in das Recht am eingerichteten und ausgeübten Gewerbebetrieb ist eine Interessenabwägung erforderlich; nur wenn die Interessen des Beeinträchtigten überwiegen, kann eine rechtswidrige Beeinträchtigung bejaht werden. Entscheidend ist die Notwendigkeit des Eingriffs und der Gesichtspunkt der größtmöglichen Schonung des Beeinträchtigten.
(b) K hat ein berechtigtes Interesse daran, dass sein geschäftliches Ansehen nicht durch die Veröffentlichung herabsetzender Werturteile oder Tatsachen beeinträchtigt wird; dem gegenüber steht das Interesse des B, seine Mitglieder gegen vermeidbare Kreditschäden zu schützen. (c) Das Interesse des B besteht aber nur, soweit es um die Weitergabe von Informationen an die Mitglieder geht, mit denen K in Geschäftsbeziehung stand; B hat aber Informationen über K an alle seine Mitglieder weitergegeben, eine Notwendigkeit dafür bestand nicht. Der Weitergabe der Informationen an alle Mitglieder lagen keine anerkennenswerten Interessen des B zugrunde; deshalb konnten die Interessen des B auch nicht überwiegen. (d) Es liegt ein rechtswidriger Eingriff in das Recht am eingerichteten und ausgeübten Gewerbebetrieb (§ 823 Abs. 1) vor.

---

[159] Vgl. BGHZ 74, 9, 18 f.: Es fehle ein innerer Grund, einem Gewerbetreibenden einen Anspruch auf Ersatz reinen Vermögensschadens zuzubilligen, den ein anderer ersatzlos hinnehmen müsste, obwohl seine berufliche Entwicklung ebenfalls schwersten Schaden nehmen kann.
[160] BGHZ 81, 25, 27 m. w. N.
[161] BGHZ 45, 296, 306; BGH NJW 1980, 881, 882; [24. 1. 2006].
[162] BGHZ 3, 270, 281 „Constanze".

Fall (BGHZ 45, 296 „Höllenfeuer"):   89

In der Illustrierten „Stern" ist ein kirchenkritischer Artikel „Brennt in der Hölle wirklich ein Feuer?" veröffentlicht worden. Die kirchlichen Kreisen nahe stehende Zeitschrift „Echo der Zeit" antwortete in einem Aufruf, der Stern ginge auf Dummenfang und treibe Konfessionshetze. Wie stets unterwerfe sich die auflagenstärkste deutsche Illustrierte „dem Maßstab der Straße". Ansprüche des Stern? (Vgl. auch oben § 16 Rn. 80)

Lösung:

1. Ein Schadensersatzanspruch (oder Unterlassungsanspruch) nach § 1 UWG ist nicht gegeben; die Zeitschrift „Echo" hat nicht zu Wettbewerbszwecken gehandelt (keine Absicht).

2. Ein Anspruch aus § 824 scheidet aus. Es fehlt an einer Tatsachenäußerung. Bei den abfälligen Äußerungen handelt es sich um abfällige Kritik, also um Werturteile.

3. Anspruch aus § 823 Abs. 1 wegen eines Eingriffs in den eingerichteten und ausgeübten Gewerbebetrieb?

   a) Eine Haftung aus anderen Vorschriften (siehe vorstehend) kommt hier nicht in Betracht (Subsidiarität).

   b) Die abfällige Kritik stellt einen unmittelbaren betriebsbezogenen Eingriff in das Recht am eingerichteten und ausgeübten Gewerbebetrieb dar (vgl. oben § 16 Rn. 80).

   c) Umfassende Güter- und Interessenabwägung: In Abweichung vom „Constanze-Urteil" (vgl. unten § 16 Rn. 90) ging der BGH dazu über, bei den Auffangtatbeständen die Rechtswidrigkeit erst aus der zu missbilligenden Art der Schädigung abzuleiten, sodass es der Berufung des Täters auf einen besonderen Rechtfertigungsgrund jedenfalls nicht immer bedarf. Es ist also eine umfassende Güter- und Interessenabwägung vorzunehmen, um die Rechtswidrigkeit des Eingriffs festzustellen. Abzuwägen ist zwischen dem Interesse des Gewerbetreibenden an ungestörter unternehmerischer Betätigung und dem Recht der Gegenpartei auf freie Meinungsäußerung (Art. 5 GG), und zwar auch auf Kritik an der gewerblichen Tätigkeit.
   Grundüberlegung des BGH: Der Stern hat in einer Weise kritisiert, die von bestimmten Bevölkerungskreisen als anstößig empfunden werden musste. Dann muss er es sich auch gefallen lassen, wenn eine harte Gegenkritik geäußert wird. Den gewerblichen und wirtschaftlichen Interessen des Stern gebührt also gegenüber den vom „Echo" vertretenen ideellen Interessen nicht der Vorrang.

4. Ergebnis: Es liegt somit keine rechtswidrige Verletzung des Rechts am Gewerbebetrieb vor. Ein Anspruch aus § 823 Abs. 1 ist unbegründet.

Vertiefungshinweis: Umfassende Güter- und Interessenabwägung beim Ein-   90
griff in das Recht am eingerichteten und ausgeübten Gewerbebetrieb
    Heute ist in der Rechtsprechung anerkannt, dass eine umfassende Abwägung der Güter und Interessen von Schädiger und Geschädigtem vorzunehmen ist, um eine rechtswidrige Verletzung des Rechts am eingerichteten und ausgeübten Gewerbebetrieb begründen zu können. Tatbestand und Rechtswidrigkeit wer-

den gemeinsam geprüft; eine genaue Unterscheidung wird nicht mehr vorgenommen. Diese Dogmatik hat sich in der Rechtsprechung aber erst allmählich entwickelt.

1. Im „Constanze-Urteil" ist der BGH noch davon ausgegangen, dass der Tatbestand die Rechtswidrigkeit indiziert und die Rechtswidrigkeit nur ausnahmsweise ausscheidet, wenn ein Rechtfertigungsgrund eingreift.[163]

2. Im „Höllenfeuer"-Urteil (vgl. oben § 16 Rn. 89) geht der BGH nicht mehr von der Indikation der Rechtswidrigkeit aus, sondern stellt die Rechtswidrigkeit positiv durch eine umfassende Güter- und Interessenabwägung fest. Ebenso prüft der BGH auch in BGHZ 59, 30.

3. Seit BGHZ 65, 325 wird die Güter- und Interessenabwägung geprüft, um einen rechtswidrigen Eingriff festzustellen, also für Tatbestand und Rechtswidrigkeit gemeinsam. Die Unzulässigkeit von Eingriffen in das Recht am eingerichteten und ausgeübten Gewerbebetrieb könne nur aufgrund einer Güter- und Pflichtenabwägung beantwortet werden.[164] Bereits im Bereich der objektiven Verletzungshandlung stelle sich die Frage einer Haftungsbegrenzung, indem dem Recht des Art. 5 GG im Verhältnis zum Recht am eingerichteten und ausgeübten Gewerbebetrieb die ihm zukommende Stellung eingeräumt werde.[165]

c) Zusammenfassung

91 | **Recht am eingerichteten und ausgeübten Gewerbebetrieb**

I. Tatbestand

  1. Auffangtatbestand (subsidiär) (§ 16 Rn. 75)

  2. Rechtswidrige Verletzung des Rechts am eingerichteten und ausgeübten Gewerbebetrieb (Rahmenrecht)

   a) Gewerbebetrieb (weit auslegen; auch Freiberufler)

   Geschützt wird der Gewerbebetrieb in seinem Bestand und in seiner wirtschaftlichen Tätigkeit (§ 16 Rn. 76 f.).

   b) Betriebsbezogener (unmittelbarer) Eingriff (§ 16 Rn. 85 ff.)

   Der Eingriff muss sich gegen den Betrieb als solchen richten und nicht vom Gewerbebetrieb ohne weiteres ablösbare Rechte oder Rechtsgüter betreffen.

   c) Umfassende einzelfallbezogene Güter- und Interessenabwägung (§ 16 Rn. 88 ff.)

  3. Verschulden

---

[163] Vgl. BGHZ 3, 270, 280 ff. „Constanze": Nach dem Grundsatz der Güter- und Pflichtenabwägung sind rechtsverletzende Äußerungen, die den Boden der sachlichen Kritik verlassen, nur dann durch die Wahrung berechtigter Interessen gerechtfertigt (vgl. § 193 StGB), wenn sie nach Inhalt, Form und Begleitumständen zur Erreichung eines rechtlich gebilligten Zweckes objektiv erforderlich sind; der Schädiger müsse subjektiv besonders sorgfältig prüfen, ob die Rechtsverletzung nach Schwere und Ausmaß zur sachgemäßen Interessenwahrnehmung erforderlich sei.
[164] BGHZ 65, 325, 331.
[165] Vgl. BGHZ 65, 325, 338 f.

II. Rechtsfolgen
  1. Ersatz des materiellen Schadens (§§ 249 ff.)
  2. Unterlassung und Beseitigung (§ 1004)

5. Keine „sonstigen Rechte" i. S. des § 823 Abs. 1

Das sonstige Recht muss eigentumsähnlich sein. Deshalb können 92
Rechte oder sonstige Positionen nicht von § 823 Abs. 1 erfasst sein,
wenn sie nicht durch die Nutzungs- und Ausschließungsfunktion gekennzeichnet sind (vgl. oben § 16 Rn. 13).

a) Forderungen

Die h. M. lehnt es ab, **Forderungen** als sonstiges Recht in § 823 93
Abs. 1 einzubeziehen.[166] Begründet wird dies mit dem relativen Charakter von Forderungen und dem fehlenden praktischen Bedürfnis (vgl.
unten § 16 Rn. 95).

Fall:

A verkauft seinen Wagen an B. Die Lieferung soll später stattfinden. Als C,
der davon weiß, dem A einen höheren Preis bietet, übereignet A den Wagen
an C. Ansprüche des B aus § 823 Abs. 1 gegen A oder C?

Lösung:

1. Anspruch des B gegen A oder C aus § 823 Abs. 1?
    a) Eigentumsverletzung zum Nachteil des B: B ist noch nicht Eigentümer
       des Wagens geworden (Abstraktionsprinzip!).
    b) Lieferungsanspruch gem. § 433 Abs. 1 S. 1 als verletztes Recht i. S. des
       § 823 Abs. 1? B hat lediglich ein relatives Forderungsrecht gegen den
       Verkäufer auf Lieferung des Wagens (§ 433 Abs. 1 S. 1). Dieses Forde-
       rungsrecht ist kein sonstiges Recht i. S. des § 823 Abs. 1, weil es nicht
       durch eine Nutzungs- und Ausschließlichkeitsfunktion gekennzeichnet
       ist und deshalb kein absolutes Recht darstellt.
    c) B hat daher keinen Anspruch aus § 823 Abs. 1 gegen A oder C.
  2. B muss sich mit vertraglichen Schadensersatzansprüchen aus Pflichtver-
     letzung begnügen.

Anders ist dies aber, wenn Forderungen „verdinglicht" sind, also in 94
Verbindung mit sachenrechtlichen Rechtsinstituten stehen, z. B. das
Recht zum Besitz (berechtigter Besitz; vgl. oben § 16 Rn. 42 f.), die
Vormerkung oder Anwartschaft aus einem Eigentumsvorbehaltskauf
(§ 449). In diesen Fällen ist ein Schutz durch § 823 Abs. 1 gegeben.

Vertiefungshinweis: Forderungen als „sonstige Rechte" i. S. des § 823 95
Abs. 1?

---

[166] H. M.; vgl. *Medicus*, BR, Rn. 610 m. w. N. zur abweichenden Ansicht.

Eine Forderung kann „verletzt" werden, wenn der Schuldner an den Scheingläubiger mit befreiender Wirkung leistet (§§ 407 f., 893, 2367: unberechtigte, aber wirksame Leistungsannahme) oder die Erfüllung eines Anspruchs (nachträglich) unmöglich gemacht wird.

Die h. M.[167] stützt ihre Ansicht (Forderung ist kein sonstiges Recht) im Wesentlichen darauf, dass Forderungen nur relative Rechte sind, ihnen die sozialtypische Offenkundigkeit fehlt und ein praktisches Bedürfnis für die Einbeziehung in § 823 Abs. 1 fehlt. In diesen Fällen stehen anderweitige Anspruchsgrundlagen zur Verfügung: Ansprüche aus § 816 Abs. 2 gegen den nichtberechtigten Leistungsempfänger auf Herausgabe des Erlangten, sowie Ansprüche gegen den Vertragspartner aus §§ 280 ff.

Die Minderheitsmeinung[168] will dem (wahren) Forderungsinhaber einen deliktischen Anspruch gegen den „Schädiger" zubilligen. Diese Ansicht führt aber zu einer Verschiebung wirtschaftlicher Handlungsrisiken (jeder könnte wegen Eingriffs in die Abwicklung fremder Rechtsbeziehungen haften) und steht vor (begründungsbedürftigen) Abgrenzungsproblemen: Ist auch der (nach §§ 407 f.) leistende Schuldner aus § 823 Abs. 1 schadensersatzpflichtig? Führt auch die Beschädigung der Kaufsache zu einer Verletzung der Forderung auf Übergabe und Übereignung der Kaufsache i. S. des § 823 Abs. 1?

b) Vermögen

96   Das **Vermögen** als die Summe aller geldwerten Güter ist kein sonstiges Recht i. S. des § 823 Abs. 1. Ein Vermögensschaden ohne Verletzung eines Rechts oder Rechtsgutes kann einen Anspruch aus § 823 Abs. 1 nicht begründen. Das deutsche Deliktsrecht normiert § 823 Abs. 1 als Enumerativtatbestand und enthält keine „große Generalklausel" (vgl. oben § 15 Rn. 7); außerdem fehlt dem Vermögen jede Ausschließungsfunktion. .

Beispiel:
S verletzt den Arbeitnehmer A. Dieser ist arbeitsunfähig. Dadurch entstehen dem Arbeitgeber B Kosten, weil er die Arbeitsorganisation kurzfristig umstellen muss. Einen deliktischen Anspruch aus § 823 Abs. 1 hat allein A, nicht aber B, weil B nicht die Verletzung eines Rechtsgutes oder (absoluten) Rechts geltend machen kann, sondern nur des Vermögens.

97   Vermögensschaden und § 823 Abs. 1:
–   Liegt ein Vermögensschaden, aber keine Rechts- oder Rechtsgutverletzung vor, so kann dieser Schaden nicht nach § 823 Abs. 1 ersetzt verlangt werden (sog. **primärer Vermögensschaden**). Reine (also primäre) Vermögensschäden sind deliktisch nur in § 826 und in § 823 Abs. 2 i. V. m. einem auch das Vermögen schützenden Schutzgesetz geschützt.
–   Liegt ein Vermögensschaden vor, der Folge einer Rechts- oder Rechtsgutverletzung ist, so kann der Geschädigte nach § 823 Abs. 1 (auch) dessen Ersatz verlangen (sog. **sekundärer Vermögensschaden**).

---

[167] Vgl. dazu MünchKomm/Wagner, § 823 Rn. 155; Staudinger/*Hager,* § 823 Rn. B 163 jeweils m. w. N.

[168] Vgl. *Larenz/Canaris,* SR II/2, § 76 II 4 g, S. 397 f. m. w. N.

Entsteht infolge einer Verletzung eines Rechtsgutes oder Rechtes, das   **98**
in § 823 Abs. 1 genannt ist, ein **sekundärer Vermögensschaden**, so ist
der Vermögensschaden als eine weitere Folge der tatbestandsmäßigen
Rechtsguts- oder Rechtsverletzung zu ersetzen. Der **sekundäre Vermögensschaden** ist bei § 823 Abs. 1 also auf der Rechtsfolgenseite zu prüfen.

Beispiel:
Der Arbeitnehmer erleidet eine Körperverletzung. Der sich ergebende Verdienstausfall ist eine mittelbare Folge einer Körperverletzung und stellt einen sekundären Vermögensschaden dar, der nach § 823 Abs. 1 i.V.m. § 249 zu ersetzen ist (vgl. oben § 16 Rn. 6).

Fall: **99**

A gewährt dem B ein Darlehen, weil der Freund C den B als kreditwürdig geschildert hat. In Wahrheit ist B von Anfang an vermögenslos und kann das Darlehen nicht zurückzahlen. Ansprüche des A gegen C?

Lösung:

1. A gegen C aus § 823 Abs. 1?
    a) Eigentum als verletztes Rechtsgut (–). Es werden keine konkreten Sachen des A verletzt.
    b) Vermögen als verletztes Rechtsgut? Weil A das Darlehen nicht zurückerhalten kann, liegt eine Verminderung seines Vermögens und damit ein Vermögensschaden vor. Dabei handelt es sich um einen sog. primären Vermögensschaden, weil ein anderes Rechtsgut nicht verletzt wird, als dessen Folge der Vermögensschaden eingetreten wäre. Das Vermögen ist aber kein geschütztes Recht bzw. Rechtsgut i.S. von § 823 Abs. 1. Es liegt ein von § 823 Abs. 1 nicht geschützter primärer Vermögensschaden vor.
2. § 823 Abs. 2 i.V.m. § 263 StGB (–), weil kein Betrug des C.
3. § 826 (–), keine Anhaltspunkte im Sachverhalt.

c) Zusammenfassung

Sonstige absolute Rechte i.S. des § 823 Abs. 1   **100**

1. Grundsatz:
   – „Sonstige Rechte" i.S. des § 823 Abs. 1 sind absolute Rechte,
      die dem Eigentum vergleichbaren Zuweisungsgehalt und
      Ausschlussfunktion haben.
2. Besitz
   Sonstige absolute Rechte sind:
   – der berechtigte unmittelbare Besitz (str., § 16 Rn. 42 f.)
   – der berechtigte Mitbesitz (im Verhältnis des Mitbesitzers zu
      einem Dritten sowie im Verhältnis von Mitbesitzern untereinander) (§ 16 Rn. 44 f.)

- der berechtigte mittelbare Besitz gegenüber Dritten (nicht gegenüber dem unmittelbaren Besitzer; vgl. § 16 Rn. 47 f.)
3. Keine sonstigen, absoluten Rechte sind:
   - Forderungen (relative Rechte) (§ 16 Rn. 93 ff.)
   - Vermögen (als Summe aller geldwerten Güter) (§ 16 Rn. 96 ff.)

C. Verletzungshandlung, insbesondere Unterlassen

101   Die Verletzungshandlung des Schädigers kann in einem positiven Tun oder Unterlassen bestehen. Die Unterscheidung zwischen Tun und Unterlassen ist bedeutsam, weil beim Unterlassen noch weitere Erfordernisse geprüft werden müssen, um ein rechtlich relevantes Unterlassen begründen zu können.

I. Begriff der Handlung

102   Verhalten (**Handeln**) ist jedes menschliche Tun, das der Bewusstseinskontrolle und der Willenslenkung unterliegt, also beherrschbar ist,[169] mit anderen Worten jedes menschlich beherrschbare Tun. Auszugrenzen sind unkontrollierbare Verhaltensweisen.

Beispiele:
Ein zurechenbares Handeln fehlt z. B. bei Reflexbewegungen, bei Bewegungen im Zustand der Bewusstlosigkeit oder bei Anwendung von unüberwindbarem physischem Zwang (vis absoluta).

103   **Vertiefungshinweis: Vorgelagertes Verhalten**
Bei der Prüfung eines Anspruchs aus § 823 Abs. 1 muss es nicht immer auf das Verhalten ankommen, das unmittelbar zum schädigenden Ereignis führt, also diesem direkt vorausgeht. Es kann auch an zeitlich vorgelagerte Verhaltensweisen angeknüpft werden. Ob und inwieweit diese Verhaltensweise den Tatbestand des § 823 Abs. 1 verwirklicht, ist dann eine Frage der Kausalität und Zurechnung.

Beispiel:
Dem Motorradfahrer S fliegt während der Fahrt eine Biene in das Auge. Infolge des stechenden Schmerzes verreißt er das Steuer und stößt mit dem entgegenkommenden Kfz des G zusammen, das erheblichen Schaden erleidet. Wenn das Verreißen des Steuers eine Reflexbewegung ohne Mitwirkung des Bewusstseins ist, kommt insoweit eine Handlung i. S. des § 823 Abs. 1 nicht in Betracht. Zu prüfen ist aber, ob nicht das Nichtverschließen des Visiers des Motorradhelms als schädigendes, für § 823 Abs. 1 relevantes Unterlassen in Betracht kommt.[170]

---

[169] BGHZ 39, 103, 106.
[170] Vgl. OLG Hamm NJW 1975, 657 zur Abgrenzung der Reflexhandlung (keine Handlung) von der Kurzschlusshandlung, halbautomatisierten Reaktion, Schreckreaktion (Handlung im rechtlichen Sinne).

II. Abgrenzung zum Unterlassen

Die Abgrenzung von Tun und Unterlassen ist für den Tatbestands- **104** aufbau von Bedeutung. Im Fall eines Unterlassens sind zusätzliche Tatbestandsmerkmale zu prüfen (vgl. unten § 16 Rn. 105 ff.). Wie vor allem im Strafrecht stellen manche für die Abgrenzung auf den sozialen Sinngehalt der Handlung ab: Wo liegt nach dem sozialen Sinngehalt der Schwerpunkt der Vorwerfbarkeit?[171] Die wohl h. M. stellt dagegen auf die Gefahrerhöhung durch den Täter ab:[172]
– Derjenige, der sich dem fremden Rechtsgut gefährlich nähert, handelt.
– Derjenige, der ohne die Gefahr durch sein Tun zu erhöhen, die Gefahr nicht abwendet, unterlässt.

III. Unterlassen

Nicht jedes Unterlassen ist tatbestandsmäßig i. S. der §§ 823 ff. Das **105** Unterlassen wird dem positiven Tun nur dann gleichgestellt, wenn die Möglichkeit der Erfolgsabwendung und eine Pflicht zum Tätigwerden bestehen.[173]

1. Rechtspflicht zum Handeln

Der Unterlassende muss gegenüber dem Geschädigten eine Pflicht **106** haben, die Rechtsgutverletzung zu verhindern (**Pflicht zum Handeln**).[174] Rechtlich relevantes Unterlassen ist also pflichtwidriges Nichtstun.[175]

Eine haftungsrechtlich relevante Pflicht zum Handeln kann sich aus Gesetz (normierte Handlungspflicht), Vertrag, vorangegangenem pflichtwidrigem Tun oder aus einer von der Rechtsprechung entwickelten Verkehrssicherungspflicht (Synonym: Verkehrspflicht) ergeben. Im Zivilrecht unterscheidet man zwischen:
– Schutzpflicht
– Verkehrs-(sicherungs-)pflicht.

a) Schutzpflicht

Eine Rechtspflicht zum Handeln kann sich unmittelbar aus einer **107** (vertraglichen oder gesetzlichen) **Schutzpflicht** ergeben.

---

[171] *Buchner/Roth*, Schuldrecht III, Unerlaubte Handlungen einschließlich der Ansprüche aus dem Eigentümer-Besitzer-Verhältnis und aus rechtmäßiger Schädigung, 2. Aufl. 1984, S. 8. Aus dem Strafrecht BGHSt 6, 59; BGH NJW 1953, 1924; OLG Karlsruhe GA 80, 431.

[172] *Deutsch/Ahrens*, Rn. 40; *Jauernig/Teichmann*, § 823 Rn. 30; Staudinger/*Hager*, § 823 Rn. H 6.

[173] Staudinger/*Hager*, § 823 Rn. H 5 m. w. N.

[174] Der Begriff „Garantenstellung" ist in diesem Zusammenhang nicht allgemein üblich (vgl. Staudinger/*Hager*, § 823 Rn. H 5 m. w. N.).

[175] Vgl. *Deutsch/Ahrens*, Rn. 38.

Beispiele:
- Schutzpflicht für den Ehegatten, Kinder und für Lebenspartner i. S. des LPartG gem. §§ 1353, 1626 (Elterliches Sorgerecht und -pflicht), § 2 LPartG.
- Den Vorbehaltskäufer trifft die Pflicht, zur Vermeidung einer Kollision zwischen dem verlängerten Eigentumsvorbehalt seines Lieferanten mit einem Abtretungsverbot seines Auftraggebers entsprechende organisatorische Maßnahmen zu treffen. Vgl. unten § 16 Rn. 115 (BGHZ 109, 297).

b) Verkehrssicherungspflicht (Verkehrspflicht)

108   Der übergreifende, grundlegende Gesichtspunkt der **Verkehrssicherungspflichten** (Verkehrspflichten)[176] ist die Einstandspflicht für die Sicherung eines Bereichs, den jemand beherrscht und aus dem er Vorteile zieht: Wer eine Gefahrenquelle schafft oder unterhält, muss die notwendigen und zumutbaren Vorkehrungen treffen, um Schäden anderer zu verhindern.[177] Verkehrssicherungspflichten werden von der Rechtsprechung auf Grund der jeweiligen Umstände des Einzelfalles begründet („Instrumente der Haftungsbegründung in der Hand des Richters", *Kötz/Wagner,* Rn. 126). Durch die Verkehrssicherungspflichten wird der Vorwurf rechtswidriger Erfüllung eines Deliktstatbestandes, der sich durch das Kriterium der Adäquanz (vgl. unten § 16 Rn. 133 ff.) nicht hinreichend eng begrenzen lässt, auf einen bestimmten engen Personenkreis beschränkt.[178]

Die Rechtsprechung hat im weiten Umfang Verkehrs- und Verkehrssicherungspflichten aufgestellt, die – in der Sache – zur Begründung eines pflichtwidrigen Unterlassens und eines Schuldvorwurfs (Fahrlässigkeit) dienen. Dies hat der Rechtsprechung den Vorwurf eingebracht, in der Substanz für viele Bereiche der Deliktshaftung einen der Gefährdungshaftung angenäherten Schutz erzeugt zu haben.[179]

aa) Bedeutung der Verkehrssicherungspflichten

109   Die **Verkehrssicherungspflichten** haben beim Unterlassen eine besondere Bedeutung, indem sie eine Rechtspflicht zum Handeln begründen. Ein pflichtwidriges Unterlassen steht dem Handeln gleich.

Beispiel:
Eine Baustelle ist besonders zu sichern; nur eine Verbotstafel schließt die Haftung gegenüber spielenden Kindern nicht aus. Die pflichtwidrig unterlassene Sicherung der Baustelle kann eine Schadensersatzhaftung nach § 823 Abs. 1 begründen.

---

[176] Ein sachlicher Unterschied zwischen Verkehrspflicht und Verkehrssicherungspflicht besteht nicht. Ursprünglich ging es in der Rechtsprechung nur um die Pflicht zur Sicherung eines räumlich und gegenständlichen Verkehrsbereichs (Verkehrssicherungspflicht), später wurden unabhängig davon Tätigkeitspflichten (Verkehrspflichten) entwickelt.

[177] Vgl. *Larenz/Canaris,* SR II/2, § 76 II 3, S. 406 ff., der eine Dreiteilung der Zurechnungsgründe vornimmt: Haftung für die Sicherung des eigenen Bereichs, für die Übernahme einer Aufgabe und für vorangegangenes besonders gefährliches Tun.

[178] Vgl. *Medicus,* BR, Rn. 646.

[179] So die RegBegr. zum Entwurf eines Zweiten Gesetzes zur Änderung schadensersatzrechtlicher Vorschriften, BT-Drs. 14/7752, S. 15.

Bedeutung haben die Verkehrssicherungspflichten auch bei der Rechtswidrigkeit: Abweichend vom Indikationsmodell (Indikation der Rechtswidrigkeit durch den erfüllten Tatbestand) lässt sich mit ihnen beim Unterlassen und bei der mittelbaren Rechts(guts)verletzungen die Rechtswidrigkeit begründen.

Auch beim Verschulden kann eine Verletzung einer Verkehrspflicht zu prüfen sein. Mit ihrer Hilfe kann begründet werden, ob der Schädiger „die im Verkehr erforderliche Sorgfalt außer Acht" gelassen und damit fahrlässig (§ 276 Abs. 2) gehandelt hat (vgl. unten § 16 Rn. 172 ff.).[180]

Die Verletzung einer Verkehrssicherungspflicht kann deshalb an verschiedenen Stellen in einem Gutachten zu prüfen sein: In Unterlassungsfällen beim „pflichtwidrigen Unterlassen" (das verkehrssicherungspflichtige Unterlassen indiziert die Rechtswidrigkeit, sodass die Verletzung einer Verkehrspflicht im Gutachtenaufbau nicht zweimal geprüft werden muss),[181] bei mittelbarer Verletzung in der Rechtswidrigkeit und bei fahrlässiger Verletzung im Verschulden. Ob die Verletzung einer Verkehrspflicht für alle Deliktsfälle einheitlich in einem Prüfungspunkt geprüft werden kann, ist dagegen fraglich.[182]   **110**

bb) Fallgruppen für Verkehrssicherungspflichten

Es hat sich eine umfassende Rechtsprechung zu den Verkehrssicherungspflichten entwickelt. Dabei ist anerkannt, dass nicht jeder abstrakten Gefahr durch vorbeugende Maßnahmen begegnet werden muss; es bedarf nur solcher Sicherungsmaßnahmen, die ein verständiger und umsichtiger, in vernünftigen Grenzen vorsichtiger Mensch für ausreichend halten darf, um andere Personen vor Schäden zu bewahren und die ihm den Umständen nach zumutbar sind (st. Rspr.).[183]   **111**

Die Kasuistik lässt sich nach bestimmten Kriterien systematisieren.[184] Im Folgenden werden nur einige Beispiele und **Fallgruppen** von Verkehrspflichten genannt.

---

[180] Im Unterschied zur Prüfung der Verletzung der Verkehrspflicht im Tatbestand oder der Rechtswidrigkeit kommt es im Rahmen des Verschuldens darauf an, aus welchen subjektiven Gründen die Verkehrspflicht objektiv nicht erfüllt worden ist (so *Medicus*, BR, Rn. 659).

[181] *Kötz/Wagner*, Rn. 203.

[182] Vgl. *Medicus*, BR, Rn. 647: Prüfung der Verkehrspflichten gemeinsam mit der haftungsbegründenden Kausalität bei der Zurechnung des tatbestandsmäßigen unvorsätzlichen Verletzungserfolges zu einer bestimmten Person; *Larenz/Canaris*, SR II/2, § 76 III 2 b, S. 406: Prüfung der Verkehrspflichten bei Unterlassen und mittelbaren Verletzungen auf Tatbestandsebene und nicht erst bei der Rechtswidrigkeit oder dem Verschulden (vgl. *Larenz/Canaris*, a. a. O., S. 405: Verkehrspflicht diene entwicklungsgeschichtlich als auch dogmatisch zur Konkretisierung des Begriffs der fahrlässigen widerrechtlichen Verletzung i. S. von § 823 Abs. 1).

[183] Z. B. BGH [20. 12. 2005]; NJW 2004, 1449; NJW-RR 2003, 1459 f.

[184] Vgl. zur Typisierung der Verkehrspflichten *v. Bar*, Verkehrspflichten, 1980, S. 83 ff.

(1) Sorgfaltspflichten aus Verkehrseröffnung

112 **Beispiele:**[185]

– Den Vermieter eines Mietshauses treffen hinsichtlich der Treppen, der Beleuchtung und der Zuwege bestimmte Verkehrspflichten (z. B. Streupflicht).

– K wird beim Besuch eines Friedhofs, deren Eigentümerin die Stadt B ist, dadurch verletzt, dass ein unzureichend befestigter Grabstein auf sie fällt. K verlangt Schadensersatz. Das pflichtwidrige Unterlassen der B liegt in der mangelnden Kontrolle der Standfestigkeit der Grabsteine. Eine Handlungspflicht ergibt sich aus Verkehrssicherungspflicht: B hat einen Friedhof angelegt und unterhält diesen; deshalb ist sie verpflichtet, die Besucher des Friedhofs im Rahmen des Gebotenen und Zumutbaren vor die Besucher gefährdenden Grabsteinen zu sichern. B ist verpflichtet, die Grabsteine in angemessenen Zeitabständen auf ihre Standfestigkeit zu überprüfen (BGHZ 34, 206).

(2) Sorgfaltspflichten aus tatsächlicher Verfügungsgewalt über gefährliche Gegenstände

113 Wer Maschinen und gewerbliche Anlagen, Fahrzeuge usw. gebraucht, hat andere vor Gefahren zu bewahren.

Beispiele:

– Schutz der Beteiligten und Zuschauer bei Sportveranstaltungen vor Verletzungsgefahren, z. B. Motorsportveranstaltungen.

– Der mit der örtlichen Bauaufsicht beauftragte Architekt ist verkehrssicherungspflichtig, soweit der Bauunternehmer selbst nicht sachkundig ist und der Architekt die Gefahrenquellen kennt oder kennen muss (BGHZ 68, 169, 175 f.).

(3) Sonderfall: Produzentenhaftung

114 Besondere Verkehrssicherungspflichten treffen Produkthersteller im Rahmen der sog. **Produzentenhaftung.** Sie regelt, ob und inwieweit der Produzent für Schäden einzustehen hat, die ein anderer durch das Produkt erleidet (vgl. unten § 21 Rn. 59 ff.).

cc) Adressat von Verkehrssicherungspflichten

115 **Adressat** der Verkehrssicherungspflicht ist grundsätzlich der Inhaber der Bestimmungsgewalt über die Gefahrenquelle. Verkehrspflichten sind aber grundsätzlich nicht höchstpersönlich (vgl. §§ 613, 664 Abs. 1 S. 1). Deshalb kann ein Dritter mit der Erfüllung der Verkehrs-(sicherungs-)pflicht beauftragt werden („**Erfüllung von Verkehrspflichten durch Dritte**"; vgl. unten § 16 Rn. 117). Der „Übertragende" wird dadurch aber nicht von jeder Pflicht frei, sondern ist zur ordnungsgemäßen Auswahl und Überwachung verpflichtet; insoweit ändert sich der Inhalt der Verkehrpflicht, die den Übertragenden trifft. Eine Auswechslung des Verkehrpflichtigen durch einen anderen mit befreiender Wirkung für den Übertragenden sieht das Gesetz nur in ganz bestimm-

---

[185] Weiteres Beispiel: BGHZ 103, 298: Verkehrssicherungspflicht des Reiseveranstalters, das Vertragshotel (sog. Leistungsträger, § 651 a Abs. 2) zu kontrollieren, um andere vor Schaden zu bewahren, weil er eine Gefahr für Dritte schafft und andauern lässt und in der Lage ist, ihr abzuhelfen.

ten Ausnahmefällen vor (§§ 664 Abs. 1 S. 2, 691 S. 2; Gestattung der Übertragung durch eine Rechtsnorm).[186] Wenn der Übertragende den Dritten ordnungsgemäß ausgewählt und überwacht hat, hat er seine Verkehrssicherungspflicht erfüllt und haftet nicht.

Beispiele:[187]
– Die GmbH erwirbt Baustoffe von K unter verlängertem Eigentumsvorbehalt.[188] Die Baustoffe werden in Bauprojekte des D eingebaut (§ 946). Die Vorausabtretung (verlängerter Eigentumsvorbehalt) der Forderungen gegen D scheitert an einem Abtretungsverbot. K kann vom (früheren) Geschäftsführer B der (inzwischen aufgelösten) GmbH Schadensersatz aus § 823 Abs. 1 (Eigentumsverletzung)[189] verlangen. B unterlässt es, dafür zu sorgen, dass der verlängerte Eigentumsvorbehalt nicht durch ein Abtretungsverbot ins Leere geht. Im außervertraglichen, deliktischen Bereich können – auch über die Organpflichten[190] hinaus – Pflichten des Geschäftsführers gegenüber Dritten selbst bestehen (Wahrung deliktischer Integritätsinteressen Dritter), wenn der Geschäftsführer eine als Aufgabe zugewiesene oder vom Dritten in Anspruch genommene Pflichtenstellung zum Schutz fremder Schutzgüter i. S. des § 823 Abs. 1 hat (z. B. Anvertrauen bestimmter Sache). B trifft – wie die GmbH – die (allgemeine deliktische) Pflicht, die Verletzung des Vorbehaltseigentums (Ins-Leere-Gehen des verlängerten Eigentumsvorbehaltes bei Verarbeitung der Baumaterialien aufgrund Abtretungsverbotes des Auftraggebers) zu verhindern, weil ihnen durch K die faktische Möglichkeit zur Bestimmung über das Vorbehaltseigentum eingeräumt worden ist (Organisationspflicht). Dem B obliegt also die Pflicht, einen von der Ermächtigung des Vorbehaltsverkäufers nicht gedeckten Verlust des Vorbehaltseigentums zu verhindern (BGHZ 109, 297).
– Der Hauseigentümer E überträgt dem Hausmeister H die Reinigung von Treppe und Flur. Kommt ein Hausbewohner infolge unzureichender Reinigung des

---

[186] BGH NJW 1972, 1321.

[187] Weiteres Beispiel: BGHZ 110, 114, 121: Stellt eine vertragliche Vereinbarung eine „Übertragung" der Verkehrspflicht dar, so erfüllt der Zweitschädiger seine Verkehrspflicht durch ordnungsgemäße Auswahl und Kontrolle und haftet deshalb im Außenverhältnis mangels Verletzung einer Verkehrspflicht nicht. Stellt die vertragliche Vereinbarung dagegen nur eine interne Vereinbarung über die Schadensteilung dar, so ändert sie an den bestehenden Verkehrspflichten nichts.

[188] Der Vorbehaltsverkäufer bleibt bis zur vollständigen Kaufpreiszahlung Eigentümer. Der Vorbehaltskäufer ist aber ermächtigt (§ 185), die Sachen einem Dritten zu Eigentum zu übertragen (§§ 929 ff.) oder mit fremden Grundstücken zu verbinden (§ 946) unter der Bedingung, dass er (der Vorbehaltsverkäufer) die dem (Vorbehalts-)Käufer aus der Weiterveräußerung oder Verbindung gegen den Dritten (Käufer/Besteller) zuwachsende Forderung anstelle seines nach §§ 929, 185 bzw. § 946 untergehenden Eigentums an den Baustoffen erwirbt.

[189] Der Verlust des Eigentums des Vorbehaltseigentümers (§ 946) stellt eine Eigentumsverletzung (Verletzung des Rechts „Eigentum", vgl. oben § 16 Rn. 14) dar, wenn und weil die Baustoffe unter einem verlängerten Eigentumsvorbehalt geliefert worden sind und zwischen dem Käufer und dem Abnehmer ein Abtretungsverbot vereinbart worden ist. Wegen des Abtretungsverbotes hat die GmbH als Nichtberechtigte verfügt, weil die Ermächtigung zur Disposition über das Vorbehaltseigentum überschritten worden ist.

[190] Grundsätzlich bestehen Pflichten des Geschäftsführers aus der Organstellung zur ordnungsgemäßen Führung von Geschäften nur der GmbH gegenüber, die dann gegenüber Dritten haften kann (vgl. § 43 Abs. 2 GmbHG).

Hauses zu Schaden, so kann neben H auch E aus § 823 Abs. 1 haften, wenn er seine Auswahl-, Überwachungs- und Beaufsichtigungspflicht gegenüber H verletzt hat.

116

> **Fall (BGH NJW 1987, 2510):**
>
> H lagert in seinen Lagerhallen Waren des K ein. Mit der Bewachung der Halle beauftragt H den Wachunternehmer W, für den der Arbeitnehmer B tätig wird. Diebe stehlen einen Teil der Ware, weil B unachtsam ist. Deshalb verlangt K von B Schadensersatz.

Lösung:

1. Weil B mit K nicht unmittelbar in Vertragsbeziehung steht, scheiden vertragliche Ansprüche aus.

2. Infrage kommt ein Anspruch aus Pflichtverletzung des Arbeitsvertrages zwischen W und B i. V. m. Vertrag mit Schutzwirkung zugunsten Dritter (hier K). Das setzt aber – neben der „Leistungsnähe" und dem „personenrechtlichen Einschlag" – voraus, dass ein entsprechendes Schutzbedürfnis zugunsten des Geschädigten besteht; dieses fehlt, wenn der Geschädigte durch andere vertragliche Ansprüche – wenn auch gegen einen anderen Schuldner – ausreichend gesichert ist. Dies konnte der BGH feststellen: K hat Ansprüche gegen W aus (Bewachungs-)Vertrag (zwischen W und H) mit Schutzwirkung zugunsten Dritter[191] oder aus Drittschadensliquidation durch H.[192] Das Schutzbedürfnis des K entfällt insoweit.

3. K könnte einen Anspruch aus § 823 Abs. 1 haben.

   a) Das Eigentum ist wegen des Diebstahls verletzt worden.

   b) B verhindert den Diebstahl nicht (Unterlassen). Es müsste aber eine entsprechende Handlungspflicht des B gegenüber K, den Diebstahl zu verhindern, vorliegen (Verkehrspflicht).

   aa) Eine allgemeine Rechtspflicht, fremdes Eigentum gegen Gefahren zu schützen, besteht nicht.

   bb) Aus dem Arbeitsvertrag lassen sich Pflichten gegenüber Dritten (hier: K) nicht ableiten; er begründet nur solche gegenüber dem Arbeitgeber.

   cc) Eine Verkehrspflicht aus Berufsausübung kann – so der BGH – nur bei Personen bestehen, die eine selbstständige Stellung oder

---

[191] Mit dem Argument des mangelnden Schutzbedarfes könnte man allerdings auch den Anspruch des K gegen W ablehnen, weil K einen Anspruch gegen B aus Vertrag mit Schutzwirkung zugunsten Dritter hat. Das Schutzbedürfnis ist deshalb nicht das entscheidende Argument. Der BGH stellt auch auf den Haftungsbereich des Arbeitsvertrages ab, der nicht überdehnt werden darf. Dies dürfte der entscheidende Gesichtspunkt sein.

[192] K hat einen Schaden (am Lagergut), aber keinen Anspruch gegen W; H hat einen Anspruch gegen W aus Pflichtverletzung des Bewachungsvertrages (§ 280), aber keinen (Haftungs-)Schaden, weil er dem K (wohl mangels Verschuldens) nicht haftet. Es liegt damit ein Fall der Drittschadensliquidation vor (Fallgruppe: Obhut für fremde Sachen; vgl. dazu unten § 25 Rn. 12 f.): H kann den am Lagergut entstandenen Schaden (des K) im Wege der Drittschadensliquidation geltend machen, und K lässt sich diesen Anspruch von H abtreten (§ 285).

gegenüber der Allgemeinheit eine Verantwortung übernommen haben. Allein die Arbeitnehmereigenschaft reicht nicht aus.

c) Ein Anspruch aus § 823 Abs. 1 scheidet damit aus.

Vertiefungshinweis: „Delegation von Verkehrssicherungspflichten" und § 278   **117**
Dogmatisch unzutreffend ist es, von einer **Übertragung** oder **Delegation** von
Verkehrssicherungspflichten[193] zu reden.[194] Die Begriffe „Übertragung" und
„Delegation" erwecken den Eindruck, dass der an sich Verkehrssicherungspflichtige (allein) durch die Übertragung oder Delegation von jeder Verkehrssicherungspflicht frei werde und nach der „Übertragung" nicht mehr verkehrs-
pflichtig sei. Das trifft aber nicht zu. Der an sich Verkehrssicherungspflichtige
bleibt trotz und nach der „Delegation" weiter verkehrssicherungspflichtig und
damit grundsätzlich anspruchsverpflichtet i.S. des § 823 Abs. 1. Mit der Delegation verändert sich also nur der Inhalt der Verkehrssicherungspflicht des Dele-
gierenden. Er erfüllt seine Verkehrspflicht, indem er einen Dritten mit der
Wahrnehmung beauftragt, wenn er diesen ordnungsgemäß ausgewählt sowie
überwacht.

Der Dritte, der bei Erfüllung der Verkehrssicherungspflicht eingeschaltet
wird, ist regelmäßig kein Erfüllungsgehilfe i.S. des § 278, dessen schuldhafte
Pflichtverletzung dem Übertragenden zugerechnet werden könnte. § 278 setzt
nämlich das Bestehen eines Schuldverhältnisses zwischen den Parteien (dem
Verkehrspflichtigen und dem Geschädigten) voraus. Ein solches wird aber regelmäßig erst durch die schädigende Handlung begründet und besteht nicht
schon vorher. Auch begründet die Verkehrssicherungspflicht kein Schuldverhältnis zu dem Geschädigten bzw. (vor der Schädigung) Gefährdeten (etwa
Verkehrspflicht „ad incertas personas"). Andernfalls würde zu allen potenziell
Gefährdeten ein Schuldverhältnis begründet; dies würde die gesetzliche Risikoverteilung und die Haftungsrisiken des Verkehrssicherungspflichtigen weit über-
spannen.

Der Geschäftsherr, der seine Verkehrspflicht auf einen anderen „überträgt",
kann aber aus § 831 haften. Im Rahmen des Entlastungsbeweises (§ 831 Abs. 1
S. 2) kommt es darauf an, ob der Geschäftsherr den Verrichtungsgehilfen ordnungsgemäß ausgewählt und überwacht hat. Während bei § 831 der Geschäftsherr darlegen und beweisen muss, dass er den Verrichtungsgehilfen ordnungsgemäß ausgewählt und überwacht hat, muss der Geschädigte bei § 823 Abs. 1
beweisen, dass der Schädiger seine Verkehrspflicht (Auswahl und Überwachung) verletzt hat.[195]

2. Schutzumfang von Verkehrssicherungspflichten

Verkehrssicherungspflichten sind im Hinblick auf die geschützte Per-   **118**
son, das gefährdete Rechtsgut und die erfasste Gefährdung begrenzt
(**Schutzumfang**). Soweit die verletzte Person, das gefährdete Rechtsgut
oder die verwirklichte Gefahr nicht von der Verkehrspflicht erfasst ist,
scheidet eine Haftung des Schädigers aus.

---

[193] Vgl. etwa BGHZ 110, 114, 119.
[194] Zutreffend *Larenz/Canaris*, SR II/2, § 76 III 5 c, S. 420 f.
[195] Vgl. *Medicus*, BR, Rn. 656 a. E. mit Hinweis darauf, dass die Aufsichtspflicht
aus § 823 allenfalls quantitativ schärfer sein dürfte.

Beispiele:[196]
- Ein Einbrecher rutscht auf vereister, nicht gestreuter Treppe aus. Der Hauseigentümer haftet nicht aus § 823 Abs. 1, weil er nicht verpflichtet ist, Treppen und Zugänge auch im Interesse eines Einbrechers zu beleuchten oder zu sichern (BGH NJW 1966, 1456 [obiter dictum]).
- Im Bereich der Damentoilette stürzt der K, (männlicher) Besucher einer Gastwirtschaft, die Treppe herunter. Zwar hat der Wirt weder auf die Treppe hingewiesen noch diese entsprechend beleuchtet und damit eine Verkehrspflicht verletzt. Die Verkehrspflicht besteht aber nicht dem K gegenüber, der nicht befugt ist, den nur für „Damen" bestimmten Ort zu benutzen (RGZ 87, 128).

3. Verletzung der Verkehrssicherungspflicht

119 Der Schädiger muss die Verkehrssicherungspflicht verletzt haben. Dabei ist fallbezogen zu prüfen, ob der Schädiger durch die von ihm getroffenen Maßnahmen seine Verkehrspflicht vollumfänglich erfüllt hat.

IV. Zusammenfassung

120 | **Haftungsbegründendes Verhalten i. S. des § 823 Abs. 1**

I. Begriff der Verletzungshandlung

1. Die Verletzungshandlung kann ein positives Tun oder ein Unterlassen sein.

2. Positives Tun ist jedes menschliche beherrschbare Verhalten.

3. Abgrenzung des positiven Tuns vom Unterlassen (§ 16 Rn. 104):

   a) H. M.: Gefahrerhöhung
   - Wer eine Gefahr für ein fremdes Recht(sgut) begründet oder erhöht, handelt.
   - Wer eine bestehende Gefahr, ohne sie durch sein Tun zu erhöhen, nicht abwendet, unterlässt.

   b) Andere Abgrenzungsformel: Schwerpunkt der sozialen Vorwerfbarkeit

4. Unterlassen ist nur dann rechtlich relevant, wenn der Unterlassende gegenüber dem Geschädigten eine Pflicht hat, die Rechts-(gut-)verletzung zu verhindern. Rechtlich relevantes Unterlassen ist pflichtwidriges Nichtstun (§ 16 Rn. 105).

---

[196] BGH VersR 1961, 465 (Schutzvorkehrungen für Fußgänger bei Benutzung einer Spitzhacke); OLG Köln VersR 1992, 470 (Verkehrssicherungspflicht bei Veranstaltung eines Straßenradrennens); vgl. zu den Herausforderungsfällen unten § 16 Rn. 148 f.

II. Prüfung des Unterlassens im Gutachten
  1. Abgrenzung: positives Tun oder Unterlassen
  2. Rechtlich relevantes Unterlassen
      a) Rechtspflicht zum Handeln (§ 16 Rn. 106 ff.)
          – (Gesetzliche oder vertragliche) Schutzpflicht
          – Verkehrs(sicherungs)pflicht
          Grundgedanke: Wer eine Gefahrenquelle schafft oder
          unterhält, muss die notwendigen und zumutbaren
          Vorkehrungen treffen, um Schäden anderer zu verhindern.
      b) Schutzumfang der Rechtspflicht zum Handeln
          Die Schutz- oder Verkehrssicherungspflicht muss die
          verletzte Person, das gefährdete Recht(sgut) und die
          verwirklichte Gefahr erfassen (insbesondere prüfen:
          Pflicht gegenüber dem Verletzten?).
  3. Pflichtwidrigkeit des Unterlassens (§ 16 Rn. 119)
      Erforderliche und zumutbare Sicherungsvorkehrungen sind
      nicht getroffen worden.

D. Zurechnungskriterien

Das Bindeglied zwischen Handlung des Schädigers und (erster) **121**
Rechtsgutverletzung sowie zwischen (erster) Rechtsgutverletzung und
Schaden (vgl. zur Haftungsausfüllung unten § 16 Rn. 186 ff., § 24
Rn. 1 ff.) stellt die **Zurechnung** dar. Die Rechtsgutverletzung und der
Schaden müssen dem Schädiger zuzurechnen sein. Die Bedeutung der
Zurechnung liegt darin, dass eine Rechts-(gut-)verletzung sowie ein
Schaden, den grundsätzlich der Träger des (verletzten) Rechtsgutes tra-
gen muss (casum sentit dominus; Grundsatz der Sachzuständigkeit des
Rechtsgutträgers), (ausnahmsweise) einer anderen Person angelastet
wird; erst die Zurechnung begründet die Haftung.[197]

Ausgangspunkt ist die sog. „conditio sine qua non"-Formel (Äquiva- **122**
lenztheorie), die ein rein faktisches oder naturwissenschaftliches Kriterium darstellt. Weil sich daraus eine sehr weitreichende Haftung ergeben würde, wird sie durch normative Wertungskriterien eingeschränkt
(Adäquanztheorie, Schutzzweck der Norm, Rechtswidrigkeitszusam-
menhang). Die faktische und die normative Kausalität stellen zusammen die Zurechnung dar.

---

[197] Vgl. *Deutsch/Ahrens*, Rn. 1 f.

I. Haftungsbegründung und Haftungsausfüllung

123   Zu unterscheiden ist zwischen der haftungsbegründenden und der haftungsausfüllenden Kausalität.

Haftungsbegründende und haftungsausfüllende Kausalität

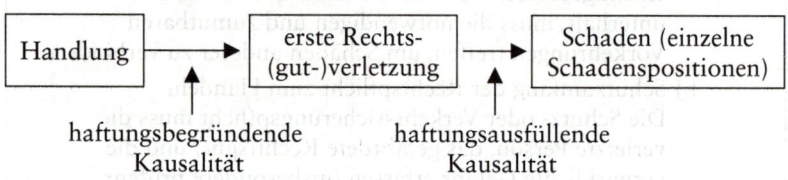

124   Bei der **haftungsbegründenden Kausalität** handelt es sich um den Zusammenhang zwischen dem Verhalten des Schädigers und dem ersten Verletzungserfolg. Die **haftungsausfüllende Kausalität** meint dagegen den Zusammenhang zwischen eingetretenem ersten Verletzungserfolg und dem Schaden, wovon auch jede weitere Rechtsgutverletzung erfasst ist. Die haftungsbegründende Kausalität ist im Rahmen des Tatbestandes zu prüfen. Die haftungsausfüllende Kausalität ist dagegen erst im Zusammenhang mit der Rechtsfolge (zu ersetzender Schaden) zu erörtern.

Beispiele:
– S fügt dem G durch eine gezielte „Rechte" eine schwere Rippenprellung zu. Dem G entstehen daraus Kosten für die Heilbehandlung. Außerdem kann er eine bezahlte Konzertkarte nicht einlösen. Die haftungsbegründende Kausalität meint den Zusammenhang zwischen dem Schlag des S und dem ersten Verletzungserfolg (Rippenprellung). Im Rahmen der haftungsausfüllenden Kausalität ist der Zusammenhang zwischen der Körperverletzung und den Heilbehandlungskosten sowie der (verfallenen) Konzertkarte zu untersuchen.
– Durch die Nachricht vom Unfall ihres Ehemannes erleidet die schwangere M einen Schock, der zu Kreislaufstörungen führt, in deren Folge die Placenta minderdurchblutet und die Leibesfrucht in Mitleidenschaft gezogen wird. Das (noch ungeborene) Kind erleidet in der weiteren Folge einen Hirnschaden; es kommt wenig später schwer behindert zur Welt. Zur Haftungsbegründung ist allein der Kausalverlauf bis zur Schädigung der Leibesfrucht (erste Rechtsgutverletzung) zu rechnen. Der Hirnschaden (sog. weitere Rechtsgutverletzung) gehört zur Haftungsausfüllung (BGHZ 93, 351, 354).[198]

1. Äquivalenztheorie

a) Grundsatz

125   Ursächlich i. S. der **Äquivalenztheorie** ist jede Bedingung, ohne die der konkrete Erfolg (Rechtsgutverletzung) nicht eingetreten wäre. Man

---

[198] Die Haftungsbegründung fällt unter § 286 ZPO, die Haftungsausfüllung ist von der Beweiserleichterung des § 287 ZPO erfasst (BGHZ 93, 351, 354).

nennt eine solche Bedingung „**conditio sine qua non**" („Bedingung ohne die [der Verletzungserfolg] nicht [eingetreten wäre]"). Ein positives Tun ist ursächlich, wenn es nicht hinweggedacht werden kann, ohne dass der konkrete Erfolg entfiele; denkt man das positive Tun hinweg und entfällt der konkrete Erfolg, dann ist das positive Tun ursächlich (zum Unterlassen vgl. unten § 16 Rn. 130).

Es ist zwischen **physischer und psychischer Kausalität** zu unterscheiden. Während bei physischer Kausalität die Rechtsgutverletzung durch einen körperlichen Kontakt entsteht, wird bei der psychischen Kausalität eine Rechtsgutverletzung durch eine Reaktion des Verletzten selbst hervorgerufen, ohne dass eine physische Beeinflussung vorliegt (vgl. unten § 16 Rn. 141 ff. und 147 ff.). Es bedarf keiner organischen Ursache für eine Rechtsgutverletzung oder eines (Folge-)Schadens, sondern es genügt eine hinreichende Gewissheit, dass die psychisch bedingten Ausfälle ohne das Ereignis (z. B. Unfall) nicht aufgetreten wären.[199]

126

Beispiele:
– S versetzt dem G einen Schlag ins Gesicht, woraufhin der G eine Gehirnerschütterung erleidet (physische Kausalität).
– S macht dem G Vorhaltungen und beleidigt ihn aufs Schärfste. G erleidet darauf einen Nervenzusammenbruch (psychische Kausalität).

Die **Äquivalenztheorie** ist die Lehre von der Gleichsetzung und der rechtlichen Anerkennung aller Erfolgsbedingungen. Nach der Äquivalenztheorie können deshalb zahlreiche und sehr entfernt liegende Ursachen für einen Verletzungserfolg ursächlich sein.

127

Beispiel:
Der Autohersteller handelt für die Körperverletzung bei einem späteren Verkehrsunfall kausal; denn ohne die Herstellung des Autos, das in den Unfall verwickelt wird, wäre es nicht zur unfallbedingten Körperverletzung gekommen.

Führt nicht die Handlung eines Schädigers allein zum Schaden, sondern nur in Zusammenwirken mit dem Handeln eines anderen, so spricht man von **kumulativer Kausalität**. Weil zur Haftungsbegründung die Mitursächlichkeit ausreicht, ist der Tatbeitrag jedes Schädigers kausal i. S. des § 823 Abs. 1. **Alternative Kausalität** liegt vor, wenn mehrere Schädiger unabhängig voneinander (also keine Mittäterschaft) den Erfolg auch allein herbeigeführt hätten; es haftet jeder Schädiger für den gesamten Schaden, weil sich kein Beteiligter mit dem Hinweis auf den anderen entlasten kann.[200] Lässt sich nicht ermitteln, wer von mehreren Beteiligten den Schaden durch seine Handlung verursacht hat, wird auch von alternativer Kausalität gesprochen;[201] sie ist (nur) im Fall des § 830 Abs. 1 S. 2 haftungsbegründend. Wenn jede von mehreren Hand-

128

---

[199] BGHZ 132, 341, 344 m. w. N. zu Folgeschäden.
[200] Vgl. *Lange/Schiemann*, § 3 XII 1, S. 156 m. w. N.
[201] So etwa *Deutsch*, Allgemeines Haftungsrecht, Rn. 152: Das Problem der alternativen Kausalität liege im Beweisrecht. Vgl. zur uneinheitlichen Terminologie *Lange/Schiemann*, § 3 XII 1, S. 156 Fn. 473.

lungen allein den Schaden verursacht haben könnte, wird auch von **konkurrierender Kausalität** oder **Doppelkausalität** gesprochen. Alle Handlungen sind ursächlich und damit haftungsbegründend; die conditio sine qua non-Formel (vgl. oben § 16 Rn. 125) bedarf in diesem Fall einer wertenden Korrektur.

129   Wird die **Kausalität unterbrochen,** so schließt dies die Zurechnung aus. Voraussetzung ist, dass ein neues Geschehen nach dem ursprünglichen ersten Schadensereignis eintritt, der ursprüngliche Zusammenhang zwischen dem (ersten) Anfangsereignis und dem weiterhin entstandenen Schaden vollständig unterbrochen und das zweite Ereignis von dem ersten Schadensereignis vollständig unabhängig ist. Dann wirkt sich die Ersturache auf den Schaden nicht mehr aus (**Abbruch der Kausalität**). Dies ist aber nicht der Fall, wenn das erste Ereignis überhaupt erst die Bedingung für den Eintritt des zweiten gesetzt hat.[202]

> **Beispiel:**
> S verursacht einen Autounfall. Die nachfolgenden, an der Weiterfahrt gehinderten Fahrzeuge überfahren zur Weiterfahrt den Grünstreifen und beschädigen ihn. Eine Unterbrechung der Kausalität des Autounfalls (Anfangsereignis) für die Beschädigung des Grünstreifens (Rechtsgutverletzung) durch das Fahrverhalten der weiteren Autofahrer (Zweitereignis) liegt nicht vor, weil der Autounfall die Bedingung für das Überfahren des Grünstreifens gesetzt hat und der Entschluss der Kfz-Fahrer zum Überfahren des Grünstreifens (zweites Ereignis) vom Autounfall nicht völlig unabhängig ist (vgl. zu den Grünstreifen-Fällen unten § 16 Rn. 133 und 145).

Von Unterbrechung der Kausalität wird auch gesprochen, wenn trotz bestehender Ursächlichkeit des Erstereignisses ein überragendes Zweitereignis eintritt, das die Haftung begründet und die Haftung des Erstverursachers ausschließt (z.B. Schadensverursachung durch freiverantwortliche Entscheidung des Zweitverursachers, vorsätzlich freiwilliges Dazwischentreten Dritter). Weil dann das Erstereignis äquivalent kausal ist und eine Haftung des Erstverursachers nur aufgrund einer Wertung ausscheidet, spricht man besser von Unterbrechung des Haftungszusammenhanges.[203]

b) Besonderheiten beim Unterlassen

130   Beim **Unterlassen** ist die conditio sine qua non-Formel modifiziert anzuwenden. Es wird geprüft und gefragt, ob die erwartete Handlung nicht hinzugedacht werden kann, ohne dass der Erfolg entfiele. Oder positiv formuliert: Das Unterlassen ist für den Verletzungserfolg kausal, wenn pflichtgemäßes Handeln den Eintritt des Verletzungserfolges mit an Sicherheit grenzender Wahrscheinlichkeit verhindert hätte; die bloße Möglichkeit oder eine gewisse Wahrscheinlichkeit genügen nicht.[204] Notwendig ist also ein hypothetisches Urteil.

---

[202] Vgl. BGHZ 58, 162, 165 f. m. w. N. „Grünstreifen"-Fall.
[203] So *Deutsch,* Allgemeines Haftungsrecht, Rn. 156.
[204] BGHZ 34, 206, 215.

Fall (BGH NJW 1968, 1182):　　131

A beauftragt die Malerfirma B mit der Renovierung seiner Küche und seiner Speisekammer, die der Malergeselle M ausführt. Auf dem Boden der Speisekammer steht eine mit Natronlauge gefüllte Bierflasche, die A dort vergessen hat. Die Flasche trägt den handschriftlichen Vermerk „Lauge lebensgefährlich". M stellt seine Bierflasche, aus der er während der Arbeitspause trinken will, neben die Flasche mit Natronlauge. In der Arbeitspause verwechselt er die beiden Flaschen, trinkt von der Natronlauge und erleidet innere Verletzungen. M verlangt von A Schadensersatz.

Lösung:

I. Anspruch aus §§ 631, 280 Abs. 1, 241 Abs. 2 [§ 282 erfasst dagegen nur Schadensersatz statt der Leistung] wegen Verletzung einer nicht leistungsbezogenen Nebenpflicht (hier: Schutzpflicht des Bestellers gegenüber dem Werkunternehmer bzw. dessen Arbeitnehmern) (–), weil M nicht Vertragspartei ist.

II. Anspruch aus §§ 631, 280 Abs. 1 i.V.m. Vertrag mit Schutzwirkung zugunsten Dritter (+)

Eine schuldhafte Nebenpflichtverletzung (§ 280 Abs. 1) liegt vor. M steht in Leistungsnähe zu A, der Vertrag hat einen personenrechtlichen Einschlag, und die Einbeziehung des M in den Vertrag ist für A erkennbar. Das Schutzbedürfnis des B entfällt nicht deshalb, weil er einen eigenen deliktischen Anspruch hat; erforderlich wäre ein eigener, inhaltsgleicher Anspruch gegen einen Dritten.[205]

III. Anspruchsgrundlage ist § 823 Abs. 1.

1. M ist an seiner Gesundheit verletzt worden.

2. Diese Rechtsgutverletzung muss durch ein dem A zurechenbares Handeln geschehen sein.

　　a) Hier ist nicht von einem positiven Tun auszugehen, sondern von einem Unterlassen. A hat sich durch das Einfüllen der Natronlauge in eine Flasche noch nicht dem M gefährdend genähert. Entscheidend ist vielmehr, dass A es nicht verhindert hat, dass sich M der Gefahr nähert. Außerdem liegt der Schwerpunkt der Vorwerfbarkeit darin, dass Sicherungsmaßnahmen nicht getroffen werden, die eine Gefährdung ausgeschlossen hätten (z. B. Wegschließen der Flasche mit Natronlauge). Der Schwerpunkt der Vorwerfbarkeit liegt damit darin, dass A es unterlassen hat, Sicherungsvorkehrungen zu treffen.

　　b) Dieses Unterlassen, Sicherungsvorkehrungen zu treffen, ist nur dann ein tatbestandsmäßiges Handeln, wenn für A eine Rechtspflicht zum Handeln bestand. A muss eine Verkehrssicherungspflicht haben, und diese Pflicht muss gegenüber dem verletzten M bestehen; außerdem muss A diese Pflicht verletzen.

---

[205] BGHZ 70, 327, 330: Kein Schutzbedürfnis, wenn der Geschädigte eigene vertragliche Ansprüche desselben Inhalts, wenn auch gegen einen anderen Schuldner, hat wie diejenigen, die er durch Vertrag mit Schutzwirkung durchsetzen will. Zum Vertrag mit Schutzwirkung zugunsten Dritter vgl. *Janoschek*, in: Bamberger/Roth, § 328 Rn. 45 ff.; MünchKomm/*Gottwald*, § 328 Rn. 96 ff.

(aa) Aus dem Werkvertrag sowie der allgemeinen Verkehrssicherungspflicht ergibt sich, dass der Besitzer gefährlicher Flüssigkeiten verpflichtet ist, die erforderlichen Vorkehrungen zu treffen, damit der Vertragspartner bzw. befugte Dritte nicht mit diesem Mittel in Berührung kommen. Der Besitzer muss aufgrund der Verkehrssicherungspflicht die erforderlichen Vorkehrungen treffen, um Gefahren anderer zu verhindern.

(bb) Diese Pflicht besteht jedenfalls gegenüber allen denjenigen, welche die Wohnung befugtermaßen betreten. M hält sich befugtermaßen (zur Durchführung der Renovierung) in der Wohnung des A auf, sodass ihm gegenüber die Verkehrssicherungspflicht besteht.

(cc) Der Umfang der Verkehrssicherungspflicht richtet sich danach, welche Sicherungsvorkehrungen vom Verkehr gefordert und erwartet werden können. Das Schild auf der Flasche allein ist nicht ausreichend, weil die Lauge sehr gefährlich ist. A müsste die dem M gegenüber bestehende Verkehrssicherungspflicht verletzen. A hätte die Flasche vor Beginn der Arbeiten wegnehmen[206] und so aufbewahren müssen, dass die Flasche nicht in die Hände des M gelangen konnte.

3. Zurechnung? Das Unterlassen muss für die Gesundheitsverletzung kausal geworden sein.

a) Voraussetzung der Kausalität beim Unterlassen ist, dass der Verletzungserfolg mit an Sicherheit grenzender Wahrscheinlichkeit ausgeblieben wäre, wenn die pflichtgemäße Handlung hinzugedacht würde (Äquivalenztheorie). Hätte A die Flasche mit der Lauge weggeschlossen, wäre mit an Sicherheit grenzender Wahrscheinlichkeit die Gesundheitsverletzung des M verhindert worden. Das Unterlassen ist daher kausal.

b) Zweifel hinsichtlich der Adäquanz und des Schutzzweckes der Norm bestehen nicht.

4. Rechtswidrigkeit und Verschulden liegen vor.

5. Der Tatbestand des § 823 Abs. 1 (Gesundheitsverletzung) ist daher erfüllt.

2. Einschränkungen

132   Erforderlich ist ein Korrektiv, das den Kreis der naturwissenschaftlichen Folgen (einer Handlung) im Interesse billiger Ergebnisse auf die zurechenbaren Folgen einschränkt.[207] Dabei handelt es sich nicht um eine Frage der (naturwissenschaftlichen) Kausalität, sondern der wertenden Einschränkung der Zurechnung im Interesse der Billigkeit.[208] Diese Beschränkungen gelten nach h.L. sowohl für die haftungsbegründende als auch die haftungsausfüllende Kausalität.

a) Adäquanztheorie

133   Adäquat kausal ist jeder Umstand, der generell geeignet ist, den Verletzungserfolg herbeizuführen. Die adäquate Verursachung fehlt, wenn

---

[206] BGH NJW 1968, 1182.
[207] So BGHZ 3, 261, 267.
[208] BGHZ 3, 261; vgl. RGZ 158, 34, 38 „Silberfüchse"-Fall.

der Erfolg völlig außerhalb aller Wahrscheinlichkeit liegt, insbesondere nur durch ein völlig ungewöhnliches Zusammenwirken mehrerer Umstände verursacht worden ist. In der Rechtsprechung sind folgende Formeln gängig: Ein adäquater Zusammenhang liegt vor, wenn eine Tatsache im Allgemeinen und nicht nur unter besonders eigenartigen, ganz unwahrscheinlichen und nach dem regelmäßigen Verlauf der Dinge außer Betracht zu lassenden Umständen zur Herbeiführung eines Erfolges geeignet war.[209] Erforderlich ist, dass eine Bedingung die objektive Möglichkeit eines Erfolges von der Art des eingetretenen generell in nicht unerheblicher Weise erhöht hat.[210]

Bei der wertenden Würdigung sind alle zurzeit der Schädigung dem optimalen Beobachter erkennbaren Umstände sowie die dem Schädiger darüber hinaus bekannten Umstände zu berücksichtigen. Es ist das gesamte im Zeitpunkt der Beurteilung zur Verfügung stehende Erfahrungswissen heranzuziehen.[211]

Beispiele:
– Durch das Fahrverhalten des A wird ein Unfall verursacht. Es liegt nicht außerhalb aller Wahrscheinlichkeit, dass die nachfolgenden Pkw über den Radweg und Fußweg fahren und diese erheblich beschädigen, wenn die Straße blockiert ist. Erfahrungsgemäß gibt es immer wieder Fahrer in diesen Fällen, die – verkehrswidrig und strafbar (§ 303 StGB) – nicht so lange warten, bis die Weiterfahrt auf der Straße möglich ist; die Reaktion des nachfolgenden Verkehrs liegt deshalb im Rahmen des Voraussehbaren[212] (BGHZ 58, 162 „Grünstreifen"-Fall; vgl. unten § 16 Rn. 145).
– B setzt den K so in Erregung, dass dieser einen Schlaganfall erleidet. Dass diese Gesundheitsverletzung möglicherweise nur eingetreten ist, weil K an Bluthochdruck (Hypertonie) leidet, steht einer Schadensersatzpflicht des B nicht entgegen: Dem Schädiger sind auch die Auswirkungen einer Verletzungshandlung zuzurechnen, die sich erst deshalb ergeben, weil der Verletzte bereits einen Körperschaden oder eine sonstige konstitutionelle Schwäche (sog. Schadensanlage) hat (BGHZ 107, 359, 363; vgl. unten § 16 Rn. 138).

Ein Teil der Lehre beschränkt die Adäquanztheorie auf die haftungsausfüllende Kausalität (als Korrektiv für das dort fehlende Erfordernis des Verschuldens vgl. unten § 16 Rn. 176).[213] Ein Teil der Lehre lehnt die Adäquanztheorie als zur sachgerechten Einschränkung der Zurechnung ungeeignet ganz ab.

---

[209] RGZ 133, 126, 127.
[210] BGHZ 3, 261.
[211] BGHZ 3, 261.
[212] Problematisch ist aber die Zurechnung wegen des vorsätzlichen Verhaltens Dritter (Herausforderung).
[213] Zweifel an der Notwendigkeit im Rahmen der haftungsbegründenden Kausalität äußert auch BGH NJW 1993, 2234.

134

Fall (BGHZ 3, 261):

Weil B die Breite seines Schiffes auf Anfrage zu gering angibt, werden die Schiffe des K und B nebeneinander in die Schleuse gefahren, obwohl die Schleuse dafür bei Ablassen des Wassers nicht breit genug ist. Der Schleusengehilfe nimmt in Abwesenheit des an sich befugten Schleusenmeisters die Schleusung vor. Beim Absenken des Wassers verklemmen sich beide Schiffe in der Schleuse. Zur Beseitigung der Verklemmung erhöht der Schleusengehilfe den Wasserspiegel, jedoch ohne Erfolg. Weil der Strom ausfällt und das Notaggregat nicht anspringt, kann der Wasserzustrom nicht gestoppt werden, sodass das Schiff des K überflutet wird und sinkt. K verlangt von B Ersatz.

Lösung:

Anspruchsgrundlage ist § 823 Abs. 1.

1. Das Eigentum am Schiff des K wird verletzt.

2. B gibt die Breite seines Schiffes unrichtig an (Verletzungshandlung).

3. Diese Eigentumsverletzung müsste dem Verhalten des B zuzurechnen sein.

   a) Das Verhalten des B ist kausal i. S. der Äquivalenztheorie. Hätte B nicht die falsche Breite angegeben, dann wären die beiden Schiffe nicht zusammen geschleust worden, das Schiff des K nicht eingeklemmt und dann überflutet worden. Die unrichtige Angabe der Breite durch B ist also für die Eigentumsverletzung am Schiff des K (mit) ursächlich.

   b) Adäquate Kausalität: Adäquat kausal ist jeder Umstand, der generell geeignet ist, einen konkreten Erfolg allein oder im Zusammenwirken mit anderen Umständen herbeizuführen. Die adäquate Verursachung fehlt, wenn der Erfolg nur deshalb eingetreten ist, weil ungewöhnliche Umstände zusammengewirkt haben.

   Im vorliegenden Fall ist das Schiff des K nur gesunken, weil es zu einer unglücklichen Verkettung von etlichen Umständen kam; nämlich (u. a.) folgende Umstände zusammengetroffen sind: Der Schleusenmeister ist nicht anwesend. Der Schleusengehilfe übernimmt – verbotswidrig – das Schleusen. Es wird zu spät bemerkt, dass die Schiffe sich verklemmen können; die Schleusung kann deshalb nicht gestoppt werden. Die Zufuhr von Wasser ist – anders als zu erwarten wäre – bei der starken Verklemmung nicht geeignet, die Kollision zu beheben. Der Strom fällt aus. Das Notstromaggregat lässt sich nicht einschalten.

   Man muss also fragen, ob die Eigentumsverletzung dem B noch zugerechnet werden kann, weil erst noch diese weiteren späteren Umstände zur Herbeiführung des Verletzungserfolges hinzutreten müssen. Der Eintritt eines jeden dieser Umstände – für sich genommen – entspricht durchaus der Lebenserfahrung und ist vom Standpunkt eines optimalen Beobachters generell geeignet, einen solchen Erfolg herbeizuführen. Dass aber im entscheidenden Moment alle Einzelursachen zusammentreffen, könnte als außergewöhnliche und besonders unglückliche Verkettung der Umstände anzusehen sein. Der BGH hat ein Fehlen der Adäquanz für denkbar gehalten und die Sache zur weiteren tatsächlichen Aufklärung an die Vorinstanz zurückverwiesen. Ob die Adäquanz heute angesichts der hohen Sicherheitserwartungen und -standards zu verneinen wäre, erscheint sehr zweifelhaft.

4. Ergebnis: Bejaht man die Adäquanz, ist ein Anspruch aus § 823 Abs. 1 gegeben.

Fall (OLG Köln NJW 1982, 2260):   135

L unterhält intime Beziehungen zur Ehefrau des G. Frau G hält sich in der im zweiten Stock liegenden Wohnung des L auf, als Herr G in Begleitung eines Freundes dort laut schimpfend Einlass verlangt, um seine Frau herauszuholen. L löscht das Licht und öffnet nicht. Herr G steigt über ein Zimmerfenster gewaltsam ein, laut schimpfend und drohend gestikulierend. L weicht zurück, springt aus Angst, zusammengeschlagen zu werden, aus dem Fenster und verletzt sich dabei schwer. Ansprüche des L gegen Herrn G?

Lösung:

Anspruch auf Schadensersatz aus § 823 Abs. 1?
1. Körperverletzung (+)
2. Drohen durch Eindringen, Beschimpfen und Gestikulieren des G als positives Tun
3. Zurechnung?
   a) Äquivalenz in Form der psychischen Kausalität (+) G hat durch sein (drohendes) Verhalten eine Bedingung für die Körperverletzung gesetzt. Wäre er nicht in die Wohnung eingedrungen, dann wäre L nicht aus dem Fenster des zweiten Stocks gesprungen.
   b) Adäquanz (+) „Es ist nicht gänzlich unwahrscheinlich, dass jemand, der nach gewaltsamen Eindringen eines Fremden in seine Wohnung für Leib oder Leben fürchtet, auch einen gefährlichen Fluchtweg benutzt."[214]
   c) Im Hinblick auf den Schutzzweck der Norm bestehen keine Zweifel.
4. Rechtswidrigkeit und Verschulden (+)
5. Ergebnis: § 823 Abs. 1 (+)

b) Schutzzweck der Norm

Die **Lehre vom Schutzzweck (Schutzbereich) der Norm** ist neben der   136
Adäquanztheorie als weiteres wertendes Zurechnungskriterium anerkannt, weil die Formel von der adäquaten Kausalität nicht immer ausreicht, um die Haftung gerecht zu begrenzen.[215] Sie ist im Rahmen der haftungsbegründenden und haftungsausfüllenden Kausalität, in deren Rahmen diese Lehre an sich entwickelt worden ist, zu prüfen.

Die Rechtsgutverletzung (bzw. der Schaden bei der haftungsausfüllenden Kausalität) muss in den Schutzbereich der verletzten Norm bzw. des geltend gemachten Schadensersatzanspruchs fallen.[216] Entscheidend dafür ist, ob die vom Schädiger verletzte Norm gerade dazu dient, den eingetretenen Verletzungserfolg zu verhindern. Daran fehlt es, wenn die Rechtsgutverletzung (bzw. Schaden) nicht mehr eine spezifische Auswirkung derjenigen Gefahren ist, für welche die geltend gemachte Vor-

---

[214] OLG Köln NJW 1982, 2260, 2261 prüft die haftungsausfüllende Kausalität, meint aber die haftungsbegründende.
[215] So BGHZ 27, 137, 139 f.
[216] BGHZ 27, 137, 140 ff.; 107, 359, 364.

schrift schadlos halten will; dies trifft vor allem bei Rechtsgutverletzungen (bzw. Schäden) zu, in denen sich ein eigenständiger, anderer Gefahrenkreis verwirklicht hat. Für die Prüfung muss im Einzelfall die verletzte Verhaltensnorm und deren Sinn und Tragweite ermittelt werden.

137

Fall (BGHZ 115, 84 „Panik im Schweinestall"):

L ist Eigentümer eines landwirtschaftlichen Hofes, in dessen Stallungen er u. a. eine Schweinezucht in Intensivtierhaltung betreibt. Autofahrer A stößt infolge einer Vorfahrtverletzung an einer Kreuzung mit einem anderen Pkw zusammen. An beiden Fahrzeugen entsteht nur leichter Sachschaden. Schlimmere Folgen hat der Unfall im Schweinestall, der ca. 50 m von der Unfallstelle entfernt liegt: Die „Schweine quieken und kreischen, wie wenn sie geschlachtet würden." L muss feststellen, „dass die Schweine [infolge der Unfallgeräusche] in Panik geraten waren und sich wie wilde Tiere gebärdeten; einige lagen bereits verendet auf dem Boden, andere bluteten." Sechs hochtragende Jungsauen sind verendet. L verlangt von A 9.000 € Schadensersatz. Zu Recht?

Lösung:

1. § 7 Abs. 1 StVG?
   Der Tod der Schweine ist nach § 90 a als Sachbeschädigung zu werten.
   a) Fraglich ist, ob diese Rechtsgutverletzung „bei dem Betrieb" des von A gehaltenen Kfz erfolgte (Frage der Haftungsbegründung). Der von A verursachte Unfall ist (psychisch) kausal im Sinne der Äquivalenztheorie („conditio sine qua non"). Die Formulierung „bei dem Betrieb" fordert jedoch einen spezifischen Zusammenhang: Die vom Kfz als solchem ausgehende Gefahr muss sich auf den Schadensablauf ausgewirkt haben, dieser muss in spezifischer Weise durch das Kfz mitgeprägt worden sein. Ob dies der Fall ist, muss in einer am Schutzzweck der Haftungsnorm orientierten wertenden Betrachtung beurteilt werden. Im Schadensfall hat sich in erster Linie das Risiko verwirklicht, das L selbst dadurch geschaffen hat, dass er die Schweine unter Bedingungen aufgezogen hat, die sie für jegliche Geräusche besonders anfällig machen und zu Panikreaktionen führen können. Die Panikreaktion der Schweine ist in erster Linie auf die ungewöhnliche Empfindlichkeit der Schweine infolge der Aufzuchtbedingungen zurückzuführen. Die entscheidende und eigenständige Schadensursache liegt damit in den Aufzuchtbedingungen, die L selbst geschaffen hat. Es hat sich ein gegenüber der Betriebsgefahr eigenständiger Gefahrenkreis verwirklicht, für den die Haftungsvorschrift den Verkehr nicht schadlos halten will.
   b) Ein Anspruch aus § 7 Abs. 1 StVG scheidet damit aus.
2. § 823 Abs. 1?
   a) Eigentumsverletzung: + (Schweine des L)
   b) Die Vorfahrtverletzung des A ist für die Eigentumsverletzung i. S. der Äquivalenztheorie kausal.
   c) Es liegt auch nicht außerhalb aller Wahrscheinlichkeit, dass Tiere durch einen lauten Knall in Panik geraten (Adäquanz).

d) Schutzzweck der Norm? Für § 823 Abs. 1 ist die Frage zu stellen, ob die fahrlässig verletzte Pflicht zur Vorfahrtsgewährung vor solchen Eigentumsverletzungen (Gefahren) schützen will. Das ist aus den oben genannten Gründen zu verneinen: Es hat sich eine andere Gefahr verwirklicht als die, vor der die von A verletzte Sorgfaltspflicht schützen will.

e) Ergebnis: kein Schadensersatzanspruch aus § 823 Abs. 1.

Fall (BGHZ 107, 359):   **138**

B verursacht schuldhaft einen Verkehrsunfall, indem er die Vorfahrt missachtet und das Kfz des K anfährt. Nachdem B den K vor der Polizei als wahren Schuldigen darzustellen versucht hat, bekommt K, der an Bluthochdruck leidet, einen Schlaganfall. Der seitdem arbeitsunfähige K verlangt von B Ersatz der durch den Schlaganfall erlittenen Schäden.

Lösung:

I. K könnte einen Schadensersatzanspruch aus § 823 Abs. 1 haben.

1. Folgeschaden aus Eigentumsverletzung

    a) B beschädigt durch vorschriftswidriges Fahrverhalten, äquivalent und adäquat kausal, rechtswidrig und schuldhaft das Kfz des K und erfüllt damit den haftungsbegründenden Tatbestand.

    b) Es scheitert aber die haftungsausfüllende Zurechnung: Die Eigentumsverletzung (erste Rechtsgutverletzung) ist zwar äquivalent und adäquat kausal für die Auseinandersetzung zwischen K und B vor der Polizei und den folgenden Schlaganfall (weitere Rechtsgutverletzung). Jedoch liegt der durch die Beschuldigung gegenüber der Polizei hervorgerufene Gesundheitsschaden außerhalb des Schutzzweckes der Pflicht zur Vorfahrtsgewährung (vgl. voranstehenden Fall).[217]

2. (Folgeschaden aus) Gesundheitsverletzung infolge des Fahrfehlers

    a) Der Schlaganfall des K stellt eine Gesundheitsverletzung dar.

    b) Der Fahrfehler des B führt die Gesundheitsverletzung kausal i.S. der Äquivalenztheorie herbei (ohne Unfall keine Vorhaltungen vor der Polizei, ohne Vorhaltungen vor der Polizei kein Schlaganfall). Es liegt psychische Kausalität vor, weil die Gesundheitsverletzung nicht auf einem physischen Eingriff beruht. Dies steht der Kausalität i.S. der Äquivalenztheorie aber nicht entgegen.

    c) Die Schadensanlage des K (Bluthochdruck) lässt die Rechtsgutverletzung nicht als unwahrscheinlich und ungewöhnlich erscheinen und steht einer adäquaten Kausalität damit nicht entgegen (Adäquanz).

    d) Es fehlt jedoch am Schutzzweckzusammenhang zwischen Fahrfehler und Gesundheitsverletzung. § 8 StVO (Vorfahrt) „will keinen Schutz davor gewähren, dass ein durch ihre Missachtung verursachter Unfall auf die vom Kläger behauptete Weise durch Belastungen, die der Geschädigte erst durch Aufregung im Zusammenhang mit der Unfallaufnahme

---

[217] Im BGH-Fall fehlte im Klagevortrag (u.a.) jeder Anhalt dafür, dass der zum Schlaganfall führende Erregungszustand durch die Aufregung über die Beschädigung des Kfz ausgelöst wurde (BGHZ 107, 359, 362).

erfährt, zu einem Schlaganfall führt".[218] Es realisieren sich nicht die Gefahren, welche die verletzte Verhaltensnorm verhüten will; denn § 8 StVO will nur die Gesundheitsschäden verhindern, die mit den Unfallrisiken im Verkehr in einem inneren Zusammenhang stehen. Der Schutz vor Gefahren aus Verhalten des Schädigers nach dem Unfallgeschehen wird von § 8 StVO nicht erfasst.

3. (Folgeschaden) aus Gesundheitsverletzung infolge der Vorhaltungen des B nach dem Unfall.

a) Die Vorhaltungen (Handlung des B) sind für die Gesundheitsverletzung des K (Schlaganfall) kausal i. S. der Äquivalenz- und Adäquanztheorie.

b) Das Verhalten des B ist jedoch nicht rechtswidrig: Der Versuch eines Unfallbeteiligten, nach dem Unfall einen anderen als Schuldigen darzustellen, überschreitet grundsätzlich nicht das Maß, das jeder Verkehrsteilnehmer nach einem Unfall ohne Anspruch auf Schadensersatz hinnehmen muss (zur Lehre vom Handlungsunrecht bei mittelbarer Verletzung – hier durch psychische Kausalität – vgl. unten § 16 Rn. 158).

c) Folgt man dagegen der Lehre vom Erfolgsunrecht, dann ist zwar Rechtswidrigkeit gegeben, es fehlt aber am Verschulden.

4. Für einen Anspruch aus § 823 Abs. 2 i. V. m. § 8 StVO (Vorfahrt) gilt Entsprechendes.

5. Dass B gegen §§ 164 ff., 185 ff. StGB verstoßen hat und deshalb nach § 823 Abs. 2 schadensersatzpflichtig ist, ist nach dem Sachverhalt nicht zu begründen.

6. Ansprüchen aus § 7 Abs. 1 und § 18 Abs. 1 StVG steht entgegen, dass der Schaden nicht mit der Betriebsgefahr im inneren Zusammenhang steht (vgl. schon vorstehend). Die von dem Kfz als solchem ausgehenden Gefahren müssen sich realisieren (Zusammenhang zwischen Betriebsgefahr und Schaden). Im Fall hat sich aber ein eigenständiger Gefahrenkreis verwirklicht (allgemeines Lebensrisiko), der dem Schädiger nicht zuzurechnen ist.

7. Ergebnis: K hat keine Schadensersatzansprüche.

139   **Vertiefungshinweis:** Fälle zur haftungsbegründenden Kausalität
Bei den nachfolgend angeführten Fällen hat die Rechtsprechung teilweise die haftungsausfüllende Kausalität geprüft; dogmatisch korrekt ist in den Fällen aber eine Prüfung der (vorrangigen) Frage der Haftungsbegründung.
1. Adäquanz
– BGHZ 79, 259 = NJW 1981, 983: Einsturz eines Daches von unstabilem Zustand durch Luftdruck bei Überfliegen mit Hubschrauber – Anspruch aus § 33 LuftVG (§ 823 Abs. 1 wird nicht geprüft) – Adäquanz bejaht.
– OLG Karlsruhe MDR 1993, 29: Herzinfarkt aus Erregung über Rauferei unter Hunden – Anspruch aus § 833 S. 1 – keine Adäquanz.
– RGZ 81, 359: Beschädigung einer Sache wegen schlechten Wetters bei der verspäteten, zu vertretenden Erfüllung eines Schleppvertrages – Anspruch aus pVV – Adäquanz bejaht.
– RGZ 158, 34, 38 „Silberfüchse"-Fall: Tierschäden wegen des Anblicks und der Geräusche in großer Höhe ruhig dahinfliegender Flugzeuge und ungewöhnlicher Empfindlichkeit der Tiere – Anspruch aus § 19 LuftVG (§ 823 Abs. 1 wurde nicht geprüft) – keine Adäquanz.

---

[218] BGHZ 107, 359, 364.

2. Schutzzweck der Norm
   - BGH LM § 823 (A) Nr. 50 = NJW 1977, 2264, 2265: Blockierung einer Zufahrtstraße zu Betriebsgrundstück durch Einsatzfahrzeuge zur Sicherung und Überwachung einer Brandstätte auf einem anderem Grundstück – Anspruch aus § 823 Abs. 1 (Eigentum, Bewegungsfreiheit, eingerichteter und ausgeübter Gewerbebetrieb) – Schutzzweckzusammenhang verneint.
   - BGH NJW 1977, 2264, 2265 (Beispiel nur als obiter dictum): nachfolgende Verkehrsteilnehmer erleiden wegen eines durch einen Unfall verursachten Verkehrsstaus Vermögens(folge)schäden – Der BGH prüft nur § 823 Abs. 2 i. V. m. den verletzten Verkehrsvorschriften; doch gilt für § 823 Abs. 1 (Verletzung der Freiheit) nichts anderes – Schutzzweckzusammenhang verneint.

3. Zusammenfassung

Haftungsbegründende Zurechnung   **140**

= Kausal- und Zurechnungszusammenhang zwischen dem Verhalten und der ersten Rechts-(gut-)verletzung (haftungsbegründende Kausalität) (§ 16 Rn. 124)

1. Äquivalent kausal
   Äquivalenztheorie (= Gleichwertigkeit aller Bedingungen): Ursächlich ist jede Bedingung, ohne die der konkrete Erfolg (Rechts[gut]verletzung) nicht eingetreten wäre (conditio sine qua non) (§ 16 Rn. 125); bei Unterlassen: Pflichtgemäßes Handeln hätte den Verletzungserfolg mit an Sicherheit grenzender Wahrscheinlichkeit verhindert (§ 16 Rn. 130).

2. Adäquat kausal
   Adäquanztheorie: Das zum Schaden führende Ereignis muss im Allgemeinen und nicht nur unter besonders eigenartigen, unwahrscheinlichen und nach dem gewöhnlichen Verlauf der Dinge außer Betracht zu lassenden Umständen geeignet sein, einen Erfolg der eingetretenen Art herbeizuführen (§ 16 Rn. 133).

3. Schutzzweck der Norm
   Die Norm muss dazu dienen, den konkreten Verletzungserfolg zu verhindern. Das ist nicht der Fall, wenn sich in der Rechts-(gut-)verletzung nicht die Gefahr verwirklicht, vor der die Vorschrift schützen will (§ 16 Rn. 136).

II. Sonderfälle

1. Schockschäden

Der Geschädigte erleidet eine Gesundheitsverletzung (seelische Erschütterung, Nervenschock). Diese wird aber nicht durch physische Einwirkung auf die Person verursacht, sondern stellt eine psychische Reaktion des Verletzten dar (sog. **psychische Kausalität**).   **141**

Beispiel:
Als die Ehefrau vom tödlichen Unfall ihres Ehemannes, den ein Dritter (B) verursacht hat, hört, erleidet sie einen Nervenzusammenbruch, dessen Behandlung Kosten verursacht. Es stellt sich die Frage, ob die Ehefrau diesen Schaden von B ersetzt verlangen kann.

Der Schädiger hat dann nicht nur sein unmittelbares Opfer (Ehemann bei Unfall) verletzt, sondern auch die (benachrichtigte) Ehefrau, deren Gesundheit verletzt wird (eigene Rechtsgutverletzung) und der ein eigener Schaden entsteht. Dieser durch die Gesundheitsverletzung entstandene Schaden (sog. **Schockschaden**) ist vom Schädiger grundsätzlich zu ersetzen.[219]

142   Die Rechtsprechung[220] knüpft die Ersatzfähigkeit solcher Schockschäden aber an folgende Voraussetzungen:

1. Erforderlich ist eine eigene Körper- und Gesundheitsverletzung i.S. des § 823 Abs. 1, die nach Art und Schwere über die bloßen gesundheitlichen Beeinträchtigungen hinausgehen, denen nahe Angehörige bei Todesnachrichten erfahrungsgemäß ausgesetzt sind. Begründet wird das restriktive Verständnis mit der Abgrenzung zum allgemeinen Lebensrisiko und der grundsätzlichen Beschränkung der Deliktshaftung auf den Schaden des „unmittelbar" Verletzten.[221]

Beispiel:
Schmerz, Trauer, Niedergeschlagenheit und bloß seelische Erschütterungen reichen nicht aus, erforderlich ist eine traumatische Beeinträchtigung der physischen und psychischen Gesundheit, die medizinisch fassbar ist und deshalb Krankheitswert besitzt.

2. Der Schock muss eine nachvollziehbare Reaktion sein (Adäquanz). Dies ist bei einem schweren Unfall regelmäßig der Fall.

3. Eine Ersatzpflicht für Schockschäden infolge Benachrichtigung[222] entsteht deshalb nur bei nahen Angehörigen.

Dass ein „normaler" Unfall oder der Unfall einer dem (psychisch) Geschädigten nicht nahe stehenden Person auch einen psychischen Schock herbeiführt, ist dagegen so ungewöhnlich, dass man die Voraussehbarkeit einer Gesundheitsbeschädigung verneinen muss und dem Schädiger diese Schadensfolge billigerweise nicht zuzurechnen ist.[223] In der Literatur ist umstritten, ob ein Schockschaden auch bei anderen Er-

---

[219] Terminologisch ist zwischen dem Schaden (Verminderung des Vermögens etwa durch Kosten einer ärztlichen Behandlung) und der Rechtsgutverletzung (seelische Beeinträchtigung) zu unterscheiden. Die Rechtsprechung spricht teilweise von „Schockschaden", meint aber die Rechtsgutverletzung.

[220] Grundlegend BGHZ 56, 163; vgl. auch LG Köln NJW-RR 2005, 704, 706.

[221] Vgl. BGH VersR 1989, 853 (kein Ersatz für wegen Trauer der Eltern nicht angetretener Urlaubsreise).

[222] Vgl. dagegen BGH VersR 1986, 240 für den Schockschaden eines Unfallbeteiligten.

[223] Vgl. BGHZ 56, 163, 170.

eignissen (als Unfällen) und bei anderen Personen (als nahen Angehörigen) zu ersetzen ist. Dies ist mit Rücksicht auf die Adäquanz und Schutzzweck der Norm zu entscheiden.

Beispiele: 143
– Der Ehemann der Klägerin wird bei einem Autounfall von B tödlich verletzt. Die Klägerin K verlangt vom Unfallverursacher Ersatz für den Gesundheitsschaden, den sie bei Benachrichtigung vom Unfall erlitten hat. Der BGH bejaht einen Schadensersatzanspruch aus § 823 Abs. 1, weil eine schwere Beeinträchtigung der Gesundheit gegeben ist, die über eine bloß übliche seelische Beeinträchtigung hinausgeht, und es sich um die Ehefrau, also eine nahe Angehörige handelt.[224]
– Die drei Kinder der Eltern E sind bei einem von B verschuldeten Unfall ums Leben gekommen. Die E erleiden dadurch schwere psychische und physische Folgen (OLG Nürnberg NZV 1996, 367; vgl. dazu BVerfG VersR 2000, 897).
Begründet ist ein Schadensersatzanspruch gegen B aus § 823 Abs. 1. (1) Die E haben eine Gesundheitsverletzung erlitten (sog. Schockschaden). (2) Diese ist dem B auch zuzurechnen. (a) Es liegt psychische Kausalität vor. (b) Die vom BGH entwickelten normativen Kriterien zur Zurechnung von sog. Schockschäden liegen vor: (aa) Die Gesundheitsverletzung überschreitet die Grenzen bloßer seelischer Erschütterung. (bb) Es ereignete sich ein schwerer Unfall, bei dem (cc) die Kinder ums Leben kamen. (3) Rechtswidrigkeit und Verschulden liegen vor. (4) B ist zum Ersatz des materiellen und immateriellen Schadens verpflichtet.

2. Rechts-(gut-)verletzung und Schadensverursachung durch Dritte

In bestimmten Fällen verletzt der Schädiger das Rechtsgut eines Ge-   144
schädigten; daraufhin verursacht ein **Dritter** einen (weiteren) Schaden an einem anderen Rechtsgut des Geschädigten oder an einem Rechtsgut einer anderen Person.

Beispiel:
– (Erst-)Schädiger S verletzt den G bei einer Schlägerei. In der Notfallstation rutscht dem behandelnden Arzt das Skalpell ab und verursacht eine Stichverletzung an dem vorher unverletzten Bein des G.
– (Erst-)Schädiger S setzt das Haus des D fahrlässig in Brand. Die anrückende Feuerwehr setzt Löschwasser ein, das an die Wände des Nachbarhauses des G spritzt, dieses beschmutzt und dadurch beschädigt.

Es stellt sich die Frage, ob auch die durch den Dritten verursachte andere oder weitere Rechtsgutverletzung dem (Erst-)Schädiger zuzurechnen ist.

---

[224] BGHZ 56, 163. Der BGH berücksichtigt das Mitverschulden des getöteten Ehemannes bei der Bemessung des eigenen Anspruchs der durch mittelbare Verursachung geschädigten Ehefrau durch entsprechende Anwendung des § 254 BGB, in dem sich der allgemeinere Rechtsgedanke des § 242 BGB ausprägte (vgl. § 27 Rn. 1).

145

Fall (BGHZ 58, 162 „Grünstreifen"-Fall):[225]

Fahrzeughalter B verursacht einen Autounfall. Weil B und der andere un-fallbeteiligte Fahrer ihre beschädigten Fahrzeuge bis zum Eintreffen der Poli-zei am Unfallort auf der Straße stehen lassen, werden die nachfolgenden Fahrzeuge an der Weiterfahrt behindert. Um das Hindernis zu passieren, fah-ren sie deshalb über den angrenzenden Geh- und Radweg und beschädi-gen diese. Die Stadt K, Eigentümerin des Geh- und Radweges, verlangt dafür von B Schadensersatz, weil die Fahrzeugführer nicht ermittelt werden konn-ten.

Lösung:

I. Das zum Unfall führende Fahrverhalten des B[226]

1. B könnte als Kfz-Halter den Tatbestand des § 7 Abs. 1 StVG (vgl. unten § 21 Rn. 7 ff.) erfüllen. Eine Rechtsgutverletzung in Form der Verletzung des Eigentums der Stadt K liegt vor.

a) Fraglich ist der Zurechnungszusammenhang zwischen dem Kfz-Betrieb (Betriebsgefahr) und der Beschädigung der Wege (nur das prüfte der BGH zunächst). Kausalität i. S. der Äquivalenztheorie ist gegeben. Sie wird nicht durch die eigenverantwortliche Handlung der nachfolgenden Kfz-Fahrer un-terbrochen. Denn nur, wenn die erste Ursache für das zweite Ereignis völlig unerheblich ist, kann von einem Unterbrechen des Kausalverlaufs gesprochen werden (vgl. oben § 16 Rn. 129). Daran fehlt es hier aber, weil das Verhalten des B die Reaktion der Kfz-Fahrer gerade veranlasst hat.

b) Fraglich ist die Adäquanz. Dass ungeduldige Fahrer über den Gehweg fahren, liegt nicht außer aller Wahrscheinlichkeit, vielmehr entspricht es der allgemeinen (Lebens-)Erfahrung. Insoweit lässt sich die Zurechnung nicht verneinen.

c) Fraglich ist aber, ob der durch die Tatbestandsvoraussetzung „bei dem Betrieb" geforderte spezifische Schutzzweckzusammenhang besteht. Es stellt sich die Frage, ob die Beschädigung der Wege mit dem Kfz-Betrieb des B noch in einem schutzzweckspezifischen Zusammenhang steht. Wer die Verkehrssicherheit gefährdet und deshalb Rechtsgüter verletzt, haftet daraus nur für die Schäden, die mit der Verkehrsicherheit in einem spezifischen bzw. typischen Zusammenhang stehen. Im Fall stellt sich die Frage, ob die durch das Verhalten des B verletzte Ver-kehrssicherheit mit der Beschädigung der Wege spezifisch zusammen-hängt. Der von B verursachte Unfall gibt hier nur den Anlass und Moti-vation für das Überfahren der Wege. Das Überfahren der Wege beruht darüber hinaus auf einer freien Entscheidung; es geschieht nicht mit Rücksicht auf die Verkehrssicherheit, die durch die zum Unfall führende

---

[225] Das OLG Düsseldorf (NJW 1955, 1030) bejahte in einem ähnlich gelagerten „Grünstreifen-Fall" eine Schadensersatzpflicht des Unfallverursachers, ging in der Entscheidungsbegründung aber nur auf die Problematik der Unterbrechung der Kau-salität und der Adäquanz, nicht aber des Schutzzweckes der Norm ein.

[226] Der BGH (Z 58, 162, 169 „Grünstreifen"-Fall) trennt bei Prüfung der Haf-tungsbegründung zwischen der Verursachung des Unfalls und dem Stehen lassen des Kfz nach dem Unfall.

Betriebsgefahr und das Fahrverhalten des B beeinträchtigt wird.[227] Zur Begründung eines zurechenbaren Zusammenhanges reicht dies nicht aus.[228]

2. Für einen Anspruch aus § 823 Abs. 1, § 823 Abs. 2 i.V.m. StVO und § 18 Abs. 1 StVG gilt Entsprechendes (das zum Unfall führende Verhalten als schädigende Handlung).

II. Stehen lassen des Kfz nach dem Unfall

1. Anspruch aus § 7 Abs. 1 StVG wegen verbotswidrigem Stehen lassen des Kfz nach dem Unfall?

Der Schadensersatzanspruch könnte darauf beruhen, dass B sein Kfz auf der Straße stehen lässt und dadurch zurechenbar die Beschädigung der Wege verursacht.[229] Bejaht man den haftungsbegründenden Tatbestand (vgl. unten § 16 Rn. 145), so stellt sich die Frage, ob der Gehwegschaden dem Schädiger B zuzurechnen ist. Das Verbot, den Verkehr am Weiterfahren nicht zu behindern (vgl. § 1 Abs. 2 StVO), soll den Verkehrsfluss gewährleisten. Jedoch soll diese Pflicht wohl vor Schäden schützen, die durch die Verkehrsbehinderung entstehen, nicht aber vor Schäden, die Dritte dadurch verursachen, dass sie sich aus eigenem Entschluss die Weiterfahrt ermöglichen. Die haftungsausfüllende Zurechnung ist deshalb zu verneinen.

2. Für Ansprüche aus § 823 Abs. 1 und § 823 Abs. 2 i.V.m. § 1 Abs. 2 StVO gilt Entsprechendes.

Vertiefungshinweis: Rechtsgutverletzung durch Dritte und Haftungsbegründung bzw. Haftungsausfüllung   **146**

Wird ein weiteres Rechtsgut durch einen Dritten verletzt, so stellt sich die Frage, bei welchem Prüfungspunkt diese Problematik dogmatisch einzuordnen ist. Es ist zu differenzieren zwischen der Verletzung eines weiteren Rechtsgutes eines Geschädigten und der Verletzung eines Rechtsgutes eines zunächst Unbeteiligten.

---

[227] Entscheidend ist eine Abgrenzung der Verantwortungsbereiche nach der Rechts- und Verkehrsordnung. Der Fahrer und Halter des (am Verkehrsunfall beteiligten) Lkw sind verantwortlich für den Zusammenstoß und die Folgen für andere Verkehrsteilnehmer, die etwa in den Unfall verwickelt worden sind, sowie für alle durch den Zusammenstoß in Mitleidenschaft gezogenen Sachen. In den Pflichtenkreis von Fahrer und Halter fällt nicht mehr das, was sich, nachdem das Unfallgeschehen beendet ist, dadurch ereignet, dass die nachfolgenden, schon zum Halten gelangten Kraftfahrer über den Rad- und Gehweg fahren, um schnell vorwärts zu kommen. Um dies zu verhindern, ist der Lkw-Fahrer und Halter weder in der Lage noch verpflichtet.

[228] Der Schutzzweckzusammenhang müsste bejaht werden, wenn das nachfolgende Kfz einen Unfall, der sich in einer Kurve ereignet hat, zu spät sieht und auf den Rad- und Gehweg ausweicht, um einen Auffahrunfall zu verhindern. Derjenige, der den Unfall verursacht hat, haftet dann auch für die Beschädigung des Rad- und Gehweges. Vgl. dagegen BGH VersR 2004, 529 (dem Verursacher eines Erstunfalls ist ein Zweitunfall nicht zuzurechnen, wenn die Unfallstelle des Erstunfalls völlig ordnungsgemäß abgesichert wurde).

[229] Der BGH weist ausdrücklich darauf hin, dass eine so begründete Haftung rechtlich von der Haftung aus dem vorausgegangenen Verhalten für die eigentlichen Unfallfolgen zu trennen ist (BGHZ 58, 162, 169). Weil der Kläger dies im BGH-Fall nicht geltend gemacht hat, nahm der BGH dazu auch nicht weiter Stellung.

1. Verletzung eines weiteren Rechtsgutes des Geschädigten
In diesem Fall (vgl. das Notfall-Beispiel oben § 16 Rn. 144) stellt sich die Frage im haftungsausfüllenden Tatbestand. Eine erste Rechtsgutverletzung ist bereits festgestellt und erfüllt den haftungsbegründenden Tatbestand. Zu prüfen ist, ob die weitere Rechtsgutverletzung des Geschädigten dem (Erst)Schädiger zuzurechnen ist. Das ist ein Problem der Haftungsausfüllung (vgl. unten § 16 Rn. 186 ff.).[230]

2. Verletzung eines Rechtsgutes eines zunächst Unbeteiligten
In diesem Fall (Feuerwehr-Beispiel oben § 16 Rn. 144; BGHZ 58, 162 „Grünstreifen"-Fall, § 16 Rn. 145) stellt sich die Problematik im haftungsbegründenden Tatbestand. Die Rechtsgutverletzung des zunächst Unbeteiligten ist die erste Rechtsgutverletzung, die für den Unbeteiligten den Tatbestand des § 823 Abs. 1 erst begründet.

3. Schädigung durch Geschädigten selbst

147   Vergleichbare Zurechnungsfragen wie bei dem Einschreiten Dritter bestehen, wenn die Schadensfolge auf einem selbstständigen oder freien Entschluss des Geschädigten selbst beruht (**Schädigung durch Geschädigten**). Es geht um die Frage, ob der Zurechnungszusammenhang durch den Entschluss des Geschädigten unterbrochen wird (vgl. zur Terminologie oben § 16 Rn. 125).[231]

Beispiele:
– Der Polizist, der den fliehenden Täter verfolgt, knickt um und verletzt sich das Fußgelenk (Verfolgerfälle).
– G beauftragt einen Rechtsanwalt mit der Abwicklung eines Verkehrsunfalls, in den G unverschuldet verwickelt war (Rechtsverfolgungskosten).
– Begeht ein Arbeitnehmer einen Betrugsversuch gegenüber einem Geschäftspartner seines Arbeitgebers, so muss er seinem Arbeitgeber den dadurch entstehenden Schaden ersetzen. Dazu können auch die Aufwendungen des Arbeitgebers gehören, die erforderlich sind, um den Abbruch der Geschäftsbeziehungen mit dem Geschäftspartner zu verhindern[232] (Aufwendungen zur Abwehr oder Minderung eines Schadens).
– Vorsorge und Vorhaltekosten; vgl. unten § 24 Rn. 3 (Aufwendungen vor dem Schadensfall).

148   An sich wird dem Verletzer nach den allgemeinen Grundsätzen ein Verletzungserfolg als adäquat kausal auch dann zugerechnet, wenn der Verletzungserfolg auf einem Fehlverhalten des Verletzten selbst (oder auf einem Fehlverhalten eines Dritten) beruht, wenn also – neben dem Schädiger – auch der Verletzte (oder ein Dritter) zur Verletzung beigetragen hat. Um das Haftungsrisiko des Schädigers aber nicht grenzenlos werden zu lassen,[233] wird in den Fällen selbstschädigenden Verhaltens

---

[230] In Frage kommt auch eine Haftung des Zweitschädigers (Arzt). Problematisch ist dann die Haftungsbegründung.

[231] BGHZ 57, 25, 29; *Larenz*, SR I, § 27 III 4, S. 450; *Deutsch*, JZ 1967, 641; *ders.*, Allgemeines Haftungsrecht, Rn. 157 f.

[232] BAG JZ 1976, 720 (LS 1).

[233] Sinn der Einschränkung ist es, die mit der Flucht verknüpften Haftungsrisiken nicht ins Unermessliche wachsen zu lassen (BGHZ 63, 189, 193).

einschränkend darauf abgestellt, ob das Verhalten des Schädigers das Handeln des Geschädigten herausgefordert hat und herausfordern durfte (sog. Herausforderungsformel).

Begründung: Die Haftung kann unbillig sein, wenn der Geschädigte selbst die Verletzungshandlung (unmittelbar) vorgenommen hat und der Anspruchsgegner nur mittelbar, wenn auch adäquat kausal, daran beteiligt ist. Eine solche nur mittelbare Verursachung (andere Formulierung: psychisch vermittelte Kausalität) ist insbesondere in den sog. Verfolgerfällen gegeben.

Die **Herausforderungsformel** des BGH gilt allgemein für schädigende 149
Verhaltensweisen des Geschädigten. Nur wenn der Geschädigte herausgefordert worden ist und sich auch herausgefordert fühlen durfte, hat der Schädiger einen gesteigerten Gefahrenzustand geschaffen, aufgrund dessen der Geschädigte eine (dem Schädiger) zurechenbare Verletzung der deliktisch geschützten Rechtsgüter und Rechte erleidet. Ein derart gesteigerter Gefahrenzustand mit der Folge der Zurechnung der Verletzung (Schaden) des Herausgeforderten hat die Rechtsprechung unter folgenden Voraussetzungen bejaht:

1. Eine Zurechnung des Schadens ist nur dann gerechtfertigt, wenn der Entschluss des Geschädigten, der eine neue Gefahr schafft, durch den haftungsbegründenden Vorgang des Schädigers herausgefordert ist (herausgefordertes Eingreifen). Daran fehlt es, wenn die Erstschädigung nur den äußeren Anlass und nur die Gelegenheit für den Geschädigten darstellt, sich zusätzlich einem unfallfremden Risiko auszusetzen (Unterbrechung oder Abbruch des adäquaten Ursachenzusammenhanges).[234]

Beispiel:
Während einer tätlichen Auseinandersetzung verletzt S den G. D verfolgt den flüchtenden S nur deshalb, weil auch er „einmal zuschlagen" möchte und verletzt sich während der Verfolgung. In diesem Fall wird D nicht herausgefordert. Seine Verfolgung beruht auf einem selbstständigen Entschluss, für den die Erstschädigung (Verletzung des G) nur ein äußerer Anlass oder Gelegenheit ist. Eine Haftung des S für den Schaden des D scheidet damit aus.[235]

2. Das besondere Wagnis, das die Verfolgung mit sich bringt, muss in einem vernünftigen Verhältnis zu dem von dem Herausforderer (Schädiger) angerichteten und noch drohenden Schaden stehen (Verhältnismäßigkeit zwischen Zweck und erkennbarem Risiko der Verfolgung).[236]

---

[234] In diesem Fall liegt zwar die Kausalität i. S. der Äquivalenztheorie vor, jedoch fehlt es an einem gesteigerten Gefahrenrisiko, sodass die wertende Zurechnung ausscheidet.

[235] BGHZ 57, 25, 30; 132, 164, 166; BGH NJW 1963, 1671 (keine Haftung für Impfschäden gelegentlich der Behandlung von Wunden).

[236] Vgl. dazu bereits RGZ 29, 120, 123.

Beispiele:
- Der Schädiger verursacht einen geringfügigen Parkschaden und fährt kopflos mit weit übersetzter Geschwindigkeit davon. Kommt ein ganz unverständig handelnder Verfolger zu Schaden, so hat der Schädiger dafür nicht einzustehen (BGH Warn 1964 Nr. 108 [Beispiel obiter dictum]).
- Am Kfz des B ist die Beleuchtung defekt. Der vorbeifahrende Polizist P fordert den B zum Halten auf. Dem kommt B nicht nach und ergreift stattdessen die Flucht. Dabei überfährt er eine rote Verkehrsampel. P verfolgt den B. Während der Verfolgung kommt der Wagen sowie P selbst bei riskanter Fahrweise zu erheblichem Schaden. Der BGH bejahte eine Haftung des B, der keine Fahrerlaubnis besaß, für den Verfolgerschaden. Adäquanz der Körper- und Eigentumsverletzung wurden angenommen. Die objektive Zurechnung wurde nicht an der Unverhältnismäßigkeit zwischen Zweck und Risiko der Verfolgung scheitern gelassen. Der Schadensersatzanspruch wurde aber wegen Mitverschuldens des P (§ 254) um ein Viertel gekürzt (BGH JZ 1967, 639).
- Bei der Verfolgung eines Schwarzfahrers kommt der verfolgende Kontrolleur zu Fall und erleidet einen Körperschaden. Aus der Verfolgung zu Fuß ergibt sich ein gewisses Schadensrisiko, das nicht außer Verhältnis zum Zweck der Verfolgung steht: Sicherstellung des Zahlungsanspruchs gegen den Schwarzfahrer, Feststellung der Personalien des Schwarzfahrers, wirksame Durchführung der Fahrkartenkontrolle und Abschreckung vor Schwarzfahrten (BGHZ 57, 25, 32).

3. Der Schaden muss sich als Verwirklichung eines durch die Herausforderung gesteigerten Risikos darstellen und darf nicht auf das „allgemeine Risiko" des Geschädigten zurückzuführen sein.

Beispiel für Realisierung eines gesteigerten Verfolgerrisikos:
Der Verfolger kommt auf einer steilen und langgezogenen Treppe zu Fall. Das Risiko einer Verletzung ist bei einer Verfolgung auf einer steilen und langgezogenen Treppe erheblich höher als sonst. Es hat sich also nicht nur das allgemeine Lebensrisiko verwirklicht (BGHZ 57, 25, 32).

150 | **Fall (BGHZ 63, 189):**

Polizist P will den 17-jährigen A zur Verbüßung eines Jugendarrestes in der elterlichen Wohnung festnehmen. A flüchtet durch das Toilettenfenster. Der Polizist P, der die Örtlichkeit nicht kennt, springt dem A nach und verletzt sich dabei. § 823 Abs. 1?

Lösung:

Anspruchsgrundlage ist § 823 Abs. 1.
1. P erleidet eine Körperverletzung. Als schädigende Handlung des A kommt der Sprung aus dem Fenster (Flucht) in Betracht. Fraglich ist, ob die Körperverletzung dem A bzw. der schädigenden Handlung zuzurechnen ist.
   a) A läuft weg und veranlasst dadurch den P, ihn zu verfolgen. Die Körperverletzung, die bei der Verfolgung eingetreten ist, wäre ohne das Handeln des A nicht eingetreten. Daher ist die Kausalität i.S. der Äquivalenztheorie (psychische Kausalität) anzunehmen.
   b) Auch die Adäquanz ist zu bejahen. Ein optimaler Beobachter kann voraussehen, dass der Polizeibeamte entsprechend seiner Dienstpflichten, die Verfolgung aufnimmt und sich dabei verletzt.

c) In den Verfolgungsfällen handelt es sich um eine besondere Art der mittelbaren Verletzung. Unter Berücksichtigung wertender Kriterien ist zu ermitteln, ob ein Haftungszusammenhang vorliegt. Die Rechtsprechung hat die sog. Herausforderungs-Formel (vgl. oben § 16 Rn. 148 f.) entwickelt:

aa) P ist durch die Flucht des festzunehmenden A zur Verfolgung konkret herausgefordert und als dienstrechtlich verpflichteter Polizist zum Eingreifen bewegt worden.

bb) Zweck und Risiko der Verfolgung dürfen nicht außer Verhältnis stehen. Insoweit ist zu bedenken, dass es „nur" um die Verbüßung eines Jugendarrestes geht, die Personalien des A bekannt sind, und eine geglückte Flucht die Strafvollstreckung deshalb wahrscheinlich nicht vereitelt, sondern nur hinausgeschoben hätte. Dem steht aber das öffentliche Interesse an dem Ergreifen des A gegenüber. Die Abwägung führt deshalb im Ergebnis dazu, dass Zweck und Risiko der Verfolgung nicht außer Verhältnis stehen.

cc) In der Sprungverletzung des P realisiert sich das erhöhte Risiko der Verfolgung, weil die Verletzung gerade auf dem schnellen und unsicheren Sprung des P aus dem Fenster beruht. Es handelt sich also nicht nur um ein allgemeines Lebensrisiko des Eingreifenden.

d) A verletzt somit durch sein zurechenbares Handeln ein in § 823 Abs. 1 geschütztes Rechtsgut des P (Körper).

3. Rechtswidrigkeit und Verschulden sind gegeben.

4. Der Ersatzanspruch des P ist aber wegen eines Mitverschuldens gemindert (§ 254 Abs. 1). Mit der Verfolgung schafft P zwar kein unverhältnismäßiges Risiko (vgl. vorstehend); jedoch ist ein Verstoß gegen die eigenübliche Sorgfalt anzunehmen (Sprung bei unbekannter Örtlichkeit).

Vertiefungsfall (BGHZ 101, 215 „Nieren"-Fall):   151

Der K wird nach einem Unfall im Krankenhaus durch den Arzt B die verletzte Niere entfernt, obwohl diese nach richtiger ärztlicher Beurteilung hätte gerettet werden können. Nachdem erkannt worden ist, dass die K von Geburt an nur eine Niere besaß, spendet die Mutter M auf Anraten der Ärzte eine Niere, die M durch einen anderen Arzt entnommen und K implantiert wird. K und M verlangen Schadensersatz.

Lösung:

I. Anspruch der K gegen B[237]

1. § 280 Abs. 1 (Pflichtverletzung des Behandlungsvertrages)?
Zwischen K und B besteht kein Vertrag. Vertragspartner der K ist das Krankenhaus.

2. § 823 Abs. 1?

a) Eine Heilbehandlung wider der ärztlichen Kunst stellt eine rechtswidrige Gesundheits- und Körperverletzung dar (vgl. oben § 16 Rn. 7). Verschulden des B ist zu bejahen.

---

[237] Im BGH-Fall geht es nur um die an das Kind abgetretenen Ansprüche der Mutter.

b) Deshalb ist B zum Ersatz des daraus entstandenen Schadens verpflichtet. Davon erfasst sind die Kosten der Heilbehandlung und für die Einsetzung der neuen Niere (§ 249 Abs. 2 S. 1) sowie Schmerzensgeld (§ 253 Abs. 2).

II. Ansprüche der M gegen B

1. § 823 Abs. 1?

a) Die Nierenentnahme stellt eine Verletzung des Körpers und der Gesundheit dar.

b) Als schädigende Handlung des B kommt die fehlerhafte Operation der K durch B in Betracht.

c) Fraglich ist die Zurechnung der Rechtsgutverletzung zum Verhalten des B.

aa) Kausalität i. S. der Äquivalenztheorie ist zu bejahen. Hätte B die K nicht fehlerhaft operiert, würde kein Anlass für eine Nierenentnahme bei M entstehen, und M müsste sich nicht aus eigenem Entschluss eine Niere entnehmen lassen (psychische Kausalität).

bb) Die Körperverletzung ist adäquat kausal verursacht worden. Eine Nierenspende für nahe Angehörige ist nichts Ungewöhnliches und keine entfernt liegende Möglichkeit einer Schädigung des Spenders. Sie ist allgemein voraussehbar.

cc) Problematisch ist der Schutzzweck der Norm. Es geht um den Schutzbereich der Verhaltenspflicht, keine herausfordernden Rettungs- und Nothilfesituationen herbeizuführen in Abgrenzung zum selbst zu verantwortenden Lebensbereich.[238] Grundsätzlich besteht kein allgemeines Gebot, andere vor Selbstgefährdung zu bewahren, und auch kein allgemeines Verbot, sie zu einer Selbstgefährdung zu veranlassen. Anders ist dies aber dann, wenn der Schädiger verantwortlich einen Gefahrenzustand schafft, der einen Aufforderungscharakter an den Retter oder Nothelfer hat, sodass die geschaffene Gefahr bei einer wertenden Betrachtung dem Schädiger zuzurechnen ist, weil er den Retter in eine Notlage bringt, in der dessen Eingreifen geboten oder zumindest verständlich und billigenswert ist; es liegt dann eine vorwerfbare „Herausforderung" der Selbstgefährdung vor.

(1) M wird konkret herausgefordert. B schafft einen Gefahrenzustand, der vor allem nahe Angehörige der K dazu veranlassen kann, zu deren (K) Rettung eine Verletzung des eigenen Körpers in Kauf zu nehmen. Diese Gefahrenlage realisiert sich im vorliegenden Fall. Dass die Entscheidung zur Nierenspende nicht unter dem unmittelbaren Eindruck der akuten Notlage erfolgt, steht dabei nicht entgegen, weil die rettende Organspende nur mit zeitlicher Verzögerung und nach einigen Beratungen und Untersuchungen vorgenommen werden kann; an der „Herausforderungssituation" ändert sich dadurch nichts.

(2) Zweck und Risiko stehen im angemessenen Verhältnis. Das Verhalten der M ist sittlich keinesfalls verwerflich und wird von der Rechtsordnung gebilligt und anerkannt; es geht der M darum, die Gesundheitslage der K zu verbessern und ihr ein unkompliziertes Leben (ohne Dialyse) zu ermöglichen. Die übernommene Selbstgefährdung überwiegt dagegen nicht.

---

[238] Vgl. BGHZ 101, 215, 221.

(3) Die Nierenentnahme bei M stellt ein typisches Risiko für die fehlerhafte Operation des B dar.

d) Die Rechtswidrigkeit scheitert nicht an der von der M erklärten Einwilligung in die Nierenentnahme. Die Einwilligung hat einen begrenzten Umfang. Sie rechtfertigt die Entfernung der Niere durch den operierenden Arzt. Nicht erfasst ist aber der Umstand, dass B sie (M) in die Lage versetzt, zur Rettung ihres Kindes ein Opfer an ihrer Gesundheit zu bringen.

e) B handelt fahrlässig (§ 276 Abs. 2).[239]

f) Deshalb ist er zum Ersatz des der M entstandenen materiellen Schadens (Operation für die Nierenentnahme) und des immateriellen Schadens (Schmerzensgeld) verpflichtet.[240]

2. §§ § 677, 683 S. 1, 670 auf Ersatz von Aufwendungen?
Die Beschaffung einer Niere (Nierenspende) stellt eine Geschäftsbesorgung dar. Dabei handelte es sich für M um ein fremdes Geschäft, nämlich um ein solches des B. B war nach §§ 823 Abs. 1, 249 Abs. 1 zur Naturalrestitution verpflichtet (vgl. vorstehend), also zur Wiederbeschaffung einer Niere. Dieses Geschäft hat M erledigt. Fremdgeschäftsführungswille wird vermutet (vgl. oben § 4 Rn. 30). Die Geschäftsübernahme liegt angesichts der Gegebenheiten des Falles im Interesse und mutmaßlichen Willen des Arztes B. B ist deshalb zum Ersatz der Aufwendungen für die Beschaffung der Niere verpflichtet (§ 670).

III. Ergebnis
Sowohl K als auch M sind schadensersatzberechtigt. Hinsichtlich der Kosten für die Entnahme der Niere sind sie Gesamtgläubiger (§ 428).

Vertiefungshinweis: Herausforderungs-Formel und § 254   152
Bei der Herausforderungs-Formel sind Zweck und Risiko der Verfolgung ins Verhältnis zu setzen. Das Risiko der Verfolgung richtet sich nach dem konkreten Verhalten des Verfolgers. Sinn der Herausforderungs-Formel ist es (u. a.) zu verhindern, dass das mit einer Flucht verbundene Haftungsrisiko ins Unermessliche wächst. Nur wenn die Lage derart ist, dass der Verfolgte mit einer Verfolgung nicht rechnen kann und braucht, scheidet eine Haftung aus. Deshalb führen nur Evidenzfälle, also Fälle vor erkennbarer Unverhältnismäßigkeit, zu einem Haftungsausschluss. Alle anderen Fälle gefährlichen Verhaltens des Verfolgers werden von § 254 erfasst.

Herausforderungsformel („ Verfolgerfälle", „Nothilfefälle")   153

I. Fallkonstellation
Der Schädiger kann auch für den (weiteren) Schaden haften müssen, den der Geschädigte selbst herbeiführt und den der Schädiger nur mittelbar (psychisch kausal) verursacht.

---

[239] Kritisch dazu *Larenz/Canaris*, SR II/2, § 76 III 7a, S. 427.
[240] Anders *Larenz/Canaris*, SR II/2, § 76 III 7a, S. 427, der den Schaden der Mutter als Folgeschaden aus der Verletzung des Kindes qualifiziert und in den Anspruch des Kindes gegen den Arzt einbezieht (haftungsausfüllende Kausalität).

II. Zurechnung

Im Rahmen des Schutzzwecks der Norm (vgl. § 16 Rn. 136) ist
die Herausforderungsformel (§ 16 Rn. 148) zu prüfen.

1. Herausforderung zum Eingreifen (Verfolgen, Hilfeleisten)
   Der Entschluss des Geschädigten zum Eingreifen muss durch
   den Schädiger herausgefordert worden sein. Daran fehlt es,
   wenn das Verhalten des als Schädiger in Anspruch Genommenen nur den äußeren Anlass und nur die Gelegenheit für
   den Geschädigten darstellt, ein neues Risiko zu schaffen.

2. Verhältnismäßigkeit zwischen Zweck und erkennbarem
   Risiko des Eingreifens (Verfolgen, Hilfeleisten)

3. Realisierung des durch die Herausforderung gesteigerten
   Risikos
   P: Abgrenzung zum allgemeinen Lebensrisiko

E. Rechtswidrigkeit

154　　Das Deliktsrecht normiert grundsätzlich eine Haftung für erlittenes
Unrecht. Wer eines der in § 823 Abs. 1 genannten Rechte und Rechts-
güter verletzt, ist nur dann zum Schadensersatz verpflichtet, wenn die
Verletzungshandlung „widerrechtlich", d. h. rechtswidrig, ist.[241] Das
Erfordernis der Rechtswidrigkeit begrenzt den Rechtsgüterschutz
durch Deliktsrecht. Die Rechtswidrigkeit eines Eingriffs ist außerdem
Voraussetzung für eine rechtmäßige Abwehr des Angriffs (vgl. z. B.
§ 227).

I. Grundlagen

155　　Nach herkömmlicher Lehre und Rechtsprechung indiziert die Verur-
sachung der Rechts-(gut-)verletzung die **Rechtswidrigkeit** (**Lehre vom
Erfolgsunrecht**). Der Gesetzgeber des BGB bringe dadurch, dass er den
Unrechtstatbestand gesetzlich umschreibt, zum Ausdruck, dass er die
Verletzung der in § 823 Abs. 1 genannten Rechtsgüter in der Regel als
widerrechtlich ansieht; das Wort „widerrechtlich" weist darauf hin,
dass die Rechtswidrigkeit aus besonderen Gründen entfallen kann.[242]
Die Rechtswidrigkeit ist nur dann zu verneinen, wenn ein besonderer
Rechtfertigungsgrund eingreift. Insoweit wird die Beweislast umge-

---

[241] Zur Gesetzgebungsgeschichte vgl. *Deutsch/Ahrens,* Rn. 77.
[242] Vgl. BGHZ 24, 21, 24 f. (27 f.: „... die das haftungsbegründende Unrecht in ka-
suistischer Art umschreibenden Deliktstatbestände der §§ 823 und 825 BGB [geben]
der Rechtsanwendung eine feste Grundlage, indem sie das Rechtswidrigkeitsurteil
zunächst nahe legen.").

kehrt: Nicht der Geschädigte muss die Rechtswidrigkeit beweisen, um eine Haftung des Schädigers zu begründen, sondern der Schädiger muss beweisen, dass ein Rechtfertigungsgrund vorliegt, um einer Haftung zu entgehen.

Unstreitig nicht anwendbar ist die Lehre vom Erfolgsunrecht bei den **156** sog. Rahmenrechten bzw. **offenen Tatbeständen** (allgemeines Persönlichkeitsrecht, Recht am eingerichteten und ausgeübten Gewerbebetrieb), bei denen die Rechtswidrigkeit im Rahmen einer umfassenden Güter- und Interessenabwägung positiv festgestellt werden muss (vgl. oben § 16 Rn. 60 f. und 88 ff.).[243]

Der Lehre vom Erfolgsunrecht steht im Übrigen die **Lehre vom** **157** **Handlungsunrecht** gegenüber.[244] Sie geht nicht von der Verursachung des Erfolges, sondern von der Handlung aus, deren Rechtswidrigkeit positiv festzustellen ist.

Verbreitet wird heute ein **differenzierender Standpunkt** vertreten: Der **158** Erfolg indiziert die Rechtswidrigkeit nur bei positivem Tun oder unmittelbar (ohne Zwischenursachen) herbeigeführter Rechtsgutverletzung; dagegen ist bei **Unterlassen** und nur **mittelbarer Rechtsgutverletzung** die Rechtswidrigkeit nur gegeben, wenn der Schädiger gegen eine Pflicht zum Handeln verstoßen hat, es sei denn, es besteht ein Rechtfertigungsgrund).

Der Theorienstreit, der nur ausnahmsweise zu abweichenden End- **159** ergebnissen führt (insbesondere bei § 831).[245] hat über die Zeit verwirrende Formen angenommen.[246] Dies liegt an der Verwobenheit mit den Fragen, wann ein Unterlassen haftungsbegründend ist, welche Bedeutung Verkehrssicherungspflichten bei Fahrlässigkeitstaten haben, und an welcher Stelle des Prüfungsaufbaus diese Fragen zu prüfen sind.

Folgt man der hier vertretenen Ansicht,[247] dass beim Unterlassen der Verstoß gegen eine Rechtspflicht zum Handeln und bei Fahrlässigkeitstaten die Verletzung einer Verkehrs-(sicherungs-)pflicht bereits auf der Tatbestandsstufe zu prüfen sind, dann indiziert die (so festgestellte) Tatbestandsmäßigkeit die Rechtswidrigkeit. Der Verstoß gegen eine Rechtspflicht zum Handeln bzw. eine Verkehrssicherungspflicht sind danach nur im Tatbestand zu prüfen. Auf der Stufe der Rechtswidrigkeit ist festzustellen, dass die Tatbestandsmäßigkeit die Rechtswidrigkeit indiziert, es sei denn, dass Rechtfertigungsgründe eingreifen. Diese sind auf der Stufe der Rechtswidrigkeit zu prüfen.

---

[243] Vgl. *Kötz/Wagner*, Rn. 408; Dabei ist abzuwägen, welche Motive den Handelnden bewegt haben, aus welchem Anlass er tätig geworden ist, ob der erstrebte Erfolg sich auch auf andere Weise hätte erreichen lassen, wie schwerwiegend der Verletzungserfolg ist, usw. Vgl. zur Güter- und Interessenabwägung oben § 16 Rn. 60 f., 88 ff.

[244] Nachweise bei *Spindler*, in: Bamberger/Roth, § 823 Rn. 9 f.

[245] Vgl. § 18 Rn. 10.

[246] Instruktiv *Kötz/Wagner*, Rn. 102 ff.

[247] Vgl. auch *Brox/Walker*, BS, § 41 Rn. 51.

160   **Vertiefungshinweis:**
Sieht man von der besonderen Konstellation des § 831 und von Fragen der Beweislastverteilung ab, so hat der Theorienstreit für die Haftungsbegründung keine Bedeutung. Folgt man der Lehre vom Handlungsunrecht und schließt man nicht bereits – wie hier vertreten – ein tatbestandsmäßiges Verhalten aus, so ist jedenfalls die Rechtswidrigkeit zu verneinen. Folgt man der Lehre vom Erfolgsunrecht, so ist die Rechtswidrigkeit zu bejahen, aber das Verschulden zu verneinen.

II. Rechtfertigungsgründe

1. Überblick

161   Einen abgeschlossenen Katalog von Rechtfertigungsgründen i. S. eines numerus clausus gibt es nicht.[248] Als **Rechtfertigungsgründe** sind (u. a.) anerkannt:
– Notwehr gegenüber einem rechtswidrigen Angriff (§ 227, § 32 StGB),
– Notstand (§§ 228, 904, § 34 StGB),
– Selbsthilferecht (§§ 229, 859),
– Wahrnehmung berechtigter Interessen (vgl. § 193 StGB),
– vorläufige Festnahme (§ 127 StPO),
– Einwilligung.
Rechtfertigungsgründe haben den Charakter von Einwendungen und sind deshalb vom in Anspruch genommenen Verletzer oder Schädiger zu beweisen.

2. Besondere Rechtfertigungsgründe

a) Einwilligung bei ärztlichen Heileingriffen

162   Auch ein kunstgerecht durchgeführter ärztlicher Heileingriff stellt – nach der Rspr. und h. L. – eine tatbestandsmäßige Körperverletzung des Patienten i. S. des § 823 Abs. 1 dar. Sie ist gerechtfertigt, wenn der Patient zuvor eingewilligt hat. Eine wirksame **Einwilligung** setzt grundsätzlich eine umfassende Aufklärung voraus (vgl. oben § 16 Rn. 9).

b) Handeln auf eigene Gefahr

163   Ein **Handeln auf eigene Gefahr** liegt vor, wenn sich jemand ohne triftigen Grund in eine Situation drohender Eigengefährdung begibt, obwohl er die durch einen anderen gesetzten und beherrschbaren besonderen Umstände kennt, die für ihn eine konkrete Gefahrenlage begründen.[249]
Fraglich ist, ob das Handeln des Geschädigten auf eigene Gefahr die Rechtswidrigkeit der Schadensverursachung durch den Schädiger ausschließt oder lediglich den Mitverschuldensvorwurf gegen den Geschädigten begründet. Infrage kommt eine (stillschweigende) vertragliche

---

[248] BGHZ 24, 21, 25.
[249] BGHZ 34, 355, 358.

Haftungsfreistellung. Dies ist aber nur unter ganz besonderen Voraussetzungen zu bejahen. Denn ein vertraglicher Haftungsausschluss wird regelmäßig am (potenziellen) Erklärungswillen scheitern. Das RG[250] verneinte beim Handeln auf eigene Gefahr eine Gefährdungshaftung des Schädigers, um eine gerechte Ausgleichung der strengen Gefährdungshaftung zu erreichen. Später sah es darin eine Einwilligung in die Rechtsgutverletzung, welche auch für die Verschuldenshaftung die Widerrechtlichkeit der Schadenszufügung ausschloss.[251] Der BGH hat es grundsätzlich abgelehnt, im Handeln auf eigene Gefahr eine rechtfertigende Einwilligung zu sehen (grundsätzlich nur Einwilligung in die Gefährdung, nicht aber in die Verletzung). Zur Begründung verweist er auf die „gekünstelte und lebensfremde Betrachtung, die unpassende rechtsgeschäftliche Einkleidung [der Einwilligung] und die mangelnde Eignung" der Einwilligungs-Konstruktion zum Auffinden eines sachgerechten Ergebnisses sowie die Grenzen der §§ 134, 138 und § 226a StGB a. F. (= § 228 StGB). Es kommt daher regelmäßig nur eine Schadensteilung nach § 254 in Betracht, die abhängig von den Umständen des Einzelfalles eine Haftungsminderung oder sogar einen Haftungsausschluss zur Folge haben kann.[252]

Die Schadensteilung nach § 254 ist eine Frage des Einzelfalles.

Beispiel:
Der 20-jährige D fährt mit K und B, beide minderjährig, Auto. Er gibt dem Drängen des B nach und lässt ihn ans Steuer. B verliert nach nur wenigen Minuten die Kontrolle über das Fahrzeug und fährt gegen einen Baum. Dabei wird K verletzt. K verlangt von B Schadensersatz (BGHZ 34, 355).
(1) Es könnte ein Schadensersatzanspruch aus § 823 Abs. 1 bestehen. (a) Ein vertraglicher Haftungsausschluss zwischen K und B liegt (mangels Erklärungsbewusstseins) nicht vor. (b) B hat den Körper des K verletzt. (c) Fraglich ist aber die Rechtswidrigkeit. Diese könnte deshalb entfallen, weil K aus freien Stücken in dem von B gefahrenen Kfz mitgefahren ist. Anhaltspunkte für eine rechtfertigende Einwilligung liegen nicht vor; sie würde auf eine Fiktion einer Erklärung hinauslaufen, die im Fall nicht vorliegt. Rechtswidrigkeit ist also gegeben. (d) Verschulden liegt vor (§ 828 Abs. 3). (e) Jedoch kommt eine Schadensminderung nach §§ 254 (i. V. m. § 828), 242 in Betracht:[253] K würde sich mit seinem eigenen selbstgefährdenden Verhalten in Widerspruch setzen, wenn er von B den gesamten Schaden ersetzt verlangen würde. (2) Für den Anspruch aus § 18 Abs. 1 StVG gilt Entsprechendes.

Die Ausübung gefährlicher Sportarten stellt eine Unterfallgruppe des **164** Handelns auf eigene Gefahr dar. Kommt die Verletzung bei **regelgerechtem Spiel** (unter Einhaltung der **Spielregeln des Wettkampfsports** wie

---

[250] RGZ 130, 162, 169; RG Warn 1909 Nr. 357 (Ausschluss der Tierhalterhaftung [§ 833] beim bewussten Handeln auf eigene Gefahr).
[251] RGZ 141, 262, 265; 145, 390.
[252] Nach Ansicht des BGH sind jedoch auch Sachverhalte denkbar, bei denen bereits die Haftung ausgeschlossen ist, weil deren Geltendmachung gegen Treu und Glauben verstoße. So für die Tierhalterhaftung BGH [20. 12. 2005] m. w. N.
[253] Der BGH verwies zurück und überließ die Entscheidung dem Tatrichter.

Fußballregeln des DFB) zustande, so scheidet eine Schadenshaftung des Schädigers aus, weil derartige Verletzungen von jedem Spieler in Kauf genommen werden.[254] Rechtsfolge ist ein vollständiger Haftungsausschluss, nicht nur eine Schadensminderung nach § 254 entspr.

Wie der Haftungsausschluss bei regelgerechtem Verhalten dogmatisch einzuordnen ist, ist umstritten (sportspezifische Definition der im Verkehr erforderlichen Sorgfalt [eingeschränkter Fahrlässigkeitsmaßstab], Einwilligung, [stillschweigender] Haftungsverzicht oder -ausschluss, Handeln auf eigene Gefahr oder treuwidrige Inanspruchnahme des Mitbewerbers).[255] Der BGH lässt die dogmatische Einordnung offen. Eine Einwilligung mit der Folge eines Ausschlusses der Rechtswidrigkeit komme nur (ausnahmsweise) bei ausgesprochen gefährlichen Sportarten in Betracht, weil dabei jeder mit Regelverstößen rechnen müsse.[256] Außerhalb dieses engen Bereichs würde die Einwilligung aber eine künstliche Unterstellung darstellen. Die – wie gesagt dogmatische offene – Begründung des BGH für den Haftungsausschluss lautet hier: Der Mitspieler habe die Teilnahmebedingungen anerkannt und werde bei regelgerechtem Verhalten keine Schadensersatzansprüche geltend machen;[257] in der Wettkampfsituation kann es vom Zufall abhängen, ob der Schaden den einen oder den anderen trifft („Reziprozität" der Gefahr). Es werde als anstößig empfunden, wenn der jeweilige Verletzte versuche, den bewusst in Kauf genommen Schaden auf den anderen abzuwälzen, und es stelle ein venire contra factum proprium dar (§ 242), wenn „der Geschädigte den beklagten Schädiger in Anspruch nimmt, obwohl er ebenso gut in die Lage hätte kommen können, in der sich nun der [Schädiger] befindet, sich dann aber (und mit Recht) dagegen gewehrt haben würde, diesem trotz Einhaltens der Spielregeln Ersatz leisten zu müssen".[258] Dogmatisch überzeugender ist es bei „regelgerechtem Verhalten" entweder bereits die Tatbestandsmäßigkeit, jedenfalls aber die „Rechtswidrigkeit" zu verneinen.[259]

165 Die Beweislast für die Regelwidrigkeit des Verhaltens des Schädigers trägt nach dem BGH der Geschädigte. Kann im Einzelfall also nicht geklärt werden, ob das Verhalten des Schädigers regelgerecht oder regelwidrig war, so gereicht dies dem Geschädigten zum Nachteil: sein Schadensersatzanspruch ist unbegründet.[260]

166 Der BGH verneint die Rechtswidrigkeit infolge eines Haftungsausschlusses weitergehend sogar bei einer Verletzung infolge eines gering-

---

[254] BGHZ 63, 140, 142 m. w. N.

[255] BGHZ 154, 316 m. w. N.

[256] Vgl. BGHZ 34, 355, 360 ff.; 63, 140, 144: gefährliche Autorennen, waghalsige Felsklettern, Boxen, Ringkampf.

[257] BGHZ 63, 140, 142 f.

[258] BGHZ 63, 140, 144 f.; vgl. BGHZ 34, 355, 363 (vgl. dazu oben § 16 Rn. 163).

[259] Vgl. MünchKomm/*Mertens*, 3. Auflage 1997, § 823 Rn. 332.

[260] BGHZ 63, 140, 148 f.

fügigen Regelverstoßes, wenn es sich um einen sportlichen Wettbewerb mit nicht unerheblichem Gefahrenpotential handelt, bei der typischerweise auch bei Einhaltung der Wettbewerbsregeln oder geringfügiger Regelverletzung die Gefahr gegenseitiger Schadenszufügung besteht (wie bei einem Autorennen), und es sich um nicht versicherte Schäden eines Mitbewerbers handelt.[261]

III. Zusammenfassung

Rechtswidrigkeit   167

1. Nach der klassischen Lehre vom Erfolgsunrecht indiziert der tatbestandsmäßig herbeigeführte Verletzungserfolg die Rechtswidrigkeit (§ 16 Rn. 155).
   – Die Lehre vom Handlungsunrecht geht nicht von der Verursachung des Erfolges, sondern von der Handlung aus, deren Rechtswidrigkeit positiv festzustellen ist.
   – Die heute h. M. differenziert: der Erfolg indiziert die Rechtswidrigkeit nur bei positivem Tun oder unmittelbar (ohne Zwischenursachen) herbeigeführter Rechtsgutverletzung; dagegen setzt bei Unterlassen und nur mittelbarer Rechtsgutverletzung die Rechtswidrigkeit voraus, dass der Schädiger gegen eine Pflicht zum Handeln verstoßen hat.

2. Ausschluss der Rechtswidrigkeit bei Vorliegen eines Rechtfertigungsgrundes (§ 16 Rn. 161)

3. Positive Feststellung der Rechtswidrigkeit bei den offenen Tatbeständen (§ 16 Rn. 156)
   – Allgemeines Persönlichkeitsrecht
   – Recht am eingerichteten und ausgeübten Gewerbebetrieb

F. Verschulden

Deliktsrecht setzt grundsätzlich Verschuldensunrecht des Schädigers   168
voraus und folgt dem Gedanken der persönlichen Verantwortlichkeit.
Bezugspunkt des Verschuldens ist der Tatbestand und die Rechtswidrigkeit, die beide in der Anspruchsprüfung zuvor abgehandelt wurden (vgl. oben § 16 Rn. 1).
Verschulden setzt zweierlei voraus:
– Verschuldensfähigkeit (Deliktsfähigkeit)
– Eine besondere Schuldform, nämlich Vorsatz oder Fahrlässigkeit.

---

[261] BGHZ 154, 316; [20. 12. 2005].

I. Verschuldensfähigkeit

169   Der Schädiger muss **verschuldensfähig** sein. Die Verschuldensfähigkeit ist nur ausnahmsweise in den in §§ 827, 828 geregelten Fällen ausgeschlossen. Verschuldensunfähig sind – unabhängig vom Alter – Personen, die im Zustand der Bewusstlosigkeit oder in einem die freie Willensbestimmung ausschließenden Zustand krankhafter Störung der Geistestätigkeit gehandelt haben (§ 827 S. 1). Ausnahme dazu: § 827 S. 2. Im Übrigen richtet sich die Verschuldensunfähigkeit nach dem Alter des Schädigers und dem Gefahrenbereich (in oder außerhalb des motorisierten Straßenverkehrs). Es ist zwischen drei Altersgruppen zu unterscheiden.

1. Verschuldensunfähig sind Kinder vor Vollendung des 7. Lebensjahres (§ 828 Abs. 1).

2. Verschuldensunfähig sind Kinder zwischen Vollendung des 7. und 10. Lebensjahres im motorisierten Straßenverkehr, es sei denn, der Schaden ist vorsätzlich herbeigeführt worden (§ 828 Abs. 2 S. 1 und 2). Begründet wird diese Regelung mit der Überforderungssituation des Kindes im Straßenverkehr.[262] Die Haftungsprivilegierung des § 828 Abs. 2 S. 1 greift nach ihrem Sinn und Zweck nur ein, wenn sich eine typische Überforderungssituation des Kindes durch die spezifischen Gefahren des fließenden Verkehrs realisiert hat.[263]

3. Verschuldensunfähig sind im Übrigen Minderjährige, die das 7. (im motorisierten Straßenverkehr das 10.) Lebensjahr, aber noch nicht das 18. Lebensjahr vollendet haben, wenn der Betreffende bei der Begehung der schädigenden Handlung nicht die zur Erkenntnis der Verantwortlichkeit erforderliche Einsicht hat (§ 828 Abs. 3). Die erforderliche Einsichtsfähigkeit besitzt, wer diejenige geistige Entwicklung erreicht hat, die ihn befähigt, das Unrechtmäßige seiner Handlung und zugleich die Verpflichtung zu erkennen, in irgendeiner Weise für die Folgen seines Tuns einstehen zu müssen.[264]

---

[262] Vgl. RegBegr., BT-Drs. 14/7752, S. 27. Die Einführung dieser Regelung durch das Zweite Gesetz zur Änderung schadensersatzrechtlicher Vorschriften (BGBl. I 2002, S. 2674) wurde auf Erkenntnisse der Entwicklungspsychologie gestützt (vgl. RegBegr., BT-Drs. 14/7752, S. 16).

[263] BGHZ 161, 180, 184; BGH NJW-RR 2005, 327, 327 f. Allerdings hat der BGH (a. a. O.) auch festgestellt, dass sich in besonders gelagerten Fällen auch im ruhenden Verkehr eine spezifische Gefahr des motorisierten Verkehrs verwirklichen kann.

[264] BGH LM § 276 BGB (Be) Nr. 2; BGH LM § 828 BGB Nr. 1; *Kötz/Wagner*, Rn. 345.

II. Arten des Verschuldens

Schuldformen sind Vorsatz und Fahrlässigkeit (§ 276 Abs. 1 S. 1). Im   170
Deliktsrecht werden Vorsatz und Fahrlässigkeit gleich behandelt und
zeitigen regelmäßig die gleichen Rechtsfolgen (vgl. Wortlaut von § 823
Abs. 1: „vorsätzlich oder fahrlässig").

1. Vorsatz

Vorsatz bedeutet Wissen und Wollen des Erfolges und das Bewusst-   171
sein der Rechtswidrigkeit. Es gilt somit – im Gegensatz zum Strafrecht –[265] die Vorsatztheorie. Ein Irrtum über die Rechtswidrigkeit (Verbotsirrtum) schließt also den Vorsatz aus (Vorsatztheorie).[266] Bedingter
Vorsatz reicht aus. Dafür ist erforderlich, dass der Schädiger die Tatbe-
standsverwirklichung für möglich hält und billigend in Kauf nimmt.[267]

2. Fahrlässigkeit

Fahrlässig[268] handelt, „wer die im Verkehr erforderliche Sorgfalt au-   172
ßer acht lässt" (§ 276 Abs. 2).[269] Dafür sind die kognitiven Elemente
der Erkennbarkeit und Vorhersehbarkeit sowie das voluntative Element
der Vermeidbarkeit maßgeblich. Für die im Verkehr erforderliche Sorgfalt hat die Rechtsprechung bestimmte Verkehrspflichten entwickelt,
die einen Maßstab für den Fahrlässigkeitsvorwurf begründen (zu den
Verkehrs(sicherungs)pflichten oben § 16 Rn. 108 ff.).

Es gilt grundsätzlich ein **objektivierter Fahrlässigkeitsmaßstab:** Welche Sorgfalt zu beachten ist, richtet sich danach, was von einem durchschnittlichen Anforderungen entsprechenden Angehörigen des jeweiligen Verkehrskreises (Berufsgruppe, Gruppe von Verkehrsteilnehmern
usw.) in der jeweiligen Situation erwartet werden kann, ohne Rücksicht
auf individuelle Fähigkeiten, Kräfte, Erfahrungen oder Kenntnisse. Abzustellen ist grundsätzlich nur auf die typischen Kenntnisse und Fähigkeiten der Gruppe. Zugrunde zu legen ist der Erkenntnisstand zum
Zeitpunkt, zu dem eine Schadensabwendung in Betracht kommt. Es
kommt nicht darauf an, ob der individuelle Schädiger im konkreten
Fall nach seinen individuellen Fähigkeiten und Kenntnissen die objektiv
gebotene Sorgfalt erkennen und erbringen konnte; individuelle Schwä-

---

[265] Im Strafrecht ist die Schuldtheorie herrschend. Vgl. BGHSt (GS) 2, 194 ff. =
NJW 1952, 593; *Wessels/Beulke*, Strafrecht Allgemeiner Teil, 35. Aufl. 2005,
Rn. 461 ff. (zur Schuldtheorie) und Rn. 470 ff. (zur eingeschränkten Schuldtheorie)
jeweils m. w. N.
[266] BGH NJW 1985, 134, 135; vgl. zu § 823 Abs. 2 unten § 17 Rn. 11 f.
[267] BGH NJW 1990, 389, 390.
[268] Zur Entwicklung des Fahrlässigkeitsbegriffs vgl. *Deutsch/Ahrens*, Rn. 120.
[269] Die Definition ist unvollständig, normativ und sozialbezogen; vgl. dazu
Deutsch/Ahrens, Rn. 122.

chen und Fehler des Schädigers werden deshalb grundsätzlich nicht (zu Gunsten des Schädigers) berücksichtigt und anerkannt.

Beispiele:
– Ein in der Facharztausbildung befindlicher Assistenzarzt A hat eine Operation übernommen, zu der er fachlich noch nicht qualifiziert ist. Der Patient wird infolge eines Operationsfehlers geschädigt. A haftet aus § 823 Abs. 1 auf Schadensersatz, wenn die Übernahme der Operation ein vorwerfbares Fehlverhalten darstellt. Die für die Verschuldensfrage relevanten Sorgfaltsanforderungen richten sich nicht nach dem medizinischen Wissens- und Erfahrungsstand eines fertigen, in der Praxis geübten Facharztes; entscheidend sind die bei A (als in der Facharztausbildung befindlichem Arzt) vorauszusetzenden Kenntnisse und Erfahrungen (BGHZ 88, 248, 258).[270]

173   Spezielle (individuelle) Kenntnisse oder erhöhte Fähigkeiten eines Schädigers können jedoch den Fahrlässigkeitsmaßstab erhöhen. Denn die Objektivierung des Fahrlässigkeitsmaßstabes dient nur dem Schutz des Verkehrs und des Geschädigten, soll aber nicht den Schädiger begünstigen.[271]

Beispiel:
Weil der Chefarzt den in der Facharztausbildung stehenden Arzt pflichtwidrig nicht überprüft hatte, haftete der Chefarzt auf Schadensersatz für eine Körperverletzung eines Patienten (§ 823 Abs. 1). Bei der Prüfung der Fahrlässigkeit des Chefarztes sind die über den zu fordernden Standard hinausgehenden medizinischen Spezialkenntnisse des Chefarztes zugunsten des Geschädigten zu berücksichtigen (BGH NJW 1987, 1479 mit Anm. *Deutsch*).

174   Maßgebender Zeitpunkt für die Fahrlässigkeit ist der Zeitpunkt des haftungsbegründenden Verhaltens. Dieses liegt bei einem Übernahmeverschulden vor der unmittelbaren Verletzungshandlung. Das ist der Fall, wenn sich jemand in eine Situation begibt, die er nicht meistern kann, vorausgesetzt, er erkennt die Gefährlichkeit der Situation.[272]

175   **Vertiefungshinweis:** Zufall
Vorsatz und Fahrlässigkeit ergänzen sich nicht wechselseitig. Es gibt eine dritte Kategorie: den Zufall. Zufall liegt vor, wenn eine Verletzung weder vorsätzlich noch fahrlässig zugefügt ist; sie ist dann Folge des allgemeinen Lebensrisikos. Diese Folgen muss der Geschädigte selbst tragen. Höhere Gewalt und das unabwendbare Ereignis (vgl. §§ 7 Abs. 2 und 17 Abs. 3 StVG) sind Fälle eines gesteigerten Zufalls.

III. Gegenstand von Vorsatz und Fahrlässigkeit

176   Der **Gegenstand** von Vorsatz und Fahrlässigkeit richtet sich nach dem jeweiligen (gesetzlichen) Tatbestand. Bei § 823 Abs. 1 bezieht sich das Verschulden nur auf den objektiven Tatbestand, d. h. auf Verlet-

---

[270] Vgl. auch BGH NJW 1988, 2298.
[271] Vgl. BGH NJW 1987, 1479 m. Anm. *Deutsch*; MünchKomm/*Grundmann*, § 276 Rn. 56 m. w. N.
[272] *Deutsch/Ahrens*, Rn. 127.

zungserfolg und Verletzungshandlung, Kausalität, und Rechtswidrigkeit, nicht auch auf den Schaden und die Schadenszurechnung (haftungsausfüllende Kausalität; vgl. unten § 16 Rn. 186).[273] Anders ist dies (ausnahmsweise) bei § 826 (vgl. unten § 17 Rn. 22 und 25).

Fall (BGH NJW 1951, 596):   177

Der Beklagte zeigte den Kläger 1944 aus persönlichen Motiven wegen Abhörung feindlicher Sender an. Dieser wurde verhaftet und damit daran gehindert, sein Hab und Gut in Sicherheit zu bringen. In Abwesenheit wird dieses durch einen Bombentreffer zerstört. K verlangt von B Schadensersatz für sein zerstörtes Hab und Gut.

Lösung:

1. Anspruch aus § 823 Abs. 1

  a) Rechtsgutverletzung = Freiheitsentziehung

  b) Schädigende Handlung = Denunzierung durch Beklagten

  c) Haftungsbegründende Kausalität (+)

  d) Rechtswidrigkeit? Die Rechtswidrigkeit kann bei Anzeige wegen Abhörens feindlicher Sender und Wehrkraftzersetzung im Jahr 1944 nicht ohne weiteres bejaht werden, so der BGH.[274, 275]

  e) Vorsatz

    aa) Wissen und Wollen der Freiheitsentziehung ist gegeben; der Vorsatz muss sich – anders als bei § 826 – nicht auf den Schaden beziehen.

    bb) Bewusstsein der Rechtswidrigkeit („Vorsatztheorie" im Zivilrecht): Vorsatz erfordert Bewusstsein der Rechtswidrigkeit. Dies kann hier bejaht werden, a. A. vertretbar.

  f) Schaden (+)

  g) Haftungsausfüllende Kausalität zwischen Freiheitsentziehung und Zerstörung des Eigentums des Klägers? Wäre K nicht verhaftet worden, hätte er sein Hab und Gut in Sicherheit bringen können (Äquivalenztheorie). Adäquate Kausalität ist gegeben, weil besondere Sachgefährdung infolge des Krieges im Rahmen des Wahrscheinlichen liegt.

  h) Ergebnis: § 823 Abs. 1 (+), wenn man die Rechtswidrigkeit im konkreten Fall bejaht (siehe oben).

2. Anspruch aus § 826

  a) Schaden = Verlust der Habe des Klägers

  b) Kausalität und Zurechnung (+), vgl. oben.

  c) Sittenwidrigkeit (+)

---

[273] Vgl. BGHZ 75, 328, 329 f. Anders dagegen § 110 Abs. 1 SGB VII (= § 640 RVO a. F.).

[274] Der BGH entschied die Sache nicht, sondern hob das Berufungsurteil auf und verwies zur erneuten Verhandlung und Entscheidung zurück.

[275] Weil der BGH die Sittenwidrigkeit des Verhaltens des B bejahte, liegt es auch nahe, die Rechtswidrigkeit zu bejahen; vgl. zum Verhältnis von Rechtswidrigkeit und Sittenwidrigkeit unten § 17 Rn. 23.

d) Vorsatz? Der Vorsatz muss bei § 826 die gesamten Schadensfolgen umfassen. Der Beklagte müsste sich bewusst sein, dass der Kläger durch die Inhaftierung seine Sachen verliert, und er muss diesen Erfolg in seinen Willen aufgenommen haben und gebilligt haben. Dazu fehlen Angaben im Sachverhalt.

e) Ergebnis: Kein § 826, weil Vorsatz den Schaden umfassen muss.

IV. Billigkeitshaftung (§ 829)

178 Nach § 829 (selbstständige Anspruchsgrundlage) ist auch derjenige aus Gründen der Billigkeit zum Schadensersatz verpflichtet, der mangels Verschuldensfähigkeit für einen verursachten Schaden nicht verantwortlich ist (**Billigkeitshaftung**).

179 Die Billigkeitshaftung nach § 829 setzt eine tatbestandsmäßige und rechtswidrige Herbeiführung eines Verletzungserfolges i.S. der §§ 823 bis 826 voraus, also die Erfüllung eines deliktischen Anspruchstatbestandes der §§ 823 bis 826; sie kompensiert nur die nach den §§ 827f. fehlende Verschuldensfähigkeit.

Weitere Tatbestandsvoraussetzung ist, dass die Billigkeit eine Schadloshaltung des Geschädigten erfordert. Hierfür kommt es auf die Umstände des Einzelfalles an, insbesondere auf das Maß der Einsichtsfähigkeit, Schwere der Verletzung, Vermögensverhältnisse der Beteiligten.[276] Grenze der Billigkeitshaftung sind die Mittel für den eigenen Unterhalt und die Unterhaltspflichten des Schädigers (vgl. § 829 a.E.).

Die Billigkeitshaftung des § 829 setzt außerdem voraus, dass Ersatz des Schadens nicht von einem Aufsichtspflichtigen (§ 832) erlangt werden kann.

180 Neben den Fällen fehlender Verschuldensfähigkeit wird die Vorschrift entsprechend auf Fälle anderer, an sich haftungsausschließender „Defekte" angewendet:
– Fälle fehlender Handlung (wegen Kontrollverlustes, Tod des Schädigers keine Handlung im deliktischen Sinne) (vgl. unten § 16 Rn. 181);
– Fälle fehlenden Verschuldens wegen alterstypischer Steuerungsunfähigkeit (Jugendliche, alte Menschen) (vgl. unten § 16 Rn. 182).

181 **Fall (BGHZ 23, 90):**

Wegen einer geplatzten Schlagadergeschwulst wird der Autofahrer B plötzlich und unvorhersehbar bewusstlos; sein Fahrzeug gerät außer Kontrolle und überfährt den auf dem Bürgersteig gehenden Fußgänger K. K verlangt von B Schadensersatz.

[276] § 829 wird auch als „Millionärsparagraph" bezeichnet (vgl. BGH NJW 1980, 1623, 1624; *Kötz/Wagner*, Rn. 354).

Lösung:

1. Anspruch aus § 7 Abs. 1 StVG?

   a) K ist beim Betrieb des Kfz des B am Körper verletzt worden.

   b) Höhere Gewalt i. S. des § 7 Abs. 2 StVG ist nicht gegeben, auch nicht durch die eingetretene Bewusstlosigkeit des B (vgl. § 21 Rn. 16 ff.). Ein weiterer Ausschlussgrund liegt nicht vor (§ 8 StVG).

   c) B hat den entstandenen Schaden zu ersetzen.

2. Ein Anspruch aus § 823 Abs. 1 scheidet aus.

   a) Zwar ist K am Körper verletzt worden.

   b) Zum Zeitpunkt des Überfahrens des K fehlt aber eine willensgesteuerte Handlung des B, der bewusstlos ist (vgl. oben § 16 Rn. 102).

   c) Stellt man auf das (zeitlich vorgelagerte) Fahren bis zum Eintritt der Bewusstlosigkeit ab, so könnte dem B ein pflichtwidriges Unterlassen (Pflicht, das Kfz rechtzeitig vor Eintritt der Bewusstlosigkeit anzuhalten) vorzuwerfen sein. Jedoch fehlt auch für diese Alternative das Verschulden; der Eintritt der Bewusstlosigkeit war unvorhersehbar, das Weiterfahren stellt insoweit keine Pflichtverletzung dar.

3. In Betracht kommt aber ein Anspruch aus § 829 (analog).

   a) B hat den Tatbestand des § 823 Abs. 1 durch Überfahren des K verwirklicht, von der Handlungsfähigkeit, Verschuldensfähigkeit und Verschulden abgesehen.

   b) § 829, so der BGH, will nach seinem Sinn und Zweck die Fälle vorübergehender „Bewusstlosigkeit" ohne Rücksicht darauf erfassen, ob sie nur die Zurechnungsfähigkeit des Schädigers oder auch das Verschulden insgesamt oder gar jede willensmäßige Steuerung des körperlichen Verhaltens ausschließt. § 829 ist daher (analog) auch anzuwenden, wenn wegen Bewusstlosigkeit schon die Handlungsfähigkeit fehlt.

   c) Eine Aufsichtshaftung (§ 832) besteht nicht.

   d) Zu § 7 Abs. 1 StVG besteht Anspruchskonkurrenz.

Fall (BGHZ 39, 281):   182

Beim Spiel schleudert der 9-jährige B ein Spielzeugmesser hinter dem 12-jährigen K her, das den sich umdrehenden K ins Auge trifft und schwer verletzt. Es wird festgestellt, dass B zwar die zur Erkenntnis seiner Verantwortlichkeit erforderliche Einsicht hat (§ 828 Abs. 3), Kindern seiner Altersstufe aber die Reife fehlte, die zur Begründung eines Fahrlässigkeitsvorwurfs erforderlich ist (§ 276 Abs. 2). K verlangt von B Schadensersatz.

Lösung:

1. Anspruch aus § 823 Abs. 1 (–) Zwar ist B verschuldensfähig, jedoch handelt er nicht schuldhaft. Grundsätzlich gilt ein objektiver Beurteilungsmaßstab, jedoch ist die Berücksichtigung typischer Verschiedenheiten ganzer Berufs- und Altersgruppen nicht ausgeschlossen. Kinder der Altersstufe des B können die Gefährlichkeit einer Handlungsweise des B (Werfen des Messers) nicht erkennen. Deshalb handelt B nicht fahrlässig.

2. Anspruch aus § 829 analog?

a) B hat den Tatbestand des § 823 Abs. 1 verwirklicht, abgesehen vom Verschulden.

b) Dem Wortlaut nach ist § 829 aber nur auf Fälle fehlender Verschuldens-fähigkeit nach §§ 827 f. anzuwenden. Verschuldensfähigkeit des B liegt hier aber vor (§ 828 Abs. 3). Der BGH wendet § 829 analog auf den Fall fehlenden Verschuldens wegen mangelnder Reife der Altersstufe des Schädigers an. Ob der Stand der Entwicklung des konkret schädigen-den Jugendlichen die für die Verschuldensfähigkeit erforderliche Ein-sichtsfähigkeit ausschließt oder der allgemeine Stand der Entwicklung von Jugendlichen der Altersstufe des Schädigers die zur Bejahung des Verschuldens erforderliche Reife (Fahrlässigkeit) ausschließt, sei kein rechtserheblicher Unterschied, so der BGH.[277] Fehlende Schuld oder fehlende Erkenntnis der Verantwortlichkeit sind nur Ausprägungen ein und desselben Mangels, nämlich des Mangels der für die deliktsrechtli-che Haftung erforderlichen Reife.[278]

c) Der Anspruch aus § 829 analog ist begründet.

V. Zusammenfassung

183   **Verschulden**

I. Verschuldensfähigkeit (§ 16 Rn. 169)

Die Verschuldensfähigkeit ist nur ausnahmsweise in den in §§ 827, 828 geregelten Fällen ausgeschlossen. Verschuldensun-fähig sind

1. unabhängig vom Alter – Personen, die im Zustand der Be-wusstlosigkeit oder in einem die freie Willensbestimmung ausschließenden Zustand krankhafter Störung der Geistestä-tigkeit gehandelt haben (§ 827 S. 1; Ausnahme § 827 S. 2).

2. Im Übrigen richtet sich die Verschuldensunfähigkeit nach dem Alter des Schädigers und dem Gefahrenbereich (in oder außerhalb des motorisierten Straßenverkehrs). Es ist zwi-schen drei Altersgruppen zu unterscheiden:

– Verschuldensunfähig sind Kinder vor Vollendung des 7. Lebensjahres (§ 828 Abs. 1).

– Verschuldensunfähig sind Kinder zwischen Vollendung des 7. und 10. Lebensjahres im motorisierten Straßenverkehr, es sei denn, der Schaden ist vorsätzlich herbeigeführt wor-den (§ 828 Abs. 2 S. 1 und 2).

---

[277] Das Besondere am BGH-Fall liegt darin, dass die Fähigkeit der Altersstufe des B, das Gefährliche eines Vorganges oder Zustandes zu erkennen und den Hand-lungswillen entsprechend dem verkehrgemäßen Sollen zu bestimmen (relevant für Fahrlässigkeit), in einer für bestimmte Altersstufen typischen Weise hinter der indivi-duellen Einsichtsfähigkeit des B in die Verantwortlichkeit (relevant für Verschuldens-fähigkeit) zurückgeblieben ist (vgl. BGHZ 39, 281, 285 f.).
[278] Vgl. BGHZ 39, 281, 286.

– Verschuldensunfähig ist ein Minderjähriger (bis zur Vollendung des 18. Lebensjahres), dessen Verantwortlichkeit nicht schon nach § 828 Abs. 1 und 2 ausgeschlossen ist, wenn er bei der Begehung der schädigenden Handlung nicht die zur Erkenntnis der Verantwortlichkeit erforderliche Einsicht hat (= nicht diejenige geistige Entwicklung erreicht hat, die ihn befähigt, das Unrechtmäßige seiner Handlung und zugleich die Verpflichtung zu erkennen, in irgendeiner Weise für die Folgen seines Tuns einstehen zu müssen).

II. Formen des Verschuldens

1. Vorsatz: Wissen und Wollen des Erfolges sowie Bewusstsein der Rechtswidrigkeit (Vorsatztheorie) (§ 16 Rn. 171)

2. Fahrlässigkeit (§ 276 Abs. 2) (§ 16 Rn. 172)

– Objektivierter Fahrlässigkeitsmaßstab:
Welche Sorgfalt zu beachten ist, richtet sich danach, was von einem durchschnittlichen Anforderungen entsprechenden Angehörigen des jeweiligen Verkehrskreises (z.B. Berufsgruppe, Gruppe von Verkehrsteilnehmern) in der konkreten Situation erwartet werden kann; abzustellen ist also auf die typischen Kenntnisse und Fähigkeiten der Gruppe.

– Subjektives Moment (§ 16 Rn. 173):
Spezielle Kenntnisse oder erhöhte Fähigkeiten des Schädigers erhöhen den Fahrlässigkeitsmaßstab (§ 16 Rn. 170).

III. Gegenstand des Verschuldens (§ 16 Rn. 176)
richtet sich nach der jeweiligen Anspruchsgrundlage (z.B. muss sich das Verschulden bei § 823 Abs. 1 nicht auf den Schaden und den haftungsausfüllenden Tatbestand erstrecken, anders jedoch bei § 826).

G. Schaden

Sind diese Anspruchsvoraussetzungen erfüllt, so ist der Schädiger **184** „zum Ersatz des daraus entstehenden Schadens" verpflichtet. Für die Ermittlung des **Schadens** gelten die allgemeinen Grundsätze des Schadensrechts (vgl. unten § 22 Rn. 4ff.). Im Recht der unerlaubten Handlungen sind die Sondervorschriften der §§ 842 bis 846 zu beachten (vgl. dazu unten § 20 Rn. 4ff.).

Das Mitverschulden und die Mitverursachung des Schadens durch den Geschädigten sind bei der Haftungsausfüllung zu prüfen (nicht etwa beim Verschulden des Schädigers!). Rechtsfolge des Mitverschuldens ist, dass die Höhe des Schadensersatzes (im Extremfall bis auf Null) gemindert wird.

185 **Vertiefungshinweis:** Haftungsprivileg des Unternehmers und Arbeitskollegen bei Arbeitsunfällen.

1. Arbeitsunfälle stellen besondere Schadensfälle dar, bei deren Lösung sozialversicherungsrechtliche Normen (SGB) berücksichtigt werden müssen. Es können Ansprüche gegen die Gesetzliche Unfallversicherung entstehen, die das allgemeine zivilrechtliche Haftungssystem verdrängen. Das Schadensausgleichssystem der gesetzlichen Unfallversicherung beruht auf dem Gedanken der „Haftungsersetzung durch Versicherungsschutz". Die Verdrängung des zivilrechtlichen Haftungssystems soll vornehmlich dem Betriebsfrieden dienen, der durch die Geltendmachung etwaiger Schadenersatzansprüche gestört wäre.[279] Dabei ist zwischen Personen- und Sachschäden zu differenzieren.

2. Gemäß § 104 Abs. 1 SGB VII sind Ansprüche der Versicherten (Definition des Versicherten in § 2 SGB VII), seiner Angehörigen und Hinterbliebenen gegenüber dem Unternehmer (Arbeitgeber) für Personenschäden ausgeschlossen. Der Haftungsausschluss gilt auch für etwaiges Schmerzensgeld, obwohl die Leistungen der Sozialversicherungsträger dieses nicht umfassen.[280] Für den Fall, dass der Personenschaden nicht allein vom haftungsprivilegierten Arbeitgeber, sondern von einem Dritten mitverursacht wird, besteht für den Anteil, den der Arbeitgeber ohne Haftungsprivilegierung hätte tragen müssen, kein Anspruch gegen den Dritten. Der Dritte haftet somit im Außenverhältnis so, wie er im Innenverhältnis der Gesamtschuldner zur Schadenstragung verpflichtet ist.[281] Das Haftungsprivileg entfällt, wenn der Arbeitsunfall vorsätzlich oder auf einem nach § 8 Abs. 2 Nr. 1 bis 4 SGB VII versichertem Weg herbeigeführt wurde.

3. Nach § 105 Abs. 1 SGB VII sind auch die Personenschadenersatzansprüche gegen einen in demselben Betrieb tätigen Betriebsangehörigen ausgeschlossen. Andernfalls würde der Arbeitgeber neben den Beiträgen der Unfallversicherung auch noch über den innerbetrieblichen Schadenausgleich den Schaden zu tragen haben. Das Ziel des Gesetzgebers, die Haftung durch einen Versicherungsschutz zu ersetzen, würde sonst unterlaufen.[282] Ausgenommen ist wiederum der vorsätzlich oder auf dem versicherten Weg herbeigeführte Versicherungsfall.

4. Die Haftungsprivilegien der §§ 104 und 105 SGB VII gelten gemäß § 106 Abs. 1 SGB VII auch für Ausbildungsunfälle (Schulunfälle etc.).

5. Für Sachschäden ist das SGB VII generell nicht anwendbar, sodass hier nach allgemeinen Haftungsregeln zu verfahren ist.[283] Im Verhältnis Arbeitnehmer-Arbeitgeber gelten allerdings die arbeitsrechtlichen Grundsätze des innerbetrieblichen Schadensausgleichs, die die Arbeitnehmerhaftung beschränken (vgl. § 19 Rn. 28). Diese Grundsätze gelten jedoch nicht im Verhältnis des schädigenden Arbeitnehmers zu Dritten (auch nicht zu Arbeitskollegen). Hier erlangt der im Außenverhältnis verpflichtete Arbeitnehmer einen Freistellungsanspruch gegen seinen Arbeitgeber, soweit der Arbeitgeber bei einer Schädigung seiner Rechtsgüter verpflichtet wäre, den Schaden selbst zu tragen.[284]

6. § 110 SGB VII enthält wie § 116 SGB X eine Legalzession der Schadenersatzforderung des Versicherten an den Sozialversicherungsträger, wenn dieser eine Leistung erbringt und eine Haftungsprivilegierung des Schädigers nicht gegeben ist.

---

[279] ErfK/*Rolfs*, § 104 SGB VII Rn. 1.
[280] ErfK/*Rolfs*, § 104 SGB VII Rn. 25.
[281] ErfK/*Rolfs*, § 104 SGB VII Rn. 30.
[282] ErfK/*Rolfs*, § 105 SGB VII Rn. 1.
[283] *Schaub/Linck*, ArbR-Hdb, § 52 Rn. 96.
[284] Vgl. die Rechtsprechungsnachweise bei *Schaub/Linck*, ArbR-Hdb, § 52 Rn. 96.

H. Haftungsausfüllende Kausalität

Der Schädiger ist nach § 823 Abs. 1 zum Ersatz des aus der Rechts- **186**
gutverletzung entstehenden Schadens verpflichtet. „Daraus entstehenden" deutet auf die **haftungsausfüllende Kausalität** hin.[285] Damit ist der
Zusammenhang zwischen dem ersten Verletzungserfolg und dem Schaden (den einzelnen Schadenspositionen) gemeint. Im Tatbestandsmerkmal „Schaden" sind auch die nach dem ersten Verletzungserfolg eintretenden weiteren Rechtsgutverletzungen zu berücksichtigen.

Die haftungsausfüllende Kausalität ist im Zusammenhang mit der
Rechtsfolge zu prüfen. Dafür ist die Äquivalenztheorie, Adäquanz und
der Schutzzweck der Norm anzuwenden (vgl. oben § 16 Rn. 125 ff.),
wobei es auf den Zusammenhang zwischen der ersten Rechtsgutverletzung und dem Schaden ankommt.

Fall (BGH NJW 1968, 2287):   187

A erleidet bei einem von B schuldhaft verursachten Verkehrsunfall eine Kopfverletzung. Bei der Untersuchung stellt der behandelnde Arzt eine verborgene Hirnarteriosklerose des A fest, die zu dessen vorzeitiger Pensionierung mit
verminderten Bezügen führt. A verlangt von B den Unterschied zwischen seinen Dienstbezügen und dem geringeren Ruhegehalt ersetzt.

Lösung:

1. § 823 Abs. 1?
   a) Haftungsbegründender Tatbestand
      aa) Erster Verletzungserfolg: Körperverletzung (Kopfverletzung)
      bb) Zurechenbare Handlung: zum Verkehrsunfall führendes Fahrverhal-
          ten (+)
      cc) Rechtswidrigkeit (+)
      dd) Verschulden (+)
   b) Haftungsausfüllender Tatbestand
      aa) Schaden: geringeres Ruhegehalt wegen vorzeitiger Pensionierung
      bb) Haftungsausfüllende Kausalität: Zurechnungszusammenhang zwi-
          schen der Rechtsgutverletzung (Kopfverletzung) und dem gemin-
          derten Ruhegehalt (Schaden)
          (1) Äquivalenz: Die äquivalente Kausalität liegt vor. Ohne den Unfall
              wäre A nicht in das Krankenhaus gekommen und daher auch die
              Krankheit zumindest noch nicht entdeckt worden.
          (2) Adäquanz: Auch die Adäquanz ist anzunehmen. Es liegt nicht
              außerhalb jeder Wahrscheinlichkeit, dass bei einem Kranken-
              hausaufenthalt eine weitere, an sich nicht mit der Unfallverlet-

---

[285] Vgl. zur Unterscheidung zwischen haftungsbegründender und haftungsausfüllender Kausalität oben § 16 Rn. 123 f.

zung zusammenhängende Erkrankung früher festgestellt wird, als dies sonst der Fall gewesen wäre.

(3) Schutzzweck der Norm: Schadensersatz wegen einer bestimmten Rechtsgutverletzung kommt nur in Betracht, wenn die verletzte Norm ihrem Sinn und Zweck nach den Eintritt gerade dieser Verletzung verhindern will. § 823 Abs. 1 (Körperverletzung) will vor den Gefahren schützen, die sich aus der Verletzung des Körpers ergeben, nicht aber davor, dass eine schon vorhandene Krankheit entdeckt wird, auch wenn diese Entdeckung zur Pensionierung führt und für den Verletzten Vermögensnachteile mit sich bringt. Insoweit sind durch den Unfall keine Gefahren verwirklicht worden, die das Gesetz verhüten will. Die vorzeitige Pensionierung wegen Dienstunfähigkeit gehört zu den allgemeinen Lebensrisiken, die jeder selbst tragen muss.[286] Der Schaden (vermindertes Ruhegehalt) liegt außerhalb des Schutzzwecks der verletzten Norm (§ 823 Abs. 1).

c) Ergebnis: § 823 Abs. 1 (–)

2. Für § 823 Abs. 2 i. V. m. fahrlässiger Körperverletzung nach § 229 StGB gelten die gleichen Erwägungen zum Schutzzweck.

3. § 7 Abs. 1 StVG?

a) Beim Betrieb des Kfz des B ist der Körper des A verletzt worden. Ausschlussgründe liegen nicht vor.

b) Deshalb ist B zum Ersatz des daraus entstehenden Schadens verpflichtet. Dazu gehören aber nicht die wegen vorzeitiger Pensionierung eingetretenen Vermögenseinbußen; es gelten die Ausführungen zu § 823 Abs. 1 entsprechend.

4. Der Anspruch des A ist unbegründet.

Hinweis:

1. Dieser Fall wird in der Literatur teilweise im Zusammenhang mit der haftungsbegründenden Kausalität behandelt. Richtig ist aber, ihn im Zusammenhang mit der haftungsausfüllenden Kausalität zu erörtern. Denn der Kausalzusammenhang zwischen dem zum Verkehrsunfall führenden Verhalten des B und der Kopfverletzung (dem ersten Verletzungserfolg) ist eindeutig gegeben. Alles andere ist eine Weiterentwicklung dieses ersten Verletzungserfolges und wird vom haftungsausfüllenden Tatbestand erfasst.

2. Der BGH[287] prüft zu Recht ausschließlich die haftungsausfüllende Kausalität: Er stellt die Kausalität zwischen der unerlaubten Handlung, Pensionierung und dem darauf beruhenden Schaden fest. Es liegt auch kein Fall einer mittelbaren (zweiten) Rechtsgutverletzung vor, weil die verborgene Erkrankung vom Schädiger nicht verursacht wurde.

188 Beispiel:
K ist mit überhöhter Geschwindigkeit an einem Unfall mit B beteiligt, weil B dem K die Vorfahrt nimmt. Das im Rahmen eines Strafverfahrens ergangene Urteil, das eine Geldstrafe wegen Überschreitung der zulässigen Fahrgeschwindigkeit (§ 3 Abs. 1 StVO) gegen ihn (K) verhängt, wird im Rechtsmittelverfahren aufgehoben. K verlangt von B (u. a.) Ersatz der Kosten für seine Verteidigung im Strafverfahren (BGHZ 27, 137).

---

[286] BGH NJW 1968, 2287.
[287] BGH NJW 1968, 2287.

(1) Infrage kommt ein Anspruch aus § 7 Abs. 1 StVG. Der haftungsbegründende Tatbestand ist gegeben. Fraglich ist aber, ob der geltend gemachte Schaden vom Schutzzweck der Vorschrift erfasst ist („den daraus entstehenden Schaden"). § 7 StVG will vor den Gefahren des Betriebes eines Kfz schützen; davon erfasst werden die Folgen des Betriebes eines Kfz für die genannten Rechtsgüter, nicht aber Kosten der Strafverfolgung, die damit nicht spezifisch zusammenhängen, sondern Ausfluss des allgemeinen Lebensrisikos sind. (2) Es könnte ein Anspruch auf Schadensersatz aus § 823 Abs. 1 bestehen. Fraglich ist die haftungsausfüllende Kausalität, insbesondere der Schutzzweck der Vorschrift. § 823 Abs. 1 will gegen alle Gefahren schützen, die sich bei einer Verletzung dieser Rechtsgüter und Rechte ergeben; nur die Folgen dieser Verletzung der geschützten Rechtsgüter und Rechte werden dem Täter zugerechnet, und nur in diesem Rahmen sind die Interessen des Geschädigten im Gesetz geschützt. In den Kosten für das Strafverfahren haben sich durch den Unfall keine Gefahren verwirklicht, die das Gesetz verhüten will; sie haben mit der Körper- und Eigentumsverletzung des K nichts zu tun. Die Gefahr, in ein Strafverfahren verwickelt zu werden, liegt im Rahmen eines allgemeinen Risikos, das jeden Staatsbürger trifft. Dieses allgemeine Risiko gehört nicht zu den Gefahren, die das Gesetz abwenden will. (3) § 823 Abs. 2 i. V. m. § 8 StVO (Vorfahrt): Die Vorschrift schützt neben der Aufrechterhaltung der öffentlichen Ordnung nur die Gesundheit und das Eigentum der Verkehrsteilnehmer, nicht aber allgemeine Vermögensbelange. Deshalb sind die Verteidigerkosten vom Schutzzweck nicht erfasst. (4) Ansprüche aus § 823 Abs. 2 i. V. m. § 164 StGB (falsche Verdächtigung) und § 826 kommen nicht in Betracht.

Die haftungsausfüllende Kausalität ist vor allem in den Fällen von **189** Folgeverletzungen problematisch; dabei handelt es sich um Verletzungen oder Schäden, die erst infolge der durch den Schädiger verursachten Erstverletzung entstehen. Ob der (Erst-)Schädiger auch für weitere Rechtsgutverletzungen haftet, richtet sich danach, ob der Schädiger ein zusätzliches Risiko für die Folgeschäden geschaffen hat oder ob diese nur Ausfluss des allgemeinen Lebensrisikos sind.[288]

Beispiel:
S fährt mit ihrem Kfz den Fußgänger O an und verletzt ihn am Körper (erste Rechtsgutverletzung). O wird ins Krankenhaus gebracht. Dort bekommt er eine Grippe-Infektion (weitere Rechtsgutverletzung), die weitere Kosten der Heilbehandlung erforderlich macht. Ist die Grippe-Infektion nicht etwa durch die körperliche Schwäche des O durch den Kfz-Unfall begünstigt oder erst verursacht worden, so scheidet eine Haftung der S für die weiteren Heilbehandlungskosten aus. Die Grippe-Infektion ist zwar als Folge der ersten Rechtsgutverletzung entstanden, jedoch ist sie nicht spezifischer Ausfluss der Körperverletzung des S und damit dem allgemeinen Lebensrisiko zuzurechnen.[289]

Vertiefungshinweis: Abgrenzung von haftungsbegründender und haftungs- **190** ausfüllender Kausalität
In Haftungsfällen treten häufig neben einer ersten Rechtsgutverletzung noch weitere (mittelbare) Rechtsgutverletzungen auf. Sowohl für die erste als auch für die zweite Rechtsgutverletzung wird Schadensersatz verlangt. Es stellt sich die Frage, bei welchem Tatbestandsmerkmal die einzelne Rechtsgutverletzung dogmatisch einzuordnen ist.

---

[288] *Stoll*, Kausalzusammenhang und Normzweck im Deliktsrecht, 1968, S. 26 f.
[289] Vgl. die Besprechung von *Huber*, JZ 1969, 677.

Beispiel:
Bei einer Schlägerei verletzt S den B am rechten Bein (erste Rechtsgutverletzung). Während der ärztlichen Behandlung setzen sich Bakterien in die Wunde, die zu einer Infektion führen (Gesundheitsverletzung als weitere [mittelbare] Rechtsgutverletzung) und weitere Heilbehandlungen erforderlich machen. Es entstehen Kosten für die ärztliche Versorgung des rechten Beines („erster Schaden") sowie für die Heilung der Infektion („zweiter Schaden").

Die haftungsbegründende Kausalität meint den Zusammenhang zwischen denjenigen Elementen, welche die Haftung dem Grunde nach voraussetzt: Verletzungshandlung und erste Rechtsgutverletzung. Die haftungsausfüllende Kausalität meint die Verbindung dieses Haftungsgrundes (erste Rechtsgutverletzung) mit weiteren Folgeschäden, die auch in weiteren (mittelbaren) Rechtsgutverletzungen liegen können.[290] Eine weitere (mittelbare) Rechtsgutverletzung wird unter dem Gesichtspunkt des Folgeschadens im Rahmen der Haftungsausfüllung geprüft und behandelt.

Ob im Einzelfall die Problematik der Kausalität und der Zurechnung im Rahmen der Haftungsbegründung (Haftungsrecht) oder der Haftungsausfüllung (Schadensrecht) geprüft wird, ist vom jeweiligen Haftungstatbestand abhängig. So kann es hinsichtlich der gleichen Rechtsgutverletzung und des gleichen Schadens zu Überschneidungen kommen: Die Zurechnung kann bei der einen Anspruchsgrundlage im Rahmen der Haftungsbegründung, bei der anderen im Rahmen der Haftungsausfüllung zu prüfen sein.[291]

Beispiel:
Ein mangelhaft errichtetes Haus stürzt ein und verletzt den Eigentümer (E). Die Körperverletzung gehört im Rahmen der Pflichtverletzung des Bauvertrages (§ 280 Abs. 1) zur Haftungsausfüllung, im Rahmen des § 823 Abs. 1 zur Haftungsbegründung. Stellt dagegen die Errichtung des mangelhaften Hauses schon eine Eigentumsverletzung unter dem Gesichtspunkt des Weiterfressermangels dar, so kann – abhängig vom Klagebegehren des E – die Körperverletzung nur als weitere Rechtsgutverletzung im haftungsausfüllenden Tatbestand des § 823 Abs. 1 geprüft werden.

§ 17. Sonstige Tatbestände der Verschuldenshaftung

A. Verletzung eines Schutzgesetzes (§ 823 Abs. 2)

1   Nach § 823 Abs. 2 ist zum Schadensersatz verpflichtet, wer schuldhaft „gegen ein den Schutz eines anderen bezweckendes Gesetz verstößt". Voraussetzung ist, dass ein Schutzgesetz verletzt worden ist. Im Gegensatz zu § 823 Abs. 1 ist die Verletzung eines bestimmten Rechts oder Rechtsgutes nicht erforderlich.

§ 823 Abs. 2 i.V.m. dem **Schutzgesetz** ist eine selbstständige Anspruchsgrundlage.

---

[290] Staudinger/*Medicus*, 12. Aufl., § 249 Rn. 47.
[291] Vgl. Staudinger/*Medicus*, 12. Aufl., § 249 Rn. 47; Palandt/*Heinrichs*, Vorbem § 249 Rn. 56.

I. Struktur des § 823 Abs. 2

Vertiefungshinweis: Aufbau des Tatbestandes des § 823 Abs. 2   **2**
§ 823 Abs. 2 setzt voraus, dass ein Schutzgesetz verletzt worden ist und dass die geschädigte Person, das betroffene Rechtsgut, der Schaden und die Art und Weise der Erfolgs- bzw. Schadensverwirklichung in den (personellen, sachlichen und modalen) Schutzbereich des Schutzgesetzes fallen. Fraglich ist, wie der Tatbestand dogmatisch **aufgebaut** ist.
Dogmatisch ist es grundsätzlich zutreffend, auch bei einem Anspruch aus der Verletzung eines Schutzgesetzes zwischen dem haftungsbegründenden und dem haftungsausfüllenden Tatbestand zu unterscheiden (vgl. § 16 Rn. 1). Der Inhalt des haftungsbegründenden Tatbestandes ergibt sich aus den Tatbestandsvoraussetzungen des Schutzgesetzes. Der (haftungsbegründende) Tatbestand des § 823 Abs. 2 setzt zunächst voraus, dass ein Schutzgesetz vorliegt und verletzt worden ist. Ist dies festgestellt, ist im Rahmen der Haftungsbegründung grundsätzlich (Ausnahmen können sich aus dem Tatbestand des Schutzgesetzes ergeben) zu prüfen, ob der Geschädigte personell, das Rechtsgut und die Art und Weise der Rechtsgutverletzung von dem Schutzzweck der konkreten Vorschrift erfasst sind. Im Rahmen des haftungsausfüllenden Tatbestandes ist zu prüfen, ob auch der geltend gemachte Schaden und die Art und Weise der Schadensverwirklichung vom Schutzzweck erfasst sind.

§ 823 Abs. 2 ergänzt das gesetzgeberische Konzept des Rechtsgüter-   **3** schutzes durch § 823 Abs. 1 und hat als Anspruchsgrundlage eine eigenständige **Bedeutung**. § 823 Abs. 2 kann neben § 823 Abs. 1 und § 826 zur Anwendung kommen (Anspruchskonkurrenz). Bei der Auslegung des § 823 Abs. 2, insbesondere der Prüfung der Schutzgesetzqualität einer Norm, ist allerdings zu beachten, dass die Vorschriften des § 823 Abs. 1 und § 826 sowie deren Voraussetzungen und Grenzen nicht unterlaufen werden.

Vertiefungshinweis: Subsidiarität des § 823 Abs. 2 gegenüber anderweitiger   **4**
Absicherung
„Wenn [die] Belange [des Geschädigten] anderweit ausreichend abgesichert sind …, dann ist daneben ein deliktischer Schutz derselben Interessen über § 823 Abs. 2 BGB entbehrlich. … ist neben den eingehenden Regelungen zum Schutz der Vermögensinteressen … kein Bedürfnis für den deliktischen Schutz durch § 823 Abs. 2 BGB zu erkennen." Dies führte der BGH[1] bei der Prüfung aus, ob eine bestimmte Ordnungswidrigkeitsvorschrift Schutzgesetz i.S. des § 823 Abs. 2 ist.[2]
Diese Formulierung verleitet zu dem Missverständnis, dass der Anspruch aus § 823 Abs. 2 gegenüber anderen Ansprüchen des Geschädigten **subsidiär** ist. Dagegen meint der BGH – und dies ist ein dogmatischer Unterschied – damit nur, dass eine (Ordnungswidrigkeits-)Vorschrift regelmäßig kein Schutzgesetz darstellt, wenn eine anderweitige Absicherung des Geschädigten vorhanden ist bzw. die schützenswerten Interessen des Beeinträchtigten anderweit ausreichend

---

[1] BGHZ 84, 312, 317 f.
[2] Vgl. auch BGHZ 110, 342, 359 f. zur Schutzgesetzeigenschaft des § 30 GmbHG; BGHZ 116, 7, 13 f. zu § 264 a StGB; BGH NJW 1980, 1792 zu §§ 29 d Abs. 1, 27 Abs. 3 StVZO.

abgesichert sind.[3] Dies könnte bei Bußgeldvorschriften bzw. Ordnungswidrig-keiten zutreffen.[4]

II. Schutzgesetz

5   § 823 Abs. 2 setzt im haftungsbegründenden Tatbestand voraus, dass ein Schutzgesetz verletzt worden ist. Schutzgesetz ist eine Rechtsnorm, die – sei es auch neben dem Schutz der Allgemeinheit – dazu dienen soll, den Einzelnen oder einzelne Personenkreise gegen die Verletzung eines Rechtsguts zu schützen.[5]

1. Rechtsnorm

6   Schutzgesetz ist eine **Rechtsnorm**. Gemeint ist damit nicht nur ein Gesetz im formellen Sinn, sondern jede Rechtsnorm (vgl. Art. 2 EGBGB). Der Begriff des Gesetzes ist weit zu verstehen; darunter fallen auch Verordnungen, öffentlich-rechtliche Satzungen (z. B. Gemeindesat-zungen über die Streupflicht) und Gewohnheitsrecht.

2. Individualschutz

7   Die Norm muss „den Schutz eines anderen bezwecken". Das setzt voraus, dass das Gesetz zumindest den Schutz des durch den Normver-stoß Betroffenen bezweckt (**Individualschutz**). Nicht ausreichend ist es, wenn die Norm nur dem Schutz der Allgemeinheit dient oder der Indi-vidualschutz sich objektiv bloß als Reflex des Schutzgesetzes darstellt; der Individualschutz muss (auch) im Aufgabenbereich der Norm liegen. Dabei kommt es nicht auf die Wirkung, sondern auf den Inhalt und Zweck des Gesetzes sowie darauf an, ob der Gesetzgeber bei Erlass des Gesetzes gerade einen Rechtsschutz in Form eines Schadensersatzan-spruchs zugunsten bestimmter Personen gewollt hat.[6]

Beispiele:[7]
– Die meisten Strafvorschriften sind Schutzgesetze; z. B. Hausfriedensbruch, un-erlaubtes Entfernen vom Unfallort (§ 142 StGB), Körperverletzung.
– Kein Schutzgesetz: Urkundenfälschung (§ 267 StGB). Diese Strafvorschrift schützt die Sicherheit und Zuverlässigkeit des Rechtsverkehrs mit Urkunden und ist auf das Allgemeininteresse am Institut der Urkunde ausgerichtet. Soweit objektiv bzw. mittelbar ein Vermögensschutz besteht, ist dieser nur Reflex, der durch die Befolgung der Norm objektiv erreicht werden kann, aber nicht in den spezifischen Aufgabenbereich der Norm fällt (BGHZ 100, 13).
– Öffentlich-rechtliche Vorschriften als Schutzgesetz: Dem B, Betreiber einer Bal-lettschule, ist in einer Baugenehmigung durch (mit einem Verwaltungsakt ange-

---

[3] BGHZ 116, 7, 12 f.
[4] BGHZ 116, 7, 14 m. w. N.
[5] BGHZ 106, 204, 206 f.; 116, 7, 13.
[6] BGHZ 116, 7, 13; 122, 1, 3 f.
[7] Vgl. die umfangreiche Auflistung von Schutzgesetzen bei Palandt/*Sprau*, § 823 Rn. 61 ff.; MünchKomm/*Wagner*, § 823 Rn. 357 ff.

ordnete) Auflage aufgegeben worden, die Fenster während der Übungsstunden zu schließen. Der Nachbar K kann die Einhaltung dieser Auflage vor dem Zivilgericht im Wege der quasinegatorischen Unterlassungsklage (§§ 1004 Abs. 1 S. 2, 823 Abs. 2 analog) durchsetzen. Als Schutzgesetz kommt nicht der Verwaltungsakt, sondern die Ermächtigungsnorm (LBauO, BauGB, BImSchG) in Betracht, welche durch die Auflage konkretisiert wird. Die Ermächtigungsnorm dient dem Schutz des Nachbarn (BGHZ 122, 1).

Auch § 858 (verbotene Eigenmacht) wird von der h. M. als Schutzge- 8
setz i. S. des § 823 Abs. 2 angesehen.[8] Obgleich es bei § 858 auf ein Recht zum Besitz nicht ankommt (vgl. § 863), ist mit Rücksicht auf den beschränkten Schutz des Besitzes durch § 823 Abs. 1 (vgl. oben § 16 Rn. 41 ff.) eine Einschränkung geboten: Der unrechtmäßige Besitzer ist gegenüber dem Berechtigten nicht aus § 823 Abs. 2 i. V. m. § 858 ersatzberechtigt.[9]

III. Verletzung des Schutzgesetzes

Gegen das Schutzgesetz muss verstoßen worden sein. Das setzt vo- 9
raus, dass das Schutzgesetz tatbestandlich erfüllt ist; es sind dabei die Regeln zu beachten, die für das spezielle Gesetz und Rechtsgebiet gelten. Ist eine Vorschrift des Strafgesetzbuches das betreffende Schutzgesetz, dann müssen alle Merkmale des Straftatbestandes (Tatbestand, Rechtswidrigkeit und [strafrechtliche] Schuld) geprüft werden.

IV. Rechtswidrigkeit und Verschulden

Die **Rechtswidrigkeit** wird durch die Schutzgesetzverletzung indi- 10
ziert.[10]

Hinsichtlich des **Verschuldens** ist zwischen folgenden beiden Fällen 11
zu unterscheiden.

Verlangt das Schutzgesetz selbst ein Verschulden (wie z. B. eine Strafbestimmung), dann muss das vom Schutzgesetz vorausgesetzte Verschulden vorliegen. Auszugehen ist damit von der im Schutzgesetz geforderten Schuldform. Bei vorsätzlichen Straftaten ist der Verschuldensbegriff des Strafrechts zugrunde zu legen (Totalverweis).[11] Bei Fahrlässigkeitstaten sind für den Verschuldensmaßstab nach h. M. dagegen stets die objektiven Kriterien des Zivilrechts maßgeblich (vgl.

---

[8] BGHZ 20, 169, 171; 79, 232, 237; 114, 305, 313 f.; *Larenz/Canaris,* SR II/2, § 77 III 1 c, S. 440 f.; *Medicus,* BR, Rn. 621.

[9] BGHZ 73, 355; 79, 232; 114, 305; vgl. auch *Medicus,* BR, Rn. 621; a. A. *Larenz/Canaris,* SR II/2, § 77 III 1 c, S. 440 f.: Auf ein Recht zum Besitz komme es nicht an, weil § 858 auch zugunsten des nicht berechtigten Besitzers Anwendung finde.

[10] BGHZ 122, 1, 6 f.; BGH NJW 2005, 2923.

[11] Nur ein unvermeidbarer Verbotsirrtum schließt eine Vorsatztat aus (§ 17 StGB, Schuldtheorie), anders bei fahrlässigem Verbotsirrtum (BGH NJW 1985, 134, 135).

oben § 16 Rn. 172).[12] Das Verschulden muss sich dagegen nicht auf das betroffene Rechtsgut oder den eingetretenen Schaden beziehen, es sei denn dies sind Elemente des Schutzgesetzes.[13]

Beispiel:
Verkäufer B verschweigt dem Käufer K beim Gebrauchtwagenkauf trotz einer Nachfrage des K die Unfalleigenschaft des Wagens. Als K dies nach einem zum Totalschaden führenden, von ihm unverschuldeten Unfall erfahren hat, ficht er (K) den Kaufvertrag wirksam an und verlangt Rückzahlung des Kaufpreises abzüglich einer Nutzungsentschädigung. B verlangt Anrechnung des Wertes des (zerstörten) Kfz (BGHZ 57, 137).
(1) Eine dem B zurechenbare Eigentumsverletzung i. S. des § 823 Abs. 1 liegt nicht vor. (2) K kann Rückzahlung des Kaufpreises nach § 823 Abs. 2 i. V. m. § 263 StGB verlangen. (a) § 263 StGB ist ein Schutzgesetz zugunsten von einzelnen Personen. (b) B hat dagegen verstoßen, indem er den Straftatbestand des Betruges verwirklicht hat. Die strafrechtliche Schuld braucht sich dabei nur auf den tatbestandsmäßigen (ersten) Schaden zu beziehen, also den Abschluss des Kaufvertrages. Die weitere Entwicklung muss nicht Gegenstand der Schuld oder eines Verschuldens sein. (c) Rechtswidrigkeit liegt vor. (d) Verschulden ist nicht weiter zu prüfen (§ 823 Abs. 2 S. 2). (e) Zu ersetzen ist der aus der Verletzung des Schutzgesetzes entstandene Schaden. Im Zeitpunkt der Erfüllung des Kaufvertrages besteht der Schaden nach wirtschaftlicher Betrachtungsweise und erklärter Anfechtung nicht In Höhe des gesamten Kaufpreises, sondern zunächst nur in Höhe des Kaufvertrages Zug um Zug gegen Herausgabe des Wagens (erster Schaden). Jedoch wird infolge der weiteren Entwicklung nach Erfüllung des Kaufvertrages das Kfz zerstört und der Schaden deshalb auf den vollen Kaufpreis ohne Zug um Zug-Herausgabe erweitert. Der gesamte Kaufpreis stellt damit den Schaden dar. (f) Dieser Schaden (auch der Folgeschaden) ist dem B auch zuzurechnen. Kausalität i. S. der conditio sine qua non-Formel, Adäquanz und Schutzzweck der Norm sind zu bejahen (vgl. die Falllösung § 17 Rn. 17).[14] (3) Der an sich gegebene Anspruch aus § 826 erfordert, dass der geltend gemachte Schaden vom Vorsatz des Schädigers umfasst wird. (4) Vgl. zu Ansprüchen aus § 812 Abs. 1 S. 1 Alt. 1 und der Anwendung der Saldotheorie oben § 12 Rn. 32 ff.

12   Setzt das Schutzgesetz kein Verschulden voraus, dann gilt § 823 Abs. 2 S. 2. Der Deliktstäter muss mindestens fahrlässig gehandelt haben; dies ist dann gesondert zu prüfen. Das Verschulden braucht sich nur auf den Verstoß gegen das Schutzgesetz zu beziehen, nicht auf das verletzte Rechtsgut oder den verursachten Schaden, wenn diese nicht zum Tatbestand des Schutzgesetzes gehören.[15] Man muss also nicht wissen, dass man einen anderen schädigt.

---

[12] BGHZ 46, 17, 22; BGH VersR 1968, 378, 379; Staudinger/*Hager*, § 823 Rn. G 38 m. w. N. (auch zur Gegenauffassung, die den subjektiven Fahrlässigkeitsmaßstab anwendet).

[13] BGHZ 103, 197, 200 (Besonderheit: Da § 231 StGB nach der Strafrechtsdogmatik ein sog. reines (abstraktes) Gefährdungsdelikt ist, muss dem zivilrechtlich Inanspruchgenommenen die Möglichkeit des Entlastungsbeweises offen stehen, dass sein Tatbeitrag für den Schaden nicht kausal geworden ist); *Kötz/Wagner*, Rn. 243; Staudinger/*Hager*, § 823 Rn. G 34 f.

[14] Bei verschuldetem Untergang gilt hinsichtlich der Zurechnung nichts anderes; jedoch ist dann ein Mitverschulden nach § 254 zu prüfen (BGHZ 57, 137, 143 ff.).

[15] BGHZ 103, 197, 200.

Beispiele:
– B berät und vertritt den K außergerichtlich gegen Berechnung von Gebühren, ohne die erforderliche behördliche Erlaubnis zu haben. Dabei lässt B aus Unachtsamkeit eine Forderung des K gegen einen Dritten in Höhe von 5.000 € verjähren. K verlangt deshalb von B Schadensersatz in dieser Höhe (BGHZ 15, 315).
K hat gegen B einen Anspruch aus § 823 Abs. 2 i. V. m. Art. 1 § 1 RBerG. (a) Art. 1 § 1 RBerG ist ein Schutzgesetz, das auch dem Schutz der Rechts- und Beratungssuchenden dient und nicht bloß im Allgemeininteresse besteht. (b) B verletzt dieses Schutzgesetz, indem er fremde Rechtsangelegenheiten besorgt, ohne die erforderliche Erlaubnis zu haben. (c) Weil Art. 1 § 1 RBerG kein Verschulden voraussetzt, wird § 823 Abs. 2 S. 2 angewandt: Eine Ersatzpflicht tritt nur bei Verschulden ein; dieses muss sich auf den Verstoß gegen das Schutzgesetz beziehen; es gelten die zivilrechtlichen Verschuldensregeln, insbesondere die über den Irrtum. Anhaltspunkte dafür, dass B die Erlaubnispflichtigkeit seiner Tätigkeit nicht erkennen kann, liegen nicht vor, sodass er (zumindest) fahrlässig handelt (§ 276 Abs. 2). Das Verschulden braucht sich nicht auf den verursachten Schaden zu beziehen. (d) Deshalb ist B zum Ersatz des aus dem Verstoß entstandenen Schadens verpflichtet. Dieser beträgt 5.000 €, weil die Forderung wegen Eintritts einer rechtshemmenden Einrede uneinbringbar ist (conditio sine qua non-Formel). (e) Dieser Schaden liegt auch im Schutzbereich der Norm. (aa) K ist als Rechtsuchender eine von der Norm geschützte Person. (bb) Die Norm soll den Rechtsuchenden vor den Gefahren einer unzureichenden und nicht sachgemäßen Betreuung schützen.[16] Im Fall ist Verjährung infolge unsachgemäßer Geschäftsbesorgung eingetreten. (f) Der Anspruch ist begründet.
– B kommt innerhalb einer geschlossenen Ortschaft infolge überhöhter Geschwindigkeit in der Kurve ins Schleudern und stößt mit dem entgegen kommenden K zusammen, der einen erheblichen Personen- und Sachschaden erleidet.
K kann aus § 823 Abs. 2 i. V. m. § 3 Abs. 3 Nr. 1 StVO (Geschwindigkeit) Schadensersatz verlangen. (a) § 3 Abs. 3 StVO ist ein Schutzgesetz, das (auch) dem Schutz anderer Verkehrsteilnehmer dient. (b) B hat dagegen verstoßen, weil er mit überhöhter Geschwindigkeit gefahren ist. (c) Weil § 3 StVO kein Verschulden erfordert, ist § 823 Abs. 2 S. 2 zu prüfen. Es ist davon auszugehen, dass B zumindest fahrlässig i. S. des § 276 Abs. 2 gehandelt hat; das Verschulden braucht sich nicht auf die entstandene Rechtsgutverletzung und den Schaden zu beziehen, weil diese Merkmale nicht zum Tatbestand des § 3 StVO gehören. (d) Deshalb hat B den dadurch entstandenen Personen- und Sachschaden zu ersetzen.

Vertiefungshinweis: Beweislast für Verschulden i. S. des § 823 Abs. 2   **13**
Nach ständiger Rechtsprechung gilt für die Schutzgesetzverletzung i. S. des § 823 Abs. 2 die Regel, dass der Verstoß gegen ein Schutzgesetz die Vermutung auslöst, dass dies schuldhaft geschehen ist. Dies gilt nur dann, wenn das Schutzgesetz das geforderte Verhalten bereits so konkret umschreibt, dass mit der Verwirklichung des objektiven Tatbestandes der Schluss auf einen subjektiven Schuldvorwurf nahe liegt; dieses Verschulden ist widerlegbar.[17] Die **Beweislast** für die Widerlegung des vermuteten Verschuldens trifft den Schädiger.

---

[16] Darüber hinaus soll es den Belangen der Anwaltschaft dienen, um ihr ein ausreichendes Arbeitsfeld gegenüber einem Personenkreis zu sichern, der bis dahin keinen wirksamen berufs- und standesrechtlichen Beschränkungen unterlag (vgl. BGHZ 37, 258, 261).

[17] BGHZ 51, 91, 103 f.; 116, 104, 114 f. m. w. N.

Beschränkt sich das Schutzgesetz dagegen darauf, einen bestimmten Verletzungserfolg zu verbieten, so löst die bloße Verwirklichung einer solchen Verbotsnorm keine Indizwirkung in Bezug auf das Verschulden aus.[18]

V. Schutzbereich

14 Die geschädigte Person, das geschädigte Rechtsgut, die Art und Weise der Rechtsgutverletzung (grundsätzlich alles Elemente des haftungsbegründenden Tatbestandes) sowie der geltend gemachte Schaden und die Art und Weise der Schadensverwirklichung (grundsätzlich Elemente des haftungsausfüllenden Tatbestandes) müssen in den **Schutzbereich** der Norm fallen.

1. Persönlicher Schutzbereich

15 Der Verletzte muss zu dem geschützten Personenkreis gehören, also in den **persönlichen Schutzbereich** fallen.

Beispiele:[19]
– B hat das Kfz des E gegen dessen Willen in Gebrauch genommen und dabei den K angefahren. Rechtslage (BGHZ 22, 293, 296 ff.)?
Ein Schadensersatzanspruch des K gegen B aus § 823 Abs. 2 i. V. m. § 248 b Abs. 1 StGB kommt nicht in Betracht. § 248 b StGB dient dem Schutz des Gebrauchsberechtigten. Sie bezweckt aber nicht den Schutz der Verkehrsteilnehmer. Die Sicherheit des Verkehrs und der Schutz einzelner Verkehrsteilnehmer sind zwar Wirkungen, nicht aber Inhalt und Zweck des Gesetzes, auf die es hinsichtlich der Schutzgesetzeigenschaft aber ankommt. Der Schutz der Verkehrsteilnehmer ist allenfalls objektiver Reflex des Gesetzes.
– B stellt seinen Lkw in einer Straße ab, in der absolutes Halteverbot gilt (Zeichen 283 zu § 41 StVO). Als der 6-jährige K die Straße überqueren will, wird er von dem Auto des F erfasst, der den K wegen des abgestellten Lkw nicht sehen kann. K verlangt von B Schadensersatz (BGH NJW 1983, 1326).
(1) Begründet ist ein Anspruch aus § 7 Abs. 1 StVG (vgl. § 21 Rn. 5 ff.).[20] (2) K kann von B Schadensersatz aus § 823 Abs. 2 i. V. m. § 12 Abs. 1 Nr. 6 a StVO (absolutes Halteverbot) verlangen. (a) Der haftungsbegründende Tatbestand ist erfüllt. § 12 Abs. 1 Nr. 6 a StVO ist ein Schutzgesetz, das nicht nur der Allgemeinheit dient. B hat dagegen verstoßen, indem er seinen Lkw verbotswidrig abgestellt hat. Rechtswidrigkeit und Verschulden (§ 823 Abs. 2 S. 2), zumindest

---

[18] BGHZ 116, 104, 115 m. w. N. Vgl. auch Palandt/*Sprau*, § 823 Rn. 81.

[19] Weiteres Beispiel: BGHZ 108, 134, 136 f.: In den (personalen) Schutzbereich des § 64 GmbHG (i. V. m. § 823 Abs. 2) fallen nur Gläubiger, die vor Konkurseröffnung eine Forderung gegen die insolvenzreife Gesellschaft erworben haben. Erwirbt ein Gläubiger nach Konkurseröffnung eine Forderung gegen die Gesellschaft, so fällt er aus dem Schutzbereich der Vorschrift heraus, kann aber einen Schadensersatzanspruch gegen die Geschäftsführer aus § 826 haben (vgl. zur Schadenshöhe § 17 Rn. 24). Nach *Altmeppen*, in: Roth/Altmeppen, GmbHG, 5. Auflage 2005, § 64 Rn. 94, soll die Insolvenzantragspflicht entgegen der h. M. kein Schutzgesetz i. S. des § 823 Abs. 2 sein.

[20] Ein Mitverschulden des K kommt nicht in Betracht (§ 9 StVG i. V. m. §§ 254, 828 Abs. 1).

Fahrlässigkeit (§ 276 Abs. 2), sind gegeben. (b) B hat deshalb den aus der Verletzung des Schutzgesetzes entstandenen Schaden zu ersetzen, wenn dieser vom Schutzzweck der Norm erfasst ist. Das setzt voraus, dass Fußgänger durch § 12 Abs. 1 Nr. 6 a StVO geschützt werden. Nach Ansicht des BGH dient das absolute Halteverbot auch dem Schutz der die Fahrbahn überquerenden Fußgänger und nicht nur dazu, den Ablauf des fließenden Verkehrs zu erleichtern; es soll den die Fahrbahn überquerenden Fußgängern eine bessere Übersicht über den Verkehrsverlauf ermöglichen und damit zur Schadensverhütung beitragen.[21] Der Fußgänger K fällt damit in den Schutzbereich der Norm. (c) Der Anspruch ist deshalb begründet.

2. Sachlicher Schutzbereich

a) Rechtsgut

Auch das **geschädigte Rechtsgut** muss im Schutzbereich der Norm   16
liegen.

Beispiel:[22]
B errichtet auf dem Grundstück des K ein Haus. Als sich 8 Jahre nach Abnahme Risse in den Decken zeigen, stellt sich heraus, dass die Decke mit minderwertigem Beton hergestellt worden ist. K verlangt von B Schadensersatz (BGHZ 39, 366).
(1) Ein Anspruch aus §§ 631, 633 Abs. 2 S. 1, 634 auf Nacherfüllung, Aufwendungsersatz oder Schadensersatz scheidet wegen Eintritts der Verjährung aus (§ 634 a Abs. 1 Nr. 2, Abs. 2 i. V. m. § 214 Abs. 1). (2) Ein Anspruch aus § 823 Abs. 1 ist unbegründet, weil es an einer Eigentumsverletzung fehlt. K hat von Anfang an mangelhaftes Eigentum erworben; ein Fall des sog. weiterfressenden Mangels liegt nicht vor (vgl. oben § 16 Rn. 19 ff.). (3) Infrage kommt ein Anspruch aus § 823 Abs. 2 i. V. m. § 319 StGB. (a) § 319 StGB (Baugefährdung) stellt ein Schutzgesetz dar, das nicht nur der Allgemeinheit dient. (b) B hat dagegen zumindest fahrlässig verstoßen (§ 319 Abs. 3 StGB). (c) Fraglich ist aber, ob der geltend gemachte Schaden (Kosten zur Beseitigung und Neuherstellung der Decken) vom Schutzzweck der Norm erfasst ist. Die Vorschrift schützt nur vor Gefahren für Leben und Gesundheit von Menschen; nur für die Verletzung dieser Rechtsgüter kann Schadensersatz verlangt werden. Deshalb fallen die verletzten Rechtsgüter (Bauwerk des K) und damit der geltend gemachte Schaden aus dem Schutzbereich der Norm heraus. Dass die Aufwendungen dazu dienen, Gefahren für die Benutzer der Räume zu beseitigen, ändert nichts daran, dass nur vermögensrechtliche Interessen des K betroffen sind; nur Schäden von verletzten Personen, nicht aber Vermögensschäden können nach § 823 Abs. 2 i. V. m. § 319 StGB liquidiert werden.

b) Schaden

Das vom Geschädigten geltend gemachte Interesse **(Schaden)** muss   17
von der Rechtsnorm geschützt werden, also ebenfalls in den sachlichen
Schutzbereich fallen.

---

[21] A. A. bei eingeschränktem Halteverbot OLG Schleswig NJW-RR 1991, 34 = VersR 1992, 719.
[22] Weiteres Beispiel: BGHZ 42, 313, 318: Der fahrlässige Falscheid (§ 163 StGB) ist ein Schutzgesetz. Er schützt auch den durch die fahrlässige Falschaussage Betroffenen; es wird auch das Vermögensinteresse des von der Aussage Betroffenen geschützt, weil § 163 StGB auch vor Vermögensnachteilen bewahren will.

Beispiel:[23]
Nachdem die (übereignete) Kaufsache zerstört worden ist, wird der Kaufvertrag wegen arglistiger Täuschung[24] vom Käufer angefochten (BGHZ 57, 137; vgl. zum Sachverhalt oben § 17 Rn. 11). Der Schaden in Form des Kaufpreises ohne Anrechnung der zerstörten Kaufsache ist dem Täuschenden zuzurechnen. (a) Er wird kausal i. S. der conditio sine qua non-Formel verursacht. (b) Es liegt auch nicht außerhalb aller Wahrscheinlichkeit, dass der getäuschte Käufer die Kaufsache bei deren Benutzung zerstört (Adäquanz). (c) Der Schaden liegt auch im Schutzbereich der Norm: Der Käufer soll keinen Nachteil dadurch erleiden, dass er seine Leistung aufgrund arglistiger Täuschung erbracht hat; es soll nicht zu Lasten des Käufers gehen, dass die Kaufsache in seiner Besitzsphäre zu Schaden kommt. Bei unverschuldetem Untergang trägt der für die Täuschungshandlung schadensersatzpflichtige Verkäufer die Gefahr des Untergangs der Kaufsache, bei Verschulden des Käufers kommt eine Schadensminderung nach § 254 in Betracht.

18 | **Fall:**
     |
     | S verursacht auf der Autobahn infolge unvorsichtigen Überholens bei unklarer Verkehrslage einen Unfall. Dadurch gerät G in den unfallbedingten Stau und muss so lange warten, dass er das Flugzeug verpasst. Bis zum nächsten Flug am nächsten Tag nimmt er sich ein Hotelzimmer (Kosten von 60 €). Ersatzansprüche gegen S?
     |
     | **Lösung:**
     |
     | 1. § 823 Abs. 1 (–). Zwar könnte die Freiheit verletzt sein, weil G einen Ort nicht verlassen kann. Jedoch ist diese Freiheitsbeeinträchtigung Ausfluss des allgemeinen Lebensrisikos (Schutzzweck der Norm) und verpflichtet nicht zum Schadensersatz.[25] Es liegt also nur ein reiner (primärer) Vermögensschaden vor.
     |
     | 2. § 823 Abs. 2 i. V. m. § 5 Abs. 2 und Abs. 3 Nr. 1 StVO (Überholen)?
     |
     | a) § 5 StVO ist ein Schutzgesetz. Es will die anderen Verkehrsteilnehmer schützen.
     |
     | b) Dagegen hat S verstoßen.

---

[23] Weiteres Beispiel: BGHZ 126, 181, 190 ff.: Die (Neu-)Gläubiger, die ihre Forderungen gegen die GmbH nach dem Zeitpunkt erworben haben, zu dem Insolvenzantrag hätte gestellt werden müssen (§ 64 Abs. 1 GmbHG), haben einen Anspruch auf Ausgleich des vollen Schadens, der ihnen dadurch entsteht, dass sie in Rechtsbeziehungen zu einer überschuldeten oder zahlungsunfähigen GmbH getreten sind (negatives Interesse). Die Altgläubiger dagegen haben nur Anspruch auf Ersatz des Betrages, um den sich die Masse und damit die Quote der Insolvenzgläubiger infolge der Insolvenzverschleppung verringert hat (sog. Quotenschaden); vgl. *Lutter/Hommelhoff*, GmbHG, 16. Aufl. 2004, § 64 Rn. 46 ff. m. w. N. Entgegen der h. M. soll die Insolvenzantragspflicht nach *Altmeppen*, in: Roth/Altmeppen, GmbHG, 5. Auflage 2005, § 64 Rn. 94, kein Schutzgesetz i. S. v. § 823 Abs. 2 sein.

[24] Anfechtung wegen arglistiger Täuschung wird nicht durch die an sich vorrangigen Gewährleistungsvorschriften verdrängt (vgl. Palandt/*Putzo*, § 437 Rn. 54).

[25] Vgl. § 16 Rn. 134.

c) Fahrlässigkeit i.S. des § 276 Abs. 2 ist zu bejahen (vgl. § 823 Abs. 2 S. 2).

d) Fraglich ist aber, ob der Schutzbereich der Norm die verletzte Person und den geltend gemachten Schaden erfasst.

aa) Der geschädigte G fällt als Verkehrsteilnehmer in den persönlichen Schutzbereich.

bb) Sachlicher Schutzbereich (–) Das von G geltend gemachte Interesse (Vermögensschaden) wird von der Norm nicht geschützt. Die Vorschriften über das Überholen wollen die anderen Verkehrsteilnehmer vor Körper- oder Eigentumsverletzungen (Unfall) schützen. Nicht geschützt wird hingegen der reine Vermögensschaden als entferntere Folge unvorsichtigen Überholens.[26]

e) G kann also für seinen Zeitverlust und die damit verbundenen Kosten von S keinen Ersatz verlangen.

3. Modaler Schutzbereich

Auch die Art und Weise der Rechtsgutverletzung bzw. der Schadens-   **19**
verwirklichung muss vom (modalen) Schutzzweck der Norm erfasst
sein.

Beispiele:
– Der an Bluthochdruck leidende K hatte als Fahrer des PKWs seiner Ehefrau einen Verkehrsunfall. Das von ihm gesteuerte Fahrzeug stieß infolge einer Vorfahrtverletzung von M mit dessen Pkw zusammen. Im zeitlichen Anschluss an den Unfall und die Unfallaufnahme durch die Polizei erlitt K einen Schlaganfall. Durch die Verletzung des Vorfahrtrechts (§ 8 StVO) hat M pflichtwidrig und schuldhaft einen Beitrag zur Gesundheitsverletzung des K geleistet. Denn er hat K durch den Verkehrsunfall in Aufregung versetzt und damit eine Voraussetzung dafür geschaffen, dass es im Zusammenwirken mit dem nachfolgenden Verhalten von M und seinen Begleitern und der Unfallaufnahme durch die Polizei bei K zu einem krisenhaften Anstieg des Blutdruckes gekommen ist. Die verletzte Verkehrsregel des § 8 StVO will jedoch keinen Schutz davor gewähren, dass ein durch ihre Missachtung verursachter Unfall durch Belastungen, die der Geschädigte „erst eigentlich durch Aufregungen im Zusammenhang mit der Unfallaufnahme erfährt", zu einem Schlaganfall führt (BGHZ 107, 359, 363; vgl. auch § 16 Rn. 138).
– Der Schutzzweck der Vorschriften über die Sicherung von Kraftfahrzeugen gegen Schwarzfahrer (§ 14 Abs. 2 StVO; § 38a StVZO) umfasst auch Schäden aus einem Unfall, den der Schwarzfahrer bei dem Versuch, sich der Festnahme durch die Polizei zu entziehen, mit dem gestohlenen Fahrzeug herbeiführt (BGH NJW 1981, 113).

---

[26] Vgl. auch BGH NJW 2004, 356 (Halteverbote im Bereich von Baustellen schützen nicht das Vermögen eines Bauunternehmers).

VI. Zusammenfassung

20

§ 823 Abs. 2

§ 823 Abs. 2 i. V. m. dem Schutzgesetz ist eine selbstständige Anspruchsgrundlage.

I. Verletzung eines Schutzgesetzes
1. Schutzgesetz
   a) Gesetz
      Jede Rechtsnorm (vgl. Art. 2 EGBGB) (§ 17 Rn. 6)
   b) Individualschutz (§ 17 Rn. 7)
      „Schutz eines anderen bezwecken", d. h. zumindest auch Individualschutz, nicht ausschließlich Allgemeinschutz
2. Verletzung (des Schutzgesetzes)
   Bei einer individualschützenden StGB-Vorschrift
   Subsumtion unter sämtliche Merkmale des Straftatbestandes
3. Schutzzweck der Norm betreffend Haftungsbegründung (persönlich, sachlich, modal) (§ 17 Rn. 14 ff.)

II. Rechtswidrigkeit
Die Schutzgesetzverletzung indiziert die Rechtswidrigkeit.

III. Verschulden
1. Grundsätzlich das vom Schutzgesetz vorausgesetzte Verschulden (z. B. bei Straftatbestand) (§ 17 Rn. 11)
2. Bei einem Schutzgesetz ohne Verschuldenserfordernis mindestens Fahrlässigkeit gemäß § 823 Abs. 2 S. 2 (§ 17 Rn. 12)

IV. Schaden

V. Schutzzweck der Norm betreffend Haftungsausfüllung (§ 17 Rn. 14 ff.)
Vom Schutzzweck der Norm erfasst sein müssen:
1. Art des geltend gemachten Schadens (sachlicher Schutzbereich)
2. Art und Weise der Schadensverwirklichung (modaler Schutzbereich)

B. Sittenwidrige vorsätzliche Schädigung (§ 826)

Nach § 826 ist schadensersatzpflichtig, „wer in einer gegen die guten 21
Sitten verstoßenden Weise einem anderen vorsätzlich Schaden zufügt".

I. Struktur und Tatbestand des § 826

§ 826 stellt den **dritten Grundtatbestand** des Deliktsrechts neben 22
§ 823 Abs. 1 und § 823 Abs. 2 dar. Jede Schädigung eines anderen wird
sanktioniert; auch ein primärer Vermögensschaden wird ersetzt. Es
muss keine Rechts- oder Rechtsgutverletzung wie bei § 823 Abs. 1 oder
ein Verstoß gegen ein Schutzgesetz wie bei § 823 Abs. 2 vorliegen.
§ 826 hat insoweit den weitesten Schutzbereich.

Andererseits wird § 826 durch die Art der Schadenszufügung eingeschränkt: Sie muss vorsätzlich und sittenwidrig sein. Den Vorsatz und
den Sittenverstoß des Schädigers muss der Geschädigte im Prozess darlegen und beweisen. Bei § 826 gehört der Schaden zum haftungsbegründenden Tatbestand. Deshalb muss sich der Vorsatz auch auf den Schaden
beziehen (anders als bei § 823 Abs. 1, vgl. § 16 Rn. 173). Im Verhältnis
zu § 823 Abs. 1 und § 823 Abs. 2 besteht Anspruchskonkurrenz.

II. Sittenwidrigkeit

Sittenwidrig sind Handlungen, die gegen das Anstandsgefühl aller 23
billig und gerecht Denkenden verstoßen.[27] Maßgeblich sind die Anschauungen der in Betracht kommenden Kreise (z.B. Kaufleute); dabei
ist ein Durchschnittsmaß von Redlichkeit und Anstand zugrunde zu legen. Die Sittenwidrigkeit kann sich
- aus dem angewandten Mittel (Verhaltensweise des Schädigers,
  z.B. Täuschung),
- aus dem verfolgten Zweck (z.B. Existenzvernichtung) oder
- aus einer Kombination eines zulässigen Mittels mit einem zulässigen Zweck (Mittel-Zweck-Relation) ergeben (wie bei der widerrechtlichen Drohung gemäß § 123 Abs. 1).
Sittenwidrigkeit ist mehr als ein Verstoß gegen Treu und Glauben[28]
und stellt eine qualifizierte Form der Rechtswidrigkeit dar.[29] Die Sittenwidrigkeit indiziert deshalb die Rechtswidrigkeit.

---

[27] Dies ist Teil einer Definition der Rechtsprechung (vgl. BGHZ 17, 327, 332) und
inzwischen allgemein üblich. In den problematischen Klausurfällen sollte auf die einschlägigen Fallgruppen sowie auf die hinter diesen stehenden Erwägungen zurückgegriffen werden.

[28] BGHZ 12, 308, 318.

[29] So *Larenz/Canaris*, SR II/2, § 78 II 1 b, S. 451.

24   **Vertiefungshinweis:** Verhältnis von § 826 und § 138
Nach § 138 können Rechtsgeschäfte nichtig sein; die Norm dient grundsätzlich der Beseitigung rechtsgeschäftlicher Bindungen. Ist ein Rechtsgeschäft sittenwidrig i. S. des § 138, so werden bereicherungsrechtliche Ansprüche (§ 812 Abs. 1 S. 1 Alt. 1 und § 817 S. 1) begründet. Mit diesen Ansprüchen kann ein Anspruch aus § 826 konkurrieren. Die Ansprüche sind auf Rückabwicklung der (dinglich wirksamen [Abstraktionsprinzip]) Verfügung gerichtet (etwa Rückübereignung, Rückabtretung, Aufhebung eines Rechtsgeschäftes).
Schlägt dagegen die Sittenwidrigkeit des Rechtsgeschäftes ausnahmsweise auf die dingliche Verfügung durch (Ausnahme zum Abstraktionsprinzip!), so ist ein Anspruch aus § 826 zwar zu prüfen, hat aber praktisch eine geringere Bedeutung:[30] Der Geschädigte hat keinen Rechtsverlust erlitten, der mittels § 826 rückgängig zu machen ist, sondern bleibt (infolge Nichtigkeit der Verfügung) Rechtsinhaber. § 826 ist dann z. B. auf Rückgabe des Besitzes, Buchberichtigung gerichtet.

III. Vorsatz

25   Es genügt bedingter **Vorsatz.** Der Vorsatz muss sich beziehen auf
– die den Sittenverstoß begründenden Tatsachen. Das Bewusstsein der Sittenwidrigkeit ist nicht erforderlich; die redliche Überzeugung, nicht unerlaubt zu handeln, lässt aber regelmäßig die Sittenwidrigkeit entfallen.[31]
– den Schaden. Der Handelnde muss also wissen, dass ein Schaden eintritt und er muss diesen Schaden wollen. Es reicht aus, wenn der Schädiger die Richtung, in der sich sein Verhalten zum Schaden anderer auswirken könnte, und die Art des möglicherweise eintretenden Schadens vorausgesehen und billigend in Kauf genommen hat; nicht erforderlich ist ein genaues Wissen vom Umfang, Kausalverlauf und von der Person des Geschädigten.[32]
Vorsatz ist auch dann zu bejahen, wenn der Schädiger Behauptungen „ins Blaue hinein" aufstellt[33] oder vor den Tatsachen „geradezu die Augen verschließt"[34].

IV. Fallgruppen des § 826

26   Fallgruppenbeispiele:[35]

1. Verleiten zum und Beteiligung am Vertragsbruch.

Beispiel:
K1 schließt mit V einen Kaufvertrag über dessen Grundstück. Weil auch K2 Interesse an dem Grundstück hat, verkauft und übereignet V ihm (K2) das Grundstück

---

[30] *Medicus*, BR, Rn. 626.
[31] BGHZ 101, 380, 388.
[32] BGHZ 108, 134, 143.
[33] BGH NJW 1986, 180, 181; *Larenz/Canaris*, SR II/2, § 78 II 1 a, S. 454.
[34] BGH NJW 1994, 2289, 2291. Vgl. *Spindler*, in: Bamberger/Roth, § 826 Rn. 10, der darin eher ein prozessuales Problem sieht.
[35] Vgl. dazu die umfangreiche Fallgruppenbildung in: MünchKomm/*Wagner*, § 826 Rn. 42 ff.; Palandt/*Sprau*, § 826 Rn. 20 ff.

zu einem höheren Preis. K1 verlangt von K2 Schadensersatz in Form von Übereignung des Grundstückes.

K1 könnte von K2 Schadensersatz aus § 826 verlangen. Dies setzt Sittenwidrigkeit des Verhaltens des K2 voraus. Dafür reicht die bloße Kenntnis, dass auch ein anderer Vertrag (zwischen V und K1) über die gleiche Kaufsache vorliegt, sowie die bloße Mitwirkung daran, dass der schuldrechtlich Verpflichtete Ansprüche seines (Erst-)Gläubigers verletzt, nicht aus. Es müssen darüber hinausgehende Umstände hinzukommen. Ein sittenwidriges Verhalten könnte dann vorliegen, wenn etwa K2 den V zum Vertragsbruch verleitet („angestiftet") hätte, ihm zugesagt hätte, ihn von den Ersatzansprüchen des K1 freizustellen oder K2 und V kollusiv zusammenwirkten. Ein derartiger Fall ist hier nicht gegeben; der bloße Kauf zu einem höheren Preis reicht allein für § 826 nicht aus.[36]

2. Verleiten zur Vertragsauflösung ohne Vertragsbruch („Ausspannen"); „Aushöhlung" oder Entwertung fremder Rechte. 27

Beispiele:
- Insolvenzverschleppung: Die vorsätzliche Verschleppung des Antrages auf Eröffnung des Insolvenzverfahrens durch den Vorstand oder Geschäftsführer in der Absicht, den als unabwendbar erkannten Todeskampf eines Unternehmens so lange wie möglich hinauszuzögern, verwirklicht den Tatbestand des § 826, wenn dabei die Schädigung der Unternehmensgläubiger billigend in Kauf genommen wird (BGHZ 108, 134, 141 ff.; vgl. zum personalen Schutzbereich des § 64 GmbHG oben § 17 Rn. 15 Fn. 19).
- Der Vorstand hat versucht, das Not leidende Unternehmen zu retten, und die Krise den Umständen nach als überwindbar und seine Maßnahmen als lohnend angesehen. Dieses Verhalten eines Vorstandsmitgliedes, das nach § 92 Abs. 2 S. 1 AktG für einen ordentlichen und gewissenhaften Geschäftsleiter erlaubt und sogar geboten ist, kann nicht zugleich gegen die guten Sitten verstoßen. Erst bei ernsten Zweifeln am Gelingen der Sanierungsversuche und der begründeten Möglichkeit des Zusammenbruchs des Unternehmens kann der Vorwurf sittenwidrigen Handelns begründet sein, wenn dieses Handeln auf eigensüchtigen Beweggründen beruht (vgl. BGHZ 75, 96, 114 f.).

3. Arglistige Täuschung und rechtswidrige Drohung i. S. von § 123. 28

Beispiele:
- Das zustande gekommene Geschäft kann statt durch Anfechtung auch über den Ersatzanspruch aus § 826 rückgängig gemacht werden (hypothetischer Zustand ohne das schädigende Ereignis: kein Vertragsschluss!), und zwar auch dann noch, wenn eine Anfechtung wegen Fristablaufs unzulässig geworden ist. § 124: Ausschlussfrist von 1 Jahr – §§ 195, 199 Verjährungsfrist von 3 Jahren.
- V macht dem K bei Abschluss des Kaufvertrages auf dessen Nachfrage falsche Angaben über die Unfallfreiheit des Wagens. Nachdem K dies erfahren hatte, ficht er den Kaufvertrag wegen arglistiger Täuschung an und verlangt Rückzahlung des Kaufpreises (vgl. BGHZ 57, 137). Neben § 812 Abs. 1 S. 1 Alt. 1 (vgl. zu § 812 Abs. 1 und der Anfechtung oben § 10 Rn. 24) und § 823 Abs. 2 i. V. m. § 263 StGB kommt ein Anspruch aus § 826 in Betracht. (a) Als Schaden ist der volle Kaufpreis Zug um Zug gegen Herausgabe des Wagens anzusehen (vgl. oben § 17 Rn. 11). (b) Diesen Schaden verursacht V durch seine Täuschung. (c) Die arglistige Täuschung ist sittenwidrig i. S. des § 826. V bewegt den K durch Täuschung zum Kaufvertrags-

---

[36] Vgl. BGHZ 12, 308, 317 f.; BGH NJW 1981, 2184; 1992, 2152, 2153 für Vermächtnisanspruch (§ 2174).

schluss und bedient sich damit zu missbilligender Mittel, um seine eigenen (kaufmännischen) Interessen durchzusetzen. (d) V hat Kenntnis von den die Sittenwidrigkeit begründenden Umständen sowie der Art des eintretenden Schadens. (e) V ist deshalb zur Rückzahlung Zug um Zug gegen Rückgabe des Wagens verpflichtet.

29   **4. Täuschung im Prozess, Ausnutzung eines erschlichenen Urteils.**[37]

30   **5. Erteilen wissentlich falscher Auskünfte** (Arbeitszeugnis[38]).

31   **6. Fehlerhafte Ad-hoc-Meldung**[39] **und unzureichende Aufklärung über Risiken von Terminoptionsgeschäften.**[40]

32 | **Fall (*Kupisch/Krüger,* JuS 1981, 33):**

Die Firma F ist in wirtschaftlichen Schwierigkeiten. Sie beauftragt den Wirtschaftsprüfer W, ein Gutachten über die wirtschaftliche Situation zu erstellen. Der Geschäftsführer der Firma F erklärt gegenüber W, er würde es sehr bedauern, wenn das Gutachten ungünstig ausfiele. Bei der Erstellung des Gutachtens lässt W deshalb einige ungünstige Gesichtspunkte außer Betracht, stellt die günstigen besonders heraus und gibt die Beurteilung ab, dass die Firma F im Wesentlichen „gesund" sei. F legt das Gutachten einigen Banken vor, unter anderem der Bank B, die daraufhin einen Kredit über 300.000 € gewährt. Über das Vermögen der F wird kurz darauf das Insolvenzverfahren eröffnet. Eine Rückzahlung des Darlehens ist nicht mehr zu erreichen. Ansprüche der B gegen W?

Lösung:

1. Anspruch aus §§ 631, 280 i.V.m. Vertrag mit Schutzwirkung zugunsten Dritter (–), weil der (Werk-)Vertrag darauf gerichtet ist, die wirtschaftliche Lage des F falsch darzustellen, und damit sittenwidrig und nach § 138 Abs. 1 nichtig ist.[41]

---

[37] Beispiel: BGHZ 40, 130 (vgl. auch BGHZ 50, 115): Ein Verhalten desjenigen, der arglistig durch Irreführung des Gerichts ein rechtskräftiges unrichtiges Urteil erwirkt hat, sowie desjenigen, der ein nicht erschlichenes unrichtiges Urteil in Kenntnis der Unrichtigkeit ausnutzt, ist sittenwidrig i.S. des § 826. In diesem Fall muss die Rechtskraft des früheren Urteils zurücktreten. Wenn die Rechtskraft des Urteils bewusst rechtswidrig zu dem Zweck herbeigeführt sei, dem Unrecht den Stempel des Rechts zu geben, setze sich § 826 gegen die Rechtskraft durch, so der BGH (Z 40, 130, 133 m.w.N.). Jedoch kann der Geschädigte die Unrichtigkeit des (rechtskräftigen) Urteils nicht mit Tatsachenbehauptungen, Beweismitteln und Rechtsausführungen darlegen, die er schon im (mit Rechtskraft) abgeschlossenen Vorprozess vortragen hat oder hätte vortragen können.

[38] Beispiel: BGHZ 74, 281: Neben einer vertragsähnlichen unmittelbaren Vertrauenshaftung wurde § 826 geprüft (Pflicht des alten Arbeitgebers, eine anfänglich unrichtige Auskunft wenigstens nachträglich nach Kenntniserlangung von der Unrichtigkeit zu berichtigen und so die von ihr einem anderen Arbeitgeber drohende Gefahr abzuwenden).

[39] Vgl. BGHZ 160, 149; 160, 134; NJW 2004, 2668.

[40] Vgl. BGH NJW 2002, 2777; MünchKomm/*Wagner,* § 826 Rn. 64 ff. m.w.N.

[41] Sowohl aus dem Mittel (falsche Tatsachen und darauf beruhende Wertungen) als auch dem Zweck (Täuschung Dritter im Rechtsverkehr) lässt sich die Sittenwidrigkeit begründen.

2. Pflichtverletzung eines Auskunftsvertrages zwischen der Bank und W (§ 280) (–), weil kein Auskunftsvertrag zustande gekommen ist.

3. Anspruch der B gegen W aus § 823 Abs. 1 (–), weil W kein absolutes Recht der Bank B verletzt; für die Verletzung des Gewerbebetriebes fehlt es an der Unmittelbarkeit des Eingriffs. Es liegt ein reiner (primärer) Vermögensschaden vor.

4. Anspruch aus § 823 Abs. 2 (–), weil kein Schutzgesetz verletzt wird.

5. Anspruch aus § 826?

   a) Schaden in Höhe des ausgezahlten Kredites.

   b) Erstellung eines falschen Gutachtens durch W als schädigende Handlung.

   c) Kausalität und Zurechnung zwischen Gutachten und Schaden (+). Die Bank B hätte ohne das Gutachten des W keinen Kredit ausgezahlt und keinen Schaden erlitten.

   d) Sittenwidrigkeit? W erstattet ein Gutachten, dessen Grundlage, wie er weiß, einseitig ausgewählt ist und daher objektiv ein falsches Bild ergibt. Als Folge des falschen Gutachtens droht den Banken und anderen Kreditgebern, die auf das Gutachten vertrauen, ein Schaden. Ein solches Verhalten verstößt mit Rücksicht darauf, dass W als Wirtschaftsprüfer zur ganz besonderen Sorgfalt verpflichtet ist und nach allgemeiner Auffassung ein besonderes Vertrauen genießt, in grober Weise gegen das Anstandsgefühl aller billig und gerecht Denkenden und ist daher sittenwidrig.

   e) Vorsatz? Im vorliegenden Fall sieht W vorher und nimmt in Kauf, dass sein Gutachten einer Bank vorgelegt wird und die Bank daraufhin einen Kredit gibt, dessen Rückzahlung nicht gesichert ist. Dies reicht für den Schädigungsvorsatz aus. W braucht nicht im Einzelnen zu wissen, welcher Bank das Gutachten vorgelegt wird, wie hoch der Kredit und wie hoch letztlich der Schaden ist. Die Schädigung geschieht somit zumindest bedingt vorsätzlich.

   f) Ergebnis: Der Anspruch aus § 826 ist begründet.

V. Zusammenfassung

§ 826

I. Tatbestand

1. Schaden (auch reiner Vermögensschaden)

2. Schädigendes Verhalten

3. Kausalität zwischen 1. und 2.

4. Sittenwidrigkeit (§ 17 Rn. 23)
   Sittenwidrig sind Handlungen, die gegen das Anstandsgefühl aller billig und gerecht Denkenden verstoßen. Maßgeblich sind die Anschauungen der in Betracht kommenden Kreise (z. B. Kaufleute); dabei ist ein Durchschnittsmaß von Redlichkeit und Anstand zugrunde zu legen.

33

Anerkannte Fallgruppen beachten (z. B. Verleiten zum
Vertragsbruch, Prozessbetrug)

5. Vorsatz bzgl. 1 bis 4 (§ 17 Rn. 25)
 – Bedingter Vorsatz genügt.
 – Bewusstsein der Sittenwidrigkeit nicht erforderlich;
 Kenntnis der den Sittenverstoß begründenden Tatsachen
 genügt.

II. Rechtsfolge
Ersatz des Schadens

C. § 824

34 § 824 regelt die sog. **Kreditgefährdung.** Zu anderen Anspruchsgrundlagen (§ 823 Abs. 1 bei Verletzung des allgemeinen Persönlichkeitsrechts, § 823 Abs. 2 i. V. m. §§ 186 f. StGB) besteht Anspruchskonkurrenz. § 823 Abs. 1 wegen Verletzung des Rechts am eingerichteten und ausgeübten Gewerbebetrieb durch Verbreitung unwahrer Tatsachen tritt allerdings zurück (vgl. oben § 16 Rn. 75).[42]

Wer der Wahrheit zuwider eine Tatsache behauptet oder verbreitet, mit der Eignung zur Kreditgefährdung oder Herbeiführung sonstiger Nachteile, hat dem anderen den daraus entstehenden Schaden zu ersetzen. Auf die Kenntnis der Unwahrheit der Tatsachen kommt es nicht an, es genügt fahrlässiges Nichtwissen (vgl. § 824 Abs. 1 a. E.). § 824 Abs. 2 enthält einen besonderen Rechtfertigungsgrund.

35 Problematisch ist dabei die (von Art. 5 GG bekannte) Abgrenzung von Tatsachen zu Werturteilen oder Meinungsäußerungen. Tatsachen sind äußere und innere Umstände, die in der Gegenwart oder Vergangenheit liegen und dem Beweis zugänglich sind. Nicht erfasst sind zukünftige Ereignisse. Die Abgrenzung zum Werturteil erfolgt durch das Kriterium der Beweisbarkeit einer Äußerung. Häufig sind aber Tatsachenbehauptungen und Wertungen in einer Äußerung vermischt vorhanden (Mischtatbestand). Entscheidend ist dann der Schwerpunkt bei vollständiger Würdigung des gesamten Aussagegehaltes nach dem Verständnis eines Durchschnittsadressaten.[43] Danach kann sich auch eine Äußerung, die auf Werturteilen beruht, als Tatsachenbehauptung erweisen, wenn und soweit bei dem Adressaten zugleich die Vorstellung von konkreten, in die Wertung eingekleideten Vorgängen hervorgerufen wird.

Beispiel:
Stiftung Warentest hat die Ergebnisse eines Warentests veröffentlicht. § 824 wäre als Schadensersatz begründende Anspruchsgrundlage einschlägig gewe-

---

[42] BGH NJW 2006, 830.
[43] BGH NJW 1994, 2614; NJW 1997, 2513; NJW 2006, 830.

sen, wenn es sich bei den veröffentlichten Ergebnissen um eine Tatsachenäußerung handelte. Nicht jeder Testbericht und jede in ihm enthaltene Äußerung mit selbstständigem Wert stellen sich notwendig und immer als Wertung und niemals als tatsächliche Behauptung dar. Es kann sich um Meinungsäußerungen und Tatsachenbehauptungen handeln. Die Veröffentlichung von Testergebnissen bewegt sich aber regelmäßig im Bereich der Meinungsäußerung (Wertung) (BGHZ 65, 325, 329 f.).[44]

---

§ 824 36

1. Tatsachen
   P: Abgrenzung zu Werturteilen (§ 17 Rn. 35)

2. Behaupten oder Verbreiten

3. Unwahrheit = Widerspruch zur erfahrbaren Realität

4. Eignung zur Kreditgefährdung oder Herbeiführung sonstiger Nachteile für Erwerb oder Fortkommen

5. Rechtswidrigkeit
   § 824 Abs. 2: besonderer Rechtfertigungsgrund (h. M.) bei fehlender Kenntnis von der Unwahrheit der Behauptung

6. Verschulden
   – Fahrlässigkeit (bzgl. 1. bis 5.) genügt
   – Positive Kenntnis der Unwahrheit nicht erforderlich
     (vgl. § 824 Abs. 1 a. E.)

D. § 825

Die Vorschrift des § 825 spielt in der Rechtspraxis keine große Rolle, 37 weil Schadensersatzansprüche wegen Verletzung des **sexuellen Selbstbestimmungsrechts** aus § 823 Abs. 1 (i. V. m. dem allgemeinen Persönlichkeitsrecht) oder aus § 823 Abs. 2 (i. V. m. Strafgesetzen) abgeleitet werden. Von einer Streichung der Vorschrift hat der Gesetzgeber aber abgesehen, um dem falschen Schluss entgegenzuwirken, dass der Gesetzgeber der sexuellen Selbstbestimmung der Frau die Bedeutung absprechen wolle.[45]

Die Vorschrift ist durch das Zweite Gesetz zur Änderung schadensersatzrechtlicher Vorschriften[46] insoweit modernisiert worden, als auch

---

[44] Anders jedoch, wenn den tatsächlichen Feststellungen im Rahmen des Tests eigenständige Bedeutung als Grundlage für ein eigenes Qualitätsurteil des Lesers zukommt, vgl. BGH NJW 1989, 1923.

[45] Vgl. die RegBegr. zum Entwurf eines Zweiten Gesetzes zur Änderung schadensersatzrechtlicher Vorschriften, BT-Drs. 14/7752, S. 26.

[46] Gesetz vom 19. 7. 2002, BGBl. I, S. 2674.

Männer und Kinder in den Schutzbereich der Norm einbezogen worden sind.

§ 18. Haftung für vermutetes Verschulden

1 Eine Haftung für vermutetes Verschulden ist in den §§ 831 bis 838 geregelt. Ebenso wie die Grundtatbestände der §§ 823 bis 826 setzen diese Vorschriften eine tatbestandsmäßige, rechtswidrige und schuldhafte Handlung voraus. Die Vorschriften der §§ 831 bis 838 haben jedoch eine Besonderheit: Der Geschädigte braucht das Verschulden des Anspruchsgegners nicht zu behaupten und zu beweisen; der Schädiger muss vielmehr seinerseits nachweisen, dass ihn kein Verschulden trifft. Das Verschulden des Schädigers wird also vermutet. Der Schädiger haftet nur dann nicht, wenn er sich entlasten (exkulpieren) kann (Entlastungsbeweis).

2 Bedeutung hat dies für den Zivilprozess und die Verteilung der Behauptungs- und Beweislast. Aber auch in der Fallprüfung ergibt sich die Besonderheit, dass das Verschulden nicht mehr im Einzelnen geprüft und aus dem Sachverhalt begründet werden muss, sondern regelmäßig als (infolge der Vermutung) gegeben hingestellt werden kann. Besonders geprüft werden muss nur eine etwaige Entlastung des Schädigers, wenn der Sachverhalt dazu Anlass gibt. Bei Fehlen jeglicher Anhaltspunkte für ein Verschulden und für eine Entlastung ist der Anspruch begründet.

A. Haftung für den Verrichtungsgehilfen (§ 831)

3 Nach § 831 haftet der Geschäftsherr für seinen Verrichtungsgehilfen (sog. Gehilfenhaftung). Wer einen anderen zu einer Verrichtung bestellt hat (Geschäftsherr), haftet für den Schaden, den sein Verrichtungsgehilfe in Ausführung der Verrichtung einem Dritten widerrechtlich zufügt.

I. Struktur der Norm

4 § 831 ist – im Unterschied zu § 278 – keine Zurechnungsnorm für fremdes Verschulden, sondern eine **selbstständige Anspruchsgrundlage** (vgl. oben § 1 Rn. 14 ff.) für **eigenes vermutetes Verschulden**.[1] Die eigentliche haftungsbegründende Schadensursache liegt darin, dass der

---

[1] Nach anderer Ansicht ist die Vorschrift primär als Haftung für vermutete Verkehrspflichtverletzung zu qualifizieren (vgl. *Larenz/Canaris*, SR II/2, § 79 III 1 a, S. 475; MünchKomm/*Wagner*, § 831 Rn. 7).

Geschäftsherr bei der Auswahl des Verrichtungsgehilfen, der Beschaffung von Vorrichtungen oder Gerätschaften oder der Leitung der Ausführungen der Verrichtung (vgl. § 831 Abs. 1 S. 2) gegen die erforderliche Sorgfalt verstoßen hat. Zwar wird vorausgesetzt, dass der Verrichtungsgehilfe (in Ausführung der Verrichtung) einem Dritten eine tatbestandsmäßige und widerrechtliche Schädigung zufügt, wobei ein Verschulden des Verrichtungsgehilfen nicht erforderlich ist. Jedoch ist die rechtswidrige Schädigung durch den Verrichtungsgehilfen nicht normprägend, sondern die (vermutete) sorgfaltswidrige schuldhafte Auswahl und Überwachung durch den Geschäftsherrn.

Es wird vermutet, dass der Geschäftsherr bei Auswahl und Überwachung schuldhaft gehandelt hat und dass der Schaden bei Anwendung der erforderlichen Sorgfalt nicht entstanden wäre. Es ist Sache des Geschäftsherrn, diese Vermutungen zu widerlegen (vgl. § 831 Abs. 1 S. 2). Gelingt ihm dies nicht, haftet er für eigenes Verschulden.

II. Tatbestand

1. Verrichtungsgehilfe

Verrichtungsgehilfe ist, wer mit Wissen und Wollen des Geschäfts- 5 herrn in dessen Interesse tätig wird und von den Weisungen des Geschäftsherrn abhängig ist. Für die Weisungsabhängigkeit genügt, dass der Geschäftsherr die Tätigkeit des Handelnden beschränken, entziehen oder nach Zeit und Umfang bestimmen kann.[2]

Wesentlich an dieser Definition ist die Weisungsunterworfenheit des Verrichtungsgehilfen, die ihn vom Erfüllungsgehilfen i.S. des § 278 unterscheidet.

Beispiele:
– Ein Arbeitnehmer ist regelmäßig weisungsunterworfen i.S. des § 831.
– Ein freier und selbstständiger Werk-, Subunternehmer, Spediteur oder Frachtführer ist regelmäßig weisungsfrei und allenfalls Erfüllungsgehilfe i.S. des § 278.

Vertiefungshinweis: Geschäftsherr bei mehreren in Betracht kommenden Per- 6 sonen
Bei Auftreten von mehreren Personen kann zweifelhaft sein, wessen Verrichtungsgehilfe der Schädiger ist, wer also Geschäftsherr ist. Für die Geschäftsherrn-Eigenschaft ist entscheidend, wer das Schadensrisiko organisatorisch überblickt und beherrscht und deshalb am besten für Versicherungsschutz sorgen kann.[3]

Beispiel:
Taxifahrer T, der für den Taxiunternehmer U fährt, befördert den Tourist X. Aus Unachtsamkeit überfährt er den Fußgänger F. Es stellt sich die Frage, ob neben T (aus § 823 Abs. 1, § 18 Abs. 1 StVG) U oder X als Geschäftsherr aus § 831

---

[2] BGHZ 45, 311, 313.
[3] Vgl. MünchKomm/*Wagner*, § 831 Rn. 16 f.; *v. Caemmerer*, ZfRV 1973, 241, 254 f.

Abs. 1 S. 1 haftet. Das Risiko, dass es bei Betrieb des Taxis zu Unfällen kommt, muss der Taxiunternehmer tragen, nicht der Fahrgast, und sich durch eine Versicherung absichern. Deshalb ist T Verrichtungsgehilfe des U, der nach § 831 Abs. 1 S. 1 haftet, wenn er den Entlastungsbeweis nach § 831 Abs. 1 S. 2 nicht führen kann.

7

Fall:

S mietet bei G ein Auto. Nach Ablauf der Mietzeit bringt S den Wagen zu G zurück. Dabei verschuldet er auf der Fahrt einen Verkehrsunfall, bei dem das Auto des G zerstört (Totalschaden) und das des Unfallbeteiligten U erheblich beschädigt wird. G und U verlangen von S Schadensersatz. Zu Recht?

Fallabwandlung: Wie ist zu entscheiden, wenn nicht S selbst, sondern sein als zuverlässig geltender Angestellter A den Wagen fährt. Muss auch A Schadensersatz leisten?

Lösung:

I. Schadensersatzansprüche des G gegen S

1. Vertraglicher Schadensersatzanspruch gem. §§ 546 Abs. 1, 275 Abs. 1, 283 S. 1, 280 Abs. 1 und 3 (+), weil die Herausgabe der Mietsache nicht mehr möglich ist (nachträgliche Unmöglichkeit der Erfüllung der Rückgabeverpflichtung).

2. Anspruch auf Schadensersatz aus § 7 Abs. 1 StVG (–), weil S kein Halter.

3. Anspruch auf Schadensersatz aus § 18 Abs. 1 StVG (–). Die Vorschrift normiert eine Haftung des Führers für vermutetes Verschulden. Die Haftung erstreckt sich aber nicht auf die Beschädigung des betriebenen Kfz, denn § 7 Abs. 1 StVG, auf den § 18 Abs. 1 StVG verweist, differenziert zwischen betriebenem Kfz und beschädigter Sache (vgl. § 21 Rn. 10).

4. Anspruch auf Schadensersatz aus § 823 Abs. 1 wegen Eigentumsverletzung (+)

5. Ergebnis: Anspruchskonkurrenz des vertraglichen und deliktischen Schadensersatzanspruchs.

II. Schadensersatzansprüche des U gegen S

1. Kein vertraglicher Anspruch, weil kein Vertrag zwischen S und U.

2. § 7 Abs. 1 StVG (–), weil S nicht Halter i. S. des § 7 Abs. 1 StVG ist.

3. § 18 Abs. 1 StVG (+) S hat als Führer bei Betrieb eines Kfz eine Sache des U (dessen Kfz) beschädigt. S kann das vermutete Verschulden nicht widerlegen (vgl. § 18 Abs. 1 S. 2 StVG).

4. § 823 Abs. 1 (+), weil rechtswidrige und schuldhafte Eigentumsverletzung.

Fallabwandlung

I. Haftung des S gegenüber G

1. Anspruch aus §§ 546 Abs. 1, 275 Abs. 1, 283 S. 1, 280 Abs. 1 und 3 i. V. m. § 278 (+): A ist Erfüllungsgehilfe, wird bei Erfüllung einer den S treffenden Verpflichtung (mietvertragliche Rückgabeverpflichtung) tätig und verletzt diese Pflicht gerade bei Rückgabe der Sache. Deshalb wird dem S das schuldhafte Verhalten des A zugerechnet.

2. § 831 Abs. 1 (–) A ist als weisungsabhängiger Gehilfe des S auch Verrichtungsgehilfe. Nach § 831 Abs. 1 haftet S für ein vermutetes Auswahl- und Überwachungsverschulden, weil A eine rechtswidrige Eigentumsverletzung (§ 823 Abs. 1) begangen hat. Hier kann sich S aber exkulpieren (vgl. § 831 Abs. 1 S. 2).

II. Haftung des S gegenüber U

1. Vertragliche Schadensersatzansprüche (–), weil kein Vertrag zwischen S und U.[4]

2. § 831 Abs. 1 (–) S kann sich exkulpieren.

3. Ergebnis: Keine Haftung des S gegenüber U.

III. Eigene Haftung der Hilfsperson (des Angestellten A)

1. Anspruch des G gegen A gemäß § 823 Abs. 1 wegen Eigentumsverletzung (+)

2. Anspruch des U gegen A

 a) aus § 18 Abs. 1 StVG (+), Haftung für vermutetes Verschulden.

 b) aus § 823 Abs. 1 wegen Eigentumsverletzung (+)
 Eine Haftung des Geschäftsherrn über § 278 oder eine Haftung aus § 831 lässt die eigene Haftung der Hilfsperson nicht entfallen. Die §§ 278, 831 stellen keine Haftungsbefreiung für die Hilfsperson dar. Die Hilfsperson haftet völlig unabhängig davon, ob dem Geschädigten gegenüber zusätzlich der Geschäftsherr haftet oder nicht.

3. Hinweis: A und S haften gegenüber G als Gesamtschuldner (§§ 840 Abs. 1, 421).[5]

Dem Geschäftsherr steht derjenige gleich, der für den Geschäftsherrn **8** die Auswahl und Überwachung des Verrichtungsgehilfen durch Vertrag übernimmt (§ 831 Abs. 2). § 831 Abs. 2 hat einen engen Anwendungsbereich und ist praktisch von geringer Bedeutung.[6]

2. Unerlaubte Handlung des Verrichtungsgehilfen

Der Verrichtungsgehilfe muss eine **unerlaubte Handlung** widerrecht- **9** lich begangen haben. Er muss also den Tatbestand eines der §§ 823 ff. rechtswidrig erfüllt haben. Da § 831 eine Haftung des Geschäftsherrn für eigenes Verschulden begründet, kommt es auf ein Verschulden des Verrichtungsgehilfen nicht an. Anders ist dies, wenn der Deliktstatbe-

---

[4] Hinweis: Im Zeitpunkt der Schädigung des U besteht kein Schuldverhältnis zwischen S und U. Ein gesetzliches Schuldverhältnis aufgrund unerlaubter Handlung entsteht erst mit der und durch die Schädigung. Deshalb kann § 278 nicht zur Anwendung kommen. A ist insoweit nicht Erfüllungsgehilfe des S gegenüber U.

[5] A hat im Innenverhältnis zu S keinen Freistellungsanspruch gemäß der Grundsätze über die Beschränkung der Arbeitnehmerhaftung, weil zu seinen Gunsten die gesetzlich vorgeschriebene Kfz-Haftpflichtversicherung eingreift (vgl. BAG NJW 1998, 1810 m. w. N.).

[6] Vgl. Staudinger/*Belling/Eberl-Borges*, § 831 Rn. 123. Die Anwendung auf Organe und Bedienstete des Geschäftsherrn wird abgelehnt (*Spindler*, in: Bamberger/Roth, § 831 Rn. 45). Eine Außenhaftung eines Geschäftsführers einer GmbH für Aufsichtsverschulden wird verneint (BGHZ 125, 366, 375).

stand nur vorsätzlich begangen werden kann (§ 826, § 823 Abs. 2
i. V. m. Vorsatzstraftat).

10   **Vertiefungshinweis: Feststellung der Rechtswidrigkeit**
Im Rahmen von § 831 wirkt sich der Streit zwischen der Lehre vom
Erfolgsunrecht und der Lehre vom Handlungsunrecht aus. Nach der
Lehre vom Erfolgsunrecht bedarf es zur Feststellung der Rechtswidrigkeit nicht der Feststellung einer Pflichtverletzung. Im Rahmen von
§ 823 Abs. 1 scheitert die Haftung bei pflichtgemäßem Verhalten dann
aber auf der Ebene der Verschuldensprüfung. Bei § 831 kommt es jedoch auf ein Verschulden des Verrichtungsgehilfen nicht an, so dass der
Geschäftsherr auch für eine Erfolgsverursachung haften würde, die
nicht auf einer Pflichtverletzung des Verrichtungsgehilfen beruht. Um
diesem Dilemma zu entgehen hat der Große Senat des BGH[7] den
Rechtfertigungsgrund des verkehrsrichtigen Verhaltens kreiert, für dessen Eingreifen der Geschäftsherr die Beweislast trägt. Dieser „dogmatische Trick"[8] wurde vom BGH später nicht mehr bemüht.[9] Der BGH
begrenzt vielmehr den Schutzzweck der Norm: Auszuscheiden sind solche Schadensfälle, bei denen feststeht, dass der Gehilfe sich so verhalten
hat, wie jede mit Sorgfalt ausgewählte und überwachte Person sich
sachgerecht verhalten hätte; denn bei objektiv fehlerfreiem Verhalten
bestünde gegen den Geschäftsherrn auch im Falle eigenen Handelns
kein Anspruch.[10] Der BGH hält aber im Rahmen des – besonders struk-
turierten (vgl. oben § 18 Rn. 4) – § 831 an der Beweislastverteilung
fest, dass der Geschäftsherr beweisen muss, dass sein Verrichtungsgehilfe nicht sorgfaltswidrig gehandelt hat.[11]

3. In Ausführung der Verrichtung

11   Der Verrichtungsgehilfe muss **in Ausführung** der Verrichtung tätig
geworden sein. Es muss ein unmittelbarer innerer Zusammenhang zwischen der ihm aufgetragenen Verrichtung und der schädigenden Handlung vorliegen.[12] Das ist nicht der Fall, wenn der Verrichtungsgehilfe
bloß **bei Gelegenheit** gehandelt hat.[13] Ausreichend ist es aber, wenn die

---

[7] BGHZ 24, 21, 26. Vgl. *Larenz/Canaris,* SR II/2, § 79 III 2 c, S. 479 f. und *Stoll,*
JZ 1958, 137.
[8] *Kötz/Wagner,* Rn. 288.
[9] Vgl. *Kötz/Wagner,* Rn. 288 mit Hinweisen auf BGH NJW 1981, 570, 571 und
NJW-RR 1987, 1048, 1049.
[10] BGH NJW 1996, 3205, 3207; vgl. auch BGHZ 24, 21. Kritisch zu der Vor-
gehensweise des BGH und allgemein zu den Auswirkungen der Erfolgsunrechts-
lehre und der Handlungsunrechtslehre in diesem Zusammenhang *Kötz/Wagner,*
Rn. 285 ff.; *Spindler,* in: Bamberger/Roth, § 831 Rn. 23 ff.; MünchKomm/*Wagner,*
§ 831 Rn. 23 ff. Ausführlich zum Ganzen auch Staudinger/*Belling/Eberl-Borges,*
§ 831 Rn. 67 ff.
[11] Ablehnend *Kötz/Wagner,* Rn. 290.
[12] BGH NJW 1971, 31.
[13] Vgl. zur gleichen Problematik bei § 31 *Schwarz,* in: Bamberger/Roth, § 31
Rn. 17 ff.

Handlung noch in den Kreis von Maßnahmen fällt, welche die Ausführung der dem Gehilfen zustehenden Verrichtungen darstellen. Die konkrete Handlung, die den Schaden herbeigeführt hat, braucht dem Gehilfen nicht übertragen worden zu sein.[14]

Beispiele:
– Ein Lkw-Fahrer verursacht einen Unfall und verletzt einen Dritten, indem der mitgeführte Anhänger ins Schleudern gerät; der Geschäftsherr hat die Mitführung des Anhängers ausdrücklich verboten. Der Fahrer nahm gleichwohl den Anhänger, um nicht zweimal fahren zu müssen. Nach ständiger Rechtsprechung stellt bewusstes und eigenmächtiges Zuwiderhandeln gegen vom Geschäftsherrn erteilte Weisungen das Handeln des Verrichtungsgehilfen noch nicht außerhalb des Kreises der ihm aufgetragenen Verrichtung. Das Mitführen des Anhängers steht im inneren Zusammenhang mit der Ausführung des erteilten Fahrauftrages und stellt deshalb keine sog. „Schwarzfahrt" dar, die ein Handeln „in Ausführung" ausschließt. Einer Haftung des Geschäftsherrn steht die weisungswidrige Ausführung also nicht entgegen (BGH NJW 1971, 31).
– Der Geschäftsherr beauftragt den Verrichtungsgehilfen mit einer Güterbeförderung und untersagt ihm die Mitnahme betriebsfremder Personen im Lastzug ausdrücklich. Bei der Güterbeförderung verursacht der Verrichtungsgehilfe einen Unfall, bei dem sein mitgenommener Bekannter zu Schaden kommt. Der BGH verneint eine Haftung des Geschäftsherrn aus § 831 Abs. 1, denn die Begrenzung der Aufgaben des Fahrers durch den Geschäftsherrn ist einem solchen Benutzer gegenüber wirksam. Sie führt dazu, dass der innere Zusammenhang zwischen der aufgetragenen Tätigkeit und der Schädigung zu verneinen ist, selbst wenn die Fahrt keine Schwarzfahrt darstellt. Dem unerbetenen Fahrgast gegenüber liegt eine haftungsrechtlich erhebliche Überschreitung der Kompetenzen des Verrichtungsgehilfen vor, weil sein Schaden nicht mehr unter das vom Geschäftsherrn nach § 831 zu vertretende Betriebsrisiko fällt (BGH NJW 1965, 391).
– Ein Gepäckarbeiter (G) der Bahn hat einen aufgegebenen Koffer des K entwendet. Die Bahn ist nach § 831 Abs. 1 zum Schadensersatz verpflichtet. (1) Die Vorschriften der §§ 987 ff. schließen den nach § 831 begründeten Schadensersatzanspruch gegen den sein Besitzrecht überschreitenden Fremdbesitzer nicht aus.[15] (2) G verletzt als Verrichtungsgehilfe das Eigentum des K und fügt dem K widerrechtlich einen Schaden zu. G tut dies während der Ausführung seiner Trägerarbeiten, sodass ein innerer Zusammenhang zwischen der Schädigung und der Ausführung der ihm aufgetragenen Verrichtung zu bejahen ist (BGHZ 24, 188, 196 ff.).

4. Exkulpation

a) Gegenstand der Exkulpation

§ 831 ist eine Haftung für eigenes Verschulden des Geschäftsherrn. **12** Neben dem Verschulden des Geschäftsherrn wird auch die Kausalität vermutet:
– **Verschuldensvermutung:** Es wird vermutet, dass der Geschäftsherr den Verrichtungsgehilfen nicht ausreichend ausgewählt oder geleitet (oder Vorrichtungen und Gerätschaften nicht sorgfältig beschafft) hat.

---

[14] Vgl. BGHZ 49, 19, 23.
[15] BGH NJW 1951, 643.

– **Kausalitätsvermutung:** Es wird vermutet, dass die Verletzung dieser Pflichten für die Schädigung ursächlich geworden ist.

13 Diese beiden Vermutungen kann der Geschäftsherr widerlegen (**Exkulpation**). Eine Haftung entfällt, wenn der Geschäftsherr beweist,

– dass er den Verrichtungsgehilfen sorgsam ausgewählt und geleitet hat (§ 831 Abs. 1 S. 2 Alt. 1); die Rechtsprechung fordert außerdem grundsätzlich eine sorgfältige Überwachung und Instruktion des Gehilfen;[16] oder

– dass der Schaden selbst dann entstanden wäre, wenn der Geschäftsherr bei der Auswahl und Überwachung des Gehilfen die gebotene Sorgfalt beachtet hätte (§ 831 Abs. 1 S. 2 Alt. 2; vgl. zum rechtmäßigen Alternativverhalten § 24 Rn. 10).

Der Grund für diese Beweislastverteilung liegt darin, dass es sich hinsichtlich der Kausalität und des Verschuldens regelmäßig um Vorgänge handelt, die sich im Bereich des Geschäftsherrn abspielen, weshalb dem Geschädigten die Beweisführung nicht zugemutet werden soll (**Sphärengedanke**).[17]

14 Eine Exkulpation läuft im wirtschaftlichen Ergebnis leer, wenn der Geschäftsherr aus anderen Rechtsgründen haftet; vgl. den Freistellungsanspruch des Arbeitnehmers gegen den Arbeitgeber nach den Grundsätzen des innerbetrieblichen Schadensausgleichs (BAG NJW 1995, 210 sowie § 19 Rn. 28).

b) Dezentralisierter Entlastungsbeweis (§ 831 Abs. 1 S. 2)

15 Die Rechtsprechung hat Inhabern eines größeren Betriebes als Geschäftsherrn den sog. **dezentralisierten Entlastungsbeweis** gestattet: Hat der Inhaber eines größeren Betriebes einen Mitarbeiter zur Leitung und Beaufsichtigung eingestellt (Zwischenperson) und richtet ein von diesem Mitarbeiter ausgewählter und überwachter untergeordneter Betriebsangehöriger einen Schaden an, so steht dem Inhaber der Entlastungsbeweis dahin offen, dass er die Zwischenpersonen sorgfältig ausgewählt und überwacht habe oder dass der Schaden auch bei sorgfältiger Auswahl und Überwachung der Zwischenpersonen eingetreten wäre.[18] Grundlage des sog. dezentralisierten Entlastungsbeweises ist die Erwägung, dass sich in größeren Unternehmen die Auswahl- und Überwachungspflicht des Geschäftsherrn selbst unmöglicherweise auf alle Betriebsangehörigen erstrecken kann. Der Geschäftsinhaber bedient sich deshalb bestimmter Zwischenpersonen für die Einstellung und Überwachung nachgeordneter Personen.[19]

---

[16] *Larenz/Canaris,* SR II/2, § 79 III 3 a, S. 481.
[17] Vgl. BGHZ 24, 188, 195; *Larenz/Canaris,* SR II/2, § 79 III 1 b, S. 476. Siehe auch BGH NJW 1978, 1681 zum Entlastungsbeweis im Arzthaftungsprozess.
[18] BGHZ 4, 1.
[19] Vgl. zum dezentralisierten Entlastungsbeweis v. Westphalen/*Foerste,* § 38 Rn. 14 ff.

Beispiel:
Der Vorstand, der für eine große Aktiengesellschaft handelt, überträgt die Einstellung und Überwachung der Arbeitnehmer der Personalabteilung. Die Angehörigen der Personalabteilung können ihrerseits Aufgaben wieder an nachgeordnete Betriebsangehörige delegieren.

Es kommt für die Entlastung des Geschäftsherrn nicht mehr darauf an, ob die Mittelsperson seinerseits den Verrichtungsgehilfen (Schädiger) sorgsam ausgewählt und überwacht hat. Zu prüfen ist dann aber eine (eigenständige) Haftung der eingeschalteten Mittelsperson aus § 831 Abs. 2.[20]

5. Verhältnis zu § 823 Abs. 1 (Organisationsverschulden)

Die Möglichkeit des dezentralisierten Entlastungsbeweises erleichtert **16** Inhabern von größeren Betrieben, sich zu exkulpieren; dadurch wird die Haftung des Geschäftsherrn eingeschränkt. Diese Haftungseinschränkung wird aber über § 823 Abs. 1 mittels des sog. Organisationsverschuldens wieder ausgeglichen.

Bei dem sog. Organisationsverschulden geht es nicht um Verschulden, sondern um **Organisationspflichten** des Betriebsinhabers. Den Betriebsinhaber trifft eine allgemeine Verkehrssicherungspflicht, den Betrieb so zu organisieren, dass für Dritte keine Gefahren entstehen (allgemeine Organisationspflicht). Dieser allgemeinen Verkehrssicherungspflicht kann sich der Geschäftsherr nicht völlig dadurch entledigen, dass er sie auf einen Dritten (leitenden Angestellten) überträgt (vgl. oben § 16 Rn. 115 und 117). Er muss z.B. allgemeine Aufsichtsanordnungen treffen, welche die Gewähr für eine ordentliche Betriebsführung bieten.[21] Verletzt der Geschäftsherr seine (nicht delegierbare) Organisationspflicht, so kann eine rechtswidrige und schuldhafte Rechts-(gut-) verletzung i.S. des § 823 Abs. 1 vorliegen. Pflichtwidriges Handeln von Organen wird gem. §§ 31, 89 zugerechnet. Eine Exkulpation ist im Rahmen des § 823 Abs. 1 ausgeschlossen.

Die Haftung des Geschäftsherrn gem. § 823 Abs. 1 wegen Verletzung **17** einer Organisationspflicht tritt neben eine mögliche Haftung gem. § 831. § 831 ist also nur für die Auswahl und Überwachung des Verrichtungsgehilfen Spezialgesetz (lex specialis) gegenüber § 823.

Fall (BGH NJW 1971, 1313): **18**

Der Unternehmer U wird von der Stadt beauftragt, einen Graben zur Verlegung einer neuen elektrischen Leitung auszuheben. Bei den Ausschachtungsarbeiten erfasst der vom Arbeiter A gesteuerte Löffelbagger ein quer über die Straße zum Haus des E führendes Anschlussrohr der Gasversor-

---

[20] In der Literatur wird der dezentralisierte Entlastungsbeweis zum Teil als eine ungerechtfertigte Bevorzugung von Großunternehmen abgelehnt (vgl. *Larenz/Canaris*, SR II/2, § 79 III 3 b, S. 481 f.).
[21] Vgl. BGHZ 4, 1, 2 f.; BGH NJW 1968, 247, 248 f.

gung. Das in den Keller ausströmende Gas führt ca. 10 bis 15 Min. später zu einer Explosion, durch die das Haus des E so schwer beschädigt wird, dass es abgerissen werden muss. E verlangt von U Schadensersatz. U wendet ein: Er habe seinen Angestellten D mit der örtlichen Bauleitung beauftragt. D besitze als graduierter Tiefbauingenieur mit reicher Erfahrung im Straßenbau die erforderliche Qualifikation, technische Aufgaben in eigener Verantwortung nach den einschlägigen technischen und firmeninternen Richtlinien und Anweisungen durchzuführen. D sei als Bauleiter bei größeren Bauvorhaben mit besonderer Umsicht tätig gewesen und mit allen Bauarbeiten und Bausicherungsmaßnahmen vertraut. Er habe viele Bauarbeiten in eigener Verantwortung gewissenhaft durchgeführt und in keinem Fall zu Beanstandungen Veranlassung gegeben. D werde bei den Auftraggebern als eine besonders zuverlässige und gewissenhafte Fachkraft angesehen. Klare Anweisungen über die Erkundigung nach Versorgungsleitungen hatte U seinen örtlichen Bauleitern nicht gegeben.

Lösung:

1. Anspruch des E gegen U aus § 831 Abs. 1?

   a) Der Arbeiter A beschädigt als Verrichtungsgehilfe des U adäquat kausal das Eigentum des E und begeht damit tatbestandsmäßig und rechtswidrig eine unerlaubte Handlung (§ 823 Abs. 1). Dabei handelt A in Ausführung der ihm aufgetragenen Verrichtung.

   b) Exkulpation nach § 831 Abs. 1 S. 2? – U trägt nichts vor, was ihn in Bezug auf den Arbeiter A entlasten könnte. Er führt aber aus, dass er den für die örtliche Bauleitung zuständigen D sorgfältig ausgesucht und überwacht hat. Stellt man allein auf D ab, hätte sich U exkulpiert.
   Die Rechtsprechung hat den sog. dezentralisierten Entlastungsbeweis anerkannt. Der Geschäftsherr kann sich also exkulpieren, wenn er die Mittelsperson (hier den Bauleiter D), die dem Geschäftsherrn nachgeordnet und dem Verrichtungsgehilfen vorgesetzt ist, sorgfältig ausgewählt und überwacht hat. Eine Exkulpation für den Verrichtungsgehilfen ist dann nicht erforderlich.
   Erkennt man einen dezentralisierten Entlastungsbeweis an, dann genügt es für die Exkulpation, dass sich U hinsichtlich der Auswahl und Überwachung des von ihm eingesetzten Bauleiters D exkulpiert.

   c) Ergebnis: Ein Anspruch gegen U aus § 831 scheidet aus.

2. Anspruch aus § 823 Abs. 1 wegen Organisationsverschuldens

   a) Das Eigentum des E wird verletzt.

   b) Dies könnte durch ein dem U zuzurechnendes Verhalten geschehen sein. U könnte es unterlassen haben, für die notwendigen Sicherungsvorkehrungen Sorge zu treffen.
   Den U trifft eine Sorgfaltspflicht (allgemeine Verkehrssicherungspflicht), weil er die tatsächliche Verfügungsgewalt über ein gefahrbringendes Unternehmen hat. Er muss dafür sorgen, dass aus diesem Unternehmen für Dritte keine Gefahren entstehen. Diese Verkehrssicherungspflicht besteht dem E gegenüber, weil der E als Anwohner besonders gefährdet ist.
   U müsste diese Verkehrssicherungspflicht verletzt haben. Das wäre nicht der Fall, wenn U seine Verpflichtung auf D übertragen hätte, und diese Übertragung ihn völlig entlastete. Die Übertragung der allgemeinen Verkehrssicherungspflicht auf einen Dritten ist grundsätzlich mög-

lich. Der Übertragende muss aber dafür sorgen, dass der Dritte der Verkehrssicherungspflicht nachkommt. Die Verkehrssicherungspflicht besteht also als Organisationspflicht (hier: Überwachungspflicht) fort. U wählt den örtlichen Bauleiter sorgfältig aus und überwacht ihn sorgfältig. Er verletzt aber seine Organisationspflicht, durch klare Anweisungen[22] seinen örtlichen Bauleiter zu instruieren, wie dieser sich über Lage und Verlauf der Versorgungsleitungen anhand zuverlässiger Unterlagen zu vergewissern hat.[23]

c) Das Unterlassen dieser Anweisungen ist auch kausal für den Verletzungserfolg (Beschädigung des Hauses des E). Es kann mit an Sicherheit grenzender Wahrscheinlichkeit angenommen werden, dass der Bauleiter, wenn er die nötigen Informationen und Anweisungen gehabt hätte, eine Explosion verhindert hätte.

d) Die weiteren Tatbestandsmerkmale liegen vor.

e) Ergebnis: Anspruch aus § 823 Abs. 1 (Organisationsverschulden) (+)

III. Zusammenfassung

Haftung für den Verrichtungsgehilfen (§ 831)   19

Selbstständige Anspruchsgrundlage für die Haftung des Geschäftsherrn für eigenes vermutetes Verschulden

I. Tatbestand

1. Verrichtungsgehilfe (§ 18 Rn. 5)
   Verrichtungsgehilfe ist, wer mit Wissen und Wollen des Geschäftsherrn in dessen Interesse tätig wird und von den Weisungen des Geschäftsherrn abhängig ist.

2. Tatbestandsmäßige und rechtswidrige (unerlaubte) Handlung des Verrichtungsgehilfen gemäß §§ 823 ff. (kein Verschulden erforderlich!) (§ 18 Rn. 9 f.)

3. In Ausführung der Verrichtung (§ 18 Rn. 11)
   Es muss ein unmittelbarer innerer Zusammenhang zwischen der dem Verrichtungsgehilfen aufgetragenen Verrichtung und der schädigenden Handlung bestehen. Gegensatz: Schädigende Handlung des Verrichtungsgehilfen bloß bei Gelegenheit.

---

[22] Dazu der BGH NJW 1971, 1313, 1314: Es bedarf im Fall der Übertragung der Erkundigung auf Angestellte „einer klaren, eindringlichen Anweisung des Tiefbauunternehmens an die örtlichen Bauleiter und aufsichtsführenden Poliere, wann und wie sie sich über Lage und Verlauf der Versorgungsleitung anhand zuverlässiger Unterlagen der in Betracht kommenden Versorgungsunternehmen zu vergewissern haben".

[23] BGH NJW 1971, 1313, 1315: „Mit Rücksicht auf die besonders große Gefährdung Dritter bei Beschädigung von Gas-, Wasser- und Starkstromleitungen muss die Anweisung den verpflichtenden Hinweis enthalten, sich nicht mit allgemeinen, keine konkreten Zahlen – insbesondere über die Verlegungstiefe – enthaltenden mündlichen Auskünften zu begnügen, die erkennbar nicht anhand von Plänen erteilt werden".

4. Keine Exkulpation (§ 831 Abs. 1 S. 2)

a) Verschulden und Kausalität werden vermutet
(§ 18 Rn. 12 f.).
Haftung des Geschäftsherrn entfällt, wenn er widerlegt:
– die Verschuldensvermutung (Auswahl- und Überwachungsverschulden) gemäß § 831 Abs. 1 S. 2 Alt. 1 oder
– die Kausalitätsvermutung gemäß § 831 Abs. 1 S. 2 Alt. 2

b) Dezentralisierter Entlastungsbeweis möglich (§ 18 Rn. 15)
Zu beachten ist aber die Haftung nach § 823 Abs. 1
wegen Verletzung einer Organisationspflicht
(sog. Organisationsverschulden, § 18 Rn. 16 f.)

II. Rechtsfolgen

1. Haftung des Geschäftsherrn auf Schadensersatz

2. Der Gehilfe haftet nach §§ 823 ff., wenn in seiner Person sämtliche Voraussetzungen einschließlich des Verschuldens erfüllt sind.

3. Im Innenverhältnis zwischen Gehilfen und Geschäftsherrn haftet grundsätzlich der Gehilfe (§ 840 Abs. 2), es sei denn, es greifen die arbeitsrechtlichen Grundsätze des innerbetrieblichen Schadensausgleichs ein.

B. Haftung des Aufsichtspflichtigen (§ 832)

20   § 832 regelt die Haftung eines kraft Gesetzes oder Vertrages (vgl. § 832 Abs. 2) Aufsichtspflichtigen für den Schaden, den der Aufsichtsbedürftige einem Dritten widerrechtlich zufügt. Es handelt sich – wie bei § 831 – um eine Haftung für **eigenes vermutetes Verschulden**.

I. Tatbestand des § 832

21   Der Anspruchsgegner muss eine **Aufsichtspflicht** gegenüber einer aufsichtsbedürftigen Person haben.

Beispiele:
– Die Eltern eines Minderjährigen sind aufsichtspflichtig nach §§ 1626, 1631 Abs. 1.
– Der Vormund ist über das Mündel aufsichtspflichtig (§§ 1800, 1793).
– Das Kindermädchen M wird mit der Beaufsichtigung und Betreuung der Kinder beauftragt, weil beide Elternteile berufstätig sind. Darin liegt eine vertragliche Übernahme der Aufsicht durch M, die eine Haftung aus § 832 Abs. 2 begründen kann.

Der Minderjährige muss tatbestandsmäßig und rechtswidrig eine unerlaubte Handlung im Sinne der §§ 823 ff. begangen haben. Auf Verschulden kommt es insoweit – wie bei § 831 Abs. 1 – nicht an.

Die Haftung des Aufsichtspflichtigen ist ausgeschlossen, wenn er den **22** Entlastungsbeweis führt (§ 832 Abs. 1 S. 2). Er muss nachweisen,
– dass er seiner Aufsichtspflicht nachgekommen ist oder
– dass der Schaden auch bei gehöriger Aufsichtsführung entstanden wäre.

Der Aufsichtspflichtige muss also die Verschuldensvermutung oder die Kausalitätsvermutung widerlegen (vgl. die entsprechende Regelung in § 831 Abs. 1 S. 2).

II. Umfang der elterlichen Aufsichtspflicht

Für den **Inhalt der elterlichen Aufsichtspflicht** ist entscheidend, was **23** verständige Eltern nach vernünftigen Anforderungen im konkreten Fall unternehmen müssen, um die Schädigung Dritter durch ihr Kind zu verhindern. Die Aufsichtspflicht wird durch die Einsichtsfähigkeit des Kindes sowie die Einflussmöglichkeit auf das Kind bestimmt.[24] Zu berücksichtigen sind z. B. das Alter des Kindes, Eigenart und Charakter des Kindes, die Gefährlichkeit des Spielzeugs, usw. Entscheidende Bedeutung haben andererseits auch das Persönlichkeitsrecht sowie der Entwicklungsfreiraum und der Entwicklungsprozess zur Selbstständigkeit des Aufsichtsbedürftigen.[25] Ob der Aufsichtspflichtige die erforderliche Sorgfalt angewandt hat, hängt von den Umständen des Einzelfalles ab.

Fall (vgl. BGH NJW 1968, 1874):   **24**

S gelingt es nicht, seine beiden (9- bzw. 5-jährigen) Kinder I und C im Zaum zu halten. Auch seine Frau V ist machtlos. Um sich austoben zu können, besuchen I und C auf Veranlassung von S und V die (gleichaltrigen) Nachbarskinder der Eltern E in deren Wohnung. Beim Spielen in der Wohnung der Eltern E wirft C in einem unbemerkten Augenblick in Richtung des I einen Bauklotz, der aus dem geöffneten Fenster fliegt und den Passanten G erheblich verletzt. Schadensersatzansprüche des G?

Lösung:

I. Anspruch gegen C
1. aus § 823 Abs. 1 (–) A hat zwar den Tatbestand des § 823 Abs. 1 erfüllt. Er ist jedoch als 5-jähriger für den Schaden nicht verantwortlich (§ 828 Abs. 1).

---

[24] BGHZ 111, 282, 285 f.
[25] BGH NJW 1996, 1404; NJW 1993, 1003; NJW 1984, 2574.

2. Es kommt allenfalls eine Billigkeitshaftung nach § 829 in Betracht. Das ist Tatfrage; nähere Einzelheiten fehlen hier. (Der Anspruch ist aber subsidiär gegenüber § 832 [„sofern der Ersatz des Schadens nicht von einem aufsichtspflichtigen Dritten erlangt werden kann"].)

II. Anspruch gegen die Eltern des C aus § 832 Abs. 1

a) Die Eltern des C (S und V) sind gem. §§ 1626 ff., 1631 Abs. 1 kraft Gesetzes zur Aufsicht über C wegen dessen Minderjährigkeit verpflichtet.

b) C fügt einem Dritten, dem G, widerrechtlich einen Schaden zu. Nach § 832 Abs. 1 S. 1 haften die Eltern daher grundsätzlich für den von ihrem Kind C angerichteten Schaden.

c) Exkulpation gem. § 832 Abs. 1 S. 2? Die Eltern S und V könnten ihrer Aufsichtspflicht genügt haben. Das Maß der gebotenen Aufsicht über Minderjährige richtet sich dabei nach dem Gefahrenpotenzial (Alter, Eigenart und Charakter der Aufsichtsbedürftigen). Entscheidend ist, was verständige Eltern nach vernünftigen Anforderungen im konkreten Fall tun müssen, um Schädigungen Dritter durch ihr Kind zu verhindern.
Die Eltern S und V erfüllen ihre Aufsichtspflicht. Eine ständige eigene Beaufsichtigung ist nicht erforderlich. Dass die Eltern S und V ihre Aufklärungspflicht über die Gefährlichkeit von geworfenen Gegenständen verletzen, ist nicht ersichtlich. Besondere Aufsichtspflichten wegen der Eigenarten des C bestehen nicht. S und V dürfen ihr Kind zusammen mit gleichaltrigen Kindern spielen lassen und dazu in die Obhut des befreundeten Ehepaares E geben.
Nimmt man eine Übertragung der Aufsichtspflicht auf die Eltern E an, so wandelt sich die Aufsichtspflicht in eine Überwachungs- und Auswahlpflicht um. Dass S und V diese Pflichten verletzen, ist nicht ersichtlich.

d) Ein Ersatzanspruch entfällt daher.

III. Anspruch des G gegen die Eltern E aus § 832 Abs. 2 i. V. m. Abs. 1?

a) Die Eltern E, in deren Wohnung das Unglück passiert ist, haften, wenn sie die Führung der Aufsicht durch Vertrag (gegebenenfalls stillschweigend) übernehmen. Im Gegensatz zu einem Vertrag steht die nur tatsächliche Übernahme der Aufsicht, die eine rechtlich unerhebliche Gefälligkeit darstellt. Die Annahme eines Vertrages zwischen den Eltern E und den Eltern des C (S und V) zur wechselseitigen Beaufsichtigung der Kinder setzt einen rechtsgeschäftlichen Bindungswillen voraus (Rechtsbindungswille). Bei wertender Betrachtungsweise handelt es sich bei den gegenseitigen Besuchen und der Beaufsichtigung auch des fremden Kindes nur um eine außerhalb der rechtsgeschäftlichen Sphäre liegende Gefälligkeit. Es fehlt der Wille zur Haftungsbegründung mit vertraglichen Schadensersatzansprüchen.[26]

b) Eine Haftung der Eltern E entfällt also.

---

[26] Vgl. BGH NJW 1968, 1874.

III. Zusammenfassung

Haftung des Aufsichtspflichtigen (§ 832) 25

Haftung für eigenes vermutetes Verschulden des Aufsichtspflichtigen

I. Tatbestand

1. Aufsichtspflicht gegenüber einer aufsichtsbedürftigen Person
   (z. B. Minderjährigen)
   Die elterliche Aufsichtspflicht richtet sich danach, was
   verständige Eltern nach vernünftigen Anforderungen im
   konkreten Fall unternehmen müssen, um die Schädigung
   Dritter durch ihr Kind zu verhindern (§ 18 Rn. 23).
2. Tatbestandsmäßige, rechtswidrige unerlaubte Handlung
   (§§ 823 ff.) der aufsichtsbedürftigen Person (Verschulden der
   aufsichtsbedürftigen Person nicht erforderlich!)
3. Keine Exkulpation (§ 832 Abs. 1 S. 2) (§ 18 Rn. 22)

II. Rechtsfolgen

1. Haftung des Aufsichtspflichtigen auf Schadensersatz (§ 832)
2. Haftung der aufsichtsbedürftigen Person nach §§ 823 ff. bzw.
   § 829

C. Haftung des Tierhalters (§§ 833 f.)

I. Struktur und System der Tierhalterhaftung

Bei der **Tieraufsichtshaftung** sind § 833 S. 1 (Gefährdungshaftung) 26
sowie § 833 S. 2 und § 834 (Haftung für vermutetes Verschulden) zu
unterscheiden. § 833 S. 1 ist der einzige Fall einer **Gefährdungshaftung**
im BGB.

Welche Art der Haftung eintritt, richtet sich nach der Art des Tieres 27
sowie nach der Person des Pflichtigen.

	Luxustier	Nutztier
Tierhalter	§ 833 S. 1: Gefähr-dungshaftung	§ 833 S. 2: Haftung für vermutetes Ver-schulden
Tieraufseher	§ 834: Haftung für vermutetes Verschulden	

Die Haftung des Tierhalters für ein Luxustier ist eine Gefährdungshaftung (§ 833 S. 1). Soweit es sich um ein Nutztier handelt, haftet der Tierhalter nach § 833 S. 2 für **vermutetes eigenes Verschulden.** Der Tieraufseher unterliegt – unabhängig von der Art des Tieres – einer Haftung für vermutetes Verschulden (§ 834).

II. Gefährdungshaftung und Haftung für vermutetes Verschulden

1. Typische Tiergefahr

28   Es muss durch ein Tier ein Personen- oder Sachschaden verursacht worden sein. Der Schaden muss auf der spezifischen, eigentlichen, **typischen Tiergefahr** beruhen. Entscheidend ist die tierische Unberechenbarkeit.[27]

Beispiele:
– Anspringen, beißen, ausschlagen, usw.
– Deckakt, den ein Tier ohne Wissen und Willen des Halters vollzieht.[28]

29   Ein Schaden ist nicht „durch ein Tier" verursacht, wenn das Tier ausschließlich dem Willen und der Leitung einer Person folgt.[29] Eine Verursachung „durch ein Tier" ist aber trotz menschlicher Leitung denkbar, wenn willkürliche Bewegungen des Tieres wie Scheuen, Abwerfen, Durchgehen, Ausbrechen, Ausrutschen, Losgaloppieren und abruptes Anhalten z. B. eines Reitpferdes den Schaden verursachen.[30] Eine spezifische Tiergefahr verwirklicht sich auch dann, wenn ein PKW-Fahrer zu Schaden kommt, weil ein auf der Fahrbahn befindliches Tier ein Verkehrshindernis bildet.[31]

30   Ob eine typische Tiergefahr vorliegt, wenn der Schaden auf einem gewissen natürlichen oder artspezifischen Verhalten von Tieren beruht (z. B. Anstecken von Pferden beim Beschnuppern), wird unterschiedlich beurteilt.[32] Fraglich ist auch, ob eine Haftung von vornherein gegen-

---

[27] BGHZ 67, 129, 132 f.; BGH VersR 1990, 796.

[28] BGHZ 67, 129, 133.

[29] BGH VersR 1966, 1073; OLG Düsseldorf VersR 1970, 333; 1981, 82; OLG Schleswig VersR 1990, 1024; OLG Hamm VersR 1993, 238. Abweichend differenziert dagegen MünchKomm/*Wagner,* § 833 Rn. 12 m. w. N. Er hält es in allen Fällen der Leitung eines Tieres für entscheidend, ob dieselbe Verletzung auch mit einem leblosen Gegenstand hätte zugefügt werden können (z. B. Tier als Wurfgeschoss); anders soll es aber dann sein, wenn sich der Täter gerade die Gefährlichkeit des Tieres zunutze macht (z. B. einen Hund auf eine Person hetzt).

[30] Vgl. BGH VersR 1966, 1073; NJW 1992, 2474; NJW 1999, 3119; OLG Koblenz VersR 1999, 239.

[31] BGH NJW-RR 1990, 789 = VersR 1990, 796; OLG Frankfurt VersR 1982, 908. Zu weiteren teils umstrittenen Fallgruppen und zur Kritik an der Rechtsprechung vgl. Staudinger/*Belling/Eberl-Borges,* § 833 Rn. 28 ff.; MünchKomm/*Wagner,* § 833 Rn. 10 ff.; *Spindler,* in: Bamberger/Roth, § 833 Rn. 5 ff.

[32] Vgl. dazu BGHZ 67, 129, 131. Auch OLG Karlsruhe VersR 1995, 927 und OLG Köln VersR 1972, 177, halten eine Unterscheidung von willkürlichem (die

über solchen Personen ausscheidet, die nicht zu einem Personenkreis zu rechnen sind, zu dessen Schutz § 833 normiert wurde (Tierarzt, Hufschmied oder Züchter).[33] Mit Rücksicht auf den Schutzzweck der Norm ließe sich das bejahen. Die Annahme eines konkludenten Verzichts auf die Haftung im Fall der Kenntnis der besonderen Tiergefahr[34] wirkt dagegen gekünstelt. Vorzugswürdig ist es, eine Schadensminderung durch Mitverschulden (§ 254) anzunehmen.[35]

Beispiel:
Der Tierarzt, Hufschmied oder Züchter wird von einem Pferd oder Hund verletzt, als dieser gerade bestimmte Tätigkeiten an dem Tier erledigen will, die zu seinem Beruf gehören. Ein Haftungsausschluss lässt sich mit Rücksicht auf den Schutzzweck des § 833 bejahen bzw. – vorzugswürdig – mit § 254 eine Schadensminderung annehmen.

2. Tierhalter oder Tieraufseher

Der Anspruchsgegner muss Tierhalter oder Tieraufseher (§ 834) sein. **Tierhalter** ist, wer das Tier im eigenen Interesse in seinem Hausstand oder Wirtschaftsbetrieb nicht nur ganz vorübergehend einsetzt. Es ist darauf abzustellen, wer über das Tier bestimmen kann und für den Unterhalt des Tieres aufkommt.[36] Das Eigentum ist für die Haltereigenschaft nicht Voraussetzung. **Tieraufseher** ist derjenige, der die Führung der Aufsicht über das Tier durch Vertrag übernimmt (vgl. § 834 S. 1). **31**

Beispiel:
Wer ein Pferd für kurze Zeit mietet, ist nicht Tierhalter, kann aber Tieraufseher sein, weil er durch Vertrag als Nebenpflicht die Führung der Aufsicht über das Pferd für den Tierhalter und damit die Sorge übernimmt, dass durch das Tier kein Dritter geschädigt wird (BGH NJW 1987, 949).

3. Art des Tieres

Es ist zwischen Nutz- und Luxustier zu unterscheiden. Ein **Nutztier** **32** ist ein (1) Haustier, (2) das dem Beruf, der Erwerbstätigkeit oder dem Unterhalt des Tierhalters zu dienen bestimmt ist (vgl. Definition des § 833 S. 2). Dabei ist die allgemeine Zweckbestimmung dieses Tieres, nicht die augenblickliche tatsächliche Nutzung entscheidend.[37]

Tierhalterhaftung begründendem) Verhalten und natürlichem (keine Tierhalterhaftung auslösendem) Verhalten zur Eingrenzung der Tierhalterhaftung für ungeeignet. Vgl. auch *Spindler*, in: Bamberger/Roth, § 833 Rn. 7.

[33] Vgl. zu dieser umstrittenen Frage auch *Spindler*, in: Bamberger/Roth, § 833 Rn. 19 ff.

[34] Vgl. dazu auch *Kötz/Wagner*, Rn. 529.

[35] Vgl. BGH VersR 2006, 416.

[36] BGH NJW-RR 1988, 656.

[37] BGH NJW-RR 2005, 1183 = VersR 2005, 1254 (zur Qualifikation eines auf einem Reiterhof gehaltenen Hundes als Nutztier).

Beispiel:
Nutztiere sind Wachhund, Jagdhund des Försters, Schlacht- und Zuchtvieh des Landwirts.

Soweit es sich um ein **Luxustier** handelt, ist die Tierhalterhaftung eine Gefährdungshaftung. Ein Luxustier ist ein Tier, das kein Haustier ist oder das zwar ein Haustier ist, aber nicht dem Beruf, der Erwerbstätigkeit oder dem Unterhalt des Tierhalters zu dienen bestimmt ist („kein Nutztier").

Beispiel:
Luxustiere sind Reitpferde, Hunde und Katzen, die nur Liebhaberinteressen dienen.

4. Widerlegung des vermuteten Verschuldens

33   Im Falle der Haftung für vermutetes Verschulden kommt eine **Exkulpation** des Tierhalters oder Tieraufsehers in Betracht. Der vermutete Verstoß gegen die erforderliche Sorgfalt (Alt. 1) oder die vermutete Kausalität (Alt. 2) kann widerlegt werden.

III. Zusammenfassung

34

Haftung des Tierhalters und Tieraufsehers (§§ 833 f.)

1. Personen- oder Sachschaden durch Tier verursacht (§ 18 Rn. 28 ff.)
Der Schaden muss auf der spezifischen, typischen Tiergefahr beruhen.

2. Tierhalter oder Tieraufseher (§ 18 Rn. 31)

3. Art des Tieres (§ 18 Rn. 27, 32)
   a) Luxustier (= Tier, das kein Nutztier i.S. des § 833 S. 2 ist)
   – Gefährdungshaftung des Tierhalters (§ 833 S. 1)
   – Haftung des Tieraufsehers für vermutetes Verschulden (§ 834)
   b) Nutztier (= Haustier + Zweckbestimmung)
   – Haftung des Tierhalters für vermutetes Verschulden (§ 833 S. 2)
   – Haftung des Tieraufsehers für vermutetes Verschulden (§ 834)

4. Ausschluss der Haftung für vermutetes Verschulden (§ 18 Rn. 27, 33)
   a) Tierhalter: Exkulpation nur bei Nutztier möglich (§ 833 S. 2)
   b) Tieraufseher: Exkulpation bei Luxus- und Nutztier möglich

D. Haftung für Schäden durch Gebäude (§§ 836 bis 838)

Personen- und Sachschäden durch Gebäude können nach §§ 836 bis 838 Schadensersatzansprüche auslösen (**Gebäudehaftung**). Auch in diesen Fällen wird das **Verschulden** des Verpflichteten **vermutet.** Dies ergibt sich aus dem Wortlaut des § 836 Abs. 1 S. 2. Danach ist der Schadensersatzanspruch ausgeschlossen, wenn der Verpflichtete zur Abwendung der Gefahr die im Verkehr erforderliche Sorgfalt beobachtet hat. Der Verpflichtete muss sich also entlasten (ebenso wie bei § 831 Abs. 1 S. 2).

Die §§ 836 bis 838 stellen Sonderfälle der Verletzung von Verkehrssicherungspflichten dar, nämlich der Pflichten zur Sorge für die Vermeidung von Errichtungsmängeln und zur kontinuierlichen Unterhaltung eines Gebäudes oder eines mit dem Grundstück verbundenen Werkes. Die Haftung kann auch auf § 823 Abs. 1 gestützt werden, nur muss der Geschädigte dann das Verschulden des Verpflichteten behaupten und beweisen, während es bei §§ 836 ff. vermutet wird.

Es muss ein Personen- oder Sachschaden durch den Einsturz oder die 36 Ablösung eines Gebäudeteils entstanden sein. Der Einsturz muss die Folge fehlerhafter Errichtung oder mangelhafter Unterhaltung sein: Es wird also nur für die Mangelhaftigkeit des Werkes gehaftet. Außergewöhnliche Naturereignisse, wie z. B. Blitz, orkanartige Stürme (wegfliegende Dachziegel) oder Überschwemmung, führen nicht zur Haftung nach §§ 836 ff.

Beispiel:
Einsturz eines Baugerüstes, Herabfallen eines Ziegels, Einbrechen einer Zimmerdecke, Umfallen eines Grabsteins als ein „mit einem Grundstück verbundenes Werk"(!).

Die Ersatzpflichtigen sind den Vorschriften der §§ 836 bis 838 zu 37 entnehmen.
Der Entlastungsbeweis bezieht sich auf den vermuteten Sorgfaltsver- 38 stoß. Der Ersatzpflichtige muss beweisen, dass er während seiner Besitzzeit die zur Abwendung der Einsturz- oder Ablösungsgefahr erforderliche Sorgfalt beobachtet hat. Er kann sich auch dadurch entlasten, dass er darlegt, dass der Verletzungserfolg auch bei Anwendung der erforderlichen Sorgfalt eingetreten wäre, auch wenn dies in § 836 nicht ausdrücklich normiert ist (vgl. § 831 Abs. 1 S. 2).

39

Haftung für Schäden durch Gebäude (§§ 836 bis 838)
1. Fehlerhafte Errichtung oder mangelhafte Unterhaltung
2. Dadurch Einsturz eines Gebäudes oder Ablösung eines Gebäudeteils
3. Dadurch Personen- oder Sachschaden
4. Ersatzpflichtiger
a) Eigenbesitzer des Grundstücks (§ 836 Abs. 1 S. 1, Abs. 3)
b) Früherer Besitzer des Grundstücks (§ 836 Abs. 2)
c) Gebäudebesitzer (§ 837), z. B. Erbbauberechtigter
d) Übernehmer (§ 838), z. B. Mieter
5. Keine Exkulpation: Entlastungsbeweis (§ 836 Abs. 1 S. 2, Abs. 2) (§ 18 Rn. 38)
Darlegung und Beweis des an sich Ersatzpflichtigen: Beobachtung der zum Zweck der Abwendung der Gefahr im Verkehr erforderlichen Sorgfalt oder Widerlegung der Kausalität

§ 19. Haftung mehrerer Personen

1

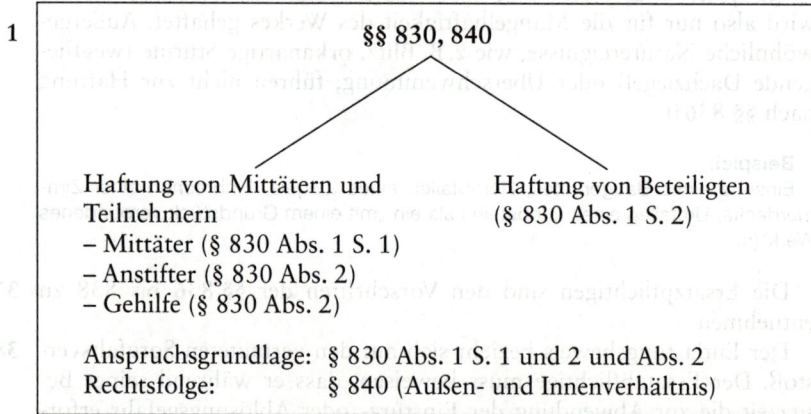

§§ 830, 840

Haftung von Mittätern und Teilnehmern
– Mittäter (§ 830 Abs. 1 S. 1)
– Anstifter (§ 830 Abs. 2)
– Gehilfe (§ 830 Abs. 2)

Haftung von Beteiligten (§ 830 Abs. 1 S. 2)

Anspruchsgrundlage: § 830 Abs. 1 S. 1 und 2 und Abs. 2
Rechtsfolge: § 840 (Außen- und Innenverhältnis)

2   § 830 normiert eine selbstständige Anspruchsgrundlage und ist eine echte Haftungsnorm; sie bestimmt, wer für den Schaden verantwortlich ist, wenn mehrere Personen als Schädiger in Betracht kommen (**Haftung mehrerer**).[1] In § 840 ist geregelt, (1) wie die Schädiger nach außen gegenüber dem Geschädigten haften und (2) wie der Innenausgleich zwischen den Schädigern stattzufinden hat.

---

[1] H. M., vgl. z. B. BGHZ 67, 14; 72, 355; a. A. *Brox/Walker*, BS, § 43 Rn. 5 (Beweislastregel).

A. Haftung des Mittäters, Teilnehmers und Beteiligten (§ 830)

I. Regelungszweck

§ 830 erübrigt die Feststellung der (haftungsbegründenden) Kausali- 3 tät zwischen der Handlung eines Mittäters, Teilnehmers oder Beteiligten und der Rechts-(gut-)verletzung und stellt damit eine **Ausnahme vom Verursacherprinzip** (= Haftung nur für die bewiesenermaßen verursachte Rechtsgutverletzung und Schaden) dar. Der Grund dafür ist die Beweisnot des Geschädigten. Bei gefährlichem Verhalten mehrerer Personen kann oft nicht geklärt (und bewiesen) werden, welcher Beteiligte letztlich den Schaden tatsächlich verursacht hat (Kausalitätsnachweis). Der Ersatzanspruch des durch einen von mehreren beteiligten Tätern Geschädigten soll nicht daran scheitern, dass die Person des eigentlichen Schädigers nicht mit voller Sicherheit ermittelt werden kann. Schließlich ist die Beweisschwierigkeit des Geschädigten erst durch das rechtswidrige und schuldhafte Handeln eines jeden der beteiligten Täter geschaffen worden, für das ein jeder von ihnen einzustehen hat.[2]

II. Unterscheidung nach Tätergruppen

§ 830 unterscheidet zwei Gruppen von Deliktstätern: 4
– Mittäter (§ 830 Abs. 1 S. 1), Anstifter und Gehilfen (§ 830 Abs. 2),
– Beteiligung mehrerer an einer unerlaubten Handlung (§ 830 Abs. 1 S. 2).
Nicht von § 830 erfasst ist die sog. fahrlässige Nebentäterschaft (vgl. 5 unten § 19 Rn. 18). Sie liegt vor, wenn mehrere Personen durch selbstständige Einzelhandlungen ohne bewusstes Zusammenwirken einen Schaden verursacht haben.[3] Im Gegensatz zu § 830 Abs. 1 S. 1 und Abs. 2 fehlt es an der subjektiven Beziehung zwischen den Beteiligten, im Gegensatz zu § 830 Abs. 1 S. 2 ist die Ursächlichkeit des Verhaltens der Nebentäter für den eingetretenen Schaden feststellbar.

1. Mittäter und Teilnehmer

Die gemeinschaftliche Begehung gemäß § 830 Abs. 1 S. 1 (**Mittäter**) 6 oder § 830 Abs. 2 (**Anstifter oder Gehilfe**) bezieht sich auf die Teilnahmeformen im Strafrecht. Bei den (im strafrechtlichen Sinne) beteiligten Personen wird jeder Person der volle Schaden zugerechnet, und zwar

---

[2] BGHZ 33, 286, 290 f.
[3] BGHZ 30, 203, 206; vgl. auch BGH NJW 1988, 1719, 1720.

ohne Rücksicht auf die konkrete Kausalität ihres Tatbeitrages. Mittäter, Anstifter oder Gehilfe haften also für den gesamten Schaden.

2. Beteiligung (§ 830 Abs. 1 S. 2)

7   Wenn nicht ermittelt werden kann, wer von **mehreren Beteiligten** den Schaden durch seine Handlung verursacht hat, dann ist jeder für den Schaden verantwortlich (§ 830 Abs. 1 S. 2).

a) Keine Täterschaft oder Teilnahme

8   Es darf kein Fall der Mittäterschaft, des Anstifters oder Gehilfen (§§ 830 Abs. 1 S. 1, Abs. 2) oder der Nebentäterschaft (vgl. § 19 Rn. 5, 18) vorliegen.[4] Denn bei Mittäterschaft und Teilnahme wird der Schaden unabhängig vom individuellen Tatbeitrag zugerechnet, so dass hinsichtlich der haftungsbegründenden Kausalität durch § 830 Abs. 1 S. 2 keine Beweisnot zu überbrücken ist.

b) Keine feststehende Schadensverursachung durch Dritte

9   Für eine Anwendung des § 830 Abs. 1 S. 2, der eine Beweisnot des Geschädigten voraussetzt, ist kein Raum, wenn ein Schädiger als Verursacher des (gesamten) Schadens feststeht (zur Anwendung der Vorschrift bei Anteilszweifeln vgl. unten § 19 Rn. 14).[5]

Beispiele:
– Infolge einer Vorfahrtverletzung stößt A mit dem Mofafahrer G zusammen. G stürzt mit seinem Mofa und bleibt regungslos auf der Fahrbahn einer Bundesstraße liegen. Kurz darauf überfährt B den auf der Fahrbahn liegenden G und schleift ihn ca. 13 m mit. G erleidet tödliche Verletzungen. Es bleibt unklar, ob die tödlichen Verletzungen auf den Erst- oder Zweitunfall zurückzuführen sind. Seine Erben verlangen von B Schadenersatz. (1) Eine Haftung des B gem. § 7 StVG (Halter), § 18 StVG (Fahrer), § 823 Abs. 1 oder Abs. 2 i.V.m. einem Schutzgesetz scheidet mangels beweisbarer Kausalität des B aus. (2) Eine Haftung gem. § 830 Abs. 1 S. 2 scheidet ebenfalls aus, weil A für den gesamten Schaden haftet: Er muss sich als Erstschädiger nicht nur die von ihm verursachte unmittelbare Verletzung, deren Art unklar bleibt, zurechnen lassen, sondern auch die darauf beruhende hilflose Lage des G, die den zweiten Unfall mitverursacht hat. Soweit also die zum Tode führenden Verletzungen nicht auf dem ersten Unfall beruhen sollten, haftet dessen Urheber trotzdem für sie, weil sich der zweite Unfall ohne Rücksicht auf eine etwaige zusätzliche Haftung des Zweitschädigers nach den besonderen Umständen als Folgeschaden der ersten Verletzung darstellt (BGHZ 72, 355).
– Die Minderjährigen A und B spielen auf dem Heuboden einer Scheune. A zündet eine Kerze an, die er mitgebracht hat, um sich Licht zu verschaffen. Auf

---

[4] Vgl. den Antrag in der (wohl) Ersten Kommission: „Das gleiche gilt, wenn mehrere nicht gemeinschaftlich gehandelt haben, und sich nicht ermitteln lässt, wessen Handlung den Schaden verursacht hat." Erfasst werden sollten Fälle, in denen ein rechtswidriger Erfolg nicht durch das Zusammenwirken mehrerer an der Handlung Beteiligten, sondern durch die Handlung eines von mehreren Beteiligten herbeigeführt sei, sich aber der Urheber der Handlung nicht nachweisen lasse (zitiert nach RGZ 58, 357, 360).
[5] BGHZ 67, 14, 19 f.; BGH VersR 1985, 268, 269; NJW 1999, 2895.

Vorschlag des B befestigt er (A) die angezündete Kerze mit Wachs auf einem Brett. Nachdem B sich entfernt hat, zündet A einzelne Strohhalme an, welche die ganze Scheune des K in Brand setzen. Weil K den A nicht in Anspruch nehmen will, verlangt er (K) von B Schadensersatz (BGH NJW 1988, 1719). (1) K könnte einen Anspruch aus § 823 Abs. 1 haben. Voraussetzung ist eine schädigende Handlung. Allein der Hinweis auf die Befestigung der Kerzen auf dem Brett begründet keine Handlung, die für den Brand ursächlich ist (conditio sine qua non-Formel). Ein Unterlassen des B liegt zwar vor, jedoch fehlt es an einer Rechtspflicht zum Handeln.[6] Eine Haftung aus § 823 Abs. 1 scheidet deshalb aus. (2) B könnte aus § 830 Abs. 1 S. 1 (i. V. m. § 840) haften. Voraussetzung ist eine gemeinschaftlich begangene unerlaubte Handlung. Diese scheitert jedoch daran, dass A und B nicht vorsätzlich zusammengewirkt haben (§ 830 Abs. 1 S. 1: Mittäter). (3) Eine Haftung aus §§ 830 Abs. 2, Abs. 1 S. 1 kommt nicht in Frage, weil Anhaltspunkte für eine Anstiftung oder Beihilfe fehlen. (4) Infrage kommt eine Haftung aus Beteiligung i. S. des § 830 Abs. 1 S. 2. Zwar liegt eine Mittäterschaft oder Teilnahme nicht vor. Jedoch hat A durch Entzünden der Strohhalme die Scheune in Brand gesetzt und steht damit als Schadensverursacher erwiesenermaßen fest. Es fehlt also an der nur potenziellen Kausalität. Deshalb ist § 830 Abs. 1 S. 2 nicht anwendbar. (5) B haftet nicht.

Vertiefungshinweis: 10
Der Grundsatz, dass das Vorhandensein eines sicher haftenden Schädigers die Anwendung des § 830 Abs. 1 S. 2 ausschließt, gilt allerdings nur, soweit sich dessen erwiesener Tatbeitrag gerade auf dasjenige Verursachungsmoment bezieht, hinsichtlich dessen Urheberschaft alternative Zweifel bestehen. Dagegen besteht kein Grund, die Haftung der potenziellen Täter aus alternativer Kausalität auch dann zurücktreten zu lassen, wenn daneben ein Dritter außerhalb des Kreises der Beteiligten eine andere Schadensbedingung gesetzt hat.

Beispiel (gebildet in BGHZ 67, 14, 20): Fällt der Verletzte, von zwei Personen angestoßen, infolge des einen (welchen?) der Stöße in einen Kanalschacht, steht der Anwendung von § 830 Abs. 1 S. 2 gegenüber den Anrempelnden nicht entgegen, dass ein Dritter zweifelsfrei für die versäumte Abdeckung des Schachts und damit ebenfalls für alle Unfallfolgen verantwortlich ist.[7]

c) Anspruchsbegründendes Verhalten des Inanspruchgenommenen bei nur potenzieller Kausalität

Der Inanspruchgenommene muss eine Handlung begangen haben, 11 die einen deliktischen Haftungstatbestand erfüllt (§§ 823 ff., Gefährdungshaftung, nachbarrechtlicher Ausgleichsanspruch[8]), abgesehen von der haftungsbegründenden Kausalität zwischen Handlung und Rechtsgutverletzung. Das setzt voraus, dass seine Handlung geeignet ist, den schädigenden Erfolg herbeizuführen.[9] Die Handlung muss für sich gesehen erfolgsgeeignet, also geeignet gewesen sein, den Taterfolg in (deliktisch) tatbestandsmäßiger, rechtswidriger und schuldhafter Weise herbeizuführen. Bei dieser Prüfung ist die haftungsbegründende Kausalität der Handlung für den Taterfolg zu unterstellen.

---

[6] Der Vorschlag, die Kerze auf einem Brett zu befestigen, schafft keine Gefahrenlage, welche eine relevante Pflichtenstellung begründen könnte.
[7] Vgl. auch BGHZ 55, 86, 90.
[8] BGHZ 101, 106.
[9] Vgl. RGZ 58, 357, 359.

d) Begriff der Beteiligung

12   Nach der Rechtsprechung setzt eine „Beteiligung" im Sinne des § 830 Abs. 1 S. 2 voraus, dass die einzelnen Verursachungsbeiträge zu einem nach den Anschauungen des täglichen Lebens einheitlichen Vorgang verbunden sind.[10] Dabei kommt es nicht so sehr auf das räumliche und zeitliche Zusammentreffen als auf die Gleichartigkeit der Gefährdung des bedrohten Rechtsguts an; die Schwierigkeit, den „Kausalitätsverdacht" (Verursachungs- oder Anteilszweifel) zu klären, muss auf der Gleichartigkeit der Ereignisse und der Ähnlichkeit der Folgen beruhen.[11] Die Handlungen müssen danach also nicht gleichzeitig i. S. einer gemeinsamen Tat oder unmittelbar nacheinander stattfinden.

e) Urheber- oder Anteilszweifel

13   Es müssen **Urheberzweifel** bestehen, d. h., es darf sich nicht feststellen lassen, welcher Beteiligte für den Taterfolg tatsächlich kausal war.

14   § 830 Abs. 1 S. 2 ist auch anwendbar, wenn sog. **Anteilszweifel** bestehen. Das ist der Fall, wenn zwar feststeht, dass jeder der Beteiligten schadensursächlich ist, aber nicht festgestellt werden kann, in welchem Umfang der Schaden von dem einen oder von dem anderen verursacht ist (Fall der kumulativen Kausalität; vgl. oben § 16 Rn. 128).[12]

15   Die Anwendung von § 830 Abs. 1 S. 2 ist ausgeschlossen, wenn der Geschädigte den (gesamten) Schaden selbst verursacht haben kann.[13]

> **Beispiele:**
> – G erleidet einen Gallenanfall, nachdem ihm in der Nacht (1) von A mitgeteilt wurde, dass eine objektiv unrichtige Nachricht über ihn vorliege, (2) B mitgeteilt hat, dass er diese Nachricht in der Zeitung veröffentlichen werde, und (3) nachdem der Geschäftsführer (C) der Zeitung nicht zur Beseitigung des unrichtigen Zeitungsvermerks zu bewegen war. Als Handlungen i.S. des § 830 Abs. 1 S. 2 kommen hier die Mitteilungen von A, B und C als selbstständige Handlungen in Frage (vgl. RGZ 148, 154, 166 [obiter dictum]).
> – Der Einsturz eines Hauses beruht auf Mängeln der Dachdecke, an deren Herstellung U durch Anfertigung mangelhafter Betonbalken und B durch deren mangelhaften Einbau beteiligt waren (BGH LM BGB § 830 Nr. 4). Tatbestandsrelevante Handlungen sind in diesem Fall die Anfertigung der Betonbalken durch U und der mangelhafte Einbau durch B. Es ist unbeachtlich, dass die Handlungen des U und des B (BGH LM BGB § 830 Nr. 4) mit einigem zeitlichen Abstand erfolgten.
> – Bei einer Demonstration mit mehreren hundert Teilnehmern kommt es zu gewaltsamen Auseinandersetzungen. Dabei wird Material der Polizei entwendet

---

[10] BGHZ 33, 286, 291; 55, 86, 93; 72, 355, 359; offengelassen in BGHZ 101, 106, 112. – Zur Kritik in der Lehre vgl. MünchKomm/*Wagner*, § 830 Rn. 51; Staudinger/*Belling/Eberl-Borges*, § 830 Rn. 100 ff.; *Spindler*, in: Bamberger/Roth, § 830 Rn. 17.

[11] BGHZ 55, 86, 95 f.; 101, 106, 112.

[12] BGHZ 67, 14, 19; BGH NJW 1994, 932; NJW 1996, 3205; vgl. auch Staudinger/*Belling/Eberl-Borges*, § 830 Rn. 68.

[13] BGHZ 60, 177, 181 ff.; 67, 14, 20; *Looschelders*, Die Mitverantwortlichkeit des Geschädigten im Privatrecht, 1999, S. 324 ff.

und beschädigt. Dafür verlangt das klagende Land von den Demonstranten A, B, C und D Ersatz. Es lässt sich aber nicht genau feststellen, ob die Schädigungen vor oder nach dem Hinzutreten der Demonstranten A, B, C und D zu den gemeinschaftlichen unerlaubten Handlungen entstanden sind (BGHZ 89, 383 „Grohnde"). (1) Ein Anspruch aus § 823 Abs. 1 kommt nicht in Betracht, weil schädigende Handlungen der Demonstranten A, B, C und D sowie die Kausalität mit der Rechtsverletzung nicht nachgewiesen sind. (2) Ein Anspruch aus § 830 Abs. 1 S. 1 oder Abs. 2 (Mittäter oder Teilnehmer) kommt nicht in Frage.[14] (3) In Betracht kommt ein Anspruch aus § 830 Abs. 1 S. 2. (a) Voraussetzung ist, dass kein Fall der Täterschaft oder Teilnahme vorliegt. Diese Frage, ob A, B, C und D Mittäter oder Teilnehmer sind, kann indessen nicht offen bleiben; denn die Vorschrift des § 830 Abs. 1 S. 2 dient nicht dazu, Zweifel darüber auszuschließen, ob Schädiger im Zeitpunkt der Schädigung als Teilnehmer i. S. des § 830 Abs. 1 S. 1, Abs. 2 anzusehen sind und für diese mitverantwortlich sind. Weil die Demonstranten A, B, C und D als Mittäter oder Teilnehmer nicht in Betracht kommen, können sie Nebentäter i. S. des § 830 Abs. 1 S. 2 sein. (b) Darüber hinaus müssten alle Beteiligten eine tatbestandsmäßige, rechtswidrige und schuldhafte deliktische Handlung begangen haben. Dafür muss der Geschädigte darlegen und beweisen, dass jeder Beteiligte einen Tatbeitrag geleistet hat, der geeignet ist, den Schaden herbeizuführen. Auch diese Frage kann nicht offen bleiben; Beweiszweifel bezüglich dieses Tatbestandsmerkmales will § 830 Abs. 1 S. 2 nicht beseitigen. § 830 Abs. 1 S. 2 erfasst nur Beweisschwierigkeiten bei der haftungsbegründenden Kausalität, weshalb es auf den Nachweis der Kausalität nicht ankommt. Die Erfolgsgeeignetheit jeder Handlung ist bisher nicht bewiesen worden, sodass auch dieser Umstand der Anwendung des § 830 Abs. 1 S. 2 entgegen steht.

Fall (OLG München MDR 1967, 671): 16

A, B, C und D feiern Silvester. A, B und C zünden jeweils Feuerwerkskörper. D schaut dem Treiben aus einiger Entfernung zu. Eine der Raketen trifft den D, der erhebliche Verletzungen erleidet. D nimmt den A in Anspruch. Der erwidert, es stehe nicht fest, dass er die Unglücks-Rakete gezündet habe.

Lösung:

1. Ein Anspruch des D gegen A aus § 823 Abs. 1 (Körperverletzung) scheidet aus. Es steht nicht fest, dass die Körperverletzung durch eine Handlung des A herbeigeführt worden ist (fehlender Kausalitätsnachweis).
2. Anspruch aus § 830 Abs. 1 S. 1 und § 830 Abs. 2 (–)
   A, B und C sind keine Mittäter oder Teilnehmer (Anstifter oder Gehilfen). Jeder handelt für sich selbstständig.
3. Anspruch aus § 830 Abs. 1 S. 2?
   a) Ein Fall des § 830 Abs. 1 S. 1, Abs. 2 liegt nicht vor. Eine Schadensverursachung durch andere Ursachen kommt nicht in Betracht.

---

[14] Die Verabredung, im Rahmen einer Großdemonstration ein Gebäude zu besetzen, und der darin zum Ausdruck kommende Wille, sich notfalls auch gewaltsam durchzusetzen, reicht nicht aus, um einen gemeinsamen Tatentschluss für alle während der Demonstration begangenen Delikte anzunehmen. Im Übrigen fehlt es an den subjektiven Voraussetzungen der Teilnahme (BGHZ 89, 383, 390 „Grohnde").

b) A, B und C handeln selbstständig, indem jeder von ihnen Feuerwerksraketen zündet. Weil A, B und C ein Feuerwerk veranstalten, liegt sachlich, räumlich und zeitlich ein einheitlicher Vorgang vor. Jeder von ihnen begeht rechtswidrig und schuldhaft eine unerlaubte Handlung i. S. von § 823 Abs. 1 (Körperverletzung), wenn man unterstellt, dass die von jedem Schädiger (A, B, C) gezündete Rakete für die Körperverletzung des D ursächlich ist.

c) Verursachung durch mindestens einen der Beteiligten: Es steht fest, dass D durch eine Rakete des A oder B oder C verletzt worden ist. A kann seine Verursachung nicht ausschließen.

d) Urheberzweifel: Es lässt sich nicht feststellen, welcher der Beteiligten die Körperverletzung des D tatsächlich verursacht hat.

e) Ergebnis: Die Voraussetzungen des § 830 Abs. 1 S. 2 liegen daher bei A (auch bei B und C) vor. Die Schadensersatzpflicht umfasst den gesamten Schaden, den D erleidet. Denn jeden Beteiligten trifft die volle Haftung für den eingetretenen Schaden.

f) Zusammenfassung

17

Haftung des Beteiligten (§ 830 Abs. 1 S. 2)

I. Tatbestand

1. Keine Mittäterschaft oder Teilnahme (§ 830 Abs. 1 S. 1, Abs. 2), sondern Beteiligung i. S. des § 830 Abs. 1 S. 2.

2. Anspruchsbegründendes (tatbestandsmäßiges, rechtswidriges und schuldhaftes [deliktisches]) Verhalten jedes Beteiligten, abgesehen vom Nachweis der Kausalität (§ 19 Rn. 11)

3. Einer der Beteiligten muss den Schaden erwiesenermaßen verursacht haben; keine Herbeiführung des Schadens durch einen Dritten (§ 19 Rn. 9) und keine mögliche Herbeiführung durch den Geschädigten (§ 19 Rn. 15).

4. Urheber- oder Anteilszweifel (§ 19 Rn. 13 f.)
Es ist nicht feststellbar, welcher von den Beteiligten den Schaden ganz (Urheberzweifel) oder teilweise (Anteilszweifel) verursacht hat.

II. Rechtsfolge
Jeder der Beteiligten haftet für den gesamten Schaden.

3. Fahrlässige Nebentäter

18 Bei fahrlässiger Nebentäterschaft gelten die allgemeinen Zurechnungsregeln. Jeder haftet für den gesamten Schaden, wenn das Verhalten jedes Schädigers den gesamten Schaden verursacht hat, andernfalls für den (feststellbaren) Teil des Schadens, den jeder Schädiger verursacht hat.

Fall (BGHZ 30, 203):

Der Motorradfahrer M wird zum Ausweichen gezwungen, weil A mit seinem Auto vor M aus einer (nicht vorfahrtberechtigten) Seitenstraße in die von ihm (M) befahrene vorfahrtberechtigte Straße einbiegt. Während des Ausweichvorganges setzt der entgegenkommende B zum Überholen an und stößt mit M zusammen. M verlangt von A und B Schadensersatz.

Lösung:

I. Anspruch gegen A und B aus § 830 Abs. 1 S. 1, Abs. 2 (–), weil A und B keine Mittäter oder Teilnehmer sind.

II. Anspruch gegen A und B aus § 830 Abs. 1 S. 2?
Voraussetzung sind Urheberzweifel. A und B verursachen durch selbstständige, unabhängige Verursachungsbeiträge die Rechtsgutverletzung des M. Deshalb fehlt es an der potenziellen Kausalität. Vielmehr liegt ein Fall der fahrlässigen Nebentäterschaft vor, bei der jeder Schädiger für seinen Verursachungsbeitrag nach den allgemeinen Regeln haftet.

III. M gegen A auf Schadensersatz?
1. Anspruch aus § 7 Abs. 1 StVG?
a) Durch Betrieb des Kfz des A wird der Körper des M verletzt.
b) Der Betrieb ist für die Rechtsgutverletzung erwiesenermaßen kausal, so dass er auch für den gesamten Schaden haftet.
2. Anspruch aus § 823 Abs. 1 sowie § 823 Abs. 2 i. V. m. § 8 StVO (+)
Für den Haftungsumfang gilt das Vorstehende.

IV. M gegen B auf Schadensersatz?
1. Anspruch aus § 7 Abs. 1 StVG (+), weil er durch den Betrieb seines Kfz die Rechtsgutverletzung erwiesenermaßen verursacht.
2. Anspruch aus § 823 Abs. 1 und § 823 Abs. 2 i. V. m. § 5 StVO (+).

V. Ergebnis: A und B haften als Gesamtschuldner (§ 840).

B. Haftung als Gesamtschuldner (§ 840)

Sind für eine unerlaubte Handlung mehrere verantwortlich, so ist 20 fraglich, in welchem Verhältnis die Schädiger für den Schaden haften. Diese Frage stellt sich in der Beziehung der Schädiger zum Geschädigten (Außenverhältnis) sowie der Schädiger untereinander (Innenverhältnis). Sie wird durch § 840 geregelt.

I. Außenverhältnis

Dem § 840 Abs. 1 liegt der Gedanke zugrunde, dass sich gegenüber dem 21 Geschädigten (**Außenverhältnis**) kein Schädiger mit dem Hinweis auf die Mitverantwortlichkeit des anderen Schädigers entlasten können soll.

1. Tatbestand

22   Die Norm setzt voraus, dass mehrere Personen aus unerlaubter Handlung für einen Schaden verantwortlich sind. Der Begriff der unerlaubten Handlung in § 840 ist weit auszulegen. Er erfasst neben der Verschuldenshaftung auch die Tatbestände der Gefährdungshaftung, die im BGB und in anderen Gesetzen geregelt sind.[15] In den Fällen des § 830 Abs. 1 S. 1 und 2 und Abs. 2 sowie bei der Nebentäterschaft, wenn alle Nebentäter für den Gesamtschaden und nicht nur für einen abgrenzbaren Teilschaden verantwortlich sind, haften mehrere nebeneinander.

Beispiel:
A ist Halter eines Kfz, dessen Fahrer B einen Unfall verursacht. A haftet aus § 7 Abs. 1 StVG (Gefährdungshaftung), B aus § 18 Abs. 1 StVG (vermutetes Verschulden). Weil A und B eine unerlaubte Handlung i. S. des § 840 Abs. 1 begangen haben und für den entstandenen Schaden nebeneinander verantwortlich sind, haften sie als Gesamtschuldner (§ 840 Abs. 1).

23   Die Schädiger müssen für denselben Schaden haften. Voraussetzung ist also Haftungsidentität. Daran fehlt es, wenn jeder (Neben-)Täter nur einen abgrenzbaren Verletzungserfolg verursacht hat.[16] Ein unterschiedlicher Haftungsumfang (summenmäßige Begrenzung der Haftung eines Schädigers) verhindert dagegen nicht, dass eine Gesamtschuld entsteht. In diesem Fall ist die gesamtschuldnerische Haftung auf denjenigen Schadensbetrag begrenzt, den alle auf jeden Fall zu tragen haben.[17]

2. Rechtsfolge

24   Im Außenverhältnis zum Geschädigten haften die Deliktstäter nach § 840 Abs. 1 als **Gesamtschuldner**. Der Geschädigte kann also nach seinem Belieben von jedem der Verantwortlichen ganz oder teilweise Schadensersatz verlangen (§ 421). Das Risiko der Zahlungsunfähigkeit eines Schädigers trägt nicht der Geschädigte, sondern tragen die anderen Mitschädiger.

25   **Vertiefungshinweis:** Hinkende oder gestörte Gesamtschuld – Regressbehinderung durch Haftungsbeschränkung

1. Problemstellung: Sind an einem Schadensfall mehrere Schädiger beteiligt, so haften diese grundsätzlich als Gesamtschuldner (§§ 840 Abs. 1, 421). Im Innenverhältnis gelten zwischen den Schädigern § 426 und § 254 analog, der i. S. v. § 426 Abs. 1 S. 1 „etwas anderes bestimmt". Aufgrund einer Haftungsprivilegierung (rechtsgeschäftliche Haftungsfreistellung zwischen dem Geschädigten und dem Erstschädiger, gesetzliche Haftungsfreistellung [z. B. §§ 104, 105 SGB VII], gesetzliche Haftungsvergünstigung [§§ 708, 1359, 1664]) kann je-

---

[15] Bei (ausschließlich) vertraglicher Haftung eines der Schädiger ist § 840 Abs. 1 entsprechend anzuwenden.
[16] *Spindler*, in: Bamberger/Roth, § 840 Rn. 3.
[17] BGHZ 85, 375, 387.

doch die Haftung eines Schädigers von vornherein ausscheiden (sog. **hinkende oder gestörte Gesamtschuld**[18]).

2. Rechtsfolgen der Haftungsfreistellung: Hinsichtlich der Rechtsfolgen ist zwischen Außenverhältnis und Innenverhältnis zu unterscheiden.

a) Außenverhältnis. Der privilegierte Erstschädiger haftet wegen der Haftungsprivilegierung nicht. Für die Haftung des nichtprivilegierten Zweitschädigers gibt es theoretisch zwei Lösungen: (1) Der Zweitschädiger haftet im Außenverhältnis allein und im vollen Umfang (ausschließlich relative Wirkung der Haftungsprivilegierung zwischen Erstschädiger und Geschädigten). (2) Der Anspruch des Geschädigten gegen den Zweitschädiger wird um den Anteil (Maß des Verantwortungsbeitrages) gekürzt, der dem Haftungsanteil des freigestellten Erstschädigers aus dem Innenverhältnis entspricht (Außenhaftung entsprechend dem nach außen gewendeten fiktiven Innenverhältnis).[19]

b) Innenverhältnis. Für den Innenregress bestehen folgende Alternativen: (1) Kann der Zweitschädiger vom Geschädigten voll in Anspruch genommen werden, so bestehen zwei Möglichkeiten: (a) Der nichtprivilegierte Schädiger kann im Innenverhältnis ohne Rücksicht auf die Haftungsbeschränkung Ersatz verlangen, wie es § 426 bestimmt (fingiertes Ausgleichsverhältnis im Innenverhältnis, bloße Außenwirkung der Haftungsbeschränkung). (b) Der privilegierte Schädiger kann im Innenverhältnis (in Höhe der Haftungsbeschränkung oder Haftungsfreistellung) nicht oder nur anteilig in Regress genommen werden (Innenwirkung der Haftungsbeschränkung). (2) Wenn der nichtprivilegierte Zweitschädiger im Außenverhältnis nur auf den Anteil haftet, den er auch im Innenverhältnis tragen muss (Außenhaftung entsprechend dem nach außen gewendeten Innenverhältnis), ist ein Innenausgleich nicht notwendig.

3. Fallgruppen: Die Rechtsprechung und Literatur gehen davon aus, dass einerseits die haftungsrechtliche Privilegierung eines Schädigers nicht durch eine Heranziehung im Gesamtschuldnerausgleich unterlaufen werden soll, es aber andererseits bei Mitberücksichtigung des Grundes der Haftungsprivilegierung in bestimmten Fällen nicht gerechtfertigt ist, den Zweitschädiger den Schaden allein tragen zu lassen.[20] Es wird deshalb nach dem Rechtsgrund der Haftungsprivilegierung unterschieden (Einzelheiten str.):

a) Bei einer **vereinbarten Haftungsfreistellung** zwischen Geschädigten und Erstschädiger kürzt die h. L. den Ersatzanspruch des Geschädigten gegen den Zweitschädiger um den Haftungsanteil des (freigestellten) Erstschädigers; der nichtprivilegierte Schädiger wird also um den Verantwortungsteil[21], der im Innenverhältnis auf den Privilegierten entfällt, freigestellt (nach außen gewendetes Innenverhältnis).[22] Ein Innenausgleich erfolgt nicht. Nach der Rechtsprechung des BGH kann der nichtprivilegierte Schädiger im Innenverhältnis ohne Rück-

---

[18] Die Bezeichnung ist missverständlich, weil im Außenverhältnis mangels Schuldnermehrheit von vornherein keine Gesamtschuld entsteht (so zu Recht Münch-Komm/*Bydlinski*, § 426 Rn. 7).

[19] Dies käme einem Teilerlass (zwischen Erstschädiger und Geschädigtem) zugunsten des Zweitschädigers (§ 328) gleich (vgl. MünchKomm/*Bydlinski*, § 426 Rn. 57).

[20] So BGHZ 110, 114, 119 zur vertraglichen Haftungsvereinbarung zwischen Erst- und Zweitschädiger.

[21] Verantwortungsteil meint die Zuständigkeit für die Schadensverhütung und damit den eigenen Anteil des Schädigers an der Schadensentstehung, nicht die vertraglich übernommene Verpflichtung, auch für einen in fremder Schadensverantwortung entstandenen Schaden aufzukommen (BGHZ 110, 114, 119 f.).

[22] Vgl. MünchKomm/*Bydlinski*, § 426 Rn. 57 m. w. N.; *Gehrlein*, in: Bamberger/Roth, § 426 Rn. 12; *Medicus*, BR, Rn. 933 ff.

sicht auf die Haftungsbeschränkung Ersatz verlangen, wie es § 426 bestimmt (fingiertes Ausgleichsverhältnis im Innenverhältnis, bloße Außenwirkung der Haftungsbeschränkung).[23] Fraglich ist dann, ob der privilegierte Schädiger wiederum beim Geschädigten Regress nehmen kann (sog. Regresszirkel). Verneint man dies, wäre die von der Rechtsprechung angenommene Fiktion eines Ausgleichsverhältnisses im Innenverhältnis nicht überzeugend, da der privilegierte Schädiger besser gestellt wäre, wenn er den Schaden allein verursacht hätte.[24, 25]

b) Bei einer **gesetzlichen Haftungsfreistellung** (§§ 104 f. SGB VII [vgl. oben § 16 Rn. 185], § 46 BeamtVG, Grundsätze des innerbetrieblichen Schadensausgleichs [vgl. § 19 Rn. 28]) vertritt die h. M. die gleiche Lösung.[26]

Beispiel:
Wird der Arbeitgeber durch den Arbeitnehmer und einen Dritten geschädigt und kann er den Arbeitnehmer nach den Grundsätzen des innerbetrieblichen Schadensausgleichs nicht in Anspruch nehmen, so mindern sich die Ansprüche des Arbeitgebers gegen den (nichtprivilegierten) Dritten um den Verantwortungsanteil des von Ansprüchen freigestellten Arbeitnehmers.[27] Insoweit haben die Grundsätze des innerbetrieblichen Schadensausgleichs Außenwirkung (vgl. § 19 Rn. 28).

c) Bei einer **gesetzlichen Haftungserleichterung** (z. B. §§ 708, 1664, 1359, § 4 LPartG)[28] haftet der Zweitschädiger im Außenverhältnis voll und kann im Innenverhältnis keinen Regress nehmen.[29] (Der BGH hat allerdings die Anwendung der §§ 708, 1359 für den Straßenverkehr abgelehnt, weil hier kein Raum für individuelle Sorglosigkeit sei.[30] Dies müsste auch für andere gesetzliche Haftungserleichterungen gelten[31]).

Beispiel:
Der zweijährige K fällt von der unzureichend gesicherten Rutsche eines Spielplatzes der Stadt B, als der Vater V einen Moment unaufmerksam ist. K verlangt von B Schadensersatz (BGHZ 103, 338 „Spielplatz"-Fall; vgl. auch § 27 Rn. 15).

(1) B verletzt ihre Verkehrssicherungspflichten und führt dadurch pflichtwidrig eine Körperverletzung des K herbei. Sie ist deshalb aus § 823 Abs. 1 zum Schadensersatz verpflichtet. (2) Fraglich ist, ob B dem K die Haftungsprivilegierung des

---

[23] BGHZ 12, 213; 35, 317, 323; 58, 216, 220; BGH NJW 1989, 2386, 2387.

[24] *Looschelders,* Schuldrecht Allgemeiner Teil, 2. Auflage 2004, Rn. 1209 ff.

[25] Vgl. *Medicus,* BR, Rn. 931.

[26] Vgl. BGHZ 61, 51; 94, 173; 110, 114, 116 f.; Palandt/*Grüneberg,* § 426 Rn. 19; *Medicus,* BR, Rn. 933 ff.; vgl. zu den früher vertretenen Ansichten MünchKomm/*Bydlinski,* § 426 Rn. 62 m. w. N.

[27] Umstritten, vgl. MünchKomm/*Bydlinski,* § 426 Rn. 65 m. w. N. Anders ist zu entscheiden, wenn der Arbeitgeber und der Arbeitnehmer als Schädiger (aus § 831 Abs. 1 bzw. § 823 Abs. 1) einem Dritten haften. Eine Anspruchskürzung kommt dann nicht in Betracht. Über die Grundsätze des innerbetrieblichen Schadensausgleichs kann der Arbeitnehmer den Arbeitgeber im Innenverhältnis in Regress nehmen (vgl. § 19 Rn. 28).

[28] Die Beschränkung auf die eigenübliche Sorgfalt gilt nicht bei Verkehrsunfällen (h. M., BGHZ 63, 51, 57 ff., BGH NJW 1992, 1227, 1228).

[29] Entschieden für § 1664 in BGHZ 103, 338 „Spielplatz"-Fall, in Abkehr von BGHZ 35, 317, 322 ff. (zu § 1359, Innenausgleich nach § 426 unter Annahme einer fingierten Gesamtschuld). Kritisch zur Ansicht der Rechtsprechung *Gehrlein,* in: Bamberger/Roth, § 426 Rn. 14; MünchKomm/*Bydlinski,* § 426 Rn. 66; vgl. auch *Medicus,* BR, Rn. 928 ff.

[30] BGHZ 46, 313 (zu § 708); BGHZ 53, 352; 61, 101; 63, 51 (zu § 1359).

[31] Vgl. *Medicus,* BR, Rn. 930.

Vaters, der hier leicht fahrlässig handelt, aus § 1664 Abs. 1 entgegenhalten und ihre Haftung entsprechend den Grundsätzen zur gestörten Gesamtschuld vermindern kann. Dies verneint der BGH: Der „privilegierte" Schädiger wachse gar nicht in die Regelung des § 840 Abs. 1 hinein. Es fehle schon an einer zurechenbaren Mitbeteiligung des Vaters. Darin liege keine unbillige Sonderbelastung des nicht privilegierten Zweitschädigers. Die Rechtslage bei § 1664 sei mit der Rechtslage der §§ 636 RVO (jetzt §§ 104 f. SGB VII), für welche die „gestörte Gesamtschuld" entwickelt worden ist, nicht vergleichbar. Eine Haftungsminderung der B sei mit § 1664 nicht vereinbar. Ein Fall der gestörten Gesamtschuld liegt damit nicht vor. (3) Eine Schadensminderung nach § 254 Abs. 1, Abs. 2 S. 2 i. V. m. § 278 kommt nicht in Betracht. Zwar trifft den Vater als gesetzlichen Vertreter ein Mitverschulden; jedoch fehlt es an einer Sonderverbindung zwischen K und B (vgl. § 27 Rn. 12). (4) B haftet im vollen Umfang auf Schadensersatz.[32]

II. Innenverhältnis

§ 840 regelt auch die Verteilung des Schadens unter den Schädigern, 26 also im **Innenverhältnis**. Grundsätzlich gilt § 840 Abs. 1 i. V. m. § 426 Abs. 1 S. 1: Danach sind die Gesamtschuldner im Verhältnis zueinander zu gleichen Anteilen verpflichtet, soweit nicht ein anderes bestimmt ist. Eine andere Bestimmung i. S. von § 426 ist § 254 entspr. (Mitverursachung und Mitverschulden): Der Schaden wird im Innenverhältnis entsprechend § 254 nach den Verursachungs- und Verschuldensanteilen der Deliktstäter verteilt.

Für die Gesamtschuldner des § 840 Abs. 1 (Deliktstäter) enthalten 27 § 840 Abs. 2 und Abs. 3 sowie § 841 speziellere abweichende Bestimmungen. Diese (Ausnahme-)Vorschriften beruhen darauf, dass derjenige, der den Schaden unmittelbar verursacht hat, den Schaden im Verhältnis zu demjenigen, der ihn bloß mittelbar ermöglicht hat, tragen soll.

Beispiel:
Wenn der Verrichtungsgehilfe nach § 823 und der Geschäftsherr nach § 831 haften, dann hat im Innenverhältnis allein der Verrichtungsgehilfe den Schaden zu tragen (§ 840 Abs. 2).

Ein praxisrelevanter Ausnahme- und Sonderfall sind im Arbeitsrecht die sog. Grundsätze über den innerbetrieblichen Schadensausgleich (früher „schadensgeneigte Arbeit").

Vertiefungshinweis: Arbeitsrechtliche Grundsätze des innerbetrieblichen 28 Schadensausgleichs
1. Schädigung des Arbeitgebers durch den Arbeitnehmer
Bei einer Schädigung des Arbeitgebers durch den Arbeitnehmer stellt sich die Frage, ob und inwieweit der Arbeitgeber diesen in Anspruch nehmen kann (sog. **innerbetrieblicher Schadensausgleich**; vgl. zu den Haftungsprivilegierungen der §§ 104 f. SGB VII oben § 16 Rn. 185).

---

[32] Vgl. auch OLG Hamm NJW-RR 1998, 1181 (Verletzung eines Kindes bei Familien-Grillparty durch sich entzündenden Spiritus, der zum Anzünden von Grillkohle verwendet wurde).

Beispiel:
Der Staplerfahrer S des Getränkegroßhändlers G wirft beim Zusammenstellen einer Kundenbestellung eine Palette Vollgut um. Dabei gehen zahlreiche Glasflaschen zu Bruch. G möchte dafür von S Ersatz haben.

Als Anspruchsgrundlage kommt regelmäßig § 280 (Pflichtverletzung des Arbeitsvertrages) oder § 282 und § 823 Abs. 1 in Betracht. Nach der Rechtsprechung des BAG[33] ist die Haftung des Arbeitnehmers bei jeder arbeitsvertraglich übertragenen oder im Interesse des Arbeitgebers ausgeführten Arbeit[34] beschränkt **(beschränkte Arbeitnehmerhaftung)**.[35] Dogmatisch wird dies auf § 254 gestützt. Der Arbeitnehmer haftet nicht für jedes Verschulden, sondern:[36]
– für Vorsatz haftet der Arbeitnehmer stets im vollen Umfang,
– für grobe Fahrlässigkeit haftet er regelmäßig ebenfalls im vollen Umfang,
– für mittlere Fahrlässigkeit hat eine einzelfallbezogene Abwägung stattzufinden, die zu einer quotalen Haftung des Arbeitnehmers führen kann. Dabei sind Betriebsrisiko, Wert des geschädigten Wirtschaftsgutes, Organisationsverschulden, Versicherbarkeit des betroffenen Risikos auf Seiten des Arbeitgebers und auf Seiten des Arbeitnehmers Verschuldensgrad, Höhe der Arbeitsvergütung, Gefahrgeneigtheit der Arbeit zu berücksichtigen;
– für leichte Fahrlässigkeit haftet der Arbeitnehmer nicht, sondern der Arbeitgeber muss den Schaden allein tragen.

2. Schädigung eines Dritten durch den Arbeitnehmer

a) Im Verhältnis des Dritten zum schädigenden Arbeitnehmer kommt eine Anwendung der Grundsätze des innerbetrieblichen Schadensausgleichs nicht in Betracht.[37] Diese betreffen nur das Verhältnis von Arbeitgeber zu Arbeitnehmer.

Dritten gegenüber haftet der Arbeitnehmer im Außenverhältnis unbeschränkt.[38] Haftet auch der Arbeitgeber (z. B. §§ 280, 278 oder § 831), so besteht im Außenverhältnis eine Gesamtschuld.[39]

b) Wird der Arbeitnehmer von einem Dritten in Anspruch genommen, so kann der Arbeitnehmer vom Arbeitgeber im Innenverhältnis abweichend von § 840 Abs. 2 Freistellung (oder nach erfolgter Zahlung Erstattung) verlangen.[40]

Dieser **Freistellungsanspruch** ergibt sich aus § 670 i. V. m. § 257 S. 1 und besteht nur in der Höhe, in welcher der Arbeitgeber den Schaden hätte selbst tragen müssen, wenn der Geschädigte nicht ein Dritter, sondern der Arbeitgeber gewesen wäre. Der Freistellungsanspruch wandelt sich in einen Zahlungsanspruch gegen den Arbeitgeber um, sofern der Arbeitnehmer bereits mehr geleistet hat, als er im Verhältnis zum Arbeitgeber hätte leisten müssen.[41]

c) Haftungsbeschränkungen zwischen Dritten und Arbeitgeber entfalten Schutzwirkung zugunsten des Arbeitnehmers. Der Dritte kann den Arbeitnehmer nicht in Anspruch nehmen, da sonst über den Freistellungsanspruch der Haftungsausschluss unterlaufen würde.[42] Hat der Arbeitnehmer einen Teil des Schadens auf-

---

[33] BAGE 78, 56 = NZA 1994, 1083 = NJW 1995, 210.
[34] Früher nur bei einer gefahrgeneigten Arbeit.
[35] Grundlegend BAG NJW 1995, 210; ebenso BGH NJW 1994, 856.
[36] ErfK/*Preis*, § 619a Rn. 13 ff.; *Fuchs*, in: Bamberger/Roth, § 611 Rn. 37; Palandt/*Weidenkaff*, § 611 Rn. 157 f.
[37] Vgl. BGHZ 108, 305.
[38] BGHZ 108, 305.
[39] *Schaub/Linck*, ArbR-Hdb, § 52 Rn. 89.
[40] ErfK/*Preis*, § 619a Rn. 26.
[41] ErfK/*Preis*, § 619a Rn. 26; *Fuchs*, in: Bamberger/Roth, § 611 Rn. 39.
[42] ErfK/*Preis*, § 619a Rn. 27.

grund seines Verschuldens selbst zu tragen, so entsteht eine gestörte Gesamtschuld (vgl. oben § 19 Rn. 25).

§ 20. Besonderheiten des deliktischen Ersatzanspruchs

Grundsätzlich hat nur der unmittelbar Geschädigte einen delikti-   1
schen Ersatzanspruch auf Ersatz des Schadens. Unmittelbar Geschädigter ist derjenige, in dessen Person ein deliktischer Tatbestand erfüllt ist.
Die Rechtsfolge des Anspruchs wird durch die allgemeinen Vorschriften
der §§ 249 ff. näher geregelt.

Die §§ 842 bis 852 enthalten ergänzende und verdrängende Sondervorschriften für die unerlaubten Handlungen, die sowohl die Anspruchsgrundlage (Tatbestand) als auch die Rechtsfolge (Schaden) betreffen. Die §§ 842 bis 846 erfassen Personenschäden, §§ 848 bis 851
gelten für Sachschäden, § 852 betrifft den Fall der Verjährung des De-
liktsanspruchs.

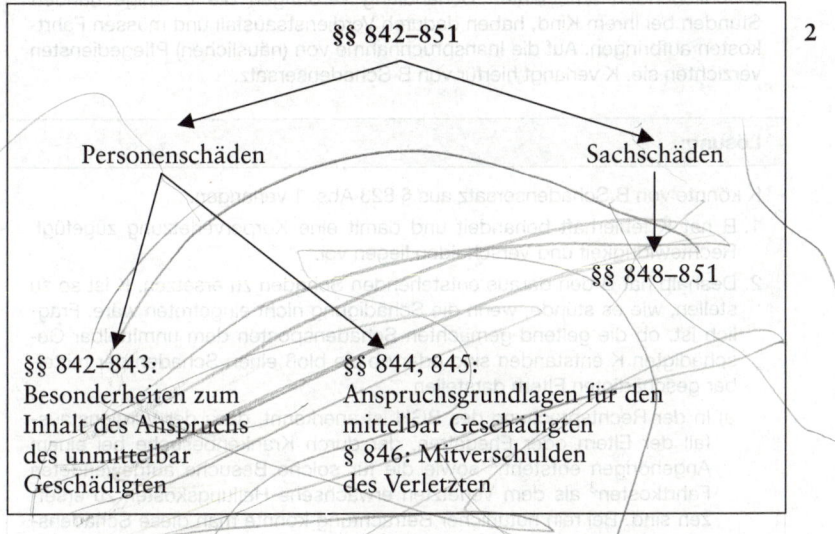

§§ 842–851   2

Personenschäden   Sachschäden

§§ 848–851

§§ 842–843:   §§ 844, 845:
Besonderheiten zum   Anspruchsgrundlagen für den
Inhalt des Anspruchs   mittelbar Geschädigten
des unmittelbar   § 846: Mitverschulden
Geschädigten   des Verletzten

A. Besonderheiten bei Personenschäden

I. Besonderheiten zum Anspruchsinhalt

Nach § 842 umfasst der zu ersetzende Schaden auch die Nachteile,   3
welche die unerlaubte Handlung für den Erwerb oder das Fortkommen
des Verletzten herbeigeführt hat (**Erwerbsschaden**). Dabei handelt es
sich um eine Sonderregelung für den entgangenen Gewinn (§ 252).

§ 843 regelt die Art und Weise der Ersatzpflicht für den Fall, dass bei einer Verletzung des Körpers oder der Gesundheit die Erwerbsfähigkeit des Verletzten aufgehoben oder gemindert wird oder die Bedürfnisse vermehrt (z. B. Kosten für eine Pflegekraft) werden, und zwar:

– Dem Verletzten ist in Form einer Geldrente Schadensersatz zu leisten (§ 843 Abs. 1 und 2; z. B. monatliche Zahlung).

– Bei einem wichtigen Grund kann statt der Rente eine Abfindung in Kapital verlangt werden (§ 843 Abs. 3, Kapitalisierung der Rente).

– Nach § 843 Abs. 4 wird der Ersatzanspruch nicht dadurch ausgeschlossen, dass ein anderer dem Verletzten Unterhalt zu gewähren hat. Dieser Vorschrift hat die Rechtsprechung den allgemeinen Rechtsgedanken der Vorteilsausgleichung entnommen (vgl. § 24 Rn. 16).

---

4 | **Fall (BGHZ 106, 28):**[1]

Das Kind K der Eltern E war durch einen Behandlungsfehler des Arztes B erheblich geschädigt worden. Während des Krankenhausaufenthaltes und der anschließenden ambulanten Behandlung verbringen die E einige hundert Stunden bei ihrem Kind, haben dadurch Verdienstausfall und müssen Fahrtkosten aufbringen. Auf die Inanspruchnahme von (häuslichen) Pflegediensten verzichten sie. K verlangt hierfür von B Schadensersatz.

Lösung:

K könnte von B Schadensersatz aus § 823 Abs. 1 verlangen.

1. B hat K fehlerhaft behandelt und damit eine Körperverletzung zugefügt. Rechtswidrigkeit und Verschulden liegen vor.

2. Deshalb hat B den daraus entstehenden Schaden zu ersetzen. K ist so zu stellen, wie es stünde, wenn die Schädigung nicht eingetreten wäre. Fraglich ist, ob die geltend gemachten Schadensposten dem unmittelbar Geschädigten K entstanden sind oder ob sie bloß einen Schaden der mittelbar geschädigten Eltern darstellen.

a) In der Rechtsprechung des BGH ist anerkannt, dass der Verdienstausfall der Eltern oder Ehegatten, der durch Krankenbesuche bei einem Angehörigen entsteht,[2] sowie die für solche Besuche aufgewendeten Fahrtkosten[3] als dem Verletzten erwachsene Heilungskosten zu ersetzen sind. Bei rein natürlicher Betrachtung könnte man diese Schadensposten allerdings nur als Schaden der mittelbar geschädigten Eltern ansehen. Aufgrund wertender Betrachtung werden diese Positionen aber wegen der durch derartige Krankenhausbesuche bewirkten Förderung des Heilerfolges noch dem Aufwand für die Heilung des Verletzten (unmittelbar Geschädigten) zugerechnet.[4]

---

[1] Vgl. auch BGH NJW 1999, 2819 = VersR 1999, 1156.
[2] BGH VersR 1957, 790; 1961, 545; 1985, 784, 785.
[3] BGH VersR 1961, 272.
[4] Vgl. zur dogmatischen Konstruktion Staudinger/*Medicus,* 12. Aufl., § 249 Rn. 190.

b) Kosten für verletzungsbedingte Pflegedienste sind nach § 843 Abs. 1 (Vermehrung der Bedürfnisse) abzugelten. Dies gilt auch dann, wenn diese statt von fremden Pflegekräften von Angehörigen des Verletzten (unentgeltlich) erbracht werden. Es kommt auch nicht darauf an, ob der Pflegedienst leistende Angehörige dadurch einen Verdienstausfall erleidet.[5] Insoweit kann der Rechtsgedanke des § 843 Abs. 4 herangezogen werden.

c) Der Zeitaufwand für die geleistete Betreuung des Verletzten kann dagegen nicht abgegolten werden. Zum einen hat sich dieser Aufwand nicht in der Vermögenssphäre als geldwerter Verlustposten konkret niedergeschlagen – im Gegensatz zu den Positionen unter a und b. Im Rahmen eines Anspruchs auf materiellen Schadensersatz kann weder die verletzungsbedingte Einschränkung der Arbeitskraft und der damit zusammenhängende Arbeitszeitverlust als solcher noch der Verlust an Urlaubs- oder Freizeit ersatzfähig sein, soweit solche Einbußen nicht geldwert in Erscheinung treten.[6]

Vertiefungshinweis: Schadensersatzanspruch des verletzten Kindes, Unter- 5
haltszahlung und Besuchskosten der Eltern

1. Einem verletzten Kind wird von den Eltern **Unterhalt gezahlt**. Dies steht einem (normativen) Schaden des Kindes nicht entgegen (§ 843 Abs. 4). Jedoch kann das Kind nicht für die Heilung doppelt „Unterhalt" fordern, einmal von den Eltern kraft Familienrechts und zugleich vom Schädiger nach § 823 Abs. 1.

Das Gesetz enthält keine ausdrückliche Vorschrift für einen Regressanspruch der Eltern gegen den Schädiger oder das Kind (wie im § 6 Entgeltfortzahlungsgesetz, wenn der Arbeitgeber den Lohn des verletzten Arbeitnehmers weiterzahlt). Es gibt verschiedene Möglichkeiten, einen Regressanspruch der Eltern zu begründen:[7] (1) Die Unterhalt leistenden Eltern könnten vom Schädiger Aufwendungsersatz aus §§ 677, 683 S. 1, 670 (i. V. m. § 679) (vgl. oben § 8 Rn. 22) oder aus Rückgriffskondiktion (§ 812 Abs. 1 S. 1 Alt. 2; vgl. oben § 11 Rn. 66 ff.) verlangen, weil sie dessen Schadensersatzverpflichtung getilgt haben (Fallgruppe Tilgung fremder Schulden).[8] (2) Eine analoge Anwendung von § 1607 Abs. 2 S. 2 könnte eine Legalzession begründen; der Anspruch des Kindes gegen den Schädiger ginge auf die Eltern über. (3) Gemäß § 255 analog, § 285 entsprechend oder den Grundsätzen der Drittschadensliquidation könnten die Eltern vom Kind Abtretung des Schadensersatzanspruchs des Kindes gegen den Schädiger verlangen. Denkbar ist auch eine analoge Anwendung des § 1648, um einen Anspruch der Eltern gegen das Kind zu begründen.[9]

2. Nach der Rechtsprechung gehören der **Verdienstausfall** und die **Besuchskosten** der Eltern zu den Heilungskosten des Kindes (§ 249 Abs. 2 S. 1; vgl. oben § 20 Rn. 4). Der elterliche Besuch soll das Kind vor seelischen Schäden bewahren. Die erforderlichen Kosten sind Heilungskosten und damit als eine

---

[5] BGH VersR 1978, 149, 150.

[6] Die persönliche Verbundenheit, die in der Anwesenheit der Eltern am Krankenbett ihrer Kinder zum Ausdruck kommt, hat keinen Marktwert (BGHZ 106, 28, 32 f.).

[7] Vgl. Staudinger/*Vieweg*, § 843 Rn. 45 ff.

[8] Unter wertenden Gesichtspunkten bleibt die Schadensersatzpflicht des Schädigers gegenüber dem Verletzten bestehen.

[9] So *Medicus*, Gesetzliche Schuldverhältnisse, S. 19.

dem Verletzten selbst entstandene Vermögenseinbuße erstattungsfähig. Fallen die Kosten tatsächlich bei den Eltern an, so stellt sich die Frage, wie sie diese Kosten erstattet verlangen können. Sie können aufgrund einer Abtretungserklärung des Verletzten die Kosten von dem Schädiger erstattet verlangen. In Frage kommt auch ein Anspruch aus §§ 677, 683 S. 1, 670 (Aufwendung der Heilungskosten ist Geschäft des Schädigers, vgl. § 249 Abs. 2 S. 1) oder aus § 812 Abs. 1 S. 1 Alt. 2 (Rückgriffskondiktion, Befreiung des Schädigers von der Pflicht zur Leistung der Heilungskosten[10]).[11]

6   **Vertiefungshinweis: §§ 249 ff. und §§ 842 ff.**

1. Verhältnis der §§ 249 ff. zu §§ 842 ff.

§ 842 stellt klar, dass auch **Nachteile für Erwerb und Fortkommen** als Vermögensschaden i. S. der §§ 252 f. zu qualifizieren sind.[12] Daneben sind die §§ 249 ff. uneingeschränkt anwendbar.[13]

Die Bedeutung des § 843 liegt darin, dass er – im Gegensatz zu § 252 – die Form und Art und Weise regelt, in welcher der entgangene Gewinn zu ersetzen ist: § 843: Geldrente oder einmalige Abfindung; §§ 249, 251: Naturalrestitution oder Geldentschädigung in Form eines Geldbetrages.[14] Während §§ 249, 251 einen Schadensersatz in Form eines (regelmäßig einmaligen) Geldbetrages gewähren, kann nach § 843 die Entrichtung einer Geldrente (Verrentung) verlangt werden, weil dies zur Ausgleichung von dauernder Vermehrung der Bedürfnisse des Geschädigten die geeignetste Form der Entschädigung in Geld (§ 251) darstellt.[15] § 249 schließt allerdings Schadensersatz in Rentenform nicht aus, § 843 gebietet sie aber.[16] Neben § 843 sind die §§ 249, 251 anwendbar; es kann über eine Entschädigung nach § 251 hinaus nach § 843 eine Geldrente verlangt werden (Beispiel für einen unfallbedingt dauerhaft gehbehinderten Geschädigten: Nach § 251 die Kosten der Anschaffung eines Kfz, nach § 843 Abs. 1 die jeweils anfallenden Betriebskosten).[17]

§ 843 ist keine materielle Erweiterung des Schadensersatzanspruchs, sondern bleibt auf Kompensation der Schäden i. S. des § 249 und der ergänzenden Vorschriften der §§ 252, 842 gerichtet.[18]

Die §§ 842 ff. setzen voraus, dass tatsächlich ein Vermögensschaden eingetreten ist. Es muss also durch die Minderung der Erwerbsfähigkeit tatsächlich ein Verdienstausfall eintreten.[19]

---

[10] Durch die Aufwendungen der Eltern gegenüber dem verletzten Kind entfällt ein Schaden des Kindes aber unter wertenden Gesichtspunkten nicht (vgl. § 843 Abs. 4 und unten § 24 Rn. 17).

[11] Vgl. zum Ganzen BGH VersR 1961, 272; Staudinger/*Vieweg*, § 843 Rn. 45 ff.

[12] Staudinger/*Vieweg*, § 842 Rn. 3; MünchKomm/*Wagner*, § 843 Rn. 2; *Spindler*, in: Bamberger/Roth, § 842 Rn. 1.

[13] Staudinger/*Vieweg*, § 842 Rn. 3; MünchKomm/*Wagner*, § 843 Rn. 2.

[14] MünchKomm/*Oetker*, § 252 Rn. 1; MünchKomm/*Wagner*, § 843 Rn. 1; Staudinger/*Vieweg*, § 843 Rn. 2 f.

[15] BGH NJW 1982, 757; Staudinger/*Vieweg*, § 843 Rn. 3; *Lange/Schiemann*, § 5 IX, S. 246.

[16] Staudinger/*Vieweg*, § 843 Rn. 2; MünchKomm/*Wagner*, § 843 Rn. 3; vgl. *Lange/Schiemann*, § 5 IX, S. 246 f., wonach Ersatz in Form einer Geldrente auch im Übrigen vom Ausgleichsprinzip her geboten sei, wenn sich die eintretenden Schadensfolgen ihrer Natur nach laufend erneuern; das Gesetz sehe aber die Kapitalzahlung als Regelfall an.

[17] Vgl. Staudinger/*Vieweg*, § 843 Rn. 7, 9.

[18] Staudinger/*Vieweg*, § 843 Rn. 2; MünchKomm/*Wagner*, § 843 Rn. 3.

[19] Staudinger/*Vieweg*, § 843 Rn. 6; MünchKomm/*Wagner*, § 843 Rn. 15 f.

2. §§ 842 ff.
§ 842 regelt die Ersatzfähigkeit von Nachteilen in Erwerb und Fortkommen,
§ 843 Abs. 1 die Art und Weise des Ersatzes bei Aufhebung oder Minderung der
Erwerbsfähigkeit des Verletzten (Alt. 1) sowie bei Vermehrung der Bedürfnisse
des Verletzten (Alt. 2). Nachteile in Erwerb und Fortkommen i. S. des § 842 und
Aufhebung oder Minderung der Erwerbsfähigkeit i. S. des § 843 Abs. 1 Alt. 1
sind identisch.

a) §§ 842, 843 Abs. 1 Alt. 1
Voraussetzung ist eine Aufhebung oder Minderung der Erwerbsfähigkeit.
Darunter fällt jeder Schaden, der durch Ausfall der Arbeitskraft als Erwerbsquelle entsteht.[20] Maßgeblich für §§ 842, 843 Abs. 1 Alt. 1 ist der Einsatz der
Arbeitskraft als Erwerbsquelle.[21] Der Einsatz einer Ersatzkraft und die in diesem Rahmen anfallenden Aufwendungen machen den „Erwerbsschaden" nicht
zu Mehraufwendungen i. S. des § 843 Abs. 1 Alt. 2.[22] Nachteile für den Erwerb
i. S. des § 842 meint alle konkreten, durch die Verletzung erlittenen wirtschaftlichen Beeinträchtigungen, Nachteile im Fortkommen alle darüber hinausgehenden allgemeinen Vermögensschäden, die aus der Behinderung oder Erschwerung
der beruflichen und wirtschaftlichen Entwicklung entstehen.[23]

b) § 843 Abs. 1 Alt. 2
Vermehrung der Bedürfnisse umfasst alle durch die Verletzung bedingten
ständigen Mehraufwendungen für die persönliche Lebensführung.[24] Es geht um
einen Ausgleich für den Nachteil einer dauernden Störung des körperlichen
Wohlbefindens.[25] Maßgeblich ist der schadensbedingte Bedarf für die persönliche Lebensführung.[26] Erfasst werden alle Nachteile, die abgesehen von der
Beeinträchtigung der Erwerbsfähigkeit dem Verletzten infolge dauernder Beeinträchtigung seines körperlichen Wohlbefindens entstehen und zu deren Abwendung oder Milderung ständige, immer wiederkehrende Mehraufwendungen erforderlich sind.[27]

Vertiefungshinweis: Sog. Hausfrauen- oder Hausmännertätigkeit und §§ 842, 7
843 Abs. 1
Die **Arbeit des Ehegatten im Haushalt** der Familie kann ein Beitrag zum Fa-
milienunterhalt (§§ 1360, 1601) sein oder der Befriedigung der persönlichen
Bedürfnisse dienen. Die für andere in Erfüllung einer gesetzlich geschuldeten
Unterhaltsverpflichtung geleistete Haushaltstätigkeit stellt eine wirtschaftlich
ins Gewicht fallende Arbeitsleistung dar, die mit der Erwerbstätigkeit (d. h. dem
auf Erzielung von Gewinn zur Deckung des Lebensbedarfs gerichteten Ar-
beitseinsatz) vergleichbar ist; ihr Ausfall begründet damit einen Erwerbsschaden
i. S. der §§ 842, 843 Abs. 1 Alt. 1. Die Gleichwertigkeit der gesetzlich geschuldeten Haushaltsführung mit einer Erwerbstätigkeit ist seit langem anerkannt. Die
Haushaltstätigkeit, die nur den eigenen Bedürfnissen dient und damit keine Erwerbsquelle darstellt, ist keine der Erwerbstätigkeit vergleichbare Arbeitsleistung und fällt unter die Schadensgruppe der vermehrten Bedürfnisse i. S. des

---

[20] Staudinger/*Vieweg*, § 843 Rn. 6.
[21] BGH NJW 1974, 41, 42.
[22] BGH NJW 1974, 41, 42.
[23] Staudinger/*Vieweg*, § 842 Rn. 12; MünchKomm/*Wagner*, § 843 Rn. 14.
[24] Vgl. dazu Staudinger/*Vieweg*, § 843 Rn. 7; MünchKomm/*Wagner*, § 843
Rn. 57.
[25] BGH NJW 1974, 41, 42.
[26] BGH NJW 1974, 41, 42.
[27] Vgl. Staudinger/*Vieweg*, § 843 Rn. 7; MünchKomm/*Wagner*, § 843 Rn. 57;
BGH NJW 1982, 757.

§ 843 Abs. 1 Alt. 2.[28] Die Haushaltstätigkeit fällt somit teilweise in die Gruppe „Erwerbsschaden" und „vermehrte Bedürfnisse".[29]

Die Kosten einer Haushaltshilfe sind als Erwerbsschaden zu qualifizieren, soweit deren Arbeit der Erfüllung der Unterhaltspflicht des verletzten Ehegatten gegenüber den anderen Familienmitgliedern dient, nicht dagegen, soweit sie den eigenen, persönlichen Bedürfnissen des verletzten Ehegatten dient.[30] Eine Aufteilung der Kosten in die eine und andere Kategorie kann sich nach der Anzahl der Familienmitglieder richten.

Relevanz der Differenzierung: Die Bedeutung liegt im sozialversicherungsrechtlichen Bereich (Rentenanrechnung, Anspruchsübergang auf den Sozialversicherungsträger z. B. gemäß § 116 SGB X, früher § 1542 RVO).[31] Auf den Erwerbsschaden i. S. der §§ 842, 843 Abs. 1 Alt. 1 ist die Rente des Sozialversicherungsträgers wegen sachlicher Kongruenz anzurechnen, auf die Schadensgruppe der vermehrten Bedürfnisse mangels sachlicher Kongruenz dagegen nicht.[32]

II. Anspruchsgrundlage des mittelbar Geschädigten (§§ 844 bis 846)

8   §§ 844 bis 846 normieren die Anspruchsgrundlagen für den Anspruch eines **mittelbar Geschädigten** und stellen (nicht erweiterbare) Einzelfälle dar. Sie durchbrechen den Grundsatz, dass nur derjenige Schadensersatz verlangen kann, der selbst verletzt ist, d. h. in dessen Rechtsgüter durch unerlaubte Handlungen eingegriffen worden ist.

Voraussetzung für einen Anspruch des mittelbar Geschädigten nach §§ 844 bis 846 ist, dass ein tatbestandsmäßiges, rechtswidriges und schuldhaftes Delikt (Tötung, bei § 845 auch Körper- oder Gesundheitsverletzung oder Freiheitsentziehung) vorliegt. Dann kann der mittelbar Geschädigte die dadurch verursachten eigenen Schäden ersetzt verlangen.

1. § 844

9   Wer für den Tod eines Menschen verantwortlich ist, muss den Erben (das ist der Regelfall, § 1968) die Beerdigungskosten ersetzen (§ 844 Abs. 1). Außerdem muss er den kraft Gesetzes Unterhaltsberechtigten den Unterhaltsschaden ersetzen. § 844 Abs. 2 begründet einen Schadensersatzanspruch wegen des entgangenen Unterhaltsanspruchs. Zu den Ersatzberechtigten gehören u. a.:

---

[28] Vgl. zum Ganzen: BGH NJW 1974, 41, 42; 1985, 735; 1997, 256; Palandt/ *Sprau,* § 843 Rn. 2, 3, 8; Staudinger/*Vieweg,* § 842 Rn. 118 ff., § 843 Rn. 2; Münch-Komm/*Wagner,* § 843 Rn. 66.

[29] BGH NJW 1974, 41, 42; 1985, 735; 1997, 256, 256 f.; a. A. OLG Stuttgart FamRZ 1964, 267; OLG Düsseldorf MDR 1955, 358 für die ausschließliche Einordnung als „vermehrte Aufwendungen".

[30] Vgl. Palandt/*Sprau,* § 843 Rn. 3.

[31] Vgl. Staudinger/*Vieweg,* § 843 Rn. 81 ff.

[32] BGH NJW 1985, 735; Palandt/*Sprau,* § 843 Rn. 9.

– Ehegatte (§ 1360 S. 1),
– Verwandte in gerader Linie (§§ 1601 ff.), also die Kinder, Enkelkinder, usw.,
– sog. nichteheliche Kinder (§§ 1615 a ff.),
– angenommene Kinder (§§ 1754 f.),
– Lebenspartner (§ 5 S. 1 LPartG).

2. § 845: Ersatz für entgangene Dienste

Kraft Gesetzes zur Leistung von Diensten verpflichtet sind die Kinder   10
(vgl. § 1619). Die Haushaltstätigkeit eines Ehegatten ist keine Dienstleistung i.S. des § 845. Sie beruht auf der Unterhaltspflicht. Denn nach
§§ 1356, 1360 stellt die Haushaltstätigkeit des Ehegatten einen Beitrag
zum Unterhalt der Familie dar. Wenn ein Ehegatte getötet worden ist,
kann der andere Ehegatte aber einen Anspruch aus § 844 Abs. 2 haben.
Denn die Haushaltsführung eines Ehegatten (§ 1360 S. 2) fällt unter
§ 844 Abs. 2; sie gehört zum „Unterhalt". § 845 hat daher geringe
praktische Bedeutung.

Zu ersetzen sind regelmäßig die Aufwendungen, die der Berechtigte
machen muss, um sich für die entfallenen Dienste eine Hilfskraft zu beschaffen (**Ersatz für entgangene Dienste**).

Fall: 11

Bei einem Arbeitsunfall wird Frau M durch A so schwer verletzt, dass sie
nicht mehr wie bisher den Haushalt für ihre Familie führen kann. Eine Haushaltshilfe ist nicht zu bekommen. Deshalb nehmen der Ehemann und der
Sohn von Frau M die Haushaltsarbeiten auf Kosten ihrer Freizeit vor. Ist A
zum Schadensersatz verpflichtet und wem steht ggf. der Ersatzanspruch
zu?[33]

Abwandlung: Wie ist zu entscheiden, wenn Frau M bei dem Unfall tödlich
verletzt worden ist?

Lösung:

A. Grundfall: Verletzung einer Hausfrau

I. Ansprüche der Frau M gegen A §§ 823 Abs. 1, 842, 843 Abs. 1 Alt. 1

1. Tatbestandsmäßige, rechtswidrige und schuldhafte Körperverletzung (+)

2. Schaden?

    a) Erwerbsschaden i.S. der §§ 842, 843 Abs. 1 Alt. 1 (+). Es liegt ein Nachteil für den Erwerb des Verletzten vor (§ 842). Frau M ist in der Erwerbsfähigkeit gemindert (§ 843 Abs. 1 Alt. 1) und kann deshalb Schadensersatz (auch in Form einer Rente) verlangen.
    Die für andere in Erfüllung einer gesetzlich geschuldeten Unterhaltsverpflichtung geleistete Haushaltstätigkeit stellt eine Erwerbstätigkeit dar.

---

[33] Vgl. dazu *Medicus*, BR, Rn. 836.

Die Gleichwertigkeit der gesetzlich geschuldeten Haushaltsführung mit einer Erwerbstätigkeit ist seit langem anerkannt.[34] Der Schaden der Frau M liegt also darin, dass sie ihrer familienrechtlichen Unterhaltspflicht in Form der Haushaltsführung nicht nachkommen kann. Bei der Bemessung des Ersatzanspruchs kann der Nettolohn einer Haushaltshilfe ein Anhaltspunkt sein.[35]

b) Normativer Schaden
Die anderen Familienangehörigen haben den Schaden durch Freizeitverzicht „aufgefangen". Dies entlastet den Schädiger nicht (vgl. § 843 Abs. 4: Vorteilsausgleichung, vgl. § 24 Rn. 16).

II. Ansprüche der anderen Familienmitglieder (Ehemann und Sohn) aus §§ 823 Abs. 1, 845 (Anspruch wegen entgangener Dienste)

1. Körperverletzung zum Nachteil der Frau M i. S. des § 823 Abs. 1 (+)

2. Grundsätzlich kann nur der unmittelbar Geschädigte (hier Frau M) Schadensersatz verlangen. Ein Anspruch der mittelbar Geschädigten kommt aber in Frage, wenn die Voraussetzungen des § 845 oder § 844 Abs. 2 vorliegen.

   a) § 845? Frau M müsste gegenüber ihrem Ehemann „kraft Gesetzes ... zur Leistung von Diensten in dessen Hauswesen ... verpflichtet" sein. Das ist nicht der Fall. Denn die Haushaltsführung durch Frau M stellt nach §§ 1356 Abs. 1, 1360, 1601 ff. eine Unterhaltsleistung an den Ehemann und den Sohn dar. Familienrechtliche Unterhaltsleistungen sind keine gesetzlichen Dienstleistungen i. S. des § 845.

   b) § 844 Abs. 2 (–), weil keine Tötung.

3. Verlust von Freizeit als anspruchsbegründendes Ereignis? Freizeitverlust infolge der Übernahme der Haushaltsführung ist kein materieller, sondern ein immaterieller Schaden, der grundsätzlich nicht ersetzt wird (vgl. § 253).

4. Ergebnis: Kein Schadensersatzanspruch des Ehemannes und des Sohnes.[36]

B. Fallabwandlung: Tötung einer Hausfrau

I. Anspruch der Frau M (–)

II. Anspruch der Familienangehörigen der getöteten Hausfrau M?

1. aus §§ 823 Abs. 1, 845 (–), vgl. oben.

2. aus §§ 823 Abs. 1, 844 Abs. 2 (+) Die getötete Frau M war „kraft Gesetzes unterhaltspflichtig" nach §§ 1356 Abs. 1, 1360 gegenüber dem Ehemann bzw. nach §§ 1601 ff. gegenüber dem Kind.

3. Ergebnis: Anspruch der mittelbar Geschädigten aus §§ 823 Abs. 1, 844 Abs. 2 (+)

3. § 846: Mitverschulden des Verletzten

12   § 254 geht davon aus, dass der Verletzte der Anspruchsinhaber ist. Er muss sich sein eigenes **Mitverschulden** anspruchsmindernd anrechnen

---

[34] Vgl. BGHZ 50, 304; 59, 172.

[35] BGH NJW 1974, 1651; 1979, 1501; NJW-RR 1990, 34.

[36] BGHZ 50, 304, 306; 59, 172: Anspruchsberechtigt ist nur der verletzte Ehegatte.

lassen. In den Fällen der §§ 844 f. ist aber nicht der Verletzte selbst, sondern ein mittelbar Geschädigter schadensersatzberechtigt. § 254 ist deshalb nicht anwendbar. Deshalb bestimmt § 846, dass sich der mittelbar Geschädigte das Mitverschulden des unmittelbar Geschädigten anrechnen lassen muss.[37]

Soweit den mittelbar Geschädigten ein eigenes Mitverschulden trifft, greift unmittelbar § 254.

Vertiefungshinweis: Mitverschulden im Fall von sog. Schockschäden   13
In den sog. **Schockschadens-Fällen** (vgl. oben § 16 Rn. 141 ff.) verletzt der Schädiger unmittelbar eine Person und (mittelbar) eine andere Person infolge psychischer Kausalität. Verlangt die Person, die einen Schockschaden erlitten hat, Schadensersatz vom Schädiger, stellt sich die Frage, ob sie sich ein Mitverschulden des unmittelbaren Opfers anrechnen lassen muss.

Beispiel:
B hatte den Ehemann bei einem Autounfall schuldhaft tödlich verletzt. Die Ehefrau hat bei der Benachrichtigung vom Unfall einen schweren Schock erlitten und verlangt von B dafür Schadensersatz. B beruft sich auf ein für den Unfall mitwirkendes Verschulden des Ehemannes (BGHZ 56, 163).
Dem deliktischen Anspruch aus (Schock-)Geschädigten (§ 823 Abs. 1) kann der Schädiger § 254 nicht entgegenhalten, weil dem (Ersatz verlangenden psychisch) Geschädigten kein eigenes (Mit-)Verschulden zur Last fällt. Eine Zurechnung des Mitverschuldens über §§ 254 Abs. 2 S. 2, 278 kommt nicht in Betracht, weil es an einer Sonderbeziehung zwischen Schuldner und Gläubiger vor Schädigung fehlt.
Fraglich ist, ob § 846 einschlägig ist. Unmittelbar erfasst die Norm nur die Fälle des §§ 844 f., also die Ausnahmefälle, in denen der mittelbar Geschädigte Ersatz verlangen kann (vgl. oben § 20 Rn. 12). Infrage kommt aber eine analoge Anwendung des § 846. Dies hat der BGH[38] zu Recht abgelehnt: Die Fälle der §§ 844, 845 sind dadurch gekennzeichnet, dass der Anspruchssteller keine Rechtsgutverletzung erlitten hat, sondern nur einen Vermögensschaden (sog. mittelbar Geschädigter). Der Anspruch beruht auf einer schaden- und haftungsbegründenden Einwirkung auf den unmittelbar Verletzten. Damit ergibt sich ein wesentlicher Unterschied zu den Fällen der „Schockschäden": Dort hat auch der Anspruchssteller (psychisch verletzter Angehöriger) – neben dem unmittelbaren Opfer – eine Rechtsgutverletzung erfahren und macht die daraus folgenden Schäden geltend. Bei diesem Anspruch kommt es gerade nicht darauf an, ob der unmittelbar Verletzte oder Getötete selbst einen Anspruch hat bzw. gehabt hätte; dass der Anspruch der psychisch Verletzten durch die Rechtsgutverletzung des unmittelbaren Opfers vermittelt wird, ist dabei nicht wesentlich.
Der BGH[39] wendet aber § 254 analog an, worin sich der allgemeine Rechtsgedanke des § 242 ausprägt. Es erfordert die Billigkeit, dass der Verursachungsbeitrag des vom Unfall unmittelbar Betroffenen nicht dem fremden Schädiger, sondern dem Angehörigen zugerechnet wird, dessen gesundheitliche Reaktion entscheidend auf einer durch persönliche Beziehung hergestellten Teilnahme am Schicksal des Unfallopfers beruht.

---

[37] Eine dem § 846 entsprechende Regelung fehlte noch im Ersten Entwurf (vgl. *Mugdan* II, S. 13 [Motive]).
[38] BGHZ 56, 163, 168 f.
[39] BGHZ 56, 163, 169 ff., insbes. S. 172.

III. Schmerzensgeld (§ 253 Abs. 2)

14   Die Ersatzfähigkeit des immateriellen Schadens (sog. **Schmerzensgeld**) ist seit der Schadensersatznovelle von 2002 nicht mehr auf deliktische Ansprüche beschränkt (vgl. § 847a. F.), sondern unabhängig vom Rechtsgrund eines Schadensersatzanspruchs. Dies sowie die Voraussetzungen der Ersatzfähigkeit sind in § 253 Abs. 2 im allgemeinen Schadensrecht geregelt (vgl. § 23 Rn. 40 ff.).

B. Besonderheiten bei Sachschäden (§§ 848 bis 851)

15   Bei **Sachschäden** durch unerlaubte Handlungen enthalten die §§ 848 bis 851 Vorschriften, die von den allgemeinen Regelungen abweichen.

     § 848 erweitert die Haftung desjenigen, der durch unerlaubte Handlung eine Sache entzogen hat und zur Rückgabe verpflichtet ist (Deliktstäter), auf die Haftung für Zufall bzw. zufällige Folgeschäden. Es kommt nach dieser Vorschrift nicht auf die objektive Zurechenbarkeit (haftungsausfüllende Kausalität: Adäquanz, Schutzzweck- oder Risikozusammenhang) des Folgeschadens an. Grenze der Haftung ist nur die Nichtursächlichkeit der begangenen unerlaubten Handlung für den eingetretenen Folgeschaden (vgl. § 848 a. E.: „es sei denn, dass der Untergang ... auch ohne die Entziehung eingetreten sein würde.").

     § 849 regelt die Verzinsung der Ersatzsumme, § 850 den Ersatzanspruch des Herausgabepflichtigen wegen Verwendungen und § 851 den Fall der Ersatzleistung an einen Nichtberechtigten.

C. Verjährung (§§ 199, 852)

16   Schadensersatzansprüche aus unerlaubten Handlungen **verjähren** nach § 195 in drei Jahren. Die Verjährungsfrist beginnt mit dem Schluss des Jahres, in dem der Anspruch entstanden ist (Fälligkeit) und der Geschädigte von den den Anspruch begründenden Umständen und der Person des Schuldners Kenntnis erlangt oder ohne grobe Fahrlässigkeit erlangen müsste (§ 199 Abs. 1). Ohne Rücksicht auf die Kenntnis des Geschädigten verjähren Schadensersatzansprüche wegen Verletzung des Lebens, Körpers, der Gesundheit und Freiheit in 30 Jahren von Begehung der unerlaubten Handlung an (§ 199 Abs. 2), wegen Verletzung sonstiger Rechte in 10 Jahren ab Entstehung oder in 30 Jahren ab Begehung der unerlaubten Handlung (§ 199 Abs. 3).

17   Wenn Ansprüche aus unerlaubten Handlungen mit Ansprüchen aus Vertragsverletzungen zusammentreffen, unterliegt jeder Anspruch grundsätzlich seiner eigenen Verjährungsfrist (sog. Anspruchskonkur-

renz). Ausnahmsweise kann aber auch die kürzere Verjährungsfrist für den vertraglichen Anspruch für die Haftung aus unerlaubter Handlung gelten. Voraussetzung ist, dass der Zweck der privilegierenden Norm (kurze Verjährungsfrist) die Anwendung auch im Deliktsrecht erfordert (vgl. dazu oben § 1 Rn. 8 ff.).

§ 203 regelt allgemein, dass die Verjährung während der Verhandlung über den Anspruch oder die den Anspruch begründenden Umstände zwischen dem Schuldner und dem Gläubiger gehemmt ist (vgl. § 209).

§ 852 S. 1 gewährt einen Anspruch auf Herausgabe dessen, was der **18** Ersatzpflichtige durch eine unerlaubte Handlung auf Kosten des Verletzten erlangt hat, im Umfang der Bereicherungshaftung (**deliktische Bereicherungshaftung**). Die Vorschrift will verhindern, dass der Schädiger die Vorteile, die er aus einer unerlaubten Handlung gezogen hat, nach Eintritt der Verjährung behalten kann und will ausschließen, dass die mittels einer unerlaubten Handlung bewirkte Vermögensveränderung zugunsten des Schädigers auf die Fälle der Unmittelbarkeit beschränkt ist, da sonst der Geschädigte in vielen Fällen den Vermögensausgleich nicht mehr erlangen könnte.[40] Es handelt sich nach wie vor um den ursprünglichen – und im weiteren Umfang verjährten – Schadensersatzanspruch, der in seinem Inhalt auf die Herausgabe nach Bereicherungsgrundsätzen beschränkt ist (Rechtsfolgenverweisung auf die §§ 818 ff., ein Bereicherungstatbestand der §§ 812 ff. ist also nicht zu prüfen).[41] „Auf Kosten des Verletzten" meint nicht eine Unmittelbarkeit der Vermögensverschiebung, wie dies in § 812 Abs. 1 S. 1 Alt. 2 der Fall ist (vgl. oben § 11 Rn. 14), sondern einen Zusammenhang zwischen dem Schaden des Verletzten und dem Vorteil des Verletzers.[42] § 852 S. 2 regelt die Verjährung des Anspruchs aus § 852 S. 1 speziell.

Beispiel: **19**
Der Arbeitgeber AG vergütet den Arbeitnehmer AN als Teilzeitkraft anteilig geringer als eine vergleichbare Vollzeitkraft (geringere Stundenvergütung als Teilzeitkraft im Vergleich zu vergleichbarer Vollzeitkraft). AN versucht AG 5 Jahre lang zur Auszahlung der (höheren) Vergütung zu bewegen. Endlich klagt AN gegen AG (nach Beendigung des Arbeitsvertrages) auf Entlohnung (BAG NJW 2002, 1066). (1) AN hat einen Anspruch aus §§ 611, 612 Abs. 2. Zwar ist die Vergütungsabrede zwischen AN und AG nichtig (§ 134 i.V.m. § 2 BeschFG 1985); an deren Stelle tritt aber die übliche Vergütung nach § 612 Abs. 2. Jedoch ist der Anspruch zwischenzeitlich verjährt (§§ 195, 199 Abs. 1). Ein Fall des § 203 liegt nicht vor. (2) AN hat einen Anspruch aus § 823 Abs. 2 i.V.m. § 2 BeschFG 1985. Die unerlaubte Handlung liegt darin, dass AG den AN als Teilzeitkraft schlechter vergütet als seine Vollzeitkräfte (vgl. § 2 BeschFG 1985). Jedoch ist auch dieser Anspruch verjährt (§§ 195, 199 Abs. 1).[43] (3) AN kann Herausgabe des Erlangten aus § 852 S. 1

---

[40] BGHZ 71, 86, 99; BGH NJW 1965, 1914, 1915.
[41] BGHZ 130, 288, 297; 98, 77, 83 f.; 71, 86, 99 f.
[42] BGHZ 71, 86, 98 ff.; *Larenz/Canaris*, SR II/2, § 83 V 2, S. 595.
[43] Für den Beginn der Verjährung kommt es gem. § 199 Abs. 1 (= § 852 Abs. 1 a. F.) darauf an, ob der Geschädigte aufgrund der ihm bekannten Tatsachen

verlangen. Die Vorschrift stellt einen Rechtsfolgenverweis dar. Anspruchsbegründend bleibt der (verjährte) Deliktstatbestand; nur der Umfang der Haftung des Schädigers wird durch Verweis auf die §§ 818 ff. auf das beschränkt, was der Schädiger durch die unerlaubte Handlung auf Kosten des Geschädigten erlangt hat. (a) Der Tatbestand eines deliktischen Schadensersatzanspruchs liegt vor (§ 823 Abs. 2 i. V. m. § 2 BeschFG 1985). (b) Fraglich ist, was AG erlangt und deshalb herausgeben muss. Nach Ansicht des BAG hat AG nichts „erlangt": Die Arbeitsleistung erlangt AG nicht durch unerlaubte Handlung, sondern aufgrund des – nur in seiner Vergütungsabrede unwirksamen – Arbeitsvertrages. Auch den von der vertraglichen Vergütungsabrede nicht gedeckten Wert der Arbeitskraft erlangt AG nicht durch unerlaubte Handlung; AN arbeitet aufgrund seiner vertraglichen Arbeitsverpflichtung. Einen Anspruch nicht vollständig zu erfüllen, bedeute nicht, um den unerfüllten Teil bereichert zu sein. Das Vermögen des AG ist und bleibt mit der noch nicht erfüllten Forderung belastet. Auch die ersparten Aufwendungen stellen kein erlangtes Etwas dar. (4) Der Anspruch des AN ist unbegründet.

D. Arglisteinrede

20 § 853 normiert die sog. **Arglisteinrede.** Sie stellt einen Anwendungsfall des Einwandes der unzulässigen Rechtsausübung dar und kann Grundlage eines Bereicherungsanspruchs aus § 813 Abs. 1 S. 1 sein (vgl. oben § 10 Rn. 42).

E. Unterlassungs- und Beseitigungsansprüche

21 Die Tatbestände der unerlaubten Handlungen richten sich nicht darauf, einem drohenden Schadenseintritt vorzubeugen oder eine Störung zu beseitigen. Sie gewähren Ersatz des eingetretenen Schadens, aber keinen Unterlassungs- oder Beseitigungsanspruch. Ein Beseitigungs- und Unterlassungsanspruch ergibt sich aus § 1004 bzw. § 1004 analog.

I. Rechtsgrundlage

22 Der Eigentümer kann nach § 1004 Abs. 1 von dem Störer verlangen, die Beeinträchtigung zu beseitigen bzw. weitere Beeinträchtigungen zu unterlassen. Er kann also einen Beseitigungsanspruch geltend machen, wenn sein Eigentum noch beeinträchtigt wird. Der Unterlassungsanspruch richtet sich gegen (weitere) zu erwartende Störungen. Auch dem Besitzer steht nach § 862 ein Beseitigungs- und Unterlassungsanspruch

---

gegen eine bestimmte Person eine Schadensersatzklage – und sei es in Form einer Feststellungsklage – erheben kann, die bei verständiger Würdigung ihm bekannter Tatsachen so viel Aussicht auf Erfolg bietet, dass sie für ihn zumutbar ist (BAG NJW 2002, 1066, 1067 m. w. N.).

zu. Gleiches gilt beim Namensrecht gemäß § 12.[44] Diese gesetzlich geregelten Fälle werden häufig als negatorische Beseitigungs- oder Unterlassungsansprüche bezeichnet.

Es besteht ein praktisches Bedürfnis, den Schutz durch den Beseiti-   23
gungs- oder Unterlassungsanspruch auch auf die gesetzlich nicht geregelten Fälle, also die Verletzung anderer Rechte und Rechtsgüter als
Eigentum, Besitz und Namensrecht auszudehnen. Mittlerweile ist anerkannt, einen **Beseitigungs- und Unterlassungsanspruch** entsprechend
§§ 1004, 862, 12 zu gewähren, wenn eine rechtswidrige Verletzung der
durch §§ 823 ff. geschützten Rechte oder Rechtsgüter gegeben ist (Beseitigungsanspruch) oder droht (Unterlassungsanspruch). Diese Ansprüche werden häufig als quasinegatorische Beseitigungs- und Unterlassungsansprüche bezeichnet.[45] Die analoge Anwendung der §§ 1004,
862, 12 hat ihren Grund darin, dass alle in § 823 Abs. 1 geschützten
Rechte und Rechtsgüter wie das Eigentum durch eine Ausschluss- und
Nutzungsfunktion gekennzeichnet und damit schutzwürdig sind (vgl.
oben § 16 Rn. 13 und 36).

II. Beseitigungsanspruch

1. Voraussetzungen

Anspruchsgegner ist der **Störer,** wobei zwischen Handlungs- und Zu-   24
standsstörer zu unterscheiden ist. Handlungsstörer ist, wer eine Beeinträchtigung durch fortdauerndes Handeln bewirkt. Zustandsstörer ist
derjenige, der durch eine in der Vergangenheit abgeschlossene Handlung die Ursache für eine gegenwärtige Störung geschaffen hat oder
aufgrund eines anderen Zurechnungsgrundes für diese Störung verantwortlich ist.[46] Nach § 1004 Abs. 2 ist der Anspruch ausgeschlossen, wenn der
Eigentümer zur Duldung der Beeinträchtigung verpflichtet ist (**Duldungspflicht**). Dies gilt auch für den quasinegatorischen Beseitigungsanspruch. Eine Duldungspflicht kann sich aus Gesetz (z. B. Rechtfertigungsgründe), aus Rechtsgeschäft (z. B. Einwilligung) oder kraft öffentlichen Rechts (z. B. Verwaltungsakt) ergeben.

Widerrufen werden können nur unzulässige Tatsachenbehauptungen.
Ein Widerruf einer Meinungsäußerung ist mit Rücksicht auf Art. 5 GG
unzulässig und kann deshalb nicht auf § 1004 gestützt werden (vgl.
§ 16 Rn. 63).[47]

---

[44] Ein Verschulden des Anspruchsgegners braucht nicht vorzuliegen.

[45] Zur (nicht einheitlichen) Terminologie vgl. auch *Brox/Walker,* BS, § 45 Rn. 6.
Unterschiede in den Voraussetzungen und Rechtsfolgen bestehen nicht.

[46] Definition nach MünchKomm/*Medicus,* § 1004 Rn. 38 ff., der zwischen Tätig-
keits- und Untätigkeitsstörer unterscheidet (ebd. Rn. 42 ff.).

[47] Vgl. BGHZ 65, 320, 337 m. w. N.

2. Abgrenzung zum Schadensersatz

25   Weil ein Schadensersatzanspruch nach § 823 Abs. 1 im Gegensatz zum Beseitigungsanspruch aus § 1004 Abs. 1 Verschulden voraussetzt, ist die – im Einzelnen umstrittene – Abgrenzung des Schadensersatzes von der Beseitigung von besonderer Bedeutung.

Die Beseitigung richtet sich auf die Verhinderung künftiger Beeinträchtigungen, während Schadensersatz auch die in der Vergangenheit abgeschlossene Beeinträchtigung erfasst.[48] Beseitigung bezieht sich auf die Ursache der Störung und nicht auf deren Folgen. § 1004 Abs. 1 gewährt ein Recht auf Aufhören der Einwirkung für die Zukunft, nicht aber auf vollständige Beseitigung bereits eingetretener Einwirkungsfolgen.

Als Abgrenzungsformel kann gelten: Der Störer schuldet im Rahmen der Beseitigungspflicht nach § 1004 Abs. 1 nur den actus contrarius seiner störenden Tätigkeit; die Tätigkeit muss er rückgängig oder für die Zukunft wirkungslos machen: Die Behinderungen oder Beeinträchtigungen, die sich aus dem störenden Eingriff als weitere Folge ergeben, braucht er nicht zu beseitigen.[49] Auszugehen hat man von der konkreten Beeinträchtigung oder störenden Handlung oder Unterlassen des Störers; § 1004 Abs. 1 erfasst den actus contrarius zu dieser störenden Handlung.

Beispiel:
Ist der Störer für einen Dammbruch verantwortlich, so kann die Schließung des Damms, nicht aber Ersatz des Überschwemmungsschadens verlangt werden.[50]

26   **Vertiefungshinweis:**
Eine Untergruppe von Beeinträchtigungen, die als weitere Folge der primären Störung entstehen, bilden Beeinträchtigungen, die zwangsläufig durch die Beseitigung der primären Störung entstehen. Nach st. Rspr. des BGH sind Beeinträchtigungen, die aus der Störungsbeseitigung selbst resultieren, nach dem Zweck des § 1004 Abs. 1 S. 1 ohne Weiteres von der Beseitigungspflicht umfasst.[51] Indem die Vorschrift die Durchführung der Störungsbeseitigung ausschließlich dem Störer überträgt, weist sie ihm gleichzeitig das Risiko zu, aufgrund der technischen Gegebenheiten insoweit eine erweiterte Leistung erbringen zu müssen, als es zu der Beseitigung der reinen Störung an sich erforderlich wäre.

Beispiele:
– Wenn es zur Beseitigung von in ein Grundstück eingedrungenen Kohlenwasserstoffen erforderlich ist, die verunreinigten Bodenschichten einschließlich der darauf befindlichen Pflanzen und baulichen Anlagen zu entfernen, trifft den Stö-

---

[48] Vgl. etwa BGHZ 28, 110, 113; MünchKomm/*Medicus*, § 1004 Rn. 71.

[49] *Baur*, AcP 160 (1961), 465, 489; ihm folgend MünchKomm/*Medicus*, § 1004 Rn. 73. Die Abgrenzung ist allerdings umstritten. Vgl. zum Streitstand BGH NJW 1996, 845; 2005, 1366.

[50] Beispiel nach *Bauer/Stürner*, Sachenrecht, § 12 Rn. 20. Weitere Beispiele vgl. *Fritzsche*, in: Bamberger/Roth, § 1004 Rn. 57 f., 60 ff.

[51] Vgl. auch *Larenz/Canaris*, SR II/2, § 86 VI, S. 701; *Herrmann*, JR 1998, 242, 243; *Roth*, JZ 1998, 94, 95.

rer auch die Pflicht zur Wiederherstellung der durch die Störungsbeseitigung beeinträchtigten Gestaltung des Grundstücks (BGH NJW 2005, 1366).

– Wenn die Beseitigung einer Bodenverunreinigung ohne die Beseitigung des Erdreichs und dessen Entsorgung technisch nicht möglich ist, erstreckt sich die Beseitigungspflicht auch darauf (BGH NJW 1996, 845, 846).

– Erfordert die Beseitigung störender Baumwurzeln, die von dem Nachbargrundstück in eine Abwasserleitung eingedrungen sind, die Zerstörung dieser Leitung, hat der Störer eine neue Abwasserleitung zu verlegen (BGHZ 97, 231, 236 f.).

– Muss zur Beseitigung störender Baumwurzeln, die von einem Nachbargrundstück eingedrungen sind, ein auf dem beeinträchtigten Grundstück befindlicher Tennisplatzbelag oder ein Plattenweg entfernt werden, ist der Störer zur Wiederherstellung dieser Anlagen verpflichtet (BGHZ 135, 235, 238).

III. Unterlassungsanspruch

Der Unterlassungsanspruch dient dazu, eine bevorstehende Verlet- **27** zung der in den §§ 823 ff. geschützten Rechtspositionen abzuwehren. § 1004 Abs. 1 S. 2 (analog) verlangt, dass „weitere Beeinträchtigungen zu besorgen" sind. Es muss also eine **Wiederholungsgefahr** bestehen. Über diesen Gesetzeswortlaut hinaus wird der Unterlassungsanspruch schon gegen die erste Beeinträchtigung gewährt, wenn diese wahrscheinlich bevorsteht. Eine (Erst-)Begehungsgefahr reicht aus.

Der Unterlassungsanspruch hat grundsätzlich die gleichen Vorausset- **28** zungen wie der Beseitigungsanspruch. Allerdings muss die Beeinträchtigung nicht fortdauern (wie beim Beseitigungsanspruch), sondern die Beeinträchtigung (Verletzung der Rechtsposition) muss ernsthaft drohen (Wiederholungsgefahr bzw. Begehungsgefahr). Mit der Unterlassungsklage (Unterlassungsanspruch) werden also künftige rechtswidrige Eingriffe abgewehrt.

Beispiel:
B ist Verleger einer Zeitschrift mit einer Beilage. Diese wird von einem von B wirtschaftlich unabhängigen Verein (e. V.) vertrieben. In einem Artikel in dieser Beilage werden geschäftsschädigende Äußerungen über eine Frauenzeitschrift veröffentlicht, welche von K verlegt wird. K verlangt von B Unterlassung, was B aber beharrlich (und unberechtigt) verweigert (BGHZ 3, 270 „Constanze"-Urteil).
Weil die geschäftsschädigenden Äußerungen einen Eingriff in das Recht am eingerichteten und ausgeübten Gewerbebetrieb darstellen, Wiederholungsgefahr und keine Duldungspflicht bestehen, ist ein Unterlassungsanspruch aus § 1004 Abs. 1 S. 2 begründet, wenn B Störer ist. Zwar hat nicht B, sondern der Verein den Artikel verfasst. Trotzdem ist die Störereigenschaft des B zu bejahen: Der Verleger hat für eine rechtsverletzende Veröffentlichung, die ohne sein Wissen in einer Druckschrift einer von ihm verlegten Zeitschrift erscheint, als Störer einzustehen, wenn er auf den Inhalt oder den Vertrieb der Druckschrift Einfluss nehmen kann. Auch ohne diese Einflussmöglichkeit ist er Störer, wenn er die Zuwiderhandlung nach ihrer Kenntnisnahme billigt und ein Recht zu künftigen gleichlautenden Veröffentlichungen für sich in Anspruch nimmt. In diesen Fällen ist die Beeinträchtigung wenigstens mittelbar auf seinen Willen zurückzuführen. B ist dann richtiger Anspruchsgegner eines vorbeugenden Unterlassungsanspruchs; ob er

für die konkreten Äußerungen verantwortlich ist, spielt dann keine Rolle. Unter diesen Voraussetzungen kann K von B Unterlassung derartiger Äußerungen verlangen.

IV. Zusammenfassung

29

Beseitigungs- und Unterlassungsanspruch

I. Beseitigungsanspruch (§ 1004 bzw. analog)
  1. Tatbestand
     a) Verletzung der durch §§ 823 ff. geschützten Rechte und Rechtsgüter
     b) Fortdauernde Beeinträchtigung
     c) Rechtswidrigkeit – Keine Duldungspflicht (vgl. § 1004 Abs. 2), Verschulden nicht erforderlich
     d) Anspruchsgegner: Handlungs- oder Zustandsstörer (§ 20 Rn. 24)
  2. Rechtsfolge
     Beseitigung der fortdauernden Beeinträchtigung – kein Schadensausgleich
     P: Abgrenzung zum Schadensersatz (vgl. § 20 Rn. 25 f.)

II. Unterlassungsanspruch (§ 1004 bzw. analog)
  1. Tatbestand
     a) (Drohende) Verletzung der durch §§ 823 ff. geschützten Rechte und Rechtsgüter
     b) Wiederholungsgefahr bzw. Erstbegehungsgefahr (§ 20 Rn. 27 f.)
     c) Rechtswidrigkeit – Keine Duldungspflicht (§ 1004 Abs. 2), Verschulden nicht erforderlich
     d) Anspruchsgegner: Handlungs- oder Zustandsstörer (§ 20 Rn. 24)
  2. Rechtsfolge
     Unterlassung der bevorstehenden Störung

F. Konkurrenzen (Grundsätze)

30   Weil in einem Gutachten immer alle in Betracht kommenden Anspruchsgrundlagen zu prüfen sind, stellt sich sehr oft die Frage der Konkurrenz der §§ 823 ff. zu anderen Ansprüchen.

31   Möglich ist es, dass ein Verhalten des Schädigers zugleich den Tatbestand eines **vertraglichen Schadensersatzanspruchs** (etwa § 437 oder

§ 634) und die Voraussetzungen eines Anspruchs der §§ 823 ff. begründet. In diesem Fall kommen beide Ansprüche nebeneinander zur Anwendung und sind grundsätzlich nach ihren eigenen Regelungen zu beurteilen. Ausnahmsweise können die Vorschriften des einen den Anspruch des anderen Rechtsgebietes überlagern (vgl. zur Konkurrenz vertraglicher und gesetzlicher Ansprüche oben § 1 Rn. 4 ff.).

Liegt ein Eigentümer-Besitzer-Verhältnis (EBV) vor, so ist die Konkurrenz der §§ 987 ff. (insbesondere §§ 989 f. [Schadensersatz]) und der §§ 823 ff. zu erörtern.[52] Dabei gilt der Grundsatz, dass die §§ 987 ff. eine abschließende Sonderregelung darstellen und deshalb die Vorschriften der unerlaubten Handlung verdrängen. Ausnahmsweise können die §§ 823 ff. zur Anwendung kommen: **32**
– gemäß § 992 alle Vorschriften
– § 826 wird unabhängig von § 992 nicht verdrängt
– Fremdbesitzerexzess: Der gutgläubige Besitzer, der die Schranken seines vermeintlichen Besitzrechts nicht einhält, verdient ebenfalls nicht den Schutz des § 993 Abs. 1 a. E. und haftet nach Deliktsrecht.

Ansprüche aus **Bereicherung** (§§ 812 ff.) sind neben den §§ 823 ff. **33** anzuwenden (vgl. zur Unterscheidung des Bereicherungsrechts vom Schadensersatzrecht § 9 Rn. 3 ff.).

§ 21. Gefährdungshaftung und Haftung für fehlerhafte Produkte

A. Tatbestände der Gefährdungshaftung

I. Grundlagen und Überblick

Die **Gefährdungshaftung** setzt weder Verschulden noch Rechtswidrigkeit noch Verhaltenspflichten in einem den §§ 823 ff. vergleichbaren Sinne voraus.[1] Sie knüpft vielmehr an eine von dem Verantwortlichen beherrschte oder beherrschbare spezifische Gefahr (z. B. des Tieres gemäß § 833 [vgl. oben § 18 Rn. 26 ff.], des Kfz gem. § 7 StVG) an und hängt lediglich davon ab, dass sich diese verwirklicht. Dabei kommt es anders als bei fahrlässigem Verhalten nicht darauf an, ob der Schadensfall anhand bisheriger Erfahrungen vorausgesehen werden musste.[2] Die **1**

---

[52] Vgl. im Einzelnen die Darstellung bei *Baur/Stürner*, Sachenrecht, § 11 Rn. 23 ff., S. 103 ff.
[1] *Medicus*, BR, Rn. 604; BGHZ 79, 259; BGH NJW 1982, 1046; BGHZ 24, 21, 26; 34, 355, 361.
[2] Zum Zurechnungszusammenhang und zur Geltung der Adäquanztheorie vgl. BGH NJW 1975, 1886; BGHZ 79, 259; BGH NJW 1982, 1046; NJW 2005, 2081;

Gefährdungshaftung dient damit dem Ziel, die spezifischen Auswirkungen einer im Einzelfall in erlaubter Weise gesetzten Gefahr auszugleichen. Insoweit beruht sie auf dem Gedanken, dass die aus einer bestimmten Gefahr sich ergebenden besonderen Schadensrisiken demjenigen zuzurechnen sind, der diese Gefahrenquelle im Allgemeinen beherrscht und Nutzen aus ihr zieht.

2 Die spezifische Gefahr, an die angeknüpft wird, ergibt sich aus den jeweiligen Tatbeständen der Gefährdungshaftung:
– Haftung des Fahrzeughalters (§ 7 StVG: „bei dem Betrieb"),
– Tierhalterhaftung für ein Luxustier (§ 833 S. 1: „durch ein Tier"; vgl. dazu oben § 18 Rn. 28 ff.),
– Haftung des Betriebsunternehmers einer Schienenbahn (§ 1 HPflG: „bei dem Betrieb"),
– Haftung des Inhabers einer Energieanlage (§ 2 HPflG: „durch die Wirkungen von Elektrizität, Gasen, Dämpfen oder Flüssigkeiten"),
– Haftung des Inhabers einer Kernanlage (§ 25 AtomG: „beruht ein Schaden auf einem von einer Kernanlage ausgehenden nuklearen Ereignis").

3 Die Gefährdungshaftung birgt für den Verpflichteten große Risiken einer Schadensersatzhaftung in beträchtlichem Umfang. Er soll deswegen nicht für alle Schäden haften, die irgendwie in einem Zusammenhang mit der Gefahrenquelle stehen. Dementsprechend wird die Gefährdungshaftung in aller Regel eingeschränkt, und zwar in zweierlei Hinsicht:

1. In der Regel wird nicht gehaftet, wenn der Schaden durch eine betriebsfremde Ursache hervorgerufen wird.

Beispiele:
– Die Haftung des Kfz-Halters entfällt, wenn der Unfall durch höhere Gewalt verursacht wurde (§ 7 Abs. 2 StVG).
– Keine Haftung gegenüber anderen Kfz-Haltern oder Fahrern bei unabwendbarem Ereignis (§ 17 Abs. 3 StVG).

2. Die Haftung ist auf bestimmte Höchstbeträge begrenzt (vgl. § 12 StVG, § 10 HPflG).

4 Eine früher bestehende Beschränkung, nämlich der Ausschluss von Schmerzensgeld, ist dagegen mit dem Zweiten Gesetz zur Änderung schadensersatzrechtlicher Vorschriften vom 19. 7. 2002[3] weggefallen. Seitdem kann ein Anspruch auf Schmerzensgeld auch in Fällen der Gefährdungshaftung gegeben sein (vgl. § 23 Rn. 40 ff.).

Hentschel, § 7 StVG Rn. 11; *Burmann*, in: Janiszewski/Jagow/Burmann, § 7 StVG Rn. 13.
[3] BGBl. I, S. 2674.

II. Haftung des Halters eines Kfz oder Anhängers

Die §§ 7 ff. StVG normieren Tatbestände der Gefährdungshaftung.[4] 5
Nach § 7 Abs. 1 StVG haftet der Halter eines Kfz für Schäden, die dadurch entstehen, dass bei dem Betrieb eines Fahrzeugs ein Mensch getötet oder verletzt oder eine Sache beschädigt wird (**Halterhaftung**). Diese Ersatzpflicht des Kfz-Halters ist ein Tatbestand der Gefährdungshaftung. Die Haftung des Fahrzeugführers nach § 18 Abs. 1 StVG ist dagegen eine Haftung für vermutetes Verschulden (vgl. § 21 Rn. 42).[5]

Vertiefungshinweis: 6
§ 17 StVG ist keine Anspruchsgrundlage. Diese Vorschrift regelt nur den Umfang der Ausgleichspflicht bzw. die Haftungsquotelung unter mehreren beteiligten Kfz-Haltern bei Bestehen eines Ersatzanspruchs aus einer anderen Anspruchsgrundlage (Gefährdungshaftung, Deliktshaftung, Amtshaftung, usw.).[6]

1. Voraussetzungen der Halterhaftung

a) Verletzter

Anspruchsinhaber ist der „Verletzte". Das ist derjenige, der einen 7
Personen- oder Sachschaden i. S. des § 7 Abs. 1 StVG erlitten hat. Es kann sich dabei auch um einen Insassen eines unfallbeteiligten Kfz handeln (vgl. § 8 a StVG sowie unten § 21 Rn. 27).[7]

Beispiele:
– Ist an einem Kfz-Unfall ein Mietwagen beteiligt, so ist für den Anspruch gegen den anderen Kfz-Halter bzw. Fahrer sowohl der Eigentümer des Mietwagens (Eigentum) als auch der Mieter[8] (berechtigter Besitz) „Verletzter" i. S. des § 7 Abs. 1 StVG.
– Der verletzte Fahrer des Unfallwagens hat aber keinen Anspruch aus § 7 StVG gegen den Halter des von ihm geführten Kfz (vgl. § 8 Nr. 2 StVG).

---

[4] Das Zweite Gesetz zur Änderung schadensersatzrechtlicher Vorschriften, BGBl. I 2002, S. 2674, brachte in dem hier zu behandelnden Bereich wesentliche Änderungen: Haftungsrechtliche Gleichstellung der Kfz-Anhänger mit einem Kfz, Entlastungsbeweis des Halters z. T. nur noch bei höherer Gewalt, Gefährdungshaftung gegenüber allen Insassen, Anhebung der Verantwortlichkeitsgrenze für Kinder auf 10 Jahre, Änderung der Ausgleichspflicht nach § 17 StVG, Haftung auch auf Schmerzensgeld, Anhebung der Haftungshöchstsummen.

[5] Die Gefährdungshaftung des § 7 Abs. 1 StVG ist durch das Zweite Gesetz zur Änderung schadensersatzrechtlicher Vorschriften vom 19. 7. 2002 (BGBl. I, S. 2674) um die Haftung des Halters eines Anhängers erweitert worden. Vgl. zu den dazu angeführten Erwägungen die RegBegr. zum Entwurf eines Zweiten Gesetzes zur Änderung schadensersatzrechtlicher Vorschriften, BT-Drs. 14/7752, S. 29.

[6] Vgl. *Hentschel*, § 17 StVG Rn. 2; *Heß*, in: Janiszewski/Jagow/Burmann, § 17 StVG Rn. 2.

[7] Die Ersatzpflichtigkeit des Halters bzw. Fahrers auch gegenüber einem in diesem Kfz unentgeltlich beförderten Verletzten wurde durch das Zweite Gesetz zur Änderung schadensersatzrechtlicher Vorschriften vom 19. 7. 2002 (BGBl. I, S. 2674) eingeführt.

[8] Vgl. BGH NJW 1981, 750.

b) Halter eines Kfz oder Anhängers

8   Der aus § 7 Abs. 1 StVG Verpflichtete (Passivlegitimation) ist der Halter des Kfz (vgl. die Legaldefinition des Kfz in § 1 Abs. 2 StVG) oder Anhängers.[9] Halter ist, wer das Fahrzeug oder den Anhänger für eigene Rechnung gebraucht und die Verfügungsgewalt darüber besitzt.[10] Ausschlaggebend ist das tatsächliche Herrschaftsverhältnis, nicht das rechtliche. Das tatsächliche Herrschaftsverhältnis setzt keinen unmittelbaren Besitz voraus; mittelbarer Besitz genügt. Die Eigentumsverhältnisse und die Frage, auf wen der Wagen zugelassen ist, sind für die Haltereigenschaft nicht entscheidend.[11] Auch der Zeitraum des Gebrauchs einer Sache ist nicht schlechthin ausschlaggebend, kann aber ein Indiz für die tatsächliche Verfügungsgewalt als Voraussetzung der Haltereigenschaft sein (vgl. den Begriff des Tierhalters i. S. des § 833 oben § 18 Rn. 31).

Beispiele:
– Vermieten und Überlassen des Kfz an einen Mieter beseitigt die Haltereigenschaft des Vermieters grundsätzlich nicht.[12] Ob der Mieter neben dem Vermieter zum Halter wird, hängt davon ab, ob ihm die Verfügungsgewalt eingeräumt worden ist, was wesentlich von der Dauer des Mietverhältnisses abhängt.[13]
– Bei Leasingverträgen ist regelmäßig der Leasingnehmer der Halter.[14]
– Bei Sicherungsübereignung ohne Übertragung des unmittelbaren Besitzes wird der neue Eigentümer regelmäßig nicht Halter.

Mehrere Personen können zugleich Halter sein, wenn die genannten Merkmale von mehreren erfüllt werden.[15] Sobald der Halter die tatsächliche Verfügungsgewalt dauerhaft verliert, endet die Haltereigenschaft sowie die Halterhaftung (Ausnahme: § 7 Abs. 3 S. 1 Halbs. 2 StVG).

---

[9] Der Anhänger ist nur ein Teil eines Kfz, weil er selbstständig nicht mit Maschinenkraft fortbewegt werden kann (vgl. § 1 Abs. 2 StVG). Jedoch kann der Halter eines Anhängers seit dem Zweiten Gesetz zur Änderung schadensersatzrechtlicher Vorschriften vom 19. 7. 2002 (BGBl. I, S. 2674) selbstständig haften. Der Anhänger muss dazu bestimmt sein, von einem Kfz mitgeführt zu werden. Damit ist nicht nur der im Einzelfall mitgeführte (der bewegte) Anhänger gemeint, sondern auch der sich vom Zugfahrzeug lösende (abgerissene) oder der abgestellte Anhänger, vgl. BT-Drs. 14/7752, S. 50, 56.

[10] BGHZ 13, 351; BGH NJW 1997, 660; *Burmann*, in: Janiszewski/Jagow/Burmann, § 7 StVG Rn. 5; *Hentschel*, § 7 StVG Rn. 14.

[11] *Hentschel*, § 7 StVG Rn. 14.

[12] Dies gilt insbesondere dann, wenn der Überlassende hieraus wirtschaftliche Vorteile zieht oder das Kfz nur für wenige Stunden oder eine bestimmte Einzelfahrt überlässt. BGHZ 32, 332, 334; 116, 200. Gleiches gilt für eine Überlassung für 2 Tage (RGZ 127, 174, 177ff.). Vgl. auch OLG Hamm DAR 1956, 114 (3 Tage); 1978, 111 (3 Tage); VersR 1991, 220 (mehrtägige Urlaubsreise; Mieter ist Mithalter). Ein Verlust der Haltereigenschaft des Vermieters kann sich aber ergeben, wenn das Kfz völlig seinem Einfluss entzogen wird.

[13] Die Haltereigenschaft des Mieters ist bei Anmietung für nur wenige Stunden, einen Tag oder eine bestimmte Fahrt zu verneinen (BGHZ 116, 200: Anmietung für weniger als einen Tag).

[14] BGHZ 87, 133.

[15] Dies ist häufig bei gemeinsamer Nutzung eines Kfz durch Eheleute der Fall.

Dadurch dass eine Person die tatsächliche (auf Dauer angelegte) Ver- 9
fügungsgewalt über ein Kfz (oder einen Anhänger) erlangt, wird seine
Haltereigenschaft begründet. Die Begründung der Haltereigenschaft ist
kein Rechtsgeschäft, sodass fehlende Geschäftsfähigkeit im Grunde
nicht schadet. Zum Schutz nicht voll Geschäftsfähiger sind aber die
§§ 104 ff. entsprechend anzuwenden:[16] Ein Minderjähriger wird nur
mit Zustimmung der gesetzlichen Vertreter Halter.[17, 18]

c) Verletzungserfolg

Erforderlich ist ein Personenschaden (Tötung eines Menschen, Ver- 10
letzung des Körpers oder der Gesundheit eines Menschen) oder die Beschädigung einer Sache (**Verletzungserfolg**). Ein reiner Vermögensschaden führt nicht zu einer Ersatzpflicht des Halters.[19] Nicht erfasst ist die
Beschädigung des betriebenen Kfz selbst, dessen Betriebsgefahr sich
realisiert hat; sie liegt außerhalb des Schutzzwecks der §§ 7 ff. StVG.

d) Bei dem Betrieb des Kfz

Der Schaden muss **bei dem Betrieb** des Kfz oder Anhängers entstan- 11
den sein. Dieses Tatbestandsmerkmal dient dazu, die Schadenshaftung
des Halters auf betriebsspezifische Gefahren zu begrenzen.

aa) Betrieb

Nach der heute herrschenden sog. verkehrstechnischen Auffassung 12
ist ein Kfz (oder Anhänger) in **Betrieb**, solange es sich im öffentlichen
Verkehrsbereich bewegt oder in verkehrsbeeinflussender Weise ruht.[20]
Das ist auch der Fall, wenn ein Fahrzeug auf der Fahrbahn liegen bleibt
oder auf der Straße selbst abgestellt ist (umstritten bei verkehrsvor-
schriftsmäßigem Abstellen auf ausschließlich dafür bestimmtem öffent-
lichem Grund oder auf Privatgrund[21]). Der Betrieb des Kfz dauert so
lange fort, wie es der Fahrer im Verkehr belässt und die dadurch geschaffene Gefahrenlage fortbesteht.[22]

---

[16] *Larenz/Canaris,* SR II/2, § 84 I 2 g, S. 609; *Esser/Weyers,* SR II/2, § 63 II 3,
S. 372.

[17] Vertreten wird auch, § 828 Abs. 3 entsprechend anzuwenden (*v. Caemmerer,* FS
Flume, 1978, Bd. 1, S. 359, 363 f.). Für die Begründung der Haltereigenschaft kommt
es dann auf „die zur Erkenntnis der Verantwortlichkeit erforderliche Einsicht" an.
Nach anderer Ansicht voll es auf die Geschäfts- und Verschuldensfähigkeit nicht ankommen (vgl. zum Streitstand *v. Caemmerer,* a. a. O., S. 362 f. m. w. N.).

[18] Wegen der Herabsetzung des Volljährigenalters von der Vollendung des 21. auf
die Vollendung des 18. Lebensjahres hat diese Frage eine geringere praktische Bedeutung.

[19] Vgl. *Hentschel,* § 7 StVG Rn. 26.

[20] Anders die früher vertretene, aber infolge veränderter Verkehrsverhältnisse
überholte sog. maschinentechnische Auffassung, nach der ein Kraftfahrzeug in Betrieb ist, wenn sein Motor in Gang gesetzt ist und das Fahrzeug selbst oder eine seiner Betriebseinrichtungen sich bewegt. Vgl. BGH NJW 1975, 1886.

[21] Vgl. dazu *Burmann,* in: Janiszewski/Jagow/Burmann, § 7 StVG Rn. 9 f.; *Hentschel,* § 7 StVG Rn. 5, 8.

[22] BGHZ 29, 163, 166; 58, 162, 165 „Grünstreifen"-Fall.

Beispiele:
– „In Betrieb" ist ein auf der Fahrbahn liegen gebliebener oder unberechtigt ge-
parkter Wagen, weil er an dieser Stelle noch nicht endgültig abgestellt werden
darf und eine erhebliche Gefahrenquelle bildet.
– Fahrzeughalter B verursacht einen Autounfall. Weil B und der andere unfallbe-
teiligte Fahrer ihre beschädigten Fahrzeuge bis zum Eintreffen der Polizei am
Unfallort auf der Straße stehen lassen, werden die nachfolgenden Fahrzeuge an
der Weiterfahrt behindert, fahren deshalb über den angrenzenden Geh- und
Radweg und beschädigen diesen. B haftet für diesen Schaden aus § 7 StVG.
Sowohl das zum Unfall führende Fahrverhalten als auch das Stehen lassen des
Kfz nach dem Unfall unterfallen dem Tatbestandsmerkmal des „Betriebes", da
sich das Kfz noch im Verkehr befindet und die dadurch geschaffene Gefahr
fortbesteht (BGHZ 58, 162 „Grünstreifen"-Fall, vgl. oben § 16 Rn. 133 und 145).

**bb) „bei" (Kausalzusammenhang zwischen Betrieb und Schadens-
ereignis)**

13   Erforderlich ist ein Kausalzusammenhang zwischen Betrieb und
Schadensereignis.[23] Dieser Zusammenhang ist bei einer tatsächlichen
Berührung von Kfz und Verletztem regelmäßig zu bejahen. Auch eine
psychisch vermittelte Kausalität oder sonstige mittelbare Verursachung
genügt, sofern ein rechtlicher Zurechnungszusammenhang besteht. Dagegen reicht eine bloße Anwesenheit des Kfz ohne weitere Verursachungsbeiträge nicht.[24]

14   Voraussetzung ist, dass sich die von dem Kfz ausgehende Gefahr auf
den Schadensablauf ausgewirkt hat, d. h. das Schadensereignis in dieser
Weise durch das Kfz (mit-)geprägt worden ist.[25] Es muss sich demnach
eine betriebsspezifische Gefahr des Fahrzeugs als Verkehrsmittel verwirklichen. Daran fehlt es, wenn die Schädigung nicht mehr eine spezifische Auswirkung derjenigen Gefahren ist, derentwegen nach dem Sinn
der Haftungsvorschrift ein Ersatzanspruch gewährt werden soll. Dies
trifft vor allem bei Schäden zu, in denen sich nicht die Betriebsgefahr
des Kfz, sondern ein eigenständiger Gefahrenkreis verwirklicht hat.[26]

Beispiele:
– Nach einem Verkehrsunfall, den der Autofahrer B verursacht hat, erleidet der
unfallgeschädigte Autofahrer K einen Schlaganfall, weil B ihn vor der Polizei als
den Schuldigen hinzustellen versucht (BGHZ 107, 359).
(1) Infrage kommt ein Anspruch aus § 7 Abs. 1 StVG. Dieser setzt voraus, dass
eine Schädigung beim Betrieb eines Kfz eingetreten ist. § 7 Abs. 1 StVG erfasst
nur solche Schäden, in denen sich gerade die von dem Kfz ausgehenden Gefahren realisiert haben. Hierunter fallen die unmittelbar durch den Unfall verursachten Schäden. An diesem inneren Zusammenhang zwischen Betriebsgefahr
und Schaden fehlt es aber bei dem Schlaganfall, der Folge der verbalen Auseinandersetzung ist, aber nichts mit der spezifischen Kfz-Gefahr zu tun hat.
(2) Ebenso scheitern Ansprüche hinsichtlich des Schlaganfalls aus § 823 Abs. 1

---

[23] Vgl. zur Problematik, ob hierfür auch bei der Gefährdungshaftung die Adäquanztheorie gilt, § 21 Rn. 1 Fn. 2.
[24] BGH VersR 1988, 641 m. w. N.
[25] Vgl. BGH NJW 2005, 2081; VersR 2005, 566 jeweils m. w. N.
[26] BGHZ 115, 84, 86 f. „Panik im Schweinestall".

und § 823 Abs. 2 i. V. m. § 8 StVO am fehlenden Schutzzweckzusammenhang, sowohl wenn man auf den Unfall als auch wenn man auf die Beschuldigung als Handlung abstellt (vgl. oben § 16 Rn. 138).
– Wegen eines Vergaserbrandes muss der Omnibus des B anhalten. Der Fahrgast K, der den Omnibus bereits verlassen hat, kehrt zurück, um einer in Verwirrung geratenen Mitfahrerin aus dem Fenster des Wagens steigen zu helfen. Beim Wegtragen der Mitfahrerin kommt K zu Fall und wird verletzt (RGZ 164, 125). K ist beim Betrieb eines Kfz verletzt worden (§ 7 Abs. 1 StVG), so das RG. Beim Betrieb eines Kfz entstehen auch die Verletzungen, die einem Insassen beim Verlassen des beschädigten Kfz zugefügt werden. Dass K zum Kfz zurückgekehrt ist, nachdem er es schon – unverletzt – verlassen hatte, und erst beim zweiten Verlassen verletzt wird, ändert daran nichts: Weder liegt eine Unterbrechung des Kausalverlaufs noch ein Fall mangelnder Adäquanz vor.
– Eine Haftung ist mangels Vorliegens des Merkmals „bei dem Betrieb" nicht gegeben, wenn die Fortbewegungs- und Transportfunktion des Fahrzeugs keine Rolle mehr spielt, das Fahrzeug z. B. nur noch als reine Arbeitsmaschine eingesetzt wird, z. B. wenn beim Anliefern von Heizöl der Motor des Fahrzeugs lediglich die Pumpvorrichtung antreibt (BGHZ 71, 212; BGH NJW 1993, 2740).

e) Ausschluss der Haftung

§ 7 Abs. 2 und 3, § 17 Abs. 3 und § 8 StVG normieren Ausschlusstatbestände für die Gefährdungshaftung des Halters.   15

aa) Höhere Gewalt (§ 7 Abs. 2 StVG)

Gemäß § 7 Abs. 2 StVG ist die Ersatzpflicht des Kfz-Halters ausgeschlossen, wenn der Unfall durch **höhere Gewalt** verursacht wurde. Höhere Gewalt ist ein außergewöhnliches, betriebsfremdes, von außen durch elementare Naturkräfte oder durch Handlungen dritter (betriebsfremder) Personen herbeigeführtes und nach menschlicher Einsicht und Erfahrung unvorhersehbares Ereignis, das mit wirtschaftlich erträglichen Mitteln auch durch die äußerste, nach der Sachlage vernünftigerweise zu erwartende Sorgfalt nicht verhütet oder unschädlich gemacht werden kann und auch nicht wegen seiner Häufigkeit in Kauf zu nehmen ist.[27]   16

Das vor dem Zweiten Gesetz zur Änderung schadensersatzrechtlicher Vorschriften[28] für den Haftungsausschluss erforderliche (und ausreichende) „unabwendbare Ereignis" des § 7 Abs. 2 StVG a. F. gilt nunmehr nur noch im Fall des § 17 Abs. 3 StVG n. F. (vor allem) im Verhältnis zu anderen Kfz-Haltern und Fahrern (vgl. § 21 Rn. 19 ff.).   17

Vertiefungshinweis: Höhere Gewalt statt unabwendbares Ereignis   18
Die Änderung des § 7 Abs. 2 StVG durch das Zweite Gesetz zur Änderung schadensersatzrechtlicher Vorschriften vom 19. 7. 2002 wurde (auch) auf rechtsdogmatische Erwägungen gestützt:[29]
– Der Entlastungsgrund des unabwendbaren Ereignisses sei ein Fremdkörper im System der Gefährdungshaftung.

---

[27] Vgl. BGHZ 7, 338, 339; 62, 351, 354; BGH NJW 1986, 2312.
[28] Gesetz vom 19. 7. 2002, BGBl. I, S. 2674.
[29] Vgl. die Beschlussempfehlung und den Bericht des Rechtsausschusses (6. Ausschuss), BT-Drs. 14/8780, S. 22; RegBegr. zum Entwurf eines Zweiten Gesetzes zur Änderung schadensersatzrechtlicher Vorschriften, BT-Drs. 14/7752, S. 30 f.

– Es sei dogmatisch nicht sachgerecht, die Gefährdungshaftung von Sorgfalts-
und Verschuldensgesichtspunkten abhängig zu machen.
– Mit der Änderung werde das StVG in das deutsche Gefährdungshaftungssys-
tem zurückgeführt (vgl. § 701 Abs. 3 und §§ 1 Abs. 2 S. 1, 2 Abs. 3 Nr. 3
HPflG, § 22 Abs. 2 WHG).
– Es erfolge eine Vereinheitlichung mit der internationalen Rechtsentwicklung.

bb) § 17 Abs. 3 i. V. m. Abs. 2 und 1 StVG

19   Eine leichter zu erreichende Enthaftung als § 7 Abs. 2 bietet § 17
Abs. 3 StVG im Verhältnis zu anderen Kfz-Haltern und Fahrern.[30] Danach wird die Ersatzpflicht **ausgeschlossen**, wenn der Unfall durch ein
unabwendbares Ereignis verursacht wird.

(1) Definition des unabwendbaren Ereignisses

20   Der Ausschlusstatbestand setzt ein **unabwendbares Ereignis** voraus,
das weder auf einem Fehler in der Beschaffenheit des Fahrzeuges noch
auf einem Versagen seiner Vorrichtungen beruht. Unabwendbares Ereignis bedeutet keine absolute Unvermeidbarkeit, sondern meint ein
schadenstiftendes Ereignis, das auch bei der äußersten möglichen Sorgfalt nicht abgewendet werden kann (vgl. die Legaldefinition des § 17
Abs. 3 S. 2 StVG). Es wird eine über den gewöhnlichen Durchschnitt
erheblich hinausgehende Aufmerksamkeit, Geschicklichkeit und Umsicht sowie geistesgegenwärtiges und sachgemäßes Handeln im Rahmen des Menschenmöglichen verlangt. Man spricht vom Verhalten
eines Idealfahrers.[31] Damit gelangen über den Haftungsausschluss subjektive Elemente in die ansonsten grundsätzlich objektive Gefährdungshaftung des StVG.[32]

Beispiel:
Halter A nimmt dem (ideal fahrenden) Halter B die Vorfahrt und rammt diesen.
Durch die auf den Gehweg geschleuderten Fahrzeuge wird der vorbeigehende
Fußgänger C verletzt.
(1) Sowohl A als auch B haften dem C aus § 7 Abs. 1 StVG. Im Innenverhältnis
zwischen A und B ist aber allein der A verpflichtet, weil der Unfall für B ein unabwendbares Ereignis darstellt (§ 17 Abs. 1 und 3 StVG). (2) Zwar sind die Anspruchsvoraussetzungen des § 7 Abs. 1 StVG auch erfüllt, soweit A den B in Anspruch nimmt; jedoch kann sich B darauf berufen, dass ein unabwendbares
Ereignis vorliegt (§ 17 Abs. 3 S. 1 StVG). (3) Begründet ist auch ein Anspruch des
B gegen A aus § 7 Abs. 1 StVG; eine Haftungsminderung wegen Mitverursachung
durch B scheidet wegen § 17 Abs. 3 StVG aus.

---

[30] § 17 Abs. 3 StVG gilt nur gegenüber einem Geschädigten, der selbst ebenfalls
als Kfz-Halter für die Betriebsgefahr eines unfallbeteiligten Kfz einzustehen hat
und gegenüber dem Eigentümer eines Kfz, der nicht Halter ist (z. B. beim Leasing),
§ 17 Abs. 3 S. 3 StVG. Vgl. zur Anwendbarkeit auch § 17 Abs. 4 und § 18 Abs. 3
StVG.

[31] BGHZ 113, 164, 165 f.; 117, 337, 340 ff.; *Hentschel*, § 17 StVG Rn. 22.

[32] Vgl. zu rechtsdogmatischen Erwägungen Beschlussempfehlung und Bericht des
Rechtsausschusses (6. Ausschuss), BT-Drs. 14/8780, S. 22 und RegBegr. zum Entwurf
eines Zweiten Gesetzes zur Änderung schadensersatzrechtlicher Vorschriften, BT-
Drs. 14/7752, S. 30 f.

(2) Anwendungsbereich

Der Enthaftungstatbestand des § 17 Abs. 3 StVG gilt nur bei Beteili- 21
gung zweier oder mehrerer Kfz[33] an einem Unfall:
§ 17 Abs. 2 (ggf. i. V. m. Abs. 3) StVG betrifft den Fall der wechselseitigen Haftpflicht für die selbst erlittenen Schäden der Halter, deren
Kraftfahrzeuge ebenfalls an dem Unfall beteiligt sind, d. h. Haltereigenschaft und Rechtsgutträgerschaft müssen zusammenfallen.[34] Ist der Unfall für einen der Halter ein unabwendbares Ereignis, lässt § 17 Abs. 3
den Anspruch des anderen Halters entfallen. Gemäß § 17 Abs. 3 S. 3
StVG gilt der Haftungsausschluss auch gegenüber einem Eigentümer,
der nicht Halter ist, z. B. bei Leasing des Kfz.

Beispiel:
Halter A stößt mit dem Fahrzeug des Leasingnehmers B (= Halter) zusammen.
Ein Anspruch des L, der Eigentümer und Leasinggeber des Kfz des B ist, gegen
A ist ausgeschlossen, wenn ein für den Halter A unabwendbares Ereignis vorliegt
(§ 17 Abs. 3 S. 1 bis 3 StVG).

§ 17 Abs. 1 (ggf. i. V. m. Abs. 3) StVG betrifft das Innenverhältnis
zwischen mehreren Schädigern (vgl. § 21 Rn. 46 ff.) und regelt den Fall,
dass eine nicht motorisierte Person durch die Fahrzeuge mehrerer geschädigt wird und ihr kraft Gesetzes ein Anspruch – unter Umständen
aus unterschiedlichen Rechtsgründen – gegen mehrere Schädiger (Gesamtschuldner) zusteht.[35]

Vertiefungshinweis: Die von § 17 Abs. 3 StVG erfassten Fälle 22
§ 17 Abs. 3 StVG regelt einen Ausschluss der Verpflichtung nach Absatz 1
und 2.
1. Im Rahmen des von § 17 Abs. 1 StVG geregelten Falles bedeutet dies, dass
derjenige Schädiger, für den der Unfall ein unabwendbares Ereignis darstellt, im
Innenverhältnis zwischen den anderen Schädigern nicht haftet (keinen Innenregress).
2. Hinsichtlich des von § 17 Abs. 2 StVG geregelten Sachverhalts stellt sich
die Frage der Einschlägigkeit des § 17 Abs. 3 StVG auf zwei Prüfungsebenen:
a) Im haftungsbegründenden Tatbestand schließt er die Haftung des „Idealfahrers" gegenüber dem geschädigten anderen Halter aus.

Beispiel:
Der unfallverursachende Halter H macht einen Anspruch gegen den Idealfahrer I
(= Halter) aus § 7 Abs. 1 StVG geltend. I hat durch den Betrieb seines Kfz einen
Schaden bei H verursacht; nach § 17 Abs. 2 i. V. m. Abs. 1 StVG richtet sich die
Verpflichtung nach seinem Verursachungsbeitrag (Betrieb seines Kfz). Diese Ver-
pflichtung scheidet aber im Fall der Unabwendbarkeit aus (§ 17 Abs. 3 StVG), so-
dass I nicht zum Ersatz verpflichtet ist.

b) Im haftungsausfüllenden Tatbestand schließt er eine Kürzung des Anspruchs
des „Idealfahrers" wegen Mitverursachung aus.

---

[33] Gemäß § 17 Abs. 4 StVG sind die Absätze 1 bis 3 auch bei einem Unfall zwischen Kfz und Anhänger, Kfz und Eisenbahn oder Kfz und Tier anzuwenden.
[34] § 17 Abs. 2 StVG stellt eine Sonderregelung zu § 254 dar.
[35] § 17 Abs. 1 StVG stellt insoweit eine Sonderregelung gegenüber § 426 Abs. 1
S. 1 dar.

Beispiel:
Der Idealfahrer I (= Halter) macht einen Anspruch gegen den unfallverursachenden Halter H aus § 7 Abs. 1 StVG geltend. Macht H geltend, dass sich I die Betriebsgefahr seines Kfz anspruchsmindernd anrechnen lassen muss (§ 17 Abs. 2 i. V. m. Abs. 1 StVG), so kann I sich auf § 17 Abs. 3 StVG berufen: Bei Unabwendbarkeit tritt keine Quotelung ein, sodass I vollen Schadensersatz geltend machen kann. Diese doppelte Relevanz des § 17 Abs. 3 i. V. m. Abs. 2 StVG ergibt sich nicht nur daraus, dass § 17 Abs. 3 StVG über Absatz 2 auf Absatz 1 weiterverweist, welcher ausdrücklich die Ersatzverpflichtung vom Umfang des Ersatzes differenziert, sondern auch aus dem grundsätzlich geltenden Gleichlauf zwischen Haftungsbegründung und Haftungsbeschränkung.

23 **Vertiefungshinweis:** Haftung des Kfz-Führers
Besteht in den im § 17 StVG genannten Fällen auch ein Ersatzanspruch gegen den Führer eines unfallbeteiligten Kfz, wird dieser ebenfalls in das Haftungs- und Ausgleichssystem des § 17 StVG einbezogen (§ 18 Abs. 3 StVG). Der Fahrer bildet mit dem Halter desselben Kfz jeweils eine Haftungs- bzw. Zurechnungseinheit (vgl. § 27 Rn. 16). Es ist dann nach § 17 Abs. 2 StVG eine einheitliche Haftungsquote zu bilden, bei der neben der Betriebsgefahr des Fahrzeugs das Verhalten des Fahrers zu berücksichtigen ist. Der Innenausgleich zwischen Halter und Fahrer erfolgt anschließend nach § 426.[36]

cc) Schwarzfahrten (§ 7 Abs. 3 S. 1 Halbs. 1 StVG)
24 Die Haftung des Halters ist auch bei sog. **Schwarzfahrten** ausgeschlossen, wenn das Fahrzeug ohne Wissen und Wollen des Halters benutzt wurde (§ 7 Abs. 3 S. 1 Halbs. 1 StVG). In diesem Fall haftet der Schwarzfahrer anstelle des Halters. Der Halter haftet allerdings neben dem Schwarzfahrer, wenn er die unbefugte Ingebrauchnahme des Fahrzeugs schuldhaft ermöglicht hat (§ 7 Abs. 3 S. 1 Halbs. 2 StVG).

Beispiel:
Verstoß gegen § 14 Abs. 2 S. 2 StVO (Pflicht, Kfz gegen unbefugte Benutzung zu sichern).

25 Wenn das Fahrzeug zwar ohne Wissen und Willen des Halters benutzt wurde, der Benutzer aber für den Betrieb des Fahrzeuges angestellt ist oder ihm das Fahrzeug vom Halter überlassen worden ist, bleibt es allerdings bei der Halterhaftung des § 7 Abs. 1 StVG. Eine Haftung des Benutzers statt oder neben dem Halter aus § 7 Abs. 1 StVG kommt nicht infrage (§ 7 Abs. 3 S. 2 StVG).[37]

dd) Ausschluss nach §§ 8, 8 a StVG
26 § 8 StVG normiert drei weitere Ausschlusstatbestände. Der Verletzte darf nach § 8 Nr. 2 StVG nicht beim Betrieb des Kfz oder Anhängers tätig geworden sein.

Beispiele:
– Fahrer des Kfz, der mit dem Halter nicht personenidentisch ist.
– Insasse, wenn er die Wagentür öffnet,[38] Fahrschüler (als Führer gilt der Fahrlehrer!), Schaffner.

---

[36] Vgl. dazu *Heß*, in: Janiszewski/Jagow/Burmann, § 18 StVG Rn. 14.
[37] Für die Benutzung eines Anhängers gilt Entsprechendes (§ 7 Abs. 3 S. 3 StVG).
[38] OLG München VersR 1966, 987.

– Personen, die beim Tanken, Reparieren, Waschen, Be- und Entladen tätig werden.

Seit dem Zweiten Gesetz zur Änderung schadensersatzrechtlicher 27
Vorschriften[39] wird grundsätzlich gegenüber allen Fahrzeuginsassen,
auch unentgeltlich beförderten, gehaftet (arg. § 8 a StVG; es sei denn,
sie sind ausnahmsweise beim Betrieb tätig).[40] Ein Haftungsausschluss
ist möglich, findet aber bei der geschäftsmäßigen Personenbeförderung
seine Grenze in § 8 a StVG.

2. Umfang des Schadensersatzes

Der Umfang des Schadensersatzanspruches ist in den §§ 10 ff. StVG 28
geregelt. Nach §§ 10, 11 StVG sind bei der Tötung oder Verletzung eines Menschen nur bestimmte Schäden zu ersetzen. Die Ersatzfähigkeit
des immateriellen Schadens (sog. Schmerzensgeld) ergibt sich aus § 253
Abs. 2, § 11 S. 2 StVG. Bei der Abwicklung von Sachschäden ist § 249
Abs. 2 S. 2 zu beachten (vgl. § 23 Rn. 24). Die Schadensersatzansprüche sind auf Höchstbeträge beschränkt (vgl. § 12 StVG).

Daneben sind Schadensersatzansprüche aus anderen Bundesgesetzen, 29
insbesondere nach dem BGB möglich (vgl. § 16 StVG). Trifft den Halter
oder Fahrer ein Verschulden, dann kommt eine Schadensersatzpflicht
aus §§ 823 ff. und Pflichtverletzung (§ 280) in Betracht. Besondere Bedeutung hatten die mit dem StVG konkurrierenden Ansprüche vor Inkrafttreten des Zweiten Gesetzes zur Änderung schadensersatzrechtlicher Vorschriften[41], weil die Haftung nach dem StVG vor diesem
Zeitpunkt keinen Anspruch auf Schmerzensgeld begründete. Heute sind
die konkurrierenden Ansprüche immer noch bedeutsam, weil die Haftung nach dem StVG summenmäßig (§§ 12 ff. StVG) und zeitlich (§ 15
StVG) beschränkt ist.

3. Mitverursachung und Mitverschulden

Auch bei Ansprüchen aus §§ 7 Abs. 1, 18 Abs. 1 StVG wirkt ein **Mit-** 30
verschulden des geschädigten Anspruchsstellers anspruchsmindernd.
Dies wird für Ansprüche aus §§ 7, 18 StVG[42] in dem § 9 StVG i. V. m.
§ 254 geregelt, so weit der Anspruchssteller weder als Halter oder Fahrer eines Kfz noch als Bahnunternehmer oder Tierhalter am Unfall beteiligt war (arg. § 17 StVG).

War der Anspruchssteller als Halter oder Fahrer eines Kfz, als Bahnunternehmer oder Tierhalter am Unfall beteiligt, so richtet sich die Fra-

[39] Gesetz vom 19. 7. 2002, BGBl. I, S. 2674.
[40] Vgl. zu der bisher bestehenden Haftungslücke und deren historischen Erklärung
RegBegr. zum Entwurf eines Zweiten Gesetzes zur Änderung schadensersatzrechtlicher Vorschriften, BT-Drs. 14/7752, S. 17.
[41] Gesetz vom 19. 7. 2002, BGBl. I, S. 2674.
[42] Bei einem Anspruch aus §§ 823 ff. ist nicht § 9 StVG, sondern § 254 unmittelbar
anwendbar.

ge einer Haftungsminderung wegen **Mitverursachung** nach § 17 Abs. 2 i. V. m. Abs. 1 StVG. Danach kommt es – wie bei § 254 – darauf an, inwieweit der Schaden vorwiegend von dem einen oder dem anderen Teil verursacht wurde (vgl. zur Abwägung § 21 Rn. 40).

31

Sondervorschriften §§ 9, 17 StVG

Mitverschulden	Mitverursachung
des anspruchsstellenden Nicht-Halters oder Nicht-Fahrers: § 9 StVG, § 254	des anspruchsstellenden geschädigten Halters oder Fahrers: § 17 Abs. 2 i. V. m. § 17 Abs. 1 (i. V. m. § 18 Abs. 3) StVG Ausnahme: Ausschluss der Quotelung nach § 17 Abs. 3 StVG

a) Verletzter Nicht-Halter und Nicht-Fahrer als Anspruchssteller

32   § 9 StVG regelt den Fall, dass der Verletzte, der Ansprüche aus § 7 Abs. 1 bzw. § 18 Abs. 1 StVG erhebt, weder Halter noch Fahrer eines unfallbeteiligten Kfz ist und den Schaden mitverschuldet hat. Der Geschädigte darf also nicht für die Betriebsgefahr eines unfallbeteiligten Kfz, Anhängers oder einer Bahn oder für eine Tiergefahr einzustehen haben (arg. § 17 Abs. 2 und 4 StVG). Das trifft zu auf Fußgänger, Radfahrer, Insassen, die nicht Halter sind, und den Eigentümer, der nicht Halter ist (beachte: nur § 17 Abs. 3 StVG wird auf diesen erstreckt, nicht § 17 Abs. 2 StVG). Es wird auf § 254 verwiesen. Bei Kindern sind die §§ 254, 828 f., insbesondere § 828 Abs. 2[43], zu beachten.

33   Nach § 9 Halbs. 2 StVG steht bei der Beschädigung einer Sache das Verschulden des tatsächlichen Gewalthabers über diese Sache dem Verschulden des Verletzten gleich. Das bedeutet, dass das Mitverschulden des Gewahrsamsinhabers dem Eigentümer der beschädigten Sache stets zugerechnet wird; auf die Voraussetzungen des § 278 i. V. m. § 254 Abs. 2 S. 2 kommt es nicht an. Allerdings betrifft § 9 Halbs. 2 StVG nicht den Fall der Zurechnung des Verschuldens des Fahrzeugführers an den Halter des geführten Kfz, das der Gefährdungshaftung unterliegt, da § 9 StVG bei eigenem Einstehen für die Gefahr nicht anwend-

---

[43] Vgl. dazu BGHZ 161, 180: Das Haftungsprivileg des § 828 Abs. 2 S. 1 greift nach dem Sinn und Zweck der Vorschrift nur ein, wenn sich bei der gegebenen Fallkonstellation eine typische Überforderungssituation des Kindes durch die spezifischen Gefahren des motorisierten Verkehrs realisiert hat. Vgl. auch BGH NJW 2005, 356; VersR 2005, 378.

bar ist.[44] Von § 9 StVG erfasst ist aber der Eigentümer des unfallbeteiligten Kfz, der nicht dessen Halter ist und damit nicht unter § 17 Abs. 1 StVG fällt.[45]

Beispiel:
Ein Fahrrad wird von einem Kfz angefahren und beschädigt. Der Eigentümer des Fahrrads muss sich bei der Inanspruchnahme des Kfz-Halters aus § 7 StVG das Mitverschulden des Fahrradfahrers gemäß §§ 9 StVG, 254 anspruchskürzend zurechnen lassen.

b) Kfz-Halter oder Kfz-Führer als Anspruchssteller

§ 17 Abs. 2 StVG regelt die wechselseitige Haftpflicht der Kfz-Halter   34
für eigene Schäden, die bei einem Unfall mit Beteiligung mehrerer Kraftfahrzeuge entstanden sind (vgl. oben § 21 Rn. 22). Der Verletzte selbst ist Halter oder Fahrer (§ 18 Abs. 3 StVG) eines der am Unfall beteiligten Kraftfahrzeuge. Die Vorschrift regelt die Frage, inwieweit der eine Halter oder Fahrer Ersatz von dem anderen verlangen kann, wenn er den Schaden selbst mitverursacht hat.

Anrechnen lassen muss sich der anspruchstellende geschädigte   35
Kfz-Halter oder Fahrer vor allem die sog. **Betriebsgefahr** (bzw. Tiergefahr, § 17 Abs. 4 StVG). Diese ist die Summe der Gefahren, die das Kfz (Eisenbahn, Tier usw.) durch seine Eigenart in den Verkehr trägt.[46] In Ansatz zu bringen ist schon die bloße Tatsache, dass ein Kfz an der Entstehung des Schadens beteiligt ist. Diese allgemeine Betriebsgefahr kann durch besondere Umstände erhöht sein, namentlich durch eine fehlerhafte oder verkehrswidrige Fahrweise der bei dem Betrieb tätigen Personen.[47] Eine Erhöhung der in Ansatz zu bringenden Betriebsgefahr kann sich aber auch aus einem zulässigen Fahrverhalten ergeben, wenn nur besondere, die allgemeine Gefahr des Fahrens mit einem Kraftfahrzeug übersteigende Gefahrenmomente vorhanden sind (z.B. Abbiegen nach links als besonders gefahrenträchtiger Vorgang).[48]

Das Verschulden eines beteiligten Kfz-Halters oder Fahrers ist neben   36
der in erster Linie maßgebenden Verursachung nur ein Faktor der Abwägung (vgl. § 21 Rn. 40).[49]

Zu beachten ist, dass bei der Abwägung nach § 17 StVG nur solche   37
Umstände Berücksichtigung finden können, die sich erwiesenermaßen

---

[44] Bei einem Unfall zwischen mehreren Kfz gilt hierfür die Sonderregelung des § 17 StVG und die Zurechnung der jeweiligen Mitverantwortungsanteile innerhalb desselben Kfz über die Grundsätze der Zurechnungs- bzw. Haftungseinheit (vgl. § 21 Rn. 23 und § 27 Rn. 16). Bei einem Unfall, an dem nur ein Kfz beteiligt ist und dieses beschädigt wird, gilt zwischen Halter und Fahrer § 254. Vgl. auch *Heß*, in: Janiszewski/Jagow/Burmann, § 9 StVG Rn. 7.
[45] *Heß*, in: Janiszewski/Jagow/Burmann, § 9 StVG Rn. 9.
[46] Palandt/*Heinrichs*, § 254 Rn. 62.
[47] BGH VersR 2000, 1294, 1296 m. w. N.
[48] BGH NJW 2005, 1351, 1354.
[49] BGH NJW 2003, 1929, 1931; VersR 1998, 474, 475 jeweils m. w. N.

(unstreitig, zugestanden oder nach § 286 ZPO bewiesen) auf den Unfall ausgewirkt haben.[50]

38 Der Schaden wird nach dem Verhältnis der jeweiligen Verursachung geteilt (Quotelung). Im Fall der Unabwendbarkeit findet eine Quotelung aber nicht statt; der „Idealfahrer" haftet nicht (§ 17 Abs. 3 StVG) (vgl. oben § 21 Rn. 19 ff.).

39 Ist an einem Unfall ausschließlich ein Kfz beteiligt (A fährt beispielsweise mit dem im Eigentum des Halters B stehenden PKW vor einen Baum), gilt weder § 9 StVG noch § 17 StVG bei der Prüfung eines Anspruchs von Halter und Fahrer gegeneinander. Hier liegt überhaupt kein Fall der Gefährdungshaftung vor, sondern es kommen nur Ansprüche aus §§ 823 ff., 280 in Betracht. In diesem Rahmen gilt nur § 254. Die reine Betriebsgefahr kann dem geschädigten Halter bzw. Eigentümer dann allerdings nicht anspruchsmindernd angerechnet werden.[51]

c) Anspruchsreduzierung (bis auf Null)

40 Die Anwendung der §§ 9 StVG, 254, § 17 Abs. 2 StVG kann zu einer Reduzierung der Gefährdungshaftung auf Null, d. h. zu einem kompletten Ausschluss der Haftung des Schädigers führen. Dies ist der Fall, wenn der Betriebsgefahr des Kfz des in Anspruch Genommenen ein derart grob verkehrswidriges Verhalten des Geschädigten gegenübersteht, dass die Betriebsgefahr völlig in den Hintergrund tritt.[52]

4. Zusammenfassung

41

Halterhaftung (§ 7 StVG)
I. Tatbestand   1. Anspruchsinhaber: „Verletzter" (§ 21 Rn. 7)   2. Anspruchsgegner: Halter eines Kfz oder Anhängers (auch „Schwarzfahrer" gem. § 7 Abs. 3 S. 1 Halbs. 1) (§ 21 Rn. 8 f., 24 f.) P: Geschäftsfähigkeit (§ 21 Rn. 9)   3. Personen- oder Sachschaden   4. Bei dem Betrieb des Kfz oder Anhängers (§ 21 Rn. 11 ff.) Nach der verkehrstechnischen Auffassung ist ein Fahrzeug in Betrieb, das sich im öffentlichen Verkehrsbereich bewegt oder in verkehrsbeeinflussender Weise ruht. Im Schadensereignis muss sich die betriebsspezifische Gefahr des Fahrzeugs ausgewirkt haben (§ 21 Rn. 13 f.)

---

[50] St. Rspr., vgl. nur BGH NJW 1995, 1029 m. w. N.
[51] BGH NJW 1972, 1415.
[52] BGH VersR 1968, 698, 699.

5. Ausschluss der Haftung
- Höhere Gewalt (§ 7 Abs. 2 StVG) (§ 21 Rn. 16)
- Unabwendbares Ereignis (§ 17 Abs. 3 i. V. m. Abs. 2 und 1 StVG) (§ 21 Rn. 20)
- Schwarzfahrt (§ 7 Abs. 3 S. 1 Halbs. 1 StVG) (§ 21 Rn. 24 f.)
- Sonderfälle des § 8 StVG (§ 21 Rn. 26)
- rechtsgeschäftlicher Haftungsausschluss (allerdings nicht möglich im Fall des § 8 a StVG)

II. Rechtsfolgen
1. Ersatz des daraus entstandenen Schadens (§§ 10 ff. StVG)
2. Schmerzensgeld (§ 253 Abs. 2 BGB, § 11 S. 2 StVG)
3. Mitverursachung und Mitverschulden (§§ 9, 17 Abs. 2 i. V. m. Abs. 1 StVG)
4. Verwirkung (§ 15 StVG, Anzeigepflicht)
   Beachte: Direktanspruch gegen den Versicherer gem. § 3 PflVG (§ 21 Rn. 44)

III. Verschuldenshaftung des Kfz-Führers nach § 18 StVG

§ 18 Abs. 1 StVG normiert einen Fall der **Haftung für vermutetes** 42 **Verschulden.** Die Vorschrift wird praktisch nur relevant, wenn der Fahrer oder Führer des Fahrzeuges nicht zugleich der Halter ist, da der bei Personenidentität gleichzeitig gegebene Anspruch aus § 7 StVG aufgrund der Gefährdungshaftung leichter zu bejahen ist. Tatbestandlich wird auf § 7 Abs. 1 StVG verwiesen, d. h. es muss der gleiche Tatbestand vorliegen wie bei der Gefährdungshaftung gemäß § 7 Abs. 1 StVG (vgl. dazu oben § 21 Rn. 7 ff.) mit folgenden Besonderheiten:
- Der Anspruchsverpflichtete ist der Führer des Kfz. Führer ist derjenige, der das Kfz eigenverantwortlich lenkt und die tatsächliche Gewalt über das Steuer hat, nicht aber derjenige, der dem Fahrer untergeordnete Hilfsdienste leistet.[53]
- Der Anspruch ist ausgeschlossen, wenn den Führer kein Verschulden trifft. Da es sich bei § 18 StVG um eine Haftung für vermutetes Verschulden handelt, muss sich der Führer von seiner Schuld entlasten, und zwar hinsichtlich sämtlicher Tatsachen, die sein Verschulden begründen könnten (§ 18 Abs. 1 S. 2 StVG).
- Die Tatbestände des § 7 Abs. 2 und 3 StVG gelten nicht.
   Im Übrigen gelten die §§ 8 bis 15, 16 und 17 StVG. Insbesondere 43 § 17 StVG ist entscheidend für den Schadensausgleich zwischen dem

---

[53] Vgl. *Budewig,* in: Budewig/Gehrlein, Haftpflichtrecht nach der Reform, 2003, S. 57.

haftpflichtigen Führer und Halter eines unfallbeteiligten Kfz auf der einen Seite und Führer und Halter der anderen unfallbeteiligten Kfz auf der anderen Seite (vgl. § 21 Rn. 19 ff. und § 21 Rn. 46 f.).[54]

Ein Anspruch des personenidentischen Halters und Eigentümers eines geschädigten Kfz gegen dessen Führer ergibt sich nicht aus § 18 StVG, sondern kann allenfalls aus §§ 823 ff., 280 resultieren. Denn § 18 StVG erweitert durch seine Verweisung auf § 7 StVG lediglich die Halterhaftung auf den Fahrer.

IV. Direktanspruch gegen Versicherer nach § 3 PflVG

44   Der Geschädigte hat neben dem Anspruch gegen den Schädiger auch einen Direktanspruch gegen den Versicherer (vgl. § 3 Nr. 1 bis 6 PflVG). Dieser Direktanspruch steht in der Praxis ganz im Vordergrund. Dabei handelt es sich um einen besonderen Fall eines gesetzlich angeordneten Schuldbeitritts. Der Versicherer und der ersatzpflichtige Versicherungsnehmer (z. B. Halter und Führer) haften dem Geschädigten als Gesamtschuldner (§ 3 Nr. 2 PflVG).

45   **Fall (BGHZ 23, 90):**

Der von A gesteuerte Lkw gerät plötzlich auf die linke Fahrbahnseite und stößt mit dem entgegenkommenden Kfz des X zusammen. A wird getötet und X schwer verletzt. X ist Halter und Eigentümer des von ihm gefahrenen Kfz. Es stellt sich heraus, dass der Unfall dadurch entstanden ist, dass A, der ein zuverlässiger Fahrer ist, plötzlich eine Gehirnblutung erlitten hat und ohnmächtig geworden ist. Der Lkw, der bei dem Haftpflichtversicherer H versichert ist, gehört der Firma F, ist aber der Bank B zur Sicherheit übereignet worden. Gegen wen hat X Ersatzansprüche?

Lösung:

I. Ansprüche des X gegen F
1. § 7 Abs. 1 StVG
a) Anspruchsberechtigt aus § 7 Abs. 1 StVG ist der „Verletzte". X ist Verletzter, weil er eine Körperverletzung sowie den Sachschaden an seinem Kfz erlitten hat.
b) Verpflichtet nach § 7 Abs. 1 StVG ist der Halter. Halter ist derjenige, der ein Kraftfahrzeug für eigene Rechnung in Gebrauch hat und die tatsächliche Verfügungsgewalt über das Fahrzeug besitzt. Das Eigentum am Fahrzeug ist nicht entscheidend. Im vorliegenden Fall ist die Bank B als Sicherungseigentümerin nicht Halter (und deshalb ist B nicht nach § 7 Abs. 1 StVG verantwortlich). Vielmehr ist weiterhin F aufgrund ihrer Ver-

---

[54] Für den Ausgleich zwischen Führer und Halter desselben Kfz gilt § 17 StVG allerdings nicht. Hier ist § 426 einschlägig.

fügungsgewalt über das Kfz und der Nutzung des Kfz für eigene Rechnung der Halter.

c) Personen- oder Sachschaden: X ist körperlich verletzt und sein Fahrzeug beschädigt worden.

d) Die Verletzung muss „bei dem Betrieb eines Kfz" geschehen sein. Daran bestehen im vorliegenden Fall keine Zweifel, weil X durch das fahrende Fahrzeug der F verletzt und sein Eigentum beschädigt worden ist.

e) Ausschlussgrund?

aa) Ein Fall der höheren Gewalt i. S. des § 7 Abs. 2 StVG liegt nicht vor, weil kein von außen kommendes, durch betriebsfremde Einflüsse oder Handlungen Dritter verursachtes Ereignis gegeben ist.

bb) Unabwendbares Ereignis i. S. des § 17 Abs. 3 S. 1 und 2 StVG (früher § 7 Abs. 2 StVG a. F.)? § 17 Abs. 3 StVG betrifft die Ausgleichspflicht zwischen mehreren unfallbeteiligten Kraftfahrzeughaltern. Weil sowohl F als auch X Halter der beiden unfallbeteiligten Kfz waren, könnte § 17 Abs. 3 S. 1 StVG zu einem Haftungsausschluss führen. Nach § 17 Abs. 3 StVG ist die Haftung ausgeschlossen, wenn der Unfall durch ein (für den in Anspruch genommenen Kfz-Halter) unabwendbares Ereignis verursacht wird, das weder auf einem Fehler in der Beschaffenheit des Fahrzeugs noch auf einem Versagen seiner Vorrichtungen beruht. Es muss sich um ein betriebsfremdes Ereignis („von außen") handeln, das auch durch die äußerste Sorgfalt nicht hätte verhindert werden können. Halter und Führer können personenverschieden sein (vgl. § 17 Abs. 3 S. 2 StVG).
Zwar fehlt es im Fall an einer Sorgfaltspflichtverletzung des A und F, weil die Erkrankung des A nicht erkennbar ist. Nach Ansicht des BGH zu § 7 Abs. 2 StVG a. F. mangelt es aber am haftungsausschließenden Moment der Betriebsfremdheit, wenn – trotz Beachtung jeder nach den Umständen des Falles gebotenen Sorgfalt – ein unvermeidbares körperliches oder geistiges Versagen des Führers eines Kfz vorliegt.[55]
Zwar hat § 17 Abs. 3 S. 2 StVG n. F. den § 7 Abs. 2 S. 2 StVG a. F. nicht wörtlich übernommen, sondern den Satzteil „wenn es auf ein Verhalten des Verletzten oder eines nicht bei dem Betrieb beschäf-

---

[55] Dabei stützte sich der BGH auf folgende Erwägungen: (1) Auch das Wirken des menschlichen Geistes gehöre zu dem Risiko, das dem Betrieb eines Kfz stets innewohne und wovor § 7 StVG schützen wolle. Körperliches und geistiges Versagen seien wie eine Betriebsstörung eines Kfz gleich zu behandeln. (2) Nach § 7 Abs. 2 S. 2 StVG a. F. liege ein unabwendbares Ereignis insbesondere vor, wenn es auf das Verhalten eines nicht bei dem Betrieb des Kfz beschäftigten Dritten zurückzuführen sei und Halter wie Führer keinen Sorgfaltsverstoß treffe. Mit dieser Gesetzesfassung sei entschieden, dass das Verhalten eines beim Betrieb Beschäftigten kein unabwendbares Ereignis sein könne, selbst wenn kein Sorgfaltsverstoß zur Last gelegt werden könne. (3) Dass der Halter für ein Versagen des Kraftfahrzeugführers als ein innerbetriebliches Vorkommnis in jedem Fall einzustehen habe, ergebe sich auch aus § 7 Abs. 3 S. 2 StVG, wonach der Halter für die Unfallfolgen einer Schwarzfahrt eines Angestellten auch dann hafte, wenn ihn selbst kein Verschulden treffe. (4) Auch im Fall plötzlicher Bewusstlosigkeit sei ein darauf zurückzuführender Unfall durch einen typischen Betriebsvorgang, nämlich die Fortbewegung eines verkehrsunsicheren Fahrzeuges, verursacht worden.

tigten Dritten oder eines Tieres zurückzuführen ist" gestrichen. Damit entfällt eine Erwägung des BGH zur Begründung seiner Entscheidung. Eine Rechtsänderung ist mit der neuen Gesetzesfassung aber nicht verbunden. Die Regelung des § 17 Abs. 3 StVG sollte unmissverständlich klarstellen, dass für die Fallgruppe des Schadensausgleichs zwischen mehreren unfallbeteiligten Kraftfahrzeugen im Ergebnis keine Rechtsänderung eintreten sollte; es sollte weiter auf die Rechtsfigur des unabwendbaren Ereignisses sowie die dazu ergangene Rechtsprechung zurückgegriffen werden können.[56]

Die Ohnmacht des Fahrzeugführers A ist (auch nach neuer Rechtslage) kein betriebsfremder Vorgang, sondern steht im Zusammenhang mit dem Führen des Kfz und ist damit kein unabwendbares Ereignis.

Ergebnis: Nach § 7 Abs. 1 StVG ist F als Halter verpflichtet, dem X den Schaden zu ersetzen.

f) Der Anspruch könnte wegen Mitverursachung des X nach § 17 Abs. 2 und 1 StVG gemindert sein.[57] § 17 Abs. 2 StVG erfasst die Haftung gegenüber geschädigten Kfz-Haltern (oder Fahrern, § 18 Abs. 3 StVG), deren Kfz selbst an dem Unfall beteiligt ist, und regelt, inwieweit der eine Halter (oder Fahrer, § 18 Abs. 3 StVG) Ersatz von dem anderen verlangen kann.

Allerdings stellt der Unfall für den geschädigten Anspruchssteller ein unabwendbares Ereignis dar. Somit schließt § 17 Abs. 3 StVG dessen Mitverursachung i. S. des § 17 Abs. 1 und 2 StVG aus.

Der Unfall ist für X ein unabwendbares Ereignis (i. S. des § 17 Abs. 3 StVG), weil er die äußerst mögliche Sorgfalt beachtet. Dass das von A gesteuerte Fahrzeug plötzlich auf seine Fahrbahnseite gerät, ist für X ein betriebsfremdes Ereignis, was den Betrieb des eigenen (X) Fahrzeuges anbelangt. Der Zusammenstoß hätte sich auch bei Anwendung der größten Sorgfalt nicht von X verhindern lassen. Der Anspruch des X ist also auch nicht aus dem Gesichtspunkt bloßer Mitverursachung (Betriebsgefahr) zu mindern.

g) Anhaltspunkte für eine Verwirkung des Anspruchs des X nach § 15 StVG bestehen nicht.

h) Der Anspruch des X gegen F ist begründet. Er ist auf Schadensersatz im Rahmen der Höchstbeträge des § 12 StVG gerichtet; auch Schmerzensgeld kann verlangt werden (§ 11 S. 2 StVG i. V. m. § 253).

2. Anspruch aus § 831 Abs. 1 S. 1 (–) kein tatbestandsmäßiges Delikt des Verrichtungsgehilfen (s. u.); im Übrigen könnte sich F exkulpieren, weil A ein zuverlässiger Fahrer ist (§ 831 Abs. 1 S. 2).

II. Ansprüche des X gegen die Erben des getöteten Fahrers A

Die Erben des A haften nach § 1967, wenn A sich selbst ersatzpflichtig gemacht hat.

1. Nach § 18 StVG haftet auch der Führer des Kfz.

a) Nach § 18 Abs. 1 S. 2 StVG ist die Ersatzpflicht ausgeschlossen, „wenn der Schaden nicht durch ein Verschulden des Führers verursacht ist".

---

[56] Vgl. Beschlussempfehlung und Bericht des Rechtsausschusses (6. Ausschuss), BT-Drs. 14/8780, S. 22.
[57] § 17 Abs. 2 StVG ist Spezialvorschrift gegenüber § 254.

Es handelt sich also nicht um eine Gefährdungshaftung, sondern um eine Verschuldenshaftung, wobei das Verschulden vermutet wird.

b) Schuldhaft kann nur handeln, wer deliktsfähig ist. Insoweit gelten die §§ 827 ff. auch bei § 18 StVG. Wegen seiner Bewusstlosigkeit war A nicht schuldfähig (§ 827 S. 1).

c) Ergebnis: Kein Anspruch aus § 18 StVG.

2. Anspruch aus § 823 Abs. 1 (–) Es liegt bereits keine „Handlung" des A vor (nicht vom Willen beherrschbar). Jedenfalls fehlt es aber an der Deliktsfähigkeit (§ 827 S. 1).

3. Billigkeitshaftung gem. § 829 (?). Der BGH hat in diesem Fall eine Billigkeitshaftung angenommen. Denn A habe den äußeren Tatbestand einer unerlaubten Handlung verwirklicht. In welchem Umfang es die Billigkeit erfordert, dass die Erben des A dem X haften, lässt sich mangels näherer Angaben im Sachverhalt nicht entscheiden. Dieser Anspruch ist nicht an die Höchstbeträge des § 12 StVG gebunden. Der Anspruch kann also weiter gehen als der aus § 7 StVG gegen F und gegen den Versicherer.[58]

III. Anspruch gegen die Bank als Sicherungseigentümerin aus § 7 Abs. 1 StVG (–), weil kein Halter.

IV. Anspruch des X gegen den Haftpflichtversicherer H des F aus § 3 PflVG

1. Nach § 3 Nr. 1 PflVG hat der Geschädigte einen unmittelbaren Anspruch gegen den Haftpflichtversicherer des Schädigers. Schädiger und Haftpflichtversicherer haften als Gesamtschuldner.

Erläuterung: Nach § 1 PflVG ist jeder Halter eines Kfz verpflichtet, für sich, den Eigentümer und den Fahrer des Fahrzeuges eine Haftpflichtversicherung zur Deckung der durch den Gebrauch des Fahrzeuges verursachten Personenschäden, Sachschäden und sonstigen Vermögensschäden abzuschließen. Die Verpflichtung zum Abschluss einer Versicherung soll dem Geschädigten einen zahlungsfähigen Schuldner sichern (Verkehrsopferschutz) und außerdem den haftpflichtigen Kfz-Halter bzw. Fahrer vor u. U. ruinösen Vermögenseinbußen infolge der Gefährdungshaftung schützen.

Außerhalb des Sonderbereichs der Kfz-Haftpflichtversicherung betrifft eine Haftpflichtversicherung nur das Versicherungsverhältnis (Deckungsverhältnis) zwischen dem für einen Schaden verantwortlichen Schuldner (Versicherter) und seinem Versicherer. Der Haftpflichtversicherer ist gegenüber dem versicherten Schädiger u. a. verpflichtet, ihn von seiner Schuld gegenüber dem Geschädigten zu befreien (sog. Befreiungs- oder Freistellungsanspruch, vgl. § 149 VVG). Der Versicherer kann zwar an Stelle des versicherten Schuldners an den Gläubiger unmittelbar leisten. Einen

---

[58] Vertiefungsfrage: Tritt die Haftpflichtversicherung H der F auch für diesen Anspruch (aus § 829) ein? – Auch hier tritt die Kfz-Haftpflichtversicherung ein. Die Haftpflichtversicherung wird nämlich auch zugunsten des Fahrers abgeschlossen (Vertrag zugunsten Dritter, vgl. § 328). Ferner umfasst die Haftpflichtversicherung nicht nur die Haftung aus dem StVG, sondern auch jede andere Haftung aus dem Gebrauch des Fahrzeugs (insbes. §§ 823 ff.). Deshalb greift die Haftpflichtversicherung auch zugunsten der Erben des A ein. Auch insoweit hat X einen unmittelbaren Anspruch gegen den Versicherer aus § 3 Nr. 1 PflVG. Vgl. zum Umfang des Versicherungsschutzes § 2 der Kfz-Pflichtversicherungsverordnung.

unmittelbaren Anspruch gegen den Versicherer des Schädigers hat der Geschädigte – anders als bei der Kfz-Haftpflichtversicherung – aber nicht.[59]

2. Ergebnis: Anspruch des X gegen den Haftpflichtversicherer H (+).

V. Innenausgleich unter den haftpflichtigen Haltern oder Fahrern bei Drittschaden

46 § 17 Abs. 1 StVG enthält eine Sondervorschrift gegenüber § 426 Abs. 1 S. 1 und regelt den Umfang des **Innenausgleichs zwischen mehreren unfallbeteiligten Haltern und Fahrern,** die alle einem dritten Geschädigten zum Ersatz verpflichtet sind.

Beispiel:
Fahrer F gerät mit dem Kfz des Halters H in einer Kurve auf die Gegenfahrbahn, prallt dort mit dem entgegenkommenden Kfz des A (Halter und Fahrer) zusammen. Beide werden von der Straße geschleudert und verletzen einen neben der Straße befindlichen Fußgänger B. H und A haften dem B aus § 7 Abs. 1 StVG, F aus § 18 Abs. 1 StVG. Alle haften gesamtschuldnerisch (§ 840 Abs. 1). Der Ausgleich im Innenverhältnis zwischen der Zurechnungseinheit H/F und dem A erfolgt nach § 17 Abs. 1 StVG, der im Innenverhältnis zwischen H und F nach § 426.

47 Entscheidend für den Haftungsumfang ist der jeweilige Verursachungsbeitrag zum Schaden. Der „Idealfahrer" hat im Innenverhältnis keinen Anteil zu tragen (vgl. § 17 Abs. 3 i. V. m. Abs. 1 StVG), haftet mangels höherer Gewalt gemäß § 7 Abs. 2 StVG aber dem Geschädigten gegenüber im Außenverhältnis.

Zwar geht es bei § 17 Abs. 2 StVG auch um den Schadensausgleich zwischen unfallbeteiligten Haltern und Fahrern. Jedoch betrifft diese Norm die wechselseitige Außenhaftung von unfallbeteiligten Haltern und Führern nach § 7 Abs. 1 oder § 18 Abs. 1 StVG, also das direkte Verhältnis vom Schädiger zum Geschädigten. In diesem Fall entfällt bei einem unabwendbaren Ereignis bereits die Außenhaftung und bei Mitverursachung ist der Anspruch des Geschädigten bereits im Außenverhältnis zu kürzen.

Beispiel:
Halter H fährt auf den ruckartig abbremsenden Halter I auf. I kann nach § 7 Abs. 1 StVG von H Ersatz verlangen. Der Umfang richtet sich dabei nach § 17 Abs. 2 i. V. m. Abs. 1 StVG.

---

[59] Vgl. zum Ganzen *Weyers/Wandt,* Versicherungsvertragsrecht, 3. Auflage 2003, Rn. 893 ff.

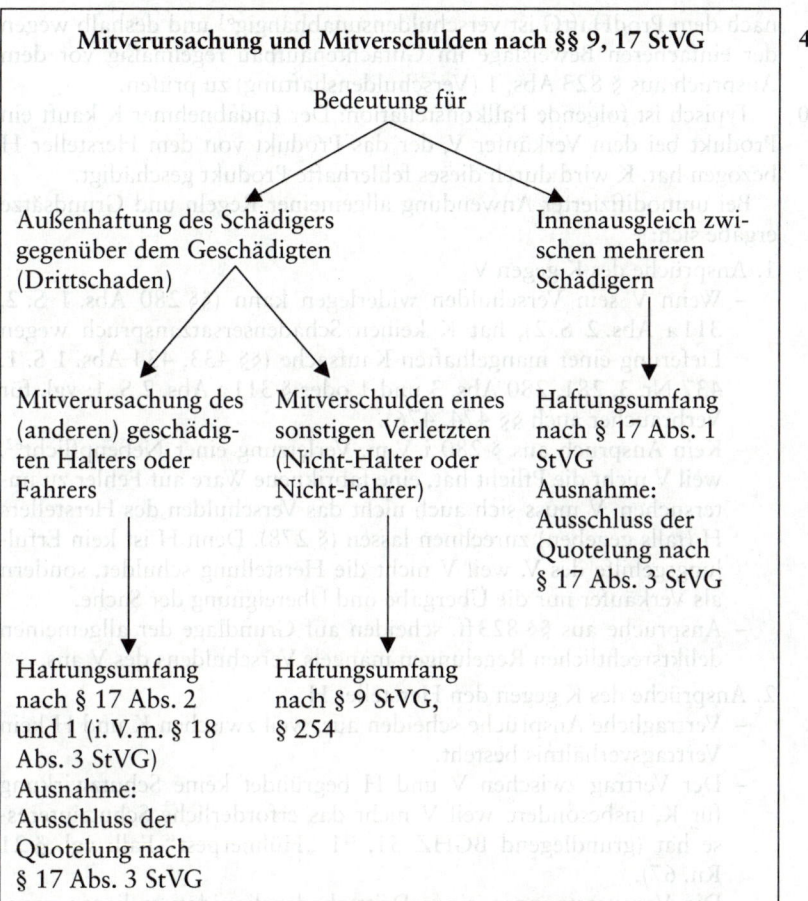

Mitverursachung und Mitverschulden nach §§ 9, 17 StVG — 48

Bedeutung für

Außenhaftung des Schädigers gegenüber dem Geschädigten (Drittschaden)

Innenausgleich zwischen mehreren Schädigern

Mitverursachung des (anderen) geschädigten Halters oder Fahrers

Mitverschulden eines sonstigen Verletzten (Nicht-Halter oder Nicht-Fahrer)

Haftungsumfang nach § 17 Abs. 1 StVG
Ausnahme:
Ausschluss der Quotelung nach § 17 Abs. 3 StVG

Haftungsumfang nach § 17 Abs. 2 und 1 (i. V. m. § 18 Abs. 3 StVG)
Ausnahme:
Ausschluss der Quotelung nach § 17 Abs. 3 StVG

Haftungsumfang nach § 9 StVG, § 254

B. Haftung für fehlerhafte Produkte

I. Einführung

Für Schäden durch fehlerhafte Produkte können vertragliche Schadensersatzansprüche gegeben sein, insb. gem. §§ 433, 437, 280 ff. Die daneben eröffnete (Anspruchskonkurrenz; vgl. § 1 Rn. 4 ff.) außervertragliche Haftung für fehlerhafte Produkte besteht aus der von der Rechtsprechung entwickelten Produkthaftung gemäß § 823 Abs. 1 und der auf Grundlage einer EG-Richtlinie normierten Produkthaftung nach dem Produkthaftungsgesetz (vgl. § 21 Rn. 71 f.).[60] Die Haftung — 49

---

[60] Die in der Literatur teilweise vorgenommene terminologische Trennung zwischen „Produzentenhaftung" nach §§ 823 ff. und „Produkthaftung" nach dem Prod-

nach dem ProdHaftG ist verschuldensunabhängig[61] und deshalb wegen der einfacheren Beweislage im Gutachtenaufbau regelmäßig vor dem Anspruch aus § 823 Abs. 1 (Verschuldenshaftung) zu prüfen.

50   Typisch ist folgende Fallkonstellation: Der Endabnehmer K kauft ein Produkt bei dem Verkäufer V, der das Produkt von dem Hersteller H bezogen hat. K wird durch dieses fehlerhafte Produkt geschädigt.

Bei unmodifizierter Anwendung allgemeiner Regeln und Grundsätze ergäbe sich:

1. Ansprüche des K gegen V
– Wenn V sein Verschulden widerlegen kann (§§ 280 Abs. 1 S. 2, 311a Abs. 2 S. 2), hat K keinen Schadensersatzanspruch wegen Lieferung einer mangelhaften Kaufsache (§§ 433, 434 Abs. 1 S. 1, 437 Nr. 3, 281, 280 Abs. 3 und 1 oder § 311a Abs. 2 S. 1; vgl. für Verbraucher auch §§ 474, 476).
– Kein Anspruch aus § 280 i. V. m. Verletzung einer Nebenpflicht[62], weil V nicht die Pflicht hat, eine fabrikneue Ware auf Fehler zu untersuchen. V muss sich auch nicht das Verschulden des Herstellers H (falls gegeben) zurechnen lassen (§ 278). Denn H ist kein Erfüllungsgehilfe des V, weil V nicht die Herstellung schuldet, sondern als Verkäufer nur die Übergabe und Übereignung der Sache.
– Ansprüche aus §§ 823 ff. scheiden auf Grundlage der allgemeinen deliktsrechtlichen Regelungen mangels Verschuldens des V aus.

2. Ansprüche des K gegen den Hersteller H
– Vertragliche Ansprüche scheiden aus, weil zwischen K und H kein Vertragsverhältnis besteht.
– Der Vertrag zwischen V und H begründet keine Schutzwirkung für K, insbesondere weil V nicht das erforderliche Schutzinteresse hat (grundlegend BGHZ 51, 91 „Hühnerpest"-Fall; vgl. § 21 Rn. 67).
– Die Voraussetzungen einer Drittschadensliquidation liegen mangels zufälliger Schadensverlagerung ebenfalls nicht vor (grundlegend BGHZ 51, 91 „Hühnerpest"-Fall).
– Eine Haftung nach §§ 823 ff. setzt voraus, dass dem H ein Verschulden nachgewiesen wird. Dafür muss der Geschädigte wegen Rechtsgutverletzungen, die durch fehlerhafte Produkte verursacht werden, im Einzelnen darlegen und gegebenenfalls beweisen, dass der Anspruchsgegner (Hersteller) objektiv pflichtwidrig und schuldhaft gehandelt hat.

HaftG kann unrichtige Assoziationen auslösen und ist deshalb zu Recht auf dem Rückzug. Häufig werden die Begriffe in Rechtsprechung und Literatur synonym verwendet.

[61] Nach anderer Ansicht handelt es sich auch bei der Haftung nach dem ProdHaftG um eine – in den Produktfehler inkorporierte – Verschuldenshaftung; vgl. *Kötz/Wagner*, Rn. 612 ff. m. w. N.

[62] Bei Nebenpflichten ist § 280 direkt anzuwenden, wenn sie nicht in den Anwendungsbereich der §§ 434 bis 442 fallen (vgl. Palandt/*Putzo*, § 437 Rn. 52).

3. Rückgriffansprüche des Verkäufers gegen den Hersteller (vgl. für den Verbrauchsgüterkauf § 478) berühren den Käufer nicht.

Würden diese Grundsätze uneingeschränkt angewandt, führte dies zu   51 einem unzureichenden Schutz von geschädigten Endabnehmern (und Produktbenutzern). Diese Geschädigten hätten kaum die Möglichkeit, Schadensersatzansprüche durchzusetzen. Denn

– der Endabnehmer ist aus Rechtsgründen in den Vertrag zwischen Hersteller und Verkäufer nicht einzubeziehen,[63]
– der Verkäufer, der nicht selbst der Hersteller ist (Regelfall), wird in aller Regel nicht schuldhaft gehandelt haben,
– dem Produkthersteller wird bei Anwendung der allgemeinen Beweislastregeln ein pflichtwidriges und schuldhaftes Verhalten kaum nachzuweisen sein, weil der Endabnehmer keinen Einblick in den Betrieb des Herstellers hat.

Zum Schutz von Endabnehmern (und Produktbenutzern) haben   52 Rechtsprechung und Literatur deshalb im Rahmen des § 823 Abs. 1 die besonderen Grundsätze der Produkthaftung entwickelt.[64] Auf der Grundlage der EG-Produkthaftungsrichtlinie wurde außerdem das Produkthaftungsgesetz (1989) erlassen. Zu unterscheiden sind deshalb:

– die deliktische (verschuldensabhängige) Produkthaftung nach § 823 Abs. 1 und
– die verschuldensunabhängige Haftung nach dem Produkthaftungsgesetz (Gefährdungshaftung, str.[65]).

II. Produkthaftung nach § 823 Abs. 1

Die Produkthaftung nach § 823 Abs. 1 ist ein Sonderfall der deliktischen Haftung wegen der Verletzung einer herstellerspezifischen Verkehrssicherungspflicht. Ihre Bedeutung besteht darin, dass   53

– für einen bestimmten Personenkreis, nämlich für Produzenten,
– herstellerspezifische Verkehrssicherungspflichten aufgestellt werden, um Gefahren durch Produkte zu vermeiden,
– und dass dem Geschädigten eine Beweislastumkehr, insbesondere hinsichtlich des Verschuldens des Herstellers, zugebilligt wird.

1. Tatbestandsvoraussetzungen

a) Hersteller

Der Schädiger muss **Hersteller** sein. Die verschuldensabhängige Produkthaftung mit der Umkehr der Beweislast unterliegt nicht nur der in-   54

---

[63] Vgl. BGHZ 51, 91, 92 ff.

[64] Die auf § 823 Abs. 1 gestützte Produkthaftung ist – auch nach Erlass der sog. EG-Produkthaftungsrichtlinie (85/374/EWG, ABl. L 210/29 vom 7. 8. 1985) und dem ProdHaftG – europarechtskonform (vgl. *Spindler*, in: Bamberger/Roth, § 823 Rn. 482 m. w. N.).

[65] A. A. *Kötz/Wagner*, Rn. 612 ff. m. w. N. (in den Produktfehler inkorporierte Verschuldenshaftung).

dustrielle Hersteller, sondern auch der Inhaber von Klein- und Familienbetrieben, weil dem Geschädigten auch insoweit der Einblick in den Produktionsprozess fehlt.

Beispiel:
Nach dem Hochzeitsessen in einer Gaststätte erkranken die Brautleute und ihre Gäste an einer Salmonellenvergiftung. Der BGH hat in diesem Fall eine Produkthaftung für den Inhaber eines kleinen Betriebes angenommen (BGHZ 116, 104 „Hochzeitsessen").

Erfasst werden Hersteller jeglicher Produkte. „Produkt" i.S. der deliktischen Produkthaftung ist weit auszulegen.[66] Erfasst werden auch Produkte von Zulieferern, die vom Endhersteller für die Herstellung des Endprodukts verwendet werden.

55   **Vertiefungshinweis:**
Der BGH (NJW 1975, 1827) hat die Beweislastumkehr auch auf „Produktionsleiter in herausgehobener und verantwortlicher Stellung" erstreckt. Dies ist vor allem bedenklich, weil diesen Personen u.U. nicht dieselben Beweismittel zur Verfügung stehen als dem Unternehmer selbst.[67]

b) Verletzung einer Verkehrssicherungspflicht

56   Im Zuge der Entwicklung der deliktischen Produkthaftung wurde lange Zeit über den richtigen Anknüpfungspunkt (und Prüfungsaufbau) gestritten. Es war (und ist teilweise noch) umstritten, ob ein positives Tun oder Unterlassen des Verkäufers vorliegt. Es wurde vertreten:
– Das Inverkehrbringen stelle generell ein positives Tun dar.
– Das Inverkehrbringen eines fehlerhaften Produkts als positives Tun reiche nicht aus, zusätzlich sei eine Verletzung der Verkehrssicherungspflicht erforderlich.
– Es liege ein Unterlassen des Herstellers vor, weil der Schwerpunkt der Vorwerfbarkeit in einem Unterlassen liege. Dann ist die Verkehrssicherungspflicht beim Unterlassen im objektiven Tatbestand, also bei der Verkehrssicherungspflicht, zu prüfen.
– Teils wird die Verkehrssicherungspflicht des Herstellers bei der Rechtswidrigkeit des Unterlassens geprüft.[68]
Vorzugswürdig ist es, die Verletzung einer Verkehrssicherungspflicht bereits im objektiven Tatbestand zu prüfen (vgl. auch § 16 Rn. 110).

c) Rechtswidrigkeit

57   Die Verletzung einer Verkehrssicherungspflicht indiziert die **Rechtswidrigkeit** (vgl. § 16 Rn. 155).

d) Verschulden

58   Die deliktische Produkthaftung nach § 823 setzt **Verschulden** (§ 276) des Herstellers voraus. Das Verschulden wird nach den von der Recht-

---

[66] *Spindler*, in: Bamberger/Roth, § 823 Rn. 483.
[67] Vgl. *Medicus*, BR, Rn. 650a m.w.N.
[68] Vgl. dazu auch *Brox/Walker*, BS, § 41 Rn. 48ff.

sprechung entwickelten Grundsätzen vermutet (Beweislastumkehr, vgl. dazu § 21 Rn. 64 ff.). Der Hersteller muss sich also entlasten.

2. Herstellerspezifische Verkehrssicherungspflicht

Wer Waren herstellt und in den Verkehr bringt, muss dafür sorgen, 59 dass durch diese Waren Rechtsgüter anderer nicht beeinträchtigt werden. Der Produzent muss dieser Verkehrssicherungspflicht genügen und im Rahmen des objektiv Möglichen und Zumutbaren die erforderlichen Sicherungsmaßnahmen treffen, damit produktbedingte Gefahren für andere Personen vermieden werden. Der Produzent hat die Pflicht, seinen Betrieb so zu organisieren, dass Fabrikationsfehler, Konstruktionsfehler, Instruktionsfehler und Produktbeobachtungsfehler vermieden werden.[69]

Eigentliche Grundlage der Haftung ist die Verletzung einer Verkehrssicherungspflicht, nicht das Vorliegen eines (infolge der Verletzung der Verkehrssicherungspflicht bestehenden) Produktfehlers. Rechtsprechung und Literatur haben die Verkehrssicherungspflichten allerdings nach den einzelnen Produktfehlerarten geordnet. Die einzelnen Produktfehlerarten stehen also für unterschiedliche Verantwortungsbereiche mit unterschiedlichen Anforderungen an die erforderliche Sorgfalt. Die Typisierung in Fehler-Fallgruppen hat den Vorzug, dass Verhaltensweisen in gleichen oder vergleichbaren betrieblichen Funktionen eine gleichartige Beurteilung erlauben und nahe legen.[70] Außerdem ist der Produktfehler als sichtbares Resultat des Produktionsprozesses Ausgangspunkt für Fragen des Beweises.

a) Konstruktionsfehler

Die Fehlerhaftigkeit des Produktes kann darauf beruhen, dass es schon 60 nach seiner Konstruktion oder Zusammensetzung nicht diejenige Beschaffenheit hat, die man zur Vermeidung einer Gefahr für andere erwarten muss (**Konstruktionsfehler**).[71] Das Produkt muss die Sicherheit für den vorsehbaren Gebrauch gewährleisten, die der durchschnittliche Verbraucherkreis erwarten darf. Der Hersteller muss dafür alle technisch möglichen Sicherheitsvorkehrungen treffen. Bei einem Konstruktionsfehler ist regelmäßig die gesamte Ware einer Produktserie mangelhaft.

Beispiel:
In einer Reinigungsanlage sind zu schwache und ungeeignete Schwimmschalter eingebaut (Konstruktionsfehler). Dadurch entsteht ein Brand (BGHZ 67, 359, 362; vgl. oben § 16 Rn. 27 Fn. 34).

Entscheidend für den Inhalt der Verkehrssicherungspflicht zur Vermeidung von Konstruktionsfehlern ist der im Zeitpunkt der Inverkehr-

---

[69] Vgl. zu den einzelnen Fehlerarten mit zahlreichen Beispielen aus der Rechtsprechung *Spindler*, in: Bamberger/Roth, § 823 Rn. 492 ff.
[70] v. Westphalen/*Foerste*, § 24 Rn. 58.
[71] Vgl. *Kötz/Wagner*, Rn. 617.

gabe erkennbare Stand von Wissenschaft und Technik. Insoweit[72] ist es also unschädlich, wenn sich nach der Inverkehrgabe des Produkts infolge einer Fortentwicklung des Standes von Wissenschaft und Technik herausstellt, dass die Konstruktion Gefahren mit sich bringt (sog. Entwicklungsrisiken; vgl. aber für die Haftung nach dem Produkthaftungsgesetz § 1 Abs. 2 Nr. 5 ProdHaftG).

b) Fabrikationsfehler

61   Ein **Fabrikationsfehler** ist gegeben, wenn bei der Fertigung eines (ordnungsgemäß konstruierten) Produktes eine planwidrige Abweichung von der Sollbeschaffenheit eingetreten ist. Regelmäßig sind dann nur einzelne Exemplare aufgrund eines Fehlverhaltens eines Arbeitnehmers oder einer zeitweiligen Fehlfunktion einer Maschine beim Herstellungsverfahren, das an sich ordnungsgemäß ist, mangelhaft.

Beispiele:
– Hühnerpestimpfstoff wird während des Abfüllvorgangs verunreinigt (BGHZ 51, 91, 102 ff. „Hühnerpest"-Fall).
– Beim Abfüllen von Mineralwasserflaschen entsteht zu hoher Innendruck und dadurch Explosionsgefahr (BGHZ 104, 323).

„Kein Fabrikationsfehler", genauer: keine Verletzung einer Verkehrssicherungspflicht (vgl. § 21 Rn. 56, 59) ist gegeben, wenn es sich bei dem Produktfehler um einen sog. Ausreißer handelt. Beim Ausreißer liegt ein einmaliges Fehlverhalten eines Arbeitnehmers oder eine Fehlleistung einer Maschine vor, das bzw. die für den Produzenten trotz aller Vorkehrungen unvermeidbar war.

c) Instruktionsfehler

62   Selbst wenn das Produkt fehlerfrei konstruiert und produziert worden ist, kann im Fall eines **Instruktionsfehlers** eine Haftung des Produzenten in Betracht kommen. Der Hersteller einer Ware ist verpflichtet, die Verbraucher vor Gefahren zu warnen, die aus der Verwendung des Produkts entstehen können, soweit die Verwendung im Rahmen der allgemeinen Zweckbestimmung des Produkts liegt.[73] Gegebenenfalls muss sogar vor einem nahe liegenden Missbrauch des Produkts gewarnt werden. Art und Umfang der Warnpflicht sind davon abhängig, inwieweit der Verbraucherkreis mit den Produktgefahren vertraut ist.

Beispiele:
– Infolge sog. „Dauernuckelns" an Kinderfläschchen, die mit Kinderteeprodukten gefüllt sind, entsteht bei Kleinkindern Karies. Der Hersteller hat es unterlassen, die von ihm vertriebenen Tee-Produkte mit hinreichenden Warnhinweisen zu versehen (BGHZ 116, 60).[74]

---

[72] Nicht ausgeschlossen ist aber eine Haftung wegen Verletzung der Produktbeobachtungspflicht nach Inverkehrbringen des Produktes.

[73] Vgl. zur Pflicht des Herstellers zur Warnung vor aufgetretenen Produktgefahren *Tiedtke*, FS Gernhuber, 1993, 471.

[74] Vgl. auch BGH NJW 1999, 2273, 2274 (Warnung vor Zahnschäden bei Dauernuckeln an einer mit kariogenen Getränken gefüllten Flasche mit Schnuller).

– Der Hersteller oder Importeur von Feuerwerkskörpern hat die Verpackungen mit besonderen Warnhinweisen zu versehen, die erforderlich sind, um den Gefahren wirksam zu begegnen, die für Kinder bestehen, an welche die Abgabe öffentlich-rechtlich nicht verboten ist (BGHZ 139, 79; vgl. auch BGHZ 139, 43).
– Warnung davor, dass ein vertriebenes Mittel in bestimmten Fällen zur Vermeidung von Gefahren wirkungslos sein kann (BGHZ 80, 186, 195 ff.).

d) Produktbeobachtung

Der Hersteller ist auch nach Inverkehrgabe des Produkts (Auslieferung) verpflichtet, seine Produkte auf noch nicht bekannte schädliche Eigenschaften hin zu beobachten (**Produktbeobachtungspflicht**).[75] Er muss sich auch ständig über deren sonstige, eine Gefährdung schaffende Verwendungsfolgen informieren. Zeigen sich Mängel oder Risiken, muss er durch geeignete Maßnahmen (z.B. Warnhinweise) für künftige gefahrlose Nutzung sorgen; unter Umständen trifft ihn sogar eine Rückrufpflicht.[76]

63

Beispiele:
– Ein Spritzmittel bei der Bekämpfung des Apfelschorfes erweist sich nachträglich als unwirksam. Der sich ausbreitende Apfelschorf führt bei den Obstbauern zu erheblichen Schäden. Der Hersteller des Spritzmittels verletzt seine Produktbeobachtungspflicht, wenn er seine (Massen-)Produkte nicht auf noch unbekannte schädliche Eigenschaften hin beobachtet oder sich über deren sonstige, eine Gefahrenlage schaffende Verwendungsfolgen nicht informiert (BGHZ 80, 199, 202).
– Bei der Verwendung von nicht serienmäßigem Zubehör (Lenkverkleidung) wird das Fahrverhalten bestimmter Motorräder im Hochgeschwindigkeitsbereich beeinträchtigt. Den Hersteller der Motorräder trifft die Pflicht, rechtzeitig Gefahren aufzudecken, die aus der Kombinierung seines Produktes mit Produkten anderer Hersteller entstehen können, und diesen Gefahren entgegenzuwirken (BGHZ 99, 167).
– Bei der Benutzung von Küchendunstabzugshauben kommt es wiederholt zu Küchenbränden, ohne dass der Hersteller zunächst Maßnahmen ergreift. Es stellt sich heraus, dass ein Zulieferteil konstruktionsbedingt fehlerhaft ist. Dies begründet die Haftung des Zulieferers. Der Endhersteller verletzt – wenn er sich hinsichtlich des Verschuldens für den Konstruktionsfehler seines Endprodukts entlasten kann – jedenfalls seine Produktbeobachtungspflicht, wenn er nicht unverzüglich vor den Gefahren seines Produkts warnt. Die sich aus § 823 Abs. 1 ergebende Schadensersatzverpflichtung des Zulieferers und Endherstellers gegenüber Produktgeschädigten ist jedenfalls auf Ersatz bereits entstandener Schäden gerichtet; sehr umstritten und noch nicht höchstrichterlich geklärt ist, ob die Produkthaftpflichtigen zivilrechtlich auch verpflichtet sind, auf ihre Kosten eine Rückrufaktion durchzuführen und weitergehend das fehlerhafte

---

[75] Man kann zwischen der aktiven Produktbeobachtungspflicht (Aufbau einer Betriebsorganisation zur Beschaffung von Informationen über die Bewährung des Produktes bei seinem Einsatz in der Praxis und deren Auswertung) und der passiven Produktbeobachtungspflicht (Überprüfung von Beanstandungen des Produktes, die dem [importierenden] Hersteller zugeleitet werden) unterscheiden (vgl. BGH NJW 1994, 517, 519).

[76] Vgl. zur strafrechtlichen Produkthaftung und der Verpflichtung des Herstellers zum Rückruf bereits in den Handel gelangter, gesundheitsgefährdender Produkte BGHSt 37, 106 = BGH NJW 1990, 2560 „Lederspray"-Fall.

Produkt zu reparieren. Zulieferer und Endhersteller haften als Gesamtschuldner (§ 840 Abs. 1) (Vgl. OLG Karlsruhe NJW-RR 1995, 594).[77]

3. Umkehr der Beweislast

64   Ein zentrales Element der von der Rechtsprechung entwickelten deliktischen Produkthaftung ist neben den spezifischen Verkehrssicherungspflichten eine spezifische Beweislastverteilung.[78] Grundsätzlich genügt der Geschädigte seiner Beweislast, wenn er beweist, dass das Produkt in objektiv fehlerhaftem Zustand den Herstellerbereich verlassen hat (**Fabrikations-, Konstruktions-, Instruktionsfehler**) und das fehlerhafte Produkt für den Schaden ursächlich geworden ist.[79]

Steht fest, dass ein objektiver Mangel eines Produkts zu einer Rechtsgutverletzung geführt hat, ist der Geschädigte von dem Beweis der objektiven Pflichtwidrigkeit des Herstellers[80] und von dem Beweis des Verschuldens[81] befreit (Beweislastumkehr).[82] Der Hersteller muss sich entlasten und den Beweis führen, dass er (objektiv) keine Verkehrssicherungspflicht verletzt hat und ihn (subjektiv) kein Verschulden trifft.[83] Die in Produkthaftungsfällen häufig vorkommende Unaufklärbarkeit hinsichtlich dieser Punkte geht folglich zu Lasten des Herstellers.

65   Der Hersteller muss alle ihm vorgeworfenen Unzuträglichkeiten widerlegen sowie die Einhaltung aller zumutbaren Sicherheitsvorkehrungen lückenlos darlegen und unter Beweis stellen. Der Hersteller kann sich entlasten, insbesondere
– indem er bei Konstruktionsfehlern nachweist, dass sie in der Entwicklungs- und Konstruktionsphase bis hin zum Zeitpunkt der Inverkehrgabe bei Anwendung aller zumutbaren Sorgfalt nicht erkennbar waren;
– indem er bei Fabrikationsfehlern den Nachweis führt, dass der Produktionsablauf keiner Störung durch individuelle Fehlleistungen von Mitarbeitern ausgesetzt ist und der Fehler trotz Beachtung aller Pflichten nicht vermeidbar war (Ausreißer);[84]

---

[77] Vgl. auch OLG München NJW-RR 1999, 1657 (Rückrufaktion, Auftragsverhältnis zwischen Hersteller und Zulieferer). Ob ein unterlassener Rückruf eine Haftung des Herstellers auslöst, ist bisher wohl höchstrichterlich zivilrechtlich nicht entschieden (vgl. dazu *Spindler*, in: Bamberger/Roth, § 823 Rn. 516 ff.; MünchKomm/ *Wagner*, § 823 Rn. 603 ff.; *Kötz/Wagner*, Rn. 644).
[78] Vgl. die Übersicht bei v. Westphalen/*Foerste*, § 30 Rn. 20 ff.; *Spindler*, in: Bamberger/Roth, § 823 Rn. 552 ff.
[79] BGHZ 104, 323, 332.
[80] BGH NJW 1996, 2507.
[81] Grundlegend BGHZ 51, 91.
[82] Zu den Einzelheiten vgl. auch die Vertiefungshinweise in Rn. 68 f. sowie MünchKomm/*Wagner*, § 823 Rn. 608 ff.; *Spindler*, in: Bamberger/Roth, § 823 Rn. 552 ff.; Staudinger/*Hager*, § 823 Rn. F 38 ff.
[83] BGHZ 116, 60, 72; 80, 186, 197.
[84] Staudinger/*Hager*, § 823 Rn. F 44.

– indem er beweist, dass der Fehler in einem zugelieferten Teil steckt und trotz der möglicherweise gebotenen Kontrollen nicht erkennbar war.[85]

Die Beweislast für einen Verstoß gegen die **Produktbeobachtungs-** **66** **pflicht** (nach der Inverkehrgabe des Produkts) obliegt dagegen dem Geschädigten. Er muss beweisen, dass der Hersteller die Gefährlichkeit seines Produkts nach der Inverkehrgabe erkennen konnte und deshalb zur Warnung der Produktnutzer verpflichtet war.[86]

Fall (BGHZ 51, 91 „Hühnerpest"): **67**

Der Tierarzt T impft auf der Hühnerfarm des G dessen Hühner gegen Hühnerpest. Dazu verwendet T ein Serum, das er von dem Impfstoffhersteller H bezogen hat. Dieses Serum ist bakteriell verunreinigt. Die Hühner erkranken an der Hühnerpest und verenden. Ob diese Verunreinigung auf das Verschulden des H zurückgeht, lässt sich nicht feststellen. Ansprüche des G?

Lösung:

A. Ansprüche des G gegen den Tierarzt T?

I. Für Vertragsansprüche (§§ 631, 633 Abs. 1, 634 Nr. 4, 280) fehlt es an einem von T zu vertretenden Verschulden (§ 280 Abs. 1 S. 2): Eigenes Verschulden kommt nicht in Frage. Für ein etwa vorliegendes Verschulden des H hat T nicht nach § 278 einzustehen, weil der Hersteller H nicht der Erfüllungsgehilfe des T ist. Denn T schuldet keine Herstellung des Serums.

II. Für Deliktsansprüche (§ 823 Abs. 1) gegen T fehlt es ebenfalls an einem Verschulden.

B. Ansprüche des G gegen den Produzenten H?

I. Vertragliche Schadensersatzansprüche des G gegen den Produzenten H scheiden aus. Die von der Literatur teils vorgeschlagenen Konstruktionen hat die Rechtsprechung abgelehnt.

1. Garantievertrag zwischen dem Produzenten und dem Endverbraucher? Ein selbstständiger Garantievertrag kommt nur zustande, wenn der Händler dem Endverbraucher einen Garantieschein des Herstellers übergibt. Die Herstellergarantie beschränkt sich aber meist auf Nachbesserung.

2. Schadensersatzansprüche aus einem Vertrag (zwischen T und H) mit Schutzwirkung für Dritte (G) (–), weil der Abnehmer T kein (typisiertes) Interesse am Schutz des Dritten hat.[87]

3. Drittschadensliquidation? Der Händler könnte den Schaden des Endabnehmers (Verbrauchers) beim Hersteller liquidieren. Es fehlt aber an der für eine Drittschadensliquidation erforderlichen zufälligen Schadensverlage-

---

[85] Vgl. *Reinicke/Tiedtke,* Kaufrecht, Rn. 923; ausführlich dazu auch *Spindler,* in: Bamberger/Roth, § 823 Rn. 525 ff.

[86] BGHZ 80, 186, 198.

[87] Der BGH beruft sich auf die fehlende Erkennbarkeit der Einbeziehung des Dritten (G) und den fehlenden personenrechtlichen Einschlag (Wohl-und-Wehe-Formel) zwischen dem Vertragsgläubiger T und dem Dritten G.

rung; denn die Weiterveräußerung der Ware ist beabsichtigt. Der Schaden tritt regelmäßig nur beim Endabnehmer ein und nicht statt bei T beim Endabnehmer.[88] Der Schaden wird nicht zufällig auf den Endabnehmer verlagert.

II. Schadensersatzansprüche nach dem Produkthaftungsgesetz (§ 1 Abs. 1 ProdHaftG) kommen nicht in Betracht, weil das Produkt – im BGH-Fall – vor dem 1. 1. 1990 in den Verkehr gebracht wurde (vgl. §§ 16,19 ProdHaftG).

III. Schadensersatzanspruch aus § 823 Abs. 1?

1. Das Eigentum des G an den Hühnern ist aufgrund der Hühnerpest verletzt worden.

2. H als Hersteller des Serums müsste diese Eigentumsverletzung verursacht haben. Den H trifft eine herstellerspezifische Verkehrssicherungspflicht. Wer Waren herstellt und in den Verkehr bringt, muss dafür sorgen, dass durch diese Sachen Rechtsgüter anderer nicht beeinträchtigt werden. Hier liegt ein sog. Fabrikationsfehler vor, weil das Serum bakteriell verunreinigt ist, und damit eine objektive Verletzung der Verkehrssicherungspflicht. Bei der Herstellung des Impfstoffs verletzt H die ihm obliegende Verkehrssicherungspflicht.

3. Die Verletzung der Verkehrssicherungspflicht indiziert die Rechtswidrigkeit (vgl. oben § 16 Rn. 155).

4. Verschulden? Verschulden lässt sich hier nicht feststellen. Jedoch könnte eine Umkehr der Beweislast in Betracht kommen.
H hat eine herstellerspezifische Verkehrssicherungspflicht verletzt (Fabrikationsfehler), so dass die Beweislast hinsichtlich des Verschuldens umgekehrt wird. H muss sich vom Verschuldensvorwurf (Fahrlässigkeit) entlasten bzw. nachweisen, dass es sich nur um einen sog. Ausreißer handelt (also nur um einen einmaligen Vorgang). H hat diesen Entlastungsbeweis nicht geführt. Die Unaufklärbarkeit geht zu seinen Lasten.

5. Ergebnis: G hat gegen H einen Schadensersatzanspruch aus § 823 Abs. 1.

IV. Anspruch aus § 831 Abs. 1 S. 1
Dieser Anspruch scheidet aus, wenn sich der Produzent hinsichtlich seiner Verrichtungsgehilfen entlasten kann.

V. In Betracht kommt außerdem ein Schadensersatzanspruch aus § 823 Abs. 2 i. V. m. § 5 Abs. 1 ArzneimittelG (AMG). Danach ist es verboten, bedenkliche Arzneimittel in den Verkehr zu bringen. Der Impfstoff ist ein Arzneimittel i. S. des Arzneimittelgesetzes.

68 **Vertiefungshinweis:**
Für den Beweis, dass ein Produktfehler im Verantwortungsbereich des Herstellers entstanden ist (sog. Fehlerbereichsnachweis), kommt nur ausnahmsweise unter besonderen Umständen eine Beweislastumkehr zugunsten des Geschädigten in Betracht, wenn der Hersteller aufgrund der ihm im Interesse der Endabnehmer und Produktbenutzer auferlegten Verkehrssicherungspflicht gehalten war, das Produkt auf seine einwandfreie Beschaffenheit zu überprüfen und den Befund zu sichern (vom BGH bejaht für die Wiederverwendung von Mehrweg-

---

[88] BGHZ 51, 91, 95.

Limonadenflaschen), der Hersteller dieser Verpflichtung aber nicht nachgekommen ist.[89]

Vertiefungshinweis: Verkehrssicherungspflichten   69
Die Verkehrssicherungspflichten sind Ausdruck einer spezifischen Gefahrsteuerungs- und Gefahrabwendungspflicht als deliktische Verkehrspflichten; den Produzenten trifft eine Gefahrsteuerungs- und Abwendungspflicht.[90]
1. Bedeutung der Unterscheidung zwischen den vier „Fehlerarten"
Die einzelnen Fehler sind unterschiedlichen Verantwortungsbereichen mit unterschiedlichen Anforderungen an die erforderliche Sorgfalt zuzuordnen. Die Typisierung in Fallgruppen hat den Vorzug, dass Verhaltensweisen in gleichen oder vergleichbaren betrieblichen Funktionen eine gleichartige Beurteilung rechtfertigen oder nahe legen.[91] Die Unterscheidung hat Bedeutung für die Mitarbeiter-Eigenhaftung.[92] Bei Verletzung von Produktbeobachtungs- und Aufklärungspflichten nach Inverkehrbringen des Produkts hat die Rechtsprechung eine Beweislastumkehr nur für das Verschulden, nicht für die objektive Pflichtverletzung angenommen (Umfang des Entlastungsbeweises des Herstellers).[93]
2. Gründe für den Umfang der Beweislastumkehr
Die Rechtsprechung beruht auf dem dogmatischen Konzept, dass den Hersteller die Beweislast für solche Umstände trifft, die zu seiner Einflusssphäre gehören.[94] Dies bedeutet eine Beweislastverteilung nach Gefahrenbereichen („Gefahrbereichslehre"). Dem Geschädigten wird die Beweislast abgenommen, weil er sonst Vorgänge aufklären müsste, die sich im Gefahrenbereich des Herstellers abgespielt haben.[95] Ein weiterer dogmatischer Ansatzpunkt für die Beweislastumkehr ist die gerechte Verteilung des wirtschaftlichen Risikos im Produkthaftungsrecht zwischen Hersteller und Geschädigten für nicht aufklärbare Umstände.[96] Die besondere Beweislastverteilung rückt das Produkthaftungsrecht in die Nähe der Gefährdungshaftung.
3. Geltung allgemeiner Grundsätze des Beweisrechts
Der Anscheinsbeweis, Indizienbeweis und die Umkehr der Beweislast bei Beweisvereitelung greifen bei allen beweisbedürftigen Tatsachen ein.[97]
Für die Entstehung und den Umfang der Schäden gilt § 287 Abs. 1 ZPO.

---

[89] Zu den Voraussetzungen für eine derartige Befundsicherungspflicht des Herstellers vgl. BGHZ 104, 323, 332 ff. Vgl. dazu auch *Rolland*, S. 372; Staudinger/*Hager*, § 823 Rn. F 40; MünchKomm/*Wagner*, § 823 Rn. 612 f.
[90] MünchKomm/*Mertens*, 3. Auflage 1997, § 823 Rn. 275 f.; allgemein dazu auch MünchKomm/*Wagner*, § 823 Rn. 220 ff.
[91] v. Westphalen/*Foerste*, § 24 Rn. 58.
[92] v. Westphalen/*Foerste*, § 25 Rn. 215 ff.
[93] Staudinger/*Hager*, § 823 Rn. F 44; BGHZ 80, 186; 116, 60.
[94] Vgl. BGHZ 51, 91, 105 („so ist der Produzent näher daran"); Staudinger/*Hager*, § 823 Rn. F 38, 43; MünchKomm/*Wagner*, § 823 Rn. 608; *Spindler*, in: Bamberger/Roth, § 823 Rn. 552.
[95] Vgl. BGHZ 80, 186, 198; 104, 323.
[96] *Rolland*, S. 371.
[97] MünchKomm/*Mertens*, 3. Auflage 1997, § 823 Rn. 298; vgl. auch Staudinger/*Hager*, § 823 Rn. F 39.

4. Zusammenfassung

70

> ### Deliktische Produkthaftung (sog. Produzentenhaftung) (§ 823 Abs. 1)
>
> Haftung des Produzenten wegen Verletzung einer hersteller-spezifischen Verkehrssicherungspflicht
> 1. Hersteller
> 2. Rechtsgutverletzung
> 3. Verletzung einer Verkehrssicherungspflicht. Unterscheidung zwischen (§ 21 Rn. 60 ff.)
>   – Fabrikationsfehler
>   – Konstruktionsfehler
>   – Instruktionsfehler
>   – Produktbeobachtungsfehler (nach Inverkehrgabe des Produkts)
> 4. Rechtswidrigkeit
>   Verletzung einer Verkehrssicherungspflicht indiziert die Rechtswidrigkeit
> 5. Verschulden
>   Umkehr der Beweislast für Verschulden (§ 21 Rn. 64 ff.)

III. Produkthaftung nach dem ProdHaftG

71   Das Produkthaftungsgesetz vom 15. 12. 1989 ordnet eine **verschuldensunabhängige Haftung** des Herstellers für Produktschäden an (Gefährdungshaftung, str.[98]). Die Ersatzpflicht nach diesem Gesetz darf im voraus weder ausgeschlossen noch beschränkt werden (§ 14 ProdHaftG).

72

> ### Haftung nach dem Produkthaftungsgesetz
>
> I. Anspruchsgrundlage: § 1 Abs. 1 ProdHaftG
> II. Tatbestand
>   1. Produkt nach 1. 1. 1990 in Verkehr gebracht (§ 16 ProdHaftG)
>   2. Körper-, Gesundheitsschaden oder Sachschaden an anderer Sache (§ 1 Abs. 1 ProdHaftG)
>   3. Produkt i. S. des § 2 ProdHaftG = bewegliche Sache

---

[98] Nach anderer Ansicht handelt es sich auch bei der Haftung nach dem ProdHaftG um eine – in den Produktfehler inkorporierte – Verschuldenshaftung; vgl. *Kötz/Wagner*, Rn. 612 ff. m. w. N.

4. Produktfehler i.S. des § 3 ProdHaftG im Zeitpunkt des Inverkehrbringens

5. Hersteller i.S. des § 4 Abs. 1 ProdHaftG
   - Endprodukthersteller (§ 4 Abs. 1 S. 1 ProdHaftG)
   - Zulieferer (§ 4 Abs. 1 S. 1 ProdHaftG)
   - Quasi-Hersteller (§ 4 Abs. 1 S. 2 ProdHaftG)
   - Importeur (§ 4 Abs. 2 ProdHaftG)
   - Lieferant (§ 4 Abs. 3 ProdHaftG)

6. Kein Haftungsausschluss (§ 1 Abs. 2 oder Abs. 3 ProdHaftG)

III. Rechtsfolgen

   1. Vermögensnachteile bei Tod oder Körperverletzung (§§ 7 bis 10 ProdHaftG): Höchstbetrag 85 Mio. €

   2. Vermögensnachteile durch Zerstörung oder Beschädigung privater Sachen: den über 500 € hinausgehenden Schaden (§ 11 ProdHaftG)

   3. Schmerzensgeld (§ 253 Abs. 2, § 8 S. 2 ProdHaftG)

   4. Mehrere Ersatzpflichtige sind Gesamtschuldner (§ 5 S. 1 ProdHaftG).

   5. Berücksichtigung von Mitverursachung und Mitverschulden (§ 6 ProdHaftG)

IV. Beweislast

   1. Der Geschädigte muss beweisen (§ 1 Abs. 4 S. 1 ProdHaftG)
      - Fehler
      - Schaden
      - Kausalzusammenhang
      - Herstellereigenschaft

   2. Der Hersteller muss beweisen (§ 1 Abs. 4 S. 2 ProdHaftG)
      - Ausschlussgründe nach § 1 Abs. 2 und Abs. 3 ProdHaftG

5. Teil. Allgemeines Schadensrecht

Literatur: *Coester-Waltjen,* Die Naturalrestitution im Deliktsrecht, Jura 1996, 270; *Däubler,* Die Reform des Schadensersatzrechts, JuS 2002, 625; *Deutsch,* Allgemeines Haftungsrecht, 2. Aufl. 1996; *Deutsch/Ahrens,* Deliktsrecht, 4. Aufl. 2002, S. 193 bis 231; *Diederichsen,* Neues Schadensersatzrecht: Fragen der Bemessung des Schmerzensgeldes und seiner prozessualen Durchsetzung, VersR 2005, 433; *Frank/Löffler,* Grundfragen der überholenden Kausalität, JuS 1985, 689; *Gehrlein,* Grundlagen des Schadensersatzrechts, JA 1995, 69; *Grunewald,* Bürgerliches Recht, 7. Aufl. 2005, §§ 33, 34; *Grunsky,* Art und Umfang des zu ersetzenden Schadens, Jura 1979, 57; *Homann,* Typische Probleme des Schadensersatzrechts und ihre systematische Einordnung, JuS 2002, 554; *Honsell/Harrer,* Schaden und Schadensberechnung, JuS 1991, 441; *Keilmann,* Oft unterschätzt: Allgemeines Schadensrecht, JA 2005, 700; *Kötz/Wagner,* Deliktsrecht, 10. Aufl. 2006, Rn. 656 bis 760; *Lange/Schiemann,* Schadensersatz, 3. Aufl. 2003; *Medicus,* Ansprüche auf Schadensersatz, JuS 1986, 665; *ders.,* Normativer Schaden, JuS 1979, 233; *Rauscher,* Die Schadenrechtsreform – Vergleich der neuen Regelungen mit der bisherigen Rechtslage, Jura 2002, 577; *Schwerdtner,* Grundzüge des Schadensersatzrechtes, Jura 1987, 142, 304, 475.

§ 22. Grundlagen des Schadensrechts

1   Wer seine vertraglichen, vorvertraglichen oder gesetzlichen Pflichten nicht erfüllt oder Rechte, Rechtsgüter oder Rechtspositionen eines anderen verletzt, ist grundsätzlich „zum Ersatz des daraus entstehenden Schadens" verpflichtet. Die Vorschriften, die eine Verpflichtung zum Schadensersatz anordnen (Anspruchsgrundlagen), setzen sich aus einem haftungsbegründenden und einem haftungsausfüllenden Tatbestand zusammen.

Der **haftungsbegründende Tatbestand** enthält die Voraussetzungen, die erfüllt sein müssen, damit eine Schadensersatzpflicht entsteht. Wenn der haftungsbegründende Tatbestand erfüllt ist, ist der (durch das schadensbegründende Ereignis) verursachte Schaden zu ersetzen (Rechtsfolge). Die einzelnen Elemente, welche diese Rechtsfolge ausfüllen, wie der Schaden, die haftungsausfüllende Zurechnung sowie Art und Umfang des Ersatzes bilden zusammen den sog. **haftungsausfüllenden Tatbestand.** Die Rechtsfolgen einer haftungsbegründenden Norm sind zunächst in dieser selbst, teilweise aber auch im Zusammenhang mit ihr geregelt (vgl. für das Deliktsrecht die §§ 842 ff.). Ergänzend gelten für alle Anspruchsgrundlagen, die eine Schadensersatzpflicht begründen, die allgemeinen Regelungen der §§ 249 ff. über Art und Umfang des Schadensersatzes, die deshalb ihren Standort im Allgemeinen Teil des Schuldrechts haben.

Der Schaden ist gem. § 249 Abs. 1 grundsätzlich durch **Naturalresti-** 2
tution auszugleichen. Der Schuldner hat den gleichen wirtschaftlichen
Zustand herzustellen, der ohne das schädigende Ereignis bestehen würde. Soweit eine Naturalrestitution nicht möglich, zur Entschädigung
nicht ausreichend oder nur mit unverhältnismäßigen Aufwendungen
möglich ist, besteht nur ein Anspruch auf **Kompensation** in Geld
(§ 251).[1]

Prüfung eines Schadensersatzanspruches 3

I. Haftungsbegründender Tatbestand
= Anspruchsbegründende Voraussetzungen

II. Haftungsausfüllender Tatbestand
= Der daraus (aus der Pflicht- oder Rechtsgutverletzung)
entstehende Schaden ist zu ersetzen.

1. Begriff des Schadens
= Jede unfreiwillige Einbuße an Lebens- und Rechtsgütern,
alle materiellen und immateriellen Nachteile (§ 22 Rn. 4)

2. Ermittlung des Schadens (dualistischer Schadensbegriff)
a) Natürlicher Schaden – Differenzhypothese
Differenzhypothese: Schaden ist die Differenz zwischen
der hypothetischen Lage (Zustand, der ohne das
schädigende Ereignis jetzt bestehen würde) und der
realen Lage (tatsächlich bestehender Zustand) (§ 22
Rn. 8).

b) Normativer Schaden
Wertende Berücksichtigung von Nach- und Vorteilen
vom Zeitpunkt des schadensbegründenden Ereignisses bis
zum Termin der letzten mündlichen Verhandlung
(§ 22 Rn. 12 ff.)

3. Art, Inhalt und Umfang des Schadensersatzes (§§ 249 ff.)

4. Zurechnung
a) Haftungsausfüllende Zurechnung
b) Vorteilsausgleichung

III. Kürzung oder Ausschluss des Schadensersatzanspruches wegen
Mitverschuldens (§ 254, siehe § 27 Rn. 1 ff.)

---

[1] BGHZ 63, 295 (Zumutbarkeitsgrenze für Inanspruchnahme auf Naturalrestitution zur Beseitigung einer Unfallnarbe).

A. Schadensbegriff, Differenzhypothese und normativer Schadensbegriff

I. Schadensbegriff

4   **Schaden**[2] (oder verletztes **Interesse**)[3] ist jede unfreiwillige Einbuße an materiellen oder immateriellen Gütern.[4] Auch die Belastung mit einer Verbindlichkeit kann einen Schaden darstellen,[5] und zwar auch für einen vermögenslosen Schuldner.[6]

Beispiel:
Belastung mit der Unterhaltspflicht (vgl. den „wrongful life"-Fall oben § 16 Rn. 10 f.). Der Ersatzanspruch des Geschädigten geht auf die Befreiung von der Verbindlichkeit (§ 249 Abs. 1: Naturalrestitution).

5   **Aufwendungen** sind – im Gegensatz zum Schaden – dadurch gekennzeichnet, dass sie freiwillig gemacht werden. Jedoch können auch freiwillige Vermögensopfer als Schaden ersatzfähig sein,
– wenn es sich um sog. frustrierte Aufwendungen handelt (vgl. unten § 22 Rn. 27 ff.) oder
– wenn sie zur Beseitigung einer (konkreten) Rechts(gut)verletzung verwendet werden und sich im Rahmen des objektiv Erforderlichen halten.

6   **Vertiefungshinweis:** Schadensersatzfähigkeit von Aufwendungen zur Beseitigung einer Rechts(gut)verletzung
Aufwendungen zur Beseitigung einer Rechtsgutverletzung sind insoweit zu ersetzen, als sie aus der Sicht eines verständigen Menschen in der Lage des Geschädigten erforderlich erscheinen;[7] eine Schadensersatzpflicht besteht von vornherein nur insoweit, als sich die Aufwendungen im Rahmen des Vorgehens eines verständigen Menschen halten. Der Umfang der ersatzfähigen Aufwendungen ist nicht erst im Rahmen der Schadensminderungspflicht (§ 254 Abs. 2 S. 1) zu berücksichtigen.[8]

---

[2] Eine Definition des Schadens im BGB fehlt; vgl. dazu die Motive II, S. 19. Aus den Protokollen ergibt sich, dass erwogen wurde, unter Schaden jeden wirtschaftlichen Nachteil und unter Ersatz die Ausgleichung dieses Nachteils zu verstehen (*Mugdan* II, S. 513 [Protokolle]).

[3] In Anknüpfung an die gemeinrechtliche Terminologie wird der zu ersetzende Schaden auch häufig als Interesse bezeichnet (vgl. *Heck*, Grundriß des Schuldrechts, Nachdruck 1974, § 11 Nr. 5, S. 38 ff.; *Enneccerus/Lehmann*, Recht der Schuldverhältnisse, 15. Aufl. 1958, § 14 I, S. 58). In der neueren Literatur (und auch hier) wird „Interesse" häufig nicht in diesem Sinne, sondern im Sinne von „Güter" gebraucht.

[4] Vgl. zu weiteren und ähnlichen Definitionen *Lange/Schiemann*, § 1 I, S. 27; *Staudinger/Medicus*, 12. Aufl., Vorbem zu §§ 249–254 Rn. 33; vgl. auch *Mugdan* II, S. 513 (Protokolle).

[5] BGHZ 57, 78, 80 f. m. w. N.; *Larenz*, SR I, § 29 II b, S. 494.

[6] BGHZ 59, 148 zum eingetragenen Verein.

[7] BGHZ 111, 168, 175 m. w. N.

[8] Der Geschädigte bestimmt durch seine Entscheidung, die Störung selbst zu beseitigen, die Entstehung und den Umfang des Schadens, so dass ihm zugemutet werden

Beispiel:
Der Ehemann enthält der allein sorgeberechtigten Ehefrau die Kinder vor. Die Detektivkosten, die zum Wiederauffinden der Kinder aufgewendet werden, stellen einen im Rahmen des § 823 Abs. 1 zu ersetzenden Schaden dar, wenn sie die Verletzung des elterlichen Sorgerechts (§ 823 Abs. 1 „sonstiges Recht") beseitigen sollen. Zu ersetzen sind diese Aufwendungen, soweit sie aus der Sicht eines verständigen Menschen in der Lage des Geschädigten erforderlich erscheinen; danach bestimmen sich Art und Umfang der zu ersetzenden Aufwendungen (BGHZ 111, 168; vgl. dazu oben § 16 Rn. 40).

Die Begrenzung der Schadensersatzfähigkeit von Aufwendungen durch die objektive Erforderlichkeit ist aus den Regelungen der §§ 249 Abs. 2 S. 1, 254 Abs. 2, 670 sowie § 91 Abs. 1 ZPO, § 13 a Abs. 1 S. 1 FGG abzuleiten; diese Vorschriften bringen zum Ausdruck, dass die ersatzfähigen Aufwendungen dem Umfang nach erforderlich gewesen sein müssen, wobei sich das Maß des Erforderlichen nach dem jeweiligen Regelungszusammenhang bestimmt.[9]

Es gilt ein **dualistischer Schadensbegriff:**[10] der **natürliche Schadensbegriff** (vgl. oben § 22 Rn. 4) wird durch den **normativen Schadensbegriff** korrigiert (vgl. unten § 22 Rn. 12). Ob ein ersatzfähiger Schaden vorliegt, wird also nicht allein aus einem natürlichen Schadensbegriff abgeleitet, sondern erfordert (zusätzlich) eine wertende bzw. normative Beurteilung.

II. Differenzhypothese

Die **Differenzhypothese** dient der Ermittlung des **natürlichen Schadens** (Ob und Umfang des Schadens). Sie wird auch als Differenzmethode bezeichnet. Der Begriff „Differenztheorie" ist dagegen als Gegenbegriff zur Surrogationstheorie dem vertragsrechtlichen Sonderproblem des Schadensersatzes statt der Leistung vorbehalten, vgl. unten § 22 Rn. 41.

Bei der Differenzmethode sind zwei Zustände miteinander zu vergleichen:[11]

1. **Reale Lage:** Konkreter Stand der Rechtsgüter oder Interessen im entscheidenden Zeitpunkt (vgl. unten § 22 Rn. 10). Wie steht der Verletzte jetzt tatsächlich?

2. **Hypothetische Lage:** Gedachter Stand der Rechtsgüter oder Interessen ohne das schädigende Ereignis zu demselben entscheidenden Zeitpunkt. Wie würde der Verletzte zu diesem Zeitpunkt stehen, wenn das Schadensereignis nicht eingetreten wäre? Dabei können

7

8

---

kann und muss, sich hierbei in den Grenzen des Angemessenen zu halten und unter diesem Aspekt gegebenenfalls die entstandenen Kosten gegenüber dem Schädiger zu rechtfertigen (BGHZ 111, 168, 179).

[9] BGHZ 111, 168, 178 f.
[10] Vgl. BGH NJW 1980, 775.
[11] Vgl. näher zur Differenzhypothese, die auf Friedrich Mommsen zurückgeht, *Lange/Schiemann*, § 1 I, S. 27 f.

auch Vorteile zu berücksichtigen sein (vgl. unten § 24 Rn. 15 ff.). Welches das hinwegzudenkende Ereignis ist, ergibt sich aus der konkreten Anspruchsgrundlage (z. B.: § 280 Abs. 1: Pflichtverletzung; § 823 Abs. 1: Rechts-[gut-]verletzung). Die Differenz zwischen der hypothetischen und der realen Lage ist der Schaden (deshalb die Bezeichnung „Differenzmethode"). Sie kommt in § 249 Abs. 1 zum Ausdruck („… Zustand …, der bestehen würde, wenn der zum Ersatz verpflichtende Umstand nicht eingetreten wäre.").

9   **Vertiefungshinweis:** Differenzhypothese, Vermögensschaden und Äquivalenztheorie (conditio sine qua non-Formel)
1. Die Differenzhypothese ist der anerkannte Ansatz zur rechnerischen Ermittlung eines Vermögensschadens; sie umfasst zugleich das Erfordernis der Kausalität zwischen dem haftungsbegründenden Ereignis und einer dadurch eingetretenen Vermögensminderung[12] – In Einschränkung dieses Ansatzes wird in Einzelfällen ein Vermögensschaden auch dann bejaht, wenn sich durch die Differenzhypothese keine Vermögensminderung feststellen lässt.[13] Die §§ 249 f. setzen nämlich nicht voraus, dass ein Vermögensschaden vorliegen muss. Jeder materielle oder immaterielle Schaden reicht aus, so dass im Zusammenhang mit diesen Vorschriften die Prüfung eines Vermögensschadens nicht zwingend erforderlich ist. Dagegen kommt es im Rahmen der §§ 251 f. darauf an, dass ein Vermögensschaden vorliegt, weil diese Bestimmungen einen Vermögensschaden tatbestandlich voraussetzen (vgl. unten § 23 Rn. 27).

Beispiel:
Bei einem Verkehrsunfall wird das Kfz des K beschädigt. (1) Der Schaden ergibt sich aus dem Vergleich des Zustandes des intakten Wagens, wenn man die Beschädigung hinwegdenkt, und dem jetzigen Zustand. Diesen Schaden hat der Schädiger zu ersetzen (vgl. § 249 Abs. 1 und 2). Eine Art dieser Schadensersatzleistung ist die Zahlung der Reparaturkosten (§ 249 Abs. 2 S. 1). Auf das Vorliegen eines Vermögensschadens kommt es bei § 249 Abs. 1 S. 1 grundsätzlich nicht an, auch wenn in den meisten Fällen ein solcher vorliegen wird. (2) Misst man dem Kfz im realen und hypothetischen Zustand einen Vermögenswert bei, so kann eine Vermögensdifferenz errechnet werden; sie stellt den Vermögensschaden dar. Dies ist relevant, wenn es um eine Geldentschädigung i. S. des § 251 geht (Wert- oder Summeninteresse, siehe § 23, Rn. 26 ff.).

2. Mithilfe der Differenzhypothese kann demnach bestimmt werden, ob überhaupt ein Schaden vorliegt und wie hoch der Schaden ist. Hypothetische und reale Lage werden miteinander verglichen. Weichen beide Zustände voneinander ab, so liegt ein Schaden vor.

10   Für die **Berechnung des Schadens** (in Geld) ist materiellrechtlich der **Zeitpunkt der Erfüllung** der Schadensersatzpflicht entscheidend;[14] Bedeutung hat diese zeitliche Fixierung nur für ein und denselben Schadensposten. Prozessual (im Hinblick auf u. a. die Rechtskraft und § 767

---

[12] BGHZ (GS) 98, 212, 217 = NJW 1987, 50, 51; BGHZ 99, 182; BGH NJW 1994, 2357.
[13] Vgl. BGHZ (GS) 98, 212 = NJW 1987, 50.
[14] H. M.; BGHZ 79, 249, 258; MünchKomm/*Oetker*, § 249 Rn. 302 m. w. N.

ZPO) ist der Zeitpunkt der letzten mündlichen Tatsachenverhandlung maßgeblich;[15, 16] materiellrechtliche Bedeutung hat dieser Zeitpunkt aber nicht.[17]

Vertiefungshinweis: Entstehen des Schadensersatzanspruchs und Verjährung   **11**
Der Verjährungsbeginn hängt nach § 199 Abs. 1 Nr. 1 vom Entstehen des Anspruchs ab. Dafür muss der Anspruch dem Grunde nach entstanden sein, auch wenn seine Höhe noch nicht beziffert werden kann.[18] Durch die Verletzungshandlung muss eine als Schaden anzusehende Verschlechterung der Vermögenslage eingetreten sein, ohne dass feststehen muss, dass ein Schaden bestehen bleibt und damit endgültig wird.[19] Der Anspruch ist entstanden, wenn er gerichtlich geltend gemacht werden kann (z. B. durch Feststellungsklage).[20]

III. Wertungsmäßige Schadensberechnung – Normativer Schadensbegriff

Wenn man alle Vor- und Nachteile, die durch das Schadensereignis   **12** entstanden sind, bei der Schadensermittlung durch die Differenzmethode (natürlicher Schaden) berücksichtigt, so wäre der Ausgleich des so ermittelten Schadens nicht immer sachgerecht und könnte den Verletzten unbilligerweise begünstigen oder benachteiligen. Allein mithilfe eines natürlichen Schadensbegriffs (Differenzhypothese) kann der (ersatzfähige) Schaden nicht sachgerecht geprüft und bestimmt werden. Deshalb ist es erforderlich, zusätzlich auf **normative Gesichtspunkte** abzustellen, die konkret und in der Rechtsordnung enthalten sein müssen. Welche Nachteile und welche Vorteile im Einzelnen für die Schadensermittlung zu berücksichtigen sind, wird mithilfe einer Wertung beantwortet.[21]

Im Zusammenhang mit schadensrechtlichen Wertungen wird vom   **13** „normativen Schadensbegriff" gesprochen. Die Lehre vom „normativen

---

[15] H. M.; BGHZ 133, 246, 252 f.; Palandt/*Heinrichs*, Vorb v § 249 Rn. 174.

[16] Für die Schadensberechnung ist die gesamte Schadensentwicklung bis zum prozessual spätest möglichen Zeitpunkt (bis zur letzten mündlichen Verhandlung in der Tatsacheninstanz) maßgeblich. Nur wenn der Schuldner bereits vorher seine Ersatzpflicht erfüllt hat, schließt er damit die Zurechnung späterer Schadensfolgen aus (BGH NJW 1988, 1837, 1838 r. Sp. m. w. N.).

[17] Vgl. zur Bedeutung des Zeitpunktes in materiellrechtlicher und prozessualer Hinsicht Schultz, AcP 191 (1991), 433.

[18] BGHZ 110, 228, 231 m. w. N. zu § 198 S. 1 a. F: „Die Verjährung des Anspruchs beginnt mit der Entstehung des Anspruchs."; BGHZ 119, 69, 70 f.

[19] BGH NJW 2002, 888, 890 m. w. N. (zu § 68 StBerG).

[20] Vgl. *Henrich*, in: Bamberger/Roth, § 199 Rn. 4.

[21] Vgl. BGHZ (GS) 98, 212, 217 f.: Die Differenzmethode als wertneutrale Rechenoperation enthebe nicht davon, am Schutzzweck der Haftung und an der Ausgleichsfunktion des Schadensersatzes die in die Differenzbilanz einzusetzenden Rechnungsposten wertend zu bestimmen (normative Einbindung der Differenzmethode); es sei Aufgabe rechtlicher Bewertung, die Parameter der Bilanz für den Zweck des Schadensausgleichs mit festzulegen. Vgl. *Grüneberg*, in: Bamberger/Roth, Vor § 249 Rn. 11.

Schaden" stellt rechtliche Wertungen in den Mittelpunkt der Schadens-
bestimmung; eine präzise und einheitliche Bestimmung des „normativen
Schadens" gibt es allerdings nicht.[22] Ob und inwieweit wertende Kriterien auch Gegenstand des normativen Schadensbegriffs sind, ist deshalb
unklar und umstritten.[23] Jedenfalls ist bei der Ermittlung des zu ersetzenden Schadens auf verschiedenartige Wertungen Rücksicht zu nehmen.

1. Nachteile

14   Zu berücksichtigen sind die Nachteile, die adäquat kausal durch die
Pflicht- bzw. Rechts-(gut-)verletzung entstanden sind und von dem jeweiligen Schutzbereich der verletzten Norm erfasst werden. Es muss ein
innerer Zusammenhang zwischen der Pflicht- bzw. der Rechts-(gut-)
verletzung und dem Nachteil bestehen (vgl. oben § 16 Rn. 123 ff., 136
und unten § 24 Rn. 1 ff.).[24]

2. Vorteile

15   Durch das schadensbegründende Ereignis können dem Geschädigten
Vorteile zuteil werden. Mittels einer Wertung ist zu prüfen, ob der Vorteil im Einzelnen anzurechnen ist und den Schaden mindert oder ausschließt (vgl. zur Vorteilsausgleichung unten § 24 Rn. 13 ff.).

16   **Fall:**

A fährt bei Bauarbeiten mit seinem Bagger, der nicht schneller als 20 km/h
fahren kann, aus Unachtsamkeit gegen die Wand des Wohnhauses des
E. Die Wand wird eingedrückt. Bei den Aufräumarbeiten unmittelbar nach
dem Unfall stiehlt ein Bauarbeiter eine Sache, die für ihn nur infolge der
Zerstörung der Wand zugänglich ist. E ist versichert, und der Versicherer
zahlt für den Schaden am Haus an E. E verlangt von A Ersatz des Diebstahl-
und Hausschadens. Zu Recht?

Lösung:

I. E könnte einen Anspruch aus § 823 Abs. 1 haben.
Die Beschädigung der Hauswand ist eine tatbestandsmäßige, rechtswidrige
und schuldhafte Eigentumsverletzung (§ 823 Abs. 1). Fraglich ist, ob A den geltend gemachten Schaden zu ersetzen hat (haftungsausfüllende Zurechnung).

[22] Vgl. *Lange/Schiemann*, § 1 II 9, S. 35 f. Auch die Rechtsprechung verwendet diesen Begriff, ohne aber den herkömmlichen (natürlichen) Schadensbegriff aufgeben zu
wollen (z. B. BGHZ 43, 378, 381; 50, 304; 51, 109, 111).
[23] Man kann bestimmte rechtliche Wertungen (Vorteilsausgleichung, überholende
Kausalität usw.) als Gegenstände des Schadensbegriffs und damit als dessen normative Ausprägungen ansehen oder sie als selbstständige Rechtsinstitute vom Schadensbegriff getrennt und als dessen Korrektiv begreifen (vgl. *Lange/Schiemann*, § 1 III 1,
S. 39). Insoweit handelt es sich um eine dogmatische Frage.
[24] Es muss sich aus dem Schutzzweck der verletzten Norm ergeben, dass gerade
auch dieser Nachteil verhindert werden sollte.

1. Diebstahlsschaden

a) Der Verlust der gestohlenen Sache ist ein natürlicher Schaden (nach der Differenzmethode zu ermittelnder Vermögensschaden), der kausal i. S. der Äquivalenztheorie durch die Eigentumsverletzung herbeigeführt worden ist. Der Diebstahlsschaden liegt auch nicht außerhalb aller Wahrscheinlichkeit (Adäquanz).

b) Fraglich ist, ob der Verlust der gestohlenen Sache auch unter Wertungsgesichtspunkten (normativ) ein zuzurechnender Schaden ist. Dies erfordert eine Wertung: Hat sich im Zweiteingriff (Diebstahl) nicht mehr das Schadensrisiko des Ersteingriffs (Eigentumsverletzung) verwirklicht, war dieses Risiko vielmehr schon gänzlich abgeklungen und besteht deshalb zwischen beiden Eingriffen bei wertender Betrachtung nur ein „äußerlicher", gleichsam „zufälliger" Zusammenhang, dann kann vom Erstschädiger billigerweise nicht verlangt werden, dem Geschädigten auch für die Folgen des Zweiteingriffs einstehen zu müssen.[25] Wenn Arbeiter bei den Aufräumarbeiten unmittelbar nach dem Unfall einen Diebstahl gegenüber E begehen, dann ist dies dem A zurechenbar, weil durch die Zerstörung der Hauswand der Schutz des im Haus befindlichen Eigentums des E vermindert worden ist und eine Sicherung gerade noch nicht stattgefunden hatte.[26]

2. Hausbeschädigung

a) Ein Vorteil[27] im Zusammenhang mit der Beschädigung des Hauses ist die Zahlung der Versicherungssumme. Wendet man nur die Differenzmethode an, hat E keinen Nachteil, weil die Versicherung den Schaden am Haus abdeckt.

b) Das Ergebnis der Differenzhypothese ist aber durch eine Wertung zu korrigieren. Es ist zu fragen, ob die Zahlung Dritter dem Schädiger zugute kommen und er insoweit entlastet werden soll. Dies ist zu verneinen (vgl. § 843 Abs. 4, vgl. unten § 24 Rn. 16). Die Zahlung Dritter soll dem Geschädigten, nicht aber dem Schädiger zugute kommen und diesen nicht entlasten. Dies entspricht auch der Billigkeit. Deshalb besteht unter normativen Gesichtspunkten ein Schaden.

c) Dass dies der gesetzlichen Wertung entspricht, zeigt sich auch daran, dass der Schadensersatzanspruch des E auf den Versicherer übergeht (§ 67 Abs. 1 S. 1 VVG). Wegen des Forderungsübergangs fehlt dem E die Anspruchsberechtigung.

3. Ergebnis: Der Diebstahlschaden kann von A ersetzt verlangt werden. Zur Geltendmachung des Hausschadens ist nicht mehr A, sondern infolge der Legalzession (§ 67 VVG) die Versicherung berechtigt.

II. Ein Anspruch aus § 7 Abs. 1 StVG besteht nicht, da diese Vorschrift gem. § 8 Nr. 1 StVG nicht auf Kraftfahrzeuge anwendbar ist, die auf ebener Bahn keine höhere Geschwindigkeit als 20 Kilometer in der Stunde fahren können.

---

[25] BGH VersR 1997, 458: Zurechnung bejaht bei durch Verkehrsunfall ermöglichte, an der Unfallstelle erfolgte Entwendung aus Geldtransporter.

[26] Vgl. dagegen OLG München VersR 1980, 828: Dem Unfallverursacher ist es nicht zuzurechnen, wenn nach dem Verkehrsunfall das beschädigte Fahrzeug auf einem Betriebsgelände der Polizei verschlossen abgestellt worden ist und daraus Gegenstände entwendet werden.

[27] Zur Vorteilsausgleichung siehe auch § 24, Rn. 13 f.

B. Arten von Schäden

I. Vermögens- und Nichtvermögensschaden

1. Bedeutung der Unterscheidung

17   Für die Naturalrestitution und den Ersatz des für die Wiederherstellung erforderlichen Geldbetrages (§§ 249 f.) spielt die Abgrenzung zwischen Vermögens- und Nichtvermögensschaden keine Rolle. Denn die §§ 249 f. erfassen sowohl materielle als auch immaterielle Schäden (vgl. § 23 Rn. 7).[28] Es ist ein Grundsatz des Schadensrechts, dass Naturalrestitution nicht nur bei Störungen der Vermögenssphäre, sondern auch bei immateriellen Nachteilen geschuldet wird.[29]

Nach § 253 Abs. 1 kann wegen eines Schadens, der nicht Vermögensschaden ist (immaterieller Schaden), eine Entschädigung in Geld (§§ 251 f.) nur in den durch das Gesetz bestimmten Fällen gefordert werden. § 253 erfordert also die Abgrenzung von Vermögens- und Nichtvermögensschäden.

2. Abgrenzungskriterien

18   Die entscheidende Frage für die Abgrenzung des Vermögens- vom Nichtvermögensschaden ist, ob ein Schaden in Geld messbar ist. Es ist bisher jedoch noch nicht gelungen, allgemeingültige Kriterien zur Beantwortung dieser Frage zu finden. Zur Abgrenzung sind verschiedene Ansätze entwickelt worden, insbesondere der Kommerzialisierungsgedanke, der Frustrierungsgedanke und die Lehre vom Bedarfsschaden. Diese Theorien enthalten aber keine allgemeingültigen Kriterien zur Abgrenzung, sondern betreffen nur einzelne Schadenspositionen, die nach der Differenzhypothese nicht ersatzfähig werden, weil rein rechnerisch keine Vermögensminderung eingetreten ist (z. B. Nichtnutzbarkeit einer Theaterkarte, des privaten Pkw).

a) Kommerzialisierungsgedanke

19   Mit dem **Kommerzialisierungsgedanken** soll insbesondere darüber entschieden werden, ob die durch ein Schadensereignis entgangene private Nutzungsmöglichkeit einer Sache ersatzfähig ist (bei erwerbswirtschaftlicher Nutzung greift § 252). Entscheidend ist, ob der entzogene Vorteil gegen Geld erworben werden kann oder ob dafür ein Markt vorhanden ist.[30] Die Gebrauchsmöglichkeiten, die durch entsprechende

---

[28] Vgl. *Mugdan* II, S. 12 (Motive), wonach bei immateriellen Schäden nur der Anspruch auf eine Entschädigung abgesprochen wird, nicht aber ein Anspruch auf Wiederherstellung.

[29] BGHZ 63, 295, 298.

[30] So die ältere Rechtsprechung: BGHZ 45, 212, 215 und 218; 63, 98, 102 m. w. N.; BGH NJW 1956, 1234, 1235.

Vermögensaufwendungen „erkauft" werden können, sind kommerzialisiert,[31] so dass jede Beeinträchtigung der Benutzungsmöglichkeit auch einen Vermögensschaden darstellen könnte.

Einzuwenden ist, dass heute nahezu alle Güter gegen Entgelt erworben werden können. Folglich würde der Kommerzialisierungsgedanke den Wirkungskreis des § 253 Abs. 1 (grundsätzlich keine Geldentschädigung für immaterielle Schäden) erheblich einschränken; dies würde aber dem Gesetzeszweck dieser Vorschrift zuwider laufen (vgl. unten § 23 Rn. 38).[32] Dem Kommerzialisierungsgedanken ist deshalb nur eine Art „Siebfunktion" zuzusprechen.[33] Nach der Rechtsprechung ist nicht jeder Eingriff in ein kommerzialisierbares Gut ein Vermögensschaden; es sind wertende, normative und wirtschaftliche Gesichtspunkte zu berücksichtigen.[34]

b) Frustrationsgedanke

Aufwendungen sind ein ersatzfähiger Schaden, wenn sie wegen des 20
Schadensfalles fehlgeschlagen, also nutzlos geworden sind (sog. **Frustrationsgedanke**). Aufwendungen, die für einen bestimmten Zweck gemacht werden, stehen einem Schaden gleich, wenn dieser Zweck durch ein schadensersatzpflichtig machendes Ereignis vereitelt wird.[35]

Auch diese Lehre wird von der h.L. und Rspr. grundsätzlich abgelehnt (vgl. zu frustrierten Aufwendungen unten § 22 Rn. 27ff.).[36] Zum einen ist sie mit der Regelung des § 284 (Ersatz vergeblicher Aufwendungen) nicht ohne weiteres vereinbar. Bloße Handlungsmöglichkeiten und Gebrauchschancen würden zu einem ersatzfähigen Schaden gemacht. Bei entsprechend kostspieligen Nutzungsmöglichkeiten des Geschädigten (Yachten, Villen, Ländereien usw.) entstünden absurde Rechtsfolgen.[37] Es drohte eine Aushöhlung des § 253 Abs. 1.

c) Bedarfsschaden

Nach der Lehre vom **Bedarfsschaden** stellt ein Bedarf, der durch das 21
zum Ersatz verpflichtende Ereignis geschaffen wird, einen Schaden dar, unabhängig davon, welche Mittel der Verletzte zur Deckung des Bedarfs aufwendet. Es soll letztlich der durch das schadensbegründende Ereignis ausgelöste Bedarf befriedigt werden. Diese Lehre knüpft an den in § 843 Abs. 1 enthaltenen Rechtsgedanken an, der einen An-

---

[31] Das heißt in Geld bewertbar oder umsetzbar.
[32] *Medicus*, BR, Rn. 828; *Lange/Schiemann*, § 6 III, S. 254 f.
[33] *Grüneberg*, in: Bamberger/Roth, Vor § 249 Rn. 10.
[34] BGHZ (GS) 98, 212 sowie die Fälle unten § 22 Rn. 24 Fn. 44.
[35] *v. Tuhr*, Allgemeiner Teil des Bürgerlichen Rechts, Erster Band: Allgemeine Lehren und Personenrecht, 1910, § 18 II, S. 320 Fn. 33 a; *Larenz*, Lehrbuch des Schuldrechts, Erster Band: Allgemeiner Teil, bis zur 10. Aufl. (anders *ders.*, 14. Aufl. 1987, § 29 II c, S. 503).
[36] BGHZ 99, 182, 199 ff. m. w. N.; *Lange/Schiemann*, § 6 IV, S. 255 f.; *Medicus*, BR, Rn. 826.
[37] Vgl. zur Kritik Palandt/*Heinrichs*, Vorb v § 249 Rn. 33.

spruch für eine Vermehrung der Bedürfnisse des Geschädigten normiert.[38]
Jedoch enthält § 843 Abs. 1 keinen allgemeinen Rechtsgedanken. Der
Bedarf eines Geschädigten kann subjektiv verschieden und in seinen
Grenzen unbestimmt sein.[39]

3. Einzelprobleme

a) Entgangene Nutzungen

22   Die Frage, ob ein ersatzfähiger Vermögensschaden angenommen
werden kann, stellt sich vor allem in der Fallgruppe „entgangene Nutzungen einer Sache".

Beispiel:
Der Eigentümer einer von ihm selbst genutzten Sache kann wegen des die Sache schädigenden Ereignisses diese vorübergehend nicht nutzen. Begründet die
entgangene Nutzung einen ersatzfähigen Vermögensschaden, auch wenn ihm
hierdurch keine zusätzlichen Kosten entstehen oder Einnahmen entgehen?

Der BGH stellte früher überwiegend darauf ab, ob das beeinträchtigte Interesse nach der Verkehrsauffassung einen selbstständigen Vermögenswert hat und die Beeinträchtigung einen Vermögensschaden darstellt.[40]

23   Die Rechtsprechung hat einen Anspruch auf Schadensersatz dafür
anerkannt, dass ein **Kraftfahrzeug** nicht benutzt werden kann.[41] Die Ersatzfähigkeit entgangener Nutzungen eines Kfz ist eine richterliche
Rechtsfortbildung oder Gewohnheitsrecht.[42] Voraussetzungen für die
Ersatzfähigkeit entgangener Gebrauchsvorteile sind (nach der Rechtsprechung), dass

1. auf das Kfz eingewirkt wurde (Beschädigung, Zerstörung, Vorenthaltung) und

2. Nutzungswille und hypothetische Nutzungsmöglichkeit des Geschädigten vorliegen (sog. **fühlbare Nutzungsbeeinträchtigung**, keine abstrakte Nutzungsentschädigung). Daran fehlt es, wenn der Geschädigte das Kfz nicht nutzen wollte oder konnte (z. B. wegen eines
Krankenhausaufenthaltes).

Die Höhe der Nutzungsentschädigung beläuft sich nur auf etwa 35
bis 40% der üblichen Mietwagenkosten, insbesondere weil der Gewinn

---

[38] *Zeuner*, AcP 163 (1964), 380, 395 ff.; *ders.*, Gedächtnisschrift für R. Dietz,
1973, S. 109, 114 ff.
[39] *Lange/Schiemann*, § 6 VII 4 a, S. 284, § 6 IX 2, S. 310.
[40] BGHZ 86, 128, 131 m. w. N. In der neueren Rechtsprechung (BGH NJW 1986,
2037, 2040 f. – Vorlagebeschluss zu BGHZ [GS] 98, 212) wird an der Maßgeblichkeit der Verkehrsanschauung gezweifelt.
[41] Grundlegend BGHZ 45, 212, 219; 56, 214.
[42] Vgl. Palandt/*Heinrichs*, Vorb v § 249 Rn. 20. Vgl. zur Begründung auch BGHZ
45, 212.

des Mietwagenunternehmens und ersparte Kosten des Geschädigten in Abzug zu bringen sind.[43]

Darüber hinaus aber hat die Rechtsprechung (mittlerweile) die Er- 24 satzfähigkeit von entgangenen Gebrauchsvorteilen bei anderen Sachen grundsätzlich verneint. Nur bei bestimmten **Lebensgütern** (Kfz, Wohnraum), deren ständige Verfügbarkeit für die eigenwirtschaftliche Lebenshaltung von zentraler Bedeutung ist,[44] ist der Verlust der Gebrauchsvorteile als Schaden bewertet worden.

Beispiele:
– Ersatzfähiger Vermögensschaden: Nichtnutzbarkeit eines Wohnhauses,[45] vertragliches Gebrauchsrecht.[46]
– Kein ersatzfähiger Vermögensschaden: Nichtnutzbarkeit des Jagdrechts,[47] eines Pelzmantels,[48] eines Schwimmbades,[49] eines Wohnwagens,[50] eines Motorsportbootes.[51]

Vertiefungshinweis: Ersatzfähigkeit entgangener Kfz-Nutzung 25
Die Unterbrechung oder Störung der Nutzungsmöglichkeit eines Kfz kann einen wirtschaftlichen Schaden darstellen, unabhängig davon, ob der Wagen zu Erwerbszwecken benutzt wird. Verlangt der Geschädigte Ersatz der Reparaturkosten, Ersatz des verbleibenden Minderwertes und Ausgleich für die zeitweise Entziehung der Nutzung, so erhält er keine Doppelentschädigung (mehrfache

---

[43] Vgl. zur Berechnung dieses Satzes *Grüneberg*, in: Bamberger/Roth, § 249 Rn. 62 m. w. N.; aus der Rechtsprechung BGHZ 56, 214; kritisch *Medicus*, BR, Rn. 827, 828.

[44] BGHZ (GS) 98, 212. Der BGH (GS) judizierte, dass bei Sachen, auf deren ständige Verfügbarkeit der Eigentümer in seiner eigenwirtschaftliche Lebenshaltung angewiesen ist, wie auf das von ihm selbst bewohnte Haus, der zeitweise Verlust der Möglichkeit zum eigenen Gebrauch infolge eines deliktischen Eingriffs in das Eigentum bereits ein ersatzfähiger Vermögensschaden sein kann, sofern der Eigentümer die Sache in der Zeit ihres Ausfalls genutzt hätte. Dazu hat der BGH die Differenzmethode um einen Wertansatz ergänzt und der vermögensmehrenden, erwerbswirtschaftlichen Verwendung des Wirtschaftsgutes den vermögensmäßig vergleichbaren eigenwirtschaftlichen Einsatz im Interesse eines gerechten Ausgleichs schadensrechtlich angepasst. Vgl. BGHZ 117, 260: Der Käufer kann für den vorübergehenden Entzug der Möglichkeit, den gekauften Wohnraum zu benutzen, Schadensersatz wegen Nichterfüllung nur verlangen, wenn der Raum für seine Lebensführung von zentraler Bedeutung war und er ihn auch selbst bewohnt hätte.

[45] BGHZ (GS) 98, 212.

[46] BGHZ 101, 325: Wenn das Gebrauchsrecht auf einem vertraglichen Anspruch beruht (Mietwagen, Mietwohnung) und zeitlich begrenzt ist, so begründet ein derartiger Vertrag die Selbstständigkeit des Gebrauchsrechts als Vermögensgut. Infolge des Entzuges des Gebrauchsrechts tritt ein endgültiger Verlust der Gebrauchsmöglichkeit ein, weil eine Nachholung wegen der zeitlich begrenzten Nutzung ausscheidet. Die Beeinträchtigung eines solchen vertraglich eingeräumten Gebrauchsrechts ist ein ersatzfähiger Vermögensschaden. Für die Berechnung kommen grundsätzlich die Wertmaßstäbe des Verkehrs für die entgeltliche Gebrauchsüberlassung des betreffenden Objektes in Betracht.

[47] BGHZ 112, 392, 398 f. im Anschluss an BGHZ 98, 212.

[48] BGHZ 63, 393.

[49] BGHZ 76, 179, 187.

[50] BGHZ 86, 128, 132 ff.

[51] BGHZ 89, 60, 64.

Entschädigung für den gleichen Schaden), die rechtlich auch nicht durchsetzbar ist. Ein Schaden ist – wie bei entgangenen Nutzungen – nicht stets davon abhängig, dass eine das Gesamtvermögen erfassende Differenzrechnung eine ziffernmäßige Minderung dieses Vermögens im Zeitpunkt der letzten mündlichen Verhandlung ergibt; insoweit kann ausnahmsweise von der Differenzhypothese abgewichen werden. Dadurch dass nur bei einer fühlbaren Nutzungsbeeinträchtigung ein Ausgleich gewährt wird (Nutzungswille und hypothetische Nutzungsmöglichkeit des Geschädigten), wird verhindert, dass der Schadensfall zur Gewinnerzielung ausgenutzt wird.[52]

26   **Weitere Beispiele:**
– T wird von S am Körper verletzt und kann eine (bereits bezahlte) Theateraufführung nicht besuchen. Der Besuch und Genuss der Theateraufführung ist nicht in Geld messbar; deren Beeinträchtigung begründet nur einen Nichtvermögensschaden (vgl. zum Ersatz nutzloser Aufwendungen [nicht eingelöste Theaterkarte] unten § 22 Rn. 27 ff.).[53]
– M und F können auf einer Schiffsreise wegen zollamtlicher Fehlleitung des Reisekoffers nicht in gewohnter und angemessener Weise Wäsche und Kleidung wechseln. Dadurch wird die Erholung, für welche M und F die Voraussetzungen (Schiffsreise) erkauft haben, beeinträchtigt. Der Genuss der Schiffsreise ist durch entsprechende Vermögensaufwendungen erkauft worden und insoweit kommerzialisiert. Die Beeinträchtigung dieses Genusses begründet einen ersatzfähigen Vermögensschaden.[54]

b) Fehlgeschlagene Aufwendungen als Schaden

27   Auch **Aufwendungen** des Geschädigten, die infolge des schädigenden Ereignisses nutzlos geworden und damit **fehlgeschlagen** sind, können ein ersatzfähiger Vermögensschaden sein (vgl. zur Schadensersatzfähigkeit von Aufwendungen zur Beseitigung der Rechts[gut]verletzung oben § 22 Rn. 6 f.; vgl. zu § 284 unten § 22 Rn. 35).

Beispiel:
G wird bei einem Autounfall verletzt. Verletzungsbedingt kann er das gepachtete Jagdrevier nicht benutzen. Die Pacht (= Aufwendungen) muss er aber weiterzahlen. Fraglich ist, ob G vom Schädiger die während der krankheitsbedingten Nichtnutzung der Jagd anfallenden Pachtzinsen (nicht die entgangene Nutzung des Jagdreviers, vgl. oben § 22 Rn. 24) ersetzt verlangen kann.

28   Auf der Grundlage der Differenzhypothese ist die Einordnung als Schaden problematisch: Selbst bei Nichtvorliegen des schädigenden Ereignisses (hypothetisches Ereignis: rechtmäßiges Verhalten des Schuldners) wären die Aufwendungen getätigt worden; die reale und hypothetische Lage weichen insoweit nicht voneinander ab (anders Einbezie-

---

[52] BGHZ 45, 212.
[53] Vgl. *Medicus*, BR, Rn. 822. Der durch die Theateraufführung vermittelte Genuss fällt nicht unter die § 253 Abs. 2 aufgeführten Rechtsgüter. Stellt man auf die (Körper-)Verletzung des T ab, so ist der Nichtvermögensschaden (unterbliebener Genuss der Theateraufführung) vom Schutzzweck des §§ 823 Abs. 1, 253 Abs. 1 (Körperverletzung) nicht erfasst und deshalb auch nicht ersatzfähig.
[54] Der BGH (NJW 1956, 1234, 1235) billigte dem Ehemann 100 DM und der Ehefrau 200 DM zu. In BGHZ 86, 212, 214 wird diese Entscheidung mit dem besonderen Sachbezug des zollamtlichen Fehlers zu der Urlaubsreise erklärt.

hung der zukünftigen Entwicklung, vgl. unten § 22 Rn. 30).[55] Dessen ungeachtet bejaht die Frustrationstheorie die Schadensersatzfähigkeit dieser Aufwendungen uneingeschränkt und unabhängig vom Haftungsgrund (vgl. oben § 22 Rn. 20).

Die Rechtsprechung hat dagegen die Frustrationstheorie im Grund- **29** satz abgelehnt und beantwortet die Frage, ob Aufwendungen ein Schaden sind, nicht generell, sondern unter Berücksichtigung der jeweiligen Haftungsgrundlage. Ein Schadensersatzanspruch wird in zwei Fällen bejaht:[56]

1. Der (deliktische) Schadensersatzanspruch ist gerade auf den Ersatz des Vertrauensschadens (negatives Interesse) gerichtet (z.B. § 823 Abs. 2 i.V.m. § 263 StGB);[57] die Aufwendungen werden durch den Schutzzweck der Norm in den ersatzfähigen Schaden einbezogen, weil die Norm gerade vor unnützen Aufwendungen schützen soll.

2. Der Anspruch ist im Vertragsrecht oder bei „culpa in contrahendo" auf das negative Interesse gerichtet und erfasst auch den sog. Vertrauensschaden. Davon sind nutzlose Aufwendungen erfasst.[58]

Nach der Rechtsprechung sind über diese beiden Fälle hinaus nutzlo- **30** se Aufwendungen als Schaden statt der Leistung (Schadensersatz wegen Nichterfüllung) nur unter der Voraussetzung der sog. Rentabilitätsvermutung ersatzfähig. Die **Rentabilitätsvermutung**[59] ist eine widerlegbare Beweiserleichterung, die besagt, dass Aufwendungen durch Vorteile aus der vereinbarten Gegenleistung wieder erwirtschaftet worden wären. Dem Schuldner steht der Nachweis des Gegenteils offen, d.h. er kann nachweisen, dass der Vertrag sich auch bei ordnungsgemäßer Durchführung durch den Schuldner als Verlustgeschäft erwiesen hätte. Die Rentabilitätsvermutung ist ein Anwendungsfall der Differenzhypothese (vgl. oben § 22 Rn. 8) auf der Grundlage einer bloßen Darlegungs- und Beweiserleichterung: Die Aufwendungen als vermögensmindernde Investition (reale Lage) wären durch eine entsprechende Vermögensmehrung im Falle der Erfüllung des Vertrages ausgeglichen worden (hypothetische Lage).

Dementsprechend wird der (Schadens-)Ersatz frustrierter Aufwen- **31** dungen versagt, wenn der Gläubiger mit dem Vertrag einen ideellen Zweck verfolgt und die dafür aufgewendeten Kosten auch bei ordnungsgemäßer Erfüllung des Vertrages nicht wieder hereinbekommen hätte. Auch dies stellt eine (einfache) Anwendung der Differenzhypothese dar. In diesem Fall hat der Gläubiger keinen Schaden wegen seiner Aufwendungen, sondern wegen Vereitelung des ideellen Zweckes erlitten.[60]

---

[55] Vgl. BGHZ 99, 182, 197; 114, 193, 196.
[56] *Grüneberg*, in: Bamberger/Roth, Vor § 249 Rn. 12.
[57] BGHZ 99, 182, 200 f.; BGH NJW 1983, 442, 444 unter 3 m.w.N.
[58] Vgl. BGHZ 99, 182, 200 f. m.w.N.
[59] Vgl. BGHZ 99, 182, 197; RGZ 127, 245, 248 ff.
[60] BGHZ 99, 182, 198; zusammenfassend die RegBegr., BT-Drs. 14/6040, S. 142.

32

Fall (BGHZ 99, 182):

Die K-Partei und die Stadt B schließen einen Mietvertrag über die Nutzung der Stadthalle für eine Vortragsveranstaltung der K. K verfolgt mit der Nutzung der Stadthalle bzw. mit der geplanten Veranstaltung einen ideellen Zweck und hätte die dafür aufgewendeten Kosten bei Durchführung des Mietvertrages nicht wieder hereinbekommen. Weil die B den Mietvertrag vor der Veranstaltung unberechtigt kündigt und die Veranstaltung deshalb ausfällt, verlangt K von B Schadensersatz dafür, dass Werbekosten für die Veranstaltung und aufgewandte Honorare und Vergütungen zur Veranstaltungsvorbereitung fehlgeschlagen sind. Zu Recht?

Lösung:

1. Anspruch aus § 280 Abs. 1 und Abs. 3 i. V. m. § 281 oder § 283?

   a) Haftungsbegründender Tatbestand (ernsthafte und endgültige Leistungsverweigerung oder Unmöglichkeit [absolutes Fixgeschäft]) (+)
   Sieht man in der unberechtigten Weigerung, die Stadthalle der K-Partei zu überlassen, eine ernsthafte und endgültige Erfüllungsverweigerung der B, so liegt eine Pflichtverletzung vor; der haftungsbegründende Tatbestand ergibt sich aus § 281 Abs. 1 und Abs. 2. Geht man davon aus, dass der Mietvortrag wegen des genau festgelegten Veranstaltungstermins eine Fixschuld darstellt, so begründet die Nichteinhaltung der Leistungszeit durch B dauerhafte Unmöglichkeit; es liegt dann ein Fall der Unmöglichkeit (§ 275 Abs. 1) vor; Anspruchsgrundlage ist § 280 Abs. 1 und 3 i. V. m. §§ 283 S. 1, 275 Abs. 1. Beide Anspruchsgrundlagen sind auf Schadensersatz statt der Leistung gerichtet.

   b) Fraglich ist, ob die fehlgeschlagenen Aufwendungen einen Schaden i. S. des § 280 Abs. 1 und Abs. 3 darstellen. Auf der Grundlage der Rentabilitätsvermutung hat der BGH frustrierte Aufwendungen als Schaden anerkannt, wenn die vermögensmindernden Aufwendungen bei ordnungsgemäßer Erfüllung durch Vermögensmehrungen kompensiert worden wären. Bei Verträgen, mit denen der Gläubiger ideelle Zwecke verfolgt, ist dies zu verneinen. Die Aufwendungen würden auch bei vertragsgerechter Erfüllung durch den Schuldner nicht durch Erlöse oder Einnahmen gedeckt, die bei Veranstaltungen zu ideellen Zwecken meist nicht gemacht werden. Deshalb liegt kein Vermögensschaden vor.

   c) Die frustrierten Aufwendungen können deshalb nicht im Rahmen eines Schadensersatzanspruchs ersetzt verlangt werden.

2. Anspruch aus § 284?
   Ein (schadensersatz-)begründender Haftungstatbestand liegt vor („anstelle des Schadensersatzes statt der Leistung", vgl. vorstehend). Ein Fall des Fehlschlags der Aufwendungen aus anderen Gründen (vgl. § 284 a. E.) liegt nicht vor. K hat die Aufwendungen im Vertrauen auf die Gewährung der Stadthalle gemacht und auch billigerweise machen dürfen. Deshalb kann K Ersatz der Aufwendungen verlangen.

33   **Vertiefungshinweis:** Rentabilitätsvermutung
Es wird vermutet, dass die Aufwendungen als Kostenfaktor in die Kalkulation des Gläubigers eingegangen sind und über den Erlös aus einem Weiterverkauf vergütet worden wären. Genau genommen liegt der Nichterfüllungscha-

den in dem Verlust der Kompensationsmöglichkeit (Möglichkeit, die gemachten Aufwendungen durch Erlöse zu decken), nicht in den Aufwendungen.[61] Kann der Weiterverkauf nicht stattfinden, so stellen die Aufwendungen eine Art Mindestschaden dar, weil der Gläubiger die Aufwendungen bei ordnungsgemäßer Vertragserfüllung wieder hereingeholt hätte (vgl. Differenzhypothese: Vergleich zwischen realer und hypothetischer Lage).

Weitere Beispiele: 34
– Verzug mit Übergabe einer Wohnung. Kein Schadensersatz für Kapitalaufwendungen und nutzlose Gemeinschaftskosten als frustrierte Aufwendungen (BGHZ 71, 234).[62]
– Die Kosten der Beurkundung des Grundstückskaufs und der Eintragung der Auflassungsvormerkung in das Grundbuch sind bei §§ 433, 434 Abs. 1 S. 1, 437 Nr. 3, 280 schadensersatzfähig. Diese Aufwendungen wären durch den Vorteil der erwarteten Gegenleistung (Kaufsache) wieder eingebracht worden (BGHZ 114, 193, 197).
– Ersatzfähigkeit nutzlos aufgewendeter Urlaubszeit wegen zahlreicher Beanstandungen der Urlaubsunterbringung (BGHZ 63, 98; vgl. unten § 22 Rn. 36f.).[63]
– Keine Ersatzfähigkeit von Zeit, die Eltern eines Geschädigten für die Betreuungsleistung aufwenden (BGHZ 106, 28; vgl. oben § 20 Rn. 4).[64]

Vertiefungshinweis: Abgrenzung von § 284 zum Schadensersatz   35
(Rentabilitätsvermutung)
1. Folgen der Einführung des § 284 für die Rentabilitätsvermutung
Nach § 284 n. F., der durch das Schuldrechtsmodernisierungsgesetz geschaffen wurde, kann der Gläubiger anstelle des Schadensersatzes Ersatz der Aufwendungen verlangen, die er im Vertrauen auf den Erhalt der Leistung gemacht hat und billigerweise machen durfte. Auch Aufwendungen zu ideellen Zwecken können nach § 284 ersetzt verlangt werden.[65] Eine Ausnahme besteht nur dann, wenn der mit den Aufwendungen verfolgte Zweck auch ohne die Pflichtverletzung des Schuldners nicht erreicht worden wäre (vgl. § 284 a. E.). Es kommt also nicht auf die Rentabilitätsvermutung (im Sinne der bisherigen Rechtsprechung) an, d. h. nicht darauf, ob die Aufwendungen als kostendeckender Teil des entgangenen materiellen Ertrages aus dem Geschäft qualifiziert werden

---

[61] So BGHZ 99, 182, 197 f.

[62] BGHZ 71, 234 (LS): „Gelangt der Besteller einer noch zu errichtenden Eigentumswohnung aus einem von seinem Vertragspartner zu vertretenden Umstand erst einige Zeit später als vorgesehen in den Besitz der mangelfreien Wohnung, so liegt ein zu ersetzender Vermögensschaden weder in dem zeitweiligen Ausfall der Nutzungsmöglichkeit als solchem (Bestätigung von BGHZ 66, 277) noch in den Aufwendungen für den auf den Verzugszeitraum entfallenden Kapitaldienst für die – fristgerecht bezahlte – Vergütung und auch nicht in den zeitanteiligen umlagefähigen Gemeinschaftskosten."

[63] In BGHZ 63, 98, 101 wird ein Vermögenswert für den Fall bejaht, dass es sich um einen Erholungsurlaub handelt, welcher der Erhaltung oder Wiedererlangung der Arbeitskraft dient, wenn der Urlaub durch Arbeitsleistung verdient oder durch besondere Aufwendungen für eine Ersatzkraft ermöglicht wird. Diese Entscheidung wird auf eine Wertung nach wirtschaftlichen Gesichtspunkten nach der herrschenden Verkehrsauffassung gestützt (Kommerzialisierung).

[64] Während Verdienstausfall, Fahrtaufwand und Pflegedienste der Eltern einen Marktwert haben und „marktgerecht" erfassbar sind, ist der bloße Aufwand von Zeit (Verlust von Urlaubs- und Freizeit), schadensersatzfähig, wenn er sich in der Vermögenssphäre nicht konkret niedergeschlagen hat.

[65] Vgl. RegBegr., BT-Drs. 14/6040, S. 142 bis 144.

könnten. Daneben kann ein Schadensersatzanspruch (aus §§ 280 ff.) nicht geltend gemacht werden (vgl. § 284 „anstelle").

Zwar können nutzlose Aufwendungen über § 284 ersetzt verlangt werden. Jedoch schließt dies nicht aus, dass sie auch über den allgemeinen Schadensersatzanspruch geltend gemacht werden; die Einführung des § 284 hat insoweit nichts geändert und auch nichts ändern wollen.[66] Für die Qualifizierung von Aufwendungen als Schaden (statt der Leistung) ist die Rentabilitätsvermutung weiterhin von Bedeutung.

Nach der (bisherigen) Rechtsprechung können Aufwendungen zu ideellen Zwecken keinen ersatzfähigen materiellen Schaden begründen; sie stellen einen immateriellen Schaden dar, der nach § 253 (jetzt Abs. 1) grundsätzlich nicht zu ersetzen ist.[67] Auch daran hat weder die Schuldrechts- noch die Schadensersatzreform etwas geändert. Möglicherweise aus diesen Gründen hat der Gesetzgeber der Schuldrechtsreform § 284 (zumindest formell) als Aufwendungsersatzanspruch und nicht als Schadensersatzanspruch positiviert.[68] Der Anspruch auf Schadensersatz und der besondere Aufwendungsersatzanspruch aus § 284 stehen aber im Verhältnis der Alternativität („anstelle"), weil der Gläubiger nicht das gleiche Leistungsinteresse zweimal (über den Schadensersatzanspruch und über § 284) verlangen kann.[69]

2. Anwendungsbereich des § 284 und Abgrenzung von den §§ 280 ff. (Schadensersatz statt der Leistung)

Es stellt sich die Frage, wie der Anwendungsbereich des § 284 und der des Schadensersatzanspruchs (§§ 280 ff.) voneinander abzugrenzen sind. Zu beachten ist dabei, dass der Aufwendungsersatz des § 284 eine Alternative zum Schadensersatz statt der Leistung und nicht zum Schadensersatz allgemein darstellt. Befriedigt werden soll das Interesse des Geschädigten hinsichtlich der von ihm getätigten fehlgeschlagenen Aufwendungen. Der Geschädigte muss sich also entscheiden, welche Alternative für ihn die günstigere ist.

Nach mittlerweile nahezu einhelliger Auffassung in Literatur[70] und Rechtsprechung[71] erfasst der Anwendungsbereich des § 284 auch Verträge, die zu erwerbswirtschaftlichen Zwecken geschlossen worden sind und hat eine doppelte Bedeutung: Zum einen die Anspruchsbegründung bei Aufwendungen zu ideellen Zwecken und zum anderen die Anspruchsmodifizierung bei Aufwendungen zur Gewinnerzielung; sie ist im ersten Fall auf Ersatz eines Nichtvermögensschadens gerichtet;[72] soweit es um Aufwendungen zur Gewinnerzielung geht, ist § 284 eine Haftungsausfüllungsnorm, bei Aufwendungen zu ideellen Zwecken eine eigenständige Anspruchsgrundlage.[73] Dabei enthält § 284 a. E. („es sei denn, deren Zweck ... nicht erreicht worden.") eine Vermutung für die Erreichung des

---

[66] Vgl. MünchKomm/*Emmerich,* Vor § 281 Rn. 31 und MünchKomm/*Ernst,* § 284 Rn. 35 m. w. N.; *Grüneberg,* in: Bamberger/Roth, § 284 Rn. 3 und § 281 Rn. 44; *Canaris,* JZ 2001, 499, 517.

[67] BGHZ 99, 182, 198, 199, 202.

[68] Vgl. RegBegr., BT-Drs. 14/6040, S. 144: Beim Ersatz frustrierter Aufwendungen gehe es nicht eigentlich um ein Schadensersatzproblem, sondern um eine Frage des Aufwendungsersatzes.

[69] Vgl. zu Ausnahmen *Canaris,* JZ 2001, 499, 517: Teleologische Reduktion der in § 284 enthaltenen Alternativitätsanordnung, wenn kumulative Anwendung von Schadensersatz- und Aufwendungsersatzanspruch schadensersatzrechtlich korrekt ist.

[70] Palandt/*Heinrichs,* § 284 Rn. 3; MünchKomm/*Ernst,* § 284 Rn. 5; *Grüneberg,* in: Bamberger/Roth, § 284 Rn. 3.

[71] Vgl. BGHZ 163, 381 = NJW 2005, 2848.

[72] MünchKomm/*Ernst,* § 284 Rn. 7.

[73] MünchKomm/*Ernst,* § 284 Rn. 8.

mit den Aufwendungen verfolgten Zwecks: Aufwendungen sind zu ersetzen, es sei denn, der mit ihnen verfolgte Zweck hätte auch ohne Pflichtverletzung nicht erreicht werden können. Die Rentabilitätsvermutung stellt eine Unterart dieser Vermutung dar: Vermutung dafür, dass der Erwerbszweck (Aufwendungen wären wieder erwirtschaftet worden) erreicht worden wäre. § 284 a. E. begründet allgemein den Einwand der Nichterreichung des Zweckes, nicht nur (speziell) der Unrentabilität. Die Beweislast für die Widerlegung dieser Vermutung obliegt dem Schuldner. Insoweit geht § 284 über die Rentabilitätsvermutung der Rspr. hinaus;[74] § 284 a. E. normiert bei diesem Normverständnis in allgemeiner Form nur das, was die Rechtsprechung für Verträge zu erwerbswirtschaftlichen Zwecken judiziert.

3. Zwar ist § 284 formell ein Aufwendungsersatzanspruch, materiell handelt es sich aber um einen besonderen Schadensersatzanspruch, der neben materiellen (Gewinnerzielungsabsicht) auch immaterielle Schäden (bei ideeller Zweckverfolgung) erfassen kann und damit einen Anwendungsfall des § 253 Abs. 1 a. E.[75] darstellt.[76] Diese Dogmatik hat den Vorzug, dass frustrierte Aufwendungen einheitlich als Schaden angesehen werden,[77] mit der Differenzierung, dass sie im Falle der Gewinnerzielung von materieller Natur, bei Handeln zu ideellen Zwecken von immaterieller Natur sind (vgl. § 253 Abs. 1).

c) Ersatz für nutzlos aufgewendete Urlaubszeit

Der Verlust von Urlaubszeit (und Freizeit) (sog. „verdorbener" oder „vertaner" Urlaub) begründet grundsätzlich nur einen immateriellen Schaden, der nur in den Grenzen des § 253 ersatzfähig ist.[78] Die Ersatzfähigkeit nutzlos aufgewendeter Urlaubszeit ist für den Reisevertrag speziell in § 651 f Abs. 2[79] geregelt.[80] Außerhalb des Reisevertragsrechts (z. B. im Deliktsrecht) ist entgangener Urlaub (und Freizeit schlechthin) nicht ersatzfähig (vgl. § 253 Abs. 1).[81] Eine analoge Anwendung des § 651 f Abs. 2 BGB wurde jedoch in Einzelfällen zugelassen, wenn das Vertraginteresse wie beim Reisevertrag auf die Urlaubsgestaltung gerichtet ist (bspw. Miete eines Ferienhauses[82] oder Wohnmobiles).[83]

36

---

[74] Vgl. RegBegr., BT-Drs. 14/6040, S. 143.

[75] Vgl. BGHZ 99, 182, 198: Die Vereitelung des mit den Aufwendungen verfolgten Zweckes, auf den es allein ankommt, stellt einen immateriellen Schaden dar, der als solcher gemäß § 253 (jetzt § 253 Abs. 1) grundsätzlich nicht zu ersetzen ist.

[76] Vgl. MünchKomm/*Ernst*, § 284 Rn. 6 f.; am Wesen eines echten Schadensersatzanspruchs zweifelnd *Lange/Schiemann*, § 6 IV, S. 258.

[77] Nach der RegBegr. (BT-Drs. 14/6040, S. 144) sollte das Problem der Frustrierung von Aufwendungen einheitlich gelöst werden, was durch die Schaffung eines einheitlichen Tatbestandes im Schadensersatzrecht der §§ 280 ff. möglich sei.

[78] BGHZ 63, 98 für einen Anspruch aus § 635 a. F. zu der Zeit vor Einführung des § 651 f. Abs. 2.

[79] Strittig ist, ob § 651 f. Abs. 2 eine Bestätigung der vorgängigen Rechtsprechung ist (Urlaubsgenuss als Vermögensgut) oder die ausnahmsweise Ersatzfähigkeit eines immateriellen Schadens (§ 253 Abs. 1) normiert (*Lange/Schiemann*, § 6 XIV 4 b, S. 389 m. w. N.).

[80] Die h. M. geht davon aus, dass § 651 f. Abs. 2 einen Anspruch auf Ersatz eines immateriellen Schadens begründet (vgl. *Geib*, in: Bamberger/Roth, § 651 f. Rn. 2, 17 m. w. N. Vgl. zur Berechnung des Anspruchs *ders.*, a. a. O. Rn. 19.

[81] BGHZ 86, 212, 215; 130, 128, 133; MünchKomm/*Oetker*, § 249 Rn. 90.

[82] BGH NJW 1985, 906.

[83] OLG Karlsruhe NJW-RR 1988, 954.

37   Von der Ersatzfähigkeit nutzlos aufgewandter Urlaubszeit ist das
Problem zu unterscheiden, ob Aufwendungen schadensersatzfähig sind,
die für eine Reise aufgewendet wurden und (aus irgendeinem Grund)
nutzlos sind (vgl. oben § 22 Rn. 27 ff.). Ihre Ersatzfähigkeit wird bejaht,
wenn der erworbene (Vertrags-)Anspruch nicht mehr ausgenutzt und
die Buchung nicht mehr rückgängig gemacht werden kann.[84] Dieser
Schaden kann neben dem Schaden wegen Freizeitverlusts bestehen.

II. Schadensersatz statt der Leistung

38   Das Schuldrechtsmodernisierungsgesetz hat in zahlreichen Vorschriften die Bezeichnung „Schadensersatz statt der Leistung" eingeführt.[85]
In einigen Vorschriften hat der Gesetzgeber an der bisherigen Terminologie (**Schadensersatz wegen Nichterfüllung**) festgehalten: §§ 523
Abs. 2 S. 1, 524 Abs. 2 S. 2, 651f Abs. 1. § 536a Abs. 1 spricht nur von
„Schadensersatz". Schadensersatz wegen Nichterfüllung, Schadensersatz und Schadensersatz statt der Leistung haben in diesen Vorschriften
aber die gleiche Bedeutung.[86]

39   Beim Anspruch auf Schadensersatz wegen Nichterfüllung kann der
Gläubiger nach der Differenzhypothese verlangen, so gestellt zu werden, wie er stehen würde, wenn der Vertrag ordnungsgemäß erfüllt
worden wäre. Da der Schadensersatz an die Stelle der Erfüllung treten
soll, scheidet Schadensersatz in Form der Naturalrestitution nach § 249
grundsätzlich aus. Denn ein Anspruch auf Naturalherstellung würde in
der Regel dem Erfüllungsanspruch gleich kommen, der in diesen Fällen
nicht mehr gegeben ist (§ 23 Rn. 28). Schadensersatz wegen Nichterfüllung bedeutet daher grundsätzlich Entschädigung in Geld nach § 251.
Der Schaden berechnet sich nach der Wertdifferenz zwischen der Vermögenslage, die sich bei ordnungsgemäßer Vertragserfüllung ergeben
hätte, und der Vermögenslage, die sich infolge der Nichterfüllung tatsächlich ergeben hat.[87]

III. Surrogationstheorie (Austauschtheorie) und Differenztheorie

40   Wenn der Schuldner eine Pflicht verletzt (vgl. § 280 Abs. 1), entsteht
nach den §§ 281 bis 283 ein Anspruch auf Schadensersatz statt der
Leistung (vgl. § 280 Abs. 3). Bei gegenseitigen Verträgen stellt sich das
Problem, wie die Gegenleistung bei Ermittlung des Schadens zu berücksichtigen ist. Das Gesetz hat diese Frage nur in § 376 Abs. 2 HGB gere-

---

[84] MünchKomm/*Oetker,* § 249 Rn. 93; *Grüneberg,* in: Bamberger/Roth, § 249
Rn. 87.
[85] Davon kann der Schadensersatz neben der Leistung (§ 280 Abs. 1, 2) unterschieden werden.
[86] Vgl. MünchKomm/*Emmerich,* Vor § 281 Rn. 3.
[87] BGHZ (GS) 98, 212, 217.

gelt (Differenztheorie). Im Übrigen haben sich auf der Grundlage des alten Schuldrechts drei Theorien entwickelt.[88] Die Schuldrechtsreform hat den Streit nicht gelöst.

Nach der **Surrogationstheorie** tritt an die Stelle des unmöglichen An- 41 spruchs ein Anspruch auf Schadensersatz (Surrogat = Ersatz). Davon unberührt bleibt der Anspruch auf die Gegenleistung bzw. die erbrachte Gegenleistung.

Anders verfährt die **Differenztheorie**. Sie verzichtet grundsätzlich auf die weitere Durchführung des gegenseitigen Vertrages. Der Gläubiger hat einen einheitlichen Ersatzanspruch wegen Nichterfüllung des gesamten Vertrages; dessen Inhalt ergibt sich aus der Differenz von Leistung und Gegenleistung. An die Stelle der beiderseitigen Erfüllungsansprüche tritt eine einseitige Geldforderung des ersatzberechtigten Gläubigers.

Nach der **abgeschwächten Differenztheorie** kann der Gläubiger grundsätzlich Schadensersatz in Höhe der Wertdifferenz (Differenztheorie) verlangen, jedoch in bestimmten Fallgruppen (Vorleistung des Gläubigers, besonderes Interesse an der Erbringung der Gegenleistung) nach der Surrogationstheorie vorgehen; im Fall des § 326 Abs. 1 S. 2 Halbs. 2 a. F. (Erlöschen der beiderseitigen Leistungspflichten nach Ablauf der Nachfrist) kam nur ein Vorgehen nach der Differenztheorie in Betracht.[89]

Auch nach der Schuldrechtsreform besteht Streit. Nach der bisher 42 überwiegenden Meinung[90] soll der Gläubiger grundsätzlich ein Wahlrecht zwischen der Differenz- und Surrogationstheorie haben: Er könne frei wählen, ob er (1) die Differenz zwischen Leistung und Gegenleistung vom Schuldner ersetzt verlangt oder (2) stattdessen vollen Schadensersatz für die pflichtverletzte Leistung verlangt und zur Gegenleistung weiterhin verpflichtet ist bzw. eine bereits geleistete Gegenleistung davon unberührt bleibt. Nach anderer Ansicht soll Schadensersatz bei §§ 281f. nur nach der Surrogationstheorie zu errechnen sein.[91] Nach einer dritten Ansicht ist Schadensersatz nur nach der Differenztheorie zu berechnen.[92]

Vertiefungshinweis: Differenz- oder Surrogationstheorie nach der Schuld- 43 rechtsreform
Das Schuldrechtsmodernisierungsgesetz hat den früheren (zum alten Recht) vertretenen Theorien bzw. deren Begründungsansätzen zum Teil den Boden entzogen. Die Problemlösung hat vom neuen Recht auszugehen. Die Schuldrechts-

---

[88] Vgl. dazu MünchKomm/*Emmerich,* Vor § 281 Rn. 21–27.

[89] So BGH NJW 1994, 3351; 1999, 3115; ablehnend *Kaiser,* NJW 2001, 2425.

[90] MünchKomm/*Emmerich,* Vor § 281 Rn. 28; *Grüneberg,* in: Bamberger/Roth, § 281 Rn. 32; Palandt/*Heinrichs,* § 281 Rn. 18–22; *Lorenz/Riehm,* Rn. 211, 214.

[91] *Faust,* in: Huber/Faust, § 3 Rn. 189.

[92] *Ehmann/Sutschet,* Modernisiertes Schuldrecht, 2002, S. 114 f.; *Wilhelm,* JZ 2001, 861, 868; *Schwarze,* Jura 2002, 73, 81 f. Ablehnend *Grothe,* in: Bamberger/Roth, § 325 Rn. 5.

reform hat die frühere Alternativität von Schadensersatz und Rücktritt beseitigt und lässt nun beides nebeneinander (kumulativ) zu (vgl. § 325). Der erklärte Rücktritt wandelt – nach wie vor – das Schuldverhältnis in ein Rückgewährschuldverhältnis um. Nach § 275 Abs. 1 und § 326 Abs. 1 S. 1 erlöschen im Fall der Unmöglichkeit die Leistungs- und Gegenleistungspflicht. Nach § 281 Abs. 4 ist der Anspruch auf die Leistung ausgeschlossen, wenn der Gläubiger Schadensersatz verlangt. Aus dem Gegenseitigkeitsverhältnis von synallagmatischen Verträgen folgt, dass dann auch der Anspruch auf die Gegenleistung ausgeschlossen ist.[93] Das Geleistete kann nach Rücktrittsrecht zurückverlangt werden (§ 281 Abs. 5, § 283 S. 2). Auf dieser Grundlage ist die aufgeworfene Frage wie folgt zu beurteilen:

Ein Schadensersatzanspruch nach der Surrogationstheorie kommt nicht in Betracht, wenn der Gläubiger zuerst zurücktritt: Es entsteht ein Rückgewährschuldverhältnis, womit ein Austausch der Vertragsleistungen ausgeschlossen ist und gewährte Leistungen rückabzuwickeln sind. Es kann nur noch Schadensersatz in Form der Differenztheorie gefordert werden (§ 325).[94]

Verlangt der Gläubiger dagegen (nur) Schadensersatz, so kann er in jedem Fall nach der Differenztheorie vorgehen: Aus §§ 281 Abs. 5, 326 Abs. 4 folgt ein Anspruch auf Rückgewähr der (Vor-)Leistung des Gläubigers; nach § 280 Abs. 3 kann Schadensersatz nach der Differenztheorie verlangt werden.

Es stellt sich aber die Frage, ob der Gläubiger auch die Surrogationstheorie wählen kann, wenn er es bei der Vorleistung belassen will. Verzichtet der Gläubiger auf die Rückforderung der Gegenleistung wird der Schuldner verpflichtet, den Wert der von ihm geschuldeten, aber ausgebliebenen Leistung zuzüglich aller Folgeschäden zu ersetzen. Der Schuldner wird folglich entsprechend der Surrogationstheorie zum Schadensersatz verpflichtet.[95]

IV. „Großer" und „kleiner" Schadensersatz

44 Während die Differenz- und Surrogationstheorie die Gegenleistung bzw. den Anspruch auf die Gegenleistung bei der Ermittlung des Schadensersatzes berücksichtigen, hat die Unterscheidung zwischen dem **kleinen und großen Schadensersatz** einen anderen Ansatz: Es wird an die teilweise oder mangelhafte Leistung angeknüpft und deren Schicksal bei der Ermittlung des Schadensersatzes berücksichtigt.[96]

Der Gläubiger kann die mangelhafte Sache behalten und nur die Wertdifferenz zwischen mangelfreier und mangelhafter Leistung verlangen (Leistungsminderwert, kleiner Schadensersatz). Er kann aber auch die erhaltene Sachleistung zur Verfügung stellen bzw. deren Abnahme ablehnen und Schadensersatz statt der ganzen Leistung verlangen (großer Schadensersatz). Das Gesetz berücksichtigt diese Unterscheidung zwischen kleinem und großem Schadensersatz in § 281 Abs. 1 S. 3 und Abs. 5: „Schadensersatz statt der ganzen Leistung"

---

[93] So zu Recht Palandt/*Heinrichs*, § 281 Rn. 51.
[94] MünchKomm/*Emmerich*, Vor § 281 Rn. 29.
[95] Vgl. Palandt/*Heinrichs*, § 281 Rn. 22 mit Verweis auf BGHZ 87, 156, 159; *Looschelders*, SR AT Rn. 670.
[96] Vgl. *Faust*, in: Huber/Faust, § 3 Rn. 187 f.

meint den großen Schadensersatz. Dieser wird von besonderen Voraussetzungen abhängig gemacht. Im Übrigen ist der kleine Schadensersatz gemeint.

V. Mangel- und Mangelfolgeschaden

Im Sachmängelgewährleistungsrecht des Kauf- und Werkvertrags- 45 rechts stellte sich früher die Frage nach der Abgrenzung zwischen Mangel- und Mangelfolgeschaden.[97] Mit der Schuldrechtsreform hat sich diese Abgrenzung nicht erledigt. Sie stellt sich aber in einem etwas anderen Zusammenhang dar: Während nach altem Recht zwischen zwei Schadensarten (Mangel- und Mangelfolgeschaden) zu unterscheiden war und der sog. Verzögerungsschaden eine besondere Rolle spielte, regelt § 280 jetzt drei Schadenskategorien:

1. Einfacher Schadensersatz (§ 280 Abs. 1);
2. Schadensersatz wegen Verzögerung der Leistung (§ 280 Abs. 2);
3. Schadensersatz statt der Leistung (§ 280 Abs. 3; § 311a Abs. 2, der eine eigenständige Anspruchsgrundlage ist).[98]

Der Gesetzgeber geht zwar davon aus, dass der einfache Schaden 46 (§ 280 Abs. 1) dem alten Mangelfolgeschaden und der Schaden statt der Leistung (§ 280 Abs. 3) dem Mangelschaden entspricht.[99] Zutreffenderweise ist wie folgt abzugrenzen:

1. § 280 Abs. 3 und § 311a Abs. 2 erfassen die Schäden, die gerade auf der Nichtleistung oder Nichterfüllung beruhen. Das sind Schäden, die bei nachträglicher Erfüllung nicht entstanden wären.

2. §§ 280 Abs. 2, 286 erfassen die Schäden, die gerade auf der Verzögerung der Leistung (verspätete Nutzbarkeit der Sache) beruhen und durch eine nachträgliche Erfüllung nicht verhindert werden können. Sie sind nur unter den Voraussetzungen des § 286 ersatzfähig.

3. § 280 Abs. 1 erfasst die Schäden, die gerade auf der Nicht- oder Schlechtleistung beruhen und durch eine nachträgliche Erfüllung nicht mehr verhindert werden können, ausgenommen die Verzögerungsschäden, die nur unter den Voraussetzungen des §§ 280 Abs. 2, 286 ersatzfähig sind.

---

[97] Vgl. zu den sich aus der Abgrenzung von Mangel- und Mangelfolgeschaden ergebenden Problemen RegBegr., BT-Drs. 14/6040, S. 133.

[98] Dabei erfasst § 280 Abs. 3 i.V.m. § 281 den Fall der Schlechtleistung bei möglicher Nacherfüllung, § 311a Abs. 2 den Fall der Schlechterfüllung bei anfänglich unmöglicher Nacherfüllung und § 280 Abs. 3 i.V.m. § 283 die Schlechterfüllung bei nachträglich unmöglicher Nacherfüllung.

[99] Vgl. RegBegr., BT-Drs. 14/6040, S. 224: „Der Entwurf übernimmt im Wesentlichen die Ergebnisse der Rechtsprechung zum Schadensersatz". Kritisch dazu *Dauner-Lieb*, in: Dauner-Lieb/Heidel/Lepa/Ring, § 2 Rn. 36.

47   **Vertiefungshinweis:** Abgrenzung von einfachem Schadensersatz, Schadensersatz wegen Verzögerung und Schadensersatz statt der Leistung (Mangel- und Mangelfolgeschaden)

Mit Rücksicht auf den (neuen) Gesetzeswortlaut stellt sich die Frage, wie der volle Nichterfüllungsschaden auf die Anspruchsgrundlagen des § 280 Abs. 1, § 280 Abs. 2 und § 280 Abs. 3 aufzuteilen ist.

Im Fall des § 311a Abs. 2 ergibt sich dieses Abgrenzungsproblem und die Frage nach der Aufteilung eines Anspruchs auf mehrere Anspruchsgrundlagen nicht. Die Pflichtverletzung i.S. des § 280 Abs. 1 fällt mit dem anfänglichen Leistungshindernis i.S. des § 311a Abs. 2 und 1 zusammen. Der daraus entstehende Schaden i.S. des § 280 Abs. 1 ist mit dem Schadensersatz statt der Leistung i.S. des § 311a Abs. 2 S. 1 identisch. § 311a Abs. 2 ist als speziellere Bestimmung (vor § 280 Abs. 1) anzuwenden.[100] Verzug setzt die Möglichkeit der Leistung voraus und kann wegen anfänglicher Unmöglichkeit nicht eintreten.

Die Abgrenzung zwischen § 280 Abs. 1 und § 280 Abs. 3 erfolgt (in erster Linie) dynamisch zeitlich, nicht (starr) gegenständlich sachlich nach Schadenspositionen.[101] (a) § 280 Abs. 3 regelt den **Schadensersatz statt der Leistung;** das sind die Schäden, die deshalb ent- oder bestehen, weil der Schuldner nicht mehr zu leisten braucht bzw. weil er nicht mehr leisten kann. Die Leistungspflicht des Schuldners oder die Leistungsberechtigung des Gläubigers entfällt dann, wenn der Gläubiger Schadensersatz verlangt (§ 281 Abs. 4), die Nacherfüllung unmöglich wird (§§ 275, 283) oder die Leistung durch den Schuldner nicht mehr zumutbar ist (§ 282). Schadensersatz statt der Leistung setzt damit den Wegfall des Erfüllungsanspruchs voraus. Die Schäden sind dadurch gekennzeichnet, dass sie durch (Nach-)Erfüllung noch hätten verhindert werden können und gerade kausal durch die Nichterfüllung herbeigeführt werden. (b) Im Gegensatz dazu steht der **Schadensersatz neben der** (noch möglichen) **Leistung.** Er ist nach § 280 Abs. 1 zu ersetzen und setzt das Fortbestehen der (Nach-)Erfüllungspflicht des Schuldners voraus. Alle Schäden, die neben der noch möglichen Leistungsverpflichtung entstehen, fallen unter § 280 Abs. 1. Diese Schäden sind dadurch gekennzeichnet, dass sie durch Nacherfüllung nicht mehr verhindert werden können, sie bestehen also auch dann, wenn noch nacherfüllt wird.

§ 280 Abs. 2 erfasst den sog. Verzögerungsschaden. Zum Verzögerungsschaden gehört der Schaden, der dem Gläubiger auch dann entsteht, wenn es nachträglich doch noch zu der (verzögerten) Leistung kommt (z.B. Zinsverluste, Rechtsverfolgungskosten, bereits entgangener Gewinn wegen Produktionsausfalls, Kosten der Ersatzbeschaffung während der Dauer des Verzuges). Der geschädigte Gläubiger hat nicht die Wahl zwischen mehreren Anspruchsgrundlagen: Er muss den Verzögerungsschaden auf §§ 280 Abs. 2, 286 stützen und kann ihn nicht in den allgemeinen Nichterfüllungsschaden (§ 280 Abs. 3: Schadensersatz statt der Leistung) mit einbeziehen.[102] Auch auf § 280 Abs. 1 kann der Verzögerungsschaden wohl nicht gestützt werden, weil §§ 280 Abs. 2, 286 zusätzliche Voraussetzungen enthalten.[103]

---

[100] Vgl. MünchKomm/*Ernst,* § 311a Rn. 65 und 89.

[101] Vgl. MünchKomm/*Ernst,* § 280 Rn. 65 ff.; *Lorenz,* NJW 2002, 2497, 2500.

[102] *Faust,* in: Huber/Faust, § 3 Rn. 183 ff.; *Lorenz/Riehm,* Rn. 287–289; *Dauner-Lieb,* in: Dauner-Lieb/Heidel/Lepa/Ring, § 2 Rn. 39 ff. Anders MünchKomm/*Emmerich,* Vor § 281 Rn. 17 für die Wahl zwischen der Einbeziehung des Verzögerungsschadens in den Schaden statt der Leistung (§ 280 Abs. 3) oder §§ 280 Abs. 2, 286.

[103] Vgl. *Faust,* in: Huber/Faust, § 3 Rn. 185; *Lorenz/Riehm,* Rn. 288; *Dauner-Lieb,* in: Dauner-Lieb/Heidel/Lepa/Ring, § 2 Rn. 38.

VI. Positives und negatives Interesse

Bei vertraglichen, vertragsähnlichen oder im Zusammenhang mit 48
Verträgen stehenden Schadensersatzansprüchen kann zwischen positivem und negativem Interesse unterschieden werden. Das Gesetz benutzt
diese Begriffe allerdings nicht. Ob ein Schadensersatzanspruch auf das
positive oder negative Interesse gerichtet ist, richtet sich nach dem konkreten, den Anspruch begründenden Umstand.

Das **positive Interesse** (auch Erfüllungsschaden oder Erfüllungsinteresse genannt) ist ein Schaden, der entsteht, weil der Vertragspartner
seine Verpflichtung nicht (ordnungsgemäß) erfüllt. Der Geschädigte
muss deshalb so gestellt werden, wie er stehen würde, wenn ordnungsgemäß erfüllt worden wäre. Die hypothetische Lage (i. S. der Differenzhypothese) ist die Lage bei ordnungsgemäßer Erfüllung, die reale Lage
die bei pflichtwidriger Erfüllung.

Beispiel:
Der Käufer kauft im Supermarkt des V verdorbenen Fisch und erleidet dadurch
eine Gesundheitsverletzung. Nach §§ 433, 434 Abs. 1 S. 1, 437 Nr. 3 i. V. m. § 280
Abs. 1 kann K den aus der Pflichtverletzung entstandenen Schaden verlangen.
Pflichtverletzung ist die Lieferung verdorbenen Fisches. Deshalb kann er den daraus entstandenen Schaden verlangen (z. B. Arztkosten) und muss so gestellt
werden, wie er stehen würde, wenn V den Fisch ordnungsgemäß geliefert hätte
(hypothetische Lage).

Das **negative Interesse** (auch **Vertrauensschaden** oder Vertrauensinte- 49
resse) stellt den Schaden dar, der dadurch entsteht, dass der Vertragspartner auf die Gültigkeit einer Erklärung (oder eines Geschäftes) vertraut. Der Geschädigte ist so zu stellen, wie er stehen würde, wenn er
auf die Gültigkeit der (vermeintlich wirksamen) Erklärung (des Schädigers) nicht vertraut hätte. Die reale Vermögenslage des Geschädigten
(unwirksame Erklärung) wird mit der hypothetischen Vermögenslage
verglichen, die darin besteht, dass der Vertrag nicht zustande gekommen wäre und der Geschädigte von dem ungültigen Rechtsgeschäft
nichts gehört hätte.

Beispiel:
Käufer K und Verkäufer V schließen einen Kaufvertrag. Dadurch unterlässt
V den Abschluss eines Kaufvertrages mit D, der dem V einen geringeren Gewinn
erbracht hätte. Zur Abwicklung des Geschäftes entstehen dem V Versandkosten.
Später ficht K den Vertrag wegen Inhaltsirrtums berechtigterweise an (§§ 119
Abs. 1 Alt. 1, 142 Abs. 1).
V kann Schadensersatz aus § 122 Abs. 1 verlangen. Er ist so zu stellen, wie er
stünde, wenn er nicht auf die Gültigkeit des Vertrages vertraut hätte (negatives Interesse). Die hypothetische Lage ist die, die bestünde, wenn V den Kaufvertrag
mit K nicht abgeschlossen hätte. Dann hätte er einen Kaufvertrag mit D geschlossen, einen (kleineren) Gewinn erwirtschaftet und die Versandkosten nicht aufwenden müssen. Das negative Interesse beläuft sich also auf den entgangenen (kleineren) Gewinn und die Versandkosten.

50   Das negative Interesse kann geringer oder höher sein als das positive Interesse. Bei § 122 und § 179 Abs. 2 begrenzt das Gesetz die Verpflichtung zum Ersatz des negativen Interesses auf das positive Interesse als Höchstbetrag. Diese Begrenzung gilt aber nicht schlechthin für
jeden Schadensersatzanspruch, der auf das negative Interesse gerichtet ist. Wenn z. B. aus cic der Vertrauensschaden zu ersetzen ist, so wird
der zu ersetzende Schaden nicht durch das Erfüllungsinteresse begrenzt.[104]

51   **Fall:**

K schließt mit V einen schriftlichen Kaufvertrag über ein Fahrrad (Wert: 250 €)
zum Preis von 300 € ab. Da K sich verschrieben hat – er will für 250 € kau-
fen –, ficht K seine Erklärung wegen Erklärungsirrtums wirksam an. V hat mit
Rücksicht auf den Kaufvertrag mit K zwischenzeitlich ein Kaufangebot des
D für 350 € abgelehnt. Beim Vertragsschluss mit K sind dem V Porto- und
Schreibkosten in Höhe von 10 € entstanden. Diese Beträge verlangt er von
K. Zu Recht?

Lösung:

V hat gegen K einen Anspruch auf Schadensersatz aus § 122 Abs. 1.
1. Infolge wirksamer Anfechtung (§§ 119 Abs. 1 Alt. 2, 143 Abs. 1) liegt eine
   angefochtene Willenserklärung i. S. des § 122 Abs. 1 vor. Ein Anspruchsausschluss nach § 122 Abs. 2 kommt nicht in Betracht.
2. K hat dem V deshalb den Schaden zu ersetzen, den dieser dadurch erleidet, dass er auf die Gültigkeit der Erklärung vertraut (negatives Interesse),
   jedoch nicht über den Betrag des Interesses hinaus, welches er an der
   Gültigkeit der Erklärung hat (positives Interesse).
   a) Zu ersetzen ist grundsätzlich das negative Interesse. V ist so zu stellen,
      wie er stünde, wenn er auf die Gültigkeit der Erklärung (des K) nicht ver-
      traut hätte. Dann hätte er mit D kontrahiert und dabei 100 € Gewinn
      gemacht. Die Porto- und Schreibkosten in Höhe von 10 € wären ihm
      nicht entstanden.
   b) Das zu ersetzende Interesse wird aber durch das sog. positive Interesse
      begrenzt. Dafür ist zu prüfen, wie V bei Gültigkeit der Erklärung stünde.
      Diese Begrenzung des Schadensersatzes durch das positive Interesse
      ist für jeden einzelnen Schadensposten vorzunehmen; es ist nicht ins-
      gesamt zu saldieren.
      – Bei Gültigkeit des Vertrages hätte V 50 € Gewinn erzielt; er kann des-
        halb statt 100 € nur 50 € verlangen.
      – Das negative Interesse erfasst auch die 10 € Porto- und Schreibkos-
        ten (vgl. vorstehend). Diese Kosten hätte er auch bei Gültigkeit des
        Vertrages aufwenden müssen. Deshalb sind sie ersatzfähig.
   c) Der zu ersetzende Schaden beträgt also 60 €.

---

[104] Eine Ausnahme besteht in den Fällen, die eine mit § 122 vergleichbare Interessenlage aufweisen (vgl. BGH NJW 1983, 442, 444; Staudinger/*Medicus*, 12. Aufl.,
§ 249 Rn. 25).

VII. Unmittelbarer und mittelbarer Schaden – unmittelbar und mittelbar Geschädigter

Die Unterscheidung zwischen dem unmittelbar und mittelbar Ge- **52** schädigten und dem unmittelbaren und mittelbaren Schaden ist von großer Bedeutung. Bei der Unterscheidung zwischen dem unmittelbar und mittelbar Geschädigten geht es um die Frage der Anspruchsberechtigung, die Unterscheidung zwischen dem unmittelbaren und mittelbaren Schaden betrifft den Umfang der Schadensersatzpflicht.

Unmittelbar Geschädigter ist der Gläubiger der verletzten Pflicht **53** oder derjenige, in dessen Person ein (deliktischer) Schadensersatzanspruch erfüllt ist. Das ist z. B. derjenige, dessen Rechtsgut oder Recht i. S. des § 823 Abs. 1 (§§ 824, 825) verletzt worden oder der Opfer einer Schutzgesetzverletzung (etwa Strafgesetz) i. S. des § 823 Abs. 2 ist. Dies kann auch ein in einer Kausalkette nur mittelbar Betroffener sein. Dagegen fehlt beim **mittelbar Geschädigten** eine derartige Rechts-, Rechtsgut- oder Schutzgesetzverletzung; vielmehr hat der mittelbar Geschädigte nur einen Schaden erlitten, der durch die Verletzung eines Rechtes oder Rechtsgutes eines Dritten entstanden ist (sog. primärer Vermögensschaden).

Anspruchsberechtigt ist grundsätzlich nur der unmittelbar Geschädigte. Verletzter und Geschädigter müssen dieselben Personen sein (sog. „**Tatbestandsprinzip**", **Dogma des Gläubigerinteresses**).[105] Der unmittelbar Geschädigte kann den ihm selbst entstandenen Schaden ersetzt verlangen (sog. Gläubigerinteresse). Der mittelbar Geschädigte kann seinen Schaden (sog. Drittschaden) mangels Anspruchsgrundlage grundsätzlich nicht ersetzt verlangen; er hat nur ausnahmsweise einen eigenen Schadensersatzanspruch (§§ 618 Abs. 3, 701, 844 f.).

Beispiele:
– G ist am Körper verletzt worden. Der Arbeitgeber A muss Entgeltfortzahlung leisten und erleidet dadurch eine Vermögensminderung. Als unmittelbar Geschädigter kann aber nur G einen Anspruch auf Ersatz seines (normativen) Schadens geltend machen (der nach § 6 EntgFG kraft Gesetzes auf den Arbeitgeber übergeht). A ist lediglich an seinem Vermögen geschädigt und hat in diesem Fall keinen deliktischen Schadensersatzanspruch aus eigenem Recht.
– Die Mutter M wird getötet. Dadurch entgeht dem (unterhaltsberechtigten) Kind K der Unterhaltsanspruch. Nur M ist unmittelbar Geschädigte, kann allerdings ihren Anspruch aus § 823 Abs. 1 nicht mehr geltend machen. Nach allgemeinen deliktischen Grundsätzen kann das Kind K als bloß mittelbar (an seinem Vermögen) Geschädigter eigentlich keinen deliktischen Anspruch geltend machen (vgl. aber zu §§ 844 f. oben § 20 Rn. 8 ff.).

Die mangelnde Ersatzfähigkeit eines Drittschadens soll das Risiko des handelnden Schädigers in überschaubaren Grenzen halten. Andern-

---

[105] MünchKomm/*Oetker*, § 249 Rn. 268; Staudinger/*Schiemann*, Vorbem. zu §§ 249 ff. Rn. 49, § 249 Rn. 240; *Deutsch/Ahrens*, Rn. 425.

falls würde die Gefahr einer uferlosen Haftung entstehen, welche für den Wirtschaftsverkehr lähmend wäre.[106]

54   Zu ersetzen ist der „dadurch entstehende Schaden" (§ 823 Abs. 1); das sind sowohl der unmittelbare als auch der mittelbare Schaden.[107] **Unmittelbarer Schaden** ist die nachteilige Veränderung, die am verletzten Recht oder Rechtsgut selbst entstanden ist (z. B. Kosten zur Wiederherstellung des geschädigten Recht-[gut-]s, merkantiler Minderwert). **Mittelbare Schäden** sind die durch das schädigende Ereignis verursachten sonstigen Einbußen (z. B. entgangener Gewinn, Nutzungsausfälle).[108] Die Ersatzfähigkeit mittelbarer Schäden ist eine Frage der haftungsausfüllenden Kausalität und Zurechnung.

Beispiel:

S wird am Körper verletzt, kann seinen Beruf nicht mehr ausüben, muss den Beruf wechseln (Umschulung) und hat dadurch verminderte Arbeitseinkünfte. Die zur Beseitigung der Verletzung des Körpers entstehenden Kosten (Krankenbehandlung, Arztkosten usw.) stellen den unmittelbaren Schaden dar, also die Kosten, die zur Wiederherstellung des ursprünglichen Zustandes erforderlich sind (schadensrechtliches Pendant zur ersten Rechtsgutverletzung). Die Kosten für die Umschulung und ein etwaiger Minderverdienst sind die weiteren Folgen der ersten Rechtsgutverletzung; als mittelbarer Schaden sind auch sie zu ersetzen; es gelten die allgemeinen Zurechnungsgrundsätze.

VIII. Zusammenfassung

55   **Arten von Schäden**

1. Vermögens- und Nichtvermögensschaden

a) Ersatz des Vermögens- und Nichtvermögensschadens
   – Grundsätzlich Ersatz durch Naturalrestitution (§ 249 Abs. 1) oder durch den zur Herstellung erforderlichen Geldbetrag (§§ 249 Abs. 2, 250) (§ 22 Rn. 17).
   – Grundsätzlich kann nur der Vermögensschaden durch eine Entschädigung in Geld (§ 251) ersetzt werden (§ 23 Rn. 27); Nichtvermögensschäden nur ausnahmsweise: § 253 (§ 23 Rn. 37 ff.).

b) Abgrenzung des Vermögens- vom Nichtvermögensschaden
   – Kommerzialisierungsgedanke:
     Der entzogene Vorteil kann gegen Geld erworben werden, oder dafür ist ein Markt vorhanden (vgl. § 22 Rn. 19).
   – Frustrationsgedanke:
     Aufwendungen sind ein ersatzfähiger Schaden, wenn sie wegen des Schadensfalles fehlgeschlagen, also nutzlos geworden sind (vgl. § 22 Rn. 20).

---

[106] Vgl. *Lange/Schiemann*, § 8 I 1, S. 456.
[107] Vgl. Motive II, S. 18 = *Mugdan* II, S. 10 (Motive).
[108] Vgl. Palandt/*Heinrichs*, Vorb v § 249 Rn. 15.

– Bedarfsschaden:
Ein Bedarf, der durch das zum Ersatz verpflichtende Ereignis geschaffen wird, stellt einen Schaden dar, unabhängig davon, welche Mittel der Verletzte zur Deckung des Bedarfs aufwendet (vgl. § 22 Rn. 21).

c) Einzelfälle
   – Entgangene Nutzungen oder Gebrauchsvorteile sind ein ersatzfähiger Vermögensschaden:
     – bei Lebensgütern, deren ständige Verfügbarkeit für die eigenwirtschaftliche Lebenshaltung von zentraler Bedeutung ist (z. B. Pkw, Wohnraum),
     – und wenn der Geschädigte die Sache nutzen will und kann (vgl. § 22 Rn. 23f.).
   – Fehlgeschlagene Aufwendungen sind ein ersatzfähiger Vermögensschaden:
     – wenn der Schadensersatzanspruch auf den Vertrauensschaden gerichtet ist; z. B. bei cic oder § 823 Abs. 2 i. V. m. § 263 StGB.
     – darüber hinaus nur als Schaden statt der Leistung, wenn die Rentabilitätsvermutung eingreift (vgl. § 22 Rn. 30 f.).
   – § 284
   – Ersatz für nutzlos aufgewendete Urlaubszeit als Nichtvermögensschaden nur im Reisevertragsrecht (§ 651 f Abs. 2) (§ 22 Rn. 36 f.)

2. Schadensersatz statt der Leistung (Schadensersatz wegen Nichterfüllung)
   Der Geschädigte muss so gestellt werden, wie er stünde, wenn der Vertrag ordnungsgemäß erfüllt worden wäre. Der Schadensersatz ist auf Entschädigung in Geld (§ 251) gerichtet. Naturalrestitution (§ 249) scheidet aus, weil der Schadensersatz an die Stelle der Erfüllung tritt (§ 22 Rn. 38 f.).

3. Surrogations- und Differenztheorie
   Die Theorien betreffen das Problem, wie bei gegenseitigen Verträgen die Gegenleistung bei Ermittlung des Schadens zu berücksichtigen ist.
   – Surrogationstheorie: An die Stelle des unmöglichen Anspruchs tritt ein Anspruch auf Schadensersatz (Surrogat). Der Anspruch auf die (erbrachte) Gegenleistung bleibt unberührt (§ 22 Rn. 41).
   – Differenztheorie: Gläubiger hat einen einheitlichen Ersatzanspruch wegen Nichterfüllung des gesamten Vertrages; an die Stelle der beiderseitigen Erfüllungsansprüche tritt eine einseitige Geldforderung des ersatzberechtigten Gläubigers (§ 22 Rn. 41).
   – P: Differenz- oder Surrogationstheorie nach der Schuldrechtsreform (§ 22 Rn. 42f.)

4. Großer und kleiner Schadensersatz (§ 22 Rn. 44)
   – Kleiner Schadensersatz: Gläubiger behält mangelhafte Sache
     und verlangt nur Wertdifferenz zwischen mangelfreier und
     mangelhafter Leistung.
   – Großer Schadensersatz: Gläubiger gibt mangelhafte Sache zu-
     rück und verlangt Schadensersatz statt der ganzen Leistung
     (vgl. § 281 Abs. 1 S. 3 und Abs. 5).

5. Positives und negatives Interesse
   – Positives Interesse (Erfüllungsschaden oder -interesse): Scha-
     den, der dadurch entsteht, dass der Vertragspartner seine Ver-
     pflichtung nicht ordnungsgemäß erfüllt. Der Geschädigte
     muss deshalb so gestellt werden, wie er bei ordnungsgemäßer
     Vertragserfüllung stünde (§ 22 Rn. 48).
   – Negatives Interesse (Vertrauensschaden oder -interesse): Scha-
     den, der dadurch entsteht, dass der Vertragspartner auf die
     Gültigkeit eines Geschäftes vertraut. Der Geschädigte ist so zu
     stellen, wie er stünde, wenn er auf die Gültigkeit des Geschäf-
     tes nicht vertraut hätte oder wenn er von dem Geschäft nichts
     gehört hätte (z. B. §§ 122, 179 Abs. 2; vgl. § 22 Rn. 49).

§ 23. Zu ersetzender Schaden: Art und Umfang der Schadensersatzpflicht (§§ 249 bis 253)

1   Die §§ 249 ff. regeln Art, Inhalt und Umfang der Schadensersatzleis-
     tung. Sie setzen voraus, dass ein haftungsbegründender Tatbestand er-
     füllt ist. Die §§ 249 ff. betreffen ausschließlich die Haftungsausfüllung.

A. Grundsätze des Schadensersatzrechts

2   Das Schadensersatzrecht des BGB geht von folgenden drei wesentli-
     chen **Grundsätzen** aus.[1]

     1. **Grundsatz der Totalreparation** = Vollständiger Schadensausgleich
        für den Geschädigten.[2,3]

---

[1] Vgl. dazu die RegBegr. zum Zweiten Gesetz zur Änderung schadensersatzrechtlicher Vorschriften, BT-Drs. 14/7752, S. 13; BGHZ 154, 395 = NJW 2003, 2085
m. w. N.
[2] Eine Ausnahme davon besteht im Arbeitsrecht nach den Grundsätzen des innerbetrieblichen Schadensausgleichs (früher Grundsätze der gefahrgeneigten Arbeit, vgl.
oben § 19 Rn. 27 f.).
[3] Schon der erste Entwurf verwarf eine Abstufung des Umfangs der Schadensersatzpflicht nach Art oder Grad des Verschuldens (vgl. *Mugdan* II, S. 10 [Motive]).

2. **Grundsatz der Wirtschaftlichkeit** = der wirtschaftlich vernünftigste Weg der Schadensbeseitigung ist zu wählen.[4]

3. **Verbot einer Überkompensation** oder **Bereicherungsverbot** = kein Ausgleich über die Wiederherstellung des ursprünglichen Zustandes hinaus und und keine Bereicherung des Geschädigten.[5]

Die §§ 249 bis 253 lassen sich wie folgt systematisieren: **3**

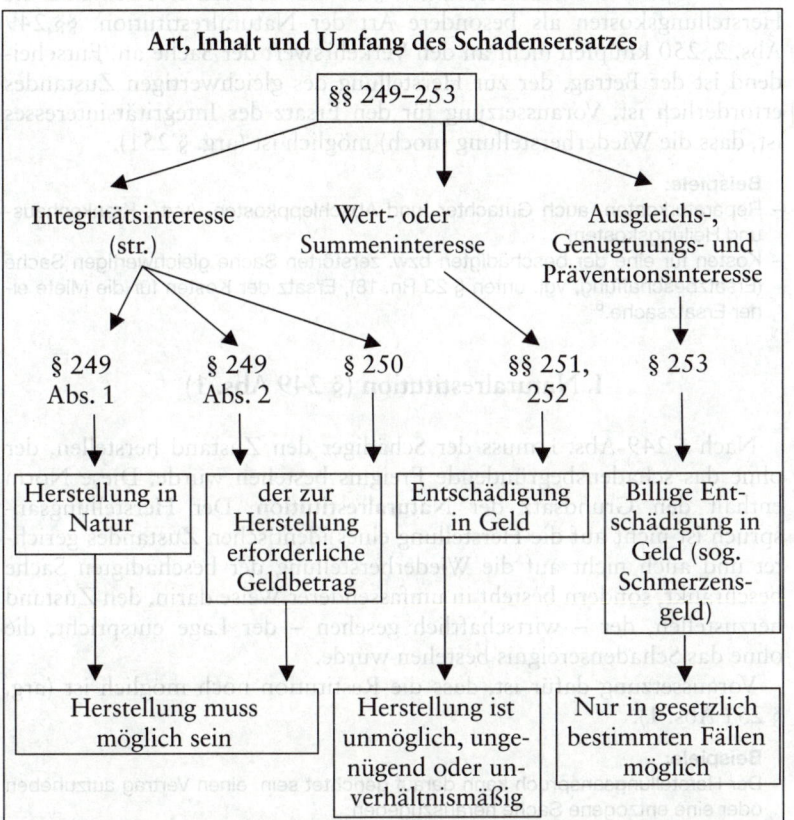

Art, Inhalt und Umfang des Schadensersatzes

§§ 249–253

Integritätsinteresse (str.)	Wert- oder Summeninteresse	Ausgleichs-, Genugtuungs- und Präventionsinteresse
§ 249 Abs. 1 § 249 Abs. 2	§ 250 §§ 251, 252	§ 253
Herstellung in Natur der zur Herstellung erforderliche Geldbetrag	Entschädigung in Geld	Billige Entschädigung in Geld (sog. Schmerzensgeld)
Herstellung muss möglich sein	Herstellung ist unmöglich, ungenügend oder unverhältnismäßig	Nur in gesetzlich bestimmten Fällen möglich

Den §§ 249 ff. liegt die Unterscheidung zwischen Integritätsinteresse **4** und Wert- oder Summeninteresse zugrunde. Naturalrestitution hat dabei Vorrang vor der Kompensation; Grenze der Naturalrestitution ist die Unmöglichkeit, dass Ungenügen und die Unverhältnismäßigkeit der Herstellung.

---

[4] BGHZ 162, 161; BGHZ 155, 1, 3.
[5] BGHZ 162, 161; BGHZ 154, 395, 398.

B. Herstellung in Natur oder durch Geldersatz (Integritätsinteresse)

5   § 249 Abs. 1 und Abs. 2 und § 250 sind auf Wiederherstellung gerichtet und erfassen das **Integritätsinteresse** (vgl. dagegen zum sog. Summen- oder Wertinteresse unten § 23 Rn. 26). Zu ersetzen sind die Herstellungskosten als besondere Art der Naturalrestitution. §§ 249 Abs. 2, 250 knüpfen nicht an den Verkehrswert der Sache an. Entscheidend ist der Betrag, der zur Herstellung des gleichwertigen Zustandes erforderlich ist. Voraussetzung für den Ersatz des Integritätsinteresses ist, dass die Wiederherstellung (noch) möglich ist (arg. § 251).

Beispiele:
– Reparaturkosten, auch Gutachter- und Abschleppkosten, Arzt-, Krankenhaus- und Heilungskosten.
– Kosten für eine der beschädigten bzw. zerstörten Sache gleichwertigen Sache (Ersatzbeschaffung, vgl. unten § 23 Rn. 18), Ersatz der Kosten für die Miete einer Ersatzsache.[6]

I. Naturalrestitution (§ 249 Abs. 1)

6   Nach § 249 Abs. 1 muss der Schädiger den Zustand herstellen, der ohne das schadensbegründende Ereignis bestehen würde. Diese Norm enthält den **Grundsatz der Naturalrestitution.** Der Herstellungsanspruch ist nicht auf die Herstellung eines identischen Zustandes gerichtet und auch nicht auf die Wiederherstellung der beschädigten Sache beschränkt, sondern besteht in umfassenderer Weise darin, den Zustand herzustellen, der – wirtschaftlich gesehen – der Lage entspricht, die ohne das Schadensereignis bestehen würde.[7]

Voraussetzung dafür ist, dass die Restitution noch möglich ist (arg. § 251 Abs. 1).

Beispiele:
– Der Herstellungsanspruch kann darauf gerichtet sein, einen Vertrag aufzuheben oder eine entzogene Sache herauszugeben.
– Bei Beschädigung eines Kfz würde Naturalrestitution i. S. des § 249 Abs. 1 bedeuten, dass der Schädiger den Kfz-Schaden beseitigt. Nach der Rspr. stellt aber auch die Beschaffung eines gleichwertigen Ersatzwagens einen Fall der Naturalrestitution dar.[8] Der Geschädigte könnte deshalb auch die Beschaffung einer gleichwertigen Ersatzsache verlangen.
– Bei Zerstörung eines Unikates (nachgebautes Modell des Torpedobootes „Dachs" der Bundesmarine) ist Naturalrestitution i. S. des § 249 Abs. 1 und Abs. 2 nicht möglich; es kommt nur eine Kompensation durch Geldentschädi-

---

[6] BGHZ (GS) 98, 212, 220.
[7] BGHZ 115, 375, 378; 125, 56, 60 jeweils m. w. N.
[8] BGHZ 162, 161; 154, 395, 397; 115, 375, 378; 115, 364; vgl. dazu unten § 23 Rn. 18.

gung (§ 251 Abs. 1) in Höhe des Verkehrswertes der zerstörten Sache in Betracht (BGHZ 92, 85).[9]

Für die Naturalrestitution kommt es nicht darauf an, ob der Scha- 7
den materieller oder immaterieller Art ist. Jedoch ist in Fällen eines
immateriellen Schadens die Wiederherstellung häufig unmöglich (§ 251
Abs. 1 Alt. 1).

Beispiele:
– Erleidet ein Kind bei der Geburt durch einen Behandlungsfehler des Geburtshelfers einen schweren Hirnschaden, der zum weitgehenden Verlust der Wahrnehmungs- und Empfindungsfähigkeit führt, so liegt in der dadurch bedingten Zerstörung der Persönlichkeit ein immaterieller Schaden, der durch eine Geldentschädigung nach § 253 Abs. 2 auszugleichen ist[10] (siehe auch unten § 23, Rn. 39 f.).
– Nach § 249 Abs. 1 kann dagegen der Widerruf oder die Berichtigung einer unrichtigen Veröffentlichung **(Tatsachenbehauptung)** verlangt werden (Die Naturalrestitution von Nichtvermögensschäden i. S. der §§ 249 f. ist unabhängig von § 253 Abs. 1, der nur für die Entschädigung in Geld gilt, §§ 251 f.; vgl. § 23 Rn. 27). Dagegen ist eine Naturalrestitution durch Widerruf bei ehrverletzenden **Werturteilen** nicht möglich (vgl. § 16 Rn. 65).

II. Für Herstellung erforderlicher Geldbetrag (§ 249 Abs. 2)

Ist wegen Beschädigung einer Sache oder Verletzung einer Person 8
Schadensersatz zu leisten, so kann der Gläubiger statt der Herstellung
durch den Schädiger den **zur Herstellung erforderlichen Geldbetrag**
verlangen (§ 249 Abs. 2 S. 1). § 249 Abs. 2 S. 2 enthält eine Sonderregelung für den Ersatz der Umsatzsteuer.

1. Allgemeines

Zweck der Regelung ist es, dem Geschädigten zu ersparen, das ver- 9
letzte Rechtsgut dem Schädiger zur Wiederherstellung (§ 249 Abs. 1)
anvertrauen zu müssen.[11] Der Geldanspruch des § 249 Abs. 2 ist eine
besondere Art des Herstellungsanspruchs.[12] Dabei handelt es sich um
einen Fall der Ersetzungsbefugnis: Grundsätzlich ist der Schadensersatzanspruch des Geschädigten auf Herstellung durch den Schädiger
gerichtet (§ 249 Abs. 1); jedoch kann der Geschädigte diesen Anspruchsinhalt durch den zur Herstellung erforderlichen Geldbetrag ersetzen (§ 249 Abs. 2 S. 1).

---

[9] Kritisch zum Erfordernis des Vermögensschadens im BGH-Fall *Lange/Schiemann*, § 2 I 2 a aa, S. 52.
[10] So der LS von BGHZ 120, 1 = NJW 1993, 781.
[11] *Mugdan* II, S. 1235 (Denkschrift): „... dem Geschädigten billigerweise nicht zugemutet werden, ... oft zweifelhafte Einwirkung auf seine Person oder auf die Sache dem Ersatzpflichtigen ohne Weiteres zu gestatten."
[12] BGH NJW 1972, 1800, 1801 m. w. N.

10	Zu ersetzen ist der „erforderliche" Geldbetrag. Die **Erforderlichkeit** bestimmt sich nach objektiven Kriterien. Entscheidend ist eine Wirtschaftlichkeitsprüfung der in Betracht kommenden Abrechnungsmöglichkeiten. Der Geschädigte muss bei mehreren zum Schadensausgleich führenden Möglichkeiten grundsätzlich diejenige wählen, die den geringsten Aufwand erfordert.[13] Dabei muss der Geschädigte allerdings nicht zugunsten des Schädigers sparen; es sind vielmehr die Aufwendungen nach § 249 Abs. 2 S. 1 zu ersetzen, die vom Standpunkt eines verständigen, wirtschaftlich denkenden Menschen in der Lage des Geschädigten zur Behebung des Schadens zweckmäßig und angemessen erscheinen.[14]

11	§ 249 Abs. 2 gilt auch für immaterielle Schäden, also Beeinträchtigungen, die nicht vermögensmäßig messbar sind (vgl. zur Abgrenzung oben § 22 Rn. 17 ff.). § 253 Abs. 1 steht dem nicht entgegen: Zum einen erfasst diese Vorschrift nur die „Entschädigung in Geld", nicht aber den Fall des Geldersatzes zur Wiederherstellung i. S. des § 249 Abs. 2. Zum anderen wird eine Kommerzialisierung immaterieller Güter, dem § 253 Abs. 1 entgegenwirken will, dadurch verhindert, dass der Geschädigte hinsichtlich des Geldbetrages zur Wiederherstellung immaterieller Beeinträchtigungen nicht über die Freiheit zur Disposition verfügt (vgl. unten § 23 Rn. 13).

Beispiel:
Der durch Verbreitung unwahrer Tatsachen Rufgeschädigte kann vom Schädiger Widerruf dieser Tatsachen verlangen (§ 249 Abs. 1) oder den Geldbetrag, den er (der Geschädigte) benötigt, um die unwahren Tatsachen selbst (etwa durch eine Zeitungsannonce) klar zu stellen (§ 249 Abs. 2).

2. Dispositionsfreiheit des Geschädigten

12	Der Geschädigte hat bei einer Beschädigung einer Sache grundsätzlich **Dispositionsfreiheit;** d. h. er ist in der Verwendung des Geldbetrages frei, der zur Herstellung nach § 249 Abs. 2 verlangt werden kann. Er kann diesen Betrag zur tatsächlichen Wiederherstellung der beschädigten Sache verwenden (konkrete Schadensberechnung), oder er verlangt bloß fiktive Wiederherstellungskosten und lässt die beschädigte Sache unrepariert (abstrakte Schadensberechnung).

13	Von dieser Dispositionsfreiheit bestehen aber **Ausnahmen:**
– Bei Verletzung einer Person können keine fiktiven Heilungskosten verlangt werden.[15] Der Verletzte kann die zur „Wiederherstellung" erforderlichen Kosten nur insoweit verlangen, als sie auch tatsächlich

---

[13] BGHZ 115, 364, 368 f. m. w. N.; kritisch dazu MünchKomm/*Oetker,* § 249 Rn. 362.

[14] BGHZ 115, 364, 369 m. w. N.; BGH NJW 2005, 1041 (zur Erforderlichkeit der Anmietung eines Ersatzfahrzeuges zu einem Unfallersatztarif).

[15] BGHZ 97, 14 (LS): „Der Verletzte kann Zahlung der für eine Operation (hier: Narbenkorrektur) erforderlichen Kosten nur verlangen, wenn er die Absicht hat, die Operation durchführen zu lassen." Vgl. auch BGHZ 63, 295.

anfallen; der zur Herstellung gezahlte Geldbetrag ist somit zweckgebunden. Will der Geschädigte die Heilbehandlung nicht durchführen lassen, so verlangt er in Wahrheit eine Entschädigung (Kompensation) für fortdauernde Beeinträchtigung seiner Gesundheit; dafür gewährt das Gesetz aber nur unter den Voraussetzungen und im Umfang des § 253 Ersatz.[16]

– Sachfolgeschäden (Sachverständigenkosten, Kosten für die Anmietung einer Ersatzsache während der Dauer der Reparatur des Sachschadens) können nur konkret nach ihrem tatsächlichen Anfall, nicht aber fiktiv oder abstrakt abgerechnet werden.

– Fiktive Umsatzsteuer kann nicht nach § 249 Abs. 2 S. 1 liquidiert werden (§ 249 Abs. 2 S. 2; vgl. unten § 23 Rn. 24).

– Fiktive Reparaturkosten für die Beschädigung eines Kfz kann der Geschädigte maximal in Höhe des Wiederbeschaffungsaufwandes verlangen; das ist die Differenz zwischen Wiederbeschaffungs- und Restwert (= Wert des beschädigten Kfz).[17] Die tatsächlichen Reparaturkosten, die der Geschädigte verlangen kann, können aber höher sein (vgl. unten § 23 Rn. 19 ff.).

3. Voraussetzung: Möglichkeit der Herstellung

§ 249 Abs. 2 ist auf das Integritätsinteresse gerichtet und setzt – wie **14** auch § 249 Abs. 1 – voraus, dass die **Wiederherstellung (noch) möglich** ist, d. h. im Zeitpunkt der Leistung des für die Herstellung erforderlichen Betrages (prozessual letzte mündliche Tatsachenverhandlung) muss eine Naturalrestitution noch möglich sein.[18] Das Integritätsinteresse kann nur so lange gefordert werden, wie der Geschädigte zur Instandsetzung der beschädigten Sache auch noch in der Lage ist.[19]

Eine Ausnahme macht die Rechtsprechung im Bereich der Kraftfahr **15** zeugschäden. Der zur Herstellung erforderliche Geldbetrag kann ausnahmsweise auch dann verlangt werden, wenn der Geschädigte das beschädigte Kfz unrepariert vor Zahlung des zur Herstellung erforderlichen Betrages veräußert; es wird auf fiktiver Reparaturkostenbasis abgerechnet.[20, 21]

---

[16] Vgl. BGHZ 97, 14, 19; MünchKomm/*Oetker*, § 249 Rn. 357 f.

[17] BGHZ 162, 170 m. w. N. und dazu *Schiemann/Haug*, VersR 2006, 160 ff.

[18] BGHZ 66, 239, 242 ff.; 81, 385, 388 f. m. w. N.; 147, 320, 322; MünchKomm/ *Oetker*, § 249 Rn. 347. Einschränkend BGHZ 81, 385, 389: „Mindestens ursprünglich muss die Wiederherstellung möglich gewesen sein, denn sonst kann der Geldbetrag nicht zur Herstellung „erforderlich" sein."

[19] BGHZ 66, 239, 241 ff.

[20] BGHZ 66, 239, 243 f. Für die Erweiterung dieser Ausnahme auf andere Sachen OLG Hamm NJW-RR 1999, 253 (für alle Fälle des § 249 Abs. 2 S. 1); MünchKomm/*Oetker*, § 249 Rn. 349 m. w. N.

[21] In diesem Fall verdrängt der Grundsatz der Dispositionsfreiheit des Geschädigten die für §§ 249 f. erforderliche „Möglichkeit der Naturalrestitution" sowie die Maßgeblichkeit des Zeitpunktes der letzten mündlichen Verhandlung für die Schadensberechnung.

Beispiel:
K begehrt Ersatz für die Beschädigung eines Kfz. Als Schaden macht er die Reparaturkosten geltend, die ein Sachverständiger geschätzt hat. Tatsächlich lässt K sein Auto nicht reparieren, sondern gibt es beim Kauf eines Neuwagens in Zahlung. Der Schädiger meint, er sei nur zum Ersatz tatsächlich aufgewendeter Reparaturkosten, nicht aber fiktiver Instandsetzungskosten verpflichtet (BGHZ 66, 239).

Der BGH bestätigt, dass es dem Geschädigten nach § 249 Abs. 2 S. 1 (früher § 249 S. 2) freistehe, den zur Wiederherstellung erforderlichen Betrag tatsächlich zur Reparatur oder anderweitig zu verwenden (Dispositionsfreiheit). Der Anspruch auf Ersatz der Reparaturkosten setzt nicht den Willen des Geschädigten zur Reparatur voraus. Der Geschädigte verliert den Anspruch auf Ersatz der Instandsetzungskosten (§ 249 Abs. 2) also nicht schon deshalb, weil er sich die Instandsetzung unmöglich macht, indem er das Kraftfahrzeug veräußert. Die durch die Zahlung auszugleichende Reparaturbedürftigkeit hat sich unmittelbar im Vermögen des Geschädigten niedergeschlagen, weil etwa der Verkaufspreis niedriger ausgefallen ist. Tatsächlich ist das Kraftfahrzeug unfallbedingt weniger wert. Der Geschädigte kann billigerweise nicht anders gestellt werden als derjenige, der nach Erhalt des für die Instandsetzung erforderlichen Betrages die beschädigte Sache weiter gebraucht.

16   **Vertiefungshinweis:** Beschädigung eines Grundstückes oder Hauses
Davon abweichend entschied der BGH für die Beschädigung eines Grundstückes bzw. Hauses. Zunächst verneinte der BGH[22] einen Anspruch aus § 249 Abs. 2 (§ 249 S. 2 a. F.), wenn der geschädigte Eigentümer das beschädigte Grundstück veräußert, bevor er den zur Herstellung erforderlichen Betrag vom Schädiger erhalten hat; insofern setzt der Anspruch aus § 249 Abs. 2 die Möglichkeit der Herstellung zur Zeit der Anspruchsstellung bzw. der letzten mündlichen Tatsachenverhandlung voraus. Diese Rspr. gab der BGH später teilweise auf:[23] „Wird das Eigentum an einem beschädigten Grundstück übertragen, so erlischt der Anspruch aus § 249 S. 2 [a. F., jetzt § 249 Abs. 2] auf Zahlung des zur Herstellung erforderlichen Geldbetrages dann nicht, wenn er spätestens mit Wirksamwerden der Eigentumsübertragung an den Erwerber des Grundstücks abgetreten wird." Wird der Schadensersatzanspruch mit der Veräußerung abgetreten, so kann die Ersatzleistung nach wie vor dem Herstellungsinteresse dienen. Die Verfolgung des Herstellungsinteresses kann nun nicht mehr der Geschädigte, sondern dessen Rechtsnachfolger betreiben. Dies entspricht der Rechtslage bei einer Gesamtrechtsnachfolge, bei welcher der Rechtsnachfolger in den entstandenen Herstellungsanspruch einrückt.

4. § 249 Abs. 2 S. 1 und Beschädigung eines Kfz

17   Bei der Beschädigung einer Sache hat der Geschädigte im Rahmen des § 249 Abs. 2 zwei Möglichkeiten:

1. Er kann die Kosten für die Reparatur der beschädigten Sache verlangen.

2. Er kann die Kosten für die Beschaffung einer gleichwertigen Ersatzsache fordern.

18   Nach der Ansicht des BGH ist – neben der Reparatur – die (gleichwertige) **Ersatzbeschaffung** eine Form der Naturalrestitution i. S. des § 249

---

[22] BGHZ 81, 385.
[23] BGHZ 147, 320.

Abs. 1.[24] Es kann deshalb nach § 249 Abs. 2 der für die Reparatur oder die Ersatzbeschaffung erforderliche Geldbetrag verlangt werden. Begründung des BGH: Das Ziel der Restitution beschränke sich nicht auf die Wiederherstellung der beschädigten Sache; es bestehe in umfassender Weise gemäß § 249 Abs. 2 S. 1 darin, den Zustand herzustellen, welcher – wirtschaftlich gesehen – der ohne das Schadensereignis bestehenden Lage entspreche.[25] Der Geschädigte kann grundsätzlich nach § 249 Abs. 2 S. 1 wählen und entweder die Reparaturkosten oder die Kosten der Ersatzbeschaffung eines gleichwertigen Gegenstandes ersetzt verlangen.

Der Geschädigte kann die Reparaturkosten auch dann verlangen, **19** wenn sie die Kosten der Ersatzbeschaffung übersteigen. Grenze (wie dogmatischer Anknüpfungspunkt) ist die „Erforderlichkeit" i. S. des § 249 Abs. 2 S. 1.[26] Bei der Beschädigung eines Kfz ist in der Rechtsprechung anerkannt, dass **Reparaturkosten** bis zu 130% des **Wiederbeschaffungswertes** verlangt werden können (sog. **Integritätszuschlag,** vgl. unten § 23 Rn. 20).[27]

Vertiefungshinweis: Naturalrestitution und Beschädigung eines Kfz **20**
Bei der **Beschädigung eines Kfz** sind folgende Werte von Bedeutung:
– die Kosten der Reparatur einschließlich des merkantilen Minderwertes der reparierten Sache,
– der Wiederbeschaffungswert (volle Kosten der Ersatzbeschaffung ohne Abzug des Restwertes des beschädigten Kfz),
– Wiederbeschaffungsaufwand (Wiederbeschaffungswert abzüglich des Restwertes des beschädigten Kfz).
Bei Kraftfahrzeugen hat die Rechtsprechung folgende Richtwerte herausgebildet:[28] Die Reparaturkosten werden bis zu 130% des Wiederbeschaffungswertes ersetzt.[29] Voraussetzung ist, dass der Geschädigte das Fahrzeug weiter selbst

---

[24] BGHZ 115, 364, 368 m. w. N.; BGHZ 154, 395 = NJW 2003, 2085; a. A. die Literatur; MünchKomm/*Oetker,* § 251 Rn. 10 f., 41 ff.; *Medicus,* BR, Rn. 817 bis 819: Die Wiederbeschaffung ist keine Form der Naturalrestitution nach § 249, sondern ein Fall der Geldentschädigung nach § 251. Vgl. aber die Denkschrift (*Mugdan* II, S. 1235 [Denkschrift]), welche die Beschaffung einer neuen Sache (statt der Herstellung der beschädigten) im Zusammenhang mit dem zur Herstellung erforderlichen Geldbetrag (§ 249 Abs. 2) erörtert.
[25] BGHZ 115, 364, 368 m. w. N.; str.
[26] BGHZ 115, 364, 368 f. = NJW 1992, 302, 303 r. Sp. m. w. N. A. A. die Literatur (vgl. oben § 23 Rn. 18 Fn. 21), die das Problem in § 251 Abs. 2 S. 1 und die Unverhältnismäßigkeit der Herstellungsaufwendungen einordnet. In BGHZ 154, 395, 400 = NJW 2003, 2085, 2086 bezeichnet der BGH die 130%-Rechtsprechung als Ausnahme zur Unverhältnismäßigkeitsgrenze.
[27] BGHZ 162, 161. Die 130%-Grenze gilt auch für gewerblich genutzte Kfz, vgl. BGH NJW 1999, 500.
[28] BGHZ 162, 161 = NJW 2005, 1108; BGHZ 162, 170 = NJW 2005, 1110; BGHZ 115, 364 = NJW 1992, 302 (vollständig abgedruckt); BGHZ 115, 375 = NJW 1992, 305; BGH NJW 1991, 1618 jeweils m. w. N. Vgl. zur Schadensberechnung bei Zerstörung oder Beschädigung einer Sache, insbes. eines Fahrzeuges Palandt/*Heinrichs,* § 249 Rn. 20 ff.
[29] Der BGH zieht den Wiederbeschaffungswert als Vergleichsmaßstab heran und den Restwert nicht ab. Begründet wird dies mit dem Massenphänomen der Kfz-Unfälle und dem Interesse einer möglichst einfachen und praktikablen Handhabung der Schadensabwicklung (BGHZ 115, 364, 372 f.; BGH NJW 1992, 305, 306).

benutzen will und eine Reparatur nachweislich fachgerecht und vollständig durchführt (also keine fiktive Abrechnung und insoweit keine Dispositionsmöglichkeit des Geschädigten).[30] Andernfalls nämlich zeigt der Geschädigte kein hinreichendes Interesse an der Integrität des Fahrzeuges, so dass er den Integritätszuschlag von bis zu 30% nicht verlangen kann.[31] Übersteigen die Reparaturkosten 130% des Wiederbeschaffungswertes, dann kann der Geschädigte vom Schädiger nur die Kosten der Ersatzbeschaffung (Wiederbeschaffungsaufwand: Wiederbeschaffungswert unter Abzug des Restwerts) ersetzt verlangen.[32] Die Reparaturkosten werden dabei nicht in einen vom Schädiger auszugleichenden Teil in Höhe von 130% des Wiederbeschaffungswertes und den Teil, der die 130% des Wiederbeschaffungswertes übersteigt, aufgespalten.[33, 34] Fiktive Reparaturkosten kann der Geschädigte auch nur bis zu den Kosten der Ersatzbeschaffung (Wiederbeschaffungswert unter Abzug des Restwertes) verlangen.[35]

21   Die den Wiederbeschaffungswert übersteigenden Reparaturkosten (auf Sachverständigenbasis) kann der Geschädigte nur verlangen, wenn er die Reparatur tatsächlich durchführen lässt bzw. wenn er die Absicht hat, das Kfz tatsächlich zu reparieren.

22   **Vertiefungshinweis:** Kfz-Schaden und Änderung der Reparaturabsicht des Geschädigten
Nur bei einer tatsächlich ausgeführten Reparatur kann der Geschädigte die Herstellungskosten verlangen, die den Wiederbeschaffungswert um 30% übersteigen. Ist der Schadensersatz auf Grundlage der Reparaturkosten geleistet worden und sieht der Geschädigte später von der Reparatur doch ab, so kann der Schädiger vom Geschädigten Herausgabe des Betrages verlangen, um den die Ersatzleistung den Wiederbeschaffungswert übersteigt. Anspruchsgrundlage ist § 812 Abs. 1 S. 2 Alt. 2[36] (Verwendung des geleisteten Schadensersatzes zur Reparatur als ein mit dem Inhalt des Rechtsgeschäftes bezweckter Erfolg; vgl.

---

[30] Vgl. BGHZ 162, 161 = NJW 2005, 1108. Nach BGHZ 154, 395 = NJW 2003, 2085 ist die Qualität der Reparatur jedoch so lange ohne Bedeutung, als die geschätzten Reparaturkosten den Wiederbeschaffungswert nicht übersteigen).

[31] Im Rahmen des § 249 Abs. 2 kann der Geschädigte für ein beschädigtes Kfz die fiktiven Reparaturkosten ersetzt verlangen; er kann den Wiederbeschaffungswert verlangen, muss sich aber den Restwert des beschädigten Fahrzeuges anrechnen lassen. Hat der Geschädigte aber ohne überobligationsmäßige Anstrengungen bei der Veräußerung des Unfallwagens einen Erlös erzielt, der den geschätzten Restwert übersteigt, so muss der Geschädigte sich die Anrechnung dieses höheren Erlöses gefallen lassen (BGH NJW 1992, 903).

[32] Übersteigen die Reparaturkosten den Wiederbeschaffungswert um mehr als 30%, so lässt ein wirtschaftlich vernünftig denkender Eigentümer sein Kfz nicht mehr reparieren.

[33] BGHZ 115, 375, 380 f.

[34] Andernfalls würde ein Anreiz zu wirtschaftlich unsinnigen Reparaturen geschaffen, an deren Kosten sich der Schädiger zu beteiligen hätte, was zu einer dem Gebot der wirtschaftlichen Vernunft zuwiderlaufenden Aufblähung von Ersatzleistung bei der Schadensregulierung im Kfz-Bereich und zu einer vom Zweck des Schadensausgleichs nicht gebotenen Belastung des Schädigers führen würde. Dem darf durch die Rechtsprechung nicht Vorschub geleistet werden (so BGHZ 115, 375, 380 = NJW 1992, 305, 306 r. Sp.).

[35] BGHZ 155, 1, 3 f. = NJW 2003, 2086 f. m. w. N.

[36] So MünchKomm/*Oetker*, § 251 Rn. 45; vgl. auch Soergel/*Mertens*, 12. Aufl. 1990, § 251 Rn. 12.

oben § 10 Rn. 53 ff.) oder § 812 Abs. 1 S. 2 Alt. 1 (Wegfall des Rechtsgrundes für Ersatz der [höheren] Reparaturkosten bei Aufgabe der Reparaturabsicht; vgl. oben § 10 Rn. 49 ff.). Entschließt der Geschädigte sich nachträglich zur Reparatur, so kann er den Integritätszuschlag nachfordern.[37]

Lässt der Geschädigte die Reparatur eines Kfz in einer fremden **23** Werkstatt durchführen, weil die Herstellungskosten (§ 249 Abs. 2 S. 1) im Vergleich zum Wiederbeschaffungswert den vermeintlich geringeren Aufwand darstellen, dann können die Reparaturkosten auch dann ersetzt verlangt werden, wenn sie die Grenze der Erforderlichkeit (130%, vgl. oben § 23 Rn. 19 f.) übersteigen. Eigentlich fehlt es in diesem Fall an der Erforderlichkeit der Herstellungs- bzw. Reparaturkosten (vgl. § 249 Abs. 2 S. 1), so dass an sich nur der Wiederbeschaffungswert verlangt werden kann. Der Geschädigte kann jedoch ausnahmsweise die erhöhten (unverhältnismäßigen) Reparaturkosten verlangen, weil der Schädiger grundsätzlich das sog. **Werkstatt- und Prognoserisiko** trägt.[38]

Beispiel:
A lässt seinen beschädigten Pkw (Wert: 1.000 €) in der Werkstatt des W reparieren. Die veranschlagten Reparaturkosten von 1.100 € werden jedoch um 400 € überschritten, weil sich während der Reparatur herausstellt, dass umfangreichere Reparaturarbeiten erforderlich sind. Obwohl die Reparaturkosten eigentlich nicht ersetzt verlangt werden können (§ 249 Abs. 2 S. 1: Erforderlichkeit [Rechtsprechung]; § 251 Abs. 2 S. 1: Unverhältnismäßigkeit [Literatur]), ist in diesem Fall eine Ausnahme zu machen: Der Schädiger trägt das Werkstatt- und Prognoserisiko und ist deshalb zum Ersatz von 1.500 € (§ 249 Abs. 2 S. 1) verpflichtet.

Außerhalb des Kfz-Bereichs ist die Problematik des Werkstatt- und Prognoserisikos bei § 251 Abs. 2 und der „Unverhältnismäßigkeit" zu erörtern.[39] Es liegt eigentlich ein Missverhältnis zwischen Reparaturkosten (§ 249 Abs. 2 S. 1) und Wertinteresse (§ 251) vor, bei dem nur das Summen- oder Wertinteresse verlangt werden kann (§ 251 Abs. 2). Weil das Risiko zu Lasten des Schädigers geht, kann der Geschädigte ausnahmsweise die unverhältnismäßigen Reparaturkosten verlangen.

5. Umsatzsteuer (§ 249 Abs. 2 S. 2)

Nur die tatsächlich anfallende Umsatzsteuer ist zu ersetzen. Fiktive **24** **Umsatzsteuer** kann nicht liquidiert werden (§ 249 Abs. 2 S. 2). Der Gesetzgeber des Zweiten Gesetzes zur Änderung schadensersatzrechtlicher Vorschriften[40] wollte den Grundgedanken einer konkreten Schadensberechnung stärker in den Mittelpunkt rücken und damit die Gefahr einer Überkompensation verringern.[41]

---

[37] MünchKomm/*Oetker*, § 251 Rn. 45.

[38] BGHZ 115, 364, 370; BGH NJW 1972, 1800, 1801 f.; *Medicus*, BR, Rn. 820.

[39] Dies gilt auch für die Lehre, welche die Problematik des Integritätsinteresses bei Kfz (130%) in § 251 Abs. 2 einordnet.

[40] Zweites Gesetz zur Änderung schadensersatzrechtlicher Vorschriften vom 19. 7. 2002, BGBl. I, S. 2674.

[41] RegBegr. zum Zweiten Gesetz zur Änderung schadensersatzrechtlicher Vorschriften, BT-Drs. 14/7752, S. 13. Vgl. *Kötz/Wagner*, Rn. 671.

III. Geld für Herstellung nach Fristsetzung (§ 250)

25   In anderen Fällen als der Körperverletzung oder der Sachbeschädigung (§ 249 Abs. 2) kann der Geschädigte den für die Herstellung erforderlichen Geldbetrag erst dann verlangen, wenn der Schädiger trotz Fristsetzung mit Ablehnungsandrohung die Naturalherstellung (§ 249 Abs. 1) nicht rechtzeitig vornimmt. Wenn die Frist ergebnislos abläuft, hat der Geschädigte nur noch einen Anspruch auf Geldersatz und nicht mehr auf Naturalrestitution (§ 250). § 250 erfasst – wie § 249 – das Integritätsinteresse; zu ersetzen ist der zur Herstellung erforderliche Geldbetrag. Voraussetzung dafür ist, dass die Wiederherstellung noch möglich ist (vgl. oben § 23 Rn. 14).

Beispiele:
– G wird durch die Täuschung des S dazu veranlasst, dem D ein Darlehen zu geben. Dieses kann G nicht wieder zurückerlangen. G kann deshalb von S Schadensersatz nach § 826 verlangen (vgl. § 17 Rn. 21ff.). Dieser Anspruch ist auf Naturalrestitution gerichtet (§ 249 Abs. 1); er besteht in der Befreiung von der Verbindlichkeit (also Schuldübernahme oder Leistung an G als Dritter [§ 267]). Kommt S dem nicht nach, so muss G eine Frist mit Ablehnungsandrohung bestimmen und ist mit deren Ablauf nach § 250 berechtigt, den zur Tilgung der Verbindlichkeit erforderlichen Geldbetrag zu verlangen (= den zur Herstellung erforderlichen Geldbetrag). Mit diesem kann G die Schuld selbst tilgen.
– S äußert sich über G ehrverletzend. G verlangt daraufhin den Widerruf der ehrverletzenden Äußerung (§ 249 Abs. 1) und setzt auch eine Frist mit der Bestimmung, dass er nach Ablauf der Frist die Herstellung ablehne. Nach Fristablauf gibt G selbst ein Zeitungsinserat zur Richtigstellung auf. Die Inseratskosten kann G von S nach § 250 S. 2 ersetzt verlangen. Versteht man den Begriff „Verletzung einer Person" (§ 249 Abs. 2 S. 1) weit und sieht auch die Freiheit und das Persönlichkeitsrecht als erfasst an,[42] so kann allerdings schon nach § 249 Abs. 2 S. 1 der zur Herstellung erforderliche Betrag (Inseratskosten) verlangt werden.

C. Entschädigung in Geld gemäß § 251
(Wert- oder Summeninteresse)

26   Bei der Entschädigung in Geld gemäß § 251 kommt es nicht auf die Kosten der Herstellung an (vgl. zum Integritätsinteresse oben § 23 Rn. 5), sondern entscheidend ist allein die Vermögenseinbuße, das sog. **Wert- oder Summeninteresse.** Es ist allein die eingetretene Vermögensminderung zu ersetzen. Der Vermögensschaden wird nach der Differenzmethode bestimmt; es ist ein rechnerischer Vergleich zwischen der Vermögenslage, die durch das schädigende Ereignis tatsächlich eingetreten ist (reale Lage), und derjenigen vorzunehmen, die sich ohne dieses Ereignis ergeben hätte (hypothetische Lage). Zusätzlich können ent-

---

[42] Vgl. MünchKomm/*Oetker*, § 249 Rn. 345.

sprechend dem Schutzzweck der Haftung und der Ausgleichsfunktion des Schadensersatzes die Rechnungsposten, die in die Differenzbilanz einzusetzen sind, wertend zu bestimmen sein; insoweit ist die Differenzmethode normativ gebunden.[43]

Nur bei einem **Vermögensschaden** kann eine Entschädigung in Geld 27 verlangt werden (§§ 251 f.). Deshalb ist gesondert zu prüfen, ob der Schaden, den der Geschädigte geltend macht, einen Vermögensschaden darstellt (vgl. zur Abgrenzung des Vermögens- zum Nichtvermögensschaden oben § 22 Rn. 17ff.). Begründung:
– Nach § 253 Abs. 1 kommt eine „Entschädigung in Geld" im Falle eines Nicht-Vermögensschadens grundsätzlich nicht in Betracht. Damit wird auf § 251 („in Geld zu entschädigen") Bezug genommen (vgl. den Wortlaut von § 251 und § 253). Dagegen sprechen § 249 Abs. 2 und § 250 von „zur Herstellung erforderlichen Geldbetrag" bzw. „Ersatz in Geld" und bringen durch ihren Wortlaut zum Ausdruck, dass sie von § 253 Abs. 1 nicht erfasst sind.

§ 251 Abs. 1 kommt zur Anwendung, wenn die Herstellung unmög- 28 lich oder ungenügend ist. Unmöglichkeit i. S. des § 251 Abs. 1 Alt. 1 erfasst grundsätzlich alle Erscheinungsformen der **Unmöglichkeit** i. S. des § 275.[44] Worauf die Unmöglichkeit zurückzuführen ist, kommt es nicht an, ebenso wenig auf ein Verschulden.

Beispiele:
– Zerstörung einer unvertretbaren Sache.[45]
– § 281 und § 283 sind ausschließlich auf Geldersatz gerichtet, weil die Herstellung eine Erfüllung bedeuten würde, die aber ausgeschlossen ist (vgl. § 281 Abs. 4; vgl. oben § 22 Rn. 39);[46] ebenso § 839.

Wenn die Herstellung zwar möglich ist, aber den vom Geschädigten 29 erlittenen wirtschaftlichen Nachteil nicht voll ausgleicht, ist die **Herstellung ungenügend**, und es kann Geldentschädigung nach § 251 Abs. 1 Alt. 2 verlangt werden. Das ist z. B. beim **merkantilen Minderwert** eines technisch einwandfrei reparierten Unfallwagens der Fall.

Beispiele:
– Die Parteien streiten darum, ob das Kfz des K, das Z beschädigt hat, trotz ordnungsgemäß ausgeführter Reparatur noch einen Minderwert aufweist, den Z ebenfalls zu erstatten hat. K schätzt den Minderwert auf 3.000 € und weist zur Begründung darauf hin, dass der Wagen erheblich beschädigt worden sei. Ein solcher Wagen werde im Handel unbeschadet der Reparatur erheblich geringer bewertet als ein unfallfrei gefahrener Wagen (BGHZ 35, 396).
Begründet ist ein Anspruch des K gegen Z aus § 823 Abs. 1. (1) Dieser ist auf Naturalrestitution gerichtet (§ 249 Abs. 1). Stattdessen kann K auch die zur Herstellung erforderlichen Aufwendungen verlangen (§ 249 Abs. 2 S. 1). (2) Wegen des Minderwertes des Kfz könnte die Herstellung zur Entschädigung des Gläubi-

---

[43] BGHZ (GS) 98, 212, 217 für entgangene Nutzungen.
[44] *Grüneberg*, in: Bamberger/Roth, § 251 Rn. 3.
[45] BGHZ 92, 85, 88.
[46] Vgl. Palandt/*Heinrichs*, § 251 Rn. 3 b; MünchKomm/*Oetker*, § 251 Rn. 6.

gers nicht genügend sein (§ 251 Abs. 1 Alt. 2). Die h. M. steht auf dem Standpunkt, dass ein durch einen Unfall erheblich beschädigter Kraftwagen im Verkehr geringer bewertet wird als ein unfallfrei gefahrener Wagen; diese Minderbewertung folgt daraus, dass ein beschädigter und reparierter Wagen regelmäßig eine größere Schadensanfälligkeit aufweist, ohne dass der Zusammenhang neuer Schäden mit dem Unfall oder einer unzureichenden Reparatur im Einzelfall nachweisbar zu sein braucht.[47] Diese Wertdifferenz stellt einen Schaden des Eigentümers auch dann dar, wenn der technische Schaden ordnungsgemäß behoben wird. Die Erstattungsfähigkeit dieses merkantilen Minderwertes führt nach Auffassung des BGH nicht zu einer unangemessenen Bereicherung des Geschädigten; denn der Wert dieses Wagens ist nach der allgemeinen Verkehrsauffassung geringer als der eines unfallfrei gefahrenen Wagens. Durch die Entscheidung des Geschädigten, das Kfz weiter zu benutzen, soll und kann der Schädiger nicht entlastet werden. Dieser merkantile Minderwert (§ 251 Abs. 1 Alt. 2) kann neben den Anspruch auf Naturalrestitution (§ 249 Abs. 2) auch dann treten, wenn der Eigentümer das Kfz weiter benutzt. (3) K kann deshalb neben den Reparaturkosten auch den merkantilen Minderwert ersetzt verlangen (§ 251 Abs. 1 Alt. 2).
– Eine Reparatur kann dem Geschädigten wegen des Umfangs des Schadens nicht zugemutet werden (sog. unechter Totalschaden bei neuem Kfz).[48]
– Die technisch mögliche Herstellung würde unzumutbar lange dauern.[49]

30   Ist die Herstellung nur mit **unverhältnismäßigen Aufwendungen** möglich, so kann nach § 251 Abs. 2 eine Geldentschädigung geleistet werden. Unverhältnismäßigkeit ist aus dem Wertvergleich zwischen den zur Herstellung erforderlichen Kosten und dem Wert des geschädigten Gegenstandes zu bestimmen; die Unverhältnismäßigkeitsgrenze hängt vom Gewicht des Integritätsinteresses des Geschädigten ab und lässt sich nicht einheitlich bestimmen.[50]

Beispiel:
In der Literatur[51] wird die 130%-Rechtsprechung nicht in § 249 Abs. 2 S. 1, sondern in § 251 Abs. 2 eingeordnet (vgl. oben § 23 Rn. 19 f.): Übersteigen die Reparaturkosten den Wiederbeschaffungswert um 30%, so liegt ein Fall der Unverhältnismäßigkeit i. S. des § 251 Abs. 2 vor, und der Schädiger braucht nur eine Entschädigung in Geld in Höhe des Wiederbeschaffungswertes (unter Anrechnung des Restwertes) zu zahlen.

Kann bei der Prüfung der Unverhältnismäßigkeit (§ 251 Abs. 2) den Herstellungskosten kein Vermögenswert gegenübergestellt werden (immaterielle Schäden, Schäden an einer Person), so ist § 251 Abs. 2 S. 1 nicht anwendbar. Die Grenze der Herstellungskosten bestimmt sich dann nach § 242.[52]

---

[47] Vgl. BGHZ 35, 396, 397 f.
[48] Palandt/*Heinrichs*, § 249 Rn. 23, § 251 Rn. 4.
[49] RGZ 76, 146, 148 f.
[50] MünchKomm/*Oetker*, § 251 Rn. 38 m. w. N.
[51] Vgl. MünchKomm/*Oetker*, § 251 Rn. 11 und oben § 23 Rn. 19 Fn. 23.
[52] MünchKomm/*Oetker*, § 251 Rn. 48 m. w. N.; str. Vgl. BGHZ 63, 295. Sieht man § 251 Abs. 2 S. 1 als Ausfluss von Treu und Glauben an, so erübrigt sich die Streitfrage (vgl. *Mugdan* II, S. 513 [Protokolle]: „... erforderten es die Grundsätze von Treu und Glauben, dass der Schuldner nicht durch die Wiederherstellung unver-

Soweit Herstellung (Naturalrestitution) nach § 249 Abs. 1 nicht **31**
möglich oder zur Entschädigung des Gläubigers nicht genügend ist,
kann der Geschädigte gemäß § 251 Abs. 1 eine Entschädigung in Geld
verlangen; die Rechte des Geschädigten werden also eingeschränkt.
Wenn die Herstellung nur mit unverhältnismäßigem Aufwand möglich ist (§ 251 Abs. 2 S. 1), kann der Ersatzpflichtige statt der Herstellung nach § 249 den Gläubiger in Geld entschädigen. Während § 249
Abs. 2 eine Ersetzungsbefugnis des Geschädigten normiert, begründet
§ 251 Abs. 2 eine Ersetzungsbefugnis für den Schädiger im Fall der Unverhältnismäßigkeit der Herstellung. Entsprechend dem Grundsatz von
Treu und Glauben (§ 242) hat das Integritätsinteresse des Geschädigten
zurückzutreten, wenn dieses vom Schädiger ein unzumutbares Opfer
verlangen würde.

Mit § 253 Abs. 1 wird zugleich klargestellt, dass das sog. **Affektions- 32**
interesse (Liebhaberwert) oder der Wert einer besonderen Vorliebe als
immaterieller Schaden grundsätzlich nicht ersatzfähig sind.[53] Eine Ausnahme enthält § 251 Abs. 2 S. 2 BGB, der durch Gesetz zur Verbesse-
rung der Rechtsstellung des Tieres im bürgerlichen Recht vom 20. 8.
1990 eingefügt wurde.[54] Mit dieser Vorschrift wird dem Affektionsinteresse des Tierhalters an der Wiederherstellung seines Tieres im Rahmen
des § 251 Abs. 2 BGB teilweise Rechnung getragen.

D. Entgangener Gewinn (§ 252)

Zum ersatzfähigen Schaden gehört auch der **entgangene Gewinn 33**
(§ 252 S. 1). Davon erfasst sind alle Vermögensvorteile, die der Geschädigte ohne das schädigende Ereignis erwirtschaftet hätte (erwirtschafte-
ter Gewinn als hypothetisches Ereignis i. S. der Differenztheorie). Darin
liegt ein mittelbarer Schaden (vgl. oben § 22 Rn. 54).[55]

Beispiele:
– Gewinn aus einem entgangenen Ersatzgeschäft;
– Arbeitsentgelt eines unselbstständig beschäftigten Arbeitnehmers;
– Gewinnminderung des selbstständigen Unternehmers, die anhand des Be-
   triebsergebnisses konkret festzustellen ist.

---

hältnismäßige Opfer auferlegt würden, während eine angemessene Geldleistung zur
Ausgleichung des Schadens genüge.“; BGHZ 63, 295, 298).
   [53] *Mugdan* II, S. 12 (Motive); *Mugdan* II, S. 515 (Protokolle); OLG München
NJW-RR 1991, 477; LG Hamburg NJW-RR 2000, 653.
   [54] Vgl. RegBegr., BT-Drs. 11/5463, S. 1 f., 4 (siehe Art. 1 Nr. 3 des Entwurfs),
6 f.
   [55] Das BGB knüpft an die romanistische Unterscheidung zwischen dem positiven Schaden (damnum emergens) und dem negativen Gewinn (lucrum cessans)
an. Weil das BGB für beide Schadensarten keine unterschiedlichen Regelungen enthält, hat die Unterscheidung wenig Bedeutung (vgl. *Lange/Schiemann*, § 2 II, S. 57 ff.
m. w. N.).

34   § 252 S. 2 enthält eine Beweiserleichterung,[56] weil der Nachweis eines entgangenen Gewinns für den Gläubiger im Einzelfall sehr schwierig sein kann. Der Gläubiger muss die Umstände darlegen, aus denen der Gewinn mit Wahrscheinlichkeit erwartet werden konnte; dann wird vermutet, dass der Gewinn auch erzielt worden wäre; die so untermauerte Wahrscheinlichkeit der Gewinnerwartung genügt. Der Schuldner kann die Vermutung widerlegen, wenn er nachweist, dass der Gewinn aus einem anderen Grund doch nicht eingetreten wäre.

35   Der Geschädigte kann den entgangenen Gewinn auf zwei Arten berechnen.

1. **Konkrete Methode:** Der Geschädigte weist nach, dass ihm durch das schädigende Ereignis ein konkret bezifferbarer Gewinn entgangen ist.

2. **Abstrakte Methode (§ 252 S. 2):** Der Geschädigte legt dar, dass ein Gewinn nach dem gewöhnlichen Lauf der Dinge mit Wahrscheinlichkeit erwartet werden konnte. Es wird dann vermutet, dass dieser Gewinn erzielt worden wäre. Der Schädiger kann dies widerlegen und darlegen, dass der Geschädigte im konkreten Fall einen geringeren oder gar keinen Gewinn erzielt hätte. Insoweit ist auch diese Schadensberechnung konkret.[57]

36   § 252 S. 2 ist eine Ausgestaltung des § 287 ZPO. Nach § 287 Abs. 1 S. 1 ZPO entscheidet das Gericht unter Würdigung aller Umstände nach freier Überzeugung, wenn unter den Parteien streitig ist, ob ein Schaden entstanden ist und wie hoch sich der Schaden oder ein zu ersetzendes Interesse beläuft.

E. Immaterieller Schaden (§ 253)

37   § 253 geht auf das Zweite Schadensrechtsänderungsgesetz von 2002[58] zurück. § 253 Abs. 1 übernimmt den § 253 S. 1 a. F.; § 253 Abs. 2 die Regelung des § 847 a. F. in das allgemeine Schuldrecht.

I. § 253 Abs. 1

38   Bei **ideellen Schäden** kann Naturalrestitution oder der zur Herstellung erforderliche Betrag (§§ 249 Abs. 2, 250) verlangt werden. § 253 Abs. 1 steht dem nicht entgegen (vgl. oben § 23 Rn. 7).

---

[56] In der Lehre wird von einer abstrakt-typisierenden Schadensberechnung gesprochen (vgl. die Nachweise bei *Lange/Schiemann*, § 6 X 6, S. 346). A. A. *Lange/Schiemann*, § 6 XI 2 b, S. 365 für eine Erleichterung des Beweises des konkreten Schadens und gegen die Verwendung des Begriffes „abstrakt".

[57] So zu Recht MünchKomm/*Oetker*, § 252 Rn. 45.

[58] Zweites Gesetz zur Änderung schadensersatzrechtlicher Vorschriften vom 19. 7. 2002, BGBl. I, S. 2674.

Eine Entschädigung in Geld (§ 251) kann aber grundsätzlich nur dann gefordert werden, wenn der Schaden des Geschädigten einen Vermögensschaden (= in Geld messbare Beeinträchtigung) darstellt (§ 253 Abs. 1). Die Beschränkung des Geldersatzes auf Vermögensschäden durch § 253 soll den Ersatz auf Interesseneinbußen begrenzen, die an objektiven Maßstäben gemessen werden können; eine Bemessung des Schadensersatzes nach unkontrollierbaren subjektiven Wertschätzungen soll vermieden werden.[59] Der Gesetzgeber sah es als Widerspruch zur allgemeinen Auffassung an, immaterielle Lebensgüter mit Vermögensgütern gleich zu stellen und den ideellen Schaden mit Geld auszugleichen.[60]

Beispiele für Nichtvermögensschäden:[61]
– Körperliche Schmerzen, seelische Unlustgefühle, Unbehagen, Bedrückung, Wesensänderung, Schmälerung der Lebensfreude, nervliche Belastung durch anhaltende Todesangst, Beeinträchtigung der Vorfreude auf ein Ereignis, Geräusch- und Geruchsimmissionen, Beeinträchtigung des Affektionsinteresses (Liebhaberwert);
– Zerstörung der Persönlichkeit bei schwerstgeschädigtem Unfallopfer.

Ein Nichtvermögensschaden ist nur in den im Gesetz geregelten Fäl- **39** len in Geld ersatzfähig (z. B. § 253 Abs. 2, § 611a Abs. 2, § 651f Abs. 2, Verletzung des allgemeinen Persönlichkeitsrechts [Art. 1, 2 GG; vgl. oben § 16 Rn. 63 ff.], § 284 [vgl. oben § 22 Rn. 35]).

II. § 253 Abs. 2

Nach dem Zweiten Schadensrechtsänderungsgesetz von 2002 enthält **40** das BGB jetzt mit § 253 Abs. 2 (im allgemeinen Schuldrecht) eine allgemeine Regelung für den Ersatz immaterieller Schäden (sog. **Schmerzensgeld**). Die Ersatzfähigkeit immaterieller Schäden ist nicht auf deliktische Schadensersatzansprüche beschränkt. Die historische Grundsatzentscheidung der §§ 253, 847 a. F. ist mit den heutigen Verhältnissen und Wertvorstellungen nicht mehr in Übereinstimmung zu bringen; unter Ausgleichsgesichtspunkten ist Ersatz eines immateriellen Schadens auch außerhalb der deliktischen Verschuldenshaftung zu gewähren.[62]

---

[59] Vgl. *Mugdan* II, S. 12 (Motive).
[60] *Mugdan* II, S. 517 (Protokolle). Man sah die Gefahr, dass „die schlechteren Elemente Vorteil ziehen, Gewinnsucht, Eigennutz und Begehrlichkeit ... gesteigert und aus unlauteren Motiven zahlreiche schikanöse Prozesse angestrengt [würden]". Außerdem sah man die Berechnung der Höhe des Schadens als problematisch an.
[61] Vgl. Palandt/*Heinrichs*, § 253 Rn. 15; MünchKomm/*Oetker*, § 253 Rn. 9.
[62] Vgl. die RegBegr. zum Zweiten Gesetz zur Änderung schadensersatzrechtlicher Vorschriften vom 19. 7. 2002, BT-Drs. 14/7752, S. 11.

1. Bedeutung

41   § 253 Abs. 2 ist – anders als § 847 a. F.[63] – keine selbstständige Anspruchsgrundlage, sondern setzt einen tatbestandlich erfüllten Schadensersatzanspruch voraus. Ersatz für einen immateriellen Schaden wird aber nur ausnahmsweise (vgl. § 253 Abs. 1) gewährt, wenn zusätzlich zu dem bestehenden Schadensersatzanspruch besondere Merkmale (Verletzung bestimmter Rechtsgüter) erfüllt sind. Insoweit steht § 253 Abs. 2 zwischen einer selbstständigen Anspruchsgrundlage und einer bloßen Rechtsfolgenbestimmung und stellt ein Verbindungsglied zwischen einem tatbestandlich erfüllten Schadensersatzanspruch und der in § 253 Abs. 2 normierten Ersatzfähigkeit eines immateriellen Schadens dar.[64]

2. Voraussetzungen des § 253 Abs. 2

42   Der Tatbestand setzt nicht einen seiner Art und Dauer erheblichen Schaden oder eine vorsätzliche Verletzung voraus.[65] Es bleibt nach wie vor der Rechtsprechung überlassen, bei Bagatellfällen einen Anspruch auf Schmerzensgeld auszuschließen.[66] Die Voraussetzungen des § 253 Abs. 2 sind:

1. Es muss ein Anspruch auf Schadensersatz tatbestandlich erfüllt sein. Es kommt nicht auf den Haftungsgrund an; von § 253 Abs. 2 erfasst sind Verschuldens-, Gefährdungshaftung sowie vertragliche und vertragsähnliche Schadensersatzhaftung.

2. Die Schadensersatzhaftung fußt auf der Verletzung bestimmter, in § 253 Abs. 2 aufgeführter Rechtsgüter.[67]

43   Obwohl in § 253 Abs. 2 nicht genannt, kann auch bei Verletzung des allgemeinen Persönlichkeitsrechts nach wie vor Schmerzensgeld verlangt werden. Der Schmerzensgeldanspruch bei Persönlichkeitsrechtsverletzung hat seine Grundlage in Art. 1 und 2 Abs. 1 GG und ist von der Änderung des § 253 unberührt geblieben.[68]

---

[63] Palandt/*Thomas*, 61. Aufl. 2002, § 847 Rn. 1.

[64] Vgl. *Spindler*, in: Bamberger/Roth, § 253 Rn. 9: Anspruch auf Schmerzensgeld nunmehr als Teil der Schadensberechnung.

[65] Der Regierungsentwurf (BT-Drs. 14/7752, S. 6 und 25 f.) enthielt noch eine ausdrückliche Bagatellklausel für Verletzungen, die einen geringen, nur vorübergehenden Einfluss auf das Allgemeinbefinden haben (§ 253 Abs. 2 Nr. 2 RegE: „... der Schaden unter Berücksichtigung seiner Art und Dauer nicht unerheblich ist.")

[66] Vgl. die Beschlussempfehlung und Bericht des Rechtsausschusses, BT-Drs. 14/8780, S. 21.

[67] Dabei muss die Verletzung dieser Rechtsgüter nicht unbedingt Tatbestandsmerkmal der besonderen Schadensersatzanspruchsgrundlage sein.

[68] Vgl. RegBegr., BT-Drs. 14/7752, S. 24 f.

3. Rechtsfolge: Ersatz immateriellen Schadens

Zu ersetzen sind immaterielle Schäden, also Einbußen am körperli- 44
chen oder seelischen Wohlbefinden. Nach § 253 Abs. 2 kann eine „bil-
lige Entschädigung in Geld" verlangt werden. Ein immaterieller Scha-
den kann nicht unmittelbar in Geld beziffert werden. Wie die Höhe des
Schmerzensgeldes zu berechnen ist, hängt maßgeblich davon ab, welche
Funktionen ein Schmerzensgeldanspruch hat. Das Schmerzensgeld hat
folgende **Funktionen:**[69]
– **Ausgleichsfunktion:** Es soll Einbußen am Wohlbefinden ausgleichen.
  Das Schmerzensgeld soll dem Verletzten dazu dienen, sich mit dem
  Geld, das er vom Schädiger erhält, wieder einen erhöhten Lebensge-
  nuss zu verschaffen.
– **Genugtuungs- und Sühnefunktion:** Es soll der Genugtuung des Ver-
  letzten dienen. Diese Genugtuungsfunktion hat bei der verschuldens-
  unabhängigen Haftung keine Bedeutung; insoweit steht die Ausgleichsfunktion im Vordergrund.[70]
– Beim allgemeinen Persönlichkeitsrecht hat das Schmerzensgeld auch
  eine **Präventivfunktion.**[71]

Die Entschädigung muss der Billigkeit entsprechen. Deshalb sind bei 45
der Bemessung alle Umstände des Einzelfalles zu berücksichtigen (z. B.
wirtschaftliche Situation des Geschädigten und Schädigers, Grad des
Verschuldens des Schädigers usw.). Die (Gerichts-)Praxis orientiert sich
als Ausgangspunkt an sog. Schmerzensgeldtabellen.[72]

Bei einer Klage auf Zahlung von Schmerzensgeld muss der Geldbe- 46
trag nicht beziffert werden (vgl. § 253 Abs. 2 Nr. 2 ZPO). Ein sog. **unbezifferter Klageantrag** ist (ausnahmsweise) zulässig, wenn der Kläger
den anspruchsbegründenden Sachverhalt sowie ausreichend Tatsachen
für die Bemessung des Anspruchs vorträgt.[73] Die Angabe eines Min-
destbetrages oder einer Größenordnung zieht dem Ermessen des Gerichts bei Festsetzung des für angemessen gehaltenen Schmerzensgeldes
im Hinblick auf § 308 ZPO keine Grenze; eine angegebene Obergrenze
begrenzt aber das Ermessen des Gerichts.[74,75]

---

[69] Seit BGHZ 18, 149. Vgl. *Spindler,* in: Bamberger/Roth, § 253 Rn. 15 bis 21.
[70] So RegBegr. zum Zweiten Gesetz zur Änderung schadensersatzrechtlicher
Vorschriften vom 19. 7. 2002, BT-Drs. 14/7752, S. 14 f. Kritisch *Kötz/Wagner,*
Rn. 703 f.
[71] BGHZ 128, 1, 15 f. „Caroline von Monaco"; BVerfG NJW 2000, 2187.
[72] Vgl. *Kötz/Wagner,* Rn. 712 ff. – Der Schmerzensgeldanspruch ist frei übertrag-
bar und vererblich (anders früher gem. § 847 Abs. 1 S. 2 a. F., der durch Gesetz vom
14. 3. 1990, BGBl. I, S. 478, aufgehoben wurde). Der früher praktizierte unwürdige
„Wettlauf gegen die Zeit" der Angehörigen eines lebensgefährlich Verletzten soll dadurch vermieden werden.
[73] BGHZ 132, 341, 350; 140, 335, 340 f.
[74] BGHZ 132, 341, 350 f.
[75] Klageantrag: „Der Beklagte wird verurteilt, an den Kläger ein angemessenes, der
Höhe nach in das Ermessen des Gerichts gestelltes Schmerzensgeld zu zahlen".

III. Zusammenfassung

47

> **Schmerzensgeld (= Immaterialschadensersatz, § 253 Abs. 2)**
>
> § 253 Abs. 2 ist weder eine selbstständige Anspruchsgrundlage noch ein bloßer Rechnungsposten des Gesamtschadens, sondern Bindeglied zwischen Anspruchsgrundlage und Rechtsfolgenanordnung (§ 23 Rn. 40).
> Zitierweise: z. B. § 823 Abs. 1 i. V. m. § 253 Abs. 2
>
> I. Voraussetzungen
>   1. Tatbestandlich erfüllter Schadensersatzanspruch
>   Unabhängig vom Haftungsgrund: Verschuldenshaftung, Gefährdungshaftung, Vertragshaftung
>   2. Verletzung des Körpers, der Gesundheit, der Freiheit, der sexuellen Selbstbestimmung oder des allgemeinen Persönlichkeitsrechts
>
> II. Rechtsfolge
>   1. Ersatz des immateriellen Schadens
>   2. Bemessung des Schmerzensgeldes („billige Entschädigung in Geld") entsprechend den Funktionen des § 253 Abs. 2 (§ 23 Rn. 43):
>   a) Ausgleichsfunktion
>   b) Genugtuungs- und Sühnefunktion
>   c) Präventionsfunktion (jedenfalls beim allgemeinen Persönlichkeitsrecht)

F. Konkrete und abstrakte Schadensberechnung

48   Grundsätzlich wird der zur Herstellung erforderliche Geldbetrag oder die Geldentschädigung „konkret" berechnet, d. h. danach, welche Einbuße der Geschädigte im einzelnen Fall tatsächlich erlitten hat. Diese konkrete Schadensberechnung bereitet Schwierigkeiten, z. B. weil hypothetische Abläufe einzubeziehen sind; sie zwingt Kaufleute dazu, im Rechtsstreit ihre Bücher und Kalkulation offen zu legen.

49   Der Geschädigte kann daher in bestimmten Fällen seinen Schaden „abstrakt" berechnen, d. h. ohne Berücksichtigung der besonderen Umstände des Schadensverlaufs im Einzelfall. Bei der abstrakten Berechnung kommt es nicht auf die tatsächlich eingetretenen, rechnerisch feststellbaren Einbußen an, sondern es ist von vorgegebenen Werten

auszugehen. Im Handelsverkehr ist die abstrakte Berechnung gebräuchlich. Ein gesetzlicher Fall der abstrakten Schadensberechnung ist § 376 Abs. 2 HGB. Es entspricht z. b. dem regelmäßigen Verlauf im Handelsverkehr, dass der Kaufmann Geschäfte im Rahmen seines Gewerbes tätigt und daraus Gewinne erzielt. Der Kaufmann, der wegen der Nichtbelieferung der gekauften Ware Schadensersatz fordern kann (§ 280 Abs. 3 i. V. m. § 281 oder § 283), kann deshalb auch ohne einen Deckungskauf die Differenz verlangen, die sich aus dem Vertragspreis und dem Wiederverkaufspreis ergeben würde.

Auch in anderen Bereichen des Schadensersatzrechts wird die abstrakte Schadensberechnung zugelassen, wie z. B. bei dem Verlust von Gebrauchsvorteilen. Beim Nutzungsausfall von Kraftfahrzeugen wird die Schadensberechnung pauschaliert.   **50**

Beispiel:
- § 252 S. 2; vgl. dazu oben § 23 Rn. 34 ff.
- § 288 Abs. 1 und Abs. 2 bestimmt für den Verzug, dass eine Geldschuld für das Jahr mit 5 bzw. 8% über dem Basiszinssatz zu verzinsen ist. Diesen Betrag erhält der Gläubiger selbst dann, wenn er keine Zinseinbuße erlitten hat. Dieser Zinssatz ist ein Mindestzinssatz; eine konkrete Berechnung zuungunsten des Geschädigten unterhalb dieses Zinssatzes ist ausgeschlossen.
- Der Geschädigte, der die beschädigte Sache nicht reparieren lassen will, kann als den zur Herstellung „erforderlichen Geldbetrag" (§ 249 Abs. 2 S. 1) den Betrag verlangen, der für eine Reparatur an eine Fachwerkstatt zu zahlen wäre. Umsatzsteuer kann er dann allerdings nicht verlangen (vgl. § 249 Abs. 2 S. 2).

G. Zusammenfassung

Zu ersetzender Schaden (§§ 249 ff. BGB)   **51**

I. §§ 249, 250: Integritätsinteresse

1. § 249 Abs. 1: Naturalrestitution durch den Schädiger
   Es ist der Zustand herzustellen, der – wirtschaftlich gesehen – der Lage entspricht, die ohne das Schadensereignis bestehen würde (z. B. auch Beschaffung einer gleichwertigen Ersatzsache) (vgl. § 23 Rn. 6).

2. § 249 Abs. 2 und § 250 S. 2: Geldersatz in Höhe der zur möglichen Herstellung erforderlichen Kosten
   Geschädigter kann grundsätzlich zwischen Reparaturkosten und Kosten der Ersatzbeschaffung eines gleichwertigen Gegenstandes wählen.

   a) Anwendungsfälle:
   - § 249 Abs. 2 S. 1: Bei Körperverletzung oder Sachbeschädigung

- § 250: In anderen Fällen als Körperverletzung
oder Sachbeschädigung nach Fristsetzung und Ablehnungsandrohung
b) Voraussetzung: Möglichkeit der Herstellung
- Grenze: Erforderlichkeit (§ 249 Abs. 2 S. 1)
(§ 23 Rn. 10)
- Ersatz fiktiver Herstellungskosten möglich, d. h. konkrete und abstrakte Schadensberechnung (§ 23 Rn. 12)
- Ausnahmen: keine fiktiven Heilungskosten, Sachfolgeschäden, Umsatzsteuer (§ 249 Abs. 2 S. 2) (§ 23 Rn. 13)
- Sonderfall: Fiktive Reparaturkosten trotz Veräußerung
des beschädigten Kfz (§ 23 Rn. 15)
- Bei der Beschädigung eines Kfz können Reparaturkosten grundsätzlich bis zu 130% des Wiederbeschaffungswertes ohne Berücksichtigung des Restwertes verlangt
werden (Rspr.). Ein höherer Betrag ist nur zu ersetzen,
wenn sich das Prognose- und Werkstattrisiko verwirklicht, das der Schädiger trägt (§ 23 Rn. 19 f., 23).

II. §§ 251 f.: Wert- oder Summeninteresse
1. Geldentschädigung (§ 251)
Zu ersetzen ist die Differenz zwischen dem hypothetischen
Wert des Vermögens ohne Schädigung und der realen
Vermögenslage, d. h. die Vermögenseinbuße.
- Voraussetzung: Vermögensschaden (§ 23 Rn. 27)
- Herstellung unmöglich (§ 251 Abs. 1 Alt. 1), ungenügend
(Alt. 2; z. B. merkantiler Minderwert eines Unfall-Kfz) oder
nur bei unverhältnismäßigen Aufwendungen
möglich (Abs. 2)
2. Entgangener Gewinn (§ 252)
a) Klarstellung durch § 252 S. 1: Erzielter Gewinn als
hypothetisches Ereignis i. S. der Differenztheorie
(§ 23 Rn. 33)
b) Berechnung des entgangenen Gewinns (§ 23 Rn. 35):
- Konkrete Methode
- Abstrakte Methode (§ 252 S. 2 als Ausgestaltung des
§ 287 ZPO) (§ 23 Rn. 36)

§ 24. Zurechnung

A. Haftungsausfüllende Zurechnung

I. Überblick

Der Schädiger hat nur für den Schaden einzustehen, der ihm zuge- 1
rechnet werden kann. Entscheidend ist dabei der Zusammenhang zwischen der Pflichtverletzung bzw. Rechts(gut)verletzung und dem Schaden. Dabei geht es um die sog. **haftungsausfüllende Kausalität,** die von
der haftungsbegründenden Kausalität zu unterscheiden ist (vgl. oben
§ 16 Rn. 123 f.).

Nach dem Gesetzeswortlaut („der daraus entstehende Schaden", vgl. 2
§§ 280 Abs. 1, 823 Abs. 1)[1] reicht ein bloß natürlicher **Kausalzusammenhang** aus (vgl. zur Bedingungstheorie bzw. conditio sine qua non-
Formel oben § 16 Rn. 125). Um zu verhindern, dass der zu ersetzende
Schaden uferlos wird, hat man nach Kriterien gesucht, die eine Grenze
ziehen, bis zu der dem Verursacher die Folgen seines Verhaltens zuzurechnen sind (vgl. oben § 16 Rn. 132 ff.). Es ist deshalb im Zusammenhang mit der Zurechnung neben dem Kausalitätszusammenhang i. S.
der conditio sine qua non-Formel die **Adäquanz**[2] sowie der **Schutzzweck der Norm** zu prüfen. Im Zusammenhang mit einer Pflichtverletzung (z. B. § 280 oder Verkehrssicherungspflicht im Rahmen von § 823
Abs. 1) ist zu prüfen, ob der Schaden, der durch die Verletzung der
Pflicht adäquat verursacht worden ist, innerhalb des geschützten Inte-
ressenbereichs liegen.

Fall (BGHZ 59, 286; 75, 230): 3

B wird im Kaufhaus der K von einem Angestellten beim Diebstahl von
Werkzeugen entdeckt. K zahlt daraufhin ihrem Angestellten eine Belohnung
von 25 € entsprechend einer ihm vorher gegebenen Zusage. K verlangt von
B Ersatz dieser Fangprämie, 100 € anteiligen Kostenersatz für Schutzmaß-
nahmen (anteiliges Gehalt für den Kaufhausdetektiv, Fernsehkamera, Spie-
gel) sowie 10 € für Bearbeitungskosten (Porto, Telefon und Papier). Zu
Recht?

---

[1] Vgl. Motive II, S. 18: „Die selbstverständliche Voraussetzung für jeden Schadensersatzanspruch ist, dass der Schaden, dessen Ersatz verlangt wird, im Kausalzusam-
menhange mit derjenigen Handlung oder Unterlassung des Verpflichteten steht, welche den Anspruch begründet."

[2] Vgl. § 215 E II: Die Ersatzpflicht wegen Nichterfüllung einer Verbindlichkeit erstreckt sich nicht auf den Schaden, dessen Entstehung nach den Umständen, welche
der Schuldner kannte oder kennen musste, außerhalb des Bereiches der Wahrscheinlichkeit lag." Vgl. *Mugdan* II, S. 511 (Protokolle).

Lösung:

K könnte einen Anspruch aus § 823 Abs. 1 wegen Verletzung des Eigentums oder des berechtigten Besitzes (bei Eigentumsvorbehalt) haben. Fraglich ist, welche Schadensposten ersatzfähig sind.

1. Die Vorbeugekosten (anteilige Kosten für Detektiv und Überwachungskamera usw.) werden vom Schutzzweck des § 823 Abs. 1 nicht erfasst. Sie dienen nicht der Verhinderung oder der Abwehr eines bevorstehenden konkreten Eingriffs, sondern sollen das Eigentum allgemein gegen Diebe sicher machen. Der auf die einzelne Rechtsgutverletzung entfallende Anteil der aufgewendeten Kosten lässt sich nicht ermitteln; dies ist aber Voraussetzung für eine Schadenszurechnung.[3]

2. Allgemeine Bearbeitungskosten: Der BGH versagt auch die Erstattung von Auslagen für Porto, Telefon und Papier (allgemeine Verwaltungskosten). Soweit diese Auslagen für die Einleitung eines Strafverfahrens entstanden sind, liegen sie außerhalb des Schutzbereichs der Schadensersatznorm: Der Eigentumsschutz erstreckt sich nicht auf die Verwirklichung des Strafanspruchs.[4]
Soweit der Inhaber Sachauslagen zur Verfolgung seiner zivilrechtlichen Ansprüche geltend macht, besteht zwar grundsätzlich ein materiellrechtlicher Erstattungsanspruch. Für die selbstständige klageweise Geltendmachung fehlt aber das Rechtsschutzbedürfnis, da diese Auslagen im Kostenfestsetzungsverfahren (§§ 103 f. ZPO) durchgesetzt werden können.[5]

3. Fangprämie: Die Fangprämie weist einen konkreten Bezug zum Diebstahl auf, weil gerade der von B begangene Diebstahl dazu geführt hat, die Fangprämie auszuzahlen. Die Fangprämie ist daher nach h. M. grundsätzlich erstattungsfähig.[6] Der BGH hält grundsätzlich nur eine Prämie bis zu 50 DM (im Jahr 1979) für vertretbar und differenziert darüber hinaus nach dem Wert der entwendeten Güter.[7]

4. Folgt man der h. M., kann K von B Zahlung von 25 € verlangen.

II. Sonderfragen

4   Bei der „hypothetischen Kausalität" und dem „rechtmäßigen Alternativverhalten" geht es um die Frage, ob der Schädiger dadurch entlastet wird, dass der Schaden aufgrund einer anderen Ursache oder auch bei recht- oder pflichtgemäßem Verhalten eingetreten wäre. Gesetzliche Regelungen zur hypothetischen Kausalität enthalten die §§ 287 S. 2 Halbs. 2 und 848 Halbs. 2, zum rechtmäßigen Alternativverhaltens die §§ 831 Abs. 1 S. 2 (vgl. oben § 18 Rn. 13), 832 Abs. 1 S. 2, 833 S. 2, 834 S. 2, 836 Abs. 1 S. 2.

---

[3] Vgl. BGHZ 59, 286, 287 f.
[4] BGHZ 75, 230, 234 f.
[5] BGHZ 75, 230, 235.
[6] Vgl. Palandt/*Heinrichs*, Vorb v § 249 Rn. 44 m. w. N.
[7] BGHZ 75, 230, 240 f.

Beispiele:
- Schadensanlage: Das durch einen Unfall zerstörte Auto wäre durch einen Kabelbrand wenig später auch zerstört worden.
- Eingreifen Dritter: G wird bei einem Autounfall verletzt, weil S auf das Auto des G auffährt. Wäre S nicht auf den G aufgefahren, so hätte dies der nachfolgende D getan und den gleichen Schaden herbeigeführt.
- Naturereignis: Der Wagen des E wird infolge eines von S verschuldeten Unfalls beschädigt. E lässt den Wagen abschleppen und stellt ihn in seine Garage. In der darauffolgenden Nacht setzt ein Blitz die Garage in Brand. Das Auto brennt vollständig aus.
- Verhalten des Geschädigten: S zerstört aus Unachtsamkeit den Fernseher des G. Diesen wollte G am nächsten Tag zum Sperrmüll geben.
- Verhalten des Schädigers: Auch wenn S mit seinem Kfz ordnungsgemäß gefahren wäre, hätte er den Unfall mit dem Geschädigten G nicht vermeiden können (rechtmäßiges Alternativverhalten als Unterfall der hypothetischen Kausalität).

Die hypothetische Kausalität und das rechtmäßige Alternativverhal-   5
ten betreffen Probleme der Zurechnung, nicht der Kausalität im natürlichen Sinne:[8] Ein konkreter Schaden ist durch den Schädiger kausal
(i. S. der conditio sine qua non-Formel) herbeigeführt worden; denkt
man das schädigende Ereignis weg, so entfällt zunächst auch der konkrete Schaden.[9] Die Reserveursache hat sich nicht ausgewirkt. Es stellt
sich dennoch die Frage, ob die (wertende) Zurechnung des Schadens
nicht deshalb auszuschließen ist, weil der Schaden zeitlich später auch
ohne das schädigende Verhalten des Schädigers oder auch bei rechts-
mäßigem Verhalten des Schädigers eingetreten wäre.

1. Hypothetische Kausalität

Bei der Schadenszurechnung stellt sich die Frage, ob sich der Schädi-   6
ger darauf berufen kann, dass der Schaden ganz oder teilweise auch
ohne sein Verhalten aufgrund einer anderen Ursache entstanden wäre
(**hypothetische oder überholende Kausalität**).[10] Es ist zwischen den unmittelbaren Objektschäden und den Dauer- und mittelbaren Folgeschäden zu unterscheiden.[11]

Bei **unmittelbaren Objektschäden** schließt das hypothetische Ereignis   7
die Schadenszurechnung nicht aus; der (Erst-)Schädiger haftet für den
von ihm verursachten Schaden.

Beispiel:
B zerstört bei Bauarbeiten ein Fernmeldkabel des K. K verlegt deshalb an anderer Stelle neue Kabel und verlangt dafür von B Schadensersatz. B wendet ein, die

---

[8] BGHZ 104, 355, 359 m. w. N.
[9] Vgl. etwa BGH NJW 1967, 551, 551 f.
[10] Dogmatischer Ansatzpunkt ist (nach der Rechtsprechung) die Schadensberechnung. Kritisch MünchKomm/*Oetker*, § 249 Rn. 202.
[11] BGHZ 29, 207, 215 f.; 125, 56, 61 f.; BGH DB 1979, 352; Palandt/*Heinrichs*,
Vorb v § 249 Rn. 102 ff.; *Larenz*, SR I, § 30 I, S. 525; *Medicus*, BR, Rn. 851; a. A.
Lange/Schiemann, § 4 VII und VIII, S. 188 ff.; *Grunsky*, Jura 1996, 57, 64; differenzierend *Deutsch*, Allgemeines Haftungsrecht, Rn. 179 ff.

Verlegung neuer Kabel an anderer Stelle hätte nach jedem anderen Schadensfall auch vorgenommen werden müssen und die entstandenen Kosten verursacht (BGHZ 125, 56, 61 f.; vgl. auch BGHZ 29, 207, 215).

B zerstört rechtswidrig und schuldhaft das Eigentum des K und ist deshalb zum Ersatz des daraus entstehenden Schadens verpflichtet (vgl. § 823 Abs. 1 a. E.). (a) Der Anspruch ist grundsätzlich auf Naturalrestitution gerichtet (§ 249 Abs. 1). (b) Bei der Beschädigung einer Sache kann der Geschädigte den für die Herstellung erforderlichen Geldbetrag verlangen (§ 249 Abs. 2 S. 1). Weil der Herstellungsanspruch (§ 249 Abs. 1) nicht auf die Wiederherstellung der beschädigten Sache selbst beschränkt, sondern in umfassenderer Weise darauf gerichtet ist, einen wirtschaftlich gleichwertigen Zustand wiederherzustellen und dies auch die Verlegung der Kabel an anderer Stelle erfasst, kann K auch die Kosten für diese Verlegung der Kabel an anderer Stelle verlangen. Dass die Verlegung an anderer Stelle wirtschaftlich unvernünftig wäre (Kriterium der Erforderlichkeit, vgl. oben § 23 Rn. 10), ist nicht ersichtlich.[12] (c) Dieser Schaden ist durch die Eigentumsverletzung kausal i. S. der conditio sine qua non-Formel verursacht und dem B auch zuzurechnen. Unbeachtlich ist der Einwand des B, die alten Leitungen würden bei jedem anderen Schadensfall auch an anderer Stelle verlegt werden. Eine spätere Beschädigung ist als eine Reserveursache ohne rechtliche Bedeutung: Hypothetische Ereignisse, die zu einem späteren Zeitpunkt aus anderem Anlass eintreten und die gleichen Kosten (Schäden) auslösen, haben grundsätzlich bei der Zurechnung außer Betracht zu bleiben. (d) B ist deshalb zum Ersatz der Herstellungskosten verpflichtet.

8   Dagegen ist bei **Dauerschäden und (mittelbaren) Folgeschäden** (z. B. entgangenen Nutzungen, Verlust laufender Einkünfte und entgangenem Gewinn) das hypothetische Ereignis zu berücksichtigen. Der Schädiger braucht nur für den bis zum Zeitpunkt des Eintritts der Reserveursache entstehenden Schaden aufzukommen.[13]

Beispiel:
Dem K wird infolge Denunziationen des B fristlos gekündigt. Deshalb verlangt K von B Ersatz für den Verlust zukünftiger laufender Einkünfte. B wendet ein, dass dem K ein Jahr später sowieso gekündigt worden wäre, weil die Abteilung, in der K beschäftigt war, aufgelöst und allen Arbeitnehmern (rechtswirksam) betriebsbedingt gekündigt worden ist (BGHZ 10, 6; BGH LM BGB § 249 [Ba] Nr. 23).
K kann von B Schadensersatz aus § 826 verlangen, weil B den K vorsätzlich sittenwidrig geschädigt hat. (a) Der Schaden besteht im Verlust der laufenden Einkünfte (vgl. Differenzhypothese). (b) Es stellt sich die Frage, inwieweit die Tatsache, dass dem K sowieso ein Jahr später rechtswirksam gekündigt worden wäre (Reserveursache), schadensrechtlich zu berücksichtigen ist. Nach dem BGH kann der Schaden nur ermittelt werden, wenn die Stellung des Geschädigten im Erwerbsleben und die Verdienstmöglichkeiten berücksichtigt werden, die ohne die schädigende Handlung und den Verlust der früheren Berufsposition in Zukunft bestanden haben würden. Es muss hypothetisch ermittelt werden, welche Einnahmen ein Schadensersatzgläubiger ohne den Verlust seiner Stellung in einem bestimmten Zeitraum gehabt hätte. Dabei sind günstige und ungünstige Entwicklungen zu berücksichtigen. Der hypothetische Ursachenzusammenhang muss zur Überzeugung des Richters feststehen. Da feststeht, dass dem K ein Jahr später

---

[12] Vgl. zum Gebot der Wirtschaftlichkeit i. S. des § 249 Abs. 2 S. 1 BGHZ 115, 364, 368 f. sowie oben § 23 Rn. 10.

[13] Ob einschränkende Voraussetzungen bestehen (wie etwa eine Schadensanlage im Zeitpunkt des schädigenden Ereignisses), ist umstritten (vgl. BGHZ 10, 6, 11 f.).

sowieso gekündigt worden wäre, kann der Geschädigte Schadensersatz nur bis zum Zeitpunkt der (hypothetischen) Kündigung verlangen, nicht aber darüber hinaus.[14]

2. Schadensanlage

Nachträglich auftretende Umstände können nach der Rechtspre- **9** chung und h. L. schadensrechtlich nur berücksichtigt werden, wenn sie der Sache als **Schadensanlage** im Zeitpunkt der Schädigung bereits innewohnten und binnen kurzem denselben Schaden herbeigeführt hätten.[15] Hat das beschädigte Rechtsgut schon eine Schadensanlage, wird dem (Erst-)Schädiger nur der Nachteil zugerechnet, der nicht durch die Schadensanlage bedingt ist (z. B. Schaden wegen des früheren Eintritts der Rechtsgutverletzung als bei Realisierung der Schadensanlage). Insofern beschränkt die Schadensanlage die Zurechnung einer Rechts-(gut-)verletzung oder eines Schadens.[16]

Beispiele:
– Zur Anlegung einer Brandgasse (im Jahre 1944) lässt die Stadt B das Vorder- und Hinterhaus des K abreißen, obwohl nach der öffentlich-rechtlichen Verfügung der B nur das Vorderhaus abgerissen werden soll. Jedoch ist auch das Hinterhaus zum Abbruch bestimmt, bei Erlass der Verfügung durch B aber vergessen worden, dieses in die Abrissverfügung mit einzubeziehen. K verlangt von B Schadensersatz, B wendet ein, dass das Hinterhaus sowieso abgerissen worden wäre (BGHZ 20, 275, 280 „Brandgasse"). Als Anspruchsgrundlage ist § 839 BGB i. V. m. Art. 131 WRV (Art. 34 GG) einschlägig (rechtswidriger Abbruch der Hinterhauses). Zu ersetzen ist der daraus entstehende Schaden. Dies könnte der Wert des abgerissenen Hinterhauses sein. Das Hinterhaus ist im Zeitpunkt des schadenstiftenden Ereignisses „anfällig" für einen späteren Abriss und damit mit einer Schadensanlage behaftet, die real vorhanden ist. Der Abbruch des Hinterhauses (reale Lage) kann deshalb die Vermögenslage des K nicht mehr beeinträchtigen, weil dieses wegen der Schadensanlage „nichts mehr wert" ist (hypothetische Vermögenslage). K hat deshalb keinen Schadensersatzanspruch gegen B.
– Infolge unsachgemäßer Baggerarbeiten stürzt ein Haus ein. Dieses Haus wäre auch ohne die Baggerarbeiten, infolge bereits vorhandener, im Krieg durch Fliegerbomben hervorgerufener Schäden, wenn auch zeitlich später, eingestürzt (BGH MDR 1952, 214). Im haftungsausfüllenden Tatbestand des § 823 Abs. 1 stellt sich die Frage nach dem Umfang des Schadens. Die tatsächlich wirksam gewordene Schadensursache (Baggerarbeiten) trifft auf ein bereits im Wert gemindertes Schadensobjekt. Deshalb kann der Geschädigte keinen vollen Schadensersatz verlangen. Vielmehr muss der Schädiger nur insoweit Schadensersatz leisten, als dem Geschädigten durch die vorzeitige Verwirklichung der Schadensanlage ein Verlust erwachsen ist. Also: Schadensersatz „für den zu frühen Schaden".

---

[14] Die Berücksichtigung hypothetischer Ursachen für zukünftige Dauerschäden wird vom BGH jedenfalls dann bejaht, wenn der hypothetische Ursachenzusammenhang an Umstände anknüpft, die schon zur Zeit des schädigenden Ereignisses in der Person des Schadensersatzgläubigers selbst liegen (BGHZ 10, 6, 12).
[15] BGHZ 125, 56, 62.
[16] Früher sah die Rechtsprechung in der Schadensanlage ein Problem der Schadensberechnung (vgl. BGHZ 29, 207, 215).

– „Fernmeldekabel"-Fall, Sachverhalt oben § 24 Rn. 7. Im Fall ist streitig, ob K zur Beseitigung der Kabel (wegen erloschenen Fernemelderechts) verpflichtet gewesen wäre (§ 1004). Dann hätten die Kabel ohnehin verlegt werden müssen und wären mit einer Schadensanlage behaftet gewesen; diese hätte die Zurechnung des Schadens ausgeschlossen. Weil der Beseitigungsanspruch aber verjährt ist, liegt eine Schadensanlage nicht vor. Der Schaden ist damit dem Schädiger zuzurechnen.

3. Rechtmäßiges Alternativverhalten

10　　Eine besondere Fallgruppe der „hypothetischen Kausalität" stellen die Fälle des **rechtmäßigen Alternativverhaltens** dar. Der Schädiger beruft sich darauf, dass der eingetretene Schaden auch bei rechtmäßigem Verhalten entstanden wäre. Der Einwand rechtmäßigen Alternativverhaltens ist grundsätzlich relevant und schließt eine Schadenszurechnung aus. Dogmatischer Ansatzpunkt für den Ausschluss der Haftung ist der Schutzzweck der Haftungsnorm (Pflichtwidrigkeitszusammenhang):[17] Schäden, die auch bei rechtmäßigem Verhalten eingetreten wären, werden vom Schutzzweck der Haftungsnorm regelmäßig nicht erfasst.

Beispiel:
Der behandelnde Arzt wird vom Patienten auf Schadensersatz in Anspruch genommen, weil sich ein Risiko verwirklicht hat, über das der Patient nicht aufgeklärt worden ist. Eine Schadenszurechnung (haftungsausfüllender Tatbestand) scheidet aus, wenn der Patient bei ordnungsgemäßer Aufklärung über die Risiken des Eingriffs seine Einwilligung ebenfalls erteilt hätte (BGHZ 90, 103, 111 f.; die Beweislast hierfür trägt der Schädiger).

11

Fall (BAGE 35, 179 = NJW 1981, 2430; BAG NJW 1984, 2846):

A verpflichtet sich gegenüber dem Unternehmer B, am 1. 10. eine Stelle bei B anzutreten. Es wird eine Probezeit von drei Monaten vereinbart. Kurz vor dem 1. 10. teilt A mit, er wolle Geschäftsführer bei seinem bisherigen Arbeitgeber V bleiben und werde seine Stelle bei B nicht antreten. Um die von A nicht angetretene Stelle besetzen zu können, muss B vier Zeitungsinserate aufgeben. Die Kosten hierfür verlangt B von A. A beruft sich darauf, er hätte ohnehin das Arbeitsverhältnis während der Probezeit wieder kündigen können, und im Falle dieser rechtmäßigen Kündigung wären die Inseratskosten auch angefallen.

Lösung:

1. A tritt seine Stelle der Kündigungsfrist zuwider nicht an und begeht schuldhaft eine Pflichtverletzung (§ 280 Abs. 1). Er ist dem B deshalb aus §§ 611, 280 Abs. 1 und Abs. 3, 281 Abs. 1 und Abs. 2 Alt. 1 (Arbeitsvertragsbruch wegen Nichtantritt der Arbeit) zum Schadensersatz verpflichtet (haftungsbegründender Tatbestand).
2. Zu ersetzen ist der aus der Pflichtverletzung entstehende Schaden (vgl. § 280 Abs. 1 S. 1 a. E., haftungsausfüllender Tatbestand).

---

[17] Vgl. *Medicus*, BR, Rn. 852.

a) Ohne die Pflichtverletzung hätte B die Inseratskosten nicht aufwenden müssen (conditio sine qua non-Formel).

b) Fraglich ist der Schutzzweck der Norm. Der Schaden (Inseratskosten) müsste in den Schutzbereich der verletzten Vertragsnorm (Nichtantritt der Arbeit bzw. Nichteinhaltung der Kündigungsfrist) fallen. Der Schutzzweck der arbeitsvertraglichen Kündigungsfrist beschränkt sich darauf, beiden Parteien einen ausreichenden Zeitraum zu gewährleisten, um die Voraussetzungen für einen Anschlussvertrag zu schaffen.[18] Die Pflicht zur Einhaltung der Kündigungsfrist soll nicht vor Schäden bewahren, die der Arbeitgeber sowieso hätte aufwenden müssen. Deshalb sind nur die Schäden zu ersetzen, die durch die vorzeitige Beendigung des Vertrages entstehen und bei vertragsmäßiger Einhaltung der Kündigungsfrist nicht entstanden wären.[19] Nicht erfasst sind die Schäden, die auch bei rechtmäßigem Verhalten entstanden wären. Dies trifft auf Werbekosten (regelmäßig) zu, weil sie auch bei rechtmäßiger Kündigung entstanden wären, nur zeitlich später. Dass wegen des Vertragsbruchs zusätzliche oder besondere Inseratskosten entstanden sind, die bei rechtmäßiger Kündigung nicht entstanden wären, ist nicht vorgetragen worden.

3. B hat keinen Schadensersatzanspruch gegen A.

4. Zusammenfassung

Sonderfragen der Zurechnung 12

im Rahmen der haftungsausfüllenden Kausalität (Zusammenhang zwischen der Pflichtverletzung bzw. Rechts-(gut-)verletzung und dem Schaden)

1. Hypothetische Kausalität:
Der Schaden wäre ganz oder teilweise auch ohne das Verhalten des Schädigers aufgrund einer anderen Ursache entstanden.
Bei unmittelbaren Objektschäden schließt das hypothetische Ereignis die Schadenszurechnung nicht aus. Bei Dauerschäden und Folgeschäden (z. B. entgangenen Nutzungen, Verlust laufender Einkünfte und entgangenem Gewinn) ist das hypothetische Ereignis zu berücksichtigen (§ 24 Rn. 7 f.).

2. Schadensanlage:
Der (Erst-)Schädiger haftet nur für den nicht durch die Schadensanlage bedingten Nachteil (§ 24 Rn. 9).

3. Rechtmäßiges Alternativverhalten:
Schäden, die auch bei rechtmäßigem Verhalten entstanden wären, werden vom Schutzzweck der Haftungsnorm grundsätzlich nicht erfasst (§ 24 Rn. 10).

---

[18] BAG NJW 1984, 2846, 2847.
[19] Dies ist der sog. Verfrühungsschaden, also der Schaden, der wegen verfrühter Beendigung des Arbeitsvertrages entsteht und bei späterer rechtmäßiger Kündigung nicht eingetreten wäre.

B. Vorteilsausgleichung

13   In Schadensfällen kann es vorkommen, dass der Geschädigte infolge des schädigenden Ereignisses nicht nur Nachteile erleidet, sondern auch Vorteile erlangt. Es stellt sich die Frage, ob diese Vorteile schadensmindernd zu berücksichtigen sind (**Vorteilsausgleichung,** sog. compensatio lucri et damni).

> **Beispiel:**
> „Ein Jockey überanstrengt gegen das ausdrückliche Verbot des Eigentümers das Rennpferd. Er gewinnt den Preis, aber das Pferd geht ein."[20] Der Jockey ist zum Schadensersatz (Wert des Pferdes) verpflichtet (§§ 280, 823 Abs. 1). Fraglich ist, ob sich der Eigentümer die Siegprämie auf seinen Anspruch schadensmindernd anrechnen lassen muss.[21]

Bei rein natürlicher Betrachtung (conditio sine qua non-Formel) mindert der erlangte Vorteil den eingetretenen Schaden. Diese Rechtsfolge ist aber wertungsmäßig nicht (immer) haltbar. Ob ein Vorteil schadensmindernd zu berücksichtigen ist, erfordert deshalb eine wertende Entscheidung.

14   **Vertiefungshinweis:** Berücksichtigung der Vorteilsausgleichung bei § 249 Abs. 2 und § 251
Die Frage der Vorteilsausgleichung wird relevant, wenn es um den Ersatz des zur Wiederherstellung erforderlichen Geldbetrages (§ 249 Abs. 2) geht; dieser Geldbetrag könnte in Höhe des erlangten Vorteils zu mindern sein. Bei § 251 Abs. 1 (Wert- oder Summeninteresse) könnte der erlangte Vermögensvorteil bei der Berechnung der Höhe des Vermögensschadens zu berücksichtigen sein; beim Vergleich der realen mit der hypothetischen Vermögenslage liegt eine um den Vorteil geminderte Differenz der Vermögenswerte vor; bei Anwendung der Differenzhypothese (vgl. dazu oben § 22 Rn. 8) würden diese Vorteile die Höhe des Schadens von vornherein mindern.

15   Das Gesetz enthält dafür keine allgemeine Regel, sondern nur wenige Einzelbestimmungen (§§ 642 Abs. 2, 843 Abs. 4). Im Übrigen hat der Gesetzgeber die Beantwortung dieser Frage der Wissenschaft und Praxis überlassen.[22] Die Rechtsprechung[23] berücksichtigt Vorteile bei der Berechnung des Schadens unter den Voraussetzungen, dass

1. der Vorteil mit dem schädigenden Ereignis in einem adäquaten Kausalzusammenhang steht und

2. die Berücksichtigung des Vorteils dem Geschädigten zumutbar ist und den Schädiger nicht unangemessen entlastet; dafür ist der Zweck des Schadensersatzanspruchs und der Vorteilsgewährung mit Rücksicht auf die gesamte Interessenlage maßgeblich.

---

[20] Originalfall nach *Heck,* Grundriß des Schuldrechts, Nachdruck 1974, S. 49 f.
[21] Nach *Heck* (Grundriß des Schuldrechts, Nachdruck 1974, S. 50) ist die Siegprämie schadensmindernd anzurechnen.
[22] Motive II, 18 f.
[23] BGHZ 10, 107; 49, 56, 61; 91, 206, 209 f. m. w. N.

Der Rechtsgedanke der Vorteilsausgleichung folgt aus dem Grundsatz von Treu und Glauben (§ 242).[24] Er führt dazu, dass der zu ersetzende Schaden automatisch in Höhe des erlangten Vorteils herabgesetzt wird. Im Folgenden werden die wichtigsten Fallgruppen aufgeführt.

I. Leistungen Dritter

In zahlreichen Normen ist bestimmt, dass die **Unterhaltsleistung** eines Dritten den Anspruch des Geschädigten nicht ausschließt (§§ 843 Abs. 4, 844 Abs. 2, 618 Abs. 3, § 9 Abs. 2 ProdHaftG, § 13 Abs. 2 StVG). Dem ist der allgemeine Rechtsgedanke zu entnehmen, dass Leistungen eines Unterhaltspflichtigen nach ihrem Zweck den Schädiger nicht entlasten sollen.[25] Es findet also keine Vorteilsausgleichung statt, wenn dem Geschädigten Unterhalt geleistet und damit der Schaden eigentlich rein rechnerisch ausgeglichen wird.

Eine andere wichtige Fallgruppe ist die **Entgeltfortzahlung** des Arbeitgebers an den Arbeitnehmer. Die Entgeltfortzahlungsansprüche sollen den Arbeitnehmer schützen und nicht den Schädiger entlasten, der die Arbeitsunfähigkeit (schuldhaft) verursacht hat. Deshalb wird das fortgezahlte Entgelt nicht auf den (Erwerbs-)Schaden angerechnet. Der Vorteil der Entgeltsfortzahlung mindert also den Schaden nicht.[26]

Beispiel:
Der Angestellte A wird von dem Lieferwagen des verkehrswidrig fahrenden B angefahren und verletzt. A ist einen Monat arbeitsunfähig; sein Arbeitgeber G zahlt das Gehalt weiter. Kann A von B Ersatz des Verdienstausfalls für die Zeit der Arbeitsunfähigkeit verlangen?
(1) B ist aus § 7 Abs. 1 StVG sowie § 823 Abs. 1 zum Schadensersatz verpflichtet. Davon erfasst ist auch der Verdienstausfall (vgl. § 252). Die gesetzliche Entgeltfortzahlung schließt den Schaden nicht aus. Die Entgeltfortzahlung soll den Arbeitnehmer schützen und ihm zugute kommen, nicht aber den Schädiger entlasten. Entsprechend dem Zweck der Entgeltfortzahlung kommt eine Vorteilsausgleichung nicht in Betracht. (2) Infolge der Entgeltfortzahlung tritt aber eine Legalzession ein (§ 6 EFZG), so dass A nicht mehr anspruchsberechtigt (aktivlegitimiert) ist. Diese Legalzession belegt, dass eine Vorteilsausgleichung gesetzlich nicht gewollt ist.

Bestimmte **Leistungen Dritter, die der Geschädigte regelmäßig „erkauft"** hat, werden nicht als Vorteil auf den Schadensersatzanspruch schadensmindernd angerechnet:
– Leistungen aus der Sozialversicherung (§ 116 SGB X [Sozialgesetzbuch 10. Buch]);
– Leistungen aus einer privaten Lebens- oder Unfallversicherung oder aus einer Schadensversicherung (Feuer, Diebstahl).

---

[24] BGHZ 91, 206, 210.
[25] BGHZ 9, 179, 191.
[26] Vgl. BGHZ 43, 378, 381.

Beim Anfall einer **Erbschaft** ist zu differenzieren. Der Stammwert der Erbschaft ist grundsätzlich nicht anzurechnen, wenn der Hinterbliebene sie später erworben hätte.[27] Dagegen sind die Erträgnisse der Erbschaft nach der h. M. bis zum späteren Zeitpunkt des voraussichtlichen sonstigen Anfalls der Erbschaft grundsätzlich schadensmindernd anzurechnen.[28]

19 Werden von einem Dritten aus Anlass des Schadensfalles freiwillig Leistungen erbracht (z. B. **Schenkung**), so will der Dritte damit regelmäßig nicht den Schädiger entlasten. Auch diese Leistungen sind nicht als Vorteil anrechnungsfähig.

Fall (BGHZ 49, 56):

Nach dem Auszug verweigert der Mieter M, die vertraglich geschuldeten Schönheitsreparaturen auszuführen. V verlangt von M Schadensersatz für die unterbliebenen Schönheitsreparaturen. Der Vermieter V vermietet an den neuen Mieter D, der entsprechend einer vertraglichen Vereinbarung die Schönheitsinstandsetzung auf eigene Kosten vornimmt. M wendet nun die schon ausgeführten Schönheitsreparaturen durch D ein.

Lösung:

1. V kann von M Schadensersatz statt der Leistung aus §§ 535, 280 Abs. 1 und Abs. 3 i. V. m. § 281 Abs. 1 verlangen.[29]
   a) M erbringt die Schönheitsreparaturen nicht wie geschuldet (§ 281 Abs. 1).
   b) Eine Fristsetzung ist wegen endgültiger und ernsthafter Leistungsverweigerung entbehrlich (vgl. § 281 Abs. 2 Alt. 1).
   c) Mit dem Schadensersatzverlangen ist der Anspruch auf Leistung ausgeschlossen.
2. Deshalb schuldet M Schadensersatz statt der Leistung.
   a) Der Schaden besteht (hier im Zeitpunkt des Schadensersatzverlangens) entsprechend der Differenzhypothese in der Nichtrenovierung der Wohnung. Dafür kann V nach § 251 Abs. 1 (wegen § 281 Abs. 4, Unmöglichkeit der Herstellung) eine Entschädigung in Geld verlangen; die unterbliebene Renovierung begründet zugleich einen Vermögensschaden (Kommerzialisierungsgedanke).
   b) Fraglich ist, ob der Schaden infolge der Renovierung durch D entfallen ist. Ob eine spätere Beseitigung des Schadens den einmal entstandenen Schadensersatzanspruch beeinflusst, richtet sich nach den Grundsätzen der Vorteilsausgleichung.
      aa) Erforderlich ist ein adäquater Zusammenhang zwischen Vorteil und schädigendem Ereignis. Daran könnten hier schon Zweifel bestehen:

---

[27] BGHZ 8, 325, 328; vgl. zu den Ausnahmen *Grüneberg*, in: Bamberger/Roth, Vor 249 Rn. 101.
[28] MünchKomm/*Oetker*, § 249 Rn. 260 f. m. w. N. zur herrschenden und abweichenden Meinung sowie zu Ausnahmen.
[29] Die endgültige Erfüllungsverweigerung ist kein Sonderfall des Verzugs, sondern eine positive Forderungsverletzung (BGHZ 49, 56, 59).

D könnte deshalb renovieren, weil er sich aufgrund seines Mietvertrages dem V gegenüber dazu verpflichtet hat (Abbruch der Kausalität aufgrund selbstständigen Entschlusses eines Dritten). Auf die Frage der adäquaten Kausalität kommt es aber nicht allein an.

bb) Darüber hinaus darf die Vorteilsausgleichung unter Berücksichtigung aller Umstände nicht unbillig sein. Die Renovierung beruht auf einer vertraglichen Vereinbarung zwischen D und V, die den M nichts angeht. V hat D als neuen Mieter gewonnen, und beide handeln nur im eigenen Interesse und nicht zur Entlastung des M. Die Renovierung durch D zugunsten des M zu berücksichtigen, wäre deshalb unbillig und bedeutete eine nicht zu rechtfertigende Begünstigung des M. Deshalb kommt eine Vorteilsausgleichung nicht in Betracht.

cc) V erfüllt durch die Beibringung eines Nachmieters auch keine ihm nach § 254 Abs. 2 S. 1 Alt. 2 obliegende Schadensminderungspflicht; eine derartige Pflicht besteht hier nicht. Auch insoweit lässt sich eine Vorteilsausgleichung nicht begründen.

3. M ist deshalb zum Ersatz des Summeninteresses für die Renovierung verpflichtet.

II. Ersparte Aufwendungen

Ersparte Aufwendungen, die mit dem Schadensereignis in adäquatem 20 Ursachenzusammenhang stehen, sind dem Geschädigten als Vorteil anzurechnen.

Beispiele:
– Bei einem unfallbedingten Krankenhaus- oder Kuraufenthalt sind die ersparten häuslichen Verpflegungskosten (ca. 10 € täglich) auf den Erwerbsschaden (§ 252 S. 1) anzurechnen (OLG Hamm NJW-RR 2001, 456).
– Bei der Anmietung eines Ersatzfahrzeuges erspart der Geschädigte Eigenaufwendungen für seinen PKW, insbesondere die Abnutzung seines eigenen Fahrzeugs. Diese Eigenersparnisse muss er sich anrechnen lassen. Der Vorteil wird ausgeglichen, indem auf die Mietwagenkosten ein pauschalierter Satz von 3%[30] bis cirka 15%[31] angerechnet wird.[32]

Fall (BGHZ 91, 206):   21

B erstellt für K ein Reihenhaus. Die einzubauenden Wärmeschutzfassaden erweisen sich nachträglich als mangelhaft. Nachdem K dem B eine Frist zur Beseitigung des Mangels gesetzt hat, verlangt er von B die Kosten für die Beseitigung des Mangels. B wendet ein, eine Mängelbeseitigung erfordere eine Fassadenerneuerung, die höherwertiger als die vertraglich geschuldete Leistung sei, und bringe dem K deshalb beträchtliche Vermögensvorteile, die er (B) dem K nicht schulde. Rechtslage?

---

[30] Vgl. OLG Nürnberg NJW-RR 2002, 528.
[31] Vgl. OLG München VersR 1970, 67.
[32] Vgl. *Grüneberg,* in: Bamberger/Roth, § 249 Rn. 54 m. w. N. – In jüngerer Zeit wird die Eigenersparnis wegen der technischen Verbesserungen im Kfz-Bereich eher zurückhaltend bewertet.

Lösung:

1. K hat einen Anspruch aus §§ 633 Abs. 1 und Abs. 2 S. 1, 634 Nr. 2, 637 Abs. 1 (Abs. 3) auf Ersatz der Mangelbeseitigungskosten. Es liegt ein Werkmangel i. S. des § 633 Abs. 2 S. 1 vor. K setzt eine Nachfrist, die B verstreichen lässt. Damit ist der haftungsbegründende Tatbestand erfüllt.

2. B ist deshalb zum Ersatz der Kosten für die Beseitigung des Mangels verpflichtet, nach § 637 Abs. 3 zur Vorschussleistung; davon erfasst sind die Kosten für die höherwertige Fassade, weil nur diese zur Mängelbeseitigung führt.
   Fraglich ist aber, ob sich K einen erlangten Vorteil anspruchsmindernd anrechnen lassen muss. Ob ein durch das schädigende Ereignis erlangter Vorteil anspruchsmindernde Bedeutung hat, richtet sich nach den Grundsätzen der Vorteilsausgleichung. Im Vertragsrecht sind nur diejenigen Vorteile anzurechnen, die der Auftraggeber allein durch die Gewährleistung außerhalb bestehender vertraglicher Verpflichtung des Auftragnehmers erlangt. Anzurechnen sind diejenigen (Mehr-)Kosten, die der Unternehmer bei der Nacherfüllung erbringen muss und die vertraglich nicht vorgesehen waren (sog. „Ohnehin-" oder **„Sowieso-Kosten"**[33]); denn der Unternehmer soll nicht mit den Kosten belastet werden, die er nach dem Vertrag nicht zu erbringen hat. Keine Vorteilsausgleichung findet dagegen statt, wenn gerade ein bestimmter Erfolg unabhängig von der Art seiner Erreichung geschuldet wird und sich der Unternehmer sonst seiner werkvertraglichen Haftung für den vereinbarten Erfolg entziehen würde, denn in diesem Fall trägt der Unternehmer das Risiko zusätzlich erforderlicher Arbeiten und Kosten.
   Weil B nur zum Einbau eines bestimmten Wärmeschutzsystems verpflichtet ist und den Einbau eines anderen nur gegen einen höheren Preis vornehmen würde, muss sich K die Mehrkosten für das neue System anspruchsmindernd anrechnen lassen.

3. Das Schadensersatzbegehren ist nicht im vollen Umfang begründet.

III. Eigene Leistungen des Geschädigten

22   Mindert der Geschädigte durch **eigene Leistungen** den entstehenden Schaden, so ist diese Eigenleistung schadensmindernd anzurechnen, wenn diese Eigenleistung nach der Schadensminderungsobliegenheit des § 254 Abs. 2 geboten und zumutbar ist. Der Geschädigte erfüllt dann durch seine Eigenleistung nur seine Schadensminderungsobliegenheit gemäß § 254 Abs. 2. Dagegen sind überpflichtmäßige Anstrengungen des Geschädigten nicht anzurechnen.[34]

Beispiel:
Der selbstständige Unternehmer U wird bei einem Unfall am Körper verletzt. Durch seine krankheitsbedingte Abwesenheit entgeht ihm ein Gewinn von

---

[33] Vgl. zu den sog. „Sowieso-Kosten" Palandt/*Sprau*, § 635 Rn. 7; *Voit,* in: Bamberger/Roth, § 635 Rn. 19 f.
[34] BGHZ 55, 329, 332 ff.; 58, 174, 18; MünchKomm/*Oetker*, § 249 Rn. 262 m. w. N.

1.500 €. Durch zusätzliche Wochenend- und Freizeitarbeit kann U aber nach seiner Genesung 1.500 € Gewinn zusätzlich erwirtschaften. Weil diese Mehrleistung im Rahmen des § 254 Abs. 2 nicht geboten und erforderlich ist, mindert der nachträglich erwirtschaftete Gewinn nicht den ersatzfähigen Schaden (1.500 € entgangener Gewinn, § 252 S. 1).

IV. Neu für alt

Wenn Schadensersatz in Form von Naturalrestitution (§ 249 Abs. 1) 23
oder eines zur Herstellung einer Sache erforderlichen Geldbetrages
(§ 249 Abs. 2 S. 1) zu leisten ist, kann die Herstellung zu einer Werterhöhung der Sache führen. Dies ist typischerweise bei Sachen der Fall, die durch Gebrauch oder Zeitdauer im Wert gesunken oder schon vorher schadhaft sind. Der Schädiger ist dann zwar zur Herstellung bzw. zur Leistung des dazu erforderlichen Geldbetrages verpflichtet (§ 249 Abs. 1 oder Abs. 2 S. 1); der Geschädigte muss sich aber die Werterhöhung anrechnen lassen, also den Wertunterschied zwischen der hergestellten neuwertigen und der gebrauchten (abgenutzten) Sache.[35] Dieser Abzug „neu für alt" ist ein Fall der Vorteilsausgleichung.

Beispiele:
– S beschmiert die schon etwas vergilbte Hauswand des K mit einer Spraydose. K kann nach §§ 823 Abs. 1, 249 Abs. 2 S. 1 den zur Herstellung des Anstrichs erforderlichen Geldbetrag verlangen. Dieser stellt die Kosten zum Neuanstrich der Wand dar (nicht die Kosten zur Herstellung eines vergilbten Anstrichs). Dadurch bekommt die Hauswand aber im Vergleich zur vergilbten Wand einen höheren Wert. Diesen Vorteil muss sich K (im Rahmen des Zumutbaren) anrechnen lassen. Insoweit ist sein Schadensersatzanspruch gemindert.
– Die durch eine Eigentumsverletzung verursachte Wertsteigerung des Grundstückes (eine durch Denkmalschutz bedingte Baubeschränkung fällt weg) ist schadensmindernd zu berücksichtigen. Der Geschädigte würde sonst begünstigt, weil er die Herstellungskosten und den vorteilhaften Wegfall der Baubeschränkung erhielte. Der Schädiger wird bei Anrechnung des erlangten Vorteils nicht unbillig entlastet; die Entlastung von der Schadensersatzpflicht beruht letztendlich auf der Zufälligkeit der weggefallenen Baubeschränkung (BGH NJW 1988, 1837).

Unzumutbar ist die Anrechnung aus neu für alt und sich ergebender 24
Vorteile nicht schon dann, wenn dem Geschädigten eine Ausgabe aufgezwungen wird, die er sonst nicht gemacht hätte, weil sich die Ausbesserung oder Herstellung der beschädigten Sache nur in einer gegenüber dem Zustand zurzeit der Schädigung werterhöhenden Art durchführen lässt; den anzurechnenden Aufwendungen steht nämlich der Wertzuwachs der Sache gegenüber.[36]

---

[35] Vgl. BGHZ 30, 29.
[36] BGHZ 30, 29, 33 f.

V. Zusammenfassung

25 | Vorteilsausgleichung

I. Voraussetzungen für schadensmindernde Berücksichtigung von Vorteilen
  1. Adäquater Kausalzusammenhang zwischen Vorteil und schädigendem Ereignis
  2. Wertung: Ausgleichung muss dem Geschädigten zumutbar sein und darf den Schädiger nicht unangemessen entlasten.

II. Fallgruppen
  1. Bei Leistungen Dritter (z. B. Unterhaltsleistung, Entgeltfortzahlung, Versicherungsleistungen, Erbschaft, Schenkung) findet grundsätzlich keine Vorteilsausgleichung statt (z. B. § 843 Abs. 4; § 24 Rn. 16).
  2. Bei ersparten Aufwendungen (z. B. ersparte häusliche Verpflegungskosten bei Krankenhausaufenthalt, Abnutzung des eigenen Pkw bei Anmietung eines Ersatz-Pkw) findet eine Vorteilsausgleichung statt (§ 24 Rn. 20).
     – P: „Sowieso-Kosten" bei Mängelbeseitigung (§ 24 Rn. 21)
  3. Vorteilsausgleichung bei eigenen, nach § 254 Abs. 2 gebotenen Leistungen des Geschädigten; nicht bei überpflichtmäßigen Anstrengungen (§ 24 Rn. 22).
  4. Vorteilsausgleichung bei „neu für alt": Geschädigter muss sich den Wertunterschied zwischen neuwertiger und gebrauchter (abgenutzter) Sache anrechnen lassen (§ 24 Rn. 23).

§ 25. Drittschadensliquidation

A. Problemstellung

1   Grundsätzlich kann nur der unmittelbar Geschädigte seinen Schaden geltend machen (Dogma des Gläubigerinteresses). Nur der unmittelbar Geschädigte, nicht der mittelbar Geschädigte hat einen Schadensersatzanspruch (vgl. oben § 22 Rn. 53). In bestimmten Konstellationen kann derjenige, in dessen Person ein Schadensersatzanspruch (haftungsbegründend) erfüllt ist, keinen Schaden erleiden (= unmittelbar „Geschädigter"), jedoch ein anderer geschädigt sein, der aber keinen An-

spruch auf Schadensersatz hat (= mittelbar Geschädigter). Der unmittelbar Geschädigte hat einen Anspruch, aber keinen Schaden, und der mittelbar Geschädigte hat einen Schaden, aber keinen Anspruch.

Die Schadensverlagerung von dem unmittelbar auf den mittelbar Geschädigten kann für den Schädiger zufällig sein und auf Gründen beruhen, aus denen der Schädiger keine Vorteile ziehen soll; sie könnten zu einer ungerechtfertigten Entlastung des Schädigers führen.[1] Um dies zu vermeiden, lassen Rechtsprechung und Lehre ausnahmsweise (als Ausnahme zur Ersatzberechtigung nur des unmittelbar Geschädigten) eine Liquidation des Drittschadens durch den unmittelbar Geschädigten im Interesse des Dritten in bestimmten Fällen zu (sog. **Drittschadensliquidation**):[2, 3] Der unmittelbar Geschädigte macht den Schaden des mittelbar Geschädigten geltend und verlangt Leistung an sich oder gleich an den Dritten[4] oder tritt den Schadensersatzanspruch an den Dritten ab (§ 285).

Prüfungstechnisch ergeben sich folgende Konsequenzen: Es wird der **2** haftungsbegründende Tatbestand in der Person des unmittelbar Geschädigten, der haftungsausfüllende Tatbestand in der Person des mittelbar Geschädigten geprüft.[5] Der Dritte muss sich (zu seinen Lasten) alle Einwendungen entgegenhalten lassen, die der Schädiger gegen den unmittelbar Geschädigten hat (z. B. Mitverschulden). Außerdem ist sein eigenes Verschulden (des mittelbar Geschädigten und das seiner Gehilfen) nach vertraglichen Rechtsgrundsätzen (§§ 254, 278) zu berücksichtigen (Kumulation der Einwendungen).[6]

Die Liquidation eines Drittschadens darf aber nicht zu einer Vermehrung **3** der vom Verletzer zu befriedigenden Geschädigten und damit zu einer Erweiterung der nach Gesetz oder Vertrag begründeten Schadensersatzpflicht führen. Das Schadensersatzrisiko darf für den potenziellen Schädiger nicht unüberschaubar sein.[7] Deshalb ist die Drittschadensliquidation auf die Fälle beschränkt, bei denen nur ein einziger Schaden entstanden ist, der, wenn der Anspruchsberechtigte auch der Träger des

---

[1] Insoweit steht die Drittschadensliquidation der Vorteilsausgleichung nahe (vgl. oben § 24 Rn. 13 ff.).

[2] Die Ersatzberechtigung von Besuchskosten naher Angehöriger während der Krankenhausbehandlung des Geschädigten stellt keine Ausnahme vom Dogma des Gläubigerinteresses dar (Staudinger/*Schiemann*, Vorbem zu §§ 249 ff., Rn. 56; vgl. oben § 22 Rn. 53).

[3] Die Frage, ob und unter welchen Voraussetzungen ein Ersatzanspruch sich auch auf den einem Dritten entstandenen Schaden erstreckt, wurde der Wissenschaft überlassen (*Mugdan* II, S. 518 [Protokolle]).

[4] BGH NJW 1989, 3099.

[5] Der zu ersetzende Schaden ist nicht durch den Schaden begrenzt, der ohne die Schadensverlagerung bei dem Gläubiger (Vertragspartner) entstanden wäre (*Medicus*, BR, Rn. 838).

[6] BGH NJW 1972, 289; *Grüneberg*, in: Bamberger/Roth, Vor § 249 Rn. 126. Insoweit werden der Vertrag mit Schutzwirkung zugunsten Dritter und die Drittschadensliquidation gleich behandelt.

[7] Vgl. *Grüneberg*, in: Bamberger/Roth, Vor § 249 Rn. 123.

geschützten Rechtsgutes wäre, in dessen Person entstanden wäre; der Dritte tritt statt des Anspruchsberechtigten als Geschädigter auf.[8] Unter diesen Voraussetzungen wird das Dogma des Gläubigerinteresses (ausschließliche Ersatzberechtigung des unmittelbar Geschädigten und Risikobegrenzung für den potenziellen Schädiger) gewahrt.

4   Eine Schadensverlagerung liegt in folgenden Fallgruppen vor, welche die Rechtsprechung und Literatur (gewohnheitsrechtlich) anerkannt haben:[9]

1. Mittelbare Stellvertretung,
2. Obligatorische Entlastung aufgrund einer Gefahrtragungsregel,
3. Obhut für fremde Sachen,
4. Vereinbarung der Parteien.[10]

B. Abgrenzung zum Vertrag mit Schutzwirkung für Dritte

5   Hat der Dritte (mittelbar Geschädigte) einen eigenen Anspruch gegen den Schädiger, so besteht für eine Drittschadensliquidation kein Bedürfnis. Weil der Vertrag mit Schutzwirkung für Dritte dem Dritten einen eigenen Schadensersatzanspruch gewährt, verdrängt er die Drittschadensliquidation. Deshalb ist der Vertrag mit Schutzwirkung für Dritte vorrangig zu prüfen.

6   Entscheidendes Abgrenzungskriterium ist, dass bei der Drittschadensliquidation eine (zufällige) Verlagerung des Schadens stattfindet, während beim Vertrag mit Schutzwirkung für Dritte eine Vermehrung (Kumulierung) des Schadensersatzrisikos für den Schädiger vorliegt. Bei der Drittschadensliquidation geht es um den Ersatz desselben Schadens; der Dritte tritt statt des Anspruchsberechtigten auf (vgl. oben § 25 Rn. 3).[11, 12] Beim Vertrag mit Schutzwirkung für Dritte tritt zum Schaden des Vertragspartners ein Schaden des Dritten hinzu oder kann hinzutreten; der Dritte tritt neben und nicht statt des Anspruchsberechtigten auf.

Eine Abgrenzung nach dem beeinträchtigten Rechtsgut (Drittschadensliquidation bei Sach- und Vermögensschäden, Vertrag mit Schutzwirkung für Dritte bei Körperschäden) haben Rechtsprechung und Li-

---

[8] BGHZ 40, 91, 106.

[9] Vgl. den Überblick bei BGHZ 40, 91, 100 ff.

[10] In diesem Fall vereinbaren die Vertragsparteien, dass der Schaden aus der Person eines Dritten berechnet werden soll, statt aus der Person des Vertragspartners (BGH NJW 1974, 502). Zu prüfen ist dann aber, ob nicht ein Vertrag mit Schutzwirkung zugunsten Dritter vorliegt (Auslegung der Vereinbarung; vgl. Staudinger/*Schiemann*, Vor § 249 Rn. 68).

[11] BGHZ 40, 91, 106.

[12] Deshalb kommt es auch bei der Drittschadensliquidation – im Gegensatz zum Vertrag mit Schutzwirkung für Dritte – nicht darauf an, dass der Schädiger mit einer Haftung gegenüber dem Dritten rechnen muss (vgl. unten § 25 Rn. 8).

teratur abgelehnt.[13] Ob ein bestimmter Schaden beim Vertrag mit Schutzwirkung für Dritte ersatzfähig ist, ist eine Frage des Schutzzwecks und des Einzelfalles.

Der konstruktive Unterschied zwischen dem Vertrag mit Schutzwirkung für Dritte und der Drittschadensliquidation lässt sich wie folgt beschreiben: Bei der Drittschadensliquidation wird der Schaden zur Anspruchsgrundlage gezogen: Der Anspruchsinhaber macht den Schaden des Dritten geltend. Beim Vertrag mit Schutzwirkung für Dritte wird die Anspruchsgrundlage zum Schaden gezogen: Der Geschädigte erhält einen eigenen Schadensersatzanspruch.[14]   **7**

Fall (BGHZ 49, 350):   **8**

M mietet von V Geschäftsräume in dessen Haus. V veräußert das Hausgrundstück an K. Danach kommt es wegen einer (gefahrbegründenden) Rauchrohröffnung, die schon bei Mietvertragsschluss vorhanden und für K nicht erkennbar war, zu einem Brand. Dabei werden in dem Geschäft auch Waren des Dritten D zerstört, die dort lagern. D verlangt von K Schadensersatz.

Lösung:

I. D könnte gegen K einen Anspruch aus §§ 535, 536 a Abs. 1 Alt. 1, 578, 566 Abs. 1 i. V. m. Vertrag mit Schutzwirkung zugunsten Dritter haben.

1. Die vorhandene Rauchrohröffnung stellt einen Mietmangel i. S. des § 536 Abs. 1 S. 1 dar. Der Mangel liegt bei Überlassung vor. § 536 a Abs. 1 Alt. 1 begründet eine verschuldensunabhängige Garantiehaftung.

2. Fraglich ist aber, ob aus § 536 a Abs. 1 D berechtigt und K verpflichtet ist.

a) K ist als Erwerber in die Rechtsstellung des V eingetreten (§§ 578, 566 Abs. 1; „Kauf bricht nicht Miete"). Damit tritt K auch in eine bestehende Garantiehaftung aus § 536 a Abs. 1 Alt. 1 ein. Der Erwerber haftet für Schäden, die nach dem Eigentumswechsel eingetreten sind; für Schäden vor dem Eigentumswechsel haftet allein der Veräußerer.

b) D selbst ist nicht Partei des Mietvertrages. Er könnte aber mietvertragliche (Sekundär-)Ansprüche erheben, wenn die Voraussetzungen des Vertrages mit Schutzwirkung zugunsten Dritter erfüllt sind.

aa) Leistungsnähe. D ist bestimmungsgemäß mit der mietvertraglichen Leistung (mangelfreie Gewährung von Mieträumen) in Berührung gekommen und ist den daraus resultierenden Gefahren ebenso ausgesetzt wie der Mieter M. Auch Sachschäden sind in die Schutzwirkung einbezogen. Deshalb muss dem D der gleiche Schutz zugute kommen wie dem Gläubiger M selbst.

bb) Einbeziehungsinteresse. M schuldet dem D Schutz und Fürsorge für die in seinem Geschäft eingelagerten Waren, er ist ihm fürsorge- und obhutspflichtig („Wohl-und-Wehe-Formel").[15]

---

[13] BGHZ 49, 350, 355; BGH NJW 1968, 1929, 1931 r. Sp.; *Lange/Schiemann*, § 8 IV, S. 482.
[14] *Medicus*, BR, Rn. 839; *Grüneberg*, in: Bamberger/Roth, Vor § 249 Rn. 124.
[15] BGHZ 49, 350, 354. Zwischenzeitlich hat der BGH anerkannt, dass die personale Fürsorgepflicht im Verhältnis des Vertragsgläubiger zum Dritten keine notwen-

cc) Erkennbarkeit des geschützten Personenkreises. Dass M Waren Dritter in seinem Geschäft lagert, ist für den Vermieter V erkennbar. V muss damit rechnen, dass eingelagerte Waren im Eigentum Dritter stehen (z. B. aufgrund einer Sicherungsübereignung oder eines Eigentumsvorbehaltes); dies ist im Geschäftsverkehr üblich und wird vom Zweck des Mietvertrages erfasst.

dd) Schutzwürdigkeit des Dritten. D ist auch schutzwürdig, weil er keinen eigenen (vertraglichen) Anspruch hat. Mit K steht er in keinem vertraglichen Verhältnis. D hat auch keinen vertraglichen Anspruch gegen M (etwa § 280 [Pflichtverletzung]), weil M kein Verschulden trifft; Untermiete und damit § 536 a Abs. 1 Alt. 1 (Garantiehaftung) liegen nicht vor.[16] Ein deliktischer Anspruch, der auch gegen K mangels Verletzung einer Verkehrssicherungspflicht und mangels Verschuldens nicht gegeben ist, wäre nicht ausreichend, weil er andere Voraussetzungen als vertragliche Ansprüche hat.[17]

c) Damit liegen die Voraussetzungen des Vertrages mit Schutzwirkung für Dritte vor.

3. Der Schadensersatzanspruch des D ist begründet.

II. Ein Teil der Literatur[18] wendet ein, es liege eine typische Schadensverlagerung vor, denn die gesamte Ware hätte dem Mieter gehören können; dass sie auch im Eigentum eines Dritten stehen, sei zufällig und daher kalkulatorisch bedeutungslos. Außerdem sei zweifelhaft, ob der Dritte bestimmungsgemäß in den Schutzbereich des Mietvertrages einbezogen sei.[19] Hält man die Einwände für begründet, so sind die Voraussetzungen der Drittschadensliquidation zu prüfen:

1. Lehnt man einen Vertrag mit Schutzwirkung für Dritte ab, hätte D zwar einen Schaden, aber keinen Anspruch. M hätte einen Anspruch, aber keinen Schaden.

2. Es liegt eine zufällige Schadensverlagerung vor (vgl. vorstehend).

3. Deshalb kann M den Schaden des D liquidieren, also an sich oder an D einklagen oder den Anspruch an D abtreten (§ 285).

---

dige Voraussetzung für den Vertrag mit Schutzwirkung für Dritte ist (BGH NJW 2001, 3115, 3116). Gegenläufige Interessen von Gläubiger und Drittem stehen einem Vertrag mit Schutzwirkung für Dritte nicht entgegen (BGHZ 127, 378, 380; BGH NJW 2002, 1196, 1197). Es wird auf die Drittbezogenheit der Leistung entsprechend dem Vertragszweck, auf das Verhältnis des Dritten zum Leistungsgegenstand und auf das objektive Schutz- und Sicherheitsbedürfnis abgestellt (MünchKomm/*Gottwald*, § 328 Rn. 112).

[16] Vgl. zum Schutzbedürfnis BGHZ 70, 327: Dort hat der BGH einen Anspruch des Untermieters gegen den Vermieter aus Vertrag mit Schutzwirkung für Dritte abgelehnt, weil dem Untermieter das erforderliche Schutzbedürfnis für diesen Anspruch fehle. Der Untermieter habe einen eigenen vertraglichen Anspruch gegen den Hauptmieter (= Untervermieter). Für die Zubilligung eines eigenen vertraglichen Anspruchs gegen den Vermieter bestehe weder Raum noch ein Bedürfnis, wenn der Geschädigte seinerseits eigene vertragliche Ansprüche gleichen Inhalts habe, wenn auch gegen einen anderen Schuldner.

[17] Vgl. MünchKomm/*Gottwald*, § 328 Rn. 117.

[18] Vgl. *Medicus*, BR, Rn. 842.

[19] In BGHZ 70, 327, 329 übt der BGH Kritik daran, dass der Untermieter bestimmungsgemäß den Mietgebrauch anstelle des Mieters ausübt, ohne diese Frage aber zu entscheiden.

C. Fallgruppen der Drittschadensliquidation

I. Mittelbare Stellvertretung

Der **mittelbare Stellvertreter** schließt einen Vertrag im eigenen Na- 9
men, aber im Auftrag und auf Rechnung eines Dritten ab. Entsteht dem
Auftraggeber ein Schaden, so kann der mittelbare Stellvertreter diesen
Schaden seines Auftraggebers geltend machen (vgl. § 392 Abs. 2
HGB).[20] Der mittelbare Stellvertreter selbst hat keinen Schaden erlitten,
weil in seiner Person kein Haftungstatbestand erfüllt ist oder er vom
Auftraggeber nach § 670 Ersatz seiner Aufwendungen verlangen kann.

Beispiel:
G benötigt bestimmte Bauteile für seine Produktion. Deshalb beauftragt er den
Agenten S, diese Ware einzukaufen. S schließt mit dem Hersteller V einen Kaufvertrag im eigenen Namen ab. V liefert mangelhafte Teile, die G nicht für seine
Produktion verwenden kann. Dadurch entsteht dem G ein Produktionsausfall-
schaden. Wer kann von wem Schadensersatz verlangen?
(1) Ein Anspruch des G gegen V oder gegen S auf Ersatz des Produktionsaus-
fallschadens kommt nicht in Betracht. (a) Zwischen G und V besteht keine Vertragsbeziehung, weil keine Stellvertretung vorliegt (vgl. § 164 Abs. 1). (b) Ein Anspruch des G gegen V aus § 823 Abs. 1 scheitert an der fehlenden Rechtsgutverletzung. (2) Ein Anspruch des G gegen S aus §§ 662, 280 Abs. 1 kommt nicht in
Frage, weil den S weder ein eigenes Verschulden trifft noch er sich das Verschulden des V anrechnen lassen muss (§ 278); S schuldet nicht die Herstellung, und
V ist als Hersteller nicht Erfüllungsgehilfe des S gegenüber G. (3) S hat gegen
V einen Anspruch auf Schadensersatz aus §§ 651 S. 1, 433, 434 Abs. 1 S. 1, 437
Nr. 3, 280 Abs. 1. (a) Zwischen S und V besteht ein Kaufvertrag, weil S im eigenen
Namen gehandelt hat. Es liegt ein Sachmangel i. S. des § 434 Abs. 1 S. 1 bei Ge-
fahrübergang vor. Das Verschulden des V wird vermutet (vgl. § 280 Abs. 1 S. 2).
(b) Deshalb könnte V zum Ersatz des daraus entstandenen Schadens verpflichtet
sein (zur Abgrenzung von § 280 Abs. 3 vgl. oben § 22 Rn. 46f.). Jedoch ist dem
S kein Schaden entstanden; es liegt auch kein Haftungsschaden vor, weil S dem
G mangels Verschuldens nicht auf Schadensersatz haftet. (3) Jedoch könnte
S den Schaden des G nach den Grundsätzen der Drittschadensliquidation liquidieren. Dies setzt eine Schadensverlagerung voraus, die eine Enthaftung des
Schädigers als unbillig erscheinen lässt. Im Fall tritt der Schaden nur deshalb
beim nicht anspruchsberechtigten G auf, weil G den S einschaltet und S im eige-
nen Namen handelt; diese Zufälligkeit soll nicht zugunsten des Schädigers V gehen. Dementsprechend ist in den Fällen mittelbarer Stellvertretung eine sog. Drittschadensliquidation anerkannt. S kann den Schaden des G von V ersetzt
verlangen, oder G kann sich den Anspruch von S abtreten lassen.
Abwandlung: Anders wäre der Fall zu lösen, wenn V Erfüllungsgehilfe des
S wäre. (1) Dann hat G einen Anspruch aus §§ 662, 280 Abs. 1, 278 gegen S auf
Ersatz des Produktionsschadens. (2) S hat gegen V einen Ersatzanspruch aus
§ 280 Abs. 1 auf Ersatz des sog. Haftungsschadens (= Schadensersatzverpflichtung des S gegenüber G). (3) Für einen Rückgriff auf die Drittschadensliquidation
besteht dann kein Bedürfnis.

---

[20] Vgl. hierzu auch die Protokolle (*Mugdan* II, S. 518 [Protokolle]).

II. Obligatorische Gefahrentlastung

10   Eine **obligatorische Gefahrentlastung** tritt in kauf- und werkvertraglichen Fallkonstellationen auf.[21] Der an sich schadensersatzberechtigte (Sachleistungs-)Schuldner hat nur deshalb keinen Schaden erlitten, weil er bei der Beschädigung oder Zerstörung der geschuldeten Sache durch den Schädiger seinem Gläubiger gegenüber aufgrund einer Gefahrtragungsregel (z. B. § 447) frei wird; der geschädigte Gläubiger dagegen hat zwar einen Schaden, weil er die Gegenleistung erbringen muss, ohne den Vertragsgegenstand zu bekommen, er hat aber keinen eigenen Anspruch gegen den Schädiger.

11   **Fall:**

K bestellt bei V eine Ware. V übergibt die Ware auf Verlangen des K dem T zum Transport zum Wohnsitz des K. Während des Transportes verschwindet die Ware spurlos. V verlangt von K Bezahlung der Ware. Kann V oder K von T Ersatz verlangen?

Lösung:

I. Anspruch des V gegen T?

1. V könnte von T Schadensersatz aus § 280 Abs. 1 i. V. m. Beförderungsvertrag (§ 631) verlangen.

a) T überwacht die Ware nicht ordnungsgemäß und begeht damit eine Pflichtverletzung i. S. des § 280 Abs. 1. Verschulden wird vermutet (§ 280 Abs. 1 S. 2).

b) Deshalb ist T zum Ersatz des aus der Pflichtverletzung entstandenen Schadens verpflichtet. Jedoch erleidet V keinen Schaden: Hypothetische wie reale Lage weichen nicht voneinander ab (Differenzhypothese). Zwar ist die Ware real verloren bzw. wäre hypothetisch durch Übereignung an K verloren gegangen; jedoch hat (real) und hätte V (hypothetisch) den Kaufpreisanspruch gegen K:

aa) Der Kaufpreisanspruch ist entstanden (§ 433 Abs. 2).

bb) Er ist nicht nach §§ 275 Abs. 1, 326 Abs. 1 S. 1 Halbs. 1 erloschen. (1) Zwar ist die Ware durch Ablieferung bei T konkretisiert worden (§ 243 Abs. 2, Schickschuld). (2) Der Anspruch auf Lieferung der Ware ist wegen Verlustes unmöglich und damit nach § 275 Abs. 1 erloschen (Fall nachträglicher subjektiver Unmöglichkeit). (3) Jedoch erlischt der Kaufpreisanspruch nach § 326 Abs. 1 S. 1 Halbs. 1 ausnahmsweise nicht bzw. diese Regelung wird verdrängt, weil die Preisgefahr auf den Käufer übergegangen ist und er deshalb den Kaufpreis zahlen muss, ohne den Kaufgegenstand zu erhalten (§ 447 Abs. 1). V hat auf Verlangen des K die verkaufte Sache an einen anderen Ort als den Erfüllungsort (vgl. § 269 Abs. 1: im Zweifel Wohnsitz bzw. Niederlassung des Schuldners) gesandt und

---

[21] Vgl. BGH NJW 1968, 1929.

bei der Transportperson abgeliefert. Damit ist die Preisgefahr auf K übergegangen. Der Kaufpreisanspruch ist nicht erloschen.

cc) Weil V nach wie vor Inhaber des Kaufpreisanspruchs ist, hat er keinen Schaden erlitten.

2. Ein Anspruch aus § 823 Abs. 1 (Eigentumsverletzung) ist zwar tatbestandlich erfüllt; es fehlt aber ein Schaden (vgl. vorstehend).

II. Anspruch des K gegen T

1. K hat keinen vertraglichen Anspruch gegen T. Ein Vertrag mit Schutzwirkung für Dritte liegt nicht vor. Jedoch hat K einen Schaden, weil die reale Lage (Kaufpreiszahlungspflicht ohne Erhalt der Ware) und hypothetische Lage (Kaufpreiszahlungspflicht gegen Erhalt der Ware) voneinander abweichen.

2. Ein Anspruch aus § 823 Abs. 1 scheidet mangels Rechtsgutverletzung aus. K ist weder Eigentümer noch Besitzer der Ware. Das Vermögen wird durch § 823 Abs. 1 nicht geschützt (sog. primärer Vermögensschaden).

III. Drittschadensliquidation

1. Jedoch könnte V den Schaden des K gegenüber T geltend machen. Dies ist in Fällen der obligatorischen Gefahrentlastung anerkannt. Voraussetzung ist eine Schadensverlagerung. Hier tritt ein und derselbe Schaden (Verlust der Ware) bei K und nicht bei V ein; es liegt damit eine Schadensverlagerung und keine Schadenshäufung vor. In diesem Fall ist es gerechtfertigt, eine Ausnahme vom Grundsatz der Ersatzberechtigung nur des unmittelbar Geschädigten zu machen, weil die Schadensverlagerung den Schädiger T sonst unbilligerweise entlasten würde.

2. V kann deshalb den Schaden des K liquidieren oder den Anspruch nach § 285 an K abtreten.

III. Obhut für fremde Sachen

Jemand hat eine Sache für den Eigentümer in **Obhut**. Wenn sein Vertragspartner, mit dem er einen Vertrag in Bezug auf die Sache schließt, oder dessen Hilfspersonen die Sache beschädigt, kann er den Ersatzanspruch wegen der Sache geltend machen.[22, 23] **12**

Beispiel:
Frau F leiht sich von ihrer Freundin E einen Pelzmantel und gibt ihn in der Theatergarderobe bei der zuverlässigen Beschäftigten B ab. Nach der Aufführung ist der Pelzmantel spurlos verschwunden, weil B einen Moment unaufmerksam gewesen ist (leichte Fahrlässigkeit). Schadensersatzpflicht des Theaters T? (1) Ansprüche der F gegen T? (a) F hat zwar gegen T einen Anspruch aus §§ 688, 275, 280 Abs. 1 und Abs. 3, 283 (Verwahrungsvertrag, Unmöglichkeit der Herausgabe des Mantels) auf Schadensersatz statt der Leistung. F selbst hat aber keinen Schaden: Sie ist gegenüber E von der Verpflichtung zur Rückgabe (§ 604 Abs. 1) freigeworden; eine Schadensersatzverpflichtung der F gegenüber E aus

---

[22] Vgl. Staudinger/*Schiemann*, Vorbem zu §§ 249 ff. Rn. 72 f.

[23] § 701 erkennt ausdrücklich einen eigenen Anspruch des Gastes gegen den Gastwirt an, auch wenn er nicht Eigentümer der eingebrachten Sachen ist. Insoweit stellt § 701 einen gesetzlich geregelten Fall der Drittschadensliquidation dar.

§§ 604 Abs. 1, 280 Abs. 1 und Abs. 3, 283 scheidet mangels Verschuldens der F (§ 280 Abs. 1 S. 2) und des bloß leicht fahrlässigen Handelns des T bzw. der B (§ 278 S. 1)[24] aus. (b) Ein Anspruch aus § 831 Abs. 1 (Verletzung des berechtigten Besitzes) scheitert an der Exkulpation des T und am fehlenden Schaden (vgl. vorstehend). (2) Ansprüche der E gegen T? (a) E hat keinen vertraglichen Anspruch gegen T. (b) Infrage kommt ein Anspruch aus § 831 Abs. 1. Zwar hat B eine rechtswidrige Eigentumsverletzung begangen. Jedoch kann sich T exkulpieren (§ 831 Abs. 1 S. 2). E hat deshalb keinen Anspruch, aber einen Schaden. (3) Jedoch kann F den Schaden der E liquidieren. Es liegt eine Verlagerung ein und desselben Schadens von F auf E vor. Daraus soll der Schädiger T keine Vorteile ziehen. Deshalb kann F Ersatz des der E entstandenen Schadens an sich selbst oder direkt an die E verlangen, oder E kann sich den Anspruch auf Schadensersatz abtreten lassen (§ 285). (4) Davon unberührt bleiben Ansprüche aus § 823 Abs. 1 gegen B. B und T haften als Gesamtschuldner (§ 840 Abs. 1).

13   Eine Drittschadensliquidation soll nach der Rechtsprechung und Lehre auch dann in Betracht kommen, wenn der geschädigte Dritte einen eigenen deliktischen Schadensersatzanspruch hat (im Beispiel: E gegen T aus § 823 Abs. 1 oder § 831).[25] Es liegt zwar auch in diesem Fall eine Schadensverlagerung vor; jedoch führt sie eigentlich nicht zu einer unbilligen Entlastung des Schädigers.

D. Zusammenfassung

14 |

Drittschadensliquidation

I. Begriff
Zufällige Verlagerung des Schadens vom an sich Schadensersatzberechtigten, der aber keinen Schaden erlitten hat, auf einen mittelbar geschädigten Dritten, der aber keine Anspruchsgrundlage hat.
Der Schaden des mittelbar geschädigten Dritten wird zur Anspruchsgrundlage gezogen; der Anspruchsinhaber macht den Schaden des Dritten geltend.

II. Abgrenzung zum Vertrag mit Schutzwirkung für Dritte (§ 25 Rn. 5 ff.):
– Drittschadensliquidation: Zufällige Verlagerung des Schadens

---

[24] Bei der Verschuldenszurechnung des § 278 kommt es darauf an, was von dem Schuldner selbst zu erwarten ist; der Schuldner bestimmt den Sorgfaltsmaßstab. Haftet der Schuldner nur für Vorsatz und grobe Fahrlässigkeit (z.B. § 599), so muss er sich ein leicht fahrlässiges Verhalten des Erfüllungsgehilfen nicht zurechnen lassen (vgl. MünchKomm/*Grundmann*, § 278 Rn. 49 m. w. N.).

[25] So BGH NJW 1985, 2411; MünchKomm/*Oetker*, § 249 Rn. 293; Staudinger/ *Schiemann*, Vorbem zu §§ 249 ff. Rn. 72; Palandt/*Heinrichs*, Vorb v § 249 Rn. 116; zweifelnd *Medicus*, Schuldrecht I, Allgemeiner Teil, 16. Aufl. 2005, Rn. 613.

- Vertrag mit Schutzwirkung für Dritte: Vermehrung
  (Kumulierung) des Schadensersatzrisikos für den Schädiger
  Beim Vertrag mit Schutzwirkung für Dritte wird die
  Anspruchsgrundlage zum Schaden gezogen. Der geschädigte
  Dritte erhält einen eigenen Schadensersatzanspruch.
  Der Vertrag mit Schutzwirkung für Dritte schließt daher eine
  Drittschadensliquidation aus.

III. Fallgruppen der Drittschadensliquidation:
- Mittelbare Stellvertretung (§ 25 Rn. 9)
- Obligatorische Gefahrentlastung (§ 25 Rn. 10)
- Obhutsfälle (§ 25 Rn. 12)

IV. Rechtsfolgen (§ 25 Rn. 1):
- Der Anspruchsberechtigte macht den Schaden des mittelbar
  geschädigten Dritten geltend und verlangt Zahlung an sich
  oder an den Dritten, oder
- der mittelbar Geschädigte lässt sich den Schadensersatzanspruch abtreten (§ 285).

§ 26. Haftungsbeschränkungen

Eine **Haftungsbeschränkung** kann zu einem Ausschluss der Haftung   1
oder einer umfang- bzw. summenmäßigen Beschränkung einer Schadensersatzverpflichtung führen. Sie kann auf Gesetz oder Vertrag beruhen.

A. Gesetzliche Haftungsbeschränkungen

Grundsätzlich hat der Schuldner Vorsatz und (jede) Fahrlässigkeit zu   2
vertreten. Jedoch kann der Verschuldensmaßstab verändert und damit
eine mildere Haftung bestimmt werden (§ 276 Abs. 1 S. 1).

Beispiele:
- Nach den §§ 104 f. SGB VII ist die Haftung des Unternehmers gegenüber den in
  seinem Unternehmen tätigen Versicherten bei Arbeitsunfällen auf Vorsatz beschränkt (vgl. oben § 16 Rn. 185).
- Nur für Vorsatz und grobe Fahrlässigkeit haften der Schenker (§ 521), der Ver-
  leiher (§ 599), der Schuldner im Annahmeverzug des Gläubigers (§ 300 Abs. 1)
  und der Geschäftsführer ohne Auftrag bei der Gefahrenabwehr (§ 680).
- Nur für Vorsatz, grobe Fahrlässigkeit und für eigenübliche Sorgfalt haften der
  unentgeltliche Verwahrer (§ 690), die Gesellschafter bei Erfüllung ihrer Pflichten
  aus dem Gesellschaftsvertrag (§ 708), der Ehegatte (§ 1359), die Eltern gegenüber dem Kind (§ 1664 Abs. 1). Dass in diesen Fällen auch für grobe Fahrlässigkeit gehaftet wird, bestimmt § 277.

3 Bei der Gefährdungshaftung ist die Schadensersatzpflicht in der Regel auf bestimmte Haftungshöchstsummen begrenzt.

Beispiele:
– §§ 12, 18 StVG für die Haftung des Halters und des Führers eines Kfz.
– § 10 ProdHaftG für den ersatzpflichtigen Hersteller.

B. Vertragliche Haftungsbeschränkungen

4 Die Parteien können die Haftung durch Vertrag im Voraus ausschließen oder einschränken (Vertragsfreiheit). Dem **vertraglichen Haftungsausschluss** sind aber durch das Gesetz Grenzen gesetzt: Nicht möglich ist der vorherige Ausschluss der Haftung für Vorsatz (§ 276 Abs. 3); dagegen ist der Ausschluss der Haftung für Vorsatz des Erfüllungsgehilfen möglich (vgl. § 278 S. 2). Nach § 309 Nr. 7 und 8 sind bestimmte Haftungsausschlüsse in Allgemeinen Geschäftsbedingungen unzulässig. Die Verjährung kann bei Haftung wegen Vorsatzes nicht im Voraus durch Rechtsgeschäft erleichtert werden (vgl. § 202 Abs. 1). Beim Verbrauchsgüterkauf ist § 475 besonders zu beachten. Einzelne Gefährdungshaftungstatbestände können überhaupt nicht ausgeschlossen oder nur beschränkt abbedungen werden (z. B. die Haftung des Kfz-Halters bei der entgeltlichen Beförderung nach § 8 a S. 1 StVG).

5 Eine **rechtsgeschäftliche Haftungsbeschränkung** kann grundsätzlich formfrei und auch konkludent vereinbart werden. Allerdings sind an eine stillschweigende Haftungsbeschränkung strenge Anforderungen zu stellen. Allein der Umstand, dass jemand aus Gefälligkeit oder unentgeltlich handelt, reicht für eine rechtsgeschäftliche Haftungsbeschränkung nicht aus.[1] Die Rechtsprechung nimmt einen stillschweigenden Haftungsausschluss sehr zurückhaltend und nur unter besonderen Umständen an.

Beispiel:
Ein konkludenter Haftungsausschluss mit einem gewerblichen Kfz-Händler ist bei der Probefahrt eines Kfz anzunehmen, wenn ein Kaufinteressent durch leichte Fahrlässigkeit aufgrund fahrtechnischen Fehlverhaltens einen Sach- oder Personenschaden verursacht. Der BGH hat einen Haftungsausschluss (und nicht nur eine Schadensminderung im Rahmen des § 254) bei der Schadensersatzhaftung aus §§ 280, 311 Abs. 2 (cic) und § 823 angenommen.[2] Bei Kaufverhandlungen unter Privatpersonen ist ein konkludenter Haftungsausschluss für leichte Fahrlässigkeit nicht anzunehmen.[3]

6 Eine Haftungsbeschränkung ist grundsätzlich eng und damit zu Lasten des von der Haftungsbeschränkung Begünstigten auszulegen. Bei Vereinbarung durch Allgemeinen Geschäftsbedingungen gehen verblei-

[1] BGHZ 43, 72, 76.
[2] BGH NJW 1979, 643; 1980, 1681.
[3] OLG Köln NJW 1996, 1288.

bende Zweifel nach der Unklarheitsregel (§ 305 c Abs. 2) zu Lasten des Verwenders.

Eine vollständige Haftungsfreistellung (und nicht nur eine Scha- 7 densminderung im Rahmen des § 254) nimmt der BGH an, wenn bei einem sportlichen Kampfspiel eine Verletzung durch regelgerechtes oder nur geringfügig regelwidriges Verhalten verursacht wird (vgl. § 16 Rn. 164 f.). Eine solche Verletzung nehme jeder Spieler bewusst in Kauf. Es verstößt daher gegen den Grundsatz von Treu und Glauben, den durch ein regelgerechtes Verhalten entstandenen Schaden auf einen anderen abzuwälzen, weil der Geschädigte ebenso gut in die Lage hätte kommen können, in der sich nun der Schädiger befindet und sich dann ebenfalls gegen eine Inanspruchnahme wehren würde.[4]

Im Arbeitsrecht hat die Rechtsprechung eine Haftungsmilderung für 8 die Schadenshaftung des Arbeitnehmers gegenüber dem Arbeitgeber (nicht nur bei gefahrgeneigter Arbeit) anerkannt. Diese Grundsätze gelten aber nicht für Ansprüche Dritter (vgl. zu den Grundsätzen über den innerbetrieblichen Schadensausgleich oben § 19 Rn. 28).

C. Zusammenfassung

Haftungsbeschränkungen 9

I. Eine gesetzliche oder vertragliche Haftungsbeschränkung kann die Haftung ausschließen oder die Schadensersatzpflicht umfang- oder summenmäßig beschränken.

II. Gesetzliche Haftungsbeschränkungen
1. Hinsichtlich des Verschuldensmaßstabes (z.B. Haftung des Schuldners im Annahmeverzug nur für Vorsatz und grobe Fahrlässigkeit gemäß § 300 Abs. 1)
2. Hinsichtlich der Haftungssumme (z.B. § 12 StVG)

III. Vertragliche Haftungsbeschränkungen
1. Vertraglicher Haftungsausschluss (z.B. für Vorsatz gemäß §§ 276 Abs. 3, 278 S. 2; § 26 Rn. 4)
2. Grundsätzlich formfrei; auch stillschweigend möglich, aber nur ausnahmsweise anzunehmen (§ 26 Rn. 5)
– P: Allgemeine Geschäftsbedingungen (§ 26 Rn. 4, 6)

---

[4] BGHZ 63, 140, 142 ff.; BGHZ 154, 316 (Autorennen).

§ 27. Mitverursachung und Mitverschulden (§ 254)

A. Mitverschulden des Geschädigten

I. Bedeutung

1   Wenn der Geschädigte selbst daran mitwirkt, dass der Schaden entsteht oder der Schaden sich vergrößert, mindert sich die Schadensersatzpflicht des Schädigers. Dies bestimmt § 254 Abs. 1 und Abs. 2 S. 1 (**Mitverschulden**). Die Vorschrift stellt nach h. M. eine Ausprägung des Grundsatzes von Treu und Glauben dar: Der Geschädigte, der für die Entstehung oder Entwicklung eines Schadens mitverantwortlich ist, würde gegen das Verbot des venire contra factum proprium verstoßen.[1] § 254 liegt der allgemeine Rechtsgedanke zugrunde, dass der Geschädigte für jeden Schaden mitverantwortlich ist, bei dessen Entstehung er in zurechenbarer Weise mitgewirkt hat.[2]

2   § 254 ist keine selbstständige Anspruchsgrundlage, sondern eine Einwendung gegenüber dem Schadensersatzanspruch. Er ist im Zusammenhang mit dem Umfang der Schadensersatzpflicht bei der Haftungsausfüllung, nicht dagegen beim „Verschulden" des Schädigers (Haftungsbegründung) zu prüfen.

II. Schadensminderung wegen Mitverschuldens (§ 254 Abs. 1 und § 254 Abs. 2 S. 1)

3   § 254 Abs. 1 erfasst die Mitverantwortlichkeit des Geschädigten bei der Entstehung eines Schadens. § 254 Abs. 2 S. 1 regelt einen besonderen Anwendungsfall von Absatz 1 und damit zwei Fälle des Unterlassungsverschuldens:

– Der Geschädigte hat es unterlassen, den Ersatzpflichtigen auf die Gefahr eines ungewöhnlich hohen Schadens aufmerksam zu machen, die der Schuldner weder kannte noch kennen musste (Warnpflicht).

– Der Geschädigte hat es schuldhaft unterlassen, den Schaden abzuwenden oder zu mindern (Schadensabwendungs- oder Schadensminderungspflicht).

4   Erforderlich ist die Zurechnungsfähigkeit des Geschädigten (§§ 827 bis 829; vgl. oben § 16 Rn. 168). Nur wenn der Geschädigte zum Zeit-

---

[1] Z.B. BGHZ 76, 216, 217; 135, 235 = NJW 1997, 2234; Palandt/*Heinrichs*, § 254 Rn. 1. kritisch *Looschelders*, Die Mitverantwortlichkeit des Geschädigten im Privatrecht, 1999, S. 145 ff., der selbst unter Berufung auf den Gleichbehandlungsgrundsatz auf die Verantwortlichkeit auch des Geschädigten für die Folgen seines eigenen Verhaltens abstellt.
[2] BGHZ 52, 166, 168.

punkt der Entstehung des Schadens überhaupt zurechnungsfähig ist, kann und muss er für sein Verhalten einstehen.[3]

Das Verhalten des Geschädigten muss für die Entstehung oder Ent-   5
wicklung des Schadens (mit-)ursächlich i. S. der Adäquanztheorie gewesen sein. § 254 setzt zwingend die Mitverursachung des Schadens durch den Geschädigten voraus; für höhere Gewalt oder unabwendbare Ereignisse, die der Geschädigte nicht verursacht hat, ist § 254 nicht anwendbar.[4] Dabei bezieht sich § 254 Abs. 1 auf ein Verhalten des Geschädigten, das zur Entstehung des Schadens geführt hat, § 254 Abs. 2 S. 1 auf das Unterlassen des Geschädigten, das zu einem ungewöhnlich hohen Schaden geführt oder einen Schaden nicht abgewendet oder gemindert hat.

Voraussetzung ist weiter, dass der Geschädigte den Schaden „ver-   6
schuldet" hat. Mit Verschulden i. S. des § 254 Abs. 1 ist nicht ein Verschulden gegenüber Dritten oder der Allgemeinheit gemeint. Vielmehr bezeichnet § 254 ein Verschulden gegen sich selbst: Es geht um einen Verstoß gegen die Sorgfalt, die jedem ordentlichen und verständigen Menschen obliegt, um sich vor Schaden zu bewahren.[5] Es ist deshalb zu prüfen, (1) welchen eigenverantwortlichen Sorgfaltspflichten der Geschädigte unterliegt und (2) ob der Geschädigte dagegen verstoßen hat.

III. Folgen der Mitverantwortlichkeit

Die Mitverantwortlichkeit hat **Rechtsfolgen** für die Schadensersatz-   7
pflicht des Schädigers. Das Ob und der Umfang der Schadensersatzpflicht hängen „von den Umständen, insbesondere davon ab, inwieweit der Schaden vorwiegend von dem einen oder dem anderen Teil verursacht worden ist".

Es kommt in erster Linie auf das Maß der beiderseitigen Verursachung und daneben auf den Grad des beiderseitigen Verschuldens an. Im Zusammenhang mit dem Kfz-Betrieb ist die sog. Betriebsgefahr mit zu berücksichtigen.

Beispiel:
§ 254 ist auch dann anzuwenden, wenn den Geschädigten kein Verschulden trifft, er aber kraft gesetzlicher Bestimmungen für den verursachten Schaden einstehen müsste (Gefährdungshaftung). Der Geschädigte muss sich deshalb die Betriebsgefahr seines Kfz (vgl. zur Betriebsgefahr oben § 21 Rn. 34) entgegenhalten lassen, ohne Rücksicht darauf, aus welchem Grund der Schädiger haftet (Verschuldens- oder Gefährdungshaftung). Der zu ersetzende Schaden wird dann nach dem Einfluss der Verursachung des Schadens durch Schädiger und Geschädigten abgewogen (BGHZ 6, 319; 12, 124, 128 f.).

---

[3] Vgl. Palandt/*Heinrichs*, § 254 Rn. 8 mit Verweis auf BGHZ 135, 235 = NJW 1997, 2234.

[4] BGHZ 61, 144, 147.

[5] BGHZ 9, 316, 318.

8   Diese Umstände in der Person des Schädigers und des Geschädigten sind gegeneinander abzuwägen und auf diese Weise die vom Schädiger zu tragende Haftungsquote zu ermitteln. Folge dieser Abwägung kann eine Schadensminderung (Quotelung), ein Ausschluss der Haftung („Mitschulden" des Geschädigten von 100%) sowie einen volle Haftpflicht des Schädigers („Mitverschulden" des Geschädigten von 0%) sein.

9   **Fall (BGH NJW 1965, 1708):**

F will an einer unübersichtlichen Stelle die Straße überqueren. Er muss warten, weil auf der Straße starker Verkehr herrscht. H fährt mit seinem LKW auf dieser Straße. Als ein Omnibus, der links abbiegen will, zur Straßenmitte hin anhält, fährt H am rechten Straßenrand weiter, ohne aber den Gehweg zu befahren. Die Aufbauten seines LKW ragen einige cm in den Gehweg hinein und verletzen F, der zwar noch auf dem Gehweg, aber direkt an der Bordsteinkante steht. Kann F den gesamten Schaden von H ersetzt verlangen?

Lösung:

I. F hat gegen H einen Anspruch aus § 7 Abs. 1 StVG (Halterhaftung). Die haftungsbegründenden Voraussetzungen des § 7 Abs. 1 StVG sind erfüllt; Ausschlussgründe kommen nicht in Betracht. Fraglich ist der Umfang der bestehenden Schadensersatzpflicht. Der Anspruch könnte durch ein Mitverschulden des F gemindert sein (§ 9 StVG i. V. m. § 254 Abs. 1).

1. An der Verschuldensfähigkeit des F zur Zeit des schädigenden Ereignisses bestehen keine Zweifel (§§ 827 ff.).

2. Der Geschädigte muss den haftungsbegründenden Tatbestand mit herbeiführen. Im vorliegenden Fall besteht das Verhalten des F im nahen Herantreten an die äußerste Kante des Gehweges; dies ist adäquat kausal für den Unfall.

3. Der Geschädigte muss schuldhaft gehandelt haben. Voraussetzung dafür ist kein Verschulden gegen Dritte i.S. des § 276, sondern dass er in vorwerfbarer Weise gegen seine eigenen Interessen verstößt („Verschulden gegen sich selbst"). Zwar kann sich ein Fußgänger auf dem Gehweg grundsätzlich sicher fühlen. Wer aber so nahe an die Straße herantritt, dass ein Kontakt mit Fahrzeugen nahe liegt, hat entweder vorher nach Fahrzeugen Ausschau zu halten, die ihm gefährlich werden können, oder darf nur so nahe an die Fahrbahn herantreten, dass eine Gefahr erst gar nicht entsteht. Gegen diese eigenübliche Sorgfaltspflicht verstößt F.

4. Die Ersatzpflicht und der Umfang des von H zu leistenden Ersatzes hängen nach § 254 Abs. 1 „von den Umständen, insbesondere davon ab, inwieweit der Schaden vorwiegend von dem einen oder dem anderen Teil verursacht worden ist". Dabei ist in erster Linie nach dem Maß der Verursachung abzuwägen (Abwägung der beiderseitigen Verursachungsbeiträge). Maßgebend sind die Umstände des Einzelfalles. Wenn, wie hier, an der Entstehung des Schadens ein Kfz beteiligt ist, ist dem Halter und dem Fahrer bei der Abwägung die Betriebsgefahr des Kfz als Verursachungsbeitrag anzulasten.

Der BGH[6] hat in dem vorliegenden Fall einen Verursachungsanteil des F in Höhe von 60% angenommen, so dass der F 60% seines eigenen Schadens tragen muss und deshalb nur einen Schadensersatzanspruch in Höhe von 40% des Schadens hat.

II. Für einen Anspruch aus § 823 Abs. 1 (Körper- und Gesundheitsverletzung) gilt Entsprechendes.

B. Zurechnung des Mitverschuldens Dritter

§ 254 Abs. 2 S. 2 bestimmt: „Die Vorschrift des § 278 findet entsprechende Anwendung". Geregelt wird, ob und inwieweit dem Geschädigten ein **Mitverschulden Dritter** zugerechnet wird. Die unglückliche Formulierung der Vorschrift hat zu manchen Streitfragen Anlass gegeben. **10**

I. Anwendungsbereich

Nach dem Wortlaut des § 254 Abs. 2 S. 2 könnte mit „die Vorschrift" nur die Bestimmung des § 254 Abs. 2 S. 1 (Verletzung der Schadensabwendungs- und Schadensminderungspflicht) gemeint sein. Nach allgemeiner Meinung aber wird die Vorschrift als selbstständiger Absatz 3 gelesen, der sich sowohl auf Abs. 1 als auch auf Abs. 2 S. 1 bezieht. Dies folgt schon daraus, dass § 254 Abs. 2 S. 1 nur ein Anwendungsfall des (allgemeinen) § 254 Abs. 1 ist. **11**

II. Anwendungsvoraussetzungen

Nach h.M. handelt es sich um eine Rechtsgrundverweisung und nicht um eine Rechtsfolgenverweisung.[7] Voraussetzung für die Anwendung des § 278 ist daher, dass zwischen dem Schädiger und dem Geschädigten im Zeitpunkt der Schadensentstehung eine vertragliche Beziehung oder eine sonstige rechtliche Sonderbeziehung besteht, wie sie für § 278 – im Gegensatz zu § 831 (vgl. oben § 1 Rn. 14 ff.) – erforderlich ist. Das bedeutet, dass im Zeitpunkt der Schädigung ein Schuldverhältnis oder eine vergleichbare rechtliche Sonderverbindung zwischen Schädiger und Geschädigtem bestanden haben muss.[8] Ausreichend ist, wenn eine ursächlich gesetzte unerlaubte Handlung einen Schaden bereits verursacht hat und damit die Schadensentstehung auf den Weg gebracht worden ist.[9] **12**

---

[6] BGH NJW 1965, 1708.
[7] BGHZ 73, 190, 192; Palandt/*Heinrichs*, § 254 Rn. 49; MünchKomm/*Oetker*, § 254 Rn. 128 f.
[8] BGHZ 1, 248, 253.
[9] BGHZ 5, 378, 384 f.

13   Ist dies nicht gegeben, so ist nicht § 278, sondern § 831 entsprechend anzuwenden. Der Geschädigte hat sich dann ein Mitverschulden von Verrichtungsgehilfen anrechnen zu lassen, wenn ihm der Entlastungsbeweis (§ 831 Abs. 1 S. 2) nicht gelingt. § 254 Abs. 2 S. 2 ist deshalb wie folgt zu lesen: „Die Vorschriften der §§ 278, 831 finden entsprechende Anwendung."[10] Entsprechendes gilt – allerdings ohne Entlastungsmöglichkeit – für Organe (§ 31).

Beispiel:
Eine Stiftung muss sich auf einen Anspruch aus Amtspflichtverletzung gegen die Stiftungsaufsicht (§ 839 i. V. m. Art. 34 GG) ein mitwirkendes Verschulden des (früheren) Vorstandes, für den sie nach §§ 86, 31 haftet, nach § 254 anspruchsmindernd anrechnen lassen (BGHZ 68, 142).

14   **Fall (BGH NJW 1968, 1323):**

Ein Kind (K) fällt von einem unzureichend gesicherten Balkon. Es verlangt von dem (sonst immer ordnungsgemäß handelnden) Hausverwalter H und dem Eigentümer E Ersatz der Heilbehandlungskosten. Diese wenden ein, dass der Vater (Mieter) seine Aufsichtspflicht verletzt hat, was auch zutrifft. Rechtslage?

Lösung:

I. Anspruch des K gegen H
1. §§ 675, 611, 280 Abs. 1 i. V. m. Vertrag mit Schutzwirkung für Dritte (Hausverwaltervertrag)?[11]
   a) Zwischen E und H besteht ein Hausverwaltervertrag (§§ 675 Abs. 1, 611). Dieser entfaltet Schutzwirkung für die Bewohner. Diese sind bestimmungsgemäß mit der Verwalterleistung in Berührung gekommen; der Hauseigentümer hat für die Sicherheit („Wohl und Wehe") der Mieter einzustehen; die Einbeziehung der Bewohner in den Schutzbereich des Hausverwaltervertrages ist dem H auch erkennbar; K ist schutzbedürftig. Es liegt eine Pflichtverletzung vor (unzureichende Instandhaltung des Gebäudes). Das Verschulden wird gem. § 280 Abs. 1 S. 2 vermutet. Aus §§ 675, 611, 280 Abs. 1 folgt deshalb eine Schadensersatzpflicht des H.
   b) Jedoch muss sich K das Mitverschulden seines Vaters anrechnen lassen (§§ 278, 254 Abs. 2 S. 2, 254 Abs. 1). Der Vater ist gesetzlicher Vertreter des K und verletzt seine Aufsichtspflicht schuldhaft. Zwischen K und H besteht zudem durch den Hausverwaltervertrag eine

---

[10] Vgl. dazu Palandt/*Heinrichs*, § 254 Rn. 49 m. w. N.; a. A. *Gernhuber*, AcP 152 (1952/53), 69 ff.; *Lange/Schiemann*, § 10 XI 6, S. 605 ff. (differenzierend zwischen Erfüllungsgehilfen, gesetzlichem Vertreter und Vertrag mit Schutzwirkung für Dritte). Diese Ansicht will im Rahmen des § 254 immer § 278 entsprechend anwenden (Rechtsfolgenverweisung), auch wenn vorher noch kein Schuldverhältnis bestanden hat. Für die Anrechnung des Handelns eines Verrichtungsgehilfen nach § 831 besteht nach dieser Ansicht kein Bedürfnis.

[11] Zur Rechtsnatur des Hausverwaltervertrages siehe OLG Köln NJWE-MietR 1997, 63.

für § 278 erforderliche Sonderverbindung mit Schutzwirkung für den K.[12]

c) K hat einen geminderten Schadensersatzanspruch.

2. § 823 Abs. 1 (Verkehrspflichtverletzung) (+) Die Anspruchshöhe ist entsprechend dem Mitverschulden des Vaters zu mindern (§§ 278 S. 1, 254 Abs. 2 S. 2, 254 Abs. 1).[13]

II. Anspruch des K gegen E

1. § 535, 536a Abs. 1 i. V. m. Vertrag mit Schutzwirkung zugunsten Dritter?

a) Haftungsbegründender Tatbestand: Zwischen dem Vater und E besteht ein wirksamer Mietvertrag. In dessen Schutzbereich sind die Angehörigen des Mieters einbezogen (Vertrag mit Schutzwirkung zugunsten des K). Ein (unterstellt anfänglicher) Mietmangel (unzureichend gesicherter Balkon) liegt vor. Daraus erwächst dem K ein Schadensersatzanspruch aus § 536a Abs. 1 Alt. 1 (Garantiehaftung).

b) Haftungsausfüllender Tatbestand: Jedoch muss sich K das Mitverschulden des Vaters anspruchsmindernd anrechnen lassen (§§ 278 S. 1, 254 Abs. 2 S. 2, 254 Abs. 1). Für die erforderliche Sonderbeziehung zwischen Schädiger und Geschädigtem gilt das vorstehend Gesagte entsprechend. Deshalb mindert das Mitverschulden des Vaters den Schadensersatzanspruch des K.

2. § 831 Abs. 1 (–), weil sich E exkulpieren kann.

3. § 823 Abs. 1 (–), weil dem E keine Verkehrspflichtverletzung (Organisationspflichtverletzung, vgl. § 16 Rn. 108ff.) vorzuwerfen ist.

III. Ergebnis

E und H haften als Gesamtschuldner auf die um das Mitverschulden des Vaters geminderten Kosten der Heilbehandlung.

Vertiefungshinweis: Mitverschulden eines Kindes und des gesetzlichen Vertreters 15

Für das **Mitverschulden eines Kindes** ist Verschuldensfähigkeit (§§ 827, 828) erforderlich. Ist das Kind nicht verschuldensfähig, so scheidet eine Schadensminderung insoweit aus. Dann stellt sich die Frage, inwieweit das **Mitverschulden des gesetzlichen Vertreters** bei dem Schadensersatzanspruch des Kindes anzurechnen ist. Es geht hier praktisch um die Frage, inwieweit einem verletzten Kind entgegengehalten werden kann, seine Eltern hätten ihre Aufsichtspflicht verletzt und dadurch den Schaden mitzuverantworten.

Der BGH wendet die obigen Grundsätze an: Wenn kein Schuldverhältnis bestand, kommt § 278 nicht zur Anwendung. § 831 gilt nicht für gesetzliche Vertreter. Das Kind braucht sich daher eine Anspruchsminderung nicht gefallen zu lassen. Anders aber, wenn ein Schuldverhältnis besteht, wobei keine strengen Anforderungen gestellt werden; es genügt eine schuldrechtsähnliche Sonderver-

---

[12] Der Vertrag mit Schutzwirkung für Dritte begründet für den Dritten zu seinem Vorteil (Sekundär-)Ansprüche. Aus dem Grundsatz der Gleichbehandlung folgt, dass der Dritte sich zu seinen Lasten das Verschulden seines Erfüllungsgehilfen oder gesetzlichen Vertreters anrechnen lassen muss (BGH NJW 1968, 1323 f. m. w. N.).

[13] Abweichend *Medicus,* BR, Rn. 871, nach dem die Schutzwirkung des Vertrages nicht schaden darf, wenn ein Ersatzanspruch des Kindes schon nach Deliktsrecht begründet wäre.

bindung. In einem solchen Fall wird der Anspruch des Kindes je nach Mitverschulden des gesetzlichen Vertreters gemindert.

Fall (BGHZ 103, 338 „Spielplatz"-Fall):

Der zweijährige K fällt von einer nicht ordnungsgemäß abgesicherten Rutsche eines Kinderspielplatzes und wird erheblich verletzt, als der Vater V einen Moment unaufmerksam ist. Er verlangt von der Stadt Schadensersatz. Diese wendet ein, K müsse sich schadensmindernd anrechnen lassen, dass der Vater das Kind nicht genug beaufsichtigt habe.

Lösung:

K kann von der Stadt Schadensersatz aus § 823 Abs. 1 (Körper- und Gesundheitsverletzung) verlangen.

1. Eine Anspruchskürzung nach den Grundsätzen der gestörten Gesamtschuld kommt in Fällen einer gesetzlichen Haftungsbeschränkung (§ 1664) nicht in Betracht (vgl. oben § 19 Rn. 25).

2. K könnte sich aber eine Mitverantwortung des Vaters nach §§ 254 Abs. 2 S. 2, 278 S. 1 schadensmindernd anrechnen lassen müssen. § 254 Abs. 2 S. 2 erfasst auch den Fall des § 254 Abs. 1 und stellt eine Rechtsgrundverweisung dar (h. M.). Deshalb ist der Tatbestand des § 278 S. 1 zu prüfen.[14]

   a) Der Vater ist gesetzlicher Vertreter des K (vgl. §§ 1626, 1629 Abs. 1 S. 1).

   b) Es müsste im Augenblick des Unfalls ein Schuldverhältnis oder ein ähnliches Sonderverhältnis zwischen dem Schädiger und dem Geschädigten bestehen. (aa) Ein Benutzungsverhältnis zwischen K und der Stadt begründet kein für § 278 S. 1 erforderliches Sonderverhältnis. Es fehlt an den entsprechenden Willenserklärungen der Parteien; die auf dem Spielplatz aufgestellte Schildtafel, die den zugelassenen Personenkreis bezeichnet, begründet keine Sonderverbindung. Auch das Bestehen einer öffentlich-rechtlichen Benutzungssatzung reicht nicht aus. (bb) Die Schadensentstehung ist auch noch nicht auf den Weg gebracht worden;[15] allein das Bestehen einer Gefahr begründet keine Schadensersatzpflicht i.S. des § 823 Abs. 1, die eine Sonderverbindung zwischen den Parteien entstehen ließe. Weil es an einer Sonderbeziehung zwischen K und der Stadt fehlt, kommt eine Zurechnung der Mitverursachung durch den Vater V nicht in Betracht.

3. K kann deshalb von der Stadt Schadensersatz im vollen Umfang verlangen.

---

16   Vertiefungshinweis: Haftungseinheit
Sind an einem Schadensfall mehrere Schädiger beteiligt, so stellt sich die Frage, wie eine Schadensteilung im Rahmen des Mitverschuldens (§ 254) vorzunehmen ist. In den Fällen des § 830 Abs. 1 S. 1 und Abs. 2 (Mittäter, Anstifter,

---

[14] § 278 wird im Rahmen des Mitverschuldens geprüft (haftungsausfüllender Tatbestand). Vgl. zum Anwendungsbereich des § 278 bei Vertrag und Delikt oben § 1 Rn. 14 ff.
[15] BGHZ 5, 378, 384 f.

Gehilfe; vgl. oben § 19 Rn. 3 ff.) wird eine Gesamtschau vorgenommen.[16] Bei der Nebentäterschaft vertritt der BGH eine kombinierte Lösung.[17, 18]

Anders entscheidet der BGH bei (Schmerzensgeld und) der sog. **Haftungseinheit**.[19] Sie liegt vor, wenn sich die Ursachenbeiträge verschiedener Schädiger nur in ein und demselben unfallbedingten Umstand auswirken, der dann erst mit dem dem Geschädigten zuzurechnenden Ursachenverlauf zusammentrifft und mit ihm vereinigt zum Schadenseintritt führt.[20] Die Rechtsfigur der „Haftungseinheit" führt zu einer Anrechnung des Mitverschuldens Dritter. Das (schuldhafte) Verhalten eines Dritten wird dem Geschädigten zugerechnet. Dadurch entsteht eine Haftungseinheit (Geschädigter und Dritter), auf die im Rahmen des Schadensausgleichs eine gemeinsame Quote entsprechend ihrem (gemeinsamen) Verantwortungsanteil entfällt. In diesen Fällen besteht kein Anlass, den Schadensanteil des Geschädigten durch die Gesamtschau einzuschränken; im Wesentlichen identische Verursachungsfaktoren sollen nicht zum Nachteil des Schädigers doppelt in Ansatz gebracht werden. Die Grundsätze der Haftungseinheit dürfen aber nicht die Grundsätze der Haftung bei Nebentäterschaft und der Haftung für Dritte (§§ 31, 278, 830, 831) umgehen.

Beispiele für eine Haftungseinheit aus rechtlichem Grund:
– Kfz-Halter und Kfz-Fahrer (vgl. oben § 21 Rn. 23);[21]
– Schuldner und Erfüllungsgehilfen (§ 278);[22]
– Geschäftsherr und Verrichtungsgehilfen (§ 831).[23]

Beispiele für eine Haftungseinheit aus tatsächlichem Grund:
– Unfallverursachung durch Geschädigten, ihn kontrollierende Polizisten und ein in die Personengruppe hinein fahrenden Kfz-Fahrer (BGHZ 61, 213).
– Haftungseinheit zwischen Vermieter von Räumlichkeiten für die Instandsetzung von Kfz, die für diesen Zweck ungeeignet waren, und einem Arbeiter, der infolge von Schweißarbeiten an einem Kfz einen Brand verursacht, gegenüber einem bei der Brandbekämpfung geschädigten Angehörigen der Feuerwehr, den ein Mitverschulden trifft (BGH NJW 1996, 2646).

---

[16] Der Tatbeitrag jedes Schädigers wird dem anderen zugerechnet; der sich daraus ergebende Gesamtbetrag der Schädiger wird dem Beitrag des Geschädigten gegenübergestellt und so die Haftungsquote nach § 254 ermittelt.

[17] Mehrere Schädiger haften als Gesamtschuldner (§ 840) auf den Schaden, gekürzt um die Mitverschuldensquote des Geschädigten (Gesamtschau); jedoch kann der Geschädigte von jedem Schädiger nur den Betrag verlangen, der seiner Verursachungsquote bei einer Einzelabwägung (im Verhältnis des einzelnen Schädigers zum Geschädigten) entspricht; vgl. auch Palandt/*Heinrichs*, § 254 Rn. 71.

[18] Grundlegend BGHZ 30, 203; vgl. auch BGH NJW 2006, 896. Beispiel nach BGHZ 30, 203, 211: An einem Schadensfall (3.000 €) sind der Geschädigte A und die Schädiger B und C zu gleichen Anteilen beteiligt. A kann von B und C als Gesamtschuldner ⅔ des Schadens verlangen (2.000 €), jedoch B und C für sich nur auf ½ des Schadens in Anspruch nehmen (1.500 €). Begründung: (1) B und C haften als Gesamtschuldner auf Schadensersatz unter Anrechnung der Mitverursachungsquote des A, also auf ⅔ des Schadens (2.000 €, Gesamtschau). (2) Jedoch kann A von jedem Schädiger nur den Betrag verlangen, der sich bei einer Einzelbetrachtung ergibt: Weil die Schadensbeiträge von A und B gleich hoch sind, kann A von B nur ½ des Schadensbetrages verlangen (1.500 €). Das Gleiche gilt für C.

[19] Vgl. Staudinger/*Schiemann*, § 254 Rn. 141 ff. m. w. N.

[20] Vgl. BGHZ 54, 283, 284 f.

[21] BGH NJW 1966, 1262.

[22] BGHZ 6, 3 (LS 3), 27.

[23] BGHZ 6, 3 (LS 3), 28.

C. Zusammenfassung

17 | Mitverursachung und Mitverschulden (§ 254)

I. Mitverschulden (§ 254) ist eine von Amts wegen zu prüfende Einwendung gegen einen Schadensersatzanspruch.

II. Mitverschulden des Geschädigten

1. § 254 begründet eine Obliegenheit des Geschädigten.

2. Mit Verschulden i. S. des § 254 ist ein Verschulden gegen sich selbst gemeint, d. h. ein Verstoß gegen die Sorgfalt, die jedem ordentlichen und verständigen Menschen obliegt, um sich vor Schäden zu bewahren (§ 27 Rn. 6).

3. Formen des Mitverschuldens
   a) Mitverursachung (§ 254 Abs. 1)
   b) Unterlassungsverschulden:
      – Warnpflicht (§ 254 Abs. 2 S. 1 Alt. 1)
      – Schadensabwendungs- oder Schadensminderungspflicht (§ 254 Abs. 2 S. 1 Alt. 2)

4. Rechtsfolge (§ 27 Rn. 7)
   Die Schadensersatzpflicht hängt „von den Umständen, insbesondere davon ab, inwieweit der Schaden vorwiegend von dem einen oder dem anderen Teil verursacht worden ist" (§ 254 Abs. 1). Es kommt in erster Linie auf das Maß der beiderseitigen Verursachung und daneben auf den Grad des beiderseitigen Verschuldens an; beim Kfz-Betrieb ist die sog. Betriebsgefahr mit zu berücksichtigen.

III. Mitverschulden eines Dritten (§ 254 Abs. 2 S. 2)

1. § 254 Abs. 2 S. 2 ist als selbstständiger Absatz 3 zu lesen: Er bezieht sich auf § 254 Abs. 1 und Abs. 2 S. 1 (§ 27 Rn. 11).

2. § 254 Abs. 2 S. 2 ist wie folgt zu lesen: „Die Vorschriften der §§ 278, 831 finden entsprechende Anwendung."

   a) § 254 Abs. 2 S. 2 ist eine Rechtsgrundverweisung (h. M.) auf § 278: Zwischen Schädiger und Geschädigtem muss zur Zeit der Schädigung eine rechtliche Sonderbeziehung bestehen (§ 27 Rn. 12).

   b) Andernfalls ist § 831 entsprechend anzuwenden. Der Geschädigte muss sich ein Mitverschulden des Verrichtungsgehilfen anrechnen lassen, wenn ihm der Entlastungsbeweis (§ 831 Abs. 1 S. 2) nicht gelingt (§ 27 Rn. 13).

3. P: Mitverschulden des gesetzlichen Vertreters (§ 27 Rn. 15)

Sachregister

Die Zahlen verweisen auf die Paragraphen (Fettdruck) und
Randnummern des Buches.

Abmahnung im Wettbewerb **8** 25
„Abschlepp"-Fall **8** 21
Adäquanztheorie **16** 133
Äquivalenzinteresse **16** 22
Äquivalenztheorie **16** 124
Affektionsinteresse **23** 32
Alternativverhalten, rechtmäßiges
  24 10
Anspruchskonkurrenz **1** 6
Anspruchsnormenkonkurrenz **1** 6
Anstifter vgl. Haftung mehrerer
Arbeitnehmerhaftung
– beschränkte **19** 28
– Freistellungsanspruch **19** 28
– innerbetrieblicher Schadens-
  ausgleich **19** 27
Arglisteinrede, deliktische **20** 20
Aufsichtshaftung
– Aufsichtspflicht **18** 21
– Entlastungsbeweis **18** 22
– Inhalt der Aufsichtspflicht **18** 23
Aufwendungen
– Begriff **5** 31; **11** 60
– als Schaden **22** 4
– fehlgeschlagene **22** 27

„Banküberfall"-Fall **5** 18
Bereicherung
– Bereicherungslehre, moderne
  12 14
– Bereicherungslehre, traditionelle
  12 14
– Deliktsrecht, Abgrenzung **9** 3
– Einheitstheorie **9** 6
– Gegenstand des Bereicherungs-
  anspruchs, Dogmatik **10** 8
– Prinzip **9** 10
– Rücktrittsrecht, Abgrenzung **9** 9
– System **9** 15
– Trennungstheorie **9** 6
Bereicherung, aufgedrängte **5** 55;
  12 61
Bereicherungsansprüche, Inhalt und
  Umfang
– aufgedrängte Bereicherung **12** 61

– Bedeutung der §§ 818 f. **12** 2
– Ersparnis eigener Aufwendungen
  12 17
– etwas erlangt **12** 3
– Haftung, verschärfte **12** 43
– Nutzungen **12** 4, 6
– objektiver Verkehrswert **12** 11
– Surrogat **12** 7
– Surrogat, rechtsgeschäftliches **12** 8
– Unmöglichkeit der Herausgabe
  12 10
– Wegfall der Bereicherung **12** 14
– Wertersatz **12** 10
– Wertersatzhaftung, bereicherungs-
  unabhängige **12** 58
– Zeitpunkt der Wertermittlung **12**
  11, 13
Bereicherungseinrede **12** 63
Bereicherungshaftung, verschärfte
– allgemeine Vorschriften, Verweis
  12 54
– Geldschuld **12** 57
– gute Sitten **12** 48
– Kenntnis, positive **12** 45
– minderjähriger Empfänger **12** 47
– Rechtsfolgen **12** 52
– Rechtshängigkeit **12** 45
– Ungewissheit, subjektive **12** 49
– Wegfall der Bereicherung **12** 53
– Wertersatzhaftung, bereicherungs-
  unabhängige **12** 58
– Wissenszurechnung **12** 47
Bereicherungsverbot **23** 2
Beseitigungsanspruch **20** 24
– Abgrenzung, Schadensersatz
  20 25
– Duldungspflicht **20** 24
– Störer **20** 25
Besitz
– berechtigter **16** 42
– Mitbesitz **16** 44
– mittelbarer **16** 47
– sonstiges Recht **16** 41
– unmittelbarer **16** 42
Betriebsgefahr **21** 35

Bezahlung fremder Schulden 8 22
Billigkeitshaftung 16 178
„Brandgasse"-Fall 24 9

„Caroline von Monaco"-Fall 16 67;
　23 46
„Caterina Valente"-Fall 16 51, 54,
　61
conditio sine qua non 16 122
„Constanze"-Fall 16 80; 20 28

„Dampfkessel"-Fall 13 78
Differenzhypothese 22 8
Differenztheorie 22 40
– abgeschwächte 22 41
Direktanspruch gegen den Versicherer
　21 44
Dogma des Gläubigerinteresses 22 53;
　25 1
„Dombrand"-Fall 8 14
Drittschadensliquidation
– Abgrenzung, Vertrag mit Schutz-
　wirkung 25 5
– mittelbarer Stellvertreter 25 9
– Obhutsfälle 25 12
– obligatorische Gefahrentlastung
　25 10
– Problemstellung 25 1

Eigentum
– Ausschlussfunktion 16 13
– Gebrauchsbehinderung 16 31
– Integritätsinteresse 16 22
– Nutzungs- und Äquivalenzinteresse
　16 22
– Nutzungsfunktion 16 13
– Recht 16 13
– Sachentziehung 16 16
– Stoffgleichheit 16 23
– Substanzverletzung 16 17
– weiterfressender Mangel 16 19
„Einbau"-Fall 13 16
Eingriffskondiktion, allgemeine
– auf dessen Kosten 11 9
– Bereicherungsgegenstand 11 7
– Bereicherungsgläubiger 11 12
– Bereicherungsschuldner 11 12
– Besitz 11 7
– Ersitzung 11 21
– in sonstiger Weise 11 8
– Rechtsgrund 11 18
– Unmittelbarkeit 11 14
– Zuweisungsgehalt 11 6, 10
– Zuweisungstheorie 11 10

Eingriffskondiktion, Sondertat-
　bestände
– Anspruchsgegner (§ 816 Abs. 1
　S. 2) 11 41
– Arten 11 24
– Berechtigter 11 27
– Durchgriff 11 39, 43, 48
– Eigentumserwerb kraft Gesetzes
　11 37
– Entgeltlichkeit 11 33
– Genehmigung 11 30, 32
– Genehmigung, Rechtsfolgen 11 37
– Gewinnhaftung 11 37
– Herausgabe des Erlangten 11 34
– Insolvenz und Entreicherung
　11 50
– Leistung an Nichtberechtigten
　11 54
– Nichtberechtigter 11 27, 28
– Schenkung, gemischte 11 33, 46
– unberechtigte Untermiete 11 37
– unentgeltliche Verfügung eines
　Nichtberechtigten 11 39
– unentgeltliche Verfügung eines
　Berechtigten 11 5
– Unentgeltlichkeit 11 40
– Unmittelbarkeit 11 42
– Veräußerungskette 11 30
– Verfügung 11 29
– Verfügung eines Nichtberechtigten
　11 25
– Verfügung, rechtsgrundlose 11 45
– Wahlrecht 11 57
– Werthaftung 11 37
– Wirksamkeit der Leistung 11 55
– Wirksamkeit der Verfügung 11 30
„Elektrogeräte"-Fall 13 7, 13
Entlastungsbeweis, dezentralisierter
　18 15
„Erbensucher"-Fall 3 6

„Feuerversicherungs"-Fall 13 69
„Fleet"-Fall 16 34
„Flugreise"-Fall 5 92; 10 6, 21; 11
　22; 12 18, 59
Fremdgeschäftsführungswille vgl.
　GoA, Tatbestand
„Funkenflug"-Fall 4 33; 8 10

„Gaszug"-Fall 16 27
Gebäudehaftung 18 35
Gefährdungshaftung
– Grundlagen 21 1
– Halterhaftung 21 5

– Tierhalterhaftung 18 26
– ProdHaftG 21 71
Gehilfe vgl. Haftung mehrerer
Gehilfenhaftung
– bei Gelegenheit 18 11
– dezentralisierter Entlastungsbeweis
18 15
– Exkulpation 18 12
– in Ausführung 18 11
– Kausalitätsvermutung 18 12
– Organisationspflicht 18 16, 17
– Struktur 18 4
– unerlaubte Handlung des Gehilfen
18 9
– Verrichtungsgehilfe 18 5
– Verschuldensvermutung 18 12
Gesamtschuld, gestörte 19 25
Geschäft vgl. GoA, Tatbestand
Geschäftsfähigkeit
– Bereicherungshaftung, verschärfte
12 43
– GoA, Begriff 4 1
– GoA, Geschäftsführer 4 3; 5 89
– GoA, Geschäftsherr 4 23; 5 16, 91
– Saldotheorie 12 32
– Zweikondiktionentheorie,
eingeschränkte 12 38
Geschäftsführer, -herr vgl. GoA,
Tatbestand
Gewerbebetrieb
– Auffangtatbestand 16 75
– Begriff 16 73
– Betriebsbezogenheit 16 85, 87
– Eingriff 16 78
– Güter- und Interessenabwägung
16 88
– Rechtswidrigkeit 16 88
– unmittelbarer Eingriff 16 85
Gewinn, entgangener 23 33
GoA
– Abgrenzung, (un-)berechtigte GoA
2 10
– Abgrenzung, (un-)echte GoA 4 36
– Begriff 2 1
– echte GoA 2 9
– Grundtatbestand 2 14
– im öffentlichen Recht 8 8
– Regelungsprinzip 2 4
– Systematik Rspr. und Lit. 2 7
– Systematik, anspruchsorientierte
2 12
– Terminologie 2 1, 11
– Theorie der Menschenhilfe 2 4
– unechte GoA 2 9; 6 1

– Unterscheidung, (un-)berechtigte
GoA 5 5
GoA, Ansprüche
– Anzeigepflicht 5 83
– Aufwendungsersatzanspruch 5 6
– Ausführungsverschulden 5 57
– Auskunftspflicht 5 84
– gesetzliches Schuldverhältnis 5 2
– Herausgabepflicht 5 85
– Nebenpflichten 5 82
– Übernahmeverschulden 5 75
– Verletzung der Nebenpflicht 5 86
GoA, Anwendbarkeit
– Anwendungsbereich 3 1
– Entlastungsbeweis 3 4
– „Erbensucher"-Fall 3 6
– gesetzliche Haftungsordnung 3 3
– Leistung, unbestellte 3 9
– nichtiger Vertrag 3 7
– Selbstaufopferung im Straßen-
verkehr 3 3
– Vorrang der Vertragsrechtsordnung
3 5
GoA, Aufwendungsersatz
– Anspruchsausschluss 5 45
– aufgedrängte Bereicherung 5 55
– Aufwendungen 5 31
– Begleitschaden 5 37
– Bereicherungshaftung 5 52
– Bereicherungshaftung, Rechts-
folgenverweis 5 52
– Bereicherungshaftung, Umfang
5 53
– Dienstleistung 5 42
– Doppelinteresse 5 44
– für erforderlich halten 5 34
– Gefahrenabwehr, polizeirechtliche
5 27
– Genehmigung 5 28
– guter Glaube an Berechtigung 5 19
– Interesse 5 10
– Interesse und Wille 5 8
– Kürzung des Aufwendungsersatzes
5 46
– öffentliches Interesse 5 23
– Rechtsfolgenverweis 5 52
– Schadensersatz, Umfang 5 39
– Übernahme der Geschäftsführung
5 9
– Unbeachtlichkeit des Willens 5 21
– Unterhaltspflichten 5 25
– Verhältnis von Wille und Interesse
5 17
– Wille 5 12

- Wille, mutmaßlicher 5 14
- Wille, wirklicher 5 12
GoA, Ausführungsverschulden
- dringende Gefahr 5 68
- Durchführungspflicht 5 64
- Durchführungswille 5 60
- Haftungsprivileg 1 11; 5 67
- Haftungsprivileg und dringende Gefahr 5 72
- Haftungsprivileg, Rechtsfolgen 5 70
- Pflichtenmaßstab 5 58
- Rangverhältnis von Interesse und Wille 5 61
- Umfang der Ersatzpflicht 5 73
- unberechtigte GoA 5 62
- Verschulden 5 65
GoA, Sonderfragen
- Abmahnung im Wettbewerb 8 26
- „Abschlepp"-Fall 8 20, 21
- Bezahlung fremder Schulden 8 22
- Gesamtschuld, unechte 8 11
- gestufte Nothilfe 8 7
- GoA im öffentlichen Recht 8 8
- pflichtgebundener Geschäftsführer 8 1
- Selbstaufopferung im Straßenverkehr 8 15
- Selbsthilfeaufwendungen 8 20
- Selbstmörder 8 28
- Versicherungsfälle 8 31
- Verwendungen auf fremde Sachen 8 30
GoA, Tatbestand
- Doppelinteresse 4 13
- Erkennbarkeit des Fremdgeschäftsführungswillens 4 29
- Fremdgeschäftsführungsbewusstsein 4 24
- Fremdgeschäftsführungswille 4 24, 28
- Fremdgeschäftsführungswille i. e. S. 4 24, 39
- Fremdgeschäftsführungswille und Geschäftsherr 4 34
- Fremdgeschäftsführungswille, auch-fremdes Geschäft 4 33
- Fremdgeschäftsführungswille, objektiv fremdes Geschäft 4 30
- Fremdgeschäftsführungswille, subjektiv fremdes Geschäft 4 32
- Gehilfe 4 3
- Geschäft, auch-fremdes 4 13
- Geschäft, fremdes 4 5

- Geschäft, objektiv fremdes 4 7
- Geschäft, subjektiv fremdes 4 12
- Geschäftsbesorgung, Begriff 4 1
- Geschäftsführer 4 3
- Geschäftsführung für den, den es angeht 4 34
- Geschäftsherr 4 16
- Geschäftsherr, subjektiv fremdes Geschäft 4 22
- Geschäftsherr, vertragliche Verpflichtung 4 20
- Irrtum über Geschäftsherr 4 21
- mehrere Geschäftsführer 5 94
- mehrere Geschäftsherren 5 93
- Notwehr 4 43
- ohne Auftrag 4 41
- unterlassene Hilfeleistung 4 43
- Vermutung, Fremdgeschäftsführungswille 4 30, 33
- Zeitpunkt, Fremdgeschäftsführungswille 4 27
GoA, Übernahmeverschulden
- Genehmigung 5 80
- Interesse 5 76
- Rechtsfolge 5 78
- Übernahme der Geschäftsführung 5 76
- Verschulden 5 77
- Wille 5 76
GoA, unechte
- Eigengeschäftsführung, irrtümliche 4 37; 6 2
- Geschäftsanmaßung 4 39; 6 4
- Wahlmöglichkeit 6 7
„Grohnde"-Fall 19 15
„Grünstreifen"-Fall 16 129, 133, 145, 146; 21 12
Grundsatz der Totalreparation 23 2
Grundsatz der Wirtschaftlichkeit 23 2
Grundtatbestände, deliktische 15 8

Haftung für vermutetes Verschulden
- Aufsichtshaftung 18 20
- Gebäudehaftung 18 35
- Gehilfenhaftung 18 3
- Kfz-Führerhaftung 21 33
- Tieraufsichtshaftung 18 26
Haftung mehrerer
- Anstifter oder Gehilfe 19 4
- Anteilszweifel 19 14
- Ausnahme vom Verursacherprinzip 19 3
- Außenverhältnis 19 21

– Beteiligung **19** 4
– fahrlässiger Nebentäter **19** 18
– Gesamtschuldner **19** 23
– hinkende oder gestörte Gesamt-
schuld **19** 25
– Innenverhältnis **19** 26
– Mittäter **19** 4
– Struktur **19** 13
– Urheberzweifel **19** 14
**Haftungsausschluss, vertraglicher
26** 4
Haftungsbeschränkung 26 1
– gesetzliche **26** 2
– rechtsgeschäftliche **26** 5
Haftungseinheit 27 16
Haftungsgründe
– deliktische **14** 2
– Gefährdungshaftung **14** 5
– Verschuldensprinzip **14** 4
Haftungsprivileg, GoA 1 11; **5** 67, 70
Halterhaftung
– bei dem Betrieb **21** 11
– Betrieb **21** 12
– Haftungsausschluss **21** 15
– Halter **21** 8
– höhere Gewalt **21** 16
– Mitverschulden **21** 30
– Schwarzfahrt **21** 24
– Umfang des Schadensersatz-
anspruches **21** 28
– unabwendbares Ereignis **21** 20
– Verletzter **21** 7
– Verletzungserfolg **21** 10
Handeln auf eigene Gefahr 16 163
Handeln, deliktisches 16 101
„Hebebühnen"-Fall 16 25
Heileingriff, ärztlicher 16 7
„Hemden"-Fall 13 20
Herausforderungsformel 16 148
„Herrenreiter"-Fall 16 56, 69
„Hochzeitsessen"-Fall 21 54
„Höllenfeuer"-Fall 16 89
„Hühnerpest"-Fall 21 50, 61, 67

„Idealheim"-Fall 13 13, 23
Innenausgleich
– mehrere Halter und Fahrer **21** 46
Integritätsinteresse 16 22
Integritätszuschlag 23 19
Interesse
– GoA **5** 8
– Schaden **22** 4

„Jungbullen"-Fall 12 26; **13** 8, 17

Kausalität
– Abbruch **16** 129
– alternative **16** 128
– Doppelkausalität **16** 128
– haftungsausfüllende **16** 123, 186;
24 1
– haftungsbegründende **16** 123, 139
– hypothetische **24** 6
– konkurrierende **16** 128
– kumulative **16** 128
– physische **16** 126
– psychische **16** 126, 141
– überholende **24** 6
– Unterbrechung **16** 129
Kind als Schaden 16 10
„Kindernähmaschinen"-Fall 16 79
Konkurrenzen, Bereicherungsrecht
– Delikt **12** 69
– EBV **11** 64; **12** 5, 68
– GoA **12** 67
– Güterrecht, eheliches **12** 70
– vertragliche Rückabwicklungs-
vorschriften **12** 66
– Verweisung **12** 72
– Wertpapierrecht **12** 71
Konkurrenzen, Delikt
– Bereicherung **20** 33
– EBV **20** 32
– Vertrag **20** 31
Konkurrenzen, GoA
– Anspruchskonkurrenz **7** 1
– Bereicherungsrecht **7** 6
– Deliktsrecht **7** 8
– EBV **7** 3
– Eigengeschäftsführung, irrtümliche
7 12
– Geschäftsanmaßung **7** 13
Kreditgefährdung 17 26

„Langsame Zahler"-Fall 16 81, 88
Leistungskondiktion
– Anfechtung **10** 24, 31
– Arglisteinrede und Rückabwicklung
10 47
– Aufwendungen **10** 6
– Ausschlussgrund, Gesetzes-, Sitten-
verstoß **10** 34
– Ausschlussgründe **10** 27
– Behaltensgrund **10** 23
– Bereicherungsgegenstand **10** 4
– condictio sine causa **10** 2
– dauernde Einrede **10** 41
– Ehegattenunterhalt, Zuvielzahlung
10 33

– Empfängerhorizont 10 13
– generelles Leistungsbewusstsein
 10 21
– Grundgedanke 9 11
– Leistung ad incertas personas 10 21
– Leistungsbegriff 10 9
– Leistungsbewusstsein 10 20
– Leistungszweck 10 17
– Rechtsgrund 10 22
– Rechtsgrundbegriff, objektiver
 10 23
– Rechtsgrundbegriff, subjektiver
 10 23
– Sachmängeleinrede 10 43
– Schuldanerkenntnis 10 5
– Schuldanerkenntnis, Rechtsgrund
 10 25
– Schwarzarbeit 10 38
– Tatbestände 9 16
– Terminologie 10 2
– Verjährungseinrede 10 43
– Zahlung unter Vorbehalt 10 30
– Zurechnung als Leistung 10 14
– Zuwendung 10 10
– Zweckbestimmung 10 15
– Zweckbestimmung, Rechtnatur
 10 16
**Leistungskondiktion, späterer Wegfall
des Rechtsgrundes**
– Ausschlussgründe 10 51
– Tatbestand 10 50
**Leistungskondiktion, verwerflicher
Empfang**
– Anwendungsfälle 10 80
– Gesetzesverstoß, einseitiger 10 81
– Kenntnis der Nichtschuld 10 82
– Tatbestand 10 78
Lizenzanalogie 16 69

„Makler-Courtage"-Fall 13 79
Mangel-(folge-)schaden 22 45
„Marlene Dietrich"-Fall 16 71
Mehrpersonenverhältnis
– Anweisung, angenommene 13 58
– Anweisung, fehlerhafte 13 42
– Anweisung, wirksame 13 31
– Anweisungsfälle 13 26
– Bestimmung des Leistungs-
 verhältnisses 13 12
– Doppelmangel 13 11, 38
– Drittleistung 13 60
– Durchlieferung 13 9
– Grundregeln 13 2
– gutgläubiger Geheißerwerb 13 20

– Hilfsperson 13 81
– Irrtum, einseitiger 13 23
– Irrtum, gemeinsamer 13 21
– Kondiktion der Kondiktion 13 11,
 39
– Leistungskette 13 9
– Leistungsverhältnis 13 4
– Lieferungskette 9 21
– Rechtsscheinproblem 13 46
– sachenrechtliche Parallelwertung
 13 16
– Subsidiarität 9 18
– Tilgungsbestimmung 13 30, 54
– Vertrag zugunsten Dritter 13 74
– Vorrang der Leistungskondiktion
 13 6
– Widerruf der Anweisung 13 53
– Zession 13 68
– Zusammentreffen von Leistung und
 Eingriff 13 15
Merkantiler Minderwert 23 29
Mitverschulden
– des gesetzlichen Vertreters 27 15
– des Kindes 27 15
– Dritter 27 10
– Haftungseinheit 27 16
– Halterhaftung 21 5, 41
– mittelbar Geschädigter 20 18
– Rechtsfolgen 27 7
– Schockschaden 20 13

Nebentäter vgl. Haftung mehrerer
Nichtleistungskondiktion
– Arten 11 2
– Eingriffskondiktion 11 6
– Grundgedanke 9 13
– Rückgriffskondiktion 11 66
– Tatbestände 9 16
– Verwendungskondiktion 11 59
„Nieren"-Fall 16 151; 23 7
„Nockenwellen"-Fall 16 28
Nothilfe, gestufte 8 7
Nutzungen, entgangene 22 22
Nutzungsinteresse 16 22

Organisationspflicht 18 16

„Panik im Schweinestall"-Fall 16 137
Persönlichkeitsrecht
– Eingriff 16 53
– Güter- und Interessenabwägung
 16 60
– Lizenzanalogie 16 69
– materieller Schaden 16 68

– Schmerzensgeld **16** 64
– sonstiges Recht **16** 49
– Subsidiarität **16** 50
– Tatbestand **16** 52
– Unterlassungs- und Beseitigungs-
anspruch **16** 63
„Postanweisungs"-Fall 13 48
Produkthaftung
– Allgemeines **21** 49
– Fabrikationsfehler **21** 61
– Hersteller **21** 54
– Instruktionsfehler **21** 62
– Konstruktionsfehler **21** 60
– Produktbeobachtungspflicht **21** 63
– Rechtswidrigkeit **21** 57
– Umkehr der Beweislast **21** 55, 64
– Verkehrssicherungspflicht **16** 109;
  21 56
– Verletzungshandlung **21** 56
– Verschulden **21** 49, 58
– verschuldensunabhängige Haftung
  nach dem ProdHaftG **21** 71
– Vertrag mit Schutzwirkung **21** 67
Prognoserisiko 23 23

**Recht am eingerichteten und aus-
geübten Gewerbebetrieb** vgl.
Gewerbebetrieb
Rechte, sonstige
– Allgemeines **16** 36
– Anwartschaft **16** 37, 39
– Ausschluss- und Zuweisungs-
funktion **16** 36
– beschränkt dingliche Rechte **16** 37
– Familienrechte **16** 40
– Forderung **16** 93
– Immaterialgüterrecht **16** 39
– Mitgliedschaftsrecht **16** 39
– räumlich gegenständlicher Bereich
der Ehe **16** 40
– Vermögen **16** 96
**Rechts(gut)verletzung durch Dritten
16** 144
Rechtsgrund
– Eingriffskondiktion **11** 18
– Leistungskondiktion **10** 22
Rechtsgut
– Freiheit **16** 12
– Gesundheit **16** 4
– Körper **16** 4
– Leben **16** 3
– Schädigung im Mutterleib **16** 10
Rechtswidrigkeit
– Einwilligung **16** 161, 162

– Grundlagen **16** 155
– Handeln auf eigene Gefahr **16** 163
– Lehre vom Erfolgsunrecht **16** 155
– mittelbare Rechtsgutverletzung
  16 158
– offener Tatbestand **16** 156
– Rechtfertigungsgrund **16** 161
– regelgerechtes Spiel **16** 164
– Spielregeln des Wettkampfsports
  16 164
– Unterlassen **16** 158
– verkehrsrichtiges Verhalten **16** 160
Regelungssystem, deliktisches 15 7
Rentabilitätsvermutung 22 30
Rückgriffskondiktion
– Anwendungsbereich **11** 66
– aufgedrängte Bereicherung **11** 66
– Befreiung von Schuld **11** 68
– Subsidiarität **11** 69
– Tilgungsbestimmung, nachträgliche
  11 72
– Vorrang der Leistungskondiktion
  11 70
– Wahlrecht des Leistenden **11** 72

Saldotheorie
– Ansatz **12** 32
– Einschränkungen **12** 36
– Grundsatz **12** 33
– Minderjähriger **12** 37
– Täuschung **12** 37
Schaden
– Delikt **16** 184
– Besuchskosten **20** 5
– Aufwendungen **22** 5
– Definition **22** 4
– Differenzhypothese **22** 8
– Differenztheorie **22** 40
– Differenztheorie, abgeschwächte
  22 41
– Drittschadensliquidation **25** 1
– dualistischer Schadensbegriff **22** 7
– ideeller Schaden **23** 38
– Interesse **22** 4
– Mangel-(folge-)schaden **22** 45
– mittelbar Geschädigter **20** 8; **22** 52
– mittelbarer Schaden **22** 52
– Mitverschulden **27** 1
– Nachteile für Erwerb und
  Fortkommen **20** 6
– natürlicher Schaden **22** 7
– negatives Interesse **22** 48
– normative Gesichtspunkte **22** 12
– normativer Schadensbegriff **22** 12

– positives Interesse 22 48
– Sachschaden, Besonderheiten 20 15
– Schadensersatz neben der Leistung
  22 47
– Schadensersatz statt der Leistung
  22 38, 47
– Schadensersatz wegen Nicht-
  erfüllung 22 39
– Schadensersatz, kleiner und großer
  22 44
– Surrogationstheorie 22 40
– unmittelbar Geschädigter 22 52
– unmittelbarer Schaden 22
– Unterhaltszahlung 20 5
– Verdienstausfall 20 5
– Vertrauensschaden 22 49
– Zeitpunkt 22 10
Schadensanlage 24 9
Schadensberechnung
– abstrakt 23 49
– konkret 23 48
Schadensersatz, Art und Umfang
– Affektionsinteresse 23 32
– Aufwendungen, unverhältnis-
  mäßige 23 30
– Beschädigung eines Kfz 23 20
– Dispositionsfreiheit 23 12
– Dispositionsfreiheit, Ausnahmen
  23 13
– Ehegattenarbeit im Haushalt 20 7
– entgangener Gewinn 23 33
– Ersatz für entgangene Dienste
  20 10
– Erforderlichkeit 23 10
– Grundsätze 23 2
– Herstellung ungenügend 23 29
– ideeller Schaden 23 37
– Integritätsinteresse 23 5
– Integritätszuschlag 23 19
– Klageantrag, unbezifferter 23 46
– Möglichkeit der Wiederherstellung
  23 14
– Naturalrestitution 23 6
– Reparaturkosten 23 19
– Schadensersatz neben der Leistung
  22 47
– Schadensersatz statt der Leistung
  22 38, 47
– Schadensersatz wegen Nicht-
  erfüllung 22 39
– Schadensersatz, kleiner und großer
  22 44
– Schmerzensgeld 23 40
– Schmerzensgeld, Funktionen 23 44

– Umsatzsteuer 23 24
– Unmöglichkeit 23 28
– Vermögensschaden 23 27
– Werkstatt- und Prognoserisiko
  23 23
– Wert- oder Summeninteresse 23 26
– Wiederbeschaffungswert 23 19
**Schädigung durch Geschädigten
  16 147**
Schmerzensgeld
– Allgemeines 20 14; 23 40
– Funktionen 23 44
Schockschaden
– Haftung 16 141
– Mitverschulden 20 13
Schuldverhältnisse
– Beweislast 1 24
– Beweislastumkehr 1 26
– Haftung für Hilfspersonen 1 14
– Haftungsmaßstab 1 21
– Schmerzensgeld 1 31
– Schuldverhältnis, gesetzliches 1 3
– Schuldverhältnis, rechts-
  geschäftliches 1 2
– Unterschiede, gesetzliche und
  vertragliche 1 16
– Verjährung 1 28
Schutzgesetz
– Anspruchsgrundlage 17 1
– Aufbau 17 2
– Bedeutung 17 3
– Beweislast 17 13
– Individualschutz 17 7
– persönlicher Schutzbereich 17 15
– Rechtsnorm 17 6
– Schutzbereich 17 14
– Schutzbereich, Schaden 17 17
– Subsidiarität 17 4
– Verschulden 17 11
Schutzpflicht 16 107
Schutzzweck der Norm 16 136
„Schwarzarbeiter"-Fall 10 38
Schwerpunkttheorie 11 33, 46
**Selbstaufopferung im Straßenverkehr
  3 3; 8 15**
**Selbstbestimmungsrecht, sexuelles
  17 37**
Selbstmörder, GoA 8 28
„Silberfüchse"-Fall 16 139
Sittenwidrige Schädigung
– Fallgruppen 17 26
– Grundtatbestand 17 22
– Sittenwidrigkeit, Begriff 17 23
– Vorsatz 17 25

Sowieso-Kosten 24 21
„Spätheimkehrer"-Fall 16 83
„Spielplatz"-Fall 19 25; 27 15
„Stiftung Warentest"-Fall 17 35
Stoffgleichheit 16 23
„Stromkabel"-Fall 16 34
Subsidiarität der Nichtleistungs-
kondiktion 9 18; 13 6
Summeninteresse 23 26
Surrogationstheorie 22 40
System kollektiver Sicherungen 15 4

Tatbestandsprinzip 22 53
Tierhalter- und Tieraufseherhaftung
– Exkulpation 18 33
– Luxustier 18 32
– Nutztier 18 32
– Struktur 18 26
– Tieraufseher 18 31
– Tierhalter 18 31
– typische Tiergefahr 18 28

Unabhängigkeitsregel
– Durchbrechung 1 8
Unterlassen
– Abgrenzung 16 104
– Kausalität 16 130
– Pflicht zum Handeln 16 105
– Rechtswidrigkeit 16 154
Unterlassungsanspruch
– Tatbestand 20 24
– Wiederholungsgefahr 20 27
Untermiete, unberechtigte 11 37

Veräußerungskette 11 30
Verbot einer Überkompensation 23 2
Verjährung
– GoA 5 95
– Bereicherungsrecht 12 64
– Deliktsrecht 20 16
– deliktische Bereicherungshaftung
20 18
Verkehrspflicht
– Adressat 16 115
– Bedeutung 16 109
– Begriff 16 108
– Delegation 16 117
– Erfüllung durch Dritte 16 115
– Fallgruppen 16 111
– Produkthaftung 16 114; 21 53
– Schutzumfang 16 118
– Übertragung 16 115
Verkehrssicherungspflicht vgl.
Verkehrspflicht

Vermögensschaden
– Aufwendungen, fehlgeschlagene
22 27
– Bedarfsschaden 22 21
– entgangene Nutzungen 22 22
– Frustrationsgedanke 22 20
– Kommerzialisierungsgedanke 22 19
– Kraftfahrzeug 22 23
– Lebensgüter 22 24
– Nutzungsbeeinträchtigung,
fühlbare 22 23
– primärer 16 97
– Rentabilitätsvermutung 22 30
– sekundärer 16 97
– vertaner Urlaub 22 36
Vermutung, Fremdgeschäfts-
führungswille
– Geschäft, auch-fremdes 4 33
– Geschäft, objektiv fremdes 4 30
Verschulden
– Begriff 16 168
– Fahrlässigkeit 16 172
– Gegenstand 16 176
– Produkthaftung 21 49
– Schutz des geschädigten Rechtsguts
17 14
– Schutzgesetz 17 9
– Verschuldensfähigkeit 16 169
– Vorsatz 16 171
Versicherungsfälle, GoA 8 31
Verweisung auf Bereicherungsrecht
12 72
Verwendungen 11 59, 64
Verwendungskondiktion
– aufgedrängte Bereicherung
11 59, 63
– Aufwendungen 11 59, 61
– Bau auf fremdem Grund 11 64
– Konkurrenz zu EBV 11 64
– Leistung 11 61
– Verwendungen 11 59,
Vorrang der Leistungskondiktion
9 18; 13 6
Vorteilsausgleichung
– Allgemeines 24 13
– eigene Leistungen des Geschädigten
24 22
– Entgeltfortzahlung 24 17
– Erbschaft 24 18
– ersparte Aufwendungen 24 20
– neu für alt 24 23
– Schenkung 24 19
– Sowieso-Kosten 24 21
– Unterhaltsleistung 24 16

Wegfall der Bereicherung
- Aufwendungen 12 22
- Bereicherungslehre, moderne 12 14
- Ersparnis eigener Aufwendungen 12 17
- Erwerbspreis 12 24
- gegenseitiger Vertrag 12 29
- Luxusaufwendungen 12 18
- Normzweck 12 14
- Schaden 12 23
- Veräußerungserlös 12 19
- Vermögensnachteil 12 20
- Wegfall, ersatzloser 12 16
Weiterfressender Mangel 16 19
Werkstattrisiko 23 23
Wertinteresse 23 26
Wille vgl. GoA, Aufwendungsersatz
wrongful-life 16 10; 22 4

Zahlung unter Vorbehalt 4 10; 10 30
Zurechnung, Bedeutung 16 121

Zweckverfehlungskondiktion
- Abgrenzung 10 53
- Anwendungsfälle 10 55
- Ausschlussgründe 10 74
- Erfolg 10 57
- Geschäftsgrundlage 10 67
- Inhalt des Rechtsgeschäfts 10 62
- Leistung ohne Verpflichtung 10 58
- Motiv, einseitiges 10 65
- vertragliche Vereinbarung 10 66
- Zugewinnausgleich, gesetzlicher 10 69
- Zweckanstaffelung 10 60
- Zweckbestimmung 10 62
- Zweckschenkung 10 71
Zweikondiktionentheorie 12 29
Zweikondiktionentheorie, eingeschränkte
- Ansatz 12 38
- arglistige Täuschung 12 40
- Minderjährigkeit 12 40
- risikozuweisende Kriterien 12 39

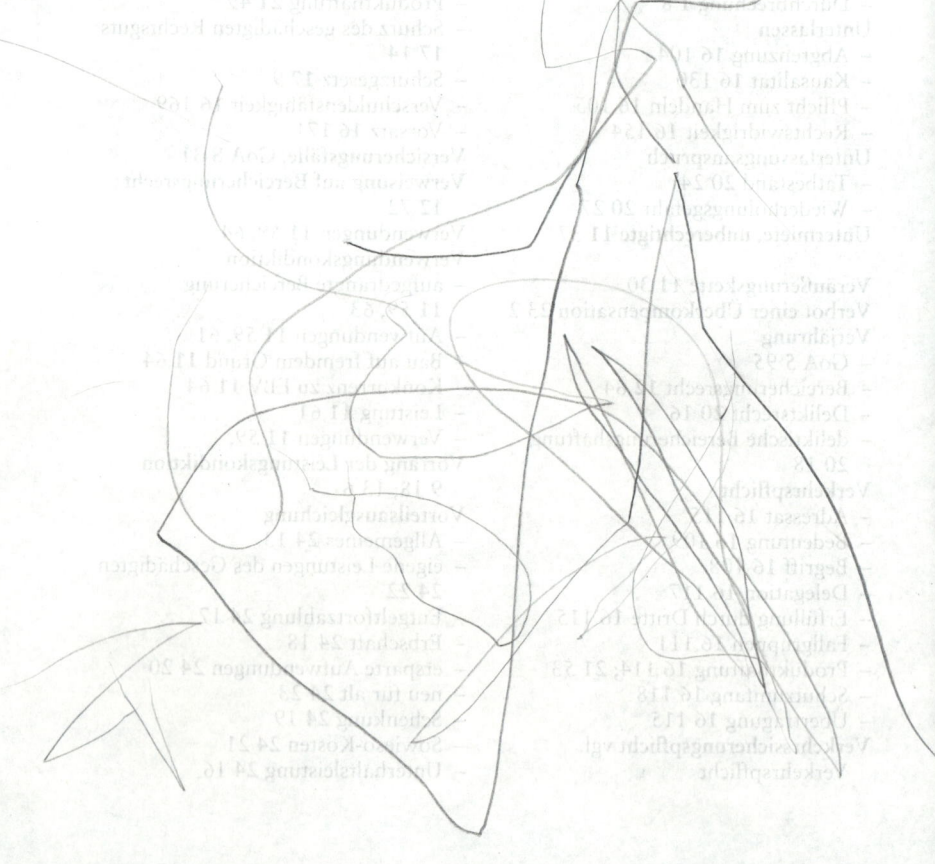